2014

2014

CHINA TV RATING YEARBOOK

中国电视收视年鉴 2014

陈若愚 主编

中国传媒大学出版社

《中国电视收视年鉴（2014）》
编写委员会

主　　编　陈若愚

副 主 编　郑维东　肖海峰

编写人员　（排名不分先后）

梁　帆　周欣欣　李红玲　解永利　曹　珩

龙长缨　肖　珊　吴　东　吴　凡　杨金姝

冯　波　包凌君　卢文钊　王建平　李忠毅

张天莉　于松涛　赵　晖　刘牧媛　张雪静

黄婧玫　王　昀　王　平　张　嫣　蔡　啸

胡　杨　张广彦　孟宪梅　马　超　王　钦

娜布琪　封　翔　于　鹏　张琼子　曹金毅

韦　唯　朱　蕙　肖青青　胡旻琦　张　洁

吴玉莉　陈　明　唐　蕾　吴诗义　李志斌

莫笑凡　张　焱　王　京

出版说明

为更好地服务于业界，作为中国最专业、最权威的视听率调查公司，CSM 媒介研究从2003 年起每年编写出版一部《中国电视收视年鉴》。《中国电视收视年鉴（2014）》是 CSM 媒介研究编写出版的第十二部电视收视年鉴。

《中国电视收视年鉴（2014）》主要包括以下四部分内容：第一部分：综述。本部分主要从收视环境、观众特征、观众收视行为、频道竞争、节目竞争、电视广告投放与竞争等方面对2013 年中国电视收视市场进行了全景式的描述与分析。第二部分：专题研究。本部分内容除了对2013 年全国新闻、电视剧、综艺、体育几个主要节目类型以及晚间新节目、上星频道高收视栏目分布特征进行分析外，还对地面频道品牌民生新闻节目的共性、访谈类节目现状、以及以“80 后”为主角电视剧的收视状况进行了剖析。同时，本部分还对业界关注的热点问题，如老龄化背景下电视节目的发展对策、不同终端受众视频接触与收视习惯、融合受众及其媒介习惯的流动与互补、复合媒体环境下电视广告收视价值的重塑、大数据时代的收视测量，以及在新媒体环境下对电视的再认识等进行了深入研究。第三部分：收视数据。这部分是关于全国电视收视市场以及重点市场的收视统计数据，主要指标涉及收视设备的拥有情况、人均收视时间、全年和全天收视率走势、各类频道的市场份额、各类节目的播出份额与收视份额以及主要节目类型的收视排行等。第四部分：附录。这部分主要包括 CSM 媒介研究各种收视调查网的基本情况。

《中国电视收视年鉴（2014）》为广大媒介从业人员既可提供有关2013 年中国电视收视市场的全面分析，又可提供2013 年全国以及各重点市场翔实的收视数据，是媒介从业人员必备的一本工具书。

编者

2014 年5 月

目录
CONTENTS

第一部分　综　述

第二部分　专　题

第三部分 收视数据

第四部分 附 录

第一部分
Part One

综 述 Overview

上卷

综 述

一、收视环境

2013年是我国深入贯彻落实党的十八大和十八届二中、三中全会精神的关键一年，也是我国广播影视业全面实施进一步深化改革总体方案的改革之年。广播影视系统在党中央、国务院和中宣部的正确领导下，认真贯彻中央精神和中宣部决策部署，顺利完成各项任务，在各个方面都取得了显著成绩，广播影视业保持了持续、健康、快速发展的良好态势。

2013年，我国电视业牢牢把握工作的总基调，坚持围绕中心、服务大局，坚持稳中求进、改革创新，唱响主旋律，传播正能量，做大做强正面宣传，为实现“两个一百年奋斗目标”和中华民族伟大复兴的中国梦提供了有力的思想舆论支持和良好文化条件，为服务党和国家工作大局做出了新贡献。2013年，我国电视业坚持为民惠民，加快重点工程建设，电视公共服务水平显著提升，同时电视安全播出进一步加强；坚持品质至上，加强创作引导，电视内容产业持续健康快速增长，影视精品创作生产再上一个新台阶。2013年，我国电视业改革也取得了新成效，坚持科技引领，紧跟科技趋势，创新理念和手段，科学化水平进一步提高；积极推进数字化网络化建设，电视数字化、网络化和新媒体有了显著发展，促进了传统媒体与新媒体的进一步融合发展。2013年，我国电视业更加注重统筹国内、国际发展，加强电视节目海外落地，调整布局，突出重点，加快国际传播体系建设，国际传播能力进一步提升。

1. 全国共有电视台166座，广播电视台2207座，教育电视台42座

根据《中国广播电视年鉴（2014）》的最新统计，截至2013年底，全国共批准设立广播电台153座，电视台166座，广播电视台2207座，教育电视台42座。其中国家级电视台有中央电视台和中国教育电视台，每个省、自治区、直辖市，每个地级及以上城市至少有1座电视台或广播电视台。全国有电视转播发射台13365座，有线电视网络382万公里，全国电视人口综合覆盖率达98.42%。全国有线广播电视用户数为22893.80万户，数字电视用户数为17159.69万户，付费数字电视用户数为3498.41万户。2013年全年制作的电视节目时间为339.79万小时，全年公共电视节目播出时间为1705.72万小时。

2. 家庭电视机拥有率达98.1%，拥有2台及以上电视机家庭的比例为31.2%

目前我国居民家庭电视机的普及率已经基本处于一个稳定的水平。2013年CSM媒介研究全国收视调查网基础研究数据显示，我国居民家庭电视机拥有率达98.1%，拥有2台及以上电视机家庭的比例达31.2%，平均每百户居民家庭的电视机拥有量已高达137.9台（表1.1.1）。与2012年数据相比，家庭电视机拥有率基本相同，但拥有2台及以上电视机家庭比例以及平均每百户居民家庭的电视机拥有量都有所上升。2013年城市家庭的电视机拥有率为97.6%，而农村家庭的电视机拥有率为98.5%，与上一年相比，变化均很小。2013年拥有2台及以上电视机的家庭比例在城市为29.3%，在农村为32.6%，与2012年相比，该数字在城市略微下降，在农村则略有上升。

从各大行政区来看，电视机拥有情况在全国存在显著的地域差异。拥有2台及以上电视机的居民家庭比例，华东地区高达42.0%，东北最低，仅为16.7%。百户电视机拥有量华东地区达到155.0台，而东北地区只有116.9台，西北地区为123.2台，华南地区为126.7台，华北地区为128.0台（表1.1.2）。

表1.1.1　2013年全国城乡居民家庭电视机拥有情况

	全国	城市	农村
1台户比例（%）	66.9	68.3	65.9
2台及以上户比例（%）	31.2	29.3	32.6
没有电视机户比例（%）	1.9	2.4	1.5
百户电视机拥有量（台）	137.9	135.5	139.7

数据来源：CSM媒介研究2013年全国收视调查网基础研究

表1.1.2　2013年全国各大行政区居民家庭电视机拥有情况

	东北	华北	华东	华南	华中	西北	西南
1台户比例（%）	81.9	73.5	55.6	76.0	62.4	77.1	70.2
2台及以上户比例（%）	16.7	25.3	42.0	22.7	36.0	21.0	27.5
没有电视机户比例（%）	1.4	1.2	2.4	1.3	1.6	1.9	2.3
百户电视机拥有量（台）	116.9	128.0	155.0	126.7	143.0	123.2	131.6

数据来源：CSM媒介研究2013年全国收视调查网基础研究

2013年彩色电视机在我国居民家庭中已处于绝对主导地位，全国彩色电视机的家庭拥有率达到了99.9%（表1.1.3）。分城乡来看，城市居民家庭彩色电视机拥有率为

100%，在农村，拥有彩色电视机的家庭比例也已达 99.8%，黑白电视机已被基本淘汰。从不同区域来看，2013 年各大行政区居民家庭的彩色电视机拥有率差别不大，均在99%以上（表 1.1.4）。

表 1.1.3　2013 年全国及城乡居民家庭拥有不同类型电视机的比例（%）

电视机类型	全国	城市	农村
彩色电视机	99.9	100.0	99.8
普通电视机	77.6	68.0	84.3
背投电视机	0.6	0.8	0.5
液晶电视机	34.3	43.0	28.1
等离子电视机	0.3	0.5	0.2

数据来源：CSM 媒介研究 2013 年全国收视调查网基础研究

表 1.1.4　2013 年全国各大行政区拥有不同类型电视机的家庭比例（%）

电视机类型	东北	华北	华东	华南	华中	西北	西南
彩色电视机	99.9	99.9	99.9	100.0	99.9	99.7	99.7
普通电视机	69.9	71.0	78.5	75.3	83.6	78.3	81.2
背投电视机	0.7	0.6	0.6	1.0	0.1	1.1	0.5
液晶电视机	35.3	36.7	38.2	30.5	32.2	28.0	30.6
等离子电视机	0.1	0.5	0.3	0.2	0.3	0.4	0.2

数据来源：CSM 媒介研究 2013 年全国收视调查网基础研究

2013 年我国城乡居民家庭电视机更新换代速度进一步加快。随着城乡居民收入水平的提高和技术革新带来的高品质电视机价格的下降，城乡居民家庭电视机拥有情况从数量上的增加逐步过渡到质量上的改善，城市居民家庭乃至部分农村居民家庭开始追求电视机的更新换代，由原来的 CRT 电视机、传统的背投电视机，向液晶电视机、等离子电视机等平板电视机升级。尽管传统意义的普通彩电仍然是居民家庭的主流机型，但平板电视的普及率在全国居民家庭户中 2013 年已经达到 34.5%，比 2012 年的 26.5% 提高了 8 个百分点。分城乡来看，2013 年城市居民家庭拥有平板电视机的比例已达 43.4%，比 2012 年的 33.0% 大幅增长 10.4 个百分点；农村居民家庭拥有平板电视机的比例也达到 28.3%，比 2012 年的 22.0% 提高了 6.3 个百分点（图 1.1.1）。分地区来看，华东、华北、东北地区平板电视机的普及率较高，都在 35% 以上；华中地区为 32.5%；普及率较低的地区是西南、华南和西北地区，平板电视机的普及率在 28%—31% 之间。随着数字电视的发展，高清信号源的增多，以及高品质电视机价格的不断下降，我国城乡居民家庭拥有平板电视机的普及率必将进一步提高。

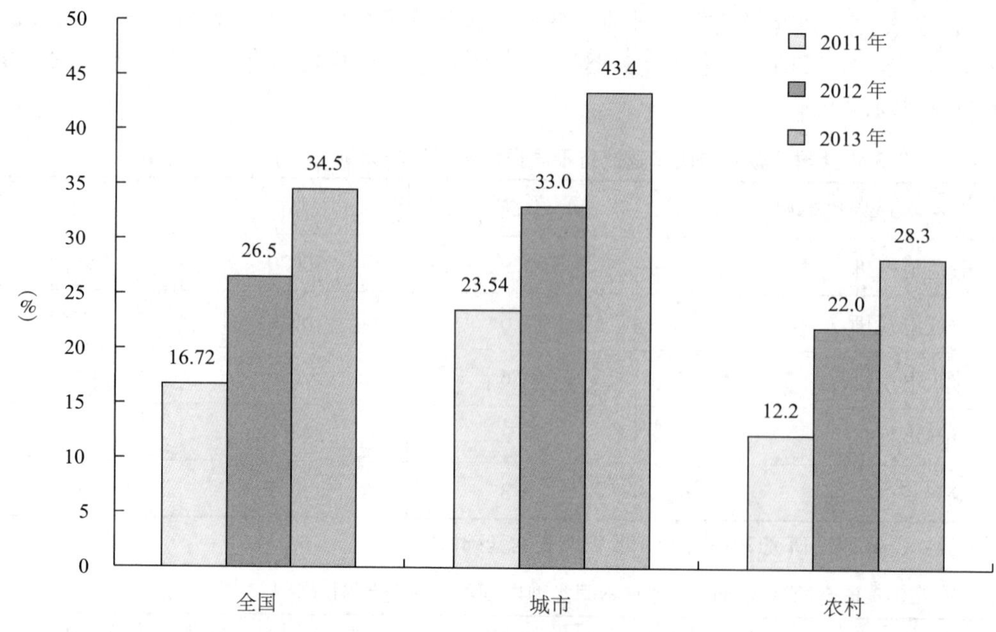

数据来源：CSM 媒介研究 2011、2012 和 2013 年全国收视调查网基础研究

图 1.1.1　2011—2013 年全国及城乡居民家庭拥有平板电视机的比例（%）

3. 城乡居民家庭平均每户可以收看到 59.4 个频道

随着有线电视数字化建设全面展开，越来越多的有线电视网整体平移，使城乡居民家庭能够收看到的电视频道数量增加。根据 CSM 媒介研究历年全国收视调查网基础研究数据，全国城乡居民家庭可以接收到的电视频道数量逐年增加，2013 年全国平均每户可以接收 59.4 个电视频道，超过 2012 年的 54.3 个、2011 年的 47.6 个、2010 年的 41.4 个、2009 年的 39.1 个、2008 年的 30.4 个和 2007 年的 25.6 个，且增幅较大。2013 年城市居民家庭平均每户可以接收到 68.7 个频道，比上年增加 4.9 个；农村居民家庭平均可以接收 52.9 个频道，比上年增加了 5.2 个（表 1.1.5）。而从分地区的情况来看，2013 年平均每户可接收到的电视频道数量最多的是华北地区，为 70.4 个频道，而接收频道较少的有华南和华中地区，平均每户可接收到的电视频道数分别为 52.3 和 51.4 个（图 1.1.2）。

表 1.1.5　2007—2013 年全国及城乡居民家庭可以接收到的电视频道数量（个）

年份	全国	城市	农村
2007 年	25.6	35.1	21.4
2008 年	30.4	40.5	26.0
2009 年	39.1	50.1	33.2
2010 年	41.4	53.0	34.7
2011 年	47.6	58.5	40.4
2012 年	54.3	63.8	47.7
2013 年	59.4	68.7	52.9

数据来源：CSM 媒介研究历年全国收视调查网基础研究

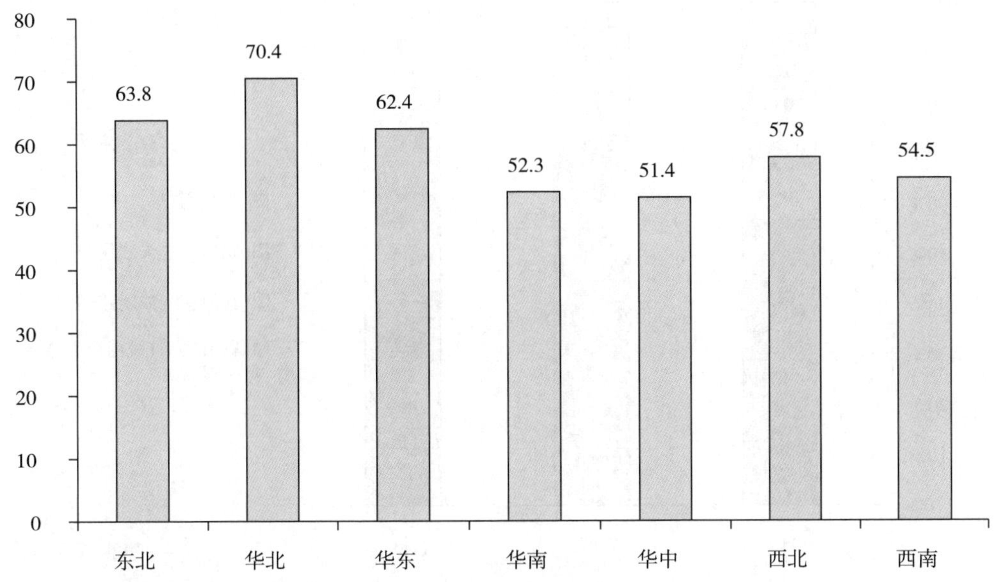

数据来源：CSM 媒介研究 2013 年全国收视调查网基础研究

图 1.1.2　2013 年全国各大行政区居民家庭可以接收到的电视频道数量（个）

4. 有线接收逐渐成为农村居民家庭接收电视信号的主要方式，数字电视、IPTV 大幅增长

随着电视信号数字化、网络化进程的不断推进，有线电视网络频道增多，信号清晰度增加，有线接收已是全国城乡居民家庭接收电视信号的主要方式或重要方式。根据 2013 年 CSM 媒介研究全国收视调查网基础研究数据，全国电视家庭户中，有线电视用户普及率为 67.0%，其中城市为 82.0%，有线接收已成为绝大多数城市居民家庭接收电视节目的方式；农村为 56.5%，有线接收方式也逐渐成为农村居民家庭接收电视信号的主要方式。在有线接收方式中，通过省、市（县）有线网接收电视信号的家庭户比例全国为 56.7%，其中在城市，有 73.6% 的家庭接入了省、市（县）有线网；在农村，通过省、市（县）有线网收看电视节目家庭的比例为 44.9%（图 1.1.3）。

从各大行政区的情况来看，有线电视普及率最高的是东北、华东和华南地区，有线电视普及率超过 73%，其中东北地区最高，为 81.1%。西北地区的有线用户比例最低，为 49.8%，华中地区也仅为 52.8%，有线电视普及率较低的地区还有西南和华北地区，分别为 56.5% 和 60.6%（图 1.1.4）。华北及中西部地区特别是西南和西北地区通过非有线方式收看卫视频道的比例较大，都在 30% 以上，其中华北为 34.8%，华中为 36.9%，西南为 38.8%，西北为 43.3%，说明这些地区特别是西部地区在有线网络难以到达的地方更多地采用了碟形卫星天线等方式解决接收问题。相对来说，西南和华北地区由于碟形卫星天线比例较高，以无线方式接收卫视频道的比例很小，均在 5% 以下。

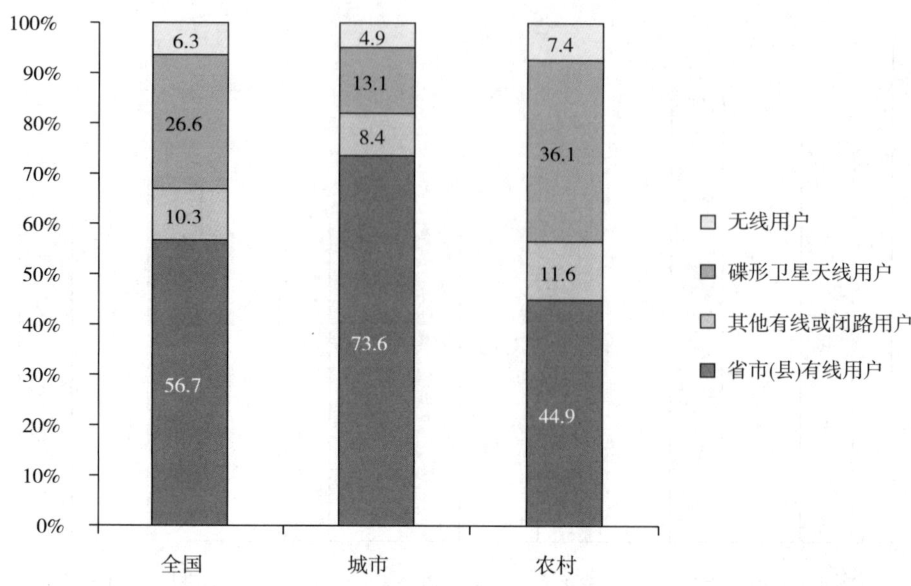

数据来源：CSM 媒介研究 2013 年全国收视调查网基础研究

图 1.1.3　2013 年全国城乡居民家庭不同电视信号接收方式的比例（%）

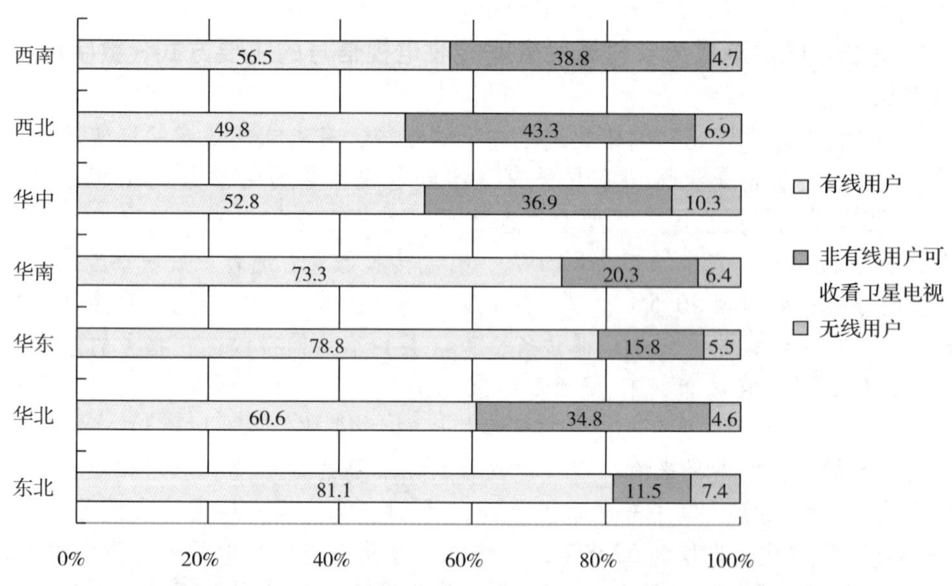

数据来源：CSM 媒介研究 2013 年全国收视调查网基础研究

图 1.1.4　2013 年全国各大行政区居民家庭不同电视信号接收方式的比例（%）

CSM 媒介研究全国收视调查网基础研究数据表明，近年来我国电视家庭中可接收数字电视或 IPTV 的比例稳定增长，2013 年该比例已达 44.6%，比 2012 年增长 6.2 个百分点；其中在城市为 61.6%，比 2012 年增长 7.2 个百分点，在农村为 32.7%，比 2012 年增长5.3个百分点（图1.1.5）。从不同地区来看，全国七大行政区中可接收数字电视或IPTV的电视家庭比例有一定差异，在华东和东北地区，其比例都在57%以上，东北地区更是高达60.1%；华北、西北和华南地区，该比例在40%—46%之间，而在西南和华中地区则分别只有30.3%和25.9%的电视家庭可接收数字电视或IPTV（图1.1.6）。

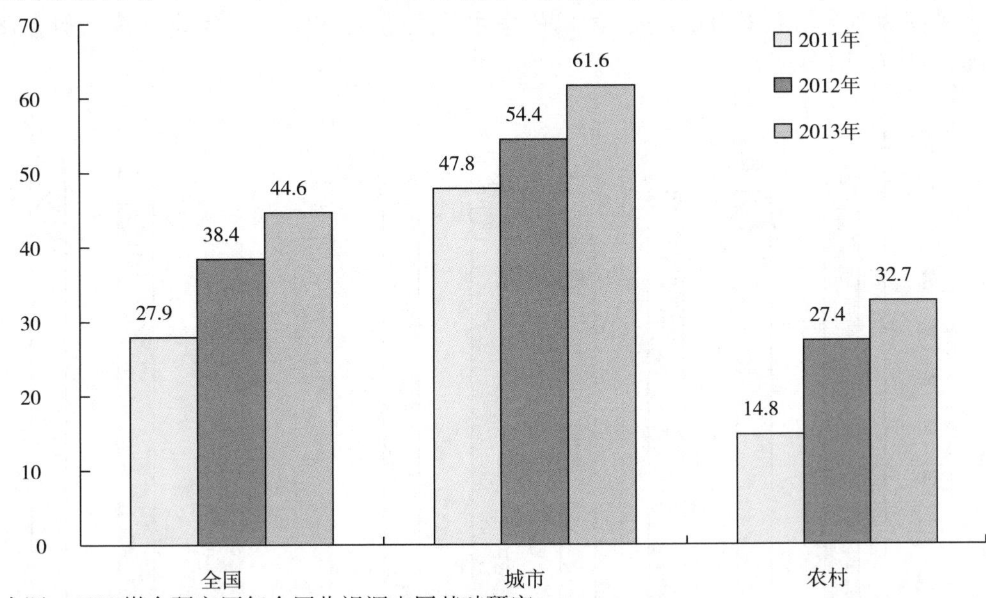

数据来源：CSM媒介研究历年全国收视调查网基础研究

图1.1.5　2011—2013年全国城乡居民家庭可接收数字电视或IPTV的比例（%）

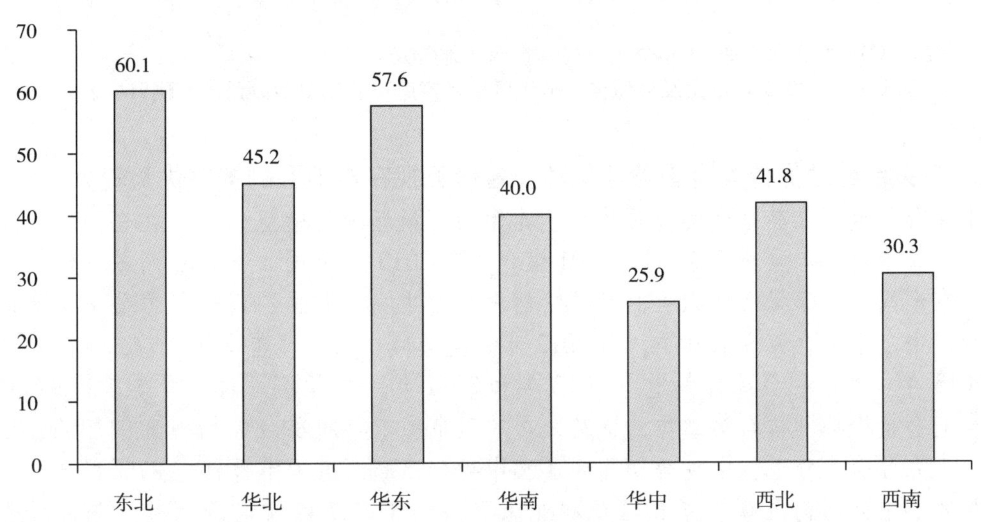

数据来源：CSM媒介研究2013年全国收视调查网基础研究

图1.1.6　2013年全国各大行政区居民家庭可接收数字电视或IPTV的比例（%）

5. 88.0%的城市家庭和81.8%的农村家庭可收看到卫视节目

2013年全国收视调查网基础研究数据表明，2013年全国可接收卫视频道的家庭比例达84.4%，比2012年的81.7%增长了2.7个百分点；其中在城市，88.0%的电视家庭可以收看到卫星电视节目，比2012年增长了0.7个百分点；在农村，电视家庭中能够收看到卫视节目的比例也达到了81.8%，比2012年的77.9%大幅增长3.9个百分点。从不同地区来看，全国七大行政区能收看到卫星电视节目的电视家庭比例有一定的差异，最高的西南地区达94.5%，最低的华中地区为77.9%，其他地区该比例在78%—86%不等（图1.1.6)。

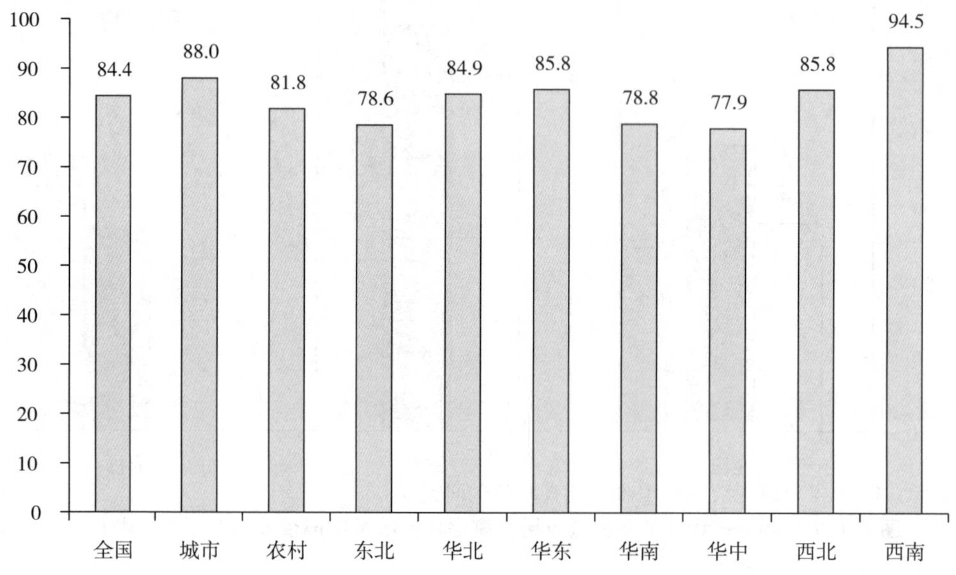

数据来源：CSM媒介研究2013年全国收视调查网基础研究

图1.1.6　2013年全国及分城乡、分地区居民家庭可收到卫视频道的比例（%）

6. 中央台继续保持其全国覆盖优势，省级卫视在本地区的覆盖优势较大

中央台频道依靠其强大的资源优势和作为国家级频道的特殊地位，在全国的覆盖率仍然保持了绝对优势（表1.1.6)。CSM媒介研究2013年全国收视调查网基础研究数据显示，在全国覆盖率排名前六位的频道仍然全部是中央台频道；而进入覆盖率排名前二十的频道中，中央台频道有9个，与2012年中央台频道入围覆盖率排名前二十位数字一样。2013年中央电视台综合频道与2012年和2011年一样排第一位，覆盖率达97.3%；中央台七套也维持其排名第二位的优势，覆盖率也由上年的89.8%增长到91.3%；中央二套、中央台少儿频道、中央台新闻频道和中央台十套的覆盖率也都在87%以上。在省级卫视频道中，湖南卫视、浙江卫视和北京卫视的覆盖率的排名最靠前，分别居于第七、八、九位，排名与上年一样，覆盖率也在85%以上。除了排名前十位的7个中央台频道和3个省级卫视频道外，进入覆盖率前二十位的频道还包括安徽、贵州、天津、山东、四川、江西和江苏这七个省级卫视频道和中国教育台一套。2013年覆盖率排名前二十名频道都在77%以上，比2012年覆盖率整体有较大提升。

表 1.1.6　2013 年全国卫视频道覆盖率排名前二十位

排名	频道	覆盖率（%）	排名	频道	覆盖率（%）
1	中央电视台综合频道	97.3	11	安徽卫视	82.3
2	中央台七套	91.3	12	贵州卫视	81.4
3	中央台二套	90.9	13	天津卫视	80.9
4	中央电视台少儿频道	88.7	14	山东卫视	80.2
5	中央电视台新闻频道	88.4	14	中国教育台一套	79.2
6	中央台十套	87.1	16	四川卫视	78.6
7	湖南电视台卫星频道	86.9	17	江西电视台卫星频道（一套）	78.0
8	浙江卫视	85.9	18	江苏卫视	77.9
9	北京卫视	85.8	19	中央台四套	77.7
10	中央台十二套	84.6	20	中央台十一套	77.1

数据来源：CSM 媒介研究 2013 年全国收视调查网基础研究

在城市地区，覆盖率排名前六位的频道也全部是中央电视台频道，其中中央电视台综合频道排第一位，覆盖率达 98.1%；另外还有 3 个中央台频道进入覆盖率排名前二十位（表 1.1.7）。在城市地区，2013 年有 10 个省级卫视频道进入覆盖率排名前二十位，其中北京卫视、浙江卫视和湖南卫视这三个省级卫视频道在城市地区排名较靠前，位居覆盖率排名表的第七到第九位。另外，安徽卫视、贵州卫视、天津卫视、四川卫视、山东卫视、江苏卫视和上海东方卫视也进入了覆盖排名表中前二十位，分别排在第九（并列）、十一、十二、十三、十四、十六（并列）和二十位。

表 1.1.7　2013 年城市地区卫视频道覆盖率排名前二十位

排名	频道	覆盖率（%）	排名	频道	覆盖率（%）
1	中央电视台综合频道	98.1	11	贵州卫视	85.6
2	中央台七套	91.9	12	天津卫视	85.3
3	中央台二套	91.6	13	四川卫视	85.2
4	中央电视台新闻频道	90.3	14	山东卫视	84.4
5	中央电视台少儿频道	90.0	15	中央台十二套	84.0
6	中央台十套	88.8	16	中央台四套	83.8
7	北京卫视	88.0	16	江苏卫视	83.8
8	浙江卫视	87.9	18	中央台十一套	82.8
9	湖南电视台卫星频道	87.4	18	中国教育台一套	82.1
9	安徽卫视	87.4	20	上海东方卫视	81.4

数据来源：CSM 媒介研究 2013 年全国收视调查网基础研究

与往年一样，2013年卫视频道在农村地区的覆盖率整体上要比在城市地区低（表1.1.8）。从排名前二十位的频道来看，在农村地区，2013年排名最后一位频道的覆盖率是73.4%，高于2012年的69.7%，尽管其低于城市地区的81.4%，但与2012年相比城乡差距进一步缩小。与在城市地区的情况相比，中央台频道在农村地区的覆盖强势地位更加明显，在覆盖率排名前八位的频道中，中央台频道有7个，另外还有中央台四套也进入了覆盖率排名前二十位。我们也可以看到，农村地区进入覆盖率排名前二十位的省级卫视频道比城市地区要多，达到11个，从频道排名来看，湖南卫视、浙江卫视和北京卫视在农村地区的覆盖率进入前十位，安徽卫视、贵州卫视、天津卫视、山东卫视、中国教育台一套、江西卫视、四川卫视、江苏卫视和上海东方卫视也进入了排名的前二十位。

表1.1.8　2013年农村地区卫视频道覆盖率排名前二十位

排名	频道	覆盖率（%）	排名	频道	覆盖率（%）
1	中央电视台综合频道	96.7	11	安徽卫视	78.7
2	中央台七套	90.9	12	贵州卫视	78.4
3	中央台二套	90.5	13	天津卫视	77.8
4	中央电视台少儿频道	87.7	14	山东卫视	77.3
5	中央电视台新闻频道	87.0	15	中国教育台一套	77.2
6	湖南电视台卫星频道	86.5	16	江西电视台卫星频道（一套）	75.7
7	中央台十套	85.9	17	四川卫视	73.9
8	中央台十二套	85.1	18	江苏卫视	73.8
9	浙江卫视	84.4	19	中央台四套	73.4
10	北京卫视	84.2	19	上海东方卫视	73.4

数据来源：CSM媒介研究2013年全国收视调查网基础研究

随着有线网络的普及以及数字电视的不断推广，频道竞争日益加剧，各卫视频道在不同地区的覆盖率明显不同。尽管中央台频道在各个地区都呈现出明显优势地位，但在不同地区，其优势还是呈现出不同程度的差异。CSM媒介研究2013年全国收视调查网基础研究数据表明，在覆盖率排名前二十位的频道中，中央台频道在东北地区有9个，在华北地区有8个，在华东地区有9个，在华南地区有10个，在华中地区有9个，而在西北和西南地区只有7个。中央电视台综合频道稳居各地区覆盖率排名表第一位，覆盖率都在96%以上。各省级卫视的覆盖率排名在不同地区差异很大，基本特点是在本地区的覆盖率排名优势较大。如在东北地区，辽宁卫视排在第二位，黑龙江卫视排在第六位；北京卫视、天津卫视和河北卫视在华北地区分别排在第四、第六和第九位；浙江卫视、安徽卫视和山东卫视在华东地区分别排第七、第十和第十一位；广东卫视在华南地区排第七位，湖南卫视和河南卫视在华中地区分别排第二和第八位；山西卫视和陕西卫视在西北地区分别排第十一和第十六位；四川卫视在西南地区则排第五位（表1.1.9—表1.1.15）。

表 1.1.9　2013 年东北地区卫视频道覆盖率排名前二十位

排名	频道	覆盖率（%）	排名	频道	覆盖率（%）
1	中央电视台综合频道	99.1	10	北京卫视	88.4
2	辽宁卫视	95.1	12	吉林卫视	88.2
3	中央台二套	94.8	12	中央台十二套	88.2
4	中央电视台新闻频道	93.2	14	天津卫视	87.4
5	中央台七套	93.0	15	山东卫视	85.1
6	黑龙江卫视	91.4	16	中国教育台一套	84.3
7	中央台十套	91.1	17	四川卫视	83.6
8	中央电视台少儿频道	90.2	18	湖南电视台卫星频道	83.5
9	浙江卫视	90.0	19	中央台六套	82.9
10	安徽卫视	88.4	19	中央台八套	82.9

数据来源：CSM 媒介研究 2013 年全国收视调查网基础研究

表 1.1.10　2013 年华北地区卫视频道覆盖率排名前二十位

排名	频道	覆盖率（%）	排名	频道	覆盖率（%）
1	中央电视台综合频道	96.8	10	贵州卫视	88.1
2	中央台二套	93.2	10	中央电视台新闻频道	88.1
3	中央台七套	92.4	13	中央台十一套	87.5
4	北京卫视	91.3	14	河南电视台卫星频道（一套）	86.6
5	中央电视台少儿频道	90.5	15	辽宁卫视	86.2
6	天津卫视	90.2	16	安徽卫视	85.9
7	中央台十二套	90.1	17	中国教育台一套	85.7
8	中央台十套	89.6	17	山西卫视	85.7
9	河北卫视	89.4	19	浙江卫视	85.2
10	山东卫视	88.1	20	湖南电视台卫星频道	84.8

数据来源：CSM 媒介研究 2013 年全国收视调查网基础研究

表 1.1.11　2013 年华东地区卫视频道覆盖率排名前二十位

排名	频道	覆盖率（%）	排名	频道	覆盖率（%）
1	中央电视台综合频道	98.0	11	山东卫视	85.0
2	中央台七套	92.0	12	中央台十二套	84.8
3	中央台二套	90.9	13	江西电视台卫星频道（一套）	83.9
4	中央电视台新闻频道	89.7	14	贵州卫视	83.7
5	中央电视台少儿频道	89.0	15	中央台四套	83.2
6	湖南电视台卫星频道	88.9	15	江苏卫视	83.2
7	浙江卫视	88.7	17	天津卫视	82.5
8	中央台十套	88.2	18	中央台十一套	82.4
9	北京卫视	87.1	19	上海东方卫视	81.7
10	安徽卫视	85.6	20	中国教育台一套	80.0

数据来源：CSM 媒介研究 2013 年全国收视调查网基础研究

表 1.1.12　2013 年华南地区卫视频道覆盖率排名前二十位

排名	频道	覆盖率（%）	排名	频道	覆盖率（%）
1	中央电视台综合频道	96.4	11	北京卫视	72.8
2	中央台七套	88.3	11	中国教育台一套	72.3
3	中央台二套	85.3	13	安徽卫视	72.1
4	中央电视台少儿频道	84.8	14	中央台十二套	71.2
5	中央电视台新闻频道	84.4	15	四川卫视	70.5
6	湖南电视台卫星频道	81.4	16	江苏卫视	69.5
7	广东卫视	80.8	16	江西电视台卫星频道（一套）	69.5
8	浙江卫视	80.4	18	中央台五套	68.9
9	中央台十套	76.2	19	山东卫视	68.6
10	中央台四套	74.4	20	中央台三套	68.3

数据来源：CSM 媒介研究 2013 年全国收视调查网基础研究

表 1.1.13　2013 年华中地区卫视频道覆盖率排名前二十位

排名	频道	覆盖率（%）	排名	频道	覆盖率（%）
1	中央电视台综合频道	96.8	11	浙江卫视	82.0
2	湖南电视台卫星频道	89.1	12	湖北卫视	79.3
3	中央台七套	88.9	13	安徽卫视	77.6
4	中央台二套	88.3	14	天津卫视	75.1
5	中央电视台少儿频道	87.6	15	中央台十一套	74.3
6	中央台十套	85.8	16	贵州卫视	74.1
7	中央电视台新闻频道	85.0	17	山东卫视	72.6
8	河南电视台卫星频道（一套）	83.1	18	江西电视台卫星频道（一套）	71.8
9	中央台十二套	82.7	18	中央台四套	71.8
9	北京卫视	82.7	20	重庆卫视	71.0

数据来源：CSM 媒介研究 2013 年全国收视调查网基础研究

表 1.1.14　2013 年西北地区卫视频道覆盖率排名前二十位

排名	频道	覆盖率（%）	排名	频道	覆盖率（%）
1	中央电视台综合频道	97.1	11	山西卫视	85.2
2	中央台二套	92.4	12	辽宁卫视	84.9
3	中央台七套	92.3	13	中央台十二套	84.5
4	北京卫视	88.5	14	重庆卫视	84.4
5	中央电视台少儿频道	87.9	15	四川卫视	84.2
6	中央电视台新闻频道	87.7	16	陕西卫视	84.1
7	安徽卫视	87.6	16	浙江卫视	84.1
8	湖北卫视	86.3	18	天津卫视	83.8
8	中央台十套	86.3	19	河北卫视	82.5
10	贵州卫视	85.6	20	甘肃卫视	82.4

数据来源：CSM 媒介研究 2013 年全国收视调查网基础研究

表 1.1.15　2013 年西南地区卫视频道覆盖率排名前二十位

排名	频道	覆盖率（%）	排名	频道	覆盖率（%）
1	中央电视台综合频道	96.5	11	浙江卫视	86.6
2	中央台二套	92.5	12	重庆卫视	86.4
3	中央台七套	91.9	13	贵州卫视	85.8
4	湖南电视台卫星频道	90.9	14	东南卫视	81.6
5	四川卫视	90.5	15	天津卫视	81.1
6	中央电视台少儿频道	89.8	16	中国教育台一套	81.0
7	中央台十套	89.6	17	江西电视台卫星频道（一套）	78.1
8	中央电视台新闻频道	89.3	18	安徽卫视	77.9
9	中央台十二套	89.2	19	湖北卫视	75.9
10	北京卫视	87.7	19	山东卫视	75.9

数据来源：CSM 媒介研究 2013 年全国收视调查网基础研究

二、电视观众特征

新兴媒体技术的发展、国家政策的推动、经济文化的发展以及受众的收视习惯，都对电视观众特征产生影响。2013 年，全国电视观众性别结构基本维持稳定，与人口性别构成差别很小；中青年群体仍为观众主体，观众凸显年轻化特征；中低学历观众是主体受众群体，城市观众文化程度明显高于乡村；无业群体占据观众比例较大，城乡观众职业构成有明显差异；低收入观众所占比例较大，城市观众中中高收入人群比重高于农村。

1. 全国电视观众规模达 12.75 亿人，比 2012 年略有减少

继 2008 年国家提前实现中央广播电视节目“十一五”农村无线覆盖目标后，国家又推出“家电下乡、以旧换新”等政策，并大力推进数字电视转换，在多项政策的共同推动下，全国电视观众规模连续多年呈现增长态势；但由于受到新媒体的冲击及其他因素的影响，这一趋势在 2013 年开始出现变化。CSM 媒介研究全国测量仪收视调查网 2013 年基础研究数据显示，2013 年中国大陆年龄在 4 岁及以上的电视观众规模达到 12.75 亿人，占全国 4 岁及以上人口的 98.6%。与 2012 年相比，2013 年中国电视观众规模减少了 304.1 万人，减少幅度为 0.24%。

2. 电视观众性别结构基本维持稳定，与人口性别构成差别很小

CSM 媒介研究 2013 年全国测量仪收视调查网电视观众数据显示，男性观众比例为 51.0%，女性观众比例为 49.0%，与 2012 年 CSM 媒介研究的调查数据差别很小，说明目前我国电视观众的性别结构基本维持稳定。同时，我国电视观众性别结构与中国内地人口的性别构成差别也很小，《中国统计年鉴（2013）》数据显示，2012 年全国男性人口占总人口的 51.3%，女性人口占 48.7%。城乡电视观众的性别比例与全国整体观众的

性别比例趋势保持一致，在城市观众中，男性群体所占比例为51.2%，女性群体所占比例为48.8%；在农村，男女观众所占的比例则分别为50.9%和49.1%（图1.2.1）。

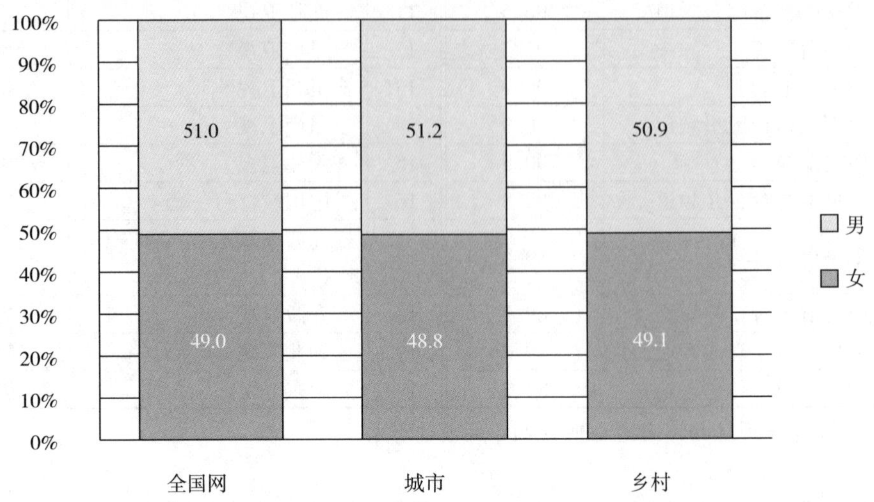

数据来源：CSM媒介研究

图1.2.1　2013年全国测量仪收视调查网及分城乡电视观众的性别构成（%）

3. 中青年群体为观众主体，观众凸显年轻化特征

从全国电视观众整体来看，2013年，35—44岁和15—24岁这两个群体在所有电视观众中所占的比例较大，分别为19.1%和17.7%，二者之和占据了超过了1/3的份额；25—34岁和45—54岁观众群的比例也分别达到了15.5%和14.6%，二者占据了超过30%的份额；4—14岁、55—64岁和65岁及以上的观众群体所占比例较小，分别为12.7%、11.0%和9.4%。电视观众凸显出年轻化的特征。比较城市观众和乡村观众的年龄构成可以看出，乡村观众中4—24岁青少年观众的合计比例高于同年龄段城市观众，而25—54岁的中青年合计观众比例则低于城市同年龄段观众，55岁及以上的老年观众所占比例高于城市同年龄段的观众所占比例（图1.2.2）。

4. 中低学历观众是主体受众群体，城市观众文化程度明显高于乡村

从全国电视观众的文化程度构成来看，中低学历观众占据了绝对优势。其中初中文化程度观众比例高达36.1%，小学文化程度观众比例为26.5%，高中文化程度的观众占据了17.3%的比例；未受过正规教育的观众所占比例为10.9%，而大学及以上文化程度的观众只占据了9.2%的比例，是所有观众群体中占比最少的一类人群。总体而言，我国电视观众主体人群的学历不高。比较城乡观众的文化程度构成，可以看出城市观众的文化程度要明显高于乡村观众，城市观众中高中及以上文化程度观众比例高达41.8%，而乡村观众中该比例仅为17.2%；城市观众中小学及以下文化程度观众占26.1%，而乡村观众中该群体的比例则高达44.3%（图1.2.3）。

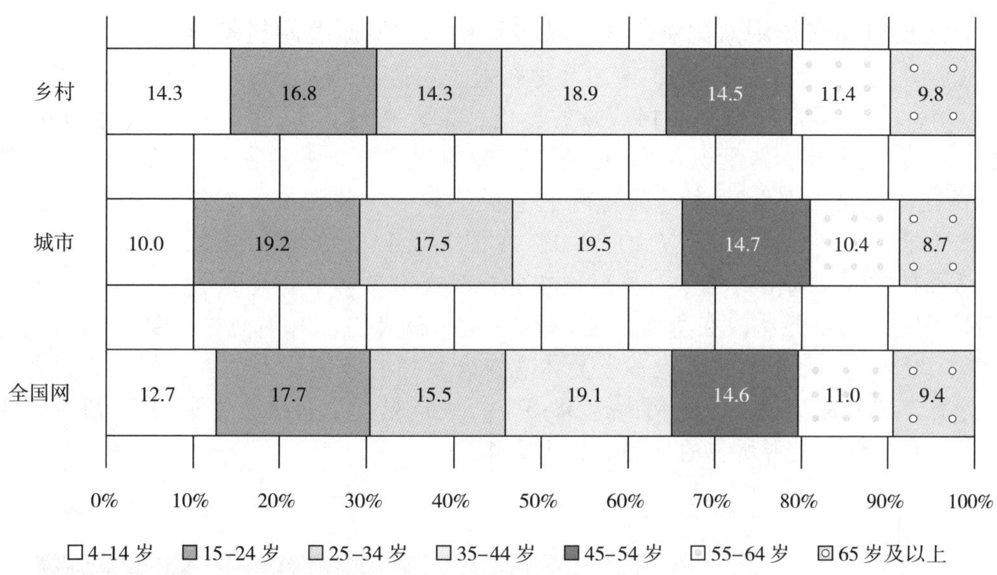

数据来源：CSM 媒介研究

图 1. 2. 2 2013 年全国测量仪收视调查网及分城乡电视观众的年龄构成（%）

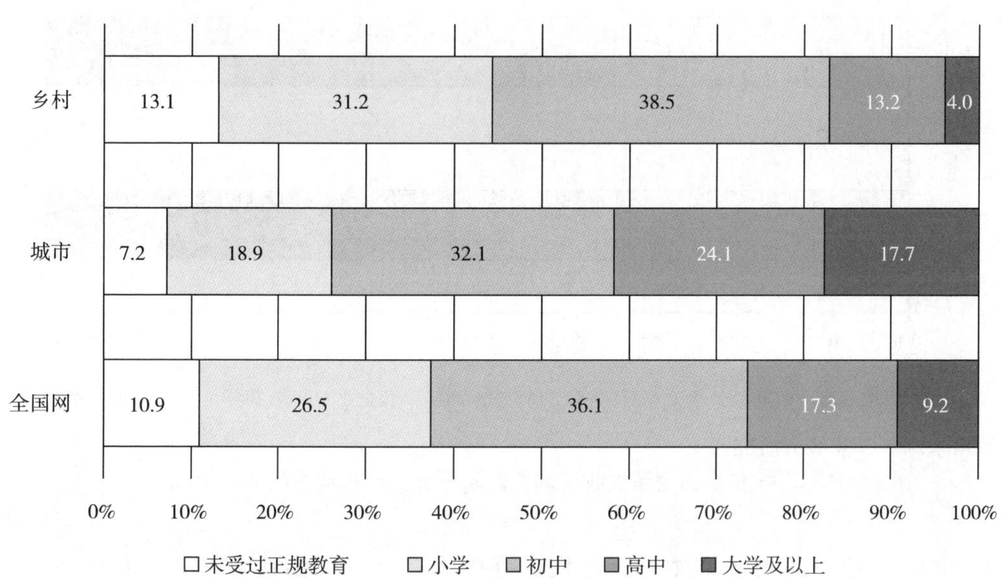

数据来源：CSM 媒介研究

图 1. 2. 3 2013 年全国测量仪收视调查网及分城乡电视观众的文化程度构成（%）

5. 无业群体占据观众比例较大，城乡观众职业构成有明显差异

从全国观众整体来看，2013 年，无业群体（包括离退休人员）在电视观众中占据了较大比例，为 20.0%；学生占 14.7% 的比例，工人占到了 12.9% 的比例，然后依次为个体/私营企业人员、初级公务员/雇员和干部/管理人员，分别占到了 12.3%、9.4% 和 1.7% 的比例。全国测量仪收视调查网中包括了对乡村的调查，农民包含在其他类中，因此该群体占到了全国电视观众的 29.0%（图 1.2.4）。分城乡来看，无论在城市还是农村，无业群体（包括离退休人员）均在电视观众中占据了较大的比例，其中城市观众中有 23.3% 的无业群体，在所有职业类别中占比最大，乡村观众中该群体比例也高达 18.0%。城乡观众职业构成最大的差异体现在农村拥有较高比例的农民群体，由此使得职业类别为“其他”的观众比例高达 38.3%。城市观众中初级公务员/雇员所占的比例明显高于乡村该类人群所占的比例（图 1.2.4）。

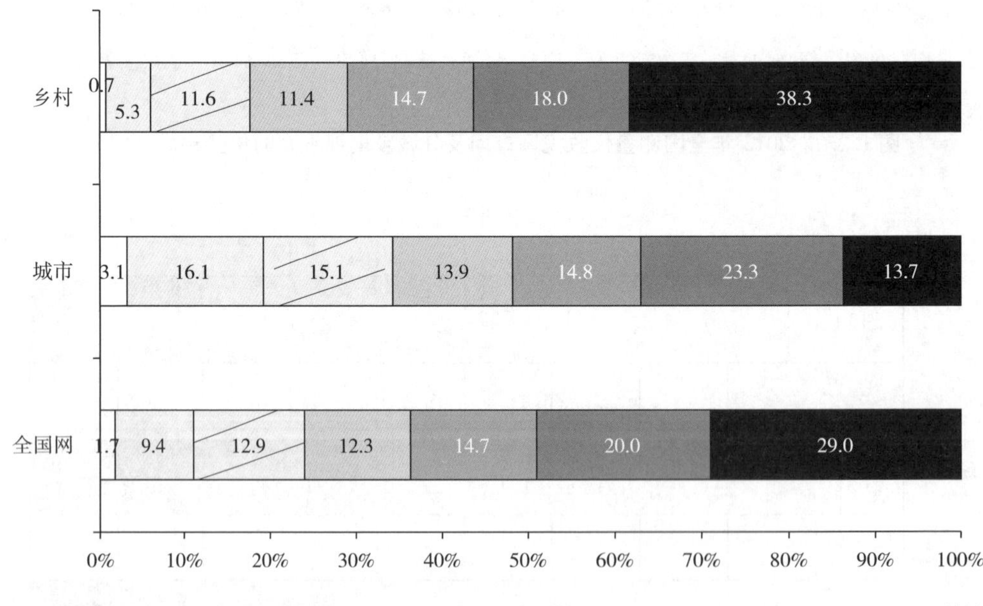

数据来源：CSM 媒介研究

图 1.2.4　2013 年全国测量仪收视调查网及分城乡电视观众的职业构成（%）

6. 低收入观众所占比例较大，城市观众中中高收入人群比重高于农村

从全国观众整体来看，2013 年，个人月收入在 0—300 元的低收入群体所占比例最大，达 40.0%。在城市观众中，个人月收入在 1701 元及以上的中高收入人群所占比重为 47.0%，接近半数；反观农村观众，个人月收入在 1701 元及以上的中高收入人群所占比重为 24.5%，较城市该收入人群所占比重少了 22.5 个百分点。城市观众中中高收入人群所占比重明显高于乡村中该类人群所占的比重，乡村中低收入人群所占比重较大（图 1.2.5）。

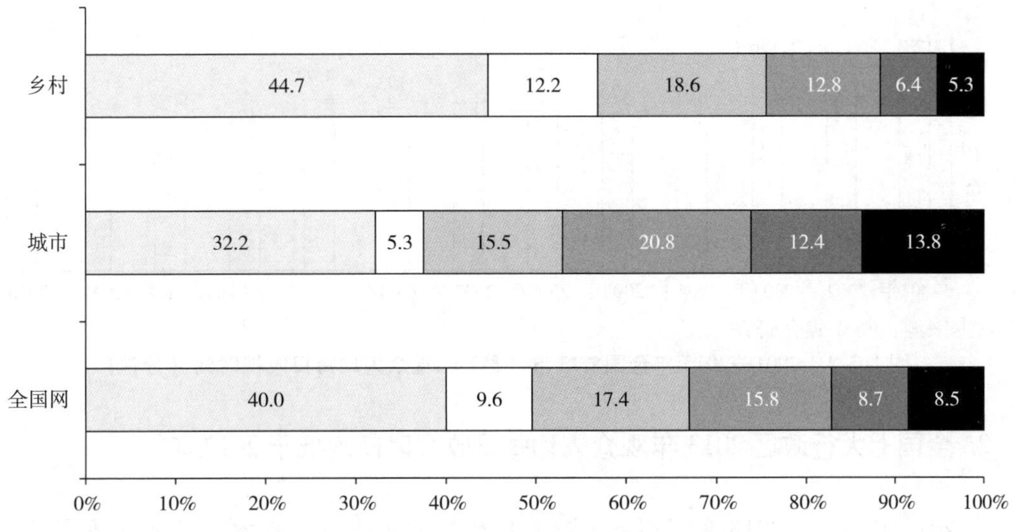

数据来源：CSM 媒介研究

图 1.2.5　2013 年全国测量仪收视调查网及分城乡电视观众的个人月收入构成（%）

三、观众收视行为

2013 年观众人均收视时间低于 2012 年，全年收视率走势在春节、暑假和国庆期间出现收视高峰，以晚间黄金时段为代表的传统黄金收视资源出现了小幅萎缩，全天多个时段收视水平较 2012 年均有下滑。

（一）人均收视时间

1. 2013 年全国电视观众人均每日收视时间为 165 分钟

自 2001 年以来，我国电视观众人均收视时间呈现出波动下行的发展态势（图 1.3.1）。在 2005 年和 2006 年，由于各级电视台在新闻和综艺等节目形态上的大力创新和突破，以及世界杯等特殊事件的推动，观众人均收视时间曾一度出现回升趋势；然而到 2007 年，由于观众对选秀和民生新闻等新节目形态产生“审美疲劳”，以及缺乏特殊事件的支撑，观众人均收视时间又出现下降；2008 年和 2009 年，由于北京奥运会的举办、新中国成立六十周年大庆等一系列重大事件的发生，观众的注意力又重新回到电视上来，人均每日收视时间又略有回升；继 2010 年全国电视观众人均收视时间下降后，2011 年全国观众人均收视时间继续下降，为 166 分钟，是 2001 年来的最低值；2012 年由于伦敦奥运会的举办，全国电视观众人均每日收视时长为 169 分钟，较 2011 年上升，但仍低于 2011 年以前每年的人均收视时长；2013 年收视又出现下滑，人均每日收视时间 165 分钟，为历年来最低。

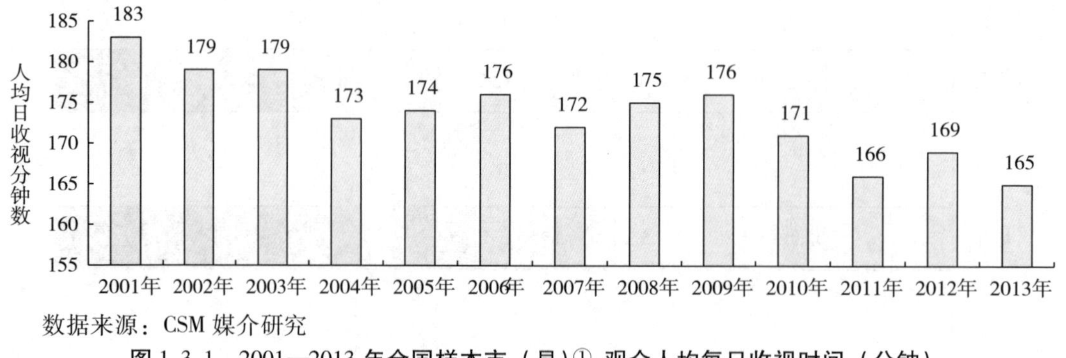

数据来源：CSM 媒介研究

图 1.3.1　2001—2013 年全国样本市（县）[①] 观众人均每日收视时间（分钟）

2. 全国七大行政区 2013 年观众人均每日收视时间均低于 2012 年

与 2012 年相比，2013 年全国七大行政区的人均收视时间都有不同程度的下降。东北地区的人均每日收视分钟数从 2012 年的 190 分钟减少至 2013 年的 184 分钟，减幅最大，达 6 分钟；其次为华东和华北，分别从 2012 年的 162 分钟和 198 分钟减少到了 2013 年的 157 分钟和 193 分钟，均减少了 5 分钟；然后是华南和西北，较 2012 年均减少了 3 分钟；华中地区从 2012 年的 166 分钟减少到了 2013 年的 164 分钟，是减幅较小的一个地区（表 1.3.1）。

表 1.3.1　2001—2013 年全国七大行政区观众人均每日收视时间（分钟）

地区	2001年	2002年	2003年	2004年	2005年	2006年	2007年	2008年	2009年	2010年	2011年	2012年	2013年
东北	189	189	190	185	193	198	199	202	198	191	185	190	184
华北	200	202	204	195	195	198	193	196	197	196	196	198	193
西北	193	196	194	180	185	187	182	186	182	180	168	172	169
西南	181	179	177	175	179	183	173	163	166	169	166	174	170
华东	177	166	168	165	164	166	164	172	172	168	162	162	157
华南	184	172	173	168	169	171	163	169	167	152	148	149	146
华中	169	168	164	154	157	160	158	162	166	166	164	166	164

数据来源：CSM 媒介研究

从各大行政区人均收视时间的差异来看，目前华北和东北地区仍然是电视收视水平较高的区域，这很大程度上与上述地区冬季时间较长、气温较低、人们的室内生活时间相对较长有关。相比较而言，在气温相对较高、经济相对发达、人们业余生活相对丰富的华南、华东和华南地区，观众的人均每日收视时间明显较短（图 1.3.2）。

① 注：2009 年以前的数据包含有样本城市和样本县，从 2009 年起全部为样本城市。

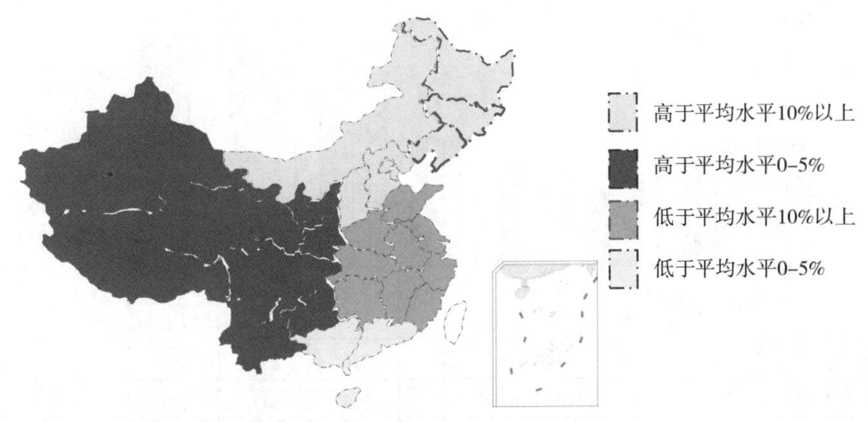

数据来源：CSM 媒介研究

图 1.3.2 2013 年电视观众人均每日收视时间的区域差异

3. 女性观众人均收视时间多于男性观众

CSM 媒介研究收视调查数据显示，2013 年中国女性观众人均每日收视时间为 170 分钟，男性观众为 161 分钟，女性观众平均每日收视时间比男性观众长 9 分钟。不论是男性观众还是女性观众，收视时长较 2012 年均有减少（表 1.3.2）。从近几年的数据来看，女性观众收视时间长于男性观众是一个规律性现象，而伴随着互联网等新媒体的发展，男性观众对电视的注意力出现了更明显的游离。

表 1.3.2 2001—2013 年全国样本市（县）男女观众平均每日收视时间（分钟）

性别	2001年	2002年	2003年	2004年	2005年	2006年	2007年	2008年	2009年	2010年	2011年	2012年	2013年
男	182	177	176	171	172	173	168	172	171	167	162	164	161
女	183	180	181	175	177	179	176	179	180	176	171	173	170

数据来源：CSM 媒介研究

4. 老年观众收视稳中有升，中青年观众收视衰减

老年观众除了在人数上是中国电视观众的一个重要群体之外，还因其较长的人均收视时长而成为电视收视的主要支撑。2013 年 65 岁及以上和 55—64 岁老年人群体的人均每日收视分钟数分别为 274 分钟和 254 分钟，65 岁及以上人群人均收视时间和前几年相比有明显提升。2013 年 45—54 岁群体人均收视时间为 214 分钟，较 2011 年有所增加，较 2010 年和 2012 年则有所下降。15—44 岁的观众群体 2013 年的人均每日收视分钟数为 95—150 分钟，较大幅度地低于老年群体的人均收视时间；15—34 岁的观众群体自 2010 年以来连续三年处于持续下降趋势，特别是 15—24 岁群体，人均收视时间由 2010 年的 111 分钟下降为 2013 年的 95 分钟，减少了 16 分钟，25—34 岁的观众群体也从 2010 年的 133 分钟下滑到了 2013 年的 119 分钟，减少了 14 分钟。受新媒体和其他娱乐方式的影响，青少年群体对电视这种传统媒体的注意力在逐渐越弱，这一趋势有向中年人群蔓延的趋向（图 1.3.3）。

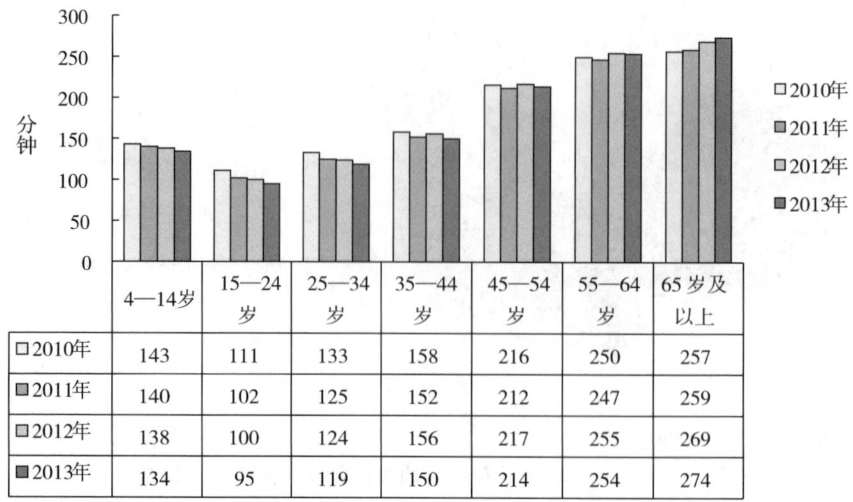

	4—14岁	15—24岁	25—34岁	35—44岁	45—54岁	55—64岁	65岁及以上
□2010年	143	111	133	158	216	250	257
■2011年	140	102	125	152	212	247	259
□2012年	138	100	124	156	217	255	269
■2013年	134	95	119	150	214	254	274

数据来源：CSM 媒介研究

图 1.3.3　2010—2013 年全国样本城市不同年龄段观众人均每日收视时间

5. 中等学历观众收视时间较长，所有教育程度观众人均收视时间均比 2012 年有所下降

中等学历观众一直拥有较长的人均每日收视时间。2013 年，初中文化程度观众的人均每日收视时间达到 181 分钟，明显高于其他学历群体；小学和高中文化程度群体的人均每日收视时长分别为 177 分钟和 166 分钟；未受过正规教育和大学及以上教育程度群体每天分别用 157 分钟和 136 分钟的时间看电视。与 2012 年相比，2013 年所有教育程度群体的收视时间均出现了不同程度的下降（图 1.3.4）。

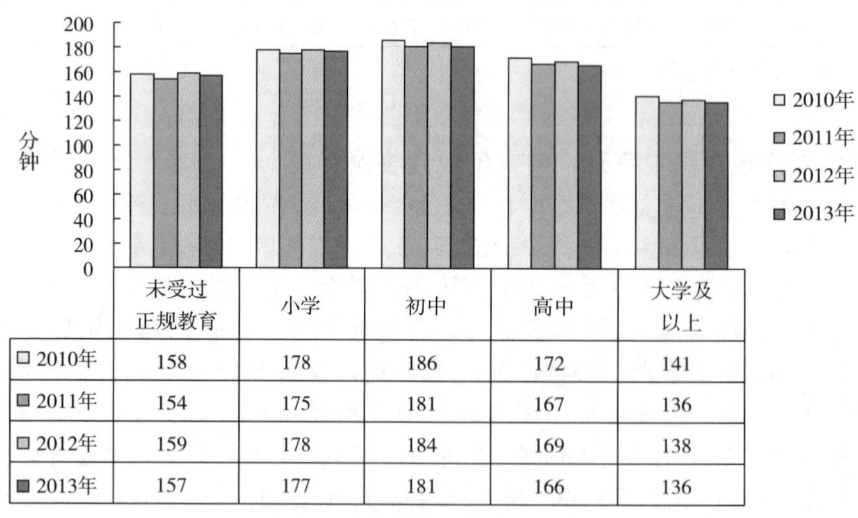

	未受过正规教育	小学	初中	高中	大学及以上
□2010年	158	178	186	172	141
■2011年	154	175	181	167	136
□2012年	159	178	184	169	138
■2013年	157	177	181	166	136

数据来源：CSM 媒介研究

图 1.3.4　2010—2013 年全国样本城市不同教育程度观众人均每日收视时间

（二）全年收视走势

1. 2013 年全年收视走势高峰迭起，收视水平整体回落

从全年收视走势来看，相较于2012 年的收视水平回升，2013 年收视表现较为平淡，出现整体下滑。春节期间出现了收视小高峰，收视率峰值达到 13.46%，明显低于 2012 年春节期间收视率峰值 14.15% 的水平。2012 年伦敦奥运会正处于学生的暑假期间，因此形成了暑期 + 奥运这样一个收视高峰期，接下来的国庆长假期间收视表现也较好；2013 年缺乏大事件的支撑，暑期和国庆期间收视水平明显低于 2012 年，收视走势较为平缓（图 1.3.5）。整体来看，2013 年的收视水平比 2012 年有明显下降趋势。

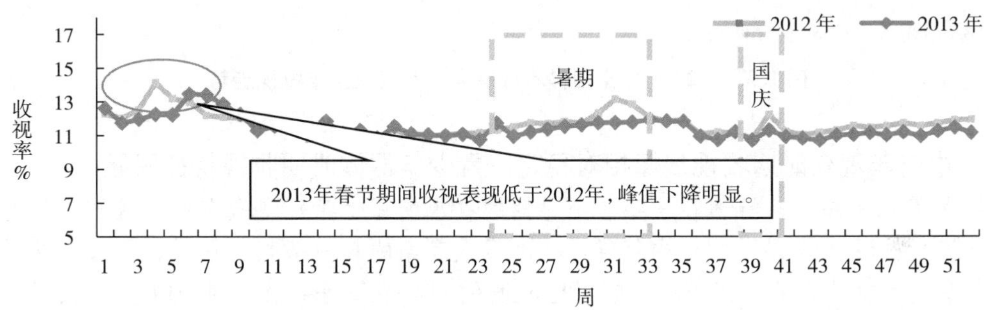

数据来源：CSM 媒介研究

图 1.3.5　2012 年和 2013 年全国样本城市观众全年收视走势

2. 北方地区各时期收视普遍较高，冬、春季优势最为明显

东北、华北和西北地区在全年各个时期的收视水平普遍高于华东、华南、华中和西南地区。由于北方冬季较长，户外气温较低，人们比较偏向于在家收看电视，故而北方地区在“五一”之前和“十一”之后的收视要明显高于南方地区（图 1.3.6）。

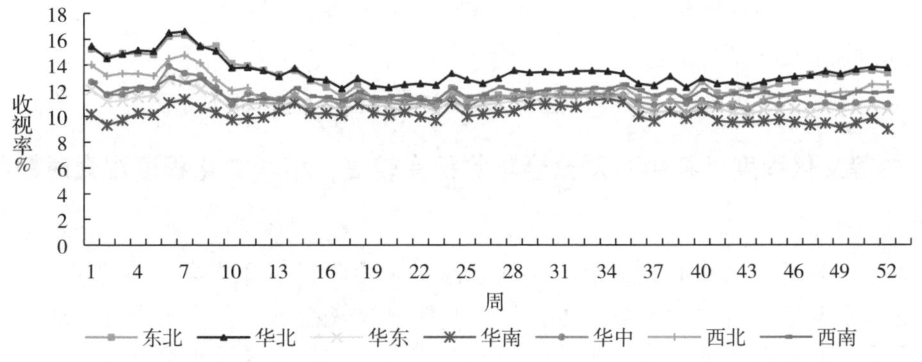

数据来源：CSM 媒介研究

图 1.3.6　2013 年全国七大行政区观众全年收视走势

3. 女性观众全年收视表现略优于男性观众

2013 年全年男女观众的时期收视走势基本相同，女性观众收视表现略优于男性观众（图 1.3.7）。

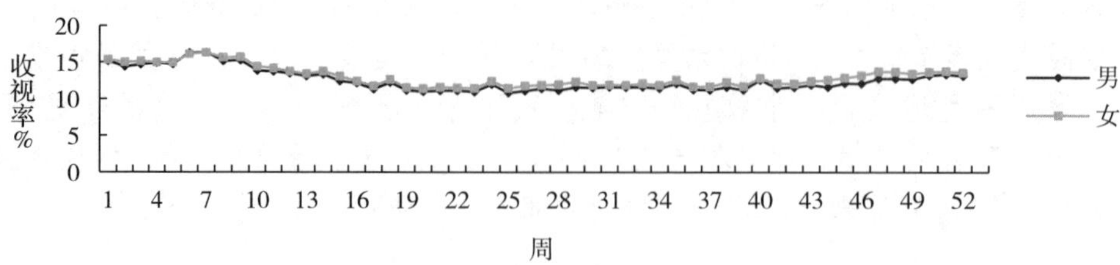

数据来源：CSM 媒介研究

图 1.3.7 2013 年全国样本城市男、女观众全年收视走势

4. 中老年观众时期收视规律相对稳定，青少年群体时期收视特征明显

45 岁及以上中老年群体在全年各个时期的收视均高于年轻观众群体，且收视的时期波动性较小；34 岁及以下的青少年群体在大多数时期的收视都相对偏低，不过在寒暑假以及黄金周等特殊时期，该类群体拥有比较明显的收视高潮，尤以 4—14 岁观众群体表现更为明显（图 1.3.8）。

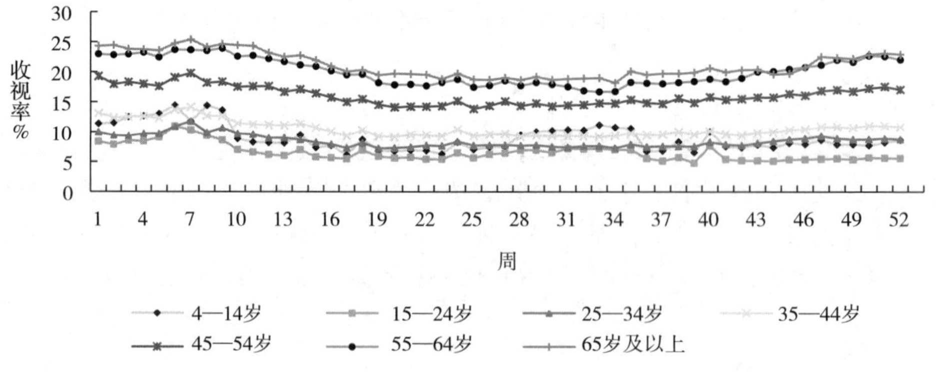

数据来源：CSM 媒介研究

图 1.3.8 2013 年全国样本城市不同年龄观众全年收视走势

5. 中等文化程度（初中）观众全年收视率较高，小学文化程度观众时期收视特征明显

中等文化程度（初中）观众在全年大多数时期的收视率都略高于其他群体。在小学文化程度的观众中，有大批学龄儿童，他们的电视收视明显受到寒暑假等时期因素的影响，故而拥有相对明显的时期收视高峰，七八月间小学教育程度观众的收视水平有明显提升（图 1.3.9）。

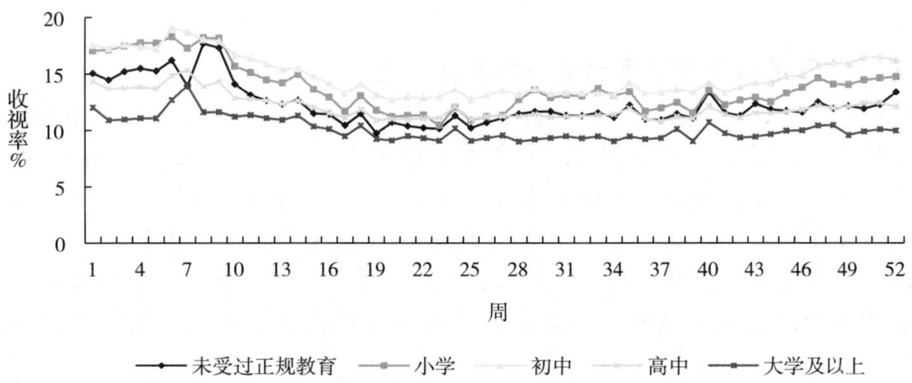

数据来源：CSM 媒介研究

图 1.3.9 2013 年全国样本城市不同教育程度观众全年收视走势

（三）全天收视走势

1. 全天收视走势规律基本稳定，黄金资源略有萎缩

与 2012 年相比，2013 年电视观众的全天收视走势规律基本保持稳定。全天收视率走势曲线呈现双峰形，最突出的一个高峰出现在晚间19:00—22:00，最高收视率水平接近40%；第二个收视高峰出现在午间12:30前后，最高收视率接近14.5%（图 1.3.10）。总体来说，观众全天收视率走势由于与观众日常工作和生活习惯相符，将长期保持基本稳定态势。

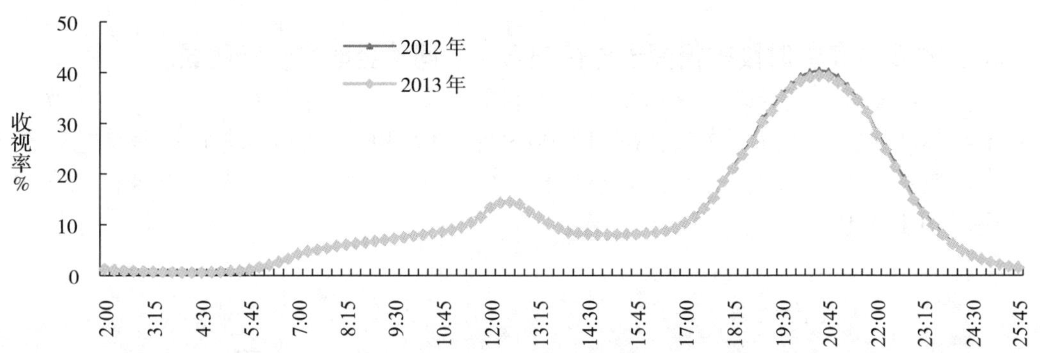

数据来源：CSM 媒介研究

图 1.3.10 2012 年、2013 年全国样本城市观众全天收视走势

在全天收视走势规律基本稳定的情况下，2013 年每日晚间的收视黄金资源出现了微萎缩，主要体现在晚间黄金时段18:30—21:00和后晚间时段22:00—23:15的收视率下降上，其中20:15—21:00时段收视率的下降幅度最大，超过 1 个百分点。全天多个时段收视水平较 2012 年有不同程度的下降。

2. 观众全天收视走势呈现出区域性差异特征

中国幅员辽阔，不同区域的观众由于不同的工作和生活习惯而形成了不同的电视收视规律。收视数据显示，东北、华北和华东等地区由于地理位置偏东，日出时间较早，故而收视行为开始得比较早，其中东北地区在早间7:00就出现了10%以上的收视率；同时上述地区由于天黑时间比较早，故晚间时段的收视高峰也开始得比较早，在18:00前后就出现了收视曲线的上升。相比较而言，地理位置相对偏西的西北和西南等地则在深夜时段出现相对较高的收视率；华南地区晚间黄金段的收视率明显低于其他地区（图1.3.11）。

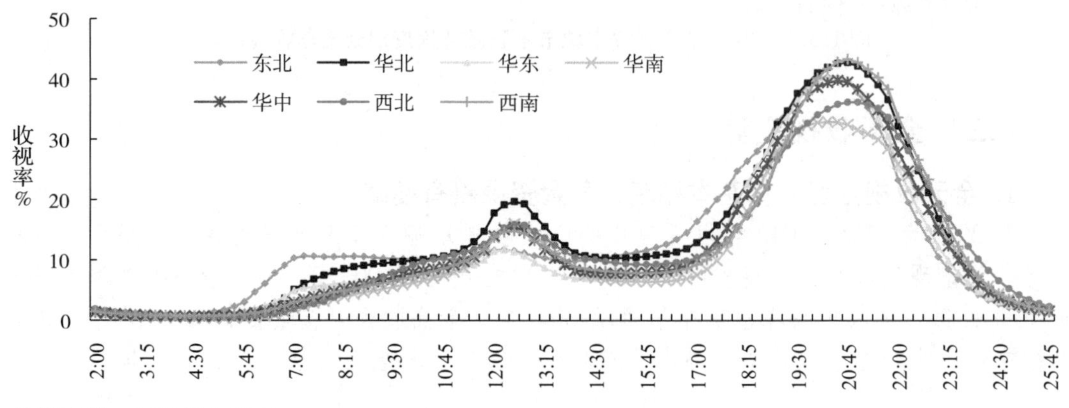

数据来源：CSM媒介研究

图1.3.11　2013年全国七大行政区观众全天收视走势

3. 女性观众多数时段收视高于男性观众，晚间黄金时段优势明显

男女观众全天收视走势的整体规律基本相似。女性观众在全天大多数时段的收视率都高于男性观众，其中以下午12:00—17:00和晚间19:30—22:30等电视剧和综艺娱乐节目播出的集中时段最为明显，晚间黄金时段女性观众的收视表现大大优于男性观众的收视表现（图1.3.12）。

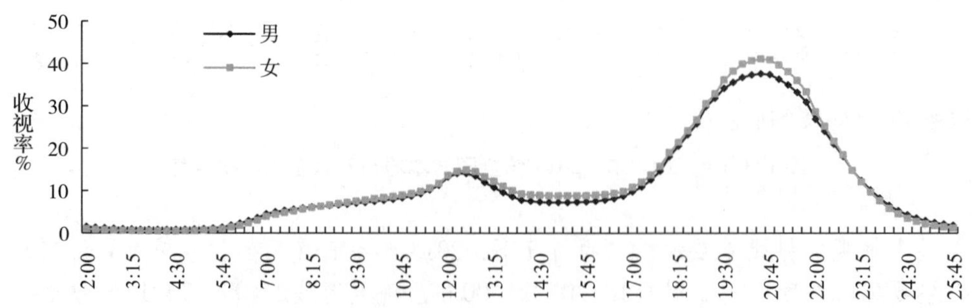

数据来源：CSM媒介研究

图1.3.12　2013年全国样本城市不同性别观众全天收视走势

4. 生活习惯、工作安排影响不同年龄段观众全天收视走势

受生活习惯和工作安排的影响，不同年龄群体的全天收视走势呈现较大差异。55 岁及以上老年群体拥有相对较长的闲暇时间和相对自主的时间安排，故而在全天大多数时段的收视都明显领先于其他群体，其中在晚间黄金时段老年群体的收视率高达 61% 以上。35—54 岁的中青年群体受工作安排的影响，在日间时段的收视率偏低，晚间黄金时段同样拥有比较突出的收视高峰。34 岁及以下的青少年群体和儿童群体受上学时间的限制，以及更有兴趣接受看电视以外的娱乐休闲活动，整体收视水平比较低，晚间收视高峰开始得相对较晚，结束得也比较早，全天收视峰值偏低（图 1. 3. 13）。

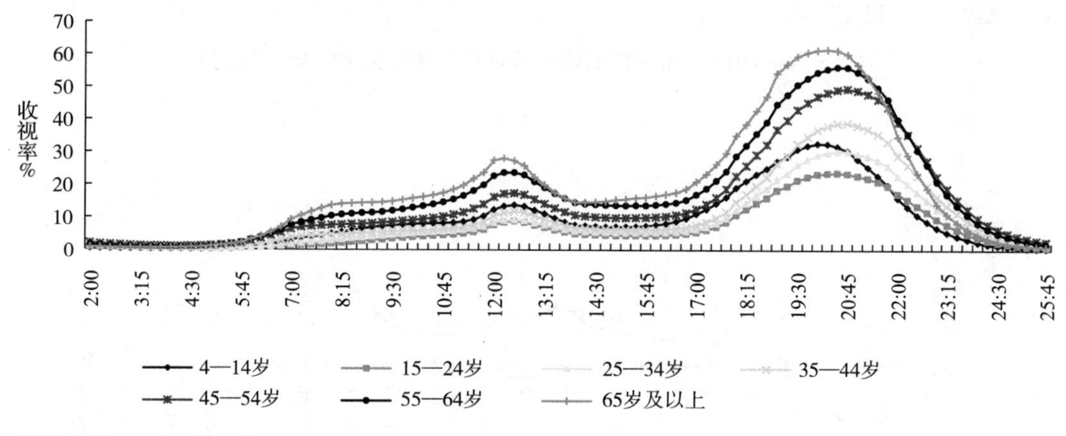

数据来源：CSM 媒介研究

图 1. 3. 13　2013 年全国样本城市不同年龄观众全天收视走势

5. 不同文化程度观众全天收视走势呈现差异

不同文化程度的观众往往从事不同的职业，拥有不同的工作和生活习惯，故而全天收视走势也会有一定差别。收视数据显示，小学和初中学历观众群体全天收视水平较高，撑起了午间和晚间收视高峰的峰值；未受过正规教育的观众群体晚间收视高峰提前于其他受教育程度观众群体，在20:00左右达到了全天的收视高峰，从21:30左右则出现了收视曲线的下滑；相比较而言，高中和大学及以上教育程度观众群体则在晚间20:30前后出现收视高峰，且收视高峰跨度比较大，在22:00之后时段拥有明显高于低教育程度群体的收视水平（图 1. 3. 14）。

6. 周末白天收视率明显高于工作日

与其他任何常态年份的情况基本一致，同工作日相比，2013 年中国观众周末的收视优势主要体现在日间时段。从 2013 年观众在周末和工作日的全天收视走势来看，周末早间8:00至下午18:00期间的收视率要明显高于工作日（图 1. 3. 15）。相比较而言，观众在工作日和周末晚间黄金时段的收视基本相近，21:00—24:00时段周末收视率也要略高于工作日。

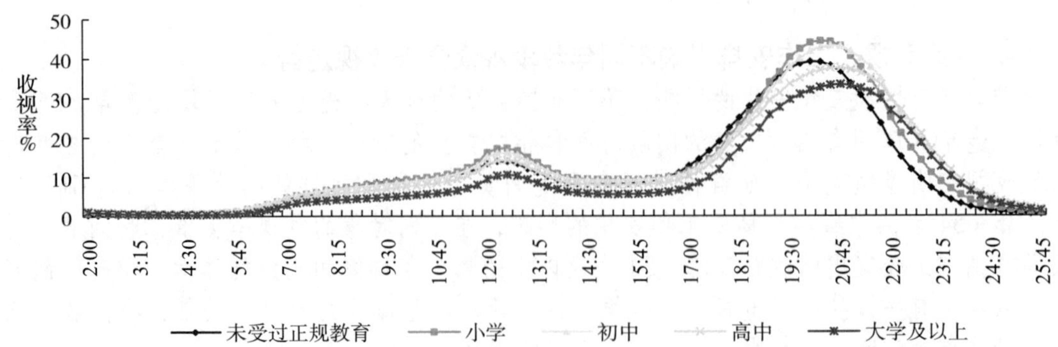

数据来源：CSM 媒介研究

图 1.3.14 2013 年全国样本城市不同教育程度观众全天收视走势

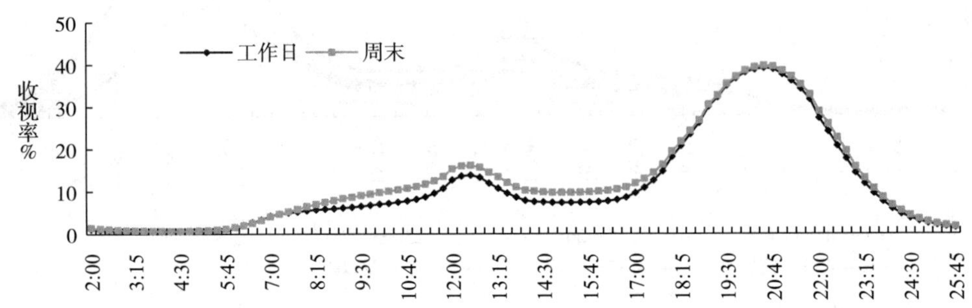

数据来源：CSM 媒介研究

图 1.3.15 2013 年全国样本城市周末和工作日全天收视走势

四、频道竞争格局

2013 年对于中国电视收视市场来说是波澜不惊的一年，但这一年中似乎又蕴藏着一些不寻常的变化。尽管近些年整体市场上表现出上星频道逐渐蚕食地面频道市场空间的迹象，但是在一些重点城市市场上，本土频道的竞争优势仍然不可撼动，央视和外省卫视作为外来频道开拓市场空间举步维艰。2013 年，这样的形势有破局的前兆，包括中央台和外省卫视在内的上星频道，在节目创新、品牌打造和资源运作等方面投入了更多的人力物力财力，尤其是中央电视台在2013 年不断加大改革步伐，在电视节目创新领域主动放下身段，汲取各方之长，在全国市场和重点城市市场竞争力的提升有目共睹。虽然强势本土频道依然强势，但是未来的电视收视市场上无疑会增加更多的变数。

（一）全国电视收视市场的频道竞争格局

1. 中央台竞争力进一步提升，地面频道市场空间萎缩

2013 年，全国 150 城市电视收视市场上，强势频道之间的竞争愈演愈烈，而强势频道和非强势频道之间的生存空间争夺也并未停止。中央电视台2013 年继续加大了在节目

创新理念、重大事件报道以及频道品牌打造上的种种努力，市场份额进一步提高，由2012年的27.4%增至2013年的28.7%，连续两年保持增长。省级上星频道则稳固了自己的市场地位，市场份额与上年相比没有变化。在整体市场蛋糕一定的情况下，卫视频道的步步进攻，使得近年来一直进行“领土保卫战”的地面频道在2013年面临市场空间进一步萎缩的困境，省级非上星频道2013年市场份额为21.0%，较上年减少0.7个百分点。中国教育台市场份额也有所下降，由2012年的0.5%降至2013年的0.4%（图1.4.1）。

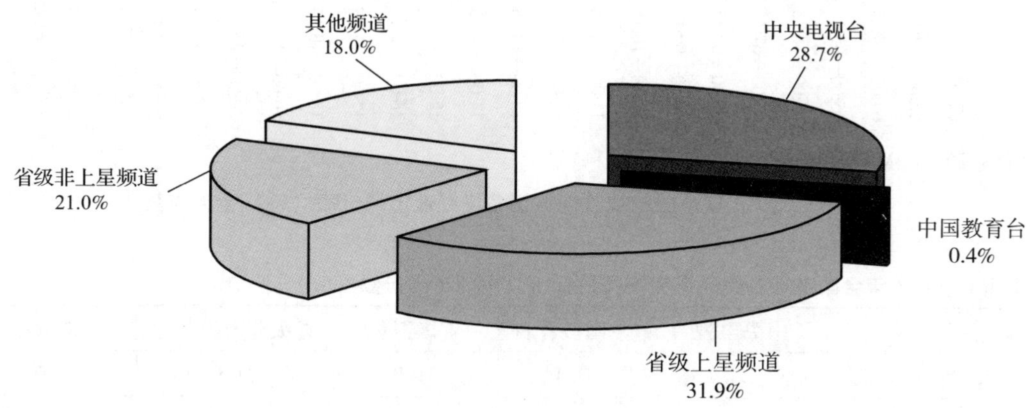

数据来源：CSM媒介研究

图1.4.1　2013年全国电视收视市场上各类频道的市场份额（%）

2. 各级频道坚守自身优势时段，省级卫视晚间编排优势凸显

具体到2013年全天不同时段的收视竞争，各级频道基本上保持了在自身传统优势时段的竞争力。中央电视台在早间、午间和7:00档新闻时段的绝对竞争优势明显，主流媒体的影响力更集中体现在新闻节目的舆论引导力和品牌影响力上。省级卫视则在下午时段和20:00之后的晚间黄金及后黄金时段拥有较强的竞争力，经过1年多的调整适应，从晚间时段市场份额走势图（图1.4.2）上，我们已经能清晰地看到省级卫视晚间3集电视剧连播所形成的持续竞争力，而在以往名不见经传的后晚间时段，省级卫视通过编排创新的综艺节目和专题节目，在激烈的市场竞争中杀出重围。省级地面频道在傍晚的新闻时段竞争力明显提升，全天市场份额峰值集中于此，且跨度持续时间较长，延伸至电视剧时段。

3. 各级频道在细分收视群体中影响力差异互补，省级卫视在年轻受众中优势明显

近年来，各级频道凭借对自己传统优势资源和核心受众的把控，基本上形成了较为稳定的竞争格局，而且各级频道之间表现出一定的差异和互补。中央台在男性、高学历、中高收入群体中拥有较强的影响力；省级卫视在女性、年轻、学生群体中感召力更强；省级地面频道的重度受众群体更趋中老年化、中低学历化（表1.4.1）。

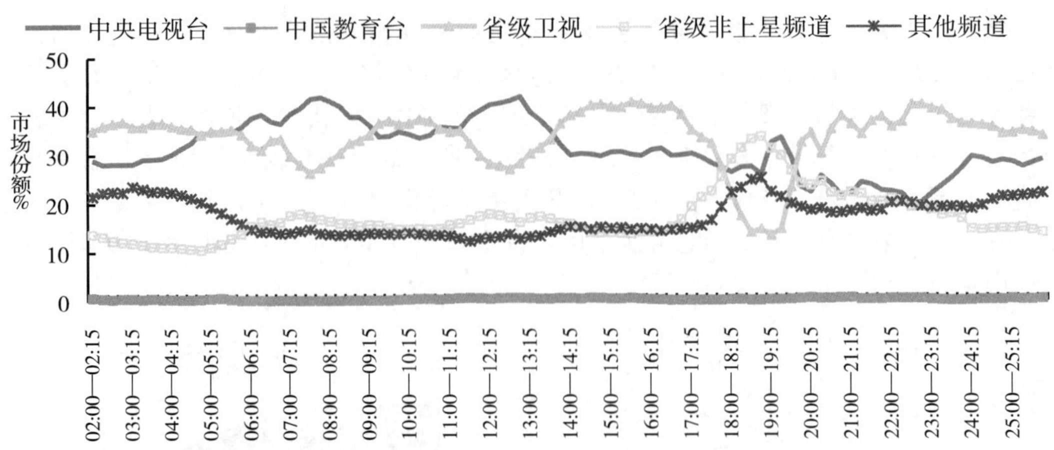

数据来源：CSM 媒介研究

图 1.4.2　2013 年全国电视收视市场各类频道市场份额（%）全天走势

表 1.4.1　2013 年全国市场各类频道在不同目标观众中的市场份额（%）

目标观众	中央电视台	中国教育台	省级卫视	省级非上星频道	其他频道
4 岁及以上所有人	28.7	0.4	31.9	21.0	18.0
男	30.9	0.4	29.8	21.0	17.9
女	26.5	0.4	34.0	21.1	18.0
4—14 岁	29.3	0.4	38.4	17.2	14.7
15—24 岁	22.4	0.5	36.9	20.8	19.4
25—34 岁	24.9	0.5	34.3	19.6	20.7
35—44 岁	27.7	0.5	34.0	19.3	18.5
45—54 岁	27.4	0.4	31.0	23.3	17.9
55—64 岁	31.0	0.3	28.0	23.6	17.1
65 岁及以上	36.8	0.3	25.7	20.8	16.4
未受过正规教育	30.6	0.4	32.7	19.1	17.2
小学	28.1	0.4	32.2	21.2	18.1
初中	28.0	0.4	32.7	21.6	17.3
高中	28.7	0.4	31.4	21.6	17.9
大学及以上	29.8	0.4	31.0	19.5	19.3
干部/管理人员	30.5	0.3	30.4	18.5	20.3
个体/私营企业人员	28.6	0.5	32.4	19.5	19.0
初级公务员/雇员	26.3	0.5	31.2	21.7	20.3
工人	26.2	0.4	31.9	21.9	19.6
学生	26.1	0.5	39.7	17.8	15.9

续表

目标观众	中央电视台	中国教育台	省级卫视	省级非上星频道	其他频道
无业	31.6	0.3	29.8	21.5	16.8
其他	26.4	0.5	35.9	23.2	14.0
0—600元	27.0	0.5	36.0	19.7	16.8
601—1200元	28.6	0.5	31.9	22.7	16.3
1201—1700元	30.2	0.4	31.1	21.5	16.8
1701—2600元	29.4	0.4	29.7	22.3	18.2
2601—3500元	28.9	0.4	30.3	20.6	19.8
3501—5000元	29.3	0.3	30.4	20.4	19.6
5001元及以上	27.8	0.5	29.3	19.0	23.4

数据来源：CSM媒介研究

具体来看，在以性别为细分标准的收视市场上，男性观众对中央台的收视份额较所有观众平均水平高出2.2个百分点，而女性观众对省级卫视的收视份额则较所有观众的平均水平高出2.1个百分点，省级非上星频道和中国教育台频道在男、女观众中的竞争力分布较为均衡，差异不大。在以年龄为细分标准的收视市场上，中央台频道对55岁及以上的中老年观众，尤其是65岁及以上的老年观众的吸引力更强，该类观众对中央台频道的收视份额远高于4岁及以上观众平均水平，其中65岁及以上观众的收视份额较平均水平高出8.1个百分点；4—24岁的年轻观众对省级卫视的收视份额较所有观众平均水平更高，其中4—14岁观众对省级卫视的收视份额较4岁及以上所有观众对省级卫视收视份额高出6.5个百分点；省级非上星频道在45—64岁的中老年观众中收视份额较高；中国教育台在15—44岁中青年观众中的收视份额高于所有观众平均水平。在以学历为细分标准的收视市场上，大学及以上的高学历收视群体对中央台的收视份额明显高于4岁及以上观众的平均水平，初中和未受过正规教育的观众则对省级卫视的收视份额更高，省级非上星频道初高中学历观众收视份额高于所有观众平均水平。在以职业为细分标准的收视市场上，干部/管理人员和以离退休人员为主体的无业观众依然对中央台频道的收视份额更高，而学生群体对省级卫视则表现出更高的收视份额，较4岁及以上所有观众对省级卫视的收视份额高出近8个百分点，工人、初级职员和其他职业类别的观众对省级非上星频道收视份额更高，个体/私营企业人员、初级公务员/雇员、学生和其他职业类别群体对中国教育台的收视份额高于4岁及以上所有观众平均水平。在以收入为细分标准的收视市场上，个人月收入在1201—5000元之间的中高收入观众对中央台收视份额明显高于所有观众平均水平，而个人月收入在0—600元之间的低收入观众则对省级卫视的收视份额明显高于所有观众的平均水平，个人月收入在601—1200元和1701—2600元之间的观众对省级非上星频道表现出较高的收视份额，中国教育台在低收入和高收入两极观众中的市场份额相对高于其在所有观众中的平均水平。

4. 强势频道竞争力略有提升，第二阵营频道面临增长困境

2012 年市场份额排名前三位频道的市场份额均较上年有不同程度下滑，而 2013 年这种情况有所改观，市场份额排名前三位的中央台综合频道、湖南卫视、中央台三套竞争力均较 2012 年有所提升，其中湖南卫视的市场份额增长了 0.7 个百分点。其他排名前七位的频道，除江苏卫视市场份额下滑外，中央台新闻频道、少儿频道、四套的市场份额也较 2012 年有所提升。但是在排名第八位到第十五位的频道，除北京卫视外，其他频道的市场份额相比 2012 年下滑或者停滞不前，面临着增长的困境。也就是说，从 2013 年单个频道竞争力来衡量，处于市场领先地位的频道地位愈加稳固，整体竞争力在提升，而处于中上游的频道进一步提高竞争力的困难变得更大（表 1.4.2）。

表 1.4.2　2013 年全国电视收视市场市场份额排名前十五位的频道

排名	频道	2013 年市场份额（%）	2012 年市场份额（%）
1	中央电视台综合频道	5.6	5.5
2	湖南电视台卫星频道	4.1	3.4
3	中央台三套	3.2	2.9
4	中央电视台新闻频道	2.9	2.7
5	江苏卫视	2.7	3.0
6	中央电视台少儿频道	2.6	2.3
7	中央台四套	2.5	2.3
8	中央台六套	2.2	2.4
8	中央台八套	2.2	2.4
10	浙江卫视	2.1	2.1
11	安徽卫视	1.9	2.0
12	中央台五套	1.7	2.1
12	山东卫视	1.7	2.1
14	北京卫视	1.5	1.4
15	上海东方卫视	1.4	1.6

数据来源：CSM 媒介研究

（二）湖北省电视收视市场的频道竞争格局

1. 湖北省台与中央台齐头并进，外省卫视紧随其后

2013 年，在湖北电视收视市场上，湖北省级频道和中央电视台频道市场份额齐头并进，其中中央台共获得 29.7% 的市场份额，以微弱的优势领先，湖北省台共获得 29.2% 的份额，紧随其后。在市场近六成的蛋糕被中央台和本省台分割后，外省卫视在湖北市场共获得 24.9% 的份额，也在市场中具有重要地位；以各市级频道为主体的其他频道组共获得了 15.9% 的市场份额。中国教育台在湖北市场同样也影响力微弱，仅获得 0.3% 的市场份额（图 1.4.3）。

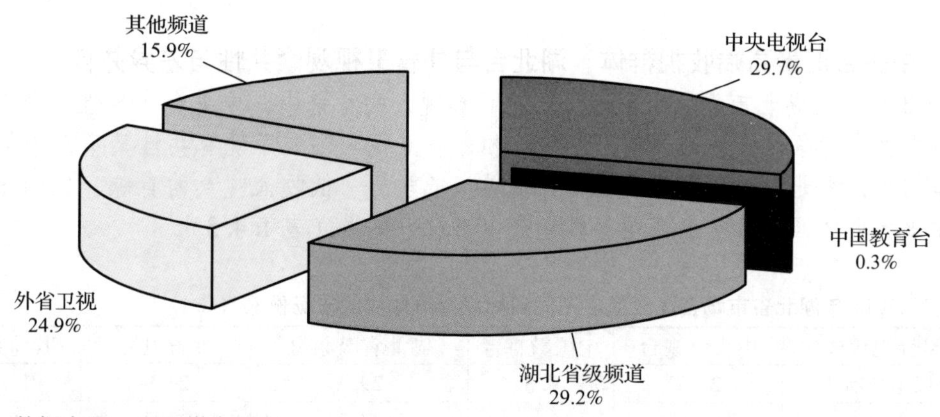

数据来源：CSM 媒介研究

图 1.4.3 2013 年湖北省电视收视市场上各类频道的市场份额（%）

2. 中央台和湖北省台在白天和晚间交替领先，外省卫视下午时段突围

在全天不同时段的竞争中，处于整体市场领先地位的中央台和湖北省台分别在白天时段和晚间时段保持着各自的领先优势，其中中央电视台从清晨5:00一直到下午13:00的大部分时段都保持着市场份额的领先地位，湖北省级频道从傍晚17:00开始到23:00左右多数时段也一跃成为市场中竞争力最强的频道组。外省卫视在湖北市场的竞争力也不容小觑，除清晨时段外，其在整个下午13:00—17:00时段的市场份额都保持在领先的位置，而在晚间电视剧及后晚间综艺节目时段，外省卫视虽然未能完全超越湖北省级频道和中央台的竞争力，但其竞争力已与上述频道差距不大，是市场中蕴藏实力的竞争主体（图 1.4.4）。

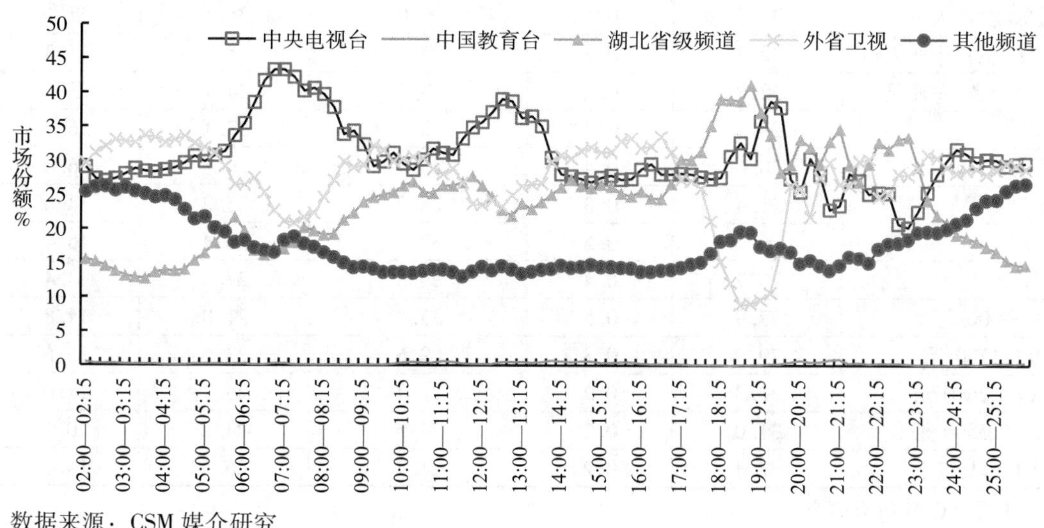

数据来源：CSM 媒介研究

图 1.4.4 2013 年湖北省电视收视市场各类频道市场份额（%）全天走势

3. 中央台汇聚高端收视群体，湖北台与外省卫视观众共性与差异并存

2013年，在湖北市场各级频道对细分目标观众的竞争中，中央台在男性、老年、高收入等群体中竞争优势更为明显；湖北台和外省卫视则形成了既有共性又不乏差异的观众竞争格局，湖北台与外省卫视都受到女性、低学历、低收入观众的青睐，但湖北台更吸引中老年群体，而外省卫视在年轻观众中影响力更强（表1.4.3）。

表1.4.3 2013年湖北省市场各类频道在不同目标观众群体中的市场份额（%）

目标观众	中央电视台	中国教育台	湖北省级频道	外省卫视	其他频道
4岁及以上所有人	29.7	0.3	29.2	24.9	15.9
男	32.0	0.3	27.9	23.2	16.6
女	27.3	0.4	30.5	26.7	15.1
4—14岁	33.0	0.4	23.1	29.1	14.4
15—24岁	27.0	0.4	23.1	35.1	14.4
25—34岁	25.1	0.3	28.4	29.7	16.5
35—44岁	26.7	0.3	30.1	25.4	17.5
45—54岁	28.5	0.4	31.5	23.1	16.5
55—64岁	31.4	0.3	33.8	18.8	15.7
65岁及以上	36.6	0.4	30.1	18.3	14.6
未受过正规教育	34.1	0.4	26.9	26.1	12.5
小学	27.9	0.4	32.4	24.2	15.1
初中	28.6	0.4	30.5	25.2	15.3
高中	30.3	0.3	27.1	25.7	16.6
大学及以上	33.7	0.1	19.6	22.8	23.8
干部/管理人员	31.7	0.1	16.0	25.1	27.1
个体/私营企业人员	32.3	0.3	27.2	25.9	14.3
初级公务员/雇员	32.8	0.2	19.4	24.1	23.5
工人	28.1	0.4	28.1	27.1	16.3
学生	28.6	0.4	25.4	29.6	16.0
无业	31.4	0.3	28.5	25.2	14.6
其他	26.4	0.5	37.3	20.4	15.4
0—300元	28.7	0.4	29.5	27.0	14.4
301—900元	27.9	0.5	35.0	21.8	14.8
901—1700元	29.9	0.3	29.6	23.6	16.6
1701—2600元	32.3	0.2	25.4	25.1	17.0
2601—3500元	31.0	0.2	24.5	24.2	20.1
3501元及以上	32.4	0.2	21.7	26.5	19.2

数据来源：CSM媒介研究

在以性别为细分标准的收视市场上，中央台在男性观众中的收视份额明显更高，湖北省级频道和外省卫视则在女性观众收视中获得更多的关注。在以年龄为细分标准的收

视市场上，中央台在4—14岁及65岁及以上的观众中影响力相对较强，湖北省级频道在55—64岁年龄段观众中收视份额明显高于其在4岁及以上所有观众中的平均水平，而外省卫视则在34岁及以下的年轻观众中拥有较强的影响力。在以学历为细分标准的收视市场上，未受过正规教育及大学及以上收视群体对中央台的收视份额明显更高，小学学历的收视群体对湖北省级频道收视份额相对较高，外省卫视收视份额较高的群体是未受过正规教育的观众。在以职业为细分标准的收视市场上，中央电视台在个体/私营企业人员和初级公务员/雇员两类职业群体中的收视份额更高，湖北省级频道在以离退休人员为主体的其他职业类别群体中的收视份额显著高于平均水平，外省卫视则对个体/私营企业人员和学生的收视影响力更强。在以收入为细分标准的收视市场上，中央台对个人月收入在1701元及以上的中高收入观众吸引力较强，湖北省级频道在301—900元中低收入群体中具有一定优势，而外省卫视则在个人月收入300元及以下的低收入群体和3501元及以上的高收入群体中更受青睐。

4. 湖北省台频道占据单频道竞争力前三甲，中央台8个频道入围前十五位

在湖北收视市场单频道竞争中，湖北省台侧重以质取胜，中央台则在数量上占据一定的优势，而外省卫视中仅有湖南卫视和湖南金鹰卡通分别列第四位和第十二位。具体来看，湖北综合、湖北经视和湖北卫视占据市场份额排名前三位，三个频道市场份额合计超过20%，其中湖北卫视2013年市场份额较2012年增长非常明显，湖北综合的市场份额则有所下降。湖南卫视、中央台少儿频道和中央台综合频道分列第四至六位，市场份额都在4%—5%之间，与第一阵营各频道7%左右的份额具有差距。中央台共有8个频道入围市场份额排名前十五位，在频道数量上处于领先地位（表1.4.4）。

表1.4.4 2013年湖北省收视市场市场份额排名前十五位的频道

排名	频道	2013年市场份额（%）	2012年市场份额（%）
1	湖北综合	7.7	8.5
2	湖北经视	7.2	7.0
3	湖北卫视	6.9	4.8
4	湖南电视台卫星频道	4.8	3.4
5	中央电视台少儿频道	4.4	4.1
6	中央电视台综合频道	4.0	4.6
7	湖北影视	3.6	2.3
8	中央台八套	3.2	3.8
8	中央台六套	3.2	3.6
10	中央电视台新闻频道	3.1	2.8
10	中央台三套	3.1	2.9
12	江苏卫视	2.1	3.1
12	湖南电视台金鹰卡通频道	2.1	1.6
14	中央台四套	1.7	1.8
15	中央台五套	1.5	1.9

数据来源：CSM媒介研究

(三) 北京市电视收视市场的频道竞争格局

1. 北京台整体份额稳中略升，中央台竞争力略有下降

2013 年，在北京电视收视市场，本地频道和外地频道的实力此消彼长，北京电视台经历了 2012 年市场份额的下滑后，2013 年通过诸多创新努力重新获得了竞争力的提升，市场份额由 2012 年的 38.1% 提升至 2013 年的 39.0%。中央台和外省卫视则几乎已触到市场空间提升的天花板，外省卫视 22.3% 的份额与 2012 年持平，中央电视台的市场份额则较 2012 年下滑了 0.4 个百分点，为 26.0%。中国教育台的市场份额也略有萎缩，由 2012 年的 2.5% 降至 2013 年的 2.2% (图 1.4.5)。

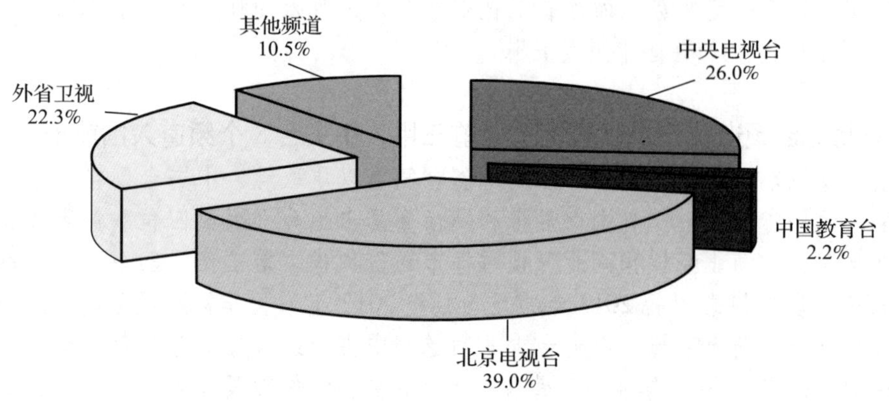

数据来源：CSM 媒介研究

图 1.4.5　2013 年北京电视收视市场上各类频道的市场份额 (%)

2. 北京台全天多时段竞争力领先，中央台及外省卫视分别在早晨、下午和后晚间时段突破

2012 年北京台的竞争优势时段收缩至早、午、晚三大时段，而 2013 年北京台则重新赢得了从早晨7:00至下午14:00时段的收视竞争，并且在16:30—22:30期间继续创造收视新高，在晚间 19:00 左右达到市场份额的峰值，远超其他频道组。中央台和外省卫视只能在这些时段之外寻求个别时段的竞争力突破，中央台在清晨5:00—7:00时段获得短暂的突破，外省卫视则保持了在下午14:00—16:30时段及后晚间22:30—23:30的领先地位 (图 1.4.6)。整个市场的收视竞争在全天各时段呈现出白热化的此消彼长之势，保持或者获得特定时段的收视主导地位都变得更加困难。

3. 北京台在中等学历、中等收入观众中拥有较强竞争力，中央台更受男性、老年观众青睐

2013 年，北京市场各级频道在细分观众中的竞争中，北京台在主要收视群体中的竞争力保持领先，女性、中等学历、中等收入水平的观众对其收视份额高于所有观众平均水平；中央台则继续保持了在男性、老年收视群体中的影响力，外省卫视市场份额相对较高的群体是女性、年轻观众 (表 1.4.5)。

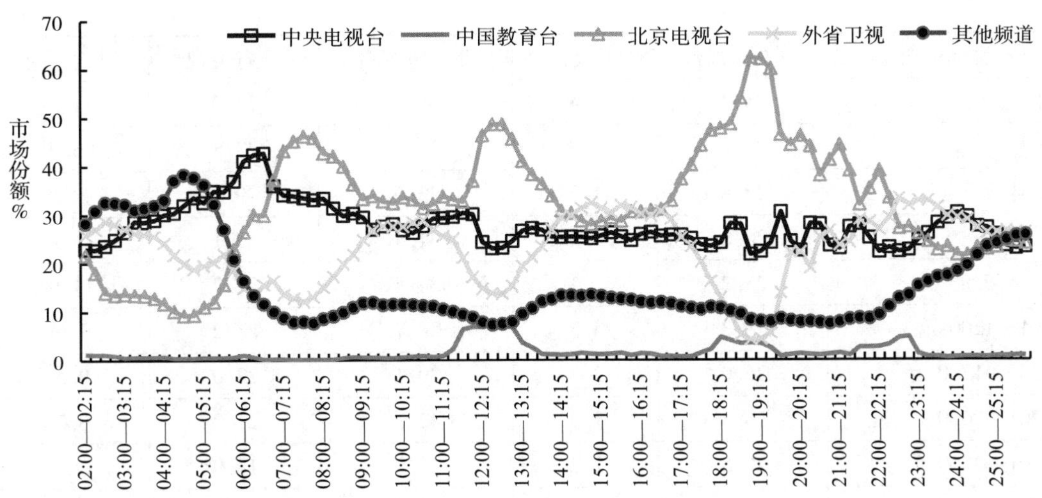

数据来源：CSM 媒介研究

图 1.4.6　2013 年北京电视收视市场各类频道市场份额（%）全天走势

表 1.4.5　2013 年北京市场各类频道在不同目标观众群体中的市场份额（%）

目标观众	中央电视台	中国教育台	北京电视台	外省卫视	其他频道
4 岁及以上所有人	26.0	2.2	39.0	22.3	10.5
男	27.5	2.4	38.3	20.5	11.3
女	24.6	1.9	39.6	24.0	9.9
4—14 岁	28.7	1.1	32.2	25.0	13.0
15—24 岁	22.4	4.1	32.4	27.1	14.0
25—34 岁	23.0	3.5	33.4	26.6	13.5
35—44 岁	25.0	1.9	33.1	26.4	13.6
45—54 岁	24.2	2.3	40.9	22.8	9.8
55—64 岁	26.9	1.3	45.2	18.3	8.3
65 岁及以上	34.5	1.3	44.9	13.6	5.7
未受过正规教育	33.3	0.8	39.7	16.6	9.6
小学	30.8	1.4	35.8	26.1	5.9
初中	26.8	2.3	39.0	24.0	7.9
高中	24.9	2.5	41.9	20.7	10.0
大学及以上	25.2	2.0	36.2	22.6	14.0
干部/管理人员	27.4	1.2	36.8	20.6	14.0
个体/私营企业人员	24.3	3.1	33.5	28.6	10.5
初级公务员/雇员	24.1	3.0	36.9	23.3	12.7

续表

目标观众	中央电视台	中国教育台	北京电视台	外省卫视	其他频道
工人	25.3	2.4	35.9	24.9	11.5
学生	23.6	3.7	29.7	27.8	15.2
无业	27.8	1.5	43.6	19.1	8.0
其他	26.8	0.9	31.4	35.1	5.8
0—600 元	25.2	2.1	34.5	27.2	11.0
601—1200 元	28.3	4.3	38.7	21.2	7.5
1201—1700 元	26.0	3.4	39.1	22.0	9.5
1701—2600 元	26.3	1.9	42.1	21.0	8.7
2601—3500 元	26.5	2.2	41.2	18.9	11.2
3501—5000 元	25.2	1.1	37.2	23.5	13.0
5001 元及以上	25.7	2.4	34.5	23.2	14.2

数据来源：CSM 媒介研究

在以性别为细分标准的收视市场上，男性观众对中央台和中国教育台的收视份额高于所有观众平均水平，而女性观众则对北京台和外省卫视更加青睐，其收视份额较平均水平更高。在以年龄为细分标准的收视市场上，中央台对4—14 岁的年轻观众和65 岁及以上的老年观众继续发挥强大影响力，尤其是65 岁及以上的老年收视群体对中央台的收视份额达到34.5%，较4 岁及以上所有观众平均的26%高出8.5 个百分点；北京台频道对55 岁及以上观众保持了较强的吸引力，该类观众对该频道的收视份额远高于4 岁以上观众平均水平，其中55—64 岁观众对北京电视台的收视份额更达到45.2%，高出平均水平6 个百分点以上；外省卫视对44 岁及以下各年龄段的观众的吸引力明显更高，其中15—24 岁青年观众对外省卫视的收视份额达到27.1%，远高于4 岁及以上所有观众22.3%的平均水平；中国教育台也更吸引15—34 岁的年轻观众。在以学历为细分标准的收视市场上，中央电视台对小学及以下学历观众吸引力较强；北京台更吸引中等学历观众收视，高中学历观众对北京台的收视份额超过所有观众平均水平近3 个百分点；外省卫视更吸引的群体是小学及初中学历的观众。在以职业为细分标准的收视市场上，中央台对干部/管理人员和无业群体的吸引力更强，北京台对无业观众更具吸引力，外省卫视对个体/私营企业人员、学生和其他观众有较强吸引力，中国教育台更吸引个体/私营企业人员、初级公务员/雇员和学生群体。在以收入为细分标准的收视市场上，中央台对个人月收入在601—1200 元之间的低收入群体更具号召力；北京台对个人月收入在1701—3500 元范围内的中等收入群体吸引力更强；外省卫视频道对600 元及以下的低收入收视群体凝聚力相对较强，中国教育台频道相对而言更吸引个人月收入在601—1700 元之间的收视群体。

4. 北京卫视稳居市场竞争首位，外省卫视中湖南、江苏、浙江三频道入围

2013年在北京市场单个频道的收视竞争中，北京卫视以11.5%的市场份额高居榜首，且这一数值较上年提升了近1个百分点，向上的势头明显。除北京卫视之外，北京影视、科教、生活三个频道分列第二至四位，但市场份额较上年有不同程度的下降或没有增长。中央台综合频道、三套、新闻频道和四套排名第五至七位，其中中央台综合频道的市场份额较2012年也有明显的增长。在外省卫视中，湖南卫视再次入围市场份额排名前十五位，且竞争力超过江苏、浙江卫视而列第十位，市场份额较2012年有0.5个百分点的增长（表1.4.6）。

表1.4.6 2013年北京收视市场市场份额排名前十五位的频道

排名	频道	2013年市场份额（%）	2012年市场份额（%）
1	北京卫视	11.5	10.6
2	北京电视台影视频道	6.9	7.7
3	北京电视台科教频道	4.0	4.4
4	北京电视台生活频道	3.8	3.8
5	中央电视台综合频道	3.2	2.7
5	中央台三套	3.2	3.2
7	中央电视台新闻频道	3.1	3.2
7	中央台四套	3.1	2.8
9	北京电视台文艺频道	2.6	2.6
10	北京电视台体育频道	2.5	2.2
10	湖南电视台卫星频道	2.5	2.0
12	中央台六套	2.3	3.0
12	江苏卫视	2.3	2.5
14	浙江卫视	2.2	2.2
15	北京电视台青年频道	2.0	2.2

数据来源：CSM媒介研究

（四）上海市电视收视市场的频道竞争格局

1. 上海本地频道占据市场一半以上份额，外省卫视竞争力明显下滑

2013年，在上海电视收视市场上，上海本地频道继续领跑，占据超过一半的市场份额，但55.9%的份额较2012年略有下滑。除上海本地频道之外，中央台和外省卫视成为分割剩余市场蛋糕的主要力量，其中外省卫视略有领先，2013年份额合计17.6%，较2012年的19.2%下降非常明显；中央台共获得15.7%的份额，较2012年也略有萎缩。中国教育台在上海市场的收视影响力微弱，仅获得0.1%的市场份额（图1.4.7）。

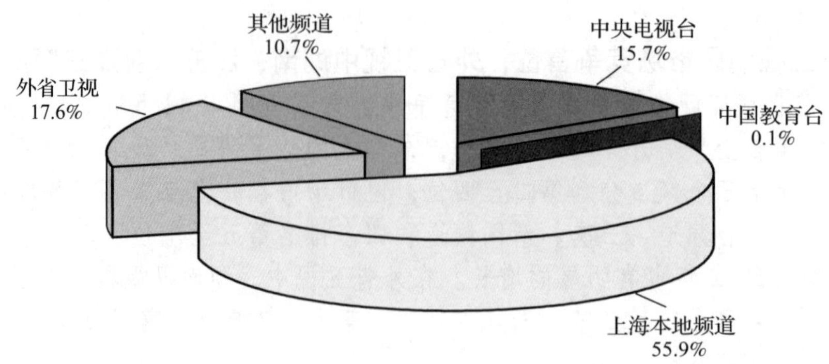

数据来源：CSM 媒介研究

图 1.4.7　2013 年上海电视收视市场上各类频道的市场份额（%）

2. 上海本地频道全天时段领跑收视，外省卫视和中央台竞争处于胶着状态

在上海市场各级频道全天时段的收视竞争中，上海本地频道以绝对的优势领先，从早晨6:00直到凌晨3:00均处于市场份额的第一位，尤其是早间6:00—9:00时段和晚间18:00—21:00时段竞争优势更加明显。外省卫视和中央台相对来说较难获得突破，但外省卫视在清晨时段有小段时间份额超过其他频道组，而在全天其他时段基本上和中央台处于竞争胶着状态，两类频道市场份额基本在相近的水平上波动，相对而言，中央台在早间和午间份额略高，外省卫视在下午及后晚间优势更明显（图 1.4.8）。

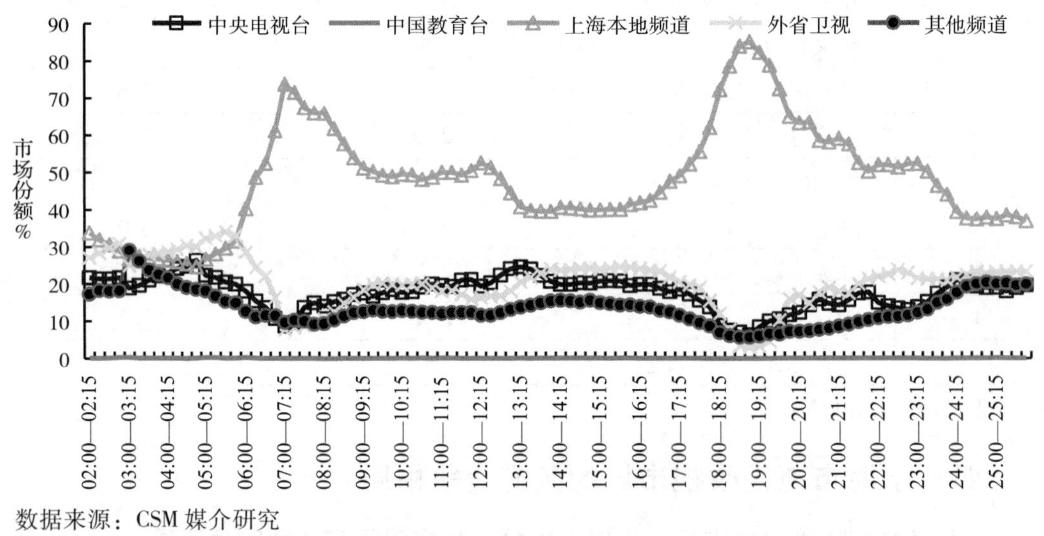

数据来源：CSM 媒介研究

图 1.4.8　2013 年上海电视收视市场各类频道市场份额（%）全天走势

3. 上海本地频道在各类细分观众群体中具有竞争优势，中央台和外省卫视各有优势群体

2013 年，在上海市场各级频道对细分观众群体的竞争中，上海本地频道仍处于明显的领先地位，尤其在女性、中老年、中低收入群体中的领先优势更加明显。中央台和外

省卫视则凭借各自的特色在不同观众中发挥影响力，其中中央台更吸引男性、老年和中高收入群体收视，外省卫视更受女性、年轻和学生观众的青睐，形成差异化的竞争格局(表1.4.7)。

表1.4.7　2013年上海市场各类频道在不同目标观众群体中的市场份额（%）

目标观众	中央电视台	中国教育台	上海本地频道	外省卫视	其他频道
4岁及以上所有人	15.7	0.1	55.9	17.6	10.7
男	18.5	0.1	54.2	16.4	10.8
女	12.7	0.1	57.7	18.7	10.8
4—14岁	12.1	0.1	49.9	25.8	12.1
15—24岁	11.2	0.1	52.0	21.4	15.3
25—34岁	13.1	0.1	55.6	19.7	11.5
35—44岁	16.3	0.1	50.7	21.6	11.3
45—54岁	14.3	0.1	55.4	18.1	12.1
55—64岁	16.8	0.1	58.2	15.4	9.5
65岁及以上	20.2	0.1	61.0	11.5	7.2
未受过正规教育	13.1	0.1	58.3	17.6	10.9
小学	12.9	0.2	64.9	17.0	5.0
初中	17.6	0.1	53.8	19.8	8.7
高中	14.4	0.1	56.8	16.8	11.9
大学及以上	16.2	0.1	54.4	16.3	13.0
干部/管理人员	12.5	0.1	53.1	19.4	14.9
个体/私营企业人员	20.4	0.1	47.5	18.8	13.2
初级公务员/雇员	14.2	0.1	53.6	19.5	12.6
工人	14.6	0.1	55.7	17.0	12.6
学生	10.8	0.1	53.5	26.1	9.5
无业	17.1	0.1	59.5	14.5	8.8
其他	22.4	0.4	47.3	28.7	1.2
0—600元	12.5	0.1	52.0	24.9	10.5
601—1200元	13.3	0.2	60.1	17.4	9.0
1201—1700元	14.7	0.1	61.5	16.9	6.8
1701—2600元	15.7	0.1	57.9	15.7	10.6
2601—3500元	17.0	0.1	53.8	17.0	12.1
3501—5000元	17.9	0.1	52.9	18.3	10.8
5001元及以上	16.0	0.1	54.4	15.4	14.1

数据来源：CSM媒介研究

在以性别为细分标准的收视市场上，上海本地频道更吸引女性观众收视，在女性观众中的收视份额较4岁及以上所有观众平均水平高出近2个百分点，中央台更吸引男性观众的收视，外省卫视则对女性观众更具吸引力。在以年龄为细分标准的收视市场上，上海本地频道对55岁及以上的中老年观众的吸引力较强，市场份额超过58%；中央台对65岁及以上的老年观众吸引力更强，外省卫视频道对44岁及以下年轻观众更具吸引力。在以学历为细分标准的收视市场上，上海本地频道更吸引小学学历观众收视，收视份额在64%以上；中央电视台和外省卫视都对初中学历观众吸引力更强。在以职业为细分标准的收视市场上，上海本地频道对以离退休人员为主体的无业观众吸引力较强；中央台对个体/私营企业人员和其他职业观众吸引力明显超过平均水平；外省卫视对干部/管理人员、初级公务员/雇员、学生和其他职业类别的观众有较强吸引力。在以收入为细分标准的收视市场上，上海本地频道对个人月收入在601—1700元之间的中低收入水平观众吸引力较强，中央台对个人月收入在2601—5000元的中高收入群体号召力更强，外省卫视在个人月收入0—600元的低收入观众中收视份额更高。

4. 上海本地频道垄断单频道竞争前五位，上海电视台娱乐频道竞争力提升明显

2013年，在上海收视市场单个频道的收视竞争中，上海本地频道竞争优势明显，垄断了市场份额排名的前五位，5个频道市场份额合计超过40%。各频道中，排名第二位的上海电视台娱乐频道2013年竞争力提升明显，10.3%的市场份额较2012年提升了近2个百分点。中央台频道中，中央台四套在上海的竞争力最强，以2.8%的份额排名第六位，但与前五位的差距较为明显。外省卫视中，浙江卫视、湖南卫视、江苏卫视入围前十五位，但这三个频道的市场份额较上年要么没有明显的上升，要么有所下降（表1.4.8）。

表1.4.8　2013年上海收视市场市场份额排名前十五位的频道

排名	频道	2013年市场份额（%）	2012年市场份额（%）
1	上海电视台新闻综合频道	13.3	13.4
2	上海电视台娱乐频道	10.3	8.6
3	上海东方卫视	8.0	7.7
4	上海电视台电视剧频道	6.7	7.2
5	上海东方电影频道	4.1	3.6
6	中央台四套	2.8	2.8
7	上海电视台五星体育频道	2.7	2.9
7	上海电视台星尚频道	2.7	2.6
9	中央电视台新闻频道	2.2	2.2
9	浙江卫视	2.2	2.6
11	中央台三套	1.7	1.6
12	上海电视台第一财经频道	1.6	1.4
12	湖南电视台卫星频道	1.6	1.5
14	江苏卫视	1.5	1.7
14	上海电视台纪实频道	1.5	1.6

数据来源：CSM媒介研究

（五）广州市电视收视市场的频道竞争格局

1. 广东台仍领跑本土市场，中央台份额明显提升

广州电视收视市场向来以文化多样性以及频道竞争情况的复杂性著称。2013 年，广州市场的频道竞争格局呈现出一些新的变化，在地缘上具有贴近性的广东台、广州台虽然仍占据市场中最大的两块份额，但市场份额增长乏力，其中广州台 16.4% 的份额与上年持平，广东台 20.9% 的份额则较上年减少了 2 个百分点。不仅如此，境外频道 2013 年在广州市场可谓风光不再，市场份额下滑了近 4 个百分点，为 11.8%。仅有南方台 2013 年市场份额增长了 1.5 个百分点而达到 14.8%。中央台和外省卫视 2013 年在广州市场的竞争力明显提升，其中中央台市场份额由 2012 年的 12.5% 增至 15.1%，外省卫视也由 2012 年的 12.5% 提升至 13.4%（图 1.4.9）。

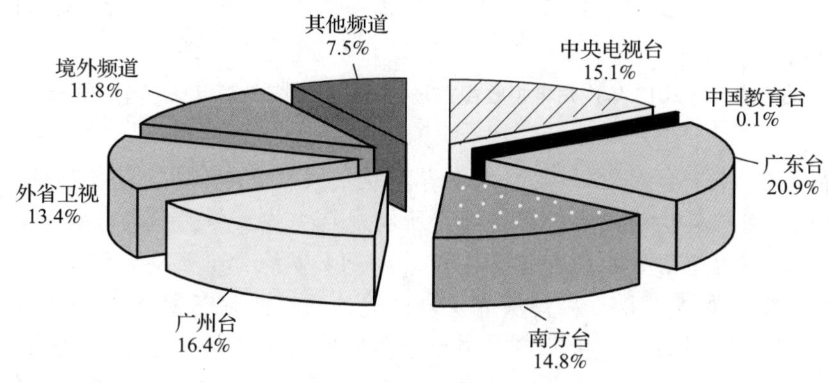

数据来源：CSM 媒介研究

图 1.4.9　2013 年广州电视收视市场上各类频道的市场份额（%）

2. 各级频道在不同时段交替领先，晚间黄金时段本土频道竞争力更强

广州电视收视市场由于参与竞争的频道数量众多且竞争实力差距不大，因而在全天不同时段的竞争中也体现为交替领先的态势。中央台在清晨时段拥有较强的竞争力；广州台在6:00—8:00时段份额领先；南方台午间时段竞争优势明显；在晚间18:00—21:00时段，本土频道广东台、广州台、南方台是市场中竞争力最强的三极；境外频道在21:00—22:00时段获得突破；外省卫视与中央台、南方台一起，成为下午时段市场份额较为突出的频道组（图 1.4.10）。

3. 各级频道在细分观众市场差异化竞争，中央台和外省卫视更吸引高收入群体

广州市场各级频道对细分观众的竞争，也呈现出多元、多样的格局，各级频道依托自身的文化及节目特色，影响和吸引着各自的核心观众，不仅丰富了观众的收视选择，也培育了独具特色的区域电视文化。

在以性别为细分标准的收视市场上，广东台和中央台对男性观众保持了较强的吸引力，南方台、广州台、境外频道和外省卫视都更受女性观众的青睐。在以年龄为细分标

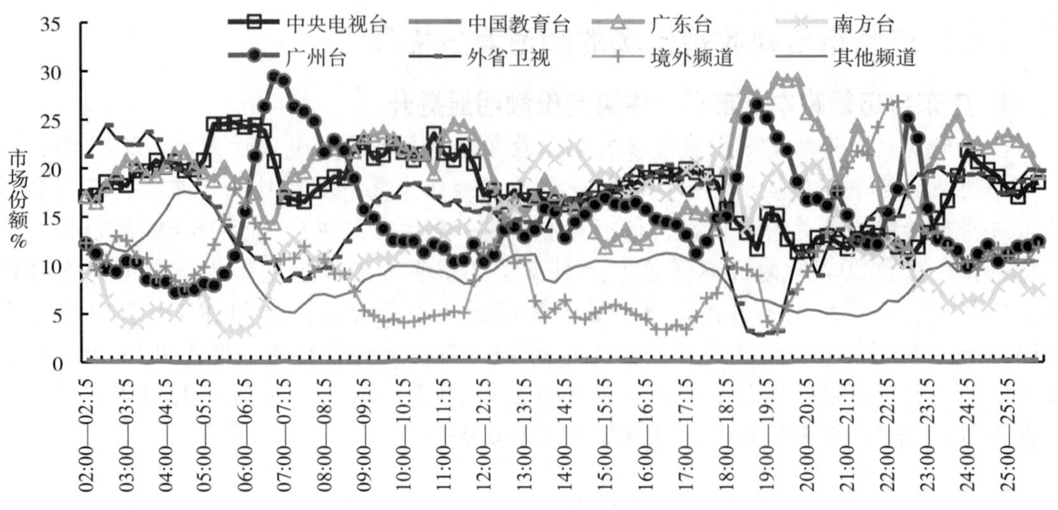

数据来源：CSM 媒介研究

图 1.4.10　2013 年广州电视收视市场各类频道市场份额（%）全天走势

准的收视市场上，中央台对25—44 岁的中青年观众以及65 岁及以上老年观众吸引力更强，这几类观众对中央台的收视份额远高于所有观众平均水平；广东台则对15—34 岁的年轻观众较具影响力；南方台和外省卫视都对4—14 岁的青少年观众吸引力更强；广州本地台更吸引的是55 岁及以上年龄层的观众；境外频道同时在25—34 岁以及65 岁及以上观众中拥有更强的影响力。在以学历为细分标准的收视市场上，中央电视台和外省卫视明显更受大学及以上高学历观众的喜爱，广东台、南方台和广州台则对中低学历观众更具吸引力，境外频道更吸引高中及以上的中高学历收视群体。在以职业为细分标准的收视市场上，中央台对干部/管理人员、个体/私营企业人员最具吸引力，广东台对工人和其他职业类别观众影响力更强，南方台更吸引工人、学生及其他职业群体收视，广州本地台较受无业观众青睐，外省卫视对干部/管理人员和学生群体具有较强吸引力，境外频道更吸引初级公务员/雇员观看。在以收入为细分标准的收视市场上，中央台和外省卫视在高收入群体中影响力更强，广东台、南方台在低收入群体中份额更高，广州本地台较受中等收入水平观众的喜爱，境外频道同时在中等收入和高收入群体中保持着较强的收视影响力（表 1.4.9）。

表 1.4.9　2013 年广州市场各类频道在不同目标观众群体中的市场份额（%）

目标观众	中央电视台	中国教育台	广东台	南方台	广州台	外省卫视	境外频道	其他频道
4 岁及以上所有人	15.1	0.1	20.9	14.8	16.4	13.4	11.8	7.5
男	16.7	0.1	21.7	14.1	15.5	12.6	11.6	7.8
女	13.6	0.1	20.1	15.6	17.3	14.2	12.0	7.2
4—14 岁	15.0	0.1	20.9	19.5	11.1	17.9	6.5	8.9

续表

目标观众	中央电视台	中国教育台	广东台	南方台	广州台	外省卫视	境外频道	其他频道
15—24 岁	9. 7	0. 0	24. 0	16. 6	14. 0	12. 3	12. 0	11. 2
25—34 岁	16. 0	0. 0	22. 6	15. 8	11. 3	14. 1	13. 6	6. 6
35—44 岁	17. 9	0. 1	19. 2	11. 6	14. 7	16. 0	10. 9	9. 7
45—54 岁	12. 4	0. 1	21. 3	15. 8	18. 4	13. 7	11. 2	7. 0
55—64 岁	15. 5	0. 1	19. 0	14. 6	22. 6	10. 2	12. 7	5. 4
65 岁及以上	18. 8	0. 1	18. 9	11. 1	25. 4	8. 2	14. 3	3. 3
未受过正规教育	17. 6	0. 1	23. 0	19. 2	12. 2	14. 5	8. 0	5. 4
小学	11. 4	0. 0	25. 3	17. 3	20. 1	11. 8	8. 6	5. 5
初中	12. 7	0. 1	21. 0	15. 4	17. 8	13. 1	11. 4	8. 5
高中	15. 8	0. 1	20. 5	14. 6	15. 2	12. 4	13. 1	8. 3
大学及以上	20. 5	0. 1	16. 9	11. 4	14. 0	16. 9	13. 7	6. 6
干部/管理人员	25. 0	0. 1	14. 0	10. 0	13. 3	19. 3	12. 5	5. 9
个体/私营企业人员	18. 6	0. 2	20. 0	11. 4	14. 2	15. 7	10. 0	10. 0
初级公务员/雇员	14. 6	0. 1	20. 1	13. 5	15. 0	15. 9	15. 4	5. 4
工人	11. 7	0. 1	25. 0	17. 3	16. 5	10. 8	10. 8	7. 8
学生	13. 1	0. 1	18. 8	18. 1	11. 9	18. 1	9. 4	10. 4
无业	16. 0	0. 1	19. 4	14. 3	19. 9	10. 9	12. 3	7. 0
其他	8. 1	0. 0	35. 3	23. 2	14. 1	9. 2	6. 2	3. 9
0—600 元	13. 6	0. 1	22. 0	18. 2	12. 8	14. 8	9. 4	9. 1
601—1200 元	10. 6	0. 0	27. 0	17. 0	20. 0	10. 6	9. 9	4. 8
1201—1700 元	12. 4	0. 1	22. 4	17. 3	19. 4	11. 0	11. 4	5. 9
1701—2600 元	13. 1	0. 1	20. 5	16. 1	18. 5	11. 6	13. 0	7. 1
2601—3500 元	16. 5	0. 1	19. 5	10. 6	17. 9	13. 9	14. 0	7. 6
3501—5000 元	21. 2	0. 1	19. 2	9. 0	14. 5	17. 1	10. 2	8. 8
5001 元及以上	27. 4	0. 1	15. 6	9. 1	10. 9	16. 6	13. 8	6. 5

数据来源：CSM 媒介研究

4. 本土及境外频道在单频道竞争中优势依旧，中央台和外省卫视各有一个频道入围

2013 年，在广州市场单个频道的收视竞争中，本土的广东台、广州台、南方台及毗邻的境外频道表现出较强的单兵作战能力，广东电视台珠江频道、广州电视台综合频道、南方卫视 TVS—2 垄断市场份额排名前三甲，其中广东电视台珠江频道已连续五年蝉联首位，但市场份额下滑的态势没有扭转，10. 3% 的份额较上年减少了 1. 5 个百分点。在本土频道的强势竞争下，中央台和外省卫视均只有一个频道入围市场份额排名前十五位，中央电视台综合频道以 2. 6% 的份额排名第十一位，湖南卫视以 3. 3% 的份额位居第

八位，两频道竞争力均较2012年有所提升（表1.4.10）。

表1.4.10 2013年广州收视市场市场份额排名前十五位的频道

排名	频道	2013年市场份额（%）	2012年市场份额（%）
1	广东电视台珠江频道	10.3	11.8
2	广州电视台综合频道	6.1	6.3
3	南方卫视 TVS—2	4.9	4.7
4	南方电视台影视频道	4.3	3.5
5	广州电视台影视频道	4.2	3.8
6	广州电视台新闻频道	4.1	3.9
7	广东电视台公共频道	3.5	2.8
8	湖南电视台卫星频道	3.3	2.0
9	市网翡翠台（中文）	3.0	3.7
10	翡翠台（中文）（广州其他有线网转播）	2.9	4.2
11	中央电视台综合频道	2.6	2.1
12	省网翡翠台（中文）	2.3	3.3
12	南方电视台经济频道	2.3	2.0
14	广东电视新闻频道	2.1	2.9
15	广东电视体育频道	1.9	2.6

数据来源：CSM媒介研究

五、节目竞争格局

2013年全国电视节目收视市场呈现稳中有变的发展态势，电视剧、新闻/时事和综艺节目依然稳坐全国收视第一阵营，整体收视份额较上年有所增加。其中，新闻/时事和综艺节目的收视份额均有所上升；伴随国家新闻出版广电总局对卫视综合频道电视剧播出的调控和管理，全国电视剧收视份额有所下降，但幅度不大。在全国细分节目市场的频道竞争中，中央电视台在多个细分节目市场实力突出，省级卫视频道在电视剧和综艺等细分节目市场的竞争继续保持优势地位，省级非上星频道在两强相争的环境中表现相对一般。地方市场各级频道仍保持多方逐利的竞争格局，除湖北省节目收视市场竞争格局较2012年有一定变化外，北京、上海和广州收视市场的竞争格局依然以稳定为主。

（一）全国电视收视市场的节目竞争格局

1. 节目竞争格局稳中有变，新闻/时事和综艺节目整体优势持续扩大

2013年中国电视节目收视市场各类型节目收视份额变化较为平缓。电视剧、新闻/时事和综艺节目依然稳居各类型节目收视前三甲位置，三类节目共占据57.8%的收视份

额。与2012年相比，新闻/时事节目以0.8个百分点排在各类节目收视份额增长幅度之首；综艺节目其次，较上年有0.7个百分点的增长；电视剧收视份额同比2012年减少了0.6个百分点。生活服务和专题节目构成全国节目收视的第二梯队，两类节目共占13.8%的收视份额，相比2012年，专题节目收视份额减少了0.7个百分点，而生活服务节目则有0.2个百分点的增长。处于第三梯队的青少、电影和体育节目分别获得了5.1%、4.0%和2.4%的收视份额，除青少节目有0.4个百分点的增长外，电影和体育节目分别有0.2和0.8个百分点的减少。法制、财经、音乐、戏剧、教学和外语节目仍保持较低的收视份额，均低于2%（图1.5.1）。

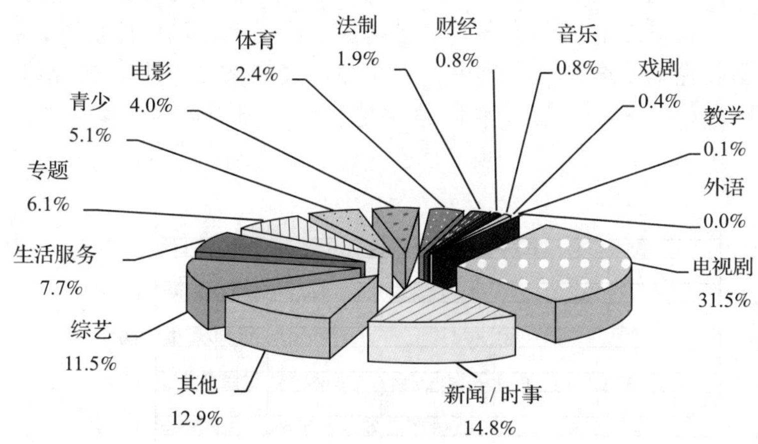

数据来源：CSM媒介研究

图1.5.1 2013年全国市场各类节目的收视份额（%）

通过国家新闻出版广电总局对电视剧市场的治理，2013年电视剧市场的最大特点是产量理性回落，初步扭转了供大于求的局面，促进了电视剧创作生产的平稳发展。一方面，全年全国生产完成并获得《国产电视剧发行许可证》的剧目共计441部15770集，比上年减少了65部近2000集。另一方面，历史题材和重大题材的电视剧比例较上年均有小幅上涨，而现实题材电视剧无论是部数还是集数比例都有一定下降。

在收视方面，2013年收视排名前二十位的电视剧当中收视率超过2.0%的有14部，比上一年多出4部。其中中央电视台综合频道有3部，分别是以平均收视率3.0%排在首位的《咱们结婚吧》、平均收视率达2.4%的《有你才幸福》和平均收视率达2.0%的《闯关东前传》，其余11部收视率超过2.0%的电视剧均来自湖南卫视。《咱们结婚吧》作为央视和湖南卫视首次“联手合作、同步播出”的作品，在这两个频道播出都获得了不俗成绩，除了上面提到的在中央电视台综合频道2013年电视剧收视率排名第一外，在湖南卫视的播出也以平均收视率2.6%排在第四位。另外，收视排名前二十位的电视剧中，除了中央电视台综合频道和湖南卫视外，仅有江苏卫视的《特种兵之火凤凰》进入榜单，体现出各频道在电视剧竞争上的差距。

2. 中央电视台在超过十类节目市场表现强势，省级上星及非上星频道短期内难以超越

在2013年各类型节目收视市场上，中央电视台在音乐、教学、体育和外语节目市场优势突出，收视份额均在60%以上，其中在音乐节目市场高达81.9%；此外，在财经、法制、电影、专题和戏剧节目市场也较为强势，收视份额都在50%—60%之间；中央电视台在青少、新闻/时事和综艺节目的市场份额也都高于30%，且在新闻/时事市场居领导地位，在生活服务节目市场的收视份额为20.0%。相比之下，中央电视台在电视剧市场的竞争力较弱，收视份额低于20%（图1.5.2）。虽然中央电视台在电视剧收视市场竞争中不占优势，但中央电视台综合频道在电视剧收视上表现依然抢眼，在2013年全国样本城市电视剧收视率排名前二十位中，有5部电视剧来自中央电视台综合频道，尽管较2012年部数减少了一半，但《咱们结婚吧》依以3.0%的平均收视率占据排行榜首位。

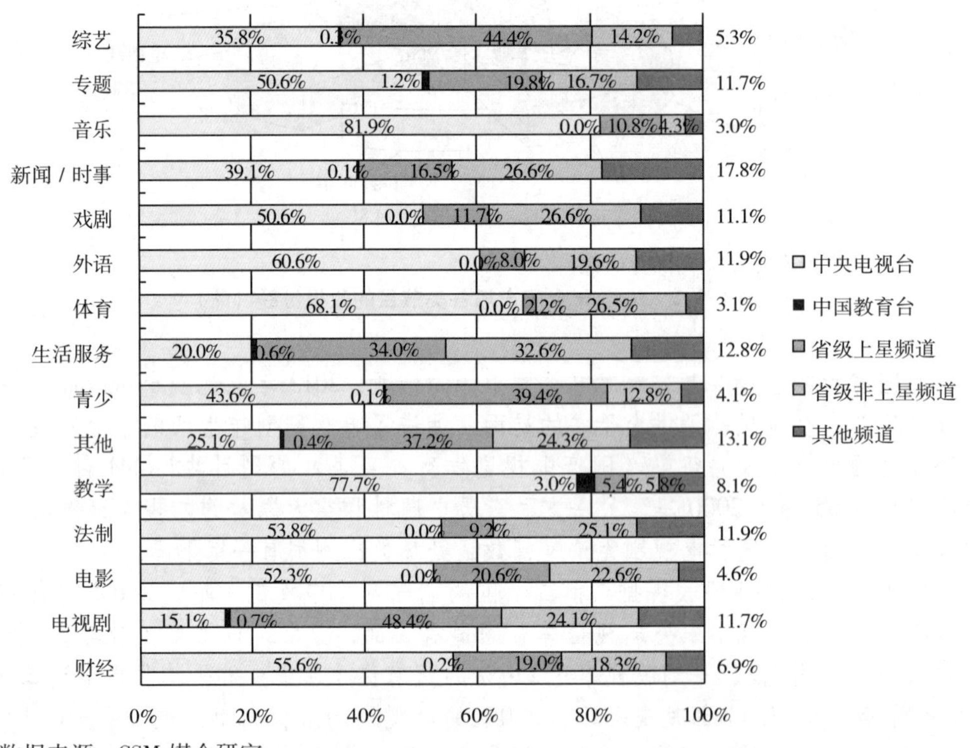

数据来源：CSM媒介研究

图1.5.2　2013年各类频道在全国不同节目市场中的收视份额（%）

2013年省级卫视在电视剧、综艺、青少和生活服务节目市场仍拥有明显的领先优势。其中，省级卫视在电视剧和综艺节目市场的收视份额均超过40%，在青少和生活服务类节目的收视份额也都超过30%；在电影、专题、财经、新闻/时事、戏剧和音乐节

目市场的收视份额位于10%—20%之间，具有一定竞争力；而在法制、外语、教学和体育节目市场竞争力偏弱，市场份额低于10%。综艺节目和电视剧依然是省级卫视吸引观众的两个重要节目类型，2013年全国样本城市综艺节目收视率排名前二十位和电视剧收视率排名前二十位中，省级卫视分别有9个综艺节目和15部电视剧上榜，较2012年分别增加了2个和5个。其中，在综艺节目收视率排名前二十位中，浙江卫视的《中国好声音》（8月30日）排名第三，表现突出；江苏卫视的《幸福NO.1春节联欢晚会2013》和《非诚勿扰》分列第六和第十一位；另有5个综艺节目出自湖南卫视，1个出自辽宁卫视。从电视剧收视率排名前二十位来看，湖南卫视的电视剧表现突出，有14部上榜，《陆贞传奇》和《百万新娘第二部之爱无悔》分列电视剧收视率排行榜二、三位。

2013年中国教育电视台在全国细分节目市场的竞争实力依旧偏弱，仅在教学和专题类节目市场分别获得了3.0%和1.2%的收视份额，而在其余各类节目市场的收视份额均未超过1%。

2013年省级非上星频道在生活服务类节目市场中占有明显优势，仅次于省级卫视，以32.6%的收视份额名列第二；在戏剧、新闻/时事、体育、法制、电视剧和电影节目市场也具备较强竞争力，市场份额在20%—30%之间；在外语、财经、专题、综艺和青少类节目市场的市场份额在10%—20%之间，其中外语类节目的市场份额由2012年的39.9%下降到19.6%，竞争力减弱明显；在教学和音乐类节目的竞争力较弱，收视份额均未超过10%。

2013年其他频道的竞争力仍表现较弱，在各类节目市场的收视份额均未超过20%。其中，在新闻/时事类节目市场的收视份额最高，为17.8%，居市场季军；在专题、戏剧、外语、生活服务、法制和电视剧市场的收视份额均超过了10%，竞争力表现一般；而在其余节目市场的收视份额基本未超过10%。

3. 中央台和省级卫视各类节目收视贡献相对稳定，中国教育台对电视剧倚重增大

2013年中央电视台各类型节目在全国市场的收视格局基本保持稳定，各类节目收视比重稍有变化。新闻/时事、电视剧和综艺节目依然排在收视比重前三位，与2012年相比，电视剧收视比重降低了0.1个百分点，新闻/时事和综艺节目分别上升了0.9个和1.5个百分点，综艺节目收视比重增幅位于中央电视台各类型节目之首。专题节目收视比重降幅为0.1个百分点，排序未变。青少、电影、体育和生活服务类节目的收视比重在5%—8%之间，其中青少和体育类节目的排序较上年有所变化，由于2013年无重大国际体育赛事，体育类节目收视比重比2012年降低了2.4个百分点，排名由第六降到第八，而青少类节目的收视比重增加了0.4个百分点，排名由去年的第八升到第六。法制和音乐类节目的收视比重分别增长了0.6和0.3个百分点，音乐类节目排名上升一位；财经和戏剧类节目的收视比重分别降低了0.3和0.1个百分点，财经类节目的排名下降一位；教学和外语类节目的收视比重与上一年相比没有变化（图1.5.3）。

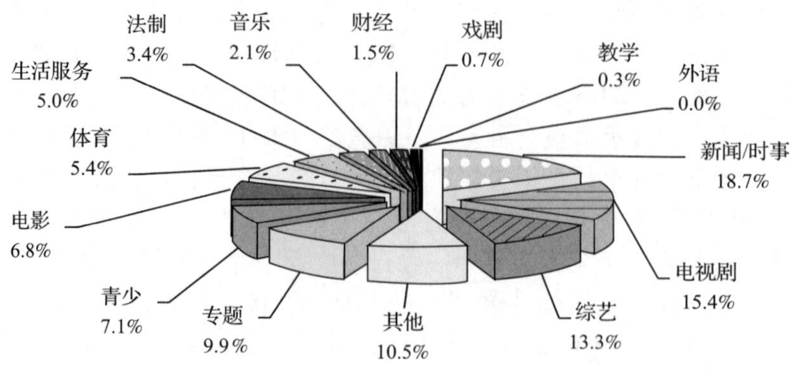

数据来源：CSM媒介研究

图1.5.3　2013年全国市场中央电视台各类节目的收视比重（%）

2013年电视剧依然是中国教育电视台收视贡献最大的支柱，与上一年相比，电视剧的收视比重上升了3.8个百分点，达到48.5%。作为收视贡献第二功臣的专题类节目，2013年的收视比重较去年下降了0.8个百分点，收视比重为15.4%。另外，生活服务、新闻/时事和财经类节目的收视比重比2012年均有增加，收视比重分别上升了1.3、0.6和0.1个百分点；而综艺、青少、音乐类节目对中国教育电视台的收视贡献则有不同程度的减少，其中青少类节目收视比重同比下降了2.3个百分点，综艺类节目下降了1.6个百分点（图1.5.4）。

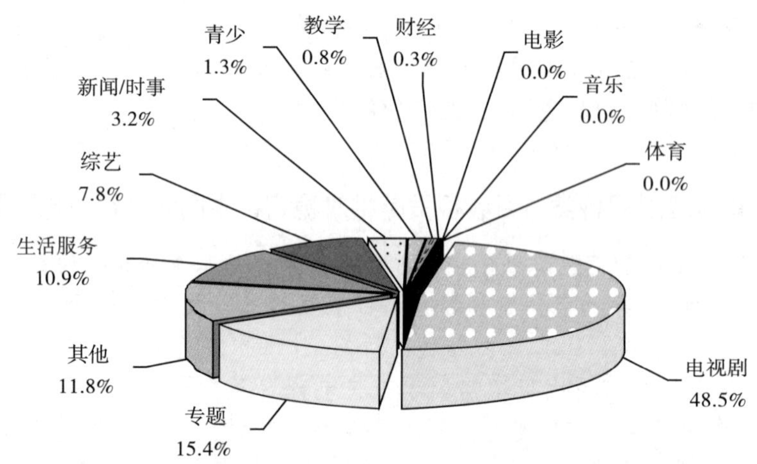

数据来源：CSM媒介研究

图1.5.4　2013年全国市场中国教育电视台各类节目的收视比重（%）

2013年省级卫视各类型节目收视结构以稳定为主。电视剧和综艺节目依然是省级卫视收视贡献最重要的主力军，收视比重之和高于58%，其中电视剧的收视比重较上一年有0.6个百分点的下降，综艺类节目则有0.3个百分点的小幅上涨。生活服务和新闻/时事类节目分别为省级卫视贡献了7.5%和7.0%的收视时间，其中新闻/时事类节目收视比重较上一年有0.6个百分点的上升，生活服务类节目没有变化。青少、专题和电影类节目的收视比重分别为5.7%、3.5%和2.4%，其中青少和电影类节目的收视比重分别增加了0.4和0.1个百分点，专题类节目则降低了1.4个百分点。法制、财经、音乐、体育、戏剧、教学和外语类节目对省级卫视的收视贡献相对较少，均未超过0.6%（图1.5.5）。

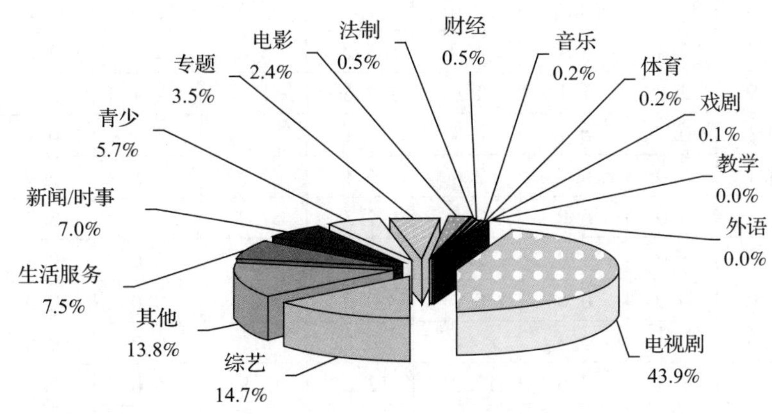

数据来源：CSM媒介研究

图1.5.5 2013年全国市场省级卫视各类节目的收视比重（%）

4. 各类节目满足不同观众收视需求，人口特征差异影响收视偏好

2013年全国电视收视市场，从不同性别观众对各类型节目的收视比重来看，男性观众和女性观众在电视剧、电影、生活服务、体育、新闻/时事、专题和综艺类节目方面存在着较为明显的收视差异，其中男性观众更加倾向收看电影、体育、新闻/时事和专题等信息资讯丰富和专业的节目类型，女性观众则对电视剧、生活服务和综艺等娱乐性、实用性较强的节目类型更为关注。在财经、法制、教学、青少、外语、戏剧和音乐类节目上的收视比重，男性、女性观众的差异不大（表1.5.1）。

从不同年龄段观众对各类型节目的收视情况来看，4—14岁观众对青少节目的收视比重依然明显高于其他各年龄段观众，收视倾向突出；15—24岁观众对电视剧、电影、体育、音乐和综艺类节目较为关注，收视比重均高于平均水平；25—34岁观众收看电影、青少、体育和综艺类节目的比重较为突出，均高于平均水平；对35—44岁观众而言，财经、电视剧、电影、音乐、专题和综艺是其分配较多收视时间的类型节目；45—54岁观众在财经、电视剧、法制、生活服务、体育、新闻/时事、音乐、专题和综艺类节目上投入了较高比重的收视时间；55—64岁观众在收看财经、法制、生活服务、戏剧、新闻/时事和专题类节目的倾向比较明显；65岁及以上观众则将更多收视时间分配在法制、生活服务、体育、戏剧、新闻/时事和专题类节目。综合来看，青少年观众在电影、青少、音乐和综艺类节目上投入的时间比重较大，中老年观众的收视倾向则更偏向于财经、法制、生活服务、新闻/时事和专题类节目，而各年龄段观众在教学、外语类节目的时间分配方面差异不大。此外，法制和新闻/时事类节目的收视比重随观众年龄增长而上升（表1.5.1）。

表1.5.1　2013年全国市场不同性别和年龄观众对各类节目的收视比重（%）

节目类型	性别		年龄						
	男	女	4—14岁	15—24岁	25—34岁	35—44岁	45—54岁	55—64岁	65岁及以上
财经	0.9	0.8	0.3	0.6	0.7	0.9	1.1	1.0	0.8
电视剧	29.4	33.5	28.4	33.6	31.1	32.3	32.3	31.1	30.8
电影	4.6	3.4	3.9	4.9	5.2	5.6	3.9	2.8	2.0
法制	1.9	2.0	1.1	1.6	1.6	1.9	2.1	2.3	2.3
教学	0.1	0.1	0.1	0.1	0.1	0.1	0.1	0.1	0.2
青少	5.1	5.0	25.7	3.4	6.1	3.6	1.6	2.9	2.0
生活服务	7.3	8.0	6.0	7.5	7.5	7.2	8.0	8.3	8.4
体育	3.3	1.6	1.0	2.7	2.8	2.2	2.6	2.4	2.7
外语	0.0	0.0	0.0	0.0	0.0	0.0	0.0	0.0	0.0
戏剧	0.4	0.4	0.2	0.2	0.2	0.2	0.2	0.5	1.2
新闻/时事	16.0	13.5	7.6	12.3	12.6	13.9	15.6	17.4	19.7
音乐	0.8	0.8	0.6	1.0	0.8	0.9	0.9	0.7	0.6
专题	6.6	5.6	3.7	5.3	5.6	6.3	6.8	6.6	6.4
综艺	10.9	12.0	8.3	13.4	12.0	11.9	12.3	11.2	10.2
其他	12.6	13.2	13.2	13.4	13.6	12.9	12.5	12.6	12.6

数据来源：CSM媒介研究

2013年不同受教育程度观众对各类型节目的收视比重既存在着一定差异性，也呈现出一定的规律性。随着学历的升高，观众收看财经、体育、新闻/时事、专题和综艺类节目的收视比重呈现递增趋势，而对青少和戏剧类节目则呈现递减趋势。具体到不同受教育程度的观众，未受过正规教育的观众收看青少和戏剧类节目的时间比重明显高于其他受教育程度的观众；小学教育程度的观众在收看电视剧上花费的时间比重最高，青少类节目的收视比重仅次于未受过正规教育的观众；初中教育程度的观众收看电视剧、电影和法制类节目的时间比重高于观众总体；高中教育程度的观众在财经、电影、法制、生活服务、体育、新闻/时事、音乐、专题和综艺类节目上投入的收视时间比重较大；大学及以上教育程度的观众对财经、教学、生活服务、体育、新闻/时事、专题和综艺类节目更感兴趣，其在这几类节目上的收视比重均高于其他受教育程度观众（表1.5.2）。

在个人月收入方面，1200元及以下观众在电视剧和青少类节目上分配了较高比例的收视时间；1201—2600元观众在法制、生活服务、戏剧类节目上投入的收视时间比例高于其他收入观众；2601—5000元观众收看财经、电影、生活服务、体育、新闻/时事、专题、综艺类节目的时间比重较高；5001元及以上观众在财经、电影、教学、体育、新闻/时事、音乐、专题类节目上的收视比重均高于其他收入水平观众。不同收入水平观众在教学、外语、戏剧和音乐类节目上投入的时间比重差异不明显。总体上看，随着个人月收入水平的提高，财经、体育和专题类节目的收视比重呈递增趋势（表1.5.2）。

表1.5.2 2013年全国市场不同受教育程度和个人月收入观众对各类节目的收视比重（%）

节目类型	受教育程度					个人月收入（元）						
	未受过正规教育	小学	初中	高中	大学及以上	600元以下	601—1200元	1201—1700元	1701—2600元	2601—3500元	2501—5000元	5001元及以上
财经	0.4	0.4	0.6	1.1	1.4	0.5	0.6	0.8	1.0	1.1	1.2	1.5
电视剧	28.6	34.3	33.6	30.3	27.8	32.8	34.6	32.0	30.9	29.7	28.6	27.5
电影	2.9	3.7	4.2	4.1	4.1	4.0	3.9	3.6	3.9	4.4	4.6	4.7
法制	1.3	1.9	2.1	2.0	1.7	1.7	2.1	2.1	2.1	1.9	1.8	1.6
教学	0.1	0.1	0.1	0.1	0.2	0.1	0.1	0.1	0.1	0.1	0.2	0.2
青少	21.8	9.1	3.5	2.9	2.9	11.2	3.0	2.8	2.7	2.7	2.8	3.0
生活服务	6.8	7.2	7.6	8.0	8.2	7.1	7.6	8.0	8.1	7.9	7.9	7.8
体育	1.0	1.4	2.1	3.0	3.7	1.5	1.9	2.3	2.8	3.1	3.8	4.0
外语	0.0	0.0	0.0	0.0	0.0	0.0	0.0	0.0	0.0	0.0	0.0	0.0
戏剧	0.8	0.7	0.4	0.3	0.3	0.4	0.4	0.4	0.5	0.3	0.3	0.2
新闻/时事	10.2	13.1	14.6	15.8	16.2	11.3	14.9	16.2	16.1	16.3	16.3	16.4
音乐	0.6	0.6	0.8	0.9	0.8	0.8	0.7	0.8	0.8	0.8	0.8	0.9
专题	3.7	4.9	5.9	6.7	7.0	4.8	6.0	6.2	6.5	6.8	6.9	7.7
综艺	7.7	9.4	11.4	12.4	13.1	10.4	11.0	11.6	12.0	12.2	12.5	12.2
其他	14.1	13.4	12.9	12.5	12.6	13.4	13.1	13.0	12.7	12.6	12.3	12.4

数据来源：CSM媒介研究

2013年全国电视收视市场，干部/管理人员花费相对较大比重的时间收看财经、电影、体育、新闻/时事、专题和综艺类节目；个体/私营企业人员在财经、电视剧、电影、法制和专题类节目上投入了相对较大比重的收视时间；初级公务员/雇员在财经、电影、生活服务、体育、新闻/时事、音乐、专题和综艺类节目的收视比重均高于观众总体；工人则对电视剧、电影、体育和综艺类节目表现出较为浓厚的兴趣；学生对电视剧、电影和青少类节目投入的时间比重较大，尤其是对青少类节目的收视比重，远高于其他观众群体；无业群体对财经、电视剧、法制、生活服务、戏剧、新闻/时事节目较为关注。另外，不同职业背景的观众在教学、外语和音乐类节目的收视比重上差异较小（表1.5.3）。

表1.5.3 2013年全国市场不同职业观众对各类节目的收视比重（%）

节目类型	职业						
	干部/管理人员	个体/私营企业人员	初级公务员/雇员	工人	学生	无业	其他
财经	1.5	0.9	1.1	0.7	0.4	0.9	0.4
电视剧	27.5	31.8	29.6	32.9	31.7	30.8	38.7
电影	4.6	4.9	4.7	4.9	4.7	2.9	3.7

续表

节目类型	职业						
	干部/管理人员	个体/私营企业人员	初级公务员/雇员	工人	学生	无业	其他
法制	1.6	2.1	1.8	1.9	1.3	2.1	2.1
教学	0.1	0.1	0.1	0.1	0.1	0.1	0.1
青少	2.7	3.5	2.9	3.2	14.3	5.6	3.6
生活服务	7.6	7.3	8.0	7.4	6.5	8.2	7.5
体育	4.1	2.3	3.3	2.5	1.9	2.3	1.0
外语	0.0	0.0	0.0	0.0	0.0	0.0	0.0
戏剧	0.2	0.3	0.2	0.2	0.2	0.7	0.6
新闻/时事	16.2	14.8	15.2	14.4	9.3	16.1	13.0
音乐	0.8	0.8	0.9	0.9	0.8	0.7	0.6
专题	7.4	6.4	6.8	6.1	4.6	6.1	4.9
综艺	13.2	11.5	12.9	12.0	11.4	10.7	9.6
其他	12.5	13.2	12.7	12.9	12.7	12.8	14.3

数据来源：CSM 媒介研究

（二）湖北省电视收视市场的节目竞争格局

1. 湖北省各类型节目收视格局变化较大，综艺节目升入收视第一阵营

2013 年的湖北省电视收视市场各类型节目竞争格局变化明显。2012 年收视第一阵营是电视剧、新闻/时事和专题节目，2013 年变为电视剧、新闻/时事和综艺节目。其中电视剧的收视份额较 2012 年上升 8.7 个百分点，以 37.6% 位居榜首；新闻/时事节目上升 0.9 个百分点，排名未变；专题节目的收视比重较上年降低了 4.9 个百分点，排名降至第七位；而综艺节目增加了 2.8 个百分点，排名进入前三甲。2013 年第二阵营主要是青少、生活服务、专题和电影类节目，收视份额在 4%—8% 之间，其中青少节目收视份额较上年增加了 1.4 个百分点，排名较上年提前两位，生活服务和专题节目的收视份额分别下降了 2.4 和 4.9 个百分点。其余类型节目收视份额相对较小，都在 2% 以下，其中除了法制节目较上年有 0.3 个百分点小幅增长外，体育、音乐、财经、戏剧和教学类节目的收视份额都有不同程度减少，音乐和财经节目降幅较明显，分别减少了 1.8 和 1.3 个百分点（图 1.5.6）。

2013 年湖北市场电视剧收视率排名前十位中，除了 2 部来自湖南卫视外，其余 8 部均来自湖北卫视。其中，湖北卫视的《一个鬼子都不留》《新燕子李三》和《平原烽火(10—38 集)》3 部电视剧依次占据榜单前三甲，平均收视率均超过 5%，其余电视剧的收视率都在 4%—5% 之间。在湖北综艺节目市场收视率排名前十位中，收视率排名前两位分别是中央电视台综合频道的《2013 春节联欢晚会》和湖北卫视的《我的中国星(10 月 6 日)》，两档节目的平均收视率均高于 7%，而余下节目的收视表现与前两名差距较大，收视率仅在 2%—4% 之间。从播出频道看，有 5 档综艺节目来自中央电视台，

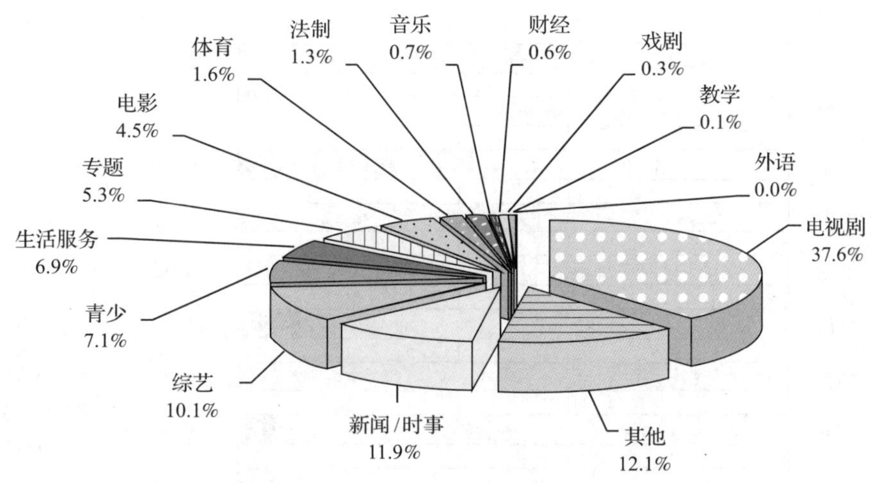

数据来源：CSM 媒介研究

图 1.5.6　2013 年湖北省市场各类节目的收视份额（%）

4 档来自湖北本地频道，1 档来自浙江卫视，可见湖北观众对中央电视台综艺节目的喜爱。

2. 湖北细分节目市场竞争中央电视台表现突出，本省台和外省卫视各有所长

根据 2013 年各类频道在湖北省节目收视市场上的收视份额，中央电视台在湖北 12 个细分节目市场占据明显领先优势。中央电视台在湖北省专题和财经节目市场占绝对优势地位，收视份额均超过 90%；在青少、电影和外语类节目市场的收视份额均超过 80%；中央电视台在戏剧、教学、音乐和生活服务类节目市场的收视份额均在 50%—75%之间；在新闻/时事、综艺和电视剧节目市场，中央电视台的收视份额虽然没有超过 50%，但是仍居细分市场前二甲位置。相比之下，中央电视台在法制和体育类节目市场的竞争力相对较弱，收视份额均未超过 40%，且收视份额都低于湖北省级台（图 1.5.7）。

凭借本地频道贴近性的优势，2013 年湖北省台在本省法制、体育和综艺节目市场的收视表现领先其他各类频道，收视份额均高于 40%。在生活服务、新闻/时事、教学类节目市场，湖北省台收视份额仅弱于中央电视台，分别获得了 35.1%、34.4%和 23.9%的收视份额。湖北省台在电视剧节目市场收视份额达 22.7%，具备一定收视竞争力。在戏剧、外语、专题、财经、电影、音乐和青少类节目市场，湖北省台的收视份额均低于 6%，市场竞争力较弱。

相比中央电视台和湖北省台，2013 年湖北省外卫视在湖北多个细分节目市场中处于弱势地位。在音乐类节目市场，外省卫视的收视份额超过 40%，在各类型节目市场中收视成绩最好；在体育、电视剧、新闻/时事和法制节目市场，外省卫视的收视份额均在 20%—40%之间，具备一定的收视竞争力。2013 年外省卫视在湖北省戏剧、教学、青少和电影节目市场的收视份额均低于 20%，在综艺、生活服务、财经、外语和专题节目市

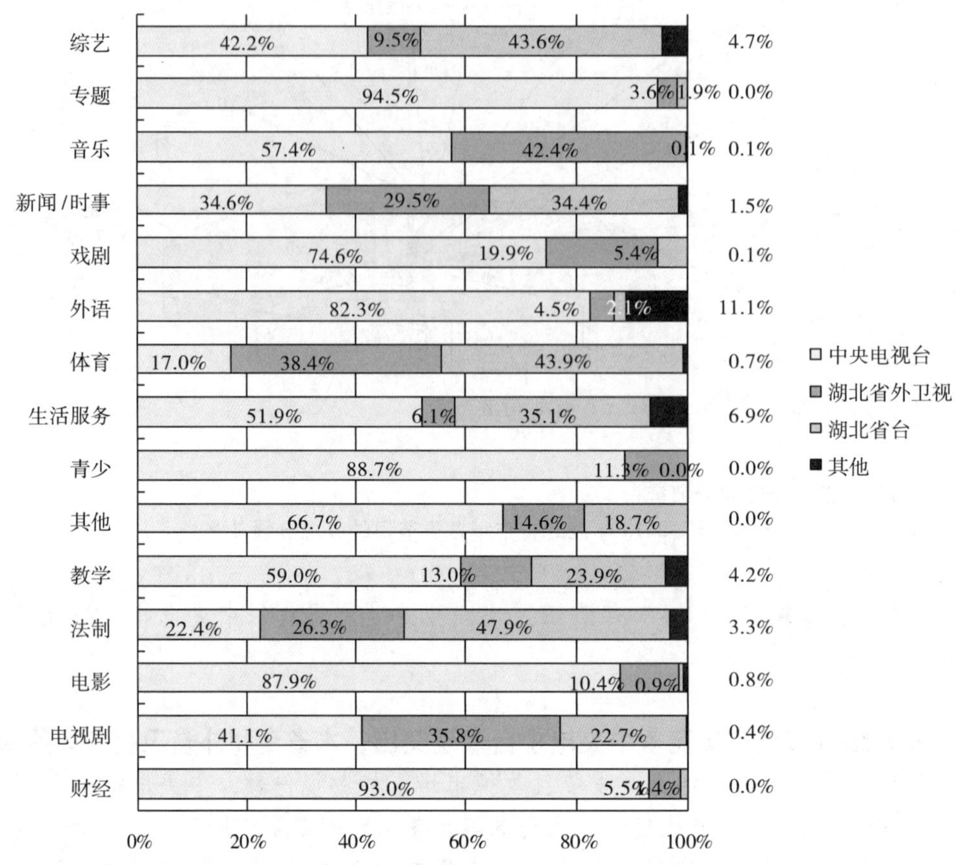

数据来源：CSM 媒介研究

图 1.5.7　2013 年湖北省市场各类频道在不同类别节目中的收视份额（%）

场的收视份额均未超过 10%。值得一提的是，尽管外省卫视 2013 年在湖北省市场竞争表现并不突出，但在电视剧、戏剧、青少、电影、财经、外语、专题类节目市场仍获得了仅次于中央电视台的收视份额。

2013 年其他频道在湖北省各类型节目市场的收视竞争力整体偏弱，除在外语类节目市场获得 11.1% 的收视份额外，在 9 类节目市场中获得的收视份额都低于 1%。

3. 中央台各类型节目在鄂收视表现较为均衡，电视剧对省级频道收视贡献最大

2013 年中央电视台各类型节目在湖北省市场收视格局较为均衡。中央电视台在湖北省的收视时间中，有 18.5% 的份额来自电视剧，14.4% 的份额来自新闻/时事，12.0% 的份额来自综艺节目，11.8% 的份额来自青少节目，这四类节目对中央电视台贡献了超过 55% 的收视时间（图 1.5.8）。与 2012 年相比，综艺类节目收视比重上升最明显，增长了 1.6 个百分点，名次较 2012 年上升了两位进入三甲行列。2013 年电影和专题类节目分别为中央电视台在湖北的收视贡献了 9.7%、9.0% 的收视时间；生活服务、体育、

法制、音乐和财经类节目的收视比重均在1%—5%之间；相比之下，戏剧、教学和外语类节目在湖北省为中央电视台贡献的收视时间相对较少，收视比重均不超过1%。

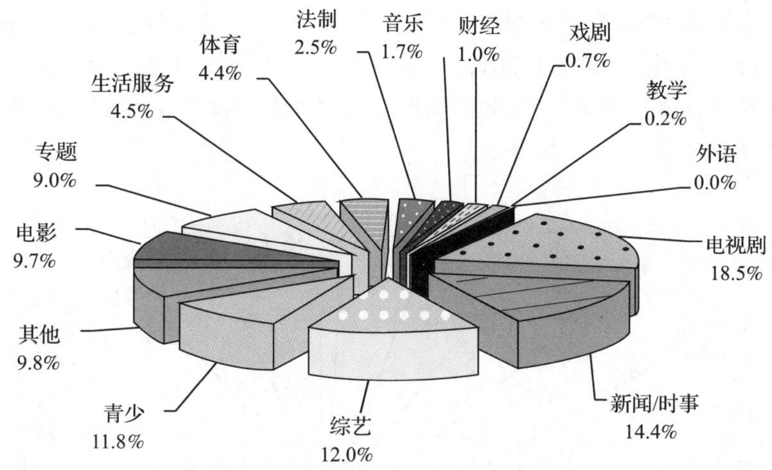

数据来源：CSM媒介研究

图1.5.8　2013年湖北省市场中央台各类节目的收视比重（%）

2013年湖北收视市场，电视剧仍是外省卫视收视倚重的节目类型，收视比重高达48.9%；但同比上一年，外省卫视电视剧的收视比重减少了2.4个百分点，观众收视热度有所降低。综艺和青少类节目是外省卫视在鄂收视的第二梯队，二者分别为外省卫视贡献了12.3%和10.2%的收视时间。生活服务、新闻/时事、电影和专题节目对外省卫视的贡献均未超过7%，是外省卫视湖北收视的第三梯队。相比之下，法制、音乐、体育、财经、戏剧、教学和外语类节目对外省卫视收视贡献相对较小，收视比重均未超过1%（图1.5.9）。

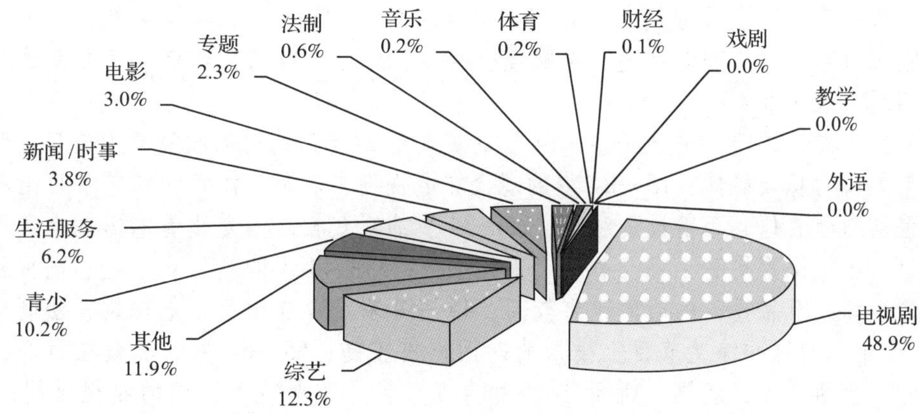

数据来源：CSM媒介研究

图1.5.9　2013年湖北省市场外省卫视各类节目的收视比重（%）

2013年湖北省台在本省收视中，电视剧的收视贡献虽比2012年减少了2.7个百分点，但仍以48.0%的收视比重稳居节目收视第一主力位置。新闻/时事和生活服务节目的收视比重较上一年分别上升了0.7和0.6个百分点，排在省台收视比重的第二和第三位。作为湖北省台收视的第三阵营，综艺和专题节目分别为湖北省台贡献了6.7%和3.7%的收视时间，收视比重相比2012年分别上升了1.3和0.8个百分点。湖北省台电影、法制、财经、体育、音乐、青少、戏剧、教学和外语类节目的收视比重均低于1%，在台内收视贡献均有限（图1.5.10）。

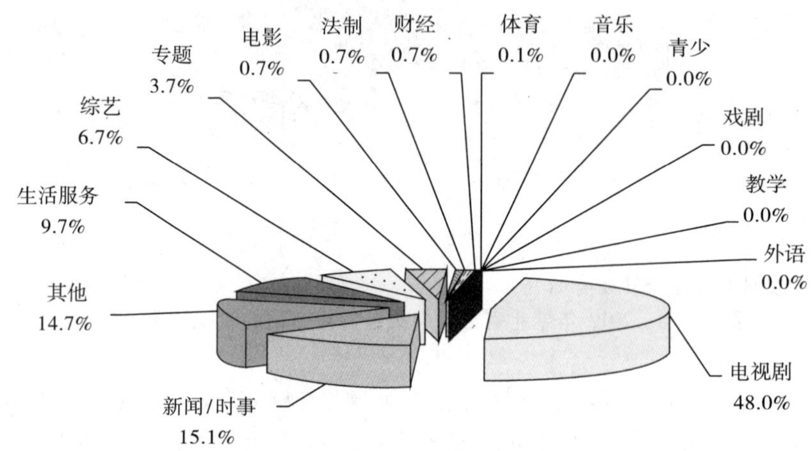

数据来源：CSM媒介研究

图1.5.10 2013年湖北省市场湖北省台各类节目的收视比重（%）

4. 不同特征观众收视各有侧重，类型节目收视比重体现观众偏好

2013年湖北省不同特征观众对各类型节目的收视偏好不同，投入的收视时间比例也各异。从性别上看，女性观众主要在电视剧、法制、生活服务和综艺节目花费更多比例的时间；男性观众则主要对财经、电影、青少、体育、新闻/时事和专题节目投入更高比例的收视时间。男性和女性观众在财经、教学、外语、戏剧、音乐节目方面的收视时间比重相近（表1.5.4）。

从年龄上看，2013年湖北省4—14岁的观众用24.6%的时间收看青少节目，明显高于其他年龄段的观众群体；15—24岁的观众在电视剧、电影、体育和综艺节目上花费的时间比重均高于其他各年龄段的观众；25—34岁的观众相对偏爱收看电影、生活服务和综艺节目，收视比重均高于湖北省观众平均水平；35—44岁的观众对财经、电视剧、电影、专题和综艺节目投入的时间比重较高；45—54岁观众在财经、电视剧、法制、新闻/时事、音乐、专题和综艺节目上投入的时间比重较高；55—64岁的观众在财经、电视剧、法制、生活服务、戏剧、新闻/时事和专题节目上花费较多比例的收视时间；65岁及以上的观众收看财经、生活服务、体育、戏剧、新闻/时事节目的时间比重较高，其中在财经、戏剧和新闻/时事节目市场的收视比重均超过其他各年龄段观众（表1.5.4）。

表 1.5.4 2013 年湖北省市场不同性别和年龄观众对各类节目的收视比重（%）

节目类型	性别		年龄						
	男	女	4—14 岁	15—24 岁	25—34 岁	35—44 岁	45—54 岁	55—64 岁	65 岁及以上
财经	0.7	0.6	0.3	0.5	0.6	0.7	0.7	0.7	0.9
电视剧	35.2	40.0	32.6	40.2	37.6	39.6	37.9	39.2	36.8
电影	5.4	3.5	5.1	6.1	5.2	5.9	4.1	3.1	2.3
法制	1.2	1.4	0.8	1.7	1.0	1.1	1.8	1.5	1.1
教学	0.1	0.1	0.0	0.1	0.0	0.1	0.1	0.1	0.1
青少	7.4	6.8	24.6	3.3	7.5	4.4	2.5	3.6	2.6
生活服务	6.6	7.2	5.9	6.6	7.2	6.8	7.1	7.4	7.4
体育	2.2	1.0	0.6	2.5	1.2	1.4	2.1	1.6	2.3
外语	0.0	0.0	0.0	0.0	0.0	0.0	0.0	0.0	0.0
戏剧	0.3	0.2	0.1	0.1	0.1	0.1	0.1	0.5	1.0
新闻/时事	12.9	10.8	6.8	9.0	10.2	11.0	13.4	13.4	18.9
音乐	0.6	0.7	0.5	0.7	0.6	0.7	0.9	0.6	0.5
专题	5.9	4.6	3.9	4.6	4.9	5.9	5.9	5.7	5.5
综艺	9.8	10.5	6.7	13.0	11.1	10.5	11.6	10.5	8.3
其他	11.6	12.6	12.1	11.8	12.7	11.8	12.0	12.1	12.3

数据来源：CSM 媒介研究

受教育程度也是影响观众收视选择的因素之一。2013 年湖北省市场未受过正规教育的观众收看青少节目的时间比重在不同教育程度观众中最高；小学教育程度的观众收看电视剧和戏剧节目的时间比重均在各类受教育程度观众中最高；初中教育程度观众对电视剧、电影和综艺节目较为关注，收视比重均高于总体平均水平；高中、大学及以上学历的观众将较多比例的收视时间花费在财经、生活服务、体育、新闻/时事、专题和综艺节目上。不同教育程度观众在教学、外语、戏剧节目上的收视比重差异不明显。总体而言，较高教育程度的观众在财经、法制、生活服务、体育、新闻/时事、专题和综艺节目花费更多比例的收看时间，而受较低教育程度的观众则花费更多比例的时间收看电视剧和青少节目。由此可见，教育程度较高的湖北观众关注的节目类型较为丰富，而教育程度较低的观众关注的节目类型相对较为单一（表 1.5.5）。

2013 年湖北省个人月收入水平在 300 元及以下的观众用于收看青少节目的时间比重明显高于其他收入人群；个人月收入在 301—900 元的观众投入到电视剧、法制、生活服务、戏剧、音乐节目的时间比重较高，其中电视剧的收视比重明显高于其他收入人群；个人月收入在 901—1700 元的观众在电视剧、法制、生活服务、新闻/时事节目上花费了较大比例的收视时间；个人月收入在 1701—2600 元的观众用于收看财经、电影、体育、新闻/时事、音乐、综艺节目的时间比重较高；个人月收入在 2601—3500 元的观众在财经、电影、体育、新闻/时事、音乐、专题、综艺节目上投入的收视时间比重较高，其中新闻/时事节目的收视比重高于其他收入水平人群；个人月收入3501元及以上的观众对财经、电影、体育、新闻/时事、音乐、专题和综艺节目的收视比重较高，其中对电影、专题、综艺节目的收视比重均高于其他收入水平人群。综合来看，个人月收入越高，观众分配在财经、电影、综艺节目的收视时间比例越高（表1.5.5）。

表1.5.5　2013年湖北省市场不同受教育程度和个人月收入观众对各类节目的收视比重（%）

节目类型	受教育程度					个人月收入（元）					
	未受过正规教育	小学	初中	高中	大学及以上	0—300元	301—900元	901—1700元	1701—2600元	2601—3500元	3501元及以上
财经	0.6	0.4	0.6	0.8	1.3	0.5	0.5	0.7	0.9	0.9	0.9
电视剧	34.6	41.4	39.5	34.8	26.0	37.6	42.0	38.2	34.9	32.8	34.5
电影	3.6	4.1	5.0	4.8	3.7	4.5	3.6	3.9	5.5	5.6	6.2
法制	0.9	1.2	1.3	1.6	1.0	1.2	1.5	1.6	1.1	0.9	0.8
教学	0.0	0.0	0.1	0.1	0.3	0.0	0.1	0.1	0.2	0.1	0.1
青少	20.6	9.9	4.6	2.9	2.2	13.2	3.9	3.1	3.1	4.1	3.1
生活服务	6.8	6.8	6.9	7.0	7.4	6.8	7.4	7.1	6.8	6.8	6.4
体育	0.7	0.6	1.6	2.8	3.1	0.9	1.6	1.8	2.6	2.6	2.1
外语	0.0	0.0	0.0	0.0	0.0	0.0	0.0	0.0	0.0	0.0	0.0
戏剧	0.2	0.4	0.2	0.1	0.2	0.3	0.4	0.2	0.1	0.2	0.1
新闻/时事	7.7	10.0	11.5	14.2	19.7	9.4	10.5	14.2	14.5	14.6	13.1
音乐	0.4	0.6	0.7	0.7	0.9	0.5	0.8	0.7	0.8	0.8	0.8
专题	3.5	4.3	5.2	6.2	8.6	4.1	5.0	5.7	6.5	7.2	7.7
综艺	7.3	7.8	10.6	12.5	13.8	8.7	10.1	10.5	11.9	11.9	12.8
其他	13.0	12.4	12.0	11.6	11.8	12.3	12.5	12.3	11.3	11.6	11.2

数据来源：CSM媒介研究

根据2013年湖北省不同职业观众对各节目类型的收视比重，干部/管理人员在财经、电影、法制、体育、新闻/时事、专题和综艺节目上花费了相对较大比例的收视时间，均高于总体平均水平；个体/私营企业人员相对偏爱收看财经、电影、体育、音乐、专题和综艺节目；初级公务员收看财经、电影、生活服务、体育、新闻/时事、音乐、专题和综艺节目的时间比例均高于总体平均水平；工人群体收看电视剧、电影、体育、专题和综艺节目的时间比例较高；学生群体用较大比例的时间收看电影、青少节目；无业群体对生活服务、体育和新闻/时事节目的兴趣较为浓厚。不同职业观众对教学、外语、戏剧节目的收视比重没有明显差异（表1.5.6）。

表 1.5.6 2013 年湖北省市场不同职业观众对各类节目的收视比重（%）

节目类型	职业						
	干部/管理人员	个体/私营企业人员	初级公务员/雇员	工人	学生	无业	其他
财经	0.9	0.8	1.0	0.6	0.4	0.6	0.6
电视剧	28.8	36.6	29.9	38.6	34.6	36.5	43.2
电影	4.9	6.3	4.8	6.2	5.9	3.5	3.2
法制	1.6	1.1	1.1	1.2	1.0	1.3	1.5
教学	0.2	0.1	0.2	0.1	0.0	0.1	0.1
青少	1.6	4.8	2.3	3.6	18.6	8.8	4.3
生活服务	6.5	6.3	7.0	6.7	6.1	7.0	7.7
体育	4.3	2.2	2.8	1.9	0.7	1.8	0.8
外语	0.0	0.0	0.0	0.0	0.0	0.0	0.0
戏剧	0.1	0.1	0.1	0.1	0.1	0.2	0.7
新闻/时事	17.3	11.8	16.2	11.1	7.8	13.1	11.0
音乐	0.6	0.8	1.0	0.8	0.6	0.5	0.6
专题	6.9	5.6	7.8	5.8	4.5	5.0	4.7
综艺	14.5	11.8	14.2	11.7	8.3	9.4	8.8
其他	11.9	11.7	11.6	11.6	11.6	12.3	12.8

数据来源：CSM 媒介研究

（三）北京市电视收视市场的节目竞争格局

1. 新闻/时事节目收视份额增幅最大，专题节目排名下降

2013 年北京电视节目收视市场，电视剧收视份额虽比 2012 年降低了 0.2 个百分点，但仍以 28.9% 的收视成绩居北京节目市场收视冠军位置。新闻/时事、综艺和生活服务类节目构成了北京收视第二方阵，三者收视份额较上一年分别增长了 1.6 个、0.5 个和 0.1 个百分点，其中新闻/时事类节目收视份额在各类节目中增幅最大，综艺和生活服务节目收视份额排名均前进一位；专题类节目的收视份额较 2012 年下降了 1.1 个百分点，市场排名后退三位；体育、电影、青少、法制和财经类节目市场的收视份额均在 1%—5% 之间，与上年相比收视份额变化不大，增减幅度在 0.5 个百分点以内；音乐、戏剧、教学和外语类节目的收视份额均未超过 1%，在北京收视市场排名较靠后（图 1.5.11）。

根据 2013 年北京市场电视剧收视率排名，排名前十部剧依然由北京卫视和北京电视台影视频道包揽，体现出北京台在本地电视剧市场的强大竞争力。其中，北京卫视有 8 部电视剧进入收视率排名前十位，《打狗棍》《老有所依》和《大宅门 1912》分别以 9.4%、7.8% 和 7.5% 的平均收视率占据北京电视剧市场前三甲。北京电视台影视频道有《六块六毛六那点事》和《我们的快乐人生》两部作品入围前十，分别以 6.3% 和 5.9% 的平均收视率排在榜单第六、第九名。新闻/时事类节目收视排名中，北京卫视占据排行榜四个席位，其中《转播中央台新闻联播》和《北京新闻》分列第一、二位；中央电视台综合频道、中央电视台新闻频道和中央台四套占据六个位置，其中收视成绩最

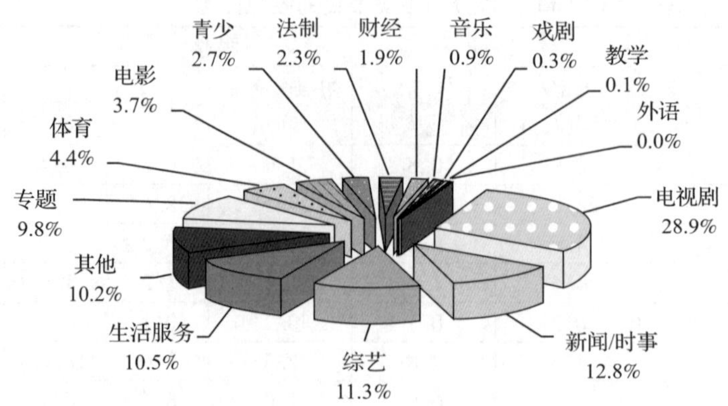

数据来源：CSM 媒介研究

图 1.5.11　2013 年北京市场各类节目的收视份额（%）

好的是中央电视台综合频道播出的《嫦娥三号登月之旅》，排名第三。在 2013 年北京市场综艺类节目收视排名前十中，排在首位的是北京卫视的《2013 北京电视台春节联欢晚会》，平均收视率 9.6%，但较 2012 年下降了近 3 个百分点；中央电视台综合频道的《2013 元宵晚会》和北京卫视转播的中央电视台《2013 春节联欢晚会》分别以 9.5% 和 8.8% 的收视成绩排在第二、三位。

2. 中央电视台和北京台在细分节目市场交锋激烈，外省卫视保持重点类型节目优势

2013 年，中央电视台在北京地区戏剧、外语、教学、音乐和电影类节目市场占主控位置，收视份额均在 60% 以上。在体育、新闻/时事和青少类节目市场，中央电视台也具有一定竞争实力，收视份额均超过 40%。在综艺、法制、财经和专题类节目市场，中央电视台的竞争力也不容小视，均以超过 30% 的收视份额居类型节目市场亚军位置。相比之下，中央电视台在电视剧和生活服务节目市场的表现较弱，收视份额依然低于外省卫视和北京本地频道（图 1.5.12）。同比 2012 年，中央电视台在北京的教学、外语、音乐、法制、青少、综艺、专题、生活服务和电视剧类节目市场的收视份额有所增长，其中在教学和音乐节目市场增幅较大，分别达到 35.6 个和 31.2 个百分点；而在北京的财经、电影、体育、戏剧和新闻/时事类节目市场则出现不同程度的降幅，其中财经类节目市场降幅最大，达 10.8 个百分点。

2013 年北京台在财经、体育、专题、新闻/时事、综艺、电影和戏剧类节目市场的收视份额有不同程度的增加，其中在财经、体育和电影类节目市场的增幅较为明显，收视份额较 2012 年分别增长了 11.8 个、9.6 个和 9.5 个百分点。受中央电视台增势压力，北京台在教学类节目市场的收视份额下降了 36.9 个百分点，降幅最大；在生活服务、法制、电视剧、青少和音乐类节目市场的降幅均低于 8 个百分点。尽管 2013 年北京台在本地细分节目市场中有涨有落，但其在多个节目市场依旧保持领先优势。北京台在生活服务、法制、财经、体育、专题、新闻/时事类节目市场占据优势主导者地位，收视份额在 44%—71% 之间；在本地青少、音乐、综艺和电影类节目市场，北京台也具有一定的

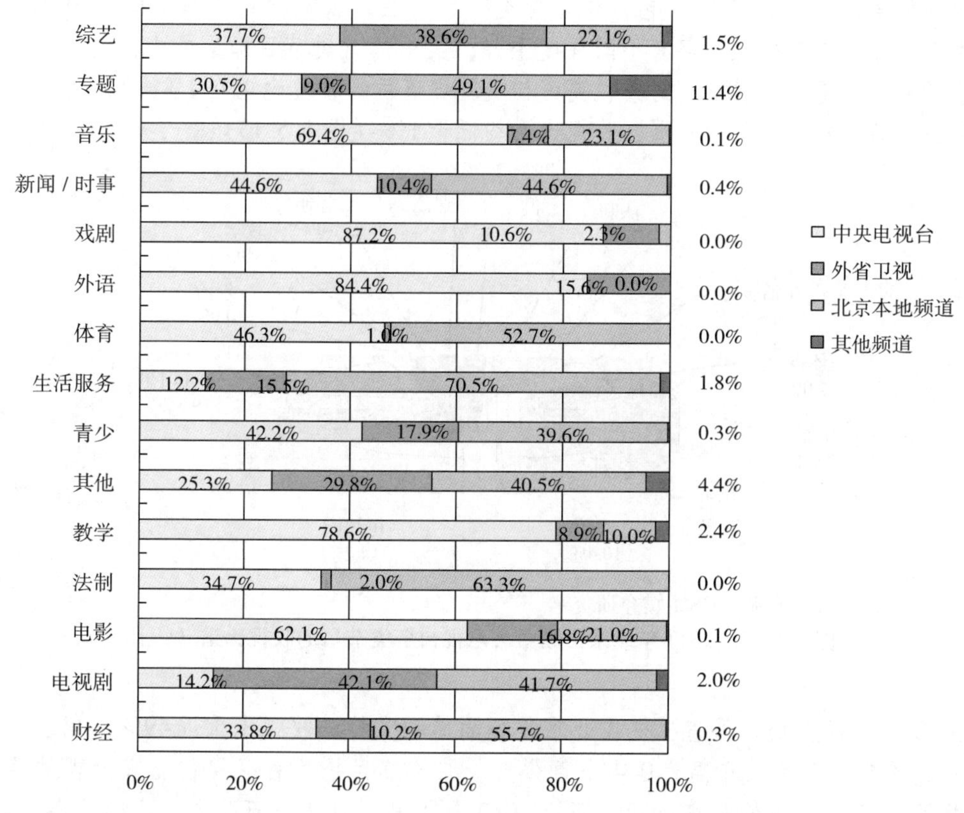

数据来源：CSM 媒介研究

图 1.5.12 2013 年北京市场各类频道在不同节目类别中的收视份额（%）

竞争力，收视份额在 20%—40% 之间；在教学、戏剧和外语类节目市场，北京台市场份额比例较小，竞争力较弱。

2013 年外省卫视在北京多数细分节目市场仍处配角位置，但在电视剧和综艺类节目市场中依旧保持领先优势。对比 2012 年，2013 年外省卫视在北京青少、电影、生活服务、戏剧、新闻/时事、教学、法制和体育细分类市场的收视份额均有不同程度增加，其中增幅较明显的是戏剧和青少类节目市场，分别增加了 7.5 个和 3.8 个百分点；而在北京综艺、外语、财经、专题和音乐类节目市场中，外省卫视的收视份额有不同程度的下降，受中央电视台竞争挤压，外语类节目市场减少了 31.2 个百分点。

3. 中央电视台和北京台节目收视仍保持基本均衡，综艺节目对各级频道收视贡献上升

2013 年北京市场，中央电视台各类型节目收视依然保持基本均衡格局，节目收视比重和排名略有变化。新闻/时事类节目依然稳居中央电视台收视贡献龙头位置，收视比重较上一年上升了 1.4 个百分点，综艺和电视剧节目分别以 14.8%、14.2% 的收视比重排名第二、第三，与 2012 年收视比重比较，二者分别增长了 1.6 和 0.9 个百分点。中央电视台在

北京收视的第二阵营以专题、电影和体育类节目为主，收视比重均在7.0%—11%之间，这三类节目收视贡献较上一年有不同程度下降，其中体育类节目降幅最大，达2.3个百分点。生活服务、青少、法制、财经、英语和戏剧类节目的收视比重在1%—5%之间，而教学和外语节目收视贡献相对较弱，收视比重均低于1%（图1.5.13）。

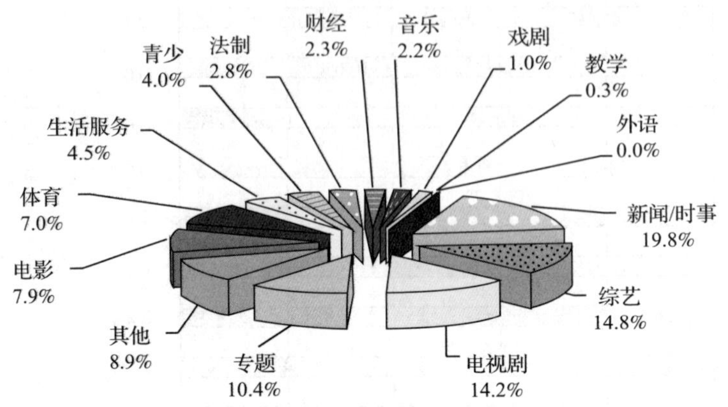

数据来源：CSM媒介研究

图1.5.13　2013年北京市场中央电视台各类节目的收视比重（%）

2013年电视剧仍是外省卫视在北京收视的第一支柱，收视比重近49%，但相比上一年收视比重略有下滑，降幅为0.4个百分点。综艺节目是外省卫视在北京收视的第二支柱，共贡献了17.6%的收视时间，同比2012年上升了0.2个百分点。生活服务、新闻/时事和专题节目共计为外省卫视贡献了15.4%的收视时间，其中生活服务和新闻/时事较上年分别增长了0.3和1.2个百分点，而专题节目则有2.5个百分点的降幅。2013年电影和青少节目收视比重均在2%—3%之间，其中青少节目同比增加了0.5个百分点，电影节目收视比重基本保持不变。财经、音乐、法制、体育、戏剧、教学和外语节目的收视比重相对较低，均在1%之下，对外省卫视在北京的收视贡献有限（图1.5.14）。

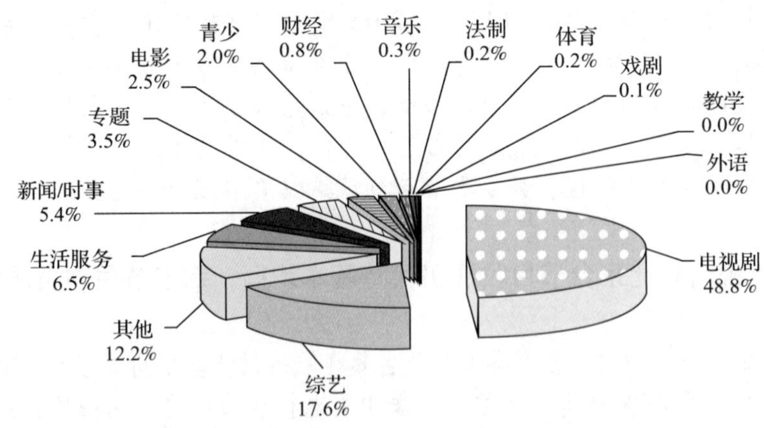

数据来源：CSM媒介研究

图1.5.14　2013年北京市场外省卫视各类节目的收视比重（%）

2013年北京台在本地市场各类型节目的收视格局基本均衡。电视剧对北京台的收视贡献仍保持在25%以上，是北京台节目的收视冠军，但收视比重较上一年下降了1.7个百分点。生活服务、新闻/时事和专题类节目对北京台的收视贡献均超过了10%，而同比2012年收视贡献情况，生活服务类节目收视比重降低了0.6个百分点，新闻/时事类节目则上升了2.2个百分点，而专题类节目没有变化。综艺和体育类节目的收视比重均在5%—6%，法制、青少、财经和电影类节目的收视比重均在1%—4%之间，同比2012年，法制和青少类节目分别有1和0.3个百分点的降幅，其余几个类型节目收视比重均有所上升。音乐、教学、戏剧和外语类节目对北京台的收视贡献比较有限，收视比重均在1%以下（图1.5.15）。

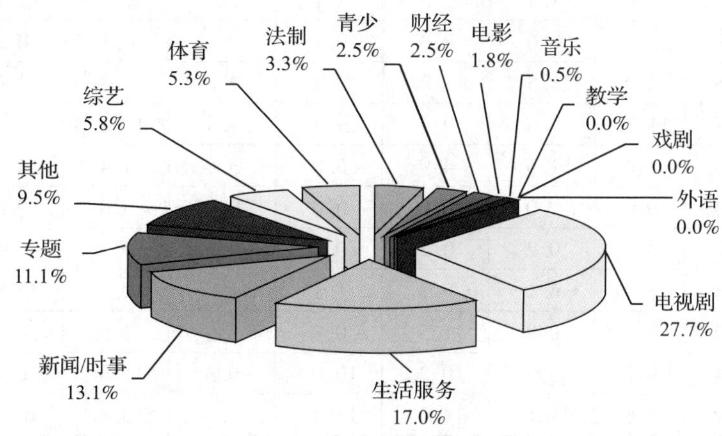

数据来源：CSM媒介研究

图1.5.15 2013年北京市场北京台各类节目的收视比重（%）

4. 不同类型节目吸引不同特征观众，特征人群收视偏好各异

2013年北京细分观众群体对不同类型节目表现出不同的收视偏好。从性别上看，男性观众对财经、电影、体育、新闻/时事和专题类节目更感兴趣，收视时间比重明显高于女性观众；女性观众在电视剧、青少、生活服务、戏剧和综艺类节目上投入了更高比例的收视时间；两性观众在法制、教学、外语和音乐类节目上的收视比重差异不明显（表1.5.7）。

从年龄上看，4—14岁观众在青少和电影节目花费的收视时间比例较高，尤以青少类节目最为显著，收视比重在各年龄段最高。15—24岁观众更热衷于收看电视剧、电影、教学、体育、音乐、专题和综艺节目，其中收看音乐和综艺节目的时间比例为各年龄段观众之首。25—34岁观众收看体育类节目的时间比例在各年龄段观众中最高。35—44岁观众投入在财经、电视剧、电影、音乐、综艺类节目的时间比例较高，其中电影节目的收视比重高于其他各年龄段观众。45—54岁观众对财经、电视剧、生活服务和专题类节目比较关注，其中收看财经和专题类节目的时间比例高于各年龄段观众。55—64岁观众更多对财经、法制、生活服务、戏剧、新闻/时事和专题类节目感兴趣，其中收看法制节目的收视比重高于其他各年龄段观众。65岁及以上观众收看电视剧、生活服务、戏剧和新闻/时事的时间比例高于其他各年龄段的观众（表1.5.7）。

表1.5.7　2013年北京市场不同性别和年龄观众对各类节目的收视比重（%）

节目类型	性别		年龄						
	男	女	4—14岁	15—24岁	25—34岁	35—44岁	45—54岁	55—64岁	65岁及以上
财经	2.1	1.8	1.2	1.5	1.9	2.0	2.4	2.2	1.2
电视剧	26.9	30.8	24.4	30.4	26.5	30.3	30.4	27.1	30.8
电影	4.1	3.3	4.8	4.9	4.6	5.6	3.8	2.3	1.6
法制	2.2	2.4	1.4	1.5	2.1	2.3	2.3	2.9	2.1
教学	0.1	0.1	0.0	0.3	0.1	0.1	0.1	0.2	0.2
青少	2.5	3.0	23.5	1.7	3.2	2.8	0.8	2.0	1.0
生活服务	9.7	11.3	7.8	9.4	9.4	9.3	11.1	11.6	11.8
体育	5.6	3.2	1.6	4.9	6.0	3.8	4.4	4.3	3.7
外语	0.0	0.0	0.0	0.0	0.0	0.0	0.0	0.0	0.0
戏剧	0.2	0.4	0.2	0.2	0.1	0.2	0.1	0.4	1.0
新闻/时事	14.3	11.4	6.1	9.3	11.1	11.0	12.1	15.9	17.0
音乐	0.9	0.9	0.9	1.5	0.8	1.2	1.0	0.7	0.8
专题	10.4	9.2	5.2	10.3	10.0	9.3	11.0	10.4	8.2
综艺	10.9	11.8	11.1	14.0	13.1	12.0	10.8	10.3	10.3
其他	10.0	10.4	11.7	10.1	11.2	10.3	9.7	9.5	10.3

数据来源：CSM媒介研究

北京收视市场上，未受过正规教育的观众对青少节目更为关注，收视比重高于其他受教育程度的观众。小学学历观众对电视剧和戏剧的收视比重超过其他教育水平观众。初中教育程度的观众在电视剧、法制和新闻/时事节目上花费了更多的收视时间，其中在法制节目上的收视比重超过其他教育程度观众。高中学历的观众对财经、法制、生活服务、体育、新闻/时事和专题节目表现出明显的偏好，对法制、生活服务、新闻/时事和专题类节目的收视比重高于其他受教育程度的观众。大学及以上学历的观众在财经、电影、体育、专题和综艺节目上花费较多时间，其中收看财经、电影、体育和综艺节目的收视时间比例高于其他教育水平观众。综合来看，受教育程度越高，北京观众花费在财经、电影、生活服务、体育、音乐和专题节目上的时间比重呈整体上升趋势（表1.5.8）。

在收入水平方面，600元及以下的低收入观众在电视剧、电影、青少节目上投入的时间比例高于其他收入水平的观众。601—2600元的中低收入观众对电视剧、法制、生活服务、新闻/时事和专题节目更有兴趣。2601—5000元的中高收入观众花费在财经、电影、体育、新闻/时事、音乐和综艺节目上的时间比重较高。5001元及以上高收入观众在财经、电影、教学、体育和专题节目的收视比重高于其他收入水平的观众（表1.5.8）。

表 1.5.8 2013 年北京市场不同教育程度和收入观众对各类节目的收视比重（%）

节目类型	受教育程度					个人月收入（元）						
	未受过正规教育	小学	初中	高中	大学及以上	600 元及以下	601—1200 元	1201—1700 元	1701—2600 元	2601—3500 元	3501—5000 元	5001 元及以上
财经	1.4	1.1	1.4	2.1	2.5	1.4	1.9	1.6	2.0	2.0	2.1	2.6
电视剧	25.3	33.3	31.0	28.7	26.9	32.1	30.5	28.5	29.1	28.7	26.8	24.9
电影	3.4	3.6	3.6	3.5	4.0	4.8	3.7	2.9	3.4	3.4	3.9	3.9
法制	2.0	2.0	2.6	2.6	1.8	2.0	2.9	2.7	2.6	1.8	2.1	2.0
教学	0.0	0.1	0.1	0.1	0.1	0.2	0.1	0.1	0.1	0.1	0.1	0.2
青少	21.7	6.4	2.0	1.6	2.2	8.1	2.4	1.3	1.5	2.2	1.6	1.8
生活服务	9.0	9.3	9.9	11.4	10.3	9.1	9.8	12.5	11.1	10.2	10.7	9.9
体育	2.6	2.0	4.0	4.5	5.2	2.5	3.9	4.9	4.1	5.0	5.7	5.7
外语	0.0	0.0	0.0	0.0	0.0	0.0	0.0	0.0	0.0	0.0	0.0	0.0
戏剧	0.2	1.0	0.3	0.3	0.3	0.3	0.2	0.2	0.6	0.2	0.2	0.2
新闻/时事	7.8	12.3	13.1	13.4	12.5	8.8	13.4	13.6	13.7	13.8	13.1	13.6
音乐	0.7	0.9	0.9	0.9	1.0	1.0	0.9	0.7	0.9	0.9	1.1	0.9
专题	5.5	7.0	9.6	10.6	10.1	7.8	10.8	11.1	10.0	10.1	9.1	11.5
综艺	8.3	11.0	11.4	10.3	12.9	11.5	9.6	9.7	10.9	11.3	13.2	12.6
其他	12.2	10.1	10.1	10.0	10.3	10.6	10.0	10.1	10.0	10.2	10.4	10.3

数据来源：CSM 媒介研究

2013 年，北京不同职业的观众在教学和外语节目的收视比重上差异不明显，在其他节目上则存在一定差异性。干部/管理人员分配在体育和综艺节目上的时间比重高于其他职业观众。个体/私营企业人员对电视剧、电影、戏剧、专题和综艺节目更为关注。初级公务员/雇员偏爱收看财经、电影、体育、新闻/时事、专题和综艺节目。工人观众投入在财经、电影、法制、体育、音乐、专题和综艺节目的时间比例较高。学生观众用于收看电视剧、电影、青少、音乐和综艺节目的时间比重较高。无业人群对电视剧、法制、生活服务、戏剧和新闻/时事节目表现出浓厚的兴趣（表 1.5.9）。

表 1.5.9 2013 年北京市场不同职业群体对各类节目的收视比重（%）

节目类型	职业						
	干部/管理人员	个体/私营企业人员	初级公务员/雇员	工人	学生	无业	其他
财经	2.3	1.6	2.2	2.9	1.2	1.7	0.7
电视剧	26.2	29.9	26.4	28.8	30.6	30.1	40.0
电影	4.7	4.6	4.4	4.3	5.5	2.6	4.8
法制	2.1	2.2	2.1	2.5	1.2	2.6	1.5

续表

节目类型	职业						
	干部/管理人员	个体/私营企业人员	初级公务员/雇员	工人	学生	无业	其他
教学	0.1	0.1	0.1	0.1	0.3	0.1	0.3
青少	1.9	1.5	1.8	1.8	7.2	3.4	1.8
生活服务	9.4	9.9	10.5	9.8	9.0	11.3	8.1
体育	6.0	5.0	5.2	5.0	3.1	3.6	3.3
外语	0.0	0.0	0.0	0.0	0.0	0.0	0.0
戏剧	0.2	0.1	0.2	0.1	0.3	0.5	0.5
新闻/时事	12.3	11.0	12.9	12.2	7.0	14.1	9.7
音乐	1.1	1.0	0.9	1.1	1.4	0.8	0.5
专题	10.0	10.9	10.7	10.3	9.0	9.1	6.8
综艺	13.9	11.8	12.0	11.4	13.7	10.2	11.8
其他	9.9	10.4	10.6	9.9	10.5	10.0	10.1

数据来源：CSM 媒介研究

（四）上海市电视收视市场的节目竞争格局

1. 节目收视大格局稳定，综艺和新闻/时事收视份额增长

2013 年上海节目收视市场呈现大格局稳定的态势。节目收视份额冠军依然是电视剧，占比近 29%，但较上一年有 0.6 个百分点的小幅下降。综艺和新闻/时事节目构成上海收视市场第二阵营，收视份额均在 10% 以上，且与 2012 年相比分别有 1.2 个和 0.9 个百分点的增幅。生活服务和专题节目构成了上海收视市场第三阵营，收视份额均在 5%—10% 之间，同比上一年分别出现 0.3 个百分点的上升和 0.9 个百分点的下降。电影、体育、法制、财经和青少节目的收视份额均在 1%—5% 之间，相比 2012 年收视份额变化都不大，波动幅度均不超过 1 个百分点。音乐、戏剧、教学和外语节目的收视份额均低于 1%，变化都不明显（图 1.5.16）。

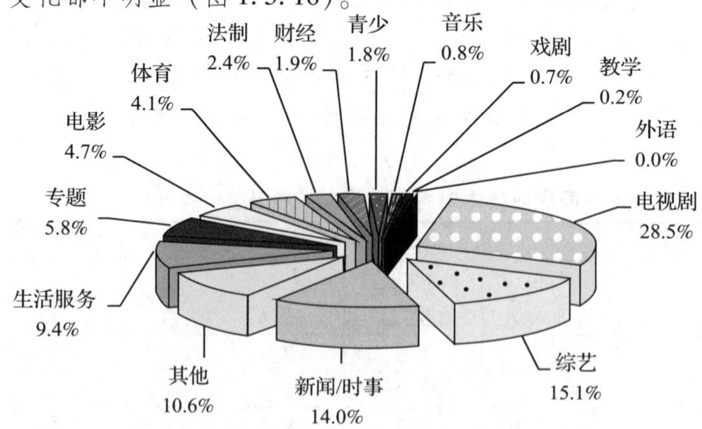

数据来源：CSM 媒介研究

图 1.5.16　2013 年上海市场各类节目的收视份额（%）

与2012年相似，2013年上海市综艺节目收视排名前十中，中央电视台综合频道占席1位，剩下9席均由上海本地频道获得，其中上海东方卫视占席7个，该频道综艺娱乐节目号召力在上海尤为强大。榜单中，收视冠军是上海东方卫视的《中国梦之声总决选》，平均收视率为17.1%，上海东方卫视的《中国达人秀达人盛典》（1月27日）和中央电视台综合频道的《2013春节联欢晚会》平均收视率均超过13%，排名第二和第三位。在上海新闻节目市场收视排名前十位中，除了中央电视台综合频道的《太空新旅再探天宫——天宫一号与神舟十号载人飞行任务特别报道》和上海东方卫视的《东方新闻》外，上海电视台新闻综合频道的节目占据了榜单第一至第八位，其中《新闻透视》和《12319夏令热线特别报道》以10.9%的平均收视率居榜单之首。

2. 本地频道主控多个细分节目市场，中央电视台和外地频道在部分节目市场保持竞争优势

2013年上海本地频道仍保持主场优势，分别在12个细分节目市场斩获50%以上的收视份额。其中，上海本地频道在外语和戏剧节目市场的收视份额超过80%，与2012年相比，上海本地频道在外语节目市场的收视份额下降了8.5个百分点，在戏剧节目市场则有5.5个百分点的上升；在法制、生活服务和财经类节目市场上，上海本地频道掌控了70%—80%的市场空间，同比2012年，除了在法制节目市场有3.4个百分点的降幅外，在其余两个节目市场分别增长了0.7和5.5个百分点；在体育、综艺、新闻/时事和电视剧节目市场，上海本地频道的收视份额分别在60%—70%之间，与2012年相比收视份额均有所上升，增幅分别达5.4个、2.9个、1.4个和2.0个百分点；在电影、青少和专题节目市场，本地频道的收视份额均在40%—60%之间，其中青少类节目的降幅较大，减少了5.6个百分点；相对之下，上海本地频道在音乐和教学类节目市场上表现较弱，收视份额分别是22.1%和8.5%，且在两个类型节目市场的下降明显，分别减少了11.6和12.6个百分点。

2013年中央电视台在教学和音乐类节目市场依然占据主控地位，收视份额分别达到82.4%和71.2%，较上一年分别有10.0和16.7个百分点的增幅。此外，中央电视台在专题、体育、电影、新闻/时事和法制节目市场上也具有一定的竞争优势，收视份额均在20%—50%之间，其中中央电视台的收视份额在专题和法制节目市场获得了7.5和4.3个百分点的提升，但在另外三个节目市场均有不同程度的降幅。中央电视台在青少、戏剧、综艺、财经和外语类节目市场的收视份额均在10%—20%之间，其中只有外语类节目的收视份额有8.3个百分点的增幅，其余均是呈现降幅态势；中央电视台在生活服务和电视剧节目市场依然处于弱势竞争地位，但收视份额相比上一年均有小幅增长。相比2012年，中央电视台在上海市场8个细分节目市场的收视份额均有所下降。

由于受到本地频道和中央电视台竞争压力，2013年外省卫视在上海财经、电视剧、法制、生活服务、音乐、专题和综艺节目市场上出现不同程度的份额下滑，其中专题和音乐类节目市场收视份额减少比较明显，分别下降了6.9和5.0个百分点。而外省卫视在电影、教学、青少、体育、外语、戏剧和新闻/时事类节目市场的收视份额有一定程度的增幅，但上升幅度较为有限。相比其他各级频道，外省卫视主要在电视剧、青少和综艺类节目市场上有一定的竞争实力，收视份额均在20%—40%之间（图1.5.17）。

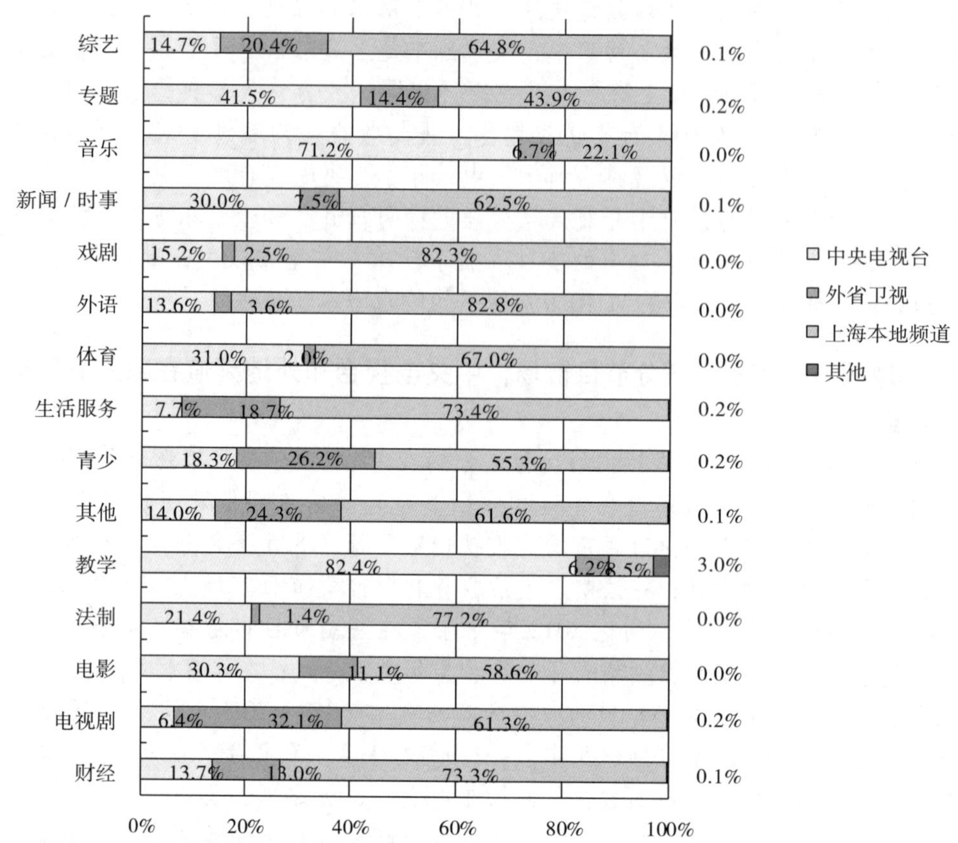

数据来源：CSM媒介研究

图1.5.17　2013年上海市场各类频道在不同类型节目中的收视份额（%）

3. 中央电视台在沪节目收视延续基本均衡态势，电视剧对外省卫视和本地频道贡献下降

2013年中央电视台在上海市场各类型节目收视格局继续保持基本均衡态势，但收视排名发生一定变化。中央电视台的新闻/时事节目收视比重较上年有0.9个百分点的上升，依然是中央电视台上海收视的第一主力军，收视比重达24.1%。作为中央电视台上海收视第二梯队的成员，专题、综艺和电视剧节目的收视比重均在10%—15%之间，三者收视比重较上一年分别有0.8个、1.1个和0.6个百分点的上升。电影和体育类节目的收视贡献分别是8.2%和7.2%，收视比重较2012年分别减少了1.8和2.6个百分点。生活服务、音乐、法制、青少和财经类节目共为中央电视台贡献了13.8%的收视时间，收视比重同比上一年波动都不大。其余各类节目对中央电视台的贡献较小，均在1%以下（图1.5.18）。

2013年外省卫视在上海收视的第一支柱依然是电视剧，尽管有1个百分点的降幅，但电视剧仍以46.0%的收视比重遥遥领先；外省卫视综艺节目的收视贡献达15.5%，较

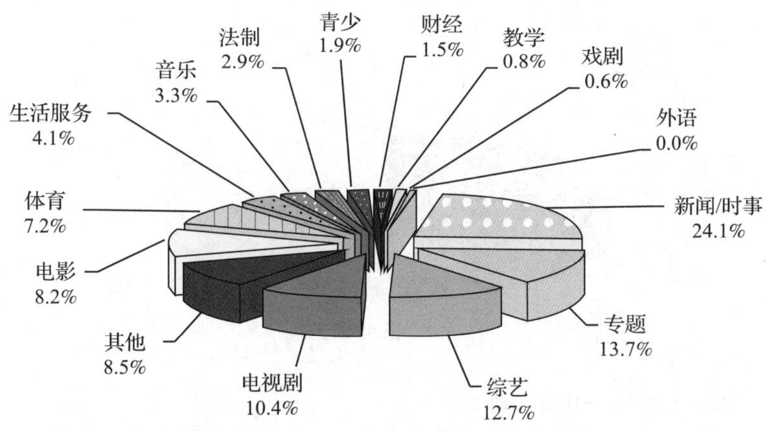

数据来源：CSM 媒介研究

图 1.5.18 2013 年上海市场中央电视台各类节目的收视比重（%）

上一年有0.4个百分点的增幅。其余各类节目的收视贡献均不超过9%，其中生活服务、新闻/时事、电影、青少、财经、体育、戏剧类节目的收视比重较2012年都有小幅增长，增幅均不超过1个百分点；而专题、音乐和法制类节目则有不同程度的降幅，其中专题类节目降幅较大，收视比重比2012年减少了2.5个百分点（图1.5.19）。

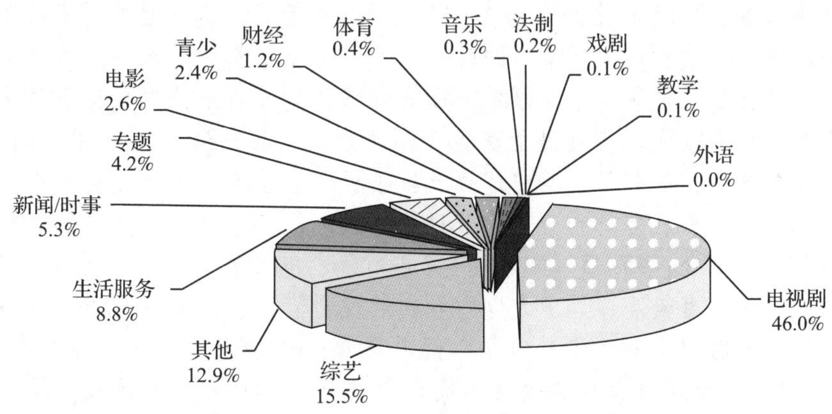

数据来源：CSM 媒介研究

图 1.5.19 2013 年上海市场外省卫视各类节目的收视比重（%）

2013年上海本地频道仍以电视剧、综艺、新闻/时事和生活服务类节目构成收视主体，这四类节目收视比重合计接近70%；同比2012年的收视比重，电视剧有0.5个百分点的减少，而其余三类节目的收视份额均有上升。电影、体育、专题、法制和财经类节目的收视贡献均在2%—5%之间，除财经有0.2个百分点小幅上升外，其余类型节目收视比重较上一年均有下降，降幅不超过0.8个百分点。此外，青少、音乐、外语、教学和戏剧的收视贡献相对较弱，收视比重均在2%以下（图1.5.20）。

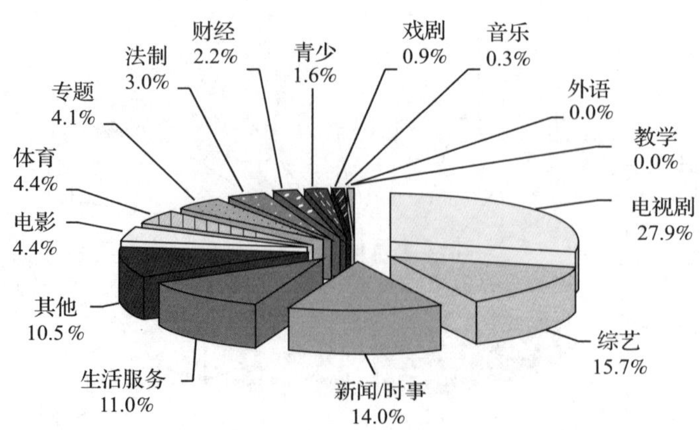

数据来源：CSM 媒介研究

图 1.5.20　2013 年上海市场本地频道各类节目的收视比重（%）

4. 人口特征对各类节目收视比重具有一定影响，不同类型节目吸引不同观众群体

在 2013 年上海节目收视市场，男女观众在财经、电视剧、电影、法制、生活服务、体育、新闻/时事、专题和综艺类节目上的收视比重存在较明显差异，在教学、青少、外语、戏剧和音乐类节目上的收视比重差异较小。男性观众花费在财经、电影、体育、新闻/时事和专题类节目上的时间比例明显高于女性，而女性观众比男性观众更偏爱收看电视剧、法制、生活服务和综艺类节目（表 1.5.10）。

从年龄组来看，2013 年上海市场 4—14 岁观众收看青少类节目的时间比重明显高于其他年龄组的观众，收看电影类节目的时间比重略高于总体平均水平；15—24 岁的观众投入在财经、电视剧、电影、生活服务、体育和综艺类节目上的时间比重较高，尤其是财经和综艺类节目的收视比重均高于其他年龄段观众；25—34 岁观众更倾向收看电影、生活服务、体育和综艺类节目，其中体育节目收视比重居各年龄段观众之首；35—44 岁的观众对电视剧、电影、体育和音乐类节目较感兴趣，其中电影类节目的收视比重明显高于其他各年龄段观众；45—54 岁观众分配在财经、电视剧、法制、体育、新闻/时事、音乐类节目的时间比重较高，其中尤以财经和电视剧节目最为突出；55—64 岁观众在法制类节目上投入的时间比例高于其他个年龄段观众；65 岁及以上观众花费在生活服务、戏剧、新闻/时事、专题类节目的收视时间比重均高于其他年龄段观众。综合来看，随着年龄的增长，上海观众收看新闻/时事和专题类节目的收视比重呈递增趋势，而青少类节目的收视比重则呈现递减之势（表 1.5.10）。

表 1.5.10　2013 年上海市场不同性别和年龄观众对各类节目的收视比重（%）

节目类型	性别		年龄						
	男	女	4—14 岁	15—24 岁	25—34 岁	35—44 岁	45—54 岁	55—64 岁	65 岁及以上
财经	2.1	1.6	0.4	2.6	1.3	1.5	2.6	1.9	1.4
电视剧	26.8	30.3	27.0	29.1	24.8	28.7	29.3	29.0	29.1

续表

节目类型	性别		年龄						
	男	女	4—14岁	15—24岁	25—34岁	35—44岁	45—54岁	55—64岁	65岁及以上
电影	5.5	4.0	5.0	6.5	7.0	7.7	4.6	3.4	2.0
法制	2.1	2.7	1.5	1.7	2.2	2.2	2.4	2.9	2.4
教学	0.2	0.1	0.1	0.1	0.2	0.1	0.1	0.1	0.4
青少	1.8	1.8	18.8	2.4	2.3	1.9	0.9	0.9	0.7
生活服务	8.5	10.3	8.3	9.6	9.7	8.6	9.2	9.4	10.1
体育	5.8	2.4	1.7	4.7	6.1	4.3	4.5	3.4	2.8
外语	0.0	0.0	0.0	0.0	0.0	0.0	0.0	0.0	0.0
戏剧	0.6	0.8	0.7	0.4	0.3	0.4	0.3	0.6	2.2
新闻/时事	15.7	12.3	8.4	9.0	12.2	12.2	13.8	15.7	18.0
音乐	0.8	0.9	0.8	0.8	0.7	0.9	0.9	0.9	0.6
专题	6.4	5.1	4.3	4.6	5.1	5.8	5.9	6.1	6.5
综艺	13.5	16.8	11.8	17.2	16.9	14.6	15.1	15.5	13.4
其他	10.2	11.0	11.1	11.2	11.3	10.8	10.5	10.2	10.3

数据来源：CSM媒介研究

从不同受教育程度观众对各类节目的收视比重来看，2013年未受过正规教育的观众对青少类节目投入的时间比例远高于其他学历的观众；小学教育程度的观众对电视剧、法制、教学、生活服务、戏剧和综艺类节目的收看兴趣较为浓厚；初中学历的观众更偏爱收看电视剧、电影、法制、戏剧和音乐类节目；高中教育程度的观众在财经、体育、新闻/时事、专题和综艺类节目上分配相对较大比例的收视时间；大学及以上学历的观众在财经、电影、体育、新闻/时事、专题和综艺类节目上的收视比重均高于其他教育程度的观众。综合来看，受教育程度越高，观众对财经、新闻/时事和专题类节目投入的时间比例越高（表1.5.11）。

个人月收入对观众的收视选择也具有一定影响。2013年，个人月收入在600元及以下的观众在电视剧、电影、青少、戏剧和综艺类节目投入的收视时间比例相对较高，对电影和青少类节目的偏爱程度明显高于其他收入水平人群；个人月收入在601—1200元的观众电视剧上投入的收视时间比例明显高于其他个人月收入水平的观众；个人月收入在1201—1700元的观众对综艺类节目的收视比重在各收入水平的观众中最高；个人月收入在1701—2600元观众用于收看法制、生活服务和音乐类节目的时间比例高于其他收入水平的观众；个人月收入在2601—3500元的观众收看财经类节目的兴趣大于其他收入水平观众；个人月收入在3501—5000元的观众对财经、电影、体育、新闻/时事和专题类节目相对较为青睐，对体育和新闻/时事的青睐程度高于其他收入水平观众；个人月收入在5001元及以上的观众收看生活服务、音乐和专题类节目的收视比重在所有个人月收入观众中最高（表1.5.11）。

表 1.5.11　2013 年上海市场不同受教育程度和个人月收入观众对各类节目的收视比重（%）

节目类型	受教育程度					个人月收入（元）						
	未受过正规教育	小学	初中	高中	大学及以上	600 元及以下	601—1200 元	1201—1700 元	1701—2600 元	2601—3500 元	3501—5000 元	5001 元及以上
财经	0.4	1.1	1.1	2.2	2.7	1.2	1.0	1.4	1.9	2.5	2.3	2.0
电视剧	31.1	30.8	31.4	28.5	24.1	29.2	37.7	30.5	29.5	27.7	24.0	23.3
电影	2.9	3.6	4.8	4.6	5.2	6.6	4.3	4.4	3.9	4.3	5.8	5.4
法制	1.5	2.3	2.6	2.4	2.2	1.7	2.2	2.3	2.7	2.4	2.4	2.2
教学	0.1	0.2	0.1	0.1	0.3	0.1	0.1	0.2	0.2	0.1	0.2	0.3
青少	15.0	4.0	1.7	1.0	1.5	7.2	0.6	0.9	0.9	1.2	1.5	2.0
生活服务	8.9	10.9	8.9	9.4	9.6	9.3	8.6	9.2	9.6	9.1	9.4	9.6
体育	1.5	1.4	3.7	4.2	5.5	3.4	3.3	3.3	3.8	4.3	5.5	4.8
外语	0.0	0.0	0.0	0.0	0.0	0.0	0.0	0.0	0.0	0.0	0.0	0.0
戏剧	1.2	2.0	0.8	0.6	0.3	0.8	0.9	1.0	0.8	0.6	0.3	0.2
新闻/时事	11.4	12.3	13.9	14.1	14.8	8.5	14.1	14.0	14.4	15.3	15.8	15.5
音乐	0.6	0.5	0.9	0.8	0.9	0.8	0.6	0.6	0.9	0.9	0.7	0.9
专题	3.2	4.2	5.7	6.0	6.3	4.7	4.7	5.5	5.7	6.2	6.3	7.3
综艺	10.9	15.7	14.3	15.5	15.7	15.6	11.9	16.3	15.2	15.2	14.7	15.4
其他	11.3	11.0	10.2	10.5	11.0	10.9	10.2	10.3	10.4	10.4	11.0	11.2

数据来源：CSM 媒介研究

2013 年上海收视市场，干部/管理人员在财经、体育类节目的收视比重明显高于其他职业观众以及总体平均水平；个体/私营企业人员对财经、电影、法制、体育、新闻/时事和专题类节目有明显的收视偏好，尤其新闻/时事类节目的收视比重高于其他职业观众；初级公务员/雇员在电影、生活服务、体育、音乐、专题和综艺类节目投入了相对较多比例的收视时间，收视比重均高于上海观众总体平均水平；工人对电视剧、电影、专题和综艺类节目表现出较浓厚的兴趣，其中电视剧节目的收视比重高于其他各类职业观众；学生观众对电影、青少和综艺类节目的收视比重高于其他各类职业观众；无业人员更偏爱收看电视剧、法制、生活服务、新闻/时事类节目，用于法制和生活服务类节目的收视比重较高（表 1.5.12）。

表 1.5.12　2013 年上海市场不同职业观众对各类节目的收视比重（%）

节目类型	职业						
	干部/管理人员	个体/私营企业人员	初级公务员/雇员	工人	学生	无业	其他
财经	5.0	2.4	1.7	1.3	1.8	1.8	*
电视剧	28.2	26.5	26.8	31.3	31.2	29.2	*

续表

节目类型	职业						
	干部/管理人员	个体/私营企业人员	初级公务员/雇员	工人	学生	无业	其他
电影	5.8	5.3	5.9	5.6	6.5	3.2	*
法制	2.0	2.5	2.4	2.1	1.4	2.6	*
教学	0.2	0.1	0.1	0.1	0.1	0.2	*
青少	1.5	1.3	1.4	0.9	6.2	1.9	*
生活服务	8.2	8.4	9.5	8.8	8.9	9.7	*
体育	6.1	4.2	4.7	4.1	3.6	3.4	*
外语	0.0	0.0	0.0	0.0	0.0	0.0	*
戏剧	0.3	0.4	0.3	0.3	0.6	1.1	*
新闻/时事	12.4	15.9	13.6	13.1	7.1	15.3	*
音乐	0.8	0.7	0.9	0.8	0.9	0.8	*
专题	6.1	6.4	5.9	6.0	4.3	5.8	*
综艺	12.8	14.9	15.9	15.5	16.5	14.6	*
其他	10.7	10.8	10.9	10.2	10.7	10.4	*

* 表示由于样本量太小，无法进行统计推断。

数据来源：CSM 媒介研究

（五）广州市电视收视市场的节目竞争格局

1. 节目竞争格局保持稳定，各类节目收视份额小幅波动

2013 年广州节目收视市场延续稳定的竞争格局，各类型节目收视份额出现小幅波动，电视剧和新闻/时事类节目收视份额稳居各类型节目前列。电视剧收视份额较上一年上升了 0.6 个百分点，新闻/时事增加了 0.9 个百分点。综艺、生活服务、专题和青少类节目的收视份额在 5%—10% 之间，其中综艺、专题和青少类节目的收视份额较 2012 年分别上升了 0.2、0.2 和 0.5 个百分点，生活服务类则下降了 0.9 个百分点。电影、体育和法制类节目收视份额在 1%—5% 之间，相比上一年，体育类节目降幅最大，达 1.2 个百分点。其余节目的收视份额均未超过 1%，较 2012 年变化较小，幅度未超过 0.3 个百分点（图 1.5.21）。

2013 年广州电视剧市场依旧是广东电视台珠江频道的主场，在收视率排名前十位的电视剧中，有 8 个来自广东电视台珠江频道，其余 2 席由翡翠台占有。其中，由广东电视台珠江频道播出的《百万新娘之爱无悔》以 5.9% 的平均收视率高居广州电视剧收视率排行榜首位，同频道播出的《嫁入豪门》和《良家妇女》分别以 5.2%、4.8% 的平均收视率分居亚、季军。2012 年广州电视剧收视冠军广东电视台珠江频道的《外地媳妇

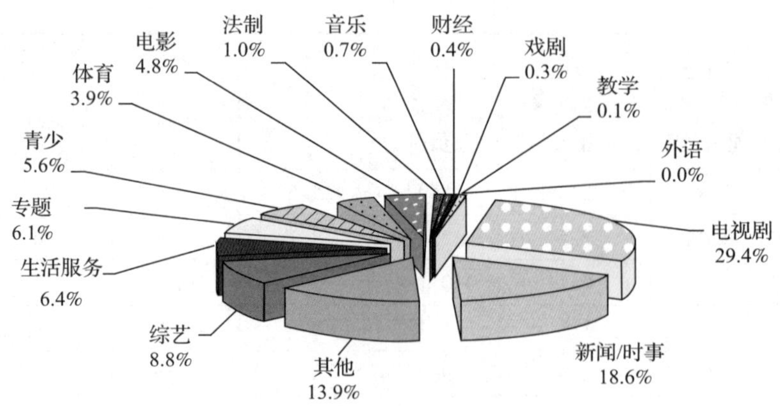

数据来源：CSM 媒介研究

图 1.5.21　2013 年广州市场各类节目的收视份额（%）

本地郎》在 2013 年退至第六位。从 2013 年广州综艺节目收视率前十名节目来看，节庆晚会共占 4 席，其中广东电视台珠江频道和中央电视台综合频道播出的综艺晚会分别占席 3 个、1 个；广东电视台珠江频道的《麦王争霸 2012 粤语歌唱大汇王者巅峰之夜》《麦王争霸 2013 全球粤语歌唱大汇全球总决赛师门争夺战》（10 月 19 日）和《欢乐斗歌会》，湖南电视台卫星频道的《爸爸去哪儿》和《我是歌手总决赛歌王之战》，浙江卫视的《中国好声音》(9 月 20 日）也都进入广州综艺节目收视率排名前十。

2. 中央电视台再现可喜发展态势，各级频道在类型节目市场竞争此起彼伏

2013 年中央电视台在广州细分节目收视市场竞争中表现依旧出色，收视份额在除电影和教学外的各类节目市场中均获提升。2013 年中央电视台在教学、音乐和财经类节目市场占据绝对领先优势，收视份额分别达 72.9%、71.9%和 51.7%；在专题、体育、电影、法制、综艺和青少节目市场，中央电视台的收视份额均在 20%—30%之间，其中，中央电视台在专题节目市场的收视份额最高，在体育、电影、综艺和青少节目市场居冠军位置，在法制节目市场居季军位置；在外语、新闻/时事和生活服务节目市场的收视份额在 10%—20%之间，在电视剧和戏剧节目市场的市场份额均低于 10%，其中，中央电视台在外语节目市场居亚军地位，在新闻/时事节目市场位居季军（图 1.5.22)。相比 2012 年，2013 年中央电视台在教学和电影节目市场的收视份额分别下降了 13.4 和 0.5 个百分点，在外语、音乐和专题节目市场的涨幅均超过 10 个百分点，在财经、体育和综艺节目市场的增幅达 5—10 个百分点，其余类型节目市场的涨幅均未超过 5 个百分点。

2013 年广州细分节目市场，外省卫视仍未摆脱劣势竞争地位，仅在综艺节目市场占竞争主导地位，发展趋势亟待扭转。外省卫视在综艺节目市场收视份额接近 40%，居市场首位，同比 2012 年收视份额上升了 6.2 个百分点；在电视剧、青少和生活服务节目市场的收视份额均在 10%—20%之间，其中在电视剧市场居亚军位置，但距冠军南方传媒集团收视份额相差较大，在青少和生活服务市场分居季军位置，但同比上一年，外省卫视在电视剧、青少和生活服务类市场的收视比重分别下降了 0.3、0.4 和 1.0 个百分点；在专题、音乐和

电影类节目市场，外省卫视分别获得了5%—10%的收视份额，类型节目市场竞争力一般，对比2012年，在专题和音乐类节目市场收视份额分别下降了0.7和5.7个百分点，在电影类节目市场则无变化；在财经、教学、新闻/时事、戏剧、法制、体育和外语类节目市场，外省卫视的收视竞争力较差，收视份额均不超过5%（图1.5.22）。

在本地市场，南方传媒集团依然是广州类型节目市场的主角，其在戏剧、电影、青少、体育、电视剧、新闻/时事、生活服务和法制类节目市场的收视份额均最高，在专题类节目市场居亚军位置，南方传媒集团在上述类型节目市场的收视份额在20%—90%之间。南方传媒集团在戏剧节目市场的竞争优势最为突出，收视份额高达89.3%；其次是电影节目市场，收视份额超过50%；在青少、体育、电视剧、新闻/时事、生活服务和电影节目市场，南方传媒集团吸引了收视市场内40%以上的收视时间；在专题节目市场的收视份额超过20%；除此之外，南方传媒集团在外语和综艺节目市场的收视份额均超过10%，在财经、教学和音乐市场的收视份额均低于10%（图1.5.22）。同比2012年，南方传媒集团在半数以上的类型节目市场的收视竞争力均有下降，其中外语类节目市场降幅最大，达21.3个百分点，在专题和法制类节目市场的降幅分别达8.3和6.8个百分点，在音乐、新闻/时事、综艺、体育和教学类节目市场的降幅均不超过3个百分点。在戏剧、

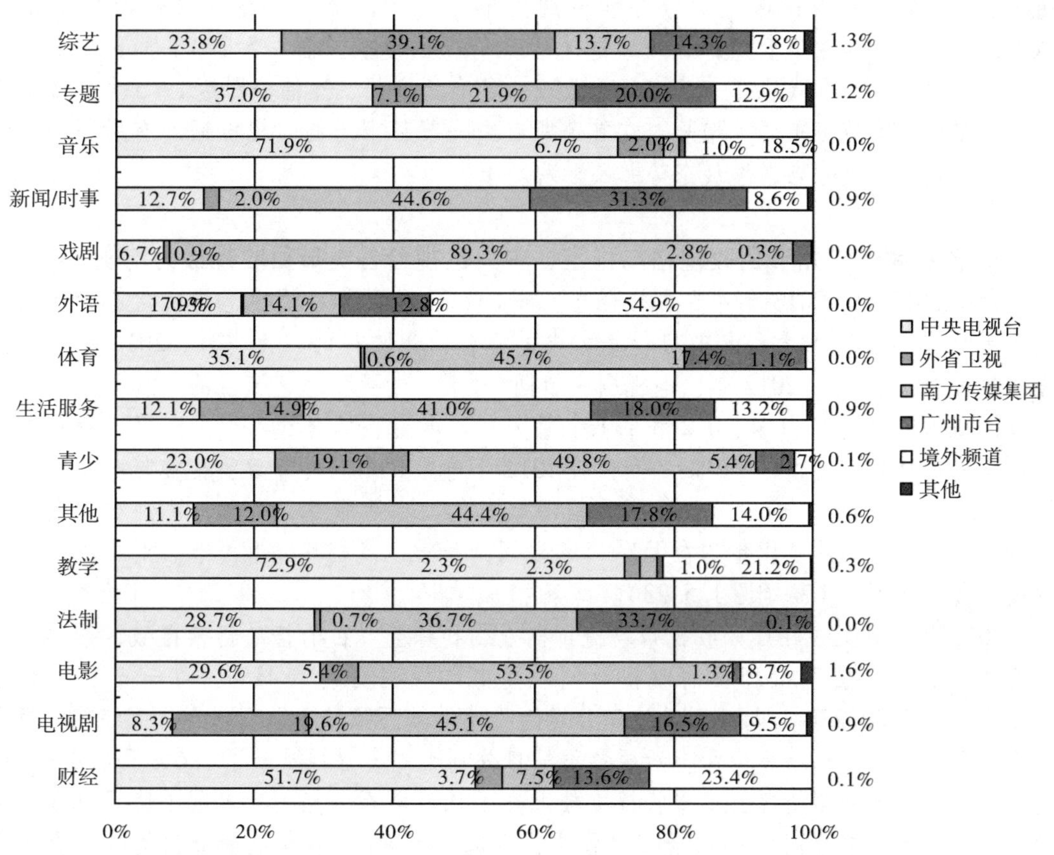

数据来源：CSM媒介研究

图1.5.22　2013年广州市场各类频道在不同节目类别中的收视份额（%）

青少、电视剧、财经和生活服务类节目市场，南方传媒集团的收视竞争力获得了0.1—4.0个百分点不等的提升，其中在电影节目市场增幅最大，达到11.8个百分点。

2013年广州市台在本地市场竞争地位变化不大，但收视份额在半数以上的细分节目市场出现下滑。2013年广州市台在法制和新闻/时事类节目市场位居亚军，收视份额对比2012年分别上升了7.5和0.2个百分点；在专题、生活服务、体育、电视剧、综艺和财经节目市场，广州市台的收视份额虽然位居季军，但相比市场冠军仍有较大差距，且相比2012年，广州市台仅在电视剧市场获得1.2个百分点的提升，在其余上述市场的收视份额有0.2—8个百分点不等的下降；广州市台在外语、青少、戏剧、电影、教学和音乐类节目市场的竞争力较弱，市场地位均未进入前三，其中在外语类市场收视份额超过10%，同比2012年上升了10.7个百分点，在青少、戏剧、电影、教学和音乐类市场收视份额均未超过6%，收视份额相比上一年相差不大（图1.5.22）。

一直以来，境外频道凭借独到的节目形态和节目内容在广州节目市场独树一帜。2013年广州外语节目市场仍由境外频道主控，收视份额远超其他竞争频道，但领先优势有所减弱；境外频道在财经和教学节目市场的收视份额分别达23.4%和21.2%，居本类节目市场的第二位；境外频道在音乐节目市场也拥有一定的竞争优势，以18.5%的收视份额跻身市场第二位；在生活服务和专题类节目市场，境外频道的收视份额也超过10%，但因市场内竞争激烈，境外频道市场竞争表现较差（图1.5.22）。同比2012年，境外频道仅在教学和戏剧类节目市场的收视份额有所增长，涨幅分别达19.5和0.2个百分点，在体育类节目市场无增长，在其余所有细分节目市场的收视份额均有所下降，降幅均未超过7个百分点，发展态势并不乐观。

3. 各级频道广州节目收视格局稳定，中央电视台各类节目收视最为均衡

对比2012年，2013年中央电视台在广州市场各类型节目收视格局变化不大。电视剧、新闻/时事、专题和综艺节目仍是中央电视台广州收视的四大支柱，2013年收视比重均超过10%；相比2012年，电视剧、新闻/时事、专题和综艺节目的收视贡献均有所上升，增幅分别达1、1.4、0.2和1.1个百分点。电影、体育和青少类节目对中央电视台广州收视贡献均在5%—10%之间；较2012年电影和体育类节目收视贡献分别下降了2.6和2.7个百分点，青少节目收视贡献没有变化。生活服务、音乐、法制和财经类节目占中央电视台的收视比重均在1%—5%之间，教学、戏剧和外语类节目对中央电视台的收视贡献均不足1%（图1.5.23）。

2013年外省卫视在广州收视市场倚重电视剧和综艺节目的格局仍未打破，两类节目共为外省卫视贡献了65.5%的收视时间，其中电视剧贡献了41%，综艺节目贡献了24.5%。对比2012年，电视剧对外省卫视的收视贡献下降了2个百分点，而综艺节目则上升了3.4个百分点。青少和生活服务类节目分别为外省卫视贡献了7.6%及6.8%的收视时间，比较上一年情况，前者收视贡献上升了0.1个百分点，后者则下降了0.6个百分点。其余类型节目的收视贡献相对较小，专题、新闻/时事和电影节目的收视贡献在1%—4%之间，音乐、体育、财经、法制、戏剧、教学和外语的收视比重均在0.5%以下，收视时间贡献微弱；与上年相比，专题、电影和音乐节目的收视贡献分别下降了1、

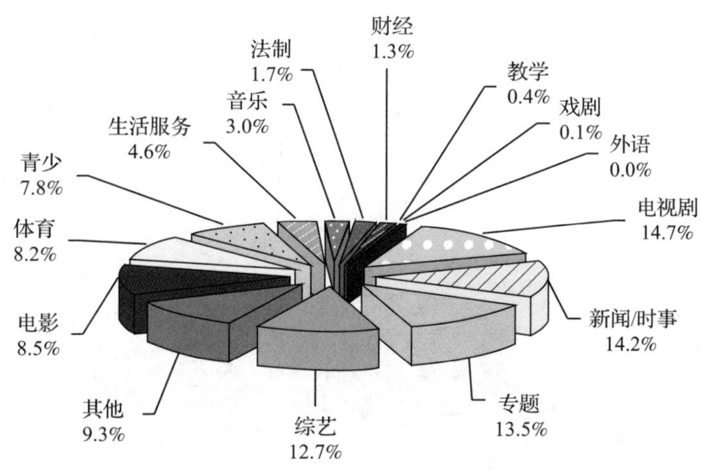

数据来源：CSM 媒介研究

图 1.5.23　2013 年广州市场中央电视台各类节目的收视比重（%）

0.2 和 0.2 个百分点，其余节目收视贡献无变化（图 1.5.24）。

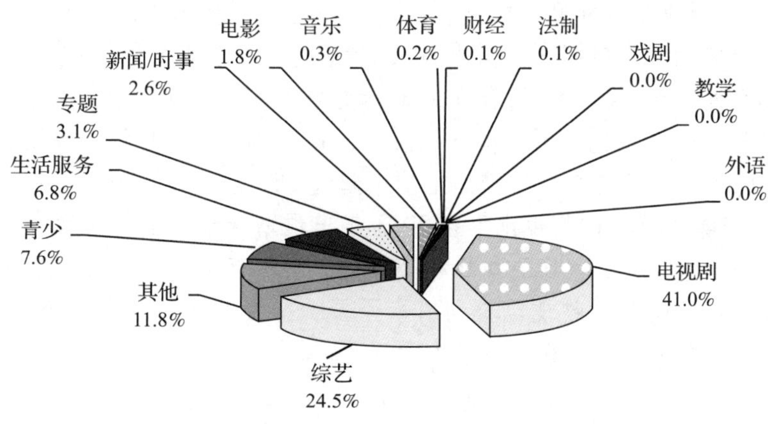

数据来源：CSM 媒介研究

图 1.5.24　2013 年广州市场外省卫视各类节目的收视比重（%）

以电视剧和新闻/时事类节目支撑南方传媒集团广州收视的格局，2013 年仍在延续。电视剧和新闻/时事类节目分别为南方传媒集团贡献了 31.4% 和 19.2% 的收视时间；青少、生活服务和体育类节目的收视贡献分别在 5%—10% 不等，收视贡献一般；专题、电影和综艺类节目的收视贡献均未超过 5%；法制、戏剧、财经、音乐、教学和外语类节目收视贡献仍然微弱，均未超过 1%（图 1.5.25）。从 2012—2013 年南方传媒集团各类型节目收视比重变化来看，青少节目的收视比重增幅最大，达 3.5 个百分点，其次是生活服务类节目，增幅达 0.8 个百分点，电视剧和体育分别增长了 0.8 和 0.4 个百分点；音乐、法制、戏剧、综艺、专题、新闻/时事和电影类节目的收视贡献均有所下降，降幅最高不超过 2.1 个百分点；外语、教学和财经类节目的收视贡献基本没有变化。

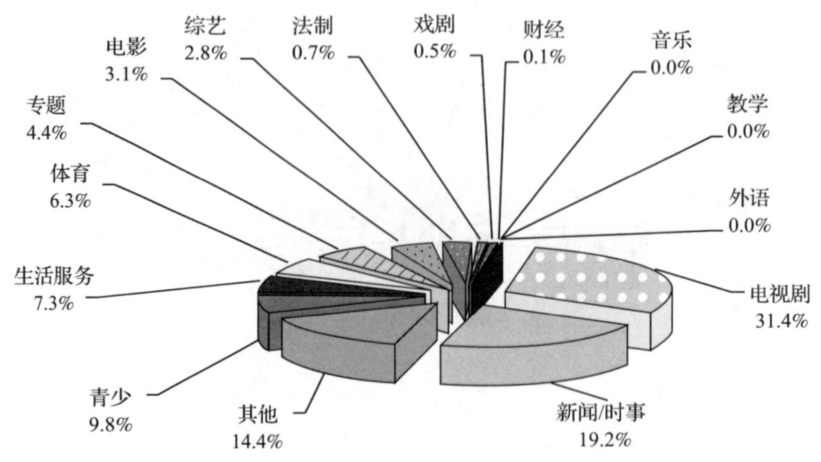

数据来源：CSM 媒介研究

图 1.5.25　2013 年广州市场南方传媒集团各类节目的收视比重（%）

2013 年新闻/时事和电视剧对广州台的支持作用进一步加强，二者共为广州台本地收视贡献了 58.6% 的收视时间，且同比 2012 年分别增长了 2.4 和 3.1 个百分点。综艺、专题和生活服务类节目分别为广州台本地市场贡献了 5%—10% 的收视时间，三类节目收视贡献合计 19.9%。相比之下，体育、法制、青少、电影、财经、戏剧、音乐、外语和教学类节目的收视贡献较小，收视比重均未超过2%（图 1.5.26）。同比 2012 年，除电视剧和新闻/时事类节目的收视比重在 2013 年出现增长外，法制和青少类节目的收视比重也有所增加，增幅分别为 0.7 和 0.4 个百分点；综艺、专题、生活服务、体育、电影和财经类节目在广州台的收视比重均有所下降，降幅均不超过 2.5 个百分点；戏剧、音乐、外语和教学类节目的收视比重基本无变化。

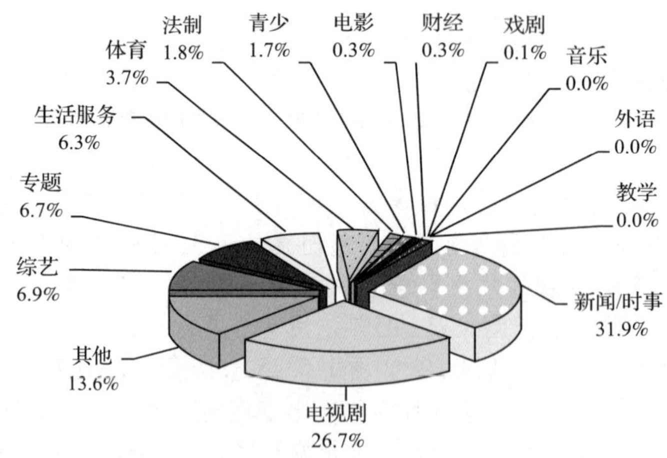

数据来源：CSM 媒介研究

图 1.5.26　2013 年广州市场广州台各类节目的收视比重（%）

境外频道2013年广州市场的节目收视格局与2012年接近，电视剧仍是境外频道在广州节目收视市场的最大支柱，收视比重达29.4%，较2012年有2.4个百分点的下滑。新闻/时事类节目是境外频道广州收视的第二大支柱节目，收视比重同比上一年增长了3.4个百分点，为境外频道贡献了16.7%的收视时间。生活服类、专题和综艺类节目的收视贡献相近，收视比重分别为8.8%、8.2%和7.2%，三类节目共占据境外频道约25%的收视时间。电影、青少、音乐和财经类节目分别为境外频道提供了4.3%、1.6%、1.3%和1.1%的收视贡献，体育、教学、外语、法制和戏剧类节目的收视贡献均较小，收视比重都在1%以下（图1.5.27）。总体上，2013年境外频道广州类型节目收视比重变化较小，除新闻/时事类节目增加3.2个百分点和电视剧下降了2.4个百分点以外，其余类型节目收视比重的变化均未超过0.7个百分点。

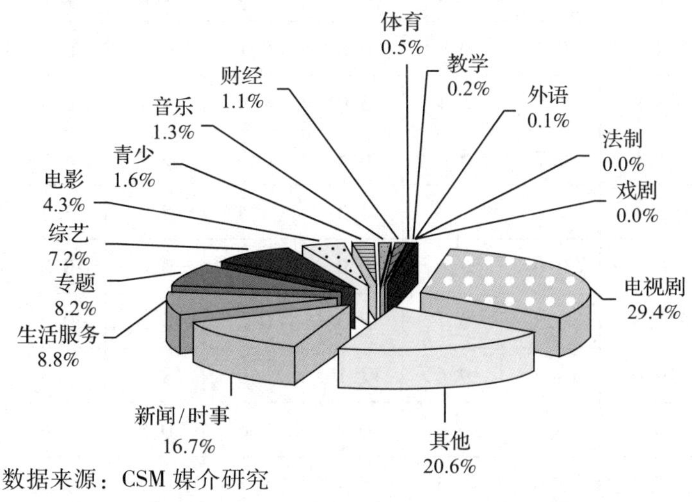

图1.5.27 2013年广州市场境外频道各类节目的收视比重（%）

4. 类型节目满足观众差异化需求，细分观众群体节目选择存异

根据2013年广州市场不同细分观众群体对各类节目的收视比重，可以发现不同性别观众的节目收视偏好有所不同。男性观众在电影、体育和专题类节目上的收视时间比重明显高于女性观众；女性观众分配在电视剧和综艺类节目上的收视时间比例高于男性观众。在其余类型节目上，两性观众差异不明显（表1.5.13）。

从2013年广州不同年龄段观众各类型节目的收视比重来看，4—14岁的广州观众分配在青少节目上的时间比例远高于其他年龄观众，而在其余类型节目的收视比重基本上低于广州观众平均水平。15—24岁观众对电视剧的兴趣程度要超出其他年龄段观众。25—34岁的观众对电影的喜爱程度为各年龄段观众之首。35—44岁观众用于电视剧、电影和体育节目上的收视时间比例相对广州观众总体更高，其中分配在电影和体育节目上的时间比例高于其他各年龄段观众。45—54岁的观众在财经和电视剧上表现出浓厚的收视兴趣，投入的时间比重为各年龄段观众最高。55—64岁观众在生活服务、新闻/时事和专题类节目上花费较高比例的收视时间。65岁及以上的观众相对偏爱收看财经、生活服务、戏剧和新闻/时事类节目，收视比重在所有年龄段观众中最高（表 1. 5. 13）。

表 1. 5. 13　2013 年广州市场不同性别和年龄观众对各类节目的收视比重（%）

节目类型	性别		年龄						
	男	女	4—14岁	15—24岁	25—34岁	35—44岁	45—54岁	55—64岁	65岁及以上
财经	0. 5	0. 4	0. 1	0. 2	0. 4	0. 5	0. 6	0. 4	0. 6
电视剧	27. 4	31. 4	28. 7	32. 1	28. 9	29. 5	30. 6	28. 1	28. 0
电影	5. 7	3. 8	4. 0	5. 7	7. 1	5. 9	4. 1	2. 9	1. 8
法制	1. 0	1. 0	0. 4	0. 8	1. 0	1. 0	1. 1	1. 2	1. 1
教学	0. 1	0. 1	0. 0	0. 0	0. 1	0. 1	0. 1	0. 1	0. 2
青少	5. 8	5. 5	26. 1	3. 0	6. 9	3. 4	1. 3	2. 8	2. 4
生活服务	6. 1	6. 7	5. 4	6. 5	6. 5	5. 7	6. 5	7. 0	7. 1
体育	5. 1	2. 6	2. 2	4. 3	3. 4	5. 3	3. 3	3. 9	4. 2
外语	0. 0	0. 0	0. 0	0. 0	0. 0	0. 0	0. 0	0. 0	0. 0
戏剧	0. 3	0. 3	0. 1	0. 3	0. 2	0. 2	0. 2	0. 5	1. 0
新闻/时事	19. 0	18. 2	9. 6	17. 1	16. 0	18. 1	21. 3	23. 0	23. 4
音乐	0. 7	0. 7	0. 6	0. 8	0. 6	0. 8	0. 6	0. 7	0. 9
专题	6. 6	5. 6	3. 5	5. 7	5. 7	6. 7	7. 3	6. 8	5. 7
综艺	8. 3	9. 3	6. 4	9. 6	8. 9	9. 4	9. 2	8. 4	9. 2
其他	13. 5	14. 4	13. 0	14. 1	14. 4	13. 4	13. 9	14. 2	14. 4

数据来源：CSM 媒介研究

在受教育程度上，2013 年未受过正规教育的广州观众用于收看青少类节目时间比例高于其他受教育程度观众；小学教育程度的观众在电视剧和戏剧节目上投入的时间比重在所有观众中最高；初中学历的观众较其他学历观众更喜欢收看电影和法制类节目；高中学历的观众对新闻/时事类节目的收视兴趣高于其他人群，对财经、电影、法制和体育类节目的收视兴趣也较高；大学及以上学历的观众对节目的选择更为多样，他们在财经、生活服务、体育、音乐、专题和综艺类节目上表现出的兴趣度较其他学历观众都要高（表 1. 5. 14）。

在广州不同个人月收入的观众中，2013 年 600 元及以下收入的观众群体分配在青少节目上的收视比重明显高于其他观众；相比其他收入观众群体，个人月收入在 601—1200 元的观众较其他收入观众更喜欢收看电视剧和法制类节目；个人月收入为 1201—1700 元的观众分配在法制和生活服务类节目上的收视时间比重在各收入人群中最高，此外，其在电视剧、新闻/时事、生活服务和专题类节目上的收视时间也较高；个人月收入为1701—2600元的观众在生活服务和新闻/时事类节目上投入的时间比例居各收入水平观众之首；个人月收入在2601—3500元的观众对生活服务、体育、新闻/时事、专题和综艺节目的收视兴趣均高于总体水平，在新闻/时事类节目上分配的收视时间比重为各收入人群中最高；个人月收入在3501—5000元的观众更喜爱收看电影、音乐和综艺类节目；个人月收入在5001元及以上的观众对财经、体育、音乐和专题类节目的关注程度超过其他收入观众群体（表1.5.14）。

表1.5.14　2013年广州市场不同受教育程度和个人月收入观众对各类节目的收视比重（%）

节目类型	受教育程度					个人月收入（元）						
	未受过正规教育	小学	初中	高中	大学及以上	600元及以下	601—1200元	1201—1700元	1701—2600元	2601—3500元	3501—5000元	5001元及以上
财经	0.2	0.2	0.3	0.5	0.8	0.3	0.3	0.3	0.5	0.5	0.5	1.0
电视剧	22.0	33.7	32.4	27.8	25.3	32.0	34.4	29.8	30.5	26.4	26.3	21.9
电影	2.6	3.8	5.6	5.0	4.4	5.2	5.0	4.4	4.1	4.8	5.4	5.1
法制	0.5	0.9	1.1	1.0	0.9	0.7	1.2	1.2	0.9	1.1	1.0	1.1
教学	0.0	0.0	0.1	0.1	0.2	0.1	0.0	0.1	0.1	0.2	0.1	0.2
青少	30.4	9.4	3.7	3.8	3.4	13.4	3.3	3.6	3.2	3.1	2.5	3.2
生活服务	6.2	5.8	6.2	6.5	7.0	6.1	6.3	6.6	6.6	6.5	6.1	6.4
体育	1.8	2.8	2.7	4.6	5.6	2.1	1.8	3.3	4.4	5.1	4.5	6.8
外语	0.0	0.0	0.0	0.0	0.0	0.0	0.0	0.0	0.0	0.0	0.0	0.0
戏剧	0.2	0.7	0.3	0.2	0.3	0.2	0.9	0.5	0.4	0.2	0.2	0.2
新闻/时事	11.9	16.9	18.8	20.1	18.6	13.4	19.3	20.1	20.7	20.9	19.5	18.6
音乐	0.5	0.4	0.7	0.7	0.9	0.7	0.4	0.7	0.6	0.7	1.0	1.0
专题	3.2	4.9	6.0	6.6	6.8	4.8	5.8	6.6	5.9	6.7	6.2	9.0
综艺	5.5	6.8	7.7	9.5	11.9	7.3	6.6	8.8	7.9	10.1	13.0	12.2
其他	15.1	13.5	14.3	13.7	13.9	13.8	14.6	14.0	14.2	13.8	13.5	13.3

数据来源：CSM媒介研究

不同职业的广州观众所倾向收看的节目类型也有所差异。2013年广州干部/管理人员比其他职业观众更倾向于收看体育、专题和综艺类节目；财经和专题类节目对个体/私营企业人员相对更具吸引力；初级公务员/雇员在体育、新闻/时事和综艺类节目上投入的时间比重高于广州观众总体水平；工人观众对新闻/时事的兴趣程度高于其他职业观众；学生对青少和音乐类节目所投入的收视时间比重显著高于其他职业观众；无业观众群体较其他职业观众更为青睐生活服务和新闻/时事类节目（表1.5.15）。

表 1.5.15　2013 年广州市场不同职业观众对各类节目的收视比重（%）

节目类型	职业						
	干部/管理人员	个体/私营企业人员	初级公务员/雇员	工人	学生	无业	其他
财经	0.7	1.7	0.5	0.3	0.2	0.7	0.2
电视剧	24.1	24.4	27.6	31.5	30.5	28.1	38.6
电影	5.1	5.8	4.8	6.6	5.9	3.6	6.0
法制	0.7	0.7	0.7	0.9	0.4	0.9	1.0
教学	0.1	0.1	0.0	0.0	0.0	0.1	0.0
青少	2.5	3.1	2.8	3.1	14.7	5.8	2.3
生活服务	6.2	6.0	6.1	5.8	5.7	6.8	5.9
体育	9.5	6.6	7.3	3.6	3.8	4.5	2.7
外语	0.1	0.1	0.0	0.0	0.0	0.0	0.0
戏剧	0.1	0.2	0.3	0.3	0.2	0.7	0.6
新闻/时事	18.0	18.7	18.3	18.5	11.1	18.9	15.5
音乐	0.5	0.6	0.6	0.5	0.6	0.6	0.2
专题	8.3	9.6	6.9	7.0	5.1	6.8	5.8
综艺	10.6	9.3	10.1	7.8	8.8	8.0	5.2
其他	13.5	13.3	14.0	14.1	12.9	14.6	16.0

数据来源：CSM 媒介研究

六、电视广告投放与竞争格局

根据央视市场研究（CTR）发布的广告监测数据①，2013 年中国传统媒体广告投放呈现恢复性增长，投放总额为 7621 亿元人民币，同比 2012 年增长 6.4%。其中电视媒体广告投放额占据绝对优势，达到 6045 亿元人民币，同比 2012 年增长 9.6%，增幅高于 2012 年的 6.4%，在几大传统媒体中增幅最高；广播广告投放额同比 2012 年增长 3.7%，低于 2012 年的 8.9%；平面媒体报纸和杂志广告投放额同比呈现负增长，跌幅分别为 8.0% 和 6.6%。

（一）中国电视广告投放基本情况

1. 2013 年中国电视广告投放额同比增长 9.6%

2013 年中国电视广告投放额达到 6045 亿元人民币，同比 2012 年增长 9.6%。从各

① 广告投放额以媒体公开报价为统计标准，不含折扣；广告监测时间为 17:00—24:00。

月电视广告投放额来看，2013 年各月均高于 2012 年各月，月度平均投放额同比 2012 年增加 49.5 亿元人民币。从各月同比增长幅度来看，6 月份增长幅度最高，达到 17%（图 1.6.1）。

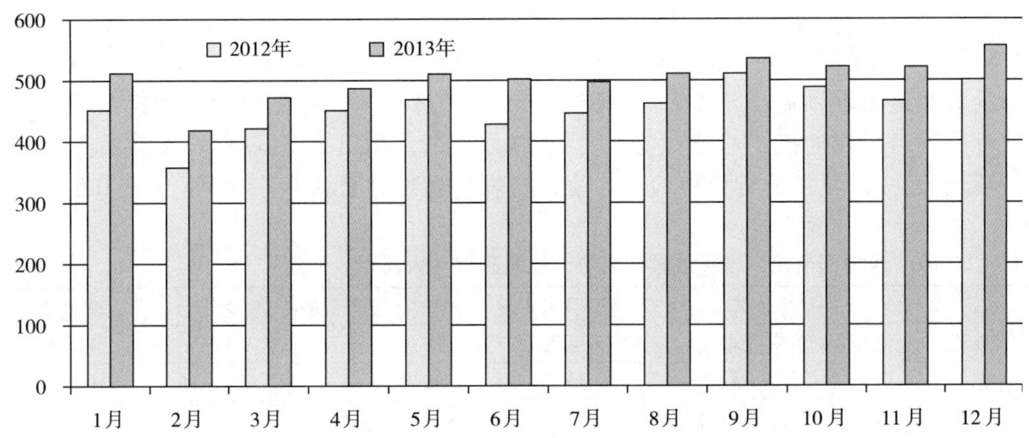

数据来源：央视市场研究媒介智讯（CTR MI）

图 1.6.1　2012 年、2013 年各月电视广告投放额（人民币：亿元）

2. 化妆品/浴室用品、饮料和食品行业广告投放额排名前三位

2013 年中国电视广告投放额排名前三位的行业是化妆品/浴室用品、饮料、食品行业，这三个行业均属于快速消费品行业。化妆品/浴室用品广告投放额在两年低增长后于 2013 年重返两位数增幅，增长率为 13.7%；饮料行业 2013 年广告投放额增幅达到 24.1%，食品行业增幅达 16.7%。相比之下，2013 年商业及服务性行业、药品、邮电通讯等行业的广告投放额都有不同程度的下滑（表 1.6.1）。

表 1.6.1　2013 年中国电视广告投放额排名前十位的品类（人民币：亿元）

品类	2013 年	2012 年	投放额变化	增长率
化妆品/浴室用品	1122.0	986.9	135.1	13.7%
饮料	924.1	744.5	179.6	24.1%
食品	753.0	645.4	107.6	16.7%
商业及服务性行业	519.8	535.9	-16.1	-3.0%
药品	484.2	530.5	-46.3	-8.7%
酒精类饮品	433.8	366.5	67.3	18.4%
娱乐及休闲	364.0	325.0	39.0	12.0%
交通	254.9	211.1	43.8	20.7%
清洁用品	191.3	139.8	51.5	36.8%
邮电通讯	152.9	162.8	-9.9	-6.1%

数据来源：央视市场研究媒介智讯（CTR MI）

3. 欧莱雅连续三年保持电视广告投放第一品牌地位

欧莱雅电视广告投放额在2011年突破百亿大关，成为电视广告投放第一品牌，2012年实现高增长，同比增长26.9%，保持电视广告第一品牌地位，2013年投放额达到134.8亿元，仍高居榜首，但增速明显放缓，同比增长只有4.6%。蝉联第二位的肯德基广告投放额达到近百亿，与2012年相比增长率为21.6%，而麦当劳广告投放额没有进入前十位排名。在电视广告投放额前十位的品牌中，2013年出现负增长的品牌只有一个，即化妆品/浴室用品行业中的玉兰油，广告投放额同比减少了1.4%（表1.6.2）。

表1.6.2 2013年中国电视广告投放额排名前十位的品牌（人民币：亿元）

品牌	所属品类	2013年	2012年	投放额变化	增长率
欧莱雅	化妆品/浴室用品	134.8	128.9	5.9	4.6%
肯德基	活动类，娱乐及休闲	99.6	81.9	17.7	21.6%
娃哈哈	活动类，商业及服务性行业，食品，饮料，娱乐及休闲	79.1	72.0	7.1	9.9%
玉兰油	化妆品/浴室用品	75.1	76.2	-1.1	-1.4%
伊利	食品，饮料	72.1	65.6	6.5	9.9%
加多宝	活动类，饮料	67.2	38.8	28.4	73.2%
康师傅	活动类，食品，饮料	65.3	40.2	25.1	62.4%
清扬	化妆品/浴室用品，活动类	54.1	37.0	17.1	46.2%
海飞丝	化妆品/浴室用品，活动类	54.0	36.4	17.6	48.4%
江中	食品，药品	47.1	23.8	23.3	97.9%

数据来源：央视市场研究媒介智讯（CTR MI）

4. 上星频道广告投放额上升明显

从各级别频道广告时长及广告投放额的变化来看，2013年中央级频道呈现广告时长和投放额同比双增长的情况，广告时长同比增长了3.4%，广告投放额同比上升了12.2%；省级卫视表现更为突出，广告时长同比增长5.3%，投放额同比上升22.8%；省级地面频道广告时长同比下降了4.3%，广告投放额同比上升了4.9%；省会城市台广告时长同比下降了7.1%，广告投放额同比上升了7.2%。

2013年中央电视台广告投放额排名前五位的行业中，酒精类饮品仍保持首位，广告投放额超过百亿元，同比增长18.8%。前五位中其他四个行业的投放额也全部表现为正增长，其中饮料、娱乐及休闲行业增幅较大，分别为30.1%和36.4%（表1.6.3）。

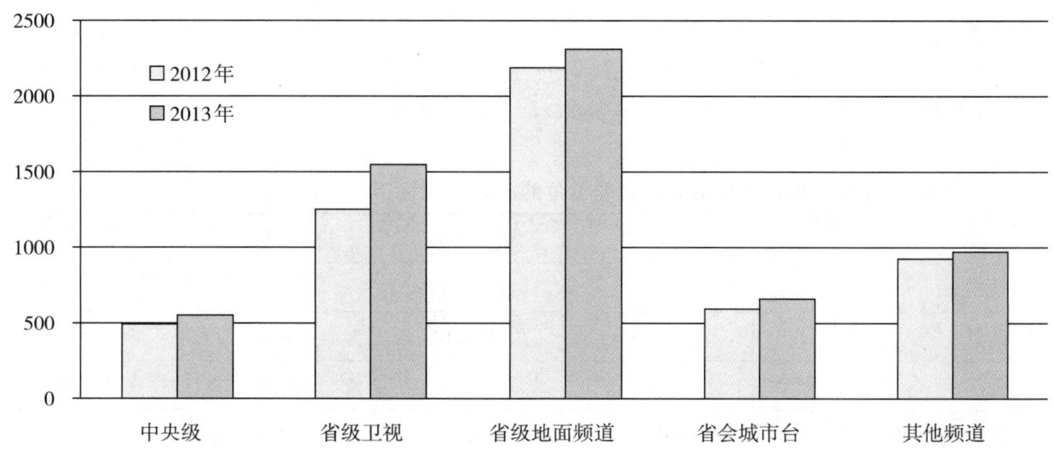

数据来源：央视市场研究媒介智讯（CTR MI）

图 1.6.2　2012 年、2013 年全国各类频道的广告投放额（人民币：亿元）

表 1.6.3　2013 年中央电视台广告投放额排名前五位的品类（人民币：亿元）

品　　类	2013 年	2012 年	投放额变化	增长率
酒精类饮品	106.6	89.7	16.9	18.8%
饮料	66.6	51.2	15.4	30.1%
交通	58.8	51.1	7.7	15.1%
食品	58.7	50.3	8.4	16.7%
娱乐及休闲	52.8	38.7	14.1	36.4%

数据来源：央视市场研究媒介智讯（CTR MI）

2013 年中央电视台广告投放额排名前五位的品牌中，有四个品牌来自于酒精类饮品行业，它们是剑南春、五粮液、茅台和郎酒，其中五粮液广告投放额同比增长了两倍多。排名前五位的品牌中除了四大名酒品牌外，优彼品牌表现不俗，广告投放额同比增长了三倍多（表 1.6.4）。

表 1.6.4　2013 年中央电视台广告投放额排名前五位的品牌（人民币：亿元）

品　牌	所属品类	2013 年	2012 年	投放额变化	增长率
剑南春	酒精类饮品	10.7	7.0	3.7	52.9%
五粮液	酒精类饮品	9.0	2.9	6.1	210.3%
茅台	酒精类饮品	7.7	7.4	0.3	4.1%
郎酒	酒精类饮品	7.7	6.6	1.1	16.7%
优彼	娱乐及休闲	7.5	1.8	5.7	316.7%

数据来源：央视市场研究媒介智讯（CTR MI）

2013 年省级卫视广告投放中，饮料、药品、食品、化妆品/浴室用品四大行业仍然是最重要的支柱行业，此态势多年保持不变。饮料行业以 338.1 亿元排名第一，远远超过其他行业，同比涨幅 39.1%。2012 年投放额排名第一的药品行业在 2013 年只有 1.8% 的增幅，远远低于其他几个行业的增幅（表 1.6.5）。

表 1.6.5　2013 年省级卫视广告投放额排名前五位的品类（人民币：亿元）

品类	2013 年	2012 年	投放额变化	增长率
饮料	338.1	243.1	95.0	39.1%
药品	255.5	251.0	4.5	1.8%
食品	240.5	178.6	61.9	34.7%
化妆品/浴室用品	196.1	153.6	42.5	27.7%
酒精类饮品	101.0	78.7	22.3	28.3%

数据来源：央视市场研究媒介智讯（CTR MI）

2013 年省级卫视广告投放额排名前五位的品牌中，加多宝高居榜首，投放额为 44.4 亿元，同比增长 29.1%；2012 年排名第一位的达利园广告投放额有较大萎缩，同比下跌了 35.2%。从增长率上看，江中和娃哈哈表现出色，增长率分别为 64.8% 和 86.2%（表 1.6.6）。

表 1.6.6　2013 年省级卫视广告投放额排名前五位的品牌（人民币：亿元）

品牌	所属品类	2013 年	2012 年	投放额变化	增长率
加多宝	饮料	44.4	34.4	10.0	29.1%
江中	药品	35.6	21.6	14.0	64.8%
娃哈哈	饮料	35.1	18.8	16.2	86.2%
达利园	饮料	34.6	53.4	-18.8	-35.2%
修正	药品	33.3	23.5	9.8	41.7%

数据来源：央视市场研究媒介智讯（CTR MI）

（二）中国电视广告市场竞争格局

1. 频道间竞争：省级卫视份额明显上升，省级地面频道份额下降

在 2013 年各类电视频道广告投放的竞争中，中央级频道份额比 2012 年略有上升；省级卫视频道份额上升明显，比 2012 年提升了 2.7 个百分点；省级地面频道的份额下降明显，下降幅度达到 1.9 个百分点（表 1.6.7）。

表 1.6.7 2012 年、2013 年各类电视频道广告投放额所占份额及其变化

频道类别	2012 年	2013 年	份额变化（百分点）
中央级频道	9.0%	9.1%	0.1%
省级卫视	22.9%	25.6%	2.7%
省级地面频道	40.1%	38.2%	-1.9%
省会城市台	10.9%	10.9%	0.0%
其他频道	17.0%	16.1%	-0.9%

数据来源：央视市场研究媒介智讯（CTR MI）

2013 年省级卫视广告投放额排名前十位的频道中，江苏卫视继续保持领先地位，并且拉开了与第二位的差距，而收视表现突出的湖南卫视、浙江卫视未进入前十位（表 1.6.8）。近年来，湖南卫视等几个较为强势的省级卫视拿出黄金资源进行广告招标，本文数据仅基于频道硬广告刊例价计算，不体现实际招标结果及软广告投放，这成为湖南卫视、浙江卫视等频道未进入2013 年排名前十位的主要原因。

表 1.6.8 2012 年、2013 年广告投放额排名前十位的省级卫视频道（人民币：亿元）

排名	2012 年		2013 年	
	电视台	投放额	电视台	投放额
1	江苏卫视	89.8	江苏卫视	115.7
2	浙江卫视	77.2	河南 1 套（卫视）	88.2
3	东方卫视	67.5	山东卫视	83.7
4	河南 1 套（卫视）	65.1	云南 1 套（卫视频道）	81.6
5	黑龙江电视台卫星频道	59.4	东方卫视	79.7
6	广东卫视	59.4	天津卫视	77.0
7	辽宁电视台卫星频道	58.4	福建东南电视台（卫视）	75.3
8	天津卫视	58.1	安徽卫视	73.6
9	贵州卫视	56.1	黑龙江电视台卫星频道	73.5
10	安徽卫视	55.8	四川卫视	67.9

数据来源：央视市场研究媒介智讯（CTR MI）

在省会城市台广告投放额排名前十位中，2013 年排名前三甲的是广州电视台、武汉电视台和昆明电视台。在排名前十位中，按刊例价计算，2013 年广告投放额上升明显的是广州电视台、昆明电视台和合肥电视台；而武汉电视台的广告投放额比2012 年有较大幅度下跌，减少了 11.5%（表 1.6.9）。

表 1.6.9　2012 年、2013 年广告投放额排名前十位的省会城市电视台（人民币：亿元）

排名	2012 年		2013 年	
	电视台	投放额	电视台	投放额
1	武汉电视台	77.3	广州电视台	85.5
2	广州电视台	72.9	武汉电视台	68.4
3	西安电视台	45.8	昆明电视台	50.8
4	哈尔滨电视台	40.4	西安电视台	49.9
5	郑州电视台	39.5	合肥电视台	45.9
6	南京电视台	36.4	郑州电视台	39.5
7	昆明电视台	34.7	哈尔滨电视台	39.0
8	长沙电视台	28.7	南京电视台	35.7
9	成都电视台	24.3	长沙电视台	30.1
10	太原电视台	19.7	太原电视台	23.9

数据来源：央视市场研究媒介智讯（CTR MI）

2. 行业投放竞争：饮料行业广告对电视广告增长贡献最大

2013 年中国电视广告投放额比 2012 年同比增长 9.6%，对电视广告增长贡献率最大的几个行业排名与往年有一定变化。饮料行业贡献率升到第一位，化妆品/浴室用品排在第二位，食品行业排在第三位，而酒精类饮品从上年的第一位降到第四位（图 1.6.3）。2013 年有几个行业出现负增长，对增长贡献率呈现负贡献，例如药品、电脑及办公自动化、商业及服务性行业、邮电通讯、衣着和金融等行业。

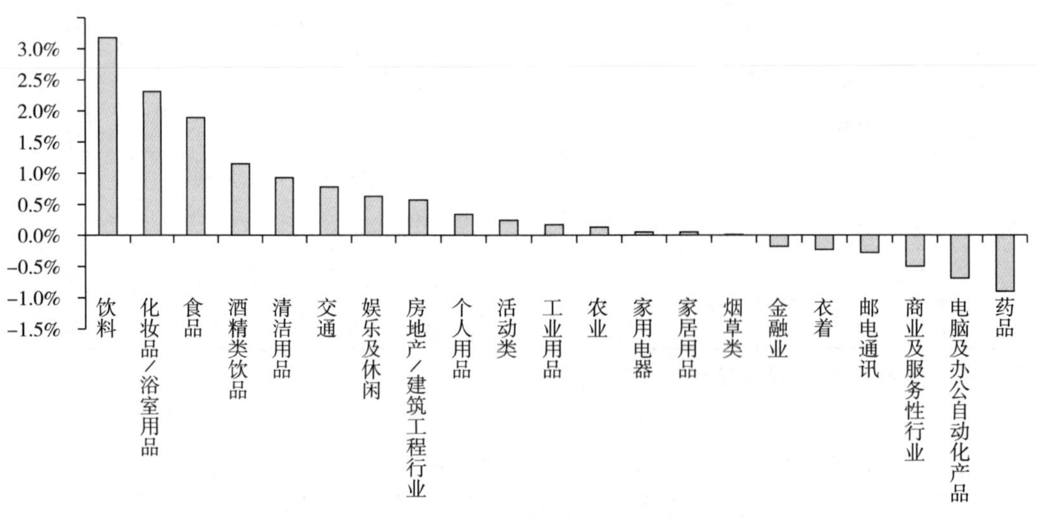

数据来源：央视市场研究媒介智讯（CTR MI）

图 1.6.3　2013 年不同行业对中国电视广告投放额增长的贡献率（%）

第二部分

Part Two

专 题 Analysis Report

2013 年中国电视收视市场大事件扫描

2013 年的电视荧屏高潮迭起。在综艺节目方面，年初《我是歌手》掀起歌唱节目的小高潮，年中《中国好声音》第二季以及其他歌唱类节目继续保持音乐的热度，年底《爸爸去哪儿》更是让观众交口称赞。在电视剧方面，从年初的《乡村爱情变奏曲》、《樱桃红》到年底的《咱们结婚吧》，好剧不断。本文利用 CSM 媒介研究所有调查城市数据，以“月历”的形式对2013 年中国电视收视市场的大事件进行扫描与梳理，回顾充满变革与创新，精彩纷呈不断的2013 年。

1 月

1 月 1 日：电视剧《天真遇到现实》在三家卫视播出

当代都市题材电视剧《天真遇到现实》在江苏、上海、深圳三家省级卫视播出，三频道的总和收视率达到 3.08%，在 2013 年多家联播电视剧总收视率排行榜中位居前列。该剧在江苏卫视以 1.59% 的收视率进入该频道年度电视剧收视排名前三位。

1 月 1 日：益智节目《开门大吉》在央视综艺频道开播

益智类节目在淡出荧幕一段时间后，2013 年第一季度又出现在多家省级卫视和地面频道。其中由央视品牌益智节目《开心辞典》团队打造的一档全新节目《开门大吉》在央视综艺频道开播，该节目在参考欧洲电视创意的基础上进行了本土化改造，并用二维码打通电视节目与互联网的通道，加强与观众的互动。该节目在益智类节目中始终处于收视领先的位置，也是央视综艺频道在综艺类节目上获得了收视增长的重要来源之一。

1 月 18 日：《我是歌手》华丽开声

顶级歌手音乐巅峰对决节目《我是歌手》引进自韩国 MBC 电视台同名节目，该节目集结乐坛资深唱将和新生代佼佼者，用不同质感的真诚歌声为观众打造独一无二的音乐盛宴，最终羽泉获得第一季歌王称号，天籁女声黄绮珊获得第一季歌后称号。观察《我是歌手》的分期收视走势可以发现，作为后晚间时段22:00点开播的节目，头三期收视连续攀升后，节目同时段市场份额在之后的两个多月里逐渐保持稳中略升的态势，4 月 12 日总决赛一期在黄金档播出，收视率突破了 4%，市场份额更是达到了 12.6%（图 1）。

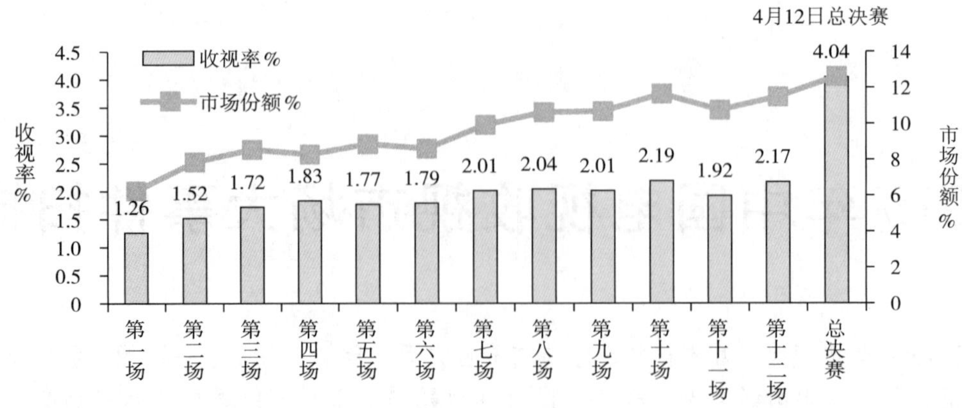

数据来源：CSM 媒介研究

图 1　2013 年湖南卫视《我是歌手》每期收视走势（所有调查城市）

1 月 26 日：澳大利亚网球公开赛女单决赛收视创新高

自中国金花李娜 2011 年在法网夺冠后，国人对她参加的网球比赛都表现出较大的期待和关注。1 月 26 日，李娜在 2013 年澳网公开赛中杀入女单决赛，虽然在遭遇世界排名第一的阿扎伦卡，苦战三盘之后遗憾落败，但是这场比赛仍是大家关注的焦点，该场比赛的收视率达到 2.5%，同时段市场份额也达到了 12.2%，在 2013 年体育类节目中位居前茅，仅次于亚冠和亚洲杯两场足球赛事。

2013 年李娜除了在澳网打入决赛，在美网也打入四强，在年终总决赛中更是获得亚军，这些赛事都吸引了大量观众的关注，也带动了更多人关注网球这一在国内还不算太普及的运动。李娜的知名度在国内快速提升，在 2013 年 CSM 媒介研究完成的“中国体育与体育赞助研究（2013 春季）”关于“最喜爱的体育明星”调查数据中，李娜的第一提及率从 2012 年的 2.1% 上升到 2013 年的 3.3%，第二提及率也从 8.2% 上升到了 16.6%。

2 月

2 月 9 日：2013 年央视春节联欢晚会仍保持高收视

2013 年的央视春晚引起了一场收视率之争。部分媒体根据央视综合频道一个频道近几年的春晚收视率数据比较，得出央视春晚收视率大幅下跌的结论。但是在收视渠道逐渐分散的大环境下，央视春晚本身的总收视率并没有出现下滑，只是观众不再只通过央视综合频道一个频道来收看节目。除夕当天，全国共有 7.5 亿观众收看了《2013 央视春节联欢晚会》，共有 194 家频道（央视 4 个频道、卫视 22 家、地面频道 168 个）参与播出（其中各卫视及地面频道的并机直播均为自主行为），并机总收视份额高达 70.88%，比 2012 年提升 1.01 个百分点，总收视率达 31.17%，与 2012 年基本持平。除了电视媒体，根据春晚官方微博的数据，2013 年除夕春晚直播期间，共有 4603 万海内外独立用户通过中国网络电视台观看春晚，较2012年春晚上升76%。中国网络电视台与腾讯、搜狐等8家网站组建传播联盟，视频直播累计观看达2.09亿人次，较2012年春晚上升141%。这些都表明央视春晚对于绝大多数中国家庭依旧具有重要的象征意义。

2月10日：2013年卫视春晚中江苏卫视收视夺冠

除了央视春晚，湖南、辽宁、江苏、上海东方、北京等多家省级卫视也都在不同日期举办了自己的春晚。根据收视数据统计，大年初一播出的江苏卫视春晚收视率为3.6%，成为2013年省级卫视春晚的收视冠军，湖南、辽宁两卫视在年前播出的春晚也有突破2%的收视表现，分别以2.4%和2.3%位居第二、三位。上海东方、北京卫视的春晚和江苏卫视在同一天播出，竞争激烈，收视率分别为1.6%和0.8%（表1）。

表1　部分省级卫视2013年春晚收视表现（所有调查城市）

节目名称	播出频道	播出日期	平均收视率（%）	市场份额（%）
幸福NO.1春节联欢晚会2013	江苏卫视	2013.2.10	3.6	10.3
2013小年夜大联欢快乐到家	湖南卫视	2013.2.4	2.4	8.5
2013辽宁卫视春节联欢晚会	辽宁卫视	2013.2.8	2.3	8.0
春暖东方花开中国2013群星新春大联欢	上海东方卫视	2013.2.10	1.6	4.4
2013北京电视台春节联欢晚会	北京卫视	2013.2.10	0.8	2.5

数据来源：CSM媒介研究

2月12日：《乡村爱情变奏曲》成为四家卫视联播排名第二的剧目

2013年，本山传媒出品的乡村题材轻喜剧《乡村爱情》已经推出了第六部《乡村爱情变奏曲》，该剧继续沿承诙谐、幽默、轻松、自然的轻喜剧路线，用真实、本色表演风格讲述那些在象牙山村里发生的故事。2013年2月12日，《乡村爱情变奏曲》在江苏、山东、黑龙江、天津四家卫视黄金时段及辽宁卫视的后晚间时段播出。四家黄金段首播卫视都有不错的收视表现，累计的收视率达到4.47%，累计同时段市场份额为11.6%。该剧也成为2013年四家卫视联播总收视率排名第二的剧目。该收视表现相比2012年春节期间播出的《乡村爱情第五部》四家卫视总收视率提升幅度接近20%。从首播时观众的特征来看，中年、中等学历的观众为该剧的主要收视群体，与往年该剧目的观众特征相似（图2）。

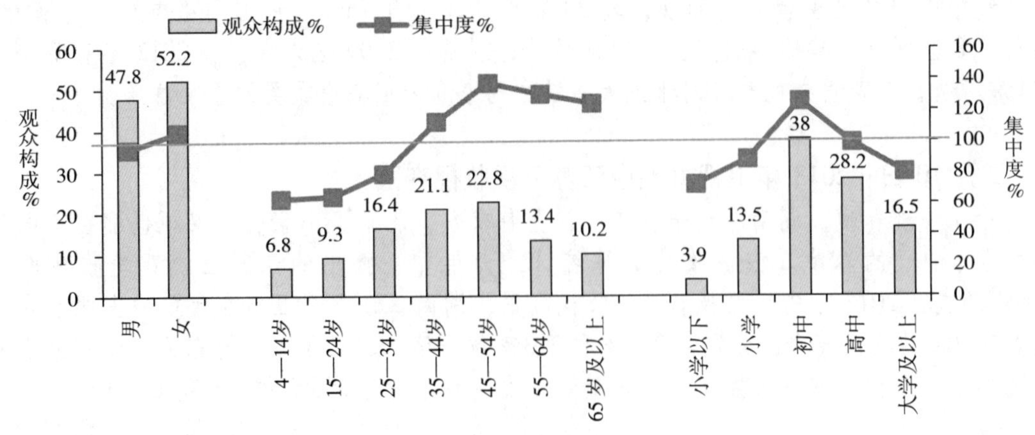

数据来源：CSM 媒介研究

图2 《乡村爱情变奏曲》黄金时段首播四频道整体观众特征

2 月 24 日：元宵节晚会央视和湖南卫视收视共赢

元宵节作为标志春节假期结束的重大节日，历来都是年内晚会收视较高的一天。2013 年举办元宵晚会的频道仍是央视和湖南卫视两家，两频道各自的收视率都不低，其中央视综合频道和三套合计的总收视率达到 10.0%，同时段市场份额超过 24%。湖南卫视的“元宵喜乐会”也获得 2.5% 的收视率。

表 2 元宵节晚会各频道收视对比（所有调查城市）

晚会名称	日期	播出频道	收视率（%）	市场份额（%）
2013 元宵晚会	2 月 24 日	中央电视台综合频道	6.6	16.1
	2 月 24 日	中央台三套	3.4	8.2
元宵喜乐会	2 月 24 日	湖南电视台卫星频道	2.5	7.3

数据来源：CSM 媒介研究

3 月

3 月 2 日：电视剧《樱桃红》成为四家上星联播总收视率最高的剧目

电视剧《樱桃红》是本山传媒悲情大戏《樱桃》的续集，2013 年接档《乡村爱情变奏曲》播出，四家播出的省卫视分别是江苏、山东、黑龙江和辽宁卫视，四家首播频道总收视率达到 4.6%，成为 2013 年内所有四家联播总收视的冠军（表 3）。由于播出频道变化及每日播出集数和时段的变化，2013 年该剧目的总收视相比 2012 年的《樱桃》有所下滑，下滑幅度在 10% 左右。

表3　《樱桃红》首播各频道收视率（3月2日—3月15日，所有调查城市）

节目名称	频道	平均收视率（%）	市场份额（%）
樱桃红	江苏卫视	1.44	3.7
樱桃红	山东卫视	1.36	3.6
樱桃红	黑龙江卫视	1.06	2.8
樱桃红	辽宁卫视	0.74	1.9

数据来源：CSM媒介研究

3月3日："两会"开幕形成观众收视新热点

每年三月的全国"两会"是中国人政治生活最重要的一部分，2013年作为中央政府换届之年，2013年的全国"两会"受到更多关注。在3月3日全国政协会议开幕到3月17日全国人大会议闭幕期间，从中央电视台到地方电视台都投入了大量人力进行相关新闻的报道，每天的相关新闻节目也备受观众瞩目。在3月17日闭幕时，李克强总理的记者见面会也成为全国观众的关注焦点。在CSM媒介研究所有调查城市中，该节目所有频道并机播出的总收视率达到5.54%，同时段市场份额超过38%；其中央台综合频道与央视新闻频道的直播收视率分别为1.60%和0.94%，两频道晚间时段重播时更是获得了1.89%和1.02%的收视率。

3月16日：电视剧《第22条婚规》首播

都市情感喜剧《第22条婚规》于2013年3月16日在江苏、山东、辽宁三家卫视首播，该剧在这三个频道的总收视率为3.34%，同时段市场份额8.7%，成为2013年多家联播电视剧中少数几部总收视率破3%的剧目。虽然题材与《乡村爱情变奏曲》有所差别，但受该剧播出平台等因素影响，两者观众特征也具有一定的相似之处。

3月17日：电视剧《百万新娘之爱无悔》收视表现出色

都市时尚情感剧《百万新娘之爱无悔》改编自台湾金牌连续剧《长男的媳妇》，是编剧简远信继《情锁》《回家的诱惑》后的又一力作。2005年播出的"百万新娘"第一部《真爱之百万新娘》就曾获得良好的收视表现，此次第二部于3月17日湖南卫视上档后也获得了出色的收视表现。该剧与湖南卫视年底播出的《咱们结婚吧》成为年内该频道的两个收视高点，两部剧在不同的城市组及全国网中的收视表现都非常接近，《百万新娘之爱无悔》仅以微弱优势在所有城市组和全国网中领先于《咱们结婚吧》（表4）。

表4　湖南卫视《百万新娘（第二部）之爱无悔》与《咱们结婚吧》两剧收视表现对比

电视剧名称	所有调查城市		全国测量仪调查网		71 城市	
	收视率%	市场份额%	收视率%	市场份额%	收视率%	市场份额%
百万新娘（第二部）之爱无悔	2.62	6.9	3.00	8.5	2.29	6.0
咱们结婚吧	2.57	6.9	2.98	8.5	2.29	6.1

数据来源：CSM 媒介研究

4 月

4 月 6—7 日:《中国星跳跃》&《星跳水立方》开创明星跳水先河

2013 年 4 月，两档明星跳水竞技节目《中国星跳跃》和《星跳水立方》分别于 6 日和 7 日登陆浙江卫视和江苏卫视。两档节目都邀请了明星参与节目，因此在开播时都吸引了大量观众的关注，收视表现也都较好，比如江苏卫视《星跳水立方》首期节目的收视率达到 1.9%；但是受节目本身吸引力和芦山地震等突发事件影响，之后两期下滑到 1.6% 左右。浙江卫视《中国星跳跃》也基本呈现高开低走的态势，两档节目最后也都于 6 月上中旬结束播出。

4 月 7 日:《有你才幸福》聚焦老年人晚年生活

聚焦老年人晚年生活的都市背景家庭伦理剧《有你才幸福》于 4 月 7 日在中央电视台综合频道晚间黄金档剧场播出，该剧在 CSM 媒介研究所有城市组合中获得了 2.37% 的收视率，是中央台综合频道 2013 年收视率排名第二的剧目，仅低于年底播出的《咱们结婚吧》。由于该剧描述的是中老年群体的故事，因此在 45 岁及以上观众中有突出的收视表现，在 65 岁及以上的观众更是获得了 5.93% 的收视率，市场份额超过 10%（图 3）。

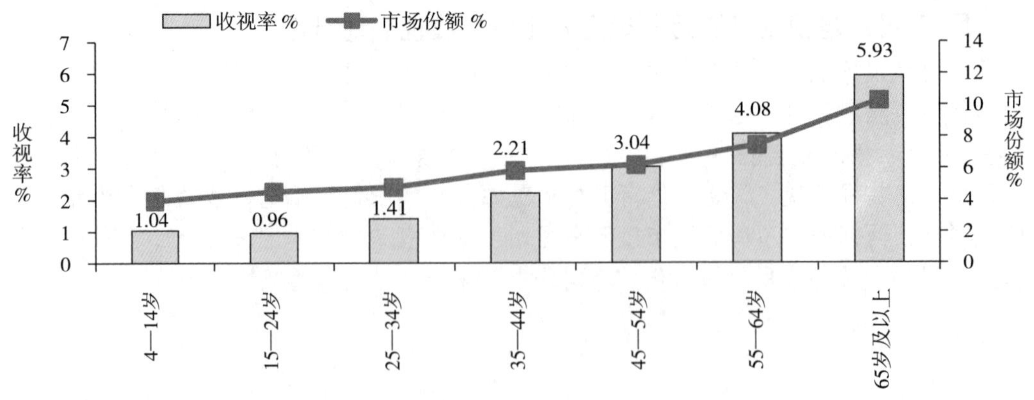

数据来源：CSM 媒介研究

图 3　《有你才幸福》首播各年龄段观众收视表现（所有调查城市）

4 月 14 日：《舞出我人生》——央视舞蹈真人秀成功尝试

《舞出我人生》是中央电视台与《中国好声音》制作团队灿星公司首度合作的舞蹈类综艺节目，于2013 年4 月14 日周日晚20:05 首播，24 组明星和草根的组合参赛，7 月7 日晚《舞出我人生》总决赛完美落幕。该节目是央视在《梦想合唱团》之后大型电视真人秀领域的又一次尝试。从收视表现上看，节目开播后保持了稳中有升的态势，各期节目收视率多在2.0%以上，最后一场总决赛的收视率达到2.66%，同时段市场份额达到7.2%（图4）。

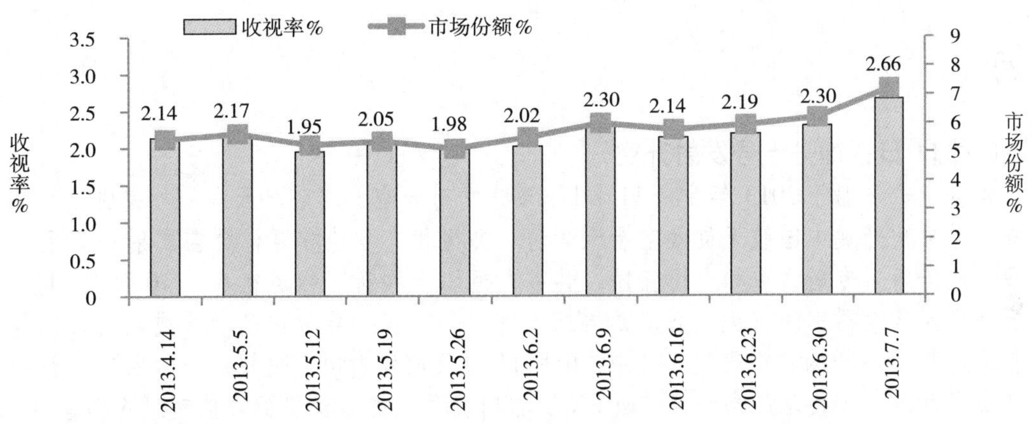

数据来源：CSM 媒介研究

图4　2013 年《舞出我人生》每期收视走势（所有调查城市）

4 月 20 日：雅安芦山地震引发新闻报道收播高峰

2013 年4 月20 日8:02在四川省雅安市芦山县发生7.0 级地震，央视、湖南卫视及全国多家电视媒体都第一时间启动了相关报道工作，央视综合、新闻频道、四套及其他省级卫视都在此期间播出了大量相关新闻节目，4 月20 日晚间和21 日全天，许多省级卫视都并机直播了央视的相关新闻节目。全国人民也都非常关注相关的新闻报道，各档新闻节目的收视表现都不低。

5 月

5 月5 日：电视剧《陆贞传奇》激发城市观众收视热情

古装剧《陆贞传奇》于5 月5 日在湖南卫视金鹰剧场播出，该剧以南北朝、五代十国等乱世历史为背景，由于以该段历史时期为描述对象的剧作并不多，因此也颇受关注。虽然该剧与历史史实有较大的出入，但在城市观众中的收视热情却很高，该剧在湖南卫视2013 年的剧目中位居所有城市网组合的并列第二位，2.57%的收视率略低于《百万新娘（第二部）》，与《咱们结婚吧》的收视持平。

5月19日:《中国梦之声》加入暑期歌唱真人秀大战

《中国梦之声》(*Chinese Idol*)是由东方卫视联合《美国偶像》(*American Idol*)制作团队携手打造的一档大型歌唱类比赛节目。《中国梦之声》的原型即在美国拥有12年辉煌收视历史且被誉为“美国真人秀之王”的王牌节目《美国偶像》。该节目于2013年5月19日登陆东方卫视,晋级赛后节目主要在每周日21:15播出,8月25日播出了总决赛。在暑期档歌唱真人秀的竞争中,该节目表现出较强的竞争力,李玟、韩红、黄晓明、王伟忠四位明星导师也让节目精彩有趣。该节目在6月中旬之后的各期节目收视率基本都在1.0%以上,最后总决赛的收视率达到1.73%。

6月

6月11日:神舟十号发射升空

神舟十号飞船于2013年6月11日17:38分发射升空,之后与天宫一号完成自动交会对接,并首次开展中国航天员太空授课活动。央视和许多地方电视台在发射当天用大量时段对此进行了专题报道和现场直播,其中央视综合和新闻频道在6月10日及11日下午五个小时连续播出的《太空新旅,再探天宫——天宫一号与神舟十号载人飞行任务特别报道》取得不错的收视表现。其中,6月11日飞船发射前,央视综合、四套、新闻三个频道累加的总收视率最高峰值接近8%,该时段最高的市场份额峰值超过43%。

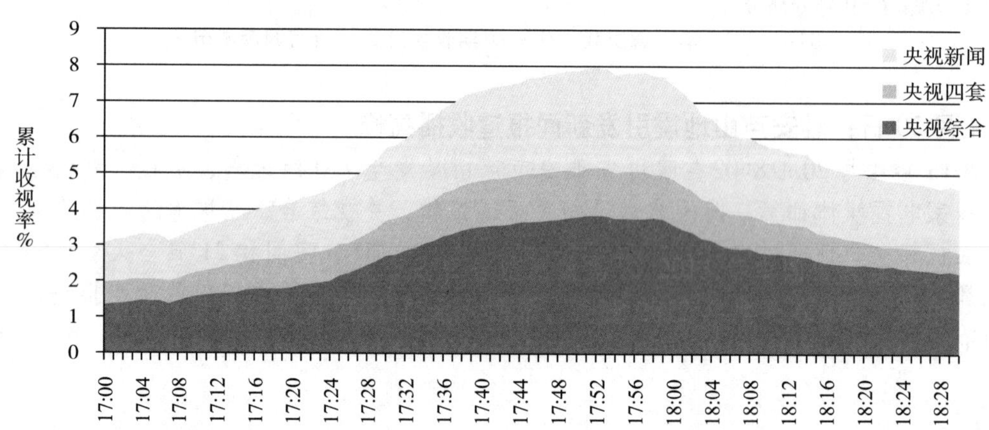

数据来源:CSM媒介研究

图5 神舟十号发射时段央视三个频道的时段收视走势(所有调查城市)

7月

7月11日:《汉字英雄》和《中国汉字听写大会》收视效果与社会影响力兼具

《汉字英雄》是河南卫视与爱奇艺联手打造的网台联动文化综艺季播节目,以汉字为载体,在益智游戏竞技形式下,关注青少年对汉字知识与文化传统的认知。节目邀请了于丹、高晓松、张颐武等嘉宾作为点评评委，将趣味性和知识性很好地融合在一起，令观众耳目一新。节目于7月11日晚间21:30在河南卫视播出，8月30日总决赛结束。随着节目的进行，收视表现也逐渐攀升，总决赛的收视率达到0.57%。

《中国汉字听写大会》则是由中央电视台和国家语言文字工作委员会联合主办，于2013年8月2日在中央电视台科教频道（CCTV—10）播出，8月13日于中央电视台综合频道（CCTV—1）播出。经过13期的比赛，节目于10月18日进行总决赛。在央视综合频道播出期间，除开头几期播出时段较晚收视不高外，8点档播出节目收视率始终保持稳定水平，总决赛的收视率更是达到2.24%。

汉字类节目让观众认识和重温了中华汉字的魅力，不仅获得了不错的收视率，还取得了良好的社会效应。为此国家新闻出版广电总局要求广电系统学习借鉴《汉字英雄》，积极开办弘扬和传承优秀传统文化的原创文化节目。

7月12日:《中国好声音》第二季延续第一季热度

自2012年暑期浙江卫视联合灿星制作打造的《中国好声音》第一季热播之后，第二季节目于2013年7月12日在浙江卫视播出，导师由那英、张惠妹、庾澄庆和汪峰担任，第二季继续沿用第一季的方法，坚持无海选形式，由导演为大家搜寻出好声音。由于有了第一季的人气，第二季节目开播后首场的收视率就达到3.0%，远高于去年同期表现，最后几场比赛的收视表现与去年基本接近，两年总决赛的收视率都达4.3%(图6)。

《中国好声音》值得关注的不仅是节目本身出色的收视表现，其超高的“吸金”表现更是值得关注。本季的《好声音》更是继续在冠名和其他广告收入上赚得盆满钵满，其中某饮料企业冠名费用达到2亿元，在网络视频销售上，搜狐视频独家买断的版权费用也达到1亿元。

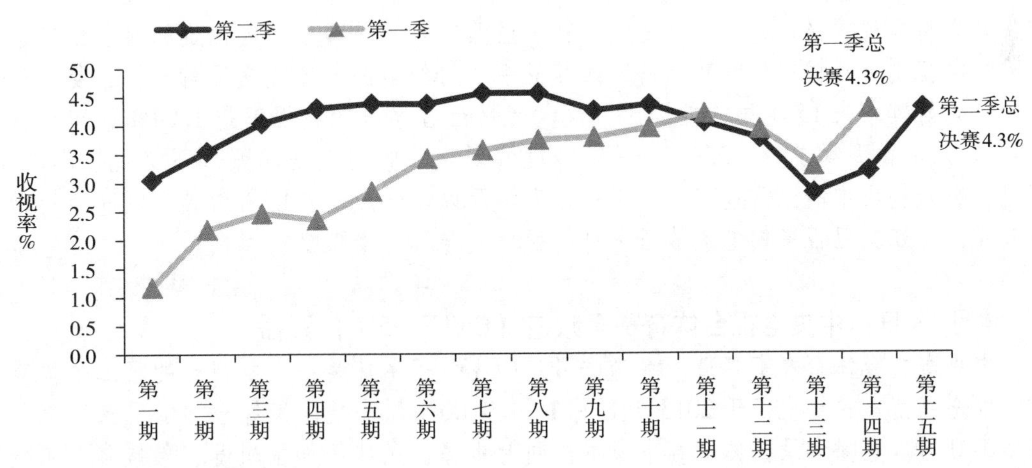

数据来源：CSM媒介研究

图6　浙江卫视《中国好声音》第一季与第二季每期收视走势（所有调查城市）

8 月

8 月 1 日:《超级演说家》将真人秀元素融入语言竞技

《超级演说家》是2013 年推出的中国首档原创新锐语言竞技真人秀节目，8 月 1 日起每周四晚21:10在安徽卫视播出。节目采用了真人秀的许多元素，通过 PK 淘汰、导师评选等方式吸引了许多观众的关注。作为一档语言类电视综艺节目，该节目获得了平均 0.71% 的收视率，各期收视总体而言较为平稳（图 7）。

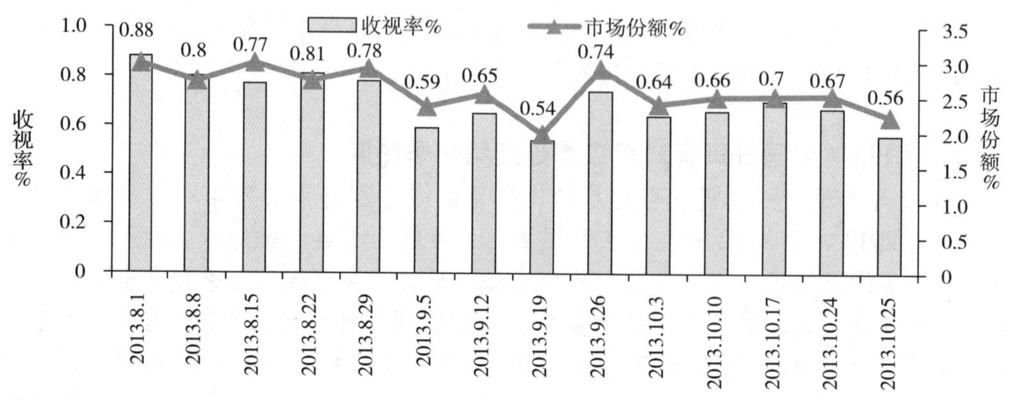

数据来源：CSM 媒介研究

图 7　安徽卫视《超级演说家》2013 年各期收视走势（所有调查城市）

8 月 14 日：江苏卫视首播电影《西游降魔篇》

周星驰电影《西游降魔篇》在 2013 年初上映时的票房超过 10 亿，江苏卫视斥资千万元买断了这部影片 15 年的电视播映权，并于 8 月 14 日晚间19:30电视首播，这也是新院线电影将电视首播权首次交给省级卫视。虽然时长只是两集半电视剧的时长，但电影价格是电视剧首轮播出权的数十倍，江苏卫视认为经典的电影观众百看不厌，复播寿命很长，看好其未来 15 年里的性价比。该电影当天首播时的收视率是 1.04%，市场份额 2.8%。从分类型观众看，25—44 岁年龄段的观众的收视表现较好，不仅收视率较高，而且在观众构成中的比重也接近一半；在大学及以上学历观众中的构成比例和市场份额也较高，与江苏卫视多档综艺节目主打的目标人群具有相似性。

8 月 18 日：中央电视台体育赛事频道（CCTV—5 +）开播

中央电视台体育赛事频道（频道呼号：CCTV—5 +）是中央电视台的第二个体育频道，以全高清格式播出，于 2013 年 8 月 18 日9:00由原央视高清综合频道置换而来。体育赛事频道以直播和录播体育赛事为主，同时也播出一些例如围棋赛、象棋赛、龙舟赛等具有中国特色的体育赛事。由于频道只能在拥有高清机顶盒的家庭中收看，观众规模还比较有限，日平均观众到达率还不足 1%。

9 月

9 月 1 日：《开学第一课》拉动儿童观众收视

《开学第一课》是教育部与中央电视台合作的大型公益节目。自 2008 年以来，由教育部、中央电视台联合录制的《开学第一课》节目已经成为送给全国中小学生开学第一天的特别礼物，为孩子们开启新学年提供积极而有针对性的引导。每年都是针对当年最重要的事情选定节目内容，2013 年的《开学第一课》以“乘着梦想的翅膀”为主题，于 9 月 1 日20:00—21:40在中央电视台综合频道首播。节目在整体观众中获得了 2.4%的收视率，同时段市场份额达到 6.3%。在 4—14 岁儿童以及有该年龄段儿童的家庭中都有突出的收视表现（表 5）。

表 5 中央台综合频道《开学第一课》首播时段观众收视（所有调查城市）

目标观众	收视率%	市场份额%	观众构成%	集中度%
4 岁及以上所有人	2.39	6.3	100	100
4—14 岁	5.24	16.5	21.9	219
家中有 4—14 岁儿童人群	4.07	11.7	60.7	170

数据来源：CSM 媒介研究

9 月 19 日：中秋晚会节俭举办

2013 年的中秋节，全国各级电视台认真贯彻落实中宣部等五部委《关于制止豪华铺张、提倡节俭办晚会的通知》要求，纷纷采取措施节俭办中秋晚会，在演出场地选择、演员阵容控制、舞美灯光制作规模等多方面做了精简与调整，不少电视台则是调整了节日报道安排，取消了中秋晚会，以新闻报道、民俗传统专题、百姓访谈等其他形式开展节日报道。虽然 2013 年央视中秋晚会大幅度缩减了“明星”比例，普通老百姓和群众喜爱的民间表演形式成为主角，但是晚会的收视效果却不打折扣，并机直播三频道的总收视率与去年同比持平，中央台三套的《万家邀明月》收视率比 2012 年还有所提升（表 6）。

表 6 2012 年、2013 年中秋节晚会各频道收视对比（所有调查城市）

<table>
<tr><th>年份</th><th>晚会名称</th><th>播出频道</th><th>收视率%</th><th>市场份额%</th></tr>
<tr><td rowspan="4">2013 年</td><td rowspan="3">梅州月中华情 2013 年中央电视台中秋晚会</td><td>中央电视台综合频道</td><td>3.12</td><td>8.5</td></tr>
<tr><td>中央台四套</td><td>1.34</td><td>3.7</td></tr>
<tr><td>广东卫视</td><td>0.35</td><td>1.0</td></tr>
<tr><td>万家邀明月</td><td>中央台三套</td><td>1.49</td><td>4.3</td></tr>
<tr><td rowspan="3">2012 年</td><td rowspan="2">福州月中华情 2012 年中央电视台中秋晚会</td><td>中央电视台综合频道</td><td>3.50</td><td>9.2</td></tr>
<tr><td>中央台四套</td><td>1.30</td><td>3.4</td></tr>
<tr><td>万家邀明月一起过中秋</td><td>中央台三套</td><td>1.25</td><td>3.5</td></tr>
</table>

数据来源：CSM 媒介研究

10 月

10 月 11 日:《爸爸去哪儿》热播

2013 年最火的综艺节目不能不说《爸爸去哪儿》。该节目是湖南卫视播出的亲子户外真人秀节目，节目模式来自韩国原版同名节目。这档名人代际沟通纪实节目将创新视角对准亲子关系，五位明星爸爸跟子女进行 72 小时的乡村体验。节目于 10 月 11 日起每周五晚22:00在湖南卫视播出，湖南金鹰卡通频道自 10 月 26 日起每周六晚9:00进行重播。

从收视效果来看,《爸爸去哪儿》的每期收视走势与 2012 年的第一季《中国好声音》有点类似，从第二期开始收视率一路攀升，最高一期的收视达到 5.1% （图 8）。从观众特征来看，女性观众从构成比例到收视热情都远高于男性，25—34 岁的青年观众对这档节目的构成比例以及青睐程度也要高于其他年龄段，而且观众呈现了高学历的特征；干部/管理人员、初级公务员/雇员和学生对于这档节目的关注度也较高。虽然这是一档亲子类真人秀节目，但是家中没有4—14 岁儿童的人群比例占到了 67%，可见该节目对于已婚没有孩子或未婚人群也有极大的影响力。除了高收视表现外，由于节目向观众传递了积极的正能量，让更多的人更加重视亲子之间的交流与互动，因此节目也获得了各方面的好评。

各方面突出的表现，让该节目第二季招商时的收入达到“土豪”级别，某饮料企业的冠名费用就突破 3 亿，创下综艺节目冠名新纪录。再加上硬广告等其他方面收入，该节目的广告吸金能力达到 10 亿元级别。除了广告收入，网络版权、手游、电影等各种商业模式也都为其获得了更多的收入，其中值得一提的是，同名电影在2014 年春节期间的票房接近7 亿元，令电影业界所关注。可以说，《爸爸去哪儿》开启了中国电视综艺节目更多的商业模式。

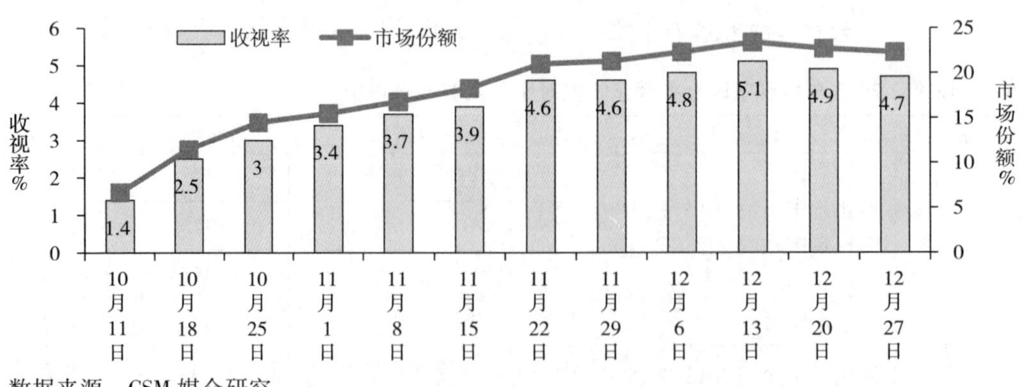

数据来源：CSM 媒介研究

图 8　湖南卫视《爸爸去哪儿》首播时段收视表现（所有调查城市）

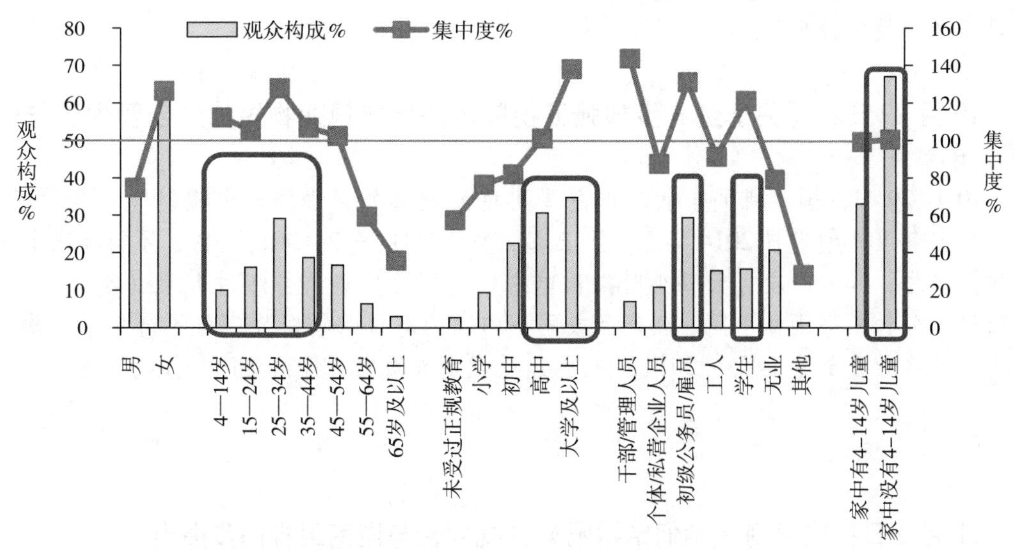

数据来源：CSM 媒介研究

图9　《爸爸去哪儿》观众构成与集中度（所有调查城市）

10 月 12 日："加强版限娱令"出台

10 月 12 日，国家新闻出版广电总局出台《关于做好 2014 年电视上星综合频道节目编排和备案工作的通知》（即所谓的"加强版限娱令"）。该通知强调了五方面的内容，包括优化节目结构，丰富节目类型；坚持自主创新，加强引进管理；抵制过度娱乐，防止雷同浪费；履行社会责任，实行年报制度；切实加强管理，做好备案工作。

其中在节目类型方面主要强调进一步扩大电视上星综合频道新闻、经济、文化、科教、生活服务、动画和少儿、纪录片、对农等类型节目的播出比例，总播出时长按周计算不少于 30%，按周计算平均每天 6:00 至次日 1:00 之间至少播出 30 分钟的国产纪录片；平均每天 8:00—21:30 之间至少播出 30 分钟的国产动画或少儿节目。在加强引进管理方面，各电视上星综合频道每年播出的新引进境外版权模式节目不得超过 1 个，当年不得安排在 19:30—22:00 之间播出。在抵制过度娱乐方面，每季度通过评议会择优选择一档歌唱类选拔节目安排在黄金时段播出，其余不得安排在 19:30—22:30 之间播出。另外将对电视晚会进行调控，原则上重要节假日期间每日不超过 3 台。

这些细致的规定都会对 2014 年省级上星综合频道的节目编排及内容制作产生重大影响。

10 月 25 日：《梦想星搭档》让梦想启航

作为央视品牌节目《梦想合唱团》的姊妹篇，大型电视公益音乐节目《梦想星搭档》于 2013 年 10 月 25 日在央视综合频道播出。节目延续了《梦想合唱团》的公益内核，将公益主题定为"为了孩子"，通过专业歌手的组合演唱，在竞争与合作中，用歌声打动观众，完成公益梦想。节目开播后头四期的播出时段较晚，收视率较低，第五期移至周五20:00档之后，收视稳定在2.0%左右水平，最高一期收视率达到2.47%，同时段市场份额超过6%。

10月29日：《关于进一步加强卫视频道播出电视购物短片广告管理工作的通知》出台

10月29日，国家新闻出版广电总局再度发出通知，加强对电视购物广告的管理。其中规定各卫视频道自2014年1月1日起，每天18:00—24:00时段内，不得播出电视购物短片广告；其他时段每天每小时播出电视购物短片广告不得超过1条（次），每条不得超过3分钟，每天播出同一款产品或同一内容的电视购物短片广告不得超过3次。相关规定最终导致部分卫视在2014年初因违反规定被做出暂停商业广告播出的结果。

11月

11月6日：电视剧《咱们结婚吧》央视综合与湖南卫视同步播出

《咱们结婚吧》作为央视和湖南卫视在电视剧合作播出方面的破冰之举，在2012年开机时就备受业界关注。2013年11月6日登陆中央台综合频道和湖南卫视后，更是受到了观众的喜爱，两频道在CSM媒介研究所有城市组观众中的收视率分别达到2.97%和2.57%，同时段市场份额分别为8.0%和6.9%，成为2013年首播总收视率最高的剧目，在两频道内电视剧排名中位居第一和第二名。从收视走势上看，央视综合频道最初几天略低于湖南卫视，10天之后的收视就逐渐拉开差距。从两频道的收视人群看，两频道在25—44岁年龄段观众中的表现差异不大，在4—24岁观众中，湖南卫视大幅领先，而央视综合频道在45岁及以上观众中遥遥领先。

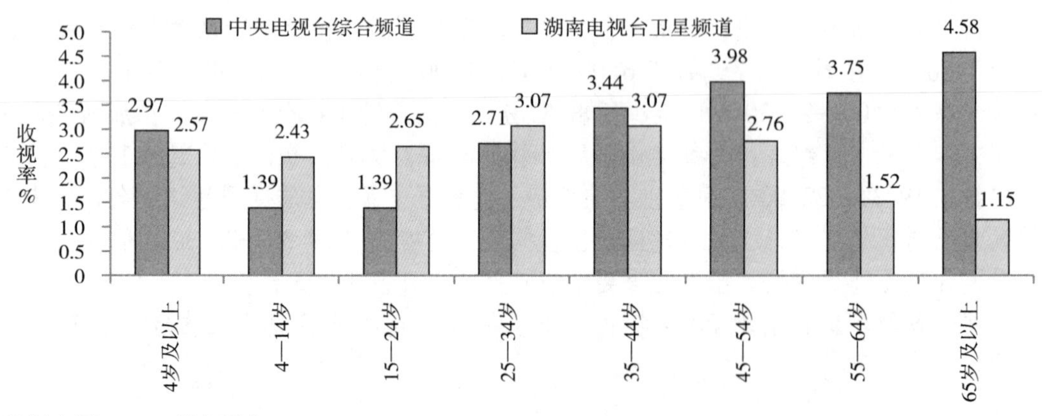

数据来源：CSM媒介研究

图10 《咱们结婚吧》首播时段两频道不同观众收视表现（所有调查城市）

11月9日：广州恒大夺亚冠引收视热潮

2013年中国体育值得记录的赛事一定包括广州恒大夺取亚冠的比赛。广州恒大足球俱乐部在中超和亚冠的双线比赛都取得了优异的成绩，各场比赛都受到球迷关注，亚冠半决赛之前的比赛也都能获得1.0%左右的收视率，而当球队离亚冠冠军越来越接近的时候，球迷和许多普通观众的收视热情都被点燃了，进入半决赛阶段后，收视快速提升，最后一场决赛的主场比赛更是获得了4.0%的高收视表现，同时段市场份额达到10%，该场比赛的观众到达率也达到8%左右（图11）。

除了广州恒大的比赛，北京国安等其他俱乐部参加的亚冠比赛也都有不错的收视表现。而2013年获得关注的足球比赛绝不仅是亚冠，国足的几场预选赛也有较高的收视表现，比如11月19日亚洲杯预选赛C组中国对沙特阿拉伯的比赛就获得了2.9%的收视表现，7月24日东亚杯足球赛中国对韩国一场赛事的收视也达到了1.82%。

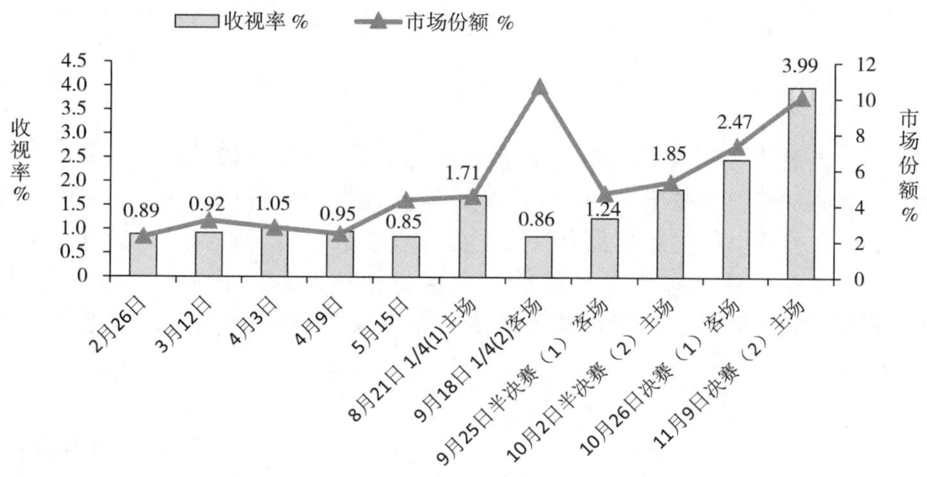

数据来源：CSM媒介研究

图11　中央台五套广州恒大在亚冠赛事中各场直播比赛的收视表现（所有调查城市）

12月

12月14日：嫦娥三号启动登月之旅

2013年中国航天除了神舟十号的发射外，另一备受关注的就是12月14日的嫦娥三号登月。火箭发射当天及之后的几天时间里，央视也继续制作播出了大量新闻及专题节目。比如14、15日在综合频道播出的《嫦娥三号登月之旅》节目就获得了平均1.32%的收视表现。中央台四套的《嫦娥飞天　玉兔探月》也获得了1.0%的收视率。

12月31日：节俭政策下的跨年晚会

在防止浪费节俭办晚会精神的指导下，2013年只有少数几家电视台安排了跨年晚会，包括中央台、湖南卫视、上海东方卫视和广东卫视。部分省级卫视频道以更丰富的形式跨年，比如天津卫视举办"新年相声喜乐会"、云南卫视则是"中国灯谜大会"，江西卫视以"家庭幽默录像跨年狂欢夜"陪伴观众跨年（表7）。

表7　2013年跨年晚会各频道收视对比（所有调查城市）

晚会名称	播出频道	收视率%	市场份额%
启航2014新年特别节目	中央电视台综合频道	3.2	8.2
	中央台三套	1.9	5.0
快乐中国2013、2014跨年演唱会	湖南电视台卫星频道	3.9	13.1
梦圆东方一生一世跨年狂欢	上海东方卫视	0.9	2.8
1314我们在一起跨年晚会	广东卫视	0.2	0.5

数据来源：CSM媒介研究

结语

2013年，电视人为观众贡献了《爸爸去哪儿》《我是歌手》等一批收视与口碑兼具的综艺节目以及《咱们结婚吧》《乡村爱情》等高收视的电视剧，在芦山地震、全国两会、嫦娥三号及神舟十号发射等重大新闻发生时也在第一时间将信息传达给观众，在体育、青少等各类型节目上也为观众提供了丰富的精神产品。正如在文章开篇时所说，2013年是充满变革和创新，精彩纷呈不断的一年，希望2014年的电视节目能给我们带来更多的惊喜。

（作者：吴凡）

2013 年全国新闻节目收视回顾

即使不考虑不断出现的各类新媒体，仅就电视而言，2013 年的中国电视行业也不同寻常，出现了一些新的产品和服务：互联网和 IT 企业凭借“乐视 TV 超级电视”、“小米电视”等产品冲进了电视行业；以前基本被当作普通电视使用的智能电视开始提供更多的服务功能。即使家里的电视机没有更新换代，观众在熟悉了机顶盒里的“回放”、“点播”等功能以后，看电视时也有了更多的选择。新技术带来的新生活方式变化对人们传统的收视行为肯定有影响，但数据表明电视节目仍然受到广大观众的青睐，而其中的新闻节目也仍然具备稳固的观众基础。本文基于 CSM 媒介研究 2013 年所有调查样本城市的收视调查数据，对全国新闻节目的播出与收视情况做简要的回顾与分析，探究观众对新闻节目的收视特点与偏好。

一、新闻节目整体收播状况

1. 观众收看电视新闻节目的时间略有增加

根据 CSM 媒介研究对观众收视习惯的长期跟踪，近几年平均每人每天收看电视的时长在 170 分钟上下波动。2013 年，电视观众平均每天收看新闻节目的时长超过 23 分钟，与前两年相比，呈稳步增加的趋势（2012 年为 22 分钟，2011 年为 21 分钟）。

从新闻节目的收播情况来看，2013 年新闻节目的播出比重和收视比重较 2012 年均有增加，资源使用效率与 2012 年基本持平（表 1）。在所有电视节目类型中，新闻节目的资源使用效率仅次于综艺节目和青少节目，在各类电视节目中仍然占有举足轻重的地位。

表 1　2010—2013 年新闻节目的收播比重及资源使用效率（历年所有调查城市）

年　份	播出比重（%）	收视比重（%）	资源使用效率（%）
2010 年	9.8	13.3	35.7
2011 年	10.0	13.1	31.5
2012 年	10.7	14.0	30.8
2013 年	11.3	14.8	30.7

数据来源：CSM 媒介研究

各地电视市场提供给观众的电视节目内容和观众的收视习惯存在地域差异，因此不同城市观众对新闻节目的收视比重也不尽相同。2013 年晚间 17:00—24:00 时段，长沙观众新闻节目的收视比重最高，达到 22.6%，苏州、广州和济南三个城市观众新闻节目的收视比重也超过 20%。在本次统计的 36 个城市（包括直辖市、省会城市、计划单列市）中有 23 个城市新闻节目的收视比重在 15% 以上，由此可见新闻节目在观众的晚间收视中仍然占有相当比重（图 1）。与前几年的数据相比，多数城市晚间新闻节目收视比重都有所上升。

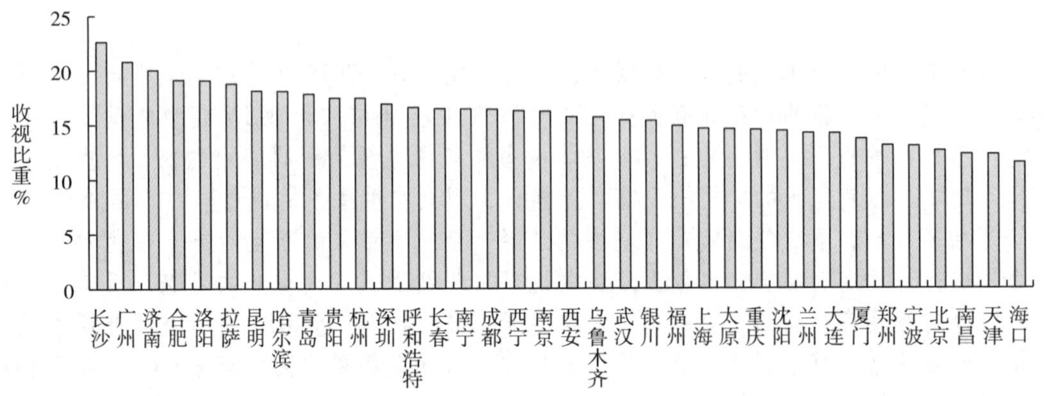

数据来源：CSM 媒介研究

图 1　2013 年部分城市新闻节目收视比重（%，17:00—24:00）

2. 新闻节目收视主要集中在 18:00—20:00 时段，全天有两个明显的收视高峰

新闻节目在全天不同时段的收视量变化与其他节目类型整体保持一致，但在细节上不尽相同。新闻节目的收视更集中在 18:00—20:00 时段，在这段时间开始的新闻节目累计人均每天收视时长为 10 分钟，接近全天人均收视时间的一半。从全天收视曲线中能够发现两个明显的收视高峰（12:00 和 19:00）及两个收视相对较为突出的时段（清晨 6:00—8:00 和晚间 21:00—22:00）（图 2）。这条收视曲线与多数电视观众的作息时间基本吻合，各电视播出机构一般也是按照这样的经验来安排新闻节目的播出。

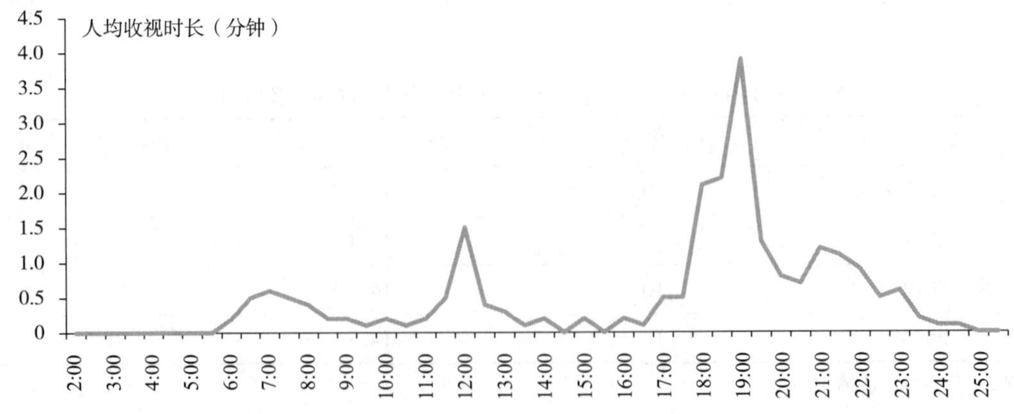

数据来源：CSM 媒介研究

图 2　2013 年新闻节目人均收视时长全天走势（所有调查城市）

另一方面，将不同时段的新闻节目收视率与所有节目总收视率进行对比，我们发现在收视高峰时段播出的新闻节目通常能够获得较高的收视率。而无论是收视高峰时段还是一般时段，在整点之后的前半小时播出的新闻节目收视率通常高于后半小时，即观众更倾向于在每个小时的前半段收看新闻节目。显然这样的收视习惯与各电视台通常使用的“整点新闻”编排方式有一定的关联（图3）。

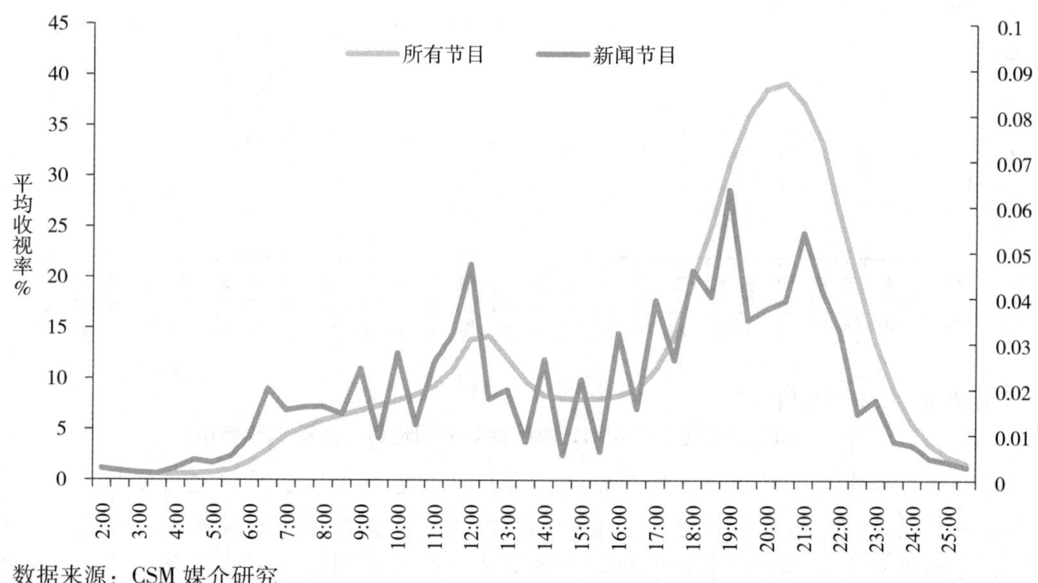

数据来源：CSM 媒介研究

图3　2013 年所有节目与新闻节目全天收视走势（所有调查城市）

3. 新闻节目收视走势受重大新闻事件影响

2013 年全年新闻节目的人均每日收视时间整体比较稳定，大多数周在 20—25 分钟之间波动，上半年平均收视水平略高于下半年。在第 16 周（4 月 15 日—4 月 21 日）新闻节目人均日收视出现了全年最高峰值，为 37 分钟，超过平均水平 60% 以上；在第 7 周（2 月 11 日—2 月 17 日）和第 40 周（9 月 30 日—10 月 6 日）人均日收视时间相对较短，为 20 分钟（图 4）。

对新闻节目的播出和收视影响最大的是重大新闻事件。在 2013 年收视最高的一周（第 16 周）中，4 月 20 日四川雅安发生了强烈地震，各地各级电视台增加了相关新闻节目的播出，观众也对新闻节目投入了更多的关注。

影响新闻节目收视的另一个主要因素是观众的收视习惯。2013 年新闻节目人均日收视时间较短的两周正值春节和国庆。电视开机率在节假日期间会有较大幅度提升，但是新闻节目的收视情况并没有因此而水涨船高。节假日期间有大量播出时间都分配给了综艺和青少节目，维持常规播出量的新闻节目相对竞争力被削弱，观众的关注度反而会低于平时，由此导致节假日期间新闻节目人均收视时长明显低于全年的平均水平。

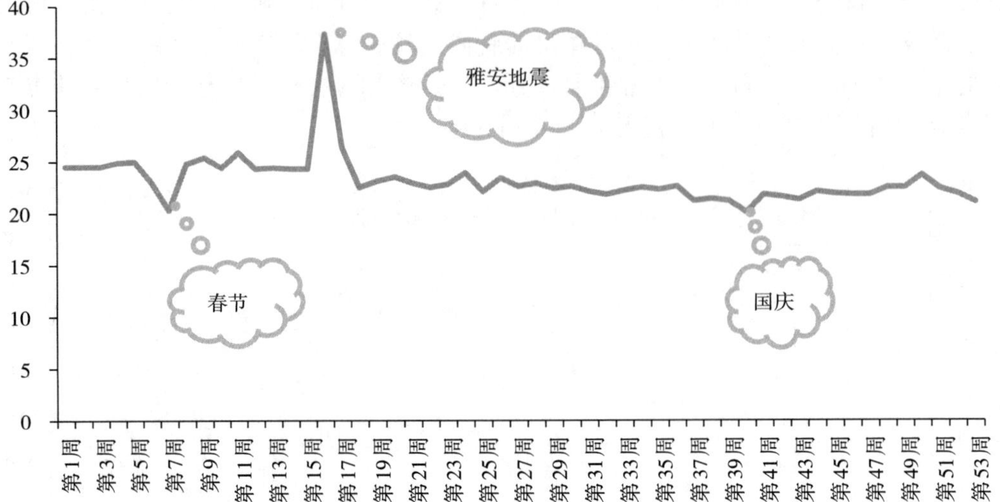

数据来源：CSM 媒介研究

图4　2013 年新闻节目人均日收视时长分周走势（所有调查城市）

面对地震等重大突发事件，电视快速传播讯息的能力得以凸显。在雅安地震后，各地各级电视频道均对地震灾情进行了第一时间的报道，并在后续的募集赈灾物资、组织抢救人员等需要大众参与的事件中起到了重要作用。与此同时，网络、移动通讯等新媒体由于对硬件及软件的技术要求都相对较高，普及性远不及电视，尚不能发挥主要作用。在地震发生的 4 月 20 日，CSM 媒介研究所有调查城市电视新闻节目播出时间达到 1900 小时，比前一天增加 1/3，4 月 21 日播出的新闻节目更是长达 2740 小时，几乎是同时期平均播出量的两倍。4 月 20 日观众收看新闻节目的时间达到 69 分钟，约为平时正常水平的 3 倍，4 月 21 日收视时间进一步增加，达到 70 分钟（图 5）。

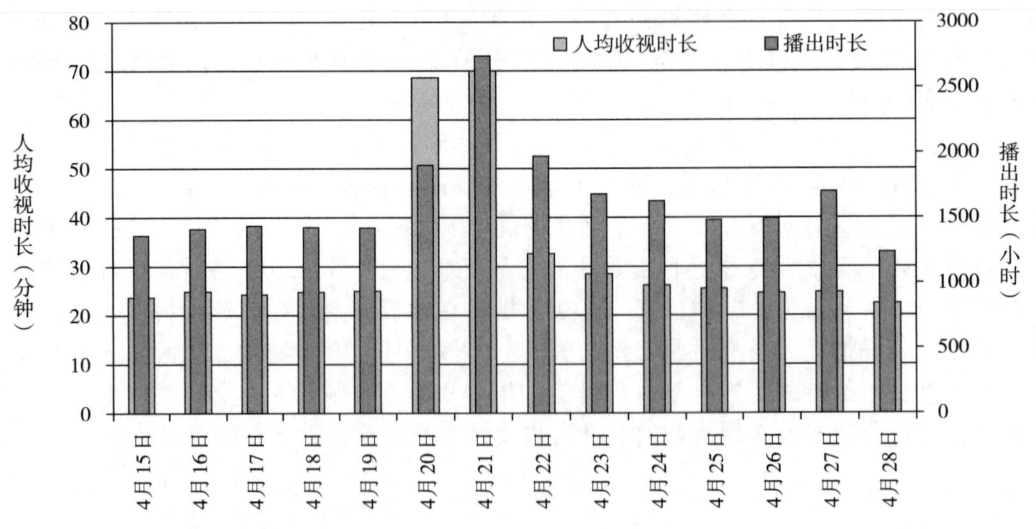

数据来源：CSM 媒介研究

图5　2013 年 4 月 15 日—4 月 28 日新闻节目播出和收视情况（所有调查城市）

电视媒体安排相关新闻节目的集中播出和电视观众的高度关注，直接带来了4月20日和4月21日这两天的超高收视。之后几天，尽管相关新闻节目播出量仍然较大，但观众的关注度已经有所下降，从其他媒体获得的信息也日趋丰富，新闻节目的收视逐渐回归至常态水平。

4. 综合新闻仍为新闻节目的收播主体，新闻评述类节目收视比重进一步提升

2013年，综合新闻仍然是播出比重最高的新闻类节目，全年播出量占所有新闻节目的47.1%，但与之前两年相比已有较大幅度下降。其他新闻/时事节目播出量有较大幅度增加，播出比重达到44.4%，与综合新闻的播出量差距已不大。新闻评述类节目的播出比重仍然保持在8%—9%之间。2013年观众收视时间在这几类新闻节目中的分配情况也相应地发生了变化。综合新闻仍然占据了新闻节目的最多收视时间，但是比例已经由2011年的62%降至2013年的56.4%，其他新闻/时事节目的收视时间略有增长。综合新闻损失的收视时间基本都转移到了新闻评述节目，2013年新闻评述节目所占收视时长比例为19.2%，与2011年相比提高了近1/3（图6—7）。

观众的收视反馈向我们透露了这样的讯息：在“信息”唾手可得的今天，单纯提供“信息”的电视新闻节目正逐渐走向衰落，观众仍然需要电视新闻节目，但是他们也许希望从节目中更多地获得“背景”、“观点”或是“态度”，而不仅仅是新闻本身。

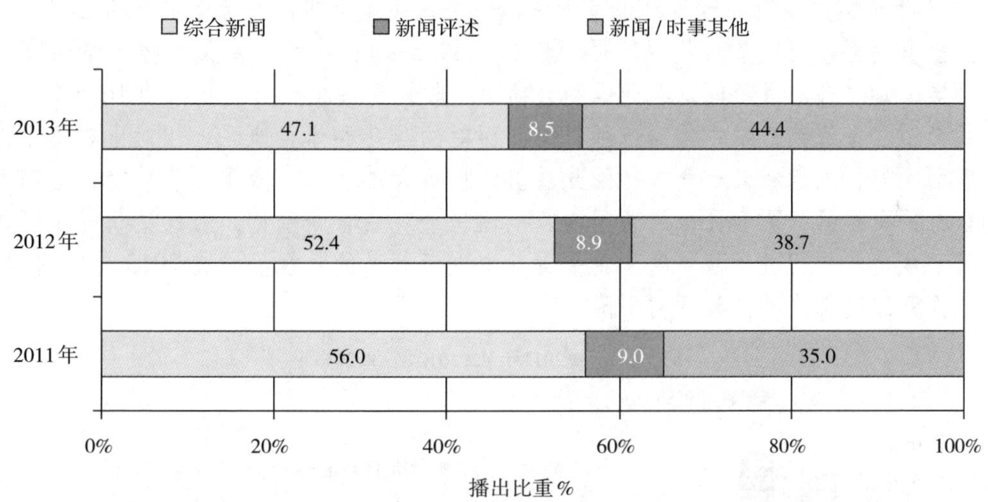

数据来源：CSM媒介研究

图6　2011—2013年各类型新闻节目播出比重（所有调查城市）

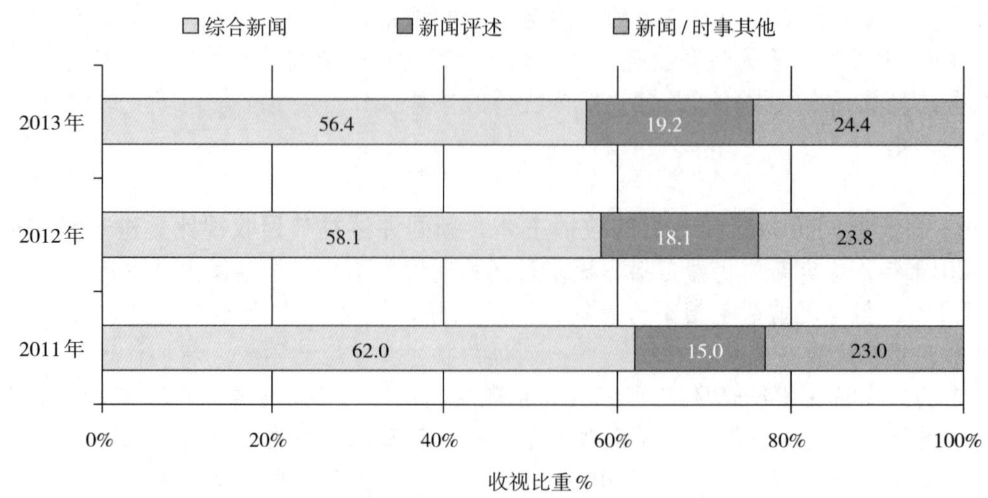

数据来源：CSM 媒介研究

图 7　2011—2013 年各类型新闻节目收视比重（所有调查城市）

二、新闻节目市场竞争格局

1. 中央级频道收视份额居首，市级频道播出量占优

2013 年全国电视新闻节目收视市场中，中央级频道仍然占据着最重要的位置，以较小的播出量获得了新闻节目收视的最大份额（39.2%）；省级上星频道播出量略高于中央级频道，加之各省级新闻均在此类平台播出，收视份额也相对较高，为 16.5%；省级非上星频道和市级频道基本传播范围类似，面对的观众群体在地域上相对比较集中，尽管覆盖面不广，但胜在频道众多，因此播出量也最大；小范围传播让节目有机会满足分众的需求，更接地气更显民生的新闻内容也让当地观众喜闻乐见，累计共获得了新闻节目超过四成的收视份额。从年度变化来看，中央级频道的收视份额在 2013 年略有提升，省市地面频道则都有不同程度的下降（图 8）。

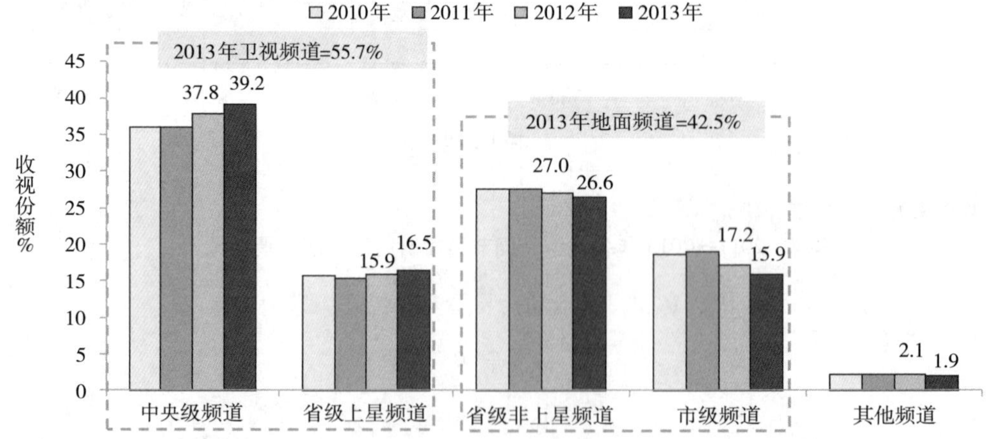

数据来源：CSM 媒介研究

图 8　2011—2013 年各级频道在新闻节目中的收视份额（历年所有调查城市）

2. 中央级频道在新闻评述类节目中具有突出竞争优势

由于各频道组本身所具有的特殊属性，在传播的这三类新闻节目的时候也表现出了较大的差异（图9）。在综合新闻这一项中，各级频道基本平分秋色，对于事实的客观报道，并不会因为平台和立场的变化而有所改变，因此在不同平台获得的新闻事件信息应该不会有太大区别；新闻评述类节目通常会加入一些主观判断，中央级频道的“中央”身份无疑代表了官方的观点，在这个平台播出的新闻评述类节目最受观众重视，因此，中央级频道在该类节目中具有突出的竞争优势；被列在“其他”一栏下的新闻时事节目大多数关注的是重要性一般的新闻事件，各地方频道的民生新闻占了很大比例，这些新闻甚至细微到观众身边的家长里短，此类节目在上星频道本就播出量不大，并且贴近的也是当地群众的生活，自然是被省级和市级地面频道占去了最大部分的收视比重。

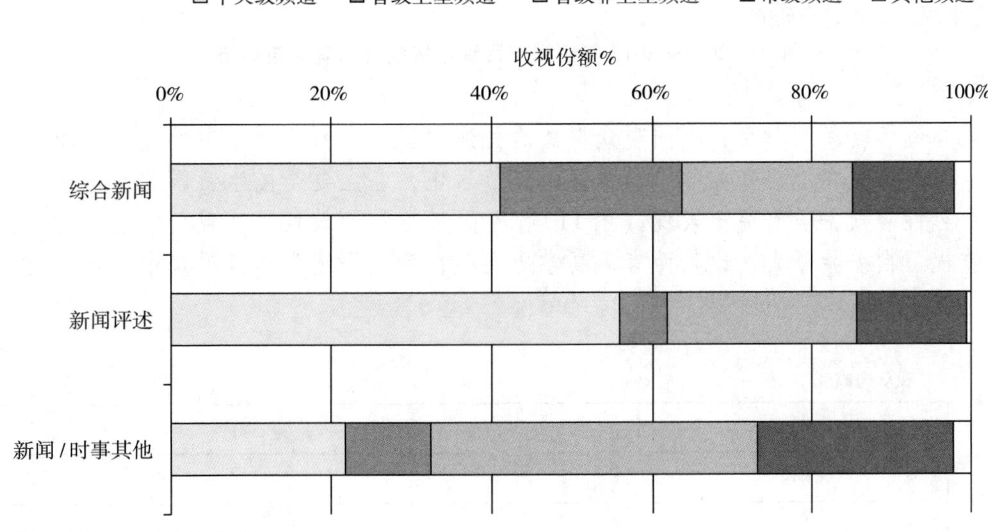

数据来源：CSM 媒介研究

图9 2013 年各级频道在不同新闻节目类型中的收视份额（所有调查城市）

三、新闻节目收视市场观众特征

2013 年全国电视观众中女性观众略多于男性，性别基本均衡；而新闻节目观众中男性多于女性，并且在近三年有逐渐增加的趋势。新闻节目 60% 的观众年龄在 45 岁及以上，其中 55 岁及以上观众的比例在近两年还在持续增加。另一方面，新闻节目也更受高学历观众的青睐，受过大学及以上教育的观众约为新闻节目观众的 1/5，这一比例在近几年也在逐年增加（图 10）。

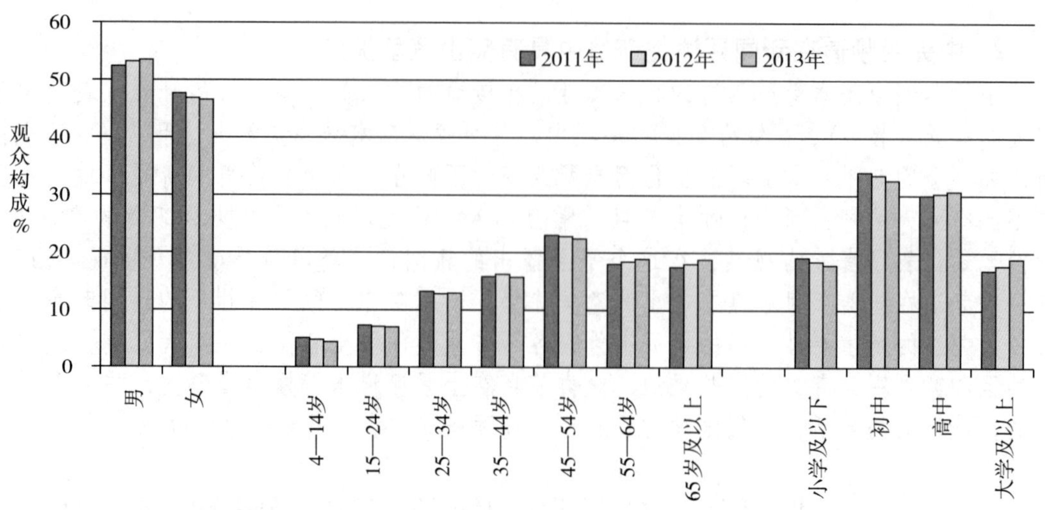

数据来源：CSM 媒介研究

图 10　2011—2013 年新闻节目观众构成（所有调查城市）

具体到各类新闻节目，不同观众群体的关注程度又有所不同。男性观众对新闻节目的偏爱主要体现在综合新闻和新闻评述两类节目中，在主要是民生新闻的其他新闻时事节目中男性观众并没有突出表现（图 11）。不同年龄和受教育程度观众对这三类新闻节目的收视习惯差异不大，比较而言，高学历人群在新闻评述类节目观众中所占比例略高于其他两类节目。

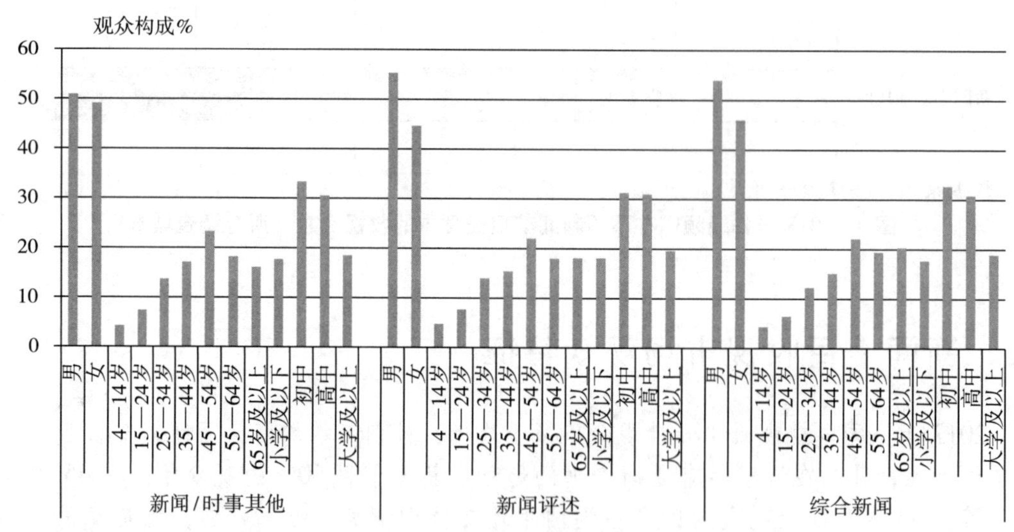

数据来源：CSM 媒介研究

图 11　2013 年各类型新闻节目观众构成（所有调查城市）

四、各级频道新闻节目收播概况

（一）中央级频道新闻节目收播概况

1. 新闻频道播出量和收视量均居首位

在中央级频道中，新闻节目主要在中央电视台综合频道、新闻频道、四套和英语频道播出。其中尤以中央电视台新闻频道的播出比重最高，超过总量的40%。作为国内第一个国家级专业新闻频道，该频道覆盖率也较高，因此中央级频道新闻节目的收视时间有近一半（44.4%）来自该频道。中央电视台英语新闻频道与新闻频道基本宗旨一样，但是受播出语言限制，尽管播出比重较高，但收视人群有限。中央台四套肩负着面向全球播出的重任，新闻节目也是该频道主要的节目类型之一，播出的新闻节目时长占中央级频道的近18%，收视比重达到26.3%。在四个频道中占播出比重最少的综合频道却汇聚了29.0%的收视总量，资源使用效率远远超过其他三个频道（表2）。

表2　2013年中央台部分频道新闻节目收播比重（所有调查城市）

频　　道	播出比重（%）	收视比重（%）
中央电视台综合频道	9.5	29.0
中央电视台新闻频道	41.8	44.4
中央台四套	17.8	26.3
中央电视台英语新闻频道	30.8	0.3

数据来源：CSM媒介研究

2. “雅安地震”与“神十”、“嫦娥”同为年度关注重点

中央级频道新闻节目2013年全年的收视变化趋势与所有新闻节目基本保持一致（图12），除雅安地震期间出现收视最高峰，在第24、26周和第50周收视也有较明显提高，这几次收视增加都是因为所报道事件是中国航天史上的重大事件。神州十号在6月

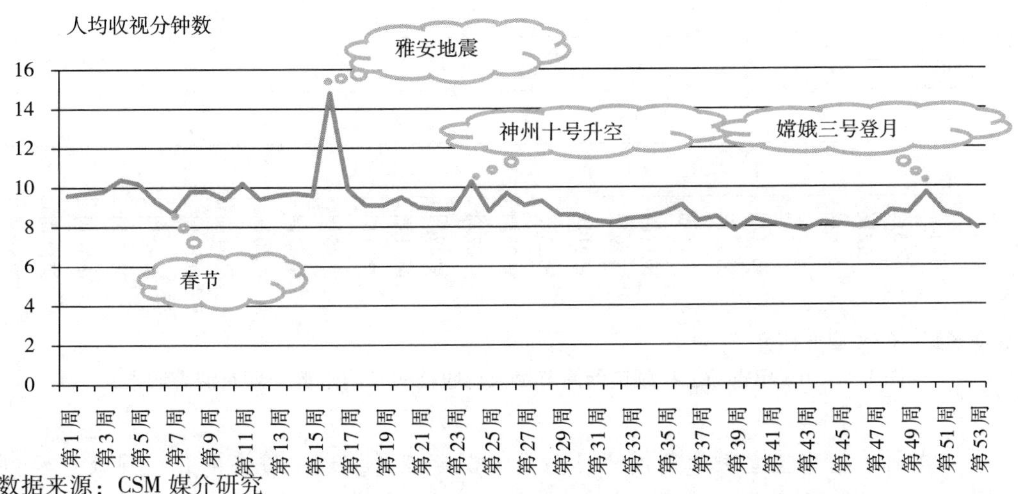

数据来源：CSM媒介研究

图12　2013年中央级频道新闻节目人均收视时长周走势（所有调查城市）

11日顺利升空并于6月26日返回，嫦娥三号在12月14日完成月球登陆，央视几个频道对这些事件都进行了直播并有大量其他相关报道，直接引起这几周平均收视时间与相邻几周相比有较大幅度提高。而春节期间新闻节目受其他节目挤压，在中央级频道的收视总量有所下滑。

3. 老牌节目依旧常青，重大事件备受关注

在2013年中央级频道新闻节目中，全年平均收视率最高的仍然是中央电视台综合频道的《新闻联播》《东方时空》和《焦点访谈》。"天宫一号"、"神州十号"、"嫦娥三号"是2013年重大新闻节目的关键词，与此相关的几次特别报道都吸引了观众的注意力。此外，两会期间国家领导人的公开言论也是民众关注的焦点，国务院总理答记者问的节目每年均排在新闻节目收视率靠前的位置。几个主要新闻栏目和重大事件的直播特别节目在综合频道和新闻频道通常都会安排播出，但即使是并机直播，综合频道仍然会获得更多的关注。

（二）省级上星频道新闻节目收播概况

相比中央级频道，省级上星频道的新闻节目在2013全年的收视周走势则显得较为平稳（图13），基本没有太大的起伏。第16周地震期间的小幅收视上涨和第7周春节、第40周国庆期间的收视下降是全年仅有的几次明显波动。整体看来，省级上星频道新闻节目上半年的收视情况优于下半年。

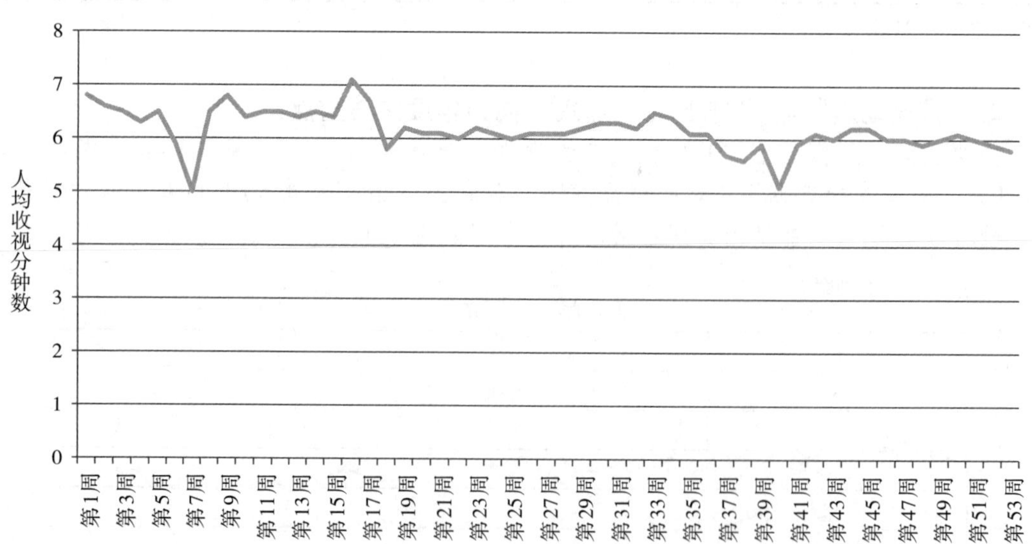

数据来源：CSM媒介研究

图13　2013年省级上星频道新闻节目人均收视时长周走势（所有调查城市）

另一方面，省级上星频道新闻节目全天收视走势则呈现出较多变化。观众已经习惯于在固定时间到省级卫视收看本省新闻节目，午间、傍晚和晚间分别出现收视高峰。午

间 11:00—13:00、傍晚 17:00—19:00 以及晚间 22:00—23:00 时段是各省级卫视安排播出各自省内新闻的传统时段，午间时段新闻节目的平均收视率最高，其次是 22:00—22:30时段，傍晚各地面频道播出当地新闻的传统时段省卫视收视率略低于上述两个时段（图 14）。

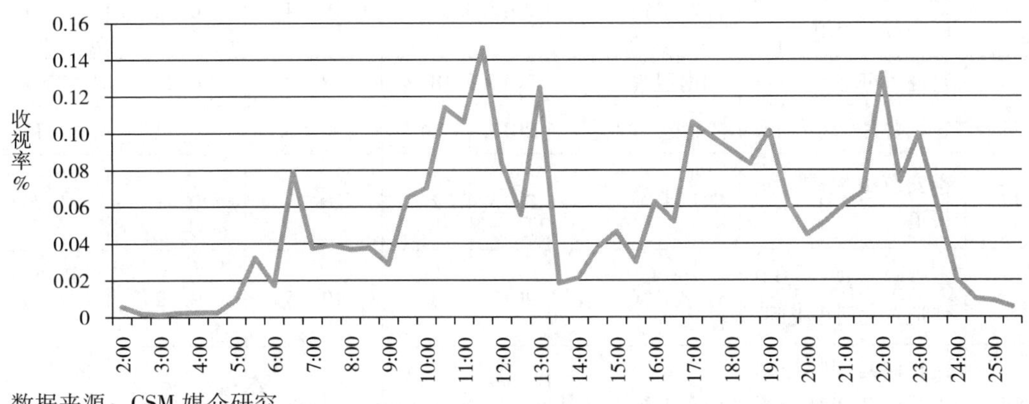

数据来源：CSM 媒介研究

图 14　2013 年省级上星频道新闻节目全天收视走势（所有调查城市）

在省级上星频道 2013 年播出的全部新闻节目中，收视率最高的是浙江卫视在 10 月 7 日播出的《众志成城抗击菲特》，在所有调查城市收视率超过 1%，另一个收视率超过 1% 的新闻节目是湖南卫视 4 月 20 日播出的《雅安地震特别报道》（表 3）。不仅湖南卫视，江苏、浙江、贵州等省卫视关于雅安地震报道的新闻节目收视率也均较高。这与新闻节目周收视曲线的结果较为一致，雅安地震是全年发生的最大的自然灾害事件，也成为全国各地电视新闻关注的重点。余姚水灾是2013 年的另一个重大事件，但与雅安地震相比其主要的新闻节目都集中在事件发生的当地卫视，其他卫视相关节目在全国范围内被关注的程度相对较低。此外，与两会、嫦娥登月等事件相关的新闻节目在省级上星频道也受到观众的普遍关注。

表 3　2013 年省级上星频道收视率较高的单期新闻节目一览（所有调查城市）

排名	名称	频道	日期	开始时间	收视率%	收视份额%
1	众志成城抗击菲特	浙江卫视	2013. 10. 7	22:55	1.03	6.38
2	雅安地震特别报道	湖南卫视	2013. 4. 20	19:30	1.01	3.50
3	四川雅安地震特别节目	江苏卫视	2013. 4. 20	21:00	0.82	3.47
4	芦山地震特别报道	浙江卫视	2013. 4. 21	20:10	0.58	1.60
5	雅安地震特别报道	江苏卫视	2013. 4. 21	19:30	0.56	2.09
6	特别节目直击菲特	浙江卫视	2013. 10. 6	19:30	0.55	1.52
7	关注芦山地震特别节目	贵州卫视	2013. 4. 21	20:00	0.52	1.33

续表

排名	名称	频道	日期	开始时间	收视率%	收视份额%
8	抗洪救灾挺进余姚	浙江卫视	2013. 10. 9	19:30	0. 51	1. 42
9	直通北京 2013 全国两会特别报道	江苏卫视	2013. 3. 8	19:34	0. 50	1. 41
10	直播大事件	湖南卫视	2013. 5. 18	12:00	0. 47	3. 28
11	嫦娥登月	上海东方卫视	2013. 12. 14	20:56	0. 44	1. 13
12	雅安芦山地震特别报道	四川卫视	2013. 4. 22	20:13	0. 43	1. 70
13	李克强总理会见中外记者并回答提问	辽宁卫视	2013. 3. 18	19:45	0. 42	1. 05
14	让我们共同担当四川芦山 7.0 级地震特别报道	山东卫视	2013. 4. 21	19:33	0. 38	1. 03
15	李克强总理会见中外记者并回答提问	深圳卫视	2013. 3. 19	22:40	0. 31	2. 24

数据来源：CSM 媒介研究

在省级上星频道的常规新闻栏目中，收视率最高的是深圳卫视晚间播出的《直播港澳台》。由于地理位置上接近香港、澳门等地区，《直播港澳台》的新闻资源与其他卫视频道的本地新闻节目截然不同，有利于进行差异化竞争。从节目内容上看，在排名前十五位的常规新闻栏目中，各卫视转播的中央台新闻联播占1/3。从播出频道来看，15 个节目中有4 个都出自湖南卫视，可见湖南卫视在省卫视新闻节目市场的竞争力非同一般(表 4)。

表 4　2013 年省级上星频道收视率较高的常规新闻栏目一览（所有调查城市）

排名	节目名称	频道	参考开始时间	收视率%	收视份额%
1	直播港澳台	深圳卫视	22:43	0. 44	3. 20
2	转播中央台新闻联播	北京卫视	18:59	0. 38	1. 22
3	关键洞察力	深圳卫视	21:29	0. 37	1. 28
4	转播中央台新闻联播	湖南卫视	19:00	0. 37	1. 19
5	新闻当事人	湖南卫视	17:58	0. 35	1. 72
6	北京新闻	北京卫视	18:29	0. 35	1. 43
7	转播中央台新闻联播	山东卫视	19:00	0. 31	0. 99
8	转播中央台新闻联播	江苏卫视	19:00	0. 23	0. 75
9	播报多看点	湖南卫视	12:12	0. 22	1. 66

续表

排名	节目名称	频道	参考开始时间	收视率%	收视份额%
10	说天下	辽宁卫视	11:47	0.22	1.60
11	东方新闻	上海东方卫视	17:59	0.22	0.99
12	山东新闻联播	山东卫视	18:30	0.21	0.87
13	湖南新闻联播	湖南卫视	18:29	0.21	0.85
14	转播中央台新闻联播	天津卫视	18:59	0.20	0.63
15	新闻眼	江苏卫视	18:00	0.18	0.96

数据来源：CSM 媒介研究

（三）地面频道新闻节目收播概况

省级非上星频道和市级频道新闻节目的全年收视变化情况与省级上星频道保持了完全一致的收视走势，只在第7、16和40周有一定幅度的波动（图15）。

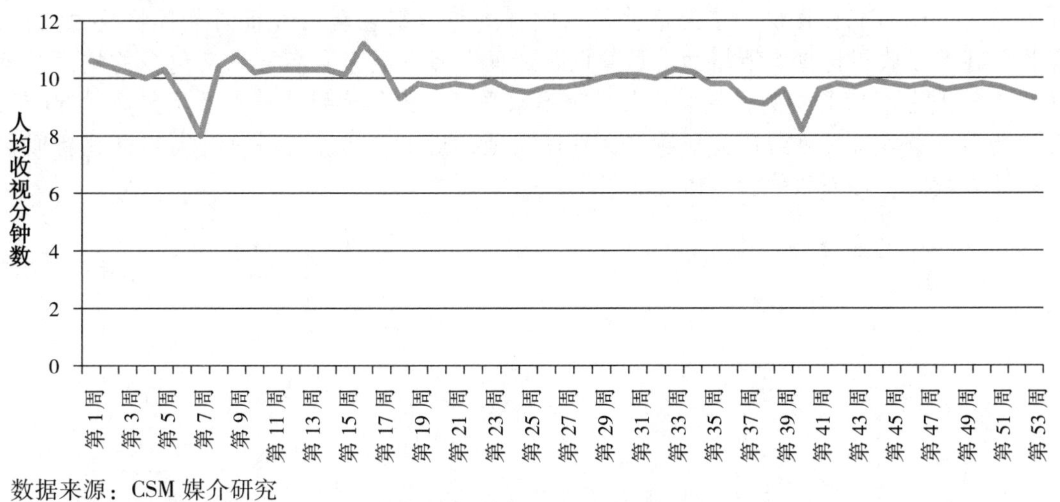

数据来源：CSM 媒介研究

图15　2013 年地面频道新闻节目人均收视时长周走势（所有调查城市）

地面频道由于频道数量众多，汇总的新闻节目全天收视走势则相对缺少变化，呈现出与所有节目全天收视曲线相同的变化趋势，唯一的区别在于，为了避开中央电视台《新闻联播》时段，各地晚间新闻主要分布在19:00之前或21:00以后（图16）。

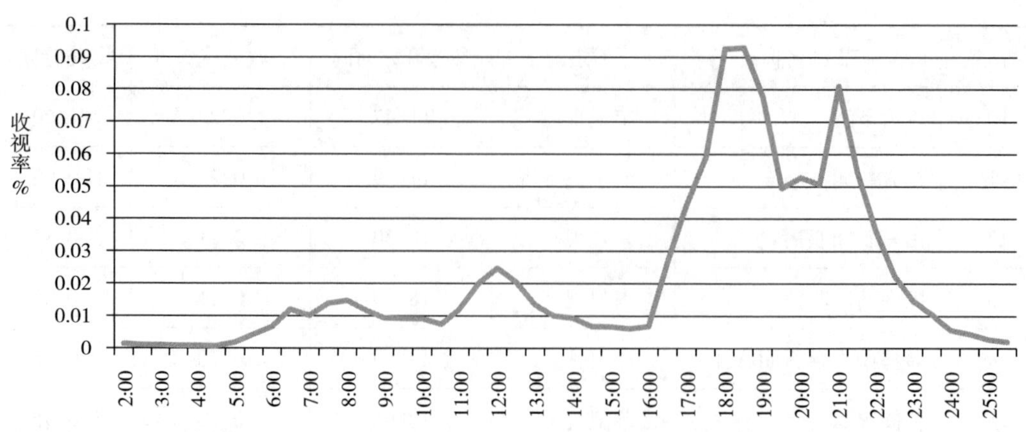

数据来源：CSM 媒介研究

图 16　2013 年地面频道新闻节目全天收视走势（所有调查城市）

结语

2013 年电视新闻节目的市场竞争格局基本和往年一样，仍由中央级频道和省级非上星频道主导新闻节目收视，重大事件影响收视走势。综合新闻占新闻节目收视的主体，新闻评述节目收视比重有所增加。尽管电视新闻节目受到来自各方越来越多的挑战，但 2013 年人均收视时长仍然保持在近年来较高水平。电视作为媒体被普及已经超过 60 年，目前仍然是最容易接触到的大众媒体，可以预见，至少在相当长一段时期内电视新闻仍然会让多数人获得满意的新闻体验。

（作者：曹珩）

承上启下，平淡稳定

——2013 年全国电视剧市场回顾

2013 年全国电视剧市场（港、澳、台除外）是一个承上启下的市场，上承 2012 年“限娱令”所带来的格局激荡，下接风起云涌的新媒体冲击。在这样错综复杂、变化万端的背景下，2013 年的电视剧市场表现如何？业内外弥漫诸多疑问，恰如红遍全国的歌曲《卷珠帘》里所描述的，有的人唱衰“叹流水兮落花伤”，有的人力挺“悄悄唤醒枝芽”，有的人观望“静画红妆等谁归”。那么，就让笔者卷起数据这层“珠帘”，且看电视剧市场发展到 2013 年，是看到了“高轩”，还是只见“梨花泪”？

一、电视剧制作总量与制作公司规模

1. 2013 年共审批发行 441 部、15770 集电视剧

我国电视剧市场形成了价值生产、价值输出到价值回馈的完整价值链。随着电视剧成为近两年的投资热门产业，生产环节在价值链中出现“增量”，2009 年起全国获准发行的电视剧数量逐年递增，并在 2012 年达到一个高峰（图 1），但是巨大的产量不能完全被播出市场所消化，出现了产能过剩的情况。2013 年全年全国生产完成并获得《国产电视剧发行许可证》的剧目共计 441 部、15770 集，其中，现实题材剧目数量最多，共

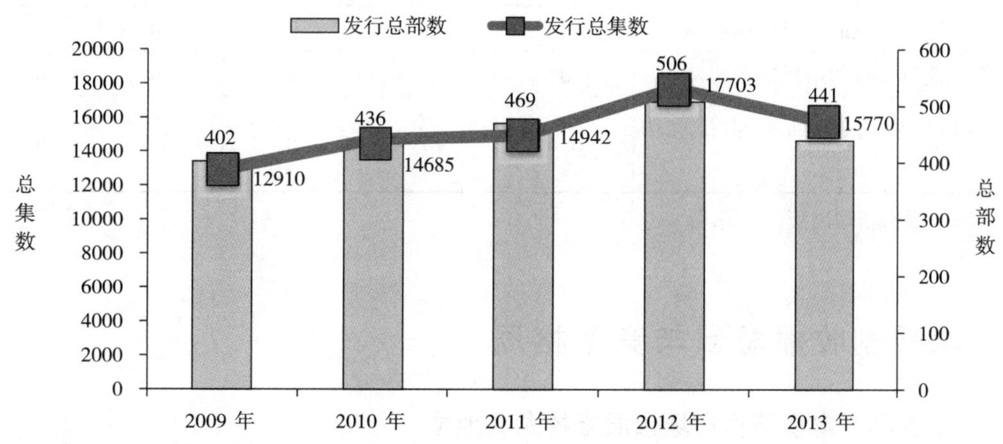

数据来源：国家新闻出版广电总局

图 1 2009—2013 年通过审批发行的电视剧数量

计242部、8143集（分别占总量的54.88%、51.63%）；其次是历史题材剧目，共计192部、7366集（分别占总量的43.54%、46.71%）；重大题材剧目极少，共计7部261集（分别占总量的1.59%、1.66%）。

2. 制作公司规模普遍弱小，超过七成机构年仅1部剧获批发行

制作公司是电视剧生产的主力。申报电视剧审批发行的机构2011年共计338家，2012年326家，2013年293家。笔者统计发现，电视剧市场的“增量”主要是由“1部剧”的制作公司（每年只有1部剧通过审批发行）所带来的。2013年，“1部剧”制作公司比重已增至75.4%，年产2部剧的公司占13%，年产3部剧的制作公司占5.8%，年产4部剧的制作公司不足3%，年产5部及以上的“高产”制作公司共计仅占3%左右（表1）。

单个制作公司每年制作量极不稳定，大部分缺乏良性发展的后劲。例如，有的公司2012年产量能够达到7部，2013年却萎缩到仅有3部。2013年只有9家公司的年制作量在5部及以上。从这个角度讲，电视剧市场尽管历经30多年的高速发展，总体产量上去了，但是制作公司制作能力不足、规模弱小，“打一枪就跑”的草台班子味道还是很浓。

表1　2009年以来每年通过电视剧审批发行的制作机构百分比分布（%）

申报机构	2009年	2010年	2011年	2012年	2013年
有1部剧通过审批的申报机构比例	70.5	57.5	75.6	73.7	75.4
有2部剧通过审批的申报机构比例	15.2	24.9	17.2	15.3	13.0
有3部剧通过审批的申报机构比例	5.7	7.3	2.7	4.6	5.8
有4部剧通过审批的申报机构比例	3.7	4.7	2.7	1.5	2.7
有5部剧通过审批的申报机构比例	1.2	2.6	1.2	2.5	1.4
有6部剧通过审批的申报机构比例	2.5	1.3	0	1.2	0.7
有7部剧通过审批的申报机构比例	0.8	1.3	0.6	0.3	0
有8部剧通过审批的申报机构比例	0	0	0	0	0
有9部剧通过审批的申报机构比例	0	0.4	0	0	0.3
10部及以上剧通过审批的申报机构比例	0.4	0	0	0.9	0.7

数据来源：国家新闻出版广电总局

二、电视剧收播总量与竞争格局

1. 电视剧在电视节目市场依旧维持龙头地位

对于传统电视节目市场而言，电视剧、新闻类、综艺类是能够有效提升收视率的节目类型，也是电视台播出的主要节目类型。从2011年起连续三年，这三类节目的收视贡

献都超过了10%。其中，电视剧无论是播出量还是收视量都是最大的，竞争力突出。2013 年，在全国所有调查城市，电视剧占总播出量的 26.6%，占总收视量的 31.5%，收视比重高于播出比重（表 2），资源使用效率较高。

表 2　近三年电视剧、新闻/时事、综艺节目的播出比重与收视比重（全天，历年所有调查城市）

节目类别	2011 年		2012 年		2013 年	
	播出比重%	收视比重%	播出比重%	收视比重%	播出比重%	收视比重%
电视剧	27.8	31.5	26.4	32.1	26.6	31.5
新闻/时事	10.0	13.1	10.7	14.0	11.3	14.8
综艺	6.5	11.4	6.5	10.8	6.4	11.5

数据来源：CSM 媒介研究

2. 电视剧竞争格局暂时稳定，湖南卫视、中央台一套领先

重点卫视在“限娱令”之后面临洗牌，2012 年上半年各频道晚间黄金时段竞争胶着，一片混战。但是自从 2012 年 10 月份以来，湖南、江苏、浙江卫视开始凭借几部大剧突围。进入 2013 年，重点卫视的首播档剧收视率走势差异化有所显现，湖南卫视、中央台一套始终领先，优势明显，二者联袂播出的《咱们结婚吧》实现双赢，更是缔造了中央台一套的年度冠军。在其他卫视中，江苏卫视凭借《特种兵之火凤凰》也一度异军突起（图 2）。

由此可见，要在竞争中始终领先，一线卫视必须确保档期内的每部剧都有质量保证，才能源源不断地推动收视，而实力稍逊一筹的卫视更要抓住一两部硬剧突破防线，方能出奇制胜。

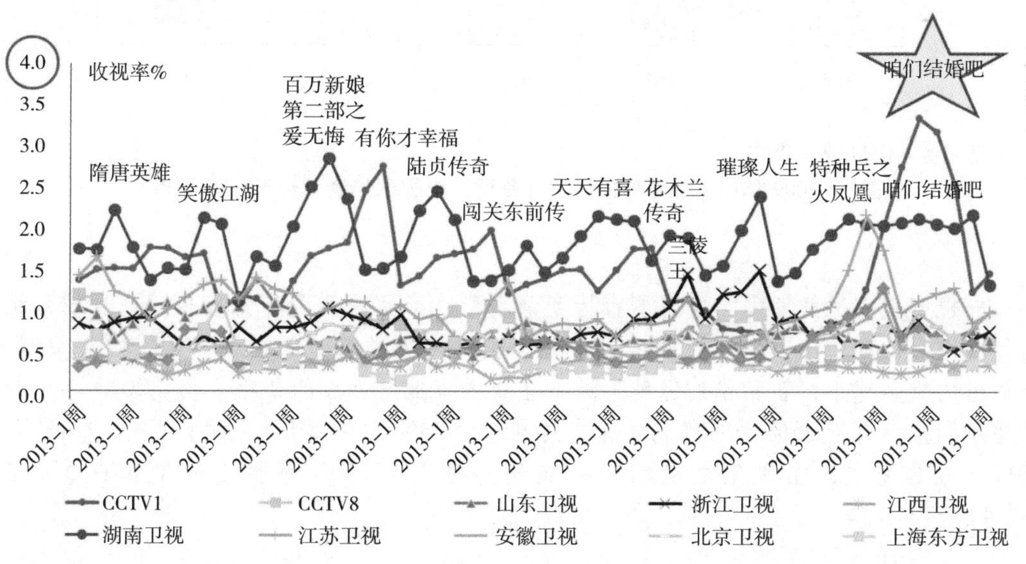

数据来源：CSM 媒介研究

图 2　2013 年几个主要卫视频道首档剧收视率周走势（19∶30—21∶30，80 城市）

三、电视剧首播时的“保鲜期”与平台选择

1. 电视台倾向于播出2年内的新拍电视剧

每年如此海量的电视剧产量形成了一个巨大的“节目池”，然而究竟有多少能够进入播出市场？笔者统计了在80城市全天时段首次播出的新剧（统称为“首播剧”）数量，逐年对比之后发现，“内容与渠道”的矛盾依旧存在。

随着电视剧总产量的提高，首播剧的绝对数量也水涨船高，从2009年的269部增至2012年的391部，2013年虽略有降低，但也达到了368部。然而，尽管新媒体播出渠道暴增，但传统电视频道数量变化不大，对电视剧的总需求相对固定，首播剧的年增长率在不断下降，2013年甚至负增长（图3）。

在传统播出模式下，内容出现增量，但渠道存量有限，市场的接纳容量有一定限度，并非所有内容都有机会进入渠道，于是增量的内容可悲地转为过剩产能，一味盲目扩张并非良途。

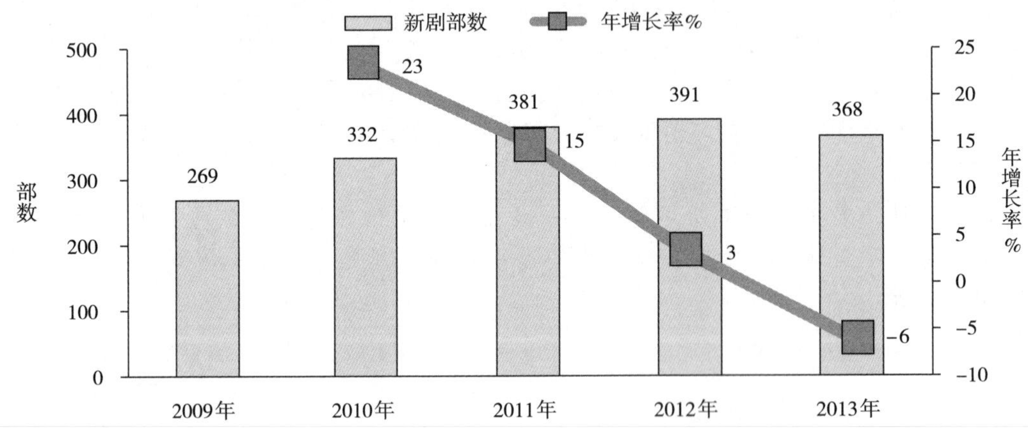

数据来源：CSM媒介研究

图3 2009年以来每年新播出的（首播）电视剧数量（全天，80城市）

电视剧也有保鲜期吗？电视剧市场竞争激烈，产品保鲜度异常重要，一旦被延迟就有过气之嫌，难以出头。从数据看，电视台更青睐新拍剧，电视剧被搁置的年头越长，被播出的概率越小，新拍剧的保鲜期通常在获准审批发行后的2年之内。2013年电视台首播新剧中，有近55%是当年制作完成的剧，近33%是在2012年制作完成，7.1%是在2011年制作完成，在3年之前制作完成最终得以在2013年播出的剧仅占5%左右（图4）。

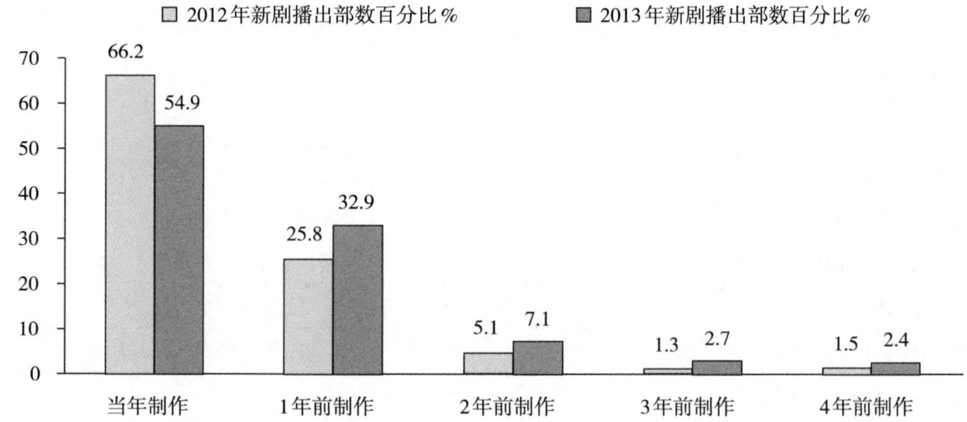

数据来源：CSM 媒介研究

图 4　近两年每年新播出的（首播）电视剧制作年份分布比例（全天，80 城市）

2. 省级台是新剧首播时的主打平台

进入播出市场的电视剧第一次在哪些平台亮相？省级台是首选——近 50% 的剧“处女秀”选择在省地面频道，近 22% 选择在省卫视进行首播，剩余近 16% 的剧在市级台首播，12.5% 的剧在中央台首播（表 3）。

表 3　2013 年新播出的（首播）电视剧在不同频道组的分布（全天，80 城市）

频道组	2013 年全天首播新剧部数	所占百分比
中央台	45	12.5%
省卫视	78	21.7%
省地面	179	49.9%
省会台	25	7.0%
地级台	31	8.6%
其他	1	0.3%

数据来源：CSM 媒介研究

3. 海润影视、广东南方台、湖南广电的首播剧较多

回头看制作公司，2013 年谁的剧首播量最多？海润影视制作有限公司拍摄的新剧有 9 部被播出，例如《狼烟》《武工队传奇》等。广东南方电视台和湖南广播电视台各有 8 部剧被播出，前者代表作为《独狼》，后者代表作是《陆贞传奇》。长城影视股份有限公司有《武松》《隋唐英雄二》等 7 部剧首播，北京华录百纳影视股份有限公司、上海尚世影业有限公司、天视卫星传媒股份有限公司也各有 6 部剧被首播（表 4）。

表4　2013 年电视剧首播量比较大的制作公司（全天，80 城市）

制作公司	2013 年播出总部数	2013 代表剧目
海润影视制作有限公司	9	狼烟、武工队传奇
广东南方电视台	8	神枪之倒刺、独狼
湖南广播电视台	8	陆贞传奇、因为爱情有晴天
长城影视股份有限公司	7	武松、隋唐英雄二
北京华录百纳影视股份有限公司	6	咱们结婚吧、战雷
上海尚世影业有限公司	6	杜拉拉之似水年华、小爸爸
天视卫星传媒股份有限公司	6	出生入死、我的父亲母亲

数据来源：CSM 媒介研究

四、电视剧时代背景与题材

1. 年代剧和现代剧是晚间黄金时段荧屏播出的主体

不同时代背景的电视剧由于制作难度、观众熟悉度、政策限制、市场需求等多方面因素的影响，播出量有很大差异。近两年在全国 80 城市晚间 18:00—24:00 时段，年代剧和现代剧是播出主流。2013 年，年代剧（占 43%）播出比重超越现代剧（38%），古装剧播出比重下降到 15%，跨越剧也下滑到 4%（图 5）。

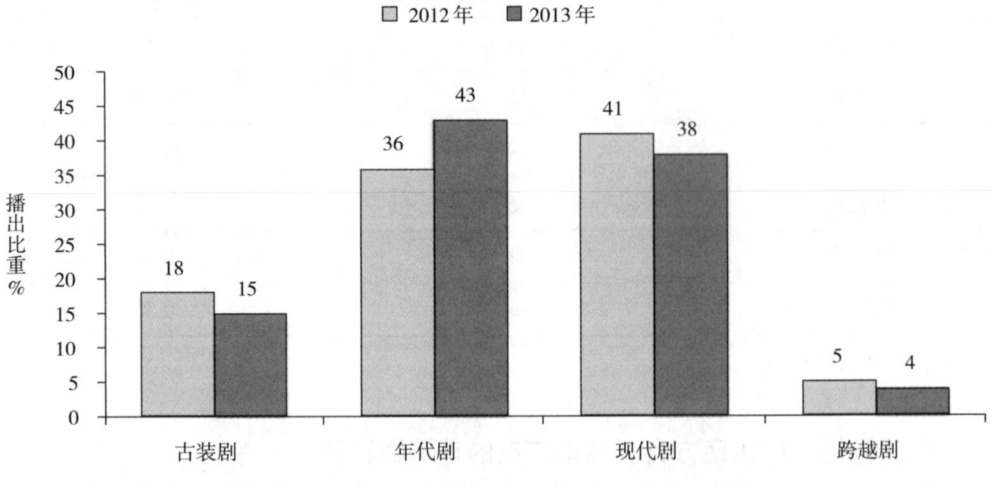

播出比重%	古装剧	年代剧	现代剧	跨越剧
2012年	18	36	41	5
2013年	15	43	38	4

数据来源：CSM 媒介研究

图5　近两年各时代背景电视剧的播出比重（18:00—24:00 时段，80 城市）

大的历史转折期由于容易突出人物跌宕命运、加大戏剧冲突而显得“剧好看”，更易于被选作创作背景，播出量较大。例如，在年代剧中，南昌起义至解放前是最受关注的一段历史，占比高达 32%。民间传说和传统小说盛行的朝代也容易被改编成各种电视剧，例如古装剧中，以隋唐五代、宋辽金、清朝为背景的剧目播出量较大。

2. 近代传奇题材大放光彩，制、播、视三方宠爱

笔者近几年追踪发现，无论是制作方、播出方还是收视方，在选择电视剧时具有一些共同的趋向特征：或者是选择充满现代气息、贴近百姓生活、情感的剧目，体现为都市生活剧、社会伦理剧；或者是选择解密近代人物的跌宕命运、传奇故事、满足观众猎奇心理的剧目，体现为近代传奇、反特/谍战题材剧。

近代传奇、军事斗争、反特/谍战、都市生活这四类题材构成了近两年的主力题材，笔者从以下三个比重加以说明（图6）：一是编剧比重，2013 年全天首播新剧中，近代传奇、军事斗争、反特/谍战、都市生活四题材电视剧的编剧（合编剧拆分）人数所占比重均超过了 10%，总和共计 49%；二是播出比重，18:00—24:00 时段所有频道播出的题材时长，这四类题材播出比重均超过了 10%，总和共计 54%；三是收视比重，在 18:00—24:00 时段每个城市收视率排名进入前二十名的不重复电视剧部数中各题材所占比例中，这四类题材均超过了 10%，共计占 60%。

这四类题材在上述三个比重中均超过了 10%，简单加总起来，近代传奇剧不仅在三个单项中各占首位比重，而且三项比重总和也最大。

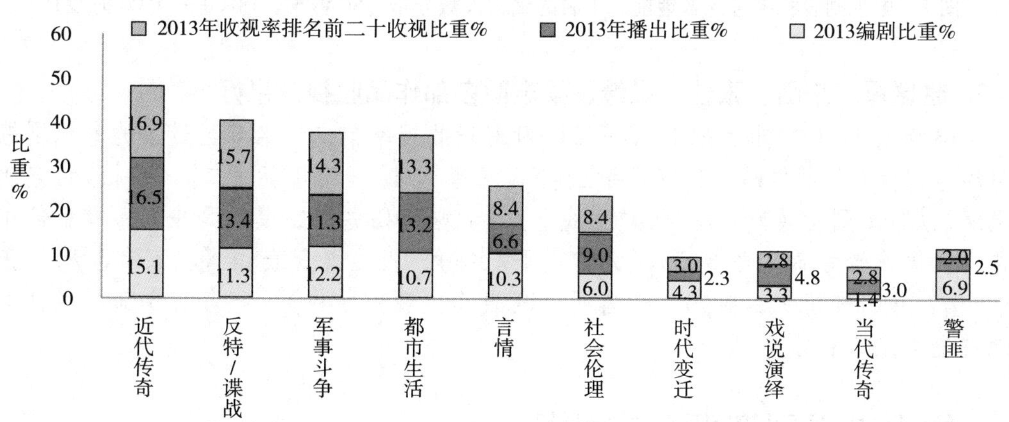

数据来源：CSM 媒介研究

图6 主要题材电视剧的编播及收视比重（编剧比重全天时段，播出与收视比重为 18:00—24:00时段，80 城市）

五、不同编剧剧目的收视表现

1. 好剧编剧约占总数的 10%，其中 1 部好剧的编剧占主体

好编剧的重要性不言而喻。2007—2013 年在 80 城市有作品播出的中外编剧约 5300 名，从收视效果来划分，形成了不同层次的编剧圈。有作品能够进入 80 城市当地在 18:00—24:00 时段收视率前二十名的电视剧编剧，笔者称之为“好剧编剧”，那么，好

剧编剧占多大比例呢？2009年人数约460名，2010年475名，2011年464名，2012年为550名，2013年为525名。2013年这部分编剧约占总数的10%。

2013年，525名好剧编剧中，有78%只有1部剧进入前二十名，有约17%有2部作品进入前二十名，有3—4部好剧的编剧占4%多，有5部及以上好剧的编剧比例仅为1%（图7）。可见，“1部剧”的编剧（约占编剧总数的8%）是当今优秀电视剧阵营的主流。

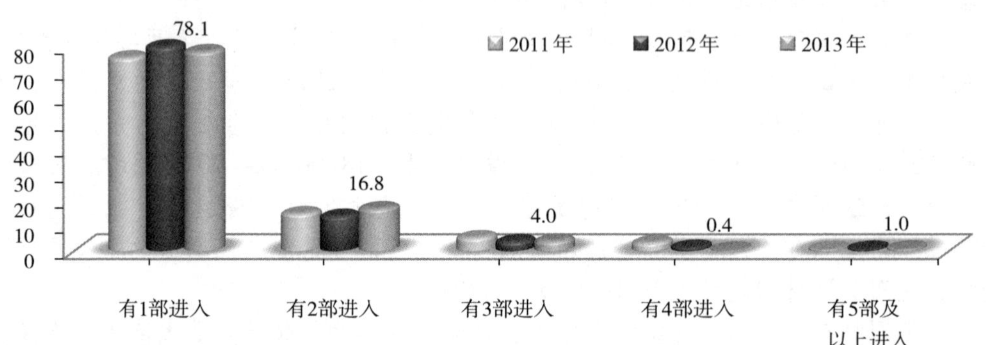

数据来源：CSM媒介研究

图7　电视剧收视率进入各地前二十名的编剧人数分布（80城市，18:00—24:00时段）

2. 赵瑞勇、东函、张佳、张继、梁志明多部作品收视效果好

2013年进入80城市各地18:00—24:00时段收视率前二十名部数最多的电视剧编剧是赵瑞勇，他有9部作品入选（《独立连》《隋唐英雄》《隋唐英雄二》《武松》《东北剿匪记》《从将军到士兵》《抗日女侠血战队》《武则天秘史》），其次是东函，有6部作品入选（代表作《扫帚星之婉茹》《龙游天下》等），张佳（代表作《我家有喜》）、张继（代表作《乡村爱情变奏曲》）、梁志明（代表作《我的抗战》）也各有5部电视剧进入各地收视率前二十名。

六、优秀电视剧资源分布特征

1. 优秀剧资源稀缺，仅6.6%的晚间剧平均收视率超过1%

卫视频道的电视剧收视率，呈现“宝塔型”阶梯分布。从2011年起，每年顶尖收视剧（平均收视率超过2%）约占1/100，每年总数量不超过10部；中等收视剧目（平均收视率在1%—0.5%之间）约占两成；较低收视剧目（平均收视率不足0.5%）约占七成。可见，大量电视剧收视状况不容乐观，想获得高收视，难度很大。

好剧资源稀缺，2013年这一趋势加剧。相比2012年，平均收视率超过（含）2%的高收视剧目依然不足1%，1%（含）—2%之间的剧比例从10%回缩到5.8%，0.5%（含）—1%之间的比例下滑了3.1个百分点，0.5%以下的低收视剧比例增加了7.2个百分点（表5）。从这一点看，2013年电视剧可以贴上“质量小年”的标签。

表5　中央台一套和八套、省卫视播出电视剧的收视分布（部次百分比，19:30—21:30，80城市）

平均收视率范围	2011年	2012年	2013年
0.5%以下	77.0%	68.8%	76.0%
0.5%（含）—1%之间	17.0%	20.5%	17.4%
1%（含）—2%之间	5.0%	10.0%	5.8%
超过（含）2%	1.0%	0.7%	0.8%

数据来源：CSM媒介研究

2. 优秀剧流向强势平台，央视一套和八套、湖南和江苏四卫视频道占优

全国市场少数强势频道控制大部分优秀剧目，呈现出寡头垄断的特点。2013年，在80城市19:30—21:30时段卫视频道平均收视率超过（含）1%的电视剧共60部次（不重复的有52部），较之2012年减少了34部次，被12个卫视所囊括。其中，江苏卫视和湖南卫视各占16部，中央台一套占13部，中央台八套和山东卫视各4部，浙江卫视3部，上海、天津和北京卫视各1部（表6）。综合2011—2013年的整体比例，中央台一套、江苏卫视、湖南卫视和中央台八套所占好剧数量较多，整体实力较强。

表6　平均收视率超过（含）1%电视剧部数在卫视频道间的分布（19:30—21:30时段，80城市）

频道	2011年	2012年	2013年	各年累计部次	占各年总部次的百分比
江苏	8	17	16	41	20.0%
湖南	—	15	16	31	15.0%
央一	22	19	13	54	26.0%
央八	9	12	4	25	12.0%
山东	3	11	4	18	9.0%
黑龙江	—	1	1	2	1.0%
浙江	4	11	3	18	9.0%
安徽	6	3	—	9	4.0%
上海	—	2	1	3	1.0%
天津	—	2	1	3	1.0%
辽宁	—	1	—	1	0.5%
北京	2	—	1	3	1.0%
总计	54	94	60	208	100.0%

数据来源：CSM媒介研究

3. 省卫视优秀剧多采用独家首播模式

独家首播是省卫视新剧首播的主要模式，2013 年，晚间黄金时段省卫视独家首播剧目约 110 部，遍及一、二、三线卫视。其中，省卫视收视率超过 1% 的剧目也多采用独家首播模式。2013 年 19:30—21:30 时段省卫视频道平均收视率超过（含）1% 电视剧共 42 部，其中，省卫视有 26 部独家首播，3 部两家首播，2 部三家首播，10 部四家首播（图 8），1 部二轮剧。

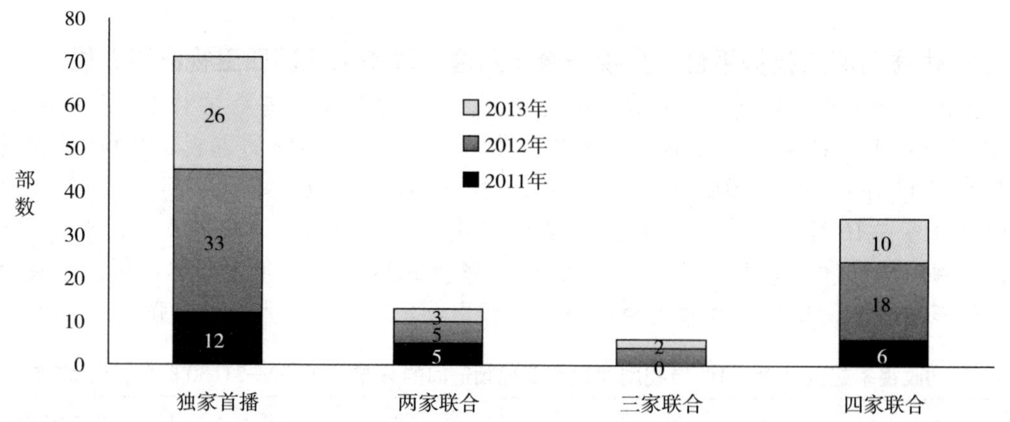

数据来源：CSM 媒介研究

图 8　2011—2013 年省卫视平均收视率超过 1% 的首播剧不同播出模式部数（19:30—21:30 时段，80 城市）

七、2013 年度亮点电视剧

1. 卫视频道顶尖剧目：央视一套《咱们结婚吧》称雄

2013 年电视剧市场尽管星光黯淡，但仍然有部分电视剧取得了一定的成绩。2013 年卫视频道在全国 80 城市组共有 6 部剧单频道收视率突破 2%：《咱们结婚吧》《百万新娘第二部之爱无悔》《有你才幸福》《陆贞传奇》《因为爱情有晴天》《隋唐英雄》。6 部剧中，湖南卫视独占 5 部，涵盖 4 个题材；央视一套占 2 部，包括言情和都市生活题材。

由刘江导演、黄海波和高圆圆主演的言情剧《咱们结婚吧》成为年度最受关注的剧目，在央视一套和湖南卫视分别获得 2.84% 和 2.31% 的较高收视率（表 7）。

表7 2013年卫视频道平均收视率超过2%的电视剧（19:30—21:30时段，80城市组）

电视剧名称	播出频道	题材	播出模式	收视率%
咱们结婚吧	中央电视台综合频道	言情	两家首播	2.84
百万新娘第二部之爱无悔	湖南电视台卫星频道	当代传奇	独家首播	2.32
咱们结婚吧	湖南电视台卫星频道	言情	两家首播	2.31
有你才幸福	中央电视台综合频道	都市生活	独家首播	2.25
陆贞传奇	湖南电视台卫星频道	戏说演绎	独家首播	2.22
因为爱情有晴天	湖南电视台卫星频道	言情	独家首播	2.09
隋唐英雄	湖南电视台卫星频道	戏说演绎	独家首播	2.02

数据来源：CSM媒介研究

2. 地面频道热点剧目：军事谍战题材“硬”剧当道

再看地面频道，2013年最突出的特点是好剧风格硬朗，特别是军事斗争和反特/谍战题材在全国各地广受欢迎。

地面频道所播剧中，跻身各地晚间18:00—24:00时段平均收视率前二十名的榜单中，军事斗争剧有《小鬼子走着瞧》《天狼星行动》《向着胜利前进》《猎杀》《我的抗战之猎豹突击》和《战地狮吼》等，其中《小鬼子走着瞧》在35个频道播出，26次进入当地前二十名，成为地面频道最热播剧目。

反特/谍战剧有《苍狼》《刀影》《对与决》《英雄联盟》《雅典娜女神》《利箭纵横》《反击》和《错伏》等，其中《苍狼》在25个频道播出，22次进入当地前二十名。

其他题材中，表现较好的有近代传奇剧《鸳鸯佩》《嫁入豪门》和《决战燕子门》等，还有青春剧《穷孩子富孩子》，社会伦理剧《门第》，以及都市生活剧《我的极品老妈》等（表8）。

表8 2013年地面频道进入收视率排名前二十较多的电视剧（18:00—24:00时段，80城市）

电视剧名称	题材	进入前二十名的城市数	总频道数	总城市数
小鬼子走着瞧	军事斗争	26	35	47
苍狼	反特/谍战	22	25	41
门第	社会伦理	19	61	57
天狼星行动	军事斗争	19	26	41
刀影	反特/谍战	16	41	46
打狗棍	近代传奇	15	40	47
鸳鸯佩	近代传奇	15	32	41
对与决	反特/谍战	15	19	49

续表

电视剧名称	题材	进入前二十名的城市数	总频道数	总城市数
狼烟	军旅生活	14	23	43
向着胜利前进	军事斗争	14	14	40
英雄联盟	反特/谍战	14	10	31
我的极品老妈	都市生活	13	45	44
雅典娜女神	反特/谍战	13	36	51
穷孩子富孩子	青春	13	28	34
决战燕子门	近代传奇	13	27	36
利箭纵横	反特/谍战	13	13	36
反击	反特/谍战	13	12	37
猎杀	军事斗争	12	41	55
错伏	反特/谍战	12	33	27
嫁入豪门	近代传奇	12	29	59
我的抗战之猎豹突击	军事斗争	12	7	40
战地狮吼	军事斗争	12	4	15

数据来源：CSM 媒介研究

结语

综上所述，2013 年的电视剧市场体现为“承上启下、平淡无奇”，波澜不惊、无惊无喜，从数量到质量都是“小年”，颇有点“夜月明，此时难为情”之意。

生产总量上高位回落，通过总局审批发行的电视剧在部数和集数上均较往年有一定萎缩。质量上好剧匮乏，少量顶尖剧目的收视率平庸化，大批低收视剧目欲振乏力，如果不是《咱们结婚吧》在年底涂抹一笔亮色，估计小年的调子更加明显。

然而，这样的年景固然称不上好收成，但也绝不是坏收成。没有遭受大的政策打压能够做到安然过渡，也算是安稳之年。产量紧踩急刹车，反而有益于甩掉多余的虚浮泡沫，也算是产业之福。期待 2014 年电视剧市场的质量大爆发。

（作者：李红玲）

2013 年全国综艺节目收视分析

回首 2013 年，各省级卫视真可谓你方唱罢我登场，《快乐男声》强势来袭，《中国好声音》第二季依然领军歌唱选秀类节目市场；真人秀类节目题材越来越多样化，从音乐、舞蹈蔓延至跳水、亲子等。央视采用制播分离模式推出一批新综艺节目，开始“从文艺走向娱乐”。2014 年伊始，让我们一起来回顾 2013 年的综艺节目市场，一起重温我们走过的这一年。

一、综艺节目整体收视状况

1. 综艺节目人均收视量较 2012 年明显上升

2013 年 CSM 媒介研究所有调查城市观众全年人均综艺节目收视量为 6587 分钟，较 2012 年有比较明显的上升，成为近五年来仅次于 2011 年的综艺节目收获年（图 1）。从综艺节目分月收视分钟数走势来看，综艺节目的收视季节性突出地表现为春节期间的收视量大幅提升，不同年份间由于春节所在月份不同而形成明显的差异。2013 年 3 月至 8 月，除 4 月份与 2012 年基本持平以外，其余各月综艺节目的收视分钟数都比 2012 年有不同程度的上升，其中 3 月份上升最明显，增幅达到 24%。暑期结束后，9 月、10 月和 12 月的平均收视量比 2012 年同期下降了 5% 左右（图 2）。

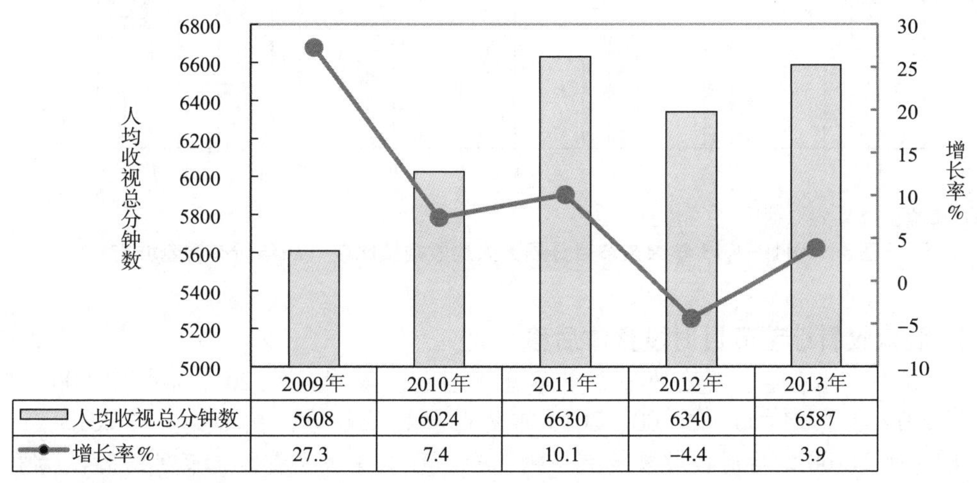

	2009年	2010年	2011年	2012年	2013年
人均收视总分钟数	5608	6024	6630	6340	6587
增长率%	27.3	7.4	10.1	−4.4	3.9

数据来源：CSM 媒介研究

图 1　2009—2013 年综艺节目的全年人均收视时长及增幅（历年所有调查城市）

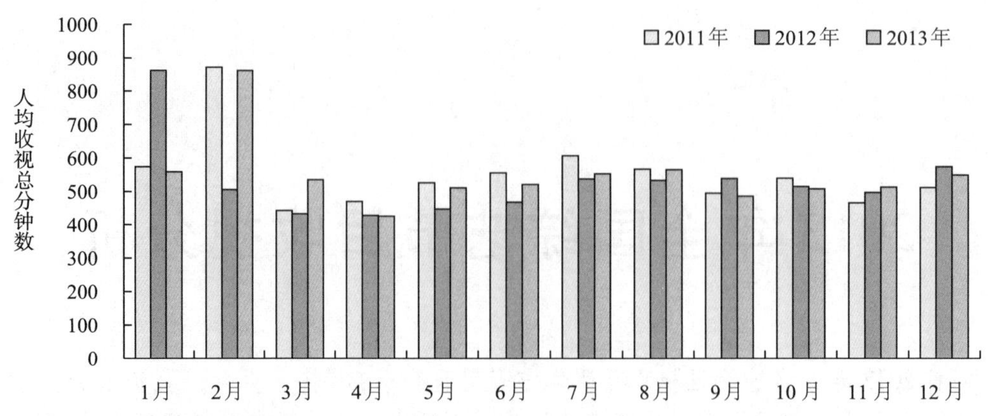

数据来源：CSM 媒介研究

图2　2011—2013 年综艺节目分月人均收视量比较（历年所有调查城市）

2. 综艺节目各周天收视同比变化差异明显，周五和周六增幅最大

与 2012 年相比，2013 年大部分周天综艺节目人均收视量都有比较明显的提升，其中周五和周六增长幅度最大，分别达到 13% 和 11%。而周一和周日则较上年同期有所下降，其中周一的下降幅度较大，为 12%（图 3）。综合来看，2013 年各主要卫视仍旧比较倾向于把强势综艺节目集中于周末播出，在一定程度上造成周末的播出和收视市场竞争更为激烈。

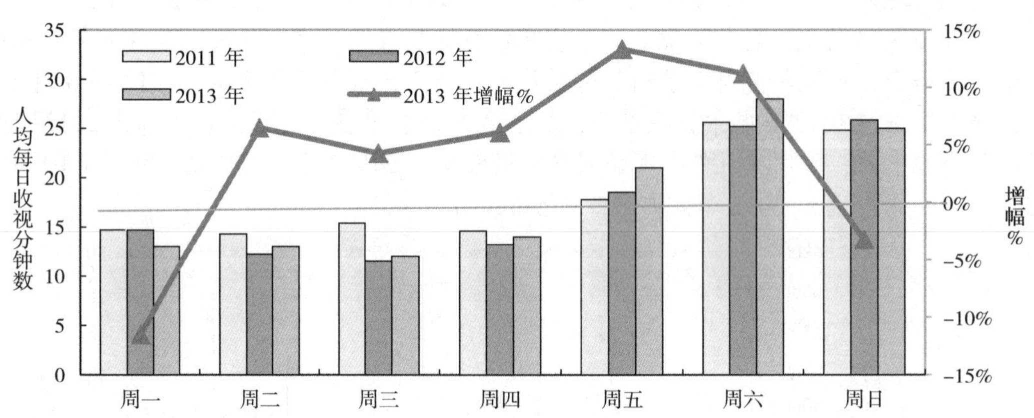

数据来源：CSM 媒介研究

图3　2011—2013 年综艺节目分周天人均收视量比较（历年所有调查城市）

3. 观众收看综艺节目时段整体后移

“限娱令”出台后，观众收看综艺娱乐节目的主要时段由 2011 年的 19:00—22:00 后移至 2012 年的 21:00—23:00，2013 年的时段收视趋势依然如此。与 2012 年相比，2013 年晚间 21:00 之后时段收视均有小幅提升，可见观众收看综艺节目的时段仍呈后移趋势（图4）。

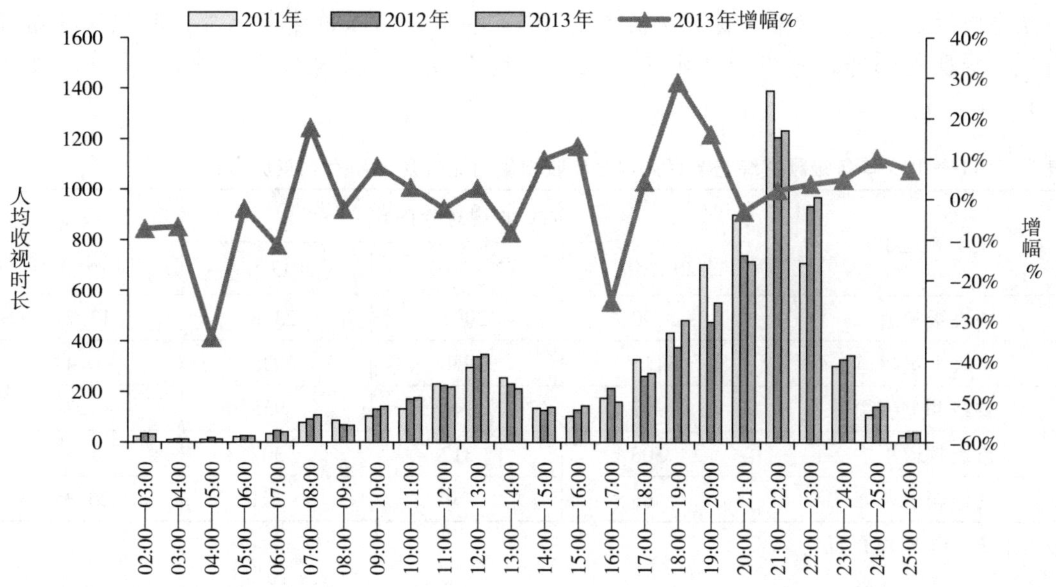

数据来源：CSM 媒介研究

图 4　2011—2013 年综艺节目全天分时段人均收视量对比（历年所有调查城市）

二、综艺节目收视市场竞争格局

1. 各级频道综艺节目收视竞争格局基本稳定，中央台份额有所上升

2013 年综艺节目的市场竞争格局与 2012 年相比没有明显变化。中央台和省级卫视共占到 80% 的市场份额，其中省级卫视频道收视份额微降，但仍以 44% 的收视份额保持领先，中央台收视份额由 2012 年的 33% 上升至 2013 年的 36%，相对增长幅度为 9%。在中央台和省级卫视的冲击下，2013 年地面频道在综艺节目上的市场空间为 19%，其中省级非上星频道收视份额为 14%，比 2012 年下降了 6%（相对幅度），市级频道基本保持稳定（图 5）。

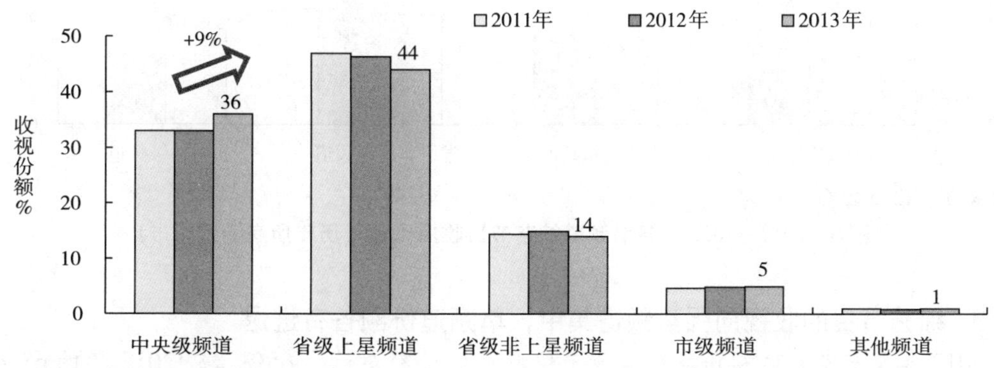

数据来源：CSM 媒介研究

图 5　2011—2013 年各级频道在综艺节目市场的收视份额（历年所有调查城市）

从整体来看，2013 年观众全年综艺节目人均收视量相比 2012 年有比较明显的上升，但从不同级别频道组来看，除中央台相比 2012 年有 13.7% 的增长以外，其他频道组都有不同程度的下降，其中下降比较明显的是市级频道（其他频道除外），下降幅度为 1.6%（表 1）。

表 1　2011—2013 年各级频道综艺节目人均全年收视量对比（历年所有调查城市）

频道组	人均收视总分钟数			2013 年同比增幅%
	2011 年	2012 年	2013 年	
中央级频道	2190	2091	2378	13.7
省级上星频道	3111	2936	2925	-0.4
省级非上星频道	957	946	935	-1.2
市级频道	308	312	307	-1.6
其他频道	63	56	41	-26.8

数据来源：CSM 媒介研究

2. 各级频道综艺节目收视比重均有提高，中央级频道上升幅度最大

从综艺节目在各级频道的收播比重与资源使用效率角度来看，综艺节目在各级频道的收视比重均比 2012 年有所提高，提高最明显的是中央台，增长幅度为 12%，且中央台综艺节目的资源使用效率从 2012 年的 37.2% 上升为 2013 年的 38.9%；省级上星频道与省级地面频道的收视比重较 2012 年略有提高；市级频道综艺节目的收视比重与上年同期相比有小幅度提高，但资源使用效率仍然比较低（图 6）。

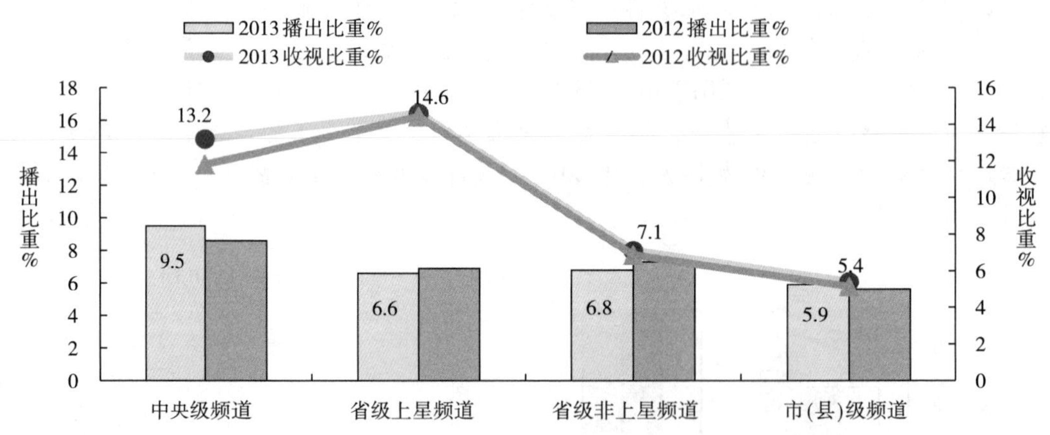

数据来源：CSM 媒介研究

图 6　2012—2013 年各级频道综艺节目收播比重（历年所有调查城市）

3. 综艺节目的收视向强势频道集中，单频道份额各有进退

2013 年综艺节目收视份额排名前十位频道的份额合计为 65%，较 2012 年的 63.6% 增加了 1.4 个百分点，综艺节目的收视进一步向强势频道集中。中央台三套以 22.8% 的

市场份额继续占据首位，且较2012年有7.0%的增幅。湖南卫视以10.6%的收视份额位居第二，较2012年有20.5%的增长。江苏卫视较2012年下滑了一位，以8.3%的份额位列第三。值得一提的是中央电视台综合频道，其收视份额的增幅远高于其他频道，为32.6%。(表2)。

表2　2013年综艺节目收视份额排名前十位的频道（历年所有调查城市）

频道	2013年	2012年	增幅（%）
中央台三套	22.8	21.3	7.0
湖南电视台卫星频道	10.6	8.8	20.5
江苏卫视	8.3	9.3	-10.8
浙江卫视	6.4	7.1	-9.9
中央电视台综合频道	5.7	4.3	32.6
上海东方卫视	3.9	4.2	-7.1
安徽卫视	2.6	2.8	-7.1
天津卫视	1.7	1.8	-5.6
深圳卫视（新闻综合频道）	1.5	1.7	-10.2
辽宁卫视	1.5	1.3	12.8

数据来源：CSM媒介研究

4. 强势频道综艺节目形成差异化的受众定位，呈现区隔竞争格局

从各年龄段观众综艺节目人均总收视量观察，观众的总收视时长基本随年龄段增长呈递增态势，且45岁及以上的观众收视时长明显高于45岁以下观众（表3）。从所有频道整体来看，与2012年相比，除了4—14岁和15—24岁的观众收视有小幅下降以外，其他各年龄段观众收视均有不同幅度的提升，其中以年龄在65岁及以上观众收视提升的最多，提升幅度高达11%。从各级频道组的情况来看，中央台各年龄段观众收视分钟数均比2012年有所提升，其中上升幅度最高的观众群体是65岁及以上年龄段的观众。省级上星频道基本保持稳定，青少年以及中老年群体相对2012年稍有下降。

表3　2013年各年龄段观众收看各级频道综艺节目总分钟数（所有调查城市）

目标观众	所有频道	中央级频道	省级上星频道	其他频道
4岁及以上所有人	6587	2378	2925	1284
4—14岁	3883	1139	2107	637
15—24岁	4380	1146	2428	806
25—34岁	4899	1400	2567	932
35—44岁	6184	2019	3042	1123
45—54岁	9136	3313	3950	1873
55—64岁	9940	4286	3530	2124
65岁及以上	9947	5211	2738	1998

数据来源：CSM媒介研究

由于频道观众定位及节目资源配置方面的差异，综艺节目收视量排名前五位的频道在观众特征上也呈现出一定的差异性：中央台综合频道和中央三套在45岁及以上的中老年观众中有较强的吸引力；江苏卫视和浙江卫视在35—54岁的中年观众中集中度较高；湖南卫视则更吸引25岁以下的年轻女性观众。受教育程度差异对各频道观众集中度影响不大，相比较而言，江苏卫视和浙江卫视比较受高中以上学历的观众欢迎（图7）。

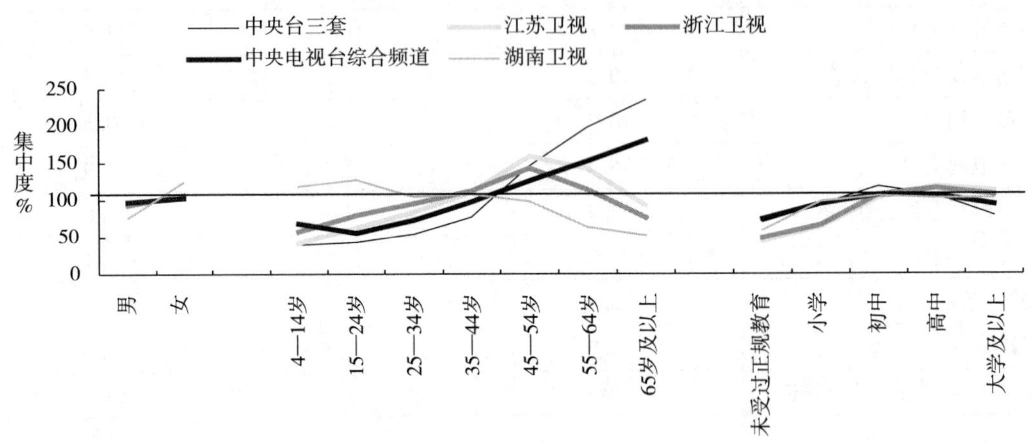

数据来源：CSM媒介研究

图7　2013年几个主要频道综艺节目观众集中度（所有调查城市）

三、2013年综艺节目市场代表性节目

（一）中央台综艺节目

2013年央视在综艺节目市场可谓是收获颇丰，在省级卫视和地面频道综艺节目收视份额相比2012年都有所下降的同时，央视却有9%的增长。厚积薄发的央视在2013伊始，不仅陆续推出《开门大吉》《为你而战》《舞出我人生》等全新的综艺节目，同时也对其原有品牌栏目《星光大道》《梦想合唱团》等节目进行改版升级，既有全民的秀场，也有明星的狂欢，可谓精彩纷呈，更为难能可贵的是节目中浓重的公益色彩给人以温暖、感动和振奋的力量。下面，让我们一起来回忆一下央视2013年播出的几档颇有特色的综艺节目。

1.《开门大吉》

《开门大吉》是央视三套全新推出的游戏益智节目，节目鼓励普通人通过游戏闯关的方式实现自己的家庭梦想，通过多种艺术手段挖掘、展现普通人的人性光辉，和观众进行情感共鸣。与国内其他电视台完全引进、照搬国外成熟电视节目模式不同的是，《开门大吉》是由央视品牌益智节目《开心辞典》团队打造，将一个源自爱尔兰、但是从来没有播出过、也没有团队经验可以参考的欧洲电视创意进行了彻底的本土化改造，大幅度修改了节目规则，增加了中国情感和“家庭梦想”元素，凸显了选手的个性，深入挖掘选手的人生故事，并创造性地用二维码打通了电视节目与互联网的快速通道，在全球首创二维码实时同步电视的互动方式，独家推出手机和电视机双屏互动游戏，并在舞美、灯光、视频效果等方面全方位超越原版节目。①

《开门大吉》一经推出，不仅受到各类媒体以及观众的良好评价，同时，也在同时期各大卫视热播的综艺类选秀节目围追堵截中赢得了一席之地（图8）。

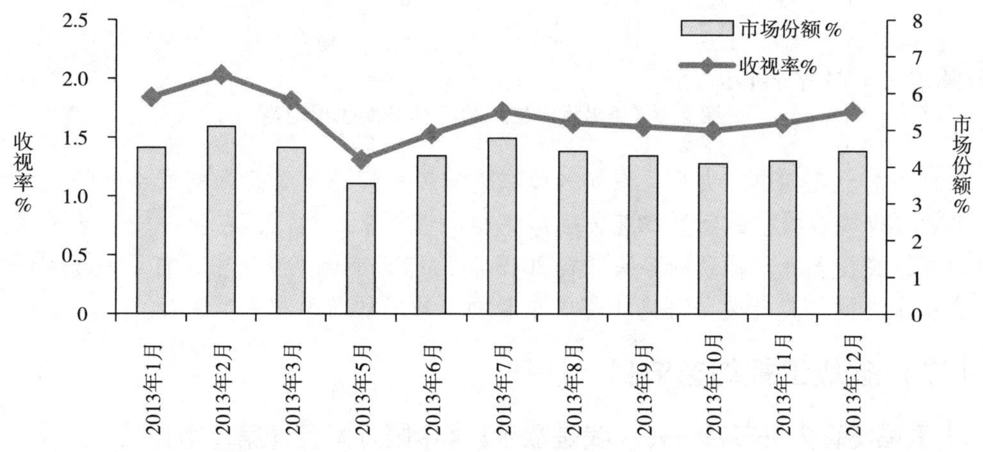

数据来源：CSM 媒介研究

图8　《开门大吉》2013 年分月收视走势（所有调查城市）

2.《舞出我人生》

除《开门大吉》外，央视一套播出的《舞出我人生》也是2013年央视综艺节目的重头戏之一。《舞出我人生》是中央电视台与《中国好声音》制作团队灿星公司首度合作的舞蹈类综艺节目，是央视2013年广告招标会上公布的系列新节目之一，于2013年4月14日晚间20:05在央视一套首播。

《舞出我人生》较好地整合了各级各类娱乐资源，彰显出央视兼容并包的文化气度和开门办节目的坚定决心。据笔者统计，在11期《舞出我人生》中，有72支舞蹈音乐由“好声音”学员现场演唱，占舞蹈总数的64.9%。如此密集地亮相由地方电视台推出的娱乐新人，这在央视综艺节目的历史上还是第一次。从灿星公司的角度看，它有利于实现节目资源的共享，强化灿星的品牌形象；从央视角度看，则能使自身从中借势，依靠节目联动效应提升收视率。从《舞出我人生》的分期收视走势不难看出，这档节目从播出伊始至结束，其收视表现还是非常令人满意的（图9）。

---

① 参见 http://baike.baidu.com/link? url = kEwOPW3bAG9X7DqfV7MjtJGdbcLNcb3O5RwUmftpo46UHOownHd295XOci4zb709xnN—MqrMIzHEm0hWQrTo4sWB0dRtrM536IEjPgWEKpY—X—8p7hlG3tQjXYZ7qUt6

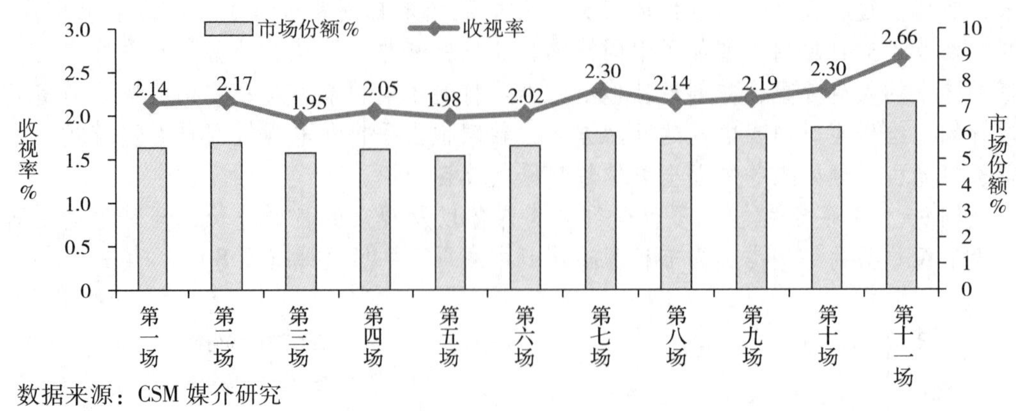

数据来源：CSM媒介研究

图9 《舞出我人生》2013年分期收视走势

在过去的十几年中，央视一系列老牌综艺节目先后进入了衰竭期或半衰期。与此同时，由地方电视台推出的新型综艺节目却竞相火爆起来。然而，在新一轮综艺节目的圈地运动中，央视表现出强劲的势头。在2013年的综艺市场争夺战中，打了一场漂亮的胜仗，成就了央视“走转改”理念下综艺节目的一次华丽转型和完美逆袭。

（二）省级卫视综艺节目

1. 歌唱类真人秀节目——《我是歌手》《中国好声音（第二季）》

《我是歌手》作为湖南卫视“领SHOW2013”的开篇之作，是集结乐坛资深唱将、中流砥柱和新生代佼佼者而打造的独一无二的顶级豪华音乐盛宴。首席组合羽泉获得第一季歌王称号，7位歌手，7首歌，7种质感，以歌手为名，献上最诚挚歌唱。① 观察《我是歌手》的分期收视走势我们可以发现，从第一期开始，这档节目的收视就呈现出稳中有升的态势，到4月12日总决赛那一期，收视率突破了4%，收视份额达到了12.6%（图10）。

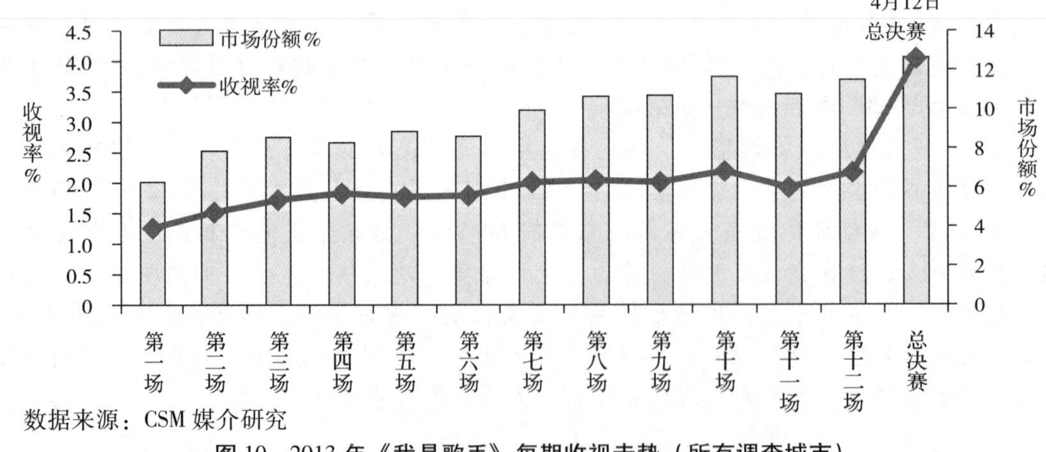

数据来源：CSM媒介研究

图10 2013年《我是歌手》每期收视走势（所有调查城市）

① 参见http：//baike. baidu. com/link？url＝0CSrg—M9vSiOH5Yhz8YPl357PLvb7_ HYzqoAlMa—_ AXVrbn5Xb8hYAMg2 AaNWpYPwB65ZC7SW6LKcqZE—lOCQ_

2013 年 7 月 12 日晚 21:10，第二季《中国好声音》首期节目在浙江卫视开播。《中国好声音（第二季）》除了延续第一季的良好口碑以及超高的人气之外，还增加了新的特点和元素。首先是导师方面的变化，由第一季的刘欢和杨坤换成了第二季的汪峰和张惠妹；赛制上，盲选环节由第一季的六期改为五期，还增加了导师抢学员的新环节，这样一来，导师间的“战火”燃烧得更加猛烈。细心的观众还可以发现，第二季的《中国好声音》将没被导师转身选手的镜头全部剪切掉，只保留了被导师选中的学员。节目这样设置会给观众一种感觉，那就是这一季《中国好声音》的学员比上一季更强。

那么我们来看一看，这一季《中国好声音》的收视对比上一季又有着怎样的变化呢？相比第一季《中国好声音》，第二季从第一期开始，就赢得了收视率 3.1%、市场份额 10.3% 的开门红，之后就是每期平稳增长，在最后一期的收视达到一个顶峰；而第一季则是第一期的收视表现平平，而从第二期开始，收视率明显上升，一直到最后一期达到收视率的峰值（图 11）。

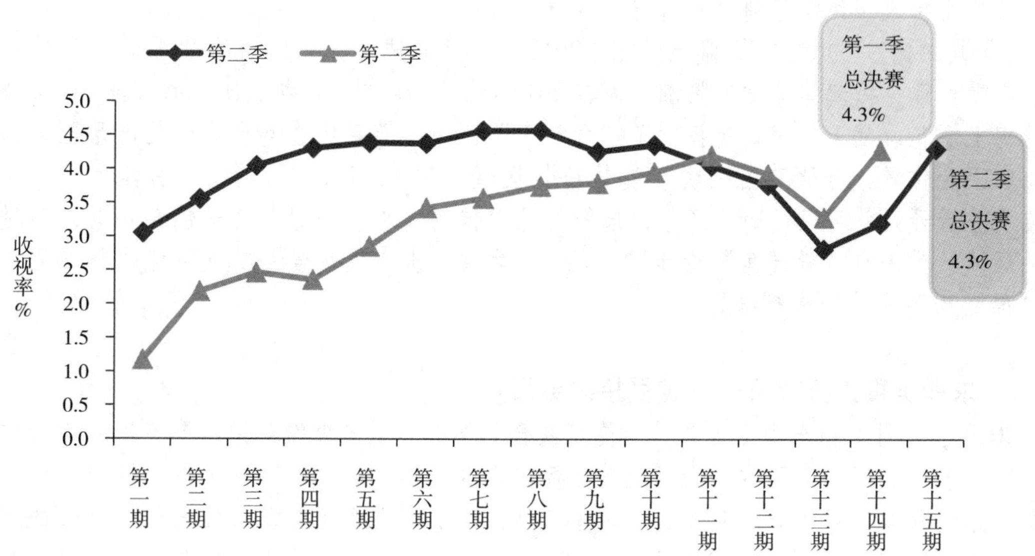

数据来源：CSM 媒介研究

图 11　《中国好声音》第一季与第二季每期收视走势（所有调查城市）

随着《中国好声音》的持续爆红，作为独家冠名的加多宝集团理所当然地成为了大赢家。显然，加多宝的冠名并不仅仅是“加个名字”那样简单：除了主持人频繁重复的“绕口令广告”之外，现场大屏幕上、舞台地面上、评委座位旁边、选手入场的大门上……加多宝的标识和产品几乎铺天盖地，无所不在，甚至连评委、现场工作人员的调侃也离不开加多宝。与此同时，全国几万个加多宝终端的海报配合、几千个产品路演配合，挑起“PK”华少语速“中国好舌头”的网络热潮……加多宝也在利用自己的终端和互联网，继续加热《中国好声音》与加多宝的热度。

2. 相亲类节目——《转身遇到TA》《非诚勿扰》

孟非曾说，"灭灯"和"转椅"是目前国内综艺节目的两大形式，然而恐怕到了明年就只剩下转椅了。眼看2013年电视荧屏即将被"转椅式相亲"覆盖，浙江卫视《转身遇见TA》、湖南卫视《爱的车轮战》、东南卫视《约会万人迷》、贵州卫视《非常完美》，都选择采用了"盲选"以及"转椅"的形式，将"相亲"和"盲选"两个元素完美地结合起来。

《转身遇到TA》中国版更真实也更接地气。浙江卫视全新引进美国FOX公司一档交友节目《转身遇到TA》(*The Choice*)。据美方制片人透露，该节目在美国的收视率超过了《非诚勿扰》的原版*Take me out*。而*The Choice*被浙江卫视引进之后，在保留原版节目的流程和"听声音决定是否转身"的节目精髓之外，为了更接地气，原版节目中4名男嘉宾的定位则由明星变成了各行业的精英，女嘉宾的选择也更加丰富。同时由沈涛作为该节目主持人，伊能静则为爱情观察员与其搭档。[①]

《非诚勿扰》"爱转角"锦上添花。2012年，《非诚勿扰》首增的"爆灯"环节在网上广受好评，掀起阵阵爱情热潮，而在2013年，喜迎"三周岁生日"的《非诚勿扰》再次锦上添花，从1月5日起新增了"爱转角"环节。节目组在舞台中间的圆形区域到男嘉宾下台位置，特地辟出一块"爱转角"区域，24位精心打扮的女生分坐两边，从男嘉宾登台开始就可以近距离观察，选择自己心仪的对象。当男嘉宾遗憾离场时，经过这一区域，如果有"爱转角"女生"动心"，勇敢站出来表达爱意，就可能成就与男嘉宾"转角遇到爱"的浪漫结局。[②]

3. 求职类真人秀节目——《爱拼才会赢》

2013年4月，由东南卫视、唯众传媒联合制作的大型电视创业真人秀节目《爱拼才会赢》开播。彼时恰逢国内各大卫视第二播出季的开始，以湖南卫视《中国最强音》为首的音乐选秀类节目和浙江卫视《中国星跳跃》、江苏卫视《星跳水立方》为代表的明星竞技类节目来势汹汹。在"抢知名主持人、抢一线嘉宾、抢出位选手"并最终剑指"抢夺收视率"的当下娱乐语境中，倾全力打造一个真正意义上的高端创业节目，着实是剑走偏锋。

为何观众会对这样一档"非娱乐"节目"买账"？东南卫视副总监洪雷认为："不论是去年的素人明星化还是今年的明星素人化，都脱离不了对明星、娱乐的消费，哪怕贴上励志、梦想或者公益的标签，都始终掩饰不了其过度包装、宣扬一夜成名的本质。《爱拼才会赢》的创业选手参加节目之前就已经经历了多年的商场打拼，来到这个节目是为了帮助企业再上一个台阶寻找投资机会，并要接受导师团严格、专业的实地调查，这是无论如何无法刻意包装和造假的。真实，是用钱买不来的。"[③]

① 参见 http://ent.sina.com.cn/v/m/2013—01—10/14473831936.shtml

② 参见 http://www.jstv.com/n/ws/info/news/201301/t20130110_1303001.shtml

③ 刘牧：《2013年度全国省级卫视发展报告》，《中国广播影视》2013年第12期。

4. 亲子类真人秀节目——《爸爸去哪儿》

《爸爸去哪儿》是中国湖南卫视从韩国MBC电视台引进的亲子户外真人秀节目，在节目中五位明星将还原到爸爸的角色，在五位明星爸爸跟子女72小时的乡村体验中，爸爸们要单独肩负起照顾孩子饮食起居的责任。如果你看过韩国版的《爸爸！我们去哪儿?》，就会发现韩国的国情跟国内还是有很大的不同。韩国的家庭一般都有两三个孩子，节目中也都是爸爸带着两三个孩子，孩子之间会有很多的交流；而湖南台的《爸爸去哪儿》，更加注重的是“爸爸”和“孩子”之间的互动和交流，节目编排的节奏比较紧凑，更加适合国人的收视习惯。①

从收视效果来看，《爸爸去哪儿》的每期收视走势类似2012年的第一季《中国好声音》：第一期收视并不是很高，但从第二期开始，收视率就直线上升，最高一期的收视达到4.6%，超过了第二季《中国好声音》总决赛的收视率（表4）。

表4　《爸爸去哪儿》每期收视情况（所有调查城市）

播出日期	站目	平均收视率%	市场份额%
第一期 2013.10.11	北京市灵水村	1.3	7.0
第二期 2013.10.18		2.3	11.9
第三期 2013.10.25	宁夏中卫市沙坡头区腾格里沙漠	2.8	15.0
第四期 2013.11.1		3.1	16.1
第五期 2013.11.8	云南省文山壮族苗族自治州普者黑	3.4	17.2
第六期 2013.11.15		3.5	18.9
第七期 2013.11.22	山东省威海市鸡鸣岛	4.2	21.3
第八期 2013.11.29		4.2	21.8
第九期 2013.12.6	湖南省岳阳市平江县白寺村	4.4	23.2
第十期 2013.12.13		4.6	24.0
第十一期 2013.12.20	黑龙江省牡丹江市海林市雪乡	4.5	23.2
第十二期 2013.12.27		4.4	23.3

数据来源：CSM媒介研究

跟喧嚣、嘈杂的选秀节目相比，《爸爸去哪儿》的推广绝对算是低调。没有炒作，没有绯闻，没有微博的话题推荐，完全靠节目内容口碑自然聚合和传播。但是，跟以往的电视节目不同，话题讨论量的峰值并没有出现在播出日，而是出现在节目播出的第二天（10月12日）。这表明节目播出后观众的“好评”在社交网络上快速发酵，把话题讨论量推向一个高峰。通过社交网络传播，可以让原本不是父母的观众，也去关注一档

① 参见 http://baike.baidu.com/link?url=Q9PGvuWp—0DVPJjYycc0BC8dgaSHDUl4mSzkzIyLTtGCeP4cfSCq03faRmgIyZ2kMEVCP9uEpVubnPy4cH8H3_

"亲子"的电视节目，让"小众热点"变成大众娱乐狂欢，在放大节目影响力的同时，也让商业价值无限放大。①

《爸爸去哪儿》此次的成功，再次说明节目要想具有真正的影响力，打铁还要自身硬，节目内容本身一定要强。社会化营销和传播，只能"锦上添花"，并不能"无中生有"，如果节目本身的内容不行，花再大的精力在网络炒作上，也只能说是本末倒置，捧得越高，摔得越惨。这种情况反应在收视率上，很可能就会呈现高开低走的收视走势。

5. 文字类节目——《汉字英雄》

2013年的暑期，在各类娱乐选秀节目充斥着荧屏的同时，有一档文字类节目突出重围，为火热的电视荧屏带来一股清新的文化气息。这是一档由爱奇艺联手河南卫视共同打造的大型网台互动节目《汉字英雄》。这个节目被许多观众评论为"值得全家人一块儿看"的节目：包括年轻人在内的多个年龄层观众都对这一节目很感兴趣，"识字"成为一个热门话题，成为了2013年夏天的一种时尚。

《汉字英雄》与国内其他引进国外版权、照搬成熟模式的节目不同，它是一档本土原创的节目，该节目集综艺和知识性于一体，将文化与娱乐融合，为全国各地识字最多的青少年打造一个展示自己汉字水平的舞台。知名学者于丹和张耀武以及著名音乐制作人高晓松担当《汉字英雄》的节目嘉宾，不光对汉字本意进行生动详细的解释，还延伸到对相关历史典故等内容的介绍，使观众在收看节目的同时也收获了知识。②

分析《汉字英雄》的观众构成和集中度可以发现，这档节目比较受女性、年龄在45—64岁之间、初中及以上学历观众的青睐。而且，由于节目内容寓教于乐，将娱乐和文化教育结合起来，《汉字英雄》比较有效地收获了一部分年轻的观众群体（图12）。

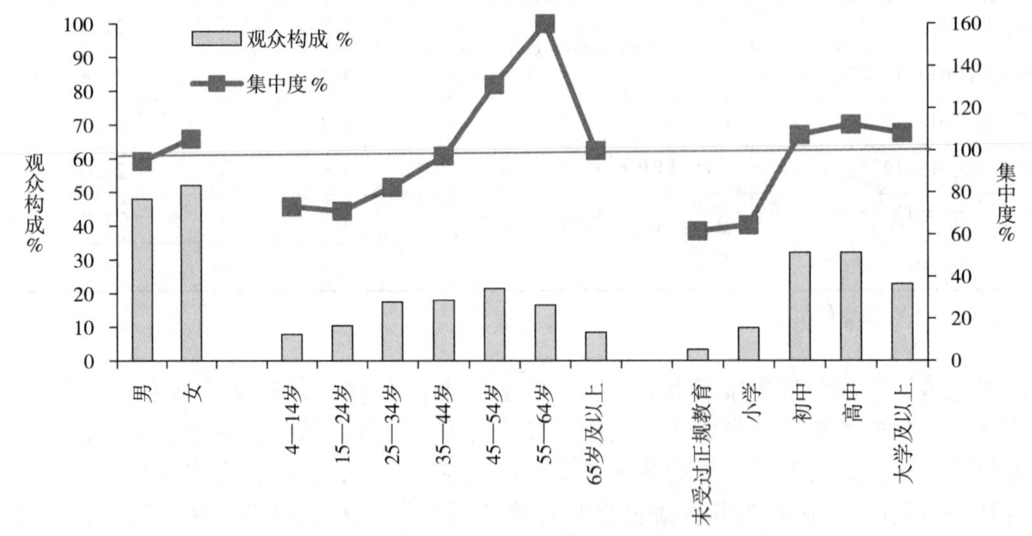

图12 《汉字英雄》观众构成与集中度（所有调查城市）

① 参见 http://www.chinamedia360.com/newspage/102311/04974D9DD7699D53.html

② 参见 http://baike.baidu.com/link?url=L8Hlh_—jF03o0Bxgf5—Q25kHWbbhA_PaTzJqA0fJ00031HFjgHnM—r—oqyIDwCI02f0kOO97X_1pUvvCw2vtaK

四、2013年综艺节目发展新特点

1. 节目模式引进“井喷”

大家一定还对2012年各省级卫视对歌唱类节目的殊死征战记忆犹新，除了浙江卫视的《中国好声音》，还有上海东方卫视的《声动亚洲》、青海卫视的《花儿朵朵》、辽宁卫视的《激情唱响》、山东卫视的《天籁之声》以及广西卫视的《一声所爱大地飞歌》等。

2013年，歌唱选秀类节目依然是各大卫视争夺综艺收视市场的最大法宝。从年初湖南卫视推出的新节目《我是歌手》《中国最强音》，到暑期《中国好声音》第二季的强势回归，都取得了相当不错的收视表现。与前几年一味地模仿不同，2013年很多电视台将节目模式的引进作为了节目创新的重要手段（表5）。这不仅是从模仿到版权引进、购买的一个转变，也体现了我们对电视节目模式版权的逐渐重视。

表5　2013年主要歌唱类真人秀节目引进路径一览表

节目名称	原版节目名称	版权产出地	播出日期
湖南卫视《我是歌手》	我是歌手	韩国 MBC	2013. 1. 18
湖南卫视《中国最强音》	*The X Factor*	美国 FOX	2013. 4. 19
安徽卫视《我为歌狂》	*Mad for Music*	荷兰 Talpa	2013. 5. 2
东方卫视《中国梦之声》	*American Idol*	美国 FOX	2013. 5. 19
湖北卫视《我的中国星》	*Super star K*	韩国 CJE&M	2013. 7. 7
浙江卫视《中国好声音》第二季	*The Voice of Holland*	荷兰 Talpa	2013. 7. 12
北京卫视《最美和声》	*Duets*	美国 ABC	2013. 7. 20

2013年被电视圈称为节目模式引进的“井喷年”。据统计，2013年全国各台引进节目多达30余档，不仅占据省级卫视周末黄金时段，甚至在日常时段也有引进模式节目的身影。有的电视人戏称，中国人已经买光了欧美地区近十年的节目模式，这种“一窝蜂”购买国外模式节目的现象引起了行业部门的注意。2013年10月12日，国家新闻出版广电总局又向各大卫视下文，规定每家卫视每年新引进版权模式节目不得超过一个，卫视歌唱类节目黄金档最多保留4档，这个文件被媒体称为“加强版限娱令”。可以预见，在2013年“模式井喷”的疯狂之后，中国电视人将迎来一个理性的反省期。

2. 歌唱选秀类节目受调控，真人秀节目竞争进入“白热化”

2013年暑期，各卫视歌唱类选拔节目如同摆阵对歌，浙江卫视的《中国好声音》、湖南卫视的《快乐男声》、北京卫视的《最美和声》、东方卫视的《中国梦之声》等近20档歌唱选秀类节目集中排播。这种跟风似的编排，必然会导致节目严重的同质化。2013年7月底，国家新闻出版广电总局对歌唱类选秀节目实行了调控，实施总量控制、分散播出的措施，由此也可以推断，2014年，歌唱选秀类节目将在省级卫视理性播出。

在国际电视节目市场，真人秀是一种成熟的节目模式。2013年，真人秀模式在国内的发展也愈加成熟，国内电视人在真人秀这一节目类型上不断学习与创新。可以预见，真人秀节目将成为2014年省级卫视的一个核心竞争力。不过，任何一种节目类型的长久发展，都需要不断地自我创新，在真人秀元素被一股脑儿的“借鉴”和“拿来”之后，如何能成为令观众眼前一亮的节目，还需要所有电视人的认真思考。

3. 由制播合一向制播分离转型

站在电视台的角度来看，制播分离有两种：一种是外部的制播分离，即购买播出台以外制作机构的节目；一种是内部的制播分离，即把体制内的制作团队推向市场，组建电视台所属的节目制作公司。

《中国好声音》被认为是制播分离运行机制下节目制作的成功典范。一方面，它实现了在传统电视播出平台的跨区域合作，真正做到了为市场而制作；另一方面，公司化运行体制，确保了决策的快速有效，也能吸引更多社会机构进行紧密的市场化合作。“好声音”带来“好生意”的背后，其实是“好团队”+“好体制”带来的“好前途”。

制播体制改革是我国电视产业发展到现有阶段的必然要求，也是电视产业符合经济规律、市场化的必然要求。

4. 全媒体竞争已逐渐渗透综艺节目市场

在今天这个大数据时代，电视收视率和网络点击率、微博热度越来越呈现对应关系。2013年，省级卫视普遍通过打造全媒体平台，对内容资源进行多平台分销和发布，与受众进行全方位接触，以求在未来市场竞争中获取优势地位。

一批有实力的省级卫视陆续探索包括有线电视、网络电视、IPTV、移动电视、手机电视等一系列传播渠道，并陆续开发了微博、微信、APP客户端等新媒体作为载体。比如安徽卫视在播出《我为歌狂》期间，就布置了一次微博矩阵传播，有一百多位明星名人参与，微博总转发量超过1000万次。

在这种情况下，省级卫视之间的竞争，就从单一的播出平台竞争，变成全产业链各个主要环节之间的竞争。而“频道”作为产业链的“发动机”，驱动着各个主要环节的价值循环，链条对链条的竞争，成为当前又一个显著的竞争态势。[①]

结语

我们经历了综艺节目“娱乐至上”的短时间繁荣和“娱乐迷茫”的无所适从，在选秀、模仿、歌会、情感访谈等娱乐或类娱乐节目都隐约开始感到迷失方向之时，很多电视人开始了新的思考。一味的跟风、媚俗或是一成不变都会将大众的趣味在无形中透支。在电视节目花样翻新的今天，要想遥控观众手中的遥控器，必须得贴近生活，使节目与他们的生活相关，与他们的情趣一致，以及获得他们某种程度的信任感。

（作者：赵晖）

---

① 刘牧：《2013年度全国省级卫视发展报告》，《中国广播影视》2013年第12期。

2013 年全国体育节目收视分析

2013 年的中国体育如果用一个词来概括就是“稳步提升”，中国运动员在世界大赛中，共获得了124 个世界冠军，并且创造了13 项世界纪录，在11 个奥运大项中一共获得了40 个世界冠军。重温2013，虽然“体育小年”的因素或多或少仍影响着体育节目的播出和收视，但是这一年世界体坛并不缺乏点睛之笔，竞争也更加激烈，并且依然有很多值得我们铭记的事件。本文根据 CSM 媒介研究2013 年及之前相关年份所有调查城市的收视调查数据，对2013 年全年体育节目收视状况进行回顾与分析。

一、2013 年国内外体坛亮点

虽然2013 年并没有奥运会、世界杯、欧洲杯等大型赛事，但是这一年的中国体坛还是有颇多亮点值得我们回味。2013 年中国的职业联赛继续前进；这一年中超十年，这一年440 多万球迷走进现场，中超上座率仍是亚洲第一；这一年广州恒大堪称中国职业足球最成功的典范，刚刚进入中超3 年的恒大实现联赛三连冠，并且成为职业化20 年以来首支夺取亚洲联赛冠军的中国球队；在该年度亚足联年度颁奖盛典上，郑智荣膺足球先生，广州恒大获得最佳俱乐部，中国足球共斩获五项殊荣。

2013 年，李娜仍是中国职业体育最闪亮的那颗星。年初的澳网女单决赛两度受伤，却绝不退场；8 月打进美网四强，创造中国选手美网参赛的最佳战绩；年终总决赛尽管没能登顶，但是从巴黎到伊斯坦布尔，李娜跨越了一个28 个月的承诺，以世界第三锁定2013 赛季，这是李娜个人排名的新高，历史上未有亚洲球员企及。而且这一年是中网的第十年，十年中网从最初只是一个名不见经传的小赛事，到如今拥有堪比四大满贯公开赛的硬件设施，中网实现了超新星式的发展，以后来者居上的姿态屹立于世界职业网坛。

2013 年，张培萌在莫斯科田径世锦赛男子100 米半决赛中跑出10 秒的成绩，这一刻中国人百米的历史被改写，第九名也是亚洲人在世锦赛百米大战上的最佳名次；中国女子沙滩排球组合薛晨/张希在世锦赛决赛中逆转对手，首夺世锦赛冠军，这是中国女子沙排的第一个世界冠军，打破强国对世锦赛沙排冠军的垄断；郭川历时138 天，航行超过两万一千六百海里，成为首位驾驶40 英尺级帆船完成单人不间断环球航行的中国人；这一年中国棋手包揽所有六项男子职业世界大赛冠军头衔；北京市和河北省张家口市联合申办2022 年冬奥会，一旦申办成功，北京将成为历史上同时举办夏季和冬季奥运会的城市；节俭办全运，简约不简单，辽宁全运会首次在白天举办开幕式，将节俭传承到底；郎平再度执掌中国国家队，带领的队伍在世界女排大奖赛总决赛中获得亚军，并在世界锦标赛亚洲区资格赛上以全胜战绩晋级2014年世锦赛。

2013年的国际体坛上同样精彩不断，德甲豪门拜仁慕尼黑创造历史，成就五连冠；安迪·穆雷成为首位在温网夺冠的英国人；俄罗斯双人滑选手接二连三打破记录，实力不容小觑；迈阿密热火成功卫冕NBA总冠军；牙买加人博尔特在莫斯科世界田径锦标赛上连夺三金，用实力证明年龄不是问题；德国车手维泰尔成为F1历史上最年轻的世界冠军，四连冠的成绩使总冠军次数仅次于舒马赫和方吉奥；巴西队在联合会杯足球赛上完胜西班牙队，连续第三次获得联合会杯冠军，打破西班牙队所创造的29场国际A级比赛不败的纪录。

二、体育节目整体播出及收视情况

由于没有奥运会、世界杯、亚运会等大型赛事，2013年的体育电视市场与前些年相比颇为低迷，从电视台的投入到观众的热情程度都打了一定的折扣，使得体育电视节目的播出量和收视量都到了近些年来的“低谷”。

1. 体育节目人均收视时间较2012年下降

2013年我国电视观众全年体育节目人均收视时长为1406分钟，较2012年下降了462分钟，下降幅度为24.7%；与同为体育“小年”的2011年的1620分钟相比依然有差距，下降了13.2%，降至近几年的最低值（图1）。

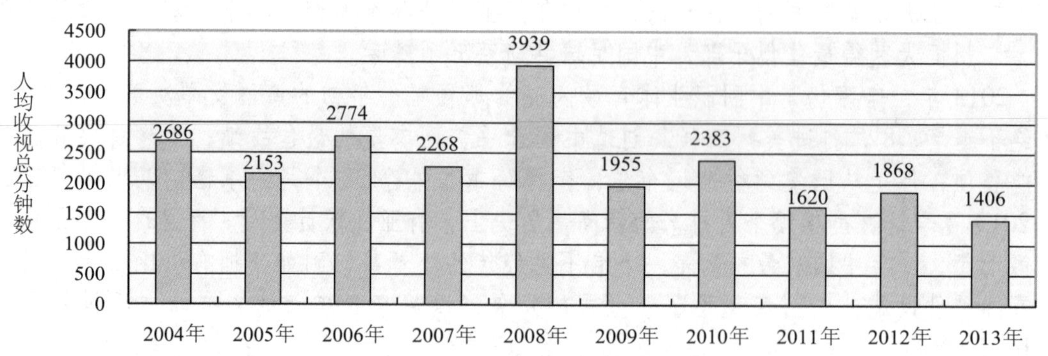

数据来源：CSM媒介研究

图1　2004—2013年体育节目人均收视总分钟数（历年所有调查城市）

受客观条件限制和生活习惯影响，不同目标观众收看电视的时间存在较大的差异，而体育电视节目的专业性特点使得其观众的差异性表现更为明显。男性、高学历、高收入观众的体育节目收视时长仍然高于女性、低学历、低收入群体（表1）。

表1　2013 年各类目标观众体育节目人均收视总时长（所有调查城市）

目标观众		人均收视总分钟数	目标观众		人均收视总分钟数
性别	男	1838	年龄段	4—14 岁	460
	女	961		15—24 岁	890
职业类型	干部/管理人员	1991		25—34 岁	1163
	个体/私营企业人员	1225		35—44 岁	1158
	初级公务员/雇员	1542		45—54 岁	1965
	工人	1278		55—64 岁	2161
	学生	712		65 岁及以上	2641
	无业	1926	个人平均月收入（元）	0—600 元	846
	其他	605		601—1200 元	1260
受教育程度	未受过正规教育	569		1201—1700 元	1576
	小学	834		1701—2600 元	1740
	初中	1317		2601—3500 元	1693
	高中	1705		3501—5000 元	2046
	大学及以上	1740		5001 元及以上	1803

数据来源：CSM 媒介研究

2. 全年各月体育节目播出量、收视量分布较为均衡

2013 年各月体育节目播出量分布比较均衡。10 月份是全国体育节目播出时间最多的月份，各级频道播出体育节目累计达到8900 小时，这与第十二届全运会的热播有很大关系；2 月各级电视频道播出的体育节目时间最短，为 6894 小时。由于没有大型赛事，2013 年全年各月的人均收视时间分布较为均衡，人均收视时间最长的是 5 月份，人均累计全月收看体育节目的时间为 138 分钟，能够创造最高收视量月份的原因主要是有世乒赛、羽毛球的汤尤杯以及 2013 年世界斯诺克锦标赛。2 月的体育节目收视时间最短，人均累计全月收看体育节目的时间仅为 100 分钟，这与恰逢春节除澳网外无重大赛事有关（图2）。有限的体育赛事资源使得2013 年体育电视节目的播出量在1 至8 月均低于2012 年，但从9 月到 12 月，体育节目的播出量开始略高于 2012 年，主要是由于全运会、亚冠、CBA、NBA 等赛事。

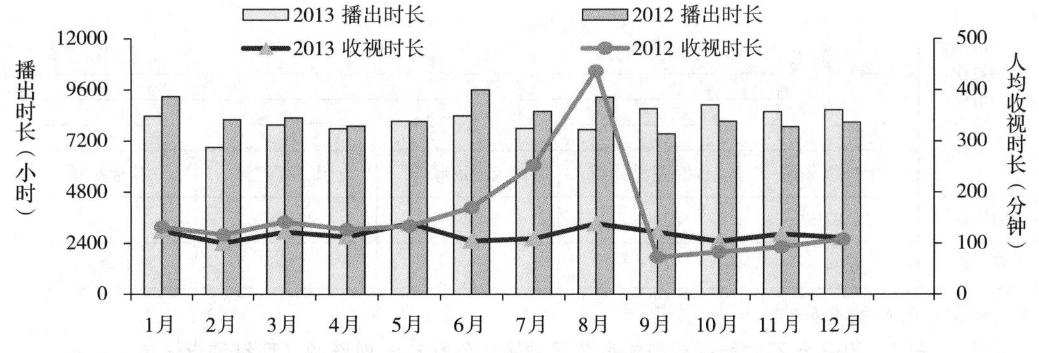

数据来源：CSM 媒介研究

图2　2012—2013 年各月体育节目播出及收视时长（历年所有调查城市）

3. 体育节目播出及收视比重较2012年有所下降

2013年体育节目的整体播出时长在所有电视节目中仅占2.2%，同时体育节目在电视观众全年的收视时间里占2.4%，是近几年来体育节目收视比重最低的一年（图3）。2013年电视体育节目的资源使用效率降低。

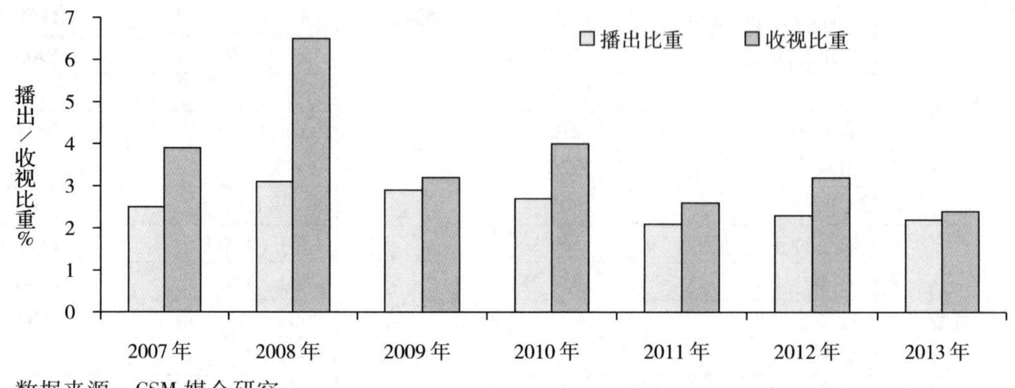

数据来源：CSM媒介研究

图3　2007—2013年体育节目的播出比重与收视比重（历年所有调查城市）

三、体育节目收视市场竞争概况

2013年体育电视节目收视市场的整体竞争格局与2012年基本相似。中央电视台受频道数量的限制，尽管掌握大量节目资源，但播出份额仅占10.7%，并不具备优势；同样省级卫视频道也是如此；播出体育节目时间最长的始终是数量众多的地面频道。但是观众注意力资源才是电视节目最终争夺的目标，在体育节目的收视竞争中，中央级频道依旧占据主导地位（68.4%），处于绝对的霸主地位。这不仅源于国家政策对中央级频道的扶植，更源于中央电视台多年制作体育节目的经验和实力。由于体育赛事资源丰富，体育新闻报道及时，再加上其在国内无可比拟的覆盖优势，中央级频道体育节目受到了更多电视观众的关注。相比之下，各省级地面频道和各市级频道体育类节目的播出份额都高于中央级频道，但收视份额均远低于中央级频道（图4）。

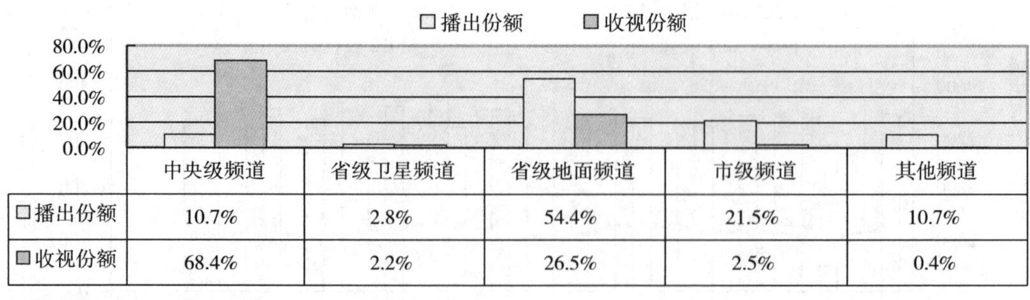

	中央级频道	省级卫星频道	省级地面频道	市级频道	其他频道
□播出份额	10.7%	2.8%	54.4%	21.5%	10.7%
■收视份额	68.4%	2.2%	26.5%	2.5%	0.4%

数据来源：CSM媒介研究

图4　2013年不同级别频道体育节目的播出份额与收视份额（所有调查城市）

上文提到由于中央电视台占据天时地力人和的因素使得更多的观众选择体育节目时锁定在中央级频道上。但是，这种霸主地位一直受到地方电视台的挑战。2013 年，中央级频道的体育节目的播出份额较 2012 年有所增长，收视份额却下降了 4.1 个百分点。其中主要原因还来自于 CCTV5 + 这个自 2013 年 8 月 18 日开播的中央级体育频道，虽然源自中央电视台，但由于其作为高清频道，覆盖率较低，所以对中央级频道的收视份额贡献很低。较地方各级频道的播出份额和收视份额近两年的变化，可以看到：省级卫视的播出份额和收视份额与 2012 年相比均有所提升；省级地面频道 2013 年播出份额较 2012 年有所减少，但收视份额却提升了 3.7 个百分点；其他频道的播出份额有所增长，但由于覆盖的局限，对收视的影响较小（表 2）。

综上所述，对于体育节目来说，电视台购买节目资源的资金通常来自节目的广告收入，大量的观众资源能够换取更好的节目资源，好的节目资源可以带来更多的观众资源。在专业化体育媒体日益激烈的竞技场上，谁拥有更广阔的媒介平台和传播价值，谁占有更丰富的体育节目资源，谁就可能主导体育节目的收视格局。

表 2　2012—2013 年不同级频道在体育节目市场的播出份额及收视份额（所有调查城市）

年份	中央级频道		省级卫星频道		省级地面频道		市级频道		其他频道	
	播出份额	收视份额	播出份额	收视份额	播出份额	收视份额	播出份额	收视份额	播出份额	收视份额
2012 年	8.5%	72.5%	1.80%	1.20%	56.80%	22.80%	22.20%	3.20%	10.70%	0.40%
2013 年	10.7%	68.4%	2.80%	2.20%	54.40%	26.50%	21.50%	2.50%	13.50%	0.70%

数据来源：CSM 媒介研究

四、体育节目观众特征

2013 年中国电视体育节目的观众延续了以往的特征：以男性、25 岁及以上、中学学历的观众为收视主体；观众集中度指标显示，男性更加偏好收看体育节目，年龄、学历、收入水平越高的群体，其对于体育节目的收看偏好程度也随之增加（图 5）。

2013 年对于体育领域来讲是个小年，因此体育对观众而言，体现出的是更加纯粹的体育概念，而非重要事件，体育电视节目的观众更多地是源自对体育本身的偏好而进行观看的。相比 2012 年，男性人群对体育节目收视的贡献程度更高，体现出男性相对于女性更加热爱体育。

近些年，在体育节目观众中，中、高学历观众比例持续增加。2013 年，大学及以上学历的观众比例为 26.27%，达到近年来最高，较 2012 年提高了 2 个百分点；高收入观众所占比例也继续上升，个人月收入在 2601 元及以上的观众比例达到 32.9%，较 2012 年提升了 7 个百分点。

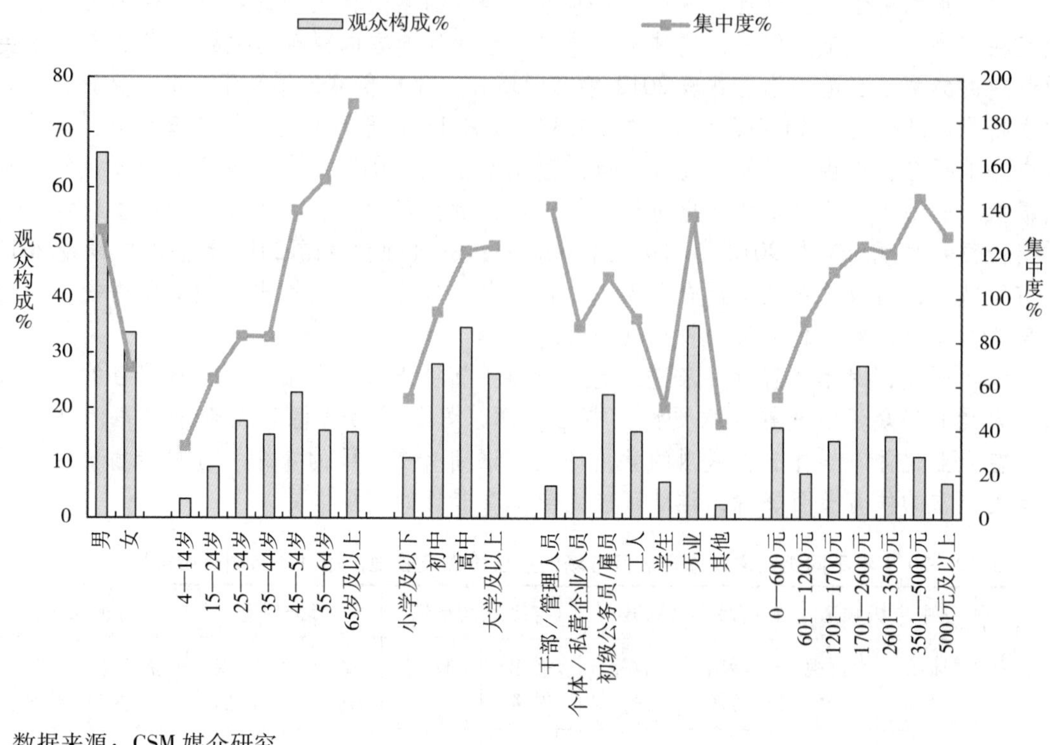

数据来源：CSM 媒介研究

图 5　2013 年体育节目的观众构成与集中度（所有调查城市）

五、中央台五套体育节目收视概况

（一）中央台五套的整体收视概况

2013 年中央台五套播出内容以常规赛事及体育类新闻及栏目为主，各周平均收视率大部分在 0.15%—0.25% 之间，图 6 中的波峰表现出观众对一些重点赛事的关注。1 月份的澳大利亚网球公开赛，李娜闯入决赛，人们密切留意着她能否在大满贯赛事中再度夺冠，女单决赛的直播吸引了众多观众，使得这场比赛所在的第 4 周的平均收视率达到 0.26%，在年初形成一个小波峰。4 月底到 5 月初 NBA 季后赛开始，有丁俊晖参赛的世界斯诺克锦标赛，亚洲足球冠军联赛也迎来了最后一轮小组赛，多个有看点的赛事同时上演，推动着第 18 周的平均收视率达到 0.30%，在全年各周排名第二。乒乓球是我国的传统优势项目，世乒赛是中国乒乓健儿展示高超技能的绝佳战场，5 月 13 日—5 月 20 日在巴黎举行的第 52 届世界乒乓球锦标赛，随着比赛接近尾声，观众的收看热情也随之高涨，特别是最后两天的比赛，收视率居高不下，带动着第 21 周的平均收视率达到全年最高的 0.32%。7 月下旬至 8 月中旬，先后有第 15 届世界游泳锦标赛、东亚杯足球赛、第 27 届亚洲男篮锦标赛及世界羽毛球锦标赛，各个赛事中中国队或中国队员均有精彩的表现，这使得第30—33周中每一周的平均收视率都保持在0.25%—0.27%之间。2013年的亚冠对于中国来说意义非凡，广州恒大俱乐部一路闯关进入决赛，当队员们从韩国赛场手握两个客场进球回到主场作战时，中国球迷的神经被拉紧了，中国球队是否能够实现历史性突破夺得冠军就差放手一搏了，因此中央台五套11月9日直播的亚冠决赛第二回合比赛获得了全年最高的收视率，也拉动其所在的第45周的平均收视率提高到0.24%。

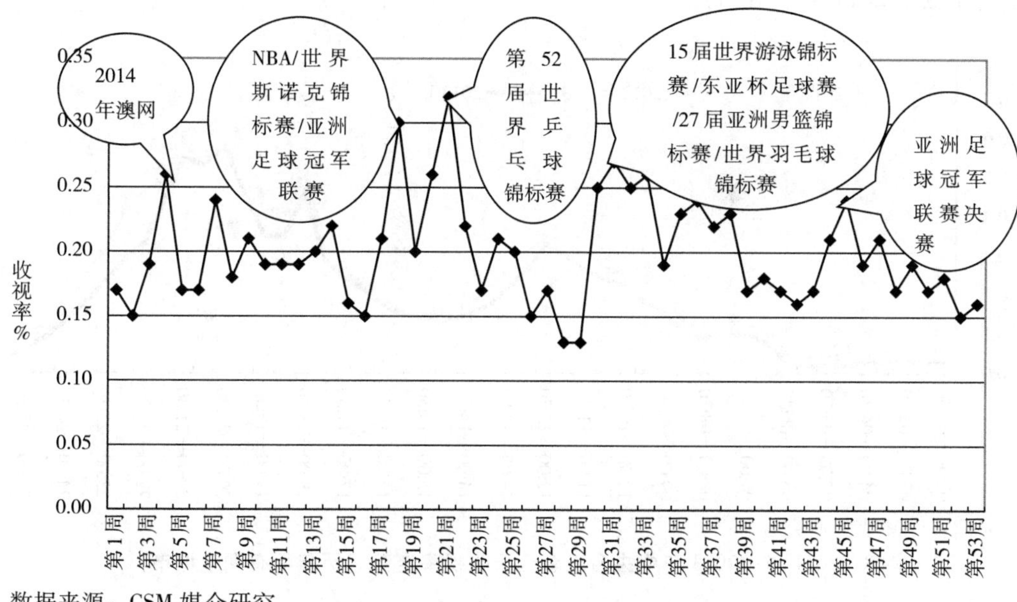

数据来源：CSM媒介研究

图6　2013年中央台五套周平均收视率走势（所有调查城市）

从2013年全年来看，中央台五套市场份额在1%—3%之间变化，走势相对平稳，没有出现如2012年有奥运会等重大赛事播出时的突出峰值。2013年中央台五套的市场份额与收视率保持着相似的走势，当有重要赛事时，市场份额便会形成一定的波峰，其几个波峰的出现时间段均与收视率曲线波峰保持一致（图7）。

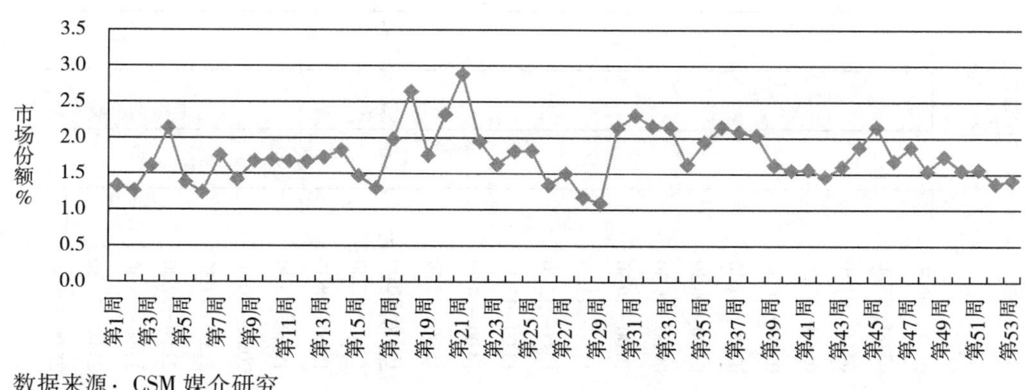

数据来源：CSM媒介研究

图7　2013年中央台五套周平均市场份额走势（所有调查城市）

2013 年中央台五套全天时段收视率走势与前两年相似。2:00—6:00 基本为全天收视最低时间段，且变化幅度不大；6:00 之后，收视率开始上扬，至中午 12:00 达到第一个峰值；之后经过一个下调阶段后继续走高，到 18:00 时攀升至第二高峰；第三个峰值则出现在晚间的 19:30—21:30，此后不断下降至每天的最低点。12:00 及 18:00 通常播出体育新闻类节目，19:30—21:30 一般为各类赛事。与同样没有重大赛事的 2011 年相比，2013 年除 24:00—8:00 的收视率与 2011 年相似外，其余时间段，2013 年的收视率均不同程度地低于 2011 年（图 8）。

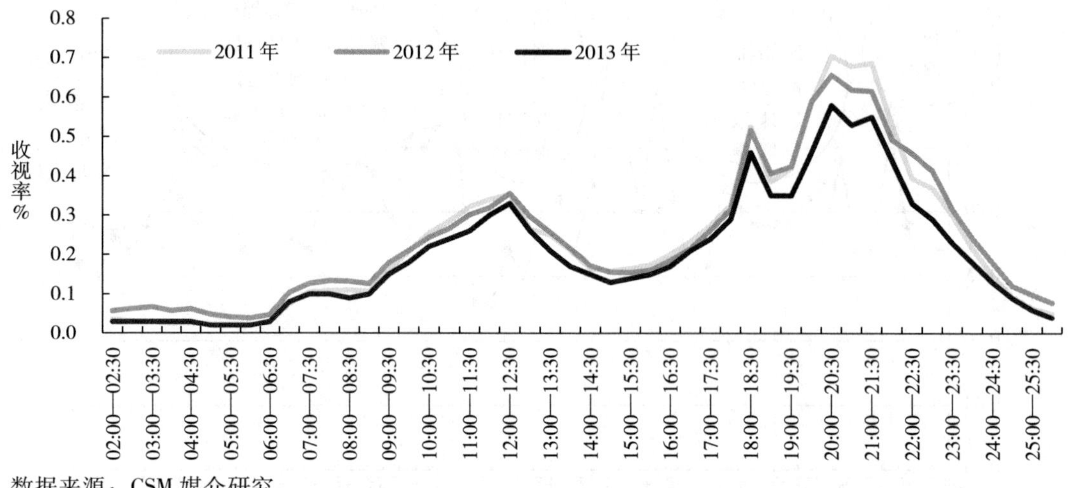

数据来源：CSM 媒介研究

图 8　2011 年—2013 年中央台五套全天收视率走势（历年所有调查城市）

2013 年中央台五套全天收视份额显示，2:30—5:30 是该频道最具竞争力的时段，平均市场份额在 3% 以上，其中又以 3:30—4:30 为最高，超过 4%。此外，10:00—12:00 也是市场份额的一个小高峰，数值在 2.7%—2.9% 之间。18:30—23:00 是中央台五套市场份额的低谷，平均数值不及 1.5%（图 9）。

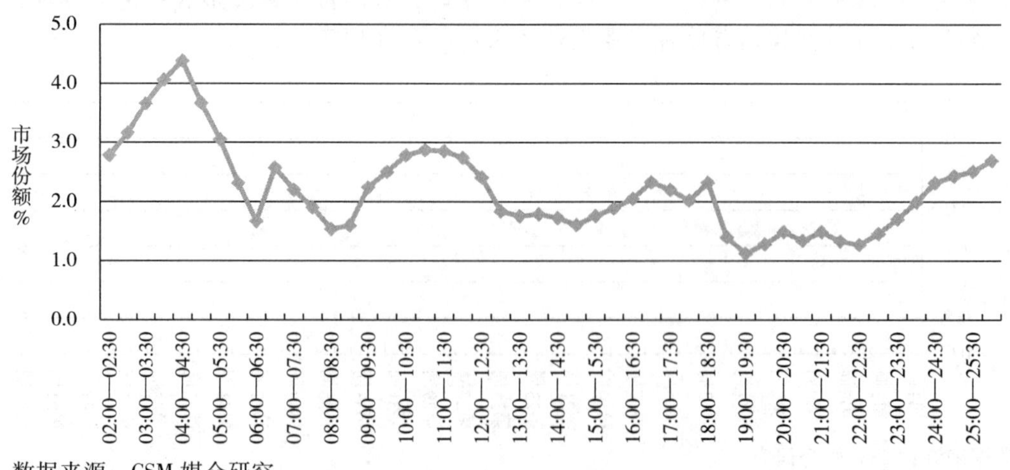

数据来源：CSM 媒介研究

图 9　2013 年中央台五套全天市场份额走势（所有调查城市）

（二）重点赛事收视表现

2013 年，在这个既无奥运会、世界杯，也无亚运会、欧洲杯的体育小年，各项体育赛事在按部就班地进行，很多人可能认为这是索然无味的一年，但我们并不能忽视这个重要年份，它为未来打下了重要基础。这一年中国共获得了 124 个世界冠军，打破 13 项世界纪录；优秀团队以实力领跑，中国乒乓球队包揽世界杯男女团体冠军，羽毛球队实现苏迪曼杯五连冠；年轻选手在迅速成长，严寒获得首个花样滑冰世界分站赛男单冠军，24 岁的李金哲为中国男子跳远带来新希望；优秀教练为中国体育奠定基础，再次执教中国女排的郎平带领中国队再夺世界亚军，李琰为短道速滑重树信念冲击索契冬奥会。体育，就像人生的缩影，喜悦与哀伤，成功与失败，都浓缩在短短的几场比赛当中，中央台五套在 2013 年很好地为我们记录下了这些宝贵时刻。

由于 2013 年没有大型体育赛事的播出，我们选取三个较为重要的赛事进行对比。“2013 年亚洲男篮锦标赛”进行期间，中央台五套全天安排多场比赛的转播，晚间从 17:00开始便有比赛的直播，也使得中央台五套收视高潮提前到来。“2013 年第十二届全国运动会”的举行带动了中央台五套在下午及晚间黄金时段的收视率。“2013 年澳大利亚网球公开赛”的播出对中央台五套收视率趋势的变化影响不大（图 10）。

数据来源：CSM 媒介研究

图 10　2013 年重点赛事期间中央台五套全天收视走势（所有调查城市）

“2013 年第十二届全国运动会”于 8 月 31 日至 9 月 12 日在辽宁省沈阳市举行，历时 13 天，设 31 个大项、350 个小项。由于 2013 年没有重大体育赛事的举办，中国运动员们都把该次赛事当成一次很好的练兵。为了方便观众的收看，决赛及热点赛事多被安排在晚上黄金时段举行。田径、游泳、乒乓球等大项较受观众们的喜欢，收视表现较为良好。其中，9 月 10 日播出的“2013 年第十二届全国运动会乒乓球男单决赛”位居整个赛事收视率的第一位，收视率为1.1%，市场份额为3.5%（表3）。

表3　中央台五套播出的“2013年第十二届全国运动会”收视排名前十位比赛（所有调查城市）

排名	比赛名称	播出日期	开始时间	收视率%	市场份额%
1	2013年第十二届全国运动会乒乓球男单决赛	2013. 9. 10	21:05:07	1.1	3.5
2	第十二届全运会男子1500米决赛	2013. 9. 8	21:15:09	1.1	3.0
3	第十二届全运会女子400米决赛	2013. 9. 8	20:19:24	1.1	2.8
4	2013年第十二届全运会男子4x100米接力决赛	2013. 9. 8	20:03:38	1.0	3.4
5	2013年第十二届全运会女子4x100米混合泳接力决赛	2013. 9. 8	21:21:53	1.0	3.3
6	第十二届全运会男子100米决赛	2013. 9. 9	20:05:39	1.0	2.9
7	第十二届全运会男子400米决赛	2013. 9. 8	19:49:44	1.0	2.7
7	2013年第十二届全运会女子5000米决赛	2013. 9. 8	20:02:32	1.0	2.7
7	第十二届全运会女子4x200米自由泳接力决赛	2013. 9. 8	20:42:05	1.0	2.7
7	第十二届全运会女子100米决赛	2013. 9. 8	21:07:39	1.0	2.7

注：该排名不包括颁奖仪式及集锦。
数据来源：CSM媒介研究

31岁的李娜在女子网球协会（WTA）年终总决赛上成为首位打入女单决赛的亚洲选手，世界排名上升至第三，刷新亚洲女单最高排名，李娜几乎可以成为中国网球的代名词，凭借其一已之力撑起了中国网坛。对于还在蹒跚学步的中国网球来说，中国金花李娜的表现对网球赛事收视起到了决定性的作用。2013年，李娜在四大满贯赛事中仅在最早开战的澳网进入了决赛，法网第二轮即遭淘汰，温网和美网分别止步于八强和四强。李娜的表现在收视上得到了很好的反映，1月26日播出的“2013年澳大利亚网球公开赛女单决赛”获得了2013年该类赛事收视的第一位，收视率为2.5%，市场份额为12.2%，远高于其他赛事（表4）。

表4　中央台五套播出的“2013年网球类赛事”收视排名前十位（所有调查城市）

排名	比赛名称	播出日期	开始时间	收视率%	市场份额%
1	2013年澳大利亚网球公开赛女单决赛	2013. 1. 26	16:30:45	2.5	12.2
2	2013年温布尔顿网球赛女单1/4决赛	2013. 7. 2	20:04:13	0.9	3.0
3	2013年澳大利亚网球公开赛男单决赛	2013. 1. 27	16:30:04	0.7	2.9
4	08年温网女单第三轮	2013. 7. 2	22:42:08	0.6	2.9

续表

排名	比赛名称	播出日期	开始时间	收视率%	市场份额%
5	2013 年 WTA 巡回赛斯图加特站决赛	2013. 4. 28	20: 02: 12	0. 6	1. 6
6	2013 年中网慈善友谊赛	2013. 9. 27	20: 00: 01	0. 6	1. 5
7	2013 年澳大利亚网球公开赛女单半决赛	2013. 1. 24	10: 30: 02	0. 5	4. 7
8	2013 年法网公开赛女单第二轮	2013. 5. 30	17: 09: 13	0. 5	3. 6
9	2013 年温布尔顿网球赛女子单打第三轮	2013. 6. 30	18: 30: 02	0. 5	2. 1
9	2013 年澳网男单半决赛	2013. 1. 24	16: 43: 35	0. 5	2. 1

注：该排名不包括颁奖仪式及集锦。
数据来源：CSM 媒介研究

2013 年，篮球类赛事在中央台五套的整体收视表现较为理想，CBA 和 NBA 两大赛事对频道的收视起到了较大的支撑作用，但从总体上来看 NBA 联赛的收视表现要好于 CBA 联赛，特别是进入到季后赛阶段，相较于 CBA 联赛的广东独大，NBA 联赛更具有观赏性。在 2013 年篮球类赛事收视排名前十位中，NBA 联赛占据了七席，获得第 1 名的为“2012/2013 赛季 NBA 总决赛第三场/热火 VS 马刺”，收视率为 1.2%，市场份额为 10.4%。8 月 1 日至 11 日在菲律宾进行的第 27 届亚洲男篮锦标赛虽然中国队的战绩不佳，但收视表现较为理想，分别排在排名的第三至第五位（表 5）。

表 5　中央台五套播出的“2013 年篮球类赛事”收视排名前十位（所有调查城市）

排名	比赛名称	播出日期	开始时间	收视率%	市场份额%
1	2012/2013 赛季 NBA 总决赛第三场/热火 VS 马刺	2013. 6. 12	9: 07: 15	1. 2	10. 4
2	2012/2013 赛季 NBA 总决赛第七场/马刺 VS 热火	2013. 6. 21	9: 10: 21	1. 1	14. 3
3	2013 年亚洲男篮锦标赛 1/4 决赛/中华台北队 VS 中国队	2013. 8. 9	17: 44: 48	1. 1	5. 4
4	第 27 届亚洲男篮锦标赛/伊朗队 VS 中国队	2013. 8. 3	17: 45: 38	1. 1	5. 3
5	第 27 届亚洲男篮锦标赛第一阶段小组赛/中国队 VS 韩国队	2013. 8. 1	17: 44: 55	1. 1	5. 1
6	2012/2013 赛季 NBA 全明星赛扣篮赛	2013. 2. 17	11: 16: 58	1. 0	6. 5
7	2012/2013 赛季 NBA 总决赛第二场/热火 VS 马刺	2013. 6. 10	8: 07: 05	0. 9	9. 6
8	2012/2013 赛季 NBA 东部决赛第六场/步行者 VS 热火	2013. 6. 2	8: 33: 25	0. 9	8. 4
9	2012/2013 赛季 NBA 西部半决赛/勇士 VS 马刺	2013. 5. 11	10: 52: 36	0. 9	6. 9
9	2012/2013 赛季 NBA 西部决赛第三场/马刺 VS 灰熊	2013. 5. 26	9: 11: 32	0. 9	6. 9

注：该排名不包括颁奖仪式及集锦。
数据来源：CSM 媒介研究

2013 年，广州恒大像不可抵御的狂风，横扫中国和亚洲足坛，获得中超三连冠和亚冠联赛冠军，在中国掀起了恒大热潮。在 11 月 26 日晚马来西亚吉隆坡进行的 2013 年度亚足联颁奖典礼中，中国成为了大赢家，郑智荣膺亚洲足球先生，穆里奇加冕亚洲最佳外援，中国足协荣膺最佳足球协会，并获公平竞赛协会奖。中国国足在 2013 年进行的 5 场亚洲杯预选赛中的战绩为 2 胜 2 平 1 负，为获得亚洲杯正赛资格留有很大希望。受时差影响，欧洲各大联赛在中央台五套的收视表现并不太理想，未能进入到收视排名前十位。获得 2013 年足球类赛事收视率第一名的为 11 月 9 日进行的“2013 年亚洲冠军联赛决赛第二回合/韩国首尔 FC 队 VS 中国广州恒大队”，收视率高达 4.0%，市场份额为 10.1%（表 6）。

表 6　中央台五套播出的“2013 年足球类赛事”收视排名前十位（所有调查城市）

排名	比赛名称	播出日期	开始时间	收视率%	市场份额%
1	2013 年亚洲冠军联赛决赛第二回合/韩国首尔 FC 队 VS 中国广州恒大队	2013. 11. 9	19:56:26	4.0	10.1
2	2015 年亚洲杯预选赛/中国 VS 沙特阿拉伯	2013. 11. 19	19:27:30	2.9	7.7
3	2013 年亚洲冠军联赛决赛第一回合/韩国首尔 FC 队 VS 中国广州恒大队	2013. 10. 26	18:26:13	2.5	7.4
4	2015 年亚洲杯预选赛 C 组/中国 VS 伊拉克	2013. 3. 22	19:28:51	2.3	5.7
5	2015 年亚洲杯预选赛/中国 VS 印度尼西亚	2013. 11. 15	19:28:22	2.1	5.5
6	2013 年东亚杯足球赛/韩国队 VS 中国队	2013. 7. 24	18:53:31	1.8	5.5
7	2013 年亚洲冠军联赛半决赛次回合/中国广州恒大 VS 日本柏太阳神	2013. 10. 2	19:55:13	1.8	5.3
8	2013 年亚冠联赛 1/4 决赛第一回合/广州恒大 VS 莱赫维亚	2013. 8. 21	19:57:33	1.7	4.5
9	2013 年东亚杯足球赛/中国队 VS 日本队	2013. 7. 21	19:54:56	1.5	4.1
9	2015 年亚洲杯预选赛小组赛/中国 VS 印度尼西亚	2013. 10. 15	19:55:46	1.5	4.1

注：该排名不包括颁奖仪式及集锦。

数据来源：CSM 媒介研究

结语

由于缺乏大型赛事，2013 年体育电视节目人均收视量较 2012 年有所下降。全年体育赛事虽偶有亮点，但由于电视台的有限投入，使得体育电视节目的播出量也呈下降趋势。拥有优质赛事资源的中央级频道的强势地位依然无可撼动，但与2011 年相比也呈现下降趋势。而地方频道掌握的精品体育节目资源匮乏，无法吸引观众更多的注意力。如何合理配置体育电视资源是一个值得电视人考虑的问题。2014 年作为一个体育大年，将会有冬奥会、世界杯、亚运会等大型赛事上演，让我们一同期待。

（作者：于松涛）

2013 年晚间新节目观察

近年来在电视媒体市场增长面临天花板、卫视频道竞争进一步加剧、地面频道不断面临萎缩困境的情况下，电视节目创新逐渐成为频道强化自身品牌影响力和开拓受众领域的一个主要措施。无论是通过对已有栏目的改版升级以迎合观众快速变化的欣赏品味，还是打造全新栏目以对市场风向和未来发展空间的探测，都是电视媒体基于自身的资源、实力和市场状况所进行的变革与创新。本文基于2013 年电视节目市场，对中央电视台、省级卫视和 35 个城市①的地面频道在晚间 18:00—24:00 时段新节目②的播出与收视状况进行梳理与分析，以期对2013 年全年新节目的发展变化状况做一总结。

一、2013 年晚间时段新节目播出概况

1. 常态新节目占新节目总量的 1/4，该比例近两年来保持稳定

2013 年晚间 18:00—24:00，在 35 城市电视市场中，各级电视频道共播出新节目近3500 档，较 2012 年下降了 37%。其中，进入频道日常播出序列的常态新节目近 900 档，占新节目总量的 25.4%；以节庆/假日特别节目、电视活动及相关特别节目、才艺及相关电视比赛为主体的非常态新节目则占到新节目总量的 74.6%（图 1）。与 2012 年相

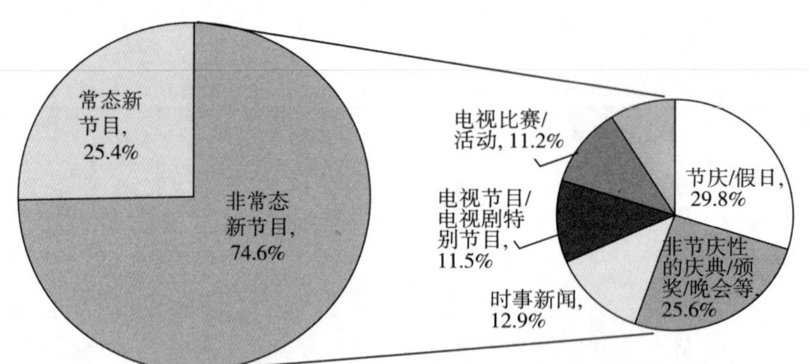

数据来源：CSM 媒介研究

图 1　2013 年常态新节目与非常态新节目的数量分布

① 35 城市包括 4 个直辖市、5 个计划单列市和 26 个省会城市（不包括拉萨）。

② 本文对新节目的界定为：各上星频道、省/市级地面频道 18:00—24:00 播出，同名称节目在 2012 年 1 月 1 日至 2012 年 12 月 31 日期间未出现过，节目长度超过 20 分钟（含 20 分钟）。以下节目类型不属于新节目范围：广告、频道包装、节目预告、导视节目、电视剧、电影、外语、各类体育赛事等。

比，常态新节目与非常态新节目的数量比例没有发生明显变化。非常态新节目集结大量频道优势资源且具有较强的灵活性，对丰富电视节目内容，在短时间内快速拉动收视具有明显的效果。

2. 新节目推出更集中于开年和春节期间

在中国的传统文化和民俗中，一元复始的1月往往寓意着新的生命力和新的开始，各级电视媒体也通常会在开年的第一个月集中推出大量新节目，以期在新一年节目市场的竞争中占据先机，因此1月份往往是常态新节目集中播出的时期，其数量比例超过全年其他任何一个月份。而中国最重要的节日春节也成为电视月历中的一个重要节点，以节日和欢庆为主题的非常态新节目在此期间集中推出，对于频道在节日期间锁定核心观众、争取游离观众、提升频道影响力等都具有一定的作用，这也是各级频道不惜投入大量的人力、物力、财力集中创制该类节目的初衷，2013年的春节在2月，非常态新节目数量超过了全年总量的三成（图2）。

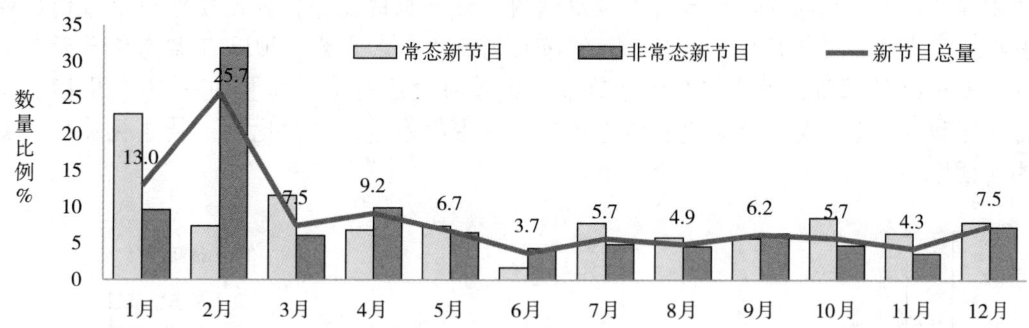

数据来源：CSM媒介研究

图2　2013年各月新节目播出数量占比（%）

3. 省级频道在节目创新数量上占据主体

2013年，各级电视频道新节目出新数量，基本延续了往年中央台细水长流、省级台加快推进、城市台稳步发展的特征，这是基于频道数量和资源分布的一种短期平衡。包括省级卫视和地面频道在内的省级频道新节目推出数量最多，常态新节目数量占所有频道总量的七成，非常态新节目数量也占到六成（图3）；其中省级卫视已经成为电视节目创新的一股中坚力量，借助创新节目内容营造收视热点和话题，提升频道品牌影响力已经成为强势省级卫视在内容策略上的一个不二选择。2013年省级卫视常态新节目占比仅次于数量众多的省级地面频道，以微弱的优势领先于市级频道。中央级频道数量有限，在节目创新上步伐更为稳健，2013年常态新节目仅占所有频道总量的5.1%，但非常态新节目占比达9.6%，在重大节日和新闻事件中显示出不凡的资源力、公信力和影响力。

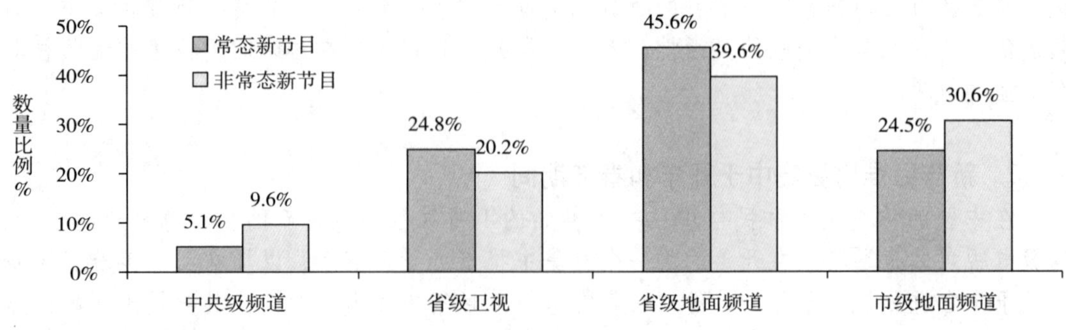

数据来源：CSM 媒介研究

图 3　2013 年常态新节目与非常态新节目在各级频道的分布比例（%）

4. 综艺节目是各级频道节目创新的重点领域

电视综艺节目作为多种元素的集成体，不仅在内容和模式上较易于推陈出新，在收视和品牌影响力上也具有其他节目类型短期内无法比拟的优势，因此在电视节目创新领域多年来担当着重要的角色，是各级频道节目创新的重点领域。2013 年常态综艺新节目所占比重达到 37.2%，而非常态综艺新节目比重超过所有节目总量的一半（图 4）。此外，专题和生活服务类新节目也在常态新节目中占据超过二成的比重，是电视节目创新的热点领域。

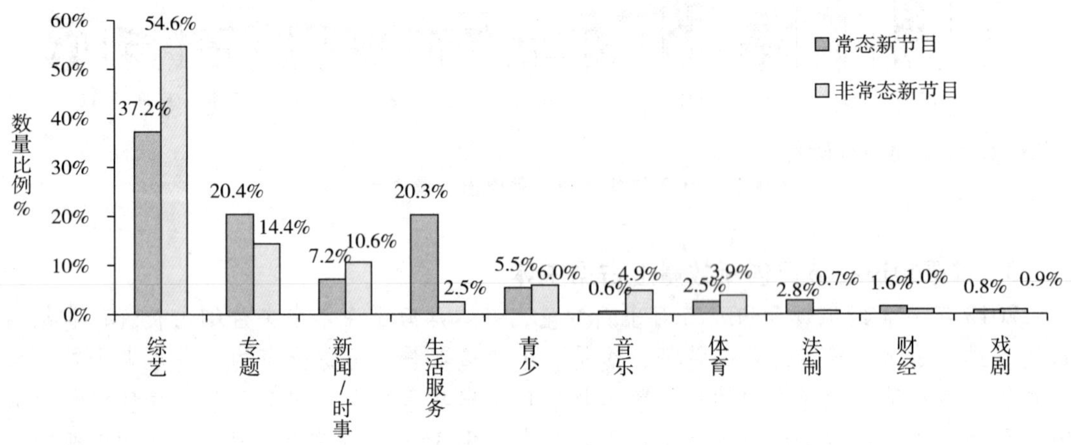

数据来源：CSM 媒介研究

图 4　2013 年新节目类型分布比例（%）

具体到不同级别的频道，在综艺类新节目一统天下的大格局下，基于自身的资源、受众、市场地位等因素的权衡和考量，不同频道节目创新的侧重点也存在着差异。卫视频道更侧重于依托自身的资源、覆盖优势打造专业节目，提升频道影响力和公信力；地面频道则继续在贴近性和实用性上下功夫，力图融入百姓的生活脉搏。

中央级频道在综艺节目之外，创新数量最大的是专题类新节目，军事类、访谈类、故事类新节目是中央级频道依托自身的资源优势重点打造的专题节目类型。省级卫视更侧重于利用大制作的版权引进类综艺节目扩大影响力，综艺类新节目所占比重超过其他级别频道，专题和生活服务类新节目也占据一定的比重。值得一提的是省级卫视非常态新节目中新闻/时事比例高达20%，在地震、洪灾等重大自然灾害事件中省级卫视也承担了主流媒体的责任，在抗震救灾宣传等方面发挥了自身的作用。省市两级地面频道在综艺节目之外，将更多的创新力量放在了生活服务类节目上，其常态生活服务新节目比重接近所有新节目总量的1/4，健康、饮食、旅游、汽车、美容/服饰等类生活服务节目紧贴地方受众的生活实际，成为地面频道节目创新的主要方向（表1）。

表1　2013 年各级频道常态新节目、非常态新节目的类型比例分布（%）

节目类型	所有频道		中央级频道		省级卫视		省级地面频道		市级频道	
	常态新节目	非常态新节目	常态新节目	非常态新节目	常态新节目	非常态新节目	常态新节目	非常态新节目	常态新节目	非常态新节目
综艺	37.2	54.6	37.8	48.6	53.7	62.8	31.8	50.5	30.7	56.4
专题	20.4	14.4	28.9	14.9	20.6	9.2	18.5	16.2	21.9	15.3
生活服务	20.3	2.5	8.9	2.0	11.9	0.4	24.3	3.2	23.7	3.2
新闻/时事	7.2	10.6	0.0	8.8	3.7	20.0	8.8	8.5	9.3	7.8
青少	5.5	6.0	4.4	3.6	5.0	1.5	5.5	6.8	6.0	8.6
法制	2.8	0.7	2.2	0.0	0.5	0.0	4.8	1.5	1.9	0.3
体育	2.5	3.9	4.4	5.6	0.9	1.7	2.5	5.3	3.7	2.9
财经	1.6	1.0	0.0	2.8	2.8	0.4	1.3	1.2	1.4	0.5
教学	1.0	0.6	0.0	0.0	0.0	0.0	1.5	0.7	1.4	1.0
戏剧	0.8	0.9	6.7	2.0	0.0	0.6	1.0	1.5	0.0	0.1
音乐	0.6	4.9	4.4	11.6	0.9	3.5	0.3	4.7	0.0	3.9
外语	0.1	0.0	2.2	0.0	0.0	0.0	0.0	0.0	0.0	0.0

注：省级地面频道包括直辖市地面频道。
数据来源：CSM 媒介研究

5. 常态新节目向后黄金时段集中，近一半节目的时长在30分钟左右

近年来，各级电视频道推出的常态新节目有向后黄金时段不断集中的趋势，2013年所有频道中开始时间在21:00—23:00之间的常态新节目数量占总体的四成以上，开播于晚间黄金时段的新节目数量则在三成（表2）。

中央级频道常态新节目在18:00—19:00、20:00—21:00两个时段开播较为集中，分别占到频道全天常态新节目数量的1/4左右，这两个时段开播的常态新节目播出量占比合计超过全天时段的一半。省级上星频道1/3的常态新节目在晚间21:00—22:00时段开播，还有超过四成的常态新节目在22:00—23:00推出，晚间“后黄金”时段成为省级

卫视以栏目为依托创新集中发力的时段。

省级地面频道在常态新节目播出的时间安排上较省级卫视有所提前，在20:00—22:00时段开播的常态新节目比重超过四成；城市电视台在20:00—21:00这一时段之外，在18:00—19:00的民生新闻时段常态新节目开播较多，与省级地面频道形成一定的差异和互补。

表2　2013年常态新节目播出时段分布（数量比例%）

开始时间	中央级频道	省级卫视	省级地面频道	市级地面频道	所有频道
18:00（含）—19:00	24.4	4.6	12.8	19.5	13.0
19:00（含）—20:00	8.9	3.2	17.5	15.3	13.0
20:00（含）—21:00	26.7	4.6	20.0	23.7	17.4
21:00（含）—22:00	17.8	33.0	21.5	16.7	23.0
22:00（含）—23:00	11.1	44.5	17.0	14.4	22.9
23:00（含）—24:00（含）	11.1	10.1	11.3	10.2	10.7
总计	100.0	100.0	100.0	100.0	100.0

数据来源：CSM媒介研究

常态新节目时长与该节目的资源承载力、频道内容的总体编排及相关电视市场的竞争策略有关。从常态新节目的播出时长来看，近一半的常态新节目时长在30分钟左右(20—40分钟)，其中超过三成的常态新节目时长在20—30分钟之间，近17%的节目时长在30—40分钟之间。时长超过90分钟的常态新节目比重不足10%（图6）。

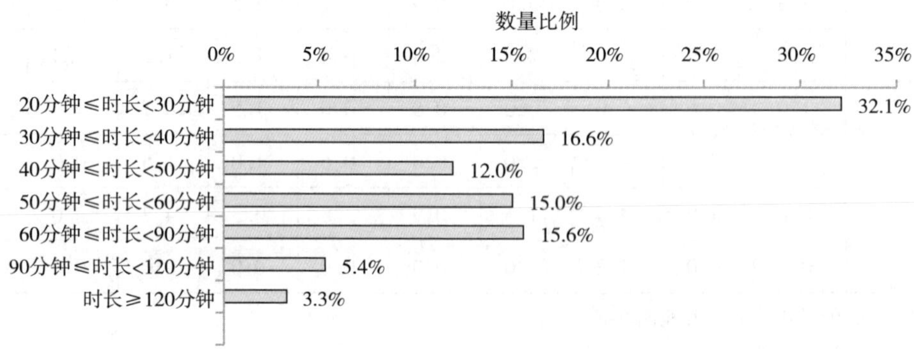

数据来源：CSM媒介研究

图6　2013年常态新节目时长分布比例（%）

二、2013年上星频道常态新节目收视概况

在本文所研究的新节目中，与频道在节庆假日或特殊时期推出的一次性非常态新节目相比，进入频道日常播出序列的常态新节目对于频道强化品牌、拉动收视等具有持续的影响力，因此，下文主要对2013年上星频道常态新节目在71城市的收视表现做简要分析。

1. 上星频道新节目收视冲高能力有限，市场份额超1%的节目仅占35%

继2012年各级电视媒体电视节目创新回归理性之后，2013年电视节目创新的步伐有所放缓，在收视水平上，除了少数节目能在短时期内爆发出较强的冲高能力外，多数节目对于收视的拉动作用有限。2013年在71城市中，上星频道晚间18:00—24:00播出的常态新节目，有41%的节目平均收视水平在0.1%以下；从市场竞争力来看，65%的新节目市场份额不足1%（图7、图8）。

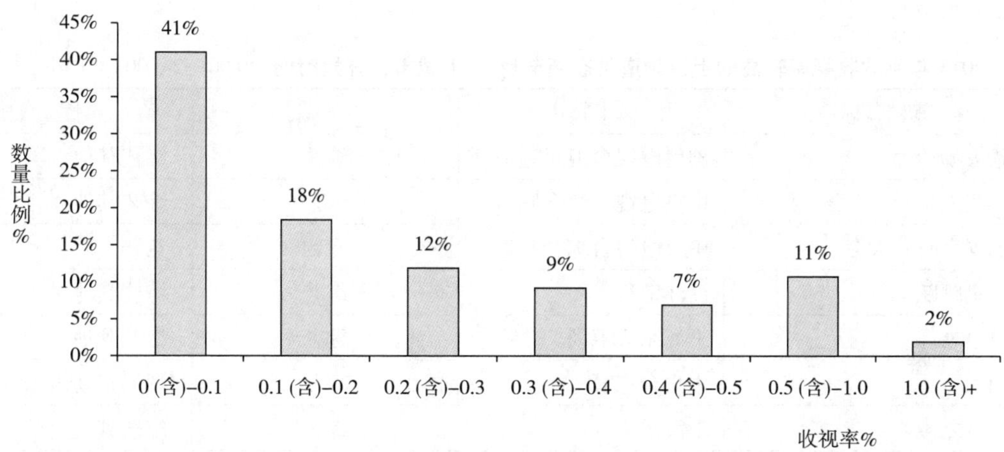

数据来源：CSM媒介研究

图7　2013年上星频道常态新节目平均收视率分布（71城市，18:00—24:00）

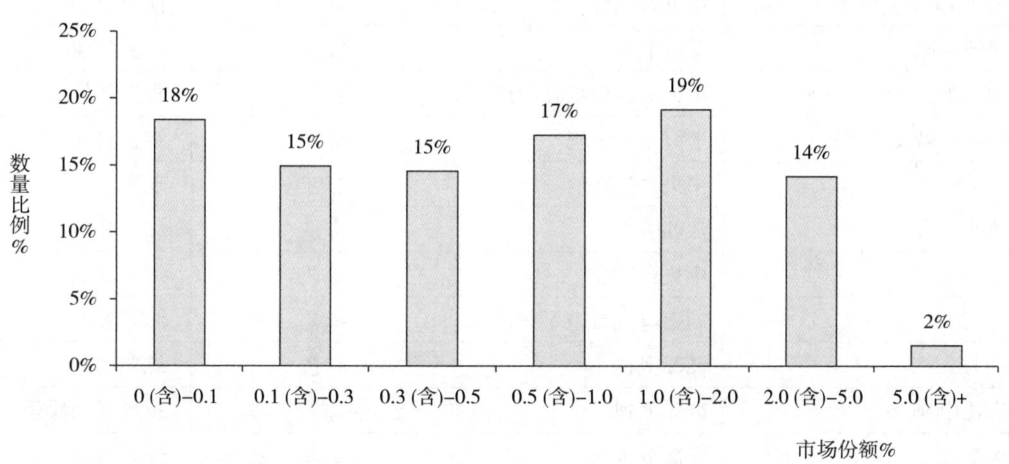

数据来源：CSM媒介研究

图8　2013年上星频道常态新节目平均市场份额分布（71城市，18:00—24:00）

2. 常态综艺类新节目仍是上星频道的收视法宝，中央台高收视新节目更为多元

从上文分析可以看出，上星频道常态新节目在收视表现上存在一定的量质不齐，收视水平上的两极分化也比较突出。2013 年晚间时段 71 城市平均收视率前二十位的上星频道常态新节目，仍以综艺节目为主，湖南卫视的《爸爸去哪儿》拔得头筹，中央电视台综合频道的《舞出我人生》也获得了较高的收视关注。省级卫视高收视新节目全部是综艺节目，而中央台新节目中，音乐、青少和专题类新节目均有入围，较省级卫视更加多元（表3）。

表3　2013 年平均收视率较高的上星频道常态新节目（71 城市，开始时间 18:00—24:00）

节目名称	播出频道	类别	属性
爸爸去哪儿	湖南电视台卫星频道	综艺	综艺其他
舞出我人生	中央电视台综合频道	综艺	综艺其他
中国汉字听写大会	中央电视台综合频道	专题	竞赛
闪亮星跳跃	浙江卫视	综艺	综艺其他
舞林争霸	上海东方卫视	综艺	综艺其他
开门大吉	中央台三套	综艺	现场互动娱乐
中国梦之声	上海东方卫视	综艺	综艺其他
CCTV 直通春晚	中央台三套	综艺	综艺其他
正大综艺宝宝来啦	中央电视台综合频道	综艺	综艺其他
唱吧 2013 消夏歌会	中央台三套	音乐	演唱会
超级演说家	安徽卫视	综艺	综艺其他
加油少年派	中央电视台综合频道	青少	青少其他
妈妈咪呀做女人就这样	上海东方卫视	综艺	综艺其他
黄金 100 秒	中央台三套	综艺	现场互动娱乐
星跳水立方	江苏卫视	综艺	综艺其他
越战越勇	中央台三套	综艺	综艺其他
我是歌手	湖南电视台卫星频道	综艺	综艺其他
郭的秀	江苏卫视	综艺	综艺其他
王牌谍中谍	浙江卫视	综艺	现场互动娱乐
超级笑星	安徽卫视	综艺	综艺其他

数据来源：CSM 媒介研究

从平均收视率超过0.5%的常态新节目数量的频道分布来看，浙江卫视、中央台三套、中央台综合频道表现最为突出，播出的高收视新节目数量较多（表4），其中浙江卫视播出的《闪亮星跳跃》《王牌谍中谍》《中国星跳跃》《我爱记歌词大牌遇见好声音》《转身遇到 TA》《谁敢站出来》《人生第一次》等节目平均收视均在0.5%以上。

表4　2013 年平均收视率超过 0.5% 的常态新节目在各上星频道的分布比例（71 城市，开始时间 18:00—24:00）

频道名称	数量占比%
浙江卫视	20.6
中央台三套	14.7
中央电视台综合频道	11.8
安徽卫视	8.8
湖北卫视	8.8
湖南电视台卫星频道	8.8
上海东方卫视	8.8
江苏卫视	5.9
深圳卫视	2.9
中央电视台新闻频道	2.9
中央台二套	2.9
中央台五套	2.9

数据来源：CSM 媒介研究

三、2013 年节目创新总体特点

2013 年的新节目虽然在创新数量上较往年有所下降，但在节目创新理念、节目创新领域、节目元素开发和传播空间扩展等方面，都表现出了较为鲜明的特点。

1. 版权引进仍是创新节目高收视的重要保障

通过引进海外模式类节目的版权打造频道品牌节目，是近年来强势卫视内容资源创新的一个重要方式，尽管在广电主管部门加强版限娱令等诸多政令的限制之下，自 2013 年第三季度以来版权引进的风潮有所减弱，但从全年新节目的收视效果来看，版权引进类节目仍然是新节目高收视的重要保障。在 71 城市晚间 18:00—24:00 时段开播的卫视新节目收视前三十位中，17 个节目都是有明确的版权引进“血统”的节目（表 5），且全部为综艺类节目。原创节目尽管也占据了一定的数量，但其中一部分节目是版权类节目的衍生节目，另有一些节目也是强势频道集中大量资源重金打造的节目。

在模式类节目带来高收视的市场繁荣表象下，原创力量的薄弱成为我国电视节目创新尤其是综艺节目的创新之殇。当然，我们也应该看到，引进海外节目的版权可以在一定程度上给国内电视人以指引和刺激，从引进到研究再到本地化最终实现新的创意和新的模式，加之主管部门在政策上的保护和扶持，未来中国的原创电视节目还是充满希望的。在这个过程中，原创文化的保护和培养也需要时间和过程。

表5 2013年上星频道部分收视较高的版权引进类节目

节目名称	播出频道	版权国	原版节目
爸爸去哪儿	湖南电视台卫星频道	韩国	爸爸！我们去哪儿?
舞出我人生	中央电视台综合频道	美国	*Dancing with the Stars*
舞林争霸	上海东方卫视	美国	*So You Think You Can Dance*
开门大吉	中央台三套	爱尔兰	*SuperStar DingDong*
中国梦之声	上海东方卫视	美国	*American Idol*
正大综艺宝宝来啦	中央电视台综合频道	美国	*Bet On Your Baby*
妈妈咪呀做女人就这样	上海东方卫视	韩国	*Super Diva*
黄金100秒	中央台三套	英国	*Don't Stop Me*
星跳水立方	江苏卫视	德国	*Stars in Danger：The High Dive*
我是歌手	湖南电视台卫星频道	韩国	我是歌手
王牌谍中谍	浙江卫视	英国	*Poker Face*
谁是我家人	湖北卫视	荷兰	*Who Is My Family*
我的中国星	湖北卫视	韩国	*Super star K*
中国最强音	湖南电视台卫星频道	英国	*The X Factor*
中国星跳跃	浙江卫视	荷兰	*Celebrity Splash*
转身遇到TA	浙江卫视	美国	*The Choice*
男左VS女右	深圳卫视	荷兰	*Battle of the Sexs*

数据来源：CSM媒介研究

2. 歌舞、游戏、亲子成为真人秀的主要创新领域

在综艺节目创新中，真人秀长期以来占据着主导地位。尽管2013年真人秀创新要素中增加了许多新的方向，如跳水、喜剧、语言等，但从年度市场整体的热播类型和发展趋向上看，歌唱、舞蹈、益智仍然是创新最为集中的真人秀类型，户外亲子类真人秀在第四季度也掀起了收视热潮，引发来年的新的创新猜想。

2013年在收视和口碑上都有不错表现的歌唱类真人秀不胜枚举。湖南卫视的《中国最强音》《我是歌手》，上海东方卫视的《妈妈咪呀做女儿就这样》《中国梦之声》，浙江卫视的《我爱记歌词大牌遇见好声音》等，引领了2013年歌唱真人秀的新的风潮。舞蹈类真人秀中，中央电视台综合频道的《舞出我人生》、湖南卫视的《奇舞飞扬》和上海东方卫视的《舞林争霸》则成为标杆节目。

游戏益智类节目从2013年第一季度开始就成为节目创新中的新的发力点。中央台三套的《开门大吉》在竞猜中加入明星模仿秀，《越战越勇》融“明星挑战”“百姓梦想”“综艺互动”元素于一身，浙江卫视《王牌谍中谍》强调对选手IQ、EQ双重考验，深圳卫视《男左VS女右》突出性别视角差异和明星真人互动，湖北卫视《谁是我家人》围绕家庭关系和代际沟通展开游戏和竞猜。可以说，2013年游戏竞猜类真人秀的创新已

经开始挖掘和尝试不同的领域及视角，在收视上也可圈可点。

随着2013年10月底“加强版限娱令”的出台，围绕亲子教育、代际互动、成长励志等展开的创新节目开始引领新的风潮。尤其是湖南卫视《爸爸去哪儿》的热播，带动了一批户外明星亲子真人秀的出现，并使此类节目在2014年成为新的竞争热点。可以预期，在市场规律的主导之下，未来能在市场上存活下来的节目更偏向于大投入、大制作的节目。

3. 对明星资源的开发挖掘向纵深发展

在我国电视节目更迭、尤其是电视综艺娱乐节目的不断推陈出新过程中，草根和明星作为电视节目的两类主体，曾经交替登场，扮演着不同的角色。在由明星游戏到草根娱乐，再到明星真人秀的不断演化中，2013年创新节目对明星资源的挖掘开始向纵深发展，个性明星与明星衍生人群成为节目创新的新亮点，节目注重挖掘明星或是讲述人、或是评判人的真性情，而与明星相关的人群，如明星配偶、子女也开始成为真人秀的参与主体，其所获得的关注度空前提高。

2013年4月，浙江卫视《中国星跳跃》和江苏卫视《星跳水立方》先后登场，影视明星跨界参加跳水，开辟了电视节目对明星资源开发的一个新领域。湖南卫视的《我是歌手》则将演唱明星推上了对决的擂台，具有淘汰性质的赛制让电视机前的观众也为每场人气落后的歌手捏了一把汗。而在明星担任评委的选秀节目中，固然各有所长的草根选手是节目亮点，但评委席上的明星评委所展露出的性情、喜好甚至一些言论成为节目人气高涨的另类标签，体现了电视节目制作者对明星资源运用的全新领悟。

进入2013年下半年后，对明星衍生人群的挖掘成为电视节目创新的又一个杀手锏。浙江卫视的星二代才艺展示真人秀《我不是明星》，从星二代的角度出发，着重凸显星二代摆脱父母的光环，努力奋斗，实现梦想的节目主旨。湖南卫视的《爸爸去哪儿》则着实捧红了几位年龄尚小的“星二代”，并成功带动了其他频道同类节目的创新热潮。

不仅如此，明星与平民成长起来的选手的同台献艺也成为新一季的节目创新亮点，二者的巧妙结合在节目中能碰撞出更加耀眼的火花。在《中国好声音》持续火爆的前提下，浙江卫视在老牌黄金档栏目《我爱记歌词》基础上升级推出《我爱记歌词大牌遇见好声音》音乐交流综艺节目，两代歌手间通过音乐的交流与分享，大牌的实力唱功、舞台魅力和新手的蜕变成长成为节目的最大看点。

4. 地面频道游戏节目风生水起，公益及奖励节目助力收视上扬

与卫视频道大片式的创新节目相比，2013年地面频道节目创新以贴近本土为主要原则，互动游戏、益智竞猜、答题闯关类新节目大量涌现，在本地收视表现排行上也均处于较为领先的位置。

与上星频道同类节目相比，地面频道收视较高的游戏新节目，在公益性、奖励性、励志性上凸显本土化特征，在互动形式上也更趋丰富多样。山东电视齐鲁频道的《好运连连到》，以各种互动游戏为载体，用奖品来吸引，让观众体验到消费游戏和娱乐过程。江苏电视台体育休闲频道的《购物也疯狂》，以益智游戏为载体，通过游戏比拼揭晓商

品底价，每期节目选手代表各自的城市出战，如果成功，节目组将会帮助其实现公益梦想，凸显了节目的公益性。山东电视生活频道的《让梦想飞智者为王》，融合才艺展示和答题抢奖品等为一体，选手都是生活中的小人物，同时又都是梦想的巨人，试图用自己的才艺和智慧改变命运，展现节目励志的一面。

此外，地面频道游戏节目也试图在表现形式上有所突破，通过与其他节目模式的融合或是融入明星竞猜等形式，获得观众的关注。河北电视台农民频道的《男过女人关》，启用12位类型各异的美女在台上守擂，单个男生上台闯关，用传统相亲节目的舞台做益智类综艺节目，播出后在当地收视表现较好。上海电视台娱乐频道《是谣言吗》，通过明星竞猜的形式，揭开生活中的“谣言”和“类谣言”，如雾霾天戴口罩是否有效果、被暴晒过的矿泉水是否有致癌物等，播出后也获得了较好的收视反馈。

5. 全媒体传播尝试在电视节目创新中有更多体现

随着新媒体进一步扩大自身的传播时空和影响力，传统电视媒体通过借鉴新媒体的一些内容、资源、传播模式进行节目再造、升级和创新已经不是什么新鲜的事物。2013年，电视媒体节目创新中有更多对全媒体传播的尝试，台网联动在新节目中的表现形式也更趋多样。

◎ 视频互动类节目

视频互动类节目是2013年采用台网联动形式的常态新节目中出现较多的一种，此类节目以热门网络视频为依托，对网络上的热门视频或是本地观众提供的原创视频进行展示、点评和引申。

中央台综合频道的《博乐先生微逗秀》，向社会征集视屏并集成海量幽默素材中的最优质部分，致力打造一个全民互动分享幽默视频最活跃的平台，主持人高博的加盟更使节目兼具明星脱口秀的风格。中央台三套也在8月推出了《@秀最优微视频》，旨在为不会上网的观众提供来自网络上的幽默、牛人、创意与分享短片。地面频道中，江苏城市频道《天天视频汇》针对本埠事件、热点新闻与网络话题，内容选择多面向都市，观众也可以通过拍DV、发微信、推荐视频等方式广泛参与节目，是城市电视媒体全媒体传播的重要尝试。

◎ 微时代元素类节目综合

2013年，随着受众的时间及传播需求的进一步“碎片化”，以微博、微信、微电影等为代表的软件及产品形式加速了微时代的到来，电视人也敏锐地捕捉到了这一讯息，在电视节目创新中不断尝试带有微时代特征和元素的新节目。

《微影大搜索》是合肥电视台与合肥论坛携手打造的一档以视频、微电影为元素的平民闯关秀，为普通百姓打造电影梦想，同时介绍国内外微电影动态，推荐介绍安徽本土以及热播的微电影作品。峨眉电影频道针对“微博”这一新兴网络传播平台，与新浪四川以及新浪微博北京总部深度合作，推出新栏目《微博达人》，是频道探索网络媒体和传统电视媒体合作新模式的一种新尝试，为频道在年轻受众群体中扩大影响力做一定的积累。此外，各级电视媒体在2013年还举办了相当数量的微视频、微电影、微纪录片的作品展播、颁奖典礼等活动，释放微时代元素在电视节目中的创新活力。

◎ 综合杂志类节目

在视频分享与互动之外，有些新节目集成热点话题、焦点人物、原创作品、热点视频、幽默图片段子等多种内容，打造成集结全媒体信息资讯的综合杂志类节目。河南卫视2013年6月推出的《网络大当家》，就是以拍客原创视频、热点话题、焦点人物为主，将一周热点话题、焦点人物、上榜原创作品、最具看点视频尽囊括入节目之中。天津电视台都市频道2013年1月推出的《微观博览》，则借助脱口秀形式将当天网络上最受观众和网民关注的话题、微博、视频、图片、段子进行点评，在理性与感性间嬉笑怒骂，不失智慧与尖锐。

结语

2013年，在市场竞争和政策规范等多重力量的共同影响下，我国各级电视媒体的节目创新步伐进一步放缓。在节目创新回归理性的前提下，各级频道常态新节目存在一定的量质不齐，收视水平上的两极分化略显突出，版权引进类节目仍然是新节目高收视的重要保障。尽管如此，2013年新节目在创新理念、创新领域、节目元素开发和传播空间扩展等方面，仍有很多的突破和发展，尤其是借鉴新媒体的一些内容、资源、传播模式进行节目再造、升级和创新，并在节目创新中尝试带有微时代特征和元素的新节目，应对受众时间及传播需求“碎片化”的步伐进一步加快。随着2013年下半年加强版限娱令的出台，国内电视媒体原创节目获得了政策上的保护，希望在来年的电视节目创新中，各级电视媒体能够进一步担当起传承原创文化的责任，使节目创新向自主、自立、自有的方向迈进。

（作者：周欣欣）

全国上星频道高收视栏目分布特征分析

品牌栏目对于竞争激烈的电视市场而言，是提升频道知名度、增强媒体影响力的重要资源，而高收视率是一个栏目能否被称之为品牌栏目的重要指标之一。本文梳理了2013 年全国上星频道播出的收视率达到或超过1%的常规栏目①，从播出平台、播出日期、节目类型等角度出发，探寻高收视栏目的分布特征，以期为业内人士提供参考与借鉴。

一、常规栏目收视率呈金字塔分布，高收视栏目比例不足 1.5%

2013 年，全国上星频道共计播出常规栏目 22 万余期（次），按照收视率区间进行划分，其呈现出金字塔形分布特征：随着收视率的提升，栏目期次锐减。具体来看，收视率在0.09%及以下的栏目比例高达66.23%，收视率在0.1%—0.99%之间的栏目占比32.32%，收视率达到或超过1%的栏目比例仅有1.46%（表1）。探究这1.46%的高收视栏目分布特征，有助于理清观众的收视倾向，更好地把握观众的收视需求。

表1　2013 年上星频道栏目收视率分布情况（71 城市）

收视率区间	全国上星频道		
	栏目期数	比例%	合计%
超过2%	499	0.22	1.46
1.5%—1.99%	791	0.35	
1%—1.49%	2019	0.89	
0.5%—0.99%	7940	3.50	32.32
0.1%—0.49%	65418	28.82	
0—0.09%	150336	66.23	66.23

数据来源：CSM 媒介研究

① 不包含影视剧、动画、演唱会、文艺晚会、体育赛事及单期播出时长小于5 分钟的栏目。

二、高收视栏目多集中于中央台和省级强势频道

将高收视栏目按不同频道组划分后可以看出，高收视栏目更多地集中在中央台频道。具体来看，中央台的高收视栏目占全国上星频道高收视栏目播出总量的88%，省级卫视仅占12%。中央台的高收视栏目主要集中在综合、中文国际、综艺和新闻频道；省级卫视的高收视栏目多集中在江苏、湖南、浙江等强势频道（图1）。

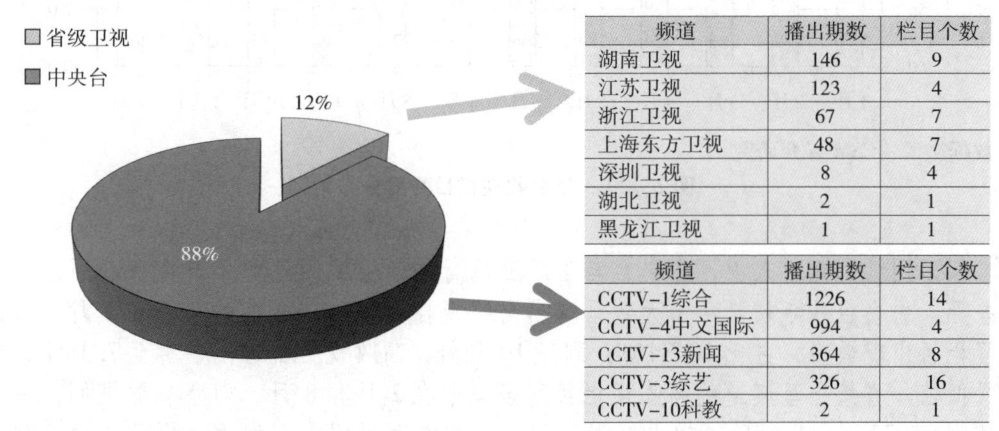

频道	播出期数	栏目个数
湖南卫视	146	9
江苏卫视	123	4
浙江卫视	67	7
上海东方卫视	48	7
深圳卫视	8	4
湖北卫视	2	1
黑龙江卫视	1	1

频道	播出期数	栏目个数
CCTV-1综合	1226	14
CCTV-4中文国际	994	4
CCTV-13新闻	364	8
CCTV-3综艺	326	16
CCTV-10科教	2	1

数据来源：CSM媒介研究

图1 2013年高收视栏目不同频道组分布特征

从高收视栏目的播出期数和栏目个数统计来看，播出高收视栏目次数最多的是中央电视台综合频道，共有1226期（次）栏目收视率达到或超过1%，其次为中央电视台中文国际频道，共有994期（次）栏目收视率达到或超过1%，中央电视台综艺频道排名第三，共有364期（次）栏目收视率达到或超过1%。如果从高收视栏目的个数来看，排名第一的为中央电视台综艺频道，有16个栏目入围；中央电视台综合频道位居第二，有14个栏目入围；湖南卫视位列第三，有9个栏目入围。

三、高收视栏目多出现在冬季和寒暑假期间

如果按月统计2013年全国高收视栏目的出现频次，可以发现高收视栏目呈现出冬季和寒暑假较多的分布特征。具体来看，春节所在的1月份，高收视栏目的期数多达333期，明显高于其他月份。自2月份以后，随着时间的推移，高收视栏目的出现频次逐渐下降，到7、8月份又有小幅回升，10月份高收视栏目出现的频次最低，为241期，11—12月份，高收视栏目出现频次再次回升（图2）。

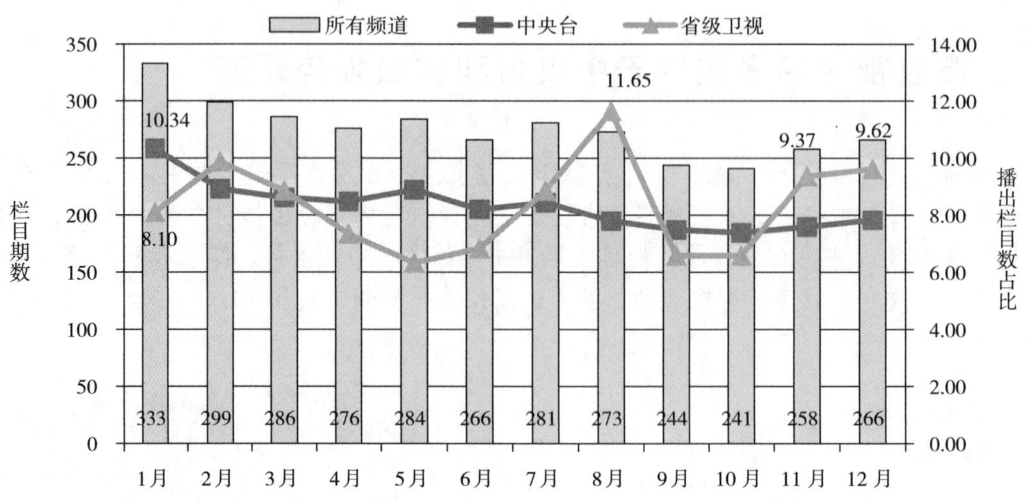

数据来源：CSM 媒介研究

图2 2013 年高收视栏目月度分布特征

从不同级别频道来看，中央台与省级卫视高收视栏目的月度分布特征之间存在一定的差异。中央台从年初至年末大致呈现出高收视栏目逐月减少的趋势，在1月份时，高收视栏目出现最多，占比10.34%；到了10月份，高收视栏目占比下滑至7.38%，为全年最低值。省级上星频道的高收视栏目则多集中在2月和8月，即寒暑假期间，占比分别达到9.87%和11.65%。这与省级卫视多集中在寒暑假期间发力，拼抢青少年观众收视不无关系。此外，2013年11—12月，省级卫视的高收视节目出现频次也大幅冲高，分别达到9.37%和9.62%。年末是综艺节目发力的好时机，多家省级卫视借此发力，高收视栏目频现。

四、高收视栏目多集中在周末

如果按周天来统计高收视栏目的出现频次，2013年全国高收视栏目出现在周末的频率高于平时，周末出现高收视栏目的频次均超过500期（次），而周一至周四期间，高收视栏目出现的频次为400期次左右，其中周三出现频次最低，仅为378期（图3）。这与观众周末有更多的闲暇时间，更多好看好玩的栏目被安排在周末期间播出有一定关系。

从不同频道组来看，中央台高收视栏目在一周各天中出现的频次较为均衡，每天高收视栏目占总数的比例基本在14%上下波动，在周六和周日期间，高收视栏目出现的频次略高于工作日，周末两天中，周六略高于周日。省级卫视高收视栏目则明显集中在周末，具体来看，周五至周日三天中，周五出现高收视栏目的比例最高，达31.9%，这与2013年以来省级卫视多档高收视综艺栏目如《中国好声音》《中国梦想秀》《爸爸去哪儿》等均安排在周五晚间时段播出有很大关系，周五晚间时段已成为省级卫视争抢观众的重要阵地；周六和周日的高收视栏目占比分别为29.87%和26.84%，呈现逐天递减的趋势；在周一至周四当中，周二和周四的高收视栏目占比高于周一和周三，其中上海东方卫视《妈妈咪呀》（周二）和湖南卫视《百变大咖秀》（周四）亦有较好的收视表现。

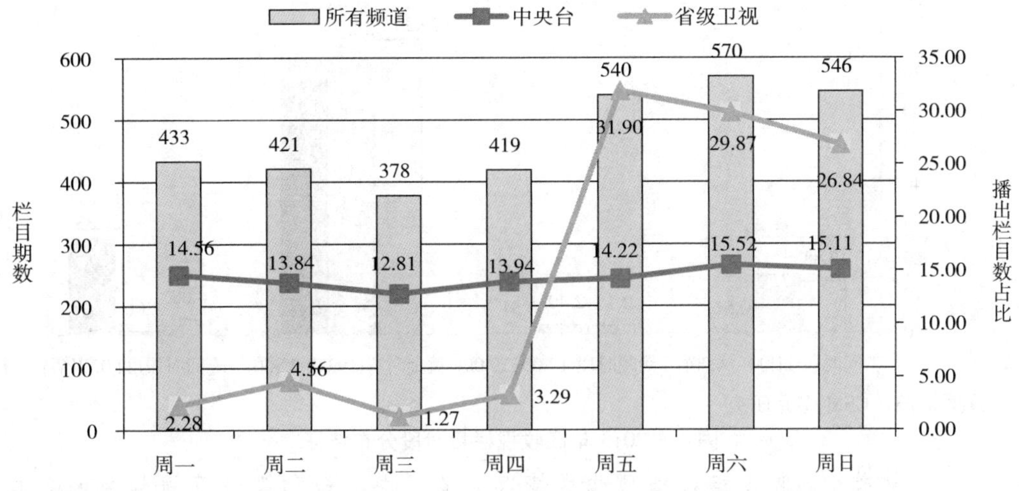

数据来源：CSM 媒介研究

图 3　2013 年高收视栏目周天分布特征

五、高收视栏目多集中在黄金、午间和后晚间时段

如果按高收视栏目在全天不同时段出现的频次进行统计可以看出，19:00—22:00 时段是当之无愧的“黄金时段”，2013 年全国上星频道播出的高收视栏目中有近 80% 的栏目出现在黄金时段，此外，有超过 13% 的高收视栏目出现在午间时段。

从不同频道组来看，其分布特征也各有不同。中央台的分布特征与上星频道整体基本一致，高收视栏目主要集中在黄金时段，部分高收视栏目出现在午间时段，傍晚和 22:00以后的后晚间时段有少量高收视栏目出现。省级卫视的高收视栏目主要集中在 19:00以后，其中近七成的高收视栏目出现在黄金时段。随着国家广电总局关于减少综艺栏目在黄金时段播出“限娱令”的推行，省级上星频道纷纷将综艺栏目调整到 22:00 以后播出，使得 22:00 以后时段成为各频道争抢的第二阵地，从而也带动了 22:00 以后时段成为省级上星频道继黄金时段之后的第二个高收视栏目时段（图 4）。

六、高收视栏目以新闻/时事类和综艺类为主

将高收视栏目按栏目类型进行汇总后分析发现，高收视栏目的类型较为集中，主要以新闻/时事类和综艺类为主，这两类栏目占据了高收视栏目的八成以上，其中新闻/时事类栏目占比 64.58%，综艺类栏目占比 23.17%。法制类栏目出现频次也相对较高，约有 10.53%。专题、青少和音乐类栏目也有少量出现。

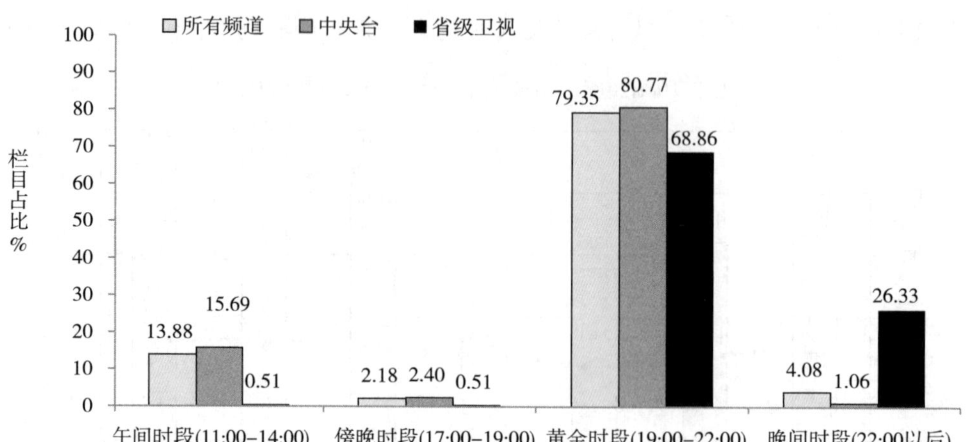

数据来源：CSM 媒介研究

图 4　2013 年高收视栏目时段分布特征

从不同频道组高收视栏目类型构成情况来看，中央台和省级卫视频道的差异较大。中央台的高收视栏目以新闻/时事类为主，占比 73.21%，综艺和法制类栏目分别占比 13.53% 和 11.96%。省级卫视的高收视栏目则多为综艺类栏目，占比高达 94.18%（表 2）。

表 2　2013 年不同频道组高收视栏目类型分布特征

节目类型	所有频道	中央台	省级卫视
新闻/时事	64.58	73.21	1.01
综艺	23.17	13.53	94.18
法制	10.53	11.96	——
专题	1.69	1.27	4.81
青少	0.03	0.03	——

数据来源：CSM 媒介研究

七、中央台高收视栏目类型较为多元

中央台高收视栏目主要出现在综合、中文国际、综艺、科教和新闻频道中，其中综合频道的高收视栏目类型较为全面，包含新闻/时事、法制、综艺、专题和青少 5 种类型；中文国际和新闻频道均以新闻/时事类栏目为主，综艺频道以综艺栏目为主，科教频道的专题类栏目也有上榜（图 5）。

从具体栏目来看，中央台 2013 年高收视栏目共计 37 档，其中有 5 档为 2013 年推出的全新栏目，占比 13.5%。在新推出的 5 档栏目中，《中国汉字听写大会》作为原创文字类栏目，以独特的栏目定位和全新的赛制流程获得了收视和口碑的双重成功。在栏目播出期间，收视成绩持续保持明显提升趋势，10月18日的决赛，综合频道和科教频道分列全国上星频道同时段收视的第一和第三名，综合频道收视水平较平时同时段提升110%，科教频道更是创下2013年以来的收视新高。此外，综合频道的《舞出我人生》《梦想星搭档》、综艺频道的《开门大吉》和《黄金100秒》均为综艺栏目，其中《开门大吉》收视表现最为突出，截至2014年1月底，已经成为继《星光大道》之后中央台又一档高收视综艺栏目。

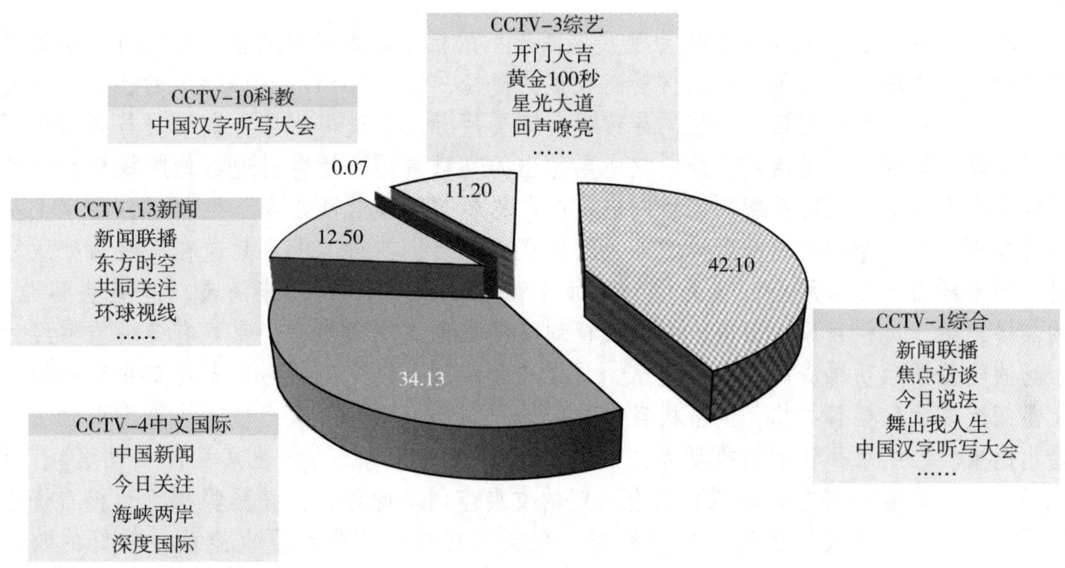

数据来源：CSM媒介研究

图5 2013年中央台频道组高收视栏目分布特征（栏目占比%）

八、省级卫视高收视栏目以综艺类栏目为主

2013年省级卫视高收视节目共涉及8个频道，33档栏目。其中仅深圳卫视的《直播港澳台》为新闻栏目，《解密》和《军情直播间》为专题栏目，其余均为综艺栏目。

在综艺栏目中，江苏卫视的《非诚勿扰》以出现112期（次）成为出现次数最多的栏目。湖南卫视的《爸爸去哪儿》以单期收视率5.14%的收视成绩成为冲高能力最强的栏目。以高收视栏目为核心资源开发的衍生栏目如《酷我真声音》《闪亮星跳跃》亦获得观众认可，收视频频冲高。省级卫视2013年推出的新栏目入围高收视栏目的共计11档，分别为江苏卫视的《郭的秀》《星跳水立方》，上海东方卫视的《妈妈咪呀》《中国梦之声》，湖南卫视的《我是歌手》《中国最强音》《爸爸去哪儿》，浙江卫视的《中国星跳跃》《闪亮星跳跃》《我不是明星》和湖北卫视的《我的中国星》，占高收视栏目总档数的34.38%。在这11档新栏目中，有8档为引进类栏目，有6档为歌唱类真人秀，收视表现和观众评价各有不同。具体来看，《星跳水立方》和《中国星跳跃》以“明星”和“跳水”的搭配组合博取观众眼球，以体育竞技为卖点，获得观众广泛关注；

《爸爸去哪儿》以明星亲子旅行生存体验为看点，成为2013年以来全国首档“零差评”栏目。在6档歌唱类真人秀栏目中，栏目定位各有不同，《我是歌手》以明星比赛为切入点，《妈妈咪呀》以已婚妈妈作为主角，《我不是明星》为星二代提供展示才艺的舞台，虽然同为歌唱类真人秀栏目，但栏目定位不同，表现方式有所差异，收视表现和观众感受也有所不同。但是值得一提的是，尽管各家均竭尽所能重金打造，力求把自家的歌唱类真人秀栏目做得与众不同，但效果均未超过《中国好声音》所创造的“票房”纪录。

2014年伊始，综艺类栏目作为观众喜闻乐见的栏目形式依然是各上星频道拼争的重要阵地。引进海外版权虽然是获得较高收视的捷径，但从2013年的情况来看，众多频道竞相加入购买，大量栏目形式雷同导致观众审美疲劳，引进类栏目再也无法与高收视栏目直接画上等号，加上购买海外版权所要付出的高额费用，使得引进海外版权栏目的使用效益大大降低。同时随着国家新闻出版广电总局“加强版限娱令”的推行，各家上星频道每年只能新增购买一档引进境外版权模式的栏目，使得各上星频道在购买海外版权时不得不考虑得更加周全，购买行为更加理智。2013年10月以来随着《爸爸去哪儿》的热播，亲子类栏目风头正盛，多家卫视均陆续推出类似的栏目，究竟有多少能够经过市场的检验最后获得成功还有待观察。总局“加强版限娱令”的另一条规定中明确提出上星频道要优化栏目结构，丰富栏目类型，加强国产纪录片、国产动画片等类型栏目的播出比重。在纪录片目前拍摄量无法满足播出需求的情况下，如北京卫视《档案》、湖北卫视《大揭秘》等专题类栏目将有一定的发展空间。此外，依托强势栏目为核心资源的衍生栏目作为高收视栏目的有力补充，在高收视栏目的带动下也能获得较好的收视效果。

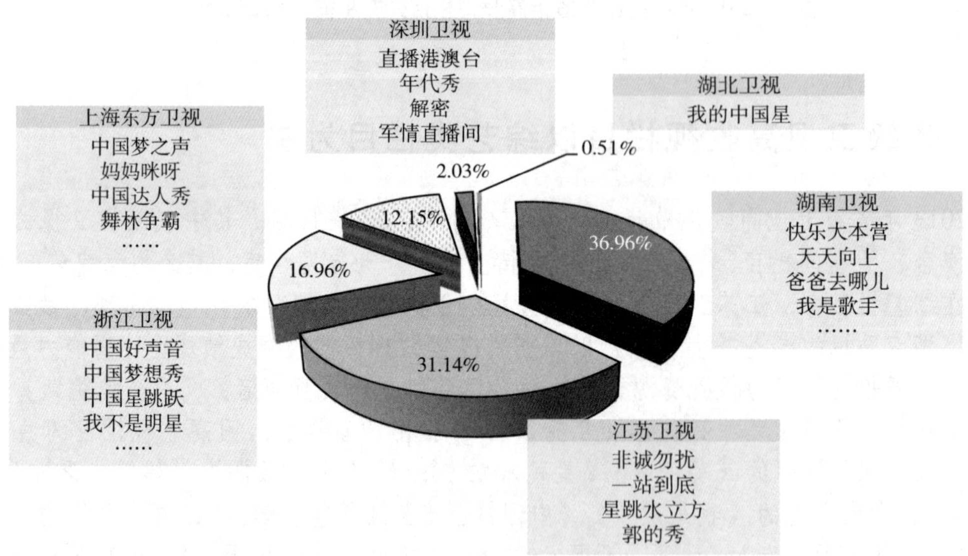

数据来源：CSM 媒介研究

图6　2013年省级卫视高收视栏目频道分布特征（栏目占比%）

结语

高收视栏目的分布特征从一定程度上反映了观众的收视偏好和收看习惯。高收视并非栏目和频道所要追求的最终目的，在获得观众收视时间投入的基础上，继续从顺应观众的收视需求出发，以新颖、独特、精致的高质量栏目换取观众更多的收视时间投入，成为能够培育观众收视兴趣、引导观众收视行为的品牌栏目，实现栏目和频道的品牌价值，才是栏目和频道所要追求和实现的终极目标。

（作者：刘牧媛）

话民生，多看点

——地面频道品牌民生新闻节目共性分析

根据CSM媒介研究对观众收视行为的长期观察和分析，在所有调查城市，新闻节目的人均收视时长基本稳定在20分钟左右。新闻节目的播出比重与收视比重逐年提升，资源使用率高于电视剧，低于综艺节目。近年来，面对中央台与省级上星频道在综艺节目以及电视剧上的大手笔投资、引进、制作和播出，在资源竞争中相对处于劣势的地面频道则将目光瞄准了民生新闻，凭借本土化的地域特点，化劣势为优势，整合多方力量，将民生新闻推到了一个新的高度，依此在竞争激烈的收视战场保有一席之地。在地面频道，与老百姓生活息息相关的民生新闻当属节目的“重中之重”。本文基于CSM媒介研究2013年1—5月的收视调查数据①，从节目形式、节目编排、节目内容、观众构成、收视表现等方面，对地面频道新闻节目的旗舰产品——品牌民生新闻的共性做简要的分析。

一、地面频道品牌民生新闻节目播出概况

综观直辖市及省会城市地面频道电视新闻节目市场，涌现了一大批收视表现良好且观众反响热烈的民生新闻节目（表1），它们大多位列2012年当地电视市场新闻节目收视排名的前十位。

表1　地面频道部分品牌民生新闻节目一览

城市	节目名称	播出频道	城市	节目名称	播出频道
上海	新闻透视	上海电视台新闻综合频道	昆明	新闻从新说	昆明广播电视台春城频道
	观众中来	上海电视台新闻综合频道		街头巷尾	昆明广播电视台春城频道
	新闻坊	上海电视台新闻综合频道		都市条形码	云南电视台都市频道（二套）
天津	都市报道60分	天津电视台四套（都市频道）		大口马牙	云南电视台都市频道（二套）

① 如不做特殊说明，本文图表数据范围为2013年1月1日—5月31日。

续表

城市	节目名称	播出频道	城市	节目名称	播出频道
重庆	天天 630	重庆电视台新闻频道（二套）	兰州	兰州零距离	兰州电视台新闻综合频道
上海	说实在的	吉林电视台都市频道（二套）	南昌	都市现场	江西电视台都市频道（二套）
	社区办事处	长春电视台综合频道		第 5 社区	江西电视台公共频道（五套）
长沙	都市 1 时间	湖南电视台都市频道	南京	零距离	江苏电视台城市频道
	钟山说事	湖南电视台经济频道		有一说一	江苏电视台公共频道
	夜线	长沙电视政法频道		直播南京	南京电视台新闻综合频道（一套）
成都	黄金 30 分	四川电视台新闻资讯频道		画里有话	南京电视台教育科技频道（六套）
	红绿灯	成都电视台都市生活频道（三套）		东升工作室	南京电视台新闻综合频道（一套）
广州	新闻日日睇	广州电视台新闻频道	沈阳	新北方	辽宁广播电视台都市频道
	DV 现场	广东电视台公共频道		新闻正前方	辽宁广播电视台都市频道
贵阳	百姓关注	贵州广播电视台公共频道	石家庄	民生关注	石家庄电视台新闻综合频道（一套）
	直播贵阳	贵阳广播电视台三套（法制频道）	武汉	经视直播	湖北经视
	直播贵阳	贵阳广播电视台一套（新闻综合频道）		新闻 360	湖北综合
哈尔滨	新闻夜航	黑龙江电视台都市频道		晗天	湖北经视
	都市发现—生活新闻	哈尔滨电视台生活频道	西安	都市快报	陕西广播电视台都市青春频道（二套）
杭州	我和你说	杭州电视台生活频道	西宁	百姓 1 时间	青海电视台经济生活频道
	阿六头说新闻	杭州电视台西湖明珠频道	大连	城市直通车	大连台二套（经济生活频道）
	1818 黄金眼	浙江电视台民生休闲频道		新北方	辽宁广播电视台都市频道
	小强热线	浙江电视台教育科技频道	宁波	来发讲啥西	宁波电视台二套（经济生活频道）
	范大姐帮忙	浙江电视台钱江都市频道		看看看	宁波电视台一套（新闻综合频道）
合肥	第 1 时间	安徽经视		丹说无妨	宁波电视台一套（新闻综合频道）

续表

城市	节目名称	播出频道	城市	节目名称	播出频道
济南	今晚 20 分	济南电视台新闻综合频道	青岛	生活在线	青岛电视台生活服务频道
	今晚我帮你	济南电视台新闻综合频道		生活帮	山东电视生活频道
	都市新女报	济南电视台都市女性频道	深圳	第 1 现场	深圳电视台一套（都市频道）
	拉呱	山东电视齐鲁频道		都市路路通	深圳电视台一套（都市频道）
厦门	特区新闻广场	厦门电视台海峡频道			

数据来源：CSM 媒介研究

二、品牌民生新闻节目创新要素分析

目前，各地民生新闻正以多彩的节目内容和多样的表达形式不断丰富着本地的新闻节目收视市场。下面我们以几档颇受观众青睐的品牌民生新闻节目为对象，对品牌民生新闻节目的创新要素进行分析。

1. 方言话民生：更具感召力

本土化策略可谓是地面频道民生新闻节目的王牌之一，而在开展传播活动之际，通过营造气氛或使用感情色彩强烈的言辞来感染受众也是“诉诸感情”的表现方式之一，方言播报民生新闻则将二者很好地结合在了一起。以口语化、情景化的方式将原本枯燥的新闻稿件娓娓道来，以语言为特色吸引受众，增添了新闻的趣味性，观众看得有味，听得有趣。像广州电视台新闻频道的《新闻日日睇》、杭州电视台生活频道的《我和你说》、杭州电视台西湖明珠频道的《阿六头说新闻》、山东电视台齐鲁频道的《拉呱》、云南电视台都市频道的《大口马牙》、湖北经视的《呤天》、宁波电视台二套的《来发讲啥西》，都是很优秀的方言类民生新闻节目。除此以外，上海电视台新闻综合频道的《新闻坊》也将沪语版扩增为双休日播出。仅从这些节目的名称上就能感受到当地浓浓的文化生活气息。

杭州电视台生活频道的《我和你说》、杭州电视台西湖明珠频道的《阿六头说新闻》是当地很受观众欢迎的两档方言类民生新闻节目，其在 2012 年的平均收视率均超过 6%。其中，《我和你说》在每晚 21:00—21:30 播出，节目内容取自杭州市民关注度极高的本地新闻热线，用主持人脱口秀的方式传递新闻内容。特别值得一提的是，主持人都是曲艺界的名家。他们一改正襟危坐的播报方式，身穿传统中式服装，亲民又不失端庄，亲和地道的主持节奏营造出轻松幽默的节目氛围。而另一档以方言命名的民生新闻《阿六头说新闻》，以小桥流水、方台茶壶为背景，在举手投足间展现民俗文化的同时也收获了收视和人气，不仅在杭州本地，在整个电视新闻领域也可谓是家喻户晓。虽然播出时间相对较晚

(每晚21:30—22:00)，但多年来，其收视表现一直立于频道翘楚。在2013年1—5月间，该节目平均收视率为6.51%，收视峰值出现在第8周，为7.25%（图1）。

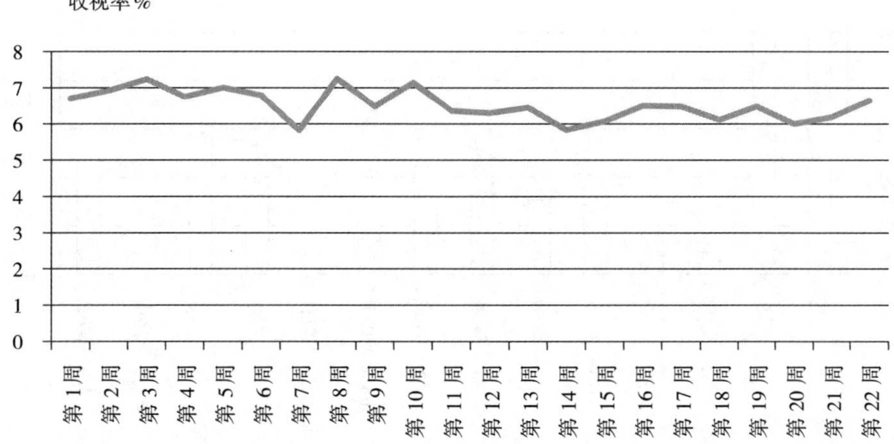

数据来源：CSM媒介研究

图1　杭州市场《阿六头说新闻》节目周收视走势

虽然两档方言节目看起来有所形似，但从观众构成上来看却各有侧重。结合图2与图3，在2013年1—5月间，《我和你说》更受女性观众的青睐，与其相比，《阿六头说新闻》的男女比例则较为均衡，相对而言，男性略多。从年龄分布上来看，前者观众构成比例最高的群体为45—54岁，其次为25—34岁；后者观众构成比例最高的群体为55—64岁，其次为45—54岁。另外，从受教育程度上来看，两档方言节目的重度观众学历背景大多为初中，但从学历构成来看还是有近两成的高学历人群。在很多人的固有印象中，方言民生新闻节目的受众很大一部分是有乡音情结的老年人，但从上文来看，也有部分年轻的或是高学历群体选择收看，究其原因，除了解身边事以外，也是出于对本土民俗文化的认同。

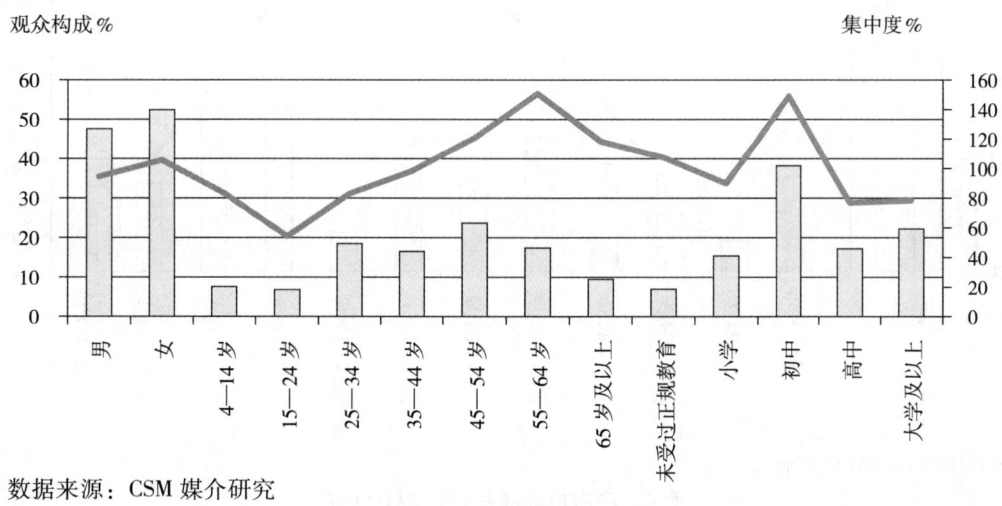

数据来源：CSM媒介研究

图2　杭州市场《我和你说》观众特征

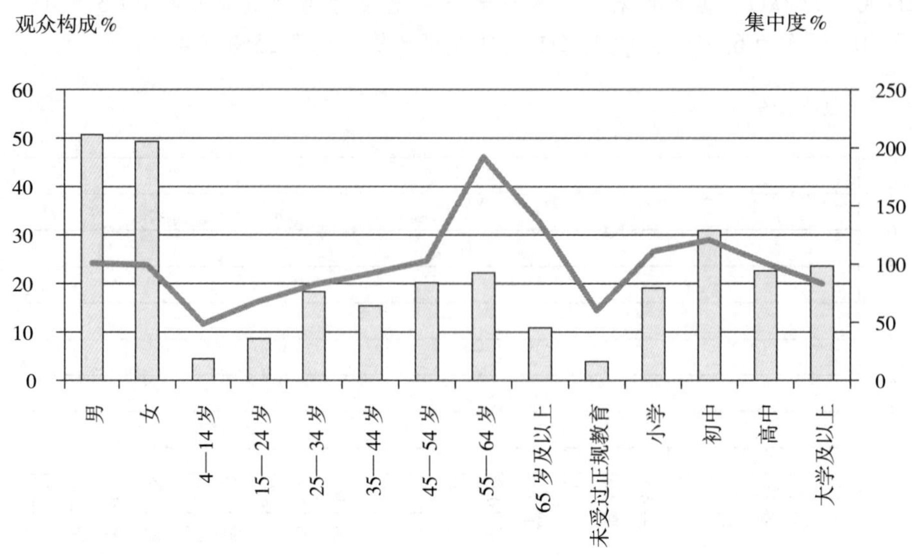

数据来源：CSM媒介研究

图3 杭州市场《阿六头说新闻》观众特征

拉呱，山东方言中是闲谈聊天的意思，也是山东电视齐鲁频道傍晚播出的一档民生新闻节目的名字。巧合的是，与杭州两档节目类似，《拉呱》的主持人也是位曲艺相声演员。主持人说着乡音、着装休闲、嬉笑怒骂，将家长里短娓娓道来，电视里的他就好像是与你拉家常的街坊大哥，亲和力十足。从观众对该节目的收视偏好度来看，65岁及以上观众对该节目较为青睐，该类人群的观众集中度高达181.7%（图4），正如网上一句逗趣的话说的：“（该节目）给不太听得懂普通话的山东老一辈提供了方便”。

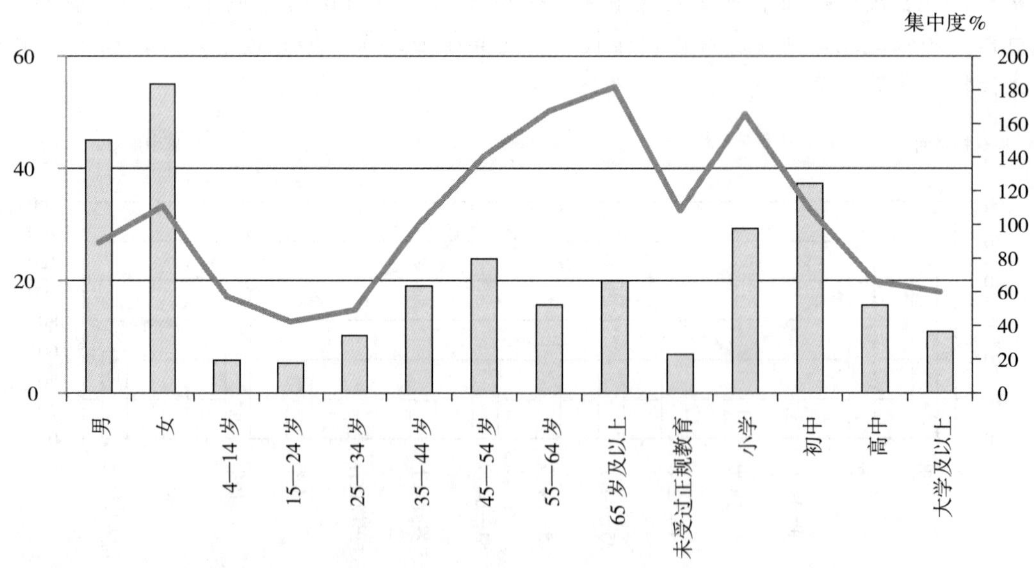

数据来源：CSM媒介研究

图4 济南市场《拉呱》观众特征

广州市场由于特殊的地理位置和发达的区域经济，相对于其他地区有更为鲜明的区域特色。而境内外近百个电视频道在丰富观众收视选择的同时也带来了不小的竞争压力与发展动力。广州电视台新闻频道在晚间19:00—20:00迎来第一波收视小高峰，收视表现远高于其他时段。据了解，该时段所播放的正是一档以广州话及广州人的生活态度解读社会百态的老牌民生新闻节目《新闻日日睇》。“新闻日日睇，日日倾下计”（倾计在广东、广西的意思是谈天聊话）。这档品牌民生新闻节目在广州地区2012年平均收视率超过3%。全年55岁及以上人群对节目的集中度超过240%，特别是55—64岁群体的集中度高达261.1%，可见对节目的喜爱程度（图5）。

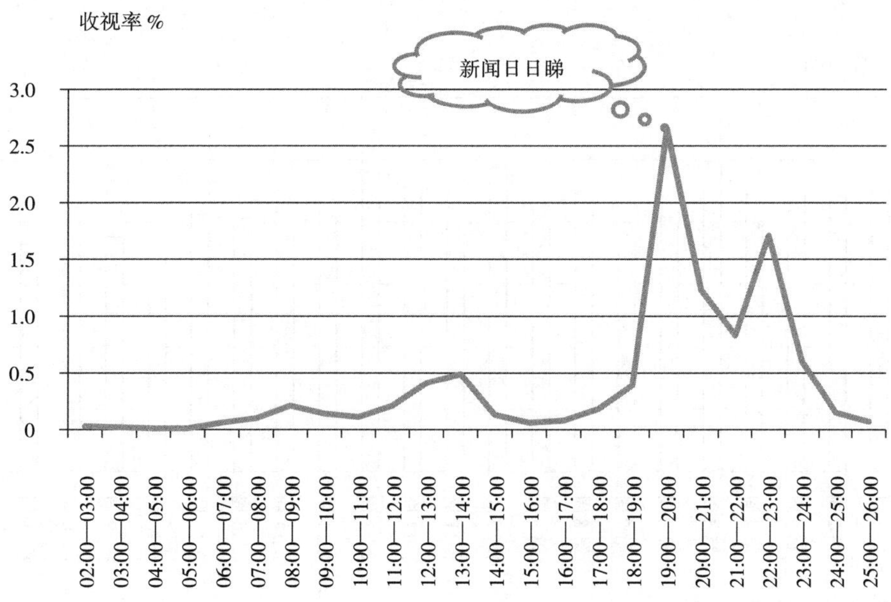

数据来源：CSM媒介研究

图5 广州电视台新闻频道在广州市场全天收视走势

当然，一档节目若没有对受众市场的真正了解或是对节目内涵的真正把握，仅仅依靠方言也未必能取得成功。

2. 主持人效应：增强影响力

曾有传播学者说过，制约和影响大众传播效果的几个中介因素中，信息传播的方法和技巧对传播效果也会产生较大影响。除“方言”元素外，有一些节目因主持人的个人魅力而在同质化日趋严重的民生新闻节目中突出重围，赢得好评。除上文提到过的《阿六头说新闻》外，有些节目甚至是以主持人而命名。如湖南电视台经济频道的《钟山说事》、浙江电视台教育科技频道的《小强热线》和昆明广播电视台春城频道的《新闻从新说》等。

《钟山说事》是一档每晚18:30—19:45在湖南电视台经济频道播出的民生新闻评论

节目，因其有事说事、敢爱敢恨的风格在众多民生新闻中脱颖而出。主持人钟山时常在节目中迸发出的麻辣观点和犀利点评让观众在收看节目的同时大呼过瘾，拍手叫好，被观众赞为“最有血性的民生时政主持人”。节目虽因省级频道播出的区域限制无法被更多人看到，但一系列如《高考天问》《对抗灾难的筹码》《那些与金牌有关的眼泪》等报道一经播出后犹如醍醐灌顶，立刻在网上被广泛搜索和转载，引发网民强烈的思考与共鸣。可以说，节目和主持人之间是相辅相成的，通过节目平台也使主持人具有符号化的公信力和说服力。据CSM媒介研究2013年1—5月的收视调查数据，节目平均收视率为4.27%，收视率峰值超过5%（图6)。节目虽然播出多年，收视表现却依旧强劲。从观众构成来看，节目吸引了一大批45—54岁的男性收视群体。

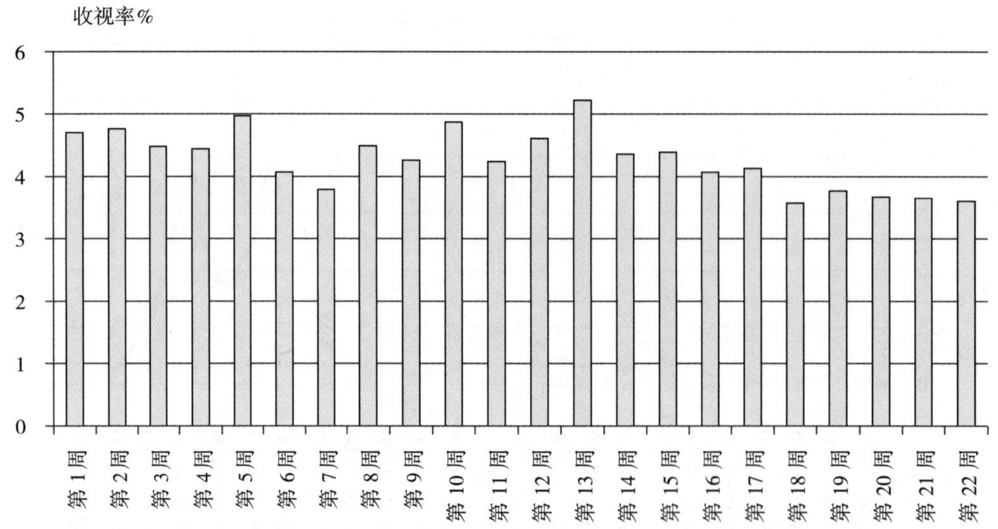

数据来源：CSM媒介研究

图6　2013年长沙市场《钟山说事》节目周收视走势

“家里有事？找小强”，说的正是浙江电视台教育科技频道《小强热线》的主持人小强。与钟山张扬有力的主持风格不同，小强总是以阳光质朴的主持形象、自然平和的语言风格出镜维权，深入人心。节目虽然每晚21:00—22:00播出时与杭州当地的两档强势民生新闻形成有力竞争，但其在杭州地区的收视表现也一直维持在4%以上。这档贴近百姓生活的民生新闻节目自然也俘获了一批忠实观众，特别是深得一些阿姨、妈妈们的喜欢。收看《小强热线》的观众中，女性人群比例高于男性人群，超过五成观众的年龄在45—54岁之间和25—34岁之间。另外，节目吸引了一大批高学历人群，其中，近三成为大学及以上学历（图7)。

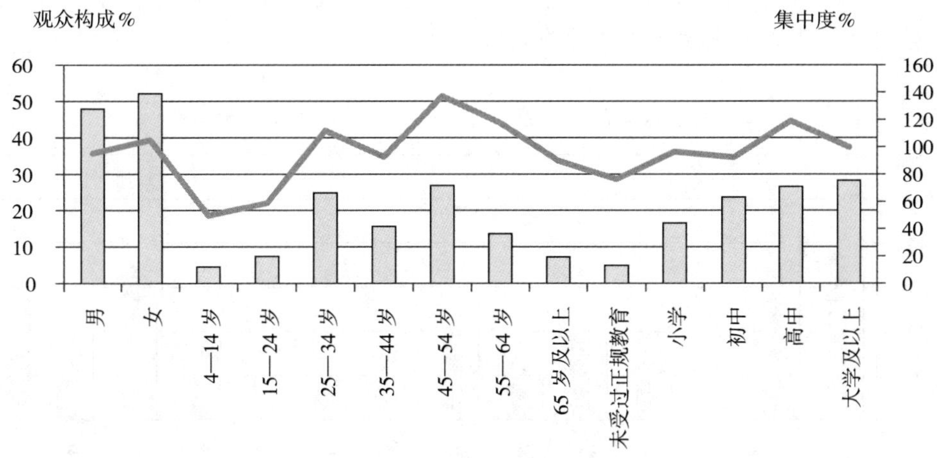

数据来源：CSM 媒介研究

图 7　杭州市场《小强热线》观众特征

巧合的是，钟山与小强这两位主持人都不是仅在幕前播报新闻而已，无论是采访还是制片，他们都有参与其中。

3. 热线帮忙：提升美誉度

作为民生新闻节目的延伸与创新，“热线帮忙类”民生新闻节目起到了在老百姓与政府职能部门、社会服务部门之间沟通桥梁的作用。热线帮忙类节目彰显了媒体的社会责任感，也体现了媒体的人文关怀。在众多民生新闻节目中也涌现了一批如上海电视台新闻综合频道的《观众中来》、浙江电视台民生休闲频道的《1818 黄金眼》、浙江电视台教育科技频道的《小强热线》、浙江电视台钱江都市频道的《范大姐帮忙》、济南电视台新闻综合频道的《今晚我帮你》以及山东电视台生活频道的《生活帮》等热线帮忙类节目。

《观众中来》是一档反映市民日常生活问题、为百姓排忧解难的新闻栏目。虽然播出时长很短，但已然成为上海本地观众最为关注的新闻栏目之一。2013 年 1—5 月间，栏目平均收视率为 9.93%，收视率峰值达 12.57%。节目超过 6 成的观众是 45 岁及以上的中老年群体。

而在民生新闻扎堆的杭州地区，浙江电视台民生休闲频道一档 24 小时开通新闻热线的新闻节目《1818 黄金眼》颇受瞩目，节目在 2012 年的平均收视超过 4%。除此以外，浙江省台的另一档品牌化节目《范大姐帮忙》则是塑造了一个整天东奔西跑、反映民情化解矛盾的热心“范大姐”形象。节目每晚 18:20—18:50 在浙江电视台钱江都市频道播出，2012 年的平均收视超过 4%。

虽然上述两档节目的播出时段有所重合，却也满足了不同观众群体的收视需求。具体来看，《1818 黄金眼》以男性收视群体为多，而“范大姐”则吸引了更多女性收视群体。从年龄层来看，前者以 45—54 岁为最多，但从偏好度来看，55—64 岁人群更青睐收看该节目；相比之下，后者的年龄分布较为分散些，其中超过两成为 45—54 岁群体，其次为15—34岁群体，从偏好度来看，15—24岁群体最青睐收看该节目。相似的是，两个节目均吸引了较大比例的高学历观众（图8）。

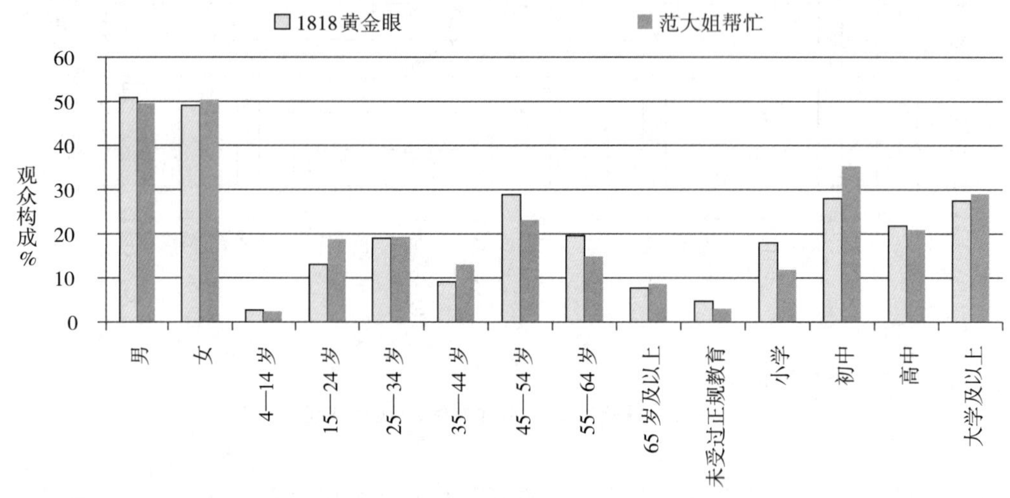

数据来源：CSM媒介研究

图8 杭州市场《1818黄金眼》和《范大姐帮忙》观众构成

“热线帮忙”不仅在江南盛行，济南电视台新闻综合频道的《今晚我帮你》以及山东电视台生活频道的《生活帮》作为两档精心打造的民生新闻节目，在济南和青岛地区也获得了不错的收视表现。其中，济南电视台新闻综合频道的《今晚我帮你》在济南地区2012年的平均收视率超过5%。

4. DV拍民生：强化互动性

高科技在进步，新媒体在发展。于是很多时候，传播者与受传者之间的角色关系变得越来越相近。广东电视台公共频道的《DV现场》正是这样一档开放社会合作，将视角和拍摄权放还给社会公众，鼓励老百姓自己拍摄身边事传送给电视台的民生新闻节目。广东电视台公共频道在广州地区的收视高点出现在晚间19:00—20:00，平均收视率远高于其他时段（图9）。可见，在该时段播出的《DV现场》绝对是频道全天收视支点，也是该频道当之无愧的品牌节目。另外，节目的主要收视人群除45—54岁的中年群体外，15—24岁的年轻群体对其也是青睐有加。

5. 融合多种创新要素：凸显生动性

一档节目的形式再新颖，时间长了、重复久了难免会让人失去新鲜感，于是就产生了融合多种创新元素的节目，通过小电影再现场景、边敲鼓边播报新闻、融合曲艺元素、开展线下互动，乃至于在节目现场展开PK等，这些都为传统新闻节目注入了新的发展活力。

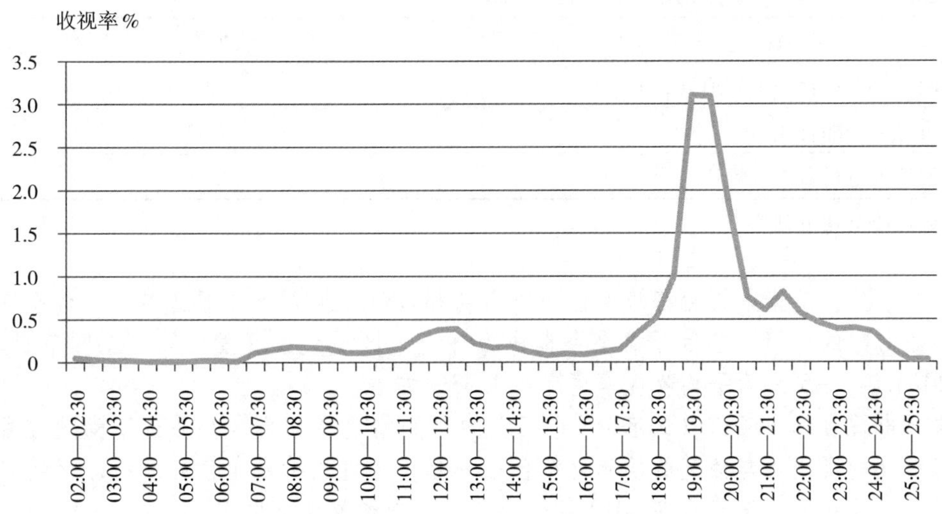

数据来源：CSM 媒介研究

图 9　广州市场广东电视台公共频道全天收视走势

云南电视台都市频道（二套）的《大口马牙》不仅融合了当地方言来趣讲奇闻逸事，更是将百姓提供的素材拍成小电影，进行场景重现，在轻松搞笑中针砭时弊。虽然女性、45—54 岁观众所占比例最高，但与前一档民生新闻《都市条形码》的观众构成相比较，表演夸张、妙趣横生的方言小电影还是为节目增加了不少年轻观众的比例（图 10）。此外，节目也使云南电视台都市频道在竞争激烈的昆明收视市场同时段脱颖而出（表 2）。

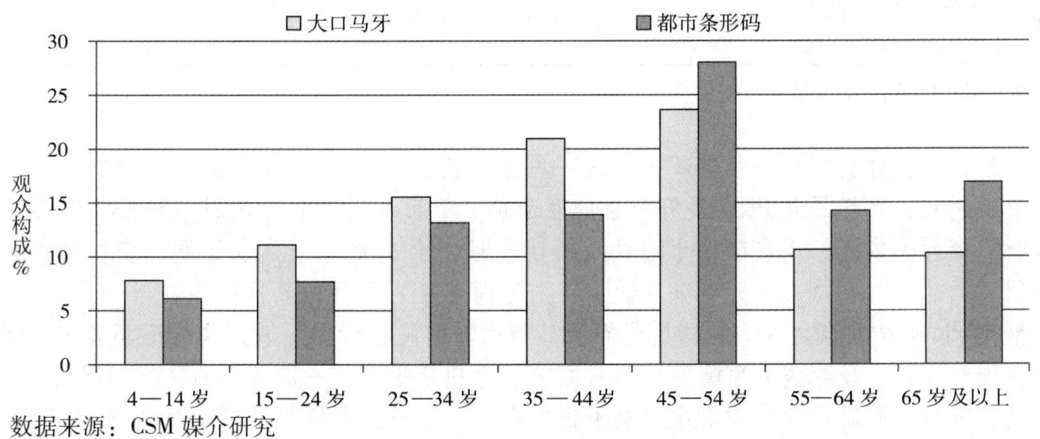

数据来源：CSM 媒介研究

图 10　昆明市场《大口马牙》与《都市条形码》观众构成

表2　昆明市场19:00—19:35时段主要频道收视表现

频　　道	收视率%
云南广播电视台都市频道（二套）	3.90
中央电视台综合频道	3.62
昆明广播电视台春城频道	3.51

数据来源：CSM媒介研究

除此以外，济南电视台都市女性频道的《都市新女报》开创了边敲鼓、边新闻，为百姓鸣鼓与呼的先河。节目开播至今也成为济南地区观众最喜爱的民生新闻节目之一，其在2013年1—5月的平均收视率稳定在4.33%左右。

吉林电视台都市频道（二套）《说实在的》则借鉴了相声和小品诙谐幽默的表达方式，将新闻的真实性与曲艺的娱乐性结合在一起，通过主持人角色的演绎，谈笑之间串联新闻、点评新闻。该节目在2012年长春地区的平均收视率近3%。

又譬如长春电视台综合频道每晚17:05—17:30播出的《社区办事处》，节目定位社区。办公环境中，由一个耿直的主任带领几个热心的办事员将社区新闻娓娓道来，谈天说地中将身边趣事及生活窍门自然而然地传递给观众。《社区办事处》不仅在节目形式上打破常规，还在线下积极开展与社区居民的互动活动。在长春地区的收视人群中，65岁及以上人群对于节目的集中度高达263.3%，其忠诚度可见一斑。另外，从长春地区17:05—17:30时段频道表现中也能看出，《社区办事处》已经成为当地同时段电视节目中极具影响力的新闻节目之一（表3）。

表3　长春市场17:05—17:30时段部分频道收视表现

频　　道	收视率%
吉林电视台生活频道（三套）	1.87
长春电视台综合频道	1.45
中央电视台新闻频道	1.00

数据来源：CSM媒介研究

南京电视台新闻综合频道新推出的一档融合性新闻评论节目《亮见》，在节目形式上大胆创新，现场展开PK，提升节目的互动性。节目每周一至周五21:45—22:30播出，以新闻事件为依托，观点碰撞为形式，每期节目都会选定一个热点话题，安排观察员、民间新闻达人与主持人展开充分互动，特别是两位来自民间的新闻达人在节目中的热辣见解大PK也是看点之一。在同质化倾向日趋严重的民生新闻领域，这档汇集各方声音、尊重民众表达、疏导鼎沸舆情的民生新闻节目为观众吹来了一股清新的风。2013年1—5月间，节目在同时段收视排名中也有不错的表现，且较上年同期有显著的提升（节目还未开播）。从观众构成来看，25—34岁年轻群体是节目的主要收视人群，占比为26%；教育背景为高中的超过3成。不仅如此，节目在播出渠道上选择网络同步直播，加强与新媒体的深度合作。

三、品牌民生新闻节目共性分析

近年来，民生新闻节目如雨后春笋般亮相于各地面频道上，同质化竞争日趋激烈，然而观众爱看、收视常青也证明其自有过人之处。虽然这些品牌民生新闻节目各有所长，但影响力强的节目在很多特质上是相似的。

1. 形式多样，推陈出新

电视作为声画一体的媒介平台，受众在被传播信息的过程中，很容易先是受到画面或是声音的冲击影响，其次才是信息文字内容。因此能否在第一时间抓住观众的眼球，让观众有兴趣停留收看就必须依赖节目形式。上文所述的很多品牌民生新闻节目已不再局限于传统的“播新闻”和“说新闻”，而是在传递信息的同时添加了很多新元素，如“方言播报”、“热线帮忙”、“观众DV”、“小品相声”等等。这些形式多样的民生新闻节目像是一道丰盛的晚餐又或是精致的餐后甜点，增加了节目的新鲜感，也丰富了观众的收视选择，为地面频道的民生新闻市场注入了活力。

2. 亲民主持，赢得观众

主持人是节目最直观的代言人，观众对于主持人的喜爱程度或多或少也影响到节目受欢迎的程度。在很多品牌民生新闻节目中，笔者发现，主持人不再是单纯地播报新闻，而是改播为说，用平民化的视角和语态来看待周围人，谈论身边事。无论是端庄大方、温婉细腻还是义正言辞、嬉笑怒骂的表现形式，只要观众感受到了其真诚与信赖，便很愿意在亲和、友好、平等的氛围中积极接收信息。不仅如此，很多优秀的民生新闻节目主持人也不再置身于新闻之外，而是与新闻融为一体，与新闻中的人和事同呼吸，与受众的心灵对话，使新闻力量得以升华。

3. 超级衔接，拉动收视

一档好节目的影响力不容小觑，不仅为节目所处时段贡献了收视，也带动了前后节目的收视，形成“光晕效应”。例如，上文提过的云南电视台都市频道（二套），借助《都市条形码》的良好收视表现，在节目前后分别推出了与“条形码”节目相关的《条形码望远近》和《大口马牙》，将《都市条形码》所带来的收视效果向前后延伸。

上海电视台新闻综合频道是上海观众晚间收视选择的主要频道之一，也是获得新闻资讯的首选频道。频道的收视高峰始于18:00档播出的民生新闻节目《新闻坊》，紧随其后的是一档权威及时的主打新闻栏目《新闻报道》。值得一提的是，作为《新闻报道》的重要补充和有力延伸，《新闻透视》的播出时长虽然只有5分钟左右，但其上关国计民生，下及衣食住行的节目内容加上简洁泼辣的报道作风使之成为上海电视台的一档黄金栏目。虽已开办26年之久，但2012的平均收视率仍超过10%，这样超高的收视表现在全国的电视新闻市场也是独一无二的，短而精的时段安排用“节目神编排”来形容也丝毫不为过。

4. 台网联动，渠道畅通

不仅如此，有些品牌民生新闻节目懂得如何在“全媒体”时代下有效利用快速发展的新媒体来提升影响力。充分利用“流媒体”技术，化威胁为优势。例如通过与视频网站的合作获得全国市场开拓的机会，借助网络传播的优势大大延伸地面频道的触角。就像之前《钟山说事》中被网民疯狂搜索评论的《高考天问》也正是通过网络这个平台被国人知晓。不仅如此，通过节目间互动话题的参与讨论可拉近节目与观众之间的距离。甚至在当地一些影响力超群的品牌民生新闻节目中，网民在遇到麻烦需要帮助时会第一时间想到该节目并通过微博直接@节目组，足见其影响力。

5. 内容为王，民心所向

虽然上述品牌民生新闻节目形式多样，但它们收视常青的秘诀之一就是节目角度多以老百姓关心的内容为主，“想百姓所想，急百姓所急”，给普通人提供反映民声的平台，提供排忧解难的场所，帮助他们及时解决民生问题，套用《阿六头说新闻》中的一句话——“阿六头为你搭新桥，桥桥都是幸福桥”。这样的节目怎么会不吸引观众的目光呢?

与时政新闻、军事新闻高屋建瓴的节目内容不同，立足本地、贴近百姓、关注百姓、走进百姓的民生新闻节目才能走进老百姓的心里。纵览当地高收视的民生新闻节目，无论是“关注民生，聚焦城市热点”的《零距离》、“贴近实际、贴近生活、贴近群众”为原则的《都市报道60分》、以“守望社会、舆论监督”为核心竞争力的《天天630》、“民生视角、本色表达”为新闻理念的《都市1时间》、追求“第一时间绝对现场”的《今晚20分》、“关注民生百态人生冷暖”的《新北方》、“立足本土”的《新闻正前方》，还是“面向主流社会”的《第一现场》等都是以民为本，与老百姓日常生活息息相关的节目。

可见，形式细节上的锦上添花都不能违背“内容为王”的铁律。只有怀揣民生态度，体现民生情怀才能成为受众所关注的节目。这也不断鞭策民生新闻人继续探索与受众需求相适应的新内容、好内容。

结语

目前来看，面对来势汹汹的“微时代”，电视民生新闻节目仍然是电视观众收视的主要内容之一，其收视量与收视习惯也较为稳定。但是不可否认的是，电视民生新闻仍然面临着来自新媒体时代的多方面竞争与挑战。我们常说“远水解不了近渴”，地面频道民生新闻立足本土、突显地域特色都是其无可比拟的生命力和优势。我们也希望通过对上文品牌民生新闻节目的分析，能为地面频道的民生新闻节目的发展提供一点借鉴性的参考，使民生新闻一步一个脚印，走得更稳、更远、更好，成为老百姓喜闻乐见的节目类型。我们也愿意看到，有更多、更精彩的民生新闻如星星之火，燎原地面频道。

（作者：包凌君）

国内访谈类节目现状浅析

电视访谈节目是借助电视媒体进行的一种以主持人为核心的谈话类节目，最早起源于西方广播谈话节目，作为一种公众性电视节目已经存在了50多年。在美国，谈话类节目已经发展为一个成熟的节目类型，该类节目以面对面、零距离和即兴谈话为主体，通常被称为“脱口秀”，占据电视节目播出总量的半壁江山。

我国电视访谈类节目最早出现在上个世纪90年代，从1993年上海东方卫视播出《东方直播室》开始，经过《实话实说》《对话》《艺术人生》《超级访问》等许多优秀访谈节目的共同努力，终于初具雏形。近十多年来各电视台推出的访谈类节目越来越多，电视访谈节目以较快的速度发展，已经成为一种重要的节目形态。

本文基于CSM媒介研究2013年1—7月全国71城市组的收视调查数据，简要分析访谈类节目的播出与收视状况，并以案例的形式对访谈类节目的三种主要形态加以浅析，最后总结影响访谈类节目收视的主要因素。

一、访谈类节目播出与收视概况

随着经济的不断发展，人们对于精神文化生活的要求越来越高，作为人们精神文化生活的重要组成——电视业的发展极为迅速，而作为电视节目中比较有特色的电视访谈节目从播出伊始便得以迅速发展。据统计，截至2013年7月，全国71城市正在播出的访谈类节目有近800个，其中大多在当地电视市场都有较为不错的收视表现。

对截至2013年7月播出的所有访谈类节目分析发现，中央级频道和省级卫视频道实力雄厚、资源丰富，大多地区访谈类节目收视排名的前几位都被这些频道所占据。在71城市访谈类节目收视排名前20名中，前三位都由中央电视台的访谈节目占据；播出时间较长，拥有大量稳定观众基础的安徽卫视《爱传万家—说出你的故事》紧随其后；作为一档由娱乐节目衍生而来的访谈节目《酷我真声音》势头也不容小觑，自2013年7月15日开播以来，虽然仅播出三期，但凭借《中国好声音》的超高人气，位居访谈类节目收视排名的第五位（表1）。

表 1　71 城市访谈类节目收视排名前二十名（2013 年 1—7 月）

排名	节目名称	播出频道	收视率%
1	艺术人生	中央台三套	0.90
2	面对面	中央电视台新闻频道	0.47
2	文明之旅	中央台四套	0.47
4	爱传万家—说出你的故事	安徽卫视	0.44
5	酷我真声音	浙江卫视	0.35
5	超级访问	山东卫视	0.35
7	有问必达	天津卫视	0.32
8	天生 1 对	天津卫视	0.31
9	城市 1 对 1	中央台四套	0.29
10	天下女人	山东卫视	0.24
11	乡约	中央台七套	0.23
12	决胜制高点	深圳卫视	0.22
12	金声玉振	山东卫视	0.22
14	大王小王	湖北卫视	0.21
15	全景对话	北京卫视	0.20
16	首席夜话	中央电视台综合频道	0.18
17	中国感动	河南电视台卫星频道（一套）	0.17
18	影视同期声	中央台八套	0.16
19	夜线	中央台十二套	0.14
20	非常静距离	安徽卫视	0.13

数据来源：CSM 媒介研究

一些城市的地面频道也涌现出了一些较为优秀的访谈节目，表 2 中是北京、大连、长春等地地面频道播出的访谈类节目。在部分城市，如南京电视台新闻综合频道播出的《民生》和《感动南京故事会》、上海娱乐频道的《家庭演播室》、济南电视生活频道的《有话好好说》、济南电视台新闻综合频道的《今晚不关机》和《政务面对面》等，这些由地面频道播出的访谈类节目在当地同类节目中占据着领先地位并有着较好的收视表现。

表 2 部分城市地面频道播出的访谈类节目一览

城市	节目名称	播出频道	城市	节目名称	播出频道
北京	非常故事汇	北京电视台科教频道	大连	非常静距离	大连台二套（经济生活频道）
	非常夫妻	北京电视台科教频道		今夜星光	大连台二套（经济生活频道）
	非常记忆	北京电视台科教频道		天下女人	大连台二套（经济生活频道）
	非常说名	北京电视台科教频道		BIGSTAR 最佳现场	大连台四套（文体频道）
	最佳现场	北京电视台文艺频道		我爱章鱼秀	大连台一套（新闻综合频道）
长春	超级访问	吉林电视台生活频道（三套）	宁波	风云浙商面对面	浙江电视台经济生活频道
	非常静距离	吉林电视台生活频道（三套）		午夜说亮话	浙江电视台民生休闲频道
	长话短说	吉林电视台都市频道（二套）		民生圆桌会	浙江电视台民生休闲频道
	助跑 80 后	长影电影频道		阳光热线	宁波电视台一套（新闻综合频道）
	3ge 女人一台戏	吉林电视台影视频道（四套）		政策面对面	浙江电视台公共频道
南京	民声	南京电视台新闻综合频道	杭州	新锐杭商	杭州电视台生活频道
	感动南京故事会	南京电视台新闻综合频道		风云浙商面对面	浙江电视台经济生活频道
	微影大艺	江苏电视台教育频道		我们圆桌会	杭州电视台综合频道
	BIGSTAR 最佳现场	南京电视台新闻综合频道（一套）		超级访问	杭州电视台五套
	奋斗	南京电视台新闻综合频道（一套）		党建好声音	浙江电视台公共频道
深圳	创业资本圈	深圳电视台三套（财经生活频道）	上海	麒麟周刊	七彩戏剧频道
	非常静距离	宝安台二套		头脑风暴	上海电视台第一财经频道
	风云人物	深圳电视台三套（财经生活频道）		波士堂	上海电视台第一财经频道
	亚洲人物	深圳电视台三套（财经生活频道）		陈蓉博客	上海电视台娱乐频道
	最佳现场	宝安台一套		晓松说	上海电视台艺术人文频道

续表

城市	节目名称	播出频道	城市	节目名称	播出频道
成都	明星3缺1	成都电视台都市生活频道(三套)	石家庄	超级访问	石家庄电视新闻综合频道(一套)
	风云川商	四川经视频道		夫妻天下	河北电视台三套(都市频道)
	夫妻那点事	四川电视台妇女儿童频道(七套)		BIGSTAR 最佳现场	石家庄电视娱乐频道(二套)
	非常静距离	四川电视台新闻资讯频道		成长	河北电视台五套(少儿科教频道)
	夫妻天下	四川电视台妇女儿童频道(七套)		非常静距离	河北电视台四套(影视频道)
合肥	问政合肥政风行风面对面	合肥电视台一套(新闻频道)	太原	百家戏苑	山西广播电视台公共频道
	庐州人家	合肥电视台一套(新闻频道)		新闻对话	太原新闻频道(一套)
	新徽商	合肥电视台一套(新闻频道)		非常静距离	山西广播电视台影视频道
	超级访问	安徽科教		超级访问	太原百姓频道(二套)
	杨澜访谈录	合肥电视台四套(影院频道)		经济人物	太原社教法制频道(三套)
哈尔滨	超级访问	黑龙江电视台影视频道	天津	男人世界	天津电视台六套(科教频道)
	非常静距离	黑龙江电视台影视频道		我们 WOMEN	天津电视台二套(文艺频道)
	我爱我家	哈尔滨电视台娱乐频道		今夜有戏	天津电视台公共频道
	光荣绽放	哈尔滨电视台生活频道		今夜有水浒	天津电视台公共频道
	非常说名	哈尔滨电视台娱乐频道		时代智商	天津电视台六套(科教频道)
广州	行风面对面	广州电视台综合频道	武汉	最佳现场	湖北综合
	权威访谈	广东电视新闻频道		天下女人	武汉电视台文体频道
	你能为爱等多久	南方卫视 TVS—2		影视风云	湖北公共
	晚安广州	广州电视台新闻频道		光荣绽放	湖北公共
	全民议事听	南方电视台经济频道		非常接触	湖北公共

续表

城市	节目名称	播出频道	城市	节目名称	播出频道
沈阳	明星都市汇	辽宁广播电视台都市频道	济南	今晚不关机	济南电视台新闻综合频道
	男人世界	辽宁广播电视台教育青少频道		有话好好说	济南电视台生活频道
	往事	辽宁广播电视台北方频道		BIGSTAR 最佳现场	济南电视台娱乐频道
	夫妻天下	辽宁广播电视台北方频道		辣妈驾到	山东电视台第九频道（少儿）
福州	助跑 80 后	福州电视台青少频道	贵阳	对话	贵州广播电视台影视文艺频道
	最佳现场	福建省广播影视集团都市时尚频道		夫妻天下	贵阳广播电视台四套（都市频道）
	夫妻天下	福建省广播影视集团都市时尚频道		超级访问	贵阳广播电视台四套（都市频道）
南宁	凡事说理	广西电视台资讯频道	青岛	夫妻天下	青岛电视台都市频道
	超级访问	南宁电视台影视娱乐频道		才智访谈	青岛党建电视频道
	政风行风面对面	南宁电视台都市生活频道		助跑 80 后	青岛电视台都市频道
	影响	广西电视台科教频道		辣妈驾到	山东电视台第九频道（少儿）
重庆	非常静距离	重庆电视台影视频道（一套）	长沙	青春那些事儿	湖南电视台国际频道
	超级访问	重庆电视台影视频道（一套）		非常静距离	湖南电视台潇湘电影频道
	夫妻天下	重庆电视台影视频道（一套）		杨澜访谈录	湖南电视台国际频道
	风云川商	四川经视频道			

数据来源：CSM 媒介研究

二、访谈类节目的三种主要形态

目前我国电视访谈节目如雨后春笋般涌现，节目在播出方式、受众定位、谈话内容等方面呈现出多样化的趋势。本文在此以不同的节目形态为关注点，对倾向叙述、侧重讨论、邀请明星三种主要形态特征的访谈类节目加以浅析。

1. 倾向叙述的访谈类节目

这种访谈节目的主要形态就是被访对象的故事述说，以一种“讲故事”的方式，将被访对象的人生经历、心路历程或所见所闻向观众娓娓道来，而主持人和观众则更多地倾向于担当倾听者的角色。通过主持人与嘉宾之间的问答或故事情境营造，使观众深入故事其中，从而受到感染。

叙述型谈话节目往往以人物为中心来展开，邀请的嘉宾可以是话题人物、观众熟悉的名人或喜欢的演艺界明星，也可以是有着丰富人生经历的普通百姓，嘉宾们在主持人的循循善诱下，通过讲述他们的成长故事和生活中的酸甜苦辣，分享他们人生中的喜怒哀乐，将发生在或名人或普通百姓身边的那些感人至深、极具代表性的故事呈现出来，使观众将自己带入故事情节当中，引起共鸣。

例如安徽卫视的《爱传万家—说出你的故事》曾经做过的《戏外真性情人生》《在婚姻中成长》等几期节目，都在该节目中创下过较高的收视率。在节目中，主持人随意地坐在沙发上，着装休闲，跟嘉宾好像闲谈一样将家长里短娓娓道来，亲和力十足，就好像邻家大姐。从观众构成来看，该节目女性、中年观众所占比例较大，从观众对节目偏好来看，55—64岁人群对节目更为青睐，该类人群的集中度达到147.76%，比较符合该节目的观众定位（图1）。

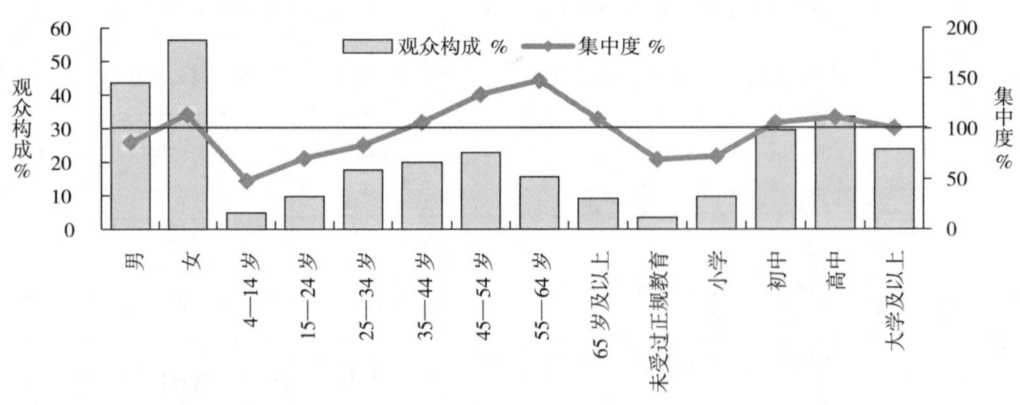

数据来源：CSM媒介研究

图1　2013年1—7月《爱传万家—说出你的故事》观众构成和集中度

2. 侧重讨论的访谈类节目

侧重讨论的访谈类节目通常是围绕一个特定的话题，通过主持人、嘉宾、现场观众从不同的角度讨论、对话，或由持有不同观点的两方各抒己见、营造观点冲突来吸引观众关注的节目形态。节目最后一般没有定论，而是把判断的权利留给观众，给观众以思考的空间。其特点是紧张、冲突，适用于讨论社会上出现的新事物、新现象、新思潮等，节目邀请嘉宾或新闻事件当事人到现场，正反双方嘉宾深入探讨核心问题，给予各方观点平等、公开的表达机会，在观点的激荡中提供有价值的新闻信息和建设性意见，体现社会关怀。

例如深圳卫视播出的《决胜制高点》就是一档全方位聚焦国际新闻热点，特别关注国际局势、战略、外交、军情防务等领域最新动态的国际战略时事访谈节目，节目关注当下热点新闻事件以及引起广泛关注、值得讨论的社会现象，直播转型中的中国。节目通常汇聚两岸三地的专家名嘴作为嘉宾同场交流，他们有的是著名军备专家，有的是著名时事评论员，还有的是各大报社、杂志军事时事版的主编等，以他们各自代表的不同立场，通过激辩等形式，快节奏、多维度、深度而锋锐地剖析热点军事新闻，从中勾勒战略走向，带给观众全新的头脑风暴和时事启迪。节目要求讨论者自身具有较高水平，嘉宾要有丰富的专业知识或有很强的逻辑思维能力和表达能力，这样讨论起来才会产生多个回合的交锋，这样的讨论才精彩，观众才会看得过瘾。通过分析观众构成可以发现，该节目中老年、男性观众所占比例较大，45 岁及以上观众集中度较高，其中 45—54 岁观众的集中度更是高达 182.3%，足见此类人群对该节目的喜爱程度（图2）。

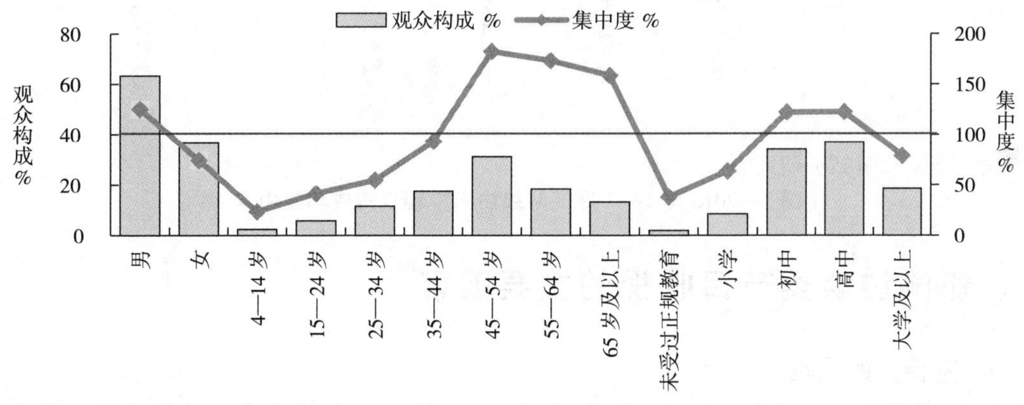

数据来源：CSM 媒介研究

图 2　2013 年 1—7 月《决胜制高点》观众构成和集中度

3. 邀请明星的访谈类节目

邀请明星的访谈类电视节目如今在国内较受欢迎，百姓们茶余饭后免不了把那些知名度较高明星们的八卦消息作为谈资；另一方面，明星们在访谈节目中卸去明星的光环，以一个普通人的姿态出现，与主持人之间或真情流露或风趣闲谈，呈现出一种较为特别的表演形式，这类表演更贴近明星生活，展示出明星在观众面前极少呈现出的真实一面。这类节目从一定层面上满足了观众的“窥私心理”，从明星与主持人的相互交流间直接得知他们的生活细节或感情动向，从而使观众们对明星有了更全面、更立体的了解。

邀请明星的访谈类节目与其他形态的访谈类节目的最大区别在于：该类节目更偏重于娱乐互动性，节目主持人更为随性，与嘉宾以一种幽默、风趣的交谈方式贯穿整个节目。此类节目中比较具有代表性的是由小 S 与蔡康永主持的《康熙来了》，节目常常邀请台湾当红明星做客现场，通过期间访谈让观众了解艺人们不为人知的一面，多才多艺的小 S 加上知识渊博的蔡康永，穿插着各种搞笑元素，在知性与理性的对话中了解明星幕后的故事。相比《康熙来了》，内地也有不少优秀的明星访谈节目，其中比较有代表性的当属《超级访问》，节目将娱乐与谈话巧妙融合，以独特的视角、第一手的明星资料、有针对性的问题、新鲜的爆料、轻松搞笑的气氛而广受大众欢迎。主持人大胆挖掘明星背后的故事，展现明星鲜活真实的一面，在节目中“穿针引线、画龙点睛”，一捧一逗的默契配合，让观众全方位地感受节目的无限魅力。从观众构成和集中度看，《超级访问》节目中青年、女性观众所占比例较高，更受中老年、女性观众青睐（图3）。

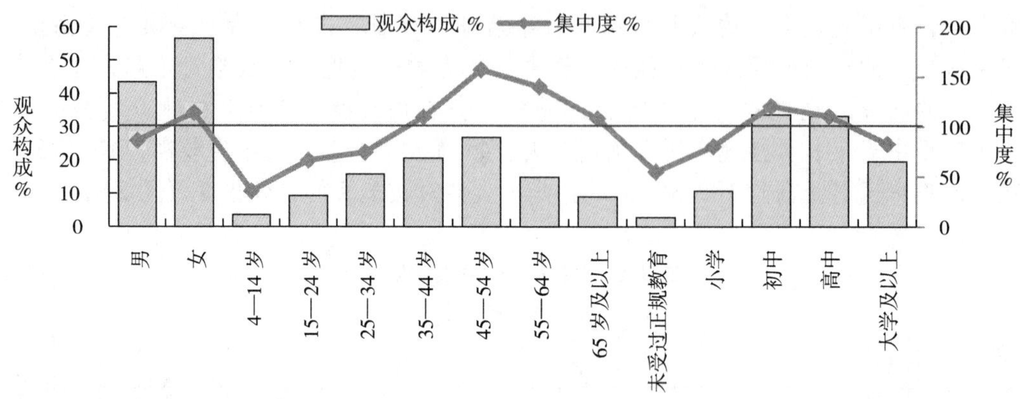

数据来源：CSM媒介研究

图3　2013年1—7月《超级访问》观众构成和集中度

三、影响访谈类节目收视的主要因素

1. 主持人的风格

主持人风格对节目的风格具有重要影响，可以说主持人是谈话节目的灵魂。谈话节目必须通过主持人的串连和组织，来把握节目的时间安排、控制谈话的节奏、调动观众的情绪，从而保证谈话顺利进行。既然一个好的节目主持人是节目品牌的象征，那么这个主持人所具有的个性也就自然而然地使这个节目具有了与众不同的风格。在美国，谈话节目很多都是以主持人的名字来命名的，优秀的主持人常常能使一档谈话节目持续数年甚至数十年。《今夜》节目的主持人琼尼·卡森主持这档节目长达30年后方才光荣退役。被誉为“谈话节目皇后”的黑人女主持奥普拉·温弗丽挂帅十余年，其主持的节目收视水平依然居高不下。

在国内播出的访谈节目中，同样有一些节目因主持人的个人魅力而从众多访谈节目中脱颖而出，赢得好评。中央电视台高收视访谈节目《艺术人生》的成功就与其主持人的风格有着密不可分的关系。主持人朱军成熟、稳重、亲切的形象深入人心，在他的主持里，没有穷追猛打，也没有过度煽情，在很多时候，当某件事情使嘉宾黯然神伤，他会看似随意地说：“我们换个话题。”朱军自己说过这样的话：“我们的节目出发点是善的。”在节目中，他充分利用自己和艺术界众多名人的熟悉关系，在一种朋友般的亲切氛围中把节目引向纵深，尽一切可能展现每一个嘉宾成功背后的故事，发现他们鲜为人知的闪光点。他那种不张扬的温和个性也让嘉宾产生一种信任，令人在节目现场温情的氛围中无保留地吐露自己心里想说的话。另一档著名访谈节目《杨澜访谈录》同样是因为主持人杨澜的个人魅力而被观众喜爱。相比起朱军如朋友般亲切随和的主持风格，杨澜在节目中展示的则是一位智慧干练的成熟女性形象。在栏目中她与嘉宾平等对话，并总能在最恰当的时刻提出最恰当的问题，就专业领域与嘉宾进行言语的交锋碰撞以求能够挖掘出嘉宾最真实深刻的思想。在杨澜的访谈中不仅具有思辨理性的深度，更散播着人性的温度。在对张海迪的访问中，栏目临近尾声时，杨澜提问："海伦·凯勒曾写过这样一篇文章《假如给我三天光明》，假如你能够行走呢？你的愿望是什么？"张海迪的回答平实而又真切："我希望我也能够像很多的女性一样，在学校门口等我的孩子。他老远地跑过来说，'妈妈'。我会搂着他的肩膀说，"儿子，今天怎么样？"平淡的话语，真切的情感，令观众无不为之动容。

两档节目都是晚间时段播出，满足了不同观众的收视需求。具体来看，《艺术人生》以中等学历、中老年观众为主体，相比之下《杨澜访谈录》的观众年龄分布则较为分散，在青年群体中也有一定的观众基础，节目吸引的高学历者居多（图4）。

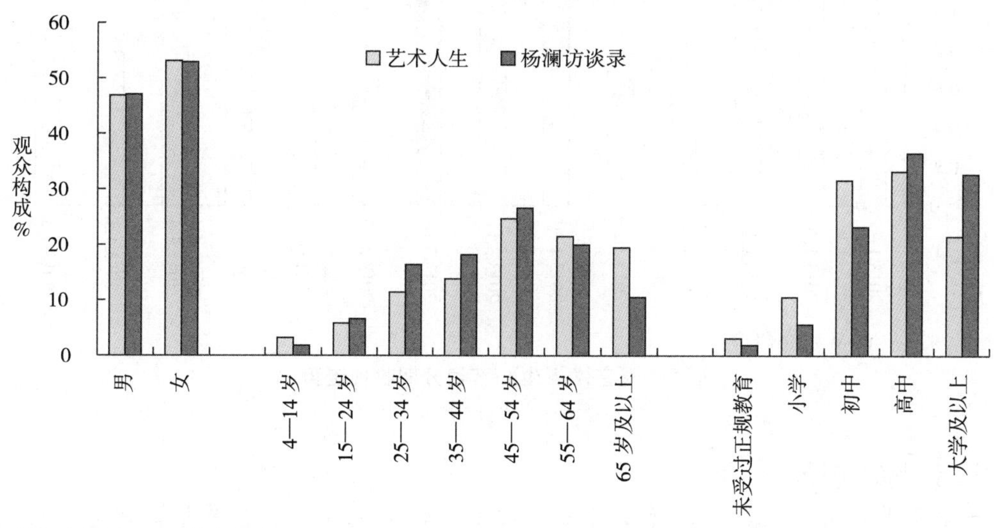

数据来源：CSM媒介研究

图4　2013年1—7月《艺术人生》和《杨澜访谈录》观众构成对比

2. 节目嘉宾的选择

嘉宾对于谈话类节目的风格定位有着较大的影响作用，特别是在和主持人的沟通交流过程当中，好的嘉宾能够有效地带动现场和电视机前观众的积极性，从而激发出主持人的创作灵感，提出一些更具深度的问题。所以在这方面，谈话类节目的嘉宾不仅要具有良好的人文修养和职业精神，还应该具有很强的定位意识，能够明确自己在节目中的角色，这些对于节目的成功都具有重要影响。

嘉宾对谈话类节目的推动作用，主要体现在以下三个方面：第一，嘉宾作为当事人，有着自己独特的见解，能够增加节目的可信度；第二，对于一些专家型的嘉宾，说出来的建议和观点能够引发观众和主持人的共鸣；第三，好的嘉宾对于节目的气氛有着积极的促进作用，使得节目的形式更加多样。谈话类节目的嘉宾如果能够具备以上素质，则对于节目品牌的塑造无疑具有非常重要的意义。此外，通过一些明星类嘉宾的超高人气和话题效应，对节目收视也有着明显的提升效果。

在2013年3月18日播出的《艺术人生》中，所邀请的嘉宾是在国内有较高人气的凤凰传奇组合，由于嘉宾本身知名度和话题度都非常高，再加上因为其歌手身份所具有的娱乐性，从《艺术人生》分期收视走势中可以看出，这期节目获得了较好的收视回报（图5）。

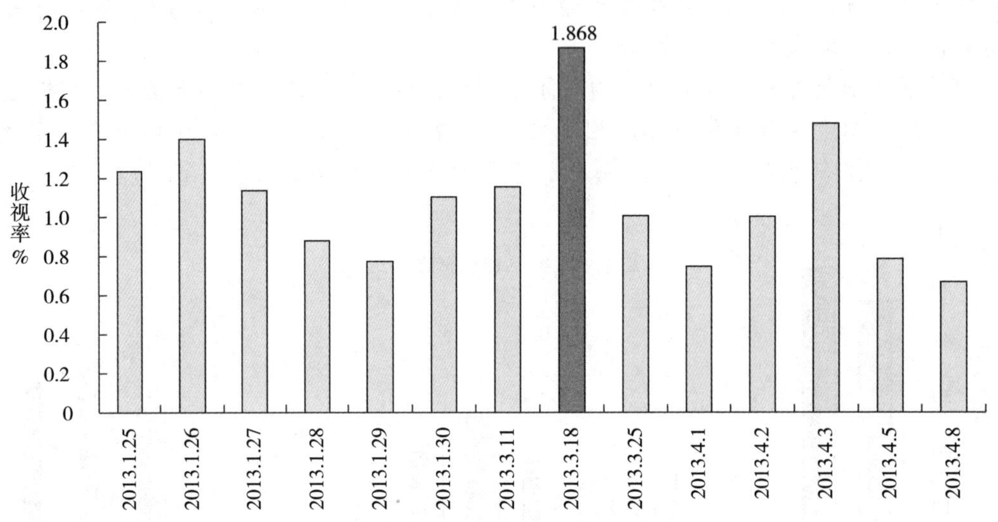

数据来源：CSM媒介研究

图5 《艺术人生》节目分期收视走势

3. 话题的选择

话题即节目选题，对于电视谈话节目的观众收视来说，话题是非常重要的影响因素，选择一个好的话题就意味着迈出了成功的第一步。

首先，话题要符合栏目的定位，栏目定位涉及栏目的基本功能、受众群以及样式和风格等诸多内容，不同的栏目有着不同的定位。如中央电视台为迎接1999年国际老年人年而推出的《相约夕阳红》，这个节目的受众定位是老年人群，那么在节目中的话题都要以老年人的故事为话题的起点，给老年人以精神关怀和慰藉，加强与老年人的思想交流。

其次，话题应具有连贯性，在谈话时，主持人必须保持清醒的头脑，控制住话题的方向，不能被嘉宾的话题带偏离。《杨澜访谈录》中的一期杨澜采访美国外交官洪博培中提出中美关系，在问到他的“终极目的是什么”时，洪博培明显地回避话题说“要当个好爸爸”。而杨澜则笑着拉回话题说：“我说的是政治上的。”对此，洪博培不得以从政治的角度说出了自己的态度。

再次，话题要具有时效性，电视谈话节目应当多选择社会上新近发生的社会事件、社会问题作为谈论的话题，增强谈话的时效性，以吸引人们的关注。国外很多的电视新闻谈话节目在这方面做得比较充分，在新闻事件发生的当天，观众就可以在节目中看到当事者，或是有关的专家发表自己的看法、分析事态发展。这使得电视谈话节目不仅能成为历史的见证者，而且在某种程度上也以自己的力量参与这些历史事件的进程。

《面对面》是中央电视台新闻频道的一档人物专访节目。该节目秉持新闻性、权威性、关注度和影响力的诉求，是面对面的交流，心与心的碰撞，用对话记录历史，以人物解读热点新闻。该栏目 2013 年 7 月 28 日曾做过一期关于解读当时的社会热点人物“气功大师王林”的专访，制作组邀请了曾经面对面采访过王林的记者做客现场，用亲身的采访经历揭露迷信骗局，将所谓“气功大师”背后的真相呈现在观众面前。这期节目话题在当时具有很高的社会关注度，因此也取得了不错的收视效果。(图6)。

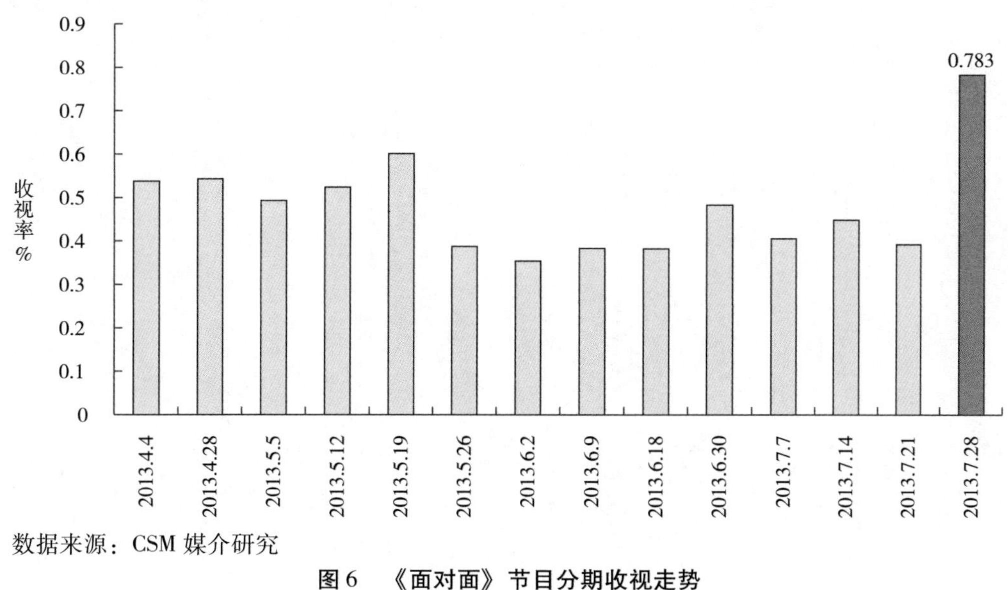

数据来源：CSM 媒介研究

图 6　《面对面》节目分期收视走势

结语

目前，电视访谈类节目在我国已经有了初步发展，但就在节目市场上的地位而言，访谈类节目所占份额还不及电视剧、综艺类节目和新闻/时事类节目这些传统的主流节目。从全国 71 城市访谈类节目的播出与收视情况来看，中央级频道、省级上星频道播出的访谈类节目由于制作能力、播出平台等多方面因素，收到了较好的收视反馈，部分地面频道的访谈节目凭借地域特点、贴近性等优势也有出众的表现。不同形态的访谈类节目，由于栏目定位、表现形式、节目依托优势不同，吸引的观众群体也不同。

对于不同形态的访谈类节目而言，首先应该对节目进行更加准确细致的定位，理清思路，明确目标观众，根据观众需求来制定详细的节目策划。同时，要在节目表现形式上多下功夫，创造出独具一格、引人入胜的环节。对于主持人的风格与定位、嘉宾的选取、话题的选择等影响节目收视的重要元素，应与节目总体的策划与定位相协调，从而成就节目不可替代的风格，形成稳定的收视。现如今我们置身于一个社会多元化时代，社会多元化格局要求话语权的表达有一个兼容并蓄的公共话语空间，电视访谈节目的诞生与发展正好顺应了时代的这种需求。

（作者：卢文钊）

剧观“80 后”
——以“80 后”为主角的电视剧收视分析

近期，关于“80 后”的电视剧进入了井喷期。根据百度百科的解释，“80 后”① 来源于社会学家讨论社会发展一代所运用的名词，是指国家依法严格执行计划生育政策（从上个世纪 80 年代初期开始）后所出生的一代人。在这一代人身上具有改革开放带来的鲜明的彰显个性的时代烙印，与前一代人有明显的代际差别，是改革开放出生的第一代独生子女，是在社会转型以后诞生的新一代，因此也成为独生子女的代名词。

面对这样一个群体，各类文艺作品均有描写，以“80 后”为主角的电视剧也风生水起。本文所提到的“80 后”电视剧，其内容主要展现中国有史以来第一次用法制限制人类生育后所面临的社会问题及 1980 年以后所出生的人群（含以“90 后”为主角的剧）所面临的生活、情感、婚姻、就业、心理成长等各种状态。电视剧中呈现的“80 后”，无论是否《独生子》，在《断奶》之后，迈入《而立之年》，信奉《非缘勿扰》和《爱情自有天意》，谈了《新恋爱时代》，不顾《门第》差距，跨进《裸婚时代》，订了《第 22 条婚规》，终于凑够《首付》，沦为《房奴》，搬入《爱情公寓》，有时过过《双城生活》，开展《宝贝计划》，生了小《宝贝》，当了《小爸爸》，书写《辣妈正传》，《独生子女的婆婆妈妈》也来了，却发现《小儿难养》，最终坚信《抹布女也有春天》，能过上《金太郎的幸福生活》……。

本文结合 CSM 媒介研究有限公司的收视调查数据，系统分析以“80 后”为主角电视剧（下文简称“80 后”电视剧）的发展历程、内容分类、观众特点、收视表现、典型案例及成长态势等。

一、“80 后”电视剧的兴起与流行

描写“80 后”状态的电视剧往前数也不少，然而引起社会轰动并让业界开始真正关注“80 后”电视剧始于 2011 年。这一年 6 月 11 日江苏卫视和深圳卫视联袂播出了电视剧《裸婚时代》，描写了两个城市的独生子女临到成婚却发现自己成了“没房没车没存款没钻戒没婚礼”的“裸婚一族”，两人坚信感情能够战胜一切，然而生活给了他们

① “80 后”是 2003 年由少年作家恭小兵在一篇文章里提出，只是指 1980—1989 年之间出生的年轻作家，以韩寒、郭敬明等为代表的大量年轻作家被挂上“80 后”的标签，后来被各个领域借用，统称 20 世纪 80 年代出生的这一批人，也出现了 70 后、90 后等类似词。这一称呼还承载了一个时代的文化潮流。

下马威……该剧改编自畅销小说《裸婚——80后的新结婚时代》，该剧由滕华涛导演，文章、姚笛主演，因敏感尖锐的社会话题、真实而饱满的刻画而引起社会的热烈讨论和广泛关注。随后，一批类似剧目应运而生，尽管类似于“偷户口本”结婚、婆媳冲突、家庭矛盾冲突等桥段设计屡见不鲜，但已经注意描写角度有所差异。2011年11月播出的《双城生活》从家庭文化差异等角度切入描写80后小两口的爱情、婚姻。

2012年以描写“80后”婚姻、爱情、理想和事业的电视剧开始流行。上半年湖南卫视、江苏卫视等强势平台播出了一系列展现“80后”婚姻状态的电视剧。湖南卫视4月2日播出《AA制生活》，紧接着4月25日播出《小夫妻时代》；5月22日，河南、江苏、安徽、上海四家卫视联合推出《金太狼的幸福生活》，收视效果不错，并获得了2013年第十九届上海电视节白玉兰奖最佳电视连续剧银奖。6月，江苏卫视播出了《囧人的幸福生活》。下半年播出的“80后”电视剧开始转向爱情、职场、青春理想等方向，内容更为丰富。7月，湖南卫视播出《胜女的代价》，上海东方卫视独家播出《我的经济适用男》，新疆、内蒙古、北京三家卫视播出《时尚女编辑》，湖北、安徽、陕西三家卫视播出《爱情公寓三》，浙江卫视播出《无懈可击蓝色梦想》。8月，浙江、北京、天津、上海四家卫视联合播出《北京青年》。此后，以描写80后、90后新兵的军旅生活的电视剧也红极一时：中央台八套9月播出《火蓝刀锋》，江苏卫视10月播出《我是特种兵（二）利刃出鞘》，湖南卫视11月播出《麻辣女兵》，收视表现抢眼，大大拓展了80后电视剧的范围和内涵。

2013年育儿剧异军突起。随着“80后”迎来育儿潮，讲述“小大人们”在身份升级后欢喜忧愁的育儿剧应运而生。1月22日，湖南卫视推出《小儿难养》，引发社会对于“80后”生子、育儿的关注和探讨。5月14日，浙江、江苏、上海、贵州四家卫视联合播出由六六编剧的《宝贝》。9月2日，浙江、上海、深圳联合陕西卫视播出《小爸爸》。9月14日，浙江、上海、深圳联合安徽趁势播出《辣妈正传》，育儿剧制作更加精良。《孩奴》9月27日登陆上海东方卫视，将育儿剧所涉及的社会现象和话题进一步发酵。

除了育儿剧，2013年关于家庭关系、爱情、婚姻、职场等内容的剧目也层出不穷，呈现出“重点突出、多线并存、各具特色”的特点。例如，关注家庭差距的《门第》，描写赡养老人的《独生子女的婆婆妈妈》，80后逐步独立、经历婚姻考验的《断奶》和《而立之年》，围绕房子的《首付》，经历爱情成长的《新恋爱时代》和《抹布女也有春天》，具有奇特契约婚姻的《第22条婚规》。此外还有刻画士兵成长的《战雷》、职场爱情的《杜拉拉之似水年华》。

今后“80后”电视剧将更加丰富多彩、角度更多，然而婚姻、爱情、孩子、理想等将在很长一段时间内都是重要的内容构成元素。

二、“80后”电视剧的大致分类

“80后”电视剧按照内容可以分为爱情类、婚姻类、育儿类、军旅类、职场类，等等。通常是以“80后”某种状态为切入点，融合当下“80后”在谈情说爱、婚姻情感、赡养父母、事业奋斗以及抚养孩子等压力下引发的一系列社会话题。

一是爱情类。主要描写“80后”对待爱情的看法、态度和抉择。有的剧通过恋爱故事谈对青春、对理想的看法，例如《北京青年》；有的剧讲述历经爱情之后年轻人心灵的成长，例如《北京爱情故事》和《抹布女也有春天》；有的剧则是告诉观众如何通过爱情选择最适合自己的伴侣，例如《我的经济适用男》和《新恋爱时代》；也有的剧则通过喜剧的形式描写各类“80后”不同的爱情观和奋斗观，例如《囧人的幸福生活》和《爱情公寓三》等（表1）。

表1 描写“80后”爱情观的电视剧举例

名　称	首播卫视	开播日期	首播模式
北京爱情故事	浙江	2012.1.8	独家
囧人的幸福生活	江苏	2012.6.11	独家
我的经济适用男	上海	2012.7.15	独家
爱情公寓三	湖北、安徽、陕西	2012.7.30	三家
北京青年	浙江、北京、天津、上海	2012.8.16	四家
新恋爱时代	江苏、上海	2013.6.10	两家
抹布女也有春天	江苏	2013.9.2	独家

二是婚姻类。此类是最常见的类型，侧重于刻画“80后”谈过恋爱之后，步入婚姻殿堂，从而发生的精神、生活、观念、消费的变化和生活常态，其中婆媳关系、翁婿关系、夫妻关系、买房购物、三角关系等家庭矛盾、生活细节成为填充剧情的重要内容，但不同的电视剧又有侧重点。例如，《裸婚时代》探讨的是“裸婚模式”，《双城生活》《AA制生活》描写了“AA制婚姻”，《小夫妻时代》关注的则是“双核家庭”问题，《金太狼的幸福生活》突出“夹板男”与“毒舌”岳母的喜剧冲突，《第22条婚规》演绎的是矮矬丑青年逆袭黄金女神过起另类“契约婚姻”的故事，《门第》通过穷小子娶了将门女来探讨婚姻该怎样“门当户对”，而《首付》则围绕买房子说婚姻，《小两口》说的则是“小煮夫”老公与“白骨精”老婆的磕绊磨合（表2）。

表2 描写“80后”婚姻观的电视剧举例

名　称	首播卫视	开播日期	首播模式
裸婚时代	江苏、深圳	2011.6.11	两家
双城生活	北京、陕西、上海、深圳	2011.11.6	四家
AA制生活	湖南	2012.4.2	独家
小夫妻时代	湖南	2012.4.25	独家
第22条婚规	山东、辽宁、江苏	2013.3.16	三家
门第	四川、河南、安徽、深圳	2013.5.29	四家
而立之年	江苏	2013.5.28	独家
金太狼的幸福生活	河南、江苏、安徽、上海	2012.5.22	四家

续表

名　　称	首播卫视	开播日期	首播模式
媳妇的美好宣言	北京、上海、深圳	2012. 11. 8	三家
独生子女的婆婆妈妈	北京、湖北	2013. 2. 17	两家
断奶	上海	2013. 5. 28	独家
首付	江西	2013. 8. 17	独家
小两口	深圳	2013. 9. 28	独家

三是育儿剧。该类剧以“育儿”为切入点，主要讲述在社会重压下“80后”荣升为小爸爸、小妈妈之后，如何在工作、家庭、社会、经济和自我中寻求平衡的喜怒哀乐，如何在养育孩子的过程中感悟责任、爱心和成长，因其顺应社会心理潮流、契合当下热门话题而成为2013年最令人瞩目的电视剧类型。《小儿难养》可谓第一部正式讲述“80后”生儿育女的育儿剧，道尽育儿艰辛；《宝贝》对于“70后”、“80后”和“90后”三代人的婚姻生活进行思考；《小爸爸》描写了不靠谱青年遭遇美国洋儿子的故事，泪点与笑点齐飞；《辣妈正传》风格麻辣，成为都市女性的“成长宝典”；《孩奴》讲述不同家庭教育“孩子”的故事（表3）。

表3　描写“80后”育儿观的电视剧举例

名　　称	首播卫视	开播日期	首播模式
小儿难养	湖南	2013. 1. 22	独家
宝贝	浙江、江苏、上海、贵州	2013. 5. 14	四家
小爸爸	浙江、陕西、上海、深圳	2013. 9. 2	四家
辣妈正传	浙江、安徽、上海、深圳	2013. 9. 14	四家
孩奴	上海	2013. 9. 27	独家

四是军旅剧。该类剧讲述“80后”乃至“90后”在从军后经过一系列锤炼而发生蜕变的故事。“成长”是关键词，通常男女主角开始比较叛逆、个性突出，最后成长为优秀的中国士兵。这些剧通常汇聚偶像演员，具有“军旅偶像剧”的特色，传奇作战及神秘训练生活全面呈现，观看起来颇有残酷青春、热血励志之感。表现突出的军旅剧有:《我是特种兵（二）利刃出鞘》，讲述了三个完全不同的“90后”年轻人如何成长为特种兵战士的艰辛历程；《火蓝刀锋》展现一个“80后”大嘴新兵历练成长为优秀海军蛙人的故事；《麻辣女兵》描写一个“假小子”的残酷青春成长故事；《战雷》则刻画了一个叛逆刺头兵如何历练成长为优秀排雷兵的故事（表4）。

表4　描写“80后”军旅生活的电视剧举例

名　　称	首播卫视	开播日期	首播模式
我是特种兵（二）利刃出鞘	江苏卫视	2012. 10. 2	独家
火蓝刀锋	中央台八套	2012. 9. 29	独家
麻辣女兵	湖南	2012. 11. 14	独家
战雷	云南、安徽、北京、深圳	2013. 6. 15	四家

五是职场剧。该类剧偏重于表现“80后”追求事业、为理想而奋斗的励志故事，通常夹杂爱情、家庭、竞争等元素，展现他们的奋斗之路和情感成长。例如，《胜女的代价》《杜拉拉之似水年华》《无懈可击蓝色梦想》《时尚女编辑》等（表5）。

表5 描写“80后”职场观的电视剧举例

名　　称	首播卫视	开播日期	首播模式
胜女的代价	湖南	2012.7.15	独家
杜拉拉之似水年华	上海	2013.7.4	独家
无懈可击蓝色梦想	浙江卫视	2012.7.31	独家
时尚女编辑	新疆、内蒙古、北京	2012.7.16	三家

当然，以上分类仅从电视剧展现的侧重点进行，实际上诸多“80后”电视剧内容杂糅、元素多元，常常涉及爱情、事业、婚姻、育儿、赡养以及两代人关系等。

三、“80后”电视剧的若干特点

“80后”电视剧具有不少属于自己的鲜明特色：

第一，题材大众、风格明快。题材多为都市生活、言情，以细腻而贴近现实的拍摄手法讲述家长里短，接近地气。不少电视剧角度新颖独特，风格清新讨喜，情节妙趣横生，节奏欢快明朗，台词鲜活生动，表演轻松幽默，观众看起来格外亲切、熟悉、温馨。

第二，演员讲究老少搭配。靓男美女的男女主角搭配老戏骨的家长，兼顾年轻观众和中老年观众的收视趣味。年轻男演员有文章、任重、张译、李晨、王雷、佟大为、明道、翟天临、夏雨、陈思成、朱雨辰、涂松岩、杜淳、芦芳生、张译等；年轻女演员包括姚笛、马伊琍、李小璐、马苏、佟丽娅、张檬、宋佳、黄圣依、海清、孙俪、张歆艺、杨幂等。老戏骨则有范明、宋丹丹、牛莉、丁嘉丽、凯丽、韩童生等。育儿剧则凭借可爱的宝宝赢得观众怜爱，往往取得良好的收视效果，例如《小爸爸》中的朱佳煜表现上佳，是电视剧成功的戏核。

第三，部分剧目剧情雷同，桥段类似，戏剧冲突走向一致。例如《裸婚时代》开创了偷户口本结婚的先河之后，《双城生活》《AA制生活》《小夫妻时代》《金太狼的幸福生活》等剧小两口结婚时均出现了惊人相似的一幕。而大部分电视剧的结局都会遵循“大团圆”结局，在最后一两集中消除矛盾、花好月圆。也有的剧因此显得过渡生硬、难以服众。部分年轻演员参与多部类似剧目，出现了表演模式化的问题。

第四，剧目定位出现分化。许多同一类型的剧开始注意角度差异化，试图摆脱窠臼，在一大堆鸡毛蒜皮的生活细节外另辟蹊径。例如电视剧或借爱情谈理想、青春、奋斗、价值观，或借育儿探讨孩子所带来的变化、成长，或透过职场讲爱情故事，或通过婚姻谈人性考验、城乡差异、门第差异，或讲述年轻人当士兵后的爱情、情怀、思想，等等。

第五，制作团队易出黑马。相对于古装剧、年代剧，80后电视剧制作相对门槛较低，服化道成本相对不高，有想法的年轻导演成功几率较大。例如文章凭借自导自演《小爸爸》成功突破，新锐青年导演滕华涛执导《裸婚时代》名声大噪，演员陈思成因自编自导自演《北京爱情故事》被观众熟知。当然也有不少成名已久的导演也热衷于拍摄80后剧，例如丁黑执导《门第》《独生子女的婆婆妈妈》，赵宝刚拍摄《北京青年》，曹盾执导《小儿难养》。

第六，强势平台酿造热点。“80后”电视剧的热播由江苏、湖南、浙江、上海等重量级省卫视频道带动而起，或独播或联播，连续播出多部，形成叠加效应，遂成为荧屏热点。例如，湖南卫视在2012年播出了《AA制生活》《小夫妻时代》《我可能不会爱你》《胜女的代价》及《麻辣女兵》等，上海卫视在2013年连续播出《宝贝》《断奶》《新恋爱时代》《杜拉拉之似水年华》《小爸爸》《辣妈正传》及《孩奴》等。

四、“80后”电视剧的收视表现

“80后”电视剧在全国市场的播出平台主要集中在湖南、江苏、浙江、上海、安徽等卫视，从整体收视表现看，出现了几部收视较高的剧目，但也有些剧目收视表现不尽如人意。

2012年晚间首播档，表现最抢眼的非《麻辣女兵》莫属，这也是唯一一部收视率突破2%的“80后”电视剧。《火蓝刀锋》在中央台八套首播后又在中央台一套重播，依旧取得了1.69%的高收视率。其他平均收视率超过1%的还有湖南卫视播出的《胜女的代价》和《AA制生活》，江苏卫视播出的《金太狼的幸福生活》《我是特种兵（二）利刃出鞘》和《囧人的幸福生活》，安徽卫视的《爱情公寓三》和浙江卫视的《北京青年》。

相比之下，2013年前9个月，晚间首播档“80后”电视剧表现稍显逊色。不仅单部剧平均收视率超过1%的数量（仅有4部）减少，而且最高收视率仅有1.46%（湖南卫视《小儿难养》）。江苏卫视播出的《第22条婚规》《新恋爱时代》以及浙江卫视的《小爸爸》平均收视率超过1%。剩余“80后”电视剧中，江苏卫视播出的《宝贝》《抹布女也有春天》，上海东方卫视的《断奶》和安徽卫视的《门第》平均收视率均不及1%。

单部剧在频道内的竞争力不一而足。在频道内所有晚间首播档电视剧中能排入前三名的剧，2012年有湖南卫视《麻辣女兵》（第二名）、安徽卫视《爱情公寓三》（第二名），2013年前9月有安徽卫视《门第》（第二名）、浙江卫视《小爸爸》（第二名）。其余剧在频道内差不多处于中等竞争力水平，也有个别剧垫底（表6）。

表6　2012.1.1—2013.9.14 卫视平均收视率较高的"80后"电视剧（19∶00—21∶30，80城市，多频道播出取最高收视率）

年份	名称	频道	平均收视率%	市场份额%	频道内排名/频道内剧总数
2012年	麻辣女兵	湖南电视台卫星频道	2.07	5.49	2/19
	火蓝刀锋	中央电视台综合频道	1.69	4.42	8/20
	胜女的代价	湖南电视台卫星频道	1.59	4.35	5/19
	金太狼的幸福生活	江苏卫视	1.56	4.26	5/24
	我是特种兵（二）利刃出鞘	江苏卫视	1.43	3.85	8/24
	爱情公寓三	安徽卫视	1.31	3.45	2/23
	北京青年	浙江卫视	1.08	2.87	9/24
	AA制生活	湖南电视台卫星频道	1.05	2.8	15/19
	囧人的幸福生活	江苏卫视	1.02	2.89	15/24
2013年1.1—9.14	小儿难养	湖南电视台卫星频道	1.46	3.86	10/11
	第22条婚规	江苏卫视	1.33	3.51	4/18
	新恋爱时代	江苏卫视	1.32	3.79	5/18
	小爸爸	浙江卫视	1.14	3.24	2/16
	宝贝	江苏卫视	0.97	2.68	12/18
	断奶	上海东方卫视	0.8	2.29	4/21
	门第	安徽卫视	0.71	2.01	2/15
	抹布女也有春天	江苏卫视	0.7	1.96	17/18
	而立之年	江苏卫视	0.67	1.92	18/18
	新恋爱时代	上海东方卫视	0.67	1.92	6/21
	独生子女的婆婆妈妈	北京卫视	0.66	1.65	4/13

数据来源：CSM媒介研究

五、"80后"电视剧的成长态势

电视剧的收视率日走势显示了该剧在维持观众规模和忠实度方面的掌控能力和成长潜力。采用独家首播模式的"80后"电视剧，收视走势显示了该剧在单一频道的竞争力分布。2012年以来，收视率日走势拉升幅度最为剧烈的有湖南卫视播出的《麻辣女兵》、中央台八套的《火蓝刀锋》和江苏卫视的《我是特种兵（二）利刃出鞘》，尤其是《我是特种兵（二）利刃出鞘》开播伊始即"火箭般蹿升"，第一天平均收视率仅为0.85%，最后一天大幅度跳升至2.21%，显示出该剧在短期内吸引观众的强大魅力。收视走势整体上升的还有《AA制生活》《断奶》《杜拉拉之似水年华》等。《小夫妻时代》《胜女的代价》《小儿难养》《抹布女也有春天》《而立之年》等剧出现震荡上升的特点。而《我的经济适用男》《无懈可击蓝色梦想》《首付》等剧收视走势相对平稳（图1）。

联合首播剧在各频道的平均收视率走势显示了该剧在多个平台上的收视合力与平衡

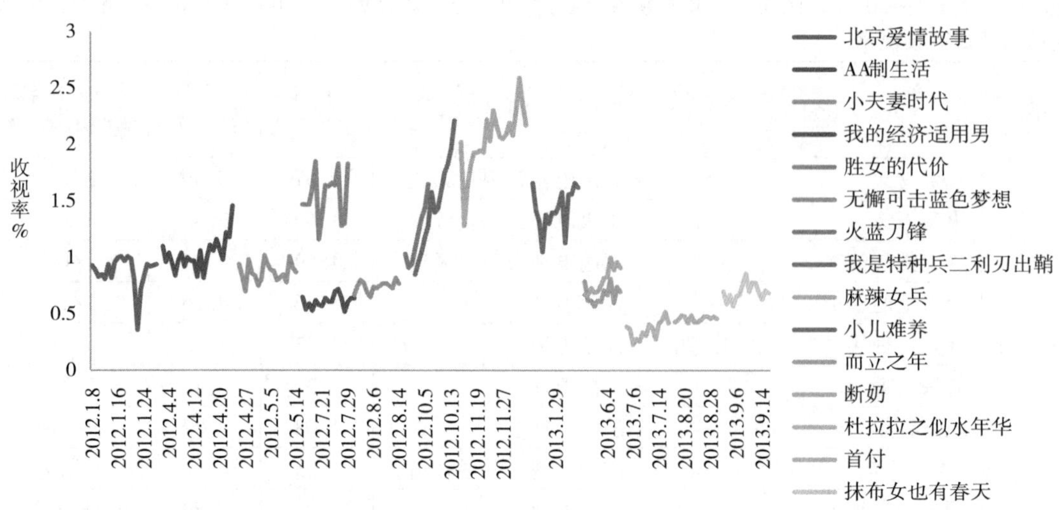

数据来源：CSM 媒介研究

图1　卫视部分独家首播“80 后”电视剧收视率日走势（2012. 1. 1—2013. 9. 21，19:00—21:30，80 城市）

力，凸显出电视剧跨越频道差异的控制力。从收视数据来看，近两年采用联合播出模式的“80 后”电视剧基本呈现出“低开高走”的格局，或猛力拉升或稳步攀升，波动剧烈或走势下滑的寥寥无几。上升势头最为强劲的是《金太狼的幸福生活》（河南、江苏、安徽、上海四地卫视），第一天在四个卫视的平均收视率是0.82%，最后一天的平均收视率已然达到1.56%，表明该剧的确充满竞争“狼性”。《北京青年》《独生子女的婆婆妈妈》《第22条婚规》《宝贝》《门第》《小爸爸》《辣妈正传》后期上升势头明显。《媳妇的美好宣言》《战雷》走势平稳，《时尚女编辑》稳中有降，《爱情公寓三》《新恋爱时代》波动较大（图2）。

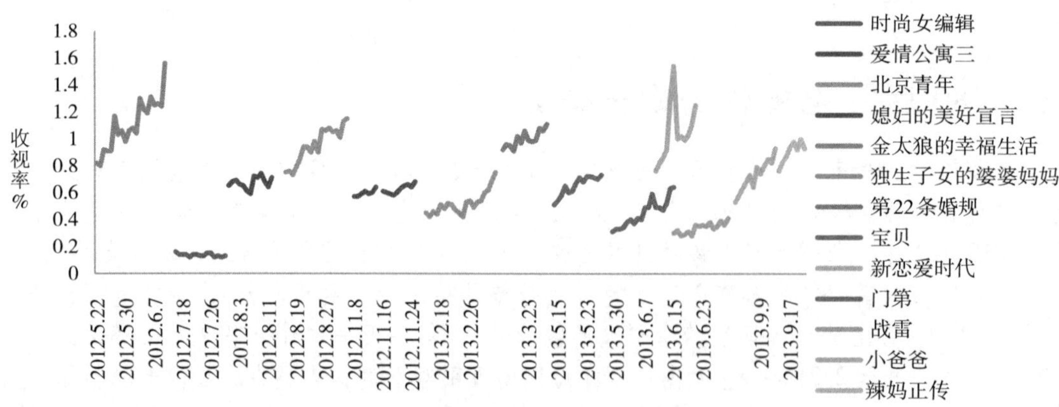

数据来源：CSM 媒介研究

图2　卫视播出的部分联播“80 后”电视剧收视率日走势（2012—2013. 9. 21，19:00—21:30，80 城市，首播频道平均）

由此可见，大部分“80后”电视剧收视走势可喜，基本呈现上升态势，尤其是多家上星联播剧整体势头表现强劲。

六、“80后”电视剧的观众特点

“80后”电视剧的观众构成有什么特点？是以“80后”的观众为主吗？还是老少皆宜、男女通吃？笔者在2013年首播的五类“80后”电视剧中各挑选了一部进行对比研究（表7），有如下发现：

“80后”电视剧以女性观众为主。五部剧都呈现出女性观众比例远远高于男性观众的“一边倒”特点，尤其是《小儿难养》和《杜拉拉之似水年华》女性观众比例超过了60%，男性观众不足40%。相对而言，军旅剧《战雷》男性观众最多。

25—54岁的中青年观众居多。比例超过20%的观众可以称之为重度观众。育儿类电视剧《小儿难养》的重度观众是25—44岁，比例共占42.3%，在五部剧中显得相对年轻。职场类电视剧《杜拉拉之似水年华》的重度观众出现断层，25—34岁比例占22.6%，45—54岁占21.6%，中间的35—44岁比例仅占14.8%。婚姻类电视剧《门第》的重度观众年龄层相对下沉，有43.6%集中在35—54岁。爱情类电视剧《抹布女也有春天》的重度观众分布最广，上至25岁下至54岁，总比例超过67%。《战雷》重度观众集中在35—44岁。

初高中学历的观众为主。《小儿难养》《门第》《战雷》和《抹布女也有春天》的初高中观众的比例较大。相比之下，《杜拉拉之似水年华》的重度观众集中在高中和大学及以上高学历，总比重接近70%，这种区隔与分化显示出电视剧在目标观众中的定位还是比较准确的。

除了无业人员，初级公务员/雇员等“白领”阶层也构成了核心观众。尤其是《杜拉拉之似水年华》的该部分观众比例超过了30%，剩余四部剧也受到了“白领”观众的关注。

表7 2013年“80后”电视剧部分剧目在省卫视首播时观众构成对比（19:00—21:30，80城市）

目标观众		育儿类—《小儿难养》	职场类—《杜拉拉之似水年华》	婚姻类—《门第》	爱情类—《抹布女也有春天》	军旅类—《战雷》
性别	男	36.1	38.9	44.8	41.8	48.3
	女	63.9	61.1	55.2	58.2	51.7
年龄	4—14岁	14.2	5.7	6.4	5.3	8.4
	15—24岁	18.9	10.8	9.1	9.3	8.7
	25—34岁	21.0	22.6	18.0	23.3	18.8
	35—44岁	21.3	14.8	21.4	21.1	22.0
	45—54岁	14.0	21.6	22.2	22.7	19.6
	55—64岁	5.8	17.4	12.0	11.6	12.4
	65岁及以上	4.8	7.1	10.9	6.8	10.1

续表

目标观众		育儿类—《小儿难养》	职场类—《杜拉拉之似水年华》	婚姻类—《门第》	爱情类—《抹布女也有春天》	军旅类—《战雷》
教育程度	小学	15.6	7.3	11.7	9.8	11.9
	初中	33.6	21.4	30.2	28.6	31.0
	高中	27.7	35.8	31.2	31.3	30.9
	大学及以上	18.9	32.9	23.2	26.7	22.3
职业类别	干部/管理人员	3.0	5.1	4.8	5.3	3.8
	个体/私营企业人员	12.8	8.6	12.1	12.9	11.7
	初级公务员/雇员	19.1	30.9	23.2	25.9	23.1
	无业	23.4	31.3	31.7	25.3	31.8
婚姻状况	独身	31.0	27.3	18.0	17.9	20.5
	已婚/同居	64.7	66.9	76.7	77.3	73.5
	离婚/分居/丧偶	4.3	5.8	5.2	4.7	6.0
家庭规模	1人	1.9	4.1	2.4	3.1	2.7
	2人	19.2	27.9	22.8	21.1	21.7
	3人	36.7	46.9	39.9	43.2	40.7
	4人	23.9	13.7	20.2	19.5	21.3
	5人	12.8	6.8	11.8	11.3	10.5

数据来源：CSM媒介研究

五部剧的大部分观众属于已婚或同居，在《小儿难养》和《杜拉拉之似水年华》中各占65%左右，在剩余三部剧中比重均超过了70%。

从家庭人口规模来讲，以三口之家居多。尤其是《杜拉拉之似水年华》《抹布女也有春天》和《战雷》三口人所占比例均超过了40%。两口人比例约占20%左右，单身及多人口的比例较低。

从这几部电视剧的观众构成，结合前文所分析的“80后”电视剧特点，可以发现现今“80后”已然成为制作市场关注的对象，而到了2013年，最小的“80后”24岁，最大的已33岁了。纵观“80后”电视剧，无论哪种类型，都采用了偶像演员加老戏骨的“黄金搭档”，加上贴近的内容、鲜活的表达方式、精美的制作水平，有效吸引了“青年+中年”的观众，恰好覆盖了荧屏前的“80后”。从这一点来说，“80后”电视剧契合了当今“80后”的收视心理。

结语

电视剧是真实生活的艺术化表达方式。现实中的“80后”有什么特点？有人认为他们是“垮掉的一代”，“最没责任心的一代”，“最自私的一代”，“最叛逆的一代”，也有人认为他们是“优秀的一代”，“阳光的一代”。映射到电视剧中，这些“80后”被贴上了各种标签：孔雀女、凤凰男、高富帅、屌丝、剩女、女神、夹板男、小爸爸、辣妈、房奴、孩奴……无论是剧中还是剧外，房子、票子、孩子、老子、车子、位子等都成为“80后”必然要面对的事情。也许正如在《小儿难养》沦为房奴的老公对妻子说：“以后过情人节，我不能给你送玫瑰花了，只能送菜花……”也许像《宝贝》里的80后夫妻被迫从“丁克”变成“白丁”，也许就如《战雷》中所说的“有人的地方就有江湖，有雷的地方就有生死”。不管收视高低，无论内容如何，都祝福“80后”！

（作者：李红玲）

老龄化背景下电视节目的发展对策

中国有句老话“人生七十古来稀”，是说超过70岁的人自古以来就不多见。当代人显然不能同意这样的观点，现在中国的人均预期寿命已经达到73.5岁，也就是说一般情况下人都能活到70岁。根据世界卫生组织的定义，一个国家65岁及以上人口占全国人口的比例超过7%就称为老龄化国家，按照这个标准，我国早已成为老龄化国家[①]，并且老龄人口比例一直在持续增加。在2011年4月公布的第六次人口普查数据中，我国65岁及以上人口占8.87%，数量达到1.19亿。在沿海经济发达地区，人口老龄化问题更加突出。

老龄化国家一方面需要解决老年人的衣食住行问题，满足老龄人口的生理需求；另一方面也要关注老年人的心理需求，让老年人在生活无忧的同时享有丰富多彩的休闲娱乐生活。在现阶段的中国，看电视是很多老年人最主要的休闲娱乐方式之一，如果能够提供适合他们的电视节目，会有助于让越来越多的老年人真正安享晚年。本文试图通过对老年观众收视现状和收视特点的分析，探讨电视行业面对人口老龄化这一社会问题的应对举措。

一、老年观众[②]的人均电视收视时长

1. 老年观众花在电视上的时间明显比其他年龄段观众长

与其他年龄段人群相比，老年观众大多卸下了沉重的工作负担，不再需要辛劳养家，因此拥有了更多的闲暇时间，而身体状况又多多少少限制了他们的行动范围，在家里悠闲地收看电视节目就成为他们消磨时间的一种娱乐方式。根据CSM媒介研究2013年全国150城市收视调查数据，2013年全国观众平均每天收看电视的时间为165分钟，65岁及以上的老年人平均每天收看电视的时间明显高于其他年龄段观众，达到274分钟，超过平均值66%。即老龄电视观众每天有4个半小时都坐在电视机前收看电视节目，接近一天的1/5。由此可见，看电视是老年人每天最主要的消遣活动之一。

2. 老年观众收看电视的时间逐年增加

新媒体的兴起在最近几年一直是电视行业面临的最大挑战，世界各地的电视媒体或多或少都在担忧人均收视时长下降的问题。但是回顾一下近几年我国老龄电视观众的收

---

① 我国在1999年就已成为老龄化国家。

② 本文中老年观众是指65岁及以上的电视观众。

视情况，我们发现老年观众的收视热情并没有受到新媒体的影响。老年观众的人均收视时长呈逐年增长的趋势，由2008年的246分钟逐步增加至2013年的274分钟（图1）。可见老年观众对电视这一传统媒体的喜爱非但没有被淹没在大量涌现的新媒体中，反而显现出“愈久弥坚”的趋势。

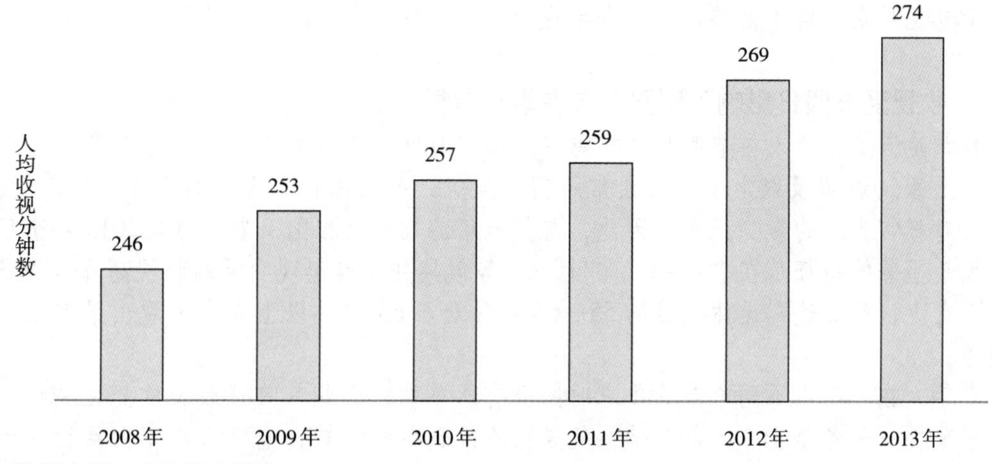

数据来源：CSM媒介研究

图1　近年来老年观众人均每天收看电视时长（65岁及以上，历年所有调查城市）

1. 北部和西部城市老年观众电视收视时间更长

地域环境对人们收视习惯的影响较大，对老年人来说更是如此。生活环境的不同在很大程度上影响了老年观众的收视时间。在对不同城市老年观众收视时间的统计中，天津地区的老年人人均收看电视的时间最长，平均每天达到398分钟，超过6个半小时，海口地区的老年人收看电视时间最短，平均每天只有170分钟，仅为天津地区的四成（图2）。整体看来，收看电视在我国北部和西部各城市老年人的生活中占有至关重要的地位，东南沿海城市老年观众对电视的依赖情况没有这么严重，人均收视时间相对短一些。

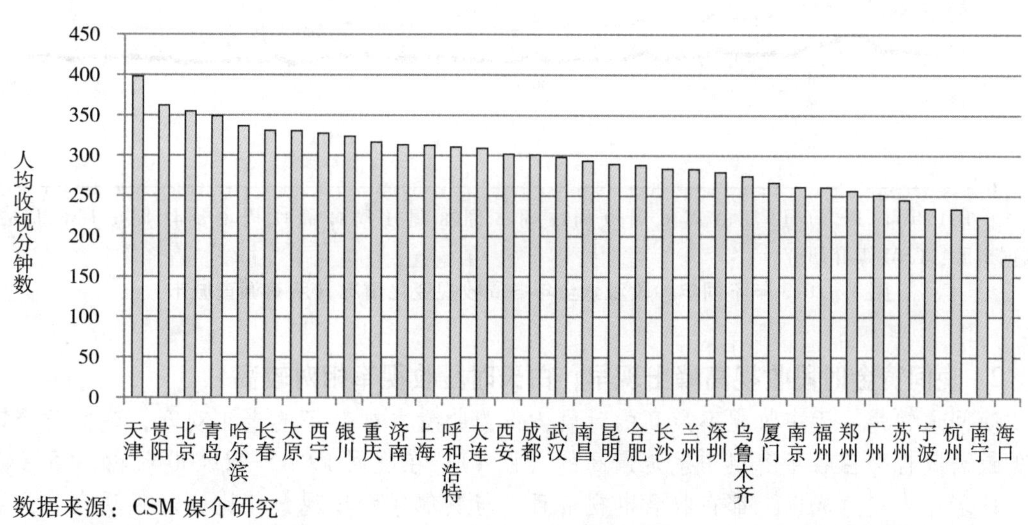

数据来源：CSM媒介研究

图2　2013年不同城市65岁及以上观众人均每天收视时长（分钟，所有调查城市）

二、老年观众的收视特点

人均收视时间长通常只说明老年观众对电视节目在整体数量上存在着较大的需求，相对于电视观众的整体收视习惯，老年观众的收视特点主要表现在以下几个方面：

1. 收视受节假日影响不明显，存在季节差异

朝九晚五工作的人在节假日会有更多的闲暇时间，因此电视开机率在节假日会有较大幅度上涨。65 岁及以上老年人通常不需要上班，每天保持着固定的生活作息时间表，节假日对日常生活的影响很小。因此，与其他年龄段观众相比，老年观众2013 年全年收视曲线最显著的特征是在“五一”、“十一”等假期并没有出现明显的收视高峰（图3）。在这一点上，已经达到退休年龄的55—64 岁观众与65 岁及以上观众表现出了完全一致的趋势。

老年人在一年中不同季节的作息时间会有所差别，因此其收视时长的变化呈现出一定的季节性——冬季北方大部分地区气候寒冷，日照时间短，老年人在室内活动的时间比较长，相应地收看电视的时间也较长，日平均收视率相对较高；冬天结束后天气回暖，适合户外活动的时间增加，老年人的活动范围也随之变大，因此春、夏、秋三季老年观众的日平均收视率都有所降低。而对低年龄段（以学生为主体）的观众而言，这样的季节性差异表现得并不明显，学校的寒暑假期才是影响他们收视的重要因素之一。

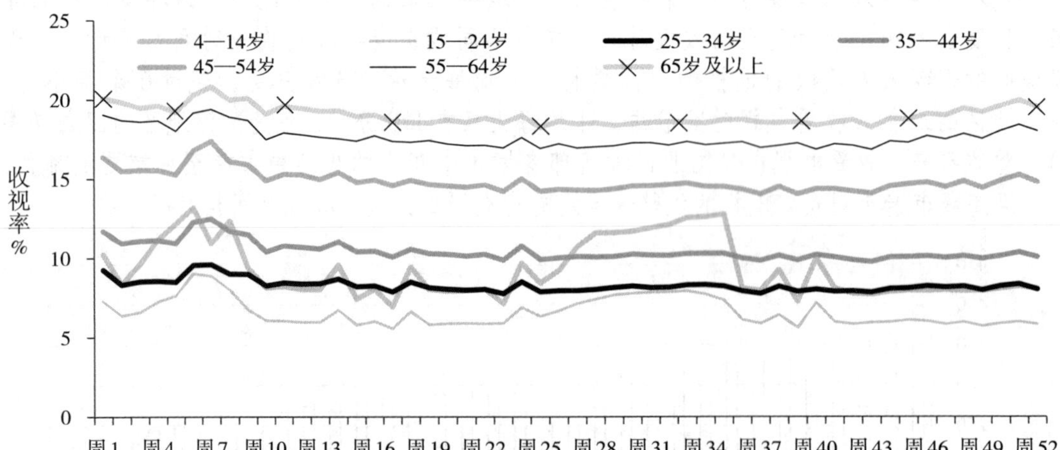

数据来源：CSM 媒介研究

图3　2013 年不同年龄段观众全年各周收视变化情况（所有调查城市）

2. 晚间黄金时段收视高峰出现早，白天时段收视率相对较高

晚间通常是一天中收视率最高的时段，作为收看电视最多的老年观众，晚间黄金时段的最高收视率在各年龄组中也是最高的（图4）。在晚间 19:45—21:00 时段，65 岁及以上的老年人中六成以上都在收看电视节目。与其他年龄段观众相比，老年观众晚间收

视高峰有所前移，21:00 之后老年人开始逐渐离开电视机准备就寝，收视率迅速下降。而这个时候35—44 岁观众的收视率还处于最高值。

此外，老年观众白天收视水平明显高于其他各年龄段观众，65 岁及以上的老年人从早晨7:00 开始陆续打开电视机，到中午 12:00 老年观众开机率达到白天的最高值(27.5%)，之后1 小时都保持在26%或以上。

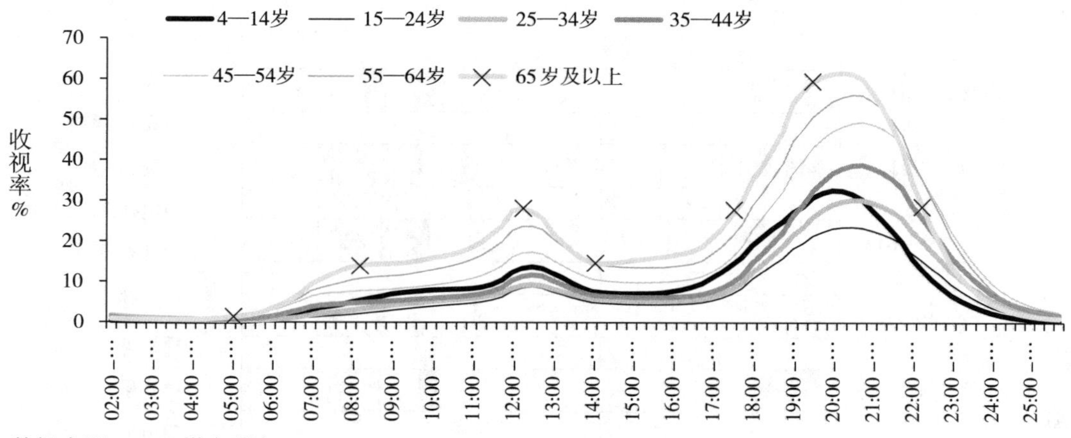

数据来源：CSM 媒介研究

图4　2013 年不同年龄段观众全天收视走势（所有调查城市）

1. 偏爱收看中央级频道

在老年观众每天花费在电视机前的所有时间中，1/3 以上都在收看中央级频道（包括中央电视台和中国教育电视台各频道）的节目，远远高于所有观众的平均值（表1）。低年龄段观众比较关注省级卫视的节目，老年观众则对省级卫视频道的关注度相对较低，他们对省级地面频道、市级频道和其他频道（主要是境外卫视频道、区级频道及数字电视频道等）也没有特殊的关注度，与平均水平相当。

表1　2013 年各级频道在不同年龄段观众中的收视份额（所有调查城市）

目标观众	中央级频道	省级上星频道	省级非上星频道	市级频道	其他频道
4 岁及以上所有人	29.1	31.9	21.0	10.1	7.8
4—14 岁	29.7	38.4	17.2	7.0	7.7
15—24 岁	22.9	36.9	20.8	10.0	9.4
25—34 岁	25.4	34.3	19.6	10.8	9.8
35—44 岁	28.1	34.0	19.3	10.2	8.3
45—54 岁	27.8	31.0	23.3	10.3	7.6
55—64 岁	31.3	28.0	23.6	10.4	6.7
65 岁及以上	37.1	25.7	20.8	10.8	5.5

数据来源：CSM 媒介研究

4. 对新闻/时事、戏剧、生活服务类节目的关注程度较高

即使是消磨时间，老年人在收看电视节目的时候也会带有选择性。除了收看播出量最大的电视剧以外，老年人会对自己感兴趣或者与自己生活关系比较密切的内容给予更多的关注。新闻/时事、生活服务、戏剧类节目在老年观众的收视时间中所占比例明显高于其他年龄段观众（图5）。

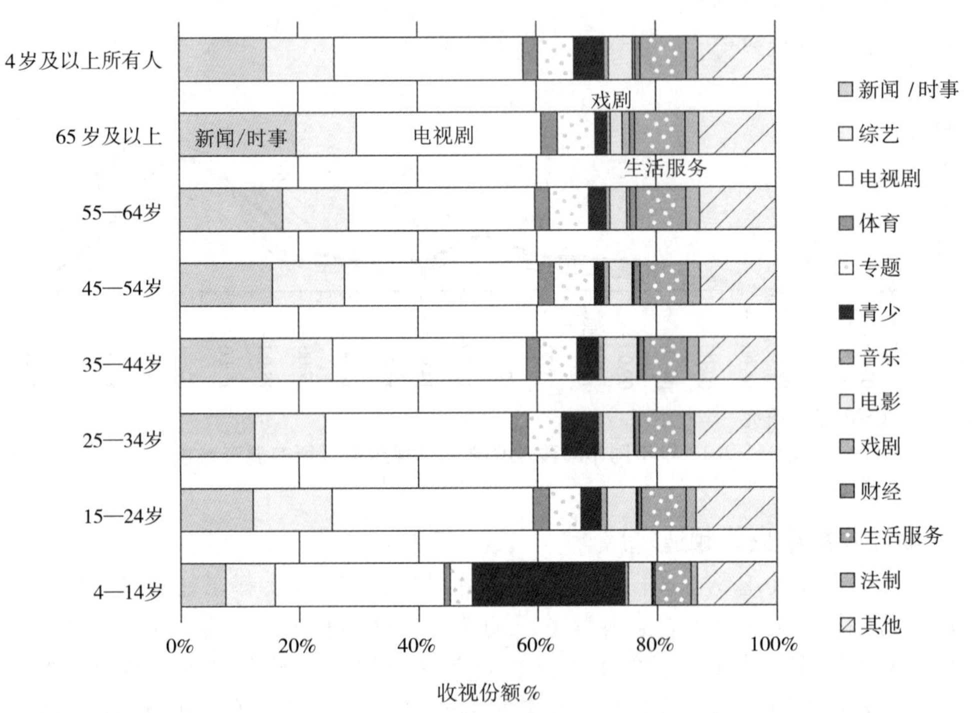

数据来源：CSM媒介研究

图5 2013年各类节目在不同年龄段观众的收视份额（所有调查城市）

5. 对电视节目的忠实度较高

人的身体就像一架精密的仪器，随着使用时间的推移，各种零部件都会有不同程度的磨损，随着年龄的增长，人的行动能力会下降，大脑反应速度也会变慢，带来的直接后果是视觉、听觉等感官会变得迟钝，智力、记忆力比青壮年时期都有明显衰退。与此同时，多年的生活经验带给老年人相对沉稳的性格，有时做决定需要较长时间，这并不是因为行动力不足，而是因为思考的过程变长。老年人的这些生理和心理特征，决定了他们的换台频率会比年轻人低，对广告的耐受能力也要比其他年龄段观众强，因此能够较长时间收看同一个节目。此外，作为养生之道，老年人通常会给自己安排一种有规律的生活，每天在固定的时间做固定的事情，有固定的睡觉时间和吃饭时间，连娱乐时间也是如此。他们会在固定的时间打开电视机，收看某个电视频道的某一档节目。这种定时定点收看电视节目的习惯通常很难被改变，带来的直接影响就是老年观众对自己喜欢的节目能够保持较高的忠实度。

CSM媒介研究所有调查城市收视数据显示，65岁及以上老年观众2013年的平均忠实度为22.9%，是所有观众平均忠实度（17.2%）的1.3倍。

三、老年电视节目的现状

老年人是电视节目的重度消费者，我国老年人人口基数庞大，以目前变化趋势来看增加的速度将会很快。因此，老年观众绝对是电视收视市场中举足轻重的观众类型，老年电视节目对电视行业来说具有非常巨大的市场潜力。

（一）各电视台老年节目播出概览

面对数量庞大并且还在不断增加的老年观众群体，电视媒体很早就意识到了应该为他们量身定做一些节目。针对老年电视观众的收视需求和特点，各电视台先后推出了适合老年人观看的电视节目。

1991年天津电视台开播的《晚霞金晖》，是目前我们找到的国内第一档以老年人为目标观众的电视节目。中央电视台在1993年开播《夕阳红》，成为全国老年电视节目的典范。早期的老年电视节目大都是综合性节目，按照节目制作人的想法，里面分别设置几个板块，“依据老年人的心理特点、审美情趣，选择老年观众喜闻乐见的节目内容与形式，努力开阔老年人的视野，拓展老年人的生活空间”，即以包罗万象来全方位满足老年人的需求。例如《夕阳红》节目，每周七天分别有社会、健康、人物、生活、旅游、谈话和娱乐不同的主题，节目表现方法也囊括了专题、访谈、比赛竞赛参与等不同的形式，节假日还有特殊的编排。杭州电视台的《金秋》也是类似的情况，栏目内设《精彩人生》《我的故事》《金秋驿站》《养生堂》《祖与孙》等多个板块。

与老年观众对电视节目的需求相比，为老年观众量身定做的节目数量只能用杯水车薪来形容。追踪近年与老年电视节目有关的研究文献，找到的老年节目包括本文前面提到的中央电视台的《夕阳红》（最早在一套播出，后转到十套播出）、广西卫视的《金色舞台》、北京电视台的《金色时光》、河南电视台的《老人世界》、上海电视台的《精彩老朋友》、哈尔滨电视台的《老伴》、杭州电视台的《金秋》、广东电视台的《天年乐》、深圳电视台的《长青岁月》、江苏电视台的《晚霞》、吉林电视台的《人间晚情》等。但是很遗憾，到了2013年，这些节目除了《夕阳红》《精彩老朋友》《晚霞》和《人间晚情》外，几乎都无迹可寻。在CSM媒介研究2013年第四季度的全国电视节目数据库中，根据关键词检索出来的老年节目仅有12档（表2）。

表2 2013年第四季度老年节目播出概况

节目名称	播出频道	播出时间
老爸老妈呱呱叫	扬州电视台二套	21:41
精彩老朋友	上海电视台娱乐频道	17:24
金色梦舞台	河南电视台卫星频道（一套）	8:00
老友所乐	广西电视台公共频道	18:24

续表

节目名称	播出频道	播出时间
情满夕阳	广州电视台综合频道	17:00
泉映晚霞	济南电视台都市女性频道	16:40
人间晚晴	吉林电视台公共频道	8:30
霜叶集	大连台二套（经济生活频道）	11:00
晚霞	江苏电视台公共频道	10:15
夕阳红	中央台十二套	7:00
金秋	福建省广播影视集团公共频道	17:00
老来乐	青岛电视台生活服务频道	11:00

数据来源：CSM 媒介研究

与早期包罗万象的老年节目相比，目前在播的老年节目大多结构比较简单，节目中板块的数量较少，内容比较统一，针对老年人的不同需求进行了市场细分，一般包括满足展示需求的互动参与板块，满足欣赏需求的综艺板块，满足人际交往需求的婚介交友板块以及侧重生活服务的科普板块等。

现在老年节目的另一个特点是节目的基调与以前有所不同。这与 20 年间老年人心态的转变有直接关系。以前的老年人大多追求稳重、端庄，而现在的老年人更向往拥有一颗“年轻的心”。因此现在的老年节目摆脱了以往“老成持重”的印象，甚至可以用“生动活泼”来形容。

播出时间较长的老牌节目也对节目结构进行了调整。开播 20 年的《夕阳红》节目就在 2013 年进行了较大改动，继 3 月份在中央电视台十套停播后，9 月份在社会与法频道全新改版播出。改版后的节目每期时间只有 20 分钟，只围绕一个主题展开，讲述与老年人相关的故事，更接近老年人的生活。

（二）具有代表性的老年节目

目前播出的这些节目中以上海地区的《精彩老朋友》播出时间最长、影响最大，也最具有代表性。

《精彩老朋友》是上海东方卫视在 2005 年 3 月开播的全国首档老年电视综艺节目，后转至上海电视台娱乐频道播出。在 50 分钟的节目时间里，包含了展示老年人才艺的“精彩外公外婆秀”、专为单身老年人牵线搭桥的“精彩老来伴”和充满怀旧气息的“难忘的精彩”等板块，在大板块中间穿插着为老年人提供服务信息的“春姑娘热线”、系列小品“精彩老人行”等。《精彩老朋友》在“精彩外公外婆秀”板块中举办过超“纪”模特儿邀请赛、超“纪”国标舞擂台赛、当代中华老夫老妻魅力展全国邀请赛、首届上海中老年钢琴大赛等多项活动，在老年观众中人气不断攀升。

老年观众对节目的喜爱也可以通过收视率数据在一定程度上体现。《精彩老朋友》2013 年在上海地区首播的平均收视率为 2.6%，而 65 岁及以上观众的收视率则高达

8.4%，是平均值的3.2倍（图6），他们对这一节目的偏好可见一斑。

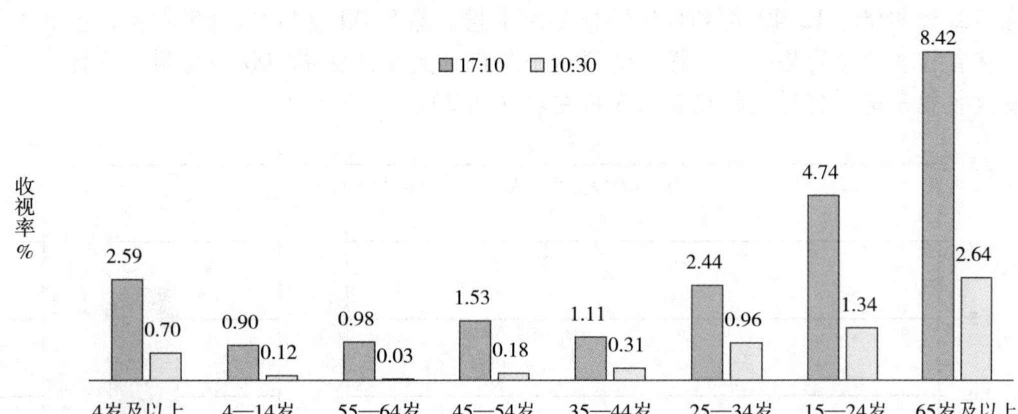

数据来源：CSM媒介研究

图6　2013年上海市场《精彩老朋友》栏目不同年龄段目标观众收视情况

（三）受老年人欢迎的非老年节目

人们选择使用媒体是为了在某方面得到满足。无论电视节目采取哪种表现形式，老年电视节目应该为老年人的具体需求服务，通过节目内容提供如下功能：服务功能（包括精神服务、健康服务和生活服务等）、教育功能、文化娱乐功能、社会援助功能等。

近几年老年电视节目在质量上有所突破，但数量上仍然处于严重“供不应求”的状态。仅靠已有老年节目远不能满足老年人对电视的要求，因此老年观众多数的收视时间还是放在了非老年节目上。电视剧、综艺、戏曲等节目满足了老年人的文化娱乐需求，占据了老年观众一半的收视时间，另一半的时间老年观众多数用在了新闻/时事、生活服务和专题节目上，老年人需要电视提供的其他几种功能主要由这些节目来完成。除了通过新闻了解自己生存的外部环境外，老年观众还会有选择性地收看自己感兴趣的包含心理咨询、养生、饮食资讯、调解等内容的节目。

虽然生活服务类节目中的健康节目没有被计入老年节目，但是这类节目的目标观众无疑主要是老年人，也是播出数量较大的一类节目。几乎所有频道都有以“养生”为关键词的节目，一些制作较好的养生节目会同时在各地播出，例如《葛洪养生苑》在71个城市中39个电视台的85个频道播出，其他名为《养生堂》《国医养生堂》《养生糖》《养生一点通》《中华好养生》等的节目也都在多个地区和电视频道播出。大量播出的养生节目质量良莠不齐，导致部分观众对此类节目已经产生了抵触情绪。

以“调解”为主题的节目也比较容易获得老年观众的青睐。以北京电视台的《谁在说》为例，节目的定位本是青年话题访谈栏目，以解决青年人情感问题为诉求，旨在构筑青年人为主打的情感和家庭节目。这个节目以构建年轻人与社会、同辈、父辈的沟通平台为目的，老年人不是节目的目标人群，但是却站在沟通平台的另一端，是希望与年轻人沟通的父辈。《谁在说》恰恰从另一方面迎合了老年观众希望与后辈加深了解的愿望，因此也得到了他们的青睐。节目在北京电视台青年频道播出，首播时间为19:30，并在第二天8:00、12:40和17:00安排三次重播。除8:00重播外，65岁及以上的老年观众在首播和两个重播时段收视率均超过平均值，尤其是在17:00的重播节目时段，老年观众收视率是所有观众收视率的3倍左右（图7）。

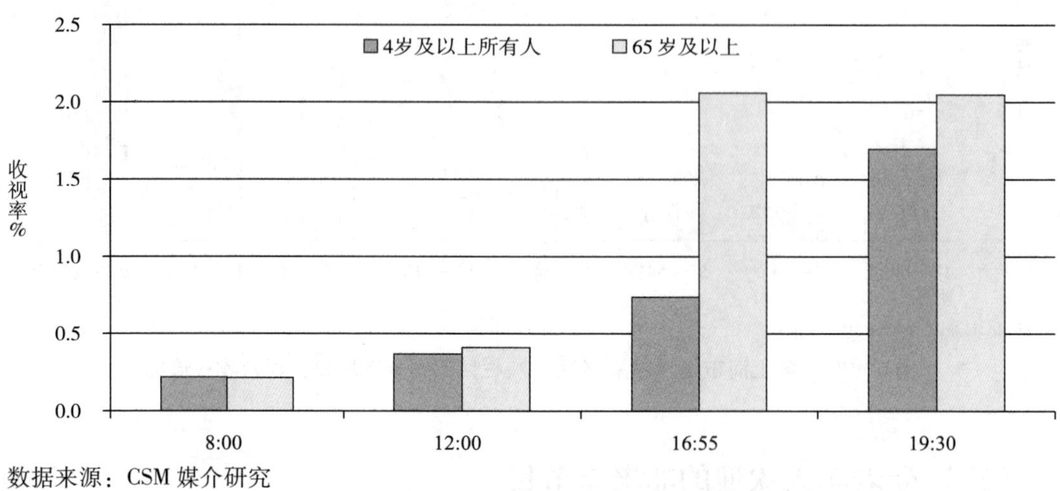

数据来源：CSM媒介研究

图7　2013年北京市场《谁在说》栏目不同目标观众的收视情况

四、观众老龄化之下电视媒体的对策

对电视媒体而言，人口老龄化也就意味着观众老龄化，人口老龄化这样的社会问题就转变为观众老龄化的问题。在了解了老年观众的收视习惯和需求之后，电视媒体就可以从节目内容、节目编排、播出平台这几方面着手，寻找应对之策。

1. 开发新节目，迎合老年电视观众口味

目前我国老年观众面对的电视屏幕上，养生类节目过剩，娱乐类节目还有开发空间，实用类节目明显不足。在这种情况下，电视媒体应该给老年观众提供更多他们喜欢的节目，尽量满足他们对电视的收视要求。

很多老年人把电视作为获得资讯的第一媒体，但电视节目目前能够提供的实用性信息却相当有限。例如介绍风景名胜的节目很多，真正让老年观众能够按图索骥完成一次旅行的指南型节目并不多见。电视节目在引导老年人消费、丰富生活方面的作用还未能被合理开发利用。

老年人最容易遇到的是心理问题，如果老年节目能够多关注老年人的心理健康，为老年人疏通心结，应该会有很多忠实观众。此外，老年人在处理人际关系时也会遇到很多问题，指导老年人避免家庭矛盾，调解邻里关系，在和睦的环境下安度晚年，也是老年节目可以深入开发的方向。

2. 根据老龄人口的收视习惯，采用分时段编排的策略

尽管老年观众数量庞大，但消费能力显然不如年轻人，因此数量还在持续增加的老年观众从商业电视角度看并没有很大的市场价值，将老年节目安排在晚间不能最大程度地获得经济利益。另一方面，老年人在白天的收视时间明显高于其他年龄段人群，因此，应该采用分时段编排策略，将晚间黄金时段留给年轻人，把老年节目安排在白天和傍晚播出，这样既保证了频道的经济来源，又获得了老年观众的关注，也不失为一个“双赢”的策略。

3. 寻找新渠道，帮助老龄人口改善娱乐环境

目前，媒体多样化对老龄人口收视习惯的影响尚不显著。但是老年人已经开始装备各种高端通讯设备，老年人中有很大一部分开始使用新媒体，接触各种应用软件。身为“微博控”的郑洪升老先生已年过8旬，仍然坚持每天刷新微博，目前微博粉丝超过22万，关注微博近1500个，不仅远远超过了同龄人，也超过了大多数年轻人。郑老先生并没有放弃电视，但是估计他花在电视上的时间需要分一部分给微博。目前郑老先生这样的“潮人”还是老年人中的特例，但是随着现在沉溺于网络或者移动设备的中年人逐渐步入老年，他们看电视的时间定然会比现在的老年人少得多。如果电视媒体不在此时开始考虑开发适应新传播平台的老年节目内容，可能在将来的某一天就会被老年观众遗忘在脑后。

结语

在世界卫生组织提出的健康线里，60岁以后是生命质量期，即付出努力后进入收获的阶段。让越来越多的老龄人口享受高质量的生活，是整个社会的共同愿望。电视媒体只有积极开发新的节目和播出平台，尽最大努力帮助老年人满足精神生活的需求，才能获得老年观众的重视，确保不会被老年观众所遗弃。

（作者：曹珩）

不同终端受众视频接触与收视习惯分析

在全媒体传播时代，新媒体的崛起对传统媒体的冲击已势不可挡。随着电脑、平板电脑、智能手机等终端的普及，传统电视节目内容的传播正从电视机端扩展到电脑和智能移动终端，视频收视迅速进入多屏时代，大大小小的终端屏幕共同构成了纷繁的视频收视新矩阵。多终端视频收视格局的初显，一方面进一步扩展了电视节目视频的传播广度和深度，另一方面则不断分流电视终端的受众从而导致受众收视习惯的碎片化。本文以 2013 年 CSM 媒介研究 12 城市①基础研究数据为基础，在对城市受众各类终端保有量及接触情况进行分析的基础上，探讨不同终端受众的视频接触与收视习惯。

一、各类视频收看终端②受众保有量和接触概况

1. 电视用户规模趋于饱和，智能手机受众保有量超过台式电脑

2013 年，拥有电视机的受众比例高达 98.6%，电视用户规模趋于饱和，电视终端已属于饱和型渗透媒体。2013 年，以台式电脑、笔记本电脑为主的电脑终端设备的用户保有比例分别为 58.4% 和 32.4%。随着移动互联网络快速发展和智能移动终端的广泛渗透，2013 年，以智能手机和平板电脑为主的智能移动终端受众保有比例分别为 61.9% 和 15.2%，拥有智能手机的受众比例更是超过了台式电脑，用户保有量攀升至第二位（表 1），智能移动终端的移动便携性优点以及对受众碎片时间娱乐休闲需求的满足正不断吸引更多的受众加入体验和使用。

表 1　2013 年 12 城市家庭主要视频收看终端的受众保有比例（%）

终端设备	受众比例（%）
电视机	98.6
台式电脑	58.4
笔记本电脑	32.4
智能手机	61.9
平板电脑	15.2

数据来源：CSM 媒介研究

① 12 城市分别为：成都、深圳、长沙、重庆、西安、武汉、沈阳、广州、南京、北京、上海、天津。

② 各类视频收看终端主要指能够进行电视节目、网络视频播放或下载的设备。

2. 电视端受众接触比例最高，电脑、移动终端日使用指数较高

在各类终端设备中，12城市中有98.1%的受众半年内看过电视，电视端[①]的受众接触比例遥遥领先于其他终端，占据绝对优势，电视仍然是受众接触比例最高、影响范围最广的终端。互联网的发展和普及使传统的电视视频内容正不断由电视端扩展到电脑端，半年内接触电脑网络视频[②]的受众比例高达50.7%。电脑端所提供的视频内容点播、直播及剪辑分类等服务在通过二次传播增强传统电视视频内容传播效果的同时，也分流了一部分受众，对电视端受众规模造成一定冲击。另外，移动终端近年来发展势头迅猛，已然成为受众视频收看的重要媒介。具体来看，半年内接触手机电视的受众比例为8.7%，虽然受众比例为视频播放类终端设备中最小，但手机电视近年来表现抢眼，CNNIC发布的报告[③]显示，2013年6月底我国通过手机在线收看或下载视频的网民数为1.60亿，与2012年底相比增长了2536万，手机网络视频的用户规模相比2012年底增长了18.9%。在其他各类终端中，车载电视表现最突出，半年内接触过的受众比例高达71.4%，排名仅次于电视端居于第二位，车载电视的高接触比例与运营商对车载电视普及力度的加大、人们出行搭乘公共交通频率的增高以及车载电视节目内容多样化和传播精准化等原因不无关系。

从各终端的日使用指数来看，电视的日使用指数达到83.9%，这意味着每100个人中，约有84人每天都会看电视。得益于电视的高普及率及受众长期形成的媒介接触习惯，电视端的日使用指数令其他终端望尘莫及。电脑网络视频的日使用指数为22.2%，仅次于电视。手机电视的日使用指数为14.2%，居于第三位，值得注意的是，手机电视的受众接触比例仅为8.7%，远低于其他各类终端。低受众接触比例与高日使用指数的反差说明，虽然手机电视的普及度没有其他终端高，但是天天看手机电视的人较多，可见受众主动卷入手机使用的程度之深。电脑网络视频、手机电视较高的日使用指数说明，电脑终端、移动终端将深刻影响到未来视频的传播格局，受众媒介使用习惯的流动与互补将不可避免。车载电视、户外电视、楼宇电视的日使用指数分别为9.5%、9.5%和8.8%，低日使用指数与高受众接触比例的反差说明此三类媒体以“强迫性收视”为主，虽然这三类媒体暴露频次高，覆盖范围广，但受众对车载电视、户外电视、楼宇电视的接触主动性较差（图1）。

3. 白天时段各类终端竞争激烈，互联网对电视受众分流加剧

在一天不同时段，受众的媒介接触习惯各有不同，但总体来看，“接触所有媒体”的总体变化与“看电视”的时间波动基本一致，这是由于从总体来看电视端是受众接触比例最高的终端，其直接左右所有媒体接触的时段走势[④]。白天“接触所有媒体”的受

① 包括在家以及在家庭以外收看的传统电视，如在公司、学校、餐厅、酒店等场所收看。

② 包括在线观看网络视频直播、在线观看网络视频点播、下载网络视频。

③ CNNIC：《中国互联网络发展状况统计报告》（2013年7月），http://www.cnnic.net.cn/hlwfzyj/hlwxzbg/hlwtjbg/201307/P020130717505343100851.pdf

④ 在调查中，请被访者回答了“昨天早上6点—今天早上6点”在不同时段的媒体接触情况一题。

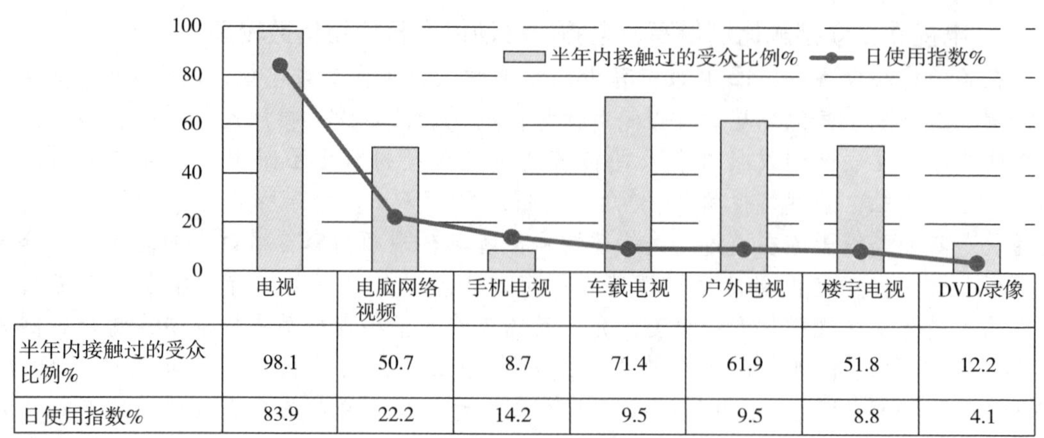

	电视	电脑网络视频	手机电视	车载电视	户外电视	楼宇电视	DVD/录像
半年内接触过的受众比例%	98.1	50.7	8.7	71.4	61.9	51.8	12.2
日使用指数%	83.9	22.2	14.2	9.5	9.5	8.8	4.1

数据来源：CSM 媒介研究

图 1　2013 年 12 城市受众半年内接触视频播放类终端设备的比例及日使用指数①（%）

众比例相对较小，受众接触比例最高点出现在 10:00—10:59 时段，达到 36.8%；晚间“接触所有媒体”受众比例明显增高，最高点出现在 20:00—20:59 时段，达到 81.9%。

从各类终端来看，电视受众接触比例呈现出午间和晚间两个明显的高峰，其中晚高峰以高峰值大跨度凸显绝对优势。晚间时段，受众活动空间集中在家庭，这使得具有鲜明的“家庭性使用”特点的电视在其媒介接触中占据了主导地位，18:00—23:59 时段看电视的受众比例一枝独秀，在 20:00—20:59 时段更是达到最高点 64.4%。上网的受众在早、中、晚形成了三个明显的高峰，而且在早、午高峰受众比例高于电视，受众“看电视”与“上网”的比例出现“峰谷相见”的态势，两者白天时段竞争激烈，网络已成为一天之内接触率仅次于电视的主流媒体。值得注意的是，在 6:00—17:59 这 12 个小时中，“上网”受众比例在 9:00—11:59、13:00—16:59 共 7 个小时的时段里高于“看电视”受众比例（图 2）。尽管电视的覆盖范围和影响力远远超过其他各类媒体，但互联网对电视受众的分流作用正在逐渐增强。结合受众接触网络的内容来看，调查对象中有 44.9% 的受众接触视频网站，其中优酷网、土豆网、爱奇艺为受众主要访问的视频网站，访问比例分别为 34.0%、24.9% 和 12.6%；其后是迅雷看看、搜狐视频和酷 6 网。

① 日使用指数，即每日接触某媒体的受众规模在半年内接触过该媒体的所有受众中的比例。以电视为例，电视日使用指数 = 每天看电视的受众规模/半年内看过电视的受众规模 ×100%。

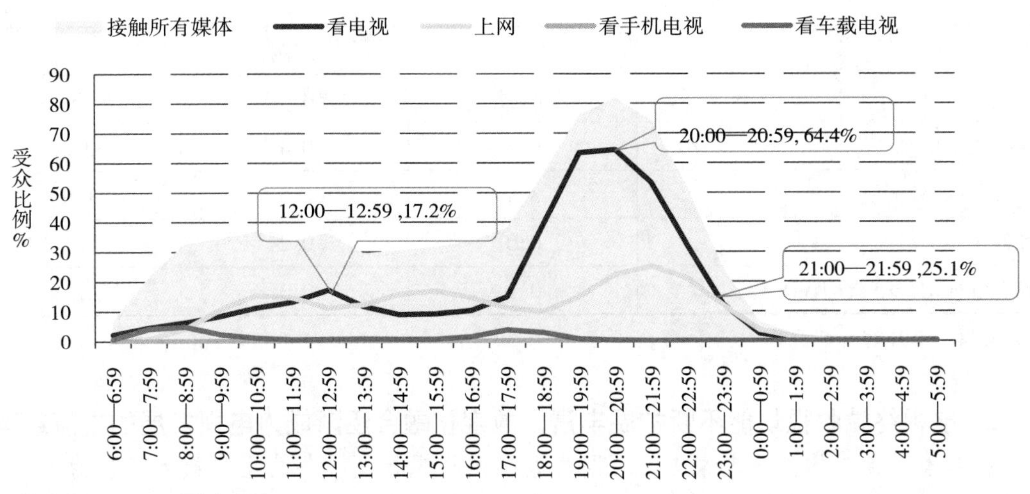

数据来源：CSM 媒介研究

图 2　受众全天接触电视、网络、手机电视、车载电视的比例（%）

二、电视终端受众接触及收视习惯

1. 模拟转数字传输改造持续推进，电视端机顶盒渗透率逐年提升

近年来，随着模拟转数字的传输渠道改造持续推进，数字电视平移速度加快，到 2012 年，数字电视有线网已超过普通有线网，成为了城市家庭接收电视信号的主要方式。2013 年数字有线网接入比例继续上升至 58.0%，模转数推进成效明显。此外，家庭通过机顶盒接收电视的数字化信号（包括数字有线网、无线数字电视和 IPTV 有线网）的比例也逐年升高，2013 年通过机顶盒接收电视数字化信号的比例升至 64.6%，机顶盒除了电视节目直播等基本功能外，还有许多扩展功能，如点播、时移、交互、上网、娱乐教育等，电视终端对电脑功能的吸收与融合有利于受众的回流和重新聚集。此外，碟形卫星天线接入电视信号的家庭比例也呈现逐年上升的趋势，2013 年其比例为 5.0%。而采用普通有线网和一般室内/外天线用户的规模正逐年递减，2013 年其比例分别为 39.5% 和 1.9%（表 2）。

表 2　不同电视信号接入方式的家庭比例（%）

接入方式	家庭比例%		
	2011 年	2012 年	2013 年
普通有线网/村/厂/小区闭路	53.4	46.7	39.5
数字电视有线网/村/厂/小区闭路	47.0	54.0	58.0
IPTV 有线网/村/厂/小区闭路	2.8	3.2	5.8
碟形卫星天线	3.0	3.3	5.0

续表

接入方式	家庭比例%		
	2011 年	2012 年	2013 年
无线数字电视	0.4	0.4	0.8
一般室内/外天线	3.4	2.5	1.9
其他	0.0	0.2	0.1
没有电视信号/只看 DVD 等	0.3	0.3	0.6

数据来源：CSM 媒介研究

2. 电视终端收视功能不断扩展丰富，数字化融合逐渐成为电视发展的主流趋势

在装有机顶盒的被访者家中，不同类型视频收视相关服务的用户接入比例存在一定差异。以基础的收视服务“直播电视节目”用户接入比例最高，其次为“点播”服务，最后为“时移”服务。在“直播电视节目”服务中，基础功能“原模拟频道的数字化播出”比例最高，为62.1%；“国内标清付费专业频道”接入比例为20.1%，受众对付费频道的接受度有所提高。在“时移”服务中，“回看已播出的电视节目”的接入比例最高，达17.9%；其次为“回看正播出的电视节目”，接入比例为15.1%；“实时录制播出的电视节目”与“预录电视节目”的比例均为10.1%。在“点播”功能中，“准视频点播 NVOD”、“视频点播 VOD”功能用户接入比例分别为26.0%和17.5%（表3）。

表3　2013 年 12 城市数字机顶盒接入视频收视相关服务的用户比例（%）

服务类型	属性	接入服务的用户比例%
直播电视节目	原模拟频道的数字化播出	62.1
	国内标清付费专业频道	20.1
	数字高清频道	13.8
	境外频道	26.3
时移	预录电视节目	10.1
	实时录制播出的电视节目	10.1
	回看正播出的电视节目	15.1
	回看已播出的电视节目	17.9
点播	准视频点播 NVOD	26.0
	视频点播 VOD	17.5

数据来源：CSM 媒介研究

电视终端数字机顶盒的“时移”“点播”服务扩展并丰富了电视的功能，在保持传统电视屏幕的同时，得以打破电视收视在节目编排上的局限性，可以超越传统电视的时空限制让观众更主动地安排自己的收视时间和内容，扩大了节目的受众范围。同时，由

于电视回看、录播等活动均为受众的主动选择行为，受众掌控了收视时间和收视进度的主动性，因而有利于节目传播效果的提升。随着相关技术的发展，通过机顶盒或电脑与电视连线，越来越多的用户选择通过电视机终端收看电视节目或网络视频。电视终端对互联网等新媒体功能的吸收和融合，强化了观众收视体验的主动性、互动性与共享性，电视将不断超越渠道和内容。

1. 电视端受众收视时长集中在2—4小时，受众电视端接触习惯保持稳定

从电视终端收视时长来看，平时和周末均以收视时长“大约2小时”的受众比例最高，分别为21.6%和18.0%，总体来看电视受众每天收视时长主要集中在2—4小时。对比平时和周末，平时收看时长在3小时及以下的电视受众比例高于周末；而在周末，受众休闲时间充裕，受众收看电视的时长有所增加，收看时长在4小时及以上的电视受众比例明显高于平时（图3）。对比2010年CSM媒介研究102城市基础研究数据①可以发现，电视终端不同收视时长受众比例变化不大，受众对电视端的收视依赖和使用习惯已经根深蒂固，时隔三年仍基本保持稳定。

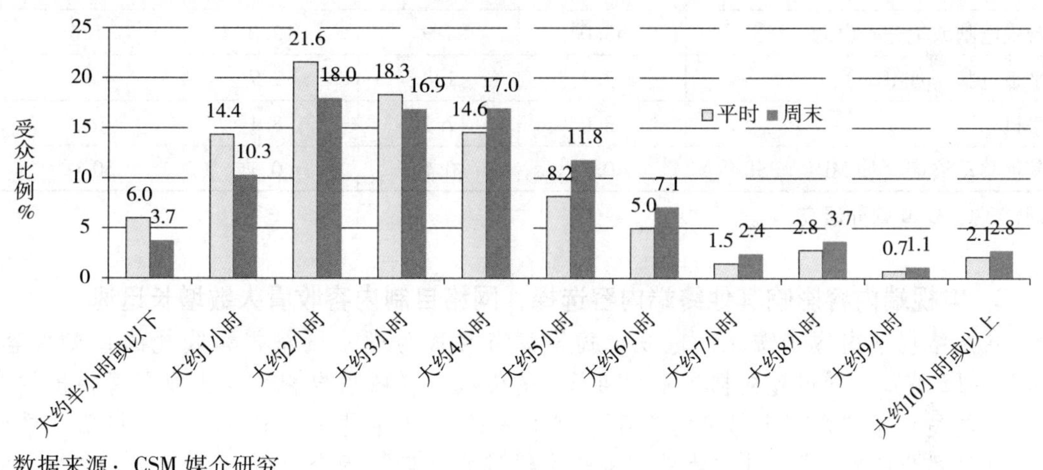

数据来源：CSM媒介研究

图3 2013年12城市电视端受众收看时长的分布（%）

三、电脑端、移动端网络视频受众接触及收视习惯

1. 电脑终端视频收视用户比例最高，视频网站的受众使用率高

从所有受访者对“您通常使用何种终端和方式观看网络视频”问题的回答上可以看出，不论是通过何种方式，使用“台式电脑或笔记本电脑”通过电脑终端收看网络视频的用户比例最高，其次为移动终端的“手机”，再次为“平板电脑”。移动终端，特别是“手机”表现抢眼，近年来随着智能手机的普及，手机通过移动性、便捷性的使用体验

① 王浩：《城市受众电视媒体消费研究》，《收视中国》2012年第6期。

对受众碎片化时间、空间实现整合，扩大了整体收看行为的效果。根据CNNIC的报告，截至2013年6月底，我国手机网民规模达4.64亿，在手机上在线收看或下载视频的网民数为1.60亿，手机网络视频的用户规模相比2012年底增长了18.9%。随着手机网民的不断增多，移动终端将成为网络视频收视的重要端口，网络视频的收视覆盖范围将进一步扩展。

在各类终端收看网络视频的方式选择上，“在视频网站收看”的受众最多，其次为“下载后使用播放软件观看”，再次为“使用客户端或APP观看”。其中通过电脑终端“在视频网站观看”的受众比例最高，占所有受访者的48.0%；手机终端通过视频网站观看的用户比例为13.9%，居于第二位（表4）。近年来，视频网站发展渐趋理性，视频网站在不断推动技术升级、充实平台内容以及加快差异化竞争布局的同时，行业内部的整合与合作增多，受众对视频网站的媒介接触使用正逐渐养成固定的收视习惯。

表4　2013年12城市使用不同终端和方式观看网络视频的用户比例（%）

终端类型	在视频网站观看	使用客户端或APP观看	下载后使用播放软件观看	不使用
台式电脑或笔记本电脑	48.0	4.9	12.0	1.6
平板电脑（如iPad）	7.7	1.8	2.7	41.7
手机	13.9	2.1	8.1	0.2
其他移动终端（如MP4、PSP等）	0.2	0.1	0.1	50.0

数据来源：CSM媒介研究

2. 电视端内容影响其他终端内容选择，网络自制内容收看人数增长迅速

在网络视频内容来源上，电视台播出的节目成为受众网络视频收视的重要内容。2013年12城市基础研究数据显示，54.5%的受众选择收看电视台播出或即将播出的内容，其类型包括“电视上错过的节目”、“电视台以前播过的老节目”和“提前收看电视上还没播出的部分”。其中收看“电视上错过的节目”受众比例达20.9%，电视台播出的节目是影响网络视频收看的重要因素，电视台的播出内容对受众在其他终端上的内容选择有重要影响。

此外，不受电视台播放节目的影响，收看“网络节目”的用户比例达到38.7%，其中“电视台不播出但在网上可以看到的节目”、“就在网上看节目，不关心电视台是否播出”的用户比例分别为20.5%、18.2%，呈现出上升趋势，可见，受众对网络自制内容喜爱度增强。在技术、资本等多重因素的推动下，视频网站自制能力正快速发展成长，视频网站制作的节目在形式上不拘一格，在制作上以精准化策略贴合网民收视需求，正越来越吸引网民的眼球，其未来发展必将对电视收视市场造成较大冲击。

3. 电视剧和综艺类网络视频最受青睐，终端内容同质化加速受众分流

从2013年12城市基础研究被访者“最喜欢”的网络视频节目类型来看，电视剧最受欢迎，受众比例为16.4%；综艺类节目紧随其后，其受众比例为14.6%；新闻/时事

类节目与电影分列第三和第四位，其受众比例额比较接近，分别为7.9%和6.7%；体育类节目排在第五位，受众比例为1.9%；其他类型节目受众比例低于1%，均处于低位水平。从被访者“最喜欢”的电视节目类型来看，新闻/时事类节目最受欢迎，最喜欢比例超过30%，综艺类节目和电视剧分列第二和第三位，最喜欢收看的比例分别为26.9%和19.7%（表5）。

比较受众“最喜爱”的网络视频和电视节目可以发现，在不同终端，电视剧、综艺和新闻/时事类节目均深受欢迎，其中，最能体现大众娱乐化特点的电视剧与综艺节目不仅是支撑电视媒体收视的重要内容，其对于视频网站同样是刚性需求。目前电视节目和网络视频内容存在同质化的问题，内容同质化虽然增加了用户在跨终端多样化选择的可能性，但也成为加速电视观众在规模和时间上分流的推力。此外，新闻/时事类网络视频的受喜爱程度远远低于电视节目，表明电视终端在权威性和公信力上的先天优势明显。

表5　2013年12城市“最喜欢”收看的各类型电视节目及网络视频受众比例（%）

节目类型	网络视频	电视节目
电视剧	16.4	19.7
综艺类节目	14.6	26.9
新闻/时事类	7.9	36.8
电影类节目	6.7	2.9
体育类节目	1.9	4.0
专题类节目	0.8	1.7
生活服务类节目	0.5	1.2
音乐类节目	0.4	0.7
财经节目	0.3	0.6
青少类节目	0.2	0.7
其他	0.2	0.2
教学类节目	0.1	0.2
法制类节目	0.1	1.5
外语类节目	0.1	0.0
戏剧类节目	0.1	0.6

数据来源：CSM媒介研究

4. 电脑端受众社交媒体讨论相对较多，但参与讨论受众比例处于低位水平

各类终端受众观看不同类型节目后参与社交媒体讨论的情况有所不同。在电视终端，“影视剧”、“综艺节目”进行社交媒体讨论的受众比例最高，同为2.9%；在电脑终端，“影视剧”参加社交媒体讨论的受众比例最高，为3.9%；平板电脑也以“影视剧”比例最高；而手机终端参加社交媒体讨论的受众比例最高的为时事新闻类节目，比

例为1%；车载电视等其他终端的受众参与度几乎为零（表6）。总体来看，通过“个人电脑”终端收看节目后会在社交媒体上讨论的受众比例总体高于其他终端，但各类终端受众参与社交媒体讨论的比例仍处低位水平。虽然社交媒体已经开始从时间和空间双重维度上影响观众对节目的收视，但受众对节目的参与热情与深度还处于较低水平。

表6　通过各类终端收看各种类型节目后在社交媒体进行讨论的受众比例（%）

节目类型	观看终端				
	电视机	个人电脑（台式电脑、笔记本电脑）	手机	平板电脑	车载电视、楼宇电视、户外大屏等
影视剧	2.9	3.9	0.7	0.6	0.0
综艺节目	2.9	3.3	0.7	0.5	0.0
时事新闻	2.8	2.9	1.0	0.5	0.0
体育赛事	2.0	1.8	0.3	0.3	0.0
其他节目	1.3	1.3	0.5	0.3	0.1

数据来源：CSM媒介研究

结语

在渠道和终端多元化发展的趋势下，电视仍然是目前覆盖面最广、渗透率最高、影响力最强的媒体，但近年来智能移动终端快速增长，电脑端、智能移动端较高的日使用指数及全天接触比例已给电视媒体带来新的挑战。电视终端面对传媒变革应主动求变，积极吸收和融合互联网等新媒体功能。电视端机顶盒渗透率逐年提升，数字机顶盒的“时移”、“点播”等功能强化了观众收视体验的主动性与互动性，并在一定程度上回流和重聚受众。受众对网络视频收看终端的选择，电脑终端用户比例高于移动终端用户，而且电脑终端受众参与社交媒体讨论的比例相对较高，但仍处于低位水平。近年来随着智能手机的普及，手机对受众碎片化时空整合功能的实现，将吸引越来越多的受众收视和参与互动。此外，值得注意的是，虽然电脑、移动终端吸引了众多的电视观众，但电视端内容仍然是影响其他终端内容选择的主流因素。从内容为王到终端制胜，终端的应用将更加灵活、市场会更加碎片化，如何适应新媒体环境的变化适时推进变革，还有待我们继续深入研究与思考。

（作者：张雪静）

融合受众及其媒介习惯的流动与互补

分化与融合是在当前多元媒介背景下观察受众及其媒介行为发展的两个角度，前者着眼于“媒介的受众”，后者着眼于“受众的媒介”，强调媒介之于受众的“工具性”。在媒介领域的融合中，除了基础设施层面的渠道与终端融合，还包括受众媒介身份的融合、媒介使用习惯及其文化的融合。

一、电视观众分化与媒介受众的身份融合

受众分化是新媒体传播环境下受众媒介使用的显著特征。电视观众、网民、广播听众，这些依据媒体类别而区分受众类型的称谓反映了从媒体出发考察受众的思考路径，也因此产生了“分化”的惯常思维，如“电视观众分化”的表达就是以电视媒体为思考出发点，无形中将其他媒体放在了对立方的位置上，受众的媒体选择表现为是或否、流入或流出的问题。换个角度，以媒介使用者为思考的出发点及本体时，媒体则进入工具性的客体层面，成为受众获取多元信息的渠道与应用工具；受众与媒体的关系不再是简单的选择或不选择，而是基于受众需求的注意力分配。

当前的一个普遍认知是，互联网的应用扩散正逐渐侵噬电视的传播力；乐观而简洁的反例是，新媒体用户规模的上升并未引起电视观众规模的下降或年轻观众数量的减少。CNNIC 发布的《中国互联网络发展状况统计报告》（2012 年 7 月）显示，网民规模在过去两年以超过 30% 的年增幅快速增长，截至 2012 年 6 月底，中国网民数量达到 5.38 亿，互联网普及率达到 39.9%，其中网络视频用户占 65.1%。与此同时，电视用户规模在庞大的基数上也在同步增长，中央电视台开展的 2012 年全国电视观众抽样调查显示，2012 年，我国 4 岁及以上的电视观众总人数为 12.82 亿人，比五年前增加 7700 万人，增幅为 6.39%（图 1）。其中 26—45 岁观众占 43.66%，明显高于该年龄段在全国人口中的占比①，属于电视的高渗透人群。25 年来的综合历史数据表明，电视用户规模的增速趋缓，电视已属于饱和型渗透媒体。

① 第六次人口普查中 26—45 岁人口占比为 38.94%。

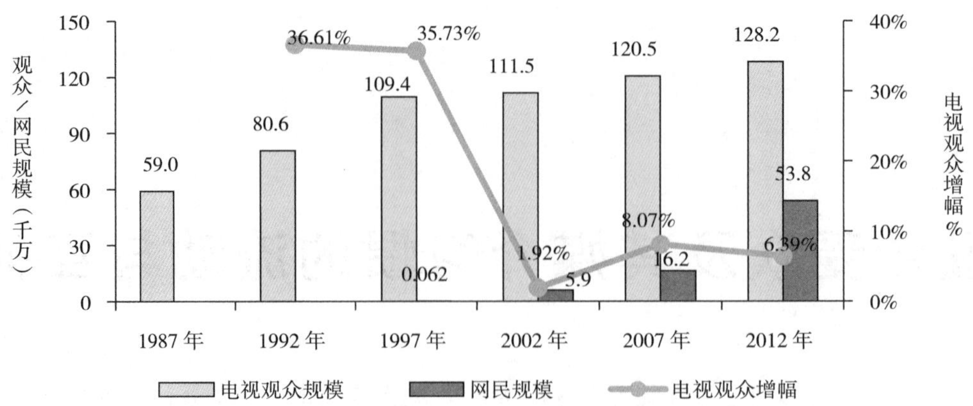

数据来源：中央电视台2012年全国电视观众抽样调查，《中国互联网络发展状况统计报告》

图1　全国电视观众及网民规模变化

受众并未因新媒体的进入，而简单地选择弃此而往彼，对于不同的媒体工具，使用者的智慧在于如何在生活中融合使用，综合获取所需的信息。CSM媒介研究在2009—2010年的跨媒体研究中发现，受众的媒体使用模式日渐多元，日常以电视与互联网共同使用为基本特征的开放型受众在全国占到28.5%，在城市超过45%，在北京、上海、广州、深圳一线城市比例则接近60%。CNNIC的研究表明，互联网在易转化人群和发达地区居民中的普及率已经达到较高水平，受众不上网的原因中，"没有上网设备"的占比逐年下降，"不懂电脑和网络"（54.8%）、"年龄太大或者太小"（18.8%）渐而成为主要原因。随着移动互联网将推动落后地区和难转化人群中的互联网普及，可以想见，开放型媒介使用会越来越普遍。

由此，新媒体带来的是受众注意力及时间资源在电视媒体与互联网等新媒体间的调整与重新分配，是媒介受众同为电视观众与网民的身份融合，而非简单地从电视观众变为网民的身份改变。对于使用多种媒介的受众，其身份的媒介标签具有多重性，如"电视—网络视频"融合受众用以指称既使用电视媒体也使用网络视频的受众。

从媒介受众身份融合的角度考察媒介使用，理解受众媒介应用多元化的现象及特点只是研究的一个基础面；受众注意力的分化将导向信息的融合及其对事物的立体认知，更深入的研究着眼于融合的媒介使用文化，即通过融合性媒介行为把握受众媒介应用、媒介信息解读和意义重组的路线及文化变迁过程。

二、融合性媒介使用与媒介分工

融合性媒介使用鼓励受众通过不同的媒体平台获取媒介内容，并把分散在各媒体平台的内容以某种内在逻辑重新联系在一起，生成新的意义或后续行为。融合不仅发生在媒介使用的技术层面，同时也发生在受众将多渠道信息转化为个体认知及生产、生活资源的过程中。

在信息获取上，面对多元化的传播媒介，融合性受众倾向于针对不同媒体平台的特点或性质，综合获得信息，并进行整合得出认知与判断。受众的媒介素养将影响其对媒介信息的使用及最终认知的形成，如电视的官方性，互联网信息的草根性、庞杂性及待去伪性等。中央电视台2012年全国电视观众调查显示，分别有2%—4%的电视观众通过电视台官网、门户网站、微博及贴吧/论坛/社区等空间中获取电视新节目信息，这部分观众在电视或互联网上收看节目后，会“与在线好友分享”或“给节目打分、发表评论”；系列电视剧《神探狄仁杰》的播出使元芳体在网络空间迅速流行起来，“元芳，你怎么看”被网民视为发表意见的万能句式。网络平台的参与性、社交性使受众以个性化的方式分享、评价热播电视剧的经典对白或潜台词，这成为传播效果形成过程中人际交流的网络表达方式，丰富或说改变了电视传播效果形成的传统路线。

也正是由于受众在媒介使用中所具有的融合身份及其融合使用的行为文化，包括电视在内的传统媒介并不会因为互联网视频、手机视频等新媒体形态的出现而消失，虽然媒体使用率的消长及格局变化时有发生，同时某些媒体的某种特定功能已然消失或面临被取代，但从纸介质到数字化介质的媒介发展历程可以看到，古老的书籍和报纸并未消失，只是由于新技术或新媒体的进入，它们的地位发生了改变，这暗示着一种动态的平衡。而从使用者的角度讲，则反映了受众融合性使用的变化性与相对稳定性。这是因为媒介诸多社会功能的发挥给受众带来固定的期望满足，如获取信息、消闲娱乐。另一方面，不同媒介在受众融合使用模式中存在着潜在的分工，由于媒介技术所支持的功能不同、与之相配套的管理体制与运营机制不同，这些内在的特征外化为媒体提供的差异性内容与服务、立场与倾向，并通过受众的日常使用而逐渐形成相对稳定的认知，如电视收看的家庭性、网络视频收看的个性化与互动性。再如中央电视台2012年电视观众调查显示，当重大事件发生时，49.57%的电视观众因为网络信息传播的“方便快捷”而将其作为深入了解重大事件的媒体，比电视高出15.56个百分点，而在内容的权威性上，13.8%的观众认可电视媒体，比网络高出8个百分点（表1）。可见，在多元化的媒介环境中，受众通过长期的媒体实践对于特定媒体的核心功能或核心属性形成了个性化认知或无意识共识，在其媒介使用图谱中，媒体分工或分立或重合，但在整体上都不影响受众将之娴熟地运用于信息整合过程中。

表1　通过电视、互联网深入了解重大事件原因的观众选择比例（%）

原因	电视	互联网
方便快捷	33.99	49.57
报道全面	23.71	22.58
习惯了，没有特别原因	17.70	5.06
权威可信	13.80	5.35
内容详实	5.07	7.96
有深度	1.70	2.29
有多种意见	0.86	3.38
有特色	1.59	1.38
中立客观	1.30	1.53
可保存，多次查看	0.28	0.91

数据来源：中央电视台2012年全国电视观众抽样调查

三、媒介使用习惯的流动与互补

在受众的媒介使用图谱中，媒介使用的融合同时带来了媒介使用习惯多形式的融合。媒介行为虽然具有强烈的个人性，但作为存在于一定社会背景下的大众传播与社会性交往工具，媒介使用藉由受众长期的社会实践，会在一个时期内沉淀为广泛且相对稳定的共享认知和行为习惯，如收看中央电视台新闻联播了解中央的声音，春节守岁时收看电视台的春晚节目等，这些媒介行为都具有特定而深刻的社会文化烙印。

受众在特定时期及特定媒介平台上发展起来的媒介使用惯习并非孤立于彼此，它们之间在不同方向上对彼此发生着影响。某种新媒介的采纳应用会在怎样的范围与程度上改变受众使用“老”媒介的习惯，通过对那些既是电视观众也是网络视频用户者的有限观察显示，网络视频个性化的收看方式并未完全改变他们收看电视的方式。中央电视台2012年电视观众调查表明，在家里看电视时，29.13%的电视观众会“陪家人一起收看，增加沟通”，而电视—网络视频融合受众中，只有25.71%会与家人一起看电视，“无聊、打发时间”是这两类受众在电视终端上收看节目的普遍状态，认同比例均为60%左右。

通过对受众收看电视行为习惯及收看网络视频行为习惯的研究与比较，可以大致梳理出这两种行为习惯之间存在的流动与互补关系。

当媒介提供的服务与功能具有相似性时，媒介习惯在跨媒体之间的流动成为可能，也就是说，在传统媒体平台上所养成的使用习惯会随着受众的融合性使用而成为另一种媒介的使用习惯。从媒介使用文化的角度看，电视收看的家庭性被认为是电视媒体成就的文化特点之一，而个人性则是自新媒体如网络视频兴起之初被公认的传播特点，但越来越多的研究表明，随着相关技术的发展，通过机顶盒或电脑、电视连接线，越来越多的用户选择通过电视机终端收看网络视频，网络视频的电视化、家庭化收看正日益成为与个人化收看同样重要的收看方式。

电视媒体内容的收看习惯对网络视频收看的影响体现在诸多方面。在节目来源上，电视台内容成为电视—网络视频融合受众经常收看的内容来源，2012年全国电视观众调查显示，53%左右的电视—网络视频融合受众在网上收看中央电视台和地方电视台的电视节目，而收看网站或影视公司制作节目的仅为20%；在电视媒体使用中所形成的行为习惯的流动，出现在各个年龄层，而年龄越大者越倾向于在网络平台上延续电视收视习惯。

在节目选择上，电视媒体播出内容对于网络平台上的收看选择也影响明显，超过三成的电视—网络视频融合受众在网络平台上收看“在电视平台上喜欢的电视节目”，而人际沟通作为大众传媒效果实现的重要环节，“朋友/网友推荐”影响了三成电视—网络视频融合受众在网络视频上的内容选择。在媒介内容上，电视剧与娱乐节目是电视收看的主流内容，也是网络视频的热点内容。2012年12月28日浙江等四家卫视与优酷土豆双平台同时播出2013年开年大戏《楚汉传奇》，15天的播出中，该剧在优酷的播放量以超过千万次居首位，而同期卫视热播的另一部电视剧《天真遇到现实》则在优酷网电视剧播放量中排第三位。

当不同媒介的服务或传播特点体现出较大的差异性时，互补性媒介使用会成为融合性受众的行为特点，这体现在信息内容的选择与整合的多个方面。针对传统电视线性的单向传播，网络视频互动性、参与性等技术特点成为影响融合受众媒介选择及行为特征的重要因素。融合受众倾向于在互联网上收看电视节目的各种原因中，广告少、收看自主性大、灵活性高居于前几位（表2），网络视频相对于电视媒体噪音干扰多、强制性收看的传播环境，为融合受众在媒介间的自主选择提供了更具优势的选项，而这种选项在电视媒体平台上的实现则不仅有赖于技术革新，还有赖于运营机制的调整。

表2　网上收看电视节目原因的观众选择比例（%）

原　　因	选择比例（%）
广告影响少	41.04
想什么时候看，就什么时候看	36.51
连着看好几集节目	24.82
习惯上网看东西，包括看电视	22.25
电视台没有好看的节目	21.46
喜欢的节目想多看一遍	19.85
可随时控制进度	15.99
错过了电视播放	15.92
喜欢的节目家里电视收不到	8.63
不习惯普通话的配音	1.86
家里没有电视	0.92

数据来源：中央电视台2012年全国电视观众抽样调查

电视媒体根深叶茂，从电视使用出发解读媒体及受众变迁是大多数情况下的固定路线。当电视传播技术向互联网看齐并拥有了数字互动媒体的某些功能与服务后，按照习惯流动的逻辑，网络视频的收看习惯也会向电视流动，而电视也可能因为某种革新而具有相对于网络视频的互补性；因为，在这种语境下，从绑定于互动媒介的行为习惯的养成时序上看，网络视频收看习惯是老的，而电视媒体使用行为却是新的。

受众的身份融合与媒介习惯融合，实质上是围绕受众分化的老话题展开的另一个角度探讨。在大的社会文化背景下，将受众置于多媒介竞争中的顶层，追踪其行为模式及其背后的媒介文化变迁，当冀望于电视媒体更具想象力的发展创新时，关于网台联动、网动融合等主流策略也自然进入到这个体系中，从这个视角或许可以重新发现电视媒体发展的突破点与创新点。

（作者：张天莉　王京）

复合媒体环境下电视广告收视价值的聚合分化与重塑

CNNIC 发布的《中国互联网发展状况统计报告》(2013 年 1 月) 显示，网民规模在过去两年以超过 30% 的年增幅快速增长，截至 2012 年底，中国网民数量达到 5.64 亿，互联网普及率达到 42.1%。[①] 与此同时，电视用户规模在庞大的基数上也在同步增长，中央电视台开展的 2012 年全国电视观众抽样调查显示，我国 4 岁及以上的电视观众总人数为 12.82 亿人，比五年前增加了 7700 万人，增幅为 6.39%[②]。

以上的调查数据显示，虽然互联网发展迅速，但电视仍然是人口覆盖率最广的媒介，网络媒介的使用并没有减少电视媒介的使用，只是随着电视人口与频道覆盖率的日渐饱和，电视已经度过了人口红利的赢利阶段，而随着更多地区网络线路的扩充，互联网正在进入下一轮网络人口红利的繁荣阶段。

一、电视广告收视价值的聚合与分化

不同媒介的兴衰起落直接影响其经济收入。当今的电视广告同时面对内外两种竞争。外部，各种新型媒介不断攻城略地，时时窥视电视广告的营地；内部，不同频道与节目竞争激烈，内容资源与广告资源聚合分化日趋严重。

1. 广告增量及其广告收视率继续向上星频道聚合

从各类频道 2011—2013 年 1—4 月的广告播出量与广告收视率来看[③]，电视广告呈现两个特征：广告播出量高的频道组其广告收视率低，广告播出量少的频道组其广告收视率高（表 1）。

从广告播出时长看，由于上星频道与地面频道数量的差距，导致地面频道广告播出量远高于上星频道广告播出量。省级地面频道 2011—2013 年 1—4 月广告播出量均保持

---

① 《第 31 次中国互联网络发展状况统计报告》，http：//www. cnnic. cn/hlwfzyj/hlwxzbg/hlwtjbg/201301/t20130115_ 38508. htm

② 张天莉：《融合受众及其媒介习惯的流动与互补》，《收视中国》2013 年第 4 期。

③ 本文使用数据范围：71 城市中所有测量仪调查城市，2011—2013 年间 1 月 1 日—4 月 30 日 18:00—24:00 时段。

在2万小时以上，市级频道同期广告播出量在2万小时左右，中央级频道1—4月播出量每年不超过2千小时，省卫视频道1—4月的播出量在5千小时以上。

从2011—2013年每年1—4月的广告播出量观察，虽然地面频道播出量高，但由于地面频道近年面临的收视压力，其广告播出量三年中基本呈现下降趋势。省地面频道三年中广告播出量连年下降，2013年达到三年来的最低播出量。市级频道2012年播出量最少，2013年虽高于2012年，也不及2011年的播出量。反观中央级频道三年中广告播出量连年递增，省卫视2013年广告播出量也高于2012年。

表1　2011年—2013年各级频道组广告播出总量（小时）

广告时长（小时）	2011年1—4月	2012年1—4月	2013年1—4月
中央级频道	1900	1960	1992
省级卫视频道	5369	5027	5340
省级地面频道	23005	22550	21889
市级频道	20598	19877	20178

数据来源：CSM媒介研究

近年来，省级频道凭借其数量众多及节目创新的优势，整体竞争力赶超了中央级频道。尽管如此，从各频道组广告的收视效果来看，中央级频道广告收视率第一的地位仍然难以撼动。省卫视的整体广告收视效果是中央级频道的一半以上，占据收视第二的优势位置。省级地面频道虽然节目收视效果较为突出，但其广告收视效果不尽人意，与中央级频道、省卫视频道组的收视效果差距甚远，仅稍高于市级频道的广告收视率（图1）。

从各频道组广告播出时长与其收视率的关系来看，广告播出量越大的收视率越低，广告播出量越少的其收视率越高。中央级频道与省卫视频道并没有因广告播出量连年增加而影响广告的收视率。

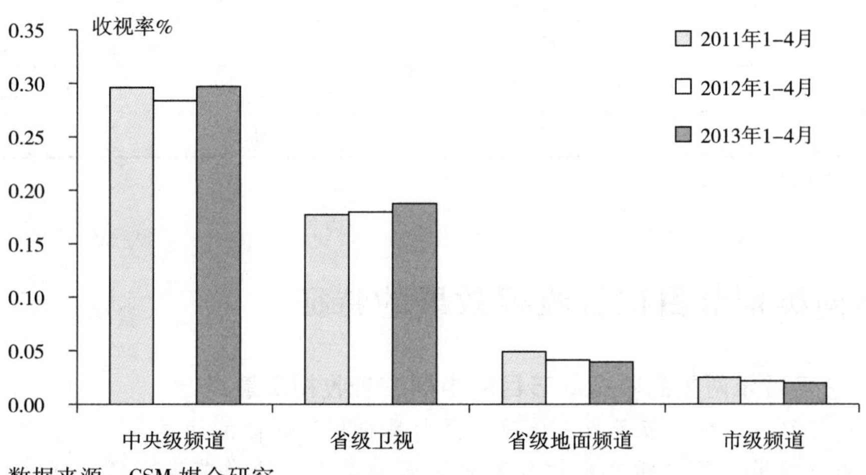

数据来源：CSM媒介研究

图1　2011—2013年各级频道广告收视率

2. 各类节目广告播出量继续向两极分化

各类节目广告播出量数据显示，广告播出量大的节目类别近年来广告播出量继续在增长，广告量低的节目类别广告播出量在继续缩减（表2）。

新闻/时事、电视剧、综艺、专题、生活服务是各类节目中广告播出量较大的节目类别。电视剧由于受到2012年晚间禁止中插广告限令的影响，在2012年与2013年1—4月广告播出量明显下浮，其他几类节目在2013年1—4月的播出量均高于2012年或2011年同期的播出量，生活服务与新闻/时事类尤为明显，广告播出量连续三年递增。

受到节目播出时长的限制，体育、教学、外语、青少、音乐、电影、财经等节目广告播出量相对较少，三年中广告播出量基本呈下降态势。

表2　2011—2013年每年1—4月份各类节目广告播出总时长（小时）

节目类别	2011年1—4月	2012年1—4月	2013年1—4月
新闻/时事	14.35	17.93	18.47
综艺	9.40	11.13	10.78
电视剧	32.48	24.82	25.34
体育	2.65	2.47	2.19
专题	11.09	12.67	12.15
教学	0.19	0.18	0.16
外语	0.29	0.41	0.26
青少	4.29	4.19	3.72
音乐	1.27	1.43	1.18
电影	5.77	4.34	4.45
戏剧	0.25	0.29	0.26
财经	1.65	1.70	1.41
生活服务	12.98	15.13	16.30
法制	2.24	2.50	2.56
其他	1.09	0.81	0.75

数据来源：CSM媒介研究

二、不同类别节目广告收视效果的特征

1. 综艺与音乐两类高收视率节目的中插广告收视率最高

在各类节目中，综艺节目与音乐节目分别是收视率较高的两类节目。而观察这两类节目的广告收视率，其中插广告收视率效果尤为突出，两类节目中插广告收视率均以0.13%的最高值位于所有比较项中的首位，不仅力压其他类别节目任意位置的广告收视

率，而且其中插广告收视率远高于节目收视率。另外，这两类收视较高的节目及广告还具有相同的收视规律，即其节目中插广告收视率最高，其次是该类节目本身收视率，然后依次是节目前广告收视率与节目后广告收视率，节目后广告收视率处于最低位(图2)。

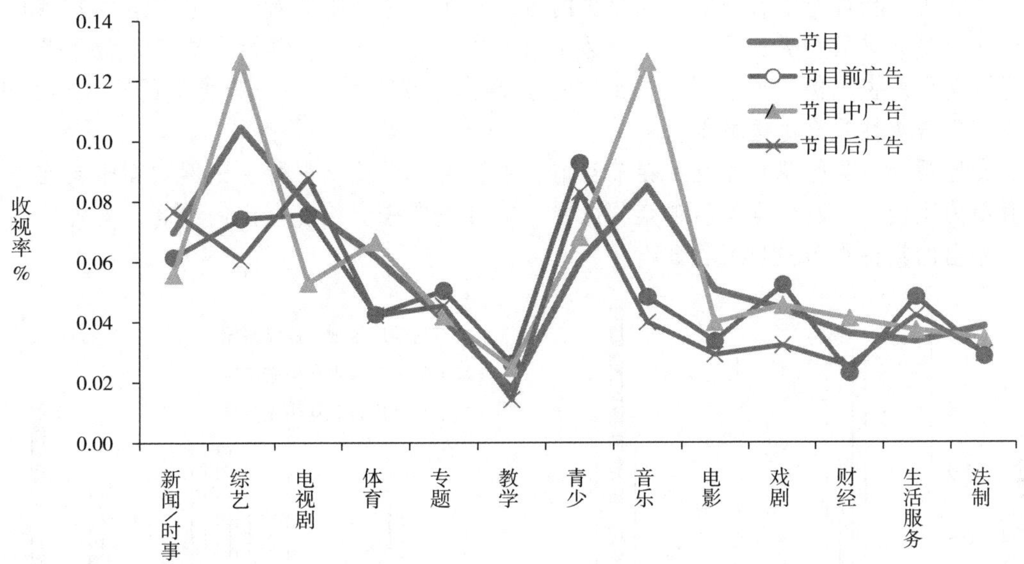

数据来源：CSM 媒介研究

图2　2013 年 1—4 月所有频道各类节目及其前、中、后插播广告收视率

2. 戏剧、教学、青少节目的节目前插播广告收视率最高

戏剧、教学、专题类节目的内容大多较为专业，青少、生活服务类节目观众特征则较为明显，而这几类节目前广告收视率最为突出，其节目前广告收视率高于本节目收视率及节目中插广告、节目后广告的收视率。节目前广告收视率高说明观众对该节目更加期待，准时守候在电视机前等待节目的播出。

3. 财经、体育类节目内广告与节目前后广告收视率分化显著

财经、体育类节目中插广告收视率与本节目收视效果相当，节目收视率稍逊于节目中广告收视率。这两类节目前后广告收视率则表现出几乎等同的收视效果，其节目前广告收视率几乎与节目后广告收视率持平。但节目前后广告收视率明显低于节目收视率及其中插广告收视率。

4. 新闻与电视剧节目后广告收视率最高

新闻与电视剧两类节目后的广告收视效果最为突出，并且高于其节目本身收视率。这两类节目与其广告插播的收视效果规律较为显著，即节目后广告收视率最高，其次是本节目收视率，然后依次是节目前广告收视率与节目中广告收视率。受到 2012 年“限广令”影响，省卫视电视剧的节目中插广告量剧减，影响了总体电视剧中插广告的收视率。

三、不同类型观众对广告的忍耐性比较

1. 男性观众对于收看广告的忍耐性较女性更弱

广告观众构成与节目观众构成数据的比较显示，男性观众对于收看广告的忍耐性相对于女性观众更弱。男性观众在节目播出前、中、后广告中，其所占比例均低于节目本身男性观众所占比例，男性观众遇到广告更倾向于换台；三种广告类型的观众构成中，节目前广告男性观众比例最低。

女性观众与男性观众相反，在节目前、中、后广告观众中所占比例均高于其在节目本身中的比例。三种广告类型观众构成中，节目前广告女性观众比例更高，女性观众对节目播出的期待更为强烈（图3)。

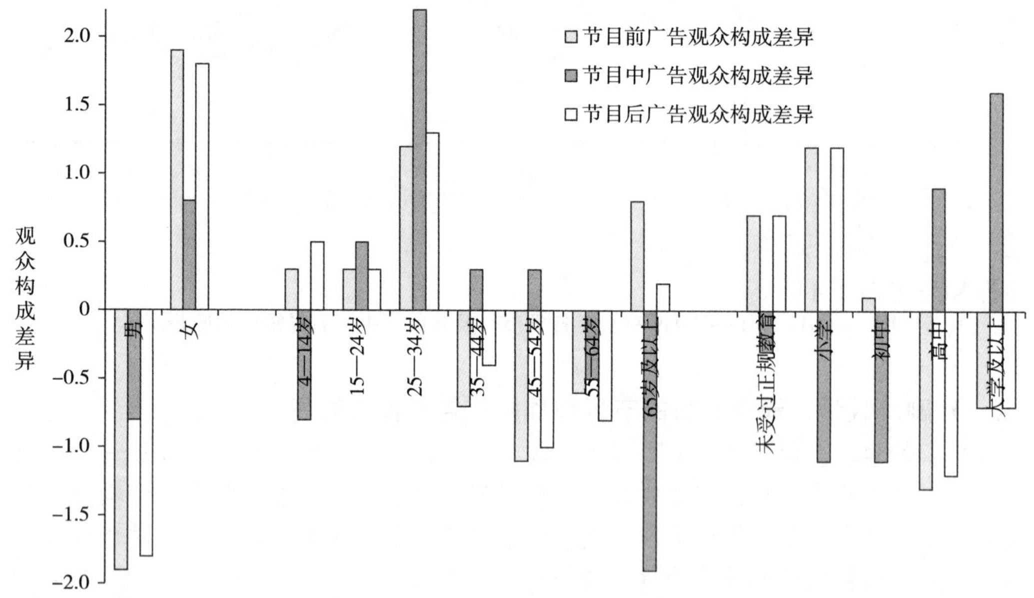

注：观众构成差异 = 节目前/中/后广告观众构成 - 节目观众构成

数据来源：CSM 媒介研究

图3　2013 年 1—4 月节目观众构成与节目前、中、后广告观众构成差异

2. 少年与老年观众对节目中插广告的忍耐力最弱

4—14 岁年龄段的观众节目前后广告的观众比例均高于其在本节目的观众比例，而中插广告的观众比例则低于节目的观众比例。4—14 岁的少年遇到节目的中插广告更容易离开电视或换台。

15—34 岁年龄段的观众节目前、中、后广告观众比例均高于其在节目中的观众比例，这一年龄段的观众对节目的播出最为期待。尤其是其中插广告的观众比例不仅高于节目本身的观众比例，而且高于节目前后广告的观众比例。在三种广告类型观众构成中，该年龄段观众节目中插广告观众比例最高。

35—54岁年龄段观众中中插广告观众比例高于节目观众比例。节目前后播出的广告观众比例则低于本节目观众比例。这一年龄段观众并不十分期待节目的播出，但是在节目播出过程中极少换台或离开电视。

55—64岁年龄段的观众对于节目播出广告的忍耐力最弱。节目前、中、后广告的观众比例均低于节目本身的观众比例，这一年龄段观众避开电视广告的倾向性最为严重。

65岁及以上老年观众对节目播出的期待较强，在节目前广告的观众比例最高，高于节目本身观众比例。但是这一年龄段的老年观众对于节目中插广告的忍耐力也最弱，节目中插广告的观众比例最低。

3. 高学历观众对节目中插广告的忍耐性最强

不同受教育程度观众对节目前、中、后播广告表现出非常鲜明的收视特征。受教育程度低的观众中插广告观众比例均低于节目本身观众比例，受教育程度高的观众中插广告的观众比例高于其节目本身观众比例，大学及以上受教育程度的观众比例尤为显著，高学历观众对中插广告的忍耐性最强。受教育程度低的观众节目前后广告观众比例高于其节目观众比例，他们更为期待节目的播出；受教育程度高的观众节目前后广告的观众比例低于节目本身观众比例，他们避开中插广告的倾向最弱。

四、上星频道主要类别节目插播广告收视效果比较

1. 中央级频道新闻/时事类节目后广告与生活服务类节目前广告收视效果最为瞩目

中央级频道新闻/时事类节目收视率最高，并且在2013年1—4月收视更为高涨，收视率最高达到0.7%，较2012年同期高出0.2个百分点，上涨幅度为30%。综艺类节目收视也非常突出，收视率几乎与新闻/时事类节目持平，2013年1—4月收视率也达到0.7%，较2012年同期收视上涨0.1个百分点。专题与生活服务类节目近两年来收视较为稳定（图4）。

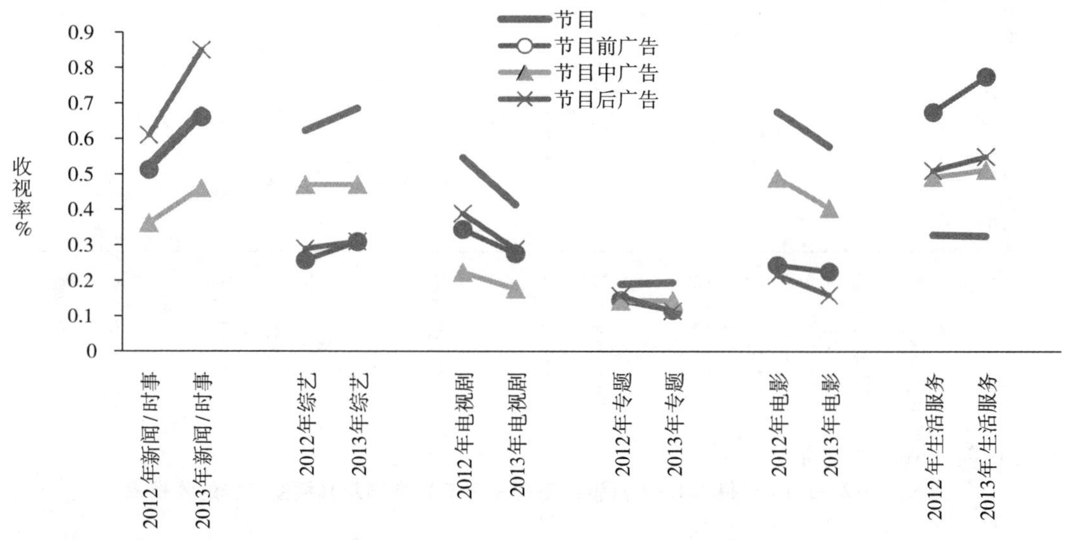

数据来源：CSM媒介研究

图4　2012年、2013年每年1—4月中央级频道主要节目类别及其插播广告收视率比较

从各类节目插播的广告收视率来看，新闻/时事类节目后插播广告收视效果最好，高于本类节目收视率，并且随节目收视率的上涨而上涨。2012 年 1—4 月新闻/时事类节目后插播广告收视率为 0.6%，2013 年同期收视率达到 0.9%，同该类节目收视率类似，其节目后广告收视率也上涨了 30%。新闻/时事类节目前广告收视效果也非常突出，基本与该类节目收视率相当，并且也随该类节目收视率的上涨而上涨。

与新闻/时事类节目相反，中央级频道生活服务类节目前插播的广告收视效果最为显著。生活服务类节目前插播的广告，不仅高于其节目本身的收视率，还高于其节目后广告与节目中广告收视率。2012 年 1—4 月生活服务类节目前插播的广告收视率为 0.7%，2013 年同期上涨了 0.1 个百分点，2013 年生活服务类节目前广告收视率达到 0.8%，仅次于中央级频道新闻/时事类节目的收视率。中央级频道生活服务类节目中插广告与节目后广告收视效果也表现不俗，均高于其本类节目收视率。生活服务类节目后广告收视率稍高于节目中插广告收视率。

2. 省卫视综艺节目中广告收视表现最为突出

省级卫视 2013 年 1—4 月综艺节目收视最为高涨，尤其是几档品牌综艺节目如江苏卫视的《非诚勿扰》、湖南卫视的《快乐大本营》等，带动了整个卫视频道组的收视提升。综艺节目中广告的收视率远高于其他节目类型的节目中广告，但是，综艺节目前后广告的收视率较 2012 年同期有所下降（图 5）。

2013 年 1—4 月省卫视新闻/时事类与生活服务类节目收视率较 2012 年同期稍有提升。可喜的是，这两类节目广告的收视率都出现了不同程度的提升。特别是生活服务类节目的中插广告收视率几乎提升到该节目收视率的同等水平。

省级卫视专题类节目前广告与节目中插广告 2013 年 1—4 月收视率较 2012 年稍有提升。其他几类节目及其广告收视率 2013 年均不敌 2012 年同期（图 5）。

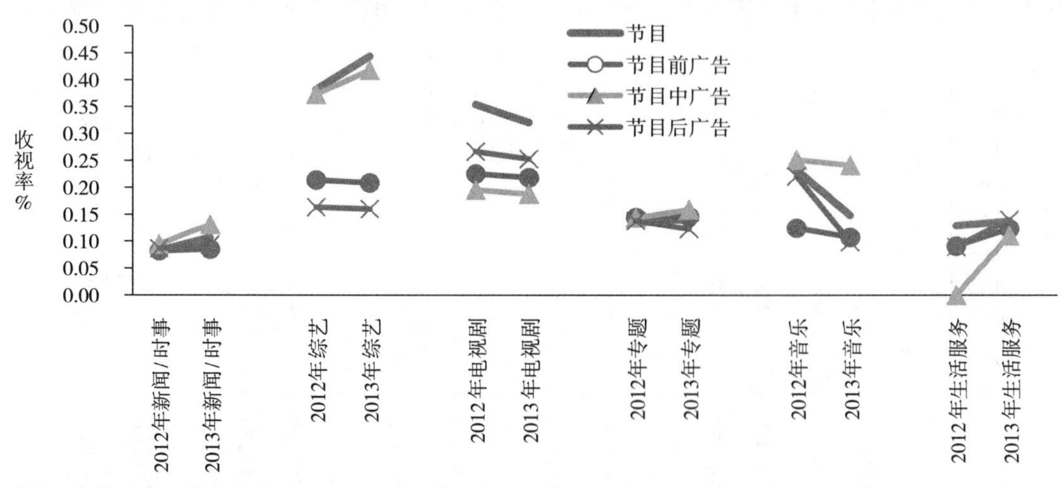

数据来源：CSM 媒介研究

图 5　2012—2013 年每年 1—4 月省级卫视主要节目类别及其插播广告的收视率

五、复合媒体环境下电视广告收视价值的重塑

长期以来，电视广告的赢利模式主要以电视节目为主导。节目收视率越高，电视广告收视率一般也就越高，以此形成良性循环。近年来，虽然植入广告、冠名赞助、片头片尾、贴片广告、线下活动等广告形式层出不穷，但这种依托节目收视的广告经营模式到目前为止仍然为各台主流模式。然而，受制于广告时长的限制，电视台不得不一直在广告播出时长与其收视效果上进行权衡。加大广告播出量不仅在政策上被限制，而且也会降低观众收看电视节目的连续性，影响电视节目的收视效果，进而影响广告的收视效果。反之，减少广告播出量，则影响电视台的经济收入。而在广告时长不变的前提下，一味提高广告单价，又会加大广告商的经营风险，置广告商于高风险境地。电视广告经营一直处在各方利益的周旋调和之中。

如何突破电视频道广告时长的限制，创造电视广告新的传播价值是一个永恒的广告经营问题，各方均在寻找电视广告经营的突破点。尤其是在网络化时代，电视广告价值的增长点在哪里？面对网络广告的来势汹涌，电视广告的优势不停地被比较与考量，重塑电视广告的收视价值也就在当前的媒介环境下显得尤为重要。

1. 复合媒体传播环境中的电视媒介依托互联网加快提升其传播效果和价值

电视目前仍是人口覆盖率最广的媒介，目前电视媒介与互联网的传播可以看做是类似“两级传播”理论的延伸，即电视——意见领袖（互联网）——受众（更多受众）。当大众从电视上获得某种信息后，可以通过互联网快速查询浏览更多的相关信息，不仅更加丰富了电视媒介传达的信息，而且这些信息通过各种网上传播方式被迅速扩散。依据“六度空间理论”，现代社会中的陌生人之间只要经过几个层次的中间人都会被联系在一起。只要存在人与人之间的联系就会存在信息的传播，因此互联网时代的电视传播信息经过各种电子媒介网状的信息扩散，传播效果被迅速提升，同时也间接放大了电视媒介信息传播的价值。因此，通过电视媒介进行的信息传播，再经由互联网的网状传播，获得了 1 +1 >2 的传播价值。所以，在目前新型传播方式不断涌现的媒介环境下，重塑电视媒体 1 +1 >2 的传播价值不仅仅是考量传统单一的电视收视率，而应该考量更多的其他互联网数据指标。

2. 在复合媒体传播环境中电视广告与网络广告融合发展

在目前复合媒体传播环境中，电视与网络的融合是发展趋势。网络的发展已经度过了早期对电视观众的蚕食阶段，进入到与电视融合竞争阶段。许多网站在自身发展过程中通过依托电视强大的影响力与号召力提升了网站的知名度，许多网站的营销策略是在电视媒体投放广告。网络既是电视的竞争对手，同时又是电视的商业客户。中央级频道与省级卫视是网站客户投放广告的重点，其中中央级频道是网站投放广告量最大的频道组，其次是省级卫视频道组。2011 年 1—4 月网站在中央级频道投放广告时长比例占中央级频道所有广告投放时长的1%，2012 年与 2013 年同期该比例均增长到 1.6%；2011 年 1—4 月网站在

省卫视投放广告时长的比例占省卫视所有广告投放时长的0.4%，2012年同期猛增到0.7%，2013年虽有下滑，但仍高于2011年的投放比例，达到0.5%（图6）。

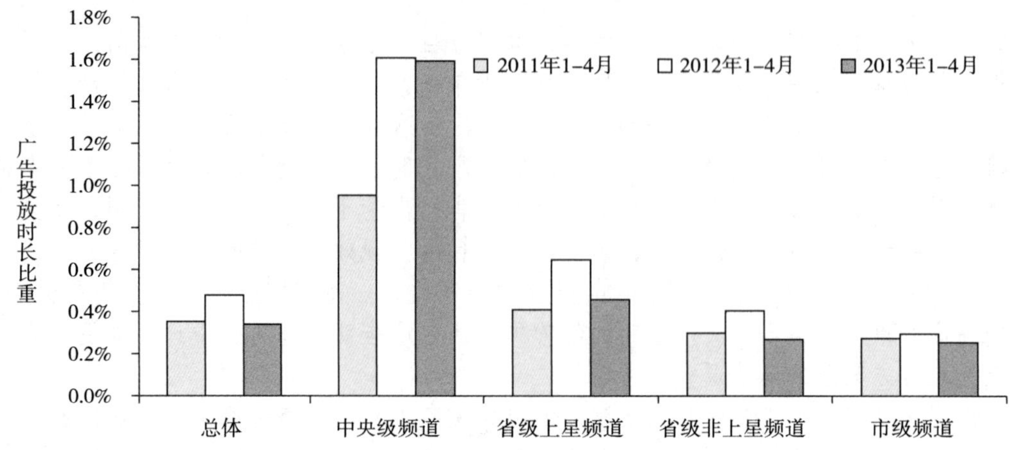

数据来源：CSM媒介研究

图6　网站电视广告投放时长比重

3. 构筑复合媒体环境中电视广告的新传播价值

电视广告的收视率及影响力是传统考量电视广告价值的两个维度。在目前复合媒体环境中，电视媒体广告的部分价值被繁荣的互联网发展所湮没，电视广告的这些新型传播价值被零星散落在互联网的各个局域，还难以全面而有效地进行整体的考察。

由于产品投放电视广告而引起的该产品网络搜索量的提升不但是该产品电视广告价值的网络体现，而且还提升了搜索网站的流量，这一隐形的电视广告价值目前还难以精确估算。下面以“辅舒良”和“乐虎”两款产品为例，来观察这两款产品同期电视广告投放效果与其网络搜索效果的关系。这两款产品从2013年开始在电视上投放广告，在2012年的电视广告监播中没有发现这两款产品的电视投放，因此这两类产品的百度指数可以最大限度地减少电视广告的历史干扰。

(1)“辅舒良”产品电视广告投放收视率与百度指数

“辅舒良”产品从2013年4月8日开始在电视媒体上投放广告，上半年该产品电视广告结束日期是在5月22日。如果仅从其电视广告收视率数值上看，从2013年4月8日到2013年5月22日，除5月21日一天收视率较高以外，“辅舒良”产品广告的电视收视率并没有太大的起伏，整体表现较为稳定，我们单从收视率表面很难再挖掘其总体广告价值。但是若观察“辅舒良”的百度指数，恰恰是从2013年4月8日开始，“辅舒良”的百度指数开始向上爬升。“辅舒良”百度指数在4月7日是476，在4月8日电视广告播出当天百度指数上升到1096，在接下来有电视广告播出的时期里，“辅舒良”的百度指数整体向上攀升，最高攀升到5月7日的2382，随着5月23日“辅舒良”电视广告播出结束的时候，其百度指数也随之下降到696，5月24日之后继续下降为583，之后“辅舒良”的百度指数一路徘徊在电视广告播出前的指数水平（图7、图8）。

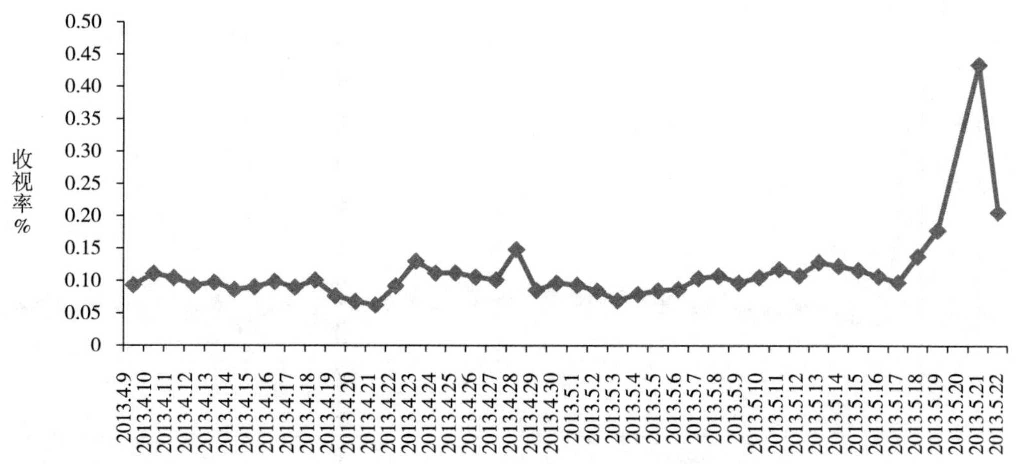

数据来源：CSM 媒介研究

图 7　“辅舒良”产品电视广告投放收视表现

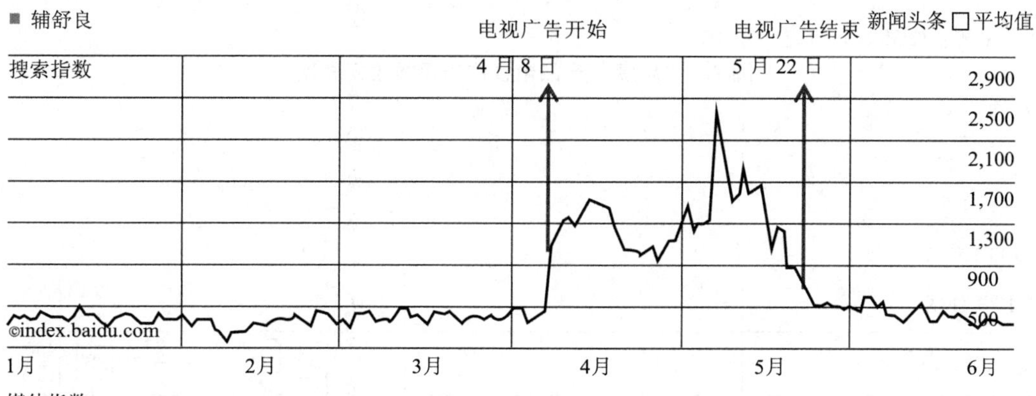

数据来源：CSM 媒介研究

图 8　“辅舒良”产品百度指数

（2）“乐虎”产品电视广告投放收视率与百度指数

再观察“乐虎”产品广告的电视收视率与百度指数。“乐虎”产品从 2013 年 4 月 24 日开始在电视媒体上投放广告，从 4 月 25 日之后，其电视广告收视率非常稳定。

从百度指数中观察“乐虎”，2013 年 5 月 10 日以前，“乐虎”的百度指数是零，5 月 10 日之后，“乐虎”的百度指数迅速攀升到 360 以上，并且持续稳定在 360 指数左右（图 9、图 10）。

一款产品的上市需要配合多种营销方式，并且要考虑季节差异、地区差异、各地经济水平、顾客购买心理等多种因素，在媒介选择上也会有不同的组合策略，因此一款产品知名度的提升是多种营销策略共同作用的结果。所以并不能完全以“辅舒良”和“乐虎”这两种产品的电视广告来简单判定其网络搜索的广告价值，但是从这两款产品的电视广告投放中我们确实看到了电视广告对产品网络搜索的贡献。

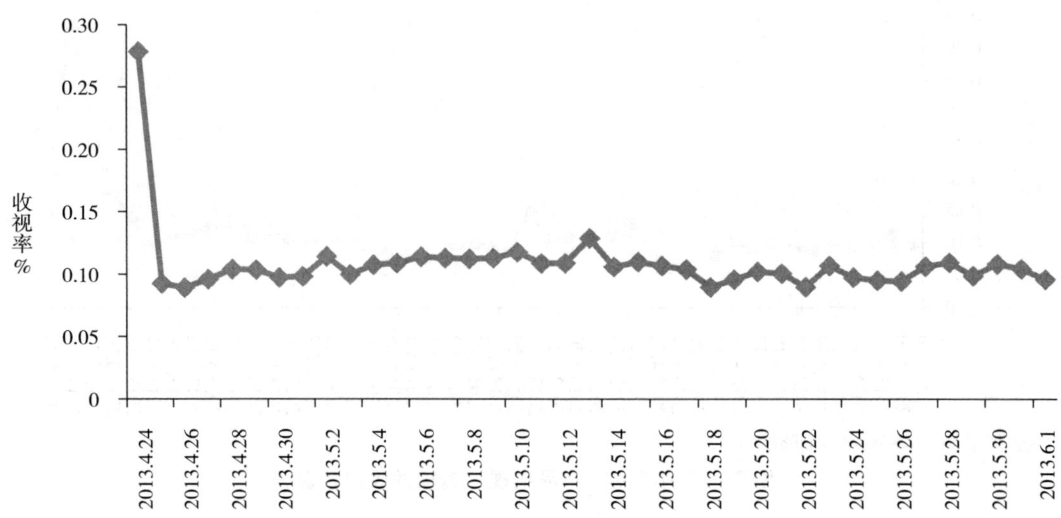

数据来源：CSM 媒介研究

图 9　“乐虎”产品电视广告投放收视表现

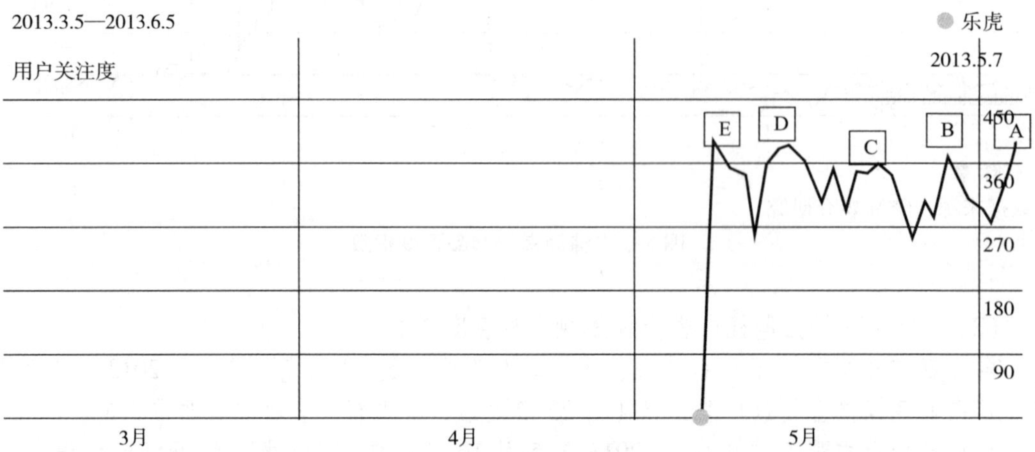

数据来源：CSM 媒介研究

图 10　“乐虎”产品百度指数

结语

复合媒体环境下，电视广告被新型媒体分化广告的同时，也有可能被网络及各种新型媒体所放大重塑，这种分化与重塑相生相伴。比如，电视广告可以带动微博、微信上的讨论，可以提升社交媒体的活跃度，通过电视广告上的二维码可以直接引发购买行为。随着新型媒介形式的出现，各种智能识别技术水平的提升，普通的电视广告可以和移动媒体关联，可以直接进入电子商务，与电子商务联动等。目前电视广告所带动的网络价值并没有完全被体现出来，未来新型技术的介入可能会带动新型电视广告形式的创新，重新塑造电视广告价值构成是未来需要进一步探讨的课题。

（作者：冯波）

大数据时代受众收视的测量与优势

目前全球数据量正处于爆发式增长状态中，数据已渗透至各行各业、各个经济体以及所有数字技术用户。如今，大数据已经不再是少数数据狂人的专利，各行各业的领导者、消费者乃至产品服务本身，都与大数据息息相关。存储、聚合并整合数据同时对数据进行挖掘、分析已是行业发展的必然趋势。[①] 进入2012年，大数据（big data）一词越来越多地被提及，人们用它来描述和定义信息爆炸时代产生的海量数据，并命名与之相关的技术发展与创新。正如《纽约时报》2012年2月的一篇文章中所称，“大数据”时代已经降临，在商业、经济及其他领域中，决策将日益基于数据和分析而做出，而并非基于经验和直觉。哈佛大学社会学教授加里·金说：“这是一场革命，庞大的数据资源使得各个领域开始了量化进程，无论学术界、商界还是政府，所有领域都将开始这种进程。”

一、大数据时代受众收视的测量

大数据已渗透到我们生活的各个角落，正在重塑我们的工作、生活和思维方式。相较于从前，我们可以轻松地获取大量的信息，并对这些信息进行分析。在受众收视行为测量领域，由于大数据的影响，无论是测量方法或数据分析角度都产生了变革，因此相应的数据处理、应用的方法与思路等都需进行相应的调整。扩大样本量、扩展被测量终端以及多源数据整合等多种创新测量方式，都旨在丰富现有收视测量体系，以全面衡量节目传播效果。

1. 海量样本收视测量

市场研究公司 MARKETSANDMARKETS 在其新公布的研究报告中指出，受 AT&T、中国电信、Iliad SA、法国电信和 Verizon 通信等大型运营商的带动，全球 IPTV 市场预计将在2016年底之前以19.41%的复合年增长率增长。[②] 在中国，截至2013年底全国试点地区的 IPTV 用户规模已经超过2600万户，[③] 其中广东全省 IPTV 用户已超过300万户，

---

① Manyika, J., Chui, M., Brown, B., Bughin, J., Dobbs, R., Roxburgh, C., & Byers, A. H. (2011) *Big data: The next frontier for innovation, competition, and productivity*. McKinsey Global Institute

② 参见 http://www.sarft.net/a/141426.aspx

③ 参见 http://www.sarft.net/a/147429.aspx

江苏省 IPTV 用户数超过 400 万户。在 2013 年底召开的全国工业和信息化工作会议上，工信部部长苗圩表示，在 2014 年将落实“三网融合”推广阶段实施方案，力争 IPTV 用户数突破 3300 万，① 预期同比增长约 27%。除 IPTV 外，数字有线电视运营商也在加强互动数字电视的推广，至 2013 年底，北京地区的互动高清用户数约 380 万，广州珠江在线的互动服务用户数也接近 20 万，较上年增长约 50%。随着双向机顶盒在用户中的普及，各大媒介研究公司也开始试点海量样本的收视测量方法。

大部分回路数据②收视测量服务都是基于大样本甚至全样本进行，海量数据为收视测量提供了更多的分析维度。目前欧美各国已有较成熟的回路数据测量以及分析技术，已有如 Kantar Media 的 RapidView 等成熟的商业化产品。在美国，直播卫星服务运营商 DIRECTV 也与 Kantar Media 合作，共同推出数据产品 DIRECTView。③ 数字互动有线或 IPTV 运营商的服务器可以采集到所有使用其服务用户的收视行为数据，除直播收视行为外，还包括传统收视调查方法所无法获取的时移、点播等互动收视行为。由于是直接通过服务器采集数据，因此可以便捷地获取使用该服务的全样本数据，而无需再采用抽样等方式选取样本。然而在实际的数据处理及运用过程中，我们发现当用户数量达到一定级别后，将需要强大的服务器以及大量的时间来对海量的用户数据进行处理，这样将大大增加数据处理的成本。根据抽样理论通过计算发现，当样本量达到一定数量后，样本量的增加对减小误差的作用不是十分明显（图 1），因此在对回路数据的处理过程中，我们仍可考虑通过科学的方法进行抽样，但相较于传统调查方式，回路数据的调查将采用

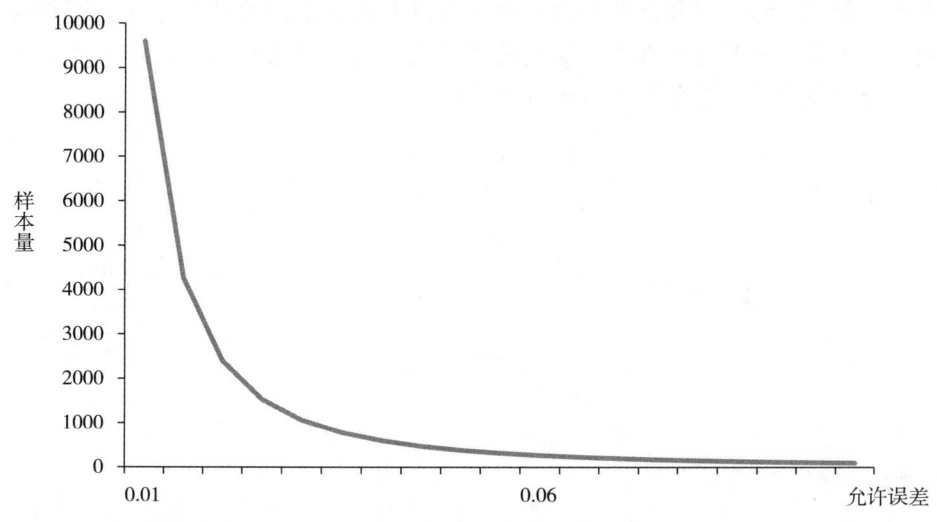

数据来源：CSM 媒介研究

图 1　样本量与允许误差的关系（置信度 95%，收视率 P = 50%）

① 参见 http://www.sarft.net/a/152774.aspx

② 回路数据（Return Path Data，RPD）是从双向机顶盒（数字有线互动机顶盒或 IPTV 机顶盒）中提取的数据流，反映包括直播频道、回看服务、时移服务、点播服务等的收看行为，以及其他增值服务的使用行为，此外部分运营商还可提供主菜单等页面的使用数据。

③ 参见 http://www.kantarmedia.com/product/directview

大样本抽样。在实际工作中，将根据整体用户数量、用户分布情况、分析所需的细化程度等确定样本数量；根据用户分布情况、所能获得的用户背景信息等确定抽样方案。通过科学抽样方法所获取的样本将具有很强的代表性，足以支撑收视调查研究，同时又避免了由于数据量过大所增加的不必要成本。

在收视测量中最基本的两个指标是到达率和收视时长，其中到达率可以通过机顶盒的ID来确认，而机顶盒所记录的时长则是通过用户每次命令触发的时间点进行计算。但是现在大部分用户在使用机顶盒收看电视节目后，常常只关闭了电视屏幕，却没有关闭机顶盒。在机顶盒未关闭的情况下，服务器会认为该用户仍一直在使用该服务，这直接导致了用户收视时长的失实。① 为避免失实的用户收视时长对收视数据的影响，需要通过科学的算法——Capping规则对数据进行特殊处理。Capping规则是基于对用户收视习惯的长期观察，以及对大量用户收视历史数据研究后所制定的一种算法。该算法在对数据进行清理的过程中，将考虑到用户在不同时段/时期的平均收看时长、不同频道的收看习惯、不同时长及类型节目的收视习惯等。如用户在工作日的日均收视时长与节假日有一定差异，收看新闻类频道的时长与电视剧频道有较大差异，收看电视剧的习惯与常规综艺节目等有所不同，此外在春节、奥运会、世界杯等特殊时期，受众的收视行为及时长都会较平时有所变化。由于不同地区受众的收视习惯各有不同，因此该算法需要根据当地的情况进行本土化调整。它通过对周天、时段、频道、节目等一系列因素进行逻辑判断后，将算法应用于收视时长数据的处理，从而最大程度地降低失实的收视时长对收视数据的影响。如针对周末晚间的收视行为或春晚直播的收视行为都会有相对应的处理规则，以更真实地在结果数据中反映收视情况。测试结果显示，处理后的收视时长数据走势，与传统收视调查结果较一致（图2）。

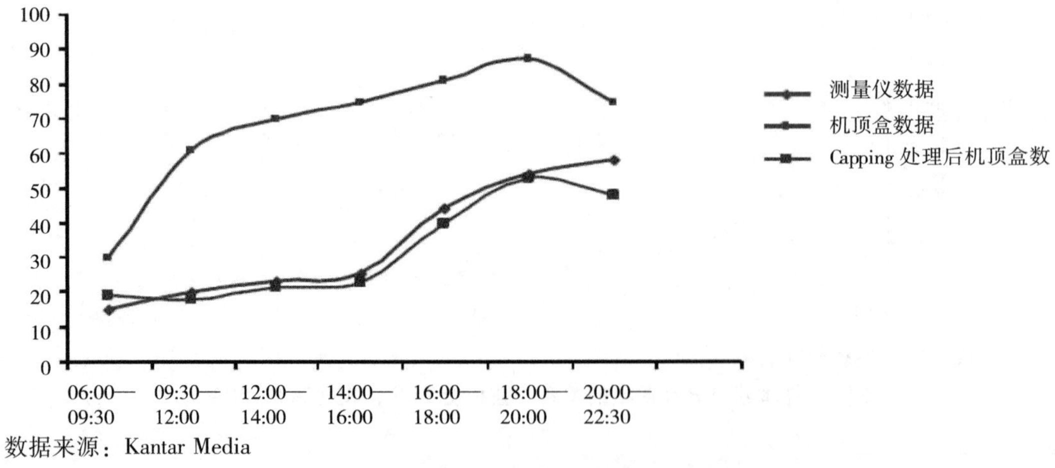

数据来源：Kantar Media

图2　Capping处理前后家庭户收视率分时走势比较

---

① 目前部分运营商已采取相应的措施避免该问题所导致的时长误差，如北京歌华每天凌晨对所有机顶盒进行强制关机；中国电信对所有超过4小时没有任何操作的机顶盒采取软关机处理等。但相关的处理方式仍然难以从根本上彻底解决该问题。

2. 跨媒体收视测量

随着技术与社会的发展，媒体的形态发生了翻天覆地的变化。互联网作为新兴的第四媒体，近十几年发展十分迅速。CNNIC 数据显示，截至 2012 年 12 月底，中国网民规模达 5.64 亿，其中网络视频用户比例约为 65.9%，达 3.72 亿。与 2011 年底相比，网络视频用户数净增 4652 万人，增长 14.3%。① 网络视频用户数量的逐年上升，网络视频也逐渐成为电视节目内容传播的另一重要途径。而在用户的在线收看终端选择上，有 96.0% 的网络视频用户主要收看终端为 PC 设备（台式机/笔记本），此外，使用移动设备（手机/平板电脑）收看在线视频的比例也达到了 49.4%。② 随着移动设备的普及、4G 网络的推广，移动端的视频收看情况也越来越受重视。电视节目的收视终端不再是电视机独霸天下，PC、手机、平板电脑等多屏幕构成了新的收视格局。各大门户网站开始建立自己的视频服务，如腾讯视频、搜狐视频、网易视频等；此外，大量专业视频网站也纷纷崛起，如优酷土豆、爱奇艺、迅雷视频、乐视网等。

收视选择越来越多样化的今天，不同终端上的用户重叠是电视内容多屏化传播过程中的重要特点。对电视内容受众的界定，必须跳出传统的媒体终端与受众的单一联系，应更加关注于电视内容与受众的联系，收视行为测量的对象也应从电视终端的观众（TAM：TV Audience Measurement）转变为电视内容的受众（VAM：Video Audience Measurement）。用户的重叠导致一个用户可以是多个终端的潜在受众，也可以同时是多个终端的实际受众。如何定位受众，如何对受众进行排重，如何区别受众的视频内容消费情况等，是针对同一内容的跨屏传播效果测量的关键以及难点。

目前市场上已有多种通用的视频内容收视测量技术，如问卷调查、网络爬虫技术、植码技术、Flash 插件等。问卷调查是最为传统的调查方式之一，在跨媒体收视测量中，问卷调查更多通过互联网进行，从而可以更准确地定位不同终端的受众，提升有效问卷数量。网络爬虫是一个自动提取网页的程序，它可为搜索引擎从网络上下载网页。网络爬虫被应用在网络视频监测领域时，首先通过关键词检索，获得网站上的相关视频链接，将链接地址存入库中，尔后对结果进行筛选，保留与所需信息最为相关的视频链接，然后对这些视频页面进行下载并从这些页面进一步抓取 URL，从而获取用户背景等信息。最后将抓取到的有用页面作为样本，进行跟踪监测。植码技术依据代码所加载的介质的不同分为三种：内容植码、播放器植码和网页嵌码。内容植码技术是与视频内容生产方合作，生产过程中在视频内部植入一段代码。当视频在不同平台上播出时，第三方监测者均可监测到，而不需要与播出平台合作。播放器植码是第三方监测机构通过在视频播出平台的后台中嵌入代码，获取各个视频的观看情况。当用户进入某一视频播放页面后，其全部行为均会被记录，包括在页面中的点击行为、浏览时间等，并通过 cookie 计算观看视频的用户数。网页嵌码技术是比较简单、普遍的监测方式，该方法通过在

① 《CNNIC：2012 年中国网民网络视频应用研究报告》，2013 年 5 月发布，http：//www.cnnic.net.cn/hlwfzyj/hlwxzbg/spbg/201306/P020130628528157115957.pdf

② 同上

网页后台镶嵌代码来获取网页被浏览的状况。用户点击进入视频播放页面后，网页文本开始从页头至页尾依次刷出，镶嵌在后台文本中的代码也随着网页被一同刷出，一旦代码被刷出，系统便记录一次观看行为。与播放器植码相似，网页嵌码也是通过 cookie 来计算用户数。Flash 插件技术是国内外均较为普遍应用的检测技术之一，第三方监测公司通过向固定样本发放监测插件（软件/客户端）监测用户观看视频内容的信息。插件自动从海量用户访问行为数据中甄别出视频播放页，实时跟踪样本所观看的视频内容、观看时间、观看时长、观看次数等信息。由于数据取自固定样本，在监测观看行为的同时，还具有用户的背景信息。

上述视频内容监测方式中，除问卷调查和 Flash 插件外，其余方式都是针对全量在线视频收看数据进行调查，对采集到的大数据进行处理、分析。不同的技术各有其优缺点，针对不同目的的受众测量，可以有针对性地选择相应的技术，以获得所需的结果。但这些技术各自分别独立被使用，同时其分析过程以及结果数据都难以与现有的电视收视数据相整合，这些都导致跨媒体收视率难以真正实现。同源样本测量是目前业内认同度较高的跨媒体收视测量解决方案。昂贵的执行成本是该方案一直难以完全商业化的主要原因之一。此外，PC、手机等终端属于私密性较高的个人终端，出于个人隐私等顾虑，样户的合作度是执行中的难点。基于以上原因，同源大样本难以实现，跨媒体融合样本测量成为退而求其次的方案。在小量同源样本的基础上，加入各终端的大量独立样本（如独立的 PC 样本、手机样本等），通过科学的样户背景属性以及终端使用行为等信息建立数学模型，对多源数据进行融合，最终获得跨媒体收视数据。

3. 收视数据与多源数据融合

性别、年龄、教育程度等人口属性一直是人群细分的重要维度。无论是节目制作者在进行节目设计以及推广，或者广告主在选择投放广告的节目/频道时，最主要的考量因素均为其目标受众的人口属性特征。受众的人口属性特征一直以来都被视为是影响其视频内容或商品消费的主要原因。然而即使受众在性别或年龄等特性上是相同的，他们仍有不同的生活方式。受众对自己的认识、其重视的东西、空闲时喜欢做的事情，所有这些因素都会影响到哪些产品/视频内容会让受众心动。① 且不考虑细分属性后需要增加样本量所带来的成本增加，要想获得如此细化的受众信息，同时验证受众所提供的信息的准确性，其高昂的成本是大部分客户难以承受的。

相关关系通过识别有用的关联物，而不是通过揭示其内部的运作机制，来帮助我们分析现象。通过帮我们找到一个现象的良好关联物，相关关系可以帮助我们捕捉现在和预测未来。② 受众的消费行为、购买意愿以及微博讨论与收视行为间的关联都是我们从前未关注过的。通过数学模型将不同的源的数据进行融合，可以帮助广告主更好地定位其产品的目标受众，优化投放计划。同时节目制作者可以通过微博讨论数据更好地获取

① 迈克尔·R. 所罗门著：《消费者行为学》，卢泰宏、杨晓燕译，中国人民大学出版社 2009 年第 8 版·中国版，第 9 页。

② 〔英〕维克托·迈尔—舍恩伯格、肯尼思·库克耶著：《大数据时代》，盛杨燕、周涛译，浙江人民出版社 2013 年第 1 版，第 72 页。

受众的反馈，对节目设计以及推广计划等进行调整。如在第一季《我是歌手》播出期间，齐秦宣布退赛在新浪微博上引发了激烈的讨论。在所有关于该话题的新浪微博讨论中（图3），有约1/3的讨论表示欣赏齐秦的表现，同时也有23%的讨论表示他早就该离开。纵观讨论用户的所有观点，支持齐秦（欣赏其表现/离开太可惜/希望他能回来）的讨论量占46%，对齐秦持负面态度（早该离开/不该参加/对其表现很失望）的讨论量占37%。通过专业的分析机构，受众在微博上针对节目中出现的热点所表达出的意见和情感被量化，以绝对数值对受众的态度进行测量。对内容在社交媒体上讨论的量化评估，打破了电视节目现有评估系统在功能性和话题性上的不平衡，并与电视收视与微博“观众声音”直接对接。

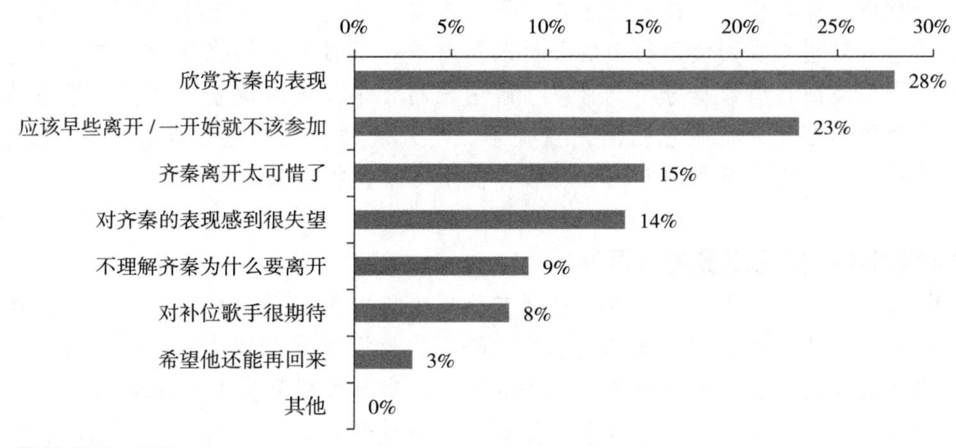

数据来源：CIC

图3 第一季《我是歌手》齐秦退赛话题讨论观点分布

二、大数据时代受众收视测量数据的优势

电视是一个提供信息量大，但是要求受众参与度低的热媒体，针对电视所使用的调查方法也一直是基于此特点进行的。互联网则是一个具有热媒介的信息量大，以及冷媒介的互动性强的综合媒介。随着媒介融合、电视节目内容跨屏传播现象的普及，以及受众在各媒介及屏幕间大量重叠，使得受众调查从TAM开始向VAM转变。在转变的过程中，大数据对其带来的影响不可小觑，而大数据时代受众收视测量数据的优势也日渐显现。

1. 平稳小众节目收视，量化互动服务使用

在传统收视率调查中，由于样本量的限制，小众频道/节目的收视数据波动较大，0收视也时有出现。小众频道/节目在受众中受关注的程度相对较低，如在调查总量为100个家庭户的情况下，很可能只有2个人在收看频道A，一旦其中一个人的收视行为发生了变化，频道A的收视就将发生很大的波动，如这两人都不收看频道A，那么频道A的

收视就为0。这些情况都导致不能把频道A的收视情况精确地反映给客户。而解决该问题的唯一办法就是扩大调查样本量。在传统收视调查中，如要扩大样本量以获得精细化数据结果，其成本是非常高的。然而在大数据时代，双向机顶盒的普及使得大样本用户收视行为数据的获取变得更加容易。在大数据环境下，通过对全样本数据的分析就可以有效地避免样本量过小所带来的问题，从而对小众频道/节目进行有针对性的收视测量与分析。

随着互动服务的推广，各大运营商对互动服务使用数据的分析也越来越重视。由于传统收视数据测量方法的限制，互动服务的使用情况一直无法在现有电视收视数据中得以体现。然而通过大数据，我们可以轻松地对互动服务的使用情况进行测量。在对互动服务的分析中，除类似于传统收视分析的用户规模、使用时长等宏观分析外，由于大数据的应用，针对用户页面使用行为的分析以及对单一节目的精细化分析也成为可能。通过用户的页面使用行为数据分析，可以了解用户转化率，进而调整页面推广策略等。而对单一节目的精细化分析则包括用户重叠率、用户流动、用户完整收看度等多重指标。通过这些分析，可以了解到用户的互动服务使用习惯、收视偏好等。

2. 实时收视情况测量成为可能

由于技术手段的限制，现有的收视调查数据主要以天和周为更新周期。然而在互联网时代，信息的传播和变化速度都在加快，隔天的数据提供已经越来越不能满足客户的需求。在大数据时代，由于数据采集方法的改变，实时收视测量成为可能。

收视数据实时化后，客户可以实时了解自身频道及竞争频道的收视情况，有利于应对突发情况（如直播节目、突发新闻等）。同时，根据这些数据反馈，电视台可通过实时数据对直播节目、广告内容的编排规划等进行实时调整，从整体上帮助优势节目巩固现有地位并提升弱势节目。此外，运营商也可以根据用户直播节目的收视情况，实时调整回看、点播等互动服务中相关节目的编排和推送计划。在广告服务方面，实时数据可以对广告数据进行实时监测，帮助电视台及广告商及时调整广告投放计划及定价。此外，通过数据可以实时监测广告时间段内及前后的观众流出量，从而及时调整广告时段的长度及位置，帮助优化广告效果。

3. 评估节目跨平台多次传播效果

互联网作为电视节目内容二次传播的主要平台，大大延长了内容的生命周期。在所有的传统媒体业中，电视业是最有可能被长尾力量彻底改变的。电视业创作出的内容比其他任何媒体和娱乐业都要多，但是被广大受众所看到的，只是其中很小的一部分，因此电视业的内容创作量与可获得量之比超过其他任何行业①。视频网站则很好地利用了长尾效应，二次挖掘节目价值，尤其是部分小众节目。

电视剧《打狗棍》于2013年10月14日在安徽、北京、重庆及天津四大卫视同时

① 〔美〕克里斯·安德森著：《长尾理论2.0》，乔江涛、石晓燕译，中信出版社2009年第2版，第201页。

播出。播出期间，其在天津卫视的收视率为1.14%、在北京卫视的收视率为1.01%①，与2013年播出的其他电视剧，如《隋唐英雄》《咱们结婚吧》等相比，其收视表现差强人意。但该剧在爱奇艺上的表现则很亮眼②。截至2014年2月，该剧在爱奇艺电视剧风云榜上的7天指数③排名中仍位列第18，超过《陆贞传奇》等热剧；在爱奇艺电视剧风云榜的历史指数④排名中，该剧位列第2，指数与排名均远高于《百万新娘第二部之爱无悔》《咱们结婚吧》等收视率较高的剧集⑤。此外，该剧在爱奇艺上的分天播放次数曲线显示（图4）⑥，该剧刚在省级卫视播出时，其网络点击量并不高，自10月28日⑦起该剧的网络点击开始上升，在11月9日至11月16日间⑧，其点击量达到高峰。2013年12月起，该剧点击量持续走低，但仍保持了每日一定的观看量。通过比对可以发现，该剧的网络点击高峰较电视播出时期有一定的延后，节目播出期以及网络点击高峰过后，虽然点击量较低，但受长尾效应的影响，节目仍然发挥着余热得到持续传播。综合节目的跨平台收视数据，可以有效评估节目的全媒体传播效果，从而对节目价值进行充分利用。

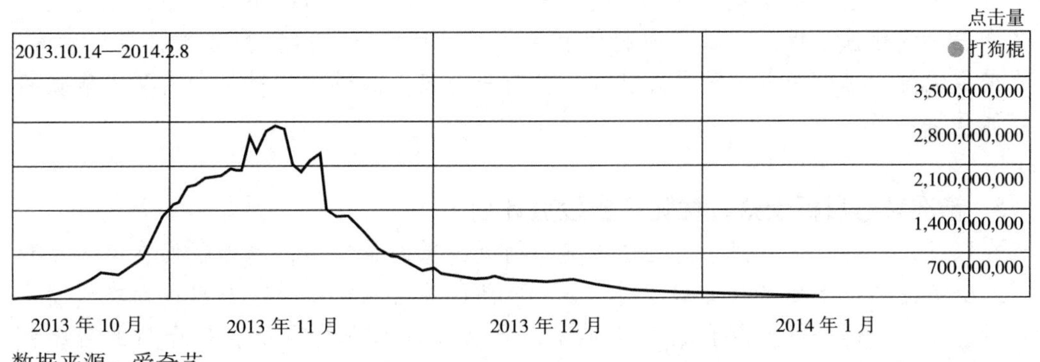

数据来源：爱奇艺

图4　爱奇艺《打狗棍》播放趋势

4. 利用社交媒体用户讨论数据提升电视节目传播效果

20世纪60年代，美国心理学家霍顿和沃尔提出“类社交互动”，指出观众与电视人物存在着类似人类社会交流的互动。时至今日，观众与电视人物之间的关系除了“一屏之隔”之外，还多了“一键关注”。

① CSM 80城市组，省级上星卫视，19:30—21:30节目数据。

② 《打狗棍》共在三家视频网站上播出：爱奇艺、PPS、CNTV，其中PPS已于2013年5月被爱奇艺收购。

③ 7天指数是根据查询当日起前7天该视频在爱奇艺上播放数据计算获得。

④ 历史指数是根据该视频上线至查询当日，其在爱奇艺上播放数据计算获得。

⑤ 参见 http：//top. iqiyi. com/dianshiju. html#

⑥ 参见 http：//top. iqiyi. com/index/noresult. htm？ key = %E6%89%93%E7%8B%97%E6%A3%8D

⑦ 此时间段约为该剧在省级卫视上播出至30集前后，全剧共70集，该剧在卫视上播出约在11月17—20日间结束（不同卫视播出进度略有不同）。

⑧ 此时间段约为该剧在省级卫视上播出至53—65集前后，全剧共70集，该剧在卫视上播出约在11月17—20日间结束（不同卫视播出进度略有不同）。

随着社交媒体用户接受度的增加，传统电视和社交媒体的互动越来越强，广大电视人也认识到，如今的电视节目需要去创造更多可以在网络上分享的话题。2012 年 8 月爱立信的一项调查显示，62% 的受访者过去既看电视，又浏览社交媒体，其中 25% 在社交媒体上谈论正在收看的电视节目。近年来国内外电视制作者也尝试将观众态度作为制作时的参考，或影响剧集情节发展，或集成为节目固定环节出现，Netflix 的《纸牌屋》，湖南卫视的《快乐男声》等，都是观众声音的巧妙利用者。除了节目制作，节目播出也参考了观众在社交媒体上的声音，《舌尖上的中国》的重播热潮恰恰让人们看到了观众声音的力量。

在电视内容的多维化传播过程中，对各平台传播效果的整合量化评估是产业链上下游所迫切希望的。现有收视数据从受众电视收视行为上，为电视人提供了定量的评估数据；但受众在电视机之外的渠道上聊电视、谈电视等的行为，是现有收视数据无法反映的。

传统电视与社交媒体之间互动关系的量化评估以及如何更好地利用这种关系扩大电视节目影响力，是今天的电视人以及网络人都十分关心的。定量评估受众在电视机外的讨论行为可以为电视制作者提供更多的参考。不同于收视数据的事后评估，定量的社交媒体用户讨论数据分析，可以帮助制作者在节目设计阶段了解其受众的收视内容偏好、收视渠道偏好、讨论偏好、意见态度等。在用户为核心的时代，对受众的深入洞察将帮助媒体获得更多优势。

5. 精准触达目标受众，优化广告投放计划

在以往，我们总是习惯于关心造成某一结果的原因是什么，例如我们在做节目策划时，总会关注某一年龄层、某一性别、某一职业的观众在收看什么节目；而在进行广告投放时，也会先调查什么年龄、什么性别、什么收入水平的观众会是产品的目标消费者。在大数据时代，我们已不再执着于对“为什么”的研究，“是什么”成为了分析的重点。分析时，我们不再需要将分析建立在假设的基础上（如假定的受众年龄、性别等），而是直接让数据发声。这会让我们注意到很多以前从来没有意识到的联系的存在。通过收视行为与消费行为的结合来定位目标受众，从全新的角度判断受众的产品喜好，以更好地帮助广告主优化投放计划。

如表 1 中所示，通过传统的假设方式所获得传统分析对象的收视数据，与直接通过受众购买行为所获得目标观众收视数据有着较大的差距。传统分析对象数据中收视率较低的中央台三套在巴黎欧莱雅美肤产品购买者中收视率位列第一；而传统分析对象收视数据中位列第一的天津卫视，在巴黎欧莱雅美肤产品购买者中仅位列第四。通过融合数据，可以准确定义自有品牌以及竞争品牌的目标受众，从而更有针对性地进行广告投放。

表 1　数据融合产品与传统产品数据结果比对（收视率%）

频道	巴黎欧莱雅美肤产品购买者	传统分析对象 （F18—45，RMB2600—）
中央台三套	0.6198	0.4398
中央电视台综合频道	0.5897	0.4394

续表

频道	巴黎欧莱雅美肤产品购买者	传统分析对象（F18—45，RMB2600—）
中央电视台新闻频道	0.5564	0.3500
天津卫视	0.5521	0.5965
上海东方卫视	0.5453	0.3195
江苏卫视	0.5444	0.5380
中央台六套	0.4890	0.3690
北京卫视	0.4863	0.2355
中央台四套	0.4796	0.2528
湖北卫视	0.4730	0.3571

数据来源：CSM 媒介研究

如图 5 所示，不同定位方式所获得的目标受众其收视习惯也不尽相同。如欧莱雅产品购买者在 17:15 以及 18:15 有两次收视小高峰，而通过欧莱雅品牌传统的目标受众定位方式所得到的受众收视数据（即图中“传统分析对象”收视数据），在这两个时段，其收视均未出现较大波动。而在广告投放上，欧莱雅品牌在其目标受众收视较低的 10:15—11:00 以及 21:00—21:30 时段都投放了较多的广告，如将该部分预算移至目标受众收视较高的时段，则可能得到更好的投放效果。

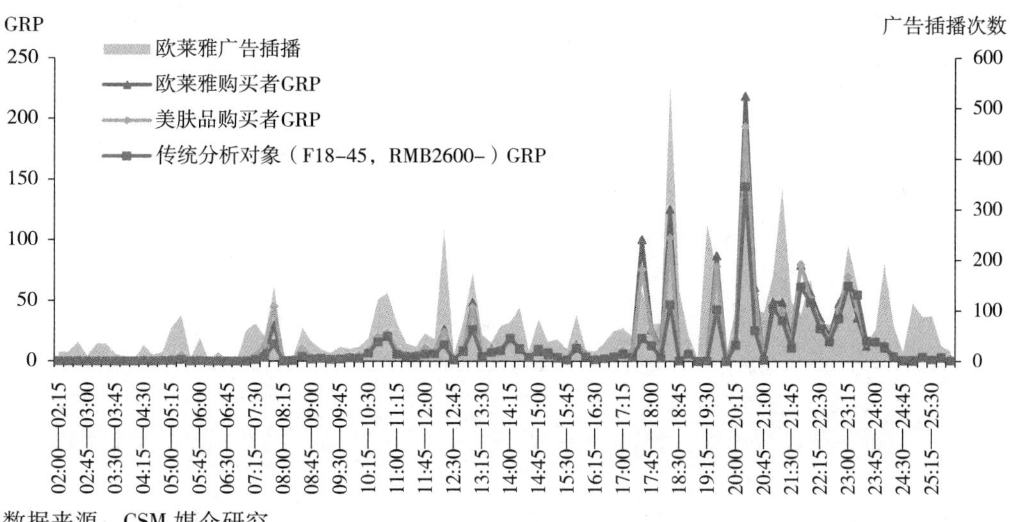

数据来源：CSM 媒介研究

图 5　欧莱雅广告插播次数与不同目标观众分时收视走势

结语

媒介趋于融合，传统媒体正聚力于打通多屏渠道，数据也进入了“大”时代。媒介研究中数据之“大”不仅体现在数据量的增大上，数据来源的增多以及需监测平台的增加也是数据变“大”的表现。面对媒介环境和数据的变化，除测量技术和数据分析、处理能力需要创新外，媒介从业人员的思维也需要随之变革。无论是在节目的制作、推广或者后期评估上，都应该以全媒体的角度来进行规划，争取更好地利用各个屏幕、渠道，从而获得最佳的内容传播效果。

（作者：黄婧玫）

从收视比较的角度再认识电视

一、读懂开机率变化

本以为没必要谈开机率，开机率是收视率调查早期常用的指标；因为现今电视收视越来越个人化、个性化，以观众个人看电视行为统计收视率更有实际意义。但是随着唱衰电视的声音增强，所谓的“开机率大幅下降”被广为炒作并当成电视式微的依据。

收视率调查是舶来品。开机率和收视率在英文中分别表述为“HUT”（Homes using TV）和“PUT”（Persons using TV），前者的意思是特定时段内电视开机户数占电视家庭总户数的百分比，后者的意思是特定时段内收看电视人数占电视观众总人数的百分比。可见二者的区别主要在于是按户还是按人计算对应比例。开机率有时也被称为户收视率。

电视机处于开机状态，不论家中几人收看电视，都计算为一户开机；计算收视率时则须考虑家中同时看电视的人数。以开机率和总收视率对比，开机率的分母是总户数，总收视率的分母是总人数，以平均户规模3人考虑（不计4岁以下成员），则总收视率分母是开机率分母的3倍；开机率的分子是某时段处于开机状态的户数，总收视率的分子则是该时段这些开机户中正在看电视的人数，显然后者大于等于前者。极端的两种情况分别是，如果开机户中每户平均只有1人看电视，则开机率是总收视率的3倍；如果每户平均3人看电视，则开机率等于总收视率。通常来说，由于户均看电视人数小于等于户规模，所以开机率总是大于等于总收视率。

开机率和收视率都是平均指标。在采用测量仪方法进行监测的情况下，数据被精确到1分钟，相应地开机率指的是平均每分钟的电视开机户数比例，收视率则指平均每分钟的电视收视人数比例。根据CSM媒介研究常年收视调查数据（全国测量仪数据），我国城乡电视家庭日均分钟开机率基本在23%左右水平波动，并未显现出趋势性的下降或者上升；我国城乡电视观众日均分钟收视率则基本在11%左右水平波动，也未显现出趋势性的下降或者上升。开机率约是总收视率的2倍，表明开机家庭中同时收看电视人数平均为1.5人。

以互联网为代表的新媒体实实在在改变了而且还在改变着人们的生活方式，包括收看电视。年轻人看电视时间减少，替代以使用电脑或者智能移动终端收看网络视频。但是随着人口老龄化以老年观众看电视时间增加对此做出了弥补。尽管开机率或者总收视率的平均水平变化不大，但是结构性的变化不容忽视。从一天内的不同时间看，总收视率相比开机率显然受到了更大的来自电视内外竞争环境的影响。家里年轻人减少了对电视的接触，但是中老年成员打开电视机的习惯仍然持续。在开机率最高的时间点上，近年来开机率下降趋势不显著，总收视率却以每年约1到2个百分点的幅度在走低。

总收视率的结构性变化一部分来自新媒体冲击，一部分也来自电视内部日趋激烈的市场竞争。比如晚间黄金时段的节目同质化问题也是促使总收视率下降的一个原因，而电视频道对早间、中午、傍晚和后晚间等时段的再开发反而一定程度上抬升了这些时段的总收视率，使总收视率时段曲线呈现扁平化的趋势。

由以上分析可见，无论基于开机率数据的变化，还是总收视率数据的变化，现在唱衰电视为时尚早，倒是应该说电视到了必须正视由互联网发起的挑战的重要时刻，特别是网络视频和智能电视板块的迅速成长，其中甚至蕴含着强劲的革命性力量。跨平台多终端的视频产业正在扩张传统的电视产业，电视不应该被扩张；面向新旧两个市场的主动扩张甚至再造，才是能够用来回击和终结唱衰电视者的最强音。

二、四分法看电视与网络视频

视频内容的传播大步迈向多渠道多平台化。电视屏幕之外，桌面互联网络视频和移动互联网络视频板块发展迅猛。CNNIC于2013年中的统计报告显示，网络视频用户规模已达3.89亿，占网民总体的65.8%，其中使用手机网络视频的用户规模为1.6亿。和12.8亿的电视观众规模相比，网络视频用户数已占到电视观众总体的30.4%。电视和网络视频之间形成了共生重叠的受众群体。

按照四分法，任何一位观众都只能归属于下面四种情况之一：(1) 只看电视；(2) 只看网络视频；(3) 既看电视又看网络视频；(4) 不看电视也不看网络视频。基于上面的数据可知，(4岁及以上人口中) 不看电视也不看网络视频的比例很小，基本可以忽略不计；只看电视的观众比例则还很大，接近70%；剩下的需要重点讨论的是在30.4%的网络视频用户中，到底有多少是网络独占用户，有多少是电视和网络的共生用户。

如果把时间尺度拉长到一年来看，几乎所有的受众都接触过电视，在这个尺度上讨论上述的 (2) 和 (3) 的划分状况意义不大。CNNIC于2013年5月发布的《2012年中国网民网络视频应用研究报告》显示，如果以周为时间尺度，则“仅有不到49%的(网络视频) 用户过去一周内接触过电视媒体”，剩下的约51%的用户就是网络视频独占用户了。按照这个比例计算，以周为时间尺度的网络视频独占用户可以达到1.98亿人，相当于电视观众总体的15.5%。这样在上面讨论的四分法中，(2) 的比例即占到15.5%，(3) 的比例则占到14.9%。网络视频对电视的冲击由此可见一斑。另外，在何种时间尺度内讨论电视与网络视频的互动及竞争关系也很重要，因为电视是慢变，而互联网则是快变。

上面讨论的四分法以是否电视或者网络视频用户作为划分依据，还有一种四分法更进一步，以是否电视的重度/轻度观众或者是否网络视频的重度/轻度用户作为交叉划分的依据，即把人群分别区分为：(a) 既是重度电视观众同时也是重度网络视频用户；

（b）是重度电视观众但是轻度网络视频用户；（c）是轻度电视观众但是重度网络视频用户；（d）既是轻度电视观众也是轻度网络视频用户。结合上面的数据分析，大致可以判断的是，（a）的人群占比应该较小，（c）的人群占比应该不会超过（b）和（d），（b）和（d）之间孰大孰小难以判定。这一划分方法不再局限于媒介的到达行为，而是扩展至考察观众/用户对不同媒介使用的忠实程度。

美国调查界曾公布2013年第1季度与此分析相关联的一组数据，显示出：（1）电视收视量位于最高20%的人群，其人均每天收看电视达10.7小时，而人均每天观看网络视频仅3.6分钟；（2）电视收视率位于最低20%的人群，其人均每天收看电视36分钟，观看网络视频则为6分钟；（3）网络视频观看量位于最高20%的人群，其人均每天收看电视仍有4.3小时，观看网络视频则达27分钟；（4）网络视频观看量位于最低20%的人群，其人均每天收看电视4.7小时，但观看网络视频0分钟。国内则尚未见到有机构提供此类口径的调查数据。

收视率指标基于到达率和忠实度的乘积计算得来。从上面的两个四分法分析来看，电视相比于网络视频，到达率和忠实度均有着明显领先于网络视频的优势，只是到达率层面上的优势更小些。我们生活中感触和谈论较多的关于网络视频对电视冲击的话题，关注到达率（广度）层面更多，有意无意忽视了受众对两种媒介卷入深度的对比，因此带给电视的危机和忧虑感也更深。

（作者：郑维东）

守住价值高地：传统电视与新电视之辩

对电视而言，这是充满变化的新时代。变化意味着机会，也意味着风险。业界有人把机会看得更重，期待着新电视的春天；也有人把风险看得更重，坐等夕阳电视怀揣黄昏心态。何去何从，还要从正确再认识电视开始。

一、电视的问题与主义

中国近代史上曾有著名的“问题与主义”论争，反观当今电视，应该说问题研究的比较多，主义谈的比较少。先说说有关电视的三个问题。

在社会大背景下，电视不能摆脱政治、经济、文化、科技等诸多方面的影响。抛开政治层面的问题不谈，在经济、文化和科技领域，当今电视发展至少面临三个深具挑战性的问题：一是同质化问题，二是产业化瓶颈问题，三是新媒体化路径问题。

同质化问题以内容同质化最突出，又发展到节目编排、营销和内部运营机制的同质化。在相关政策调控下，无论新闻节目、电视剧还是娱乐节目，大致按照2+2+2的模式把晚间黄金收视6小时“瓜分”妥当。其中新闻节目基本占据了晚间17:30—19:30的时段，又细分为民生新闻时段、本地播报类新闻时段和新闻联播时段；电视剧从19:30开始绵延至21:30或更晚，以三集连播为主，从类型到剧目基本呈现阶段性雷同；21:30（周末到22:00）至23:30的时段则多被上星频道的大型季播类娱乐节目填满，现阶段流行唱歌跳舞，一片欢乐祥和气氛，虽然各家频道之间私底下争斗不已。

产业化瓶颈问题主要表现为电视媒体不断遭遇挤压的价值空间以及产业链升级的困难。总收视遭遇电视开机率天花板，增量竞争转换为存量竞争；广告创收面临经济结构调整压力和其他高性价比媒体对广告效果的强势分流。电视内容领域的产业化和渠道领域的产业化进程导致电视媒体直接成本上升，使过度倚重广告的单一盈利模式疲于应对，竞争主体之间两极分化加剧；因为缺乏资本支持以及受政策局限，产业链难以升级。

新媒体化路径问题说到底是在新媒体世代中以谁为主导的问题。站在传统媒体的角度，电视需要向新媒体融合发展，但前提是电视为主导，这叫做电视的新媒体化进程；而站在以互联网为代表的新媒体角度，电视则需要被整合进入新媒体的产业链，无论从内容提供还是终端接入，都不得不接受新媒体机构的计划与安排。双方较劲和谈判的能力虽然也取决于政策的倾向，但归根结底还是来自用户选择的力量，外在地表现为资本和技术的力量。

电视多年来处于各类媒体的龙头地位，高高在上，派头十足，惯性强劲。时下虽说看到了问题所在，但是解决问题的选择其实不多，更遑奢谈主义。主义是站定的立场，是选择的策略，也是前行的道路。针对上述电视的三个问题，这里对应地提出“卓越主义”、“开放主义”和“合作主义”，供电视人思考。

在同质化问题面前，所谓“卓越主义”就是要从节目创意开始，包括选题和制作，始终追求有品质的差异，有引领的区别。既按照需要生产节目，又引领和创造需要，摆脱低层次的模仿和重复。在产业化瓶颈问题面前，所谓“开放主义”就是要思考产业化进程中各种既有资源的市场可开放程度，外引内连，打破屏障，提升效率，放大影响。在新媒体化路径问题面前，所谓“合作主义”就是要摆脱本位束缚，以自身优势整合新媒体优势，取长补短，强强联合，利益互补，合作共赢。

囿于方方面面的约束，不少电视人因为迎合市场而放弃了“卓越主义”，不少电视频道因为所谓的自我保护而放弃了“开放主义”；不少电视台因为对利益分割的担心而放弃了“合作主义”。此情此景下，电视的确需要多谈些主义，有主义的电视才有未来。

二、从模式化电视到社会化电视

模式化电视和社会化电视是当今全球电视发展的两大显著特点，这两大特点已经延伸至国内电视市场并引发多元变化。其中模式化电视是指电视节目的模式化生产、播出和营销，从英文的“TV Format”翻译过来，也可称为电视模式或者电视节目模式。维基百科（Wikipedia）对其定义为“A TV format describes the overall concept, premise and branding of a copyrighted television program”，意思是对版权化电视节目在概念、操作和品牌营销等方面所有做法的统称。同样维基百科给出的社会化电视的定义是：“Social television is a general term for technology that supports communication and social interaction in either the context of watching television, or related to TV content”，意思是技术诱发并支持的电视内容生产或者观众收看电视的社会化传播和互动趋势，也可以具体理解为社会化媒体介入电视节目生产和传播过程所带来的相关变化。2013 年国内模式化电视节目风起云涌，搅热电视荧屏竞争，更延伸至社会化媒体平台上的多级传播与讨论。在国内，模式化电视与社会化电视正在市场竞争与发展中交织于一起，难分难解。

展开来看，模式化电视具有三个重要特点：一是规范性，也称为格式化，是指电视节目从概念到操作的一系列标准流程包括细节；二是可营销性，模式节目一般是进程性节目，节目营销点的选择以及面向受众的营销促进是节目成功的关键之一；三是版权化管理，实质是对节目差异化特质的保护，以及对节目在多市场投放和播出的权益保护。

同样，社会化电视也具有三个重要特点：其一，社会性，也就是说电视节目（无论概念、主题、内容，还是要素等）本身具备与社会连通、互动或者共振的特点；其二，跨平台传播，该电视节目不只通过电视机收看，其完整或者部分节目还可以在其他个人化终端如电脑、PAD 或者智能手机上实现点播和回放（甚至包括直播）收看；其三，可参与性，受众通过转发、分享、投票、评论等方式参与对该节目进程的强或弱的管理。

在梳理模式化电视与社会化电视的关系中，模式化电视好比市场看好的品牌产品，社会化电视则是这个产品如何面向消费者取得好业绩的一种方法，电视节目的成功离不开二者的有机结合。从二者各自的特点分析，首先，规范性和社会性有着更多内在关联，社会性可以看作规范性的出发点；其次，可营销性与可参与性有着更多的内在关联，营销点以及营销手段的选择往往可以影响到受众参与的时机、方式与程度；第三，版权化管理与跨平台传播也有更多的内在关联，如果没有很好的版权管理范式，跨平台传播反而极可能从根本上伤害到节目收益。

从历史发展的视角看，模式化电视的提出远早于社会化电视；模式化电视更多是对电视节目生产规律的概括和总结，以及从法律角度对节目权益的保护；社会化电视则更多考虑了技术推动下的传播环境变化对电视节目生产和营销的要求。模式化电视特征对社会化电视特征的适应是当今电视转型和升级的内在需要，关起门来做电视，哪怕是再好的电视节目，如果没有社会化传播的帮助和支持，都算不上是成功的节目；当然反过来，如果节目不好，过度开发的社会化传播也可能会使节目一败涂地。

三、守住价值高地

互联网搅局电视业，从终端切入盘整受众需求，倒逼内容转向跨平台传播，广告营销格局也随之改变；尽管三网融合还在路上，但近观眼下局势，各网之间不似融合，反倒像“短路”了。近期涌现的各种“短路”着实有些突然，让不少准备不足的电视人心中一惊，里外应和，更有一种所谓的“电视黄昏心态”弥漫。

事实上互联网搅局电视业已非一日之功。从内容而言，节目变身为视频；从渠道而言，播出变身为互动；从终端而言，收看变身为使用。受众使用更加智能和更好体验的终端，借助更快、更方便的互动网络，收看、回放或者分享更为新鲜和丰富的视频内容。其中技术驱动的渠道革新最早发生，促使电视有线网络也走上数字化征程；网络视频向电视节目的整合一方面得益于制播分离，另一方面也与网络电视台的发展相关；通过视频内容和渠道技术锁定、升级并改造用户终端，使终端上升为平台入口，则是最近正在轰轰烈烈发生的事情。上、中、下游齐聚，正所谓“内容为王，渠道为用，终端制胜”。

在如此一系列的变局之中，传统电视感受到的更多是价值分化。独占优势没有了，仅剩比较优势；在某些领域甚至已经没有比较优势而是处于劣势地位。按照价值链规律，内容制作是价值生产阶段，渠道放送是价值传递阶段，终端收看则是价值实现阶段。来自终端领域的变化通过改变价值实现方式，对处于中游的渠道和处于上游的内容发出新的调整需求。传统电视领域，内容和渠道对终端加以规制，终端处于从属地位；新电视领域，终端因为可以改变并统合需求而迫使渠道和内容变革，正是所谓“终端倒逼”机制的形成。传统电视领域，渠道附属于内容，根据内容要求制定渠道传输标准；新电视领域，一项重大的正在发生的变化则是渠道做大成为平台，以平台之能力和优势反过来整合内容并制约终端。

广告附属于渠道，广告事实上是渠道价值传递的一部分；藉此渠道获得回报，当然为获得更好回报，渠道往往既可以基于内容而优化广告搭载，也可以基于终端而优化广告搭载。基于内容的广告优化被统称为提升广告传播品质，基于终端的广告优化被统称为提升广告精准效果。因此广告也正在成为平台价值增长的重要部分。

在新电视价值链中，终端强势和渠道平台化对内容生产形成强有力的制约。虽然内容仍然为王，但是不能离开渠道和终端的拱卫。何为价值高地？总体上看，在产业链中没有上游就无所谓下游，所以内容生产仍然是价值高地；但是如果内容生产是充分面向竞争的，渠道就有可能成为价值高地，因为渠道和平台对内容的选择和整合决定了内容的出路；如果内容生产是充分面向竞争的，而且渠道又是多元的可选择的，终端也可以成为价值高地；因为终端可以决定接入的渠道，并以入口之优势打通整个电视产业。可见价值高地是相对而言的，成与否取决于在产业链中制约与反制约的力量比较。

从当前政策和产业环境来看，内容生产还不是完全面向竞争的，仍存在着可紧可松的水龙头开关效应，因此内容仍然是价值高地；渠道如果平台化效果好，也可以成为价值高地；终端处于日趋激烈的竞争之中，在入口争夺战结果见分晓之前，不能成为价值高地，但是充满着趋向价值高地的机会。

传统电视向新电视进军，理所当然要向价值高地进军，首要任务是扭住“内容为王”不放松。广电的网台分离虽然增强了网的产业化属性，但是也干扰了渠道平台化建设；同时渠道平台化建设对于广电而言，面向未来还取决于三网融合的进程；盒子化的电视终端广电一方是占有先机的，但是OTT盒子的突然爆发使其先发优势又变成了未知数。守住价值高地，对电视而言真的不轻松。

（作者：郑维东）

第三部分
Part Three

收视数据 Rating Data

主要收视指标解释与电视节目收视排名规则

一、主要收视指标解释

1. 频道覆盖（入户）率：是指一个地区能够接收到该频道的户数占该地区电视家庭总户数的百分比。它是从接收情况来反映某个频道覆盖状况的指标。

2. 人均收视时间：是指在一个地区某个时间段内所有电视观众平均每人收看某一频道（或节目）的时间，一般以分钟来计算。

3. 收视率：本年鉴中的收视率是个人收视率，是指一个地区的某个时间段中收看某一频道（或节目）的人数占电视观众总人数的百分比。

4. 市场占有率（或市场份额）：本年鉴中的市场占有率是个人市场占有率，指一个地区某个时间段中收看某一频道（或节目）的人数占该时段收看电视总人数的百分比。

5. 观众构成：是指一个地区某个时段收看某一频道（或节目）的观众中各类观众所占的百分比。

6. 各类节目的播出份额：是指各类节目的播出时间长度占所有节目类型播出时间长度的百分比。

7. 各类节目的收视份额：是指各类节目的收视时间长度占所有节目类型收视时间长度的百分比。

二、电视节目收视排名规则

1. 全国样本城市电视节目收视排名（包括节目其他指标计算）的时间范围为全天，重点市场电视节目收视排名（包括节目其他指标计算）的时间范围为17:00—24:00。

2. 电视节目（栏目）以该节目（栏目）的平均收视率排名，首、重播分开，取最高档参加排名。

3. 除极个别情况外，收视排名不考虑节目名称前的“冠名”。

4. 电视剧出现多轮播出的情况，按收视率最高的一轮参加电视剧类和所有节目的排名，并标注播出日期；跨年度播出的电视剧，只统计在2013年度内播出集数的平均收视率并参加电视剧类和所有节目的排名，节目名称后标注集数。

5. 体育节目的收视排名规则为：同一体育项目赛事中只选取该项赛事收视率最高一档参加体育类节目的排名和所有节目的总排名，其他体育节目按平均收视率参加排名。

6. 2013年春节联欢晚会的收视率是春节联欢晚会播出期间（2013年2月9日20:00—10日00:40）的平均收视率。

7. 选秀类节目（比赛部分）选取收视率最高一期参加收视排名并标注日期；有些选秀类节目涉及到两季播出，分别计算各季每期平均收视率，选取最高一期代表该季参加排名并标出播出日期；常态类综艺节目，计算节目平均收视率并参加排名。

一、基本收视条件

表 3.1.1 2013 年全国收视调查网视听设备拥有情况

	电视机台数		电视机种类					其他视听设备	
	1 台	2 台及以上	彩色电视机	普通电视机	背投电视机	液晶电视机	等离子电视机	影碟机	个人电脑
	%	%	%	%	%	%	%	%	%
全国	68.2	31.8	99.9	77.6	0.6	34.3	0.3	42.2	44.6
城域	70.0	30.0	100.0	68.0	0.8	43.0	0.5	40.4	61.0
乡域	66.9	33.1	99.8	84.3	0.5	28.1	0.2	43.5	33.0

表 3.1.2 2013 年各省级收视调查网视听设备拥有情况

省份	电视机台数		电视机种类					其他视听设备	
	1 台	2 台及以上	彩色电视机	普通电视机	背投电视机	液晶电视机	等离子电视机	影碟机	个人电脑
	%	%	%	%	%	%	%	%	%
安徽省	62.7	37.3	100.0	82.4	0.2	32.5	0.1	35.1	33.7
福建省	57.7	42.3	100.0	82.0	0.4	34.5	0.4	43.8	54.1
甘肃省	76.0	24.0	99.8	82.5	0.1	23.7	0.3	51.1	33.8
广东省	74.5	25.5	100.0	73.8	1.3	32.4	0.3	51.2	52.5
广西壮族自治区	81.0	19.0	100.0	78.4	1.0	25.1	0.0	38.5	28.3
贵州省	87.4	12.6	99.1	81.9	0.1	24.7	0.0	65.0	17.8
海南省	82.0	18.0	100.0	70.8	0.4	37.1	0.1	59.5	33.9
河北省	71.3	28.7	100.0	77.8	0.2	31.5	0.2	40.8	49.9
黑龙江省	88.8	11.2	99.8	70.0	0.7	32.8	0.1	26.0	37.5
河南省	58.0	42.0	99.8	87.4	0.1	28.9	0.0	45.0	43.0
湖北省	59.8	40.2	100.0	80.3	0.0	38.5	0.5	50.4	46.5
湖南省	74.2	25.8	100.0	81.5	0.3	30.9	0.4	45.3	28.1
内蒙古自治区	90.6	9.4	99.7	79.0	1.4	21.5	0.3	25.3	29.7
江苏省	44.6	55.4	99.8	85.5	0.4	37.1	0.1	37.3	60.7
江西省	53.8	46.2	100.0	83.6	0.5	34.8	0.0	50.8	45.1
吉林省	79.0	21.0	99.9	69.7	0.5	38.1	0.2	32.0	41.3
辽宁省	81.0	19.0	99.9	69.2	0.9	36.2	0.0	28.6	45.9
宁夏回族自治区	84.7	15.3	99.9	71.6	0.6	32.9	0.4	41.9	33.6
陕西省	71.0	29.0	99.9	85.0	0.2	25.9	0.1	46.9	40.9
山东省	74.0	26.0	99.9	76.8	0.6	32.4	0.4	45.0	46.5
山西省	73.3	26.7	100.0	77.5	0.4	28.7	0.3	23.1	52.4
四川省	63.5	36.5	99.8	82.4	0.5	34.1	0.1	57.1	29.2
新疆维吾尔自治区	89.2	10.8	99.0	67.6	3.9	31.9	0.9	33.7	42.8
云南省	83.9	16.1	100.0	78.5	0.9	28.3	0.9	77.6	27.2
浙江省	39.7	60.3	99.8	78.6	1.4	45.7	0.3	30.4	60.7

表 3.1.3　2013 年各城市收视调查网视听设备拥有情况

城市	电视机台数		电视机种类					其他视听设备	
	1台	2台及以上	彩色电视机	普通电视机	背投电视机	液晶电视机	等离子电视机	影碟机	个人电脑
	%	%	%	%	%	%	%	%	%
	%	%	%	%	%	%	%	%	%
安庆	67.3	32.7	100.0	76.9	0.0	35.9	0.2	28.7	54.8
安阳	76.4	23.6	99.8	96.0	0.6	5.2	0.0	43.6	44.3
鞍山	74.9	25.1	99.8	69.9	1.1	38.6	0.6	43.8	66.9
蚌埠	64.1	35.9	100.0	71.7	0.0	40.0	0.2	22.6	59.6
包头	88.2	11.8	100.0	66.3	0.4	38.0	0.2	64.6	62.4
宝鸡	84.0	16.0	100.0	75.0	0.2	29.3	0.6	50.6	67.3
保定	80.4	19.6	100.0	66.2	0.9	40.3	0.6	39.3	75.7
北海	75.3	24.7	100.0	71.1	6.7	30.8	1.0	57.4	69.3
北京	67.2	32.8	100.0	36.2	1.4	76.0	1.7	34.6	86.5
滨州	81.4	18.6	100.0	81.5	0.1	25.8	0.0	43.8	62.1
长春	77.7	22.3	100.0	49.8	0.6	56.8	0.8	38.4	76.5
长沙	79.6	20.4	99.9	63.6	0.5	43.7	0.3	55.7	68.7
常德	64.8	35.2	99.3	75.8	4.4	33.4	0.0	50.9	44.2
常熟	33.2	66.8	100.0	67.7	0.4	57.6	1.3	27.7	74.5
常州	30.0	70.0	99.3	55.3	1.7	71.5	1.2	44.4	80.1
潮州	55.1	44.9	100.0	72.1	2.5	46.3	1.2	67.6	70.4
成都	60.0	40.0	100.0	70.9	0.3	45.7	0.8	32.4	62.5
承德	88.7	11.3	100.0	84.5	0.5	17.4	0.2	20.7	57.0
滁州	51.7	48.3	100.0	77.6	0.1	38.5	0.3	42.4	66.2
达州	72.5	27.5	100.0	76.4	0.9	35.8	0.2	45.9	44.0
大理	75.1	24.9	100.0	72.8	0.6	36.5	1.1	67.0	46.9
大连	84.5	15.5	100.0	59.2	0.6	46.6	0.2	49.4	70.1
大同	93.8	6.2	100.0	70.4	1.4	30.2	0.6	35.0	65.2
丹东	70.5	29.5	100.0	85.0	0.6	17.9	0.4	32.7	57.7
德阳	62.8	37.2	100.0	76.7	0.1	34.5	2.5	70.9	47.4
德州	86.4	13.6	100.0	69.5	0.4	36.2	0.0	40.9	70.2
东莞	78.7	21.3	100.0	80.2	0.4	26.6	0.0	32.1	55.7
佛山	75.6	24.4	100.0	71.7	1.0	34.1	1.5	34.9	71.6
福州	48.0	52.0	100.0	72.7	0.9	47.8	0.7	27.1	79.5
抚顺	90.1	9.9	100.0	70.6	0.2	31.7	0.4	39.0	58.5
阜阳	65.8	34.2	99.6	86.1	0.0	28.6	0.5	41.9	24.6
赣州	54.4	45.6	99.9	75.9	0.8	36.4	0.5	53.2	66.0
广元	67.9	32.1	99.8	70.7	0.8	44.5	1.5	70.4	54.7
广州	82.7	17.3	100.0	67.3	0.3	38.6	0.6	45.2	70.1
贵阳	87.4	12.6	100.0	66.9	1.2	37.2	0.4	45.6	54.2
桂林	76.5	23.5	100.0	77.0	0.4	25.2	1.1	37.7	65.7
哈尔滨	80.4	19.6	99.9	64.0	0.4	43.9	0.0	43.9	63.1
海口	83.9	16.1	100.0	56.5	0.6	49.2	0.5	57.6	64.5
邯郸	80.5	19.5	100.0	70.0	2.2	35.3	0.2	29.4	70.7
杭州	42.0	58.0	100.0	63.4	1.6	58.1	0.5	40.9	80.1
合肥	77.7	22.3	100.0	68.8	0.7	37.4	0.3	21.3	67.5

续表

城市	电视机台数		电视机种类					其他视听设备	
	1台	2台及以上	彩色电视机	普通电视机	背投电视机	液晶电视机	等离子电视机	影碟机	个人电脑
	%	%	%	%	%	%	%	%	%
河源	51.3	48.7	100.0	76.9	0.6	35.7	0.2	52.7	72.2
菏泽	66.7	33.3	94.1	98.5	0.2	2.9	0.0	52.3	37.4
衡阳	81.3	18.7	99.8	55.4	1.3	49.0	0.5	17.6	52.2
呼和浩特	92.8	7.2	100.0	59.6	0.6	41.3	0.6	53.5	68.5
湖州	29.0	71.0	100.0	70.4	1.5	52.7	0.3	24.6	69.2
淮安	48.2	51.8	100.0	85.0	0.6	36.1	0.2	61.8	70.4
惠州	69.0	31.0	100.0	56.7	0.1	53.3	1.1	38.2	70.6
吉林	79.0	21.0	99.9	69.7	0.5	38.1	0.2	50.6	61.9
济南	75.2	24.8	100.0	67.4	0.6	40.0	0.0	57.2	68.5
济宁	84.1	15.9	100.0	74.4	0.6	31.0	0.2	40.1	59.5
嘉兴	30.1	69.9	100.0	80.1	1.4	47.7	2.0	53.1	78.1
江门	63.4	36.6	100.0	64.8	0.2	42.4	1.1	44.6	77.3
江阴	42.7	57.3	100.0	83.1	2.3	43.7	0.2	31.7	68.0
揭阳	81.3	18.7	100.0	86.1	0.6	17.6	0.4	81.3	50.2
金华	47.6	52.4	100.0	84.5	0.1	34.8	0.0	27.4	57.0
锦州	83.1	16.9	100.0	67.1	0.6	41.1	0.0	32.7	60.4
晋城	68.5	31.5	99.8	80.2	0.3	27.0	1.8	19.6	68.7
荆门	60.3	39.7	99.8	77.0	0.4	38.2	0.6	55.5	61.0
荆州	51.3	48.7	100.0	77.5	0.0	41.8	0.2	53.6	62.2
九江	56.3	43.7	100.0	61.5	1.1	51.5	1.1	41.7	75.7
昆明	80.8	19.2	100.0	65.1	0.6	45.5	1.2	75.8	64.9
昆山	52.8	47.2	99.4	97.0	2.9	8.6	0.4	36.7	64.8
拉萨	60.3	39.7	99.9	59.9	20.3	39.6	0.0	78.4	20.8
莱芜	68.5	31.5	99.9	84.7	0.6	23.6	0.2	58.5	42.4
兰州	85.5	14.5	100.0	68.0	0.6	37.2	0.2	66.1	68.8
廊坊	75.8	24.2	100.0	77.8	1.4	30.1	1.0	45.7	68.3
乐山	60.7	39.3	100.0	73.0	1.7	44.2	0.2	37.0	49.9
丽水	45.4	54.6	99.7	82.3	0.3	33.3	1.6	56.6	59.5
连云港	54.6	45.4	100.0	84.5	0.4	29.3	0.5	49.8	70.6
临汾	64.6	35.4	100.0	74.6	1.6	36.4	1.4	36.0	67.8
临沂	81.3	18.7	100.0	83.1	0.4	21.4	0.2	47.6	49.3
柳州	84.2	15.8	100.0	58.1	1.0	46.7	0.5	66.9	71.4
泸州	62.7	37.3	99.8	79.9	0.8	35.3	0.2	53.3	30.7
洛阳	84.0	16.0	100.0	69.9	0.0	35.6	0.0	31.5	79.5
茂名	73.1	26.9	100.0	70.4	1.8	34.4	0.6	54.1	51.3
眉山	58.0	42.0	100.0	87.2	0.2	27.2	0.6	61.2	30.4
梅州	65.0	35.0	100.0	87.2	1.0	25.2	0.2	57.7	59.1
绵阳	64.4	35.6	100.0	78.1	1.2	35.7	3.6	83.4	59.8
牡丹江	87.3	12.7	100.0	82.8	1.2	23.4	0.2	39.2	52.0
南昌	52.0	48.0	99.8	73.1	1.0	43.9	0.3	26.6	66.9
南充	72.1	27.9	99.8	85.8	1.3	18.6	0.7	52.4	32.3
南京	47.7	52.3	99.9	73.1	0.5	46.6	0.1	50.4	73.7

续表

城市	电视机台数		电视机种类					其他视听设备	
	1台	2台及以上	彩色电视机	普通电视机	背投电视机	液晶电视机	等离子电视机	影碟机	个人电脑
	%	%	%	%	%	%	%	%	%
南宁	82.0	18.0	99.8	65.8	0.2	38.2	0.4	46.1	65.5
南通	39.6	60.4	100.0	74.8	0.7	48.2	2.7	34.8	74.8
南阳	67.2	32.8	99.5	94.3	0.1	16.4	0.2	52.7	35.8
宁波	34.8	65.2	100.0	74.3	0.6	52.5	0.3	8.2	67.1
攀枝花	87.5	12.5	100.0	68.8	0.4	33.2	0.4	36.1	61.6
平顶山	75.7	24.3	100.0	82.6	0.0	23.1	0.0	52.8	69.1
秦皇岛	86.5	13.5	100.0	76.7	1.1	25.7	0.3	46.5	69.4
青岛	87.9	12.1	100.0	59.3	1.5	43.2	0.2	20.7	65.8
清远	83.4	16.6	100.0	81.0	0.2	23.6	0.0	56.8	52.1
衢州	52.6	47.4	100.0	74.1	0.7	41.9	0.2	38.4	69.3
泉州	55.5	44.5	100.0	56.1	3.6	54.4	1.4	55.3	79.3
三亚	81.4	18.6	100.0	64.7	1.4	41.5	0.0	49.8	35.5
汕头	69.1	30.9	100.0	70.0	0.6	35.0	0.5	63.7	55.9
汕尾	62.1	37.9	100.0	79.8	0.6	34.8	0.0	74.4	49.2
上海	43.5	56.5	100.0	58.2	0.4	60.6	0.7	46.3	68.7
韶关	74.7	25.3	100.0	65.3	0.8	42.7	0.0	46.3	59.1
绍兴	37.1	62.9	100.0	73.2	0.9	54.1	0.2	18.7	71.6
深圳	92.8	7.2	100.0	56.2	0.5	43.4	1.1	23.6	72.8
沈阳	77.1	22.9	100.0	69.4	0.4	38.3	0.2	50.3	55.6
石家庄	79.2	20.8	100.0	55.9	0.5	50.3	0.6	28.4	83.3
苏州	42.7	57.3	100.0	68.8	1.6	48.9	0.1	29.6	74.4
遂宁	65.5	34.5	100.0	72.2	1.9	36.7	1.1	33.2	36.1
台州	38.4	61.6	100.0	87.9	0.0	29.9	0.4	40.4	65.3
太原	79.5	20.5	100.0	58.3	1.1	46.3	1.0	36.9	81.8
泰安	81.4	18.6	100.0	77.5	0.8	27.4	0.3	45.7	59.6
泰州	32.7	67.3	99.8	89.9	0.8	32.4	0.0	38.3	66.8
唐山	73.3	26.7	100.0	56.2	0.1	50.7	0.9	37.3	72.6
天津	73.9	26.1	99.9	60.0	0.3	48.4	0.2	45.9	73.2
铜陵	62.4	37.6	99.8	76.6	0.5	36.1	0.0	33.6	68.8
威海	70.3	29.7	100.0	63.7	1.0	43.3	1.6	39.6	70.9
潍坊	87.1	12.9	100.0	64.6	0.4	41.3	0.2	44.0	68.7
渭南	68.9	31.1	100.0	87.9	2.0	18.7	0.2	50.1	35.1
温州	34.5	65.5	100.0	25.8	1.5	82.0	1.6	42.9	83.7
乌鲁木齐	97.6	2.4	99.9	54.5	0.8	45.9	0.0	45.6	69.1
无锡	36.0	64.0	100.0	76.6	0.3	49.7	0.5	30.0	72.4
芜湖	42.3	57.7	99.4	65.2	1.5	53.2	0.1	23.7	58.1
梧州	89.0	11.0	100.0	78.6	0.1	22.3	0.1	40.7	48.6
武汉	61.6	38.4	100.0	71.4	0.1	45.8	0.2	49.3	68.7
西安	76.9	23.1	100.0	67.7	0.2	41.7	0.0	54.6	73.8
西宁	92.4	7.6	100.0	59.6	0.5	42.8	0.1	67.8	65.1
厦门	69.8	30.2	100.0	56.8	2.2	52.8	0.4	38.6	75.3

续表

城市	电视机台数		电视机种类					其他视听设备	
	1台	2台及以上	彩色电视机	普通电视机	背投电视机	液晶电视机	等离子电视机	影碟机	个人电脑
	%	%	%	%	%	%	%	%	%
湘潭	72.3	27.7	99.7	69.5	0.3	42.0	0.2	41.4	64.9
襄阳	69.6	30.4	100.0	67.9	0.3	46.6	0.0	39.7	69.4
徐州	71.2	28.8	100.0	69.1	0.7	43.0	0.4	37.4	69.8
烟台	79.2	20.8	100.0	64.8	0.4	41.6	0.5	38.9	69.6
盐城	44.2	55.8	100.0	87.5	0.0	33.5	0.0	68.4	55.9
扬州	33.7	66.3	100.0	72.8	3.1	54.7	0.0	37.5	73.2
阳江	67.8	32.2	99.8	79.5	0.3	27.0	0.2	55.6	50.2
宜宾	64.9	35.1	99.5	83.4	0.0	27.0	0.4	55.8	40.1
宜昌	74.4	25.6	100.0	66.9	0.4	42.0	0.0	30.6	73.4
宜春	64.0	36.0	100.0	83.4	0.0	34.0	0.0	49.3	37.3
银川	95.2	4.8	100.0	57.7	1.3	43.0	0.7	59.4	64.8
营口	70.9	29.1	100.0	72.9	0.9	34.6	0.4	49.2	57.7
永济	52.9	47.1	100.0	89.1	1.5	25.1	0.1	51.6	63.2
玉林	68.0	32.0	100.0	91.2	0.3	19.0	0.3	59.6	34.4
岳阳	73.3	26.7	100.0	78.2	0.4	30.1	0.8	53.9	49.1
云浮	78.0	22.0	100.0	90.6	0.2	14.2	0.0	73.6	45.5
湛江	80.4	19.6	99.9	68.3	0.0	37.5	0.2	60.5	52.3
张家港	39.2	60.8	100.0	66.8	0.9	50.5	0.2	29.4	69.3
张家口	90.0	10.0	99.5	77.2	1.1	24.5	0.2	43.2	55.3
漳州	73.8	26.2	100.0	66.0	1.7	40.8	1.0	57.8	71.6
肇庆	72.9	27.1	100.0	60.4	0.2	42.7	0.8	36.0	62.4
镇江	35.6	64.4	100.0	73.5	1.7	49.5	0.7	46.8	82.2
郑州	64.2	35.8	99.9	65.7	0.5	47.5	0.5	50.4	80.3
中山	68.7	31.3	100.0	60.7	0.9	49.1	0.0	46.2	74.9
重庆	68.3	31.7	99.6	76.1	0.3	35.1	0.1	25.3	38.3
舟山	29.8	70.2	100.0	79.1	1.6	45.0	0.4	18.7	71.2
株洲	82.7	17.3	100.0	61.0	0.8	43.1	1.8	42.3	62.9
珠海	72.5	27.5	100.0	42.2	1.3	65.0	1.6	47.8	83.8
资阳	65.8	34.2	99.0	89.4	1.3	19.8	0.4	49.5	17.6
淄博	86.9	13.1	100.0	66.5	1.0	37.2	1.0	43.0	62.8
自贡	60.5	39.5	99.6	76.9	0.5	37.9	0.4	33.1	37.7
遵义	79.7	20.3	100.0	76.3	2.6	30.5	0.4	72.9	43.7

表 3.1.4 2013 年全国收视调查网电视信号接收方式

	省、市有线用户比例	可收看卫星电视用户比例	可收看卫星电视的非有线用户比例	其他
	%	%	%	%
全国	56.7	84.4	27.6	15.6
城域	73.6	88.0	14.4	12.0
乡域	44.9	81.8	36.9	18.2

表 3.1.5 2013 年各省级收视调查网电视信号接收方式

省份	省、市有线用户比例	可收看卫星电视用户比例	可收看卫星电视的非有线用户比例	其他
	%	%	%	%
安徽省	89.9	89.9	89.9	10.1
福建省	73.7	97.6	24.0	2.4
甘肃省	26.9	97.7	70.8	2.3
广东省	78.2	93.9	15.8	6.1
广西壮族自治区	48.2	95.4	47.2	4.6
贵州省	26.6	96.9	70.4	3.1
海南省	56.2	93.3	37.1	6.7
河北省	39.1	91.3	52.2	8.7
黑龙江省	82.6	96.5	13.9	3.5
河南省	24.7	90.3	65.6	9.7
湖北省	61.5	97.4	35.9	2.6
湖南省	46.7	95.6	48.9	4.4
内蒙古自治区	36.4	96.7	60.2	3.3
江苏省	86.6	96.4	9.8	3.6
江西省	72.1	96.7	24.6	3.3
吉林省	76.2	96.0	19.8	4.0
辽宁省	87.5	96.8	9.3	3.2
宁夏回族自治区	39.4	96.6	57.2	3.4
陕西省	44.5	95.8	51.4	4.2
山东省	68.2	89.3	21.1	10.7
山西省	55.9	98.4	42.6	1.6
四川省	53.3	94.6	41.2	5.4
新疆维吾尔自治区	70.4	96.6	26.3	3.4
云南省	61.7	97.2	35.5	2.8
浙江省	90.3	98.1	7.8	1.9

表 3.1.6 2013 年各城市收视调查网电视信号接收方式

城市	省、市有线用户比例	可收看卫星电视用户比例	可收看卫星电视的非有线用户比例	其他
	%	%	%	%
安庆	44.6	98.5	53.9	1.5
安阳	84.9	90.5	5.6	9.5
鞍山	97.0	97.3	0.3	2.7
蚌埠	68.2	96.1	27.9	3.9
包头	73.6	95.0	21.4	5.0
宝鸡	77.7	94.6	17.0	5.4
保定	67.1	94.1	27.0	5.9
北海	65.2	88.5	23.3	11.5
北京	99.9	100.0	0.1	—
滨州	76.5	94.2	17.7	5.8
长春	91.1	95.0	3.9	5.0
长沙	91.3	93.1	1.8	6.9
常德	71.3	81.3	9.9	18.7
常熟	93.0	99.2	6.1	0.8
常州	98.3	98.3	—	1.7

续表

城市	省、市有线用户比例	可收看卫星电视用户比例	可收看卫星电视的非有线用户比例	其他
	%	%	%	%
潮州	98.5	99.8	1.3	0.2
成都	91.6	96.4	4.7	3.6
承德	91.6	99.9	8.2	0.1
滁州	62.1	90.2	28.1	9.8
达州	81.1	98.3	17.2	1.7
大理	86.0	95.9	9.8	4.1
大连	97.5	100.0	18.7	—
大同	48.3	92.6	44.3	7.4
丹东	79.1	99.0	20.0	1.0
德阳	45.3	85.6	40.3	14.4
德州	90.6	96.7	6.1	3.3
东莞	73.5	96.0	22.5	4.0
佛山	89.1	96.4	7.4	3.6
福州	97.3	100.0	2.7	—
抚顺	92.8	97.3	4.5	2.7
阜阳	40.7	80.3	39.5	19.7
赣州	69.8	96.8	26.9	3.2
广元	81.3	98.7	17.3	1.3
广州	98.8	99.7	0.8	0.3
贵阳	79.9	91.9	12.0	8.1
桂林	95.7	98.3	2.6	1.7
哈尔滨	80.6	91.8	11.2	8.2
海口	88.0	96.2	8.2	3.8
邯郸	70.9	94.9	24.0	5.1
杭州	96.9	99.9	3.0	0.1
合肥	65.7	92.3	26.6	7.7
河源	95.9	99.2	3.3	0.8
菏泽	28.4	60.2	31.8	39.8
衡阳	87.9	93.9	6.1	6.1
呼和浩特	70.7	92.4	21.7	7.6
湖州	94.3	99.2	4.9	0.8
淮安	83.1	95.2	12.1	4.8
惠州	93.4	98.7	5.2	1.3
吉林	83.9	94.3	10.4	5.7
济南	87.6	93.8	6.2	6.2
济宁	73.5	88.6	15.0	11.4
嘉兴	96.0	99.4	3.4	0.6
江门	97.2	99.7	2.5	0.3
江阴	89.9	100.0	10.1	—
揭阳	64.4	86.0	21.6	14.0
金华	99.3	99.7	0.4	0.3
锦州	92.7	98.4	5.7	1.6

续表

城市	省、市有线用户比例	可收看卫星电视用户比例	可收看卫星电视的非有线用户比例	其他
	%	%	%	%
晋城	83.3	97.9	14.5	2.1
荆门	53.5	95.3	41.8	4.7
荆州	76.8	95.5	18.7	4.5
九江	93.2	99.2	6.0	0.8
昆明	97.9	99.6	1.7	0.4
昆山	92.0	98.3	6.3	1.7
拉萨	25.5	71.6	46.1	28.4
莱芜	38.6	86.9	48.3	13.1
兰州	80.0	97.4	17.4	2.6
廊坊	96.9	98.9	2.0	1.1
乐山	76.8	96.8	19.9	3.2
丽水	92.8	98.4	5.6	1.6
连云港	76.0	92.7	16.7	7.3
临汾	77.5	98.1	20.6	1.9
临沂	40.7	82.7	42.1	17.3
柳州	81.6	94.4	12.8	5.6
泸州	39.6	91.6	51.9	8.4
洛阳	73.0	93.6	20.6	6.4
茂名	82.6	91.1	8.5	8.9
眉山	62.9	97.8	34.9	2.2
梅州	92.2	100.0	7.8	—
绵阳	89.3	99.0	9.7	1.0
牡丹江	88.7	97.2	8.6	2.8
南昌	90.5	93.5	3.0	6.5
南充	79.8	98.3	18.5	1.7
南京	97.2	99.2	2.0	0.8
南宁	76.3	95.0	18.7	5.0
南通	95.0	98.5	3.4	1.5
南阳	50.3	74.2	23.9	25.8
宁波	99.4	100.0	0.6	—
攀枝花	92.0	94.3	2.3	5.7
平顶山	80.4	97.2	16.8	2.8
秦皇岛	93.5	99.1	5.7	0.9
青岛	94.7	96.2	1.5	3.8
清远	78.2	91.3	13.0	8.7
衢州	95.3	98.1	2.8	1.9
泉州	89.3	94.9	5.6	5.1
三亚	64.0	93.1	29.1	6.9
汕头	82.5	94.8	12.3	5.2
汕尾	97.5	99.6	2.1	0.4
上海	98.7	98.7	—	1.3

续表

城市	省、市有线用户比例	可收看卫星电视用户比例	可收看卫星电视的非有线用户比例	其他
	%	%	%	%
韶关	92.5	98.4	5.9	1.6
绍兴	99.2	100.0	0.8	—
深圳	83.1	96.7	13.5	3.3
沈阳	83.0	92.8	9.8	7.2
石家庄	79.9	84.9	5.0	15.1
苏州	99.6	99.8	0.2	0.2
遂宁	70.8	97.8	27.0	2.2
台州	93.7	99.3	5.6	0.7
太原	90.9	98.2	7.2	1.8
泰安	60.6	69.0	8.4	31.0
泰州	94.1	96.1	2.0	3.9
唐山	92.6	97.7	5.1	2.3
天津	91.0	98.7	7.7	1.3
铜陵	53.4	98.7	45.3	1.3
威海	92.6	93.2	0.7	6.8
潍坊	77.5	87.6	10.1	12.4
渭南	54.2	87.9	33.8	12.1
温州	98.5	99.9	1.4	0.1
乌鲁木齐	90.5	96.9	6.4	3.1
无锡	87.6	92.4	4.7	7.6
芜湖	66.2	96.0	29.8	4.0
梧州	64.3	96.5	32.3	3.5
武汉	84.6	93.8	9.2	6.2
西安	77.6	98.5	20.8	1.5
西宁	86.4	95.2	8.9	4.8
厦门	96.3	98.8	2.6	1.2
湘潭	93.9	96.0	2.1	4.0
襄阳	73.0	96.8	23.7	3.2
徐州	85.4	94.5	9.1	5.5
烟台	93.6	97.0	3.3	3.0
盐城	83.6	92.3	8.7	7.7
扬州	94.3	96.7	2.4	3.3
阳江	84.5	90.2	5.8	9.8
宜宾	64.7	97.6	32.8	2.4
宜昌	75.7	94.7	19.0	5.3
宜春	62.1	98.0	36.0	2.0
银川	81.0	98.2	17.2	1.8
营口	92.2	98.9	6.6	1.1
永济	46.5	98.7	52.1	1.3
玉林	30.8	69.1	38.3	30.9
岳阳	75.0	95.5	20.5	4.5
云浮	95.0	98.7	3.7	1.3
湛江	81.9	97.7	15.8	2.3
张家港	97.0	99.4	2.4	0.6
张家口	83.8	95.2	11.4	4.8

续表

城市	省、市有线用户比例	可收看卫星电视用户比例	可收看卫星电视的非有线用户比例	其他
	%	%	%	%
漳州	84.4	99.2	14.8	0.8
肇庆	99.5	100.0	0.5	—
镇江	98.0	99.5	1.4	0.5
郑州	89.1	96.6	7.5	3.4
中山	95.1	99.6	4.5	0.4
重庆	77.9	97.8	19.8	2.2
舟山	96.9	100.0	3.1	—
株洲	95.6	97.8	2.3	2.2
珠海	97.0	98.5	1.5	1.5
资阳	85.2	95.3	10.1	4.7
淄博	80.1	95.7	15.6	4.3
自贡	63.4	92.8	29.4	7.2
遵义	71.4	98.0	26.6	2.0

表 3.1.7　2013 年全国收视调查网卫视频道入户覆盖率排名前二十位

排名	全国		城域		乡域	
	频道	覆盖率（%）	频道	覆盖率（%）	频道	覆盖率（%）
1	中央电视台综合频道	97.3	中央电视台综合频道	98.1	中央电视台综合频道	96.7
2	中央台七套	91.3	中央台七套	91.9	中央台七套	90.9
3	中央台二套	90.9	中央台二套	91.6	中央台二套	90.5
4	中央电视台少儿频道	88.7	中央电视台新闻频道	90.3	中央电视台少儿频道	87.7
5	中央电视台新闻频道	88.4	中央电视台少儿频道	90.0	中央电视台新闻频道	87.0
6	中央台十套	87.1	中央台十套	88.8	湖南电视台卫星频道	86.5
7	湖南电视台卫星频道	86.9	北京卫视	88.0	中央台十套	85.9
8	浙江卫视	85.9	浙江卫视	87.9	中央台十二套	85.1
9	北京卫视	85.8	湖南电视台卫星频道	87.4	浙江卫视	84.4
10	中央台十二套	84.6	安徽卫视	87.4	北京卫视	84.2
11	安徽卫视	82.3	贵州卫视	85.6	安徽卫视	78.7
12	贵州卫视	81.4	天津卫视	85.3	贵州卫视	78.4
13	天津卫视	80.9	四川卫视	85.2	天津卫视	77.8
14	山东卫视	80.2	山东卫视	84.4	山东卫视	77.3
15	中国教育台一套	79.2	中央台十二套	84.0	中国教育台一套	77.2
16	四川卫视	78.6	中央台四套	83.8	江西电视台卫星频道(一套)	75.7
17	江西电视台卫星频道(一套)	78.0	江苏卫视	83.8	四川卫视	73.9
18	江苏卫视	77.9	中央台十一套	82.8	江苏卫视	73.8
19	中央台四套	77.7	中国教育台一套	82.1	中央台四套	73.4
20	中央台十一套	77.1	上海东方卫视	81.4	上海东方卫视	73.4

表 3. 1. 8 2013 年全国收视调查网电视频道接收情况

	平均每户可接收的频道个数
全国	54
城域	64
乡域	48

表 3. 1. 9 2013 年各省级收视调查网电视频道接收情况

省份	平均每户可接收到的频道个数
安徽省	45
福建省	58
甘肃省	56
广东省	57
广西壮族自治区	44
贵州省	52
海南省	56
河北省	60
黑龙江省	66
河南省	45
湖北省	65
湖南省	48
内蒙古自治区	54
江苏省	68
江西省	56
吉林省	58
辽宁省	66
宁夏回族自治区	58
陕西省	59
山东省	61
山西省	63
四川省	52
新疆维吾尔自治区	57
云南省	66
浙江省	69

表 3.1.10　2013 年各城市收视调查网电视频道接收情况

城市	平均每户可接收到的频道个数
安庆	62
安阳	46
鞍山	43
蚌埠	58
包头	78
宝鸡	67
保定	64
北海	53
北京	138
滨州	90
长春	70
长沙	63
常德	61
常熟	77
常州	70
潮州	66
成都	67
承德	104
滁州	53
达州	57
大理	92
大连	69
大同	62
丹东	74
德阳	52
德州	48
东莞	48
佛山	70
福州	94
抚顺	93
阜阳	38
赣州	63
广元	67
广州	71
贵阳	63
桂林	54
哈尔滨	67
海口	73
邯郸	72
杭州	75
合肥	74
河源	53
菏泽	51
衡阳	70
呼和浩特	76
湖州	63

续表

城市	平均每户可接收到的频道个数
淮安	63
惠州	61
吉林	56
济南	84
济宁	73
嘉兴	65
江门	52
江阴	83
揭阳	50
金华	85
锦州	98
晋城	69
荆门	79
荆州	64
九江	78
昆明	63
昆山	59
拉萨	33
莱芜	42
兰州	76
廊坊	77
乐山	48
丽水	64
连云港	68
临汾	68
临沂	68
柳州	62
泸州	47
洛阳	56
茂名	54
眉山	37
梅州	63
绵阳	51
牡丹江	76
南昌	79
南充	73
南京	86
南宁	55
南通	63
南阳	40
宁波	68
攀枝花	86
平顶山	57

续表

城市	平均每户可接收到的频道个数
秦皇岛	86
青岛	69
清远	47
衢州	64
泉州	77
三亚	53
汕头	59
汕尾	59
上海	86
韶关	64
绍兴	76
深圳	62
沈阳	58
石家庄	93
苏州	68
遂宁	69
台州	50
太原	75
泰安	56
泰州	63
唐山	93
天津	65
铜陵	46
威海	60
潍坊	79
渭南	47
温州	70
乌鲁木齐	83
无锡	67
芜湖	64
梧州	58
武汉	78
西安	68
西宁	65
厦门	67
湘潭	68
襄阳	63
徐州	55
烟台	83
盐城	46
扬州	74
阳江	54
宜宾	49
宜昌	70

续表

城市	平均每户可接收到的频道个数
宜春	57
银川	70
营口	59
永济	65
玉林	33
岳阳	58
云浮	70
湛江	62
张家港	78
张家口	84
漳州	71
肇庆	64
镇江	71
郑州	60
中山	66
重庆	53
舟山	57
株洲	74
珠海	72
资阳	32
淄博	65
自贡	70
遵义	81

二、全国收视数据

表 3.2.1　2009—2013 年全国样本城市及各城市收视调查网人均收视时间（分钟）

城市	2009	2010	2011	2012	2013
全国	176	171	166	169	165
安庆	149	155	157	145	128
鞍山	*	*	*	*	163
安阳	165	152	152	147	*
保定	*	*	*	170	166
宝鸡	172	171	161	165	165
包头	192	170	158	159	176
北海	158	151	138	128	134
北京（M）	212	208	201	198	194
蚌埠	187	175	158	150	150
滨州	*	*	143	166	175
亳州	136	*	*	*	*
长春（M）	191	185	177	179	167
常德（M）	144	136	140	161	145
长沙（M）	174	182	176	190	185
常熟	137	122	122	121	*
常州（M）	143	133	134	133	134
潮州（M）	156	151	155	159	176
承德	*	*	179	159	148
成都（M）	190	191	181	192	195
重庆（M）	156	164	161	172	167
滁州	132	116	131	124	126
大理	151	157	145	137	147
大连	191	183	*	*	*
大连（M）	*	*	180	184	185
丹东	183	194	194	183	183
大同	166	157	156	157	160
达州	*	157	174	182	158
德阳	160	161	147	133	137
德州（M）	163	155	150	153	145
东莞（M）	174	140	139	141	137
佛山（M）	158	146	140	141	145
抚顺（M）	217	206	196	203	212
阜阳	151	143	139	131	124
福州（M）	161	158	144	159	148
赣州	127	130	139	130	*
赣州（M）	*	*	*	*	130
广元（M）	*	158	156	172	164
广州（M）	180	172	160	159	151
桂林	149	152	142	149	138
贵阳	224	213	*	*	*
贵阳（M）	*	*	215	240	248

续表

城市	2009	2010	2011	2012	2013
海口	139	*	*	*	*
海口（M）	*	130	132	135	135
邯郸	*	178	188	170	184
杭州（M）	211	233	215	205	210
汉中	183	*	*	*	*
哈尔滨（M）	201	197	196	204	193
合肥（M）	164	156	152	162	155
衡阳（M）	170	164	163	160	154
河源	171	169	146	129	124
菏泽	116	114	106	116	113
呼和浩特（M）	175	171	161	175	166
淮安	145	137	148	138	130
惠州（M）	153	141	153	148	136
湖州（M）	139	141	145	143	145
江门（M）	167	155	149	155	149
江阴	126	*	*	*	*
江阴（M）	*	117	112	110	116
焦作	144	150	*	*	*
嘉兴	129	129	123	114	103
揭阳	185	168	155	161	154
吉林市	188	177	152	153	148
济南（M）	202	199	189	202	205
荆门（M）	140	155	157	139	137
荆州（M）	157	152	132	139	137
金华	164	148	157	148	142
济宁	157	148	141	136	*
济宁（M）	*	*	*	*	160
晋城	190	201	171	166	165
锦州（M）	185	197	185	181	175
九江	157	156	148	138	124
开封	122	129	*	*	*
昆明（M）	175	181	183	179	166
昆山	166	134	124	137	121
莱芜	*	*	145	162	155
兰州	185	177	*	*	*
兰州（M）	*	*	173	167	174
拉萨	168	182	155	165	155
乐山	174	159	153	155	155
连云港	165	149	134	146	142
临汾	165	168	175	170	159
临沂	145	140	150	158	152
丽水	150	151	123	132	139
柳州	184	163	155	136	*
柳州（M）	*	*	*	*	169
洛阳（新）	130	132	140	120	121
泸州	132	163	156	152	146
茂名（M）	129	128	132	129	126

续表

城市	2009	2010	2011	2012	2013
眉山	151	130	127	140	138
梅州	116	109	102	110	106
绵阳	191	180	166	155	148
牡丹江	189	188	201	180	169
南昌	181	*	*	*	*
南昌（M）	*	185	198	199	186
南充	225	184	168	156	118
南京（M）	237	224	216	213	193
南宁	170	171	*	*	*
南宁（M）	*	*	158	158	156
南通	149	138	136	127	121
南阳	157	142	135	133	125
宁波（M）	153	143	133	129	124
攀枝花	*	178	178	177	149
平顶山	194	173	173	155	155
莆田	163	*	*	*	*
青岛	184	*	*	*	*
青岛（M）	*	193	188	197	197
清远	159	168	156	150	162
秦皇岛	158	162	150	159	157
泉州（新）	144	130	118	109	94
衢州	147	135	141	164	160
三亚	136	*	*	*	*
三亚（M）	*	132	129	125	126
上海（M）	198	190	179	179	174
汕头	201	*	*	*	*
汕头（M）	*	196	175	175	169
汕尾	173	171	176	153	142
韶关（M）	192	179	181	187	177
绍兴	136	139	124	123	128
沈阳（M）	209	201	195	208	204
深圳（M）	162	140	129	134	134
深圳蛇口	164	164	158	136	116
石家庄（M）	175	167	161	175	170
十堰	175	*	*	*	*
十堰（M）	*	161	173	*	*
遂宁	170	156	159	154	161
宿迁	122	128	119	*	*
苏州（M）	158	146	143	140	130
泰安	*	*	178	172	159

续表

城市	2009	2010	2011	2012	2013
太原（M）	184	181	176	180	181
泰州	132	137	140	132	134
台州	145	144	137	142	139
唐山	176	182	173	*	*
唐山（M）	*	*	*	178	162
天津（城）（M）	203	212	225	238	231
铜陵	*	*	*	108	105
乌鲁木齐	179	167	152	*	*
乌鲁木齐（M）	*	*	*	174	164
潍坊	156	152	*	*	*
潍坊（M）	*	*	173	173	172
威海	143	135	132	135	130
渭南	161	158	142	139	146
温州（M）	151	160	161	169	157
武汉（M）	186	184	179	191	196
芜湖	155	154	137	131	121
无锡（M）	145	135	135	134	129
梧州	187	172	152	151	171
厦门	145	139	142	120	*
厦门（M）	*	*	*	*	128
西安（M）	183	186	178	175	171
襄阳（襄樊）	169	163	170	167	162
湘潭（M）	155	161	159	160	145
咸阳	160	*	*	*	*
西宁	209	197	175	*	*
西宁（M）	*	*	*	182	169
徐州	154	138	135	141	150
延安	167	*	*	*	*
盐城（M）	144	142	144	151	144
阳江	140	143	134	135	134
扬州	160	155	155	*	*
扬州（M）	*	*	*	126	140
烟台	153	157	157	156	*
烟台（M）	*	*	*	*	172
宜宾	146	138	139	121	133
宜昌	192	170	*	*	*
宜昌（M）	*	*	158	153	147
宜春	169	154	155	165	157
银川	220	210	177	190	182
营口	198	171	158	152	131
宜兴	130	113	113	*	*
益阳	166	167	165	*	*
永济	175	166	171	164	148

续表

城市	2009	2010	2011	2012	2013
岳阳	162	168	163	154	138
玉林	168	175	152	163	165
云浮	179	172	178	181	176
张家港	143	130	114	112	114
漳州	168	180	144	137	136
湛江（M）	162	153	143	143	141
肇庆	178	*	*	*	*
肇庆（M）	*	163	163	161	150
郑州（M）	164	163	163	153	144
镇江（M）	183	179	181	186	183
中山（M）	149	136	141	141	132
舟山	137	119	122	127	117
珠海（M）	150	145	145	143	146
株洲（M）	144	134	136	148	134
淄博	137	160	151	152	146
自贡（城区）	150	144	149	147	126
资阳	*	*	145	137	138
遵义	173	150	143	141	163

注：(1) 全国：2009 年包括 149 个样本城市，2010 年包括 149 个样本城市，2011 年包括 150 个样本城市，2012 年包括 154 个样本城市，2013 年包括 150 个样本城市。

(2) 标有（M）的城市为采用测量仪调查城市。

(3) *表示没有数据。

(4) 荆州自 2009 年 7 月 1 日采用测量仪方式调查，本表中荆州（M）2009 年人均收视分钟数为 2009 年 7—12 月数据计算结果。

(5) 荆门自 2009 年 4 月 1 日采用测量仪方式调查，本表中荆门（M）2009 年人均收视分钟数为 2009 年 4—12 月数据计算结果。

(6) 青岛自 2009 年 10 月 1 日停止日记卡方式调查，本表中青岛 2009 年人均收视分钟数为 2009 年 1—9 月日记卡数据计算结果。

(7) 德州自 2009 年 4 月 1 日采用测量仪方式调查，本表中德州（M）2009 年人均收视分钟数为 2009 年 4—12 月数据计算结果。

(8) 南宁自 2010 年 10 月 1 日停止日记卡方式调查，本表中南宁 2010 年人均收视分钟数为 2010 年 1—9 月日记卡数据计算结果。

(9) 呼和浩特自 2011 年 4 月 1 日采用测量仪方式调查，本表中呼和浩特（M）2011 年人均收视分钟数为 2011 年 4—12 月数据计算结果。

(10) 潍坊自 2011 年 7 月 1 日采用测量仪方式调查，本表中潍坊（M）2011 年人均收视分钟数为 2011 年 7—12 月数据计算结果。

(11) 扬州自 2011 年 11 月 1 日停止日记卡方式调查，本表中扬州 2011 年人均收视分钟数为 2011 年 1—10 月日记卡数据计算结果。

(12) 铜陵自 2012 年 3 月 1 日开始日记卡方式调查，本表中铜陵 2012 年人均收视分钟数为 2012 年 3—12 月日记卡数据计算结果。

(13) 赣州、济宁自 2013 年 7 月 1 日采用测量仪方式调查，本表中赣州（M）、济宁（M）2013 年人均收视分钟数为 2013 年 7—12 月数据计算结果。

(14) 滨州自 2011 年 7 月 1 日开始日记卡方式调查，本表中滨州 2011 年人均收视分钟数为 2011 年 7—12 月数据计算结果。

(15) 莱芜自 2011 年 7 月 1 日开始日记卡方式调查，本表中莱芜 2011 年人均收视分钟数为 2011 年 7—12 月数据计算结果。

表 3.2.2 2009—2013 年各省级收视调查网人均收视时间（分钟）

省 份	目标观众	2009 年	2010 年	2011 年	2012 年	2013 年
安徽	4 岁及以上所有人	130	134	138	132	125
	城市	152	137	141	126	125
	农村	127	133	137	135	126
福建（M）	4 岁及以上所有人	156	168	173	184	175
	城市	140	139	133	142	138
	农村	161	181	190	202	192
甘肃	4 岁及以上所有人	148	136	132	131	127
	城市	160	157	147	145	145
	农村	145	128	126	125	120
广东（M）	4 岁及以上所有人	154	150	150	152	149
	城市	162	148	156	150	143
	农村	149	152	144	154	157
广西	4 岁及以上所有人	133	137	130	124	126
	城市	174	160	149	137	132
	农村	129	130	123	118	124
贵州	4 岁及以上所有人	162	154	153	143	130
	城市	196	189	177	163	159
	农村	160	149	149	140	126
海南（M）	4 岁及以上所有人	148	126	133	130	129
	城市	143	131	133	132	132
	农村	150	125	132	130	128
河北（M）	4 岁及以上所有人	172	167	165	173	177
	城市	171	167	171	181	171
	农村	172	167	164	171	178
黑龙江	4 岁及以上所有人	191	183	175	172	159
	城市	202	205	192	185	175
	农村	184	172	166	165	150
河南	4 岁及以上所有人	144	142	135	134	133
	城市	160	163	164	163	157
	农村	141	137	129	128	128
湖北（M）	4 岁及以上所有人	150	150	159	173	170
	城市	156	156	162	164	167
	农村	146	146	157	180	171
湖南（M）	4 岁及以上所有人	150	147	150	176	168
	城市	156	152	153	169	165
	农村	149	146	149	178	169
内蒙古	4 岁及以上所有人	170	170	161	164	164
	城市	162	151	147	141	148
	农村	172	180	169	176	173
江苏（M）	4 岁及以上所有人	161	161	160	162	160
	城市	176	166	168	174	163
	农村	154	158	155	155	157
江西	4 岁及以上所有人	150	152	145	146	145
	城市	160	155	150	145	133
	农村	148	152	143	146	149

续表

省 份	目标观众	2009 年	2010 年	2011 年	2012 年	2013 年
吉林	4 岁及以上所有人	169	168	157	158	149
	城市	190	187	165	166	152
	农村	155	155	151	153	148
辽宁（M）	4 岁及以上所有人	200	207	195	206	195
	城市	200	201	191	195	194
	农村	199	211	198	213	195
宁夏	4 岁及以上所有人	161	162	157	159	157
	城市	186	170	162	168	171
	农村	152	156	153	150	143
山东（M）	4 岁及以上所有人	171	177	178	178	180
	城市	174	178	175	174	172
	农村	170	176	179	180	184
山西	4 岁及以上所有人	162	161	170	165	153
	城市	176	168	174	171	165
	农村	159	159	168	162	148
陕西	4 岁及以上所有人	161	164	158	162	160
	城市	176	173	168	167	163
	农村	159	159	154	159	158
四川（M）	4 岁及以上所有人	150	144	148	151	150
	城市	160	159	163	172	173
	农村	146	139	142	142	140
新疆	4 岁及以上所有人	*	160	167	156	128
	城市	*	161	165	164	138
	农村	*	160	169	150	122
云南	4 岁及以上所有人	159	157	145	138	130
	城市	161	167	163	156	150
	农村	158	155	141	134	125
浙江（M）	4 岁及以上所有人	153	179	152	156	156
	城市	170	192	169	169	172
	农村	145	170	142	148	147

注：（1）2010 年新增新疆维吾尔族自治区网。

（2）四川省网在 2009 年 1 月 1 日由日记卡省网改为测量仪省网，此表中四川 2009 年数据为测量仪数据。

（3）山东省网在 2009 年 4 月 1 日由日记卡省网改为测量仪省网，此表中山东 2009 年数据为 2009 年 4—12 月测量仪数据。

（4）海南省网在 2009 年 10 月 1 日由日记卡省网改为测量仪省网，此表中海南 2009 年数据为日记卡数据。

（5）河北省网在 2011 年 11 月 1 日由日记卡省网改为测量仪省网，此表中河北 2011 年数据为 1—10 月日记卡数据。

表 3.2.3　2009—2013 年全国样本城市各目标观众人均收视时间（分钟）

目标观众		2009 年	2010 年	2011 年	2012 年	2013 年
4 岁及以上所有人		176	171	166	169	165
性别	男	171	167	162	164	161
	女	180	176	171	173	170
年龄	4—14 岁	143	143	140	138	134
	15—24 岁	122	111	102	100	95
	25—34 岁	136	133	125	124	119
	35—44 岁	162	158	152	156	150
	45—54 岁	217	216	212	217	214
	55—64 岁	247	250	247	255	254
	65 岁及以上	253	257	259	269	274
教育程度	未受过正规教育	160	158	154	159	157
	小学	177	178	175	178	177
	初中	189	186	181	184	181
	高中	179	172	167	169	166
	大学及以上	149	141	136	138	136
职业类别	干部/管理人员	158	153	143	150	142
	个体/私营企业人员	160	156	151	155	150
	初级公务员/雇员	150	144	138	141	137
	工人	158	153	151	154	149
	学生	131	127	123	117	110
	无业	240	237	234	237	237
	其他	159	163	158	169	168
个人月收入	0—600 元	164	160	155	154	148
	601—1200 元	191	188	185	189	187
	1201—1700 元	192	187	182	190	192
	1701—2600 元	174	169	166	175	179
	2601—3500 元	167	162	156	161	157
	3501—5000 元	154	149	153	157	154
	5001 元及以上	151	152	146	142	134

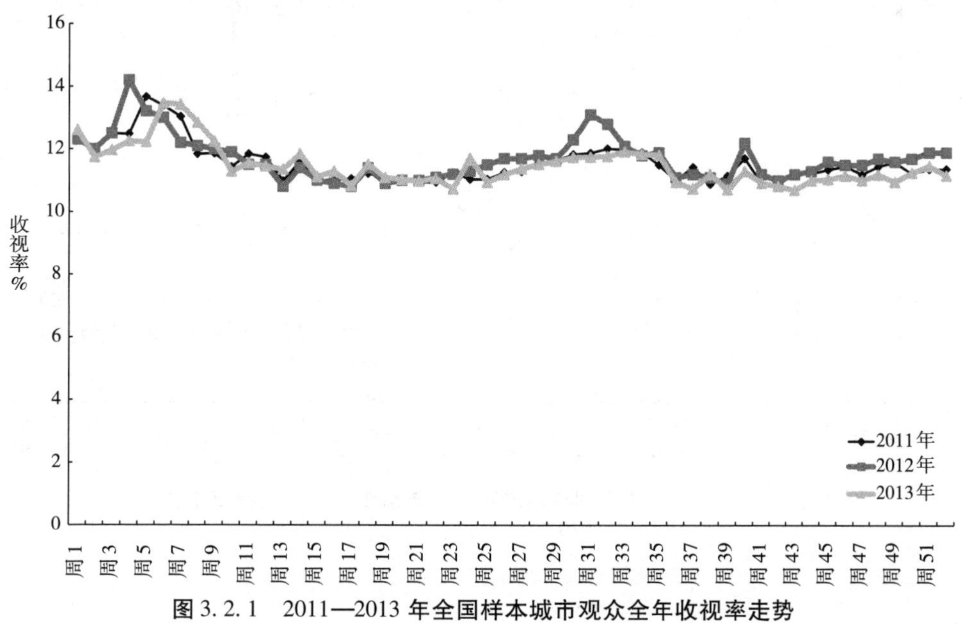

图 3.2.1　2011—2013 年全国样本城市观众全年收视率走势

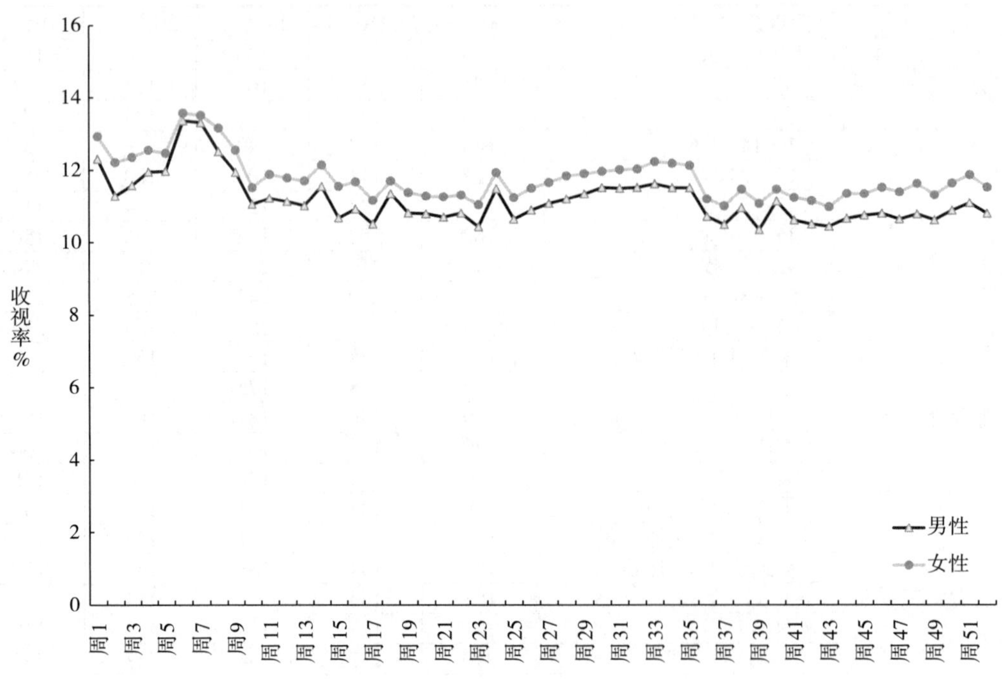

图 3.2.2　2013 年全国样本城市不同性别观众全年收视率走势

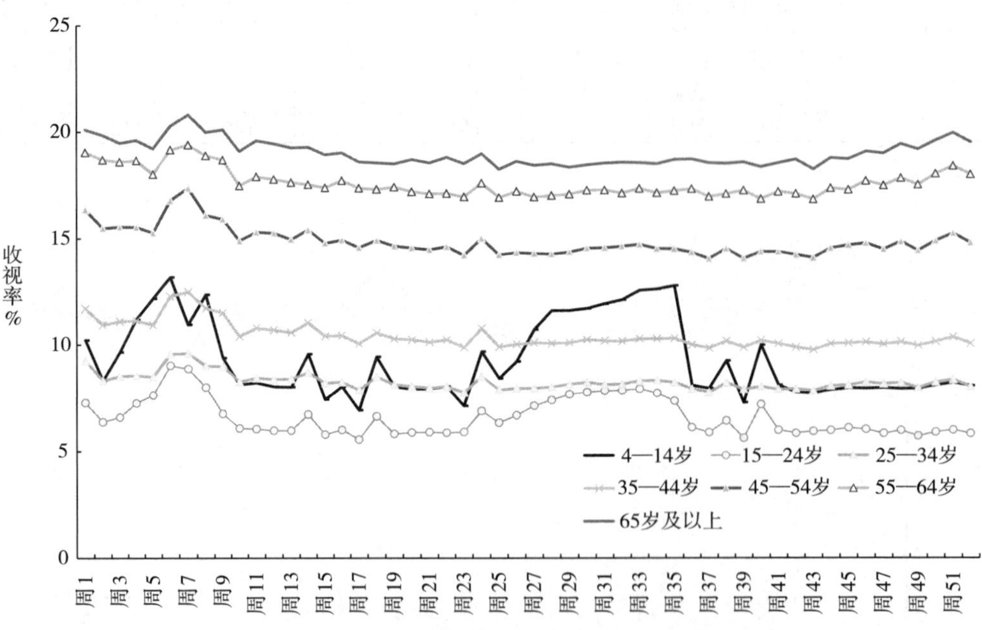

图 3.2.3　2013 年全国样本城市不同年龄观众全年收视率走势

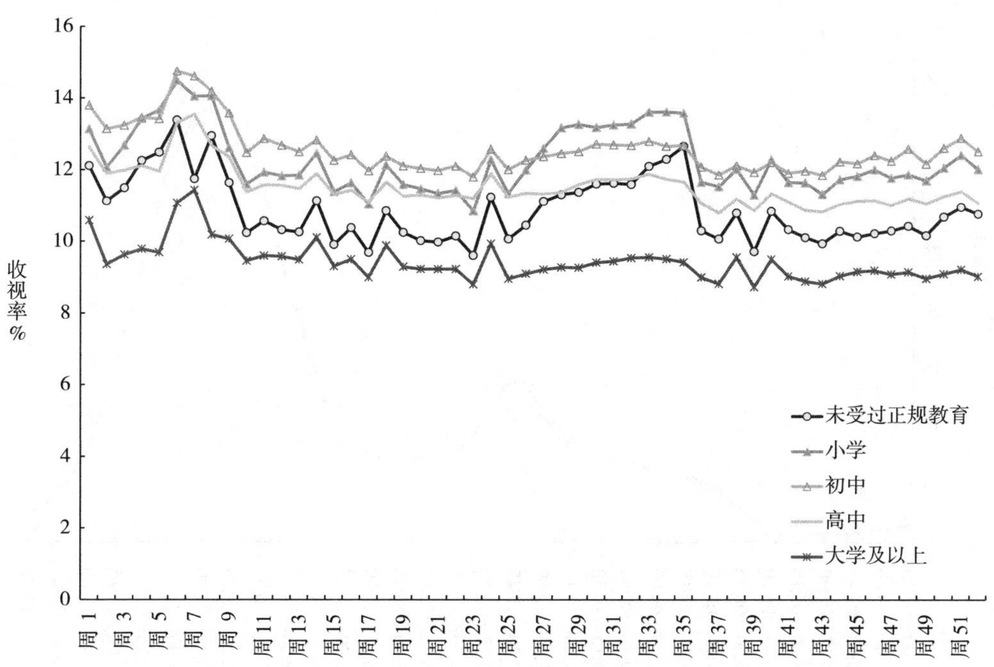

图 3.2.4 2013 年全国样本城市不同文化程度观众全年收视率走势

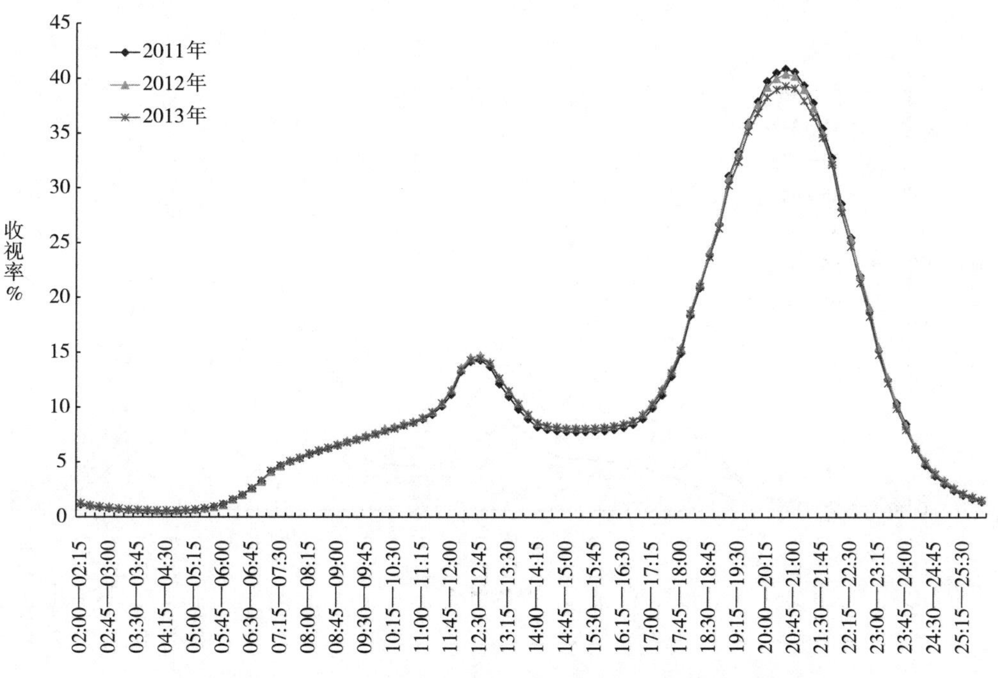

图 3.2.5 2011～2013 年全国样本城市观众全天收视率走势

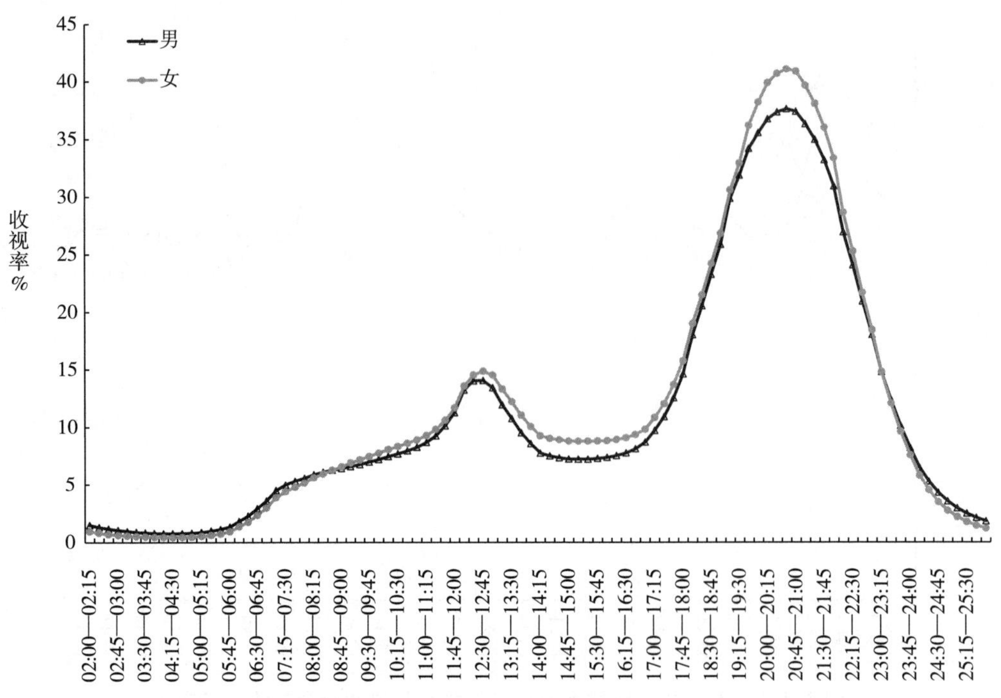

图 3.2.6　2013 年全国样本城市不同性别观众全天收视率走势

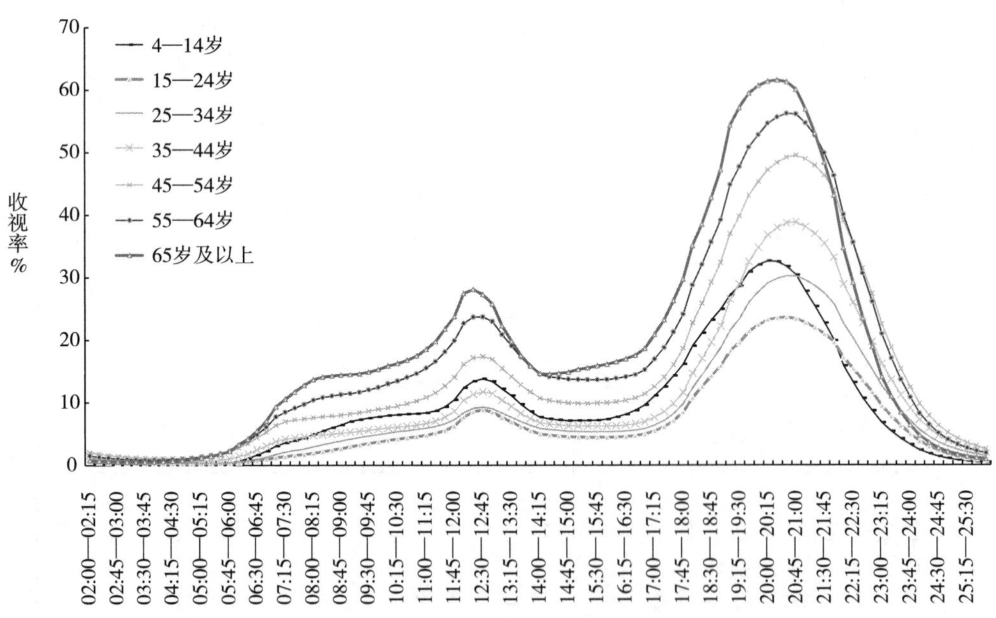

图 3.2.7　2013 年全国样本城市不同年龄观众全天收视率走势

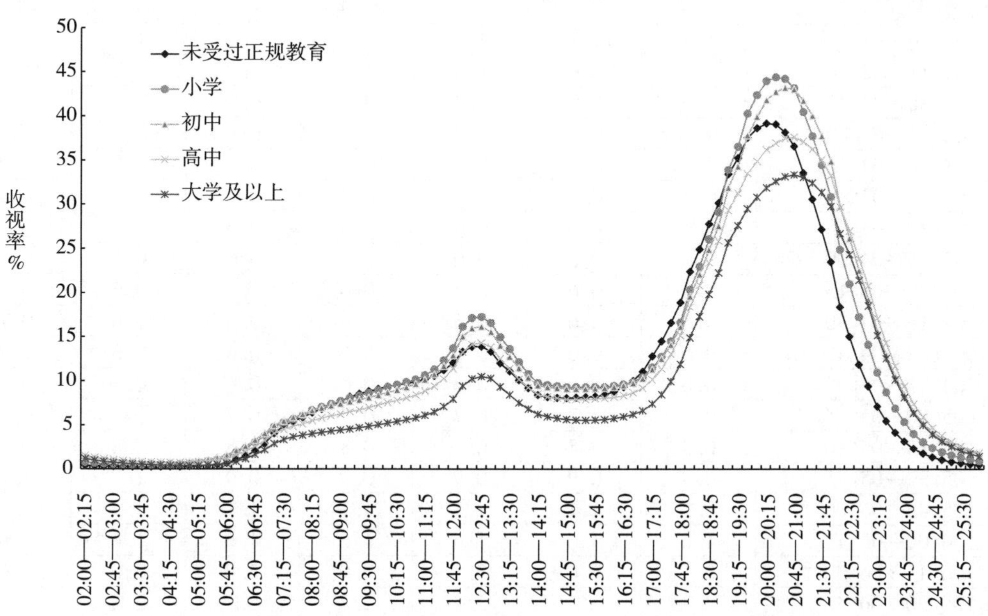

图 3. 2. 8　2013 年全国样本城市不同文化程度观众全天收视率走势

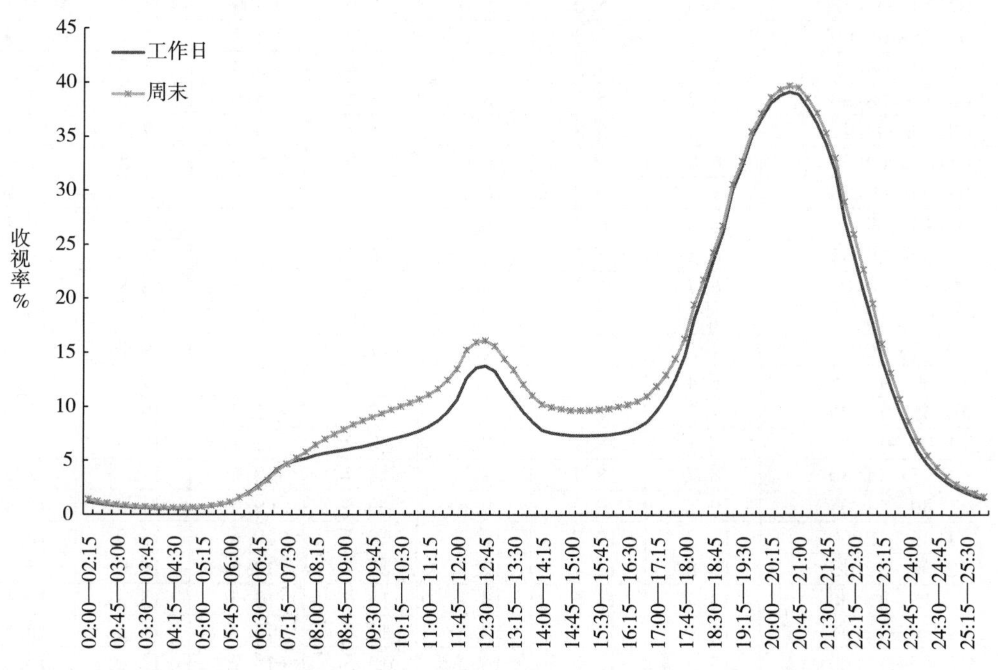

图 3. 2. 9　2013 年全国样本城市观众工作日与周末全天收视率走势

表 3.2.4 2013 年全国样本城市观众周一至周日各时段收视率（%）

时间段	周一	周二	周三	周四	周五	周六	周日
02:00—02:15	1.2	1.1	1.1	1.2	1.2	1.3	1.5
02:15—02:30	1.0	1.0	1.0	1.0	1.0	1.2	1.3
02:30—02:45	0.9	0.9	0.9	0.9	0.9	1.0	1.1
02:45—03:00	0.8	0.8	0.8	0.8	0.8	0.9	1.0
03:00—03:15	0.7	0.7	0.7	0.7	0.7	0.8	0.9
03:15—03:30	0.7	0.7	0.7	0.7	0.7	0.8	0.8
03:30—03:45	0.6	0.6	0.6	0.6	0.6	0.7	0.8
03:45—04:00	0.6	0.6	0.6	0.6	0.6	0.7	0.7
04:00—04:15	0.6	0.6	0.6	0.6	0.6	0.6	0.7
04:15—04:30	0.6	0.6	0.6	0.6	0.6	0.6	0.7
04:30—04:45	0.6	0.6	0.6	0.6	0.6	0.6	0.7
04:45—05:00	0.6	0.6	0.6	0.6	0.6	0.7	0.7
05:00—05:15	0.7	0.7	0.7	0.7	0.7	0.7	0.7
05:15—05:30	0.8	0.8	0.8	0.8	0.8	0.8	0.8
05:30—05:45	0.9	0.9	0.9	0.9	0.9	1.0	1.0
05:45—06:00	1.1	1.1	1.1	1.1	1.1	1.2	1.2
06:00—06:15	1.6	1.6	1.6	1.6	1.6	1.6	1.6
06:15—06:30	2.1	2.0	2.1	2.0	2.0	2.0	2.0
06:30—06:45	2.7	2.7	2.7	2.7	2.7	2.5	2.6
06:45—07:00	3.4	3.3	3.4	3.3	3.3	3.2	3.2
07:00—07:15	4.3	4.2	4.3	4.2	4.2	4.0	4.1
07:15—07:30	4.7	4.7	4.7	4.7	4.7	4.6	4.7
07:30—07:45	5.0	5.0	5.0	5.0	4.9	5.2	5.3
07:45—08:00	5.2	5.2	5.2	5.2	5.2	5.7	5.9
08:00—08:15	5.5	5.5	5.5	5.4	5.4	6.3	6.6
08:15—08:30	5.7	5.7	5.7	5.6	5.6	6.8	7.2
08:30—08:45	5.9	5.8	5.9	5.8	5.8	7.2	7.7
08:45—09:00	6.0	6.0	6.0	5.9	5.9	7.5	8.2
09:00—09:15	6.1	6.2	6.2	6.1	6.1	7.9	8.7
09:15—09:30	6.3	6.3	6.4	6.3	6.2	8.2	9.1
09:30—09:45	6.5	6.5	6.6	6.5	6.4	8.5	9.5
09:45—10:00	6.7	6.7	6.8	6.7	6.6	8.8	9.9
10:00—10:15	7.0	7.0	7.1	7.0	6.9	9.2	10.3
10:15—10:30	7.2	7.2	7.3	7.2	7.1	9.5	10.6
10:30—10:45	7.4	7.5	7.5	7.4	7.4	9.8	11.0
10:45—11:00	7.7	7.7	7.8	7.7	7.7	10.1	11.3
11:00—11:15	8.1	8.1	8.2	8.2	8.1	10.5	11.8
11:15—11:30	8.7	8.7	8.7	8.7	8.6	11.0	12.3
11:30—11:45	9.5	9.5	9.6	9.6	9.5	11.8	13.1
11:45—12:00	10.7	10.7	10.7	10.7	10.6	12.9	14.2
12:00—12:15	12.8	12.7	12.7	12.7	12.5	14.6	15.9
12:15—12:30	13.7	13.6	13.7	13.6	13.5	15.3	16.6
12:30—12:45	13.9	13.8	13.8	13.8	13.7	15.5	16.8
12:45—13:00	13.4	13.3	13.3	13.3	13.2	15.0	16.3
13:00—13:15	12.0	11.9	11.9	11.9	11.9	13.9	15.0
13:15—13:30	10.8	10.7	10.7	10.7	10.7	12.9	13.9
13:30—13:45	9.6	9.5	9.5	9.6	9.6	11.6	12.6
13:45—14:00	8.6	8.6	8.6	8.6	8.6	10.6	11.5

续表

时间段	周一	周二	周三	周四	周五	周六	周日
14:00—14:15	7.8	7.8	7.8	7.9	7.9	9.8	10.6
14:15—14:30	7.6	7.5	7.6	7.6	7.6	9.6	10.4
14:30—14:45	7.4	7.4	7.4	7.5	7.5	9.4	10.2
14:45—15:00	7.3	7.3	7.3	7.4	7.4	9.3	10.1
15:00—15:15	7.3	7.3	7.3	7.4	7.3	9.3	10.1
15:15—15:30	7.3	7.3	7.3	7.4	7.3	9.3	10.1
15:30—15:45	7.3	7.3	7.4	7.4	7.4	9.4	10.1
15:45—16:00	7.3	7.4	7.4	7.5	7.4	9.5	10.2
16:00—16:15	7.4	7.5	7.5	7.6	7.6	9.6	10.4
16:15—16:30	7.6	7.7	7.7	7.8	7.8	9.8	10.6
16:30—16:45	7.9	8.0	8.0	8.1	8.1	10.2	10.9
16:45—17:00	8.5	8.6	8.6	8.6	8.6	10.7	11.3
17:00—17:15	9.5	9.6	9.6	9.6	9.7	11.6	12.3
17:15—17:30	10.8	10.9	10.9	10.9	11.0	12.6	13.3
17:30—17:45	12.5	12.6	12.6	12.6	12.6	14.1	14.8
17:45—18:00	14.7	14.8	14.7	14.7	14.7	15.9	16.6
18:00—18:15	18.2	18.2	18.1	18.2	18.1	19.0	19.8
18:15—18:30	20.8	20.7	20.7	20.7	20.6	21.4	22.1
18:30—18:45	23.6	23.5	23.5	23.5	23.3	23.9	24.7
18:45—19:00	26.3	26.2	26.1	26.1	25.9	26.3	27.2
19:00—19:15	30.4	30.1	30.0	30.0	29.8	30.1	31.1
19:15—19:30	32.6	32.3	32.2	32.2	32.0	32.2	33.3
19:30—19:45	35.4	35.1	35.0	34.9	34.8	34.9	36.0
19:45—20:00	37.1	36.8	36.7	36.6	36.5	36.6	37.7
20:00—20:15	38.5	38.2	38.0	38.0	38.0	38.2	39.1
20:15—20:30	39.1	38.8	38.7	38.7	38.8	39.0	39.7
20:30—20:45	39.4	39.2	39.0	39.0	39.2	39.5	40.0
20:45—21:00	39.1	38.9	38.7	38.8	39.2	39.4	39.7
21:00—21:15	37.7	37.7	37.5	37.5	38.2	38.6	38.5
21:15—21:30	36.1	36.1	35.9	36.0	36.9	37.4	37.0
21:30—21:45	34.1	34.1	33.9	34.0	35.2	35.7	35.0
21:45—22:00	31.5	31.6	31.3	31.5	33.0	33.6	32.4
22:00—22:15	26.9	26.9	26.7	26.9	29.1	29.7	28.2
22:15—22:30	23.6	23.7	23.4	23.7	26.3	26.8	25.2
22:30—22:45	20.1	20.3	19.9	20.3	23.1	23.6	21.9
22:45—23:00	17.1	17.3	16.8	17.3	20.1	20.4	18.7
23:00—23:15	13.7	14.0	13.5	14.0	16.6	16.8	14.9
23:15—23:30	11.2	11.6	11.1	11.5	13.9	14.1	12.2
23:30—23:45	9.0	9.3	8.9	9.2	11.4	11.6	9.8
23:45—24:00	7.1	7.4	7.1	7.4	9.2	9.4	7.8
24:00—24:15	5.5	5.7	5.5	5.7	7.0	7.5	6.1
24:15—24:30	4.4	4.5	4.4	4.5	5.6	6.1	4.8
24:30—24:45	3.5	3.6	3.5	3.5	4.4	4.9	3.8
24:45—25:00	2.8	2.9	2.9	2.9	3.5	3.9	3.1
25:00—25:15	2.3	2.4	2.4	2.4	2.9	3.2	2.5
25:15—25:30	1.9	2.0	2.0	2.0	2.4	2.6	2.1
25:30—25:45	1.6	1.7	1.7	1.7	1.9	2.2	1.8
25:45—26:00	1.4	1.4	1.4	1.4	1.7	1.9	1.5

表 3.2.5　2013 年全国样本城市所有频道及各类频道观众构成（%）

目标观众		所有频道	中央台频道	中国教育台频道	省级卫视频道	其他频道
4 岁及以上所有人		100.0	100.0	100.0	100.0	100.0
性别	男	49.4	53.2	49.5	46.1	51.6
	女	50.6	46.8	50.6	53.9	48.4
年龄	4—14 岁	8.5	8.7	8.1	10.2	8.4
	15—24 岁	8.5	6.6	9.4	9.8	10.2
	25—34 岁	15.4	13.4	18.2	16.5	19.3
	35—44 岁	16.8	16.2	18.5	17.9	17.9
	45—54 岁	21.1	20.2	22.1	20.5	20.7
	55—64 岁	15.9	17.2	12.4	14.0	13.7
	65 岁及以上	13.8	17.7	11.3	11.1	9.8
教育程度	未受过正规教育	5.1	5.4	4.3	5.2	4.6
	小学	16.0	15.7	16.8	16.1	13.7
	初中	32.8	32.1	33.2	33.5	29.3
	高中	28.7	28.8	28.9	28.2	30.5
	大学及以上	17.4	18.1	16.9	16.9	21.9
职业类别	干部/管理人员	3.6	3.8	2.9	3.4	4.5
	个体/私营企业人员	11.7	11.7	13.5	11.8	11.5
	初级公务员/雇员	17.1	15.7	20.0	16.7	21.2
	工人	15.8	14.4	15.0	15.8	16.1
	学生	8.9	8.1	10.8	11.0	9.4
	无业	36.9	40.7	30.3	34.4	32.4
	其他	6.1	5.6	7.6	6.9	4.9
个人月收入	0—600 元	27.0	25.4	29.0	30.4	26.4
	601—1200 元	10.5	10.5	12.1	10.5	8.9
	1201—1700 元	14.8	15.6	14.7	14.4	12.4
	1701—2600 元	24.4	25.1	22.2	22.7	24.0
	2601—3500 元	11.9	12.0	11.7	11.3	13.7
	3501—5000 元	7.3	7.5	5.5	6.9	8.5
	5001 元及以上	4.1	4.0	4.7	3.8	6.1

表 3.2.6　2009—2013 年全国样本城市电视收视市场各类频道的市场占有率（%）

频道类别	年份				
	2009 年	2010 年	2011 年	2012 年	2013 年
中央台频道	30.1	27.2	25.9	27.4	28.7
中国教育台频道	0.3	0.4	0.5	0.5	0.4
省级卫视频道	25.8	28.2	30.9	31.9	31.9
其他频道	43.9	44.2	42.7	40.2	39.0

表 3.2.7　2011—2013 年各类频道在全国样本城市各目标观众中的市场占有率（%）

频道类别		中央台频道			省级卫视频道			中国教育台频道		
年份		2011 年	2012 年	2013 年	2011 年	2012 年	2013 年	2011 年	2012 年	2013 年
4 岁及以上所有人		25.9	27.4	28.7	30.9	31.9	31.9	0.5	0.5	0.4
性别	男	28.5	29.7	30.9	28.8	29.8	29.8	0.6	0.5	0.4
	女	23.5	25.2	26.5	32.9	33.9	34.0	0.5	0.5	0.4
年龄	4—14 岁	23.5	27.4	29.3	38.1	38.0	38.4	0.5	0.4	0.4
	15—24 岁	19.6	20.8	22.4	35.8	36.7	36.9	0.6	0.5	0.5
	25—34 岁	23.8	24.6	24.9	31.0	32.8	34.3	0.7	0.6	0.5
	35—44 岁	25.0	26.3	27.7	32.3	33.8	34.0	0.6	0.5	0.5
	45—54 岁	25.2	26.4	27.4	30.0	31.2	31.1	0.6	0.5	0.4
	55—64 岁	28.6	29.8	31.0	27.7	28.6	28.0	0.5	0.4	0.3
	65 岁及以上	34.0	35.5	36.8	25.7	26.2	25.7	0.5	0.4	0.3

续表

频道类别		中央台频道			省级卫视频道			中国教育台频道		
年份		2011年	2012年	2013年	2011年	2012年	2013年	2011年	2012年	2013年
4岁及以上所有人		25.9	27.4	28.7	30.9	31.9	31.9	0.5	0.5	0.4
教育程度	未受过正规教育	25.2	29.0	30.6	31.6	31.9	32.7	0.5	0.4	0.4
	小学	24.2	26.3	28.1	32.2	32.6	32.2	0.5	0.5	0.4
	初中	25.1	26.4	28.0	31.9	32.8	32.7	0.5	0.5	0.4
	高中	26.3	27.6	28.7	30.2	31.5	31.4	0.6	0.5	0.4
	大学及以上	29.3	29.8	29.8	28.3	30.2	31.0	0.6	0.5	0.4
职业类别	干部/管理人员	27.4	29.1	30.5	28.1	30.1	30.4	0.7	0.6	0.3
	个体/私营企业人员	26.0	27.3	28.6	31.6	32.5	32.4	0.6	0.5	0.5
	初级公务员/雇员	25.3	26.1	26.3	29.5	30.7	31.2	0.7	0.6	0.5
	工人	23.4	24.8	26.2	30.3	31.7	31.9	0.5	0.4	0.4
	学生	21.5	24.3	26.1	38.2	39.3	39.7	0.5	0.5	0.5
	无业	28.8	30.4	31.6	29.4	30.0	29.8	0.5	0.4	0.4
	其他	24.0	25.3	26.4	32.7	35.2	35.9	0.5	0.6	0.5
个人月收入	0—600元	23.4	25.5	27.0	34.5	35.6	36.0	0.5	0.5	0.5
	601—1200元	26.0	27.0	28.6	30.9	32.1	31.9	0.5	0.5	0.5
	1201—1700元	27.5	28.7	30.2	29.3	30.7	31.1	0.5	0.4	0.4
	1701—2600元	27.5	28.4	29.5	28.5	30.0	29.7	0.6	0.5	0.4
	2601—3500元	28.5	28.7	28.9	27.8	29.7	30.3	0.7	0.5	0.4
	3501—5000元	27.5	28.3	29.3	26.3	28.7	30.4	0.7	0.5	0.3
	5001元及以上	26.2	28.0	27.8	27.1	29.0	29.3	0.8	0.7	0.5

表3.2.8　2011—2013年全国样本城市市场各类频道在各时段的市场占有率（%）

频道	中央台频道			省级卫视频道			中国教育台频道		
年　份	2011年	2012年	2013年	2011年	2012年	2013年	2011年	2012年	2013年
02:00—03:00	26.6	29.3	28.4	37.0	36.0	36.0	0.9	0.6	0.5
03:00—04:00	27.6	31.2	29.0	37.4	34.8	36.1	0.7	0.4	0.4
04:00—05:00	30.2	34.7	32.2	36.9	33.2	35.2	0.5	0.3	0.3
05:00—06:00	35.0	34.9	35.0	34.2	35.7	34.8	0.5	0.4	0.4
06:00—07:00	36.8	38.6	37.1	30.2	30.7	32.5	0.4	0.2	0.2
07:00—08:00	39.3	40.9	40.4	26.6	26.5	27.8	0.2	0.2	0.1
08:00—09:00	34.7	37.7	39.1	33.0	32.7	31.2	0.2	0.2	0.2
09:00—10:00	32.3	33.9	34.7	36.2	36.6	36.0	0.4	0.3	0.2
10:00—11:00	30.9	33.2	34.5	37.6	37.7	36.6	0.6	0.6	0.4
11:00—12:00	30.9	34.6	37.2	35.6	34.4	32.8	0.6	0.6	0.6
12:00—13:00	37.3	38.3	41.1	27.9	28.7	27.9	0.4	0.6	0.6
13:00—14:00	30.5	32.6	36.1	35.3	34.5	32.6	0.5	0.5	0.5
14:00—15:00	26.7	28.3	30.1	41.0	40.9	39.4	0.6	0.6	0.6
15:00—16:00	27.1	28.4	30.3	41.1	41.6	40.2	0.7	0.5	0.5
16:00—17:00	27.3	29.0	30.6	40.2	40.5	39.4	0.5	0.3	0.3
17:00—18:00	26.2	28.6	28.7	32.0	32.9	31.7	0.4	0.4	0.2
18:00—19:00	22.4	25.1	26.9	17.9	17.0	16.7	0.3	0.3	0.3
19:00—20:00	27.9	28.3	29.5	17.6	19.8	21.6	0.4	0.4	0.4
20:00—21:00	22.9	22.4	23.4	30.1	33.9	34.5	0.7	0.7	0.6
21:00—22:00	21.3	22.7	23.3	33.5	35.1	36.3	0.7	0.6	0.5
22:00—23:00	18.2	20.9	21.3	38.3	37.7	38.0	0.8	0.6	0.5
23:00—24:00	22.5	23.3	24.2	38.3	38.7	38.4	0.5	0.3	0.2
24:00—25:00	25.3	27.7	29.2	36.2	37.1	35.8	0.4	0.3	0.3
25:00—26:00	25.5	28.1	28.4	34.9	35.1	34.6	0.7	0.5	0.4

表 3.2.9　2013 年各月全国样本城市市场各类频道的市场占有率（%）

月份	中央台频道	中国教育台频道	省级卫视频道	其他频道
1 月	28.8	0.5	31.8	38.9
2 月	31.0	0.5	32.5	36.1
3 月	27.4	0.4	32.5	39.7
4 月	29.0	0.4	31.6	39.1
5 月	29.0	0.4	31.1	39.6
6 月	29.0	0.4	31.4	39.1
7 月	28.5	0.4	32.4	38.7
8 月	28.2	0.4	32.9	38.6
9 月	28.0	0.4	32.0	39.6
10 月	28.2	0.5	31.1	40.1
11 月	27.9	0.5	32.5	39.2
12 月	28.9	0.4	31.5	39.2

表 3.2.10　2013 年全国样本城市市场份额排名前二十位频道

名　次	频道名称	市场份额（%）
1	中央电视台综合频道	5.6
2	湖南电视台卫星频道	4.1
3	中央台三套	3.2
4	中央电视台新闻频道	2.9
5	江苏卫视	2.7
6	中央电视台少儿频道	2.6
6	中央台四套	2.6
8	中央台六套	2.2
8	中央台八套	2.2
10	浙江卫视	2.1
11	安徽卫视	1.9
12	中央台五套	1.7
12	山东卫视	1.7
14	北京卫视	1.5
15	上海东方卫视	1.4
15	天津卫视	1.4
17	深圳卫视（新闻综合频道）	1.2
17	江西电视台卫星频道（一套）	1.2
19	中央台十二套	1.1
19	广东电视台珠江频道	1.1

表 3.2.11　2011—2013 年全国样本城市市场各类节目的播出份额（%）与收视份额（%）

节目类别	2011 年		2012 年		2013 年	
	播出份额	收视份额	播出份额	收视份额	播出份额	收视份额
新闻/时事	10.0	13.1	10.7	14.0	11.3	14.8
综艺	6.5	11.4	6.5	10.8	6.4	11.5
电视剧	27.8	31.5	26.4	32.1	26.6	31.5
体育	2.3	2.8	2.3	3.2	2.2	2.4
专题	8.8	6.5	9.3	6.8	9.0	6.1
教学	0.4	0.2	0.4	0.1	0.3	0.1
外语	0.1	0.0	0.1	0.0	0.1	0.0
青少	3.9	4.6	3.8	4.7	3.7	5.1
音乐	1.1	0.8	1.0	0.7	1.0	0.8
电影	3.9	4.1	3.6	4.2	3.8	4.0
戏剧	0.6	0.6	0.6	0.5	0.6	0.4
财经	1.6	1.2	1.5	0.9	1.4	0.8
生活服务	13.0	7.4	13.7	7.5	14.7	7.7
法制	1.4	1.7	1.5	1.8	1.5	1.9
其他	18.6	14.2	18.6	12.7	17.5	12.9

表 3.2.12　2011—2013 年中央电视台各类节目的播出份额（%）与收视份额（%）

节目类别	2011 年		2012 年		2013 年	
	播出份额	收视份额	播出份额	收视份额	播出份额	收视份额
新闻/时事	12.2	16.7	12.2	17.8	12.6	18.7
综艺	8.6	13.2	8.6	11.8	9.5	13.3
电视剧	10.5	15.1	11.5	15.5	12.9	15.4
体育	6.2	6.9	6.7	7.8	7.8	5.4
专题	20.7	9.1	21.4	10.0	19.6	9.9
教学	0.9	0.4	0.8	0.3	0.7	0.3
外语	0.2	0.0	0.0	0.0	0.0	0.0
青少	5.1	6.0	4.1	6.7	4.0	7.1
音乐	5.2	1.9	4.7	1.8	4.6	2.1
电影	4.8	7.9	5.2	7.6	5.3	6.8
戏剧	3.4	0.9	3.2	0.8	1.9	0.7
财经	4.0	2.3	3.7	1.8	2.9	1.5
生活服务	5.1	5.4	4.6	4.7	4.8	5.0
法制	3.0	3.0	3.0	2.8	3.1	3.4
其他	10.3	11.1	10.1	10.6	10.2	10.5

表 3.2.13　2011—2013 年省级卫视各类节目的播出份额(%)与收视份额(%)

节目类别	2011 年		2012 年		2013 年	
	播出份额	收视份额	播出份额	收视份额	播出份额	收视份额
新闻/时事	9.0	6.0	9.8	6.4	9.6	7.0
综艺	8.3	16.0	6.9	14.4	6.6	14.7
电视剧	36.7	42.2	38.3	44.5	38.4	43.9
体育	0.7	0.1	0.5	0.1	0.8	0.2
专题	7.4	5.2	7.0	4.9	5.5	3.5
教学	0.3	0.1	0.3	0.0	0.2	0.0
外语	0.0	0.0	0.0	0.0	0.0	0.0
青少	7.8	5.8	7.6	5.3	7.7	5.7
音乐	0.7	0.4	0.4	0.4	0.4	0.2
电影	2.4	1.4	2.6	2.3	2.9	2.4
戏剧	0.6	0.2	0.5	0.2	0.4	0.1
财经	2.2	0.8	1.4	0.5	1.5	0.5
生活服务	8.2	7.0	8.4	7.5	9.2	7.5
法制	0.2	0.1	0.3	0.5	0.5	0.5
其他	15.6	14.7	16.0	13.0	16.3	13.8

表 3.2.14　2013 年全国样本城市各类节目在各目标观众市场的收视份额(%)

节目类别		新闻/时事	综艺	电视剧	体育	专题	教学	外语	青少	音乐	电影	戏剧	财经	生活服务	法制	其他
4 岁及以上所有人		14.8	11.5	31.5	2.4	6.1	0.1	0.0	5.1	0.8	4.0	0.4	0.8	7.7	1.9	12.9
性别	男	16.0	10.9	29.4	3.3	6.6	0.1	0.0	5.1	0.8	4.6	0.4	0.9	7.3	1.9	12.6
	女	13.5	12.0	33.5	1.6	5.6	0.1	0.0	5.0	0.8	3.4	0.4	0.8	8.0	2.0	13.2
年龄	4—14 岁	7.6	8.3	28.4	1.0	3.7	0.1	0.0	25.7	0.6	3.9	0.2	0.3	6.0	1.1	13.2
	15—24 岁	12.3	13.4	33.6	2.7	5.3	0.1	0.0	3.4	1.0	4.9	0.2	0.6	7.5	1.6	13.4
	25—34 岁	12.6	12.0	31.1	2.8	5.6	0.1	0.0	6.1	0.8	5.2	0.2	0.7	7.5	1.6	13.6
	35—44 岁	13.9	11.9	32.3	2.2	6.3	0.1	0.0	3.6	0.9	5.6	0.2	0.9	7.2	1.9	12.9
	45—54 岁	15.6	12.3	32.3	2.6	6.8	0.1	0.0	1.6	0.9	3.9	0.2	1.1	8.0	2.1	12.5
	55—64 岁	17.4	11.2	31.1	2.4	6.6	0.1	0.0	2.9	0.7	2.8	0.5	1.0	8.3	2.3	12.6
	65 岁及以上	19.7	10.2	30.8	2.7	6.4	0.2	0.0	2.0	0.6	2.0	1.2	0.8	8.4	2.3	12.6
教育程度	未受过正规教育	10.2	7.7	28.6	1.0	3.7	0.1	0.0	21.8	0.6	2.9	0.8	0.4	6.8	1.3	14.1
	小学	13.1	9.4	34.3	1.4	4.9	0.1	0.0	9.1	0.6	3.7	0.7	0.4	7.2	1.9	13.4
	初中	14.6	11.4	33.6	2.1	5.9	0.1	0.0	3.5	0.8	4.2	0.4	0.6	7.6	2.1	12.9
	高中	15.8	12.4	30.3	3.0	6.7	0.1	0.0	2.9	0.9	4.1	0.3	1.1	8.0	2.0	12.5
	大学及以上	16.2	13.1	27.8	3.7	7.0	0.2	0.0	2.9	0.8	4.1	0.3	1.4	8.2	1.7	12.6
职业类别	干部/管理人员	16.2	13.2	27.5	4.1	7.4	0.1	0.0	2.7	0.8	4.6	0.2	1.5	7.6	1.6	12.5
	个体/私营企业人员	14.8	11.5	31.8	2.3	6.4	0.1	0.0	3.5	0.8	4.9	0.3	0.9	7.3	2.1	13.2
	初级公务员/雇员	15.2	12.9	29.6	3.3	6.8	0.1	0.0	2.9	0.9	4.7	0.2	1.1	8.0	1.8	12.7
	工人	14.4	12.0	32.9	2.5	6.1	0.1	0.0	3.2	0.9	4.9	0.2	0.7	7.4	1.9	12.9
	学生	9.3	11.4	31.7	1.9	4.6	0.1	0.0	14.3	0.8	4.7	0.2	0.4	6.5	1.3	12.7
	无业	16.1	10.7	30.8	2.3	6.1	0.1	0.0	5.6	0.7	2.9	0.7	0.9	8.2	2.1	12.8
	其他	13.0	9.6	38.7	1.0	4.9	0.1	0.0	3.6	0.6	3.7	0.6	0.4	7.5	2.1	14.3
个人月收入	0—600 元	11.3	10.4	32.8	1.5	4.8	0.1	0.0	11.2	0.8	4.0	0.4	0.5	7.1	1.7	13.4
	601—1200 元	14.9	11.0	34.6	1.9	6.0	0.1	0.0	3.0	0.7	3.9	0.4	0.6	7.6	2.1	13.1
	1201—1700 元	16.2	11.6	32.0	2.3	6.2	0.1	0.0	2.8	0.8	3.6	0.4	0.8	8.0	2.1	13.0
	1701—2600 元	16.1	12.0	30.9	2.8	6.5	0.1	0.0	2.7	0.8	3.9	0.5	1.0	8.1	2.1	12.7
	2601—3500 元	16.3	12.2	29.7	3.1	6.8	0.1	0.0	2.7	0.8	4.4	0.3	1.1	7.9	1.9	12.6
	3501—5000 元	16.3	12.5	28.6	3.8	6.9	0.2	0.0	2.8	0.8	4.6	0.3	1.2	7.9	1.8	12.3
	5001 元及以上	16.4	12.2	27.5	4.0	7.7	0.2	0.0	3.0	0.9	4.7	0.2	1.5	7.8	1.6	12.4

表 3. 2. 15 2013 年全国样本城市市场所有节目收视率排名前三十位

名次	节目名称	节目类别	播出频道	平均收视率（%）	平均占有率（%）
1	2013 春节联欢晚会	综艺	中央电视台综合频道	14. 2	33. 6
2	2013 元宵晚会	综艺	中央电视台综合频道	6. 6	16. 1
3	中国好声音（8 月 30 日）	综艺	浙江卫视	4. 6	15. 0
4	天气预报	生活服务	中央电视台综合频道	4. 2	12. 0
5	新闻联播	新闻/时事	中央电视台综合频道	4. 0	12. 7
6	我是歌手总决赛歌王之战	综艺	湖南电视台卫星频道	4. 0	12. 6
7	2013 年亚洲冠军联赛决赛第二回合（韩国首尔 FC 队 VS 中国广州恒大队）	体育	中央台五套	4. 0	10. 1
8	快乐中国 20132014 跨年演唱会	音乐	湖南电视台卫星频道	3. 9	13. 1
9	爸爸去哪儿	综艺	湖南电视台卫星频道	3. 6	18. 7
10	幸福 NO. 1 春节联欢晚会 2013	综艺	江苏卫视	3. 6	10. 3
11	2013 年亚洲冠军联赛颁奖仪式	体育	中央台五套	3. 2	10. 8
12	启航 2014 新年特别节目	综艺	中央电视台综合频道	3. 2	8. 2
13	梅州月中华情 2013 年中央电视台中秋晚会	综艺	中央电视台综合频道	3. 1	8. 5
14	咱们结婚吧	电视剧	中央电视台综合频道	3. 0	8. 0
15	CCTV2013 年 315 晚会	综艺	中央电视台综合频道	3. 0	7. 9
16	快乐大本营	综艺	湖南电视台卫星频道	2. 9	7. 9
17	2015 年亚洲杯预选赛（中国 VS 沙特阿拉伯）	体育	中央台五套	2. 9	7. 7
18	东方时空（4 月 20/21 日）	新闻/时事	中央电视台综合频道	2. 8	7. 1
19	非诚勿扰	综艺	江苏卫视	2. 7	9. 1
20	星光大道（12 月 21 日）	综艺	中央电视台综合频道	2. 7	7. 2
20	舞出我人生圆梦之旅（7 月 7 日）	综艺	中央电视台综合频道	2. 7	7. 2
22	陆贞传奇	电视剧	湖南电视台卫星频道	2. 6	7. 1
23	百万新娘第二部之爱无悔	电视剧	湖南电视台卫星频道	2. 6	6. 9
23	咱们结婚吧	电视剧	湖南电视台卫星频道	2. 6	6. 9
25	2013 年澳大利亚网球公开赛女单决赛	体育	中央台五套	2. 5	12. 2
26	元宵喜乐会	综艺	湖南电视台卫星频道	2. 5	7. 3
27	因为爱情有晴天	电视剧	湖南电视台卫星频道	2. 5	6. 9
28	梦想星搭档（12 月 6 日）	综艺	中央电视台综合频道	2. 5	6. 6
29	2013 小年夜大联欢快乐到家	综艺	湖南电视台卫星频道	2. 4	8. 5
30	开学第一课	综艺	中央电视台综合频道	2. 4	6. 3

表 3.2.16　2013 年全国样本城市市场电视剧收视率排名前二十位

名次	节目名称	播出频道	平均收视率（%）	平均占有率（%）
1	咱们结婚吧	中央电视台综合频道	3.0	8.0
2	陆贞传奇	湖南电视台卫星频道	2.6	7.1
3	百万新娘第二部之爱无悔	湖南电视台卫星频道	2.6	6.9
3	咱们结婚吧	湖南电视台卫星频道	2.6	6.9
5	因为爱情有晴天	湖南电视台卫星频道	2.5	6.9
6	有你才幸福	中央电视台综合频道	2.4	6.3
7	隋唐英雄（69—120 集）	湖南电视台卫星频道	2.4	6.1
8	天天有喜	湖南电视台卫星频道	2.3	6.6
9	璀璨人生	湖南电视台卫星频道	2.2	6.3
10	花非花雾非雾	湖南电视台卫星频道	2.2	6.2
11	最美的时光	湖南电视台卫星频道	2.2	5.8
12	笑傲江湖	湖南电视台卫星频道	2.1	5.5
13	闯关东前传	中央电视台综合频道	2.0	5.4
13	那金花和她的女婿	湖南电视台卫星频道	2.0	5.4
15	因为爱情有多美	湖南电视台卫星频道	1.9	5.5
16	爱在春天	湖南电视台卫星频道	1.9	5.4
17	特种兵之火凤凰	江苏卫视	1.8	4.9
17	花木兰传奇	中央电视台综合频道	1.8	4.9
19	毛泽东（1—8 集）	中央电视台综合频道	1.7	4.7
20	小儿难养	湖南电视台卫星频道	1.7	4.5

表 3.2.17　2013 年全国样本城市市场新闻类节目收视率排名前二十位

名次	节目名称	播出频道	平均收视率（%）	平均占有率（%）
1	新闻联播	中央电视台综合频道	4.0	12.7
2	东方时空（4 月 20/21 日）	中央电视台综合频道	2.8	7.1
3	焦点访谈	中央电视台综合频道	2.3	6.3
4	李克强总理会见中外记者并回答提问	中央电视台综合频道	1.9	4.6
5	新闻直播间（4 月 20 日）	中央电视台综合频道	1.7	12.6
6	共同关注（4 月 20/21 日）	中央电视台综合频道	1.7	7.1
7	新闻 30 分	中央电视台综合频道	1.5	10.9
8	今日关注	中央台四套	1.5	4.5
9	嫦娥三号登月之旅	中央电视台综合频道	1.3	5.0
10	新闻联播（19：00）	中央电视台新闻频道	1.3	4.3
11	太空新旅神十返回	中央电视台综合频道	1.2	17.9
12	中国新闻（21：00）	中央台四套	1.2	3.3
13	海峡两岸（20：30）	中央台四套	1.1	2.9
14	四川雅安强地震（4 月 20 日）	中央电视台新闻频道	1.0	8.6
15	太空新旅再探天宫天宫一号与神舟十号载人飞行任务特别报道	中央电视台综合频道	1.0	8.4
16	习近平在哈萨克斯坦纳扎尔巴耶夫大学发表演讲特别报道	中央电视台综合频道	1.0	7.2
17	芦山地震特别报道	中央电视台综合频道	1.0	4.8
18	雅安地震特别报道	湖南电视台卫星频道	1.0	3.5
19	嫦娥飞天玉兔探月	中央台四套	1.0	2.9
20	李克强总理会见中外记者并回答提问	中央电视台新闻频道	1.0	2.5

表 3.2.18　2013 年全国样本城市市场专题类节目收视率排名前二十位

名次	节目名称	播出频道	平均收视率（%）	平均占有率（%）
1	酷我真声音	浙江卫视	2.3	12.9
2	一年又一年 2013	中央电视台综合频道	2.2	9.8
3	中国汉字听写大会 2013 总决赛	中央电视台综合频道	2.2	6.0
4	感动中国 2012 年度人物颁奖典礼	中央电视台综合频道	2.1	5.5
5	中央电视台特别节目梦想从历史深处走来	中央电视台综合频道	1.8	4.9
6	圆梦中国德耀中华第四届全国道德模范授奖仪式	中央电视台综合频道	1.6	4.5
7	温暖 2012	中央台三套	1.3	4.2
8	习仲勋	中央电视台综合频道	1.3	3.7
9	2013 大型公益活动颁奖典礼寻找最美乡村教师	中央电视台综合频道	1.1	3.1
10	寻宝	中央电视台综合频道	1.0	4.6
11	爱在晚晴天（5 月 13 日）	江苏卫视	1.0	2.7
12	感动中国 2012 年度人物颁奖典礼	中央台三套	0.9	2.3
13	旗鼓相当	中央电视台综合频道	0.8	3.2
14	透视春晚中国最大的庆典	中央台三套	0.7	5.6
15	状元 360	中央电视台综合频道	0.7	3.3
16	艺术人生	中央台三套	0.7	2.5
17	军情时间到	中央电视台新闻频道	0.6	2.4
18	新闻年鉴世界 2012	中央电视台新闻频道	0.6	2.2
19	中国电影	中央台六套	0.6	1.7
20	中央电视台特别节目梦想从历史深处走来	中央电视台新闻频道	0.6	1.6

表 3.2.19　2013 年全国样本城市市场电影类节目收视率排名前二十位

名次	节目名称	播出频道	平均收视率（%）	平均占有率（%）
1	不二神探（10 月 5 日）	中央台六套	1.7	4.8
2	人再囧途之泰囧（5 月 1 日）	中央台六套	1.5	4.1
3	少林寺（12 月 7 日）	中央台六套	1.5	3.9
4	天机富春山居图（10 月 4 日）	中央台六套	1.4	4.8
5	人在囧途（5 月 1 日）	中央台六套	1.4	4.3
6	十二生肖（7 月 19 日）	中央台六套	1.4	4.2
7	画皮二（2 月 11 日）	中央台六套	1.4	4.0
7	百万巨鳄（2 月 10 日）	中央台六套	1.4	4.0
9	举起手来之二追击阿多丸（7 月 10 日）	中央台六套	1.4	3.9
10	太极张三丰（12 月 14 日）	中央台六套	1.4	3.6
10	功夫之王（12 月 29 日）	中央台六套	1.4	3.6
12	叶问二宗师传奇（6 月 29 日）	中央台六套	1.3	3.9
12	太极二英雄崛起（4 月 29 日）	中央台六套	1.3	3.9
14	宫锁沉香（10 月 3 日）	中央台六套	1.3	3.8
15	山林喋血（12 月 8 日）	中央台六套	1.3	3.6
16	喜羊羊与灰太狼三兔年顶呱呱（12 月 22 日）	中央电视台少儿频道	1.3	3.4
16	笑功震武林（11 月 22 日）	中央台六套	1.3	3.4
18	捕蛇少年（3 月 18 日）	中央台六套	1.2	3.5
19	喜羊羊与灰太狼牛气冲天电影版（12 月 28 日）	中央电视台少儿频道	1.2	3.3
20	喜羊羊与灰太狼第四部开心闯龙年（1 月 2 日）	中央电视台少儿频道	1.2	3.0

注：多次播出电影取收视率最高值参与排名，括号中为播出日期。

表 3.2.20　2013 年全国样本城市市场综艺节目收视率排名前二十位

名次	节目名称	播出频道	平均收视率(%)	平均占有率(%)
1	2013 春节联欢晚会	中央电视台综合频道	14.2	33.6
2	2013 元宵晚会	中央电视台综合频道	6.6	16.1
3	中国好声音（8 月 30 日）	浙江卫视	4.6	15.0
4	我是歌手总决赛歌王之战	湖南电视台卫星频道	4.0	12.6
5	爸爸去哪儿	湖南电视台卫星频道	3.6	18.7
6	幸福 NO.1 春节联欢晚会 2013	江苏卫视	3.6	10.3
7	启航 2014 新年特别节目	中央电视台综合频道	3.2	8.2
8	梅州月中华情 2013 年中央电视台中秋晚会	中央电视台综合频道	3.1	8.5
9	CCTV2013 年 315 晚会	中央电视台综合频道	3.0	7.9
10	快乐大本营	湖南电视台卫星频道	2.9	7.9
11	非诚勿扰	江苏卫视	2.7	9.1
12	星光大道（12 月 21 日）	中央电视台综合频道	2.7	7.2
12	舞出我人生圆梦之旅	中央电视台综合频道	2.7	7.2
14	元宵喜乐会	湖南电视台卫星频道	2.5	7.3
15	梦想星搭档（12 月 6 日）	中央电视台综合频道	2.5	6.6
16	2013 小年夜大联欢快乐到家	湖南电视台卫星频道	2.4	8.5
17	开学第一课	中央电视台综合频道	2.4	6.3
18	2013 辽宁卫视春节联欢晚会	辽宁卫视	2.3	8.0
19	你好春天 2013 年文化部春节电视晚会	中央电视台综合频道	2.3	6.1
20	百花迎春中国文学艺术界 2013 春节大联欢	中央台三套	2.3	6.0

表 3.2.21 2013 年全国样本城市市场体育节目收视率排名前二十位

名次	节目名称	播出频道	平均收视率（%）	平均占有率（%）
1	2013 年亚洲冠军联赛决赛第二回合（韩国首尔 FC 队 VS 中国广州恒大队）	中央台五套	4.0	10.1
2	2013 年亚洲冠军联赛颁奖仪式	中央台五套	3.2	10.8
3	2015 年亚洲杯预选赛（中国 VS 沙特阿拉伯）	中央台五套	2.9	7.7
4	2013 年澳大利亚网球公开赛女单决赛	中央台五套	2.5	12.2
5	2013 年世界羽毛球锦标赛男单决赛	中央台五套	2.1	6.7
6	2013 年世乒赛男单决赛	中央台五套	1.9	6.5
7	2013 年东亚杯足球赛（韩国队 VS 中国队）	中央台五套	1.8	5.5
8	2013 年世界女排大奖赛总决赛（日本队 VS 中国队）	中央台五套	1.6	5.5
9	2013 年中国之队国际友谊赛（中国队 VS 荷兰队）	中央台五套	1.3	3.6
10	第 15 届世界游泳锦标赛跳水男子十米台决赛	中央台五套	1.3	3.4
11	2012/2013 赛季 NBA 总决赛第三场（热火 VS 马刺）	中央台五套	1.2	10.4
12	第 27 届亚洲男篮锦标赛（伊朗队 VS 中国队）	中央台五套	1.1	5.3
13	2013 年第十二届全国运动会乒乓球男单决赛	中央台五套	1.1	3.5
14	2013 年亚洲女排锦标赛复赛（中国队 VS 韩国队）	中央台五套	1.1	3.0
14	第十二届全运会男子 1500 米决赛	中央台五套	1.1	3.0
16	2013 年国际女排精英赛深圳龙岗站（中国 VS 古巴）	中央台五套	1.1	2.9
17	2013 年中国足球超级联赛第 12 轮（广州恒大 VS 山东鲁能）	中央台五套	1.0	2.8
17	谁是球王（7 月 14 日）	中央电视台综合频道	1.0	2.8
19	第十二届全运会女子 4x200 米自由泳接力决赛	中央台五套	1.0	2.7
20	2013 年中国足球协会杯半决赛第一回合（北京国安 VS 广州恒大）	中央台五套	1.0	2.6

三、安徽收视数据

表 3.3.1 2009—2013 年安徽市场各类频道的市场占有率（%）

频道类别	年份				
	2009 年	2010 年	2011 年	2012 年	2013 年
中央台频道	25.1	29.3	27.3	31.0	34.5
中国教育台频道	0.2	0.5	0.8	0.9	0.8
安徽省级频道	40.9	36.0	39.5	33.4	28.0
其他省级卫视频道	21.2	22.5	24.0	29.0	31.2
其他频道	12.6	11.7	8.4	5.7	5.6

表 3.3.2 2013 年安徽市场各类频道在不同目标观众中的市场占有率（%）

目标观众		中央台频道	中国教育台频道	安徽省级频道	其他省级卫视频道	其他频道
4 岁及以上所有人		34.5	0.8	28.0	31.2	5.6
城乡	城市	40.5	0.8	28.5	24.4	5.8
	农村	31.9	0.8	27.7	34.1	5.5
性别	男	38.1	0.7	27.1	28.1	6.0
	女	31.1	0.8	28.8	34.1	5.2
年龄	4—14 岁	44.6	0.7	16.3	35.2	3.1
	15—24 岁	26.2	0.7	22.3	44.8	6.1
	25—34 岁	32.8	0.7	24.6	37.4	4.5
	35—44 岁	31.5	1.3	27.7	35.0	4.6
	45—54 岁	32.7	0.7	34.1	27.5	5.0
	55—64 岁	31.5	0.6	40.9	21.1	5.9
	65 岁及以上	39.0	0.5	29.4	20.4	10.6
教育程度	未受过正规教育	36.5	0.6	27.4	27.8	7.7
	小学	34.9	0.8	30.2	29.6	4.5
	初中	30.9	0.8	28.9	34.4	5.0
	高中	37.6	0.9	23.8	31.2	6.6
	大学及以上	40.8	0.8	25.2	26.7	6.5
职业类别	干部/管理人员	39.6	0.3	25.2	27.8	7.1
	个体/私营企业人员	31.7	1.1	25.9	35.6	5.6
	初级公务员/雇员	36.7	1.2	27.7	27.0	7.5
	工人	33.0	0.7	33.0	28.9	4.3
	学生	41.9	0.7	17.7	35.9	3.7
	无业	37.1	0.5	26.3	29.6	6.5
	其他	28.3	0.8	34.5	30.8	5.6
个人月收入	0—300 元	36.0	0.7	24.3	33.4	5.6
	301—900 元	31.9	0.6	31.4	30.1	5.9
	901—1700 元	31.9	0.9	32.4	29.7	5.0
	1701—2600 元	35.2	1.0	26.3	31.3	6.3
	2601—3500 元	37.5	1.0	29.6	26.4	5.4
	3501 元及以上	34.6	0.3	27.4	32.7	4.9

表 3.3.3　2013 年安徽市场各类频道在不同时段的市场占有率（%）

时间段	中央台频道	中国教育台频道	安徽省级频道	其他省级卫视频道	其他频道
02:00—03:00	47.1	0.8	5.0	42.0	5.1
03:00—04:00	36.6	0.6	7.2	52.9	2.7
04:00—05:00	30.6	0.1	8.4	57.9	3.0
05:00—06:00	30.0	0.1	29.8	37.5	2.6
06:00—07:00	38.7	0.1	41.8	17.9	1.5
07:00—08:00	44.7	0.1	32.5	19.5	3.2
08:00—09:00	46.3	0.3	15.7	30.7	7.0
09:00—10:00	43.3	0.8	15.5	30.8	9.6
10:00—11:00	43.9	0.9	16.0	29.6	9.6
11:00—12:00	43.3	0.6	25.3	24.1	6.7
12:00—13:00	48.9	0.3	28.4	18.2	4.2
13:00—14:00	41.6	0.5	26.0	26.0	5.9
14:00—15:00	36.4	0.7	18.1	35.5	9.3
15:00—16:00	35.8	0.7	15.7	38.0	9.8
16:00—17:00	38.7	0.4	14.8	36.5	9.6
17:00—18:00	40.8	0.2	25.6	27.4	6.0
18:00—19:00	37.5	0.2	44.9	12.4	5.0
19:00—20:00	40.1	0.6	32.9	22.7	3.7
20:00—21:00	24.4	1.4	28.9	41.0	4.3
21:00—22:00	24.5	1.1	24.7	44.3	5.4
22:00—23:00	27.2	0.8	20.3	41.6	10.1
23:00—24:00	32.2	0.4	16.3	36.6	14.5
24:00—25:00	36.5	0.2	15.0	32.1	16.2
25:00—26:00	32.0	0.4	9.9	45.7	12.0

表 3.3.4　2013 年安徽市场收视份额排名前十位的频道

名次	频道名称	收视份额（%）
1	安徽卫视	14.2
2	中央电视台综合频道	8.6
3	湖南电视台卫星频道	7.5
4	中央电视台少儿频道	7.2
5	安徽经视	4.8
6	安徽影视	3.7
7	安徽公共	3.3
8	中央台十二套	2.8
9	中央电视台新闻频道	2.7
10	江苏卫视	2.6

表 3.3.5　2013 年安徽市场主要频道的观众构成（%）

目标观众		所有频道	主要频道				
			安徽卫视	中央电视台综合频道	湖南电视台卫星频道	中央电视台少儿频道	安徽经视
4 岁及以上所有人		100.0	100.0	100.0	100.0	100.0	100.0
城乡	城市	30.6	35.0	44.9	16.3	22.7	30.5
	乡村	69.4	65.0	55.1	83.7	77.3	69.5
性别	男	49.2	47.1	53.7	33.2	51.1	44.5
	女	50.8	52.9	46.3	66.8	48.9	55.5
年龄	4—14 岁	15.9	9.0	10.7	17.9	66.6	7.8
	15—24 岁	9.0	7.4	6.6	21.3	2.7	6.4
	25—34 岁	12.8	11.2	10.5	18.2	12.6	10.5
	35—44 岁	19.8	20.9	15.9	22.5	7.9	16.3
	45—54 岁	14.5	15.9	14.7	11.1	4.3	18.2
	55—64 岁	13.7	19.3	17.5	5.2	4.4	24.4
	65 岁及以上	14.3	16.2	24.0	3.7	1.6	16.4
教育程度	未受过正规教育	11.5	10.6	11.0	7.5	25.0	12.5
	小学	27.4	28.3	21.9	26.8	48.0	31.1
	初中	37.0	37.9	33.2	42.8	15.2	39.5
	高中	15.4	14.2	20.9	15.5	6.9	9.8
	大学及以上	8.6	9.0	13.1	7.4	4.9	7.0
职业类别	干部/管理人员	2.4	2.5	3.0	1.9	1.6	1.2
	个体/私营企业人员	12.3	13.5	12.4	14.7	4.6	8.9
	初级公务员/雇员	7.3	7.7	8.4	5.7	4.3	5.8
	工人	13.6	15.5	13.2	13.8	3.2	14.2
	学生	13.7	8.6	11.1	20.6	45.5	7.0
	无业	27.3	27.1	31.3	17.9	32.0	26.1
	其他	23.5	25.1	20.6	25.5	8.9	36.9
个人月收入	0—300 元	36.1	29.8	28.5	43.7	77.9	33.4
	301—900 元	13.5	14.5	14.2	13.4	8.7	16.3
	901—1700 元	21.8	26.2	22.1	17.9	6.1	25.9
	1701—2600 元	15.7	14.1	18.7	15.0	3.9	12.8
	2601—3500 元	9.2	11.0	13.0	6.3	2.4	9.1
	3501 元及以上	3.6	4.4	3.5	3.6	0.9	2.6

表 3.3.6　2011—2013 年安徽市场各类节目的播出份额（%）和收视份额（%）

节目类型	2011 年		2012 年		2013 年	
	播出份额	收视份额	播出份额	收视份额	播出份额	收视份额
财经	2.5	0.6	2.2	0.5	1.9	0.4
电视剧	21.7	33.8	21.0	33.4	21.6	32.7
电影	3.4	1.4	3.9	2.0	4.2	2.1
法制	0.9	0.8	0.9	1.1	1.0	1.4
教学	0.4	0.0	0.3	0.0	0.3	0.0
青少	7.5	4.8	7.0	5.0	6.3	6.1
生活服务	8.5	7.1	8.7	7.5	9.1	7.6
体育	1.4	0.9	1.5	1.2	1.8	0.8
外语	0.0	0.0	0.0	0.0	0.0	0.0
戏剧	1.1	0.3	1.0	0.4	0.8	0.3
新闻/时事	14.0	16.7	15.6	17.9	15.6	17.3
音乐	2.8	0.5	2.6	0.5	2.4	0.5
专题	11.1	4.7	11.8	4.8	10.9	4.0
综艺	10.2	10.7	9.2	9.2	9.4	9.4
其他	14.6	17.9	14.4	16.5	14.8	17.4

表 3.3.7　2013 年安徽市场所有节目收视率排名前三十位

名次	节目名称	节目类型	播出频道	平均收视率（%）	平均占有率（%）
1	2013 春节联欢晚会	综艺	中央电视台综合频道	14.5	46.7
2	打狗棍	电视剧	安徽卫视	9.8	22.0
3	新闻联播	新闻/时事	中央电视台综合频道	8.5	24.3
4	楚汉传奇	电视剧	安徽卫视	7.1	15.9
5	门第	电视剧	安徽卫视	6.8	16.5
6	安徽卫视 X 女特工首映大典	综艺	安徽卫视	6.7	14.1
7	X 女特工	电视剧	安徽卫视	6.5	15.0
8	奶奶再爱我一次	电视剧	安徽卫视	6.3	16.5
9	打狗棍首映大典	综艺	安徽卫视	6.2	15.9
10	天气预报	生活服务	中央电视台综合频道	6.2	14.5
11	爱情心心相印	电视剧	安徽卫视	6.2	13.8
12	乱世三义	电视剧	安徽卫视	6.1	14.2
13	你好春天 2013 年文化部春节电视晚会	综艺	中央电视台综合频道	5.9	14.6
14	精忠岳飞	电视剧	安徽卫视	5.8	15.2
15	天天有喜	电视剧	中央电视台综合频道	5.7	15.2
16	辣妈正传	电视剧	安徽卫视	5.7	14.9
17	烽火佳人	电视剧	安徽卫视	5.6	15.7
18	隋唐英雄	电视剧	湖南电视台卫星频道	5.6	14.0
19	战雷	电视剧	安徽卫视	5.6	13.5
20	爱情自有天意	电视剧	安徽卫视	5.5	13.5
21	东方时空（4 月 20/21 日）	新闻/时事	中央电视台综合频道	5.5	11.9
22	转播中央台新闻联播	新闻/时事	安徽卫视	5.4	15.3
23	2013 国剧盛典	综艺	安徽卫视	5.3	18.5
24	因为爱情有晴天	电视剧	湖南电视台卫星频道	5.3	13.2
25	第十二届汉语桥世界大学生中文比赛开幕式	综艺	湖南电视台卫星频道	5.3	12.4
26	老公的春天	电视剧	安徽卫视	5.1	13.4
27	爱情悠悠药草香	电视剧	安徽卫视	5.1	12.5
28	花非花雾非雾	电视剧	湖南电视台卫星频道	5.0	13.0
29	最美的时光	电视剧	湖南电视台卫星频道	5.0	12.7
30	五号特工组	电视剧	安徽卫视	5.0	12.3

表 3.3.8　2013 年安徽市场电视剧收视率排名前十位

名次	节目名称	播出频道	平均收视率(%)	平均占有率(%)
1	打狗棍	安徽卫视	9.8	22.0
2	楚汉传奇	安徽卫视	7.1	15.9
3	门第	安徽卫视	6.8	16.5
4	X 女特工	安徽卫视	6.5	15.0
5	奶奶再爱我一次	安徽卫视	6.3	16.5
6	爱情心心相印	安徽卫视	6.2	13.8
7	乱世三义	安徽卫视	6.1	14.2
8	精忠岳飞	安徽卫视	5.8	15.2
9	天天有喜	湖南电视台卫星频道	5.7	15.2
10	辣妈正传	安徽卫视	5.7	14.9

表 3.3.9　2013 年安徽市场新闻节目收视率排名前十位

名次	节目名称	播出频道	平均收视率(%)	平均占有率(%)
1	新闻联播	中央电视台综合频道	8.5	24.3
2	东方时空（4 月 20/21 日）	中央电视台综合频道	5.5	11.9
3	转播中央台新闻联播	安徽卫视	5.4	15.3
4	焦点访谈	中央电视台综合频道	4.6	10.2
5	安徽新闻联播	安徽卫视	4.5	20.9
6	第 1 时间	安徽经视	3.0	10.6
7	李克强总理会见中外记者并回答提问	中央电视台综合频道	2.7	5.7
8	与雅安同在	安徽卫视	2.5	10.6
9	雅安地震特别报道	湖南电视台卫星频道	2.3	9.6
10	嫦娥三号登月之旅	中央电视台综合频道	2.2	6.1

表 3.3.10　2013 年安徽市场专题节目收视率排名前十位

名次	节目名称	播出频道	平均收视率(%)	平均占有率(%)
1	石面埋伏说楚汉	安徽卫视	4.3	14.0
2	心动 2012 安徽年度新闻人物颁奖典礼	安徽卫视	3.7	11.2
3	中央电视台特别节目梦想从历史深处走来	中央电视台综合频道	2.9	6.6
4	圆梦中国德耀中华第四届全国道德模范授奖仪式	中央电视台综合频道	2.5	6.3
5	中国汉字听写大会 2013（9 月 13 日）	中央电视台综合频道	2.5	6.0
6	感动中国 2012 年度人物颁奖典礼	中央电视台综合频道	2.3	6.3
7	X 档案	安徽卫视	2.2	8.6
8	一年又一年 2013	中央电视台综合频道	2.0	13.7
9	心动 2012 安徽年度新闻人物颁奖典礼特别节目心动之夜	安徽公共	1.9	4.8
10	习仲勋	中央电视台综合频道	1.8	5.4

表 3.3.11 2013 年安徽市场综艺节目收视率排名前十位

名次	节目名称	播出频道	平均收视率（%）	平均占有率（%）
1	2013 春节联欢晚会	中央电视台综合频道	14.5	46.7
2	安徽卫视 X 女特工首映大典	安徽卫视	6.7	14.1
3	打狗棍首映大典	安徽卫视	6.2	15.9
4	你好春天 2013 年文化部春节电视晚会	中央电视台综合频道	5.9	14.6
5	2013 国剧盛典	安徽卫视	5.3	18.5
6	第十二届汉语桥世界大学生中文比赛开幕式	湖南电视台卫星频道	5.3	12.4
7	精忠岳飞英雄会	安徽卫视	5.0	11.6
8	爱情悠悠药草香首映大典	安徽卫视	4.8	11.0
9	精忠岳飞首映礼	安徽卫视	4.7	10.9
10	快乐大本营	湖南卫视	4.6	13.7

表 3.3.12 2013 年安徽市场体育节目收视率排名前十位

名次	节目名称	播出频道	平均收视率（%）	平均占有率（%）
1	谁是球王（7 月 14 日）	中央电视台综合频道	1.8	4.8
2	2013 年亚洲冠军联赛决赛第二回合（韩国首尔 VS 广州恒大）	中央台五套	1.1	2.8
3	2013 年澳大利亚网球公开赛男单决赛	中央台五套	1.1	2.2
4	2012/2013 赛季 CBA 总决赛第四场（山东黄金 VS 广东东莞银行）	中央台五套	1.0	2.6
5	2015 年亚洲杯预选赛 C 组（中国 VS 伊拉克）	中央台五套	0.9	2.3
6	第 15 届世界游泳锦标赛跳水男子十米台决赛	中央台五套	0.9	2.0
6	第六届东亚运动会开幕式	天津卫视	0.9	2.0
8	2013 年第十二届全国运动会射击男子 10 米气手枪决赛	中央电视台综合频道	0.8	12.6
9	2013 年世界大力士中国争霸赛	中央电视台综合频道	0.8	7.2
10	黄金赛场：2013 年中超联赛第一轮（广州恒大 VS 上海申鑫）	中央台五套	0.8	2.0

四、福建收视数据

表 3.4.1　2009—2013 年福建市场各类频道的市场占有率（%）

频道类别	年份				
	2009 年	2010 年	2011 年	2012 年	2013 年
中央台频道	30.8	25.1	23.3	26.9	27.8
中国教育台频道	0.4	0.3	0.4	0.4	0.3
福建省级频道	37.7	35.8	35.2	34.3	33.6
其他省级卫视频道	19.0	23.1	29.7	27.8	27.3
其他频道	12.1	15.8	11.4	10.6	11.0

表 3.4.2　2013 年福建市场各类频道在不同目标观众中的市场占有率（%）

目标观众		中央台频道	中国教育台频道	福建省级频道	其他省级卫视频道	其他频道
4 岁及以上所有人		27.8	0.3	33.6	27.3	11.0
城乡	城市	34.0	0.3	12.6	32.9	20.2
	农村	25.9	0.3	40.0	25.5	8.3
性别	男	31.0	0.3	31.4	26.2	11.1
	女	24.8	0.3	35.7	28.2	11.0
年龄	4—14 岁	25.2	0.3	36.5	29.8	8.2
	15—24 岁	24.6	0.2	34.1	30.3	10.8
	25—34 岁	26.3	0.3	35.3	27.7	10.4
	35—44 岁	26.1	0.3	35.8	27.8	10.0
	45—54 岁	26.6	0.3	34.3	26.6	12.2
	55—64 岁	36.7	0.2	27.5	23.8	11.8
	65 岁及以上	31.5	0.4	27.5	23.9	16.7
教育程度	未受过正规教育	27.3	0.2	37.3	24.2	11.0
	小学	24.7	0.4	37.1	26.5	11.3
	初中	27.1	0.2	34.9	27.9	9.9
	高中	32.8	0.2	25.4	29.8	11.8
	大学及以上	40.9	0.2	11.9	29.1	17.9
职业类别	干部/管理人员	45.5	0.1	10.6	30.3	13.5
	个体/私营企业人员	35.1	0.3	24.9	28.1	11.6
	初级公务员/雇员	34.7	0.2	19.8	32.0	13.3
	工人	29.0	0.4	28.4	30.3	11.9
	学生	23.8	0.3	35.4	31.8	8.7
	无业	29.1	0.3	30.1	28.1	12.4
	其他	22.0	0.3	47.7	20.8	9.2
个人月收入	0—300 元	24.7	0.3	36.3	28.8	9.9
	301—900 元	24.9	0.3	44.4	20.9	9.5
	901—1700 元	27.0	0.3	36.5	26.4	9.8
	1701—2600 元	33.7	0.3	23.3	28.3	14.4
	2601—3500 元	36.3	0.3	21.2	28.6	13.6
	3501 元及以上	37.9	0.4	10.3	32.8	18.6

表 3. 4. 3　2013 年福建市场各类频道不同时段的市场占有率（%）

时间段	中央台频道	中国教育台频道	福建省级频道	其他省级卫视频道	其他频道
02:00—03:00	28.6	0.6	15.1	37.2	18.5
03:00—04:00	29.6	0.4	12.8	36.7	20.5
04:00—05:00	27.6	0.3	13.7	37.5	20.9
05:00—06:00	29.2	0.3	12.7	40.0	17.8
06:00—07:00	38.7	0.1	11.0	40.2	10.0
07:00—08:00	46.7	0.1	13.6	27.9	11.7
08:00—09:00	44.1	0.1	10.6	35.0	10.2
09:00—10:00	37.8	0.1	11.2	40.7	10.2
10:00—11:00	36.5	0.5	11.7	42.0	9.3
11:00—12:00	43.3	0.4	8.1	39.1	9.1
12:00—13:00	48.4	0.3	7.4	32.9	11.0
13:00—14:00	46.1	0.5	6.2	37.6	9.6
14:00—15:00	33.7	0.6	8.9	44.6	12.2
15:00—16:00	33.3	0.5	8.8	44.3	13.1
16:00—17:00	34.2	0.2	9.7	43.1	12.8
17:00—18:00	32.5	0.1	24.3	31.7	11.4
18:00—19:00	21.6	0.0	59.0	8.5	10.9
19:00—20:00	24.0	0.2	53.1	12.3	10.4
20:00—21:00	18.1	0.4	49.3	22.5	9.7
21:00—22:00	20.0	0.3	42.3	26.5	10.9
22:00—23:00	24.2	0.3	29.8	32.0	13.7
23:00—24:00	27.0	0.1	22.0	38.2	12.7
24:00—25:00	29.6	0.2	18.1	38.6	13.5
25:00—26:00	28.7	0.5	14.7	40.5	15.6

表 3. 4. 4　2013 年福建市场收视份额排名前十位的频道

名次	频道名称	收视份额（%）
1	东南卫视	8.0
2	福建省广播影视集团综合频道	7.5
3	福建省广播影视集团新闻频道	5.2
4	福建省广播影视集团电视剧频道	5.1
5	湖南电视台卫星频道	4.4
6	中央电视台综合频道	4.1
7	中央电视台少儿频道	3.9
8	福建省广播影视集团少儿频道	3.5
9	中央台八套	3.3
10	中央台六套	2.9

表 3.4.5　2013 年福建市场各主要频道的观众构成（%）

目标观众		所有频道	主要频道				
			东南卫视	福建省广播影视集团综合频道	福建省广播影视集团新闻频道	福建省广播影视集团电视剧频道	湖南电视台卫星频道
4 岁及以上所有人		100.0	100.0	100.0	100.0	100.0	100.0
城乡	城市	23.5	7.0	7.2	8.8	9.4	26.7
	农村	76.5	93.0	92.8	91.2	90.6	73.3
性别	男	48.9	46.7	47.8	55.1	33.7	34.8
	女	51.1	53.3	52.2	44.9	66.3	65.2
年龄	4—14 岁	17.0	16.3	17.5	19.6	14.7	19.9
	15—24 岁	8.9	6.3	7.5	11.9	12.8	17.7
	25—34 岁	15.6	16.9	9.7	12.7	16.0	17.3
	35—44 岁	16.7	20.2	21.6	24.9	8.4	18.7
	45—54 岁	20.0	27.6	20.3	12.7	28.0	15.5
	55—64 岁	12.9	7.7	14.1	11.3	10.9	5.5
	65 岁及以上	8.9	5.0	9.3	6.9	9.2	5.3
教育程度	未受过正规教育	15.6	22.7	16.2	19.0	12.2	11.8
	小学	29.9	28.9	32.0	27.2	39.9	29.1
	初中	35.0	35.2	40.4	39.8	38.0	41.5
	高中	16.0	12.1	10.5	12.3	8.9	13.7
	大学及以上	3.6	1.0	1.0	1.7	0.9	4.0
职业类别	干部/管理人员	1.2	0.2	0.4	0.5	0.3	1.5
	个体/私营企业人员	10.6	9.1	7.8	9.6	3.7	9.9
	初级公务员/雇员	6.7	3.2	3.2	7.3	3.0	6.3
	工人	14.4	10.9	9.8	15.2	10.8	14.6
	学生	11.7	9.8	13.2	8.9	10.8	19.1
	无业	29.2	21.3	20.2	25.3	36.7	29.8
	其他	26.1	45.5	45.4	33.3	34.7	18.7
个人月收入	0—300 元	39.2	40.7	41.9	37.0	40.8	48.5
	301—900 元	13.0	22.5	19.8	23.4	13.5	9.1
	901—1700 元	22.5	21.4	17.7	25.4	31.7	19.6
	1701—2600 元	15.4	8.6	15.0	8.6	10.6	13.6
	2601—3500 元	6.6	6.0	4.8	3.5	2.7	5.9
	3501 元及以上	3.3	0.9	0.8	2.1	0.7	3.3

表 3.4.6　2011—2013 年福建市场各类节目的播出份额和收视份额（%）

节目类别	2011 年		2012 年		2013 年	
	播出份额	收视份额	播出份额	收视份额	播出份额	收视份额
财经	2.7	1.2	2.4	0.9	2.2	0.7
电视剧	21.1	35.6	21.3	36.2	21.5	33.0
电影	3.5	3.6	3.7	3.5	4.2	3.7
法制	0.7	0.6	0.7	0.7	0.8	0.8
教学	0.5	0.1	0.4	0.1	0.3	0.0
青少	7.9	4.7	7.3	6.3	6.8	8.3
生活服务	8.3	6.7	8.8	6.9	10.1	7.5
体育	2.0	1.7	2.1	1.9	2.3	1.0
外语	0.0	0.0	0.0	0.0	0.0	0.0
戏剧	1.1	0.3	1.0	0.2	0.8	0.2
新闻/时事	13.8	14.5	15.2	16.3	14.7	15.4
音乐	3.0	0.6	2.6	0.5	2.4	0.5
专题	11.3	4.8	11.6	4.9	10.9	6.5
综艺	10.1	10.4	8.7	8.6	8.6	9.0
其他	14.1	15.2	14.1	13.1	14.5	13.4

表 3.4.7　2013 年福建市场所有节目收视率排名前三十位

名次	节目名称	节目类型	播出频道	平均收视率（%）	平均占有率（%）
1	不是冤家不聚头第二部	电视剧	福建省广播影视集团综合频道	9.1	24.5
2	2013 春节联欢晚会	综艺	中央电视台综合频道	7.5	16.1
3	滚滚红尘	电视剧	东南卫视	7.1	15.9
4	错嫁	电视剧	东南卫视	6.8	15.1
5	璀璨人生	电视剧	东南卫视	6.6	14.6
6	扇娘	电视剧	东南卫视	6.6	14.4
7	代号十三钗	电视剧	东南卫视	6.5	14.8
8	下辈子还嫁给你	电视剧	东南卫视	6.5	14.6
9	妈妈你到底在哪里	电视剧	东南卫视	6.3	15.0
10	新乌龙山剿匪记	电视剧	福建省广播影视集团综合频道	6.3	14.9
11	大唐女巡按	电视剧	东南卫视	6.3	14.0
12	新白发魔女传	电视剧	东南卫视	6.2	14.6
13	闺中密友	电视剧	福建省广播影视集团综合频道	6.0	14.0
14	天真遇到现实	电视剧	东南卫视	6.0	13.6
15	包青天之开封奇案	电视剧	东南卫视	5.9	14.1
16	军人荣誉之铁血雄心	电视剧	福建省广播影视集团综合频道	5.8	13.5
17	爱的相对论	电视剧	东南卫视	5.8	13.1
17	转角遇到爱	电视剧	东南卫视	5.8	13.1
19	唐朝浪漫英雄	电视剧	福建省广播影视集团综合频道	5.7	17.9
20	幸福满满	电视剧	东南卫视	5.7	13.9
21	狙击部队	电视剧	福建省广播影视集团综合频道	5.7	13.6
22	铁血尖刀	电视剧	福建省广播影视集团综合频道	5.7	13.3
23	搜神记	电视剧	东南卫视	5.7	12.7
24	巾帼大将军	电视剧	东南卫视	5.6	13.4
25	东南气象快讯	生活服务	东南卫视	5.5	15.8
26	大侦破	电视剧	福建省广播影视集团综合频道	5.5	13.2
27	抹布女也有春天	电视剧	东南卫视	5.5	12.4
28	动画片：熊出没之过年	青少	中央电视台少儿频道	5.4	14.1
29	流泪的新娘	电视剧	东南卫视	5.4	12.0
30	王者清风	电视剧	东南卫视	5.3	13.6

表 3.4.8　2013 年福建市场电视剧收视率排名前十位

名次	节目名称	播出频道	平均收视率（%）	平均占有率（%）
1	不是冤家不聚头第二部	福建省广播影视集团综合频道	9.1	24.5
2	滚滚红尘	东南卫视	7.1	15.9
3	错嫁	东南卫视	6.8	15.1
4	璀璨人生	东南卫视	6.6	14.6
5	扇娘	东南卫视	6.6	14.4
6	代号十三钗	东南卫视	6.5	14.8
7	下辈子还嫁给你	东南卫视	6.5	14.6
8	妈妈你到底在哪里	东南卫视	6.3	15.0
9	新乌龙山剿匪记	福建省广播影视集团综合频道	6.3	14.9
10	大唐女巡按	东南卫视	6.3	14.0

表 3.4.9　2013 年福建市场新闻节目收视率排名前十位

名次	节目名称	播出频道	平均收视率(%)	平均占有率(%)
1	东方时空（4 月 21 日）	东南卫视	5.3	12.0
2	转播中央台新闻联播	东南卫视	4.9	13.0
3	焦点访谈（4 月 21 日）	东南卫视	4.7	10.9
4	福建新闻联播	福建省广播影视集团综合频道	4.4	10.5
5	曼德拉国葬特别节目（12 月 15 日）	福建省广播影视集团新闻频道	4.4	9.6
6	福建卫视新闻	东南卫视	4.3	13.6
7	环球报道	福建省广播影视集团新闻频道	4.1	11.1
8	F4 大搜索	福建省广播影视集团新闻频道	3.9	9.1
9	现场	福建省广播影视集团新闻频道	3.8	12.1
10	自由路漫漫曼德拉的光辉岁月特别节目（12 月 6 日）	福建省广播影视集团新闻频道	3.8	9.2

表 3.4.10　2013 年福建市场专题节目收视率排名前十位

名次	节目名称	播出频道	平均收视率(%)	平均占有率(%)
1	第 1 帮帮团	福建省广播影视集团综合频道	4.9	13.1
2	金蛇起舞闹元宵	福建省广播影视集团新闻频道	3.7	8.1
3	新视觉	东南卫视	3.6	8.8
4	新形势新动力第五届中国商业领袖论坛	东南卫视	2.7	7.5
5	聊今晚剧	福建省广播影视集团电视剧频道	2.5	6.3
6	致青春	东南卫视	2.2	9.4
7	闽商与中国梦 2013 福建民企暨微公益电视访谈	福建省广播影视集团新闻频道	2.2	8.6
8	感动中国 2012 年度人物颁奖典礼	中央电视台综合频道	2.2	5.3
9	爱拼大讲堂	东南卫视	2.1	9.7
10	福满人间	福建省广播影视集团新闻频道	2.0	5.7

表 3.4.11　2013 年福建市场综艺节目收视率排名前十位

名次	节目名称	播出频道	平均收视率(%)	平均占有率(%)
1	2013 春节联欢晚会	中央电视台综合频道	7.5	16.1
2	F1 幸运星	福建省广播影视集团综合频道	3.9	8.7
3	全民大猜想	东南卫视	3.8	10.6
4	2013 元宵晚会	中央电视台综合频道	3.8	8.4
5	超人 13 猜	东南卫视	3.6	10.9
6	超人来了	东南卫视	3.6	9.3
7	好好学习吧	东南卫视	3.6	9.1
8	唱吧唱吧	福建省广播影视集团综合频道	3.5	8.8
9	急速斗阵行	福建省广播影视集团综合频道	3.5	8.7
10	中国梦中国福首届十大新闻人物颁奖典礼	福建省广播影视集团新闻频道	3.5	8.5

表 3.4.12 2013 年福建市场体育节目收视率排名前十位

名次	节目名称	播出频道	平均收视率（%）	平均占有率（%）
1	直播周末：2013 年亚洲冠军联赛决赛第二回合（韩国首尔 FC 队 VS 中国广州恒大队）	中央台五套	1.4	3.3
2	实况录像:2013/2014 赛季斯诺克英国锦标赛第 2 轮	中央台五套	1.2	8.7
3	直播周末：2013 年澳大利亚网球公开赛女单决赛	中央台五套	1.2	4.2
4	实况录像:2013 年邹市明职业拳赛澳门首战黄金拳赛	中央台五套	1.1	2.4
5	2013 年世界羽毛球锦标赛男单决赛	中央台五套	1.0	3.0
6	2013 年世界羽毛球锦标赛男子单打颁奖仪式	中央台五套	1.0	2.5
7	黄金赛场：2015 年亚洲杯预选赛 C 组（中国 VS 伊拉克）	中央台五套	1.0	2.3
8	赛场全无敌：2012 年花样滑冰大奖赛加拿大站双人自由滑	福建省广播影视集团体育频道	1.0	2.2
9	实况录像：2013 年职业骑牛赛圣路易斯站	中央台五套	0.9	8.1
10	直播周末：2013 年斯诺克中国公开赛决赛	中央台五套	0.9	6.5

五、甘肃收视数据

表 3.5.1 2009—2013 年甘肃市场各类频道的市场占有率(%)

频道类别	年份				
	2009 年	2010 年	2011 年	2012 年	2013 年
中央台频道	45.3	41.1	37.0	41.1	47.9
中国教育台频道	0.4	0.4	1.7	1.7	1.6
甘肃省级频道	7.2	7.4	5.1	5.6	3.9
其他省级卫视频道	41.4	44.3	50.4	45.0	41.6
其他频道	5.7	6.7	5.8	6.6	5.0

表 3.5.2 2013 年甘肃市场各类频道在不同目标观众中的市场占有率(%)

目标观众		中央台频道	中国教育台频道	甘肃省级频道	其他省级卫视频道	其他频道
4 岁及以上所有人		47.9	1.6	3.9	41.6	5.0
城乡	城市	54.0	1.1	4.8	34.4	5.7
	农村	44.9	1.9	3.5	44.9	4.7
性别	男	50.5	1.5	4.2	38.3	5.4
	女	45.4	1.8	3.6	44.5	4.7
年龄	4—14 岁	50.4	2.3	2.8	41.3	3.3
	15—24 岁	39.8	1.4	3.6	48.7	6.5
	25—34 岁	46.5	1.7	2.5	44.0	5.4
	35—44 岁	45.1	1.7	4.2	43.4	5.7
	45—54 岁	46.3	1.5	4.2	42.8	5.2
	55—64 岁	54.8	1.6	5.1	33.7	4.9
	65 岁及以上	55.7	1.1	6.1	32.9	4.2
教育程度	未受过正规教育	49.7	2.2	3.3	40.9	3.9
	小学	46.3	2.3	3.4	44.0	4.1
	初中	45.2	1.4	4.4	43.6	5.4
	高中	53.8	1.0	3.9	34.8	6.4
	大学及以上	54.1	0.9	4.5	34.8	5.8
职业类别	干部/管理人员	62.2	1.2	7.4	24.0	5.2
	个体/私营企业人员	48.9	1.1	4.8	38.8	6.3
	初级公务员/雇员	52.7	0.8	6.1	34.3	6.1
	工人	52.8	1.0	4.0	36.0	6.2
	学生	46.4	1.9	2.9	44.1	4.7
	无业	56.7	1.0	4.5	33.2	4.5
	其他	42.5	2.1	3.5	46.9	4.9
个人月收入	0—300 元	46.1	2.0	3.0	45.1	3.9
	301—900 元	47.6	2.2	3.5	43.3	3.4
	901—1700 元	46.9	1.3	4.5	40.2	7.1
	1701—2600 元	51.4	0.9	5.2	36.0	6.5
	2601—3500 元	53.4	0.6	6.5	33.0	6.5
	3501 元及以上	54.0	0.8	3.7	36.9	4.6

表 3.5.3 2013 年甘肃市场各类频道在不同时段的市场占有率（%）

时间段	中央台频道	中国教育台频道	甘肃省级频道	其他省级卫视频道	其他频道
02:00—03:00	42.6	3.0	4.2	41.0	9.2
03:00—04:00	33.1	0.0	5.1	56.4	5.4
04:00—05:00	31.9	0.0	3.8	60.8	3.5
05:00—06:00	58.0	0.3	1.7	36.9	3.1
06:00—07:00	66.9	0.1	1.4	22.7	8.9
07:00—08:00	71.5	0.3	1.6	20.5	6.2
08:00—09:00	60.0	0.6	2.2	33.6	3.5
09:00—10:00	52.1	0.7	2.8	40.0	4.3
10:00—11:00	51.3	1.0	2.9	39.7	5.0
11:00—12:00	56.5	0.9	2.4	35.1	5.1
12:00—13:00	70.7	0.3	3.0	22.3	3.7
13:00—14:00	63.5	0.6	2.7	28.8	4.4
14:00—15:00	42.8	1.4	2.7	48.3	4.8
15:00—16:00	38.1	1.1	2.8	52.3	5.7
16:00—17:00	43.0	0.9	2.7	47.2	6.3
17:00—18:00	56.3	0.6	2.7	35.4	5.0
18:00—19:00	68.5	0.5	9.7	16.1	5.1
19:00—20:00	61.0	1.5	3.6	30.2	3.7
20:00—21:00	35.4	2.8	3.8	53.1	5.0
21:00—22:00	34.8	2.2	4.0	53.3	5.7
22:00—23:00	37.7	1.4	5.1	48.2	7.7
23:00—24:00	40.7	0.5	3.9	45.5	9.3
24:00—25:00	46.3	0.2	3.9	38.6	11.0
25:00—26:00	54.3	0.4	6.0	28.6	10.7

表 3.5.4 2013 年甘肃市场收视份额排名前十位的频道

名次	频道名称	收视份额（%）
1	中央电视台综合频道	16.2
2	中央电视台少儿频道	7.3
3	湖南电视台卫星频道	6.4
4	中央台八套	4.8
5	中央台六套	3.8
6	中央台十二套	3.4
7	中央台三套	3.2
8	中央电视台新闻频道	3.0
9	山东卫视	2.4
9	四川卫视	2.4

表 3.5.5　2013 年甘肃市场各主要频道的观众构成（%）

目标观众		所有频道	中央电视台综合频道	中央电视台少儿频道	湖南电视台卫星频道	中央台八套	中央台六套
4 岁以上所有人		100.0	100.0	100.0	100.0	100.0	100.0
城乡	城市	32.2	38.8	24.0	25.9	31.8	33.1
	乡村	67.8	61.2	76.0	74.1	68.2	66.9
性别	男	48.1	50.2	52.4	35.8	47.1	53.1
	女	51.9	49.8	47.6	64.2	52.9	46.9
年龄	4—14 岁	16.8	10.3	61.1	19.1	11.1	13.2
	15—24 岁	12.3	9.5	6.2	20.3	12.8	14.5
	25—34 岁	14.4	14.0	11.5	17.4	15.9	18.9
	35—44 岁	19.3	17.7	8.5	22.8	20.8	28.3
	45—54 岁	15.9	16.9	4.1	12.3	21.0	13.2
	55—64 岁	11.2	16.0	5.7	4.2	10.3	6.8
	65 岁及以上	10.0	15.5	2.9	3.9	8.1	5.1
教育程度	未受过正规教育	11.1	10.1	27.7	8.4	7.4	8.3
	小学	29.3	25.3	43.9	31.4	29.5	25.3
	初中	38.3	36.9	21.2	40.0	41.2	43.9
	高中	16.5	21.5	5.9	14.8	17.9	18.0
	大学及以上	4.8	6.1	1.3	5.3	3.9	4.5
职业类别	干部/管理人员	0.9	1.4	0.1	0.5	1.0	0.6
	个体/私营企业人员	9.1	11.0	3.6	9.6	8.4	10.1
	初级公务员/雇员	4.2	5.3	1.0	4.0	4.3	4.3
	工人	4.7	6.2	1.9	4.5	5.9	6.0
	学生	17.3	11.5	41.3	23.7	13.3	19.2
	无业	21.0	26.8	28.4	14.0	17.0	11.5
	其他	42.7	37.9	23.6	43.6	50.1	48.4
个人月收入	0—300 元	37.4	30.7	73.5	46.9	28.5	32.5
	301—900 元	19.0	22.0	10.5	17.1	20.6	19.0
	901—1700 元	21.4	21.9	8.9	20.0	23.6	24.8
	1701—2600 元	15.2	17.5	5.4	10.7	18.4	15.3
	2601—3500 元	4.4	4.8	1.2	2.8	6.8	5.8
	3501 元及以上	2.5	3.1	0.6	2.4	2.1	2.7

表 3.5.6　2011—2013 年甘肃市场各类节目的播出份额（%）和收视份额（%）

节目类别	2011 年		2012 年		2013 年	
	播出份额	收视份额	播出份额	收视份额	播出份额	收视份额
财经	2.9	0.7	2.3	0.5	2.0	0.4
电视剧	21.2	39.5	21.2	38.9	21.9	35.8
电影	3.5	2.2	3.9	2.6	4.3	3.4
法制	0.8	1.0	0.7	1.2	0.9	1.4
教学	0.4	0.0	0.4	0.0	0.3	0.0
青少	8.6	4.1	8.0	4.9	7.1	5.6
生活服务	9.2	7.9	9.7	8.6	10.0	7.8
体育	1.5	0.8	1.6	1.2	1.9	0.6
外语	0.0	0.0	0.0	0.0	0.0	0.0
戏剧	1.2	0.5	1.2	0.4	0.8	0.3
新闻/时事	13.6	11.5	14.7	12.3	14.6	13.6
音乐	3.1	0.7	2.8	0.7	2.5	0.6
专题	10.0	4.6	10.6	4.7	10.7	4.0
综艺	10.6	9.4	9.4	7.8	9.2	9.7
其他	13.5	17.3	13.6	16.4	13.9	16.8

表 3.5.7 2013 年甘肃市场所有节目收视率排名前三十位

名次	节目名称	节目类别	播出频道	平均收视率（%）	平均占有率（%）
1	2013 春节联欢晚会	综艺	中央电视台综合频道	23.7	59.0
2	新闻联播	新闻/时事	中央电视台综合频道	16.1	48.6
3	天气预报	生活服务	中央电视台综合频道	13.5	31.1
4	东方时空（4 月 20/21 日）	新闻/时事	中央电视台综合频道	12.1	22.3
5	你好春天 2013 年文化部春节电视晚会	综艺	中央电视台综合频道	11.7	22.4
6	焦点访谈	新闻/时事	中央电视台综合频道	10.0	21.7
7	星光大道（12 月 28 日）	综艺	中央电视台综合频道	9.4	23.1
8	中国梦劳动美 2013 年庆祝五一国际劳动节专题文艺晚会	综艺	中央电视台综合频道	8.1	17.6
9	中央电视台特别节目梦想从历史深处走来	专题	中央电视台综合频道	8.0	19.8
10	有你才幸福	电视剧	中央电视台综合频道	7.7	16.8
11	2013 元宵晚会	综艺	中央电视台综合频道	7.2	15.2
12	万家灯火平安夜公安部 2013 年春节电视文艺晚会	综艺	中央电视台综合频道	7.0	14.5
13	五月的鲜花我们的中国梦 2013 年全国大学生校园文艺会演	综艺	中央电视台综合频道	6.8	15.1
14	花木兰传奇	电视剧	中央电视台综合频道	6.7	14.4
15	闯关东前传	电视剧	中央电视台综合频道	6.6	15.1
16	2013 春节戏曲晚会	戏剧	中央电视台综合频道	6.4	12.7
17	快乐的节日 2013 年六一晚会	青少	中央电视台综合频道	6.2	13.6
18	天天有喜	电视剧	湖南电视台卫星频道	6.0	14.1
19	阿娜尔罕	电视剧	中央电视台综合频道	6.0	13.4
20	舞出我人生	综艺	中央电视台综合频道	6.0	13.1
21	妈祖	电视剧	中央台八套	5.9	13.3
22	李克强总理会见中外记者并回答提问	新闻/时事	中央电视台综合频道	5.9	10.2
23	寻路	电视剧	中央电视台综合频道	5.8	13.2
24	寻找最美消防员颁奖典礼	综艺	中央电视台综合频道	5.8	13.1
25	高举旗帜向未来 2013 年军民迎新春文艺晚会	综艺	中央电视台综合频道	5.8	12.1
26	谁是球王（7 月 14 日）	体育	中央电视台综合频道	5.6	12.1
27	隋唐英雄	电视剧	湖南电视台卫星频道	5.6	10.8
28	一年又一年 2013	专题	中央电视台综合频道	5.5	31.3
29	第十二届汉语桥世界大学生中文比赛开幕式	综艺	湖南电视台卫星频道	5.5	12.3
30	樱桃红	电视剧	辽宁卫视	5.4	10.7

表 3.5.8　2013 年甘肃市场电视剧收视率排名前十位

名次	节目名称	播出频道	平均收视率(%)	平均占有率(%)
1	有你才幸福	中央电视台综合频道	7.7	16.8
2	花木兰传奇	中央电视台综合频道	6.7	14.4
3	闯关东前传	中央电视台综合频道	6.6	15.1
4	天天有喜	湖南电视台卫星频道	6.0	14.1
5	阿娜尔罕	中央电视台综合频道	6.0	13.4
6	妈祖	中央台八套	5.9	13.3
7	寻路	中央电视台综合频道	5.8	13.2
8	隋唐英雄	湖南电视台卫星频道	5.6	10.8
9	樱桃红	辽宁卫视	5.4	10.7
10	花非花雾非雾	湖南电视台卫星频道	5.1	12.0

表 3.5.9　2013 年甘肃市场新闻节目收视率排名前十位

名次	节目名称	播出频道	平均收视率(%)	平均占有率(%)
1	新闻联播	中央电视台综合频道	16.1	48.6
2	东方时空（4 月 20/21 日）	中央电视台综合频道	12.1	22.3
3	焦点访谈	中央电视台综合频道	10.0	21.7
4	李克强总理会见中外记者并回答提问	中央电视台综合频道	5.9	10.2
5	芦山地震特别报道	中央电视台综合频道	3.1	17.9
6	李克强总理会见中外记者并回答提问	辽宁卫视	2.9	5.5
7	共同关注（4 月 20/21 日）	中央电视台综合频道	2.8	21.3
8	两会特别报道（1 月 29/30 日）	贵州卫视	2.8	4.9
9	嫦娥三号登月之旅	中央电视台综合频道	2.3	9.0
10	东方时空（4 月 20/21 日）	贵州卫视	2.1	3.8

表 3.5.10　2013 年甘肃市场专题节目收视率排名前十位

名次	节目名称	播出频道	平均收视率(%)	平均占有率(%)
1	中央电视台特别节目梦想从历史深处走来	中央电视台综合频道	8.0	19.8
2	一年又一年 2013	中央电视台综合频道	5.5	31.3
3	感动中国 2012 年度人物颁奖典礼	中央电视台综合频道	4.6	9.5
4	2013 大型公益活动颁奖典礼寻找最美乡村教师	中央电视台综合频道	4.4	11.1
5	中国汉字听写大会 2013 复赛第五场(8 月 30 日)	中央电视台综合频道	4.2	9.4
6	圆梦中国德耀中华第四届全国道德模范授奖仪式	中央电视台综合频道	3.9	8.2
7	老梁看电视	辽宁卫视	2.9	7.4
8	龙之江	黑龙江卫视	2.5	6.8
9	习仲勋	中央电视台综合频道	2.4	6.5
10	旗鼓相当	中央电视台综合频道	2.3	13.4

表 3.5.11 2013 年甘肃市场综艺节目收视率排名前十位

名次	节目名称	播出频道	平均收视率（%）	平均占有率（%）
1	2013 春节联欢晚会	中央电视台综合频道	23.7	59.0
2	你好春天 2013 年文化部春节电视晚会	中央电视台综合频道	11.7	22.4
3	星光大道（12 月 28 日）	中央电视台综合频道	9.4	23.1
4	中国梦劳动美 2013 年庆祝五一国际劳动节专题文艺晚会	中央电视台综合频道	8.1	17.6
5	2013 元宵晚会	中央电视台综合频道	7.2	15.2
6	万家灯火平安夜公安部 2013 年春节电视文艺晚会	中央电视台综合频道	7.0	14.5
7	五月的鲜花我们的中国梦 2013 年全国大学生校园文艺会演	中央电视台综合频道	6.8	15.1
8	舞出我人生	中央电视台综合频道	6.0	13.1
9	寻找最美消防员颁奖典礼	中央电视台综合频道	5.8	13.1
10	高举旗帜向未来 2013 年军民迎新春文艺晚会	中央电视台综合频道	5.8	12.1

表 3.5.12 2013 年甘肃市场体育节目收视率排名前十位

名次	节目名称	播出频道	平均收视率（%）	平均占有率（%）
1	谁是球王（7 月 14 日）	中央电视台综合频道	5.6	12.1
2	疯狂的足球精选	中央电视台综合频道	1.7	5.7
3	第六届东亚运动会开幕式	天津卫视	1.5	3.3
4	2013 年世界大力士中国争霸赛	中央电视台综合频道	1.0	12.9
5	飞跃之梦 2013 年张掖中国汽车拉力锦标赛	甘肃卫视	1.0	2.7
6	为幸福而奔跑 2013 兰州国际马拉松赛特别报道	甘肃卫视	1.0	2.1
7	中华人民共和国第十二届运动会开幕式	辽宁卫视	0.9	2.1
8	直播周末：2013 年世界女排大奖赛总决赛（日本队 VS 中国队）	中央台五套	0.8	2.8
9	2013 年东亚运动会女子 10 米跳台决赛	中央台五套	0.8	2.0
10	黄金赛场：2013 年第 15 届世界游泳锦标赛女子三米板半决赛	中央台五套	0.8	1.7

六、广东收视数据

表 3.6.1　2009—2013 年广东市场各类频道的市场占有率（%）

频道类别	年份				
	2009 年	2010 年	2011 年	2012 年	2013 年
中央台频道	18.3	17.3	16.1	18.7	19.8
中国教育台频道	0.3	0.3	0.4	0.4	0.3
广东省级频道	48.2	46.6	45.0	43.0	40.2
境外频道	10.1	7.9	7.7	6.1	5.4
其他省级卫视频道	9.8	12.9	15.5	16.5	17.5
其他频道	13.3	15.0	15.3	15.3	16.8

表 3.6.2　2013 年广东市场各类频道在不同目标观众中的市场占有率（%）

目标观众		中央台频道	中国教育台频道	广东省级频道	境外频道	其他省级卫视频道	其他频道
4 岁及以上所有人		19.8	0.3	40.2	5.4	17.5	16.8
城乡	城市	19.9	0.2	27.4	8.5	19.9	24.1
	农村	19.7	0.4	53.3	2.2	15.0	9.4
性别	男	21.7	0.3	41.6	4.9	15.2	16.3
	女	17.9	0.3	38.8	5.8	19.8	17.4
年龄	4—14 岁	18.7	0.3	50.0	2.2	15.7	13.1
	15—24 岁	17.6	0.3	33.5	5.4	26.0	17.2
	25—34 岁	18.7	0.2	34.9	8.3	19.6	18.3
	35—44 岁	22.0	0.3	36.3	5.3	18.6	17.5
	45—54 岁	20.3	0.2	37.6	6.0	17.3	18.6
	55—64 岁	21.2	0.2	41.4	6.7	12.2	18.3
	65 岁及以上	21.0	0.4	45.6	5.3	10.9	16.8
教育程度	未受过正规教育	17.9	0.2	56.9	2.5	10.1	12.4
	小学	17.6	0.3	49.8	3.4	15.1	13.8
	初中	21.1	0.3	38.7	4.9	18.6	16.4
	高中	20.6	0.2	28.2	7.9	20.6	22.5
	大学及以上	23.0	0.2	21.5	11.4	22.5	21.4
职业类别	干部/管理人员	26.6	0.1	22.4	11.5	17.8	21.6
	个体/私营企业人员	22.5	0.3	36.7	4.8	18.8	16.9
	初级公务员/雇员	20.1	0.3	26.9	9.5	20.8	22.4
	工人	18.2	0.2	37.3	7.3	17.9	19.1
	学生	18.4	0.4	42.5	2.9	21.6	14.2
	无业	20.4	0.2	41.0	5.8	14.6	18.0
	其他	18.6	0.3	54.6	2.8	12.3	11.4
个人月收入	0—300 元	19.2	0.4	45.7	3.3	17.6	13.8
	301—900 元	17.3	0.2	51.7	2.9	13.8	14.1
	901—1700 元	19.9	0.2	38.0	6.2	17.8	17.9
	1701—2600 元	21.3	0.3	34.2	8.0	17.0	19.2
	2601—3500 元	20.8	0.2	24.2	11.5	16.7	26.6
	3501 元及以上	23.3	0.1	18.7	9.5	23.3	25.1

表 3.6.3　2013 年广东市场各类频道在不同时段的市场占有率（%）

时间段	中央台频道	中国教育台频道	广东省级频道	境外频道	其他省级卫视频道	其他频道
02:00—03:00	25.0	0.6	20.3	6.7	30.4	17.0
03:00—04:00	27.7	0.4	20.3	6.7	27.4	17.5
04:00—05:00	30.2	0.3	22.8	5.0	24.2	17.5
05:00—06:00	27.1	0.9	26.0	5.5	22.1	18.4
06:00—07:00	22.0	0.1	38.2	8.3	17.8	13.6
07:00—08:00	25.7	0.1	42.7	6.1	10.9	14.5
08:00—09:00	27.9	0.1	35.5	3.9	16.3	16.3
09:00—10:00	27.3	0.1	35.1	2.2	21.3	14.0
10:00—11:00	27.8	0.5	32.6	2.8	23.0	13.3
11:00—12:00	29.2	0.3	34.1	3.6	20.5	12.3
12:00—13:00	24.8	0.2	32.1	6.4	19.9	16.6
13:00—14:00	22.3	0.3	38.8	4.0	18.6	16.0
14:00—15:00	22.6	0.6	35.3	4.2	22.7	14.6
15:00—16:00	24.0	0.5	33.3	2.9	24.5	14.8
16:00—17:00	24.1	0.2	33.6	2.8	25.3	14.0
17:00—18:00	24.5	0.2	35.3	3.5	21.4	15.1
18:00—19:00	20.5	0.0	45.6	5.5	6.2	22.2
19:00—20:00	15.3	0.2	54.7	3.1	7.9	18.8
20:00—21:00	15.3	0.4	49.1	5.3	15.3	14.6
21:00—22:00	16.8	0.3	39.3	8.7	19.7	15.2
22:00—23:00	16.0	0.2	30.1	10.2	22.6	20.9
23:00—24:00	17.6	0.1	27.9	5.3	27.1	22.0
24:00—25:00	22.8	0.2	25.0	5.3	29.2	17.5
25:00—26:00	22.4	0.5	25.2	6.3	28.3	17.3

表 3.6.4　2013 年广东市场收视份额位于前十位的频道

名次	频道名称	收视份额（%）
1	广东电视台珠江频道	12.8
2	湖南电视台卫星频道	5.5
3	南方电视台经济频道	5.3
4	南方电视台影视频道	4.3
5	翡翠台（中文）（有线网转播）	3.5
6	广东卫视	3.4
7	广东电视台嘉佳卡通频道	3.2
8	中央电视台综合频道	2.9
9	中央台三套	2.8
10	南方电视台少儿频道	2.7

表 3.6.5　2013 年广东市场各主要频道的观众构成(%)

目标观众		所有频道	主要频道				
			广东电视台珠江频道	湖南电视台卫星频道	南方电视台经济频道	南方电视台影视频道	翡翠台(中文)(有线网转播)
4 岁及以上所有人		100.0	100.0	100.0	100.0	100.0	100.0
城乡	城市	50.4	23.6	54.2	25.5	34.0	88.5
	农村	49.6	76.4	45.8	74.5	66.0	11.5
性别	男	50.0	49.0	34.7	53.2	55.0	41.2
	女	50.0	51.0	65.3	46.8	45.0	58.8
年龄	4—14 岁	20.8	25.1	23.2	16.3	15.0	6.8
	15—24 岁	12.6	9.1	24.9	13.6	10.3	13.8
	25—34 岁	14.6	11.4	13.9	12.0	12.6	27.3
	35—44 岁	15.8	14.8	14.5	14.4	14.9	13.7
	45—54 岁	16.5	17.1	13.1	20.9	21.8	18.5
	55—64 岁	10.5	10.9	4.8	12.7	11.6	12.7
	65 岁及以上	9.2	11.6	5.6	10.1	13.8	7.2
教育程度	未受过正规教育	9.1	13.2	5.5	8.5	10.2	4.1
	小学	29.8	41.9	29.2	33.6	37.4	17.5
	初中	33.7	30.9	37.0	39.3	34.6	29.9
	高中	18.7	10.9	19.9	14.5	13.7	28.7
	大学及以上	8.7	3.1	8.4	4.1	4.1	19.8
职业类别	干部/管理人员	2.5	1.0	2.0	1.1	0.6	5.0
	个体/私营企业人员	13.1	11.2	11.8	16.3	13.0	10.7
	初级公务员/雇员	9.2	4.8	8.9	6.3	8.7	17.8
	工人	14.4	12.4	14.6	11.6	18.8	23.8
	学生	21.3	22.3	35.0	18.0	14.4	9.2
	无业	26.7	23.7	18.4	28.6	25.6	29.2
	其他	12.8	24.6	9.3	18.1	18.9	4.3
个人月收入	0—300 元	44.4	49.9	51.8	49.0	42.7	24.8
	301—900 元	9.8	17.2	8.5	12.9	12.9	4.8
	901—1700 元	18.6	17.3	18.8	16.1	23.1	22.8
	1701—2600 元	15.3	10.5	11.4	16.0	16.2	23.8
	2601—3500 元	6.0	3.1	4.3	3.9	3.4	13.9
	3501 元及以上	5.9	2.0	5.2	2.1	1.7	9.9

表 3.6.6　2011—2013 年广东市场各类节目的播出份额(%)和收视份额(%)

节目类型	2011 年		2012 年		2013 年	
	播出份额	收视份额	播出份额	收视份额	播出份额	收视份额
财经	2.4	0.6	2.1	0.4	1.9	0.4
电视剧	27.3	36.0	20.9	36.8	21.6	37.3
电影	3.2	5.5	4.0	4.3	4.4	4.1
法制	0.9	0.9	0.8	0.5	0.8	0.5
教学	0.5	0.1	0.3	0.0	0.2	0.0
青少	7.0	7.3	7.1	6.3	6.6	6.3
生活服务	8.6	6.1	9.1	6.2	9.6	6.4
体育	2.9	3.2	2.4	3.3	2.8	2.7
外语	0.1	0.0	0.0	0.0	0.0	0.0
戏剧	1.1	0.7	0.9	0.5	0.7	0.3
新闻/时事	10.1	11.0	15.0	13.2	15.1	13.1
音乐	1.7	0.5	2.4	0.7	2.2	0.8
专题	10.1	5.2	11.6	5.3	10.5	4.5
综艺	7.4	8.8	8.5	8.7	8.7	9.8
其他	16.7	14.2	14.7	13.7	14.9	13.8

表 3.6.7 2013 年广东市场所有节目收视率排名前三十位

名次	节目名称	节目类型	播出频道	平均收视率（%）	平均占有率（%）
1	爱情悠悠药草香	电视剧	广东电视台珠江频道	10.3	28.0
2	鸳鸯佩	电视剧	广东电视台珠江频道	10.3	27.8
3	百万新娘之爱无悔	电视剧	广东电视台珠江频道	10.3	27.3
4	良家妇女	电视剧	广东电视台珠江频道	10.0	26.5
5	嫁入豪门	电视剧	广东电视台珠江频道	10.0	26.4
6	叶问	电视剧	广东电视台珠江频道	9.7	26.3
7	娘心	电视剧	广东电视台珠江频道	8.7	24.5
8	聊斋之狐仙	电视剧	广东电视台珠江频道	8.3	23.0
9	盛夏晚晴天	电视剧	广东电视台珠江频道	8.2	24.5
10	麦王争霸 2012 粤语歌唱大汇王者巅峰之夜	综艺	广东电视台珠江频道	8.1	22.3
11	如锦	电视剧	广东电视台珠江频道	8.1	21.9
12	天气预报	生活服务	广东电视台珠江频道	7.6	27.3
13	外来媳妇本地郎	电视剧	广东电视台珠江频道	7.0	20.3
14	武松	电视剧	广东电视台珠江频道	6.8	21.0
15	烟雨斜阳	电视剧	广东电视台珠江频道	6.8	19.3
16	金蛇贺岁万家欢 2013 年春节联欢晚会	综艺	广东电视台珠江频道	6.6	19.4
17	终极任务	电视剧	南方电视台经济频道	6.3	17.6
18	军刺	电视剧	南方电视台经济频道	6.0	16.8
19	辣妈俏爸	电视剧	广东电视台珠江频道	5.9	19.2
20	女人的武器	电视剧	广东电视台珠江频道	5.9	16.8
21	向着胜利前进	电视剧	南方电视台经济频道	5.6	16.6
22	2012 我爱 HK 喜上加喜	电影	广东电视台珠江频道	5.6	14.8
23	钦差驾到	电视剧	广东电视台珠江频道	5.5	16.2
24	精彩德庆欢乐珠江 2013 广东电视台元宵晚会	综艺	广东电视台珠江频道	5.3	15.0
25	英雄	电视剧	广东电视台珠江频道	5.3	14.7
26	血誓	电视剧	南方电视台经济频道	5.2	14.1
27	2013 春节联欢晚会	综艺	中央台三套	5.1	15.8
28	一个鬼子都不留之二上海滩生死较量	电视剧	南方电视台经济频道	5.1	13.6
29	英雄使命	电视剧	南方电视台经济频道	5.0	14.1
30	魔幻厨房	电影	广东电视台珠江频道	4.8	13.2

表 3.6.8　2013 年广东市场电视剧收视率排名前十位

名次	节目名称	播出频道	平均收视率(%)	平均占有率(%)
1	爱情悠悠药草香	广东电视台珠江频道	10.3	28.0
2	鸳鸯佩	广东电视台珠江频道	10.3	27.8
3	百万新娘之爱无悔	广东电视台珠江频道	10.3	27.3
4	良家妇女	广东电视台珠江频道	10.0	26.5
5	嫁入豪门	广东电视台珠江频道	10.0	26.4
6	叶问	广东电视台珠江频道	9.7	26.3
7	娘心	广东电视台珠江频道	8.7	24.5
8	聊斋之狐仙	广东电视台珠江频道	8.3	23.0
9	盛夏晚晴天	广东电视台珠江频道	8.2	24.5
10	如锦	广东电视台珠江频道	8.1	21.9

表 3.6.9　2013 年广东市场新闻节目收视率排名前十位

名次	节目名称	播出频道	平均收视率(%)	平均占有率(%)
1	今日关注	广东电视台珠江频道	4.4	13.9
2	珠江新闻眼	广东电视台珠江频道	3.4	17.5
3	芦山 7.0 级地震特别报道	广东电视台珠江频道	3.0	11.7
4	今日 1 线	南方电视台经济频道	1.8	6.5
5	太空新旅再探天宫天宫一号与神舟十号载人飞行任务特别报道	中央电视台综合频道	1.7	9.9
6	广东新闻联播	广东卫视	1.5	4.0
7	太空新旅再探天宫天宫一号与神舟十号载人飞行任务特别报道	中央电视台新闻频道	1.4	8.0
8	守望 72 小时四川雅安 7 级地震特别节目	南方电视台经济频道	1.4	6.1
9	李克强总理会见中外记者并回答提问	中央电视台综合频道	1.1	2.8
10	军情观察室	凤凰卫视中文台	1.0	4.6

表 3.6.10　2013 年广东市场专题节目收视率排名前十位

名次	节目名称	播出频道	平均收视率(%)	平均占有率(%)
1	中国汉字听写大会 2013 总决赛	中央电视台综合频道	1.7	4.6
2	酷我真声音	浙江卫视	1.6	10.5
3	爱在晚晴天	江苏卫视	1.2	3.1
4	圆梦中国德耀中华第四届全国道德模范授奖仪式	中央电视台综合频道	1.1	3.0
5	一年又一年 2013	中央电视台综合频道	1.0	4.1
6	最佳女主角	翡翠台（中文）（有线网转播）	0.9	5.7
7	邵逸夫奖 10 周年	翡翠台（中文）（有线网转播）	0.9	2.7
8	一方水土	南方电视台影视频道	0.8	3.9
9	解密（1 月 9 日、16 日）	深圳卫视（新闻综合频道）	0.8	3.7
10	非常平等任务	翡翠台（中文）（有线网转播）	0.8	2.4

表 3.6.11　2013 年广东市场综艺节目收视率排名前十位

名次	节目名称	播出频道	平均收视率（%）	平均占有率（%）
1	麦王争霸 2012 粤语歌唱大汇王者巅峰之夜	广东电视台珠江频道	8.1	22.3
2	金蛇贺岁万家欢 2013 年春节联欢晚会	广东电视台珠江频道	6.6	19.4
3	精彩德庆欢乐珠江 2013 广东电视台元宵晚会	广东电视台珠江频道	5.3	15.0
4	2013 春节联欢晚会	中央台三套	5.1	15.8
5	叮王争霸再战江湖	广东电视台珠江频道	4.6	12.6
6	欢乐斗歌会	广东电视台珠江频道	4.4	11.6
7	2013 戏王争霸	广东电视台珠江频道	4.3	10.9
8	爸爸去哪儿	湖南电视台卫星频道	4.0	24.4
9	中国好声音年度盛典（10 月 7 日）	浙江卫视	4.0	13.7
10	珠江欢乐夜珠江频道三十周年特别节目	广东电视台珠江频道	3.9	14.0

表 3.6.12　2013 年广东市场体育节目收视率排名前十位

名次	节目名称	播出频道	平均收视率（%）	平均占有率（%）
1	2012/2013 赛季中国男子篮球职业联赛总决赛第 1 场（山东黄金 VS 广东东莞银行）	广东电视体育频道	3.9	10.1
2	2013 年亚足联冠军联赛决赛次回合（FC 首尔 VS 广州恒大）	广东电视体育频道	3.2	9.0
3	黄金赛场 2012/2013 赛季 CBA 总决赛颁奖仪式	中央台五套	2.8	9.0
4	黄金赛场：2015 年亚洲杯预选赛（中国 VS 沙特阿拉伯）	中央台五套	2.4	7.4
5	2013/2014 赛季 CBA 常规赛第 9 轮（广东东莞银行 VS 福建泉州银行）	广东电视体育频道	2.2	6.5
6	黄金赛场：2013 年世乒赛男单决赛	中央台五套	1.8	7.4
7	现场直播：2013 年东亚杯足球赛（韩国队 VS 中国队）	中央台五套	1.7	4.7
8	2013 年世界羽毛球锦标赛男单决赛	中央台五套	1.6	6.0
9	现场直播：2013 年亚洲男篮锦标赛 1/4 决赛（中华台北队 VS 中国队）	中央台五套	1.4	10.0
10	2013 年中国足协超级联赛第 26 轮（杭州绿城 VS 广州恒大）	广东电视体育频道	1.4	4.3

七、广西收视数据

表 3.7.1　2009—2013 年广西电视收视市场各类频道的市场占有率（%）

频道类别	年份				
	2009 年	2010 年	2011 年	2012 年	2013 年
中央台频道	25.6	27.4	28.2	30.6	33.6
中国教育台频道	0.3	0.6	1.0	1.3	1.3
广西自治区级频道	35.0	30.2	26.4	26.3	24.9
其他省级卫视频道	24.6	27.2	32.6	31.2	32.3
其他频道	14.5	14.6	11.8	10.6	7.9

表 3.7.2　2013 年广西市场各类频道在不同目标观众中的市场占有率（%）

目标观众		中央台频道	中国教育台频道	广西自治区级频道	其他省级卫视频道	其他频道
4 岁及以上所有人		33.6	1.3	24.9	32.3	7.9
城乡	城市	37.3	1.3	22.0	29.4	10.0
	农村	32.2	1.3	26.1	33.4	7.0
性别	男	36.9	1.2	26.0	28.5	7.4
	女	30.4	1.4	23.7	36.1	8.4
年龄	4—14 岁	46.1	1.1	16.3	30.4	6.1
	15—24 岁	21.9	1.3	23.4	43.6	9.8
	25—34 岁	30.9	1.5	21.4	38.0	8.2
	35—44 岁	30.0	1.5	25.6	34.5	8.4
	45—54 岁	26.8	1.3	33.8	30.0	8.1
	55—64 岁	30.1	1.2	32.1	27.2	9.4
	65 岁及以上	42.1	1.1	26.1	23.8	6.9
教育程度	未受过正规教育	48.8	1.1	18.5	25.0	6.6
	小学	35.9	1.4	23.1	32.3	7.3
	初中	27.7	1.3	28.1	35.1	7.8
	高中	33.1	1.2	24.9	30.1	10.7
	大学及以上	47.4	1.2	17.5	24.1	9.8
职业类别	干部/管理人员	42.5	1.0	17.6	22.2	16.7
	个体/私营企业人员	29.4	1.8	28.0	31.0	9.8
	初级公务员/雇员	41.5	0.9	19.5	27.1	11.0
	工人	30.0	1.3	26.4	32.1	10.2
	学生	42.1	1.1	17.1	33.5	6.2
	无业	45.3	1.1	21.8	23.4	8.4
	其他	26.5	1.4	28.5	36.4	7.2
个人月收入	0—300 元	36.5	1.3	19.8	35.2	7.2
	301—900 元	26.2	1.3	30.5	33.9	8.1
	901—1700 元	33.1	1.2	29.5	28.5	7.7
	1701—2600 元	36.3	1.6	24.2	27.6	10.3
	2601—3500 元	29.8	0.5	27.0	30.5	12.2
	3501 元及以上	41.7	0.9	20.2	26.0	11.2

表 3.7.3　2013 年广西市场各类频道在不同时段的市场占有率（%）

时间段	中央台频道	中国教育台频道	广西自治区级频道	其他省级卫视频道	其他频道
02:00—03:00	31.4	0.3	23.2	40.1	5.0
03:00—04:00	29.4	0.2	19.2	44.1	7.1
04:00—05:00	27.4	0.1	17.3	44.1	11.1
05:00—06:00	26.3	0.0	18.2	46.4	9.1
06:00—07:00	59.2	0.3	15.6	20.1	4.8
07:00—08:00	60.7	0.2	14.3	19.8	5.0
08:00—09:00	53.2	0.3	13.2	25.6	7.7
09:00—10:00	49.5	0.5	13.7	28.7	7.6
10:00—11:00	47.6	1.0	14.6	29.5	7.3
11:00—12:00	49.4	0.7	14.9	28.0	7.0
12:00—13:00	54.2	0.4	13.8	26.5	5.1
13:00—14:00	42.8	0.7	16.1	35.6	4.8
14:00—15:00	33.8	1.6	15.9	42.5	6.2
15:00—16:00	34.7	1.0	14.5	43.5	6.3
16:00—17:00	42.9	0.6	13.5	36.8	6.2
17:00—18:00	53.3	0.2	16.8	23.2	6.5
18:00—19:00	45.9	0.2	31.9	12.3	9.7
19:00—20:00	33.6	1.3	33.8	23.0	8.3
20:00—21:00	21.1	2.3	29.9	38.9	7.8
21:00—22:00	22.8	1.9	23.9	42.6	8.8
22:00—23:00	27.7	1.0	20.1	42.0	9.2
23:00—24:00	26.2	0.4	24.2	39.8	9.4
24:00—25:00	31.5	0.5	26.5	32.1	9.4
25:00—26:00	35.2	1.5	24.3	30.9	8.1

表 3.7.4　2013 年广西市场收视份额排名前十位的频道

名次	频道名称	收视份额（%）
1	中央电视台少儿频道	11.2
2	广西电视台综艺频道	10.5
3	湖南电视台卫星频道	9.8
4	中央电视台综合频道	6.9
5	广西电视台卫星频道	5.8
6	广西电视台科教频道	3.3
7	广西电视台都市频道	2.5
8	中央电视台新闻频道	2.4
9	安徽卫视	2.2
10	江苏卫视	1.8

表 3.7.5　2013 年广西市场各主要频道的观众构成（%）

目标观众		所有频道	主要频道				
			中央电视台少儿频道	广西电视台综艺频道	湖南电视台卫星频道	中央电视台综合频道	广西电视台卫星频道
4 岁及以上所有人		100.0	100.0	100.0	100.0	100.0	100.0
城乡	城市	29.1	19.9	19.1	24.4	45.3	16.0
	农村	70.9	80.1	80.9	75.6	54.7	84.0
性别	男	50.2	53.5	54.3	37.0	54.6	53.5
	女	49.8	46.5	45.7	63.0	45.4	46.5
年龄	4—14 岁	21.4	67.8	14.7	22.2	11.2	15.1
	15—24 岁	11.1	4.2	9.7	21.2	8.6	10.9
	25—34 岁	11.4	8.9	9.1	14.1	11.0	7.8
	35—44 岁	18.0	8.5	17.0	20.1	18.7	17.3
	45—54 岁	14.4	3.3	22.5	12.0	14.0	18.4
	55—64 岁	11.6	3.0	15.1	4.9	15.3	15.0
	65 岁及以上	12.0	4.3	11.9	5.5	21.1	15.5
教育程度	未受过正规教育	8.5	26.4	7.7	6.2	5.3	7.2
	小学	32.1	50.4	30.3	31.2	25.3	34.1
	初中	43.4	18.3	49.9	49.1	42.6	47.0
	高中	11.5	3.9	10.1	10.1	16.4	9.5
	大学及以上	4.5	1.0	1.9	3.3	10.3	2.2
职业类别	干部/管理人员	0.7	0.2	0.4	0.3	1.8	0.3
	个体/私营企业人员	10.6	3.6	9.5	9.5	12.0	10.3
	初级公务员/雇员	3.4	1.1	1.9	3.1	8.1	2.2
	工人	5.8	3.4	7.3	7.9	5.6	5.6
	学生	16.4	43.7	10.3	20.3	9.9	11.6
	无业	18.3	29.0	15.3	9.8	25.7	13.9
	其他	44.7	18.9	55.4	49.0	36.8	56.1
个人月收入	0—300 元	41.9	78.6	33.4	53.0	30.7	40.3
	301—900 元	18.1	8.3	21.0	15.5	13.0	25.3
	901—1700 元	26.4	9.0	33.1	20.6	34.1	23.4
	1701—2600 元	9.9	3.0	8.9	7.4	16.7	7.9
	2601—3500 元	2.5	0.5	2.5	2.7	3.3	2.2
	3501 元及以上	1.3	0.6	1.1	0.8	2.2	0.9

表 3.7.6　2011—2013 年广西电视收视市场各类节目的播出份额（%）和收视份额（%）

节目类别	2011 年		2012 年		2013 年	
	播出份额	收视份额	播出份额	收视份额	播出份额	收视份额
财经	2.7	0.5	2.3	0.4	2.0	0.3
电视剧	20.9	33.2	20.7	35.8	22.3	37.6
电影	4.1	3.4	4.8	3.9	4.9	3.1
法制	1.0	2.2	1.1	2.4	1.1	2.0
教学	0.4	0.1	0.3	0.1	0.3	0.0
青少	7.9	5.5	7.1	6.1	6.6	8.8
生活服务	8.1	8.0	8.4	8.2	8.9	7.5
体育	1.5	1.8	1.6	1.9	1.9	1.0
外语	0.0	0.0	0.0	0.0	0.0	0.0
戏剧	1.1	0.1	1.1	0.1	0.8	0.1
新闻/时事	13.5	10.4	15.0	9.7	15.1	10.1
音乐	3.0	0.7	2.7	0.7	2.5	0.7
专题	11.6	5.5	11.9	5.9	10.7	3.8
综艺	10.6	10.9	9.3	8.5	8.8	7.8
其他	13.7	17.7	13.9	16.5	14.1	17.2

表 3.7.7　2013 年广西市场所有节目收视率排名前三十位

名次	节目名称	节目类别	播出频道	平均收视率（%）	平均占有率（%）
1	2013 春节联欢晚会	综艺	中央电视台综合频道	10.7	36.0
2	平原烽火（24—39 集）	电视剧	广西电视台综艺频道	9.1	21.0
3	因为爱情有晴天	电视剧	湖南电视台卫星频道	8.8	21.0
4	天天有喜	电视剧	湖南电视台卫星频道	8.0	20.1
5	璀璨人生	电视剧	湖南电视台卫星频道	7.8	19.2
6	花非花雾非雾	电视剧	湖南电视台卫星频道	7.7	19.0
7	绝战	电视剧	广西电视台综艺频道	7.7	18.3
7	苍狼	电视剧	广西电视台综艺频道	7.7	18.3
9	打狗棍	电视剧	广西电视台综艺频道	7.3	17.1
10	光荣使命	电视剧	广西电视台综艺频道	7.2	17.8
11	代号九耳犬	电视剧	广西电视台综艺频道	7.0	17.0
12	铁血锄奸	电视剧	广西电视台综艺频道	7.0	16.4
13	百万新娘第二部之爱无悔	电视剧	湖南电视台卫星频道	6.8	16.8
14	烽火姐妹	电视剧	广西电视台综艺频道	6.8	16.4
15	特工出击偷天换月	电视剧	广西电视台综艺频道	6.7	17.3
16	因为爱情有多美	电视剧	湖南电视台卫星频道	6.7	17.0
17	爱在春天	电视剧	湖南电视台卫星频道	6.6	16.9
18	风影	电视剧	广西电视台综艺频道	6.6	16.4
19	小鬼子走着瞧	电视剧	广西电视台综艺频道	6.5	16.1
20	精彩之夜大地飞歌 2013 直播特别报道	综艺	广西电视台综艺频道	6.5	15.8
21	生死暗战	电视剧	广西电视台综艺频道	6.5	15.6
22	无敌枪王	电视剧	广西电视台综艺频道	6.4	15.9
23	第十二届汉语桥世界大学生中文比赛开幕式	综艺	湖南电视台卫星频道	6.4	15.8
24	我的抗战之猎豹突击	电视剧	广西电视台综艺频道	6.4	15.7
25	敌后便衣队传奇	电视剧	广西电视台综艺频道	6.3	17.4
26	追捕渣滓洞刽子手	电视剧	广西电视台综艺频道	6.1	16.3
27	无敌英雄	电视剧	广西电视台综艺频道	6.1	14.9
27	战地狮吼	电视剧	广西电视台综艺频道	6.1	14.9
29	抗日女侠血战队	电视剧	广西电视台综艺频道	6.0	15.0
30	孤胆英雄（1—40 集）	电视剧	广西电视台综艺频道	6.0	14.5

表 3.7.8　2013 年广西市场电视剧收视率排名前十位

名次	节目名称	播出频道	平均收视率（%）	平均占有率（%）
1	平原烽火（24—39 集）	广西电视台综艺频道	9.1	21.0
2	因为爱情有晴天	湖南电视台卫星频道	8.8	21.0
3	天天有喜	湖南电视台卫星频道	8.0	20.1
4	璀璨人生	湖南电视台卫星频道	7.8	19.2
5	花非花雾非雾	湖南电视台卫星频道	7.7	19.0
6	绝战	广西电视台综艺频道	7.7	18.3
6	苍狼	广西电视台综艺频道	7.7	18.3
8	打狗棍	广西电视台综艺频道	7.3	17.1
9	光荣使命	广西电视台综艺频道	7.2	17.8
10	代号九耳犬	广西电视台综艺频道	7.0	17.0

表 3.7.9　2013 年广西市场新闻节目收视率排名前十位

名次	节目名称	播出频道	平均收视率(%)	平均占有率(%)
1	新闻联播	中央电视台综合频道	5.5	16.6
2	东方时空（4 月 21 日）	广西电视台卫星频道	4.0	8.2
3	东方时空（4 月 20/21 日）	中央电视台综合频道	3.8	8.2
4	焦点访谈	中央电视台综合频道	3.3	7.5
5	焦点访谈（4 月 21 日）	广西电视台卫星频道	3.3	7.2
6	雅安地震特别报道	湖南电视台卫星频道	2.5	10.0
7	东方时空（4 月 20/21 日）	贵州卫视	2.4	5.3
8	转播中央台新闻联播	广西电视台卫星频道	2.3	6.9
9	李克强总理会见中外记者并回答提问	中央电视台综合频道	2.3	5.0
10	焦点访谈（4 月 20/21 日）	贵州卫视	2.1	4.9

表 3.7.10　2013 年广西市场专题类节目收视率排名前十位

名次	节目名称	播出频道	平均收视率(%)	平均占有率(%)
1	中央电视台特别节目梦想从历史深处走来	中央电视台综合频道	2.5	5.3
2	中国汉字听写大会 2013 复赛第六场	中央电视台综合频道	2.2	5.0
3	圆梦中国德耀中华第四届全国道德模范授奖仪式	中央电视台综合频道	2.1	5.0
4	2013 大型公益活动颁奖典礼寻找最美乡村教师	中央电视台综合频道	2.0	4.7
5	智力快车（9 月 10 日）	中央电视台少儿频道	1.9	5.4
6	一年又一年 2013	中央电视台综合频道	1.8	12.4
7	爱在晚晴天	江苏卫视	1.6	3.4
8	士兵突击第二季（7 月 14 日）	中央电视台综合频道	1.3	8.5
9	纪录广西	广西电视台综艺频道	1.2	5.0
10	感动中国 2012 年度人物颁奖典礼	中央电视台综合频道	1.2	3.4

表 3.7.11　2013 年广西市场综艺节目收视率排名前十位

名次	节目名称	播出频道	平均收视率(%)	平均占有率(%)
1	2013 春节联欢晚会	中央电视台综合频道	10.7	36.0
2	精彩之夜大地飞歌 2013 直播特别报道	广西电视台综艺频道	6.5	15.8
3	第十二届汉语桥世界大学生中文比赛开幕式	湖南电视台卫星频道	6.4	15.8
4	远辰之夜音乐先锋榜 2012 年度颁奖典礼特别直播节目	广西电视台综艺频道	5.1	15.7
5	我是歌手总决赛歌王之战	湖南电视台卫星频道	5.0	17.9
6	天天向上	湖南电视台卫星频道	4.9	13.0
7	快乐大本营	湖南电视台卫星频道	4.8	13.6
8	湖南省纪念毛泽东诞辰 120 周年文艺晚会	湖南电视台卫星频道	4.6	11.5
9	书香中国 2013 全民阅读电视晚会	湖南电视台卫星频道	4.5	10.0
10	美丽广西美丽天下蛇年春晚连连看	广西电视台卫星频道	4.1	9.8

表 3.7.12 2013 年广西市场体育节目收视率排名前十位

名次	节目名称	播出频道	平均收视率（%）	平均占有率（%）
1	谁是球王（7 月 14 日）	中央电视台综合频道	1.9	4.7
2	直播周末：2013 年亚洲冠军联赛决赛第二回合（韩国首尔 FC 队 VS 中国广州恒大队）	中央台五套	1.5	4.1
3	黄金赛场：2013 年世乒赛女双决赛	中央台五套	1.3	2.6
4	直播周末：2013/2014 赛季中国男子篮球职业联赛常规赛第十四轮（浙江稠州银行 VS 福建泉州银行）	中央台五套	1.1	2.4
5	2013 年世界羽毛球锦标赛男单决赛	中央台五套	1.0	2.9
6	黄金赛场：2015 年亚洲杯预选赛（中国 VS 印度尼西亚）	中央台五套	1.0	2.4
7	黄金赛场：2012/2013 赛季 CBA 总决赛第四场（山东黄金 VS 广东东莞银行）	中央台五套	1.0	2.3
8	2013 年第十二届全国运动会跳水女子 3 米板决赛	中央台五套	1.0	2.1
9	直播周末：2013 年世界举重锦标赛女子 48 公斤级决赛抓举	中央台五套	1.0	2.0
10	直播周末：2013 年第六届东亚运动会女子排球决赛（中国队 VS 日本队）	中央台五套	0.9	2.1

八、贵州收视数据

表 3.8.1　2009—2013 年贵州市场各类频道的市场占有率（%）

频道类别	年份				
	2009 年	2010 年	2011 年	2012 年	2013 年
中央台频道	30.5	28.5	27.7	30.1	31.2
中国教育台频道	0.6	0.8	1.1	1.2	0.8
贵州省级频道	19.3	22.2	20.5	20.1	19.7
其他省级卫视频道	42.7	41.5	45.2	43.5	43.6
其他频道	6.9	7.0	5.5	5.1	4.7

表 3.8.2　2013 年贵州市场各类频道在不同目标观众中的市场占有率（%）

目标观众		中央台频道	中国教育台频道	贵州省级频道	其他省级卫视频道	其他频道
4 岁及以上所有人		31.2	0.8	19.7	43.6	4.7
城乡	城市	36.1	0.5	18.9	34.8	9.7
	农村	30.3	0.8	19.8	45.3	3.7
性别	男	33.1	0.9	19.9	41.4	4.8
	女	29.4	0.7	19.5	45.8	4.6
年龄	4—14 岁	32.8	0.8	14.5	48.7	3.1
	15—24 岁	25.0	1.0	16.5	52.2	5.5
	25—34 岁	28.0	0.8	20.2	45.6	5.3
	35—44 岁	29.6	0.8	20.5	44.8	4.3
	45—54 岁	31.6	0.8	23.9	38.6	5.1
	55—64 岁	33.9	0.6	25.5	34.9	5.1
	65 岁及以上	37.7	0.7	20.7	34.5	6.3
教育程度	未受过正规教育	33.2	0.9	18.9	42.6	4.4
	小学	30.4	1.0	18.0	46.5	4.0
	初中	30.3	0.7	21.1	43.0	4.9
	高中	31.5	0.4	22.3	39.6	6.2
	大学及以上	48.8	0.3	19.6	25.2	6.2
职业类别	干部/管理人员	35.1	0.2	25.8	34.1	4.8
	个体/私营企业人员	27.9	0.7	23.9	41.6	5.9
	初级公务员/雇员	38.5	0.2	23.6	30.7	7.0
	工人	32.9	1.1	19.1	40.3	6.6
	学生	31.2	0.9	14.3	50.6	3.0
	无业	36.3	0.5	20.9	36.1	6.3
	其他	27.5	1.1	20.4	47.3	3.8
个人月收入	0—300 元	29.9	1.0	17.2	48.2	3.7
	301—900 元	29.9	0.8	21.2	43.5	4.7
	901—1700 元	33.5	0.5	22.3	38.6	5.1
	1701—2600 元	32.0	0.7	23.0	37.5	6.8
	2601—3500 元	33.3	0.5	19.0	39.8	7.3
	3501 元及以上	38.8	0.4	21.0	34.0	5.8

表 3. 8. 3　2013 年贵州市场各类频道在不同时段的市场占有率（%）

时间段	中央台频道	中国教育台频道	贵州省级频道	其他省级卫视频道	其他频道
02:00 — 03:00	43. 1	0. 1	8. 0	34. 6	14. 2
03:00 — 04:00	39. 4	0. 1	6. 1	44. 9	9. 5
04:00 — 05:00	45. 4	0. 3	6. 4	41. 7	6. 3
05:00 — 06:00	48. 8	0. 2	11. 3	33. 7	6. 0
06:00 — 07:00	54. 6	0. 3	6. 4	34. 8	3. 9
07:00 — 08:00	52. 5	0. 5	7. 0	35. 9	4. 1
08:00 — 09:00	43. 8	0. 4	7. 1	44. 6	4. 2
09:00 — 10:00	42. 0	0. 5	6. 6	46. 2	4. 8
10:00 — 11:00	42. 5	0. 4	6. 5	45. 3	5. 4
11:00 — 12:00	43. 6	0. 5	6. 6	43. 7	5. 6
12:00 — 13:00	47. 1	0. 4	6. 1	41. 1	5. 2
13:00 — 14:00	44. 7	0. 4	5. 3	44. 4	5. 2
14:00 — 15:00	36. 6	0. 3	5. 2	52. 7	5. 2
15:00 — 16:00	32. 9	0. 2	5. 4	55. 9	5. 6
16:00 — 17:00	35. 3	0. 3	6. 3	52. 4	5. 7
17:00 — 18:00	41. 6	0. 4	13. 4	39. 9	4. 7
18:00 — 19:00	36. 3	0. 6	36. 4	21. 7	5. 0
19:00 — 20:00	34. 1	1. 0	27. 3	34. 0	3. 6
20:00 — 21:00	20. 9	1. 2	25. 0	49. 1	3. 8
21:00 — 22:00	21. 5	1. 0	21. 4	51. 7	4. 4
22:00 — 23:00	26. 0	0. 6	15. 5	50. 1	7. 9
23:00 — 24:00	28. 2	0. 5	11. 9	49. 3	10. 2
24:00 — 25:00	36. 6	0. 3	10. 7	42. 6	9. 7
25:00 — 26:00	35. 3	0. 3	11. 3	41. 3	11. 9

表 3. 8. 4　2013 年贵州市场收视份额排名前十位的频道

名次	频道名称	收视份额（%）
1	贵州卫视	12. 3
2	湖南电视台卫星频道	11. 9
3	中央电视台综合频道	6. 5
4	中央电视台少儿频道	5. 7
5	中央台八套	4. 3
6	贵州广播电视台公共频道	3. 5
7	中央台六套	3. 1
8	安徽卫视	3. 0
9	浙江卫视	2. 6
10	中央台十二套	2. 4

表 3.8.5　2013 年贵州市场各主要频道的观众构成（%）

目标观众		所有频道	主要频道				
			贵州卫视	湖南电视台卫星频道	中央电视台综合频道	中央电视台少儿频道	中央台八套
4 岁及以上所有人		100.0	100.0	100.0	100.0	100.0	100.0
城乡	城市	15.9	8.7	11.7	20.6	9.0	15.6
	乡村	84.1	91.3	88.3	79.4	91.0	84.4
性别	男	49.3	51.5	41.7	52.9	54.2	47.2
	女	50.7	48.5	58.3	47.1	45.8	52.8
年龄	4—14 岁	23.6	20.5	28.9	15.4	68.4	13.4
	15—24 岁	10.2	9.0	15.8	7.7	5.2	8.2
	25—34 岁	15.0	15.6	18.4	13.7	8.5	13.8
	35—44 岁	16.8	16.0	16.6	16.4	6.8	18.8
	45—54 岁	12.7	14.3	9.5	13.5	4.4	20.9
	55—64 岁	11.4	14.5	4.8	16.8	2.8	12.9
	65 岁及以上	10.4	10.0	5.9	16.6	4.0	12.1
教育程度	未受过正规教育	9.3	9.9	7.7	8.1	19.0	6.8
	小学	41.5	42.7	46.7	39.4	60.7	35.2
	初中	36.0	37.8	34.6	34.6	17.3	40.4
	高中	10.5	7.7	9.7	11.4	2.3	12.1
	大学及以上	2.7	2.0	1.4	6.6	0.8	5.5
职业类别	干部/管理人员	0.9	0.7	0.4	1.5	0.2	0.7
	个体/私营企业人员	12.1	11.3	13.9	8.9	3.9	14.0
	初级公务员/雇员	6.0	5.0	3.2	10.1	1.5	8.5
	工人	4.1	2.8	3.8	3.6	2.2	6.3
	学生	24.2	21.3	32.3	16.1	55.7	15.4
	无业	21.4	17.1	14.5	25.5	21.6	25.2
	其他	31.2	41.7	31.9	34.4	14.8	29.9
个人月收入	0—300 元	46.8	46.9	54.3	41.6	77.3	35.1
	301—900 元	15.9	19.1	15.8	16.8	6.4	15.7
	901—1700 元	20.2	19.4	13.7	21.7	10.6	28.8
	1701—2600 元	9.8	9.2	9.6	10.6	3.1	10.6
	2601—3500 元	4.8	3.1	5.3	6.2	1.7	6.8
	3501 元及以上	2.4	2.3	1.3	3.1	0.9	2.9

表 3.8.6　2011—2013 年贵州市场各类节目的播出份额（%）和收视份额（%）

节目类型	2011 年		2012 年		2013 年	
	播出份额	收视份额	播出份额	收视份额	播出份额	收视份额
财经	2.6	0.9	2.2	0.5	1.7	0.5
电视剧	20.8	35.5	20.3	35.5	28.5	35.5
电影	3.5	2.3	4.1	2.3	4.6	3.1
法制	1.0	1.1	1.1	1.3	1.3	1.9
教学	0.4	0.0	0.4	0.1	0.4	0.1
青少	7.7	3.9	7.1	4.5	5.6	7.2
生活服务	8.7	8.2	9.0	9.1	8.8	8.2
体育	1.5	0.9	1.6	1.3	2.2	1.1
外语	0.0	0.0	0.0	0.0	0.0	0.0
戏剧	1.1	0.2	1.1	0.2	0.7	0.2
新闻/时事	13.4	14.0	14.9	15.6	10.5	12.2
音乐	3.0	0.7	2.7	0.7	2.5	0.8
专题	11.9	5.1	12.4	5.2	9.3	4.1
综艺	10.2	9.1	9.0	7.1	6.9	8.1
其他	14.0	17.8	14.2	16.8	16.9	17.1

表 3.8.7 2013 年贵州市场所有节目收视率排名前三十位

名次	节目名称	节目类型	播出频道	平均收视率（%）	平均占有率（%）
1	英雄使命	电视剧	贵州卫视	12.5	29.3
2	箭在弦上	电视剧	贵州卫视	12.0	24.6
3	东方时空（4 月 20/21 日）	新闻/时事	贵州卫视	11.8	23.6
4	两会特别报道	新闻/时事	贵州卫视	11.3	22.5
5	焦点访谈（4 月 20/21 日）	新闻/时事	贵州卫视	11.1	21.9
6	经济半小时	财经	贵州卫视	10.8	22.9
7	利箭行动	电视剧	贵州卫视	10.8	21.2
8	一个鬼子都不留	电视剧	贵州卫视	10.3	21.0
9	十二生肖传奇	电视剧	贵州卫视	10.0	23.4
10	晋中大捷	电视剧	贵州卫视	10.0	21.0
11	家乡的味道 2013 贵州卫视春节特别节目	综艺	贵州卫视	9.8	23.7
12	天天有喜	电视剧	湖南电视台卫星频道	9.7	22.5
13	第十二届汉语桥世界大学生中文比赛开幕式	综艺	湖南电视台卫星频道	9.4	20.4
14	花非花雾非雾	电视剧	湖南电视台卫星频道	9.3	21.9
15	叶问	电视剧	贵州卫视	9.0	19.5
16	因为爱情有晴天	电视剧	湖南电视台卫星频道	8.9	22.0
17	致命名单	电视剧	贵州卫视	8.9	21.4
18	蝴蝶行动	电视剧	贵州卫视	8.9	19.9
19	因为爱情有多美	电视剧	湖南电视台卫星频道	8.8	22.3
20	带刀女捕快	电视剧	贵州卫视	8.7	21.2
21	2013 春节联欢晚会	综艺	中央电视台综合频道	8.4	29.4
22	璀璨人生	电视剧	湖南电视台卫星频道	8.4	21.0
23	暗红 1936	电视剧	贵州卫视	8.2	18.9
24	隋唐英雄（69—120 集）	电视剧	湖南电视台卫星频道	8.2	17.4
25	关注芦山地震特别节目	新闻/时事	贵州卫视	8.0	22.2
26	战雷神	电视剧	贵州卫视	7.8	19.7
27	爱在春天	电视剧	湖南电视台卫星频道	7.4	18.2
28	百万新娘第二部之爱无悔	电视剧	湖南电视台卫星频道	7.4	16.5
29	新闻联播	新闻/时事	中央电视台综合频道	7.0	21.6
30	天龙八部	电视剧	湖南电视台卫星频道	7.0	17.3

表 3.8.8 2013 年贵州市场电视剧收视率排名前十位

名次	节目名称	播出频道	平均收视率(%)	平均占有率(%)
1	英雄使命	贵州卫视	12.5	29.3
2	箭在弦上	贵州卫视	12.0	24.6
3	利箭行动	贵州卫视	10.8	21.2
4	一个鬼子都不留	贵州卫视	10.3	21.0
5	十二生肖传奇	贵州卫视	10.0	23.4
6	晋中大捷	贵州卫视	10.0	21.0
7	天天有喜	湖南电视台卫星频道	9.7	22.5
8	花非花雾非雾	湖南电视台卫星频道	9.3	21.9
9	叶问	贵州卫视	9.0	19.5
10	因为爱情有晴天	湖南电视台卫星频道	8.9	22.0

表 3.8.9 2013 年贵州市场新闻节目收视率排名前十位

名次	节目名称	播出频道	平均收视率(%)	平均占有率(%)
1	东方时空(4 月 20/21 日)	贵州卫视	11.8	23.6
2	两会特别报道	贵州卫视	11.3	22.5
3	焦点访谈(4 月 20/21 日)	贵州卫视	11.1	21.9
4	关注芦山地震特别节目	贵州卫视	8.0	22.2
5	新闻联播	中央电视台综合频道	7.0	21.6
6	生态文明贵阳国际论坛 2013 年年会	贵州卫视	6.8	16.1
7	转播中央台新闻联播	贵州卫视	5.5	16.9
8	贵州新闻联播	贵州卫视	3.7	19.2
9	李克强总理会见中外记者并回答提问	中央电视台综合频道	3.7	6.6
10	特别节目用好批评和自我批评武器开好民主生活会	贵州卫视	3.4	8.8

表 3.8.10 2013 年贵州市场专题节目收视率排名前十位

名次	节目名称	播出频道	平均收视率(%)	平均占有率(%)
1	中央电视台特别节目梦想从历史深处走来	中央电视台综合频道	3.5	8.8
2	一年又一年 2013	中央电视台综合频道	2.7	15.7
3	问答神州	贵州卫视	2.3	10.2
4	第十二届汉语桥世界大学生中文比赛决赛第二场	湖南电视台卫星频道	1.9	19.0
5	平安行全国交通安全宣传日 2013	中央台十二套	1.8	12.8
6	圆梦中国德耀中华第四届全国道德模范授奖仪式	中央电视台综合频道	1.8	4.0
7	中国汉字听写大会 2013 半决赛第二场	中央电视台综合频道	1.7	4.5
8	品牌	贵州卫视	1.6	11.5
9	感动中国 2012 年度人物颁奖典礼	中央电视台综合频道	1.5	3.6
10	2013 大型公益活动颁奖典礼寻找最美乡村教师	中央电视台综合频道	1.3	3.1

表 3.8.11 2013 年贵州市场综艺节目收视率排名前十位

名次	节目名称	播出频道	平均收视率（%）	平均占有率（%）
1	家乡的味道 2013 贵州卫视春节特别节目	贵州卫视	9.8	23.7
2	第十二届汉语桥世界大学生中文比赛开幕式	湖南电视台卫星频道	9.4	20.4
3	2013 春节联欢晚会	中央电视台综合频道	8.4	29.4
4	天天向上	湖南电视台卫星频道	6.3	16.9
5	快乐大本营	湖南电视台卫星频道	6.1	17.2
6	湖南省纪念毛泽东诞辰 120 周年文艺晚会	湖南电视台卫星频道	5.1	15.6
7	2013 文化中国四海同春法国华侨华人新春晚会	湖南电视台卫星频道	5.1	11.4
8	书香中国 2013 全民阅读电视晚会	湖南电视台卫星频道	5.1	10.3
9	元宵喜乐会	湖南电视台卫星频道	4.8	16.3
10	你好春天 2013 年文化部春节电视晚会	中央电视台综合频道	4.8	10.7

表 3.8.12 2013 年贵州市场体育类节目收视率排名前十位

名次	节目名称	播出频道	平均收视率（%）	平均占有率（%）
1	谁是球王（7 月 14 日）	中央电视台综合频道	1.5	3.2
2	黄金赛场：2013 年国际泳联跳水系列赛莫斯科站女子双人三米板决赛	中央台五套	1.0	2.2
2	CCTV 体坛风云人物季度观察	中央台五套	1.0	2.2
4	2013 年世界羽毛球锦标赛男单第一轮	中央台五套	1.0	2.0
5	2013 年世界乒乓球锦标赛男单 1/8 决赛	中央台五套	0.9	1.9
6	黄金赛场：2013 年法网公开赛女单第一轮	中央台五套	0.9	1.8
6	黄金赛场：第 15 届世界游泳锦标赛跳水女子一米板决赛	中央台五套	0.9	1.8
8	实况录像：2013 年国际重量级拳王冠军赛	中央台五套	0.8	1.9
9	黄金赛场：2013 年亚洲冠军联赛小组赛 G 组第 5 轮（中国北京国安队 VS 韩国浦项铁人队）	中央台五套	0.8	1.7
9	实况录像：2013 年超次中量级 12 回合争霸赛	中央台五套	0.8	1.7

九、海南收视数据

表 3.9.1　2009—2013 年海南市场各类频道的市场占有率（%）

频道类别	年份				
	2009 年	2010 年	2011 年	2012 年	2013 年
中央台频道	28.9	31.5	30.8	33.2	33.0
中国教育台频道	0.4	0.5	0.9	0.7	0.7
海南省级频道	30.3	34.8	32.1	30.0	26.3
其他省级卫视频道	29.9	14.1	19.1	20.7	24.2
其他频道	10.5	19.1	17.2	15.4	15.8

注：从 2010 年 1 月 1 日起海南数据为测量仪数据。

表 3.9.2　2013 年海南市场各类频道在不同目标观众中的市场占有率（%）

目标观众		中央台频道	中国教育台频道	海南省级频道	其他省级卫视频道	其他频道
4 岁及以上所有人		33.0	0.7	26.3	24.2	15.8
城乡	城市	35.9	0.7	17.4	30.6	15.4
	农村	31.6	0.7	30.7	21.1	15.9
性别	男	35.7	0.7	25.8	22.1	15.7
	女	30.1	0.7	26.9	26.6	15.7
年龄	4—14 岁	30.3	0.6	24.4	25.6	19.1
	15—24 岁	26.3	0.7	29.8	26.9	16.3
	25—34 岁	32.4	0.7	21.2	30.0	15.7
	35—44 岁	35.0	0.6	25.0	24.4	15.0
	45—54 岁	33.1	0.8	31.8	20.4	13.9
	55—64 岁	38.6	0.6	27.3	19.9	13.6
	65 岁及以上	40.8	0.7	26.9	18.6	13.0
教育程度	未受过正规教育	34.8	0.6	30.0	21.3	13.3
	小学	29.5	0.6	30.0	21.5	18.4
	初中	30.3	0.8	27.2	25.3	16.4
	高中	41.4	0.4	17.6	28.0	12.6
	大学及以上	52.5	0.9	11.4	26.7	8.5
职业类别	干部/管理人员	41.4	0.5	13.2	36.3	8.6
	个体/私营企业人员	33.1	1.0	20.2	28.9	16.8
	初级公务员/雇员	44.6	0.7	16.3	28.0	10.4
	工人	31.6	1.1	24.4	27.7	15.2
	学生	28.3	0.7	22.6	28.1	20.3
	无业	37.6	0.6	22.3	26.2	13.3
	其他	29.5	0.5	36.5	17.1	16.4
个人月收入	0—300 元	30.4	0.7	25.6	26.0	17.3
	301—900 元	25.8	0.5	41.6	14.5	17.6
	901—1700 元	35.3	0.7	23.4	26.5	14.1
	1701—2600 元	43.1	0.9	16.4	27.8	11.8
	2601—3500 元	49.7	0.5	12.4	24.9	12.5
	3501 元及以上	46.9	0.3	11.6	33.5	7.7

表 3. 9. 3　2013 年海南市场各类频道在不同时段的市场占有率（%）

时间段	中央台频道	中国教育台频道	海南省级频道	其他省级卫视频道	其他频道
02:00—03:00	30.6	0.9	6.9	39.6	22.0
03:00—04:00	32.8	0.9	7.1	38.0	21.2
04:00—05:00	37.0	0.6	5.5	34.8	22.1
05:00—06:00	43.2	0.5	5.0	31.3	20.0
06:00—07:00	52.5	0.3	7.5	22.6	17.1
07:00—08:00	53.9	0.3	13.8	14.0	18.0
08:00—09:00	43.1	0.2	15.5	23.3	17.9
09:00—10:00	36.5	0.3	22.0	25.3	15.9
10:00—11:00	39.3	1.0	17.5	26.3	15.9
11:00—12:00	45.5	0.9	12.1	25.7	15.8
12:00—13:00	45.2	0.8	12.8	24.9	16.3
13:00—14:00	41.8	1.0	13.9	26.0	17.3
14:00—15:00	37.3	1.1	15.8	28.3	17.5
15:00—16:00	39.3	0.9	15.0	28.1	16.7
16:00—17:00	39.6	0.4	13.9	29.4	16.7
17:00—18:00	42.4	0.5	13.2	26.2	17.7
18:00—19:00	35.5	0.2	40.1	9.5	14.7
19:00—20:00	31.7	0.5	37.9	15.9	14.0
20:00—21:00	23.1	0.8	40.4	22.3	13.4
21:00—22:00	26.7	0.7	31.2	26.5	14.9
22:00—23:00	27.3	0.8	26.4	29.7	15.8
23:00—24:00	27.6	0.3	21.5	32.0	18.6
24:00—25:00	31.5	0.5	15.6	30.1	22.3
25:00—26:00	29.3	0.9	10.6	35.2	24.0

表 3. 9. 4　2013 年海南市场收视份额排名前十位的频道

名次	频道名称	收视份额（%）
1	海南广播电视总台综合频道	20.0
2	中央电视台综合频道	8.8
3	湖南电视台卫星频道	6.9
4	中央电视台少儿频道	5.1
5	中央台八套	3.8
6	中央台三套	3.0
7	江苏卫视	2.4
8	中央台六套	2.3
9	中央台七套	2.0
10	中央台四套	1.9

表 3.9.5　2013 年海南市场主要频道的观众构成（%）

目标观众		所有频道	主要频道				
			海南广播电视总台综合频道	中央电视台综合频道	湖南电视台卫星频道	中央电视台少儿频道	中央台八套
4 岁及以上所有人		100.0	100.0	100.0	100.0	100.0	100.0
城乡	城市	33.2	17.7	28.6	31.9	28.9	40.2
	农村	66.8	82.3	71.4	68.1	71.1	59.8
性别	男	52.5	49.0	54.8	37.5	55.7	41.8
	女	47.5	51.0	45.2	62.5	44.3	58.2
年龄	4—14 岁	23.1	23.4	21.6	25.1	55.8	12.0
	15—24 岁	11.4	12.8	11.7	17.5	5.9	10.0
	25—34 岁	15.0	14.4	12.1	19.0	16.3	15.7
	35—44 岁	16.6	20.4	19.0	16.5	6.9	14.0
	45—54 岁	15.5	14.0	17.9	9.5	5.0	15.9
	55—64 岁	10.4	10.2	11.7	5.7	5.7	12.7
	65 岁及以上	8.0	4.8	6.0	6.7	4.3	19.6
教育程度	未受过正规教育	10.4	11.1	11.2	9.6	26.7	6.4
	小学	28.7	38.5	30.3	27.4	37.6	28.9
	初中	43.0	40.7	38.6	48.6	28.2	39.0
	高中	13.2	8.3	12.1	11.6	5.9	18.7
	大学及以上	4.7	1.4	7.7	2.8	1.6	7.0
职业类别	干部/管理人员	0.8	0.1	0.6	1.0	0.7	1.0
	个体/私营企业人员	7.9	5.8	4.3	8.5	4.8	7.7
	初级公务员/雇员	8.2	3.9	11.7	5.8	2.3	12.1
	工人	6.4	3.9	4.1	7.2	3.8	7.2
	学生	19.3	19.7	18.2	23.7	33.3	12.1
	无业	25.2	15.4	20.7	28.6	39.2	39.4
	其他	32.1	51.2	40.4	25.3	15.9	20.5
个人月收入	0—300 元	43.3	40.7	39.6	50.9	72.9	41.6
	301—900 元	18.9	22.5	21.6	11.9	6.5	11.5
	901—1700 元	21.0	21.4	21.6	21.5	10.7	24.4
	1701—2600 元	10.2	8.6	10.8	10.3	7.1	15.9
	2601—3500 元	4.3	6.0	5.1	3.2	1.9	4.6
	3501 元及以上	2.3	0.9	1.4	2.2	0.9	2.0

表 3.9.6　2011—2013 年海南市场各类节目的播出份额（%）和收视份额（%）

节目类别	2011 年		2012 年		2013 年	
	播出份额	收视份额	播出份额	收视份额	播出份额	收视份额
财经	2.7	0.5	2.3	0.5	2.0	0.5
电视剧	21.0	43.5	21.1	45.5	21.2	42.6
电影	3.7	3.3	4.3	3.6	5.5	5.4
法制	0.9	0.9	0.8	0.6	0.9	0.5
教学	0.4	0.1	0.3	0.0	0.3	0.0
青少	8.1	5.2	7.4	5.6	6.8	7.2
生活服务	8.2	7.2	8.6	6.1	9.2	5.8
体育	1.5	1.6	1.6	2.5	2.4	1.7
外语	0.0	0.0	0.0	0.0	0.0	0.0
戏剧	1.2	0.2	1.2	0.2	0.9	0.2
新闻/时事	13.8	7.9	15.3	9.1	15.1	9.4
音乐	3.0	0.5	2.8	0.5	2.6	0.4
专题	11.2	5.3	11.6	5.6	10.6	5.3
综艺	10.7	9.7	9.1	8.8	8.8	9.8
其他	13.7	14.1	13.7	11.4	13.8	11.1

表 3.9.7　2013 年海南市场所有节目收视率排名前三十位

名次	节目名称	节目类型	播出频道	平均收视率(%)	平均占有率(%)
1	特战先锋	电视剧	海南广播电视总台综合频道	19.6	53.4
2	雳剑	电视剧	海南广播电视总台综合频道	15.6	42.9
3	尖锋	电视剧	海南广播电视总台综合频道	13.6	40.4
4	苍狼	电视剧	海南广播电视总台综合频道	12.9	38.9
5	神枪之倒刺	电视剧	海南广播电视总台综合频道	12.8	38.9
6	决战燕子门	电视剧	海南广播电视总台综合频道	12.6	38.6
7	丛林猎杀	电视剧	海南广播电视总台综合频道	12.5	44.3
8	独立特攻队	电视剧	海南广播电视总台综合频道	12.3	34.7
9	血色黎明	电视剧	海南广播电视总台综合频道	12.1	42.6
10	出生入死	电视剧	海南广播电视总台综合频道	12.1	41.9
11	刺青	电视剧	海南广播电视总台综合频道	12.1	37.2
12	隋唐英雄传	电视剧	海南广播电视总台综合频道	11.6	34.7
13	游击兵工厂	电视剧	海南广播电视总台综合频道	11.2	36.3
14	灭狼天使	电视剧	海南广播电视总台综合频道	11.1	35.7
15	保镖翡翠娃娃	电视剧	海南广播电视总台综合频道	10.9	34.7
16	乱世红颜	电视剧	海南广播电视总台综合频道	10.7	33.3
17	绝战	电视剧	海南广播电视总台综合频道	10.6	32.6
18	血色樱花	电视剧	海南广播电视总台综合频道	10.2	33.9
19	狮子营	电视剧	海南广播电视总台综合频道	9.9	31.8
20	缘定终生	电视剧	海南广播电视总台综合频道	9.6	33.6
21	烽火儿女情	电视剧	海南广播电视总台综合频道	9.4	32.4
22	喋血情仇	电视剧	海南广播电视总台综合频道	9.3	31.5
23	因为爱情有晴天	电视剧	湖南电视台卫星频道	9.1	27.0
24	扇娘	电视剧	海南广播电视总台综合频道	9.0	29.8
25	武间道	电视剧	海南广播电视总台综合频道	8.8	29.3
26	2013 春节联欢晚会	综艺	中央电视台综合频道	8.1	29.7
27	转播中央台新闻联播	新闻/时事	海南广播电视总台综合频道	8.0	25.8
28	宫	电视剧	海南广播电视总台综合频道	7.4	28.0
29	加油妈妈	电视剧	海南广播电视总台综合频道	7.4	27.8
30	换女情仇	电视剧	海南广播电视总台综合频道	7.1	23.5

表 3.9.8　2013 年海南市场电视剧收视率排名前十位

名次	节目名称	播出频道	平均收视率(%)	平均占有率(%)
1	特战先锋	海南广播电视总台综合频道	19.6	53.4
2	雳剑	海南广播电视总台综合频道	15.6	42.9
3	尖锋	海南广播电视总台综合频道	13.6	40.4
4	苍狼	海南广播电视总台综合频道	12.9	38.9
5	神枪之倒刺	海南广播电视总台综合频道	12.8	38.9
6	决战燕子门	海南广播电视总台综合频道	12.6	38.6
7	丛林猎杀	海南广播电视总台综合频道	12.5	44.3
8	独立特攻队	海南广播电视总台综合频道	12.3	34.7
9	血色黎明	海南广播电视总台综合频道	12.1	42.6
10	出生入死	海南广播电视总台综合频道	12.1	41.9

表 3.9.9　2013 年海南市场新闻节目收视率排名前十位

名次	节目名称	播出频道	平均收视率(%)	平均占有率(%)
1	转播中央台新闻联播	海南广播电视总台综合频道	8.0	25.8
2	直播海南	海南广播电视总台综合频道	3.9	31.5
3	第 1 民声	海南广播电视总台综合频道	2.8	16.3
4	新闻联播	中央电视台综合频道	2.7	13.5
5	东方时空（4 月 20/21 日）	中央电视台综合频道	2.7	8.6
6	李克强总理会见中外记者并回答提问	中央电视台综合频道	2.7	7.9
7	芦山 7.0 级地震特别报道	海南广播电视总台综合频道	2.5	17.4
8	太空新旅再探天宫天宫一号与神舟十号载人飞行任务特别报道	中央电视台综合频道	1.5	14.6
9	焦点访谈	中央电视台综合频道	1.3	4.5
10	芦山地震特别报道	中央电视台综合频道	1.2	7.4

表 3.9.10　2013 年海南市场专题节目收视率排名前十位

名次	节目名称	播出频道	平均收视率(%)	平均占有率(%)
1	绿色农业进行时	海南广播电视总台综合频道	4.6	22.4
2	中国汉字听写大会 2013 总决赛	中央电视台综合频道	2.4	6.7
3	我们的田野海南省农产品质量安全条例暨瓜菜生产质量安全知识竞赛	海南广播电视总台综合频道	2.1	15.3
4	一年又一年 2013	中央电视台综合频道	1.6	9.7
5	感动中国 2012 年度人物颁奖典礼	中央电视台综合频道	1.5	4.8
6	爱在晚晴天	江苏卫视	1.4	4.8
7	状元 360	中央电视台综合频道	1.2	10.6
8	中央电视台特别节目梦想从历史深处走来	中央电视台综合频道	1.2	3.5
9	寻宝相约七夕	中央电视台综合频道	1.1	8.0
10	圆梦中国德耀中华第四届全国道德模范授奖仪式	中央电视台综合频道	1.1	3.3

表 3.9.11 2013 年海南市场综艺节目收视率排名前十位

名次	节目名称	播出频道	平均收视率（%）	平均占有率（%）
1	2013 春节联欢晚会	中央电视台综合频道	8.1	29.7
2	开门有礼	海南广播电视总台综合频道	5.8	21.7
3	声动海南	海南广播电视总台综合频道	5.3	19.7
4	舞出我人生（5 月 12 日）	中央电视台综合频道	5.3	16.0
5	2013 元宵晚会	中央电视台综合频道	4.2	13.8
6	星光大道（7 月 27 日）	中央台三套	4.1	12.4
7	梅州月中华情 2013 年中央电视台中秋晚会	中央电视台综合频道	3.6	10.3
8	五月的鲜花我们的中国梦 2013 年全国大学生校园文艺会演	中央电视台综合频道	3.5	10.1
9	德耀琼州情满海南第四届海南省道德模范授奖仪式	海南广播电视总台综合频道	3.3	13.5
10	2012 中国电视剧年度明星盛典	中央电视台综合频道	3.2	10.7

表 3.9.12 2013 年海南市场体育节目收视率排名前十位

名次	节目名称	播出频道	平均收视率（%）	平均占有率（%）
1	直播周末：2013 年世界女排大奖赛总决赛（日本队 VS 中国队）	中央台五套	3.5	13.9
2	黄金赛场：2013 年亚洲女排锦标赛复赛（中国队 VS 韩国队）	中央台五套	2.5	6.6
3	直播周末：2013 年亚洲冠军联赛决赛第二回合（广州恒大 VS 首尔 FC）	中央台五套	2.1	6.1
4	绿岛高球	海南广播电视总台综合频道	1.9	13.8
5	2013 年世界羽毛球锦标赛男单决赛	中央台五套	1.8	9.7
6	黄金赛场 现场直播：2014 年世界女排锦标赛亚洲区资格赛郴州（哈萨克斯坦队 VS 中国队）	中央台五套	1.8	5.2
7	直播周末：2013 年第六届东亚运动会女子排球决赛（中国队 VS 日本队）	中央台五套	1.8	5.1
8	直播周末 2013 年亚洲冠军联赛颁奖仪式	中央台五套	1.7	8.9
9	直播周末：2013 年斯诺克上海大师赛半决赛	中央台五套	1.6	15.3
10	2013 年世乒赛女单半决赛	中央台五套	1.6	6.5

十、河北收视数据

表 3.10.1　2009—2013 年河北市场各类频道的市场占有率（%）

频道类别	年份				
	2009 年	2010 年	2011 年	2012 年	2013 年
中央台频道	33.9	31.3	30.1	27.2	29.3
中国教育台频道	0.4	0.6	0.7	0.5	0.5
河北省级频道	23.7	20.2	18.7	30.2	29.9
其他省级卫视频道	32.4	37.7	43.7	28.9	29.0
其他频道	9.6	10.3	6.8	13.2	11.3

表 3.10.2　2013 年河北市场各类频道在不同目标观众中的市场占有率（%）

目标观众		中央台频道	中国教育台频道	河北省级频道	其他省级卫视频道	其他频道
4 岁及以上所有人		29.3	0.5	29.9	29.0	11.3
城乡	城市	38.2	0.3	17.8	33.5	10.2
	农村	27.3	0.5	32.7	28.0	11.5
性别	男	31.0	0.5	29.0	28.0	11.6
	女	27.8	0.4	30.8	30.0	11.0
年龄	4—14 岁	30.1	0.7	21.8	37.6	9.8
	15—24 岁	22.5	0.4	32.0	32.3	12.8
	25—34 岁	28.1	0.5	32.2	29.9	9.3
	35—44 岁	29.1	0.6	23.9	32.3	14.1
	45—54 岁	29.6	0.4	30.7	26.5	12.7
	55—64 岁	32.8	0.3	36.3	22.3	8.4
	65 岁及以上	31.6	0.3	34.4	22.7	11.0
教育程度	未受过正规教育	27.9	0.3	30.7	29.7	11.4
	小学	27.1	0.6	32.9	27.8	11.7
	初中	28.8	0.6	28.5	29.5	12.6
	高中	32.4	0.3	29.4	27.3	10.6
	大学及以上	31.7	0.2	28.7	32.9	6.6
职业类别	干部/管理人员	27.9	0.1	37.7	28.9	5.4
	个体/私营企业人员	29.4	0.3	28.1	29.0	13.2
	初级公务员/雇员	32.6	0.2	26.2	30.6	10.3
	工人	34.4	0.8	20.3	36.4	8.2
	学生	27.7	0.9	23.5	37.0	11.1
	无业	33.1	0.4	27.9	28.6	10.1
	其他	25.1	0.6	36.8	25.0	12.6
个人月收入	0—300 元	27.9	0.6	29.3	31.5	10.7
	301—900 元	24.0	0.3	39.0	23.2	13.4
	901—1700 元	32.4	0.5	26.4	30.9	9.8
	1701—2600 元	31.8	0.4	30.5	24.5	12.8
	2601—3500 元	35.3	0.3	23.7	29.9	10.7
	3501 元及以上	31.2	0.2	20.9	36.8	10.8

表 3.10.3　2013 年河北市场各类频道在不同时段的市场占有率（%）

时间段	中央台频道	中国教育台频道	河北省级频道	其他省级卫视频道	其他频道
02:00—03:00	23.8	0.7	13.3	34.6	27.6
03:00—04:00	23.3	0.9	11.5	38.2	26.1
04:00—05:00	28.4	1.0	10.3	38.5	21.8
05:00—06:00	31.5	1.5	14.1	36.7	16.3
06:00—07:00	39.5	0.2	17.6	30.4	12.3
07:00—08:00	41.9	0.1	23.5	23.9	10.6
08:00—09:00	36.9	0.1	23.7	27.9	11.4
09:00—10:00	29.1	0.1	25.7	32.5	12.6
10:00—11:00	27.0	0.5	25.8	34.5	12.2
11:00—12:00	29.8	0.4	28.5	30.4	10.8
12:00—13:00	28.6	0.3	38.3	22.3	10.5
13:00—14:00	30.2	0.5	27.8	30.2	11.3
14:00—15:00	27.2	0.6	23.4	37.0	11.8
15:00—16:00	26.2	0.6	23.0	38.5	11.7
16:00—17:00	26.0	0.3	24.1	38.6	11.1
17:00—18:00	29.9	0.3	25.7	33.9	10.2
18:00—19:00	34.4	0.1	38.9	15.0	11.7
19:00—20:00	35.8	0.5	35.8	17.4	10.5
20:00—21:00	25.8	1.0	34.5	29.0	9.7
21:00—22:00	26.1	0.6	31.7	31.6	10.0
22:00—23:00	24.4	0.4	26.9	36.0	12.3
23:00—24:00	22.5	0.1	23.0	39.5	14.9
24:00—25:00	24.6	0.3	18.0	36.1	21.1
25:00—26:00	22.2	0.5	16.2	32.3	28.9

表 3.10.4　2013 年河北市场收视份额排名前十位的频道

名次	频道名称	收视份额（%）
1	河北电视台二套（经济生活频道）	12.7
2	河北电视台农民频道（七套）	9.6
3	中央电视台综合频道	5.8
4	中央电视台少儿频道	4.7
5	湖南电视台卫星频道	3.5
5	河北卫视	3.5
7	中央台三套	2.7
8	中央电视台新闻频道	2.3
9	中央台四套	2.0
10	北京卡酷少儿频道	1.9

表 3. 10. 5 2013 年河北市场各主要频道的观众构成(%)

目标观众		所有频道	主要频道				
			河北电视台二套(经济生活频道)	河北电视台农民频道(七套)	中央电视台综合频道	中央电视台少儿频道	湖南电视台卫星频道
4 岁及以上所有人		100.0	100.0	100.0	100.0	100.0	100.0
城乡	城市	18.4	6.1	8.6	23.8	11.5	18.8
	农村	81.6	93.9	91.4	76.2	88.5	81.2
性别	男	47.4	48.5	43.0	50.8	47.9	36.2
	女	52.6	51.5	57.0	49.2	52.1	63.9
年龄	4—14 岁	14.4	9.6	8.9	11.4	46.9	19.8
	15—24 岁	9.7	9.2	12.0	8.7	6.4	18.6
	25—34 岁	13.1	14.2	15.7	10.8	17.4	14.7
	35—44 岁	15.5	12.2	10.9	13.6	9.4	18.7
	45—54 岁	22.5	23.6	26.6	18.2	10.0	16.6
	55—64 岁	14.1	18.2	15.9	20.0	8.6	7.0
	65 岁及以上	10.6	13.1	10.0	17.3	1.4	4.5
教育程度	未受过正规教育	9.1	10.0	10.0	6.6	27.7	5.3
	小学	23.7	28.5	20.2	26.6	27.7	28.8
	初中	37.3	31.6	39.6	34.6	26.1	34.9
	高中	20.4	20.1	20.8	17.8	15.3	19.6
	大学及以上	9.5	9.8	9.3	14.5	3.3	11.4
职业类别	干部/管理人员	2.4	1.9	5.2	2.2	0.4	1.9
	个体/私营企业人员	14.9	10.1	19.2	12.9	7.7	18.6
	初级公务员/雇员	10.8	9.0	9.0	12.3	4.7	12.2
	工人	5.0	2.2	3.3	5.0	2.9	7.1
	学生	10.6	7.8	5.7	10.2	22.3	20.6
	无业	24.7	22.3	25.1	25.1	40.5	18.4
	其他	31.7	46.8	32.5	32.4	21.5	21.3
个人月收入	0—300 元	37.2	31.4	38.2	30.8	65.6	44.8
	301—900 元	17.1	30.2	18.1	18.4	11.8	14.3
	901—1700 元	23.1	17.8	24.0	26.5	11.1	20.9
	1701—2600 元	14.0	14.3	13.6	14.9	5.5	10.5
	2601—3500 元	6.1	4.9	4.7	6.5	4.6	6.3
	3501 元及以上	2.5	1.5	1.3	2.8	1.4	3.3

表 3. 10. 6 2011—2013 年河北市场各类节目的播出份额(%)和收视份额(%)

节目类别	2011 年		2012 年		2013 年	
	播出份额	收视份额	播出份额	收视份额	播出份额	收视份额
财经	2.7	0.7	2.2	0.7	1.7	0.6
电视剧	21.4	34.1	21.1	38.5	30.0	38.5
电影	4.8	3.3	5.3	5.2	5.5	4.3
法制	0.9	1.7	0.8	1.2	1.1	2.3
教学	0.4	0.1	0.3	0.0	0.4	0.1
青少	8.2	4.9	7.6	5.9	5.8	8.4
生活服务	7.9	7.8	8.1	6.9	8.3	5.9
体育	1.7	0.6	1.8	1.5	2.2	1.0
外语	0.1	0.0	0.0	0.0	0.0	0.0
戏剧	1.2	1.2	1.1	0.8	0.7	0.7
新闻/时事	13.2	10.9	14.6	9.9	10.1	8.9
音乐	3.0	0.6	2.7	0.7	2.5	0.8
专题	10.0	5.3	11.6	5.7	8.6	6.2
综艺	11.0	11.7	9.2	11.2	7.4	11.6
其他	13.6	17.3	13.7	11.8	15.7	10.8

表 3.10.7 2013 年河北市场所有节目收视率排名前三十位

名次	节目名称	节目类型	播出频道	平均收视率（%）	平均占有率（%）
1	2013 春节联欢晚会	综艺	中央电视台综合频道	9.2	20.0
2	樱桃红	电视剧	河北电视台二套（经济生活频道）	9.1	22.0
3	战狼	电视剧	河北电视台二套（经济生活频道）	8.7	23.9
4	苍狼	电视剧	河北电视台二套（经济生活频道）	8.7	23.8
5	铁血突击队	电视剧	河北电视台二套（经济生活频道）	7.9	23.0
6	烽火姐妹	电视剧	河北电视台二套（经济生活频道）	7.5	20.3
7	猎狼（1—14 集）	电视剧	河北电视台二套（经济生活频道）	7.4	21.0
8	铁血护宝	电视剧	河北电视台二套（经济生活频道）	7.4	20.7
9	智斗古城	电视剧	河北电视台二套（经济生活频道）	7.3	21.8
10	铁血敢死队	电视剧	河北电视台二套（经济生活频道）	7.3	20.5
11	智袭白城	电视剧	河北电视台二套（经济生活频道）	7.2	21.4
12	女子炸弹部队二	电视剧	河北电视台二套（经济生活频道）	7.2	19.5
13	2013 元宵晚会	综艺	中央电视台综合频道	7.0	15.8
14	神医喜来乐传奇	电视剧	河北电视台二套（经济生活频道）	7.0	15.4
15	智取金城	电视剧	河北电视台二套（经济生活频道）	6.8	18.8
16	天涯赤子心	电视剧	河北电视台农民频道（七套）	6.4	16.2
16	俺娘苏春草	电视剧	河北电视台农民频道（七套）	6.4	16.2
18	神刀手之决战清凉山	电视剧	河北电视台二套（经济生活频道）	6.1	19.4
19	2012 大地欢歌（1 月 26 日）	综艺	河北电视台农民频道（七套）	6.1	13.5
20	铁血使命	电视剧	河北电视台二套（经济生活频道）	5.8	18.8
21	我和丈母娘的十年战争	电视剧	河北电视台农民频道（七套）	5.8	13.7
22	我为购物狂	综艺	河北电视台二套（经济生活频道）	5.4	17.9
23	狙击部队	电视剧	河北电视台二套（经济生活频道）	5.4	17.3
24	天气预报	生活服务	中央电视台综合频道	5.4	16.1
25	妈祖	电视剧	河北电视台农民频道（七套）	5.4	12.3
26	抗日女侠	电视剧	河北电视台二套（经济生活频道）	5.3	17.9
27	神射手	电视剧	河北电视台二套（经济生活频道）	5.1	18.0
28	万家灯火平安夜公安部 2013 年春节电视文艺晚会	综艺	中央电视台综合频道	4.9	11.7
29	火树银花闹元宵	新闻/时事	河北电视台农民频道（七套）	4.8	11.2
30	黑玫瑰之铁血女骑兵	电视剧	河北电视台二套（经济生活频道）	4.7	16.0

表 3.10.8　2013 年河北市场电视剧收视率排名前十位

名次	节目名称	播出频道	平均收视率（%）	平均占有率（%）
1	樱桃红	河北电视台二套（经济生活频道）	9.1	22.0
2	战狼	河北电视台二套（经济生活频道）	8.7	23.9
3	苍狼	河北电视台二套（经济生活频道）	8.7	23.8
4	铁血突击队	河北电视台二套（经济生活频道）	7.9	23.0
5	烽火姐妹	河北电视台二套（经济生活频道）	7.5	20.3
6	猎狼（1—14 集）	河北电视台二套（经济生活频道）	7.4	21.0
7	铁血护宝	河北电视台二套（经济生活频道）	7.4	20.7
8	智斗古城	河北电视台二套（经济生活频道）	7.3	21.8
9	铁血敢死队	河北电视台二套（经济生活频道）	7.3	20.5
10	智袭白城	河北电视台二套（经济生活频道）	7.2	21.4

表 3.10.9　2013 年河北市场新闻节目收视率排名前十位

名次	节目名称	播出频道	平均收视率（%）	平均占有率（%）
1	火树银花闹元宵	河北电视台农民频道（七套）	4.8	11.2
2	今日资讯	河北电视台二套（经济生活频道）	4.4	20.6
3	新闻联播	中央电视台综合频道	2.7	9.1
4	李克强总理会见中外记者并回答提问	中央电视台综合频道	2.6	5.5
5	焦点访谈	中央电视台综合频道	2.4	6.7
6	东方时空（4 月 20/21 日）	中央电视台综合频道	2.2	6.2
7	资讯前沿	河北电视台二套（经济生活频道）	2.0	12.9
8	今日关注	中央台四套	1.7	5.7
9	转播中央台新闻联播	河北卫视	1.5	5.2
10	嫦娥三号登月之旅	中央电视台综合频道	1.2	4.8

表 3.10.10　2013 年河北市场专题节目收视率排名前十位

名次	节目名称	播出频道	平均收视率（%）	平均占有率（%）
1	一年又一年 2013	中央电视台综合频道	3.3	10.2
2	圆梦中国德耀中华第四届全国道德模范授奖仪式	中央电视台综合频道	3.3	9.6
3	十年磨一剑浙江省美丽乡村建设启示	河北电视台农民频道（七套）	2.7	9.0
4	好奇害死猫	河北电视台二套（经济生活频道）	2.6	11.4
5	非常帮助	河北电视台农民频道（七套）	2.3	13.1
6	中国汉字听写大会 2013 复赛第五场	中央电视台综合频道	2.3	5.8
7	中央电视台特别节目梦想从历史深处走来	中央电视台综合频道	2.0	5.6
8	感动中国 2012 年度人物颁奖典礼	中央电视台综合频道	1.5	3.5
9	习仲勋	中央电视台综合频道	1.4	4.4
10	旗鼓相当蛇王争霸	中央电视台综合频道	1.3	4.2

表 3. 10. 11 2013 年河北市场综艺节目收视率排名前十位

名次	节目名称	播出频道	平均收视率（%）	平均占有率（%）
1	2013 春节联欢晚会	中央电视台综合频道	9. 2	20. 0
2	2013 元宵晚会	中央电视台综合频道	7. 0	15. 8
3	2012 大地欢歌（1 月 26 日）	河北电视台农民频道（七套）	6. 1	13. 5
4	我为购物狂	河北电视台二套（经济生活频道）	5. 4	17. 9
5	万家灯火平安夜公安部 2013 年春节电视文艺晚会	中央电视台综合频道	4. 9	11. 7
6	携手高歌向未来 2013 年河北省军民迎新春双拥文艺晚会	河北电视台二套（经济生活频道）	4. 7	9. 7
7	中国好声音（7 月 19 日）	浙江卫视	4. 3	14. 7
8	男过女人关	河北电视台农民频道（七套）	4. 2	12. 1
9	星光大道（2 月 2 日）	中央电视台综合频道	4. 2	10. 1
10	中国梦劳动美 2013 年庆祝五一国际劳动节专题文艺晚会	中央电视台综合频道	3. 7	10. 6

表 3. 10. 12 2013 年河北市场体育节目收视率排名前十位

名次	节目名称	播出频道	平均收视率（%）	平均占有率（%）
1	直播周末：2013 年亚洲冠军联赛决赛第二回合（广州恒大 VS 首尔 FC）	中央台五套	2. 7	7. 4
2	直播周末 2013 年亚洲冠军联赛颁奖仪式	中央台五套	1. 9	9. 1
3	黄金赛场：2013 年国际泳联跳水系列赛莫斯科站女子双人三米板决赛	中央台五套	1. 6	4. 4
4	直播周末：2013 年 CBA 全明星赛三分球大赛预赛	中央台五套	1. 4	3. 0
5	2013 年世乒赛女单半决赛	中央台五套	1. 2	4. 5
6	2013 年第十二届全国运动会开幕式	中央台五套	1. 1	3. 5
7	谁是球王（7 月 14 日）	中央电视台综合频道	1. 1	3. 1
8	直播周末：2013 年短道速滑世界锦标赛男子 500 米决赛	中央台五套	1. 0	11. 8
9	实况录像：2013 年喀山世界大学生夏季运动会女子 10 米跳台决赛	中央台五套	1. 0	5. 1
10	直播周末：2012/2013 赛季中国排球联赛女排第 17 轮（山东莱商银行 VS 广东恒大）	中央台五套	1. 0	4. 2

十一、河南收视数据

表 3.11.1　2009—2013 年河南市场各类频道的市场占有率（%）

频道类别	年份				
	2009 年	2010 年	2011 年	2012 年	2013 年
中央台频道	29.3	30.3	28.8	33.5	38.8
中国教育台频道	0.2	0.3	0.5	0.5	0.5
河南省级频道	40.7	36.2	36.1	29.0	22.9
其他省级卫视频道	18.1	24.4	27.6	31.9	33.7
其他频道	11.7	8.8	7.0	5.1	4.1

表 3.11.2　2013 年河南市场各类频道在不同目标观众中的市场占有率（%）

目标观众		中央台频道	中国教育台频道	河南省级频道	其他省级卫视频道	其他频道
4 岁及以上所有人		38.8	0.5	22.9	33.7	4.1
城乡	城市	43.0	0.4	21.5	30.2	4.9
	农村	37.6	0.6	23.3	34.7	3.8
性别	男	40.8	0.5	24.0	30.3	4.4
	女	36.9	0.6	21.8	36.9	3.8
年龄	4—14 岁	44.6	0.5	14.6	36.6	3.7
	15—24 岁	33.2	0.4	20.3	43.2	2.9
	25—34 岁	36.0	0.7	17.8	42.6	2.9
	35—44 岁	36.4	0.5	21.7	36.5	4.9
	45—54 岁	35.9	0.5	30.8	29.0	3.8
	55—64 岁	45.0	0.5	27.7	22.7	4.1
	65 岁及以上	42.4	0.5	30.0	19.9	7.2
教育程度	未受过正规教育	48.2	0.4	20.0	27.5	3.9
	小学	39.6	0.6	21.8	33.0	5.0
	初中	35.3	0.6	24.3	36.1	3.7
	高中	41.9	0.3	22.5	31.1	4.2
	大学及以上	51.3	0.4	17.7	26.0	4.6
职业类别	干部/管理人员	44.3	0.3	24.0	28.9	2.5
	个体/私营企业人员	36.3	0.6	20.4	35.5	7.2
	初级公务员/雇员	50.7	0.4	17.8	27.4	3.7
	工人	36.8	0.6	24.3	33.8	4.5
	学生	40.3	0.6	16.8	38.5	3.8
	无业	47.8	0.4	19.0	27.8	5.0
	其他	33.4	0.6	27.2	35.4	3.4
个人月收入	0—300 元	38.9	0.6	20.5	36.1	3.9
	301—900 元	33.9	0.6	26.7	34.9	4.0
	901—1700 元	39.9	0.4	24.4	31.0	4.4
	1701—2600 元	43.9	0.5	22.2	29.1	4.3
	2601—3500 元	41.7	0.5	21.2	31.3	5.3
	3501 元及以上	38.9	0.6	23.5	35.5	1.6

表 3. 11. 3 2013 年河南市场各类频道在不同时段的市场占有率（%）

时间段	中央台频道	中国教育台频道	河南省级频道	其他省级卫视频道	其他频道
02:00—03:00	37.1	0.5	8.9	43.5	10.0
03:00—04:00	42.6	0.4	8.3	43.5	5.2
04:00—05:00	42.8	0.3	13.4	41.8	1.7
05:00—06:00	52.9	0.4	12.2	32.1	2.4
06:00—07:00	59.8	0.2	14.2	23.2	2.6
07:00—08:00	64.2	0.2	13.4	20.2	2.0
08:00—09:00	49.8	0.3	18.4	28.0	3.5
09:00—10:00	45.3	0.5	13.7	35.5	5.0
10:00—11:00	44.6	0.7	12.1	37.2	5.4
11:00—12:00	51.4	0.6	11.0	32.0	5.0
12:00—13:00	59.6	0.3	13.6	23.3	3.2
13:00—14:00	51.6	0.5	15.1	28.4	4.4
14:00—15:00	36.2	0.8	13.6	42.4	7.0
15:00—16:00	35.2	0.6	13.6	44.8	5.8
16:00—17:00	37.0	0.4	14.3	42.7	5.6
17:00—18:00	46.6	0.2	14.8	32.6	5.8
18:00—19:00	50.0	0.1	29.7	16.2	4.0
19:00—20:00	44.5	0.4	27.9	24.0	3.2
20:00—21:00	25.3	0.8	28.3	41.8	3.8
21:00—22:00	24.6	0.7	26.3	44.3	4.1
22:00—23:00	25.6	0.5	26.9	41.2	5.8
23:00—24:00	27.2	0.5	21.9	44.3	6.1
24:00—25:00	35.0	0.4	14.4	42.7	7.5
25:00—26:00	41.2	0.7	12.1	32.1	13.9

表 3. 11. 4 2013 年河南市场收视份额排名前十位的频道

名次	频道名称	收视份额（%）
1	中央电视台综合频道	10.9
2	河南电视台卫星频道（一套）	7.5
3	湖南电视台卫星频道	7.2
4	中央电视台少儿频道	7.1
5	河南电视台都市频道（二套）	6.9
6	河南电视台电视剧频道（五套）	5.1
7	中央台八套	3.8
8	中央台十二套	3.0
9	中央台三套	2.9
10	江苏卫视	2.4

表 3. 11. 5　2013 年河南市场各主要频道的观众构成（%）

目标观众		所有频道	主要频道				
			中央电视台综合频道	河南电视台卫星频道(一套)	湖南电视台卫星频道	中央电视台少儿频道	河南电视台都市频道(二套)
4 岁及以上所有人		100. 0	100. 0	100. 0	100. 0	100. 0	100. 0
城乡	城市	22. 2	34. 0	18. 0	12. 5	13. 8	17. 6
	农村	77. 8	66. 0	82. 0	87. 5	86. 2	82. 4
性别	男	49. 2	51. 1	52. 4	37. 4	50. 9	51. 3
	女	50. 8	48. 9	47. 6	62. 6	49. 1	48. 7
年龄	4—14 岁	15. 0	9. 0	7. 3	17. 2	59. 9	10. 5
	15—24 岁	12. 8	10. 0	8. 2	25. 0	7. 0	16. 1
	25—34 岁	14. 2	12. 5	9. 5	18. 5	13. 3	12. 9
	35—44 岁	19. 8	18. 7	16. 8	20. 8	11. 5	20. 7
	45—54 岁	15. 6	15. 4	19. 5	11. 9	3. 0	21. 2
	55—64 岁	12. 7	18. 8	20. 6	3. 8	4. 1	12. 0
	65 岁及以上	9. 9	15. 6	18. 1	2. 8	1. 2	6. 6
教育程度	未受过正规教育	5. 2	3. 9	5. 2	2. 7	21. 8	2. 6
	小学	22. 5	20. 5	23. 3	20. 4	41. 5	21. 0
	初中	51. 5	43. 1	53. 2	60. 8	26. 1	58. 0
	高中	16. 0	21. 9	15. 3	12. 4	9. 1	13. 8
	大学及以上	4. 8	10. 6	3. 0	3. 7	1. 5	4. 6
职业类别	干部/管理人员	1. 3	2. 3	0. 8	1. 1	0. 8	1. 2
	个体/私营企业人员	6. 5	5. 7	5. 6	7. 2	4. 0	5. 0
	初级公务员/雇员	6. 7	12. 9	4. 8	4. 2	2. 6	6. 0
	工人	5. 5	5. 9	4. 3	7. 3	2. 2	3. 8
	学生	13. 7	9. 6	7. 2	20. 0	39. 3	13. 1
	无业	19. 1	23. 2	16. 2	10. 6	25. 5	10. 6
	其他	47. 2	40. 4	61. 1	49. 6	25. 6	60. 3
个人月收入	0—300 元	40. 5	35. 0	39. 5	46. 3	73. 7	34. 1
	301—900 元	20. 7	18. 0	26. 2	23. 2	11. 5	25. 0
	901—1700 元	22. 7	24. 9	20. 9	18. 5	9. 8	28. 4
	1701—2600 元	11. 7	16. 6	10. 2	7. 8	4. 1	8. 3
	2601—3500 元	3. 5	4. 5	2. 9	3. 2	0. 7	3. 1
	3501 元及以上	0. 9	1. 0	0. 3	1. 0	0. 2	1. 1

表 3. 11. 6　2011—2013 年河南市场各类节目的播出份额（%）和收视份额（%）

节目类别	2011 年		2012 年		2013 年	
	播出份额	收视份额	播出份额	收视份额	播出份额	收视份额
财经	2. 6	0. 4	2. 3	0. 4	2. 0	0. 3
电视剧	20. 0	36. 7	20. 6	35. 7	20. 3	34. 9
电影	4. 0	2. 9	4. 7	3. 2	5. 1	2. 9
法制	1. 1	0. 8	1. 0	1. 1	1. 1	1. 4
教学	0. 4	0. 0	0. 3	0. 0	0. 3	0. 1
青少	7. 5	4. 6	6. 8	5. 2	6. 2	6. 3
生活服务	9. 2	6. 9	8. 7	7. 9	10. 4	8. 0
体育	1. 5	0. 7	1. 6	1. 0	1. 9	0. 6
外语	0. 0	0. 0	0. 0	0. 0	0. 0	0. 0
戏剧	1. 1	1. 8	1. 1	1. 3	0. 8	1. 3
新闻/时事	13. 7	14. 8	15. 3	14. 8	15. 0	13. 4
音乐	2. 9	0. 5	2. 6	0. 5	2. 4	0. 4
专题	11. 8	3. 9	11. 7	4. 2	11. 1	3. 8
综艺	10. 5	9. 4	9. 3	8. 4	9. 0	9. 1
其他	13. 7	16. 6	14. 0	16. 3	14. 4	17. 5

表 3.11.7　2013 年河南市场所有节目收视率排名前三十位

名次	节目名称	节目类型	播出频道	平均收视率（%）	平均占有率（%）
1	2013 春节联欢晚会	综艺	中央电视台综合频道	31.6	72.6
2	新闻联播	新闻/时事	中央电视台综合频道	9.2	28.9
3	天气预报	生活服务	中央电视台综合频道	8.6	20.7
4	因为爱情有晴天	电视剧	湖南电视台卫星频道	8.0	18.8
5	你好春天 2013 年文化部春节电视晚会	综艺	中央电视台综合频道	7.9	17.3
6	梨园春	戏剧	河南电视台卫星频道（一套）	7.4	15.4
7	焦点访谈	新闻/时事	中央电视台综合频道	5.9	13.5
8	第 31 届中国洛阳牡丹文化节开幕式	综艺	河南电视台卫星频道（一套）	5.8	12.4
9	因为爱情有多美	电视剧	湖南电视台卫星频道	5.6	14.5
10	东方时空（4 月 20/21 日）	新闻/时事	中央电视台综合频道	5.5	10.8
11	咱们结婚吧	电视剧	湖南电视台卫星频道	5.4	14.0
12	天天有喜	电视剧	湖南电视台卫星频道	5.4	13.7
13	春满中原万家福 2013 年河南省春节文艺晚会	综艺	河南电视台卫星频道（一套）	5.4	12.1
14	我的极品老妈	电视剧	河南电视台卫星频道（一套）	5.4	12.0
15	璀璨人生	电视剧	湖南电视台卫星频道	5.3	13.6
16	儿女的战争	电视剧	河南电视台卫星频道（一套）	5.2	12.6
17	致命名单	电视剧	河南电视台卫星频道（一套）	5.2	11.7
18	花非花雾非雾	电视剧	湖南电视台卫星频道	5.1	13.0
19	最美的时光	电视剧	湖南电视台卫星频道	5.1	12.3
20	快乐大本营	综艺	湖南电视台卫星频道	5.0	13.6
21	与狼共舞	电视剧	河南电视台卫星频道（一套）	5.0	11.1
22	二叔	电视剧	河南电视台卫星频道（一套）	4.8	11.8
23	新燕子李三	电视剧	河南电视台卫星频道（一套）	4.8	11.2
24	中央电视台特别节目梦想从历史深处走来	专题	中央电视台综合频道	4.8	10.9

续表

名次	节目名称	节目类型	播出频道	平均收视率（%）	平均占有率（%）
25	岳母的幸福生活	电视剧	河南电视台卫星频道（一套）	4.7	11.5
25	妯娌的三国时代	电视剧	河南电视台卫星频道（一套）	4.7	11.5
27	东方时空（4月20日）	新闻/时事	河南电视台卫星频道（一套）	4.7	9.3
28	蝴蝶行动	电视剧	河南电视台卫星频道（一套）	4.6	11.3
29	焦点访谈（4月20日）	新闻/时事	河南电视台卫星频道（一套）	4.5	9.3
30	2013文化中国四海同春法国华侨华人新春晚会	综艺	湖南电视台卫星频道	4.5	9.0

表3.11.8　2013年河南市场电视剧收视率排名前十位

名次	节目名称	播出频道	平均收视率（%）	平均占有率（%）
1	因为爱情有晴天	湖南电视台卫星频道	8.0	18.8
2	因为爱情有多美	湖南电视台卫星频道	5.6	14.5
3	咱们结婚吧	湖南电视台卫星频道	5.4	14.0
4	天天有喜	湖南电视台卫星频道	5.4	13.7
5	我的极品老妈	河南电视台卫星频道（一套）	5.4	12.0
6	璀璨人生	湖南电视台卫星频道	5.3	13.6
7	儿女的战争	河南电视台卫星频道（一套）	5.2	12.6
8	致命名单	河南电视台卫星频道（一套）	5.2	11.7
9	花非花雾非雾	湖南电视台卫星频道	5.1	13.0
10	最美的时光	湖南电视台卫星频道	5.1	12.3

表3.11.9　2013年河南市场新闻节目收视率排名前十位

名次	节目名称	播出频道	平均收视率（%）	平均占有率（%）
1	新闻联播	中央电视台综合频道	9.2	28.9
2	焦点访谈	中央电视台综合频道	5.9	13.5
3	东方时空（4月20/21日）	中央电视台综合频道	5.5	10.8
4	东方时空（4月20日）	河南电视台卫星频道（一套）	4.7	9.3
5	焦点访谈（4月20日）	河南电视台卫星频道（一套）	4.5	9.3
6	李克强总理会见中外记者并回答提问	中央电视台综合频道	4.3	7.7
7	都市报道	河南电视台都市频道（二套）	4.1	9.3
8	雅安地震特别报道我们一起共渡难关	河南电视台卫星频道（一套）	4.0	14.8
9	都市报道扩大版	河南电视台都市频道（二套）	3.4	12.8
10	中共河南省委召开全省领导干部会议	河南电视台卫星频道（一套）	2.4	9.2

表 3.11.10 2013 年河南市场专题节目收视率排名前十位

名次	节目名称	播出频道	平均收视率（%）	平均占有率（%）
1	中央电视台特别节目梦想从历史深处走来	中央电视台综合频道	4.8	10.9
2	一年又一年 2013	中央电视台综合频道	3.3	18.3
3	圆梦中国德耀中华第四届全国道德模范授奖仪式	中央电视台综合频道	2.8	6.7
4	中国汉字听写大会 2013 半决赛第一场	中央电视台综合频道	2.7	6.6
5	感动中国 2012 年度人物颁奖典礼	中央电视台综合频道	2.2	5.1
6	斯土斯民总关情李克强在河南	河南电视台卫星频道（一套）	2.0	7.6
7	习仲勋	中央电视台综合频道	1.6	4.1
8	2013 大型公益活动颁奖典礼寻找最美乡村教师	中央电视台综合频道	1.6	3.9
9	爱在晚晴天	江苏卫视	1.5	3.4
10	拍客行动	河南电视台卫星频道（一套）	1.4	9.0

表 3.11.11 2013 年河南市场综艺节目收视率排名前十位

名次	节目名称	播出频道	平均收视率（%）	平均占有率（%）
1	2013 春节联欢晚会	中央电视台综合频道	31.6	72.6
2	你好春天 2013 年文化部春节电视晚会	中央电视台综合频道	7.9	17.3
3	第 31 届中国洛阳牡丹文化节开幕式	河南电视台卫星频道（一套）	5.8	12.4
4	春满中原万家福 2013 年河南省春节文艺晚会	河南电视台卫星频道（一套）	5.4	12.1
5	快乐大本营	湖南电视台卫星频道	5.0	13.6
6	2013 文化中国四海同春法国华侨华人新春晚会	湖南电视台卫星频道	4.5	9.0
7	书香中国 2013 全民阅读电视晚会	湖南电视台卫星频道	4.4	9.5
8	天天向上	湖南电视台卫星频道	4.1	10.7
9	第十二届汉语桥世界大学生中文比赛开幕式	湖南电视台卫星频道	4.0	9.1
10	开学第一课	中央电视台综合频道	3.8	8.5

表 3.11.12　2013 年河南市场体育节目收视率排名前十位

名次	节目名称	播出频道	平均收视率（%）	平均占有率（%）
1	谁是球王（7 月 14 日）	中央电视台综合频道	3.2	7.2
2	武林风	河南电视台卫星频道（一套）	1.4	8.0
3	中华人民共和国第十二届运动会开幕式	辽宁卫视	1.3	2.8
4	第六届东亚运动会闭幕式	天津卫视	0.8	1.5
5	黄金赛场：2013 年 NBA 全球系列赛上海站	中央台五套	0.7	1.6
6	直播周末：2013 年澳大利亚网球公开赛女单决赛	中央台五套	0.6	3.0
7	第 14 届世界田径锦标赛女子铅球决赛	中央台五套	0.6	1.6
8	2013 年世界田径锦标赛女子 400 米决赛	中央台五套	0.6	1.4
9	黄金赛场：第 15 届世界游泳锦标赛跳水女子一米板决赛	中央台五套	0.6	1.3
10	2013 年第十二届全国运动会跳水男子双人 10 米台决赛	中央台五套	0.5	1.1

十二、黑龙江收视数据

表 3. 12. 1 2009—2013 年黑龙江市场各类频道的市场占有率（%）

频道类别	年份				
	2009 年	2010 年	2011 年	2012 年	2013 年
中央台频道	35. 2	31. 2	29. 2	29. 1	29. 9
中国教育台频道	0. 2	0. 3	0. 4	0. 3	0. 4
黑龙江省级频道	38. 5	41. 7	42. 4	41. 2	38. 5
其他省级卫视频道	18. 4	18. 8	20. 6	22. 1	25. 4
其他频道	7. 7	8. 0	7. 4	7. 3	5. 8

表 3. 12. 2 2013 年黑龙江市场各类频道在不同目标观众中的市场占有率（%）

目标观众		中央台频道	中国教育台频道	黑龙江省级频道	其他省级卫视频道	其他频道
4 岁及以上所有人		29. 9	0. 4	38. 5	25. 4	5. 8
城乡	城市	33. 2	0. 4	32. 4	25. 9	8. 1
	乡村	27. 8	0. 3	42. 5	25. 1	4. 3
性别	男	31. 7	0. 4	38. 9	23. 4	5. 6
	女	28. 5	0. 4	38. 2	27. 1	5. 8
年龄	4—14 岁	39. 8	0. 2	20. 2	35. 2	4. 6
	15—24 岁	28. 2	0. 6	35. 9	30. 2	5. 1
	25—34 岁	26. 0	0. 5	38. 4	28. 7	6. 4
	35—44 岁	27. 7	0. 4	38. 5	27. 1	6. 3
	45—54 岁	26. 3	0. 4	43. 4	24. 8	5. 1
	55—64 岁	32. 2	0. 3	40. 6	20. 5	6. 4
	65 岁及以上	36. 2	0. 2	42. 0	15. 8	5. 8
教育程度	未受过正规教育	37. 9	0. 4	32. 3	24. 1	5. 3
	小学	31. 1	0. 3	37. 9	25. 5	5. 2
	初中	27. 5	0. 4	40. 3	26. 0	5. 8
	高中	30. 2	0. 4	37. 6	25. 9	5. 9
	大学及以上	37. 6	0. 4	34. 6	20. 1	7. 3
职业类别	干部/管理人员	29. 2	0. 3	44. 4	16. 6	9. 5
	个体/私营企业人员	26. 5	0. 4	41. 8	25. 2	6. 1
	初级公务员/雇员	29. 7	0. 3	36. 0	26. 4	7. 6
	工人	30. 1	0. 4	34. 6	26. 9	8. 0
	学生	38. 1	0. 4	22. 5	34. 2	4. 8
	无业	32. 3	0. 3	37. 4	23. 2	6. 8
	其他	25. 4	0. 4	46. 4	24. 9	2. 9
个人月收入	0—300 元	32. 3	0. 4	30. 4	30. 8	6. 1
	301—900 元	28. 0	0. 4	44. 3	23. 2	4. 1
	901—1700 元	28. 3	0. 4	43. 1	23. 0	5. 2
	1701—2600 元	30. 4	0. 4	40. 3	22. 4	6. 5
	2601—3500 元	29. 9	0. 2	37. 8	24. 5	7. 6
	3501 元及以上	31. 1	0. 5	33. 4	29. 9	5. 1

表 3. 12. 3　2013 年黑龙江市场各类频道在不同时段的市场占有率（%）

时间段	中央台频道	中国教育台频道	黑龙江省级频道	其他省级卫视频道	其他频道
02:00—03:00	30. 8	0. 7	13. 2	48. 1	7. 2
03:00—04:00	40. 7	0. 5	12. 5	40. 2	6. 1
04:00—05:00	48. 3	0. 2	21. 2	27. 8	2. 5
05:00—06:00	38. 2	0. 2	29. 9	27. 9	3. 8
06:00—07:00	35. 1	0. 1	32. 4	23. 2	9. 2
07:00—08:00	38. 8	0. 2	29. 5	21. 8	9. 7
08:00—09:00	38. 9	0. 3	25. 6	28. 8	6. 4
09:00—10:00	36. 5	0. 4	23. 7	33. 8	5. 6
10:00—11:00	37. 7	0. 6	21. 3	35. 0	5. 4
11:00—12:00	42. 5	0. 5	17. 3	34. 4	5. 3
12:00—13:00	45. 7	0. 4	15. 2	33. 5	5. 2
13:00—14:00	38. 2	0. 6	16. 6	39. 2	5. 4
14:00—15:00	28. 3	0. 6	19. 3	45. 4	6. 4
15:00—16:00	30. 4	0. 5	19. 1	43. 5	6. 5
16:00—17:00	33. 3	0. 3	19. 2	38. 1	9. 1
17:00—18:00	34. 1	0. 2	30. 3	26. 2	9. 2
18:00—19:00	27. 3	0. 1	56. 4	9. 4	6. 8
19:00—20:00	29. 1	0. 3	53. 4	13. 1	4. 1
20:00—21:00	20. 2	0. 6	50. 2	25. 2	3. 8
21:00—22:00	18. 8	0. 6	47. 4	29. 0	4. 2
22:00—23:00	19. 8	0. 5	41. 1	33. 6	5. 0
23:00—24:00	25. 3	0. 5	28. 2	41. 5	4. 5
24:00—25:00	47. 0	1. 2	13. 9	34. 0	3. 9
25:00—26:00	55. 3	0. 3	14. 7	25. 8	3. 9

表 3. 12. 4　2013 年黑龙江市场收视份额排名前十位的频道

名次	频道名称	收视份额（%）
1	黑龙江卫视	12. 9
2	黑龙江电视台影视频道	8. 0
3	中央电视台综合频道	7. 9
4	黑龙江电视台都市频道	7. 8
5	湖南电视台卫星频道	4. 0
6	黑龙江电视台文艺频道	3. 9
6	中央台三套	3. 9
8	中央电视台少儿频道	3. 8
9	黑龙江电视台公共频道	2. 9
10	黑龙江电视台新闻频道	2. 8

表 3.12.5　2013 年黑龙江市场各主要频道的观众构成（%）

目标观众		所有频道	主要频道				
			黑龙江卫视	黑龙江电视台影视频道	中央电视台综合频道	黑龙江电视台都市频道	湖南电视台卫星频道
4 岁及以上所有人		100.0	100.0	100.0	100.0	100.0	100.0
城乡	城市	39.1	26.3	36.9	46.2	38.5	33.6
	乡村	60.9	73.7	63.1	53.8	61.5	66.4
性别	男	45.7	45.7	47.0	46.2	45.3	35.5
	女	54.3	54.3	53.0	53.8	54.7	64.5
年龄	4—14 岁	8.3	5.3	3.3	6.6	3.7	9.9
	15—24 岁	8.9	10.1	8.4	10.0	6.8	15.4
	25—34 岁	13.3	15.7	10.1	12.4	11.5	16.8
	35—44 岁	21.5	19.4	20.8	20.2	23.6	26.0
	45—54 岁	21.6	22.8	29.3	22.2	25.8	17.0
	55—64 岁	13.7	12.7	14.3	14.1	13.7	9.3
	65 岁及以上	12.7	14.0	13.8	14.5	14.9	5.6
教育程度	未受过正规教育	3.9	3.5	4.2	4.4	2.6	1.6
	小学	21.2	23.9	16.9	20.5	18.8	21.0
	初中	47.3	49.3	48.0	42.7	49.2	53.6
	高中	20.7	18.4	24.1	24.1	21.4	18.3
	大学及以上	6.9	4.9	6.8	8.3	8.0	5.5
职业类别	干部/管理人员	1.5	1.2	3.1	1.3	1.6	1.0
	个体/私营企业人员	14.2	18.2	12.5	14.6	16.0	13.2
	初级公务员/雇员	6.9	3.9	6.7	6.9	9.4	7.5
	工人	10.2	7.0	10.1	11.7	10.9	8.4
	学生	9.4	7.3	3.6	11.2	4.8	14.0
	无业	34.0	34.3	32.6	34.8	33.7	23.5
	其他	23.8	28.1	31.4	19.5	23.6	32.4
个人月收入	0—300 元	26.8	25.8	16.5	26.5	18.0	30.9
	301—900 元	12.1	14.3	12.3	10.8	11.5	11.7
	901—1700 元	32.4	34.2	39.5	33.2	39.1	31.6
	1701—2600 元	17.1	16.1	19.3	17.4	19.3	13.4
	2601—3500 元	7.4	6.4	8.3	7.5	8.7	5.2
	3501 元及以上	4.2	3.2	4.1	4.6	3.4	7.2

表 3.12.6　2011—2013 年黑龙江市场各类节目的播出份额（%）和收视份额（%）

节目类别	2011 年		2012 年		2013 年	
	播出份额	收视份额	播出份额	收视份额	播出份额	收视份额
财经	2.4	0.4	2.3	0.3	2.0	0.2
电视剧	21.5	31.2	20.5	34.9	21.2	32.9
电影	3.0	1.7	3.9	1.1	4.4	1.2
法制	1.4	3.0	1.1	1.9	1.1	1.3
教学	0.4	0.1	0.3	0.0	0.3	0.0
青少	7.4	4.2	7.1	3.4	6.5	3.7
生活服务	8.1	8.2	8.8	8.6	9.1	8.9
体育	1.4	1.2	1.6	1.6	1.9	0.8
外语	0.1	0.0	0.0	0.0	0.0	0.0
戏剧	1.1	0.1	1.1	0.1	0.8	0.2
新闻/时事	13.5	15.4	15.2	18.2	15.3	18.1
音乐	2.7	0.5	2.6	0.5	2.5	0.4
专题	11.6	4.4	12.0	3.7	11.0	3.3
综艺	11.1	12.4	9.8	8.6	9.8	12.4
其他	14.3	17.2	13.7	17.1	14.1	16.6

表 3.12.7　2013 年黑龙江市场所有节目收视排名前三十位

名次	节目名称	节目类型	播出频道	平均收视率（%）	平均占有率（%）
1	2013 春节联欢晚会	综艺	中央电视台综合频道	41.7	83.3
2	樱桃红	电视剧	黑龙江卫视	17.3	41.4
3	乡村爱情变奏曲	电视剧	黑龙江卫视	14.1	34.5
4	牵手人生	电视剧	黑龙江卫视	12.2	26.9
5	X 女特工	电视剧	黑龙江卫视	10.6	25.1
6	揭秘乡村爱情变奏曲	综艺	黑龙江卫视	9.4	30.8
7	天气预报	生活服务	黑龙江卫视	8.0	25.0
8	新闻联播	新闻/时事	中央电视台综合频道	7.8	19.5
9	东方时空（4 月 20/21 日）	新闻/时事	黑龙江卫视	7.8	18.5
10	新闻联播	新闻/时事	黑龙江卫视	7.5	23.8
11	雳剑	电视剧	黑龙江卫视	7.4	16.9
12	火线三兄弟	电视剧	黑龙江卫视	7.2	18.6
13	利箭行动	电视剧	黑龙江卫视	7.1	16.4
14	剧龙点精	生活服务	黑龙江卫视	6.7	17.5
15	大美龙江幸福年 2013 黑龙江电视台春节联欢晚会	综艺	黑龙江卫视	6.3	16.6
16	2013 元宵晚会	综艺	中央电视台综合频道	6.3	15.4
17	转播中央台新闻联播	新闻/时事	黑龙江卫视	6.1	15.3
18	上阵父子兵	电视剧	黑龙江卫视	5.9	16.5
19	神秘人质	电视剧	黑龙江电视台影视频道	5.9	16.2
20	龙之江	专题	黑龙江卫视	5.8	22.4
21	一年又一年 2013	专题	中央电视台综合频道	5.5	21.0
22	大美龙江	专题	黑龙江卫视	5.5	18.6
23	尖锋	电视剧	黑龙江卫视	5.5	16.2
24	穷孩子富孩子	电视剧	黑龙江电视台影视频道	5.4	16.5
25	双谍姐妹花	电视剧	黑龙江电视台影视频道	5.4	14.5
26	乱世三义	电视剧	黑龙江卫视	5.2	16.8
27	燕子传奇	电视剧	黑龙江电视台影视频道	5.2	15.6
28	丽人特工之英雄使命	电视剧	黑龙江电视台影视频道	5.2	12.7
29	乱世佳人	电视剧	黑龙江卫视	5.1	18.7
30	你好春天 2013 年文化部春节电视晚会	综艺	中央电视台综合频道	5.1	12.6

表 3. 12. 8　2013 年黑龙江市场电视剧收视率排名前十位

名次	节目名称	播出频道	平均收视率（%）	平均占有率（%）
1	樱桃红	黑龙江卫视	17. 3	41. 4
2	乡村爱情变奏曲	黑龙江卫视	14. 1	34. 5
3	牵手人生	黑龙江卫视	12. 2	26. 9
4	X 女特工	黑龙江卫视	10. 6	25. 1
5	雳剑	黑龙江卫视	7. 4	16. 9
6	火线三兄弟	黑龙江卫视	7. 2	18. 6
7	利箭行动	黑龙江卫视	7. 1	16. 4
8	上阵父子兵	黑龙江卫视	5. 9	16. 5
9	神秘人质	黑龙江电视台影视频道	5. 9	16. 2
10	尖锋	黑龙江卫视	5. 5	16. 2

表 3. 12. 9　2013 年黑龙江市场新闻节目收视率排名前十位

名次	节目名称	播出频道	平均收视率（%）	平均占有率（%）
1	新闻联播	中央电视台综合频道	7. 8	19. 5
2	东方时空（4 月 20/21 日）	黑龙江卫视	7. 8	18. 5
3	新闻联播	黑龙江卫视	7. 5	23. 8
4	转播中央台新闻联播	黑龙江卫视	6. 1	15. 3
5	新闻夜航	黑龙江电视台都市频道	4. 6	14. 5
6	焦点访谈	中央电视台综合频道	4. 0	8. 8
7	东方时空（4 月 20/21 日）	中央电视台综合频道	3. 7	8. 7
8	中国龙新闻周刊	黑龙江卫视	3. 4	13. 8
9	新华视点	黑龙江卫视	3. 3	14. 2
10	共同关注（4 月 20/21 日）	中央电视台综合频道	2. 7	8. 0

表 3. 12. 10　2013 年黑龙江市场专题节目收视率排名前十位

名次	节目名称	播出频道	平均收视率（%）	平均占有率（%）
1	龙之江	黑龙江卫视	5. 8	22. 4
2	一年又一年 2013	中央电视台综合频道	5. 5	21. 0
3	大美龙江	黑龙江卫视	5. 5	18. 6
4	中国龙新闻周刊特别节目游遍龙江	黑龙江卫视	3. 6	14. 7
5	感动中国 2012 年度人物颁奖典礼	中央电视台综合频道	2. 5	6. 5
6	圆梦中国德耀中华第四届全国道德模范授奖仪式	中央电视台综合频道	2. 0	6. 7
7	旗鼓相当	中央电视台综合频道	1. 6	5. 2
8	说和	黑龙江电视台公共频道	1. 6	3. 6
9	寻宝	中央电视台综合频道	1. 4	5. 1
10	感动中国 2012 年度人物颁奖典礼	中央台三套	1. 3	3. 4

表 3. 12. 11　2013 年黑龙江市场综艺节目收视率排名前十位

名次	节目名称	播出频道	平均收视率（%）	平均占有率（%）
1	2013 春节联欢晚会	中央电视台综合频道	41. 7	83. 3
2	揭秘乡村爱情变奏曲	黑龙江卫视	9. 4	30. 8
3	大美龙江幸福年 2013 黑龙江电视台春节联欢晚会	黑龙江卫视	6. 3	16. 6
4	2013 元宵晚会	中央电视台综合频道	6. 3	15. 4
5	你好春天 2013 年文化部春节电视晚会	中央电视台综合频道	5. 1	12. 6
6	揭秘 X 女特工	黑龙江卫视	4. 8	21. 6
7	CCTV 网络春晚	中央台三套	3. 9	8. 9
8	梅州月中华情 2013 年中央电视台中秋晚会	中央电视台综合频道	3. 8	12. 2
9	大城小爱	黑龙江电视台文艺频道	3. 7	9. 2
10	万家灯火平安夜公安部 2013 年春节电视文艺晚会	中央电视台综合频道	3. 5	9. 6

表 3. 12. 12　2013 年黑龙江市场体育节目收视率排名前十位

名次	节目名称	播出频道	平均收视率（%）	平均占有率（%）
1	舞动龙江 DANCE 黑龙江省首届快乐舞步争霸赛	黑龙江电视台文艺频道	1. 8	4. 5
2	直播周末：2013 年澳大利亚网球公开赛女单决赛	中央台五套	1. 5	5. 1
3	谁是球王（7 月 14 日）	中央电视台综合频道	1. 4	4. 2
4	舞动龙江 DANCE 黑龙江省首届快乐舞步争霸赛冠军总决赛	黑龙江电视台文艺频道	1. 3	4. 2
5	2013 年世界乒乓球锦标赛男单 1/4 决赛	中央台五套	1. 3	3. 4
6	2013 年世界大力士中国争霸赛	中央电视台综合频道	1. 2	5. 3
7	第 15 届世界游泳锦标赛女子 4 × 100 米混合泳接力预赛	中央台五套	0. 8	3. 5
8	直播周末：2013 年亚洲冠军联赛决赛第二回合（韩国首尔 FC 队 VS 中国广州恒大队）	中央台五套	0. 8	2. 5
9	直播周末：2013 年世界女排大奖赛总决赛（日本队 VS 中国队）	中央台五套	0. 8	2. 3
10	黄金赛场：2013 年四国女篮对抗赛（中国队 VS 巴西队）	中央台五套	0. 8	2. 1

十三、湖北收视数据

表 3.13.1 2009—2013 年湖北市场各类频道的市场占有率（%）

频道类别	2009 年	2010 年	2011 年	2012 年	2013 年
中央台频道	34.5	29.6	30.3	30.8	29.7
中国教育台频道	0.5	0.4	0.7	0.6	0.4
湖北省级频道	22.8	23.2	22.7	25.5	29.2
其他省级卫视频道	24.2	24.8	26.8	25.7	24.9
其他频道	18.0	22.0	19.6	17.4	15.8

表 3.13.2 2013 年湖北市场各类频道在不同目标观众中的市场占有率（%）

目标观众		中央台频道	中国教育台频道	湖北省级频道	其他省级卫视频道	其他频道
4 岁及以上所有人		29.7	0.4	29.2	24.9	15.8
城乡	城市	27.0	0.2	28.1	24.9	19.9
	农村	31.7	0.5	30.1	25.0	12.7
性别	男	32.0	0.3	27.9	23.2	16.6
	女	27.3	0.4	30.5	26.7	15.1
年龄	4—14 岁	33.0	0.4	23.1	29.1	14.4
	15—24 岁	27.0	0.4	23.2	35.1	14.4
	25—34 岁	25.1	0.3	28.4	29.7	16.5
	35—44 岁	26.7	0.3	30.2	25.4	17.5
	45—54 岁	28.5	0.5	31.6	23.1	16.4
	55—64 岁	31.4	0.3	33.8	18.8	15.7
	65 岁及以上	36.6	0.4	30.2	18.3	14.6
教育程度	未受过正规教育	34.1	0.4	27.0	26.1	12.4
	小学	27.9	0.4	32.5	24.2	15.0
	初中	28.6	0.4	30.6	25.2	15.2
	高中	30.3	0.3	27.2	25.7	16.6
	大学及以上	33.7	0.1	19.7	22.8	23.7
职业类别	干部/管理人员	31.7	0.2	16.0	25.1	27.0
	个体/私营企业人员	32.3	0.3	27.3	25.9	14.3
	初级公务员/雇员	32.8	0.2	19.5	24.1	23.4
	工人	28.1	0.4	28.2	27.1	16.3
	学生	28.6	0.4	25.4	29.6	16.0
	无业	31.4	0.3	28.5	25.2	14.5
	其他	26.4	0.5	37.3	20.4	15.4
个人月收入	0—300 元	28.7	0.4	29.5	27.0	14.4
	301—900 元	27.9	0.6	35.1	21.8	14.8
	901—1700 元	29.9	0.3	29.7	23.6	16.5
	1701—2600 元	32.3	0.2	25.5	25.1	16.9
	2601—3500 元	31.0	0.2	24.6	24.2	20.1
	3501 元及以上	32.4	0.2	21.8	26.6	19.1

表 3. 13. 3　2013 年湖北市场各类频道在不同时段的市场占有率（%）

时间段	中央台频道	中国教育台频道	湖北省级频道	其他省级卫视频道	其他频道
02:00—03:00	27.7	0.3	14.9	31.3	25.7
03:00—04:00	28.4	0.2	13.3	33.0	25.1
04:00—05:00	29.5	0.2	14.4	32.9	23.2
05:00—06:00	31.6	0.2	19.4	29.3	19.4
06:00—07:00	40.4	0.2	17.3	25.1	17.0
07:00—08:00	41.4	0.1	19.0	21.6	17.9
08:00—09:00	36.2	0.1	20.7	27.8	15.2
09:00—10:00	30.6	0.1	24.8	30.7	13.9
10:00—11:00	30.0	0.4	26.0	29.9	13.7
11:00—12:00	32.6	0.4	26.9	26.7	13.5
12:00—13:00	37.6	0.3	24.0	24.0	14.1
13:00—14:00	34.7	0.5	23.9	27.2	13.7
14:00—15:00	27.5	0.6	26.5	31.1	14.4
15:00—16:00	27.4	0.4	25.8	32.1	14.3
16:00—17:00	28.5	0.2	25.4	32.1	13.8
17:00—18:00	27.7	0.1	32.0	25.0	15.2
18:00—19:00	30.4	0.1	39.6	11.0	19.0
19:00—20:00	34.7	0.3	31.9	16.3	16.9
20:00—21:00	26.6	0.6	31.9	26.2	14.7
21:00—22:00	25.9	0.5	30.3	28.1	15.2
22:00—23:00	23.3	0.3	32.7	26.1	17.6
23:00—24:00	25.7	0.1	25.0	29.7	19.5
24:00—25:00	30.9	0.2	18.6	28.4	22.0
25:00—26:00	29.6	0.3	15.6	29.0	25.5

表 3. 13. 4　2013 年湖北市场收视份额排名前十位的频道

名次	频道名称	收视份额（%）
1	湖北综合	7.7
2	湖北经视	7.2
3	湖北卫视	6.9
4	湖南电视台卫星频道	4.8
5	中央电视台少儿频道	4.4
6	中央电视台综合频道	4.0
7	湖北影视	3.6
8	中央台八套	3.2
8	中央台六套	3.2
10	中央电视台新闻频道	3.1

表 3. 13. 5 2013 年湖北市场各主要频道的观众构成（%）

目标观众		所有频道	主要频道				
			湖北综合	湖北经视	湖北卫视	湖南电视台卫星频道	中央电视台少儿频道
4 岁及以上所有人		100. 0	100. 0	100. 0	100. 0	100. 0	100. 0
城乡	城市	43. 9	46. 5	39. 3	47. 0	38. 2	20. 7
	农村	56. 1	53. 5	60. 8	53. 0	61. 9	79. 3
性别	男	50. 4	44. 6	48. 1	49. 0	38. 1	49. 5
	女	49. 6	55. 4	51. 9	51. 0	61. 9	50. 5
年龄	4—14 岁	15. 1	12. 4	16. 0	9. 2	16. 6	55. 4
	15—24 岁	7. 2	4. 1	6. 4	5. 6	15. 8	3. 1
	25—34 岁	13. 0	19. 1	8. 6	10. 3	14. 9	14. 0
	35—44 岁	18. 9	19. 0	18. 2	20. 0	23. 4	10. 8
	45—54 岁	19. 0	16. 0	23. 3	20. 6	16. 0	6. 5
	55—64 岁	15. 2	18. 3	17. 5	19. 8	8. 6	7. 7
	65 岁及以上	11. 7	11. 1	10. 1	14. 6	4. 7	2. 6
教育程度	未受过正规教育	9. 4	7. 9	6. 7	13. 9	8. 8	30. 1
	小学	27. 3	29. 8	35. 4	27. 5	27. 9	40. 2
	初中	35. 3	42. 8	32. 1	33. 6	38. 6	21. 2
	高中	20. 2	14. 6	20. 7	19. 1	18. 3	7. 1
	大学及以上	7. 8	5. 0	5. 1	6. 0	6. 5	1. 4
职业类别	干部/管理人员	0. 8	0. 8	0. 3	0. 3	0. 8	0. 1
	个体/私营企业人员	9. 8	5. 8	9. 5	9. 0	9. 9	6. 0
	初级公务员/雇员	6. 8	3. 9	4. 3	5. 6	6. 6	1. 5
	工人	16. 9	13. 6	16. 3	15. 6	20. 7	7. 1
	学生	10. 6	7. 9	14. 4	6. 9	14. 0	27. 9
	无业	33. 4	33. 9	36. 0	26. 8	30. 4	42. 1
	其他	21. 7	34. 2	19. 2	35. 9	17. 6	15. 2
个人月收入	0—300 元	37. 2	36. 8	44. 7	36. 9	44. 7	75. 0
	301—900 元	15. 5	27. 0	10. 5	20. 2	13. 4	8. 7
	901—1700 元	22. 7	19. 5	23. 9	23. 6	19. 5	7. 4
	1701—2600 元	14. 4	9. 7	13. 2	12. 9	13. 7	4. 3
	2601—3500 元	6. 5	4. 9	5. 2	3. 8	5. 6	3. 7
	3501 元及以上	3. 8	2. 0	2. 5	2. 7	3. 1	1. 0

表 3. 13. 6 2011—2013 年湖北市场各类节目的播出份额（%）和收视份额（%）

节目类别	2011 年		2012 年		2013 年	
	播出份额	收视份额	播出份额	收视份额	播出份额	收视份额
财经	2. 6	0. 8	2. 2	0. 7	1. 7	0. 6
电视剧	21. 5	36. 7	21. 4	38. 7	28. 7	37. 6
电影	4. 0	4. 4	3. 9	4. 3	4. 6	4. 5
法制	0. 8	1. 0	0. 8	0. 9	1. 1	1. 3
教学	0. 4	0. 1	0. 3	0. 1	0. 4	0. 1
青少	7. 8	5. 6	6. 9	5. 8	5. 4	7. 1
生活服务	8. 7	6. 2	8. 9	7. 0	9. 8	6. 9
体育	1. 9	2. 0	2. 2	2. 1	2. 2	1. 6
外语	0. 0	0. 0	0. 0	0. 0	0. 0	0. 0
戏剧	1. 1	0. 4	1. 1	0. 3	0. 6	0. 3
新闻/时事	13. 7	10. 1	15. 1	12. 3	10. 7	11. 9
音乐	3. 0	0. 8	2. 6	0. 8	2. 4	0. 7
专题	10. 0	5. 4	11. 7	5. 4	9. 0	5. 3
综艺	10. 5	12. 8	8. 9	9. 9	7. 5	10. 1
其他	14. 0	13. 8	14. 0	11. 7	16. 0	12. 1

表 3.13.7　2013 年湖北市场所有节目收视率排名前三十位

名次	节目名称	节目类别	播出频道	平均收视率（%）	平均占有率（%）
1	2013 春节联欢晚会	综艺	中央电视台综合频道	7.8	15.7
2	我的中国星（10 月 6 日）	综艺	湖北卫视	7.2	17.9
3	天气预报	生活服务	中央电视台综合频道	5.5	15.4
4	一个鬼子都不留	电视剧	湖北卫视	5.5	13.2
5	新燕子李三	电视剧	湖北卫视	5.4	13.3
6	平原烽火（10—38 集）	电视剧	湖北卫视	5.3	14.2
7	因为爱情有晴天	电视剧	湖南电视台卫星频道	4.9	12.3
8	暗花	电视剧	湖北卫视	4.8	12.0
9	血誓	电视剧	湖北卫视	4.7	12.5
10	唐山大地震	电视剧	湖北卫视	4.6	11.7
11	老有所依	电视剧	湖北卫视	4.6	11.5
12	二叔	电视剧	湖北经视	4.5	12.6
13	天天有喜	电视剧	湖南电视台卫星频道	4.3	12.4
14	咱们结婚吧	电视剧	湖南电视台卫星频道	4.3	11.2
15	花和尚鲁智深	电视剧	湖北卫视	4.3	11.1
16	笑傲江湖	电视剧	湖北卫视	4.2	10.4
17	铁血壮士	电视剧	湖北卫视	4.1	10.7
18	独有英雄	电视剧	湖北卫视	4.1	9.7
19	火线三兄弟	电视剧	湖北卫视	4.0	11.7
20	青盲	电视剧	湖北卫视	4.0	10.9
21	谁是真英雄	电视剧	湖北卫视	4.0	10.1
21	无贼	电视剧	湖北卫视	4.0	10.1
23	老米家的婚事	电视剧	湖北卫视	3.9	10.4
24	因为爱情有多美	电视剧	湖南电视台卫星频道	3.9	10.3
25	辣妈正传	电视剧	湖北卫视	3.9	9.6
26	独生子女的婆婆妈妈	电视剧	湖北卫视	3.9	9.5
26	儿女的战争	电视剧	湖北卫视	3.9	9.5
28	像火花像蝴蝶	电视剧	湖北卫视	3.8	10.8
28	2013 元宵晚会	综艺	中央电视台综合频道	3.8	10.8
30	璀璨人生	电视剧	湖南电视台卫星频道	3.8	9.7

表 3.13.8 2013 年湖北市场电视剧收视率排名前十位

名次	节目名称	播出频道	平均收视率（%）	平均占有率（%）
1	一个鬼子都不留	湖北卫视	5.5	13.2
2	新燕子李三	湖北卫视	5.4	13.3
3	平原烽火（10—38 集）	湖北卫视	5.3	14.2
4	因为爱情有晴天	湖南电视台卫星频道	4.9	12.3
5	暗花	湖北卫视	4.8	12.0
6	血誓	湖北卫视	4.7	12.5
7	唐山大地震	湖北卫视	4.6	11.7
8	老有所依	湖北卫视	4.6	11.5
9	二叔	湖北经视	4.5	12.6
10	天天有喜	湖南电视台卫星频道	4.3	12.4

表 3.13.9 2013 年湖北市场新闻节目收视率排名前十位

名次	节目名称	播出频道	平均收视率（%）	平均占有率（%）
1	新闻 360	湖北综合	2.8	12.6
2	转播中央台新闻联播	湖北卫视	2.6	8.2
3	新闻联播	中央电视台综合频道	2.5	7.9
4	李克强总理会见中外记者并回答提问	中央电视台综合频道	2.3	5.1
5	关注四川雅安强震	湖北卫视	2.2	7.1
6	东方时空（4 月 20/21 日）	中央电视台综合频道	2.1	5.2
7	李克强总理会见中外记者并回答提问	中央电视台新闻频道	2.0	4.5
8	经视直播	湖北经视	1.9	9.7
9	焦点访谈	中央电视台综合频道	1.8	4.7
10	湖北新闻	湖北卫视	1.7	7.0

表 3.13.10 2013 年湖北市场专题节目收视率排名前十位

名次	节目名称	播出频道	平均收视率（%）	平均占有率（%）
1	大王小王	湖北综合	3.7	9.3
2	创业湖北 2013 首届湖北省大学生创业大赛	湖北综合	3.0	7.9
3	星夜故事	湖北综合	2.6	6.7
4	我的中国梦湖北共青团纪念五四运动主题团日活动	湖北综合	2.3	5.8
5	中国汉字听写大会 2013 复赛第六场	中央电视台综合频道	2.3	5.5
6	调解面对面	湖北卫视	1.8	8.1
7	大揭秘	湖北卫视	1.7	5.1
8	圆梦中国德耀中华第四届全国道德模范授奖仪式	中央电视台综合频道	1.5	3.9
9	道德的力量第四届湖北省道德模范授奖仪式	湖北经视	1.4	6.1
10	一年又一年 2013	中央电视台综合频道	1.4	5.5

表 3.13.11　2013 年湖北市场综艺节目收视率排名前十位

名次	节目名称	播出频道	平均收视率（%）	平均占有率（%）
1	2013 春节联欢晚会	中央电视台综合频道	7.8	15.7
2	我的中国星（10 月 6 日）	湖北卫视	7.2	17.9
3	2013 元宵晚会	中央电视台综合频道	3.8	10.8
4	中国好声音（8 月 23 日）	浙江卫视	3.6	12.3
5	荆楚平安颂 2013 年湖北省公安系统春节文艺晚会	湖北卫视	3.3	8.8
6	开学第一课	中央电视台综合频道	3.0	7.2
7	星光大道（12 月 26 日）	中央台三套	2.9	7.0
8	宝贝你怎么看	湖北综合	2.6	6.9
9	舞出我人生圆梦之旅	中央电视台综合频道	2.6	6.4
10	幸福账单	湖北综合	2.6	6.1

表 3.13.12　2013 年湖北市场体育节目收视率排名前十位

名次	节目名称	播出频道	平均收视率（%）	平均占有率（%）
1	直播周末：2013 年亚洲冠军联赛决赛第二回合（广州恒大 VS 首尔 FC）	中央台五套	3.1	7.6
2	直播周末 2013 年亚洲冠军联赛颁奖仪式	中央台五套	2.6	8.7
3	2013 年世界羽毛球锦标赛男单决赛	中央台五套	1.5	6.1
4	2013 年世乒赛女单半决赛	中央台五套	1.3	4.0
5	黄金赛场：2013 年第 15 届世界游泳锦标赛女子三米板半决赛	中央台五套	1.3	3.4
6	直播周末：第 14 届世界田径锦标赛女子 5000 米决赛	中央台五套	1.2	8.8
7	直播周末：2013 年亚洲女排锦标赛第三四名决赛（中国 VS 韩国）	中央台五套	1.2	7.1
8	直播周末：第 14 届世界田径锦标赛男子 4×400 米接力决赛	中央台五套	1.1	6.8
9	现场直播：2013 年亚洲男篮锦标赛 1/4 决赛（中国 VS 中华台北）	中央台五套	1.0	5.7
10	直播周末：2013 年澳大利亚网球公开赛女单决赛	中央台五套	1.0	5.4

十四、湖南收视数据

表 3.14.1 2009—2013 年湖南市场各类频道的市场占有率（%）

频道类别	年份				
	2009 年	2010 年	2011 年	2012 年	2013 年
中央台频道	22.4	20.6	22.0	23.9	24.5
中国教育台频道	0.2	0.2	0.2	0.3	0.3
湖南省级频道	52.2	51.0	49.0	51.0	54.3
其他省级卫视频道	12.0	13.0	15.2	13.7	9.4
其他频道	13.2	15.2	13.6	11.0	11.6

表 3.14.2 2013 年湖南市场各类频道在不同目标观众中的市场占有率（%）

目标观众		中央台频道	中国教育台频道	湖南省级频道	其他省级卫视频道	其他频道
4 岁及以上所有人		24.5	0.3	54.3	9.4	11.6
城乡	城市	21.6	0.2	51.0	9.7	17.5
	农村	25.1	0.3	55.0	9.3	10.4
性别	男	26.0	0.2	52.6	9.1	12.1
	女	23.0	0.3	55.9	9.6	11.2
年龄	4—14 岁	27.7	0.3	53.3	9.5	9.2
	15—24 岁	19.7	0.2	56.1	11.7	12.3
	25—34 岁	23.2	0.3	55.3	9.7	11.5
	35—44 岁	23.5	0.3	54.7	11.0	10.5
	45—54 岁	22.6	0.2	57.5	8.5	11.2
	55—64 岁	26.1	0.3	52.2	7.4	13.9
	65 岁及以上	29.3	0.2	46.0	9.0	15.4
教育程度	未受过正规教育	28.2	0.2	54.3	9.1	8.2
	小学	25.9	0.3	53.6	8.5	11.7
	初中	21.3	0.2	57.8	9.5	11.2
	高中	25.0	0.3	50.0	10.5	14.1
	大学及以上	35.6	0.2	40.0	10.6	13.6
职业类别	干部/管理人员	22.8	0.7	54.3	9.6	12.6
	个体/私营企业人员	23.7	0.3	56.7	8.7	10.7
	初级公务员/雇员	28.1	0.2	47.3	10.6	13.8
	工人	22.0	0.2	57.7	8.7	11.4
	学生	24.6	0.4	53.3	10.4	11.2
	无业	28.1	0.3	49.8	10.4	11.4
	其他	22.4	0.2	56.8	8.6	12.0
个人月收入	0—300 元	25.3	0.3	54.0	9.5	10.9
	301—900 元	21.7	0.3	56.6	8.8	12.6
	901—1700 元	25.3	0.2	52.9	9.6	12.0
	1701—2600 元	25.0	0.3	53.8	9.6	11.3
	2601—3500 元	19.4	0.4	59.1	7.6	13.5
	3501 元及以上	30.0	0.2	46.6	10.4	12.9

表 3. 14. 3　2013 年湖南市场各类频道在不同时段的市场占有率（%）

时间段	中央台频道	中国教育台频道	湖南省级频道	其他省级卫视频道	其他频道
02:00—03:00	16.8	0.4	40.9	16.5	25.4
03:00—04:00	13.5	0.3	41.7	15.8	28.7
04:00—05:00	15.6	0.1	41.1	13.4	29.7
05:00—06:00	20.0	0.1	45.6	10.6	23.7
06:00—07:00	32.8	0.1	43.5	8.3	15.2
07:00—08:00	42.5	0.1	35.2	9.8	12.4
08:00—09:00	37.7	0.1	37.9	12.7	11.7
09:00—10:00	32.7	0.1	40.8	14.5	11.9
10:00—11:00	30.7	0.4	41.8	14.8	12.3
11:00—12:00	31.6	0.3	42.9	13.1	12.0
12:00—13:00	32.2	0.3	46.1	10.5	11.1
13:00—14:00	29.6	0.4	46.3	12.5	11.3
14:00—15:00	30.0	0.5	40.1	16.9	12.6
15:00—16:00	28.8	0.3	40.1	18.1	12.7
16:00—17:00	28.3	0.1	42.7	16.9	12.0
17:00—18:00	27.3	0.1	50.6	10.9	11.1
18:00—19:00	25.3	0.1	59.3	3.5	11.8
19:00—20:00	23.6	0.2	60.7	4.5	11.0
20:00—21:00	20.6	0.4	61.8	7.3	9.9
21:00—22:00	20.4	0.3	61.3	7.7	10.3
22:00—23:00	16.6	0.1	64.3	7.2	11.8
23:00—24:00	15.0	0.1	63.0	7.9	14.0
24:00—25:00	22.6	0.2	44.7	14.5	18.0
25:00—26:00	20.8	0.4	40.4	16.7	21.6

表 3. 14. 4　2013 年湖南市场收视份额排名前十位的频道

名次	频道名称	收视份额（%）
1	湖南电视台电视剧频道	12.4
2	湖南电视台卫星频道	11.1
3	湖南电视台经济频道	10.7
4	湖南电视台都市频道	6.8
5	湖南电视台潇湘电影频道	5.2
6	中央电视台少儿频道	4.9
7	湖南电视台金鹰卡通频道	4.2
8	中央台三套	3.1
9	中央电视台综合频道	2.9
10	中央电视台新闻频道	2.3

表 3. 14. 5　2013 年湖南市场各主要频道的观众构成（%）

目标观众		所有频道	主要频道				
			湖南电视台电视剧频道	湖南电视台卫星频道	湖南电视台经济频道	湖南电视台都市频道	湖南电视台潇湘电影频道
4 岁及以上所有人		100. 0	100. 0	100. 0	100. 0	100. 0	100. 0
城乡	城市	17. 7	15. 2	16. 6	17. 9	18. 4	14. 4
	农村	82. 3	84. 8	83. 4	82. 1	81. 6	85. 6
性别	男	49. 3	43. 8	42. 7	51. 3	49. 5	55. 6
	女	50. 7	56. 2	57. 3	48. 7	50. 5	44. 4
年龄	4—14 岁	16. 3	11. 6	18. 2	11. 6	10. 5	17. 7
	15—24 岁	7. 8	6. 2	10. 9	5. 8	10. 8	10. 5
	25—34 岁	12. 2	10. 9	12. 2	10. 2	14. 7	17. 0
	35—44 岁	17. 6	16. 2	19. 0	16. 4	21. 0	23. 4
	45—54 岁	22. 4	31. 1	19. 0	27. 8	24. 0	19. 2
	55—64 岁	16. 6	17. 6	14. 5	20. 4	14. 8	8. 2
	65 岁及以上	7. 1	6. 6	6. 2	7. 7	4. 1	4. 1
教育程度	未受过正规教育	8. 9	9. 1	7. 8	6. 6	6. 3	8. 6
	小学	31. 4	32. 0	28. 7	33. 5	25. 2	31. 3
	初中	40. 9	43. 7	45. 7	43. 0	49. 0	45. 8
	高中	14. 6	13. 2	13. 9	13. 6	14. 6	12. 1
	大学及以上	4. 3	2. 0	3. 8	3. 3	5. 0	2. 2
职业类别	干部/管理人员	0. 9	1. 1	0. 7	1. 4	0. 8	0. 5
	个体/私营企业人员	14. 3	14. 5	13. 9	11. 6	23. 2	16. 9
	初级公务员/雇员	5. 6	5. 1	4. 6	4. 7	5. 2	4. 3
	工人	9. 3	9. 3	8. 9	8. 9	14. 0	14. 2
	学生	10. 0	5. 5	14. 0	7. 6	6. 0	12. 1
	无业	25. 1	21. 7	26. 6	17. 1	24. 5	17. 7
	其他	34. 8	42. 8	31. 4	48. 7	26. 3	34. 2
个人月收入	0—300 元	44. 3	41. 7	49. 6	40. 6	35. 0	40. 1
	301—900 元	18. 0	23. 8	17. 9	23. 2	12. 6	15. 3
	901—1700 元	17. 3	16. 0	17. 0	14. 9	24. 1	19. 5
	1701—2600 元	12. 7	10. 9	8. 9	13. 8	18. 3	16. 2
	2601—3500 元	4. 3	4. 6	4. 3	4. 8	6. 2	5. 6
	3501 元及以上	3. 3	2. 9	2. 2	2. 7	3. 9	3. 4

表 3. 14. 6　2011—2013 年湖南市场各类节目的播出份额（%）和收视份额（%）

节目类型	2011 年		2012 年		2013 年	
	播出份额	收视份额	播出份额	收视份额	播出份额	收视份额
财经	2. 5	0. 4	2. 2	0. 3	1. 9	0. 3
电视剧	21. 0	36. 3	21. 5	39. 1	22. 3	40. 2
电影	4. 4	7. 4	4. 8	7. 8	5. 1	6. 8
法制	1. 0	3. 1	0. 7	0. 7	0. 8	0. 4
教学	0. 4	0. 1	0. 4	0. 1	0. 3	0. 0
青少	7. 4	5. 3	6. 8	5. 4	6. 2	7. 1
生活服务	7. 6	6. 5	8. 0	5. 5	8. 5	5. 8
体育	1. 5	1. 1	1. 5	1. 4	1. 8	0. 7
外语	0. 0	0. 0	0. 0	0. 0	0. 0	0. 0
戏剧	1. 1	0. 3	1. 0	0. 3	0. 8	0. 2
新闻/时事	14. 1	9. 6	15. 9	15. 1	15. 6	13. 7
音乐	2. 8	0. 7	2. 6	0. 8	2. 4	1. 1
专题	11. 8	5. 4	11. 9	5. 5	11. 1	4. 8
综艺	10. 3	10. 6	8. 9	7. 4	9. 0	8. 2
其他	14. 1	13. 2	13. 9	10. 7	14. 2	10. 7

表 3.14.7　2013 年湖南市场所有节目收视率排名前三十位

名次	节目名称	节目类型	播出频道	平均收视率（%）	平均占有率（%）
1	天狼星行动	电视剧	湖南电视台经济频道	12.4	33.5
2	战地狮吼	电视剧	湖南电视台经济频道	11.9	34.3
3	隋唐英雄	电视剧	湖南电视台卫星频道	11.9	26.8
4	抗日七豪侠	电视剧	湖南电视台经济频道	11.8	30.1
5	燕子侠	电视剧	湖南电视台经济频道	11.6	30.9
6	铁血征途	电视剧	湖南电视台经济频道	11.0	30.2
7	喋血女人花	电视剧	湖南电视台经济频道	9.9	25.7
8	苍狼	电视剧	湖南电视台经济频道	9.7	25.7
9	猎豹突击	电视剧	湖南电视台经济频道	9.5	26.4
10	兵临城下	电视剧	湖南电视台经济频道	8.7	24.6
11	湘西剿鬼记	电视剧	湖南电视台电视剧频道	8.6	25.7
12	女子炸弹部队二	电视剧	湖南电视台电视剧频道	8.6	25.0
13	我们都是神枪手	电视剧	湖南电视台电视剧频道	8.5	22.2
14	因为爱情有晴天	电视剧	湖南电视台卫星频道	8.4	20.7
15	缘定终生	电视剧	湖南电视台电视剧频道	8.3	25.5
16	2013 春节联欢晚会	综艺	湖南电视台卫星频道	8.3	17.5
17	走打鬼子去	电视剧	湖南电视台经济频道	8.2	21.9
18	复仇黑玫瑰	电视剧	湖南电视台经济频道	8.0	23.8
19	快乐中国 20132014 跨年演唱会	音乐	湖南电视台卫星频道	8.0	19.4
20	狼烟遍地	电视剧	湖南电视台经济频道	7.7	20.8
21	对与决	电视剧	湖南电视台经济频道	7.6	20.5
22	咱们结婚吧	电视剧	湖南电视台卫星频道	7.6	19.0
23	猎天狼	电视剧	湖南电视台经济频道	7.5	21.8
24	向着胜利前进	电视剧	湖南电视台经济频道	7.4	23.4
25	铁血独立营	电视剧	湖南电视台经济频道	7.2	20.9
26	人再囧途之泰囧	电影	湖南电视台潇湘电影频道	7.0	17.7
27	粤港游击队	电视剧	湖南电视台电视剧频道	6.8	24.7
28	天天有喜	电视剧	湖南电视台卫星频道	6.7	21.6
29	铿锵玫瑰	电视剧	湖南电视台电视剧频道	6.6	21.5
30	2013 小年夜大联欢快乐到家	综艺	湖南电视台卫星频道	6.6	20.1

表 3. 14. 8　2013 年湖南市场电视剧收视率排名前十位

名次	节目名称	播出频道	平均收视率（%）	平均占有率（%）
1	天狼星行动	湖南电视台经济频道	12. 4	33. 5
2	战地狮吼	湖南电视台经济频道	11. 9	34. 3
3	隋唐英雄	湖南电视台卫星频道	11. 9	26. 8
4	抗日七豪侠	湖南电视台经济频道	11. 8	30. 1
5	燕子侠	湖南电视台经济频道	11. 6	30. 9
6	铁血征途	湖南电视台经济频道	11. 0	30. 2
7	喋血女人花	湖南电视台经济频道	9. 9	25. 7
8	苍狼	湖南电视台经济频道	9. 7	25. 7
9	猎豹突击	湖南电视台经济频道	9. 5	26. 4
10	兵临城下	湖南电视台经济频道	8. 7	24. 6

表 3. 14. 9　2013 年湖南市场新闻节目收视率排名前十位

名次	节目名称	播出频道	平均收视率（%）	平均占有率（%）
1	转播中央台新闻联播	湖南电视台卫星频道	4. 1	14. 1
2	湖南新闻联播	湖南电视台卫星频道	3. 1	13. 8
3	都市 1 时间	湖南电视台都市频道	2. 5	9. 7
4	都市晚间	湖南电视台都市频道	2. 3	6. 7
5	都市大直播	湖南电视台都市频道	1. 9	9. 0
6	雅安地震特别报道	湖南电视台卫星频道	1. 9	7. 2
7	嫦娥飞天玉兔探月	中央台四套	1. 7	4. 5
8	钟山说事（19 点档）	湖南电视台经济频道	1. 6	6. 7
9	钟山说事（23 点档）	湖南电视台经济频道	1. 4	12. 4
10	世界大不同	湖南电视台都市频道	1. 4	10. 8

表 3. 14. 10　2013 年湖南市场专题节目收视率排名前十位

名次	节目名称	播出频道	平均收视率（%）	平均占有率（%）
1	心得乐	湖南电视台电视剧频道	4. 2	12. 5
2	经视问政	湖南电视台经济频道	4. 1	11. 7
3	寻情记	湖南电视台都市频道	3. 5	8. 6
4	党的群众路线教育实践活动专题电视问政	湖南电视台经济频道	2. 2	7. 9
5	中国汉字听写大会 2013 复赛第八场	中央电视台综合频道	2. 2	5. 7
6	第十二届汉语桥世界大学生中文比赛决赛第二场	湖南电视台卫星频道	1. 8	9. 1
7	一年又一年 2013	中央电视台综合频道	1. 6	4. 5
8	感动中国 2012 年度人物颁奖典礼	中央电视台综合频道	1. 2	2. 7
9	平民英雄	湖南电视台卫星频道	1. 1	6. 8
10	新闻大求真	湖南电视台卫星频道	1. 1	6. 4

表 3.14.11　2013 年湖南市场综艺节目收视率排名前十位

名次	节目名称	播出频道	平均收视率（%）	平均占有率（%）
1	2013 春节联欢晚会	湖南电视台卫星频道	8.3	17.5
2	2013 小年夜大联欢快乐到家	湖南电视台卫星频道	6.6	20.1
3	我是歌手总决赛歌王之战	湖南电视台卫星频道	5.8	16.3
4	元宵喜乐会	湖南电视台卫星频道	5.6	13.7
5	奇舞飞扬（5 月 27 日）	湖南电视台卫星频道	4.2	15.0
6	2013 快乐男声全国总决赛谁是冠军	湖南电视台卫星频道	4.0	19.2
7	欢乐潇湘大型群众文艺汇演优秀节目展演	湖南电视台经济频道	4.0	14.6
8	爸爸去哪儿	湖南电视台卫星频道	3.7	19.5
9	快乐大本营	湖南电视台卫星频道	3.6	9.3
10	星光大道（11 月 16 日）	中央电视台综合频道	3.4	8.9

表 3.14.12　2013 年湖南市场体育节目收视率排名前十位

名次	节目名称	播出频道	平均收视率（%）	平均占有率（%）
1	2013 年第十二届全运会男子 50 米自由泳半决赛	中央台五套	1.4	10.2
2	2013 年世界斯诺克锦标赛第二轮	中央台五套	1.3	8.7
3	2013 年斯诺克上海大师赛半决赛	中央台五套	1.3	3.3
4	2013 年世乒赛女双决赛	中央台五套	1.2	3.0
4	WBC 迷你轻量级世界拳王争霸赛十二回合	中央台五套	1.2	3.0
6	2013 年第十二届全国运动会开幕式	中央台五套	1.1	3.1
7	2013 年 CBA 全明星赛开幕式	中央台五套	1.1	2.9
8	2013 年 CBA 全明星赛三分球大赛	中央台五套	1.1	2.4
9	2012/2013 赛季 CBA 联赛 1/4 决赛第三场（北京金隅 VS 浙江广厦）	中央台五套	1.0	2.1
10	2015 年亚洲杯预选赛（中国 VS 沙特阿拉伯）	中央台五套	0.9	2.4

十五、吉林收视数据

表 3.15.1 2009—2013 年吉林市场各类频道的市场占有率（%）

频道类别	年份				
	2009 年	2010 年	2011 年	2012 年	2013 年
中央台频道	35.9	32.8	32.0	35.1	37.6
中国教育台频道	0.2	0.2	0.5	0.6	0.4
吉林省级频道	29.6	30.1	27.7	25.3	23.8
其他省级卫视频道	19.8	23.3	27.9	30.9	32.0
其他频道	14.5	13.6	11.9	8.1	6.2

表 3.15.2 2013 年吉林市场各类频道在不同目标观众中的市场占有率（%）

目标观众		中央台频道	中国教育台频道	吉林省级频道	其他省级卫视频道	其他频道
4 岁及以上所有人		37.6	0.4	23.8	32.0	6.2
城乡	城市	39.0	0.2	23.6	33.3	3.9
	农村	36.8	0.6	23.9	31.1	7.6
性别	男	40.4	0.5	23.3	30.0	5.8
	女	35.1	0.4	24.2	33.8	6.5
年龄	4—14 岁	56.4	0.5	13.0	24.1	6.0
	15—24 岁	32.3	0.6	19.6	41.2	6.3
	25—34 岁	31.9	0.6	19.4	42.0	6.1
	35—44 岁	33.7	0.5	24.5	35.3	6.0
	45—54 岁	36.5	0.3	25.7	32.1	5.4
	55—64 岁	40.6	0.2	31.3	22.5	5.4
	65 岁及以上	40.3	0.5	28.4	22.5	8.3
教育程度	未受过正规教育	48.3	0.3	20.9	22.3	8.2
	小学	37.5	0.5	25.3	28.2	8.5
	初中	34.7	0.6	24.6	34.7	5.4
	高中	38.4	0.2	22.6	33.9	4.9
	大学及以上	46.0	0.2	19.8	29.1	4.9
职业类别	干部/管理人员	48.8	0.2	15.9	29.5	5.6
	个体/私营企业人员	36.4	0.3	24.2	33.0	6.1
	初级公务员/雇员	41.1	0.2	20.2	35.1	3.4
	工人	32.9	0.3	25.7	36.7	4.4
	学生	48.8	0.6	16.5	28.7	5.4
	无业	41.5	0.2	24.3	27.8	6.2
	其他	31.9	0.7	25.8	34.3	7.3
个人月收入	0—300 元	42.9	0.4	20.1	30.1	6.5
	301—900 元	32.9	0.9	24.2	33.8	8.2
	901—1700 元	35.8	0.4	27.0	31.7	5.1
	1701—2600 元	36.7	0.3	23.5	33.4	6.1
	2601—3500 元	42.0	0.3	22.2	30.8	4.7
	3501 元及以上	42.3	0.3	17.6	35.1	4.7

表 3. 15. 3　2013 年吉林市场各类频道在不同时段的市场占有率（%）

时间段	中央台频道	中国教育台频道	吉林省级频道	其他省级卫视频道	其他频道
02:00—03:00	31. 9	0. 0	16. 7	46. 2	5. 2
03:00—04:00	25. 9	0. 0	33. 6	36. 5	4. 0
04:00—05:00	31. 7	0. 1	26. 5	39. 0	2. 7
05:00—06:00	40. 0	0. 1	13. 6	39. 4	6. 9
06:00—07:00	41. 4	0. 1	20. 4	31. 7	6. 4
07:00—08:00	51. 1	0. 1	16. 1	25. 3	7. 4
08:00—09:00	47. 1	0. 2	13. 0	33. 1	6. 6
09:00—10:00	42. 6	0. 3	13. 2	37. 2	6. 7
10:00—11:00	41. 5	0. 4	12. 7	38. 2	7. 2
11:00—12:00	39. 5	0. 3	13. 0	39. 8	7. 4
12:00—13:00	43. 7	0. 2	11. 1	39. 9	5. 1
13:00—14:00	41. 7	0. 5	9. 8	42. 1	5. 9
14:00—15:00	38. 8	0. 5	9. 7	43. 1	7. 9
15:00—16:00	39. 8	0. 4	11. 3	42. 4	6. 1
16:00—17:00	37. 2	0. 2	25. 8	31. 5	5. 3
17:00—18:00	32. 4	0. 1	34. 2	21. 2	12. 1
18:00—19:00	33. 3	0. 1	45. 2	11. 8	9. 6
19:00—20:00	48. 1	0. 5	26. 7	20. 2	4. 5
20:00—21:00	27. 9	1. 0	25. 3	42. 0	3. 8
21:00—22:00	26. 1	0. 8	21. 5	48. 6	3. 0
22:00—23:00	29. 0	0. 3	11. 5	55. 5	3. 7
23:00—24:00	29. 5	0. 1	9. 6	55. 9	4. 9
24:00—25:00	41. 2	0. 0	13. 2	40. 2	5. 4
25:00—26:00	47. 9	0. 0	16. 4	32. 6	3. 1

表 3. 15. 4　2013 年吉林市场收视份额排名前十位的频道

名次	频道名称	收视份额（%）
1	中央电视台综合频道	11. 5
2	吉林电视台乡村频道（五套）	6. 5
3	中央电视台少儿频道	6. 2
4	湖南电视台卫星频道	4. 7
5	吉林电视台都市频道（二套）	4. 4
5	吉林卫视	4. 4
7	中央台三套	3. 9
8	黑龙江卫视	3. 3
9	辽宁卫视	3. 1
9	吉林电视台生活频道（三套）	3. 1

表 3.15.5 2013 年吉林市场各主要频道的观众构成（%）

目标观众		所有频道	主要频道				
			中央电视台综合频道	吉林电视台乡村频道（五套）	中央电视台少儿频道	湖南电视台卫星频道	吉林电视台都市频道（二套）
4 岁及以上所有人		100.0	100.0	100.0	100.0	100.0	100.0
城乡	城市	40.5	40.8	26.0	27.3	34.7	63.7
	农村	59.5	59.2	74.0	72.7	65.3	36.3
性别	男	48.1	52.6	43.0	49.4	38.5	46.3
	女	51.9	47.4	57.0	50.6	61.5	53.7
年龄	4—14 岁	9.3	7.2	4.5	58.7	9.7	3.8
	15—24 岁	10.4	8.9	8.6	6.2	20.2	6.7
	25—34 岁	14.3	11.1	7.5	14.8	22.0	10.7
	35—44 岁	20.6	20.3	20.8	9.1	25.0	21.1
	45—54 岁	20.7	19.6	22.1	5.1	15.1	22.9
	55—64 岁	13.3	16.6	17.3	4.9	4.2	21.6
	65 岁及以上	11.5	16.2	19.3	1.2	3.7	13.1
教育程度	未受过正规教育	5.0	4.0	8.4	21.4	2.2	3.0
	小学	23.5	20.8	33.7	43.9	21.8	15.7
	初中	42.0	41.9	38.6	24.5	51.3	41.2
	高中	22.9	25.2	16.1	8.3	17.8	31.4
	大学及以上	6.6	8.1	3.2	1.9	6.9	8.7
职业类别	干部/管理人员	0.8	0.9	0.3	0.4	0.6	0.9
	个体/私营企业人员	14.5	17.3	13.1	7.4	17.4	16.3
	初级公务员/雇员	6.6	7.7	3.2	2.2	6.1	9.1
	工人	7.9	6.2	4.4	2.4	7.4	14.3
	学生	9.4	8.3	5.1	40.4	13.3	5.0
	无业	27.9	31.4	29.2	27.6	15.7	33.1
	其他	32.8	28.1	44.6	19.7	39.5	21.3
个人月收入	0—300 元	22.7	20.7	21.8	65.4	25.1	16.1
	301—900 元	15.7	16.1	20.8	7.9	20.2	10.2
	901—1700 元	33.6	34.4	37.7	14.9	29.3	39.4
	1701—2600 元	19.5	18.8	15.1	7.9	17.4	22.3
	2601—3500 元	6.1	7.8	4.1	2.9	5.5	9.9
	3501 元及以上	2.3	2.2	0.4	1.1	2.4	2.2

表 3.15.6 2011—2013 年吉林市场各类节目的播出份额（%）和收视份额（%）

节目类型	2011 年		2012 年		2013 年	
	播出份额	收视份额	播出份额	收视份额	播出份额	收视份额
财经	2.5	0.8	2.1	0.5	1.8	0.4
电视剧	21.4	28.7	21.2	31.2	21.2	30.7
电影	4.2	3.1	4.5	3.4	5.3	2.8
法制	1.1	0.9	1.1	1.2	0.9	1.3
教学	0.5	0.1	0.3	0.1	0.3	0.0
青少	7.4	4.0	6.6	4.1	6.1	4.7
生活服务	7.9	7.7	8.7	8.3	8.8	7.8
体育	1.5	1.6	1.6	1.8	1.9	1.2
外语	0.0	0.0	0.0	0.0	0.0	0.0
戏剧	1.1	2.9	1.1	2.4	0.8	1.1
新闻/时事	13.2	15.3	14.4	14.8	15.3	16.0
音乐	2.8	0.5	2.5	0.6	2.3	0.5
专题	11.4	5.2	12.3	5.4	11.1	4.5
综艺	10.6	11.0	9.3	8.9	9.6	11.9
其他	14.5	18.5	14.2	17.3	14.6	17.1

表 3.15.7 2013 年吉林市场所有节目收视率排名前三十位

名次	节目名称	节目类型	播出频道	平均收视率(%)	平均占有率(%)
1	2013 春节联欢晚会	综艺	中央电视台综合频道	40.8	76.9
2	新闻联播	新闻/时事	中央电视台综合频道	14.4	35.9
3	天气预报	生活服务	中央电视台综合频道	10.6	23.9
4	乡村爱情变奏曲	电视剧	黑龙江卫视	7.7	19.8
5	焦点访谈	新闻/时事	中央电视台综合频道	7.7	17.6
6	樱桃红	电视剧	黑龙江卫视	7.3	18.4
7	你好春天 2013 年文化部春节电视晚会	综艺	中央电视台综合频道	7.2	18.2
8	星光大道（2 月 16 日）	综艺	中央电视台综合频道	7.1	17.4
9	二人转总动员精彩乐无边	综艺	吉林电视台乡村频道（五套）	6.8	20.5
10	中央电视台特别节目梦想从历史深处走来	专题	中央电视台综合频道	6.4	14.9
11	东方时空（4 月 20/21 日）	新闻/时事	中央电视台综合频道	6.2	15.0
12	2013 元宵晚会	综艺	中央电视台综合频道	5.8	15.5
13	二人转总动员首届东北电视二人转大赛	戏剧	吉林电视台乡村频道（五套）	5.5	16.7
14	一年又一年 2013	专题	中央电视台综合频道	5.4	22.1
15	2013 辽宁卫视春节联欢晚会	综艺	辽宁卫视	5.2	24.4
16	揭秘樱桃红	综艺	黑龙江卫视	5.1	16.6
17	揭秘乡村爱情变奏曲	综艺	黑龙江卫视	4.9	16.9
18	万家灯火平安夜公安部 2013 年春节电视文艺晚会	综艺	中央电视台综合频道	4.9	13.6
19	2013 春节戏曲晚会	戏剧	中央电视台综合频道	4.8	13.2
20	乡亲乡爱贼有戏	综艺	吉林电视台生活频道（三套）	4.7	19.2
21	牵手人生	电视剧	黑龙江卫视	4.7	10.6
22	李克强总理会见中外记者并回答提问	新闻/时事	中央电视台综合频道	4.7	9.9
23	完美新娘	电视剧	吉林电视台乡村频道（五套）	4.5	12.2
24	刺青（1—8 集）	电视剧	吉林电视台乡村频道（五套）	4.4	11.4

续表

名次	节目名称	节目类型	播出频道	平均收视率（%）	平均占有率（%）
25	九丹	电视剧	吉林电视台乡村频道（五套）	4.1	11.0
26	当家大掌柜	电视剧	吉林电视台乡村频道（五套）	3.8	10.5
27	美丽中国俄罗斯中国旅游年开幕式演出	综艺	中央电视台综合频道	3.8	8.7
28	门第	电视剧	吉林电视台乡村频道（五套）	3.6	11.0
29	鸳鸯佩	电视剧	吉林电视台乡村频道（五套）	3.6	10.3
30	咱们结婚吧	电视剧	中央电视台综合频道	3.5	11.5

表 3.15.8 2013 年吉林市场电视剧收视率排名前十位

名次	节目名称	播出频道	平均收视率（%）	平均占有率（%）
1	乡村爱情变奏曲	黑龙江卫视	7.7	19.8
2	樱桃红	黑龙江卫视	7.3	18.4
3	牵手人生	黑龙江卫视	4.7	10.6
4	完美新娘	吉林电视台乡村频道（五套）	4.5	12.2
5	刺青（1—8 集）	吉林电视台乡村频道（五套）	4.4	11.4
6	九丹	吉林电视台乡村频道（五套）	4.1	11.0
7	当家大掌柜	吉林电视台乡村频道（五套）	3.8	10.5
8	门第	吉林电视台乡村频道（五套）	3.6	11.0
9	鸳鸯佩	吉林电视台乡村频道（五套）	3.6	10.3
10	咱们结婚吧	中央电视台综合频道	3.5	11.5

表 3.15.9 2013 年吉林市场新闻节目收视率排名前十位

名次	节目名称	播出频道	平均收视率（%）	平均占有率（%）
1	新闻联播	中央电视台综合频道	14.4	35.9
2	焦点访谈	中央电视台综合频道	7.7	17.6
3	东方时空（4 月 20/21 日）	中央电视台综合频道	6.2	15.0
4	李克强总理会见中外记者并回答提问（3 月 17 日）	中央电视台综合频道	4.7	9.9
5	守望都市	吉林电视台都市频道（二套）	3.4	11.0
6	东方时空（4 月 20/21 日）	黑龙江卫视	3.1	7.6
7	李克强总理会见中外记者并回答提问（3 月 18 日）	辽宁卫视	3.1	6.4
8	吉林新闻联播	吉林卫视	3.0	9.5
9	焦点访谈（4 月 21 日）	黑龙江卫视	3.0	6.3
10	共同关注（4 月 20/21 日）	中央电视台综合频道	2.4	7.5

表 3.15.10　2013 年吉林市场专题节目收视率排名前十位

名次	节目名称	播出频道	平均收视率（%）	平均占有率（%）
1	中央电视台特别节目梦想从历史深处走来	中央电视台综合频道	6.4	14.9
2	一年又一年 2013	中央电视台综合频道	5.4	22.1
3	感动中国 2012 年度人物颁奖典礼	中央电视台综合频道	3.1	8.4
4	龙之江	黑龙江卫视	2.5	10.5
5	圆梦中国德耀中华第四届全国道德模范授奖仪式	中央电视台综合频道	2.2	8.4
6	风劲潮涌好扬帆	吉林卫视	2.2	5.4
7	中国汉字听写大会 2013 复赛第六场	中央电视台综合频道	2.1	7.3
8	身边发现在感动中纪录	吉林卫视	1.8	6.7
9	寻宝	中央电视台综合频道	1.8	6.2
10	旗鼓相当	中央电视台综合频道	1.8	6.1

表 3.15.11　2013 年吉林市场综艺节目收视率排名前十位

名次	节目名称	播出频道	平均收视率（%）	平均占有率（%）
1	2013 春节联欢晚会	中央电视台综合频道	40.8	76.9
2	你好春天 2013 年文化部春节电视晚会	中央电视台综合频道	7.2	18.2
3	星光大道（2 月 16 日）	中央电视台综合频道	7.1	17.4
4	二人转总动员精彩乐无边	吉林电视台乡村频道（五套）	6.8	20.5
5	2013 元宵晚会	中央电视台综合频道	5.8	15.5
6	2013 辽宁卫视春节联欢晚会	辽宁卫视	5.2	24.4
7	揭秘樱桃红	黑龙江卫视	5.1	16.6
8	揭秘乡村爱情变奏曲	黑龙江卫视	4.9	16.9
9	万家灯火平安夜公安部 2013 年春节电视文艺晚会	中央电视台综合频道	4.9	13.6
10	乡亲乡爱贼有戏	吉林电视台生活频道（三套）	4.7	19.2

表 3. 15. 12　2013 年吉林市场体育节目收视率排名前十位

名次	节目名称	播出频道	平均收视率（%）	平均占有率（%）
1	谁是球王（7 月 14 日）	中央电视台综合频道	2. 6	7. 9
2	2013 年第十二届全国运动会开幕式	中央台五套	2. 3	11. 0
3	2013 年第十二届全运会女子 5000 米决赛	中央台五套	1. 8	4. 1
4	直播周末：2013 年澳大利亚网球公开赛女单决赛	中央台五套	1. 7	6. 1
5	直播周末：2013 年世界女排大奖赛总决赛（日本队 VS 中国队）	中央台五套	1. 6	4. 4
6	疯狂的足球精选	中央电视台综合频道	1. 5	7. 9
7	2013 年第十二届全国运动会乒乓球女子单打决赛	中央台五套	1. 5	4. 0
8	第十二届全运会女子 4 × 200 米自由泳接力决赛	中央台五套	1. 5	3. 4
9	2013 年第十二届全国运动会射击男子 10 米气手枪决赛	中央电视台综合频道	1. 3	7. 6
10	2013 年世界大力士中国争霸赛	中央电视台综合频道	1. 3	5. 3

十六、江苏收视数据

表 3.16.1 2009—2013 年江苏市场各类频道的市场占有率（%）

频道类别	年份				
	2009 年	2010 年	2011 年	2012 年	2013 年
中央台频道	30.3	26.2	24.2	26.7	27.6
中国教育台频道	0.5	0.5	0.5	0.4	0.4
江苏省级频道	31.6	35.3	39.0	38.9	35.6
其他省级卫视频道	16.5	16.3	15.8	16.4	17.1
其他频道	21.1	21.7	20.5	17.6	19.3

表 3.16.2 2013 年江苏市场各类频道在不同目标观众中的市场占有率（%）

目标观众		中央台频道	中国教育台频道	江苏省级频道	其他省级卫视频道	其他频道
4 岁及以上所有人		27.6	0.4	35.6	17.1	19.3
城乡	城市	27.1	0.4	27.9	17.6	27.0
	农村	27.9	0.4	40.3	16.9	14.5
性别	男	29.9	0.3	35.0	15.5	19.3
	女	25.2	0.4	36.3	18.7	19.4
年龄	4—14 岁	26.2	0.4	34.3	24.0	15.1
	15—24 岁	20.8	0.4	34.7	23.4	20.7
	25—34 岁	24.2	0.5	35.6	19.0	20.7
	35—44 岁	27.8	0.4	32.5	16.3	23.0
	45—54 岁	26.2	0.3	42.6	13.7	17.2
	55—64 岁	30.1	0.5	33.7	17.5	18.2
	65 岁及以上	37.1	0.3	32.3	9.4	20.9
教育程度	未受过正规教育	24.8	0.3	35.3	22.2	17.4
	小学	28.5	0.5	37.8	17.0	16.2
	初中	26.2	0.4	37.9	16.5	19.0
	高中	31.0	0.4	30.8	16.3	21.5
	大学及以上	27.0	0.4	31.9	15.6	25.1
职业类别	干部/管理人员	28.1	0.4	29.0	17.2	25.3
	个体/私营企业人员	28.6	0.5	34.0	14.6	22.3
	初级公务员/雇员	26.3	0.3	35.5	16.8	21.1
	工人	26.0	0.4	37.0	15.6	21.0
	学生	25.0	0.6	33.4	23.9	17.1
	无业	30.0	0.3	30.0	19.7	20.0
	其他	27.8	0.4	43.7	14.6	13.5
个人月收入	0—300 元	25.7	0.4	35.3	23.4	15.2
	301—900 元	26.3	0.4	45.1	11.7	16.5
	901—1700 元	30.2	0.4	33.4	15.3	20.7
	1701—2600 元	27.8	0.4	34.2	14.7	22.9
	2601—3500 元	28.8	0.4	34.2	15.9	20.7
	3501 元及以上	28.1	0.5	33.1	14.3	24.0

表 3.16.3 2013 年江苏市场各类频道在不同时段的市场占有率（%）

时间段	中央台频道	中国教育台频道	江苏省级频道	其他省级卫视频道	其他频道
02:00—03:00	33.8	0.8	17.5	24.1	23.8
03:00—04:00	36.1	0.5	15.9	23.9	23.6
04:00—05:00	41.1	0.3	15.5	21.4	21.7
05:00—06:00	38.4	0.4	21.5	22.2	17.5
06:00—07:00	41.5	0.2	26.2	19.4	12.7
07:00—08:00	42.7	0.1	27.1	17.4	12.7
08:00—09:00	39.5	0.1	21.6	24.4	14.4
09:00—10:00	35.2	0.2	19.5	29.2	15.9
10:00—11:00	37.0	0.8	19.0	28.1	15.1
11:00—12:00	41.1	0.7	17.6	26.0	14.6
12:00—13:00	41.5	0.6	18.6	24.8	14.5
13:00—14:00	38.3	0.9	17.3	28.6	14.9
14:00—15:00	31.4	1.0	20.0	31.0	16.6
15:00—16:00	31.4	0.8	19.5	31.9	16.4
16:00—17:00	32.3	0.3	19.9	31.3	16.2
17:00—18:00	32.4	0.2	27.4	23.6	16.4
18:00—19:00	24.2	0.1	46.5	7.1	22.1
19:00—20:00	22.8	0.3	47.2	7.6	22.1
20:00—21:00	20.3	0.5	45.8	12.7	20.7
21:00—22:00	23.2	0.4	41.4	15.2	19.8
22:00—23:00	24.1	0.3	40.2	15.4	20.0
23:00—24:00	28.7	0.2	28.7	21.0	21.4
24:00—25:00	33.0	0.2	20.4	23.1	23.3
25:00—26:00	32.9	0.6	16.6	23.3	26.6

表 3.16.4 2013 年江苏市场收视份额排名前十位的频道

名次	频道名称	收视份额（%）
1	江苏卫视	9.6
2	江苏电视台综艺频道	8.3
3	江苏电视台城市频道	5.5
4	江苏电视台影视频道	5.1
5	中央台三套	3.5
6	中央电视台少儿频道	3.4
6	中央电视台综合频道	3.4
8	中央台八套	3.3
9	湖南电视台卫星频道	3.2
10	优漫卡通卫视	2.7

表 3.16.5　2013 年江苏市场各主要频道的观众构成(%)

目标观众		所有频道	江苏卫视	江苏电视台综艺频道	江苏电视台城市频道	江苏电视台影视频道	中央台三套
4 岁及以上所有人		100.0	100.0	100.0	100.0	100.0	100.0
城乡	城市	37.7	31.0	18.7	46.0	28.3	36.5
	农村	62.3	69.0	81.3	54.0	71.7	63.5
性别	男	50.2	48.6	48.2	49.7	46.4	48.7
	女	49.8	51.4	51.8	50.3	53.6	51.3
年龄	4—14 岁	13.2	10.6	9.5	7.9	8.8	5.0
	15—24 岁	8.4	7.6	8.6	7.5	8.6	4.8
	25—34 岁	13.1	13.4	13.8	11.2	10.9	10.7
	35—44 岁	18.1	18.1	14.7	20.2	17.1	20.7
	45—54 岁	21.5	28.6	28.3	27.5	23.9	27.1
	55—64 岁	14.5	11.5	13.7	16.1	19.3	21.7
	65 岁及以上	11.2	10.2	11.4	9.6	11.4	10.0
教育程度	未受过正规教育	11.4	7.8	10.0	7.4	11.9	6.6
	小学	21.8	23.4	24.0	19.9	27.5	21.7
	初中	38.1	42.5	45.0	40.0	39.4	40.1
	高中	20.0	18.0	14.1	22.9	14.4	25.7
	大学及以上	8.7	8.3	6.9	9.8	6.8	5.9
职业类别	干部/管理人员	2.4	2.9	1.7	2.4	1.1	2.7
	个体/私营企业人员	11.4	12.0	10.3	11.4	11.2	12.1
	初级公务员/雇员	12.6	13.5	11.7	16.2	11.5	13.4
	工人	22.7	24.4	24.7	23.9	22.7	25.9
	学生	8.4	9.0	5.8	5.8	6.7	3.3
	无业	23.4	17.8	15.1	20.6	19.8	19.7
	其他	19.1	20.4	30.7	19.7	27.0	22.9
个人月收入	0—300 元	30.2	27.9	27.1	22.3	28.4	20.5
	301—900 元	12.8	15.3	22.2	12.3	17.5	16.1
	901—1700 元	19.8	19.9	18.3	18.9	20.5	24.4
	1701—2600 元	19.1	18.4	16.5	24.5	18.0	20.8
	2601—3500 元	8.9	8.6	8.8	11.6	7.6	9.6
	3501 元及以上	9.2	9.9	7.1	10.4	8.0	8.6

表 3.16.6　2011—2013 年江苏市场各类节目的播出份额(%)和收视份额(%)

节目类别	2011 年		2012 年		2013 年	
	播出份额	收视份额	播出份额	收视份额	播出份额	收视份额
财经	2.7	0.6	2.3	0.6	2.0	0.5
电视剧	20.9	34.4	21.3	39.0	21.4	37.3
电影	3.5	3.8	3.7	2.8	4.2	3.3
法制	0.8	1.1	0.8	1.1	1.1	1.4
教学	0.4	0.1	0.3	0.1	0.3	0.0
青少	7.6	4.6	7.0	4.8	6.4	5.8
生活服务	8.3	6.5	8.9	6.4	9.0	5.2
体育	1.8	1.9	1.7	1.6	2.2	1.6
外语	0.0	0.0	0.0	0.0	0.0	0.0
戏剧	1.1	0.5	1.1	0.4	0.8	0.4
新闻/时事	13.7	10.3	15.1	11.7	15.2	11.2
音乐	2.9	0.7	2.6	0.8	2.5	0.8
专题	11.2	5.5	11.6	4.7	11.0	4.3
综艺	10.6	15.9	9.1	14.2	9.4	15.4
其他	14.5	14.1	14.5	11.8	14.5	12.8

表 3.16.7 2013 年江苏市场所有节目收视率排名前三十位

名次	节目名称	节目类型	播出频道	平均收视率（%）	平均占有率（%）
1	幸福 NO.1 春节联欢晚会 2013	综艺	江苏卫视	16.4	37.9
2	2013 春节联欢晚会	综艺	中央电视台综合频道	9.8	19.7
3	樱桃红	电视剧	江苏卫视	9.3	22.3
4	我的抗战之猎豹突击	电视剧	江苏电视台综艺频道	8.1	18.7
5	新闻空间站	新闻/时事	江苏卫视	8.1	18.2
6	英雄使命	电视剧	江苏电视台综艺频道	7.7	19.9
7	箭在弦上	电视剧	江苏电视台综艺频道	7.7	17.9
8	打狗棍	电视剧	江苏电视台城市频道	7.6	17.9
9	戏点鸳鸯	电视剧	江苏电视台综艺频道	7.6	17.0
10	特种兵之火凤凰	电视剧	江苏卫视	7.5	17.8
11	绞刑架下的春天	电视剧	江苏电视台综艺频道	7.2	15.7
12	英雄联盟	电视剧	江苏卫视	7.1	16.7
13	九死一生	电视剧	江苏电视台综艺频道	7.1	15.5
14	闪亮爱	电视剧	江苏卫视	6.9	15.6
15	军刺	电视剧	江苏电视台综艺频道	6.7	16.5
16	反击	电视剧	江苏电视台综艺频道	6.5	15.8
17	乡村爱情变奏曲	电视剧	江苏卫视	6.4	15.3
18	第 22 条婚规	电视剧	江苏卫视	6.3	15.4
19	雳剑	电视剧	江苏电视台综艺频道	6.3	14.2
20	游击兵工厂	电视剧	江苏电视台综艺频道	6.2	15.1
21	敌后英雄	电视剧	江苏电视台综艺频道	6.1	16.1
22	叶问	电视剧	江苏电视台综艺频道	6.0	16.5
23	盛夏晚晴天	电视剧	江苏卫视	6.0	15.2
24	爱在晚晴天	专题	江苏卫视	5.9	16.6
25	铁血尖刀	电视剧	江苏电视台影视频道	5.9	13.8
26	孙子大传	电视剧	江苏电视台综艺频道	5.9	13.5
27	开学第一课	综艺	中央电视台综合频道	5.9	12.9
28	恋了爱了	电视剧	江苏卫视	5.8	14.4
29	天真遇到现实	电视剧	江苏卫视	5.8	13.5
30	非诚勿扰	综艺	江苏卫视	5.6	16.9

表 3. 16. 8　2013 年江苏市场电视剧收视率排名前十位

名次	节目名称	播出频道	平均收视率(%)	平均占有率(%)
1	樱桃红	江苏卫视	9. 3	22. 3
2	我的抗战之猎豹突击	江苏电视台综艺频道	8. 1	18. 7
3	英雄使命	江苏电视台综艺频道	7. 7	19. 9
4	箭在弦上	江苏电视台综艺频道	7. 7	17. 9
5	打狗棍	江苏电视台城市频道	7. 6	17. 9
6	戏点鸳鸯	江苏电视台综艺频道	7. 6	17. 0
7	特种兵之火凤凰	江苏卫视	7. 5	17. 8
8	绞刑架下的春天	江苏电视台综艺频道	7. 2	15. 7
9	英雄联盟	江苏卫视	7. 1	16. 7
10	九死一生	江苏电视台综艺频道	7. 1	15. 5

表 3. 16. 9　2013 年江苏市场新闻节目收视率排名前十位

名次	节目名称	播出频道	平均收视率(%)	平均占有率(%)
1	新闻空间站	江苏卫视	8. 1	18. 2
2	四川雅安地震特别节目	江苏卫视	3. 6	15. 9
3	直通北京 2013 全国两会特别报道	江苏卫视	2. 8	7. 4
4	转播中央台新闻联播	江苏卫视	2. 7	8. 3
5	江苏新时空	江苏卫视	2. 5	10. 4
6	李克强总理会见中外记者并回答提问	中央电视台综合频道	2. 3	5. 1
7	零距离	江苏电视台城市频道	1. 9	6. 3
8	护航安全消费 2013315 大型互动直播	江苏电视台公共频道	1. 9	5. 1
9	新闻眼	江苏卫视	1. 8	10. 7
10	有一说一	江苏电视台公共频道	1. 8	4. 4

表 3. 16. 10　2013 年江苏市场专题节目收视率排名前十位

名次	节目名称	播出频道	平均收视率(%)	平均占有率(%)
1	爱在晚晴天	江苏卫视	5. 9	16. 6
2	交融	江苏卫视	3. 2	14. 0
3	别对我说谎	江苏电视台综艺频道	3. 2	8. 6
4	人民的胜利淮海战役人民群众支前纪实	江苏卫视	3. 0	12. 8
5	赢在中国蓝天碧水间总决赛	江苏卫视	2. 2	12. 2
6	文明与创造	江苏电视台公共频道	2. 1	4. 4
7	一年又一年 2013	中央电视台综合频道	1. 9	10. 1
8	圆梦中国德耀中华第四届全国道德模范授奖仪式	中央电视台综合频道	1. 9	4. 3
9	温暖 2012	中央台三套	1. 8	5. 6
10	中国汉字听写大会 2013 总决赛	中央电视台综合频道	1. 6	3. 5

表 3.16.11 2013 年江苏市场综艺节目收视率排名前十位

名次	节目名称	播出频道	平均收视率（%）	平均占有率（%）
1	幸福 NO.1 春节联欢晚会 2013	江苏卫视	16.4	37.9
2	2013 春节联欢晚会	中央电视台综合频道	9.8	19.7
3	开学第一课	中央电视台综合频道	5.9	12.9
4	非诚勿扰	江苏卫视	5.6	16.9
5	2013 元宵晚会	中央台三套	5.1	12.6
6	乐透星期五	江苏电视台综艺频道	4.5	12.2
7	一转成双	江苏电视台综艺频道	4.5	12.0
8	向着强军目标前进庆八一军民联欢会	江苏电视台综艺频道	4.3	11.9
9	星跳水立方（4 月 28 日）	江苏卫视	4.2	16.8
10	全能星战（11 月 8 日）	江苏卫视	4.0	17.8

表 3.16.12 2013 年江苏市场体育节目收视率排名前十位

名次	节目名称	播出频道	平均收视率（%）	平均占有率（%）
1	拳击台：英国拳击大奖赛半决赛	江苏电视台体育休闲频道	3.0	8.6
2	拳击台：IBF 轻量级拳王争霸赛	江苏电视台体育休闲频道	2.7	8.4
3	赛事直播：2013/2014 赛季 CBA 联赛（浙江稠州银行 VS 江苏中天钢铁）	江苏电视台体育休闲频道	2.7	5.5
4	直播周末：2013 年亚洲冠军联赛决赛第二回合（韩国首尔 FC 队 VS 中国广州恒大队）	中央台五套	2.1	4.8
5	赛事直播：2012/2013 赛季中超第 7 轮（上海申花 VS 上海上港）	江苏电视台体育休闲频道	2.0	4.8
6	赛事直播：2012/2013 赛季中国男子篮球职业联赛常规赛第 31 轮（江苏中天钢铁 VS 青岛双星）	江苏电视台体育休闲频道	1.8	4.0
7	黄金赛场：2015 年亚洲杯预选赛（中国 VS 沙特阿拉伯）	中央台五套	1.7	3.9
8	2013 年 F1 匈牙利站排位赛	江苏电视台体育休闲频道	1.7	3.8
9	直播周末 2013 年亚洲冠军联赛颁奖仪式	中央台五套	1.4	4.8
10	巅峰赛事：2013 年中国房车赛珠海站	江苏电视台体育休闲频道	1.4	3.5

十七、江西收视数据

表 3. 17. 1　2009—2013 年江西市场各类频道的市场占有率（%）

频道类别	年份				
	2009 年	2010 年	2011 年	2012 年	2013 年
中央台频道	30. 5	30. 3	30. 9	35. 2	35. 6
中国教育台频道	0. 3	0. 5	0. 7	0. 8	0. 8
江西省级频道	38. 4	37. 4	35. 8	35. 2	31. 0
其他省级卫视频道	25. 7	27. 9	28. 3	24. 9	29. 0
其他频道	5. 1	4. 0	4. 3	3. 8	3. 6

表 3. 17. 2　2013 年江西市场各类频道在不同目标观众中的市场占有率（%）

目标观众		中央台频道	中国教育台频道	江西省级频道	其他省级卫视频道	其他频道
4 岁及以上所有人		35. 6	0. 8	31. 0	29. 0	3. 6
城乡	城市	38. 4	0. 5	28. 7	26. 9	5. 5
	农村	35. 0	0. 9	31. 5	29. 5	3. 1
性别	男	38. 4	0. 7	30. 3	26. 9	3. 7
	女	32. 9	0. 9	31. 6	31. 1	3. 5
年龄组	4—14 岁	51. 0	0. 7	14. 8	30. 4	3. 1
	15—24 岁	27. 7	0. 7	27. 0	41. 4	3. 2
	25—34 岁	31. 7	0. 8	29. 1	33. 6	4. 8
	35—44 岁	29. 1	1. 1	35. 2	31. 5	3. 1
	45—54 岁	30. 8	0. 9	36. 4	28. 9	3. 0
	55—64 岁	37. 5	0. 6	36. 4	21. 6	3. 9
	65 岁及以上	38. 5	0. 6	38. 7	17. 9	4. 3
教育程度	未受过正规教育	48. 9	0. 6	21. 3	25. 8	3. 4
	小学	35. 5	1. 0	32. 8	27. 5	3. 2
	初中	31. 1	0. 6	33. 2	31. 5	3. 6
	高中	36. 1	0. 9	28. 5	30. 3	4. 2
	大学及以上	44. 7	0. 7	25. 6	24. 2	4. 8
职业类别	干部/管理人员	49. 0	0. 3	22. 5	23. 2	5. 0
	个体/私营企业人员	35. 7	0. 5	29. 9	29. 2	4. 7
	初级公务员/雇员	39. 0	0. 9	27. 9	27. 9	4. 3
	工人	30. 8	0. 8	30. 1	34. 7	3. 6
	学生	45. 4	0. 8	17. 5	33. 4	2. 9
	无业	41. 5	0. 6	26. 8	26. 8	4. 3
	其他	27. 5	1. 0	41. 0	27. 7	2. 8
个人月收入	0—300 元	38. 6	0. 8	26. 7	30. 6	3. 3
	301—900 元	29. 9	1. 0	38. 2	27. 7	3. 2
	901—1700 元	32. 6	0. 9	33. 9	29. 0	3. 6
	1701—2600 元	36. 9	0. 8	30. 6	27. 7	4. 0
	2601—3500 元	33. 7	0. 4	36. 9	24. 4	4. 6
	3501 元及以上	37. 7	0. 6	28. 1	29. 0	4. 6

表 3. 17. 3　2013 年江西市场各类频道在不同时段的市场占有率（%）

时间段	中央台频道	中国教育台频道	江西省级频道	其他省级卫视频道	其他频道
02:00—03:00	55. 0	0. 4	12. 5	29. 5	2. 6
03:00—04:00	56. 7	0. 1	11. 1	29. 4	2. 7
04:00—05:00	37. 7	0. 3	18. 0	41. 3	2. 7
05:00—06:00	43. 8	0. 8	21. 8	30. 9	2. 7
06:00—07:00	49. 4	0. 2	22. 7	24. 3	3. 4
07:00—08:00	53. 6	0. 2	23. 5	19. 4	3. 3
08:00—09:00	45. 7	0. 3	24. 8	24. 9	4. 3
09:00—10:00	44. 8	0. 7	20. 8	29. 1	4. 6
10:00—11:00	44. 6	1. 2	19. 7	30. 1	4. 4
11:00—12:00	44. 8	1. 0	21. 9	28. 3	4. 0
12:00—13:00	49. 9	0. 4	26. 3	21. 0	2. 4
13:00—14:00	39. 4	0. 6	32. 8	24. 5	2. 7
14:00—15:00	33. 8	0. 7	27. 8	33. 7	4. 0
15:00—16:00	34. 6	0. 5	25. 2	35. 1	4. 6
16:00—17:00	43. 7	0. 3	17. 5	34. 0	4. 5
17:00—18:00	53. 0	0. 1	18. 8	24. 5	3. 6
18:00—19:00	42. 6	0. 2	42. 1	11. 7	3. 4
19:00—20:00	40. 6	0. 8	32. 0	23. 5	3. 1
20:00—21:00	24. 9	1. 3	33. 6	36. 7	3. 5
21:00—22:00	23. 4	1. 0	35. 2	37. 1	3. 3
22:00—23:00	25. 4	0. 6	35. 9	33. 0	5. 1
23:00—24:00	24. 9	0. 4	29. 4	37. 6	7. 7
24:00—25:00	30. 3	0. 4	22. 9	37. 1	9. 3
25:00—26:00	30. 1	0. 0	20. 5	36. 1	13. 3

表 3. 17. 4　2013 年江西市场收视份额排名前十位的频道

名次	频道名称	收视份额（%）
1	江西电视台卫星频道（一套）	18. 0
2	中央电视台少儿频道	8. 8
3	湖南电视台卫星频道	7. 4
4	江西电视台都市频道（二套）	7. 3
5	中央电视台综合频道	6. 9
6	中央台八套	4. 8
7	江西电视台影视频道（四套）	3. 2
7	中央台三套	3. 2
9	安徽卫视	2. 7
10	中央台六套	2. 6

表 3.17.5 2013 年江西市场各主要频道的观众构成(%)

目标观众		所有频道	主要频道				
			江西电视台卫星频道(一套)	中央电视台少儿频道	湖南电视台卫星频道	江西电视台都市频道(二套)	中央电视台综合频道
4 岁及以上所有人		100.0	100.0	100.0	100.0	100.0	100.0
城乡	城市	19.8	5.9	13.2	14.1	43.0	26.9
	农村	80.2	94.1	86.8	85.9	57.0	73.1
性别	男	49.8	50.7	54.2	36.5	42.6	53.5
	女	50.2	49.3	45.8	63.5	57.4	46.5
年龄	4—14 岁	17.4	7.9	74.5	16.5	6.3	8.8
	15—24 岁	8.2	7.5	3.7	18.8	6.4	7.5
	25—34 岁	13.2	11.0	6.9	22.0	13.5	12.4
	35—44 岁	19.2	23.1	5.5	21.5	18.9	15.9
	45—54 岁	17.2	19.3	4.0	13.8	24.4	16.6
	55—64 岁	11.8	13.0	3.5	4.5	16.5	15.4
	65 岁及以上	12.9	18.3	1.8	2.9	14.0	23.4
教育程度	未受过正规教育	8.0	6.3	29.6	4.5	3.7	6.1
	小学	35.1	42.5	50.7	31.2	27.6	29.7
	初中	35.9	38.1	13.8	43.5	39.8	34.7
	高中	15.2	10.6	3.7	16.3	21.1	19.9
	大学及以上	5.8	2.4	2.2	4.6	7.8	9.5
职业类别	干部/管理人员	1.3	0.5	0.2	1.0	1.7	2.8
	个体/私营企业人员	8.0	5.2	2.3	8.6	11.2	9.1
	初级公务员/雇员	7.3	3.2	1.9	8.0	13.4	10.9
	工人	9.6	7.9	2.9	14.7	10.9	7.8
	学生	14.6	7.8	48.0	16.8	6.6	10.6
	无业	24.5	15.1	35.6	18.3	35.5	27.1
	其他	34.6	60.2	9.1	32.6	20.7	31.7
个人月收入	0—300 元	40.5	38.1	86.3	42.1	27.1	32.9
	301—900 元	12.6	18.1	3.4	12.2	12.5	11.6
	901—1700 元	22.3	23.0	4.7	23.5	29.4	26.2
	1701—2600 元	17.9	14.5	4.2	16.6	22.4	22.6
	2601—3500 元	4.2	4.5	0.8	3.1	5.7	4.5
	3501 元及以上	2.5	1.8	0.6	2.5	2.9	2.3

表 3.17.6 2011—2013 年江西市场各类节目的播出份额(%)和收视份额(%)

节目类型	2011 年		2012 年		2013 年	
	播出份额	收视份额	播出份额	收视份额	播出份额	收视份额
财经	2.5	0.7	2.2	0.4	1.9	0.3
电视剧	21.8	35.6	21.8	36.9	22.2	35.7
电影	4.2	2.3	4.2	2.4	5.2	2.8
法制	1.0	1.8	1.0	1.8	1.1	1.8
教学	0.5	0.0	0.4	0.0	0.4	0.0
青少	7.8	5.7	7.4	5.9	6.9	7.1
生活服务	8.0	6.7	8.8	7.7	9.4	7.5
体育	1.6	0.9	1.5	1.0	1.8	0.5
外语	0.0	0.0	0.0	0.0	0.0	0.0
戏剧	1.0	0.3	1.0	0.3	0.8	0.3
新闻/时事	13.2	11.9	14.7	13.1	14.7	13.1
音乐	2.8	0.5	2.5	0.5	2.4	0.4
专题	10.8	7.6	11.6	6.9	10.3	5.3
综艺	10.1	10.3	8.6	8.3	8.6	8.7
其他	14.7	15.7	14.2	14.8	14.4	16.5

表 3.17.7　2013 年江西市场所有节目收视率排名前三十位

名次	节目名称	节目类型	播出频道	平均收视率（%）	平均占有率（%）
1	2013 春节联欢晚会	综艺	中央电视台综合频道	17.5	49.3
2	丈夫的秘密（11—28 集）	电视剧	江西电视台卫星频道（一套）	13.3	25.4
3	激情永远燃烧	电视剧	江西电视台卫星频道（一套）	12.8	24.7
4	嫁入豪门	电视剧	江西电视台卫星频道（一套）	12.6	24.7
5	我的妈妈是天使	电视剧	江西电视台卫星频道（一套）	12.2	23.9
6	2013 中国红歌会红歌突围战（7 月 11 日）	综艺	江西电视台卫星频道（一套）	11.9	26.1
7	老米家的婚事	电视剧	江西电视台卫星频道（一套）	11.9	24.5
8	娘家的故事之爱的重生	电视剧	江西电视台卫星频道（一套）	11.9	22.5
9	我们的快乐人生	电视剧	江西电视台卫星频道（一套）	11.6	22.6
10	一生守护	电视剧	江西电视台卫星频道（一套）	11.5	22.4
11	斩匪	电视剧	江西电视台卫星频道（一套）	11.3	22.7
12	娘家的故事之爱的奉献	电视剧	江西电视台卫星频道（一套）	10.9	20.6
13	焦点访谈（4 月 20 日）	新闻/时事	江西电视台卫星频道（一套）	10.6	20.5
14	小男人遇上大女人	电视剧	江西电视台卫星频道（一套）	10.5	22.7
15	阿喜	电视剧	江西电视台卫星频道（一套）	10.2	21.6
16	深白再婚进行时	电视剧	江西电视台卫星频道（一套）	10.1	19.9
17	妈妈来了（1 月 6 日）	综艺	江西电视台卫星频道（一套）	9.4	26.3
18	天气预报	生活服务	江西电视台卫星频道（一套）	8.7	33.8
19	青春四十	电视剧	江西电视台卫星频道（一套）	8.2	17.1
20	因为爱情有晴天	电视剧	湖南电视台卫星频道	7.9	19.7
21	转播中央台新闻联播	新闻/时事	江西电视台卫星频道（一套）	7.6	21.5
22	首付	电视剧	江西电视台卫星频道（一套）	7.2	15.2
23	花非花雾非雾	电视剧	湖南电视台卫星频道	7.1	16.6
24	新闻联播	新闻/时事	中央电视台综合频道	7.0	19.8
25	我在等你回家	电视剧	江西电视台卫星频道（一套）	7.0	15.3
26	江西新闻联播	新闻/时事	江西电视台卫星频道（一套）	6.9	30.7
27	璀璨人生	电视剧	湖南电视台卫星频道	6.3	15.0
28	因为爱情有多美	电视剧	湖南电视台卫星频道	5.9	15.1
29	天天有喜	电视剧	湖南电视台卫星频道	5.9	13.6
30	第十二届汉语桥世界大学生中文比赛开幕式	综艺	湖南电视台卫星频道	5.7	12.2

表 3.17.8　2013 年江西市场电视剧收视率排名前十位

名次	节目名称	播出频道	平均收视率（%）	平均占有率（%）
1	丈夫的秘密（11—28 集）	江西电视台卫星频道（一套）	13.3	25.4
2	激情永远燃烧	江西电视台卫星频道（一套）	12.8	24.7
3	嫁入豪门	江西电视台卫星频道（一套）	12.6	24.7
4	我的妈妈是天使	江西电视台卫星频道（一套）	12.2	23.9
5	老米家的婚事	江西电视台卫星频道（一套）	11.9	24.5
6	娘家的故事之爱的重生	江西电视台卫星频道（一套）	11.9	22.5
7	我们的快乐人生	江西电视台卫星频道（一套）	11.6	22.6
8	一生守护	江西电视台卫星频道（一套）	11.5	22.4
9	斩匪	江西电视台卫星频道（一套）	11.3	22.7
10	娘家的故事之爱的奉献	江西电视台卫星频道（一套）	10.9	20.6

表 3.17.9　2013 年江西市场新闻节目收视率排名前十位

名次	节目名称	播出频道	平均收视率（%）	平均占有率（%）
1	焦点访谈（4 月 20 日）	江西电视台卫星频道（一套）	10.6	20.5
2	转播中央台新闻联播	江西电视台卫星频道（一套）	7.6	21.5
3	新闻联播	中央电视台综合频道	7.0	19.8
4	江西新闻联播	江西电视台卫星频道（一套）	6.9	30.7
5	关注四川雅安地震特别节目（4 月 21 日）	江西电视台卫星频道（一套）	4.2	22.7
6	焦点访谈	中央电视台综合频道	3.7	7.8
7	东方时空（4 月 20/21 日）	中央电视台综合频道	3.4	6.4
8	社会传真	江西电视台卫星频道（一套）	3.3	19.5
9	都市现场	江西电视台都市频道（二套）	2.4	9.7
10	新闻直播间（4 月 20/21 日）	江西电视台卫星频道（一套）	2.3	17.1

表 3.17.10　2013 年江西市场专题节目收视率排名前十位

名次	节目名称	播出频道	平均收视率（%）	平均占有率（%）
1	深度观察	江西电视台卫星频道（一套）	4.8	19.1
2	红色故事汇	江西电视台卫星频道（一套）	3.6	22.4
3	都市情缘	江西电视台都市频道（二套）	3.5	7.3
4	一年又一年 2013	中央电视台综合频道	3.2	17.7
5	中央电视台特别节目梦想从历史深处走来	中央电视台综合频道	2.7	6.0
6	传奇故事	江西电视台卫星频道（一套）	2.5	14.5
7	感动中国 2012 年度人物颁奖典礼	中央电视台综合频道	2.2	5.2
8	金牌调解	江西电视台卫星频道（一套）	2.1	18.5
9	中国汉字听写大会 2013 复赛第八场	中央电视台综合频道	1.6	3.8
10	中央电视台特别节目梦想从历史深处走来	中央电视台新闻频道	1.1	2.6

表 3. 17. 11　2013 年江西市场综艺节目收视率排名前十位

名次	节目名称	播出频道	平均收视率（%）	平均占有率（%）
1	2013 春节联欢晚会	中央电视台综合频道	17. 5	49. 3
2	2013 中国红歌会红歌突围战（7 月 11 日）	江西电视台卫星频道（一套）	11. 9	26. 1
3	妈妈来了（1 月 6 日）	江西电视台卫星频道（一套）	9. 4	26. 3
4	第十二届汉语桥世界大学生中文比赛开幕式	湖南电视台卫星频道	5. 7	12. 2
5	你好春天 2013 年文化部春节电视晚会	中央电视台综合频道	5. 6	11. 3
6	家庭幽默录像	江西电视台卫星频道（一套）	5. 1	16. 9
7	2013 文化中国四海同春法国华侨华人新春晚会	湖南电视台卫星频道	4. 4	8. 2
8	天天向上	湖南电视台卫星频道	4. 3	10. 5
9	书香中国 2013 全民阅读电视晚会	湖南电视台卫星频道	4. 3	8. 6
10	快乐大本营	湖南电视台卫星频道	4. 2	11. 1

表 3. 17. 12　2013 年江西市场体育节目收视率排名前十位

名次	节目名称	播出频道	平均收视率（%）	平均占有率（%）
1	谁是球王（7 月 14 日）	中央电视台综合频道	2. 5	5. 3
2	中外小轮车王争霸赛	江西电视台都市频道（二套）	2. 0	6. 9
3	直播周末：2013 年亚洲冠军联赛决赛第二回合（韩国首尔 FC 队 VS 中国广州恒大队）	中央台五套	1. 3	3. 2
4	疯狂的足球精选	中央电视台综合频道	1. 1	4. 4
5	直播周末 2013 年亚洲冠军联赛颁奖仪式	中央台五套	0. 9	7. 1
6	2013 年第十二届全国运动会男子场地自行车团体追逐赛决赛	中央台五套	0. 8	1. 9
7	直播周末：2013 年世界羽毛球锦标赛男双半决赛	中央台五套	0. 8	1. 7
8	中华人民共和国第十二届运动会闭幕式	辽宁卫视	0. 8	1. 6
9	直播周末：2013 年澳大利亚网球公开赛女单决赛	中央台五套	0. 7	3. 2
10	黄金赛场：2015 年亚洲杯预选赛小组赛（中国 VS 印度尼西亚）	中央台五套	0. 7	1. 8

十八、辽宁收视数据

表 3.18.1　2009—2013 年辽宁市场各类频道的市场占有率（%）

频道类别	年份				
	2009 年	2010 年	2011 年	2012 年	2013 年
中央台频道	35.7	32.4	29.3	31.0	33.5
中国教育台频道	0.4	0.5	0.6	0.6	0.6
辽宁省级频道	29.0	29.4	28.9	26.0	23.3
其他省级卫视频道	24.6	27.6	31.3	32.3	31.8
其他频道	10.3	10.2	10.0	10.1	10.8

表 3.18.2　2013 年辽宁市场各类频道在不同目标观众中的市场占有率（%）

目标观众		中央台频道	中国教育台频道	辽宁省级频道	其他省级卫视频道	其他频道
4 岁及以上所有人		33.5	0.6	23.3	31.8	10.8
城乡	城市	33.7	0.5	22.3	30.2	13.3
	农村	33.5	0.7	24.0	33.1	8.7
性别	男	35.8	0.5	22.0	30.5	11.2
	女	31.4	0.6	24.5	33.2	10.3
年龄	4—14 岁	36.8	0.5	14.6	39.5	8.6
	15—24 岁	30.9	0.5	19.0	40.1	9.5
	25—34 岁	34.8	0.7	17.4	34.9	12.2
	35—44 岁	32.6	0.7	20.9	34.6	11.2
	45—54 岁	32.3	0.6	23.5	32.7	10.9
	55—64 岁	33.6	0.6	28.2	26.1	11.5
	65 岁及以上	34.2	0.4	33.7	21.8	9.9
教育程度	未受过正规教育	36.7	0.3	23.1	31.1	8.8
	小学	33.4	0.7	25.3	30.1	10.5
	初中	33.8	0.6	23.0	32.4	10.2
	高中	31.2	0.5	21.6	33.1	13.6
	大学及以上	34.3	0.6	21.0	32.0	12.1
职业类别	干部/管理人员人员	36.7	0.4	11.8	35.4	15.7
	个体/私营企业人员	33.6	0.7	21.0	32.5	12.2
	初级公务员/雇员	33.0	0.5	22.7	31.7	12.1
	工人	33.5	0.5	21.5	32.8	11.7
	学生	32.6	0.5	15.0	42.8	9.1
	无业	34.8	0.6	26.0	27.4	11.2
	其他	32.6	0.6	25.4	32.2	9.2
个人月收入	0—300 元	33.5	0.6	23.1	33.3	9.5
	301—900 元	33.4	0.6	26.0	29.8	10.2
	901—1700 元	33.2	0.6	23.4	31.2	11.6
	1701—2600 元	33.8	0.5	22.8	31.7	11.2
	2601—3500 元	35.2	0.6	20.8	31.0	12.4
	3501 元及以上	34.3	0.5	17.1	34.4	13.7

表 3. 18. 3 2013 年辽宁市场各类频道在不同时段的市场占有率（%）

时间段	中央台频道	中国教育台频道	辽宁省级频道	其他省级卫视频道	其他频道
02:00—03:00	34. 3	0. 9	36. 2	13. 2	15. 4
03:00—04:00	36. 4	0. 6	34. 8	13. 9	14. 3
04:00—05:00	41. 0	0. 4	33. 8	14. 5	10. 3
05:00—06:00	30. 0	0. 4	35. 3	24. 0	10. 3
06:00—07:00	25. 2	0. 1	24. 5	40. 8	9. 4
07:00—08:00	31. 0	0. 1	18. 2	40. 5	10. 2
08:00—09:00	36. 3	0. 2	28. 7	25. 1	9. 7
09:00—10:00	33. 3	0. 2	36. 0	20. 3	10. 2
10:00—11:00	33. 9	0. 9	39. 2	15. 7	10. 3
11:00—12:00	37. 4	0. 8	37. 5	14. 6	9. 7
12:00—13:00	35. 3	0. 6	32. 2	21. 8	10. 1
13:00—14:00	36. 2	0. 9	39. 3	13. 4	10. 2
14:00—15:00	31. 8	0. 9	42. 8	14. 3	10. 2
15:00—16:00	32. 3	0. 8	42. 7	13. 7	10. 5
16:00—17:00	34. 4	0. 2	42. 2	13. 1	10. 1
17:00—18:00	30. 2	0. 1	29. 7	28. 6	11. 4
18:00—19:00	35. 6	0. 1	12. 3	38. 7	13. 3
19:00—20:00	37. 9	0. 5	19. 1	30. 4	12. 1
20:00—21:00	33. 2	1. 3	34. 6	21. 0	9. 9
21:00—22:00	31. 1	0. 9	38. 7	19. 8	9. 5
22:00—23:00	31. 4	0. 5	41. 2	15. 8	11. 1
23:00—24:00	32. 0	0. 3	42. 2	13. 2	12. 3
24:00—25:00	35. 4	0. 5	38. 9	11. 9	13. 3
25:00—26:00	35. 7	0. 7	37. 9	10. 5	15. 2

表 3. 18. 4 2013 年辽宁市场收视份额排名前十位频道

名次	频道名称	收视份额（%）
1	辽宁卫视	9. 9
2	辽宁广播电视台都市频道	6. 4
3	中央台三套	4. 8
4	中央电视台少儿频道	4. 5
5	湖南电视台卫星频道	4. 1
6	中央台六套	3. 6
7	中央电视台综合频道	3. 4
8	中央台八套	3. 3
9	中央电视台新闻频道	2. 9
10	中央台四套	2. 6

表 3.18.5　2013 年辽宁市场各主要频道的观众构成（%）

目标观众		所有频道	主要频道				
			辽宁卫视	辽宁广播电视台都市频道	中央台三套	中央电视台少儿频道	湖南电视台卫星频道
4 岁及以上所有人		100.0	100.0	100.0	100.0	100.0	100.0
城乡	城市	40.3	29.1	42.2	41.5	32.1	25.7
	农村	59.7	70.9	57.8	58.5	67.9	74.3
性别	男	48.2	44.8	43.3	48.8	48.3	36.1
	女	51.8	55.2	56.7	51.2	51.7	63.9
年龄	4—14 岁	11.0	8.0	6.3	5.5	44.0	17.1
	15—24 岁	6.2	4.0	4.8	6.3	3.7	11.6
	25—34 岁	14.0	10.6	9.9	10.9	21.8	19.2
	35—44 岁	16.7	12.7	15.0	13.3	10.0	19.3
	45—54 岁	24.4	21.5	28.8	31.6	10.7	17.7
	55—64 岁	16.0	20.5	21.2	19.7	7.1	9.6
	65 岁及以上	11.8	22.6	14.0	12.8	2.6	5.6
教育程度	未受过正规教育	5.6	8.3	3.1	2.7	21.8	5.3
	小学	26.0	29.6	27.7	27.0	32.0	28.4
	初中	47.6	46.6	51.6	50.8	35.3	52.1
	高中	15.2	12.1	12.6	14.3	8.5	9.6
	大学及以上	5.6	3.5	5.0	5.2	2.4	4.6
职业类别	干部/管理人员	1.0	0.6	0.5	1.0	0.6	0.5
	个体/私营企业人员	8.8	7.2	9.5	9.4	5.5	7.6
	初级公务员/雇员	5.6	3.8	6.1	4.7	3.8	3.7
	工人	21.2	16.0	20.3	19.6	18.4	20.2
	学生	8.7	5.8	5.1	5.9	23.7	15.3
	无业	28.1	31.5	31.1	29.4	33.1	23.0
	其他	26.5	35.1	27.5	30.0	14.9	29.8
个人月收入	0—300 元	34.3	39.5	28.8	28.0	59.6	45.7
	301—900 元	18.1	24.4	22.8	18.7	9.4	17.8
	901—1700 元	27.4	22.0	29.9	31.3	15.3	20.5
	1701—2600 元	13.0	9.8	10.9	13.2	10.7	10.1
	2601—3500 元	4.8	2.7	6.0	6.0	3.4	4.1
	3501 元及以上	2.4	1.5	1.6	2.8	1.6	1.7

表 3.18.6　2011—2013 年辽宁市场各类节目的播出份额（%）和收视份额（%）

节目类别	2011 年		2012 年		2013 年	
	播出份额	收视份额	播出份额	收视份额	播出份额	收视份额
财经	2.6	0.9	2.2	0.7	2.0	0.5
电视剧	20.1	30.8	20.3	32.6	21.3	29.9
电影	3.6	4.9	4.3	5.2	4.7	4.6
法制	0.9	1.8	0.9	1.6	1.2	1.5
教学	0.4	0.1	0.3	0.1	0.3	0.0
青少	7.8	5.6	7.1	5.2	6.6	6.8
生活服务	9.6	6.9	10.0	8.0	10.3	8.0
体育	1.6	2.3	2.5	3.4	2.8	2.8
外语	0.0	0.0	0.0	0.0	0.0	0.0
戏剧	1.1	0.2	1.0	0.2	0.8	0.2
新闻/时事	13.1	10.4	14.2	12.7	14.1	12.9
音乐	2.9	0.8	2.6	0.9	2.4	0.8
专题	12.1	7.2	12.2	6.8	11.2	6.6
综艺	10.7	15.5	9.2	12.2	8.8	13.8
其他	13.5	12.5	13.2	10.7	13.6	11.7

表 3.18.7　2013 年辽宁市场所有节目收视率排名前三十位

名次	节目名称	节目类别	播出频道	平均收视率（%）	平均占有率（%）
1	2013 辽宁卫视春节联欢晚会	综艺	辽宁卫视	22.2	57.2
2	2013 春节联欢晚会	综艺	中央电视台综合频道	12.4	22.0
3	2013 春节联欢晚会	综艺	辽宁卫视	12.2	21.7
4	樱桃红	电视剧	辽宁卫视	11.1	26.4
5	第 22 条婚规	电视剧	辽宁卫视	9.9	25.9
6	2013 元宵晚会	综艺	中央电视台综合频道	7.2	16.2
7	女人的抉择	电视剧	辽宁卫视	6.8	15.6
8	星光大道（2 月 7 日）	综艺	中央台三套	6.1	13.2
9	老严有女不愁嫁	电视剧	辽宁卫视	5.7	14.5
10	石榴红了	电视剧	辽宁卫视	5.4	12.7
11	新北方	新闻/时事	辽宁广播电视台都市频道	5.2	16.9
12	天气预报	生活服务	辽宁卫视	5.1	16.3
13	乡村爱情变奏曲	电视剧	黑龙江卫视	5.1	12.6
14	揭秘樱桃红	综艺	黑龙江卫视	4.9	14.0
15	女人的颜色	电视剧	辽宁卫视	4.9	11.6
16	隋唐英雄	电视剧	湖南电视台卫星频道	4.8	11.4
17	中国好声音（8 月 23 日）	综艺	浙江卫视	4.7	23.2
18	气象资讯	生活服务	辽宁卫视	4.7	19.2
19	直播周末：2013 年亚洲冠军联赛决赛第二回合（韩国首尔 FC 队 VS 中国广州恒大队）	体育	中央台五套	4.7	12.6
20	樱桃红	电视剧	黑龙江卫视	4.7	11.3
21	直播周末：2013 年澳大利亚网球公开赛女单决赛	体育	中央台五套	4.6	12.9
22	新闻正前方	新闻/时事	辽宁广播电视台都市频道	4.4	17.1
23	2013 辽宁卫视百姓欢乐大春晚	综艺	辽宁卫视	4.4	12.4
24	幸福 NO.1 春节联欢晚会 2013	综艺	江苏卫视	4.4	12.1
25	妈祖	电视剧	中央台八套	4.3	10.9
26	2013 年第十二届全运会女子 4x100 米混合泳接力决赛	体育	中央台五套	4.2	13.2
27	2013 春晚倒计时	综艺	辽宁卫视	4.1	12.7
28	动画片：熊出没之过年	青少	中央电视台少儿频道	4.0	13.2
29	都市频道芦山地震特别报道	新闻/时事	辽宁广播电视台都市频道	3.8	14.3
30	笑功震武林（11 月 22 日）	电影	中央台六套	3.8	10.1

表 3. 18. 8　2013 年辽宁市场电视剧收视率排名前十位

名次	节目名称	播出频道	平均收视率（%）	平均占有率（%）
1	樱桃红	辽宁卫视	11. 1	26. 4
2	第 22 条婚规	辽宁卫视	9. 9	25. 9
3	女人的抉择	辽宁卫视	6. 8	15. 6
4	老严有女不愁嫁	辽宁卫视	5. 7	14. 5
5	石榴红了	辽宁卫视	5. 4	12. 7
6	乡村爱情变奏曲	黑龙江卫视	5. 1	12. 6
7	女人的颜色	辽宁卫视	4. 9	11. 6
8	隋唐英雄	湖南电视台卫星频道	4. 8	11. 4
9	樱桃红	黑龙江卫视	4. 7	11. 3
10	妈祖	中央台八套	4. 3	10. 9

表 3. 18. 9　2013 年辽宁市场新闻节目收视率排名前十位

名次	节目名称	播出频道	平均收视率（%）	平均占有率（%）
1	新北方	辽宁广播电视台都市频道	5. 2	16. 9
2	新闻正前方	辽宁广播电视台都市频道	4. 4	17. 1
3	都市频道芦山地震特别报道	辽宁广播电视台都市频道	3. 8	14. 3
4	李克强总理会见中外记者并回答提问	辽宁卫视	3. 8	8. 9
5	转播中央台新闻联播	辽宁卫视	3. 6	10. 9
6	焦点访谈（4 月 21 日）	辽宁卫视	3. 6	9. 6
7	辽宁新闻	辽宁卫视	3. 2	11. 2
8	新闻直播间	辽宁卫视	3. 1	14. 3
9	两会新观察	辽宁卫视	2. 8	7. 9
10	评辨天下	辽宁卫视	2. 5	9. 5

表 3. 18. 10　2013 年辽宁市场专题节目收视率排名前十位

名次	节目名称	播出频道	平均收视率（%）	平均占有率（%）
1	辽宁全力抗击 816 暴雨洪水灾害纪实	辽宁卫视	3. 5	11. 3
2	老梁观世界	辽宁卫视	2. 6	10. 1
3	中国好人	辽宁卫视	2. 3	9. 3
4	新时期辽宁精神宣传片	辽宁卫视	2. 1	5. 8
5	酷我真声音	浙江卫视	2. 0	18. 1
6	面朝大海辽宁沿海经济带巡礼	辽宁卫视	2. 0	5. 5
7	一年又一年 2013	中央电视台综合频道	2. 0	5. 0
8	中国汉字听写大会 2013 复赛第五场	中央电视台综合频道	1. 7	4. 9
9	想念的感觉难忘的滋味观全运看辽宁百年八王寺	辽宁卫视	1. 5	6. 8
10	解密（1 月 9、16 日）	深圳卫视（新闻综合频道）	1. 4	5. 5

表 3. 18. 11　2013 年辽宁市场综艺节目收视率排名前十位

名次	节目名称	播出频道	平均收视率（%）	平均占有率（%）
1	2013 辽宁卫视春节联欢晚会	辽宁卫视	22. 2	57. 2
2	2013 春节联欢晚会	中央电视台综合频道	12. 4	22. 0
3	2013 春节联欢晚会	辽宁卫视	12. 2	21. 7
4	2013 元宵晚会	中央电视台综合频道	7. 2	16. 2
5	星光大道（2 月 7 日）	中央台三套	6. 1	13. 2
6	揭秘樱桃红	黑龙江卫视	4. 9	14. 0
7	中国好声音（8 月 23 日）	浙江卫视	4. 7	23. 2
8	2013 辽宁卫视百姓欢乐大春晚	辽宁卫视	4. 4	12. 4
9	幸福 NO. 1 春节联欢晚会 2013	江苏卫视	4. 4	12. 1
10	2013 春晚倒计时	辽宁卫视	4. 1	12. 7

表 3. 18. 12　2013 年辽宁市场体育节目收视率排名前十位

名次	节目名称	播出频道	平均收视率（%）	平均占有率（%）
1	直播周末：2013 年亚洲冠军联赛决赛第二回合（韩国首尔 FC 队 VS 中国广州恒大队）	中央台五套	4. 7	12. 6
2	直播周末：2013 年澳大利亚网球公开赛女单决赛	中央台五套	4. 6	12. 9
3	2013 年第十二届全运会女子 4x100 米混合泳接力决赛	中央台五套	4. 2	13. 2
4	2013 年第十二届全运会男子 4x100 米接力决赛	中央台五套	3. 7	12. 3
5	共享全运辽宁时刻十二运开幕式特别节目	辽宁卫视	3. 3	17. 2
6	直播周末：2013 年世界女排大奖赛总决赛（日本队 VS 中国队）	中央台五套	3. 3	10. 8
7	直播周末 2013 年亚洲冠军联赛颁奖仪式	中央台五套	3. 2	12. 8
8	黄金赛场：2015 年亚洲杯预选赛（中国队 VS 沙特阿拉伯）	中央台五套	2. 7	7. 2
9	中华人民共和国第十二届运动会开幕式	辽宁卫视	2. 5	6. 6
10	全运直播：十二运会男足 20 岁以下年龄组决赛（辽宁 VS 上海）	辽宁卫视	2. 3	11. 7

十九、内蒙古收视数据

表 3.19.1 2009—2013 年内蒙古市场各类频道的市场占有率(%)

频道类别	年份				
	2009 年	2010 年	2011 年	2012 年	2013 年
中央台频道	45.3	43.5	41.2	40.3	42.1
中国教育台频道	0.3	0.4	0.9	1.0	0.8
内蒙古自治区级频道	4.9	6.1	4.8	4.3	4.1
其他省级卫视频道	41.0	43.1	47.3	50.7	50.0
其他频道	8.5	6.9	5.8	3.7	3.0

表 3.19.2 2013 年内蒙古市场各类频道在不同目标观众中的市场占有率(%)

目标观众		中央电视台频道	中国教育台频道	内蒙古自治区级频道	其他省级卫视频道	其他频道
4 岁及以上所有人		42.1	0.8	4.1	50.0	3.0
城乡	城市	48.2	0.4	4.9	42.3	4.2
	乡村	39.1	1.1	3.8	53.7	2.3
性别	男	44.3	0.8	4.3	47.5	3.1
	女	40.1	0.9	4.0	52.2	2.8
年龄	4—14 岁	40.9	1.6	1.9	52.2	3.4
	15—24 岁	33.0	1.1	2.9	59.9	3.1
	25—34 岁	38.4	1.0	2.6	54.8	3.2
	35—44 岁	40.0	1.0	3.7	51.7	3.6
	45—54 岁	40.5	0.6	5.6	50.7	2.6
	55—64 岁	49.5	0.3	5.7	42.6	1.9
	65 岁及以上	51.8	0.2	5.8	39.0	3.2
教育程度	未受过正规教育	43.1	1.0	4.3	49.1	2.5
	小学	38.7	1.3	3.6	53.7	2.7
	初中	39.0	0.9	3.8	53.3	3.0
	高中	43.9	0.4	4.7	47.3	3.7
	大学及以上	55.4	0.3	4.9	36.1	3.3
职业类别	干部/管理人员	54.7	0.2	4.3	38.5	2.3
	个体/私营企业人员	38.4	1.2	3.6	53.6	3.2
	初级公务员/雇员	49.5	0.3	4.8	41.3	4.1
	工人	44.6	0.8	4.5	47.1	3.0
	学生	39.3	1.6	2.0	53.7	3.4
	无业	47.0	0.5	4.5	44.7	3.3
	其他	33.7	0.8	5.0	58.8	1.7
个人月收入	0—300 元	37.8	1.1	3.6	54.8	2.7
	301—900 元	38.4	1.0	4.1	54.0	2.5
	901—1700 元	43.4	0.7	4.7	48.0	3.2
	1701—2600 元	47.8	0.5	4.7	43.9	3.1
	2601—3500 元	44.2	0.6	4.5	46.7	4.0
	3501 元及以上	49.9	0.6	4.1	42.0	3.4

表 3. 19. 3　2013 年内蒙古市场各类频道在不同时段的市场占有率（%）

时间段	中央台频道	中国教育台频道	内蒙古自治区级频道	其他省级卫视频道	其他频道
02:00—03:00	22. 5	0. 2	2. 6	70. 1	4. 6
03:00—04:00	39. 1	0. 0	1. 6	57. 7	1. 6
04:00—05:00	34. 5	0. 1	0. 8	64. 2	0. 4
05:00—06:00	36. 2	1. 0	2. 4	59. 1	1. 3
06:00—07:00	47. 6	0. 0	2. 7	48. 6	1. 1
07:00—08:00	67. 2	0. 1	1. 4	30. 2	1. 1
08:00—09:00	57. 7	0. 1	1. 6	38. 9	1. 7
09:00—10:00	46. 5	0. 3	1. 5	48. 6	3. 1
10:00—11:00	44. 4	0. 7	1. 7	49. 8	3. 4
11:00—12:00	47. 4	0. 5	1. 5	47. 8	2. 8
12:00—13:00	57. 7	0. 2	0. 9	38. 9	2. 3
13:00—14:00	55. 7	0. 5	0. 8	40. 2	2. 8
14:00—15:00	38. 4	0. 8	1. 3	56. 6	2. 9
15:00—16:00	36. 0	0. 7	1. 4	58. 5	3. 4
16:00—17:00	36. 2	0. 4	1. 8	58. 0	3. 6
17:00—18:00	44. 1	0. 2	2. 6	49. 5	3. 6
18:00—19:00	53. 7	0. 1	20. 0	20. 0	6. 2
19:00—20:00	52. 3	0. 9	8. 2	35. 2	3. 4
20:00—21:00	29. 7	1. 8	2. 7	63. 8	2. 0
21:00—22:00	29. 9	1. 2	1. 8	64. 7	2. 4
22:00—23:00	31. 4	0. 5	1. 6	62. 6	3. 9
23:00—24:00	31. 7	0. 2	1. 7	60. 0	6. 4
24:00—25:00	36. 2	0. 3	2. 1	52. 7	8. 7
25:00—26:00	30. 3	0. 3	2. 6	60. 6	6. 2

表 3. 19. 4　2013 年内蒙古市场收视份额排名前十位的频道

名次	频道名称	收视份额（%）
1	中央电视台综合频道	13. 0
2	湖南电视台卫星频道	6. 8
3	中央台三套	4. 3
4	辽宁卫视	4. 1
4	中央电视台少儿频道	4. 1
6	中央台十二套	4. 0
7	江苏卫视	3. 9
7	中央台八套	3. 9
9	山东卫视	3. 3
10	贵州卫视	2. 5

表 3.19.5　2013 年内蒙古市场各主要频道的观众构成（%）

目标观众		所有频道	主要频道				
			中央电视台综合频道	湖南电视台卫星频道	中央台三套	辽宁卫视	中央电视台少儿频道
4 岁及以上所有人		100.0	100.0	100.0	100.0	100.0	100.0
城乡	城市	32.5	43.3	21.6	41.8	24.4	23.4
	乡村	67.5	56.7	78.4	58.2	75.6	76.6
性别	男	47.3	49.0	35.5	44.9	45.4	46.9
	女	52.7	51.0	64.5	55.1	54.6	53.1
年龄	4—14 岁	11.6	8.4	16.8	4.6	6.7	53.8
	15—24 岁	9.7	7.0	19.9	7.3	10.8	6.5
	25—34 岁	15.1	12.5	18.9	13.8	12.4	19.5
	35—44 岁	19.8	20.3	24.6	18.8	21.0	11.3
	45—54 岁	17.6	17.9	13.0	22.0	25.5	2.2
	55—64 岁	12.6	15.3	4.1	16.7	11.6	5.3
	65 岁及以上	13.6	18.6	2.7	16.8	12.0	1.4
教育程度	未受过正规教育	6.6	5.8	6.3	5.7	5.7	23.2
	小学	24.6	23.3	25.9	13.6	25.7	45.4
	初中	36.4	32.6	43.2	35.0	40.9	22.4
	高中	21.3	23.1	17.2	26.7	22.6	6.3
	大学及以上	11.1	15.2	7.4	19.0	5.1	2.7
职业类别	干部/管理人员	2.1	2.4	0.8	2.9	1.0	0.2
	个体/私营企业人员	19.3	17.9	23.8	19.9	16.8	14.7
	初级公务员/雇员	7.6	9.8	6.2	13.0	5.0	2.1
	工人	7.1	8.0	6.6	7.8	8.3	3.7
	学生	11.8	10.1	21.5	6.5	7.1	35.5
	无业	33.4	35.8	24.6	40.6	27.0	37.4
	其他	18.7	16.0	16.5	9.3	34.8	6.4
个人月收入	0—300 元	40.5	35.2	50.9	25.7	43.2	73.3
	301—900 元	9.0	8.2	8.8	8.1	14.9	3.8
	901—1700 元	15.1	14.4	13.3	20.0	14.9	6.5
	1701—2600 元	17.1	21.1	11.7	21.1	16.0	8.2
	2601—3500 元	9.7	10.7	9.1	12.3	6.7	3.7
	3501 元及以上	8.6	10.4	6.2	12.8	4.3	4.5

表 3.19.6　2011—2013 年内蒙古市场各类节目的播出份额（%）和收视份额（%）

节目类别	2011 年		2012 年		2013 年	
	播出份额	收视份额	播出份额	收视份额	播出份额	收视份额
财经	2.4	0.9	2.4	0.5	2.2	0.4
电视剧	21.5	34.0	20.3	36.8	21.1	35.5
电影	3.0	2.2	3.7	1.9	4.2	2.3
法制	1.4	1.7	0.7	1.7	0.8	1.8
教学	0.4	0.2	0.4	0.0	0.3	0.0
青少	7.4	3.5	7.8	3.7	7.2	4.3
生活服务	8.1	7.5	8.4	8.2	8.9	7.8
体育	1.4	1.2	1.6	1.5	2.0	0.9
外语	0.1	0.0	0.0	0.0	0.0	0.0
戏剧	1.1	0.5	1.1	0.6	0.8	0.4
新闻/时事	13.5	12.2	15.3	12.5	15.3	12.7
音乐	2.7	0.7	2.7	0.7	2.6	0.7
专题	11.6	5.8	12.5	5.4	11.3	4.2
综艺	11.1	12.8	8.8	10.3	8.9	12.3
其他	14.3	16.8	14.3	16.2	14.4	16.7

表 3.19.7 2013 年内蒙古市场所有节目收视排名前三十位

名次	节目名称	类别	播出频道	平均收视率	平均占有率
1	2013 春节联欢晚会	综艺	中央电视台综合频道	37.1	75.1
2	新闻联播	新闻/时事	中央电视台综合频道	15.5	42.7
3	东方时空（4 月 20/21 日）	新闻/时事	中央电视台综合频道	11.3	20.9
4	天气预报	生活服务	中央电视台综合频道	11.2	23.7
5	2013 元宵晚会	综艺	中央电视台综合频道	10.5	20.4
6	你好春天 2013 年文化部春节电视晚会	综艺	中央电视台综合频道	9.1	17.9
7	星光大道（5 月 25 日）	综艺	中央电视台综合频道	8.8	18.3
8	梅州月中华情 2013 年中央电视台中秋晚会	综艺	中央电视台综合频道	7.6	16.0
9	焦点访谈	新闻/时事	中央电视台综合频道	7.5	15.3
10	中国梦劳动美 2013 年庆祝五一国际劳动节专题文艺晚会	综艺	中央电视台综合频道	7.0	15.0
11	万家灯火平安夜公安部 2013 年春节电视文艺晚会	综艺	中央电视台综合频道	7.0	14.7
12	闯关东前传	电视剧	中央电视台综合频道	6.8	14.5
13	英雄使命	电视剧	贵州卫视	6.7	13.9
14	因为爱情有晴天	电视剧	湖南电视台卫星频道	6.4	13.8
15	咱们结婚吧	电视剧	中央电视台综合频道	6.3	14.0
16	一年又一年 2013	专题	中央电视台综合频道	6.2	27.7
17	有你才幸福	电视剧	中央电视台综合频道	6.2	12.6
18	最美的时光	电视剧	湖南电视台卫星频道	5.8	12.6
19	咱们结婚吧	电视剧	湖南电视台卫星频道	5.6	12.5
20	箭在弦上	电视剧	贵州卫视	5.6	11.2
21	花木兰传奇	电视剧	中央电视台综合频道	5.5	12.1
22	天天有喜	电视剧	湖南电视台卫星频道	5.4	12.3
23	中央电视台特别节目梦想从历史深处走来	专题	中央电视台综合频道	5.4	11.4
24	2013 辽宁卫视春节联欢晚会	综艺	辽宁卫视	5.3	13.1
25	平原烽火	电视剧	山东卫视	5.3	9.9
26	李克强总理会见中外记者并回答提问	新闻/时事	中央电视台综合频道	5.2	8.9
27	第十二届汉语桥世界大学生中文比赛开幕式	综艺	湖南电视台卫星频道	5.1	10.7
28	樱桃红	电视剧	辽宁卫视	5.0	9.4
29	启航 2014 新年特别节目	综艺	中央电视台综合频道	4.9	12.8
30	舞出我人生圆梦之旅	综艺	中央电视台综合频道	4.9	10.6

表 3.19.8　2013 年内蒙古市场电视剧收视率排名前十位

名次	节目名称	播出频道	平均收视率	平均占有率
1	闯关东前传	中央电视台综合频道	6.8	14.5
2	英雄使命	贵州卫视	6.7	13.9
3	因为爱情有晴天	湖南电视台卫星频道	6.4	13.8
4	咱们结婚吧	中央电视台综合频道	6.3	14.0
5	有你才幸福	中央电视台综合频道	6.2	12.6
6	最美的时光	湖南电视台卫星频道	5.8	12.6
7	咱们结婚吧	湖南电视台卫星频道	5.6	12.5
8	箭在弦上	贵州卫视	5.6	11.2
9	花木兰传奇	中央电视台综合频道	5.5	12.1
10	天天有喜	湖南电视台卫星频道	5.4	12.3

表 3.19.9　2013 年内蒙古市场新闻节目收视率排名前十位

名次	节目名称	播出频道	平均收视率	平均占有率
1	新闻联播	中央电视台综合频道	15.5	42.7
2	东方时空（4 月 20/21 日）	中央电视台综合频道	11.3	20.9
3	焦点访谈	中央电视台综合频道	7.5	15.3
4	李克强总理会见中外记者并回答提问	中央电视台综合频道	5.2	8.9
5	内蒙古新闻联播	内蒙古卫视	3.9	17.4
6	嫦娥三号登月之旅	中央电视台综合频道	3.3	11.6
7	共同关注（4 月 20/21 日）	中央电视台综合频道	2.8	13.3
8	两会特别报道	贵州卫视	2.6	4.8
9	芦山地震特别报道	中央电视台综合频道	2.4	12.7
10	转播中央台新闻联播	内蒙古卫视	2.4	6.6

表 3.19.10　2013 年内蒙古市场专题节目收视率排名前十位

名次	节目名称	播出频道	平均收视率	平均占有率
1	一年又一年 2013	中央电视台综合频道	6.2	27.7
2	中央电视台特别节目梦想从历史深处走来	中央电视台综合频道	5.4	11.4
3	中国汉字听写大会 2013 总决赛	中央电视台综合频道	3.8	7.9
4	感动中国 2012 年度人物颁奖典礼	中央电视台综合频道	3.2	6.6
5	老梁看电视	辽宁卫视	2.8	6.3
6	圆梦中国德耀中华第四届全国道德模范授奖仪式	中央电视台综合频道	2.7	6.3
7	平安行全国交通安全宣传日 2013	中央台十二套	2.1	6.1
8	习仲勋	中央电视台综合频道	2.1	4.8
9	旗鼓相当	中央电视台综合频道	2.0	8.8
10	爱在晚晴天	江苏卫视	2.0	3.7

表 3.19.11　2013 年内蒙古市场综艺节目收视率排名前十位

名次	节目名称	播出频道	平均收视率	平均占有率
1	2013 春节联欢晚会	中央电视台综合频道	37.1	75.1
2	2013 元宵晚会	中央电视台综合频道	10.5	20.4
3	你好春天 2013 年文化部春节电视晚会	中央电视台综合频道	9.1	17.9
4	星光大道（5 月 25 日）	中央电视台综合频道	8.8	18.3
5	梅州月中华情 2013 年中央电视台中秋晚会	中央电视台综合频道	7.6	16.0
6	中国梦劳动美 2013 年庆祝五一国际劳动节专题文艺晚会	中央电视台综合频道	7.0	15.0
7	万家灯火平安夜公安部 2013 年春节电视文艺晚会	中央电视台综合频道	7.0	14.7
8	2013 辽宁卫视春节联欢晚会	辽宁卫视	5.3	13.1
9	第十二届汉语桥世界大学生中文比赛开幕式	湖南电视台卫星频道	5.1	10.7
10	启航 2014 新年特别节目	中央电视台综合频道	4.9	12.8

表 3.19.12　2013 年内蒙古市场体育节目收视率排名前十位

名次	节目名称	频道	收视率%	市场份额%
1	谁是球王（7 月 14 日）	中央电视台综合频道	3.6	7.6
2	第六届东亚运动会开幕式	天津卫视	1.9	3.6
3	第六届东亚运动会闭幕式	天津卫视	1.7	3.2
4	第十二届全运会男子链球决赛	中央台五套	1.5	2.7
5	直播周末：2013 年亚洲冠军联赛决赛第二回合（韩国首尔 FC 队 VS 中国广州恒大队日）	中央台五套	1.4	3.0
6	中华人民共和国第十二届运动会闭幕式	辽宁卫视	1.4	2.8
7	2013 年世界乒乓球锦标赛男单 1/4 决赛	中央台五套	1.4	2.7
8	经典瞬间	辽宁卫视	1.2	2.9
9	直播周末：2013 年澳大利亚网球公开赛女单决赛	中央台五套	1.1	4.6
10	2013 年世乒赛女单半决赛	中央台五套	1.1	3.4

二十、宁夏收视数据

表 3.20.1　2009—2013 年宁夏市场各类频道的市场占有率（%）

频道类别	年份				
	2009 年	2010 年	2011 年	2012 年	2013 年
中央台频道	49.8	48.2	44.0	47.5	50.7
中国教育台频道	0.4	0.6	1.2	1.3	1.3
宁夏自治区级频道	9.2	6.5	5.2	3.4	2.5
其他省级卫视频道	31.7	37.3	44.2	42.9	42.5
其他频道	8.9	7.4	5.4	4.8	3.1

表 3.20.2　2013 年宁夏市场各类频道在不同目标观众中的市场占有率（%）

目标观众		中央台频道	中国教育台频道	宁夏自治区级频道	其他省级卫视频道	其他频道
4 岁及以上所有人		47.5	1.3	3.4	42.9	4.8
城乡	城市	50.9	1.0	2.8	41.3	3.9
	农村	50.4	1.6	2.1	43.8	2.1
性别	男	53.4	1.3	2.6	39.6	3.1
	女	48.2	1.3	2.4	45.0	3.1
年龄	4—14 岁	55.1	1.8	1.2	40.3	1.6
	15—24 岁	41.3	1.4	1.5	53.0	2.8
	25—34 岁	46.3	1.8	1.9	47.2	2.8
	35—44 岁	47.4	1.1	2.5	45.5	3.5
	45—54 岁	51.3	0.9	3.7	39.9	4.2
	55—64 岁	56.6	1.2	3.2	35.5	3.5
	65 岁及以上	61.0	0.6	3.7	31.5	3.1
教育程度	未受过正规教育	55.8	1.7	1.6	38.9	2.1
	小学	50.9	1.9	1.9	43.5	1.8
	初中	46.5	1.3	2.5	46.4	3.4
	高中	53.9	0.8	3.1	38.8	3.4
	大学及以上	57.5	0.2	3.9	32.1	6.2
职业类别	干部/管理人员	60.5	0.2	3.9	31.4	4.0
	个体/私营企业人员	43.9	1.1	2.7	47.3	5.0
	初级公务员/雇员	52.2	0.5	3.5	39.5	4.4
	工人	49.6	1.3	3.1	42.1	3.9
	学生	50.7	1.9	1.2	44.7	1.5
	无业	54.7	0.8	3.2	37.3	4.0
	其他	48.7	2.0	1.5	46.5	1.2
个人月收入	0—300 元	49.7	1.6	1.9	44.5	2.3
	301—900 元	48.9	1.5	1.7	46.1	1.8
	901—1700 元	49.2	1.4	2.9	43.1	3.4
	1701—2600 元	53.4	1.0	3.0	38.6	4.1
	2601—3500 元	53.0	0.7	3.4	38.7	4.1
	3501 元及以上	49.9	1.1	2.3	43.7	3.0

表 3.20.3 2013 年宁夏市场各类频道在不同时段的市场占有率（%）

时间段	中央台频道	中国教育台频道	宁夏自治区级频道	其他省级卫视频道	其他频道
02:00 — 03:00	40.0	0.2	2.0	49.9	7.8
03:00 — 04:00	41.2	0.0	1.2	52.0	5.5
04:00 — 05:00	54.0	0.1	0.8	42.3	2.8
05:00 — 06:00	60.7	0.6	0.5	35.3	2.9
06:00 — 07:00	69.0	0.2	1.3	27.9	1.5
07:00 — 08:00	70.3	0.3	2.3	24.5	2.6
08:00 — 09:00	59.4	0.3	2.1	35.4	2.7
09:00 — 10:00	53.7	0.5	2.2	40.4	3.1
10:00 — 11:00	52.3	0.8	2.5	40.9	3.5
11:00 — 12:00	55.7	0.7	2.0	37.8	3.7
12:00 — 13:00	69.5	0.6	1.3	25.7	2.9
13:00 — 14:00	60.1	0.8	1.6	34.0	3.4
14:00 — 15:00	41.7	1.0	1.7	52.1	3.5
15:00 — 16:00	40.5	0.7	2.1	53.4	3.3
16:00 — 17:00	45.7	0.5	2.1	48.4	3.3
17:00 — 18:00	60.4	0.3	2.1	34.1	3.1
18:00 — 19:00	73.9	0.2	5.7	15.5	4.8
19:00 — 20:00	67.2	1.3	2.0	27.9	1.6
20:00 — 21:00	36.8	2.6	1.9	56.3	2.3
21:00 — 22:00	36.1	1.9	2.2	56.9	2.9
22:00 — 23:00	40.3	0.7	4.2	49.1	5.7
23:00 — 24:00	39.1	0.3	5.4	47.7	7.5
24:00 — 25:00	44.5	0.3	4.8	43.6	6.8
25:00 — 26:00	38.0	0.3	4.8	52.1	4.8

表 3.20.4 2013 年宁夏市场收视份额排名前十位的频道

名次	频道名称	收视份额（%）
1	中央电视台综合频道	15.8
2	中央电视台少儿频道	7.7
3	湖南电视台卫星频道	6.3
4	中央台八套	5.9
5	中央台六套	4.5
6	中央台十二套	3.7
6	中央台三套	3.7
8	江苏卫视	3.2
9	中央电视台新闻频道	2.6
10	安徽卫视	2.3

表 3.20.5　2013 年宁夏市场各主要频道的观众构成（%）

目标观众		所有频道	中央电视台综合频道	中央电视台少儿频道	湖南电视台卫星频道	中央台八套	中央台六套
4 岁及以上所有人		100.0	100.0	100.0	100.0	100.0	100.0
城乡	城市	53.5	51.5	49.6	58.9	49.6	52.3
	农村	46.5	48.5	50.4	41.1	50.4	47.7
性别	男	47.4	50.9	49.7	36.8	43.7	52.0
	女	52.6	49.1	50.3	63.2	56.3	48.0
年龄	4—14 岁	15.6	10.1	56.0	17.4	10.5	14.9
	15—24 岁	11.5	9.2	6.2	22.6	9.6	14.0
	25—34 岁	17.2	14.7	16.2	20.4	14.7	22.1
	35—44 岁	18.8	17.7	8.8	20.7	20.9	24.8
	45—54 岁	15.9	16.7	5.0	10.4	20.4	14.2
	55—64 岁	11.0	14.9	5.5	4.9	13.8	5.8
	65 岁及以上	10.1	16.8	2.3	3.6	10.1	4.2
教育程度	未受过正规教育	10.4	10.7	23.8	8.8	10.8	8.2
	小学	25.1	23.3	42.4	24.4	23.6	23.2
	初中	39.6	35.0	24.7	44.9	37.5	44.9
	高中	16.7	20.3	6.0	15.1	19.6	14.5
	大学及以上	8.2	10.7	3.2	6.8	8.6	9.2
职业类别	干部/管理人员	1.3	1.5	0.6	1.2	2.2	2.0
	个体/私营企业人员	11.3	11.1	5.5	13.7	8.0	11.3
	初级公务员/雇员	7.8	9.3	2.4	6.9	8.7	9.0
	工人	12.4	11.2	6.0	13.0	13.3	17.7
	学生	14.9	10.2	38.6	22.2	10.4	15.5
	无业	28.1	31.4	30.3	21.2	28.2	17.2
	其他	24.2	25.3	16.7	21.9	29.2	27.4
个人月收入	0—300 元	36.6	30.9	71.3	46.8	31.5	32.9
	301—900 元	8.6	9.2	4.6	9.3	11.9	9.0
	901—1700 元	16.0	16.4	6.8	14.1	17.9	15.3
	1701—2600 元	21.3	25.9	8.3	14.8	22.5	19.8
	2601—3500 元	10.7	11.8	5.0	7.4	10.1	13.7
	3501 元及以上	6.8	5.8	4.0	7.6	6.0	9.5

表 3.20.6　2011—2013 年宁夏市场各类节目的播出份额（%）和收视份额（%）

节目类别	2011 年		2012 年		2013 年	
	播出份额	收视份额	播出份额	收视份额	播出份额	收视份额
财经	2.8	0.9	2.5	0.6	2.2	0.4
电视剧	20.8	36.1	20.7	36.0	21.4	35.0
电影	3.6	1.6	4.1	3.6	4.4	3.7
法制	0.9	1.1	0.9	1.1	0.9	1.4
教学	0.5	0.1	0.4	0.0	0.3	0.0
青少	8.2	4.9	7.5	5.1	6.7	6.0
生活服务	8.0	8.0	8.5	8.6	8.8	7.7
体育	1.6	0.8	1.7	1.6	2.0	0.9
外语	0.1	0.0	0.0	0.0	0.0	0.0
戏剧	1.2	0.4	1.2	0.4	0.8	0.3
新闻/时事	14.0	13.2	15.4	12.3	15.1	12.2
音乐	3.2	0.7	2.9	0.7	2.6	0.7
专题片	10.4	5.3	11.1	5.0	11.1	4.4
综艺	10.7	9.6	9.1	8.9	9.1	10.5
其他	14.1	17.3	14.2	16.2	14.5	16.8

表 3.20.7 2013 年宁夏市场所有节目收视率排名前三十位

名次	节目名称	节目类别	播出频道	平均收视率（%）	平均占有率（%）
1	2013 春节联欢晚会	综艺	中央电视台综合频道	37.1	81.2
2	新闻联播	新闻/时事	中央电视台综合频道	20.0	54.7
3	天气预报	生活服务	中央电视台综合频道	15.8	34.7
4	你好春天 2013 年文化部春节电视晚会	综艺	中央电视台综合频道	13.1	25.4
5	焦点访谈	新闻/时事	中央电视台综合频道	11.0	23.0
6	东方时空（4 月 20/21 日）	新闻/时事	中央电视台综合频道	10.6	19.3
7	星光大道（8 月 10 日）	综艺	中央电视台综合频道	8.3	18.3
8	中央电视台特别节目梦想从历史深处走来	专题	中央电视台综合频道	8.2	17.5
9	花木兰传奇	电视剧	中央电视台综合频道	7.7	16.5
10	舞出我人生（5 月 12 日）	综艺	中央电视台综合频道	7.6	15.8
11	2013 元宵晚会	综艺	中央电视台综合频道	7.5	15.0
11	中国梦劳动美 2013 年庆祝五一国际劳动节专题文艺晚会	综艺	中央电视台综合频道	7.5	15.0
13	万家灯火平安夜公安部 2013 年春节电视文艺晚会	综艺	中央电视台综合频道	7.3	14.9
14	隋唐英雄	电视剧	湖南电视台卫星频道	7.3	13.9
15	有你才幸福	电视剧	中央电视台综合频道	7.0	14.3
16	闯关东前传	电视剧	中央电视台综合频道	6.9	15.0
17	阿娜尔罕	电视剧	中央电视台综合频道	6.7	14.2
18	高举旗帜向未来 2013 年军民迎新春文艺晚会	综艺	中央电视台综合频道	6.7	13.3
19	五月的鲜花我们的中国梦 2013 年全国大学生校园文艺会演	综艺	中央电视台综合频道	6.6	13.3
20	咱们结婚吧	电视剧	中央电视台综合频道	6.5	13.6
21	2013 春节戏曲晚会	戏剧	中央电视台综合频道	6.5	13.3
22	一年又一年 2013	专题	中央电视台综合频道	6.4	31.5
23	快乐的节日 2013 年六一晚会	青少	中央电视台综合频道	6.4	13.9
24	李克强总理会见中外记者并回答提问	新闻/时事	中央电视台综合频道	5.6	9.6
25	寻路	电视剧	中央电视台综合频道	5.2	11.4
26	樱桃红	电视剧	辽宁卫视	5.2	9.7
27	猎杀	电视剧	中央台八套	5.1	13.1
28	妈祖	电视剧	中央台八套	5.1	11.1
29	梅州月中华情 2013 年中央电视台中秋晚会	综艺	中央电视台综合频道	4.9	11.3
30	感动中国 2012 年度人物颁奖典礼	专题	中央电视台综合频道	4.6	9.3

表 3. 20. 8　2013 年宁夏市场电视剧收视率排名前十位

名次	节目名称	播出频道	平均收视率（%）	平均占有率（%）
1	花木兰传奇	中央电视台综合频道	7. 7	16. 5
2	隋唐英雄	湖南电视台卫星频道	7. 3	13. 9
3	有你才幸福	中央电视台综合频道	7. 0	14. 3
4	闯关东前传	中央电视台综合频道	6. 9	15. 0
5	阿娜尔罕	中央电视台综合频道	6. 7	14. 2
6	咱们结婚吧	中央电视台综合频道	6. 5	13. 6
7	寻路	中央电视台综合频道	5. 2	11. 4
8	樱桃红	辽宁卫视	5. 2	9. 7
9	猎杀	中央台八套	5. 1	13. 1
10	妈祖	中央台八套	5. 1	11. 1

表 3. 20. 9　2013 年宁夏市场新闻节目收视率排名前十位

名次	节目名称	播出频道	平均收视率（%）	平均占有率（%）
1	新闻联播	中央电视台综合频道	20. 0	54. 7
2	焦点访谈	中央电视台综合频道	11. 0	23. 0
3	东方时空（4 月 20/21 日）	中央电视台综合频道	10. 6	19. 3
4	李克强总理会见中外记者并回答提问	中央电视台综合频道	5. 6	9. 6
5	共同关注（4 月 20/21 日）	中央电视台综合频道	3. 7	20. 2
6	李克强总理会见中外记者并回答提问	辽宁卫视	3. 7	6. 7
7	芦山地震特别报道	中央电视台综合频道	2. 9	15. 4
8	嫦娥三号登月之旅	中央电视台综合频道	2. 9	10. 2
9	东方时空（4 月 20/21 日）	贵州卫视	2. 9	5. 3
10	直通北京 2013 全国两会特别报道	江苏卫视	2. 3	4. 4

表 3. 20. 10　2013 年宁夏市场专题节目收视率排名前十位

名次	节目名称	播出频道	平均收视率（%）	平均占有率（%）
1	中央电视台特别节目梦想从历史深处走来	中央电视台综合频道	8. 2	17. 5
2	一年又一年 2013	中央电视台综合频道	6. 4	31. 5
3	感动中国 2012 年度人物颁奖典礼	中央电视台综合频道	4. 6	9. 3
4	圆梦中国德耀中华第四届全国道德模范授奖仪式	中央电视台综合频道	4. 4	10. 1
5	中国汉字听写大会 2013 复赛第五场	中央电视台综合频道	4. 4	9. 9
6	2013 大型公益活动颁奖典礼寻找最美乡村教师	中央电视台综合频道	3. 9	8. 7
7	老梁看电视	辽宁卫视	3. 2	7. 3
8	习仲勋	中央电视台综合频道	3. 1	6. 9
9	寻宝	中央电视台综合频道	2. 4	13. 6
10	旗鼓相当	中央电视台综合频道	2. 4	11. 3

表 3.20.11 2013 年宁夏市场综艺节目收视率排名前十位

名次	节目名称	播出频道	平均收视率（%）	平均占有率（%）
1	2013 春节联欢晚会	中央电视台综合频道	37.1	81.2
2	你好春天 2013 年文化部春节电视晚会	中央电视台综合频道	13.1	25.4
3	星光大道（8 月 10 日）	中央电视台综合频道	8.3	18.3
4	舞出我人生（5 月 12 日）	中央电视台综合频道	7.6	15.8
5	2013 元宵晚会	中央电视台综合频道	7.5	15.0
5	中国梦劳动美 2013 年庆祝五一国际劳动节专题文艺晚会	中央电视台综合频道	7.5	15.0
7	万家灯火平安夜公安部 2013 年春节电视文艺晚会	中央电视台综合频道	7.3	14.9
8	高举旗帜向未来 2013 年军民迎新春文艺晚会	中央电视台综合频道	6.7	13.3
9	五月的鲜花我们的中国梦 2013 年全国大学生校园文艺会演	中央电视台综合频道	6.6	13.3
10	梅州月中华情 2013 年中央电视台中秋晚会	中央电视台综合频道	4.9	11.3

表 3.20.12 2013 年宁夏市场体育节目收视率排名前十位

名次	节目名称	播出频道	平均收视率（%）	平均占有率（%）
1	谁是球王（7 月 14 日）	中央电视台综合频道	4.3	9.0
2	疯狂的足球精选	中央电视台综合频道	1.5	4.3
3	直播周末：2013 年亚洲冠军联赛决赛第二回合（韩国首尔 FC 队 VS 中国广州恒大队）	中央台五套	1.5	3.1
4	2013 年世界大力士中国争霸赛	中央电视台综合频道	1.4	12.3
5	第六届东亚运动会闭幕式	天津卫视	1.4	2.7
6	黄金赛场：2013 年第 15 届世界游泳锦标赛女子三米板半决赛	中央台五套	1.2	2.4
7	2013 年第十二届全国运动会男子花剑个人铜牌赛	中央台五套	1.1	2.2
8	黄金赛场：2013 年世乒赛女双决赛	中央台五套	1.1	2.1
9	2013 年世界羽毛球锦标赛男单决赛	中央台五套	1.0	3.1
10	黄金赛场：2015 年亚洲杯预选赛 C 组（中国 VS 伊拉克）	中央台五套	1.0	2.0

二十一、山东收视数据

表 3.21.1　2009—2013 年山东市场各类频道的市场占有率（%）

频道类别	年份				
	2009 年	2010 年	2011 年	2012 年	2013 年
中央台频道	29.6	26.2	26.4	28.1	27.5
中国教育台频道	0.3	0.2	0.3	0.3	0.1
山东省级频道	38.4	43.1	43.0	44.0	43.0
其他省级卫视频道	17.6	16.4	16.6	17.6	17.8
其他频道	14.1	14.1	13.7	10.0	11.7

表 3.21.2　2013 年山东市场各类频道在不同目标观众中的市场占有率（%）

目标观众		中央台频道	中国教育台频道	山东省级频道	其他省级卫视频道	其他频道
4 岁及以上所有人		27.5	0.1	43.0	17.8	11.7
城乡	城市	30.3	0.1	30.8	20.9	17.8
	农村	26.3	0.2	48.2	16.4	9.0
性别	男	30.2	0.1	42.1	16.3	11.3
	女	25.0	0.2	43.8	19.1	12.0
年龄	4—14 岁	33.6	0.2	38.4	18.2	9.6
	15—24 岁	22.7	0.1	38.6	27.5	11.1
	25—34 岁	26.4	0.2	38.1	23.7	11.6
	35—44 岁	26.8	0.1	42.3	19.3	11.4
	45—54 岁	26.2	0.1	45.2	17.5	11.0
	55—64 岁	29.8	0.1	46.8	12.1	11.3
	65 岁及以上	26.8	0.1	47.2	10.4	15.5
教育程度	未受过正规教育	33.6	0.2	42.3	12.5	11.4
	小学	25.6	0.1	47.0	15.6	11.6
	初中	26.1	0.1	44.9	18.6	10.2
	高中	28.8	0.1	35.5	21.3	14.3
	大学及以上	34.2	0.2	20.1	24.0	21.5
职业类别	干部/管理人员	30.5	0.1	24.0	20.9	24.5
	个体/私营企业人员	29.1	0.1	39.9	17.9	13.0
	初级公务员/雇员	28.9	0.1	29.8	24.7	16.6
	工人	27.0	0.2	41.0	19.1	12.7
	学生	27.1	0.1	38.9	23.8	10.0
	无业	31.2	0.2	37.6	16.6	14.4
	其他	25.3	0.1	50.7	15.3	8.7
个人月收入	0—300 元	28.0	0.2	44.0	17.0	10.9
	301—900 元	24.7	0.1	49.7	17.4	8.1
	901—1700 元	28.2	0.1	41.1	18.7	11.8
	1701—2600 元	29.5	0.2	35.1	19.0	16.3
	2601—3500 元	29.8	0.2	36.6	17.3	16.2
	3501 元及以上	25.9	0.1	27.6	21.6	24.8

表 3.21.3　2013 年山东市场各类频道在不同时段的市场占有率（%）

时间段	中央台频道	中国教育台频道	山东省级频道	其他省级卫视频道	其他频道
02:00—03:00	29.9	0.4	19.1	34.3	16.4
03:00—04:00	28.3	0.1	18.6	36.5	16.5
04:00—05:00	28.0	0.1	18.4	40.0	13.5
05:00—06:00	32.2	0.1	21.2	35.9	10.6
06:00—07:00	41.6	0.0	27.0	21.8	9.6
07:00—08:00	45.0	0.0	31.5	13.4	10.0
08:00—09:00	38.3	0.0	33.9	19.0	8.8
09:00—10:00	32.5	0.1	34.6	22.9	9.9
10:00—11:00	34.6	0.3	25.9	28.6	10.7
11:00—12:00	36.8	0.2	27.8	25.3	9.9
12:00—13:00	33.2	0.1	37.6	19.3	9.8
13:00—14:00	33.7	0.2	33.1	22.9	10.1
14:00—15:00	29.7	0.2	32.0	27.6	10.5
15:00—16:00	30.3	0.2	28.5	29.8	11.3
16:00—17:00	31.7	0.1	25.9	30.7	11.5
17:00—18:00	23.1	0.1	47.6	18.5	10.6
18:00—19:00	24.8	0.0	58.3	5.4	11.5
19:00—20:00	24.7	0.1	55.3	7.8	12.1
20:00—21:00	20.0	0.2	52.6	14.9	12.2
21:00—22:00	21.2	0.2	49.1	17.1	12.5
22:00—23:00	26.3	0.1	32.0	24.9	16.7
23:00—24:00	27.7	0.1	23.1	29.9	19.2
24:00—25:00	31.2	0.2	21.7	30.6	16.2
25:00—26:00	32.6	0.4	18.5	32.6	15.9

表 3.21.4　2013 年山东市场收视份额排名前十位的频道

名次	频道名称	收视份额（%）
1	山东电视齐鲁频道	16.9
2	山东卫视	11.9
3	中央电视台少儿频道	5.0
4	中央电视台综合频道	4.9
5	山东电视公共频道	4.0
6	湖南电视台卫星频道	3.8
7	中央台三套	3.3
8	山东电视生活频道	3.0
9	山东电视台第九频道（少儿）	2.5
10	中央台六套	2.3

表 3. 21. 5　2013 年山东市场各主要频道的观众构成（%）

目标观众		所有频道	主要频道				
			山东电视齐鲁频道	山东卫视	中央电视台少儿频道	中央电视台综合频道	山东电视公共频道
4 岁及以上所有人		100. 0	100. 0	100. 0	100. 0	100. 0	100
城乡	城市	30. 1	17. 7	25. 4	26. 2	30. 0	8. 3
	农村	69. 9	82. 3	74. 6	73. 8	70. 0	91. 7
性别	男	48. 5	46. 1	48. 0	53. 9	52. 2	45. 7
	女	51. 5	53. 9	52. 0	46. 1	47. 8	54. 3
年龄	4—14 岁	11. 4	7. 8	10. 9	40. 6	11. 3	9. 5
	15—24 岁	7. 7	8. 5	6. 7	2. 8	5. 2	4. 4
	25—34 岁	13. 3	11. 9	7. 6	17. 1	9. 5	12. 0
	35—44 岁	18. 0	17. 8	15. 1	10. 8	17. 0	19. 0
	45—54 岁	21. 4	23. 9	19. 5	7. 1	22. 6	24. 9
	55—64 岁	14. 6	13. 4	21. 4	14. 3	17. 7	14. 0
	65 岁及以上	13. 6	16. 7	18. 9	7. 2	16. 6	16. 2
教育程度	未受过正规教育	11. 6	9. 5	14. 6	31. 8	12. 5	10. 9
	小学	23. 5	25. 7	31. 0	19. 4	25. 1	21. 2
	初中	47. 7	52. 6	43. 9	37. 0	45. 7	51. 6
	高中	13. 6	11. 2	9. 3	10. 0	12. 8	15. 8
	大学及以上	3. 6	1. 1	1. 2	1. 8	3. 9	0. 6
职业类别	干部/管理人员	1. 1	0. 4	0. 6	0. 5	1. 2	0. 7
	个体/私营企业人员	7. 3	7. 8	4. 5	4. 5	7. 2	6. 9
	初级公务员/雇员	7. 0	4. 3	4. 7	3. 4	7. 2	3. 0
	工人	15. 9	15. 2	13. 4	8. 4	17. 1	12. 8
	学生	8. 2	6. 6	8. 2	15. 1	8. 0	7. 3
	无业	20. 4	17. 2	20. 2	35. 2	20. 0	13. 1
	其他	40. 1	48. 5	48. 3	33. 0	39. 4	56. 1
个人月收入	0—300 元	37. 5	36. 3	46. 5	61. 5	39. 0	34. 4
	301—900 元	24. 5	28. 3	27. 9	21. 4	23. 9	33. 0
	901—1700 元	17. 9	19. 5	11. 9	9. 5	18. 1	15. 5
	1701—2600 元	12. 7	9. 0	9. 2	4. 8	11. 7	13. 3
	2601—3500 元	4. 3	4. 7	2. 9	1. 5	4. 9	2. 9
	3501 元及以上	3. 1	2. 2	1. 6	1. 3	2. 4	0. 8

表 3. 21. 6　2011—2013 年山东市场各类节目的播出份额（%）和收视份额（%）

节目类别	2011 年		2012 年		2013 年	
	播出份额	收视份额	播出份额	收视份额	播出份额	收视份额
财经	2. 5	0. 5	2. 2	0. 4	1. 7	0. 3
电视剧	20. 1	33. 0	20. 1	34. 3	27. 8	34. 0
电影	3. 4	3. 0	3. 8	2. 9	4. 3	3. 2
法制	0. 8	0. 5	0. 9	0. 9	1. 0	2. 3
教学	0. 4	0. 1	0. 3	0. 0	0. 4	0. 1
青少	8. 0	4. 5	7. 3	5. 5	5. 8	7. 1
生活服务	9. 3	8. 3	9. 5	9. 4	9. 5	8. 0
体育	2. 2	1. 3	2. 3	1. 4	2. 5	1. 0
外语	0. 0	0. 0	0. 0	0. 0	0. 0	0. 0
戏剧	1. 1	0. 7	1. 0	0. 5	0. 6	0. 4
新闻/时事	13. 1	11. 1	15. 0	14. 4	10. 7	14. 0
音乐	2. 9	0. 7	2. 6	0. 6	2. 4	0. 6
专题	11. 6	9. 7	11. 7	6. 2	8. 8	4. 4
综艺	10. 5	12. 0	9. 3	10. 4	7. 7	11. 4
其他	14. 1	14. 7	14. 0	12. 9	16. 7	13. 2

表 3.21.7　2013 年山东市场所有节目收视率排名前三十位

名次	节目名称	节目类型	播出频道	平均收视率（%）	平均占有率（%）
1	2013 春节联欢晚会	综艺	中央电视台综合频道	19.3	35.0
2	女人进城	电视剧	山东电视齐鲁频道	14.6	35.0
3	英雄联盟	电视剧	山东电视齐鲁频道	13.6	35.0
4	战地狮吼	电视剧	山东电视齐鲁频道	12.9	33.4
5	家有一老	电视剧	山东电视齐鲁频道	12.9	32.7
6	抗日女侠	电视剧	山东电视齐鲁频道	12.0	28.1
7	小鬼子走着瞧	电视剧	山东电视齐鲁频道	11.4	26.2
8	女人当官	电视剧	山东电视齐鲁频道	11.3	29.0
9	决战燕子门	电视剧	山东电视齐鲁频道	11.2	26.5
10	铁血女骑兵	电视剧	山东电视齐鲁频道	10.8	24.2
11	离婚协议	电视剧	山东电视齐鲁频道	10.6	28.4
12	反击	电视剧	山东电视齐鲁频道	10.5	27.7
13	狼烟	电视剧	山东电视齐鲁频道	10.5	27.1
14	利箭纵横	电视剧	山东电视齐鲁频道	10.3	26.4
15	独狼	电视剧	山东电视齐鲁频道	10.2	26.0
16	好运连连到	综艺	山东电视齐鲁频道	10.1	22.0
17	利箭行动（25—42 集）	电视剧	山东电视齐鲁频道	10.0	23.0
18	猎杀	电视剧	山东电视齐鲁频道	9.9	24.8
19	樱桃红	电视剧	山东卫视	9.9	22.9
20	向着胜利前进	电视剧	山东电视齐鲁频道	9.8	26.6
21	血誓	电视剧	山东电视齐鲁频道	9.6	23.9
22	武林猛虎	电视剧	山东电视齐鲁频道	9.1	20.5
23	武林宗师叶问	电视剧	山东电视齐鲁频道	8.9	20.6
24	对与决	电视剧	山东电视齐鲁频道	8.7	23.2
25	乡村爱情变奏曲	电视剧	山东卫视	8.4	19.2
26	功夫乾隆	电视剧	山东电视齐鲁频道	8.1	18.7
27	平原烽火	电视剧	山东卫视	8.1	18.3
28	二叔	电视剧	山东卫视	8.0	20.8
29	武间道	电视剧	山东电视齐鲁频道	7.9	20.3
30	我的左手右手	电视剧	山东电视齐鲁频道	7.7	20.1

表 3.21.8　2013 年山东市场电视剧收视率排名前十位

名次	节目名称	播出频道	平均收视率(%)	平均占有率(%)
1	女人进城	山东电视齐鲁频道	14.6	35.0
2	英雄联盟	山东电视齐鲁频道	13.6	35.0
3	战地狮吼	山东电视齐鲁频道	12.9	33.4
4	家有一老	山东电视齐鲁频道	12.9	32.7
5	抗日女侠	山东电视齐鲁频道	12.0	28.1
6	小鬼子走着瞧	山东电视齐鲁频道	11.4	26.2
7	女人当官	山东电视齐鲁频道	11.3	29.0
8	决战燕子门	山东电视齐鲁频道	11.2	26.5
9	铁血女骑兵	山东电视齐鲁频道	10.8	24.2
10	离婚协议	山东电视齐鲁频道	10.6	28.4

表 3.21.9　2013 年山东市场新闻节目收视率排名前十位

名次	节目名称	播出频道	平均收视率(%)	平均占有率(%)
1	每日新闻	山东电视齐鲁频道	7.6	22.7
2	转播中央台新闻联播	山东卫视	3.8	10.0
3	让我们共同担当四川芦山 7.0 级地震特别报道	山东电视公共频道	3.5	8.9
4	拉呱	山东电视齐鲁频道	3.3	19.8
5	民生直通车	山东电视公共频道	2.7	10.1
6	生活帮	山东电视生活频道	2.5	7.7
7	新闻联播	中央电视台综合频道	2.5	6.7
8	山东新闻联播	山东卫视	2.4	7.5
9	秀才来了	山东电视公共频道	2.4	5.7
10	耳目一新	山东电视公共频道	2.4	5.4

表 3.21.10　2013 年山东市场专题节目收视率排名前十位

名次	节目名称	播出频道	平均收视率(%)	平均占有率(%)
1	公益齐鲁让爱飞扬 2012 齐鲁公益盛典	山东电视齐鲁频道	3.4	7.3
2	力量	山东电视公共频道	3.2	9.2
3	一年又一年 2013	中央电视台综合频道	3.1	7.9
4	职行天下	山东电视公共频道	2.5	6.2
5	大道鲁商	山东电视齐鲁频道	2.3	7.8
6	逐梦蓝天	山东电视公共频道	2.3	4.8
7	就你不知道宝贝计划	山东电视生活频道	2.2	5.0
8	中国汉字听写大会 2013 复赛第八场	中央电视台综合频道	2.1	5.8
9	永恒沂蒙精神与群众路线	山东电视公共频道	2.1	4.6
10	真相力量	山东电视公共频道	2.0	7.8

表 3.21.11　2013 年山东市场综艺节目收视率排名前十位

名次	节目名称	播出频道	平均收视率（%）	平均占有率（%）
1	2013 春节联欢晚会	中央电视台综合频道	19.3	35.0
2	好运连连到	山东电视齐鲁频道	10.1	22.0
3	2013 元宵晚会	中央电视台综合频道	7.1	16.7
4	盘点隋唐演义	山东卫视	5.3	12.0
5	武大郎侃剧大明湖听书	山东卫视	4.5	14.7
6	刘兰芳母子说岳飞千古精彩	山东卫视	4.5	13.9
7	梅州月中华情 2013 年中央电视台中秋晚会	中央电视台综合频道	3.9	8.8
8	启航春天 2013 山东军民春节联欢晚会	山东卫视	3.7	7.5
9	星光大道（3 月 30 日）	中央电视台综合频道	3.6	8.6
10	舞出我人生（5 月 5 日）	中央电视台综合频道	3.5	8.9

表 3.21.12　2013 年山东市场体育节目收视率排名前十位

名次	节目名称	播出频道	平均收视率（%）	平均占有率（%）
1	直播周末：2013 年东亚杯足球赛（中国队 VS 日本队）	中央台五套	2.1	5.1
2	直播周末：2013 年亚洲冠军联赛决赛第二回合（韩国首尔 FC 队 VS 中国广州恒大队）	中央台五套	1.8	4.4
3	直播中超：鲁能体育 2013 年中国足球协会超级联赛第 10 轮（山东鲁能 VS 上海上港）	山东电视体育频道	1.6	3.8
4	黄金赛场：2013 年世界田径锦标赛男子跳远资格赛	中央台五套	1.5	3.5
5	直播周末：第 15 届世界游泳锦标赛跳水男子十米台决赛	中央台五套	1.3	3.2
6	直播周末：2013 年 CBA 全明星赛三分球大赛预赛	中央台五套	1.3	3.1
6	现场直播：2012/2013 赛季中国男子篮球职业联赛半决赛第二场（山东黄金 VS 北京金隅）	山东电视体育频道	1.3	3.1
8	直播周末：2013 年 CBA 全明星赛（南方明星队 VS 北方明星队）	中央台五套	1.3	2.8
9	直播周末：2013 年中国足球超级联赛第 8 轮（上海申鑫 VS 山东鲁能泰山）	中央台五套	1.0	2.5
10	黄金赛场：2013 年中国之队国际友谊赛（中国队 VS 荷兰队）	中央台五套	1.0	2.3

二十二、陕西收视数据

表 3.22.1　2009—2013 年陕西市场各类频道的市场占有率（%）

频道类别	年份				
	2009 年	2010 年	2011 年	2012 年	2013 年
中央台频道	32.4	31.0	28.0	33.4	37.1
中国教育台频道	0.4	0.4	0.8	1.4	1.1
陕西省级频道	18.1	18.0	17.0	13.0	12.6
其他省级卫视频道	43.5	44.2	47.8	47.5	45.4
其他频道	5.6	6.4	6.4	4.7	3.8

表 3.22.2　2013 年陕西市场各类频道在各目标观众中的市场占有率（%）

目标观众		中央台频道	中国教育台频道	陕西省级频道	其他省级卫视频道	其他频道
4 岁及以上所有人		37.1	1.1	12.6	45.4	3.8
城乡	城市	43.6	0.7	17.9	31.3	6.5
	农村	33.7	1.3	9.8	52.7	2.5
性别	男	39.8	1.0	12.8	42.5	3.9
	女	34.6	1.2	12.4	48.1	3.7
年龄	4—14 岁	40.3	1.3	5.7	50.4	2.3
	15—24 岁	31.1	1.0	8.4	56.3	3.2
	25—34 岁	34.1	1.0	9.6	50.4	4.9
	35—44 岁	32.8	1.3	11.2	51.6	3.1
	45—54 岁	38.1	1.1	15.4	40.9	4.5
	55—64 岁	41.1	1.0	18.0	35.3	4.6
	65 岁及以上	43.9	0.9	21.0	29.2	5.0
教育程度	未受过正规教育	43.8	1.2	9.0	42.7	3.3
	小学	35.3	1.3	10.7	49.8	2.9
	初中	33.9	1.1	13.0	48.5	3.5
	高中	41.0	0.8	15.1	38.0	5.1
	大学及以上	49.2	0.8	12.6	30.3	7.1
职业类别	干部/管理人员	45.5	1.6	17.3	29.4	6.2
	个体/私营企业人员	35.4	0.9	13.0	46.9	3.8
	初级公务员/雇员	49.4	0.5	13.9	31.2	5.0
	工人	36.7	1.0	14.9	42.0	5.4
	学生	38.3	1.3	6.5	51.4	2.5
	无业	40.5	0.9	13.6	40.2	4.8
	其他	32.4	1.3	13.4	49.6	3.3
个人月收入	0—300 元	34.4	1.3	10.1	51.3	2.9
	301—900 元	34.5	1.1	14.3	46.4	3.7
	901—1700 元	39.2	0.8	17.0	37.4	5.6
	1701—2600 元	42.1	0.9	14.1	38.0	4.9
	2601—3500 元	44.7	0.7	10.8	40.5	3.3
	3501 元及以上	41.4	0.9	10.7	40.9	6.1

表 3.22.3　2013 年陕西市场各类频道在不同时段的市场占有率（%）

时间段	中央台频道	中国教育台频道	陕西省级频道	其他省级卫视频道	其他频道
02:00—03:00	45.0	0.8	5.5	44.6	4.1
03:00—04:00	55.2	0.8	3.2	36.7	4.1
04:00—05:00	58.4	1.4	3.0	27.8	9.4
05:00—06:00	59.4	0.5	3.5	29.1	7.5
06:00—07:00	59.5	0.3	7.9	24.0	8.3
07:00—08:00	59.8	0.4	11.4	23.1	5.3
08:00—09:00	46.0	0.6	9.9	40.1	3.4
09:00—10:00	40.0	0.7	7.3	48.8	3.2
10:00—11:00	40.5	1.0	7.4	47.3	3.8
11:00—12:00	42.4	0.8	8.1	44.5	4.2
12:00—13:00	51.2	0.5	10.5	34.0	3.8
13:00—14:00	46.4	0.7	7.6	40.2	5.1
14:00—15:00	31.6	1.1	7.4	55.0	4.9
15:00—16:00	31.2	0.9	7.2	56.0	4.7
16:00—17:00	34.1	0.5	7.9	53.1	4.4
17:00—18:00	44.3	0.4	11.3	39.4	4.6
18:00—19:00	53.3	0.2	24.2	17.5	4.8
19:00—20:00	48.7	1.2	14.5	32.3	3.3
20:00—21:00	26.3	2.0	10.9	57.5	3.3
21:00—22:00	25.6	1.4	13.8	56.0	3.2
22:00—23:00	27.0	0.6	17.3	49.9	5.2
23:00—24:00	30.3	0.5	14.9	48.7	5.6
24:00—25:00	36.6	0.8	11.6	44.7	6.3
25:00—26:00	36.6	2.7	9.3	45.3	6.1

表 3.22.4　2013 年陕西市场收视份额排名前十位的频道

名次	频道名称	收视份额（%）
1	中央电视台综合频道	10.8
2	湖南电视台卫星频道	7.9
3	中央电视台少儿频道	6.5
4	陕西广播电视台都市青春频道（二套）	4.0
5	中央台十二套	3.4
6	中央台八套	3.0
6	陕西广播电视台新闻资讯频道（一套）	3.0
8	陕西卫视	2.9
8	中央电视台新闻频道	2.9
10	贵州卫视	2.8

表 3.22.5　2013 年陕西市场各主要频道的观众构成（%）

目标观众		所有频道	中央电视台综合频道	湖南电视台卫星频道	中央电视台少儿频道	陕西广播电视台都市青春频道(二套)	中央台十二套
4 岁及以上所有人		100.0	100.0	100.0	100.0	100.0	100.0
城乡	城市	34.2	42.4	19.4	24.6	67.9	23.4
	农村	65.8	57.6	80.6	75.4	32.1	76.6
性别	男	48.0	51.6	36.7	48.7	46.6	48.9
	女	52.0	48.4	63.3	51.3	53.4	51.1
年龄	4—14 岁	14.5	8.6	19.1	55.1	6.1	10.7
	15—24 岁	11.7	9.4	21.0	7.9	7.4	12.1
	25—34 岁	12.4	10.1	17.8	13.1	8.2	11.8
	35—44 岁	19.7	19.3	24.8	10.4	19.1	23.7
	45—54 岁	18.8	21.2	11.1	5.8	26.9	22.1
	55—64 岁	11.8	16.3	3.2	5.7	16.0	12.1
	65 岁及以上	11.1	15.1	3.0	2.0	16.3	7.5
教育程度	未受过正规教育	6.0	5.9	3.9	16.8	3.2	3.5
	小学	23.9	19.3	28.1	45.1	16.4	22.5
	初中	45.6	44.3	50.1	28.5	41.4	52.2
	高中	18.4	21.6	14.7	7.0	30.2	16.2
	大学及以上	6.1	8.9	3.2	2.6	8.8	5.6
职业类别	干部/管理人员	0.9	1.3	0.5	0.2	2.1	0.8
	个体/私营企业人员	5.8	5.3	6.9	3.3	8.1	6.7
	初级公务员/雇员	6.1	8.1	3.0	2.7	8.8	7.5
	工人	7.3	8.4	6.7	3.1	9.6	6.7
	学生	15.4	11.3	24.2	42.5	7.4	12.3
	无业	26.1	27.5	21.9	31.4	38.3	19.5
	其他	38.4	38.1	36.8	16.8	25.7	46.5
个人月收入	0—300 元	45.9	36.7	58.7	78.8	32.6	39.4
	301—900 元	14.0	15.2	12.3	6.1	12.3	19.3
	901—1700 元	17.6	19.7	11.1	5.9	30.7	18.4
	1701—2600 元	14.7	18.0	10.0	5.3	17.2	14.9
	2601—3500 元	5.2	7.2	5.8	2.1	4.8	5.6
	3501 元及以上	2.6	3.2	2.1	1.8	2.4	2.4

表 3.22.6　2011—2013 年陕西市场各类节目的播出份额（%）和收视份额（%）

节目类别	2011 年		2012 年		2013 年	
	播出份额	收视份额	播出份额	收视份额	播出份额	收视份额
财经	2.7	0.5	2.2	0.5	1.9	0.4
电视剧	20.7	36.9	20.2	36.9	20.8	35.7
电影	4.7	2.4	5.5	2.1	5.7	2.1
法制	1.2	1.1	1.0	1.3	1.0	1.4
教学	0.4	0.1	0.3	0.1	0.3	0.0
青少	7.6	3.8	6.8	4.9	6.2	5.9
生活服务	8.8	8.5	9.2	9.3	10.2	8.6
体育	2.0	0.9	2.0	1.2	2.1	0.7
外语	0.0	0.0	0.0	0.0	0.0	0.0
戏剧	1.3	1.0	1.4	0.9	1.3	1.1
新闻/时事	13.5	11.9	14.8	11.9	14.7	12.7
音乐	2.9	0.7	2.5	0.7	2.3	0.7
专题	9.6	4.7	10.9	5.0	10.0	4.3
综艺	10.2	9.8	8.6	8.5	8.6	9.5
其他	14.3	17.8	14.6	16.7	14.8	17.0

表 3.22.7　2013 年陕西市场所有节目收视率排名前三十位

名次	节目名称	节目类别	播出频道	平均收视率（%）	平均占有率（%）
1	2013 春节联欢晚会	综艺	中央电视台综合频道	34.6	72.0
2	新闻联播	新闻/时事	中央电视台综合频道	12.2	37.0
3	天气预报	生活服务	中央电视台综合频道	10.1	23.4
4	你好春天 2013 年文化部春节电视晚会	综艺	中央电视台综合频道	9.3	17.2
5	东方时空(4 月 20/21 日)	新闻/时事	中央电视台综合频道	8.8	16.2
6	隋唐英雄	电视剧	湖南电视台卫星频道	7.4	14.5
7	焦点访谈	新闻/时事	中央电视台综合频道	6.9	15.3
8	因为爱情有晴天	电视剧	湖南电视台卫星频道	6.8	14.6
9	星光大道（8 月 10 日）	综艺	中央电视台综合频道	6.6	15.2
10	2013 元宵晚会	综艺	中央电视台综合频道	6.5	12.9
11	笑傲江湖	电视剧	湖南电视台卫星频道	6.5	12.7
12	2013 文化中国四海同春法国华侨华人新春晚会	综艺	湖南电视台卫星频道	6.4	11.5
13	陆贞传奇	电视剧	湖南电视台卫星频道	6.0	13.1
14	天天有喜	电视剧	湖南电视台卫星频道	5.8	14.1
15	璀璨人生	电视剧	湖南电视台卫星频道	5.7	13.1
16	因为爱情有多美	电视剧	湖南电视台卫星频道	5.7	12.7
17	咱们结婚吧	电视剧	湖南电视台卫星频道	5.6	12.0
18	万家灯火平安夜公安部 2013 年春节电视文艺晚会	综艺	中央电视台综合频道	5.6	11.5
19	花非花雾非雾	电视剧	湖南电视台卫星频道	5.5	13.5
20	快乐的节日 2013 年六一晚会	青少	中央电视台综合频道	5.5	11.9
21	舞出我人生(5 月 26 日)	综艺	中央电视台综合频道	5.5	10.6
22	第十二届汉语桥世界大学生中文比赛开幕式	综艺	湖南电视台卫星频道	5.4	12.4
23	一年又一年 2013	专题	中央电视台综合频道	5.3	24.1
24	天天向上	综艺	湖南电视台卫星频道	5.3	10.7
25	快乐大本营	综艺	湖南电视台卫星频道	5.1	11.5
26	英雄使命	电视剧	贵州卫视	5.1	11.0
27	2013 春节戏曲晚会	戏剧	中央电视台综合频道	4.2	8.4
28	2013 新年京剧晚会	戏剧	中央电视台综合频道	4.1	7.7
29	东方时空（4 月 20 日）	新闻/时事	贵州卫视	4.1	7.4
30	李克强总理会见中外记者并回答提问	新闻/时事	中央电视台综合频道	4.0	7.0

表 3.22.8　2013 年陕西市场电视剧收视率排名前十位

名次	节目名称	播出频道	平均收视率(%)	平均占有率(%)
1	隋唐英雄	湖南电视台卫星频道	7.4	14.5
2	因为爱情有晴天	湖南电视台卫星频道	6.8	14.6
3	笑傲江湖	湖南电视台卫星频道	6.5	12.7
4	陆贞传奇	湖南电视台卫星频道	6.0	13.1
5	天天有喜	湖南电视台卫星频道	5.8	14.1
6	璀璨人生	湖南电视台卫星频道	5.7	13.1
7	因为爱情有多美	湖南电视台卫星频道	5.7	12.7
8	咱们结婚吧	湖南电视台卫星频道	5.6	12.0
9	花非花雾非雾	湖南电视台卫星频道	5.5	13.5
10	英雄使命	贵州卫视	5.1	11.0

表 3.22.9　2013 年陕西市场新闻节目收视率排名前十位

名次	节目名称	播出频道	平均收视率(%)	平均占有率(%)
1	新闻联播	中央电视台综合频道	12.2	37.0
2	东方时空（4 月 20/21 日）	中央电视台综合频道	8.8	16.2
3	焦点访谈	中央电视台综合频道	6.9	15.3
4	东方时空（4 月 20 日）	贵州卫视	4.1	7.4
5	李克强总理会见中外记者并回答提问	中央电视台综合频道	4.0	7.0
6	焦点访谈（4 月 20 日）	贵州卫视	3.4	6.7
7	雅安地震特别报道	湖南电视台卫星频道	2.9	8.8
8	转播中央台新闻联播(4 月 21 日)	陕西广播电视台新闻资讯频道（一套）	2.8	8.0
9	共同关注（4 月 20/21 日）	中央电视台综合频道	2.5	13.5
10	芦山地震特别报道	中央电视台综合频道	2.4	11.8

表 3.22.10　2013 年陕西市场专题节目收视率排名前十位

名次	节目名称	播出频道	平均收视率(%)	平均占有率(%)
1	一年又一年 2013	中央电视台综合频道	5.3	24.1
2	圆梦中国德耀中华第四届全国道德模范授奖仪式	中央电视台综合频道	3.7	7.5
3	中国汉字听写大会 2013 复赛第五场	中央电视台综合频道	3.5	7.7
4	习仲勋	中央电视台综合频道	2.8	6.2
5	感动中国 2012 年度人物颁奖典礼	中央电视台综合频道	2.6	5.1
6	2013 大型公益活动颁奖典礼寻找最美乡村教师	中央电视台综合频道	2.5	5.4
7	老梁看电视	辽宁卫视	2.1	4.9
8	平安行全国交通安全宣传日 2013	中央台十二套	2.0	5.6
9	2013 春天里的 7 次聚会之字里行间	中国教育台一套	1.7	4.2
10	延安延安	陕西卫视	1.7	3.3

表 3.22.11　2013 年陕西市场综艺节目收视率排名前十位

名次	节目名称	播出频道	平均收视率（%）	平均占有率（%）
1	2013 春节联欢晚会	中央电视台综合频道	34.6	72.0
2	你好春天 2013 年文化部春节电视晚会	中央电视台综合频道	9.3	17.2
3	星光大道（8 月 10 日）	中央电视台综合频道	6.6	15.2
4	2013 元宵晚会	中央电视台综合频道	6.5	12.9
5	2013 文化中国四海同春法国华侨华人新春晚会	湖南电视台卫星频道	6.4	11.5
6	万家灯火平安夜公安部 2013 年春节电视文艺晚会	中央电视台综合频道	5.6	11.5
7	舞出我人生（5 月 26 日）	中央电视台综合频道	5.5	10.6
8	第十二届汉语桥世界大学生中文比赛开幕式	湖南电视台卫星频道	5.4	12.4
9	天天向上	湖南电视台卫星频道	5.3	10.7
10	快乐大本营	湖南电视台卫星频道	5.1	11.5

表 3.22.12　2013 年陕西市场体育节目收视率排名前十位

名次	节目名称	播出频道	平均收视率（%）	平均占有率（%）
1	谁是球王（7 月 14 日）	中央电视台综合频道	3.5	7.3
2	直播周末：2013 年亚洲冠军联赛决赛第二回合（韩国首尔 FC 队 VS 中国广州恒大队）	中央台五套	1.3	2.7
3	第六届东亚运动会开幕式	天津卫视	1.0	1.9
4	武林风	河南电视台卫星频道（一套）	0.9	2.7
5	黄金赛场：2013 年国际女排精英赛深圳龙岗站（中国 VS 古巴）	中央台五套	0.9	1.9
6	直播周末：2013 年澳大利亚网球公开赛女单决赛	中央台五套	0.8	3.7
7	中华人民共和国第十二届运动会闭幕式	辽宁卫视	0.8	1.8
8	第十二届全运会女子 400 米决赛	中央台五套	0.8	1.5
9	2013 年第 15 届世界游泳锦标赛女子单人一米板决赛	中央台五套	0.7	1.5
10	第六届东亚运动会闭幕式	天津卫视	0.7	1.4

二十三、山西收视数据

表 3. 23. 1　2009—2013 年山西市场各类频道的市场占有率（%）

频道类别	年份				
	2009 年	2010 年	2011 年	2012 年	2013 年
中央台频道	37. 6	34. 6	31. 6	33. 8	36. 5
中国教育台频道	0. 3	0. 4	0. 6	0. 8	1. 0
山西省级频道	8. 9	10. 5	13. 0	13. 0	12. 7
其他省级卫视频道	46. 8	49. 0	50. 1	48. 7	47. 1
其他频道	6. 3	5. 5	4. 7	3. 7	2. 7

表 3. 23. 2　2013 年山西市场各类频道在不同目标观众中的市场占有率（%）

目标观众		中央台频道	中国教育台频道	山西省级频道	其他省级卫视频道	其他频道
4 岁及以上所有人		36. 5	1. 0	12. 7	47. 1	2. 7
城乡	城市	44. 6	0. 5	16. 8	33. 0	5. 1
	农村	33. 0	1. 2	11. 0	53. 1	1. 7
性别	男	39. 4	1. 0	12. 7	44. 1	2. 8
	女	33. 9	0. 9	12. 7	49. 7	2. 8
年龄	4—14 岁	41. 0	0. 9	5. 6	50. 7	1. 8
	15—24 岁	28. 3	1. 0	9. 5	59. 4	1. 8
	25—34 岁	32. 2	1. 0	8. 2	56. 7	1. 9
	35—44 岁	34. 4	1. 1	13. 8	47. 7	3. 0
	45—54 岁	36. 3	1. 2	16. 2	43. 9	2. 4
	55—64 岁	41. 0	0. 7	15. 4	39. 9	3. 0
	65 岁及以上	43. 9	0. 8	21. 2	28. 5	5. 6
教育程度	未受过正规教育	37. 5	1. 1	6. 9	51. 2	3. 3
	小学	34. 8	1. 2	13. 2	48. 9	1. 9
	初中	33. 2	1. 0	13. 2	50. 0	2. 6
	高中	41. 8	0. 7	12. 6	41. 4	3. 5
	大学及以上	47. 7	0. 4	14. 0	33. 8	4. 1
职业类别	干部/管理人员	42. 3	0. 1	14. 0	39. 7	3. 9
	个体/私营企业人员	29. 9	1. 1	17. 2	49. 4	2. 4
	初级公务员/雇员	43. 5	0. 8	12. 6	39. 9	3. 2
	工人	39. 0	1. 2	16. 5	39. 1	4. 2
	学生	40. 2	1. 0	7. 4	49. 8	1. 6
	无业	34. 4	0. 8	15. 3	46. 0	3. 5
	其他	39. 3	1. 2	7. 2	50. 6	1. 7
个人月收入	0—300 元	33. 2	1. 2	11. 5	51. 9	2. 2
	301—900 元	38. 3	1. 4	8. 2	50. 6	1. 5
	901—1700 元	39. 7	0. 8	13. 8	42. 9	2. 8
	1701—2600 元	39. 8	0. 6	17. 7	37. 2	4. 7
	2601—3500 元	40. 3	0. 7	12. 9	42. 8	3. 5
	3501 元及以上	29. 7	0. 7	13. 5	52. 8	3. 2

表 3.23.3　2013 年山西市场各类频道在不同时段的市场占有率（%）

时间段	中央台频道	中国教育台频道	山西省级频道	其他省级卫视频道	其他频道
02:00—03:00	27.3	1.0	12.1	56.4	3.2
03:00—04:00	25.0	0.5	22.1	47.6	4.8
04:00—05:00	51.8	1.2	26.8	18.0	2.2
05:00—06:00	50.6	0.5	21.3	25.8	1.8
06:00—07:00	56.2	0.3	6.3	33.6	3.6
07:00—08:00	58.7	0.2	7.6	30.0	3.5
08:00—09:00	43.5	0.2	8.3	45.3	2.7
09:00—10:00	34.1	0.3	11.0	52.1	2.5
10:00—11:00	36.3	0.7	7.4	52.7	2.9
11:00—12:00	39.3	0.6	7.5	49.8	2.8
12:00—13:00	58.4	0.4	10.2	29.3	1.7
13:00—14:00	43.7	0.8	19.7	33.5	2.3
14:00—15:00	32.0	1.0	10.7	53.4	2.9
15:00—16:00	30.4	0.8	5.7	59.9	3.2
16:00—17:00	29.9	0.6	5.8	60.3	3.4
17:00—18:00	40.1	0.3	6.5	49.9	3.2
18:00—19:00	58.7	0.1	13.6	23.2	4.4
19:00—20:00	50.9	1.1	12.7	32.7	2.6
20:00—21:00	23.8	1.8	15.1	56.6	2.7
21:00—22:00	24.2	1.2	14.8	57.5	2.3
22:00—23:00	26.7	0.5	14.7	55.1	3.0
23:00—24:00	30.2	0.2	12.1	53.5	4.0
24:00—25:00	41.0	0.1	9.9	46.1	2.9
25:00—26:00	39.8	0.0	9.7	48.3	2.2

表 3.23.4　2013 年山西市场收视份额排名前十位的频道

名次	频道名称	收视份额（%）
1	中央电视台综合频道	12.1
2	湖南电视台卫星频道	6.0
3	中央电视台少儿频道	5.7
4	山东卫视	4.7
5	山西卫视	4.6
6	山西广播电视台科教频道	3.6
7	江苏卫视	3.4
8	中央台十二套	3.3
9	贵州卫视	2.7
10	中央电视台新闻频道	2.5

表 3.23.5　2013 年山西市场各主要频道的观众构成（%）

目标观众		所有频道	主要频道				
			中央电视台综合频道	湖南电视台卫星频道	中央电视台少儿频道	山东卫视	山西卫视
4 岁以上所有人		100.0	100.0	100.0	100.0	100.0	100.0
城乡	城市	30.0	43.7	27.8	17.4	8.4	17.2
	农村	70.0	56.3	72.2	82.6	91.6	82.8
性别	男	47.6	51.1	36.4	48.3	43.9	49.9
	女	52.4	48.9	63.6	51.7	56.1	50.1
年龄	4—14 岁	14.9	7.9	13.8	66.3	8.9	6.8
	15—24 岁	11.9	8.2	23.4	5.9	14.1	7.8
	25—34 岁	14.3	12.6	20.0	10.2	16.9	9.8
	35—44 岁	18.8	18.2	20.6	7.8	20.6	15.0
	45—54 岁	17.5	18.5	14.8	4.3	19.8	15.9
	55—64 岁	10.9	16.4	4.7	2.9	10.5	15.3
	65 岁及以上	11.7	18.2	2.7	2.6	9.2	29.4
教育程度	未受过正规教育	6.8	3.5	2.7	25.6	6.3	5.8
	小学	23.6	17.4	19.8	44.8	26.0	32.9
	初中	43.6	42.9	48.0	21.8	50.9	43.2
	高中	19.5	26.1	23.9	6.0	14.5	14.3
	大学及以上	6.5	10.1	5.6	1.8	2.3	3.8
职业类别	干部/管理人员	1.8	2.5	1.7	0.9	0.8	1.4
	个体/私营企业人员	16.4	10.3	20.3	7.1	18.4	18.7
	初级公务员/雇员	6.8	8.8	7.0	1.9	4.6	4.1
	工人	6.5	8.5	7.3	1.5	3.9	5.1
	学生	12.7	8.3	16.1	42.3	8.5	6.7
	无业	34.0	30.6	24.9	38.4	32.8	45.0
	其他	21.8	31.0	22.7	7.9	31.0	19.0
个人月收入	0—300 元	41.8	26.7	40.8	81.6	46.5	46.0
	301—900 元	12.2	15.6	13.7	5.0	14.7	10.5
	901—1700 元	20.5	29.2	20.0	6.2	17.7	16.9
	1701—2600 元	15.4	18.3	14.7	3.2	10.4	18.4
	2601—3500 元	6.8	7.8	6.9	2.9	5.2	5.5
	3501 元及以上	3.3	2.4	3.9	1.1	5.5	2.7

表 3.23.6　2011—2013 年山西市场各类节目的播出份额（%）和收视份额（%）

节目类别	2011 年		2012 年		2013 年	
	播出份额	收视份额	播出份额	收视份额	播出份额	收视份额
财经	2.6	0.6	2.2	0.3	2.0	0.3
电视剧	21.8	33.4	21.0	36.4	21.8	35.3
电影	3.6	1.6	3.9	1.6	4.4	1.8
法制	1.0	2.8	1.1	2.7	1.1	2.7
教学	0.4	0.1	0.3	0.0	0.3	0.0
青少	8.3	4.3	7.6	4.9	7.2	6.4
生活服务	7.8	9.0	8.4	9.7	9.0	9.0
体育	1.5	0.8	1.7	1.2	2.0	0.6
外语	0.0	0.0	0.0	0.0	0.0	0.0
戏剧	1.1	1.3	1.1	1.0	0.8	0.5
新闻/时事	14.2	11.7	15.7	11.8	15.5	12.3
音乐	2.9	0.8	2.7	0.5	2.5	0.5
专题	11.2	5.6	11.9	4.6	10.5	3.9
综艺	10.2	11.4	8.8	9.0	9.0	9.7
其他	13.4	16.7	13.6	16.3	13.9	17.0

表 3.23.7 2013 年山西市场所有节目收视率排名前三十位

名次	节目名称	节目类型	播出频道	平均收视率（%）	平均占有率（%）
1	2013 春节联欢晚会	综艺	中央电视台综合频道	39.6	74.7
2	新闻联播	新闻/时事	中央电视台综合频道	14.4	44.6
3	你好春天 2013 年文化部春节电视晚会	综艺	中央电视台综合频道	11.3	20.2
4	天气预报	生活服务	中央电视台综合频道	10.8	24.7
5	东方时空(4 月 20/21 日)	新闻/时事	中央电视台综合频道	10.6	19.8
6	2013 元宵晚会	综艺	中央电视台综合频道	9.2	18.3
7	焦点访谈	新闻/时事	中央电视台综合频道	7.4	16.0
8	因为爱情有晴天	电视剧	湖南电视台卫星频道	7.4	15.3
9	平原烽火	电视剧	山东卫视	6.9	12.5
10	梅州月中华情 2013 年中央电视台中秋晚会	综艺	中央电视台综合频道	6.7	13.7
11	中国梦劳动美 2013 年庆祝五一国际劳动节专题文艺晚会	综艺	中央电视台综合频道	6.6	13.0
12	有你才幸福	电视剧	中央电视台综合频道	6.1	12.2
13	万家灯火平安夜公安部 2013 年春节电视文艺晚会	综艺	中央电视台综合频道	5.9	11.2
14	咱们结婚吧	电视剧	湖南电视台卫星频道	5.8	12.4
15	英雄使命	电视剧	贵州卫视	5.8	12.2
16	高举旗帜向未来 2013 年军民迎新春文艺晚会	综艺	中央电视台综合频道	5.7	11.1
17	2013 春节戏曲晚会	戏剧	中央电视台综合频道	5.7	10.7
18	箭在弦上	电视剧	贵州卫视	5.7	10.4
19	因为爱情有多美	电视剧	湖南电视台卫星频道	5.2	11.7
20	樱桃红	电视剧	山东卫视	5.2	11.4
21	天天有喜	电视剧	湖南电视台卫星频道	5.0	11.6
22	中央电视台特别节目梦想从历史深处走来	专题	中央电视台综合频道	5.0	11.3
23	花木兰传奇	电视剧	中央电视台综合频道	5.0	10.8
24	开学第一课	综艺	中央电视台综合频道	4.9	9.9
25	第十二届汉语桥世界大学生中文比赛开幕式	综艺	湖南电视台卫星频道	4.7	10.3
26	舞出我人生圆梦之旅	综艺	中央电视台综合频道	4.7	9.8
27	闯关东前传	电视剧	中央电视台综合频道	4.6	10.1
28	咱们结婚吧	电视剧	中央电视台综合频道	4.6	9.2
29	一年又一年 2013	专题	中央电视台综合频道	4.5	30.8
30	璀璨人生	电视剧	湖南电视台卫星频道	4.4	10.0

表 3.23.8　2013 年山西市场电视剧收视率排名前十位

名次	节目名称	播出频道	平均收视率(%)	平均占有率(%)
1	因为爱情有晴天	湖南电视台卫星频道	7.4	15.3
2	平原烽火	山东卫视	6.9	12.5
3	有你才幸福	中央电视台综合频道	6.1	12.2
4	咱们结婚吧	湖南电视台卫星频道	5.8	12.4
5	英雄使命	贵州卫视	5.8	12.2
6	箭在弦上	贵州卫视	5.7	10.4
7	因为爱情有多美	湖南电视台卫星频道	5.2	11.7
8	樱桃红	山东卫视	5.2	11.4
9	天天有喜	湖南电视台卫星频道	5.0	11.6
10	花木兰传奇	中央电视台综合频道	5.0	10.8

表 3.23.9　2013 年山西市场新闻节目收视率排名前十位

名次	节目名称	播出频道	平均收视率(%)	平均占有率(%)
1	新闻联播	中央电视台综合频道	14.4	44.6
2	东方时空（4 月 20/21 日）	中央电视台综合频道	10.6	19.8
3	焦点访谈	中央电视台综合频道	7.4	16.0
4	李克强总理会见中外记者并回答提问	中央电视台综合频道	4.2	7.3
5	山西新闻联播	山西卫视	3.1	7.3
6	两会特别报道	贵州卫视	3.0	5.5
7	嫦娥三号登月之旅	中央电视台综合频道	2.9	6.0
8	芦山地震特别报道	中央电视台综合频道	2.7	15.9
9	东方时空（4 月 20/21 日）	贵州卫视	2.7	5.1
10	共同关注（4 月 20/21 日）	中央电视台综合频道	2.3	15.9

表 3.23.10　2013 年山西市场专题节目收视率排名前十位

名次	节目名称	播出频道	平均收视率(%)	平均占有率(%)
1	中央电视台特别节目梦想从历史深处走来	中央电视台综合频道	5.0	11.3
2	一年又一年 2013	中央电视台综合频道	4.5	30.8
3	感动中国 2012 年度人物颁奖典礼	中央电视台综合频道	4.0	8.1
4	中国汉字听写大会 2013 复赛第五场(8 月 30 日)	中央电视台综合频道	3.7	7.7
5	晋风晋韵首届山西文化产业博览交易会特别节目	山西卫视	3.4	6.8
6	2013 大型公益活动颁奖典礼寻找最美乡村教师	中央电视台综合频道	2.8	6.0
7	圆梦中国德耀中华第四届全国道德模范授奖仪式	中央电视台综合频道	2.6	5.2
8	爱在晚晴天	江苏卫视	2.2	4.4
9	极限人生记一级残疾军人朱彦夫	山东卫视	2.1	8.1
10	老梁看电视	辽宁卫视	1.8	4.2

表 3. 23. 11　2013 年山西市场综艺节目收视率排名前十位

名次	节目名称	播出频道	平均收视率（%）	平均占有率（%）
1	2013 春节联欢晚会	中央电视台综合频道	39. 6	74. 7
2	你好春天 2013 年文化部春节电视晚会	中央电视台综合频道	11. 3	20. 2
3	2013 元宵晚会	中央电视台综合频道	9. 2	18. 3
4	梅州月中华情 2013 年中央电视台中秋晚会	中央电视台综合频道	6. 7	13. 7
5	中国梦劳动美 2013 年庆祝五一国际劳动节专题文艺晚会	中央电视台综合频道	6. 6	13. 0
6	万家灯火平安夜公安部 2013 年春节电视文艺晚会	中央电视台综合频道	5. 9	11. 2
7	高举旗帜向未来 2013 年军民迎新春文艺晚会	中央电视台综合频道	5. 7	11. 1
8	开学第一课	中央电视台综合频道	4. 9	9. 9
9	第十二届汉语桥世界大学生中文比赛开幕式	湖南电视台卫星频道	4. 7	10. 3
10	舞出我人生圆梦之旅	中央电视台综合频道	4. 7	9. 8

表 3. 23. 12　2013 年山西市场体育节目收视率排名前十位

名次	节目名称	播出频道	平均收视率（%）	平均占有率（%）
1	谁是球王（7 月 14 日）	中央电视台综合频道	2. 7	5. 7
2	第六届东亚运动会闭幕式	天津卫视	1. 7	3. 3
3	武林风	河南电视台卫星频道（一套）	1. 1	3. 5
4	直播周末：2013 年澳大利亚网球公开赛女单决赛	中央台五套	0. 7	3. 4
5	直播周末：2013 年世界女排大奖赛总决赛（日本 VS 中国）	中央台五套	0. 7	2. 5
6	2013 年世界乒乓球锦标赛女单半决赛	中央台五套	0. 7	2. 1
7	第六届东亚运动会开幕式	天津卫视	0. 7	1. 3
8	2013 年世界大力士中国争霸赛	中央电视台综合频道	0. 6	7. 7
9	2013 年第十二届全国运动会男子花剑个人决赛	中央台五套	0. 6	1. 1
9	2013 年世界田径锦标赛男子 400 米半决赛	中央台五套	0. 6	1. 1

二十四、四川收视数据

表 3. 24. 1　2009—2013 年四川市场各类频道的市场占有率（%）

频道类别	年份				
	2009 年	2010 年	2011 年	2012 年	2013 年
中央台频道	33. 9	32. 1	31. 7	33. 9	34. 3
中国教育台频道	0. 5	0. 5	1. 1	0. 9	0. 5
四川省级频道	21. 0	22. 4	23. 5	23. 7	23. 6
其他省级卫视频道	29. 7	32. 0	30. 2	27. 6	25. 4
其他频道	14. 9	13. 0	13. 5	13. 9	16. 2

表 3. 24. 2　2013 年四川市场各类频道在不同目标观众中的市场占有率（%）

目标观众		中央台频道	中国教育台频道	四川省级频道	其他省级卫视频道	其他频道
4 岁及以上所有人		34. 3	0. 5	23. 6	25. 4	16. 2
城乡	城市	32. 2	0. 3	24. 9	26. 4	16. 2
	农村	35. 3	0. 6	23. 0	24. 8	16. 3
性别	男	36. 0	0. 4	23. 8	23. 0	16. 8
	女	32. 5	0. 5	23. 4	27. 8	15. 8
年龄	4—14 岁	42. 8	0. 4	18. 0	24. 2	14. 6
	15—24 岁	29. 9	0. 4	20. 3	32. 6	16. 8
	25—34 岁	34. 7	0. 5	18. 8	29. 5	16. 5
	35—44 岁	33. 7	0. 5	21. 3	28. 2	16. 3
	45—54 岁	29. 9	0. 4	28. 0	25. 5	16. 2
	55—64 岁	31. 2	0. 5	29. 4	20. 1	18. 8
	65 岁及以上	35. 1	0. 6	27. 5	21. 9	14. 9
教育程度	未受过正规教育	43. 4	0. 3	21. 5	19. 3	15. 5
	小学	33. 1	0. 5	25. 9	24. 2	16. 3
	初中	32. 7	0. 5	23. 3	27. 3	16. 2
	高中	33. 5	0. 4	22. 4	27. 5	16. 2
	大学及以上	34. 7	0. 2	16. 3	30. 6	18. 2
职业类别	干部/管理人员	31. 3	0. 4	19. 4	27. 7	21. 2
	个体/私营企业人员	36. 0	0. 5	22. 8	24. 3	16. 4
	初级公务员/雇员	35. 0	0. 5	20. 3	26. 6	17. 6
	工人	31. 7	0. 4	25. 1	27. 5	15. 3
	学生	37. 9	0. 5	17. 8	29. 1	14. 7
	无业	38. 4	0. 4	21. 4	25. 5	14. 3
	其他	29. 6	0. 5	28. 8	22. 5	18. 6
个人月收入	0—300 元	35. 7	0. 5	22. 9	25. 4	15. 5
	301—900 元	31. 0	0. 5	28. 0	24. 2	16. 3
	901—1700 元	32. 6	0. 4	24. 1	24. 6	18. 3
	1701—2600 元	33. 7	0. 4	24. 8	24. 9	16. 2
	2601—3500 元	35. 7	0. 6	20. 5	27. 9	15. 3
	3501 元及以上	34. 8	0. 3	17. 0	29. 7	18. 2

表 3. 24. 3　2013 年四川市场各类频道在不同时段的市场占有率（%）

时段	中央台频道	中国教育台频道	四川省级频道	其他省级卫视频道	其他频道
02:00—03:00	33.4	0.4	14.6	24.4	27.2
03:00—04:00	31.6	0.3	13.4	23.4	31.3
04:00—05:00	29.9	0.2	14.4	22.6	32.9
05:00—06:00	28.3	0.3	16.9	23.6	30.9
06:00—07:00	43.8	0.3	17.1	21.9	16.9
07:00—08:00	49.5	0.2	16.8	17.4	16.1
08:00—09:00	44.4	0.1	14.9	26.0	14.6
09:00—10:00	39.8	0.2	15.6	27.9	16.5
10:00—11:00	39.5	0.7	16.3	27.2	16.3
11:00—12:00	42.8	0.5	14.9	25.9	15.9
12:00—13:00	45.5	0.5	14.7	23.0	16.3
13:00—14:00	42.5	0.7	16.8	24.6	15.4
14:00—15:00	37.4	0.6	16.2	28.3	17.5
15:00—16:00	38.2	0.5	15.7	28.9	16.7
16:00—17:00	39.2	0.2	14.4	29.1	17.1
17:00—18:00	41.2	0.3	16.4	25.8	16.3
18:00—19:00	41.2	0.1	27.2	10.9	20.6
19:00—20:00	34.1	0.4	30.8	19.1	15.6
20:00—21:00	28.3	0.8	28.4	28.8	13.7
21:00—22:00	28.2	0.5	27.7	29.6	14.0
22:00—23:00	25.6	0.4	30.2	26.1	17.7
23:00—24:00	25.7	0.2	27.9	27.4	18.8
24:00—25:00	34.2	0.3	16.5	28.8	20.2
25:00—26:00	33.7	0.5	14.0	27.1	24.7

表 3. 24. 4　2013 年四川市场收视份额排名前十位的频道

名次	频道名称	收视份额（%）
1	中央电视台少儿频道	7.6
2	湖南电视台卫星频道	6.8
3	四川电视台影视文艺频道（五套）	5.9
4	四川卫视	5.2
5	四川电视台公共频道	4.5
6	中央电视台综合频道	4.3
7	中央台六套	4.2
8	中央台八套	3.9
9	四川经视频道	2.9
10	中央台三套	2.7

表 3.24.5　2013 年四川市场各主要频道的观众构成（%）

目标观众		所有频道	主要频道				
			中央电视台少儿频道	湖南电视台卫星频道	四川电视台影视文艺频道(五套)	四川卫视	四川电视台公共频道
4 岁及以上所有人		100.0	100.0	100.0	100.0	100.0	100.0
城乡	城市	34.3	22.9	26.3	39.7	30.5	29.0
	农村	65.7	77.1	73.7	60.3	69.5	71.0
性别	男	50.3	54.2	40.8	52.5	52.8	51.9
	女	49.7	45.8	59.2	47.5	47.2	48.1
年龄	4—14 岁	18.5	59.0	24.5	7.7	13.5	21.5
	15—24 岁	7.2	3.2	12.5	4.6	4.5	8.4
	25—34 岁	11.5	8.1	13.0	6.9	9.4	8.5
	35—44 岁	16.0	7.6	17.4	12.6	14.1	10.6
	45—54 岁	19.1	8.2	19.1	31.1	18.1	18.2
	55—64 岁	16.3	9.1	7.7	22.7	25.2	17.9
	65 岁及以上	11.4	4.8	5.8	14.4	15.2	14.9
教育程度	未受过正规教育	11.4	33.4	10.9	9.3	10.8	13.2
	小学	38.4	44.0	40.7	39.9	43.7	48.7
	初中	32.9	16.7	34.7	33.7	32.5	27.6
	高中	12.3	5.0	10.3	14.9	9.8	8.7
	大学及以上	5.0	0.9	3.4	2.2	3.2	1.8
职业类别	干部/管理人员	1.2	0.3	0.8	0.7	0.9	0.9
	个体/私营企业人员	8.6	3.4	8.4	8.8	7.1	6.5
	初级公务员/雇员	8.9	4.4	8.0	7.1	8.0	5.9
	工人	14.2	6.7	13.1	18.0	14.1	12.9
	学生	12.6	30.2	20.9	4.9	8.5	13.9
	无业	25.6	37.8	21.7	20.5	25.0	24.0
	其他	28.9	17.2	27.1	40.0	36.4	35.9
个人月收入	0—300 元	46.7	76.1	52.8	38.6	47.4	55.6
	301—900 元	13.4	7.0	15.2	19.2	14.9	14.2
	901—1700 元	18.4	8.2	15.5	22.8	16.4	15.6
	1701—2600 元	11.5	4.4	8.9	13.6	11.9	8.1
	2601—3500 元	6.3	2.8	3.8	4.0	5.8	5.3
	3501 元及以上	3.7	1.5	3.8	1.8	3.6	1.2

表 3.24.6　2011—2013 年四川市场各类节目的播出份额（%）和收视份额（%）

节目类别	2011 年		2012 年		2013 年	
	播出份额	收视份额	播出份额	收视份额	播出份额	收视份额
财经	2.4	0.7	1.9	0.7	2.0	0.5
电视剧	28.7	39.0	29.3	41.2	21.9	41.2
电影	4.7	7.3	5.1	7.6	5.2	7.2
法制	0.9	1.3	0.9	1.5	0.9	0.9
教学	0.5	0.1	0.5	0.1	0.3	0
青少	6.1	7.4	5.6	7.5	6.4	6.8
生活服务	8.9	5.2	9.2	5	9.3	5.9
体育	1.7	1.4	1.7	1.5	1.8	0.8
外语	0.1	0.0	0	0	0	0
戏剧	1.1	0.3	0.9	0.3	0.8	0.2
新闻/时事	10.1	8.3	10.6	8.9	15.0	10.1
音乐	2.9	1.1	2.5	0.9	2.4	0.8
专题	9.9	4.9	9.8	4.8	10.2	4.2
综艺	7.8	10.6	7.2	9.5	9.2	9.8
其他	14.2	12.4	14.8	10.5	14.6	11.6

表 3.24.7　2013 年四川市场所有节目收视率排名前三十位

名次	节目名称	节目类型	播出频道	平均收视率（%）	平均占有率（%）
1	2013 春节联欢晚会	综艺	中央电视台综合频道	8.6	18.7
2	因为爱情有晴天	电视剧	湖南电视台卫星频道	7.7	18.6
3	隋唐英雄	电视剧	湖南电视台卫星频道	7.1	18.7
4	箭在弦上	电视剧	四川卫视	5.5	13.7
5	笑傲江湖	电视剧	湖南电视台卫星频道	5.3	14.1
6	因为爱情有多美	电视剧	湖南电视台卫星频道	5.2	13.5
7	风影	电视剧	四川卫视	5.0	15.7
8	尖锋	电视剧	四川卫视	4.7	12.1
9	向着胜利前进	电视剧	四川电视台影视文艺频道（五套）	4.6	15.3
10	无敌铁砂掌	电影	中央台六套	4.6	11.3
11	英雄使命	电视剧	四川卫视	4.5	12.7
12	百万新娘第二部之爱无悔	电视剧	湖南电视台卫星频道	4.5	12.1
13	2013 元宵晚会	综艺	中央电视台综合频道	4.5	11.8
14	南少林荡倭英豪	电视剧	四川电视台公共频道	4.5	11.3
15	危情营救	电影	中央台六套	4.5	11.0
16	天天有喜	电视剧	湖南电视台卫星频道	4.4	13.5
17	精武英雄（5 月 14 日）	电影	中央台六套	4.4	11.6
18	人再囧途之泰囧（5 月 1 日）	电影	中央台六套	4.4	11.0
19	龙在少林（7 月 2 日）	电影	中央台六套	4.4	10.9
20	太极张三丰(12 月 14 日)	电影	中央台六套	4.4	10.6
21	举起手来之二追击阿多丸	电影	中央台六套	4.4	10.5
22	神勇投弹手（5 月 10 日）	电影	中央台六套	4.3	11.8
23	小醉拳	电影	中央台六套	4.3	11.3
24	出生入死	电视剧	四川卫视	4.2	13.7
25	人在囧途（5 月 1 日）	电影	中央台六套	4.2	13.2
26	璀璨人生	电视剧	湖南电视台卫星频道	4.2	10.8
27	笑功震武林	电影	中央台六套	4.2	8.9
28	不二神探（12 月 14 日）	电影	中央台六套	4.1	12.9
29	神奇侠侣（9 月 3 日）	电影	中央台六套	4.1	11.3
30	雅典娜女神	电视剧	四川电视台影视文艺频道（五套）	4.0	16.6

表 3.24.8　2013 年四川市场电视剧收视率排名前十位

名次	节目名称	播出频道	平均收视率(%)	平均占有率(%)
1	因为爱情有晴天	湖南电视台卫星频道	7.7	18.6
2	隋唐英雄	湖南电视台卫星频道	7.1	18.7
3	箭在弦上	四川卫视	5.5	13.7
4	笑傲江湖	湖南电视台卫星频道	5.3	14.1
5	因为爱情有多美	湖南电视台卫星频道	5.2	13.5
6	风影	四川卫视	5.0	15.7
7	尖锋	四川卫视	4.7	12.1
8	向着胜利前进	四川电视台影视文艺频道(五套)	4.6	15.3
9	英雄使命	四川卫视	4.5	12.7
10	百万新娘第二部之爱无悔	湖南电视台卫星频道	4.5	12.1

表 3.24.9　2013 年四川市场新闻节目收视率排名前十位

名次	节目名称	播出频道	平均收视率(%)	平均占有率(%)
1	李克强总理会见中外记者并回答提问	中央电视台综合频道	2.5	6.3
2	东方时空（4 月 20/21 日）	中央电视台综合频道	1.8	4.8
3	雅安芦山地震特别报道	四川卫视	1.7	7.3
4	黄金 30 分	四川电视台新闻资讯频道	1.7	4.7
5	新闻联播	中央电视台综合频道	1.3	5.3
6	嫦娥三号登月之旅	中央电视台综合频道	1.3	4.9
7	联播四川	四川电视台公共频道	1.2	4.3
8	太空新旅再探天宫天宫一号与神舟十号载人飞行任务特别报道	中央电视台综合频道	1.1	9.9
9	转播中央台新闻联播	四川卫视	1.1	4.5
10	李克强总理会见中外记者并回答提问	中央电视台新闻频道	1.1	2.8

表 3.24.10　2013 年四川市场专题节目收视率排名前十位

名次	节目名称	播出频道	平均收视率(%)	平均占有率(%)
1	中国汉字听写大会 2013 总决赛	中央电视台综合频道	1.9	4.5
2	感动中国 2012 年度人物颁奖典礼	中央电视台综合频道	1.2	3.1
3	2013 大型公益活动颁奖典礼寻找最美乡村教师	中央电视台综合频道	1.2	2.8
4	非常话题	四川电视台新闻资讯频道	1.1	3.1
5	圆梦中国德耀中华第四届全国道德模范授奖仪式	中央电视台综合频道	1.1	2.9
6	中国正能量	四川卫视	1.0	4.0
7	旗鼓相当蛇王争霸	中央电视台综合频道	0.9	6.5
8	酷我真声音	浙江卫视	0.9	5.9
9	公益中国	四川卫视	0.9	2.8
10	中国电影	中央台六套	0.9	2.6

表 3. 24. 11 2013 年四川市场综艺节目收视率排名前十位

名次	节目名称	播出频道	平均收视率（%）	平均占有率（%）
1	2013 春节联欢晚会	中央电视台综合频道	8. 6	18. 7
2	2013 元宵晚会	中央电视台综合频道	4. 5	11. 8
3	中国好声音（8 月 30 日）	浙江卫视	2. 6	7. 6
4	叶问传奇	四川卫视	2. 6	6. 4
5	快乐大本营	湖南电视台卫星频道	2. 5	6. 9
6	舞出我人生（6 月 9 日）	中央电视台综合频道	2. 5	5. 8
7	2013 文化中国四海同春法国华侨华人新春晚会	湖南电视台卫星频道	2. 4	6. 0
8	元宵喜乐会	湖南电视台卫星频道	2. 2	7. 8
9	2013 年中国侨联春节晚会	中央台四套	2. 2	6. 2
10	中国梦劳动美 2013 年庆祝五一国际劳动节专题文艺晚会	中央电视台综合频道	2. 2	5. 1

表 3. 24. 12 2013 年四川市场体育节目收视率排名前十位

名次	节目名称	播出频道	平均收视率（%）	平均占有率（%）
1	直播周末：2013 年亚洲冠军联赛决赛第二回合（韩国首尔 FC 队 VS 中国广州恒大队）	中央台五套	1. 4	3. 1
2	黄金赛场：第 15 届世界游泳锦标赛男子 4x100 米自由泳接力决赛	中央台五套	1. 0	3. 8
3	2013 年世乒赛女单半决赛	中央台五套	1. 0	2. 7
4	精英赛场：2013 年世界斯诺克锦标赛决赛	中央台五套	0. 8	6. 5
5	水晶之夜—C3 国际职业搏击争霸赛	峨眉电影频道	0. 8	2. 0
5	实况录像：2012/2013 赛季斯诺克威尔士公开赛 1/4 决赛	中央台五套	0. 8	2. 0
5	黄金赛场：2013 年世界女排大奖赛总决赛（意大利队 VS 中国队）	中央台五套	0. 8	2. 0
8	直播周末 2013 年亚洲冠军联赛颁奖仪式	中央台五套	0. 7	2. 6
9	2013 年第十二届全国运动会男子 10 米跳台决赛	中央台五套	0. 7	2. 1
10	黄金赛场：2015 年亚洲杯预选赛 C 组（中国 VS 伊拉克）	中央台五套	0. 7	1. 8

二十五、新疆收视数据

表 3. 25. 1　2010—2013 年新疆市场各类频道的市场占有率（%）

频道类别	年份			
	2010 年	2011 年	2012 年	2013 年
中央台频道	22. 3	21. 7	23. 3	26. 5
中国教育台频道	0. 1	0. 3	0. 3	0. 2
新疆自治区级频道	19. 1	22. 2	25. 7	27. 2
其他省级卫视频道	16. 9	18. 9	20. 1	21. 9
其他频道	41. 6	36. 9	30. 6	24. 1

表 3. 25. 2　2013 年新疆市场各类频道在不同目标观众中的市场占有率（%）

目标观众		中央台频道	中国教育台频道	新疆自治区级频道	其他省级卫视频道	其他频道
4 岁及以上所有人		26. 5	0. 2	27. 2	21. 9	24. 1
城乡	城市	30. 2	0. 3	21. 2	25. 0	23. 4
	农村	23. 7	0. 2	32. 1	19. 5	24. 6
性别	男	27. 7	0. 2	26. 5	20. 0	25. 6
	女	25. 5	0. 3	28. 0	23. 7	22. 6
年龄	4—14 岁	24. 4	0. 2	27. 2	21. 7	26. 5
	15—24 岁	10. 5	0. 2	37. 3	14. 3	37. 7
	25—34 岁	20. 0	0. 1	33. 3	21. 3	25. 2
	35—44 岁	26. 2	0. 3	24. 0	26. 6	22. 9
	45—54 岁	27. 9	0. 3	24. 7	22. 0	25. 1
	55—64 岁	33. 5	0. 4	27. 0	22. 4	16. 8
	65 岁及以上	52. 9	0. 2	13. 3	24. 5	9. 1
教育程度	未受过正规教育	32. 1	0. 2	24. 0	25. 2	18. 6
	小学	24. 4	0. 2	28. 9	17. 8	28. 7
	初中	25. 3	0. 3	29. 0	20. 6	24. 8
	高中	27. 5	0. 2	25. 7	26. 0	20. 5
	大学及以上	32. 0	0. 2	20. 8	28. 0	19. 0
职业类别	干部/管理人员	33. 4	0. 1	14. 3	26. 8	25. 4
	个体/私营企业人员	27. 0	0. 3	19. 3	29. 7	23. 8
	初级公务员/雇员	30. 1	0. 2	21. 8	28. 5	19. 4
	工人	22. 0	0. 2	21. 9	28. 3	27. 5
	学生	21. 6	0. 2	28. 6	20. 2	29. 3
	无业	35. 9	0. 2	21. 2	24. 2	18. 5
	其他	17. 5	0. 2	39. 9	14. 1	28. 1
个人月收入	0—300 元	20. 5	0. 2	29. 7	19. 7	29. 9
	301—900 元	12. 4	0. 2	43. 7	8. 8	34. 8
	901—1700 元	28. 4	0. 2	30. 3	22. 1	19. 0
	1701—2600 元	40. 1	0. 3	16. 2	30. 9	12. 6
	2601—3500 元	37. 6	0. 4	13. 9	32. 7	15. 4
	3501 元及以上	40. 8	0. 2	12. 3	32. 3	14. 4

表 3. 25. 3　2013 年新疆市场各类频道在不同时段的市场占有率（%）

时间段	中央台频道	中国教育台频道	新疆自治区级频道	其他省级卫视频道	其他频道
02:00—03:00	28. 1	1. 0	6. 7	45. 0	19. 1
03:00—04:00	33. 9	0. 6	3. 7	46. 5	15. 4
04:00—05:00	37. 8	0. 6	3. 0	42. 2	16. 3
05:00—06:00	37. 6	0. 2	4. 1	38. 4	19. 7
06:00—07:00	60. 7	0. 0	5. 7	22. 6	11. 0
07:00—08:00	64. 1	0. 0	5. 8	17. 9	12. 1
08:00—09:00	59. 0	0. 1	16. 7	15. 5	8. 6
09:00—10:00	46. 4	0. 1	24. 6	17. 1	11. 7
10:00—11:00	29. 1	0. 2	30. 9	13. 6	26. 2
11:00—12:00	27. 5	0. 2	28. 9	14. 8	28. 5
12:00—13:00	31. 2	0. 2	25. 2	17. 4	26. 0
13:00—14:00	33. 1	0. 3	22. 4	20. 9	23. 3
14:00—15:00	27. 4	0. 4	24. 8	21. 9	25. 5
15:00—16:00	23. 9	0. 4	28. 8	23. 1	23. 8
16:00—17:00	20. 5	0. 4	29. 9	21. 5	27. 8
17:00—18:00	22. 6	0. 2	30. 1	19. 7	27. 4
18:00—19:00	31. 0	0. 1	28. 1	13. 6	27. 2
19:00—20:00	42. 2	0. 3	20. 7	17. 3	19. 6
20:00—21:00	25. 7	0. 3	23. 6	27. 6	22. 7
21:00—22:00	22. 6	0. 2	26. 6	26. 2	24. 4
22:00—23:00	19. 0	0. 2	31. 5	23. 7	25. 6
23:00—24:00	18. 9	0. 1	34. 3	22. 7	23. 9
24:00—25:00	20. 9	0. 2	30. 5	21. 7	26. 8
25:00—26:00	24. 9	0. 4	19. 5	24. 7	30. 4

表 3. 25. 4　2013 年新疆市场收视份额排名前十位的频道

名次	频道名称	收视份额（%）
1	新疆电视台二套（维语新闻综合频道）	10. 2
2	新疆电视台九套（维语经济生活频道）	6. 4
3	新疆电视台五套（维语综艺频道）	5. 5
4	中央电视台综合频道	5. 2
5	中央电视台新闻频道	3. 8
6	中央电视台少儿频道	3. 7
7	湖南电视台卫星频道	3. 2
8	中央台八套	3. 1
9	中央台六套	2. 2
10	江苏卫视	2. 1

表 3.25.5　2013 年新疆市场各主要频道的观众构成（%）

目标观众		所有频道	新疆电视台二套（维语新闻综合频道）	新疆电视台九套(维语经济生活频道)	新疆电视台五套(维语综艺频道)	中央电视台综合频道	中央电视台新闻频道
4 岁及以上所有人		100.0	100.0	100.0	100.0	100.0	100.0
城乡	城市	44.3	32.5	34.3	26.4	54.7	47.1
	农村	55.7	67.5	65.7	73.6	45.3	52.9
性别	男	48.9	47.1	45.9	49.7	47.3	55.7
	女	51.1	52.9	54.1	50.3	52.7	44.3
年龄	4—14 岁	14.3	13.9	12.2	15.4	7.2	4.3
	15—24 岁	14.7	23.8	22.4	22.1	5.9	4.1
	25—34 岁	17.4	20.5	23.4	22.8	13.0	11.5
	35—44 岁	19.8	15.1	15.2	16.6	16.6	21.7
	45—54 岁	11.8	10.9	10.0	9.7	12.4	17.0
	55—64 岁	10.9	11.6	11.6	9.3	19.3	16.5
	65 岁及以上	11.2	4.1	5.1	4.1	25.5	24.9
教育程度	未受过正规教育	5.1	3.5	4.7	5.0	3.9	3.5
	小学	25.4	29.0	25.5	29.1	24.1	18.6
	初中	40.2	45.1	45.8	43.8	38.4	36.7
	高中	18.6	16.0	17.7	15.2	20.8	22.3
	大学及以上	10.8	6.5	6.3	7.0	12.9	18.9
职业类别	干部/管理人员	2.1	1.3	0.8	0.7	2.5	4.6
	个体/私营企业人员	8.0	6.0	4.1	5.3	7.2	8.9
	初级公务员/雇员	8.5	5.9	5.9	5.8	7.7	12.2
	工人	6.9	6.6	6.3	5.3	7.5	6.3
	学生	14.7	16.4	13.1	17.0	8.8	4.7
	无业	32.4	22.3	22.5	19.2	49.7	45.3
	其他	27.5	41.5	47.3	46.6	16.5	18.0
个人月收入	0—300 元	34.3	36.3	33.6	36.3	21.5	14.7
	301—900 元	16.9	30.1	31.8	33.2	6.7	7.6
	901—1700 元	17.0	17.1	21.3	17.0	18.5	18.5
	1701—2600 元	18.7	11.3	8.1	7.9	32.1	33.9
	2601—3500 元	9.3	4.1	3.5	4.7	14.7	17.5
	3501 元及以上	3.8	1.1	1.7	1.0	6.5	7.8

表 3.25.6　2011—2013 年新疆市场各类节目的播出份额（%）和收视份额（%）

节目类别	2011 年		2012 年		2013 年	
	播出份额	收视份额	播出份额	收视份额	播出份额	收视份额
财经	2.5	0.9	2.2	0.5	1.7	0.6
电视剧	27.6	32.3	21.2	31.6	27.9	28.9
电影	4.6	4.3	4.8	4.0	5.5	5.4
法制	0.9	1.4	0.8	1.2	1.0	2.0
教学	0.6	0.1	0.3	0.1	0.4	0.1
青少	6.5	5.8	7.1	6.0	5.6	7.5
生活服务	7.6	7.0	8.5	7.7	8.4	6.9
体育	2.1	1.7	2.5	2.5	3.1	2.4
外语	0.1	0.0	0.0	0.0	0.0	0.0
戏剧	1.2	0.5	1.1	0.4	0.7	0.3
新闻/时事	10.2	11.3	14.3	11.5	10.2	12.4
音乐	3.1	0.8	2.7	0.9	2.5	0.8
专题	10.5	6.6	11.7	7.3	8.7	5.7
综艺	8.3	11.3	8.7	11.4	7.0	11.4
其他	14.4	15.9	14.1	15.1	17.2	15.5

表 3.25.7　2013 年新疆市场所有节目收视率排名前三十位

名次	节目名称	节目类别	播出频道	平均收视率（%）	平均占有率（%）
1	2013 春节联欢晚会	综艺	中央电视台综合频道	8.9	22.2
2	新闻联播	新闻/时事	中央电视台综合频道	4.1	27.9
3	天气预报	生活服务	中央电视台综合频道	3.2	18.5
4	你好春天 2013 年文化部春节电视晚会	综艺	中央电视台综合频道	2.9	9.0
5	东方时空(4 月 20/21 日)	新闻/时事	中央电视台综合频道	2.8	9.8
6	咱们结婚吧	电视剧	中央电视台综合频道	2.6	8.3
7	2013 元宵晚会	综艺	中央电视台综合频道	2.6	6.6
8	焦点访谈	新闻/时事	中央电视台综合频道	2.5	13.0
9	阿娜尔罕	电视剧	中央电视台综合频道	2.4	8.6
10	星光大道（5 月 11 日）	综艺	中央电视台综合频道	2.4	8.1
11	五月的鲜花我们的中国梦 2013 年全国大学生校园文艺会演	综艺	中央电视台综合频道	2.2	6.7
12	元宵喜乐会	综艺	湖南电视台卫星频道	2.1	6.0
13	中国梦劳动美 2013 年庆祝五一国际劳动节专题文艺晚会	综艺	中央电视台综合频道	2.0	6.7
14	有你才幸福	电视剧	中央电视台综合频道	2.0	6.5
15	李克强总理会见中外记者并回答提问	新闻/时事	中央电视台综合频道	2.0	5.7
16	快乐中国 20132014 跨年演唱会	音乐	湖南电视台卫星频道	1.9	7.2
17	万家灯火平安夜公安部 2013 年春节电视文艺晚会	综艺	中央电视台综合频道	1.9	5.9
18	刘伯承元帅	电视剧	中央电视台综合频道	1.9	5.3
18	2013 新年京剧晚会	戏剧	中央电视台综合频道	1.9	5.3
20	梅州月中华情 2013 年中央电视台中秋晚会	综艺	中央电视台综合频道	1.8	7.2
21	梦想星搭档(11 月 29 日)	综艺	中央电视台综合频道	1.8	5.8
22	2013 小年夜大联欢快乐到家	综艺	湖南电视台卫星频道	1.8	5.6
23	2013 文化中国四海同春法国华侨华人新春晚会	综艺	湖南电视台卫星频道	1.8	5.4
24	梦想合唱团(1 月 11 日)	综艺	中央电视台综合频道	1.8	5.1
25	舞出我人生圆梦之旅	综艺	中央电视台综合频道	1.7	6.7
26	芦山地震特别报道	新闻/时事	中央电视台新闻频道	1.7	5.6
27	美丽中国俄罗斯中国旅游年开幕式演出	综艺	中央电视台综合频道	1.7	4.8
28	全家福	中央电视台综合频道	电视剧	1.7	4.7
29	CCTV2013 年 315 晚会	综艺	中央电视台综合频道	1.7	4.6
30	感动中国 2012 年度人物颁奖典礼	专题	中央电视台综合频道	1.7	4.5

表 3.25.8　2013 年新疆市场电视剧收视率排名前十位

名次	节目名称	播出频道	平均收视率（%）	平均占有率（%）
1	咱们结婚吧	中央电视台综合频道	2.6	8.3
2	阿娜尔罕	中央电视台综合频道	2.4	8.6
3	有你才幸福	中央电视台综合频道	2.0	6.5
4	刘伯承元帅	中央电视台综合频道	1.9	5.3
5	全家福	中央电视台综合频道	1.7	4.7
6	花木兰传奇	中央电视台综合频道	1.6	7.4
7	闯关东前传	中央电视台综合频道	1.6	6.2
8	赵氏孤儿案	中央电视台综合频道	1.6	4.7
9	劝和小组	中央电视台综合频道	1.6	4.1
10	战火大金脉	中央台八套	1.5	6.7

表 3.25.9　2013 年新疆市场新闻节目收视率排名前十位

名次	节目名称	播出频道	平均收视率（%）	平均占有率（%）
1	新闻联播	中央电视台综合频道	4.1	27.9
2	东方时空（4 月 20/21 日）	中央电视台综合频道	2.8	9.8
3	焦点访谈	中央电视台综合频道	2.5	13.0
4	李克强总理会见中外记者并回答提问	中央电视台综合频道	2.0	5.7
5	芦山地震特别报道	中央电视台新闻频道	1.7	5.6
6	雅安地震特别报道	湖南电视台卫星频道	1.3	4.6
7	芦山地震特别报道	中央电视台综合频道	1.3	4.0
8	新闻联播	中央电视台新闻频道	1.2	8.4
9	李克强总理会见中外记者并回答提问	中央电视台新闻频道	1.2	3.5
10	日全环食天文奇观特别报道	中央电视台新闻频道	1.0	3.7

表 3.25.10　2013 年新疆市场专题节目收视率排名前十位

名次	节目名称	播出频道	平均收视率（%）	平均占有率（%）
1	感动中国 2012 年度人物颁奖典礼	中央电视台综合频道	1.7	4.5
2	中央电视台特别节目梦想从历史深处走来	中央电视台综合频道	1.5	9.7
3	中国汉字听写大会 2013 复赛第五场	中央电视台综合频道	1.5	6.6
4	一年又一年 2013	中央电视台综合频道	1.4	13.0
5	2013 大型公益活动颁奖典礼寻找最美乡村教师	中央电视台综合频道	1.4	6.0
6	第十二届汉语桥世界大学生中文比赛决赛第二场	湖南电视台卫星频道	1.4	5.4
7	中央电视台特别节目梦想从历史深处走来	中央电视台新闻频道	1.2	7.7
8	圆梦中国德耀中华第四届全国道德模范授奖仪式	中央电视台综合频道	1.0	4.3
9	世界电影之旅	中央台六套	1.0	2.7
10	酷我真声音	浙江卫视	0.9	3.7

表 3.25.11　2013 年新疆市场综艺节目收视率排名前十位

名次	节目名称	播出频道	平均收视率（%）	平均占有率（%）
1	2013 春节联欢晚会	中央电视台综合频道	8.9	22.2
2	你好春天 2013 年文化部春节电视晚会	中央电视台综合频道	2.9	9.0
3	2013 元宵晚会	中央电视台综合频道	2.6	6.6
4	星光大道（5 月 11 日）	中央电视台综合频道	2.4	8.1
5	五月的鲜花我们的中国梦 2013 年全国大学生校园文艺会演	中央电视台综合频道	2.2	6.7
6	元宵喜乐会	湖南电视台卫星频道	2.1	6.0
7	中国梦劳动美 2013 年庆祝五一国际劳动节专题文艺晚会	中央电视台综合频道	2.0	6.7
8	万家灯火平安夜公安部 2013 年春节电视文艺晚会	中央电视台综合频道	1.9	5.9
9	梅州月中华情 2013 年中央电视台中秋晚会	中央电视台综合频道	1.8	7.2
10	梦想星搭档（11 月 29 日）	中央电视台综合频道	1.8	5.8

表 3.25.12　2013 年新疆市场体育节目收视率排名前十位

名次	节目名称	播出频道	平均收视率（%）	平均占有率（%）
1	谁是球王（7 月 14 日）	中央电视台综合频道	1.0	4.0
2	直播周末 2013 年 CBA 全明星赛颁奖仪式	中央台五套	1.0	2.6
3	黄金赛场：2012/2013 赛季 CBA 常规赛第 18 轮（广东东莞银行 VS 新疆广汇能源）	中央台五套	0.9	2.8
4	直播周末：2013 年中国羽毛球公开赛男双决赛	中央台五套	0.8	4.2
5	黄金赛场：2013 年世乒赛男单决赛	中央台五套	0.8	2.4
6	2013 年短道速滑世锦赛女子 1000 米决赛	中央台五套	0.8	1.8
7	黄金赛场：2013 年世界斯诺克锦标赛第二轮	中央台五套	0.7	2.1
8	黄金赛场 现场直播：2013 年亚洲男排锦标赛（中华台北队 VS 中国队）	中央台五套	0.6	2.1
9	直播周末：2013 年世界举重锦标赛女子 48 公斤级决赛挺举	中央台五套	0.6	2.0
9	直播周末：2013 年亚洲冠军联赛决赛第二回合（韩国首尔 FC 队 VS 中国广州恒大队）	中央台五套	0.6	2.0

二十六、云南收视数据

表 3. 26. 1　2009—2013 年云南市场各类频道的市场占有率（%）

频道类别	年份				
	2009 年	2010 年	2011 年	2012 年	2013 年
中央台频道	34. 1	31. 5	29. 8	34. 2	34. 1
中国教育台频道	0. 7	0. 5	1. 5	1. 7	1. 0
云南省级频道	24. 2	24. 9	19. 7	17. 7	17. 7
其他省级卫视频道	31. 3	33. 6	39. 6	38. 2	39. 9
其他频道	9. 7	9. 6	9. 4	8. 2	7. 3

表 3. 26. 2　2013 年云南市场各类频道在各目标观众中的市场占有率（%）

目标观众		中央台频道	中国教育台频道	云南省级频道	其他省级卫星频道	其他频道
4 岁及以上所有人		34. 1	1. 0	17. 7	39. 9	7. 3
城乡	城市	35. 7	0. 7	21. 3	30. 3	12. 0
	农村	33. 7	1. 1	16. 8	42. 5	6. 0
性别	男	36. 0	1. 0	18. 0	37. 4	7. 7
	女	32. 3	0. 9	17. 5	42. 4	6. 9
年龄	4—14 岁	38. 1	1. 0	16. 3	38. 3	6. 2
	15—24 岁	25. 6	1. 0	13. 2	52. 3	7. 9
	25—34 岁	32. 3	1. 2	15. 3	44. 5	6. 7
	35—44 岁	32. 0	0. 9	17. 2	41. 8	8. 1
	45—54 岁	32. 7	1. 0	19. 5	39. 0	7. 8
	55—64 岁	38. 2	1. 0	22. 5	30. 9	7. 4
	65 岁及以上	43. 4	0. 7	24. 5	24. 4	7. 0
教育程度	未受过正规教育	41. 8	1. 2	16. 4	33. 6	7. 0
	小学	33. 0	1. 2	17. 1	42. 4	6. 3
	初中	31. 5	0. 9	16. 6	44. 0	6. 9
	高中	37. 7	0. 6	22. 1	29. 2	10. 4
	大学及以上	45. 1	0. 4	20. 9	24. 7	8. 9
职业类别	干部/管理人员	53. 4	0. 1	16. 8	26. 6	3. 2
	个体/私营企业人员	31. 0	1. 2	15. 5	41. 3	11. 0
	初级公务员/雇员	37. 9	0. 3	26. 4	26. 8	8. 6
	工人	32. 7	0. 6	20. 7	36. 3	9. 6
	学生	34. 6	0. 8	15. 2	42. 0	7. 3
	无业	42. 7	0. 7	22. 2	26. 6	7. 8
	其他	29. 2	1. 3	15. 5	48. 8	5. 2
个人月收入	0—300 元	33. 9	1. 0	16. 6	41. 8	6. 7
	301—900 元	28. 1	1. 5	16. 9	48. 3	5. 3
	901—1700 元	33. 0	1. 0	20. 4	38. 0	7. 6
	1701—2600 元	40. 8	0. 5	17. 8	31. 5	9. 5
	2601—3500 元	43. 8	0. 6	17. 1	29. 5	9. 1
	3501 元及以上	38. 1	0. 4	14. 1	34. 9	12. 6

表 3.26.3　2013 年云南市场各类频道在不同时段的市场占有率（%）

时间段	中央台频道	中国教育台频道	云南省级频道	其他省级卫星频道	其他频道
02:00—03:00	22.6	0.0	5.7	54.4	17.2
03:00—04:00	28.0	0.0	7.5	48.8	15.8
04:00—05:00	40.7	0.0	12.9	37.9	8.4
05:00—06:00	51.5	0.0	14.0	30.9	3.6
06:00—07:00	66.4	0.7	4.8	23.8	4.4
07:00—08:00	60.2	0.7	7.8	27.0	4.3
08:00—09:00	49.7	0.6	9.7	35.2	4.9
09:00—10:00	46.9	0.7	9.9	35.3	7.1
10:00—11:00	48.2	0.8	10.3	32.4	8.3
11:00—12:00	49.8	0.7	10.6	31.0	7.9
12:00—13:00	57.2	0.7	8.3	27.9	5.9
13:00—14:00	52.2	0.4	8.6	32.1	6.6
14:00—15:00	38.4	0.7	11.5	42.3	7.1
15:00—16:00	37.6	0.5	12.8	41.0	8.0
16:00—17:00	41.3	0.3	14.0	36.0	8.4
17:00—18:00	48.0	0.4	17.1	24.1	10.4
18:00—19:00	49.0	0.2	25.2	12.1	13.5
19:00—20:00	43.4	0.9	16.0	33.5	6.2
20:00—21:00	24.1	1.5	19.8	49.0	5.6
21:00—22:00	24.0	1.2	21.3	47.2	6.3
22:00—23:00	25.7	0.6	21.9	41.5	10.3
23:00—24:00	26.6	0.4	16.7	43.9	12.4
24:00—25:00	29.3	0.2	10.2	41.1	19.3
25:00—26:00	35.0	0.3	6.4	36.1	22.1

表 3.26.4　2013 年云南市场收视份额排名前十位的频道

名次	频道名称	收视份额（%）
1	湖南电视台卫星频道	13.2
2	中央电视台综合频道	6.7
3	云南广播电视台都市频道（二套）	6.4
4	云南广播电视台卫视频道（一套）	5.4
5	中央台八套	5.3
6	中央电视台少儿频道	5.2
7	安徽卫视	3.8
8	中央台六套	3.6
9	中央台十二套	2.7
10	四川卫视	2.6

表 3.26.5　2013 年云南市场各主要频道的观众构成（%）

目标观众		所有频道	主要频道				
			湖南电视台卫星频道	中央电视台综合频道	云南电视台都市频道（二套）	云南电视台卫视频道(一套)	中央台八套
4 岁及以上所有人		100.0	100.0	100.0	100.0	100.0	100.0
城乡	城市	21.7	17.0	24.7	29.6	19.8	21.8
	农村	78.3	83.0	75.3	70.4	80.2	78.2
性别	男	50.3	43.8	52.6	48.8	53.2	46.9
	女	49.7	56.2	47.4	51.2	46.8	53.1
年龄	4—14 岁	16.9	17.2	12.9	10.0	12.7	9.4
	15—24 岁	12.5	21.0	6.9	7.6	11.0	10.4
	25—34 岁	18.3	20.7	19.9	14.5	17.1	17.2
	35—44 岁	19.5	21.0	19.0	18.2	17.9	20.2
	45—54 岁	12.8	11.1	14.1	17.5	13.7	15.5
	55—64 岁	10.1	5.2	13.0	17.0	11.1	13.6
	65 岁及以上	9.9	3.9	14.2	15.2	16.6	13.6
教育程度	未受过正规教育	6.0	4.7	5.9	4.1	4.0	4.6
	小学	32.4	32.0	28.3	23.9	34.3	25.7
	初中	42.6	50.3	39.1	41.8	40.8	49.6
	高中	14.4	10.0	19.7	22.3	16.8	15.7
	大学及以上	4.7	3.0	7.0	7.9	4.1	4.4
职业类别	干部/管理人员	1.5	1.1	2.9	2.2	1.4	3.3
	个体/私营企业人员	12.8	12.6	13.0	12.7	7.6	11.2
	初级公务员/雇员	5.3	3.3	8.5	10.8	6.7	7.8
	工人	7.0	7.3	7.5	9.4	6.6	7.4
	学生	17.1	21.4	12.8	9.1	13.6	11.7
	无业	19.9	9.7	26.1	31.8	20.9	23.4
	其他	36.4	44.6	29.1	24.1	43.4	35.2
个人月收入	0—300 元	35.0	37.3	29.6	25.7	32.8	29.3
	301—900 元	18.6	19.8	14.4	14.6	24.2	15.6
	901—1700 元	25.1	22.8	26.3	31.8	29.4	28.6
	1701—2600 元	15.0	14.3	20.0	20.5	9.2	18.5
	2601—3500 元	4.5	3.7	6.7	5.9	2.8	6.4
	3501 元及以上	1.9	2.1	3.0	1.6	1.6	1.5

表 3.26.6　2011—2013 年云南市场各类节目的播出份额（%）和收视份额（%）

节目类别	2011 年		2012 年		2013 年	
	播出份额	收视份额	播出份额	收视份额	播出份额	收视份额
财经	2.6	0.6	2.2	0.5	1.7	0.5
电视剧	20.6	38.3	20.5	39.1	27.9	38.4
电影	3.5	3.2	3.9	2.9	4.4	3.5
法制	1.0	1.3	0.8	1.4	1.1	1.6
教学	0.4	0.1	0.3	0.1	0.4	0.1
青少	8.3	3.5	7.7	3.5	6.0	6.2
生活服务	7.8	6.8	8.1	7.3	9.3	7.0
体育	1.5	0.9	1.6	1.2	2.2	1.1
外语	0.0	0.0	0.0	0.0	0.0	0.0
戏剧	1.3	0.5	1.3	0.5	0.8	0.4
新闻/时事	13.9	9.5	15.4	10.8	10.8	9.8
音乐	3.0	0.6	2.7	0.9	2.5	0.8
专题	11.2	5.4	11.8	5.4	8.5	4.2
综艺	10.9	11.4	9.6	9.8	7.3	9.7
其他	14.0	17.9	14.1	16.7	17.0	16.6

表 3.26.7　2013 年云南市场所有节目收视率排名前三十位

名次	节目名称	节目类别	播出频道	平均收视率（%）	平均占有率（%）
1	2013 春节联欢晚会	综艺	中央电视台综合频道	17.1	48.8
2	因为爱情有晴天	电视剧	湖南电视台卫星频道	10.6	23.2
3	百万新娘第二部之爱无悔	电视剧	湖南电视台卫星频道	10.6	21.4
4	天天有喜	电视剧	湖南电视台卫星频道	9.8	21.3
5	花非花雾非雾	电视剧	湖南电视台卫星频道	9.4	21.0
6	璀璨人生	电视剧	湖南电视台卫星频道	9.3	21.8
7	陆贞传奇	电视剧	湖南电视台卫星频道	9.2	19.7
8	因为爱情有多美	电视剧	湖南电视台卫星频道	9.0	20.1
9	咱们结婚吧	电视剧	湖南电视台卫星频道	8.7	18.5
10	隋唐英雄（69—120 集）	电视剧	湖南电视台卫星频道	8.6	17.5
11	第十二届汉语桥世界大学生中文比赛开幕式	综艺	湖南电视台卫星频道	8.4	19.1
12	贤妻	电视剧	湖南电视台卫星频道	8.4	17.2
13	爱在春天	电视剧	湖南电视台卫星频道	8.3	19.1
14	最美的时光	电视剧	湖南电视台卫星频道	8.2	18.7
15	我是歌手总决赛歌王之战	综艺	湖南电视台卫星频道	7.9	20.2
16	那金花和她的女婿	电视剧	湖南电视台卫星频道	7.7	16.5
17	书香中国 2013 全民阅读电视晚会	综艺	湖南电视台卫星频道	7.5	14.5
18	你好春天 2013 年文化部春节电视晚会	综艺	中央电视台综合频道	7.5	13.2
19	新闻联播	新闻/时事	中央电视台综合频道	7.2	31.1
20	天龙八部（1—15 集）	电视剧	湖南电视台卫星频道	7.2	16.1
21	天天向上	综艺	湖南电视台卫星频道	7.0	15.9
22	笑傲江湖	电视剧	湖南电视台卫星频道	7.0	14.7
23	平原烽火（9—38 集）	电视剧	云南广播电视台卫视频道（一套）	6.8	14.6
24	快乐大本营	综艺	湖南电视台卫星频道	6.6	16.2
25	向着炮火前进	电视剧	云南广播电视台卫视频道（一套）	6.5	13.5
26	2013 文化中国四海同春法国华侨华人新春晚会	综艺	湖南电视台卫星频道	6.3	12.3
27	元宵喜乐会	综艺	湖南电视台卫星频道	5.8	14.0
28	湖南省纪念毛泽东诞辰 120 周年文艺晚会	综艺	湖南电视台卫星频道	5.8	13.2
29	雳剑	电视剧	云南广播电视台卫视频道（一套）	5.7	12.3
30	天气预报	生活服务	中央电视台综合频道	5.3	14.7

表 3.26.8　2013 年云南市场电视剧收视率排名前十位

名次	节目名称	播出频道	平均收视率(%)	平均占有率(%)
1	因为爱情有晴天	湖南电视台卫星频道	10.6	23.2
2	百万新娘第二部之爱无悔	湖南电视台卫星频道	10.6	21.4
3	天天有喜	湖南电视台卫星频道	9.8	21.3
4	花非花雾非雾	湖南电视台卫星频道	9.4	21.0
5	璀璨人生	湖南电视台卫星频道	9.3	21.8
6	陆贞传奇	湖南电视台卫星频道	9.2	19.7
7	因为爱情有多美	湖南电视台卫星频道	9.0	20.1
8	咱们结婚吧	湖南电视台卫星频道	8.7	18.5
9	隋唐英雄（69—120 集）	湖南电视台卫星频道	8.6	17.5
10	贤妻	湖南电视台卫星频道	8.4	17.2

表 3.26.9　2013 年云南市场新闻节目收视率排名前十位

名次	节目名称	播出频道	平均收视率(%)	平均占有率(%)
1	新闻联播	中央电视台综合频道	7.2	31.1
2	东方时空（4 月 21 日）	云南广播电视台卫视频道(一套)	5.2	8.8
3	雅安地震特别报道	湖南电视台卫星频道	4.3	13.2
4	东方时空（4 月 20/21 日）	中央电视台综合频道	4.3	7.9
5	焦点访谈	中央电视台综合频道	4.0	9.6
6	焦点访谈（4 月 21 日）	云南广播电视台卫视频道(一套)	3.0	6.7
7	东方时空（4 月 20/21 日）	贵州卫视	2.7	5.1
8	李克强总理会见中外记者并回答提问	中央电视台综合频道	2.4	4.0
9	焦点访谈（4 月 20/21 日）	贵州卫视	2.3	5.5
10	两会特别报道	贵州卫视	1.9	4.4

表 3.26.10　2013 年云南市场专题节目收视率排名前十位

名次	节目名称	播出频道	平均收视率(%)	平均占有率(%)
1	士兵突击第二季（4 月 19 日）	云南广播电视台卫视频道(一套)	5.2	10.8
2	中央电视台特别节目梦想从历史深处走来	中央电视台综合频道	3.3	8.4
3	大明宫	中央台六套	2.1	6.0
4	一年又一年 2013	中央电视台综合频道	1.8	23.3
5	X 档案	安徽卫视	1.8	3.8
6	第十二届汉语桥世界大学生中文比赛总决赛	湖南电视台卫星频道	1.7	10.6
7	2013 春天里的 7 次聚会之我们的歌声里	中国教育台一套	1.7	3.9
8	圆梦中国德耀中华第四届全国道德模范授奖仪式	中央电视台综合频道	1.7	3.3
9	心动 2012 安徽年度新闻人物颁奖典礼	安徽卫视	1.6	3.7
10	中国汉字听写大会 2013 复赛第五场	中央电视台综合频道	1.6	3.3

表 3.26.11 2013 年云南市场综艺节目收视率排名前十位

名次	节目名称	播出频道	平均收视率（%）	平均占有率（%）
1	2013 春节联欢晚会	中央电视台综合频道	17.1	48.8
2	第十二届汉语桥世界大学生中文比赛开幕式	湖南电视台卫星频道	8.4	19.1
3	我是歌手总决赛歌王之战	湖南电视台卫星频道	7.9	20.2
4	书香中国 2013 全民阅读电视晚会	湖南电视台卫星频道	7.5	14.5
5	你好春天 2013 年文化部春节电视晚会	中央电视台综合频道	7.5	13.2
6	天天向上	湖南电视台卫星频道	7.0	15.9
7	快乐大本营	湖南电视台卫星频道	6.6	16.2
8	2013 文化中国四海同春法国华侨华人新春晚会	湖南电视台卫星频道	6.3	12.3
9	元宵喜乐会	湖南电视台卫星频道	5.8	14.0
10	湖南省纪念毛泽东诞辰 120 周年文艺晚会	湖南电视台卫星频道	5.8	13.2

表 3.26.12 2013 年云南市场体育节目收视率排名前十位

名次	节目名称	播出频道	平均收视率（%）	平均占有率（%）
1	谁是球王（7 月 14 日）	中央电视台综合频道	1.9	3.6
2	第六届东亚运动会开幕式	天津卫视	1.2	2.0
3	2013 年世界羽毛球锦标赛男单决赛	中央台五套	0.9	2.6
4	2013 年世乒赛女单半决赛	中央台五套	0.8	1.9
5	黄金赛场：2012/13 赛季中国男子篮球职业联赛第 30 轮（新疆广汇能源 VS 山西汾酒集团）	中央台五套	0.8	1.7
6	第十二届全运会女子 100 米决赛	中央台五套	0.8	1.5
7	直播周末：2013 年世界女排大奖赛总决赛（日本队 VS 中国队）	中央台五套	0.7	2.7
8	第十二届全运会男子链球决赛	中央台五套	0.7	1.3
8	直播周末：2012/2013 赛季短道速滑世界杯德国站男子 500 米半决赛	中央台五套	0.7	1.3
8	第十二届全运会男子 110 米栏预赛	中央台五套	0.7	1.3

二十七、浙江收视数据

表 3.27.1　2009—2013 年浙江市场各类频道的市场占有率（%）

频道类别	年份				
	2009 年	2010 年	2011 年	2012 年	2013 年
中央台频道	30.7	24.3	24.3	24.4	25.0
中国教育台频道	0.4	0.4	0.8	0.6	0.5
浙江省级频道	35.3	46.5	37.2	34.8	32.6
其他省级卫视频道	15.6	13.4	18.1	22.6	22.7
其他频道	18.0	15.4	19.6	17.6	19.2

表 3.27.2　2013 年浙江市场各类频道在不同目标观众中的市场占有率（%）

目标观众		中央台频道	中国教育台频道	浙江省级频道	其他省级卫视频道	其他频道
4 岁及以上所有人		25.0	0.5	32.6	22.7	19.2
城乡	城市	21.6	0.4	32.8	20.9	24.3
	农村	27.4	0.6	32.4	24.0	15.6
性别	男	28.2	0.6	31.6	20.8	18.8
	女	21.7	0.5	33.6	24.8	19.4
年龄	4—14 岁	26.9	0.5	20.4	32.4	19.8
	15—24 岁	17.6	0.3	40.9	24.5	16.7
	25—34 岁	21.3	0.5	31.5	22.7	24.0
	35—44 岁	24.1	0.5	32.5	25.9	17.0
	45—54 岁	24.4	0.5	34.5	21.6	19.0
	55—64 岁	29.3	0.6	37.5	15.3	17.3
	65 岁及以上	30.5	0.9	31.3	16.6	20.7
教育程度	未受过正规教育	27.7	0.8	27.4	20.4	23.7
	小学	26.6	0.7	31.8	23.6	17.3
	初中	24.6	0.5	33.4	23.3	18.2
	高中	24.5	0.4	32.0	23.2	19.9
	大学及以上	20.7	0.3	37.4	20.3	21.3
职业类别	干部/管理人员	23.3	0.3	31.8	20.6	24.0
	个体/私营企业人员	26.5	0.5	33.8	22.3	16.9
	初级公务员/雇员	21.8	0.4	35.9	20.7	21.2
	工人	24.7	0.9	32.1	22.1	20.2
	学生	21.0	0.3	25.0	36.7	17.0
	无业	28.0	0.6	29.9	21.7	19.8
	其他	25.8	0.6	40.8	16.9	15.9
个人月收入	0—300 元	24.5	0.5	28.1	27.7	19.2
	301—900 元	30.3	0.7	35.0	16.4	17.6
	901—1700 元	23.7	0.8	38.3	19.0	18.2
	1701—2600 元	25.5	0.5	35.3	21.4	17.3
	2601—3500 元	24.8	0.4	30.1	22.5	22.2
	3501 元及以上	25.2	0.4	31.9	21.9	20.6

表 3.27.3　2013 年浙江市场各类频道在不同时段的市场占有率（%）

时间段	中央台频道	中国教育台频道	浙江省级频道	其他省级卫视频道	其他频道
02:00—03:00	22.7	1.0	17.6	25.5	33.2
03:00—04:00	25.3	0.7	18.3	26.1	29.6
04:00—05:00	30.9	0.6	19.4	26.8	22.3
05:00—06:00	33.9	0.7	21.5	29.4	14.5
06:00—07:00	40.2	0.3	19.3	27.9	12.3
07:00—08:00	43.2	0.3	14.9	27.3	14.3
08:00—09:00	37.6	0.2	15.6	32.1	14.5
09:00—10:00	31.3	0.3	22.1	32.0	14.3
10:00—11:00	31.9	0.7	21.9	31.8	13.7
11:00—12:00	37.5	0.6	20.3	29.2	12.4
12:00—13:00	36.1	0.6	19.3	29.0	15.0
13:00—14:00	33.4	0.9	15.6	34.3	15.8
14:00—15:00	30.4	0.9	14.5	36.8	17.4
15:00—16:00	31.4	0.7	13.5	37.8	16.6
16:00—17:00	33.3	0.3	14.0	37.4	15.0
17:00—18:00	31.0	0.2	26.6	25.7	16.5
18:00—19:00	21.4	0.1	48.2	8.7	21.6
19:00—20:00	19.4	0.5	50.4	10.1	19.6
20:00—21:00	19.0	0.9	44.1	17.5	18.5
21:00—22:00	21.4	0.6	34.2	23.1	20.7
22:00—23:00	22.9	0.4	28.4	27.7	20.6
23:00—24:00	24.7	0.3	18.5	32.2	24.3
24:00—25:00	24.7	0.4	16.1	28.4	30.4
25:00—26:00	20.6	0.8	15.4	23.9	39.3

表 3.27.4　2013 年浙江市场收视份额排名前十位的频道

名次	频道名称	收视份额（%）
1	浙江电视台教育科技频道	6.5
2	浙江电视台经济生活频道	5.8
3	浙江电视台钱江都市频道	5.6
4	湖南电视台卫星频道	4.6
5	浙江卫视	4.4
6	浙江电视台影视娱乐频道	4.3
7	中央电视台少儿频道	3.3
8	中央台六套	3.1
9	中央电视台新闻频道	2.7
9	浙江电视台民生休闲频道	2.7

表 3.27.5　2013 年浙江市场各主要频道的观众构成（%）

目标观众		所有频道	浙江电视台教育科技频道	浙江电视台经济生活频道	浙江电视台钱江都市频道	湖南电视台卫星频道	浙江卫视
4 岁及以上所有人		100.0	100.0	100.0	100.0	100.0	100.0
城乡	城市	41.4	48.8	40.7	33.7	27.5	53.8
	农村	58.6	51.2	59.3	66.3	72.5	46.2
性别	男	51.2	48.7	50.6	50.5	36.9	50.7
	女	48.8	51.3	49.4	49.5	63.1	49.3
年龄	4—14 岁	12.4	7.7	7.2	7.1	25.9	6.4
	15—24 岁	8.2	10.2	9.2	11.1	13.1	9.2
	25—34 岁	13.9	13.3	8.5	11.5	13.7	14.1
	35—44 岁	19.5	16.3	22.7	20.4	25.4	20.5
	45—54 岁	21.1	26.5	28.1	19.4	14.3	24.3
	55—64 岁	14.3	14.5	15.9	17.4	4.1	14.2
	65 岁及以上	10.6	11.5	8.4	13.1	3.5	11.3
教育程度	未受过正规教育	9.6	8.4	9.8	9.3	6.0	6.0
	小学	26.1	24.0	25.3	24.6	33.2	24.2
	初中	37.3	39.6	39.2	37.3	37.1	36.1
	高中	16.0	18.9	16.8	9.8	14.6	19.2
	大学及以上	11.0	9.1	8.9	19.0	9.1	14.5
职业类别	干部/管理人员	1.9	2.1	1.5	1.3	2.0	3.1
	个体/私营企业人员	16.1	16.0	17.3	13.0	14.4	17.6
	初级公务员/雇员	20.6	15.4	22.3	29.2	17.7	21.1
	工人	14.9	18.1	19.3	11.5	12.5	14.0
	学生	10.3	5.7	8.8	7.0	28.1	8.3
	无业	27.5	32.1	19.5	24.8	20.2	26.4
	其他	8.7	10.6	11.3	13.2	5.1	9.5
个人月收入	0—300 元	29.1	27.2	21.3	27.2	45.2	24.5
	301—900 元	5.5	4.6	6.0	5.6	2.3	5.4
	901—1700 元	18.0	19.1	24.4	22.8	12.4	18.3
	1701—2600 元	20.2	24.4	23.8	20.4	17.7	22.8
	2601—3500 元	13.4	11.7	13.1	11.7	10.1	14.7
	3501 元及以上	13.8	13.0	11.4	12.3	12.3	14.3

表 3.27.6　2011—2013 年浙江市场各类节目的播出份额（%）和收视份额（%）

节目类别	2011 年		2012 年		2013 年	
	播出份额	收视份额	播出份额	收视份额	播出份额	收视份额
财经	2.7	1.0	2.4	0.8	2.1	0.6
电视剧	21.0	33.8	20.7	35.8	21.3	34.8
电影	3.3	3.7	3.8	3.8	4.5	4.8
法制	0.9	0.8	0.8	0.7	0.8	0.6
教学	0.4	0.1	0.3	0.1	0.2	0.0
青少	8.0	5.1	7.5	5.3	6.9	5.1
生活服务	8.8	9.5	9.7	10.4	10.1	9.1
体育	1.5	1.2	1.6	1.3	1.9	1.0
外语	0.0	0.0	0.0	0.0	0.0	0.0
戏剧	1.1	0.4	1.0	0.3	0.8	0.3
新闻/时事	13.8	11.3	15.4	12.8	15.3	14.2
音乐	3.0	0.6	2.7	0.6	2.5	0.6
专题	11.2	5.9	11.6	5.7	10.7	6.0
综艺	10.3	11.1	8.6	8.9	8.7	9.8
其他	14.0	15.5	13.9	13.5	14.2	13.1

表 3.27.7 2013 年浙江市场所有节目收视率排名前三十位

名次	节目名称	节目类型	播出频道	平均收视率（%）	平均占有率（%）
1	中国好声音年度盛典	综艺	浙江卫视	8.5	23.9
2	血色玫瑰之女子特遣队	电视剧	浙江电视台教育科技频道	5.9	15.5
3	一个鬼子都不留	电视剧	浙江电视台教育科技频道	5.7	14.5
4	那金花和她的女婿	电视剧	浙江电视台教育科技频道	5.6	15.1
5	桃花劫	电视剧	浙江电视台教育科技频道	5.6	13.9
6	武间道	电视剧	浙江电视台经济生活频道	5.4	16.7
7	妈妈你到底在哪里	电视剧	浙江电视台教育科技频道	5.4	14.3
8	等你回家	电视剧	浙江电视台教育科技频道	5.4	13.3
9	鸳鸯佩	电视剧	浙江电视台经济生活频道	5.3	15.6
10	英雄使命	电视剧	浙江电视台钱江都市频道	5.3	12.9
11	铁血壮士	电视剧	浙江电视台教育科技频道	5.0	13.0
11	打狗棍	电视剧	浙江电视台钱江都市频道	5.0	13.0
13	民国恩仇录	电视剧	浙江电视台教育科技频道	4.9	13.6
14	戏点鸳鸯	电视剧	浙江电视台经济生活频道	4.9	12.4
15	血誓	电视剧	浙江电视台经济生活频道	4.8	14.7
16	郎本无情	电视剧	浙江电视台教育科技频道	4.8	13.2
17	我的抗战之猎豹突击	电视剧	浙江电视台教育科技频道	4.8	12.5
18	利箭纵横	电视剧	浙江电视台教育科技频道	4.8	12.4
19	门第	电视剧	浙江电视台教育科技频道	4.7	13.1
20	狼烟	电视剧	浙江电视台钱江都市频道	4.7	12.2
21	错点鸳鸯	电视剧	浙江电视台经济生活频道	4.5	13.0
22	雅典娜女神	电视剧	浙江电视台教育科技频道	4.5	12.8
23	同在屋檐下	电视剧	浙江电视台教育科技频道	4.4	12.8
24	红轿子	电视剧	浙江电视台经济生活频道	4.4	12.3
25	贤妻	电视剧	浙江电视台钱江都市频道	4.4	10.6
26	乱世豪情	电视剧	浙江电视台经济生活频道	4.3	12.7
27	盛夏晚晴天	电视剧	浙江电视台经济生活频道	4.3	12.1
28	嫁入豪门	电视剧	浙江电视台经济生活频道	4.3	11.3
29	隐婚日记	电视剧	浙江电视台经济生活频道	4.2	12.4
30	零下三十八度	电视剧	浙江电视台经济生活频道	4.2	11.6

表 3.27.8　2013 年浙江市场电视剧收视率排名前十位

名次	节目名称	播出频道	平均收视率(%)	平均占有率(%)
1	血色玫瑰之女子特遣队	浙江电视台教育科技频道	5.9	15.5
2	一个鬼子都不留	浙江电视台教育科技频道	5.7	14.5
3	那金花和她的女婿	浙江电视台教育科技频道	5.6	15.1
4	桃花劫	浙江电视台教育科技频道	5.6	13.9
5	武间道	浙江电视台经济生活频道	5.4	16.7
6	妈妈你到底在哪里	浙江电视台教育科技频道	5.4	14.3
7	等你回家	浙江电视台教育科技频道	5.4	13.3
8	鸳鸯佩	浙江电视台经济生活频道	5.3	15.6
9	英雄使命	浙江电视台钱江都市频道	5.3	12.9
10	铁血壮士	浙江电视台教育科技频道	5.0	13.0

表 3.27.9　2013 年浙江市场新闻节目收视率排名前十位

名次	节目名称	播出频道	平均收视率(%)	平均占有率(%)
1	经视新闻	浙江电视台经济生活频道	2.8	6.9
2	众志成城抗击菲特	浙江卫视	2.4	6.2
3	小强热线	浙江电视台教育科技频道	2.3	6.4
4	津津有味道	浙江电视台经济生活频道	2.0	5.5
5	特别节目直击菲特	浙江电视台教育科技频道	1.9	7.4
5	特别节目直击菲特	浙江电视台经济生活频道	1.9	7.4
7	消费能见度	浙江电视台经济生活频道	1.9	5.3
8	今日关注	中央台四套	1.8	5.5
9	新闻 007	浙江电视台钱江都市频道	1.7	5.7
10	搜索	浙江电视台影视娱乐频道	1.6	4.0

表 3.27.10　2013 年浙江市场专题节目收视率排名前十位

名次	节目名称	播出频道	平均收视率(%)	平均占有率(%)
1	酷我真声音	浙江卫视	3.4	20.4
2	2012 年度风云浙商暨致敬十年颁奖盛典（2 月 15 日）	浙江电视台经济生活频道	2.5	8.1
3	生命舞迹刘福洋	浙江电视台公共频道	2.5	6.1
4	改变 2012 年度浙江省文明出行现状发布会	浙江电视台影视娱乐频道	2.0	6.2
5	浙江好人德行天下发现最美浙江人	浙江电视台钱江都市频道	1.9	5.2
6	有话好好说	浙江电视台教育科技频道	1.8	9.3
7	美丽浙江首届浙江最美乡村颁奖仪式	浙江电视台经济生活频道	1.8	6.4
8	资本相亲会	浙江电视台经济生活频道	1.8	5.0
8	嘉兴端午	浙江电视台影视娱乐频道	1.8	5.0
10	创新不息的生命之舞崔巍艺术世界	浙江电视台公共频道	1.8	4.2

表 3. 27. 11　2013 年浙江市场综艺节目收视率排名前十位

名次	节目名称	播出频道	平均收视率（%）	平均占有率（%）
1	中国好声音年度盛典	浙江卫视	8. 5	23. 9
2	爸爸去哪儿	湖南电视台卫星频道	3. 4	18. 8
3	2013 春节联欢晚会	浙江电视台经济生活频道	3. 3	8. 8
4	中国梦想秀(10 月 11 日—12 月 27 日)	浙江卫视	3. 2	11. 0
5	2013 小年夜大联欢快乐到家	湖南电视台卫星频道	3. 2	9. 2
6	元宵喜乐会	湖南电视台卫星频道	3. 2	9. 0
7	中国梦想秀（4 月 5 日—6 月 21 日）	浙江卫视	3. 0	10. 2
8	快乐大本营	湖南电视台卫星频道	3. 0	7. 9
9	第 15 届全国青年歌手电视大奖赛浙江赛区选拔赛三强赛	浙江电视台钱江都市频道	2. 6	5. 8
10	2013 男声学院（7 月 7 日）	湖南电视台卫星频道	2. 5	13. 1

表 3. 27. 12　2013 年浙江市场体育节目收视率排名前十位

名次	节目名称	播出频道	平均收视率（%）	平均占有率（%）
1	2013 年短道速滑世界锦标赛女子 500 米 1/4 决赛	中央台五套	1. 5	4. 7
2	2013 年亚洲冠军联赛决赛第二回合（韩国首尔 FC 队 VS 中国广州恒大队）	中央台五套	1. 5	3. 9
3	2013 年自由式滑雪空中技巧世界杯北京站	中央台五套	1. 5	3. 8
4	2012/2013 赛季 CBA 常规赛第 25 轮（青岛双星 VS 天津荣钢）	中央台五套	1. 4	5. 1
5	2012/2013 赛季 NBA 常规赛（尼克斯 VS 凯尔特人）	中央台五套	1. 3	7. 8
6	2013 年澳大利亚网球公开赛女单决赛	中央台五套	1. 3	6. 4
7	2013 年亚洲男篮锦标赛 1/4 决赛（中华台北队 VS 中国队）	中央台五套	1. 3	6. 1
8	2013 年全国女子举重锦标赛 58 公斤级决赛	中央台五套	1. 2	9. 9
9	2012/2013 赛季 CBA 总决赛颁奖仪式	中央台五套	1. 2	3. 5
10	2012/2013 赛季斯诺克威尔士公开赛半决赛	中央台五套	1. 1	4. 0

二十八、北京收视数据

表 3.28.1　2009—2013 年北京市场各类频道的市场占有率（%）

频道类别	年份				
	2009 年	2010 年	2011 年	2012 年	2013 年
中央台频道	28.0	25.6	25.8	26.4	26.0
中国教育台频道	1.8	1.8	2.4	2.5	2.2
北京台频道	39.8	40.4	40.8	38.1	39.0
其他省级卫视频道	19.4	20.1	20.7	22.3	22.3
其他频道	11.0	12.1	10.3	10.7	10.5

表 3.28.2　2013 年北京市场各类频道在不同目标观众中的市场占有率（%）

目标观众		中央台频道	中国教育台频道	北京台频道	其他省级卫视	其他频道
4 岁及以上所有人		26.0	2.2	39.0	22.3	10.5
性别	男	27.5	2.4	38.3	20.5	11.3
	女	24.6	1.9	39.6	24.0	9.9
年龄	4—14 岁	28.7	1.1	32.2	25.0	13.0
	15—24 岁	22.4	4.1	32.4	27.1	14.0
	25—34 岁	23.0	3.5	33.4	26.6	13.5
	35—44 岁	25.0	1.9	33.1	26.4	13.6
	45—54 岁	24.2	2.3	40.9	22.8	9.8
	55—64 岁	26.9	1.3	45.2	18.3	8.3
	65 岁及以上	34.5	1.3	44.9	13.6	5.7
教育程度	未受过正规教育	33.3	0.8	39.7	16.6	9.6
	小学	30.8	1.4	35.8	26.1	5.9
	初中	26.8	2.3	39.0	24.0	7.9
	高中	24.9	2.5	41.9	20.7	10.0
	大学及以上	25.2	2.0	36.2	22.6	14.0
职业类别	干部/管理人员	27.4	1.2	36.8	20.6	14.0
	个体/私营企业人员	24.3	3.1	33.5	28.6	10.5
	初级公务员/雇员	24.1	3.0	36.9	23.3	12.7
	工人	25.3	2.4	35.9	24.9	11.5
	学生	23.6	3.7	29.7	27.8	15.2
	无业	27.8	1.5	43.6	19.1	8.0
	其他	26.8	0.9	31.4	35.1	5.8
个人月收入	0—600 元	25.2	2.1	34.5	27.2	11.0
	601—1200 元	28.3	4.3	38.7	21.2	7.5
	1201—1700 元	26.0	3.4	39.1	22.0	9.5
	1701—2600 元	26.3	1.9	42.1	21.0	8.7
	2601—3500 元	26.5	2.2	41.2	18.9	11.2
	3501—5000 元	25.2	1.1	37.2	23.5	13.0
	5001 元及以上	25.7	2.4	34.5	23.2	14.2

表 3.28.3 2013 年北京市场各类频道在不同时段的市场占有率（%）

时间段	中央台频道	中国教育台频道	北京台频道	其他省级卫视频道	其他频道
02:00—03:00	23.5	1.2	17.4	27.2	30.7
03:00—04:00	28.1	0.7	13.4	26.3	31.5
04:00—05:00	31.6	0.6	10.2	21.2	36.4
05:00—06:00	35.1	0.6	16.1	20.0	28.2
06:00—07:00	39.9	0.5	32.2	15.3	12.1
07:00—08:00	33.6	0.2	45.3	12.9	8.0
08:00—09:00	31.1	0.4	40.2	18.6	9.7
09:00—10:00	28.0	0.5	33.1	26.7	11.7
10:00—11:00	27.5	0.7	32.6	27.9	11.3
11:00—12:00	29.9	4.3	34.3	21.9	9.6
12:00—13:00	23.7	7.0	47.3	14.4	7.6
13:00—14:00	26.5	2.3	37.6	22.4	11.2
14:00—15:00	25.3	1.3	29.4	30.7	13.3
15:00—16:00	25.4	1.3	29.3	31.3	12.7
16:00—17:00	25.9	1.1	31.4	29.9	11.7
17:00—18:00	24.4	1.3	42.7	20.9	10.7
18:00—19:00	25.4	3.8	53.6	7.5	9.7
19:00—20:00	25.4	1.9	52.8	11.8	8.1
20:00—21:00	25.6	1.2	42.3	23.3	7.6
21:00—22:00	25.9	1.9	37.8	26.2	8.2
22:00—23:00	22.5	3.7	32.3	30.1	11.4
23:00—24:00	26.7	0.8	24.4	32.0	16.1
24:00—25:00	29.0	0.7	22.1	28.2	20.0
25:00—26:00	24.0	0.9	23.9	26.3	24.9

表 3.28.4 2013 年北京市场收视份额排名前十位的频道

名次	频道名称	收视份额（%）
1	北京卫视	11.5
2	北京电视台影视频道	6.9
3	北京电视台科教频道	4.0
4	北京电视台生活频道	3.8
5	中央电视台综合频道	3.2
5	中央台三套	3.2
7	中央电视台新闻频道	3.1
7	中央台四套	3.1
9	北京电视台文艺频道	2.6
10	北京电视台体育频道	2.5

表 3.28.5　2013 年北京市场各主要频道的观众构成（%）

目标观众		所有频道	北京卫视	北京电视台影视频道	北京电视台科教频道	北京电视台生活频道	中央电视台综合频道
4 岁及以上所有人		100.0	100.0	100.0	100.0	100.0	100.0
性别	男	49.6	47.4	49.3	44.5	42.5	47.1
	女	50.4	52.6	50.7	55.5	57.5	52.9
年龄	4—14 岁	4.2	2.0	2.1	2.4	2.3	4.1
	15—24 岁	4.6	3.5	4.0	3.6	3.6	3.6
	25—34 岁	18.1	13.7	12.0	12.2	15.0	18.6
	35—44 岁	15.2	10.7	14.0	12.5	12.1	13.7
	45—54 岁	26.1	24.8	31.8	29.5	28.9	20.0
	55—64 岁	19.2	24.0	19.8	25.8	23.7	20.9
	65 岁及以上	12.7	21.3	16.3	14.1	14.5	19.1
教育程度	未受过正规教育	3.0	2.2	2.2	2.8	2.1	4.5
	小学	5.3	4.8	6.0	4.7	4.0	4.4
	初中	24.5	25.9	26.3	27.5	22.5	23.9
	高中	35.3	37.3	38.5	41.3	41.5	31.0
	大学及以上	31.9	29.8	27.0	23.7	29.9	36.1
职业类别	干部/管理人员	7.1	6.1	6.6	5.9	5.8	8.9
	个体/私营企业人员	8.0	5.4	7.0	7.2	7.5	6.0
	初级公务员/雇员	27.2	23.6	23.4	20.9	27.0	24.8
	工人	8.8	6.8	7.8	8.9	8.0	6.6
	学生	5.0	3.2	3.6	2.9	3.7	3.7
	无业	42.5	53.5	50.2	53.1	47.3	48.0
	其他	1.4	1.4	1.4	1.1	0.6	2.0
个人月收入	0—600 元	16.3	13.2	15.3	13.8	12.1	15.4
	601—1200 元	5.0	4.3	6.4	6.0	5.1	5.0
	1201—1700 元	8.5	8.3	8.0	9.8	11.2	7.8
	1701—2600 元	31.4	35.0	34.4	36.4	35.0	30.1
	2601—3500 元	16.6	19.6	18.6	15.4	15.7	19.9
	3501—5000 元	12.2	10.9	10.7	10.4	13.1	11.1
	5001 元及以上	9.9	8.6	6.6	8.2	7.9	10.6

表 3.28.6　2011—2013 年北京市场各类节目的播出份额（%）和收视份额（%）

节目类别	2011 年		2012 年		2013 年	
	播出份额	收视份额	播出份额	收视份额	播出份额	收视份额
财经	2.7	2.4	2.7	1.7	2.5	2.0
电视剧	27.1	27.8	20.5	29.3	20.6	27.3
电影	3.9	3.7	3.6	3.1	4.3	3.5
法制	1.1	2.8	1.0	1.1	0.9	0.7
教学	0.5	0.2	0.4	0.2	0.2	0.1
青少	5.7	3.0	6.4	2.3	6.0	2.7
生活服务	8.9	11.0	9.5	11.6	9.8	11.6
体育	2.7	4.0	2.4	5.2	2.8	5.1
外语	0.1	0.0	0.0	0.0	0.0	0.0
戏剧	1.1	0.5	1.0	0.5	0.8	0.3
新闻/时事	9.8	10.3	14.5	11.2	14.4	12.6
音乐	2.8	1.0	2.6	1.1	2.4	1.0
专题	11.5	10.7	12.9	10.4	12.8	9.6
综艺	8.4	11.3	9.1	11.9	9.0	13.0
其他	13.9	11.2	13.5	10.3	13.7	10.6

表 3.28.7　2013 年北京市场所有节目收视率排名前三十位

名次	节目名称	节目类型	播出频道	平均收视率（%）	平均占有率（%）
1	天气预报	生活服务	北京卫视	10.9	37.1
2	2013 北京电视台春节联欢晚会	综艺	北京卫视	9.6	25.5
3	2013 元宵晚会	综艺	中央电视台综合频道	9.5	21.0
4	打狗棍	电视剧	北京卫视	9.4	25.5
5	2013 春节联欢晚会	综艺	北京卫视	8.8	21.6
6	中国好声音年度盛典	综艺	浙江卫视	8.1	21.7
7	老有所依	电视剧	北京卫视	7.8	20.9
8	2015 年亚洲杯预选赛（中国 VS 沙特阿拉伯）	体育	中央台五套	7.6	19.2
9	大宅门 1912	电视剧	北京卫视	7.5	21.6
10	转播中央台新闻联播	新闻/时事	北京卫视	7.3	23.5
11	娘要嫁人	电视剧	北京卫视	7.3	19.1
12	2013 年亚冠联赛小组赛（北京国安 VS 广岛三箭）	体育	北京电视台体育频道	7.0	19.0
13	2013 年亚洲冠军联赛颁奖仪式	体育	中央台五套	6.7	18.3
14	北京新闻	新闻/时事	北京卫视	6.6	24.1
15	2013 年中国足协杯第 5 轮（北京国安 VS 青岛中能）	体育	北京电视台体育频道	6.6	18.5
16	渗透	电视剧	北京卫视	6.6	17.8
17	CCTV2013 年 315 晚会	综艺	中央电视台综合频道	6.4	16.0
18	六块六毛六那点事	电视剧	北京电视台影视频道	6.3	16.6
19	2013 年中国足球协会超级联赛第 26 轮（北京国安 VS 上海申花）	体育	北京电视台体育频道	6.3	16.5
20	正阳门下	电视剧	北京卫视	6.2	17.3
21	假如生活欺骗了你	电视剧	北京卫视	6.1	17.2
22	我们的快乐人生	电视剧	北京电视台影视频道	5.9	15.5
23	上阵父子兵	电视剧	北京卫视	5.8	17.3
24	火线三兄弟	电视剧	北京电视台影视频道	5.5	16.7
25	毕有财	电视剧	北京卫视	5.5	14.6
26	独生子女的婆婆妈妈	电视剧	北京卫视	5.5	13.6
27	决战燕子门	电视剧	北京电视台影视频道	5.3	15.7
28	门第	电视剧	北京电视台影视频道	5.3	13.7
29	反击	电视剧	北京电视台影视频道	5.2	15.2
30	我是歌手总决赛歌王之战	综艺	湖南电视台卫星频道	5.0	15.2

表 3.28.8　2013 年北京市场电视剧收视率排名前十位

名次	节目名称	播出频道	平均收视率（%）	平均占有率（%）
1	打狗棍	北京卫视	9.4	25.5
2	老有所依	北京卫视	7.8	20.9
3	大宅门 1912	北京卫视	7.5	21.6
4	娘要嫁人	北京卫视	7.3	19.1
5	渗透	北京卫视	6.6	17.8
6	六块六毛六那点事	北京电视台影视频道	6.3	16.6
7	正阳门下	北京卫视	6.2	17.3
8	假如生活欺骗了你	北京卫视	6.1	17.2
9	我们的快乐人生	北京电视台影视频道	5.9	15.5
10	上阵父子兵	北京卫视	5.8	17.3

表 3.28.9　2013 年北京市场新闻节目收视率排名前十位

名次	节目名称	播出频道	平均收视率（%）	平均占有率（%）
1	转播中央台新闻联播	北京卫视	7.3	23.5
2	北京新闻	北京卫视	6.6	24.1
3	嫦娥三号登月之旅（12 月 14 日）	中央电视台综合频道	2.7	6.8
4	太空新旅再探天宫天宫一号与神舟十号载人飞行任务特别报道	中央电视台新闻频道	2.6	11.9
5	今日关注	中央台四套	2.5	7.0
6	都市晚高峰（4 月 20/21 日）	北京卫视	2.3	12.1
7	关注四川雅安 7.0 级地震（4 月 20/21 日）	北京卫视	2.0	6.2
8	太空新旅再探天宫天宫一号与神舟十号载人飞行任务特别报道	中央电视台综合频道	1.9	8.7
9	东方时空（4 月 20/21 日）	中央电视台综合频道	1.9	5.3
10	中国新闻	中央台四套	1.8	4.9

表 3.28.10　2013 年北京市场专题节目收视率排名前十位

名次	节目名称	播出频道	平均收视率（%）	平均占有率（%）
1	酷我真声音	浙江卫视	3.5	15.4
2	中国汉字听写大会 2013 总决赛	中央电视台综合频道	2.8	7.2
3	今日京华	北京卫视	2.5	10.1
4	为你而歌第十一部	北京卫视	2.2	9.8
5	感动中国 2012 年度人物颁奖典礼	中央电视台综合频道	1.8	4.3
6	身边致命来客	北京卫视	1.7	8.8
7	温暖 2012	中央台三套	1.7	4.9
8	舞台寻梦喜悦人生元旦特别节目	北京电视台科教频道	1.7	4.1
9	档案	北京卫视	1.6	5.0
10	纪录之旅	中国教育台三套	1.5	6.0

表 3.28.11 2013 年北京市场综艺节目收视率排名前十位

名次	节目名称	播出频道	平均收视率(%)	平均占有率(%)
1	2013 北京电视台春节联欢晚会	北京卫视	9.6	25.5
2	2013 元宵晚会	中央电视台综合频道	9.5	21.0
3	2013 春节联欢晚会	北京卫视	8.8	21.6
4	中国好声音年度盛典	浙江卫视	8.1	21.7
5	CCTV2013 年 315 晚会	中央电视台综合频道	6.4	16.0
6	我是歌手总决赛歌王之战	湖南电视台卫星频道	5.0	15.2
7	特别节目新编辑部故事首播庆典	北京卫视	4.9	12.5
8	特别节目大剧揭秘之上阵父子兵	北京卫视	4.2	12.4
9	星光大道(2 月 7 日)	中央台三套	4.1	10.5
10	幸福 NO.1 春节联欢晚会 2013	江苏卫视	4.0	10.4

表 3.28.12 2013 年北京市场体育节目收视率排名前十位

名次	节目名称	播出频道	平均收视率(%)	平均占有率(%)
1	2015 年亚洲杯预选赛(中国 VS 沙特阿拉伯)	中央台五套	7.6	19.2
2	2013 年亚冠联赛小组赛(北京国安 VS 广岛三箭)	北京电视台体育频道	7.0	19.0
3	2013 年亚洲冠军联赛颁奖仪式	中央台五套	6.7	18.3
4	2013 年中国足协杯第 5 轮(北京国安 VS 青岛中能)	北京电视台体育频道	6.6	18.5
5	2013 年中国足球协会超级联赛第 26 轮(北京国安 VS 上海申花)	北京电视台体育频道	6.3	16.5
6	2012/2013 赛季中国男子篮球职业联赛(北京金隅 VS 九台农商银行)	北京电视台体育频道	5.0	12.5
7	13/14 赛季中职篮第 13 轮(北京金隅 VS 浙江稠州银行)	北京电视台体育频道	4.7	12.1
8	2013 年澳大利亚网球公开赛女单决赛	中央台五套	4.5	16.8
9	2013 年中超联赛第四轮(江苏舜天 VS 北京国安)	北京电视台体育频道	4.2	10.7
10	2013 年世界羽毛球锦标赛男单决赛	中央台五套	4.1	11.4

二十九、上海收视数据

表 3.29.1 2009—2013 年上海市场各类频道的市场占有率（%）

频道类别	年份				
	2009 年	2010 年	2011 年	2012 年	2013 年
中央台频道	18.2	17.8	16.8	16.1	15.7
中国教育台频道	0.3	0.3	0.3	0.2	0.1
上海市级频道	58.1	56.1	57.4	55.2	55.9
其他省级卫视频道	19.6	20.2	18.1	19.2	17.6
其他频道	3.8	5.6	7.4	9.3	10.7

表 3.29.2 2013 年上海市场各类频道在不同目标观众中的市场占有率（%）

目标观众		中央台频道	中国教育台频道	上海市级频道	其他省级卫视频道	其他频道
4 岁及以上所有人		15.7	0.1	55.9	17.6	10.7
性别	男	18.5	0.1	54.2	16.4	10.8
	女	12.7	0.1	57.6	18.7	10.9
年龄	4—14 岁	12.1	0.1	49.9	25.8	12.1
	15—24 岁	11.2	0.1	52.0	21.4	15.3
	25—34 岁	13.1	0.1	55.5	19.7	11.6
	35—44 岁	16.3	0.1	50.7	21.6	11.3
	45—54 岁	14.3	0.1	55.3	18.1	12.2
	55—64 岁	16.8	0.1	58.2	15.4	9.5
	65 岁及以上	20.2	0.1	60.9	11.5	7.3
教育程度	未受过正规教育	13.1	0.1	58.3	17.6	10.9
	小学	12.9	0.2	64.9	17.0	5.0
	初中	17.6	0.1	53.8	19.8	8.7
	高中	14.4	0.1	56.7	16.8	12.0
	大学及以上	16.2	0.1	54.4	16.3	13.0
职业类别	干部/管理人员	12.5	0.1	53.0	19.4	15.0
	个体/私营企业人员	20.4	0.1	47.4	18.8	13.3
	初级公务员/雇员	14.2	0.1	53.6	19.5	12.6
	工人	14.6	0.1	55.7	17.0	12.6
	学生	10.8	0.1	53.4	26.1	9.6
	无业	17.1	0.1	59.5	14.5	8.8
	其他	22.4	0.4	47.3	28.7	1.2
个人月收入	0—600 元	12.5	0.1	51.9	24.9	10.6
	601—1200 元	13.3	0.2	60.1	17.4	9.0
	1201—1700 元	14.7	0.1	61.5	16.9	6.8
	1701—2600 元	15.7	0.1	57.9	15.7	10.6
	2601—3500 元	17.0	0.1	53.7	17.0	12.2
	3501—5000 元	17.9	0.1	52.9	18.3	10.8
	5001 元及以上	16.0	0.1	54.3	15.4	14.2

表 3. 29. 3 2013 年上海市场各类频道在不同时段的市场占有率（%）

时间段	中央台频道	中国教育台频道	上海市级频道	其他省级卫视频道	其他频道
02:00—03:00	21.5	0.2	31.6	28.8	17.9
03:00—04:00	20.3	0.3	26.9	26.8	25.7
04:00—05:00	24.6	0.2	25.6	29.7	19.9
05:00—06:00	21.1	0.2	29.2	33.2	16.3
06:00—07:00	13.7	0.2	53.1	21.4	11.6
07:00—08:00	11.9	0.1	69.5	8.6	9.9
08:00—09:00	15.7	0.1	59.8	13.6	10.8
09:00—10:00	17.6	0.1	49.8	19.6	12.9
10:00—11:00	18.8	0.2	48.9	19.6	12.5
11:00—12:00	20.3	0.1	49.9	17.3	12.4
12:00—13:00	21.5	0.1	49.3	17.0	12.1
13:00—14:00	23.0	0.2	39.9	22.3	14.6
14:00—15:00	20.1	0.2	40.2	24.0	15.5
15:00—16:00	20.5	0.2	40.4	24.3	14.6
16:00—17:00	19.1	0.1	44.3	23.3	13.2
17:00—18:00	16.1	0.1	55.3	18.5	10.0
18:00—19:00	7.4	0.0	80.4	6.2	6.0
19:00—20:00	10.2	0.1	74.3	8.7	6.7
20:00—21:00	14.3	0.1	60.8	17.2	7.6
21:00—22:00	16.3	0.1	55.0	19.1	9.5
22:00—23:00	14.0	0.1	51.8	22.8	11.3
23:00—24:00	16.0	0.0	48.8	21.3	13.9
24:00—25:00	20.1	0.1	38.2	22.5	19.1
25:00—26:00	18.8	0.1	37.8	23.3	20.0

表 3. 29. 4 2013 年上海市场收视份额排名前十位的频道

名次	频道名称	收视份额（%）
1	上海电视台新闻综合频道	13.3
2	上海电视台娱乐频道	10.3
3	上海东方卫视	8.0
4	上海电视台电视剧频道	6.7
5	上海东方电影频道	4.1
6	中央台四套	2.8
7	上海电视台五星体育频道	2.7
7	上海电视台星尚频道	2.7
9	中央电视台新闻频道	2.2
9	浙江卫视	2.2

表 3.29.5 2013 年上海市场各主要频道的观众构成（%）

目标观众		所有频道	上海电视台新闻综合频道	上海电视台娱乐频道	上海东方卫视	上海电视台电视剧频道	上海东方电影频道
4 岁及以上所有人		100.0	100.0	100.0	100.0	100.0	100.0
性别	男	51.0	51.7	44.2	44.2	45.2	58.5
	女	49.0	48.3	55.8	55.8	54.8	41.5
年龄	4—14 岁	3.3	2.5	2.3	2.4	1.7	3.1
	15—24 岁	6.9	4.4	6.1	7.7	6.3	6.9
	25—34 岁	12.5	11.0	12.5	15.0	8.6	11.9
	35—44 岁	13.1	10.6	10.5	13.1	10.1	16.2
	45—54 岁	25.7	25.8	25.0	26.1	25.7	24.1
	55—64 岁	22.6	25.0	24.1	22.9	24.5	25.7
	65 岁及以上	15.9	20.7	19.5	12.8	23.1	12.1
教育程度	未受过正规教育	2.4	2.3	2.6	1.5	4.0	1.8
	小学	6.3	7.4	10.1	4.6	9.7	4.6
	初中	28.3	28.9	26.0	22.7	30.4	38.1
	高中	38.5	38.9	40.1	41.1	38.0	38.0
	大学及以上	24.5	22.5	21.2	30.1	17.9	17.5
职业类别	干部/管理人员	4.4	3.5	2.9	4.4	4.3	3.5
	个体/私营企业人员	5.9	5.7	4.5	4.6	5.1	4.2
	初级公务员/雇员	33.1	30.7	31.1	36.4	23.5	34.6
	工人	6.1	5.3	6.2	6.1	7.3	7.5
	学生	6.0	3.7	6.3	5.9	5.8	6.0
	无业	43.9	50.8	48.7	42.5	53.8	42.1
	其他	0.6	0.3	0.3	0.1	0.2	2.1
个人月收入	0—600 元	12.0	8.2	12.4	11.1	9.0	12.6
	601—1200 元	5.4	5.8	4.7	4.0	12.5	7.2
	1201—1700 元	8.1	8.7	10.5	9.1	8.9	9.2
	1701—2600 元	35.9	38.9	39.2	35.2	41.2	36.0
	2601—3500 元	17.5	18.0	16.2	17.6	13.6	17.9
	3501—5000 元	13.9	13.3	10.9	15.0	9.7	11.9
	5001 元及以上	7.2	7.1	6.1	8.0	5.1	5.2

表 3.29.6 2011—2013 年上海市场各类节目的播出份额（%）和收视份额（%）

节目类别	2011 年		2012 年		2013 年	
	播出份额	收视份额	播出份额	收视份额	播出份额	收视份额
财经	3.1	2.0	2.8	1.5	2.6	1.5
电视剧	19.6	27.1	19.6	27.3	20.5	27.3
电影	4.1	5.6	4.7	5.2	5.1	4.9
法制	0.9	2.3	1.0	2.7	1.0	2.5
教学	0.4	0.2	0.3	0.1	0.2	0.0
青少	7.6	2.2	7.0	1.7	6.6	1.4
生活服务	9.6	8.8	10.1	9.9	10.6	10.1
体育	2.4	3.7	2.5	4.6	2.7	4.3
外语	0.3	0.0	0.2	0.0	0.2	0.0
戏剧	1.8	0.6	1.9	0.7	1.5	0.5
新闻/时事	11.9	13.3	13.1	13.9	13.0	14.6
音乐	3.0	0.9	2.6	0.8	2.5	0.8
专题	11.4	6.7	11.7	6.2	10.9	5.3
综艺	10.5	14.6	9.4	15.0	9.1	15.9
其他	13.4	12.0	13.1	10.4	13.5	10.9

表 3.29.7　2013 年上海市场所有节目收视率排名前三十位

名次	节目名称	节目类型	播出频道	平均收视率（%）	平均占有率（%）
1	中国梦之声总决选	综艺	上海东方卫视	17.1	54.0
2	中国达人秀达人盛典（1月27日）	综艺	上海东方卫视	14.5	41.3
3	2013 春节联欢晚会	综艺	中央电视台综合频道	13.5	35.0
4	中国达人秀(12月8日)	综艺	上海东方卫视	11.6	36.4
5	妈妈咪呀做女人就这样巅峰夜	综艺	上海东方卫视	11.5	42.0
6	中国梦之声致敬建设者唱响中国梦高温慰问演出	综艺	上海东方卫视	11.5	38.6
7	春暖东方花开中国 2013 群星新春大联欢	综艺	上海东方卫视	11.3	33.2
8	新闻透视	新闻/时事	上海电视台新闻综合频道	10.9	38.6
9	12319 夏令热线特别报道	新闻/时事	上海电视台新闻综合频道	10.9	37.4
10	新闻报道	新闻/时事	上海电视台新闻综合频道	9.7	36.1
11	观众中来	新闻/时事	上海电视台新闻综合频道	9.7	34.3
12	天气预报	生活服务	上海电视台新闻综合频道	8.7	30.5
13	舞林争霸（3月17日）	综艺	上海东方卫视	8.6	28.6
14	2013 十大快乐明星家庭颁奖典礼	综艺	上海电视台娱乐频道	8.3	28.9
15	笑林盛典欢欢笑笑迎财神	综艺	上海电视台娱乐频道	8.3	24.8
16	我和春天有个约会	音乐	上海电视台娱乐频道	7.8	23.3
17	2012 年名优新上海广播电视台 SMG 播音员主持人评选颁奖盛典	综艺	上海电视台娱乐频道	7.1	21.3
18	东方 110	法制	上海电视台新闻综合频道	7.0	23.7
19	案件聚焦	法制	上海电视台新闻综合频道	6.9	23.0
20	梦圆东方一生一世跨年盛典	综艺	上海东方卫视	6.7	23.7
21	悦悦一口舒	综艺	上海电视台娱乐频道	6.7	20.9
22	庭审纪实	法制	上海电视台新闻综合频道	6.1	20.3
23	财神到	综艺	上海电视台娱乐频道	6.0	17.0
24	新闻坊	新闻/时事	上海电视台新闻综合频道	5.9	26.2
25	花样年华电视大咖秀	综艺	上海电视台娱乐频道	5.6	18.3
26	1/7	新闻/时事	上海电视台新闻综合频道	5.6	17.5
27	新老娘舅柏万青和谐热线	生活服务	上海电视台娱乐频道	5.5	19.3
28	我和春天有个约会	音乐	上海东方卫视	5.3	17.6
29	一呼柏应	综艺	上海电视台娱乐频道	5.3	15.9
30	2013 年亚冠联赛决赛第二回合（广州恒大 VS 首尔 FC）	体育	上海电视台五星体育频道	5.3	15.3

表 3. 29. 8　2013 年上海市场电视剧收视率排名前十位

名次	节目名称	播出频道	平均收视率（%）	平均占有率（%）
1	终极任务	上海电视台新闻综合频道	5. 2	15. 0
2	妯娌的三国时代	上海东方卫视	4. 9	14. 6
3	雅典娜女神	上海电视台电视剧频道	4. 9	14. 5
4	刀影	上海电视台新闻综合频道	4. 9	14. 3
5	穷孩子富孩子	上海电视台电视剧频道	4. 8	14. 6
6	连环套	上海电视台新闻综合频道	4. 8	14. 2
7	女子别动队	上海电视台新闻综合频道	4. 7	14. 2
8	银婚	上海电视台电视剧频道	4. 7	13. 9
9	光荣使命	上海电视台新闻综合频道	4. 6	13. 4
10	捍卫者	上海电视台新闻综合频道	4. 6	13. 3

表 3. 29. 9　2013 年上海市场新闻节目收视率排名前十位

名次	节目名称	播出频道	平均收视率（%）	平均占有率（%）
1	新闻透视	上海电视台新闻综合频道	10. 9	38. 6
2	12319 夏令热线特别报道	上海电视台新闻综合频道	10. 9	37. 4
3	新闻报道	上海电视台新闻综合频道	9. 7	36. 1
4	观众中来	上海电视台新闻综合频道	9. 7	34. 3
5	新闻坊	上海电视台新闻综合频道	5. 9	26. 2
6	1/7	上海电视台新闻综合频道	5. 6	17. 5
7	媒体大搜索	上海电视台新闻综合频道	3. 1	18. 4
8	新闻夜线	上海电视台新闻综合频道	3. 0	10. 2
9	太空新旅再探天宫天宫一号与神舟十号载人飞行任务特别报道	中央电视台综合频道	2. 3	10. 7
10	东方新闻	上海东方卫视	2. 3	9. 4

表 3. 29. 10　2013 年上海市场专题节目收视率排名前十位

名次	节目名称	播出频道	平均收视率（%）	平均占有率（%）
1	使命与智慧的交响十一届上海市政协履职纪实	上海电视台新闻综合频道	3. 8	12. 6
2	尽心尽责为人民上海人大五年履职掠影	上海电视台新闻综合频道	3. 7	11. 0
3	蓝天下的至爱特别节目	上海电视台娱乐频道	3. 6	12. 8
4	新闻的力量上海电视新闻 55 周年特别节目	上海电视台新闻综合频道	3. 3	11. 2
5	家庭演播室	上海电视台娱乐频道	3. 2	9. 4
6	筑梦空间站神舟十号发射特别报道	上海电视台新闻综合频道	2. 8	12. 2
7	东方直播室	上海东方卫视	2. 3	10. 9
8	骆意不绝	上海东方卫视	2. 2	13. 9
9	酷我真声音	浙江卫视	2. 1	10. 4
10	筑梦空间站神舟十号发射特别报道	上海东方卫视	1. 7	7. 3

表 3.29.11　2013 年上海市场综艺节目收视率排名前十位

名次	节目名称	播出频道	平均收视率（%）	平均占有率（%）
1	中国梦之声总决选	上海东方卫视	17.1	54.0
2	中国达人秀达人盛典（1 月 27 日）	上海东方卫视	14.5	41.3
3	2013 春节联欢晚会	中央电视台综合频道	13.5	35.0
4	中国达人秀（12 月 8 日）	上海东方卫视	11.6	36.4
5	妈妈咪呀做女人就这样巅峰夜	上海东方卫视	11.5	42.0
6	中国梦之声致敬建设者唱响中国梦高温慰问演出	上海东方卫视	11.5	38.6
7	春暖东方花开中国 2013 群星新春大联欢	上海东方卫视	11.3	33.2
8	舞林争霸（3 月 17 日）	上海东方卫视	8.6	28.6
9	2013 十大快乐明星家庭颁奖典礼	上海电视台娱乐频道	8.3	28.9
10	笑林盛典欢欢笑笑迎财神	上海电视台娱乐频道	8.3	24.8

表 3.29.12　2013 年上海市场体育节目收视率排名前十位

名次	节目名称	播出频道	平均收视率（%）	平均占有率（%）
1	2013 年亚冠联赛决赛第二回合（广州恒大 VS 首尔 FC）	上海电视台五星体育频道	5.3	15.3
2	2013 年中国足球协会超级联赛第二轮（上海申鑫 VS 上海申花）	上海电视台五星体育频道	4.3	17.8
3	黄金赛场：2015 年亚洲杯预选赛 C 组（中国 VS 伊拉克）	中央台五套	4.3	12.8
4	2013 年澳大利亚网球公开赛女单决赛（李娜 VS 阿扎伦卡）	上海电视台五星体育频道	3.4	13.3
5	直播周末 2013 年亚洲冠军联赛颁奖仪式	中央台五套	3.2	11.2
6	直播周末：2013 年澳大利亚网球公开赛女单决赛	中央台五套	2.6	10.4
7	G 赛场：2015 年亚洲杯预选赛（中国 VS 沙特阿拉伯）	上海电视台五星体育频道	2.6	8.4
8	G 赛场：2013 年东亚杯男足决赛阶段（澳大利亚 VS 中国）	上海电视台五星体育频道	2.4	12.2
9	黄金赛场：2013 年世乒赛男单决赛	中央台五套	2.4	8.5
10	2012/2013 赛季 CBA 常规赛第 25 轮（江苏中天钢铁 VS 上海玛吉斯）	上海电视台五星体育频道	2.2	10.7

三十、天津收视数据

表 3.30.1　2009—2013 年天津市场各类频道的市场占有率（%）

频道类别	年份				
	2009 年	2010 年	2011 年	2012 年	2013 年
中央台频道	35.2	28.5	26.4	27.2	28.5
中国教育台频道	0.4	0.5	0.7	0.5	0.4
天津市级频道	30.3	36.5	39.7	39.0	35.5
其他省级卫视频道	22.4	24.9	25.8	26.3	27.0
其他频道	11.7	9.7	7.4	7.0	8.6

表 3.30.2　2013 年天津市场各类频道在不同目标观众中的市场占有率（%）

目标观众		中央台频道	中国教育台频道	天津市级频道	其他省级卫视频道	其他频道
4 岁及以上所有人		28.5	0.4	35.5	27.0	8.6
性别	男	30.5	0.4	35.3	25.3	8.5
	女	26.5	0.4	35.8	28.8	8.5
年龄	4—14 岁	26.7	0.5	27.9	34.9	10.0
	15—24 岁	21.5	0.6	34.9	32.6	10.4
	25—34 岁	25.6	0.4	30.7	33.7	9.6
	35—44 岁	27.4	0.4	30.9	30.0	11.3
	45—54 岁	27.2	0.4	38.4	26.2	7.8
	55—64 岁	31.4	0.3	40.0	20.4	7.9
	65 岁及以上	36.6	0.3	38.0	20.3	4.8
教育程度	未受过正规教育	30.0	0.4	40.5	21.9	7.2
	小学	27.3	0.4	35.0	28.3	9.0
	初中	27.3	0.4	36.6	27.7	8.0
	高中	29.0	0.5	35.1	27.1	8.3
	大学及以上	29.8	0.5	34.1	26.2	9.4
职业类别	干部/管理人员	32.1	0.7	30.2	27.4	9.6
	个体/私营企业人员	28.5	0.3	27.7	33.0	10.5
	初级公务员/雇员	26.3	0.4	38.1	25.6	9.6
	工人	27.4	0.5	36.7	27.4	8.0
	学生	23.0	0.6	31.5	33.7	11.2
	无业	30.6	0.4	37.7	24.2	7.1
	其他	27.8	0.4	29.9	32.5	9.4
个人月收入	0—600 元	25.9	0.5	33.1	31.7	8.8
	601—1200 元	28.1	0.4	35.4	24.8	11.3
	1201—1700 元	27.0	0.5	37.6	27.6	7.3
	1701—2600 元	29.9	0.3	38.8	23.1	7.9
	2601—3500 元	28.3	0.3	33.6	28.0	9.8
	3501—5000 元	33.1	0.6	32.3	26.4	7.6
	5001 元及以上	31	0.2	33.3	27.2	8.3

表 3. 30. 3 2013 年天津市场各类频道在不同时段的市场占有率（%）

时间段	中央台频道	中国教育台频道	天津市级频道	其他省级卫视频道	其他频道
02:00—03:00	28.6	0.8	11.2	43.2	16.2
03:00—04:00	26.3	0.7	9.5	43.1	20.4
04:00—05:00	27.6	0.4	9.6	39.1	23.3
05:00—06:00	30.4	0.6	13.5	32.5	23.0
06:00—07:00	38.4	0.2	14.9	31.1	15.4
07:00—08:00	35.1	0.1	34.3	21.8	8.7
08:00—09:00	33.6	0.2	33.3	24.1	8.8
09:00—10:00	28.7	0.2	32.5	28.8	9.8
10:00—11:00	26.9	0.4	33.3	29.7	9.7
11:00—12:00	29.9	0.4	32.7	28.4	8.6
12:00—13:00	37.9	0.4	27.0	26.3	8.4
13:00—14:00	29.2	0.7	32.8	28.2	9.1
14:00—15:00	27.4	0.8	30.6	31.7	9.5
15:00—16:00	26.8	0.7	30.9	31.9	9.7
16:00—17:00	25.5	0.3	33.4	32.2	8.6
17:00—18:00	24.9	0.2	39.7	27.4	7.8
18:00—19:00	29.9	0.1	51.1	11.4	7.5
19:00—20:00	35.0	0.3	43.9	14.3	6.5
20:00—21:00	25.4	0.6	40.3	26.5	7.2
21:00—22:00	25.3	0.5	36.5	29.8	7.9
22:00—23:00	22.5	0.6	34.4	34.0	8.5
23:00—24:00	27.1	0.3	21.7	40.9	10.0
24:00—25:00	30.6	0.4	17.9	39.4	11.7
25:00—26:00	30.4	0.7	13.7	40.3	14.9

表 3. 30. 4 2013 年天津市场收视份额排名前十位的频道

名次	频道名称	收视份额（%）
1	天津卫视	11.9
2	中央电视台综合频道	5.4
3	天津电视台四套（都市频道）	4.3
3	天津电视台三套（影视频道）	4.3
5	天津电视台二套（文艺频道）	3.9
6	天津电视台一套（新闻频道）	3.4
7	中央电视台新闻频道	3.2
7	中央台三套	3.2
9	湖南电视台卫星频道	2.8
10	中央台四套	2.6

表 3.30.5　2013 年天津市场各主要频道的观众构成（%）

目标观众		所有频道	天津卫视	中央电视台综合频道	天津电视台四套(都市频道)	天津电视台三套(影视频道)	天津电视台二套(文艺频道)
4 岁及以上所有人		100.0	100.0	100.0	100.0	100.0	100.0
性别	男	49.9	48.2	48.1	47.3	50.9	47.4
	女	50.1	51.8	51.9	52.7	49.1	52.6
年龄	4—14 岁	5.7	4.5	4.5	2.5	2.8	3.4
	15—24 岁	12.1	14.7	9.6	8.5	10.9	11.1
	25—34 岁	10.9	10.7	9.0	9.4	6.3	7.3
	35—44 岁	15.8	12.6	12.1	12.4	13.0	16.6
	45—54 岁	24.0	30.0	23.0	22.9	24.9	23.4
	55—64 岁	15.7	15.9	18.8	23.6	13.5	18.2
	65 岁及以上	15.8	11.6	23.0	20.7	28.6	20.1
教育程度	未受过正规教育	3.9	5.3	3.0	2.7	3.7	4.4
	小学	12.4	12.2	14.6	9.5	10.1	17.2
	初中	30.4	31.8	27.7	30.6	34.5	32.7
	高中	31.1	28.6	30.9	36.7	29.0	28.7
	大学及以上	22.1	22.1	23.8	20.4	22.6	16.9
职业类别	干部/管理人员	3.6	3.0	4.1	3.2	2.4	2.1
	个体/私营企业人员	9.8	7.4	6.5	7.7	6.2	6.9
	初级公务员/雇员	15.8	19.6	14.4	16.1	13.1	14.3
	工人	18.0	18.4	16.5	16.4	20.0	21.9
	学生	8.2	8.1	7.1	4.4	6.3	7.1
	无业	40.6	37.1	48.0	51.8	49.8	45.0
	其他	3.9	6.4	3.3	0.4	2.3	2.7
个人月收入	0—600 元	25.8	25.3	26.8	17.7	21.6	29.2
	601—1200 元	7.0	9.5	5.4	6.3	6.0	4.8
	1201—1700 元	13.9	13.6	14.7	18.2	13.7	14.5
	1701—2600 元	29.5	30.6	33.2	36.7	35.5	30.5
	2601—3500 元	12.1	10.2	8.8	11.5	12.4	12.1
	3501—5000 元	8.5	7.1	8.1	6.8	8.9	7.0
	5001 元及以上	3.3	3.7	3.0	2.9	2.0	1.9

表 3.30.6　2011—2013 年天津市场各类节目的播出份额（%）和收视份额（%）

节目类别	2011 年		2012 年		2013 年	
	播出份额	收视份额	播出份额	收视份额	播出份额	收视份额
财经	2.3	1.1	2.1	0.8	1.9	0.7
电视剧	26.5	31.9	20.5	31.7	21.2	29.0
电影	4.4	4.2	4.3	3.9	5.2	4.6
法制	1.3	1.8	1.1	1.4	1.0	1.3
教学	0.5	0.2	0.4	0.1	0.2	0.0
青少	6.2	4.8	7.0	3.1	6.6	3.8
生活服务	8.1	6.7	8.8	8.1	9.2	8.0
体育	2.6	4.5	2.6	5.4	2.9	4.8
外语	0.1	0.0	0.0	0.0	0.0	0.0
戏剧	1.1	0.6	1.0	0.6	0.8	0.6
新闻/时事	9.4	10.1	14.0	11.3	14.2	12.3
音乐	2.8	0.8	2.6	0.9	2.4	0.9
专题	11.4	7.4	12.3	8.0	11.2	7.8
综艺	8.5	12.7	9.4	13.4	9.1	14.6
其他	15.1	13.2	13.9	11.4	14.3	11.7

表 3.30.7　2013 年天津市场所有节目收视率排名前三十位

名次	节目名称	节目类型	播出频道	平均收视率（%）	平均占有率（%）
1	2013 元宵晚会	综艺	中央电视台综合频道	12.3	23.1
2	2013 春节联欢晚会	综艺	中央电视台综合频道	11.3	19.6
3	打狗棍	电视剧	天津卫视	10.6	23.4
4	乡村爱情变奏曲	电视剧	天津卫视	10.1	21.3
5	乡村爱情变奏曲天津卫视首播盛典	综艺	天津卫视	9.4	23.8
6	中国好声音(9 月 13 日)	综艺	浙江卫视	8.5	22.7
7	天下无双（6 月 21 日）	综艺	天津卫视	8.3	21.4
8	2013 年中国足球协会超级联赛第 25 轮（天津康师傅 VS 北京国安）	体育	天津电视台五套（体育频道）	8.2	17.8
9	天气预报	生活服务	中央电视台综合频道	8.1	20.0
10	大宅门 1912	电视剧	天津卫视	8.0	18.9
11	老有所依	电视剧	天津卫视	8.0	17.5
12	第 12 届全国运动会女子排球成年组决赛（辽宁 VS 天津）	体育	天津电视台五套（体育频道）	7.6	18.3
13	2013 幸福天津天津电视台春节联欢晚会	综艺	天津卫视	7.5	16.6
14	火线三兄弟	电视剧	天津卫视	7.3	17.4
15	娘要嫁人	电视剧	天津卫视	7.2	16.1
16	CCTV2013 年 315 晚会	综艺	中央电视台综合频道	7.2	15.9
17	爱情保卫战	综艺	天津卫视	6.9	19.0
18	樱桃红	电视剧	天津电视台二套（文艺频道）	6.9	15.6
19	上阵父子兵	电视剧	天津卫视	6.8	16.2
20	假如生活欺骗了你	电视剧	天津卫视	6.8	15.8
21	2012/2013 赛季中国女子排球联赛决赛第二场（广州恒大 VS 渤海银行天津）	体育	天津电视台五套（体育频道）	6.8	13.5
22	咱们结婚吧	电视剧	天津卫视	6.6	14.9
23	2013 年亚洲冠军联赛决赛第二回合（韩国首尔 FC 队 VS 中国广州恒大队）	体育	中央台五套	6.6	13.3
24	楚汉传奇	电视剧	天津卫视	6.3	12.9
25	2013 年亚洲冠军联赛颁奖仪式	体育	中央台五套	6.2	15.1
26	非你莫属	综艺	天津卫视	6.1	16.0
27	乱世三义	电视剧	天津卫视	6.1	14.7
28	笑在 2013	综艺	天津卫视	5.9	18.6
29	精忠岳飞	电视剧	天津卫视	5.9	13.4
30	我的左手右手	电视剧	天津电视台二套（文艺频道）	5.9	11.9

表 3.30.8　2013 年天津市场电视剧收视率排名前十位

名次	节目名称	播出频道	平均收视率(%)	平均占有率(%)
1	打狗棍	天津卫视	10.6	23.4
2	乡村爱情变奏曲	天津卫视	10.1	21.3
3	大宅门 1912	天津卫视	8.0	18.9
4	老有所依	天津卫视	8.0	17.5
5	火线三兄弟	天津卫视	7.3	17.4
6	娘要嫁人	天津卫视	7.2	16.1
7	樱桃红	天津电视台二套(文艺频道)	6.9	15.6
8	上阵父子兵	天津卫视	6.8	16.2
9	假如生活欺骗了你	天津卫视	6.8	15.8
10	咱们结婚吧	天津卫视	6.6	14.9

表 3.30.9　2013 年天津市场新闻节目收视率排名前十位

名次	节目名称	播出频道	平均收视率(%)	平均占有率(%)
1	都市报道 60 分	天津电视台四套(都市频道)	5.3	15.8
2	焦点访谈（4 月 20/21 日）	天津卫视	4.8	12.1
3	都市报道 60 分	天津电视台一套(新闻频道)	4.6	12.9
4	新闻联播	中央电视台综合频道	4.3	11.6
5	东方时空（4 月 20/21 日）	天津卫视	4.0	10.9
6	转播中央台新闻联播	天津卫视	3.8	10.4
7	太空新旅再探天宫天宫一号与神舟十号载人飞行任务特别报道	中央电视台综合频道	3.3	13.7
8	共同关注（4 月 21 日）	天津卫视	3.0	11.3
9	李克强总理会见中外记者并回答提问	中央电视台综合频道	3.0	6.2
10	新闻直播间（4 月 21 日）	天津卫视	2.9	12.8

表 3.30.10　2013 年天津市场专题节目收视率排名前十位

名次	节目名称	播出频道	平均收视率(%)	平均占有率(%)
1	一次触及灵魂的党性锻炼市规划建设交通两委班子专题民主生活会	天津卫视	4.5	10.8
2	中国汉字听写大会 2013 总决赛	中央电视台综合频道	4.2	9.6
3	酷我真声音	浙江卫视	4.1	16.4
4	感动中国 2012 年度人物颁奖典礼	中央电视台综合频道	4.1	8.7
5	楚汉群英会	天津卫视	3.8	7.7
6	龙门镖局龙门阵	天津卫视	3.7	8.2
7	天生 1 对	天津卫视	3.6	11.5
8	一年又一年 2013	中央电视台综合频道	3.5	10.1
9	有问必达	天津卫视	3.5	8.3
10	圆梦中国德耀中华第四届全国道德模范授奖仪式	中央电视台综合频道	3.0	7.3

表 3.30.11 2013 年天津市场综艺节目收视率排名前十位

名次	节目名称	播出频道	平均收视率（%）	平均占有率（%）
1	2013 元宵晚会	中央电视台综合频道	12.3	23.1
2	2013 春节联欢晚会	中央电视台综合频道	11.3	19.6
3	乡村爱情变奏曲天津卫视首播盛典	天津卫视	9.4	23.8
4	中国好声音（9 月 13 日）	浙江卫视	8.5	22.7
5	天下无双（6 月 21 日）	天津卫视	8.3	21.4
6	2013 幸福天津天津电视台春节联欢晚会	天津卫视	7.5	16.6
7	CCTV2013 年 315 晚会	中央电视台综合频道	7.2	15.9
8	爱情保卫战	天津卫视	6.9	19.0
9	非你莫属	天津卫视	6.1	16.0
10	笑在 2013	天津卫视	5.9	18.6

表 3.30.12 2013 年天津市场体育节目收视率排名前十位

名次	节目名称	播出频道	平均收视率（%）	平均占有率（%）
1	2013 年中国足球协会超级联赛第 25 轮（天津康师傅 VS 北京国安）	天津电视台五套(体育频道)	8.2	17.8
2	第 12 届全国运动会女子排球成年组决赛（辽宁 VS 天津）	天津电视台五套(体育频道)	7.6	18.3
3	2012/2013 赛季中国女子排球联赛决赛第二场(广州恒大 VS 渤海银行天津)	天津电视台五套(体育频道)	6.8	13.5
4	2013 年亚洲冠军联赛决赛第二回合(韩国首尔 FC 队 VS 中国广州恒大队)	中央台五套	6.6	13.3
5	2013 年亚洲冠军联赛颁奖仪式	中央台五套	6.2	15.1
6	第六届东亚运动会开幕式	天津卫视	5.2	11.5
7	2013 年世乒赛男单决赛	中央台五套	5.0	13.3
8	2013 年世界羽毛球锦标赛男单决赛	中央台五套	4.8	11.7
9	2013 年澳大利亚网球公开赛女单决赛	中央台五套	4.7	14.7
10	2013 年中国之队国际友谊赛（中国队 VS 荷兰队）	中央台五套	4.4	10.2

三十一、重庆收视数据

表 3.31.1　2009—2013 年重庆市场各类频道的市场占有率（%）

频道类别	年份				
	2009 年	2010 年	2011 年	2012 年	2013 年
中央台频道	31.5	27.8	28.2	28.1	28.0
中国教育台频道	0.3	0.2	0.4	0.4	0.3
重庆市级频道	30.7	32.4	26.8	26.3	28.0
其他省级卫视频道	29.7	31.4	36.7	37.6	35.7
其他频道	7.8	8.2	7.9	7.6	8.0

表 3.31.2　2013 年重庆市场各类频道在不同目标观众中的市场占有率（%）

目标观众		中央台频道	中国教育台频道	重庆市级频道	其他省级卫视频道	其他频道
4 岁及以上所有人		28.0	0.3	28.0	35.7	8.0
性别	男	29.8	0.3	27.9	33.7	8.3
	女	26.3	0.2	28.1	37.5	7.9
年龄	4—14 岁	25.2	0.3	33.0	34.3	7.2
	15—24 岁	25.4	0.3	25.9	38.6	9.8
	25—34 岁	24.0	0.2	24.9	41.2	9.7
	35—44 岁	25.5	0.3	25.2	40.3	8.7
	45—54 岁	26.8	0.2	28.7	35.9	8.4
	55—64 岁	32.6	0.2	27.4	32.4	7.4
	65 岁及以上	33.4	0.4	30.4	29.3	6.5
教育程度	未受过正规教育	26.0	0.3	36.3	30.2	7.2
	小学	29.8	0.4	30.3	31.8	7.7
	初中	26.4	0.3	29.9	35.8	7.6
	高中	28.7	0.2	24.1	38.9	8.1
	大学及以上	29.0	0.1	17.9	41.7	11.3
职业类别	干部/管理人员	30.6	0.3	16.3	41.6	11.2
	个体/私营企业人员	28.3	0.2	27.1	35.4	9.0
	初级公务员/雇员	32.0	0.3	22.1	37.3	8.3
	工人	26.6	0.3	25.9	38.9	8.3
	学生	25.5	0.4	27.3	37.6	9.2
	无业	27.7	0.2	31.1	34.4	6.6
	其他	28.9	0.4	29.3	32.6	8.8
个人月收入	0—600 元	26.7	0.4	30.7	34.8	7.4
	601—1200 元	30.0	0.3	27.4	34.7	7.6
	1201—1700 元	28.0	0.2	27.2	36.9	7.7
	1701—2600 元	29.1	0.1	27.8	34.8	8.2
	2601—3500 元	28.5	0.1	22.6	39.7	9.1
	3501—5000 元	24.3	0.1	23.4	38.7	13.5
	5001 元及以上	33.7	0.5	16.4	39.0	10.4

表 3. 31. 3　2013 年重庆市场各类频道在不同时段的市场占有率（%）

时间段	中央台频道	中国教育台频道	重庆市级频道	其他省级卫视频道	其他频道
02:00—03:00	30. 5	0. 5	15. 6	36. 5	16. 9
03:00—04:00	27. 9	0. 5	15. 8	37. 5	18. 3
04:00—05:00	28. 7	0. 3	15. 0	38. 4	17. 6
05:00—06:00	32. 7	0. 2	18. 7	35. 2	13. 2
06:00—07:00	39. 0	0. 3	28. 7	24. 3	7. 7
07:00—08:00	41. 7	0. 2	31. 1	20. 3	6. 7
08:00—09:00	36. 5	0. 1	26. 1	29. 9	7. 4
09:00—10:00	30. 8	0. 1	23. 1	37. 2	8. 8
10:00—11:00	32. 5	0. 3	18. 4	40. 4	8. 4
11:00—12:00	36. 6	0. 3	20. 2	35. 5	7. 4
12:00—13:00	40. 6	0. 2	23. 4	29. 0	6. 8
13:00—14:00	36. 7	0. 3	21. 5	32. 8	8. 7
14:00—15:00	30. 2	0. 4	19. 3	40. 6	9. 5
15:00—16:00	30. 9	0. 3	17. 0	42. 2	9. 6
16:00—17:00	31. 4	0. 2	16. 6	42. 7	9. 1
17:00—18:00	32. 2	0. 1	20. 1	38. 8	8. 8
18:00—19:00	31. 1	0. 1	45. 3	16. 2	7. 3
19:00—20:00	27. 2	0. 2	40. 0	26. 1	6. 5
20:00—21:00	21. 5	0. 5	31. 0	40. 7	6. 3
21:00—22:00	21. 8	0. 3	30. 1	41. 2	6. 6
22:00—23:00	20. 8	0. 3	30. 4	40. 2	8. 3
23:00—24:00	23. 1	0. 1	25. 7	40. 4	10. 7
24:00—25:00	29. 9	0. 2	18. 4	38. 6	12. 9
25:00—26:00	32. 8	0. 4	14. 8	36. 7	15. 3

表 3. 31. 4　2013 年重庆市场收视份额排名前十位的频道

名次	频道名称	收视份额（%）
1	重庆电视台影视频道（一套）	7. 2
2	重庆电视台新闻频道（二套）	5. 7
3	湖南电视台卫星频道	4. 2
4	中央电视台综合频道	4. 1
5	重庆卫视	4. 0
6	中央台三套	3. 9
7	重庆电视台少儿频道	3. 6
8	中央电视台新闻频道	3. 5
9	重庆电视台时尚频道（七套）	3. 4
10	中央台八套	3. 1

表 3.31.5　2013 年重庆市场各主要频道的观众构成（%）

目标观众		所有频道	主要频道				
			重庆电视台影视频道（一套）	重庆电视台新闻频道（二套）	湖南电视台卫星频道	中央电视台综合频道	重庆卫视
4 岁及以上所有人		100.0	100.0	100.0	100.0	100.0	100.0
性别	男	49.3	47.5	48.8	40.2	52	53.4
	女	50.7	52.5	51.2	59.8	48	46.6
年龄组	4—14 岁	11.8	7.2	6.5	19.1	8.3	7.2
	15—24 岁	5.2	4	5.5	9.6	3.7	3.4
	25—34 岁	11.5	6.1	13.3	12.9	8.3	9.5
	35—44 岁	17.5	12.2	18.1	20.2	11.9	15.7
	45—54 岁	20.9	22.6	23.8	17.3	21.7	19.8
	55—64 岁	18.6	26.1	18.3	9.5	23.3	20.3
	65 岁及以上	14.5	21.7	14.5	11.4	22.8	24.1
教育程度	未受过正规教育	7.2	5	5.9	6.7	6.5	7.1
	小学	25.7	30.7	23.3	28.1	27.9	33.1
	初中	34.7	42.8	37.3	34	30.3	34.6
	高中	23.4	17.7	24.9	22.9	26.2	18
	大学及以上	9	3.8	8.7	8.3	9.1	7.2
职业类别	干部/管理人员	2.7	1.8	1.9	2.1	3.3	2.3
	个体/私营企业人员	11.3	8.6	13.8	9.7	9.2	10.6
	初级公务员/雇员	9.2	4.6	9.7	6.8	10.1	8.1
	工人	14.5	11.1	17.5	14.2	14.8	11.6
	学生	9.3	6.5	5.3	18.2	8	5.1
	无业	37.6	44.3	44	33.2	38.9	38.8
	其他	15.3	23.2	7.9	15.8	15.7	23.5
个人月收入	0—600 元	39.3	39.6	33	47.2	39.6	41.9
	601—1200 元	18.2	21.6	18.9	19	15.9	15.9
	1201—1700 元	14.2	14.9	16.5	13.4	18.1	12.5
	1701—2600 元	15.8	15.7	19.9	11.1	15.7	16.8
	2601—3500 元	6.4	4	6.1	4.5	5.6	6.4
	3501—5000 元	3.7	3.4	3.7	3.4	3.1	3.3
	5001 元及以上	2.4	0.8	1.9	1.4	2	3.2

表 3.31.6　2011—2013 年重庆市场各类节目的播出份额（%）和收视份额（%）

节目类别	2011 年		2012 年		2013 年	
	播出份额	收视份额	播出份额	收视份额	播出份额	收视份额
财经	2.4	0.8	2.0	0.8	2.0	0.5
电视剧	28.1	36.6	29.1	36.5	22.3	36.7
电影	4.3	4.6	4.4	4.4	4.4	3.9
法制	0.9	1.1	1.5	1.5	1.6	0.9
教学	0.6	0.2	0.6	0.2	0.3	0.1
青少	6.5	5.1	6.1	6.1	6.7	5.5
生活服务	8.7	6	8.9	6.1	10.1	6.9
体育	2.8	2.4	1.9	2.0	1.8	1.1
外语	0.1	0.0	0.0	0.0	0.0	0.0
戏剧	1.0	0.2	0.9	0.2	0.7	0.1
新闻/时事	9.7	10	10.3	12.7	14.4	13.4
音乐	2.8	1.0	2.4	1.0	2.3	0.7
专题	10.5	6.8	10.4	6.5	10.3	5.4
综艺	7.7	11.8	7.0	10.4	8.6	12.1
其他	13.9	13.4	14.5	11.6	14.3	12.6

表 3. 31. 7 2013 年重庆市场所有节目收视率排名前三十位

名次	节目名称	节目类型	播出频道	平均收视率（%）	平均占有率（%）
1	2013 春节联欢晚会	综艺	中央电视台综合频道	7.7	19.8
2	箭侠	电视剧	重庆电视台影视频道（一套）	7.0	19.6
3	灭狼行动	电视剧	重庆电视台影视频道（一套）	6.0	17.4
4	终极任务	电视剧	重庆电视台影视频道（一套）	5.9	19.5
5	2013 元宵晚会	综艺	中央电视台综合频道	5.9	15.1
6	兵临村下	电视剧	重庆电视台影视频道（一套）	5.8	17.3
7	苍狼	电视剧	重庆电视台影视频道（一套）	5.6	16.1
8	争霸上海滩	电视剧	重庆电视台影视频道（一套）	5.5	16.4
9	绝地出击	电视剧	重庆电视台影视频道（一套）	5.4	15.5
10	武林猛虎	电视剧	重庆电视台影视频道（一套）	5.4	15.1
11	代号九耳犬	电视剧	重庆电视台影视频道（一套）	5.3	15.8
12	新燕子李三	电视剧	重庆电视台影视频道（一套）	5.3	15.2
13	血色黎明	电视剧	重庆电视台影视频道（一套）	5.1	16.1
14	刺青	电视剧	重庆电视台影视频道（一套）	5.1	15.0
15	军刺	电视剧	重庆电视台影视频道（一套）	5.0	17.0
16	快乐中国 20132014 跨年演唱会	音乐	湖南电视台卫星频道	5.0	15.0
17	绝战	电视剧	重庆电视台影视频道（一套）	4.9	13.9
18	武间道	电视剧	重庆电视台影视频道（一套）	4.8	14.5
19	血誓	电视剧	重庆卫视	4.8	12.5
20	尖锋	电视剧	重庆卫视	4.8	11.9
21	神秘人质	电视剧	重庆电视台影视频道（一套）	4.7	15.5
22	妈妈你到底在哪里	电视剧	重庆电视台影视频道（一套）	4.7	13.7
23	狼烟	电视剧	重庆卫视	4.7	11.7
24	武松	电视剧	重庆电视台影视频道（一套）	4.5	16.3
25	烽火玫瑰	电视剧	重庆电视台影视频道（一套）	4.5	14.9
26	独立连	电视剧	重庆电视台影视频道（一套）	4.5	13.6
27	绝密通道	电视剧	重庆电视台影视频道（一套）	4.5	13.4
28	天天 630	新闻/时事	重庆电视台新闻频道（二套）	4.4	17.7
29	云娘泪	电视剧	重庆电视台影视频道（一套）	4.4	13.5
30	打狗棍	电视剧	重庆卫视	4.3	10.4

表 3.31.8　2013 年重庆市场电视剧收视率排名前十位

名次	节目名称	播出频道	平均收视率（%）	平均占有率（%）
1	箭侠	重庆电视台影视频道（一套）	7.0	19.6
2	灭狼行动	重庆电视台影视频道（一套）	6.0	17.4
3	终极任务	重庆电视台影视频道（一套）	5.9	19.5
4	兵临村下	重庆电视台影视频道（一套）	5.8	17.3
5	苍狼	重庆电视台影视频道（一套）	5.6	16.1
6	争霸上海滩	重庆电视台影视频道（一套）	5.5	16.4
7	绝地出击	重庆电视台影视频道（一套）	5.4	15.5
8	武林猛虎	重庆电视台影视频道（一套）	5.4	15.1
9	代号九耳犬	重庆电视台影视频道（一套）	5.3	15.8
10	新燕子李三	重庆电视台影视频道（一套）	5.3	15.2

表 3.31.9　2013 年重庆市场新闻节目收视率排名前十位

名次	节目名称	播出频道	平均收视率（%）	平均占有率（%）
1	天天 630	重庆电视台新闻频道（二套）	4.4	17.7
2	李克强总理会见中外记者并回答提问	中央电视台新闻频道	2.6	6.8
3	新闻联播	中央电视台综合频道	2.1	8.6
4	共同关注（4 月 20/21 日）	中央电视台综合频道	1.9	11.6
5	焦点访谈（4 月 20 日）	重庆卫视	1.9	6.4
6	李克强总理会见中外记者并回答提问	中央电视台综合频道	1.9	5.1
7	网罗天下	重庆电视台新闻频道（二套）	1.8	11.4
8	东方时空（4 月 20 日）	重庆卫视	1.8	5.7
9	重庆新闻联播	重庆卫视	1.7	8.6
10	转播中央台新闻联播	重庆卫视	1.7	6.9

表 3.31.10　2013 年重庆市场专题节目收视率排名前十位

名次	节目名称	播出频道	平均收视率（%）	平均占有率（%）
1	重庆影事	重庆电视台影视频道（一套）	2.2	6.9
2	感动中国 2012 年度人物颁奖典礼	中央电视台综合频道	2.0	4.9
3	一年又一年	湖北卫视	1.8	7.2
4	解密	深圳卫视（新闻综合频道）	1.7	5.8
5	调解面对面	湖北卫视	1.5	5.6
6	力量	山东卫视	1.5	5.0
7	中国汉字听写大会 2013 复赛第八场	中央电视台综合频道	1.5	3.9
8	山东人民广播电视事业诞生记	山东卫视	1.5	3.6
9	酷我真声音	浙江卫视	1.4	7.4
10	温暖 2012	中央台三套	1.4	3.9

表 3.31.11 2013 年重庆市场综艺节目收视率排名前十位

名次	节目名称	播出频道	平均收视率（%）	平均占有率（%）
1	2013 春节联欢晚会	中央电视台综合频道	7.7	19.8
2	2013 元宵晚会	中央电视台综合频道	5.9	15.1
3	我是歌手总决赛歌王之战	湖南电视台卫星频道	3.3	10.8
4	中国最强音总冠军战	湖南电视台卫星频道	3.0	12.9
5	爸爸去哪儿	湖南电视台卫星频道	2.7	14.4
6	中国好声音年度盛典	浙江卫视	2.4	8.1
7	幸福 NO.1 春节联欢晚会 2013	江苏卫视	2.4	7.9
8	来来往往	重庆电视台影视频道（一套）	2.4	7.8
9	开学第一课	中央电视台综合频道	2.4	5.7
10	快乐大本营	湖南电视台卫星频道	2.2	6.1

表 3.31.12 2013 年重庆市场体育节目收视率排名前十位

名次	节目名称	播出频道	平均收视率（%）	平均占有率（%）
1	直播周末: 2013 年亚洲冠军联赛决赛第二回合（韩国首尔 FC 队 VS 中国广州恒大队）	中央台五套	2.9	7.0
2	黄金赛场: 2013 年世乒赛男单决赛	中央台五套	2.2	6.2
3	直播周末: 2013 年澳大利亚网球公开赛女单决赛	中央台五套	2.1	13.5
4	直播周末 2013 年亚洲冠军联赛颁奖仪式	中央台五套	1.9	6.6
5	现场直播：2013 年东亚杯足球赛男足（澳大利亚队 VS 中国队）	中央台五套	1.8	12.7
6	2013 年世界羽毛球锦标赛男单决赛	中央台五套	1.6	6.5
7	2013 年第十二届全运会乒乓球男团决赛第二场	中央台五套	1.6	4.9
8	黄金赛场：2015 年亚洲杯预选赛 C 组（中国 VS 伊拉克）	中央台五套	1.6	4.0
9	2013 年第十二届全运会男子 4x100 米自由泳接力决赛	中央台五套	1.4	3.7
10	2013 年世乒赛女单半决赛	中央台五套	1.3	3.7

三十二、长春收视数据

表 3.32.1　2009—2013 年长春市场各类频道的市场占有率（%）

频道类别	年份				
	2009 年	2010 年	2011 年	2012 年	2013 年
中央台频道	31.6	28.3	27.7	31.0	34.4
中国教育台频道	0.4	0.5	0.6	0.4	0.2
吉林省级频道	28.1	26.9	27.1	24.7	22.5
长春市级频道	10.9	12.8	10.9	8.1	7.5
其他省级卫视频道	21.8	22.1	26.2	30.7	30.5
其他频道	7.2	9.4	7.5	5.1	4.9

表 3.32.2　2013 年长春市场各类频道在不同目标观众中的市场占有率（%）

目标观众		中央台频道	中国教育台频道	吉林省级频道	长春市级频道	其他省级卫视频道	其他频道
4 岁及以上所有人		34.4	0.2	22.5	7.5	30.5	4.9
性别	男	38.4	0.2	21.5	7.3	27.5	5.1
	女	30.5	0.2	23.5	7.8	33.5	4.5
年龄	4—14 岁	31.8	0.1	15.6	5.1	38.5	8.9
	15—24 岁	27.3	0.2	19.8	5.2	43.0	4.5
	25—34 岁	31.4	0.1	20.5	8.8	34.4	4.8
	35—44 岁	30.3	0.1	22.1	7.4	33.7	6.4
	45—54 岁	32.0	0.2	24.6	8.0	30.5	4.7
	55—64 岁	38.1	0.2	23.9	8.6	25.3	3.9
	65 岁及以上	43.2	0.3	23.9	7.4	22.0	3.2
教育程度	未受过正规教育	30.0	0.1	22.7	6.5	31.4	9.3
	小学	34.4	0.1	26.6	7.2	25.6	6.1
	初中	32.9	0.1	25.6	8.0	28.8	4.6
	高中	32.8	0.2	21.2	7.3	33.8	4.7
	大学及以上	38.6	0.3	19.4	7.7	29.9	4.1
职业类别	干部/管理人员	29.7	0.2	19.2	11.2	34.7	5.0
	个体/私营企业人员	29.9	0.1	25.9	11.4	28.7	4.0
	初级公务员/雇员	35.6	0.1	19.1	7.9	32.3	5.0
	工人	32.7	0.1	24.3	7.0	30.9	5.0
	学生	27.5	0.2	19.6	5.2	42.0	5.5
	无业	37.6	0.2	22.4	7.2	28.3	4.3
	其他	27.9	0.3	29.6	5.0	23.1	14.1
个人月收入	0—600 元	29.3	0.2	21.7	6.1	36.0	6.7
	601—1200 元	33.0	0.2	26.9	8.3	27.6	4.0
	1201—1700 元	31.9	0.2	24.7	8.6	30.9	3.7
	1701—2600 元	39.7	0.1	21.8	6.8	27.4	4.2
	2601—3500 元	37.6	0.2	19.4	9.6	28.5	4.7
	3501—5000 元	36.8	0.3	21.8	7.9	28.7	4.5
	5001 元及以上	36.5	0.1	25.4	7.2	26.6	4.2

表 3.32.3　2013 年长春市场各类频道在不同时段的市场占有率（%）

时间段	中央台频道	中国教育台频道	吉林省级频道	长春市级频道	其他省级卫视频道	其他频道
02:00—03:00	38.8	0.3	13.0	3.7	32.4	11.8
03:00—04:00	40.7	0.3	11.9	3.7	32.6	10.8
04:00—05:00	45.1	0.1	9.0	3.5	33.0	9.3
05:00—06:00	42.6	0.2	11.0	5.8	31.6	8.8
06:00—07:00	42.5	0.2	19.2	9.0	22.9	6.2
07:00—08:00	48.0	0.3	16.2	12.9	18.2	4.4
08:00—09:00	47.0	0.1	14.5	4.6	29.0	4.8
09:00—10:00	40.2	0.1	14.9	3.9	35.3	5.6
10:00—11:00	39.6	0.2	12.8	4.1	37.9	5.4
11:00—12:00	41.4	0.2	10.5	6.9	35.7	5.3
12:00—13:00	43.1	0.2	12.3	6.4	33.1	4.9
13:00—14:00	39.4	0.4	10.3	5.3	38.7	5.9
14:00—15:00	35.3	0.4	12.0	5.3	40.7	6.3
15:00—16:00	36.3	0.3	13.4	4.7	39.9	5.4
16:00—17:00	37.5	0.2	13.4	5.8	37.9	5.2
17:00—18:00	30.0	0.1	27.3	12.4	26.3	3.9
18:00—19:00	30.3	0.0	42.1	13.8	9.9	3.9
19:00—20:00	35.8	0.1	34.0	7.8	18.2	4.1
20:00—21:00	27.3	0.3	28.4	7.6	32.1	4.3
21:00—22:00	28.3	0.2	24.3	5.8	36.9	4.5
22:00—23:00	29.0	0.2	15.0	6.1	44.9	4.8
23:00—24:00	30.8	0.1	15.4	5.9	41.8	6.0
24:00—25:00	35.4	0.1	16.0	5.1	35.8	7.6
25:00—26:00	38.2	0.2	13.3	4.3	33.5	10.5

表 3.32.4　2013 年长春市场收视份额排名前十位的频道

名次	频道名称	收视份额（%）
1	吉林电视台都市频道（二套）	6.1
2	中央电视台综合频道	5.3
3	长春电视台综合频道	4.8
4	中央台三套	4.2
4	中央电视台新闻频道	4.2
6	吉林卫视	3.9
7	吉林电视台乡村频道（五套）	3.5
8	中央台五套	3.3
8	中央台四套	3.3
10	湖南电视台卫星频道	3.0

表 3.32.5　2013 年长春市场各主要频道的观众构成（%）

目标观众		所有频道	主要频道				
			吉林电视台都市频道（二套）	中央电视台综合频道	长春电视台综合频道	中央台三套	中央电视台新闻频道
4 岁及以上所有人		100.0	100.0	100.0	100.0	100.0	100.0
性别	男	49.5	43.8	48.3	47.1	49.7	62.4
	女	50.5	56.2	51.7	52.9	50.3	37.6
年龄	4—14 岁	6.3	4.4	6.1	4.0	3.4	3.3
	15—24 岁	8.5	7.2	5.3	5.4	5.1	5.3
	25—34 岁	11.5	10.7	7.3	10.4	16.7	6.3
	35—44 岁	16.4	17.3	12.7	15.7	12.4	15.9
	45—54 岁	22.8	27.7	26.5	23.9	20.9	23.0
	55—64 岁	14.5	15.9	16.1	17.8	15.7	18.0
	65 岁及以上	20.1	16.8	26.1	22.8	25.8	28.2
教育程度	未受过正规教育	3.9	4.0	3.6	3.8	2.2	2.2
	小学	10.0	11.4	10.2	10.2	12.0	7.7
	初中	26.9	34.9	29.3	30.6	25.3	22.7
	高中	33.1	28.7	29.4	28.6	28.4	38.2
	大学及以上	26.2	21.1	27.4	26.8	32.1	29.1
职业类别	干部/管理人员	3.6	2.5	3.7	5.6	1.8	3.6
	个体/私营企业人员	8.8	10.2	4.7	11.1	6.5	8.9
	初级公务员/雇员	12.7	11.0	10.2	11.0	17.0	14.5
	工人	19.3	24.0	17.5	18.1	17.1	16.3
	学生	7.9	6.7	6.2	4.4	4.6	4.8
	无业	45.2	42.6	54.1	47.5	50.9	50.8
	其他	2.6	3.0	3.6	2.4	2.2	1.0
个人月收入	0—600 元	26.9	25.2	27.8	22.9	19.7	19.7
	601—1200 元	10.0	12.7	7.4	12.0	12.7	11.0
	1201—1700 元	15.3	17.5	14.4	19.2	14.1	16.3
	1701—2600 元	21.6	23.6	21.9	15.4	30.3	25.1
	2601—3500 元	13.6	10.6	14.7	16.9	11.4	14.4
	3501—5000 元	9.8	8.3	11.0	11.0	10.0	10.8
	5001 元及以上	2.9	2.0	2.8	2.5	1.9	2.8

表 3.32.6　2011—2013 年长春市场各类节目的播出份额（%）和收视份额（%）

节目类别	2011 年		2012 年		2013 年	
	播出份额	收视份额	播出份额	收视份额	播出份额	收视份额
财经	2.5	1.3	2.1	0.9	1.8	0.6
电视剧	20.5	29.5	20.4	30.6	20.4	29.2
电影	4.0	4.2	4.4	4.8	5.1	5.6
法制	1.1	1.5	1.1	2.1	0.9	0.9
教学	0.5	0.1	0.3	0.1	0.3	0.0
青少	7.1	3.7	6.4	3.3	5.8	3.7
生活服务	8.6	5.7	10.1	6.5	10.3	6.7
体育	1.5	3.9	1.5	3.3	1.8	2.9
外语	0.1	0.0	0.0	0.0	0.0	0.0
戏剧	1.1	0.8	1.0	0.9	0.8	0.6
新闻/时事	13.2	14.8	14.7	15.2	15.4	16.5
音乐	2.7	0.7	2.4	0.8	2.3	0.7
专题	11.9	7.2	12.4	6.7	11.1	6.3
综艺	10.7	12.5	8.9	11.9	9.3	14.0
其他	14.5	14.3	14.2	12.7	14.7	12.4

表 3. 32. 7 2013 年长春市场所有节目收视率排名前三十位

名次	节目名称	节目类型	播出频道	平均收视率（%）	平均占有率（%）
1	2013 辽宁卫视春节联欢晚会	综艺	辽宁卫视	12. 0	38. 6
2	2013 元宵晚会	综艺	中央电视台综合频道	11. 2	26. 2
3	2013 春节联欢晚会	综艺	中央电视台综合频道	10. 5	25. 6
4	樱桃红	电视剧	吉林电视台都市频道（二套）	9. 9	26. 1
5	直播周末：2013 年亚洲冠军联赛决赛第二回合（韩国首尔 FC 队 VS 中国广州恒大队）	体育	中央台五套	8. 0	23. 2
6	快乐中国 20132014 跨年演唱会	音乐	湖南电视台卫星频道	7. 6	25. 4
7	幸福 NO. 1 春节联欢晚会 2013	综艺	江苏卫视	6. 8	21. 9
8	黄金赛场：2015 年亚洲杯预选赛（中国 VS 沙特阿拉伯）	体育	中央台五套	6. 3	17. 7
9	直播周末 2013 年亚洲冠军联赛颁奖仪式	体育	中央台五套	6. 0	26. 9
10	直播周末：2013 年澳大利亚网球公开赛女单决赛	体育	中央台五套	5. 9	19. 9
11	我是歌手总决赛歌王之战	综艺	湖南电视台卫星频道	5. 3	44. 1
12	中国好声音年度盛典	综艺	浙江卫视	5. 3	27. 1
13	守望都市	新闻/时事	吉林电视台都市频道（二套）	5. 1	19. 2
14	星光大道（2 月 16 日）	综艺	中央电视台综合频道	4. 9	11. 7
15	咱们结婚吧	电视剧	中央电视台综合频道	4. 5	13. 7
16	乡村爱情变奏曲	电视剧	黑龙江卫视	4. 5	11. 9
17	嫁入豪门（7—40 集）	电视剧	吉林电视台都市频道（二套）	4. 5	11. 4
18	天气预报	生活服务	中央电视台综合频道	4. 4	13. 4
19	现场直播：2013 年东亚杯足球赛（韩国队 VS 中国队）	体育	中央台五套	4. 3	12. 6
20	桃花劫	电视剧	吉林电视台都市频道（二套）	4. 2	11. 3
21	CCTV2013 年 315 晚会	综艺	中央电视台综合频道	4. 2	11. 0
22	2013 小年夜大联欢快乐到家	综艺	湖南电视台卫星频道	4. 1	13. 5
23	文家的秘密	电视剧	吉林电视台都市频道（二套）	4. 0	9. 8
24	元宵喜乐会	综艺	湖南电视台卫星频道	3. 7	10. 6
25	乡村爱情变奏曲	电视剧	江苏卫视	3. 7	9. 6
26	新闻联播	新闻/时事	中央电视台综合频道	3. 6	11. 6
27	黄金赛场：2013 年世乒赛男单决赛	体育	中央台五套	3. 3	15. 7
28	谁来伺候妈	电视剧	吉林电视台都市频道（二套）	3. 3	8. 0
29	城市速递	新闻/时事	长春电视台综合频道	3. 2	14. 2
30	离婚协议	电视剧	吉林电视台都市频道（二套）	3. 2	10. 7

表 3.32.8　2013 年长春市场电视剧收视率排名前十位

名次	节目名称	播出频道	平均收视率（%）	平均占有率（%）
1	樱桃红	吉林电视台都市频道（二套）	9.9	26.1
2	咱们结婚吧	中央电视台综合频道	4.5	13.7
3	乡村爱情变奏曲	黑龙江卫视	4.5	11.9
4	嫁入豪门（7—40 集）	吉林电视台都市频道（二套）	4.5	11.4
5	桃花劫	吉林电视台都市频道（二套）	4.2	11.3
6	文家的秘密	吉林电视台都市频道（二套）	4.0	9.8
7	乡村爱情变奏曲	江苏卫视	3.7	9.6
8	谁来伺候妈	吉林电视台都市频道（二套）	3.3	8.0
9	离婚协议	吉林电视台都市频道（二套）	3.2	10.7
10	烽火儿女情	吉林电视台都市频道（二套）	3.2	9.9

表 3.32.9　2013 年长春市场新闻节目收视率排名前十位

名次	节目名称	播出频道	平均收视率（%）	平均占有率（%）
1	守望都市	吉林电视台都市频道（二套）	5.1	19.2
2	新闻联播	中央电视台综合频道	3.6	11.6
3	城市速递	长春电视台综合频道	3.2	14.2
4	太空新旅再探天宫天宫一号与神舟十号载人飞行任务特别报道	中央电视台综合频道	2.9	12.9
5	中共长春市委组织部关于拟提拔县局级干部任职前公示公告	长春电视台综合频道	2.0	6.5
6	东方时空（4 月 21 日）	吉林卫视	2.0	6.1
7	太空新旅再探天宫天宫一号与神舟十号载人飞行任务特别报道	中央电视台新闻频道	1.9	8.4
8	说实在的	吉林电视台都市频道（二套）	1.8	8.8
9	新闻直播间（4 月 21 日）	吉林卫视	1.7	7.4
10	长春新闻	长春电视台综合频道	1.7	6.4

表 3.32.10　2013 年长春市场专题节目收视率排名前十位

名次	节目名称	播出频道	平均收视率（%）	平均占有率（%）
1	酷我真声音	浙江卫视	2.7	23.5
2	危机时刻	长春电视台综合频道	2.4	8.6
3	感动中国 2012 年度人物颁奖典礼	中央电视台综合频道	2.3	6.3
4	一年又一年 2013	中央电视台综合频道	2.0	7.6
5	中国汉字听写大会 2013 总决赛	中央电视台综合频道	1.9	6.4
6	习仲勋	中央电视台综合频道	1.7	6.1
7	风劲潮涌好扬帆	吉林卫视	1.7	5.2
8	我是长春人	长春电视台综合频道	1.5	4.8
9	故事客栈	吉林电视台生活频道（三套）	1.4	10.8
10	解密（1 月 9 日、16 日）	深圳卫视（新闻综合频道）	1.4	6.4

表 3.32.11　2013 年长春市场综艺节目收视率排名前十位

名次	节目名称	播出频道	平均收视率（%）	平均占有率（%）
1	2013 辽宁卫视春节联欢晚会	辽宁卫视	12.0	38.6
2	2013 元宵晚会	中央电视台综合频道	11.2	26.2
3	2013 春节联欢晚会	中央电视台综合频道	10.5	25.6
4	幸福 NO.1 春节联欢晚会 2013	江苏卫视	6.8	21.9
5	我是歌手总决赛歌王之战	湖南电视台卫星频道	5.3	44.1
6	中国好声音年度盛典	浙江卫视	5.3	27.1
7	星光大道（2 月 16 日）	中央电视台综合频道	4.9	11.7
8	CCTV2013 年 315 晚会	中央电视台综合频道	4.2	11.0
9	2013 小年夜大联欢快乐到家	湖南电视台卫星频道	4.1	13.5
10	元宵喜乐会	湖南电视台卫星频道	3.7	10.6

表 3.32.12　2013 年长春市场体育节目收视率排名前十位

名次	节目名称	播出频道	平均收视率（%）	平均占有率（%）
1	直播周末：2013 年亚洲冠军联赛决赛第二回合（韩国首尔 FC 队 VS 中国广州恒大队）	中央台五套	8.0	23.2
2	黄金赛场：2015 年亚洲杯预选赛（中国 VS 沙特阿拉伯）	中央台五套	6.3	17.7
3	直播周末 2013 年亚洲冠军联赛颁奖仪式	中央台五套	6.0	26.9
4	直播周末：2013 年澳大利亚网球公开赛女单决赛	中央台五套	5.9	19.9
5	现场直播：2013 年东亚杯足球赛（韩国队 VS 中国队）	中央台五套	4.3	12.6
6	黄金赛场：2013 年世乒赛男单决赛	中央台五套	3.3	15.7
7	直播周末：2013 年 CBA 全明星赛三分球大赛预赛	中央台五套	3.2	8.0
8	直播周末：第 27 届亚洲男篮锦标赛（伊朗队 VS 中国队）	中央台五套	2.9	12.9
9	现场直播：2013 年亚洲女排锦标赛半决赛（泰国队 VS 中国队）	中央台五套	2.9	11.7
10	2013 年世界羽毛球锦标赛男单决赛	中央台五套	2.8	9.8

三十三、长沙收视数据

表 3.33.1　2009—2013 年长沙市场各类频道的市场占有率（%）

频道类别	年份				
	2009 年	2010 年	2011 年	2012 年	2013 年
中央台频道	19.5	17.1	16.3	18.2	17.3
中国教育台频道	0.5	0.4	0.4	0.1	0.1
湖南省级频道	44.2	44.7	46.1	43.5	44.6
长沙市级频道	17.7	20.7	20.8	20.5	21.2
其他省级卫视频道	8.9	8.6	7.6	9.2	9.5
其他频道	9.2	8.5	8.9	8.5	7.4

表 3.33.2　2013 年长沙市场各类频道在不同目标观众中的市场占有率（%）

目标观众		中央台频道	中国教育台频道	湖南省级频道	长沙市级频道	其他省级卫视频道	其他频道
4 岁及以上所有人		17.3	0.1	44.6	21.2	9.5	7.4
性别	男	19.4	0.1	43.2	21.3	8.9	7.1
	女	15.4	0.1	45.9	21.1	10.0	7.6
年龄	4—14 岁	14.6	0.2	45.5	19.8	11.2	8.7
	15—24 岁	14.6	0.1	53.2	12.0	11.5	8.6
	25—34 岁	13.8	0.1	42.3	26.4	9.5	8.0
	35—44 岁	16.4	0.1	48.5	19.2	7.8	8.0
	45—54 岁	19.5	0.1	47.0	17.4	9.4	6.7
	55—64 岁	16.2	0.1	38.1	29.2	8.8	7.7
	65 岁及以上	24.9	0.1	40.6	19.5	10.5	4.4
教育程度	未受过正规教育	16.9	0.4	36.2	30.1	9.0	7.4
	小学	14.6	0.1	45.9	24.9	7.8	6.8
	初中	16.3	0.1	47.1	18.7	9.7	8.1
	高中	17.8	0.1	43.6	20.9	10.3	7.3
	大学及以上	20.3	0.1	42.2	22.1	8.7	6.6
职业类别	干部/管理人员	27.9	0.0	42.7	16.7	6.7	5.9
	个体/私营企业人员	18.9	0.1	48.0	18.6	7.9	6.5
	初级公务员/雇员	17.5	0.1	43.7	21.3	9.3	8.2
	工人	13.8	0.1	50.6	20.6	7.9	7.0
	学生	14.2	0.1	50.7	14.5	13.1	7.5
	无业	18.3	0.1	40.6	23.6	10.1	7.3
	其他	12.0	0.2	46.0	19.8	10.0	11.9
个人月收入	0—600 元	13.8	0.1	45.0	22.3	10.2	8.6
	601—1200 元	18.9	0.0	41.7	24.3	9.1	6.0
	1201—1700 元	18.1	0.1	43.2	22.5	9.6	6.4
	1701—2600 元	15.1	0.1	43.7	25.0	9.3	6.9
	2601—3500 元	21.3	0.1	48.4	14.5	8.6	7.0
	3501—5000 元	23.5	0.2	46.0	14.7	8.0	7.6
	5001 元及以上	25.3	0.1	44.7	12.2	9.1	8.6

表 3.33.3 2013 年长沙市场各类频道在不同时段的市场占有率（%）

时间段	中央台频道	中国教育台频道	湖南省级频道	长沙市级频道	其他省级卫视频道	其他频道
02:00—03:00	21.5	0.3	35.0	14.2	12.8	16.3
03:00—04:00	21.8	0.3	34.7	14.7	13.1	15.5
04:00—05:00	24.6	0.3	31.6	15.4	13.9	14.3
05:00—06:00	23.5	0.2	32.3	14.7	15.2	14.1
06:00—07:00	31.1	0.1	30.2	11.4	17.9	9.3
07:00—08:00	34.6	0.1	30.4	9.2	18.0	7.8
08:00—09:00	28.2	0.0	35.5	10.0	17.6	8.6
09:00—10:00	25.6	0.1	36.3	11.4	16.9	9.6
10:00—11:00	24.2	0.2	35.9	12.1	18.0	9.7
11:00—12:00	26.6	0.2	38.8	10.2	15.1	9.2
12:00—13:00	28.1	0.1	45.4	7.9	10.0	8.6
13:00—14:00	23.0	0.1	47.2	8.9	11.0	9.8
14:00—15:00	22.2	0.2	41.1	11.7	13.5	11.3
15:00—16:00	22.7	0.2	38.2	12.6	15.2	11.0
16:00—17:00	20.5	0.1	41.0	13.8	14.9	9.6
17:00—18:00	13.8	0.0	49.0	19.8	10.6	6.8
18:00—19:00	13.5	0.0	48.4	28.1	4.7	5.3
19:00—20:00	15.8	0.1	48.4	25.7	5.1	4.9
20:00—21:00	15.6	0.1	45.6	24.4	8.7	5.5
21:00—22:00	14.1	0.1	46.3	25.4	8.3	5.7
22:00—23:00	11.2	0.1	46.6	27.5	8.2	6.5
23:00—24:00	11.3	0.0	44.1	30.7	6.0	7.9
24:00—25:00	23.7	0.1	37.4	13.8	11.2	13.8
25:00—26:00	23.3	0.2	35.3	12.2	13.0	15.9

表 3.33.4 2013 年长沙市场收视份额排名前十位的频道

名次	频道名称	收视份额（%）
1	湖南电视台都市频道	9.0
2	湖南电视台卫星频道	8.9
3	湖南电视台经济频道	8.8
4	长沙电视政法频道	7.5
5	长沙电视经贸频道	7.1
6	湖南电视台电视剧频道	5.6
7	湖南电视台潇湘电影频道	3.2
8	湖南电视台娱乐频道	2.8
8	中央电视台综合频道	2.8
10	中央电视台新闻频道	2.7

表 3.33.5　2013 年长沙市场各主要频道的观众构成（%）

目标观众		所有频道	主要频道				
			湖南电视台都市频道	湖南电视台卫星频道	湖南电视台经济频道	长沙电视政法频道	长沙电视经贸频道
4 岁及以上所有人		100.0	100.0	100.0	100.0	100.0	100.0
性别	男	48.5	49.0	38.8	52.5	48.6	48.5
	女	51.5	51.0	61.2	47.5	51.4	51.5
年龄	4—14 岁	7.0	4.2	9.0	4.4	6.9	5.3
	15—24 岁	9.0	7.4	15.6	9.2	4.3	5.4
	25—34 岁	15.2	15.9	18.4	11.5	23.6	10.4
	35—44 岁	17.5	16.1	18.3	14.1	11.3	18.4
	45—54 岁	20.6	21.9	18.8	28.0	14.7	23.3
	55—64 岁	18.9	23.4	7.9	21.3	30.5	26.0
	65 岁及以上	11.9	11.1	12.1	11.4	8.6	11.1
教育程度	未受过正规教育	2.4	1.7	2.0	0.9	4.0	2.5
	小学	13.2	10.9	13.9	10.8	16.2	13.4
	初中	31.7	30.9	30.3	36.0	21.6	37.3
	高中	34.7	36.3	33.5	37.2	41.6	27.3
	大学及以上	18.1	20.2	20.2	15.1	16.6	19.6
职业类别	干部/管理人员	3.4	4.4	3.6	3.2	2.8	1.6
	个体/私营企业人员	13.7	13.0	14.6	11.1	16.1	7.5
	初级公务员/雇员	10.7	10.2	12.0	9.6	8.0	10.6
	工人	16.4	17.1	18.3	20.4	16.3	18.2
	学生	7.0	5.2	10.4	5.8	4.6	4.3
	无业	45.1	48.4	37.7	44.8	46.9	55.9
	其他	3.7	1.8	3.4	5.1	5.2	2.1
个人月收入	0—600 元	28.2	21.3	31.9	26.4	32.3	24.3
	601—1200 元	9.8	11.9	9.5	7.8	12.9	13.6
	1201—1700 元	17.5	21.2	13.9	19.9	16.5	22.3
	1701—2600 元	21.7	22.0	19.7	22.8	25.9	22.4
	2601—3500 元	11.7	12.2	13.7	13.6	7.2	7.2
	3501—5000 元	7.0	6.8	8.0	5.7	4.2	6.2
	5001 元及以上	4.1	4.6	3.3	3.7	0.9	4.0

表 3.33.6　2011—2013 年长沙市场各类节目的播出份额（%）和收视份额（%）

节目类别	2011 年		2012 年		2013 年	
	播出份额	收视份额	播出份额	收视份额	播出份额	收视份额
财经	2.3	0.7	2.0	0.4	1.7	0.3
电视剧	21.6	28.8	21.5	31.1	23.1	33.7
电影	4.3	4.5	4.7	4.4	4.8	3.5
法制	1.3	4.7	0.9	3.1	1.0	2.9
教学	0.4	0.1	0.3	0.1	0.3	0.1
青少	6.8	3.0	6.1	2.7	5.7	2.7
生活服务	7.8	7.1	8.4	6.0	8.3	5.5
体育	1.3	1.4	2.2	1.9	2.5	1.1
外语	0.0	0.0	0.0	0.0	0.0	0.0
戏剧	1.0	0.1	0.9	0.1	0.7	0.1
新闻/时事	13.9	15.1	15.6	21.8	15.4	22.6
音乐	2.7	0.5	2.4	0.5	2.2	0.3
专题	12.2	8.6	12.2	8.0	11.1	7.0
综艺	10.3	11.7	8.9	8.5	9.0	8.6
其他	14.2	13.8	13.9	11.5	14.1	11.5

表 3.33.7 2013 年长沙市场所有节目收视率排名前三十位

名次	节目名称	节目类型	播出频道	平均收视率（%）	平均占有率（%）
1	我是歌手总决赛歌王之战	综艺	湖南电视台卫星频道	12.5	34.6
2	2013 小年夜大联欢快乐到家	综艺	湖南电视台卫星频道	12.0	30.1
3	快乐中国 20132014 跨年演唱会	音乐	湖南电视台卫星频道	9.4	21.4
4	2013 春节联欢晚会	综艺	湖南电视台卫星频道	7.9	19.4
5	隋唐英雄	电视剧	湖南电视台卫星频道	7.9	18.9
6	爸爸去哪儿	综艺	湖南电视台卫星频道	8.0	24.7
7	2013 快乐男声全国总决赛谁是冠军	综艺	湖南电视台卫星频道	6.4	21.7
8	咱们结婚吧	电视剧	湖南电视台卫星频道	6.3	15.2
9	元宵喜乐会	综艺	湖南电视台卫星频道	6.2	16.7
10	中国最强音总冠军战	综艺	湖南电视台卫星频道	6.1	20.5
11	因为爱情有晴天	电视剧	湖南电视台卫星频道	5.7	15.0
12	陆贞传奇	电视剧	湖南电视台卫星频道	5.6	15.0
13	天狼星行动	电视剧	湖南电视台经济频道	5.5	15.0
14	燕子侠	电视剧	湖南电视台经济频道	5.1	14.1
15	铁血征途	电视剧	湖南电视台经济频道	5.0	13.9
16	快乐大本营	综艺	湖南电视台卫星频道	4.9	12.8
17	苍狼	电视剧	湖南电视台经济频道	4.8	12.7
18	喋血女人花	电视剧	湖南电视台经济频道	4.8	11.9
19	兵临城下	电视剧	湖南电视台经济频道	4.7	13.4
20	狼烟遍地	电视剧	湖南电视台经济频道	4.7	11.9
21	天天向上	综艺	湖南电视台卫星频道	4.7	11.8
22	抗日七豪侠	电视剧	湖南电视台经济频道	4.6	11.3
23	战地狮吼	电视剧	湖南电视台经济频道	4.5	12.3
23	猎豹突击	电视剧	湖南电视台经济频道	4.5	12.3
25	走打鬼子去	电视剧	湖南电视台经济频道	4.5	11.2
26	笑傲江湖	电视剧	湖南电视台卫星频道	4.4	11.3
26	盛夏晚晴天	电视剧	湖南电视台经济频道	4.4	11.3
28	奇舞飞扬（5 月 27 日）	综艺	湖南电视台卫星频道	4.2	15.0
29	都市 1 时间	新闻/时事	湖南电视台都市频道	4.2	14.1
30	女子炸弹部队二	电视剧	湖南电视台电视剧频道	4.2	11.9

表 3.33.8　2013 年长沙市场电视剧收视率排名前十位

名次	节目名称	播出频道	平均收视率(%)	平均占有率(%)
1	隋唐英雄	湖南电视台卫星频道	7.9	18.9
3	咱们结婚吧	湖南电视台卫星频道	6.3	15.2
2	因为爱情有晴天	湖南电视台卫星频道	5.7	15.0
4	陆贞传奇	湖南电视台卫星频道	5.6	15.0
5	天狼星行动	湖南电视台经济频道	5.5	15.0
6	燕子侠	湖南电视台经济频道	5.1	14.1
7	铁血征途	湖南电视台经济频道	5.0	13.9
8	苍狼	湖南电视台经济频道	4.8	12.7
9	喋血女人花	湖南电视台经济频道	4.8	11.9
10	兵临城下	湖南电视台经济频道	4.7	13.4

表 3.33.9　2013 年长沙市场新闻节目收视率排名前十位

名次	节目名称	播出频道	平均收视率(%)	平均占有率(%)
1	都市 1 时间	湖南电视台都市频道	4.2	14.1
2	钟山说事	湖南电视台经济频道	3.9	12.7
3	都市晚间	湖南电视台都市频道	3.5	9.4
4	夜线(21 点档)	长沙电视政法频道	3.1	8.8
5	四川雅安 7.0 级大地震	长沙电视政法频道	2.8	12.6
6	我们都是雅安人	长沙电视政法频道	2.6	14.2
7	夜线(23 点档)	长沙电视政法频道	2.6	11.1
8	转播中央台新闻联播	湖南电视台卫星频道	2.6	7.8
9	都市大直播	湖南电视台都市频道	2.5	8.3
10	观点致胜	长沙电视政法频道	2.3	12.1

表 3.33.10　2013 年长沙市场专题节目收视率排名前十位

名次	节目名称	播出频道	平均收视率(%)	平均占有率(%)
1	党的群众路线教育实践活动专题电视问政	湖南电视台经济频道	3.7	8.7
2	寻情记	湖南电视台都市频道	3.3	8.6
3	记者再报告	长沙电视政法频道	3.1	8.2
4	情动 8 点	长沙电视政法频道	2.8	7.2
5	感动中国 2012 年度人物颁奖典礼	中央电视台综合频道	2.6	6.1
6	中国汉字听写大会 2013 总决赛	中央电视台综合频道	2.4	5.9
7	在希望的田野上 2013 中国中部湖南国际农博会	长沙电视新闻频道	1.9	4.5
8	第十二届汉语桥世界大学生中文比赛总决赛	湖南电视台卫星频道	1.7	5.8
9	心得乐	湖南电视台电视剧频道	1.7	4.7
10	经视问政	湖南电视台经济频道	1.6	3.6

表 3. 33. 11　2013 年长沙市场综艺节目收视率排名前十位

名次	节目名称	播出频道	平均收视率（%）	平均占有率（%）
1	我是歌手总决赛歌王之战	湖南电视台卫星频道	12. 5	34. 6
2	2013 小年夜大联欢快乐到家	湖南电视台卫星频道	12. 0	30. 1
3	2013 春节联欢晚会	湖南电视台卫星频道	7. 9	19. 4
4	爸爸去哪儿	湖南电视台卫星频道	8. 0	24. 7
5	2013 快乐男声全国总决赛谁是冠军	湖南电视台卫星频道	6. 4	21. 7
6	元宵喜乐会	湖南电视台卫星频道	6. 2	16. 7
7	中国最强音总冠军战	湖南电视台卫星频道	6. 1	20. 5
8	快乐大本营	湖南电视台卫星频道	4. 9	12. 8
9	天天向上	湖南电视台卫星频道	4. 7	11. 8
10	奇舞飞扬（5 月 27 日）	湖南电视台卫星频道	4. 2	15. 0

表 3. 33. 12　2013 年长沙市场体育节目收视率排名前十位

名次	节目名称	播出频道	平均收视率（%）	平均占有率（%）
1	2013 年亚洲冠军联赛决赛第二回合（韩国首尔 FC VS 广州恒大）	中央台五套	3. 5	9. 3
2	2015 年亚洲杯预选赛（中国 VS 沙特）	中央台五套	3. 5	9. 1
3	2013 年澳大利亚网球公开赛女单决赛	中央台五套	2. 4	10. 1
4	2013 年世界女排大奖赛总决赛（日本 VS 中国）	中央台五套	2. 3	7. 0
5	2013 年世界羽毛球锦标赛男单决赛	中央台五套	2. 2	7. 6
6	第 15 届世界游泳锦标赛跳水男子十米台决赛	中央台五套	2. 2	5. 9
7	2013 年中国足协杯颁奖仪式	中央台五套	2. 0	6. 8
8	2013/2014 赛季中国男子篮球职业联赛常规赛第十六轮（山西汾酒集团 VS 山东黄金）	中央台五套	1. 8	9. 4
9	2013 年世界斯诺克国际锦标赛决赛	中央台五套	1. 7	5. 3
10	2013 年东亚杯足球赛男足（澳大利亚 VS 中国）	中央台五套	1. 6	8. 1

三十四、成都收视数据

表 3.34.1　2009—2013 年成都市场各类频道的市场占有率（%）

频道类别	年份				
	2009 年	2010 年	2011 年	2012 年	2013 年
中央台频道	25.8	26.7	26.6	27.9	27.9
中国教育台频道	0.3	0.3	0.4	0.3	0.2
四川省级频道	26.1	25.9	29.8	25.5	24.0
成都市级频道	19.9	19.1	10.3	10.8	11.1
其他省级卫视频道	22.0	20.5	24.2	26.5	28.0
其他频道	6.0	7.5	8.7	9.0	8.8

表 3.34.2　2013 年成都市场各类频道在不同目标观众中的市场占有率（%）

目标观众		中央台频道	中国教育台频道	四川省级频道	成都市级频道	其他省级卫视频道	其他频道
4 岁及以上所有人		27.9	0.2	24.0	11.1	28.0	8.8
性别	男	29.8	0.2	23.8	10.9	26.3	9.0
	女	26.2	0.2	24.2	11.3	29.7	8.4
年龄	4—14 岁	30.7	0.3	17.3	9.2	33.7	8.8
	15—24 岁	19.3	0.1	26.9	11.0	32.7	10.0
	25—34 岁	26.0	0.2	19.4	12.7	32.3	9.4
	35—44 岁	26.0	0.2	21.6	10.2	31.8	10.2
	45—54 岁	24.6	0.1	28.4	12.2	24.9	9.8
	55—64 岁	32.0	0.1	24.4	11.2	25.0	7.3
	65 岁及以上	34.6	0.3	26.3	9.8	22.6	6.4
教育程度	未受过正规教育	36.4	0.3	25.4	6.6	23.7	7.6
	小学	25.6	0.2	32.0	8.3	25.9	8.0
	初中	25.9	0.2	26.5	10.5	28.7	8.2
	高中	28.5	0.2	23.1	12.6	26.5	9.1
	大学及以上	29.5	0.1	17.2	12.3	31.4	9.5
职业类别	干部/管理人员	28.9	0.1	16.3	15.5	28.7	10.5
	个体/私营企业人员	24.3	0.2	25.3	8.7	30.9	10.6
	初级公务员/雇员	26.0	0.1	22.8	11.8	30.3	9.0
	工人	23.0	0.2	27.7	11.9	27.9	9.3
	学生	22.2	0.2	21.0	11.8	35.7	9.1
	无业	32.5	0.2	23.7	10.5	25.4	7.7
	其他	21.2	0.2	43.3	6.9	20	8.4
个人月收入	0—600 元	26.6	0.2	24.6	9.6	30.2	8.8
	601—1200 元	25.1	0.1	31.8	8.3	26.8	7.9
	1201—1700 元	26.6	0.2	27.4	10.7	27.3	7.8
	1701—2600 元	31.1	0.1	21.5	11.6	27.1	8.6
	2601—3500 元	27.4	0.2	20.6	13.6	28.8	9.4
	3501—5000 元	28.7	0.1	17.3	15.4	28.4	10.1
	5001 元及以上	32.2	0.2	23.1	9.6	24	10.9

表 3.34.3　2013 年成都市场各类频道在不同时段的市场占有率（%）

时段	中央台频道	中国教育台频道	四川省级频道	成都市级频道	其他省级卫视频道	其他频道
02:00—03:00	27.0	0.3	13.7	4.7	37.4	16.9
03:00—04:00	26.4	0.2	12.4	5.2	35.9	19.9
04:00—05:00	27.7	0.1	13.3	4.4	34.2	20.3
05:00—06:00	30.2	0.1	14.0	4.6	32.6	18.5
06:00—07:00	42.7	0.1	13.3	11.5	22.0	10.4
07:00—08:00	44.0	0.1	16.4	12.8	19.1	7.6
08:00—09:00	44.0	0.1	16.1	6.8	24.3	8.7
09:00—10:00	37.9	0.1	16.2	5.4	30.0	10.4
10:00—11:00	36.1	0.3	16.8	6.4	30.3	10.1
11:00—12:00	41.4	0.3	15.5	5.5	28.4	8.9
12:00—13:00	44.9	0.2	17.0	4.9	23.9	9.1
13:00—14:00	39.6	0.3	18.1	3.8	28.6	9.6
14:00—15:00	32.6	0.4	16.4	4.0	34.8	11.8
15:00—16:00	31.6	0.4	15.7	5.2	35.6	11.5
16:00—17:00	32.8	0.2	15.6	5.7	34.3	11.4
17:00—18:00	35.5	0.1	16.3	9.7	29.3	9.1
18:00—19:00	33.2	0.1	24.4	22.2	11.8	8.3
19:00—20:00	25.2	0.1	29.3	19.8	18.9	6.7
20:00—21:00	23.2	0.2	26.5	12.2	31.4	6.5
21:00—22:00	21.1	0.1	28.7	12.6	30.4	7.1
22:00—23:00	16.3	0.2	31.4	11.4	31.8	8.9
23:00—24:00	20.7	0.1	28.1	6.8	32.6	11.7
24:00—25:00	31.9	0.2	16.9	3.6	34.9	12.5
25:00—26:00	29.1	0.3	13.8	2.8	36.5	17.5

表 3.34.4　2013 年成都市场收视份额排名前十位的频道

名次	频道名称	收视份额（%）
1	四川卫视	4.7
2	四川电视台新闻资讯频道	4.3
3	四川电视台影视文艺频道（五套）	4.2
4	中央电视台综合频道	4.0
5	四川电视台二套（文化旅游频道）	3.7
6	中央电视台新闻频道	3.4
6	浙江卫视	3.4
8	湖南电视台卫星频道	3.1
9	中央台三套	2.9
10	中央台四套	2.7

表 3. 34. 5　2013 年成都市场各主要频道的观众构成（%）

目标观众		所有频道	主要频道				
			四川卫视	四川电视台新闻资讯频道	四川电视台影视文艺频道(五套)	中央电视台综合频道	四川电视台二套(文化旅游频道)
4 岁及以上所有人		100. 0	100. 0	100. 0	100. 0	100. 0	100. 0
性别	男	48. 4	50. 2	49. 4	49. 9	48. 7	45. 8
	女	51. 6	49. 8	50. 6	50. 1	51. 3	54. 2
年龄	4—14 岁	6. 9	5. 7	3. 7	2. 6	6. 2	5. 4
	15—24 岁	8. 5	9. 2	10. 0	8. 7	4. 5	8. 3
	25—34 岁	14. 8	15. 3	9. 1	9. 0	13. 6	13. 2
	35—44 岁	16. 1	15. 7	15. 1	9. 7	11. 5	15. 3
	45—54 岁	20. 0	20. 6	25. 3	29. 0	14. 8	25. 5
	55—64 岁	19. 2	18. 4	19. 9	26. 3	23. 7	18. 7
	65 岁及以上	14. 5	15. 1	16. 9	14. 7	25. 7	13. 6
教育程度	未受过正规教育	4. 2	4. 3	4. 5	2. 2	3. 6	5. 0
	小学	13. 7	16. 8	16. 7	15. 0	13. 7	19. 4
	初中	28. 5	29. 3	30. 9	36. 7	23. 3	32. 3
	高中	30. 8	30. 7	32. 3	31. 3	33. 8	29. 3
	大学及以上	22. 8	18. 9	15. 6	14. 8	25. 6	14. 0
职业类别	干部/管理人员	7. 6	5. 4	6. 6	4. 8	7. 0	3. 3
	个体/私营企业人员	9. 0	8. 6	12. 4	8. 4	4. 1	8. 6
	初级公务员/雇员	21. 6	23. 9	21. 7	21. 7	19. 6	20. 1
	工人	9. 9	12. 8	8. 5	10. 6	7. 5	13. 1
	学生	7. 9	6. 4	6. 7	5. 1	5. 6	6. 1
	无业	40. 1	38. 4	40. 3	43. 4	52. 6	34. 4
	其他	3. 9	4. 5	3. 8	6. 0	3. 6	14. 4
个人月收入	0—600 元	23. 0	24. 1	19. 0	19. 8	21. 4	26. 6
	601—1200 元	13. 2	15. 9	18. 2	13. 0	11. 6	18. 8
	1201—1700 元	15. 7	16. 5	14. 7	21. 7	16. 0	20. 2
	1701—2600 元	22. 5	20. 8	25. 3	23. 5	26. 3	15. 4
	2601—3500 元	13. 1	11. 3	13. 6	11. 4	11. 3	10. 0
	3501—5000 元	9. 0	6. 1	5. 6	8. 7	8. 0	5. 3
	5001 元及以上	3. 5	5. 3	3. 6	1. 9	5. 4	3. 7

表 3. 34. 6　2011—2013 年成都市场各类节目的播出份额（%）和收视份额（%）

节目类别	2011 年		2012 年		2013 年	
	播出份额	收视份额	播出份额	收视份额	播出份额	收视份额
财经	2. 3	1. 7	1. 9	1. 2	2. 0	0. 7
电视剧	27. 8	30. 4	28. 3	31. 7	21. 4	28. 5
电影	4. 4	4. 9	4. 7	5. 1	4. 8	4. 2
法制	0. 9	1. 3	0. 9	1. 2	0. 8	0. 5
教学	0. 5	0. 2	0. 6	0. 1	0. 3	0. 1
青少	6. 1	3. 2	5. 7	3. 1	6. 5	2. 7
生活服务	10. 7	7. 6	10. 9	8. 4	10. 5	10. 8
体育	1. 6	2. 3	1. 6	2. 6	1. 7	1. 6
外语	0. 1	0. 0	0. 0	0. 0	0. 0	0. 0
戏剧	1. 0	0. 2	0. 9	0. 2	0. 7	0. 1
新闻/时事	10. 4	14. 2	11. 0	14. 2	15. 6	16. 4
音乐	2. 8	1. 0	2. 3	1. 0	2. 3	0. 9
专题	9. 6	7. 5	9. 4	7. 6	10. 0	6. 9
综艺	7. 5	11. 9	7. 0	11. 5	9. 0	12. 9
其他	14. 3	13. 6	14. 8	12. 1	14. 4	13. 7

表 3.34.7 2013 年成都市场所有节目收视率排名前三十位

名次	节目名称	节目类别	播出频道	平均收视率（%）	平均占有率（%）
1	2013 春节联欢晚会	综艺	中央电视台综合频道	8.2	16.8
2	2013 元宵晚会	综艺	中央电视台综合频道	7.1	14.7
3	直播周末：2013 年亚洲冠军联赛决赛第二回合（韩国首尔 FC 队 VS 中国广州恒大队）	体育	中央台五套	7.0	15.0
4	中国好声音（8 月 23 日）	综艺	浙江卫视	6.7	15.1
5	2 天 1 夜	综艺	四川卫视	5.7	12.0
6	直播周末 2013 年亚洲冠军联赛颁奖仪式	体育	中央台五套	5.3	11.9
7	快乐中国 20132014 跨年演唱会	音乐	湖南电视台卫星频道	5.1	12.1
8	我是歌手总决赛歌王之战（4 月 12 日）	综艺	湖南电视台卫星频道	4.5	12.4
9	苍狼	电视剧	四川卫视	4.5	10.0
10	中国正能量	专题	四川卫视	4.2	10.5
11	公益中国	专题	四川卫视	4.1	9.3
12	开学第一课	综艺	中央电视台综合频道	4.1	8.3
13	光荣使命	电视剧	四川电视台影视文艺频道（五套）	4.0	11.2
14	王牌谍中谍（2 月 18 日）	综艺	浙江卫视	3.9	9.9
15	天籁之爱	综艺	四川卫视	3.8	14.8
16	恋歌	电视剧	四川卫视	3.8	8.5
17	决战燕子门	电视剧	四川电视台影视文艺频道（五套）	3.7	9.8
18	千金归来	电视剧	四川卫视	3.7	8.2
19	CCTV2013 年 315 晚会	综艺	中央电视台综合频道	3.6	8.3
20	黄金赛场：2015 年亚洲杯预选赛（中国 VS 沙特阿拉伯）	体育	中央台五套	3.6	7.9
21	孤堡疑云	电影	四川卫视	3.5	18.5
22	英雄联盟	电视剧	四川电视台影视文艺频道（五套）	3.4	9.3
23	中国爱大歌会	综艺	四川卫视	3.4	9.2
24	幸福在哪里	生活服务	四川电视台二套（文化旅游频道）	3.4	8.7
25	感动中国 2012 年度人物颁奖典礼	专题	中央电视台综合频道	3.4	7.3
26	2013 年世界羽毛球锦标赛男单决赛	体育	中央台五套	3.3	9.2
27	喜从天降	综艺	四川卫视	3.3	8.6
28	深宅未醒	电影	四川卫视	3.2	17.3
29	让爱作主	专题	四川卫视	3.2	10.3
30	大漠苍狼	电视剧	四川电视台影视文艺频道（五套）	3.2	8.7

表 3.34.8　2013 年成都市场电视剧收视率排名前十位

名次	节目名称	播出频道	平均收视率（%）	平均占有率（%）
1	苍狼	四川卫视	4.5	10.0
2	光荣使命	四川电视台影视文艺频道（五套）	4.0	11.2
3	恋歌	四川卫视	3.8	8.5
4	决战燕子门	四川电视台影视文艺频道（五套）	3.7	9.8
5	千金归来	四川卫视	3.7	8.2
6	英雄联盟	四川电视台影视文艺频道（五套）	3.4	9.3
7	大漠苍狼	四川电视台影视文艺频道（五套）	3.2	8.7
8	暗花	四川卫视	3.2	7.5
9	楚汉传奇	浙江卫视	3.2	7.1
10	全家福	中央电视台综合频道	3.2	6.8

表 3.34.9　2013 年成都市场新闻节目收视率排名前十位

名次	节目名称	播出频道	平均收视率（%）	平均占有率（%）
1	黄金 30 分	四川电视台新闻资讯频道	2.9	7.1
2	18:00 新闻现场	四川电视台新闻资讯频道	2.6	8.8
3	雅安地震特别直播	成都电视台经济资讯服务频道(二套)	2.3	5.6
4	太空新旅再探天宫天宫一号与神舟十号载人飞行任务特别报道	中央电视台新闻频道	2.1	11.1
5	新闻联播	中央电视台综合频道	2.1	6.3
6	东方时空（4 月 20/21 日）	中央电视台综合频道	2.1	5.4
7	李克强总理会见中外记者并回答提问	中央电视台综合频道	2.1	5.2
8	深夜快递	成都电视台经济资讯服务频道(二套)	2.0	4.3
9	共同关注（4 月 20/21 日）	中央电视台综合频道	1.9	7.3
10	雅安芦山地震特别报道	四川卫视	1.9	5.9

表 3.34.10　2013 年成都市场专题节目收视率排名前十位

名次	节目名称	播出频道	平均收视率（%）	平均占有率（%）
1	中国正能量	四川卫视	4.2	10.6
2	公益中国	四川卫视	4.1	9.3
3	感动中国 2012 年度人物颁奖典礼	中央电视台综合频道	3.4	7.3
4	让爱作主	四川卫视	3.2	10.3
5	解密（1 月 9 日、16 日）	深圳卫视（新闻综合频道）	2.9	7.0
6	酷我真声音	浙江卫视	2.7	9.1
7	圆梦中国德耀中华第四届全国道德模范授奖仪式	中央电视台综合频道	2.4	6.1
8	票房—解密 5.12 大地震	峨眉电影频道	2.2	6.8
9	非常话题	四川电视台新闻资讯频道	2.2	5.3
10	中国汉字听写大会 2013 总决赛	中央电视台综合频道	2.1	4.5

表 3.34.11 2013 年成都市场综艺节目收视率排名前十位

名次	节目名称	播出频道	平均收视率（%）	平均占有率（%）
1	2013 春节联欢晚会	中央电视台综合频道	8.2	16.8
2	2013 元宵晚会	中央电视台综合频道	7.1	14.7
3	中国好声音（8 月 23 日）	浙江卫视	6.7	15.1
4	2 天 1 夜	四川卫视	5.7	12
5	我是歌手总决赛歌王之战（4 月 12 日）	湖南电视台卫星频道	4.5	12.4
6	开学第一课	中央电视台综合频道	4.1	8.3
7	王牌谍中谍（2 月 18 日）	浙江卫视	3.9	9.9
8	天籁之爱	四川卫视	3.8	14.8
9	CCTV2013 年 315 晚会	中央电视台综合频道	3.6	8.3
10	中国爱大歌会	四川卫视	3.4	9.2

表 3.34.12 2013 年成都市场体育节目收视率排名前十位

名次	节目名称	播出频道	平均收视率（%）	平均占有率（%）
1	直播周末：2013 年亚洲冠军联赛决赛第二回合（韩国首尔 FC 队 VS 中国广州恒大队）	中央台五套	7.0	15.0
2	直播周末 2013 年亚洲冠军联赛颁奖仪式	中央台五套	5.3	11.9
3	黄金赛场：2015 年亚洲杯预选赛（中国 VS 沙特阿拉伯）	中央台五套	3.6	7.9
4	2013 年世界羽毛球锦标赛男单决赛	中央台五套	3.3	9.2
5	直播周末：2013 年国际足联世俱杯 1/4 决赛（中国广州恒大 VS 埃及阿赫利）	中央台五套	2.3	22.6
6	直播周末：2013 年世界斯诺克国际锦标赛决赛	中央台五套	2.3	6.3
7	直播周末：2013 年澳大利亚网球公开赛女单决赛	中央台五套	2.2	10.0
8	直播周末：2013 年世界女排大奖赛总决赛（日本队 VS 中国队）	中央台五套	2.2	6.2
9	现场直播：2013 年东亚杯足球赛（韩国队 VS 中国队）	中央台五套	2.0	5.2
10	直播周末：2013/2014 赛季西班牙足球甲级联赛第 10 轮（巴塞罗那 VS 皇家马德里）	中央台五套	1.8	18.8

三十五、大连收视数据

表 3.35.1　2009—2013 年大连市场各类频道的市场占有率（%）

频道类别	年份				
	2009 年	2010 年	2011 年	2012 年	2013 年
中央台频道	37.6	34.3	30.0	29.6	32.2
中国教育台频道	0.1	0.2	0.5	0.5	0.3
辽宁省级频道	12.5	15.8	14.2	11.1	9.1
大连市级频道	34.1	32.4	22.2	22.6	21.5
其他省级卫视频道	12.8	15.9	25.1	29.9	31.1
其他频道	2.9	1.4	8.1	6.2	5.8

表 3.35.2　2013 年大连市场各类频道在各目标观众中的市场占有率（%）

目标观众		中央台频道	中国教育台频道	辽宁省级频道	大连市级频道	其他省级卫视频道	其他频道
4 岁及以上所有人		32.2	0.3	9.1	21.5	31.1	5.8
性别	男	34.8	0.3	8.8	21.0	28.9	6.2
	女	29.9	0.3	9.3	21.9	33.2	5.4
年龄	4—14 岁	39.4	0.6	6.4	18.5	29.3	5.8
	15—24 岁	27.0	0.4	8.3	19.3	37.5	7.6
	25—34 岁	34.4	0.3	8.5	17.6	33.5	5.7
	35—44 岁	28.9	0.3	9.7	18.9	33.9	8.3
	45—54 岁	29.3	0.3	10.2	23.0	31.9	5.3
	55—64 岁	30.0	0.3	9.8	24.2	30.1	5.6
	65 岁及以上	39.6	0.3	7.9	24.1	24.6	3.5
教育程度	未受过正规教育	37.0	0.3	7.0	24.4	24.2	7.1
	小学	35.5	0.3	9.3	24.0	25.9	5.0
	初中	29.6	0.3	9.7	22.1	31.1	7.2
	高中	32.2	0.3	8.8	20.3	33.3	5.1
	大学及以上	35.9	0.3	8.3	19.4	32.3	3.9
职业类别	干部/管理人员	36.9	0.3	5.6	13.7	38.8	4.8
	个体/私营企业人员	30.8	0.3	10.6	19.7	30.8	7.9
	初级公务员/雇员	32.1	0.3	9.2	20.9	32.6	5.0
	工人	31.1	0.3	9.3	21.6	31.6	6.1
	学生	33.3	0.6	7.5	18.8	35.2	4.7
	无业	32.9	0.3	9.3	23.7	29.1	4.8
	其他	31.8	0.1	5.8	16.0	30.4	16.0
个人月收入	0—600 元	31.4	0.4	8.1	19.3	33.2	7.6
	601—1200 元	30.9	0.3	9.5	23.2	28.7	7.4
	1201—1700 元	30.5	0.3	9.9	24.9	30.5	4.0
	1701—2600 元	33.8	0.3	9.2	21.9	30.8	4.1
	2601—3500 元	32.4	0.3	9.1	20.1	32.1	6.1
	3501—5000 元	34.1	0.2	9.1	19.8	30.5	6.3
	5001 元及以上	39.1	0.4	9.4	14.1	27.3	9.6

表 3.35.3　2013 年大连市场各类频道在不同时段的市场占有率（%）

时间段	中央台频道	中国教育台频道	辽宁省级频道	大连市级频道	其他省级卫视频道	其他频道
02:00—03:00	35.1	0.3	8.0	0.1	43.5	13.0
03:00—04:00	36.1	0.3	7.6	0.0	42.0	14.0
04:00—05:00	40.8	0.2	8.5	0.0	36.5	14.1
05:00—06:00	42.0	0.2	14.4	0.1	31.5	11.8
06:00—07:00	34.5	0.1	20.6	11.6	22.7	10.4
07:00—08:00	33.8	0.1	16.9	20.6	20.1	8.6
08:00—09:00	36.5	0.1	10.3	14.3	30.9	7.8
09:00—10:00	34.3	0.2	9.3	11.6	37.1	7.6
10:00—11:00	33.8	0.4	6.8	13.5	38.9	6.6
11:00—12:00	39.1	0.4	9.1	7.2	38.1	6.2
12:00—13:00	39.8	0.3	15.2	6.6	32.8	5.5
13:00—14:00	37.8	0.5	7.1	8.2	41.1	5.4
14:00—15:00	32.3	0.5	7.1	9.3	45.2	5.6
15:00—16:00	33.3	0.5	7.4	10.3	43.4	5.1
16:00—17:00	34.6	0.2	7.7	11.1	41.5	4.9
17:00—18:00	29.0	0.1	12.3	28.6	25.8	4.2
18:00—19:00	35.2	0.1	10.3	41.8	8.0	4.7
19:00—20:00	33.4	0.3	7.9	38.4	15.5	4.5
20:00—21:00	28.9	0.6	7.4	28.8	29.9	4.5
21:00—22:00	28.9	0.5	7.8	20.5	36.6	5.7
22:00—23:00	24.6	0.4	7.7	11.4	48.5	7.3
23:00—24:00	26.7	0.2	8.4	7.6	48.0	9.2
24:00—25:00	30.9	0.1	7.3	6.4	43.1	12.2
25:00—26:00	36.0	0.3	5.7	2.3	43.3	12.4

表 3.35.4　2013 年大连市场收视份额排名前十位的频道

名次	频道名称	收视份额（%）
1	大连台一套（新闻综合频道）	7.0
2	大连台二套（经济生活频道）	5.5
3	中央电视台综合频道	4.4
4	中央台三套	4.2
5	辽宁卫视	3.9
6	浙江卫视	3.8
7	大连台三套（公共频道）	3.3
7	江苏卫视	3.3
9	中央台五套	2.9
9	中央电视台少儿频道	2.9

表 3.35.5　2013 年大连市场各主要频道的观众构成（%）

目标观众		所有频道	主要频道				
			大连台一套(新闻综合频道)	大连台二套(经济生活频道)	中央电视台综合频道	中央台三套	辽宁卫视
4 岁及以上所有人		100.0	100.0	100.0	100.0	100.0	100.0
性别	男	47.7	47.1	39.2	44.1	47.5	44.5
	女	52.3	52.9	60.8	55.9	52.5	55.5
年龄	4—14 岁	6.0	4.5	3.1	7.7	3.4	5.0
	15—24 岁	8.0	6.9	9.0	7.7	6.0	8.1
	25—34 岁	11.8	5.9	12.8	13.0	13.9	12.2
	35—44 岁	17.5	15.4	14.6	16.5	12.1	22.3
	45—54 岁	24.1	21.6	31.8	17.7	22.8	21.7
	55—64 岁	14.4	17.1	14.6	11.9	16.6	13.0
	65 岁及以上	18.2	28.7	14.0	25.4	25.1	17.7
教育程度	未受过正规教育	3.7	4.0	2.9	4.5	3.0	3.3
	小学	11.5	14.3	11.6	12.9	12.4	16.7
	初中	39.3	38.3	42.5	33.3	37.8	37.5
	高中	32.2	33.3	29.2	35.0	33.2	32.0
	大学及以上	13.3	10.1	13.8	14.4	13.6	10.6
职业类别	干部/管理人员	2.7	1.8	1.5	2.3	2.3	1.4
	个体/私营企业人员	11.8	11.3	13.2	9.2	11.9	13.7
	初级公务员/雇员	10.8	7.6	12.0	10.8	9.2	11.5
	工人	23.3	20.8	25.3	24.3	24.1	22.2
	学生	9.0	7.2	6.6	9.3	6.2	8.2
	无业	39.2	48.5	39.5	42.5	42.2	39.3
	其他	3.2	2.7	1.9	1.6	4.1	3.6
个人月收入	0—600 元	23.3	20.6	18.6	23.7	16.8	22.3
	601—1200 元	11.3	12.6	13.3	9.7	14.9	10.7
	1201—1700 元	19.3	21.4	23.2	16.1	21.5	18.6
	1701—2600 元	25.1	26.8	26.5	28.1	26.8	24.1
	2601—3500 元	12.2	12.5	9.9	12.9	12.0	14.8
	3501—5000 元	6.5	5.3	6.5	7.2	6.5	7.1
	5001 元及以上	2.4	0.8	2	2.3	1.5	2.5

表 3.35.6　2011—2013 年大连市场各类节目的播出份额（%）和收视份额（%）

节目类别	2011 年		2012 年		2013 年	
	播出份额	收视份额	播出份额	收视份额	播出份额	收视份额
财经	2.4	1.2	2.5	0.9	2.0	0.7
电视剧	20.8	31.0	20.0	32.3	27.4	33.5
电影	3.5	2.9	4.3	3.3	4.4	3.9
法制	1.1	2.2	1.2	3.1	1.3	3.0
教学	0.4	0.1	0.3	0.1	0.4	0.1
青少	7.9	3.0	7.3	2.8	5.7	3.5
生活服务	9.8	7.3	9.7	7.1	10.4	6.5
体育	1.8	4.3	2.6	4.9	2.8	4.0
外语	0.0	0.0	0.0	0.0	0.0	0.0
戏剧	1.0	0.2	0.9	0.2	0.6	0.3
新闻/时事	12.8	12.2	13.9	13.2	9.7	13.1
音乐	2.8	0.9	2.4	0.9	2.3	0.9
专题	11.9	6.9	12.4	6.9	9.1	6.3
综艺	10.7	16.1	9.3	14.3	6.9	13.7
其他	13.2	11.7	13.1	10.2	17.1	10.6

表 3.35.7 2013 年大连市场所有节目收视率排名前三十位

名次	节目名称	节目类别	播出频道	平均收视率（%）	平均占有率（%）
1	直播周末：2013 年亚洲冠军联赛决赛第二回合（韩国首尔 FC 队 VS 中国广州恒大队）	体育	中央台五套	13.9	30.8
2	2013 元宵晚会	综艺	中央电视台综合频道	13.8	29.6
3	2013 辽宁卫视春节联欢晚会	综艺	辽宁卫视	11.3	27.4
4	中国好声音(8 月 23 日)	综艺	浙江卫视	8.9	30.0
5	黄金赛场：2015 年亚洲杯预选赛（中国 VS 沙特阿拉伯）	体育	中央台五套	8.2	20.8
6	2013 春节联欢晚会	综艺	中央电视台综合频道	8.1	16.3
7	赛事直播：2013 年万达广场中国足球协会超级联赛第 8 轮（贵州茅台 VS 大连阿尔滨）	体育	大连台四套（文体频道）	7.9	19.0
8	直播周末：2013 年澳大利亚网球公开赛女单决赛	体育	中央台五套	7.7	23.1
9	非常有喜	电视剧	大连台二套（经济生活频道）	7.7	17.8
10	现场直播：2013 年东亚杯足球赛男足（澳大利亚 VS 中国队）	体育	中央台五套	7.4	31.2
11	直播周末：2013 年中国足协杯决赛第二回合（广州恒大 VS 贵州茅台）	体育	中央台五套	7.2	28.1
12	新闻锋线	新闻/时事	大连台一套（新闻综合频道）	6.9	24.6
13	大连好人	专题	大连台一套（新闻综合频道）	6.6	21.9
14	那样芬芳	电视剧	大连台二套（经济生活频道）	6.3	16.6
15	你是我爱人	电视剧	大连台二套（经济生活频道）	6.1	16.0
16	我家有喜	电视剧	大连台二套（经济生活频道）	6.1	14.6
17	大女当嫁	电视剧	大连台二套（经济生活频道）	6.0	16.6
18	深白再婚进行时	电视剧	大连台二套（经济生活频道）	6.0	16.1
19	我和老妈一起嫁	电视剧	大连台二套（经济生活频道）	6.0	14.0
20	幸福 NO.1 春节联欢晚会 2013	综艺	江苏卫视	5.9	14.7
21	咱家那些事	电视剧	大连台二套（经济生活频道）	5.9	14.0
22	小儿难养	电视剧	大连台二套（经济生活频道）	5.7	12.9
23	真爱谎言	电视剧	大连台二套（经济生活频道）	5.3	14.6
24	直播周末：2013 年世界女排大奖赛总决赛（日本队 VS 中国队）	体育	中央台五套	5.2	14.6
25	离婚前规则	电视剧	大连台二套（经济生活频道）	5.2	12.3
26	新闻互动区	新闻/时事	大连台一套（新闻综合频道）	5.1	20.8
27	启航 2014 新年特别节目	综艺	中央电视台综合频道	5.1	14.5
28	蜗居	电视剧	大连台二套（经济生活频道）	5.0	13.0
29	小菊的秋天	电视剧	大连台二套（经济生活频道）	5.0	12.7
30	过年七天乐	综艺	中央台三套	4.9	13.1

表 3.35.8　2013 年大连市场电视剧收视率排名前十位

名次	节目名称	播出频道	平均收视率(%)	平均占有率(%)
1	非常有喜	大连台二套（经济生活频道）	7.7	17.8
2	那样芬芳	大连台二套（经济生活频道）	6.3	16.6
3	你是我爱人	大连台二套（经济生活频道）	6.1	16.0
4	我家有喜	大连台二套（经济生活频道）	6.1	14.6
5	大女当嫁	大连台二套（经济生活频道）	6.0	16.6
6	深白再婚进行时	大连台二套（经济生活频道）	6.0	16.2
7	我和老妈一起嫁	大连台二套（经济生活频道）	6.0	14.0
8	咱家那些事	大连台二套（经济生活频道）	5.9	14.0
9	小儿难养	大连台二套（经济生活频道）	5.7	12.9
10	真爱谎言	大连台二套（经济生活频道）	5.3	14.6

表 3.35.9　2013 年大连市场新闻节目收视率排名前十位

名次	节目名称	播出频道	平均收视率(%)	平均占有率(%)
1	新闻锋线	大连台一套（新闻综合频道）	6.9	24.6
2	新闻互动区	大连台一套（新闻综合频道）	5.1	20.8
3	大连新闻	大连台一套（新闻综合频道）	4.7	15.0
4	转播中央台新闻联播	大连台一套（新闻综合频道）	3.9	11.2
5	太空新旅再探天宫天宫一号与神舟十号载人飞行任务特别报道	中央电视台综合频道	3.7	13.0
6	和你在一起城市直通车芦山地震特别报道	大连台二套（经济生活频道）	3.5	10.1
7	今晚新闻站	大连台一套（新闻综合频道）	2.8	13.9
8	新闻面对面	大连台一套（新闻综合频道）	2.6	8.3
9	东方时空（4 月 20/21 日）	中央电视台综合频道	2.4	5.9
10	太空新旅再探天宫天宫一号与神舟十号载人飞行任务特别报道	中央电视台新闻频道	2.2	7.8

表 3.35.10　2013 年大连市场专题节目收视率排名前十位

名次	节目名称	播出频道	平均收视率(%)	平均占有率(%)
1	大连好人	大连台一套（新闻综合频道）	6.6	21.9
2	一年又一年 2013	大连台一套（新闻综合频道）	4.5	10.4
3	酷我真声音	浙江卫视	4.1	26.1
4	中国汉字听写大会 2013 复赛第四场	中央电视台综合频道	3.4	9.0
5	这里是大连	大连台一套（新闻综合频道）	3.3	11.9
6	温暖 2012	中央台三套	2.9	9.0
7	江南味道	大连台一套（新闻综合频道）	2.2	7.2
8	今晚新闻站国庆特别节目美丽中国	大连台一套（新闻综合频道）	1.9	9.3
9	五一广场大喇叭	大连台三套（公共频道）	1.9	6.5
10	解密（1 月 9 日、16 日）	深圳卫视（新闻综合频道）	1.8	7.3

表 3. 35. 11　2013 年大连市场综艺节目收视率排名前十位

名次	节目名称	播出频道	平均收视率（%）	平均占有率（%）
1	2013 元宵晚会	中央电视台综合频道	13. 8	29. 6
2	2013 辽宁卫视春节联欢晚会	辽宁卫视	10. 5	30. 4
3	中国好声音（8 月 23 日）	浙江卫视	8. 9	30. 0
4	2013 春节联欢晚会	中央电视台综合频道	8. 1	16. 3
5	幸福 NO. 1 春节联欢晚会 2013	江苏卫视	5. 9	14. 7
6	启航 2014 新年特别节目	中央电视台综合频道	5. 1	14. 5
7	过年七天乐	中央台三套	4. 9	13. 1
8	CCTV2013 年 315 晚会	中央电视台综合频道	4. 9	11. 4
9	星光大道（12 月 21 日）	中央电视台综合频道	4. 5	10. 8
10	梅州月中华情 2013 年中央电视台中秋晚会	中央电视台综合频道	3. 8	10. 8

表 3. 35. 12　2013 年大连市场体育节目收视率排名前十位

名次	节目名称	播出频道	平均收视率（%）	平均占有率（%）
1	直播周末：2013 年亚洲冠军联赛决赛第二回合（韩国首尔 FC 队 VS 中国广州恒大队）	中央台五套	13. 9	30. 8
2	黄金赛场：2015 年亚洲杯预选赛（中国 VS 沙特阿拉伯）	中央台五套	9. 7	24. 2
3	赛事直播：2013 年万达广场中国足球协会超级联赛第 8 轮（贵州茅台 VS 大连阿尔滨）	大连台四套（文体频道）	7. 9	19. 0
4	直播周末：2013 年澳大利亚网球公开赛女单决赛	中央台五套	7. 7	23. 1
5	现场直播：2013 年东亚杯足球赛男足（澳大利亚 VS 中国队）	中央台五套	7. 4	31. 2
6	直播周末：2013 年中国足协杯决赛第二回合（广州恒大 VS 贵州茅台）	中央台五套	7. 2	28. 1
7	直播周末：2013 年世界女排大奖赛总决赛（日本队 VS 中国队）	中央台五套	5. 2	14. 6
8	2013 年世界羽毛球锦标赛男单决赛	中央台五套	4. 6	15. 0
9	第十二届全运会女子 400 米决赛	中央台五套	4. 1	10. 8
10	直播周末：第 14 届世界田径锦标赛男子 4x100 米接力预赛	中央台五套	3. 9	10. 8

三十六、福州收视数据

表 3.36.1 2009—2013 年福州市场各类频道的市场占有率(%)

频道类别	年份				
	2009 年	2010 年	2011 年	2012 年	2013 年
中央台频道	28.9	21.4	23.2	25.2	26.6
中国教育台频道	0.4	0.3	0.4	0.2	0.1
福建省级频道	25.8	23.9	19.7	20.1	18.9
福州市级频道	16.0	17.7	14.4	14.3	15.0
其他省级卫视频道	26.9	25.7	31.5	29.9	30.7
其他频道	2.1	11.0	10.8	10.3	8.7

表 3.36.2 2013 年福州市场各类频道在不同目标观众中的市场占有率(%)

目标观众		中央台频道	中国教育台频道	福建省级频道	福州市级频道	其他省级卫视频道	其他频道
4 岁及以上所有人		26.6	0.1	18.9	15.0	30.7	8.7
性别	男	30.1	0.1	17.5	15.0	27.2	10.1
	女	23.7	0.1	20.0	15.0	33.7	7.5
年龄	4—14 岁	22.3	0.1	13.1	15.5	37.9	11.1
	15—24 岁	19.8	0.1	23.4	9.4	36.3	11.0
	25—34 岁	22.9	0.1	18.2	17.6	33.3	7.9
	35—44 岁	26.6	0.1	18.2	13.3	32.9	8.9
	45—54 岁	28.7	0.1	20.6	15.2	26.9	8.5
	55—64 岁	29.4	0.1	19.2	14.0	31.0	6.3
	65 岁及以上	32.1	0.2	18.1	19.3	20.6	9.7
教育程度	未受过正规教育	22.1	0.1	13.7	16.4	36.9	10.8
	小学	24.2	0.1	18.5	20.5	29.3	7.4
	初中	24.9	0.1	20.1	15.2	31.6	8.1
	高中	27.2	0.1	19.5	13.8	30.8	8.6
	大学及以上	32.0	0.1	18.2	11.4	28.3	10.0
职业类别	干部/管理人员	36.8	0.1	9.4	14.1	31.9	7.7
	个体/私营企业人员	26.0	0.1	18.4	14.8	31.2	9.5
	初级公务员/雇员	27.0	0.1	22.8	13.2	27.8	9.1
	工人	21.3	0.1	26.5	14.2	30.6	7.3
	学生	23.8	0.1	12.9	14.6	37.3	11.3
	无业	28.1	0.1	16.5	16.2	31.1	8.0
	其他	22.9	0.3	33.0	19.9	20.0	3.9
个人月收入	0—600 元	23.9	0.1	15.0	15.8	36.2	9.0
	601—1200 元	22.4	0.1	23.1	15.2	32.6	6.6
	1201—1700 元	27.5	0.1	21.9	11.1	29.9	9.5
	1701—2600 元	28.3	0.1	20.9	16.6	26.1	8.0
	2601—3500 元	28.7	0.1	19.2	16.4	27.0	8.6
	3501—5000 元	32.0	0.1	15.9	9.9	28.5	13.6
	5001 元及以上	34.8	0.1	10.1	12.8	33.5	8.7

表 3. 36. 3 2013 年福州市场各类频道在不同时段的市场占有率（%）

时间段	中央台频道	中国教育台频道	福建省级频道	福州市级频道	其他省级卫视频道	其他频道
02:00—03:00	30. 7	0. 7	11. 4	5. 2	34. 7	17. 3
03:00—04:00	29. 4	0. 3	10. 9	5. 9	32. 2	21. 3
04:00—05:00	29. 1	0. 1	11. 4	6. 2	30. 3	22. 9
05:00—06:00	31. 1	0. 1	11. 5	4. 2	28. 3	24. 8
06:00—07:00	44. 6	0. 1	12. 2	4. 4	26. 2	12. 5
07:00—08:00	48. 7	0. 1	11. 4	9. 7	18. 6	11. 5
08:00—09:00	40. 1	0. 0	9. 1	14. 4	26. 3	10. 1
09:00—10:00	33. 6	0. 1	9. 9	9. 1	37. 6	9. 7
10:00—11:00	34. 5	0. 2	9. 3	5. 1	40. 3	10. 6
11:00—12:00	39. 6	0. 1	7. 4	5. 3	37. 7	9. 9
12:00—13:00	44. 7	0. 1	7. 0	5. 3	33. 1	9. 8
13:00—14:00	39. 6	0. 3	6. 5	5. 3	37. 4	10. 9
14:00—15:00	31. 7	0. 3	9. 5	4. 1	43. 0	11. 4
15:00—16:00	31. 7	0. 2	9. 3	4. 7	42. 5	11. 6
16:00—17:00	33. 9	0. 2	7. 9	4. 6	41. 5	11. 9
17:00—18:00	33. 6	0. 1	10. 4	12. 1	33. 8	10. 0
18:00—19:00	24. 0	0. 0	24. 5	31. 3	11. 6	8. 6
19:00—20:00	23. 5	0. 1	29. 0	23. 4	16. 6	7. 4
20:00—21:00	18. 3	0. 1	26. 9	19. 4	28. 8	6. 5
21:00—22:00	18. 6	0. 1	25. 0	17. 2	33. 1	6. 0
22:00—23:00	21. 0	0. 1	18. 1	13. 7	39. 2	7. 9
23:00—24:00	25. 5	0. 1	14. 8	9. 9	40. 7	9. 0
24:00—25:00	32. 1	0. 2	13. 9	4. 3	39. 2	10. 3
25:00—26:00	31. 3	0. 5	10. 3	4. 4	38. 7	14. 8

表 3. 36. 4 2013 年福州市场收视份额排名前十位的频道

名次	频道名称	收视份额（%）
1	福州电视台都市生活频道	5. 9
2	东南卫视	4. 6
3	福州电视台影视频道	4. 3
4	中央电视台综合频道	4. 2
5	湖南电视台卫星频道	4. 1
5	福建省广播影视集团新闻频道	4. 1
7	中央台四套	3. 7
8	中央台三套	3. 2
9	中央电视台新闻频道	3. 0
10	福州电视台新闻综合频道	2. 9

表 3.36.5　2013 年福州市场各主要频道的观众构成（%）

目标观众		所有频道	主要频道				
			福州电视台都市生活频道	东南卫视	福州电视台影视频道	中央电视台综合频道	湖南电视台卫星频道
4 岁及以上所有人		100.0	100.0	100.0	100.0	100.0	100.0
性别	男	46.1	48.1	43.1	43.3	47.1	34.1
	女	53.9	51.9	56.9	56.7	52.9	65.9
年龄	4—14 岁	9.0	7.0	6.4	8.2	7.8	11.8
	15—24 岁	8.3	4.5	10.9	6.9	6.0	19.4
	25—34 岁	15.0	24.7	14.0	10.1	15.2	15.0
	35—44 岁	16.3	10.9	19.3	16.7	15.6	20.8
	45—54 岁	23.0	25.3	21.6	21.6	22.2	21.4
	55—64 岁	17.9	19.7	13.9	11.3	18.7	7.8
	65 岁及以上	10.5	7.9	13.8	25.1	14.5	3.9
教育程度	未受过正规教育	6.5	4.7	3.4	7.3	6.1	7.4
	小学	16.9	26.1	18.5	25.3	13.2	18.3
	初中	25.3	26.8	21.5	27.1	21.2	28.9
	高中	32.9	29.6	40.2	26.4	36.8	29.5
	大学及以上	18.3	12.8	16.4	13.9	22.7	15.9
职业类别	干部/管理人员	3.2	4.8	1.4	1.3	4.7	3.0
	个体/私营企业人员	18.0	20.5	16.2	13.4	18.7	20.7
	初级公务员/雇员	22.9	22.0	23.7	17.7	22.4	19.2
	工人	8.7	9.0	15.3	8.5	6.2	6.1
	学生	9.0	7.4	9.3	11.5	6.1	20.5
	无业	36.5	32.9	32.7	44.8	40.8	30.1
	其他	1.8	3.3	1.3	2.7	1.2	0.4
个人月收入	0—600 元	28.6	25.5	22.2	36.4	23.8	45.7
	601—1200 元	12.2	16.7	15.1	10.5	7.3	8.1
	1201—1700 元	13.7	8.9	15.6	10.7	14.2	15.8
	1701—2600 元	25.2	28.6	26.9	30.4	29.0	14.3
	2601—3500 元	11.7	16.4	13.4	6.7	12.9	10.5
	3501—5000 元	5.1	0.9	5.0	2.6	5.9	3.0
	5001 元及以上	3.6	2.9	1.8	2.6	6.9	2.7

表 3.36.6　2011—2013 年福州市场各类节目的播出份额（%）和收视份额（%）

节目类别	2011 年		2012 年		2013 年	
	播出份额	收视份额	播出份额	收视份额	播出份额	收视份额
财经	2.6	1.1	2.3	0.8	2.1	0.9
电视剧	21.5	29.3	21.3	31.1	21.4	30.0
电影	3.5	3.7	3.6	2.6	4.0	3.5
法制	0.8	0.8	0.8	0.8	0.9	0.7
教学	0.5	0.4	0.4	0.2	0.3	0.1
青少	8.1	4.5	7.6	4.3	7.1	4.4
生活服务	8.2	6.9	8.9	7.7	10.2	7.9
体育	1.9	1.6	2.0	2.3	2.1	1.5
外语	0.0	0.0	0.0	0.0	0.0	0.0
戏剧	1.0	0.1	1.0	0.1	0.7	0.1
新闻/时事	13.7	14.2	15.1	14.3	14.6	14.9
音乐	2.8	0.7	2.5	0.8	2.3	0.6
专题	11.3	9.2	11.8	10.1	11.0	9.5
综艺	9.7	13.0	8.5	11.5	8.3	11.9
其他	14.2	14.5	14.2	13.4	15.0	14.0

表 3.36.7 2013 年福州市场所有节目收视率排名前三十位

名次	节目名称	节目类型	播出频道	平均收视率（%）	平均占有率（%）
1	2013 春节联欢晚会	综艺	中央电视台综合频道	10.2	19.4
2	2013 元宵晚会	综艺	中央电视台综合频道	8.8	20.6
3	十邑春晚 2013	综艺	福州电视台都市生活频道	7.1	19.8
4	梅州月中华情 2013 年中央电视台中秋晚会	综艺	中央电视台综合频道	5.1	12.6
5	中国好声音(8 月 16 日)	综艺	浙江卫视	5.0	11.3
6	妈妈你到底在哪里	电视剧	东南卫视	4.4	12.5
7	错嫁	电视剧	东南卫视	4.3	11.9
8	代号十三钗	电视剧	东南卫视	4.3	11.7
9	CCTV2013 年 315 晚会	综艺	中央电视台综合频道	4.2	11.3
10	包青天之开封奇案	电视剧	东南卫视	4.1	11.5
11	大唐女巡按	电视剧	东南卫视	4.0	10.8
12	攀讲故事会	专题	福州电视台都市生活频道	3.8	14.3
13	角逐	电视剧	福州电视台影视频道	3.8	11.0
14	天真遇到现实	电视剧	东南卫视	3.8	10.5
15	爸爸去哪儿	综艺	湖南电视台卫星频道	3.7	20.7
16	快乐中国 20132014 跨年演唱会	音乐	湖南电视台卫星频道	3.7	12.9
17	璀璨人生	电视剧	东南卫视	3.7	10.7
17	抹布女也有春天	电视剧	东南卫视	3.7	10.7
19	爱的相对论	电视剧	东南卫视	3.7	10.5
20	独狼	电视剧	福州电视台影视频道	3.7	10.2
21	天气预报	生活服务	中央电视台综合频道	3.6	11.5
22	一年又一年 2013	专题	中央电视台综合频道	3.5	12.5
23	霹雳飞锉	电视剧	福州电视台影视频道	3.5	10.5
24	新白发魔女传	电视剧	东南卫视	3.5	10.4
24	暗刺	电视剧	福州电视台影视频道	3.5	10.4
26	扇娘	电视剧	东南卫视	3.5	10.1
27	搜神记	电视剧	东南卫视	3.5	8.9
28	2013 年世界羽毛球锦标赛男单决赛	体育	中央台五套	3.4	12.0
29	终极对决	电视剧	福州电视台影视频道	3.4	10.5
30	转角遇到爱	电视剧	东南卫视	3.4	10.2

表 3.36.8　2013 年福州市场电视剧收视率排名前十位

名次	节目名称	播出频道	平均收视率(%)	平均占有率(%)
1	妈妈你到底在哪里	东南卫视	4.4	12.5
2	错嫁	东南卫视	4.3	11.9
3	代号十三钗	东南卫视	4.3	11.7
4	包青天之开封奇案	东南卫视	4.1	11.5
5	大唐女巡按	东南卫视	4.0	10.8
6	角逐	福州电视台影视频道	3.8	11.0
7	天真遇到现实	东南卫视	3.8	10.5
8	璀璨人生	东南卫视	3.7	10.7
8	抹布女也有春天	东南卫视	3.7	10.7
10	爱的相对论	东南卫视	3.7	10.5

表 3.36.9　2013 年福州市场新闻节目收视率排名前十位

名次	节目名称	播出频道	平均收视率(%)	平均占有率(%)
1	焦点访谈（4 月 21 日）	东南卫视	3.1	8.1
2	东方时空（4 月 21 日）	东南卫视	3.1	8.0
3	太空新旅再探天宫天宫一号与神舟十号载人飞行任务特别报道	中央电视台综合频道	2.9	15.2
4	环球报道	福建省广播影视集团新闻频道	2.9	10.5
5	防抗台风苏力特别报道	福建省广播影视集团新闻频道	2.9	9.9
6	太空新旅再探天宫天宫一号与神舟十号载人飞行任务特别报道	中央电视台新闻频道	2.7	14.1
7	现场	福建省广播影视集团新闻频道	2.7	11.8
8	关注四川雅安 7.0 级地震	中央台四套	2.7	8.3
9	芦山地震特别报道	东南卫视	2.5	10.2
10	新闻联播	中央电视台综合频道	2.5	9.1

表 3.36.10　2013 年福州市场专题节目收视率排名前十位

名次	节目名称	播出频道	平均收视率(%)	平均占有率(%)
1	攀讲故事会	福州电视台都市生活频道	3.8	14.3
2	一年又一年 2013	中央电视台综合频道	3.5	12.5
3	攀讲	福州电视台都市生活频道	2.9	8.4
4	美丽榕城幸福之州 2013 年福州市元宵花灯集锦	福州电视台都市生活频道	2.6	7.4
5	感动中国 2012 年度人物颁奖典礼	中央电视台综合频道	2.4	6.7
6	金蛇起舞闹元宵	福建省广播影视集团新闻频道	2.4	5.7
7	多福之州	福州电视台新闻综合频道	2.4	4.9
8	首届福州话大赛总决赛	福州电视台都市生活频道	2.1	8.3
9	一年又一年 2013	中央电视台新闻频道	2.1	5.3
10	新视觉	东南卫视	2.0	5.4

表 3. 36. 11　2013 年福州市场综艺节目收视率排名前十位

名次	节目名称	播出频道	平均收视率（%）	平均占有率（%）
1	2013 春节联欢晚会	中央电视台综合频道	10. 2	19. 4
2	2013 元宵晚会	中央电视台综合频道	8. 8	20. 6
3	十邑春晚 2013	福州电视台都市生活频道	7. 1	19. 8
4	梅州月中华情 2013 年中央电视台中秋晚会	中央电视台综合频道	5. 1	12. 6
5	中国好声音（8 月 16 日）	浙江卫视	5. 0	11. 3
6	CCTV2013 年 315 晚会	中央电视台综合频道	4. 2	11. 3
7	爸爸去哪儿	湖南电视台卫星频道	3. 7	20. 7
8	启航 2014 新年特别节目	中央电视台综合频道	3. 4	10. 0
9	2013 快乐男声全国总决赛谁是冠军	湖南电视台卫星频道	3. 1	15. 3
10	约会万人迷	东南卫视	2. 9	8. 8

表 3. 36. 12　2013 年福州市场体育节目收视率排名前十位

名次	节目名称	播出频道	平均收视率（%）	平均占有率（%）
1	2013 年世界羽毛球锦标赛男单决赛	中央台五套	3. 4	12. 0
2	直播周末：2013 年世界女排大奖赛总决赛（日本队 VS 中国队）	中央台五套	2. 7	9. 3
3	2013 年世界羽毛球锦标赛男子单打颁奖仪式	中央台五套	2. 5	7. 4
4	直播周末：2013 年澳大利亚网球公开赛女单决赛	中央台五套	2. 4	11. 7
5	直播周末：第 27 届亚洲男篮锦标赛（伊朗队 VS 中国队）	中央台五套	2. 1	9. 5
6	直播周末：2013 年亚洲冠军联赛决赛第一回合（首尔 FCVS 广州恒大）	中央台五套	2. 1	6. 9
7	第十二届全运会男子 1500 米决赛	中央台五套	2. 1	6. 8
8	黄金赛场：2013 年世乒赛男单决赛	中央台五套	1. 9	6. 1
9	直播周末：2013 年 CBA 全明星赛技巧大赛预赛	中央台五套	1. 9	5. 3
10	现场直播：2013 年亚洲女排锦标赛半决赛（泰国队 VS 中国队）	中央台五套	1. 6	8. 7

三十七、广州收视数据

表 3.37.1　2009—2013 年广州市场各类频道的市场占有率（%）

频道类别	年份				
	2009 年	2010 年	2011 年	2012 年	2013 年
中央台频道	9.9	9.5	10.3	12.5	15.1
中国教育台频道	0.1	0.1	0.1	0.1	0.1
广东台频道	16.8	21.0	22.2	22.9	20.9
南方台频道	16.9	16.7	14.4	13.3	14.8
广州台频道	16.1	15.2	16.7	16.6	16.4
其他省级卫视频道	7.8	8.8	11.9	12.5	13.4
境外频道	27.5	22.7	18.7	15.7	11.8
其他频道	4.9	6.0	5.7	6.4	7.5

表 3.37.2　2013 年广州市场各类频道在各目标观众中的市场占有率（%）

目标观众		中央台频道	中国教育台频道	广东台频道	南方台频道	广州台频道	其他省级卫视频道	境外频道	其他频道
4 岁及以上所有人		15.1	0.1	20.9	14.8	16.4	13.4	11.8	7.5
性别	男	16.7	0.1	21.6	14.1	15.5	12.6	11.6	7.8
	女	13.6	0.1	20.0	15.6	17.3	14.2	12.0	7.2
年龄	4—14 岁	15.0	0.1	21.0	19.5	11.1	17.9	6.5	8.9
	15—24 岁	9.7	0.0	24.1	16.7	14.0	12.3	12.0	11.2
	25—34 岁	16.0	0.0	22.6	15.8	11.3	14.1	13.6	6.6
	35—44 岁	17.9	0.1	19.1	11.6	14.7	16.0	10.9	9.7
	45—54 岁	12.4	0.1	21.4	15.8	18.4	13.7	11.2	7.0
	55—64 岁	15.5	0.1	19.0	14.6	22.5	10.2	12.7	5.4
	65 岁及以上	18.8	0.1	18.9	11.1	25.3	8.2	14.3	3.3
教育程度	未受过正规教育	17.6	0.1	23.0	19.2	12.2	14.5	8.0	5.4
	小学	11.4	0.0	25.3	17.3	20.1	11.8	8.6	5.5
	初中	12.7	0.1	21.0	15.4	17.8	13.1	11.4	8.5
	高中	15.8	0.1	20.5	14.6	15.2	12.4	13.1	8.3
	大学及以上	20.4	0.1	16.9	11.4	14.0	16.9	13.7	6.6
职业类别	干部/管理人员	24.9	0.1	14.0	10.0	13.3	19.3	12.5	5.9
	个体/私营企业人员	18.6	0.2	19.9	11.4	14.2	15.7	10.0	10.0
	初级公务员/雇员	14.6	0.1	20.1	13.5	15.0	15.9	15.4	5.4
	工人	11.7	0.1	25.0	17.3	16.5	10.8	10.8	7.8
	学生	13.1	0.1	18.9	18.1	11.9	18.1	9.4	10.4
	无业	16.0	0.1	19.4	14.3	20.0	10.9	12.3	7.0
	其他	8.1	0.0	35.3	23.2	14.1	9.2	6.2	3.9
个人月收入	0—600 元	13.6	0.1	22.0	18.2	12.8	14.8	9.4	9.1
	601—1200 元	10.6	0.0	27.1	17.0	20.0	10.6	9.9	4.8
	1201—1700 元	12.4	0.1	22.5	17.3	19.4	11.0	11.4	5.9
	1701—2600 元	13.1	0.1	20.5	16.1	18.5	11.6	13.0	7.1
	2601—3500 元	16.5	0.1	19.4	10.6	17.9	13.9	14.0	7.6
	3501—5000 元	21.1	0.1	19.2	9.0	14.5	17.1	10.2	8.8
	5001 元及以上	27.4	0.1	15.6	9.1	10.9	16.6	13.8	6.5

表 3. 37. 3　2013 年广州市场各类频道在不同时段的市场占有率（%）

时间段	中央台频道	中国教育台频道	广东台频道	南方台频道	广州台频道	其他省级卫视频道	境外频道	其他频道
02:00—03:00	17. 7	0. 2	17. 7	8. 1	10. 8	22. 5	11. 3	11. 7
03:00—04:00	19. 5	0. 1	20. 0	4. 6	9. 5	22. 8	10. 9	12. 6
04:00—05:00	20. 1	0. 0	20. 9	6. 0	7. 6	19. 6	8. 8	17. 0
05:00—06:00	23. 6	0. 0	19. 3	4. 5	9. 0	14. 8	13. 7	15. 1
06:00—07:00	23. 0	0. 0	15. 9	6. 0	24. 2	10. 7	12. 9	7. 3
07:00—08:00	17. 0	0. 0	19. 8	11. 5	26. 2	8. 9	10. 6	6. 0
08:00—09:00	19. 6	0. 0	22. 0	9. 5	21. 2	11. 7	9. 0	7. 0
09:00—10:00	21. 8	0. 1	23. 3	10. 6	14. 1	16. 3	4. 7	9. 1
10:00—11:00	21. 9	0. 1	21. 0	13. 1	12. 0	17. 8	4. 4	9. 7
11:00—12:00	21. 2	0. 1	23. 9	13. 1	11. 2	16. 0	6. 1	8. 4
12:00—13:00	17. 2	0. 1	17. 7	15. 5	12. 3	15. 0	12. 2	10. 0
13:00—14:00	16. 8	0. 1	16. 9	20. 5	14. 3	14. 5	7. 0	9. 9
14:00—15:00	16. 5	0. 1	15. 5	21. 1	14. 5	17. 3	5. 2	9. 8
15:00—16:00	17. 9	0. 2	12. 6	18. 4	16. 4	18. 7	5. 5	10. 3
16:00—17:00	19. 2	0. 1	13. 9	17. 8	14. 7	19. 6	3. 7	11. 0
17:00—18:00	19. 2	0. 1	14. 9	20. 2	13. 0	17. 0	5. 7	9. 9
18:00—19:00	13. 5	0. 0	25. 8	17. 0	22. 3	4. 9	9. 6	6. 9
19:00—20:00	13. 5	0. 1	28. 6	18. 6	21. 9	6. 3	5. 3	5. 7
20:00—21:00	12. 4	0. 1	22. 8	18. 5	16. 8	11. 4	12. 9	5. 1
21:00—22:00	12. 6	0. 1	21. 8	12. 1	13. 0	13. 8	21. 7	4. 9
22:00—23:00	11. 7	0. 1	12. 5	10. 3	19. 9	16. 5	22. 1	6. 9
23:00—24:00	15. 6	0. 1	22. 2	7. 3	13. 3	19. 5	12. 3	9. 7
24:00—25:00	20. 5	0. 1	22. 6	6. 6	10. 7	18. 9	10. 5	10. 1
25:00—26:00	17. 8	0. 2	22. 1	8. 3	11. 7	18. 7	10. 9	10. 3

表 3. 37. 4　2013 年广州市场收视份额排名前十位的频道

排名	频道名称	收视份额（%）
1	广东电视台珠江频道	10. 3
2	广州电视台综合频道	6. 1
3	南方卫视 TVS—2	4. 9
4	南方电视台影视频道	4. 3
5	广州电视台影视频道	4. 2
6	广州电视台新闻频道	4. 1
7	广东电视台公共频道	3. 5
8	湖南电视台卫星频道	3. 3
9	市网翡翠台（中文）	3. 0
10	翡翠台（中文）（广州其他有线网转播）	2. 9

表 3.37.5　2013 年广州市场各主要频道的观众构成（%）

目标观众		所有频道	主要频道				
			广东电视台珠江频道	广州电视台综合频道	南方卫视TVS—2	南方电视台影视频道	广州电视台影视频道
4 岁及以上所有人		100.0	100.0	100.0	100.0	100.0	100.0
性别	男	50.0	50.1	47.2	43.8	51.5	42.2
	女	50.0	49.9	52.8	56.2	48.5	57.8
年龄	4—14 岁	9.3	7.2	4.6	7.9	5.8	4.4
	15—24 岁	11.1	12.9	6.5	13.6	14.4	15.5
	25—34 岁	20.2	21.8	10.6	22.7	22.6	13.7
	35—44 岁	18.1	16.5	17.0	15.1	12.2	13.3
	45—54 岁	17.4	18.5	18.6	19.2	27.9	24.5
	55—64 岁	14.3	14.0	21.1	13.2	11.2	18.6
	65 岁及以上	9.6	9.1	21.6	8.3	5.9	10.0
教育程度	未受过正规教育	3.4	2.3	2.2	1.8	1.6	1.8
	小学	17.2	23.6	23.9	18.7	19.5	21.9
	初中	27.7	31.2	30.0	29.7	34.7	35.1
	高中	33.1	30.5	29.2	32.8	32.5	29.6
	大学及以上	18.6	12.4	14.7	17.0	11.7	11.6
职业类别	干部/管理人员	5.2	2.3	4.4	4.6	2.5	3.3
	个体/私营企业人员	12.2	10.7	9.6	10.5	8.5	11.6
	初级公务员/雇员	16.1	14.7	13.2	17.4	14.2	12.5
	工人	21.6	27.7	19.2	27.4	31.9	29.1
	学生	9.8	8.0	5.5	10.1	8.3	6.2
	无业	32.5	30.1	46.2	27.8	26.8	33.1
	其他	2.6	6.5	1.9	2.2	7.8	4.2
个人月收入	0—600 元	24.0	26.8	17.3	21.3	28.0	19.9
	601—1200 元	7.0	11.4	9.0	7.6	10.9	11.0
	1201—1700 元	10.6	11.6	11.7	14.6	12.7	16.0
	1701—2600 元	26.5	24.1	32.4	34.9	28.0	28.4
	2601—3500 元	17.7	15.7	19.4	11.0	15.1	14.2
	3501—5000 元	7.2	7.3	5.8	5.0	2.9	6.2
	5001 元及以上	7.0	3.1	4.4	5.6	2.4	4.3

表 3.37.6　2011—2013 年广州市场各类节目的播出份额（%）和收视份额（%）

节目类别	2011 年		2012 年		2013 年	
	播出份额	收视份额	播出份额	收视份额	播出份额	收视份额
财经	2.9	0.7	2.4	0.5	2.0	0.4
电视剧	24.8	29.7	19.5	29.1	20.2	29.3
电影	4.2	5.2	4.0	3.6	4.2	3.3
法制	0.8	0.7	0.9	0.5	0.9	0.6
教学	0.5	0.1	0.2	0.0	0.2	0.1
青少	6.1	4.3	6.7	4.1	6.2	4.5
生活服务	8.8	6.5	9.0	6.4	9.6	6.7
体育	3.5	5.5	3.1	4.7	3.4	3.7
外语	0.3	0.0	0.3	0.0	0.3	0.0
戏剧	1.0	0.7	0.8	0.3	0.6	0.2
新闻/时事	10.8	16.2	15.1	20.0	15.4	20.8
音乐	2.5	0.6	2.2	0.5	2.0	0.6
专题	11.5	6.1	12.5	6.6	11.5	5.9
综艺	7.4	8.4	8.5	8.9	8.6	9.4
其他	14.9	15.3	14.7	14.7	14.9	14.5

表 3. 37. 7　2013 年广州市场所有节目收视率排名前三十位

名次	节目名称	节目类型	播出频道	平均收视率（%）	平均占有率（%）
1	2013 年亚足联冠军联赛决赛次回合（FC 首尔 VS 广州恒大）	体育	广东电视体育频道	8. 8	24. 5
2	金蛇贺岁万家欢 2013 年春节联欢晚会	综艺	广东电视台珠江频道	7. 4	20. 5
3	精彩德庆欢乐珠江 2013 广东电视台元宵晚会	综艺	广东电视台珠江频道	7. 1	19. 4
4	麦王争霸 2012 粤语歌唱大汇王者巅峰之夜	综艺	广东电视台珠江频道	6. 5	20. 1
5	2013 春节联欢晚会	综艺	中央电视台综合频道	6. 1	17. 2
6	百万新娘之爱无悔	电视剧	广东电视台珠江频道	5. 9	17. 0
7	爸爸去哪儿	综艺	湖南电视台卫星频道	5. 6	25. 3
8	嫁入豪门	电视剧	广东电视台珠江频道	5. 2	15. 3
9	今日关注	新闻/时事	广东电视台珠江频道	5. 0	15. 4
10	良家妇女	电视剧	广东电视台珠江频道	4. 8	14. 2
11	法网狙击（11—24 集）	电视剧	市网翡翠台（中文）	4. 6	14. 5
12	爱情悠悠药草香	电视剧	广东电视台珠江频道	4. 5	14. 6
13	外来媳妇本地郎	电视剧	广东电视台珠江频道	4. 5	14. 2
14	叶问	电视剧	广东电视台珠江频道	4. 5	13. 3
15	初五启市录	电视剧	市网翡翠台（中文）	4. 4	13. 8
16	中国好声音（9 月 20 日）	综艺	浙江卫视	4. 3	15. 0
17	娘心	电视剧	广东电视台珠江频道	4. 3	13. 7
18	聊斋之狐仙	电视剧	广东电视台珠江频道	4. 3	12. 8
19	我是歌手总决赛歌王之战	综艺	湖南电视台卫星频道	4. 3	12. 6
20	天气预报	生活服务	广东电视台珠江频道	4. 2	15. 7
21	欢乐斗歌会	综艺	广东电视台珠江频道	4. 2	12. 2
22	心路 GPS	电视剧	市网翡翠台（中文）	4. 1	12. 6
23	广视新闻	新闻/时事	广州电视台综合频道	4. 0	17. 7
24	钦差驾到	电视剧	广东电视台珠江频道	3. 9	12. 8
24	盛夏晚晴天	电视剧	广东电视台珠江频道	3. 8	12. 5
26	鸳鸯佩	电视剧	广东电视台珠江频道	3. 8	11. 9
27	2012 我爱 HK 喜上加喜	电影	广东电视台珠江频道	3. 8	11. 3
28	直播周末 2013 年亚洲冠军联赛颁奖仪式	体育	中央台五套	3. 7	10. 5
29	老表你好嘢！	电视剧	市网翡翠台（中文）	3. 7	10. 3
30	麦王争霸 2013 全球粤语歌唱大汇全球总决赛师门争夺战（10 月 19 日）	综艺	广东电视台珠江频道	3. 6	16. 2

表 3.37.8　2013 年广州市场电视剧收视率排名前十位

名次	节目名称	播出频道	平均收视率(%)	平均占有率(%)
1	百万新娘之爱无悔	广东电视台珠江频道	5.9	17.0
2	嫁入豪门	广东电视台珠江频道	5.2	15.3
3	良家妇女	广东电视台珠江频道	4.8	14.2
4	法网狙击（11—24 集）	市网翡翠台（中文）	4.6	14.5
5	爱情悠悠药草香	广东电视台珠江频道	4.5	14.6
6	外来媳妇本地郎	广东电视台珠江频道	4.5	14.2
7	叶问	广东电视台珠江频道	4.5	13.3
8	初五启市录	市网翡翠台（中文）	4.4	13.8
9	娘心	广东电视台珠江频道	4.3	13.7
10	聊斋之狐仙	广东电视台珠江频道	4.3	12.8

表 3.37.9　2013 年广州市场新闻节目收视率排名前十位

名次	节目名称	播出频道	平均收视率(%)	平均占有率(%)
1	今日关注	广东电视台珠江频道	5.0	15.4
2	广视新闻	广州电视台综合频道	4.0	17.7
3	珠江新闻眼	广东电视台珠江频道	3.2	16.4
4	新闻日日睇	广州电视台新闻频道	3.1	10.1
5	DV 现场	广东电视台公共频道	2.7	8.7
6	建业大厦火警特别报道(12 月 16 日)	广州电视台新闻频道	2.6	7.7
7	今日最新闻	南方卫视 TVS—2	2.6	7.6
8	军情观察室	凤凰卫视中文台	1.9	6.8
9	新闻联播	中央电视台综合频道	1.7	5.6
10	今日报道	广州电视台综合频道	1.7	5.2

表 3.37.10　2013 年广州市场专题节目收视率排名前十位

名次	节目名称	播出频道	平均收视率(%)	平均占有率(%)
1	真情追踪	广州电视台影视频道	2.3	8.7
2	城事特搜	南方卫视 TVS—2	2.0	6.4
3	酷我真声音	浙江卫视	1.9	9.9
4	南国红豆永相思	广州电视台新闻频道	1.8	6.3
5	香港小姐传奇诞生	市网翡翠台（中文）	1.4	8.5
6	中国汉字听写大会 2013 总决赛	中央电视台综合频道	1.3	4.4
6	感动中国 2012 年度人物颁奖典礼	中央电视台综合频道	1.3	3.8
8	动物趣闻	中央台三套	1.1	10.8
9	最佳女主角	市网翡翠台（中文）	0.9	4.3
10	极地狂奔	市网翡翠台（中文）	0.9	4.2

表 3.37.11 2013 年广州市场综艺节目收视率排名前十位

名次	节目名称	播出频道	平均收视率（%）	平均占有率（%）
1	金蛇贺岁万家欢 2013 年春节联欢晚会	广东电视台珠江频道	7.4	20.5
2	精彩德庆欢乐珠江 2013 广东电视台元宵晚会	广东电视台珠江频道	7.1	19.4
3	麦王争霸 2012 粤语歌唱大汇王者巅峰之夜	广东电视台珠江频道	6.5	20.1
4	2013 春节联欢晚会	中央电视台综合频道	6.1	17.2
5	爸爸去哪儿	湖南电视台卫星频道	5.6	25.3
6	中国好声音（9 月 20 日）	浙江卫视	4.3	15.0
7	我是歌手总决赛歌王之战	湖南电视台卫星频道	4.3	12.6
8	欢乐斗歌会	广东电视台珠江频道	4.2	12.2
9	麦王争霸 2013 全球粤语歌唱大汇全球总决赛师门争夺战（10 月 19 日）	广东电视台珠江频道	3.6	16.2
10	群星欢聚中秋夜	广东电视台珠江频道	3.6	13.9

表 3.37.12 2013 年广州市场体育节目收视率排名前十位

名次	节目名称	播出频道	平均收视率（%）	平均占有率（%）
1	2013 年亚足联冠军联赛决赛次回合（FC 首尔 VS 广州恒大）	广东电视体育频道	8.8	24.5
2	直播周末 2013 年亚洲冠军联赛颁奖仪式	中央台五套	3.7	10.5
3	2013 年中国足协超级联赛第 12 轮（广州恒大 VS 山东鲁能）	广东电视体育频道	3.5	10.2
4	东芝 2013 年中国足协杯半决赛第二回合（北京国安 VS 广州恒大）	广东电视体育频道	3.5	9.7
5	黄金赛场：2015 年亚洲杯预选赛 C 组（中国 VS 伊拉克）	中央台五套	3.1	8.7
6	2012/2013 赛季 CBA 常规赛第 33 轮（广东东莞银行 VS 山东黄金）	广东电视体育频道	2.8	8.0
7	2013 年世界羽毛球锦标赛第六天男单半决赛	广东电视体育频道	2.7	9.0
8	2013 年国际足联摩洛哥俱乐部世俱杯 1/4 决赛（广州恒大 VS 埃及阿赫利）	广东电视体育频道	2.5	19.6
9	2013/2014 赛季 CBA 常规赛第 15 轮（八一双鹿电池 VS 广东东莞银行）	广东电视体育频道	2.3	6.9
10	2013 年世乒赛女单半决赛	中央台五套	2.1	6.5

三十八、贵阳收视数据

表 3.38.1　2009—2013 年贵阳市场各类频道的市场占有率（%）

频道类别	年份				
	2009 年	2010 年	2011 年	2012 年	2013 年
中央台频道	33.5	36.4	32.6	32.8	33.0
中国教育台频道	0.2	0.1	0.5	0.2	0.1
贵州省级频道	26.4	24.2	22.6	21.3	25.7
贵阳市级频道	15.9	12.7	5.1	6.9	7.4
其他省级卫视频道	18.6	22.5	30.4	31.1	26.5
其他频道	5.4	4.2	8.8	7.7	7.2

表 3.38.2　2013 年贵阳市场各类频道在不同目标观众中的市场占有率（%）

目标观众		中央台频道	中国教育台频道	贵州省级频道	贵阳市级频道	其他省级卫视频道	其他频道
4 岁及以上所有人		33.0	0.1	25.7	7.4	26.5	7.2
性别	男	34.6	0.2	24.5	8.0	25.5	7.3
	女	31.6	0.1	26.9	6.9	27.4	7.1
年龄	4—14 岁	26.1	0.1	23.5	7.4	35.5	7.3
	15—24 岁	27.3	0.2	28.9	11.2	26.5	6.0
	25—34 岁	29.6	0.1	25.4	4.7	29.9	10.2
	35—44 岁	30.5	0.1	28.4	9.3	24.7	6.9
	45—54 岁	34.7	0.1	26.1	8.5	22.8	7.7
	55—64 岁	36.7	0.2	24.6	6.9	25.3	6.3
	65 岁及以上	42.1	0.2	24.3	5.7	22.8	4.9
教育程度	未受过正规教育	27.6	0.1	26.1	6.2	33.8	6.2
	小学	30.2	0.1	26.6	7.1	29.8	6.1
	初中	33.3	0.2	25.7	7.5	26.3	7.0
	高中	33.0	0.1	27.1	9.5	24.1	6.2
	大学及以上	35.7	0.2	23.6	4.9	26.0	9.6
职业类别	干部/管理人员	42.9	0.2	23.6	5.4	20.4	7.5
	个体/私营企业	32.9	0.2	22.8	12.6	24.4	7.2
	初级公务员/雇员	30.7	0.1	28.4	5.6	26.5	8.7
	工人	22.0	0.1	34.7	6.5	24.1	12.6
	学生	26.5	0.1	26.9	7.9	31.7	6.8
	无业	37.4	0.2	24.3	6.3	26.2	5.7
	其他	12.2	0.3	28.3	13.9	37.2	8.1
个人月收入	0—600 元	29.2	0.1	26.7	6.7	30.6	6.7
	601—1200 元	30.6	0.2	26.6	9.6	28.1	4.9
	1201—1700 元	33.2	0.1	27.0	5.4	26.1	8.1
	1701—2600 元	35.9	0.1	25.3	8.3	23.6	6.8
	2601—3500 元	30.4	0.1	25.2	7.2	27.3	9.8
	3501—5000 元	43.8	0.2	20.4	6.4	24.5	4.7
	5001 元及以上	44.0	0.2	14.9	12.6	14.4	13.8

表 3. 38. 3 2013 年贵阳市场各类频道在不同时段的市场占有率（%）

时间段	中央台频道	中国教育台频道	贵州省级频道	贵阳市级频道	其他省级卫视频道	其他频道
02:00—03:00	38.7	0.2	12.6	4.7	30.3	13.6
03:00—04:00	41.2	0.1	13.4	3.1	28.5	13.7
04:00—05:00	44.3	0.0	14.0	1.5	25.4	14.7
05:00—06:00	46.3	0.0	13.8	2.5	22.5	14.9
06:00—07:00	51.1	0.1	13.1	2.7	20.1	12.8
07:00—08:00	56.1	0.1	12.5	2.5	20.2	8.6
08:00—09:00	52.9	0.1	12.5	2.6	24.5	7.4
09:00—10:00	46.5	0.1	10.4	3.0	32.6	7.4
10:00—11:00	44.5	0.3	9.8	3.3	35.0	7.1
11:00—12:00	47.3	0.3	9.5	3.2	32.5	7.2
12:00—13:00	51.4	0.3	10.2	2.8	28.8	6.6
13:00—14:00	45.9	0.3	11.2	2.3	32.7	7.5
14:00—15:00	39.2	0.5	10.4	3.0	37.6	9.3
15:00—16:00	38.2	0.3	9.9	3.5	38.7	9.4
16:00—17:00	38.6	0.2	10.6	4.4	38.2	8.1
17:00—18:00	39.2	0.1	14.4	4.7	34.5	7.2
18:00—19:00	30.9	0.0	42.5	6.3	14.3	6.0
19:00—20:00	22.2	0.1	47.6	15.0	9.8	5.4
20:00—21:00	19.6	0.1	40.2	16.3	18.2	5.6
21:00—22:00	24.2	0.1	35.3	9.9	24.4	6.1
22:00—23:00	27.6	0.1	26.5	6.8	31.7	7.3
23:00—24:00	32.1	0.1	22.5	3.6	33.6	8.2
24:00—25:00	37.0	0.1	16.8	4.0	32.4	9.8
25:00—26:00	38.6	0.1	12.7	4.4	31.6	12.6

表 3. 38. 4 2013 年贵阳市场收视份额排名前十位的频道

名次	频道名称	收视份额（%）
1	贵州卫视	10.0
2	贵州广播电视台公共频道	7.2
3	中央电视台综合频道	4.9
4	中央电视台新闻频道	4.1
5	贵州广播电视台影视文艺频道	3.7
6	中央台八套	3.6
7	中央台三套	3.4
7	中央台六套	3.4
9	湖南电视台卫星频道	3.3
10	贵州广播电视台第五频道	3.0

表 3.38.5　2013 年贵阳市场各主要频道的观众构成（%）

目标观众		所有频道	主要频道				
			贵州卫视	贵州广播电视台公共频道	中央电视台综合频道	中央电视台新闻频道	贵州广播电视台影视文艺频道
4 岁及以上所有人		100.0	100.0	100.0	100.0	100.0	100.0
性别	男	47.4	41.8	46.8	45.3	54.3	49.6
	女	52.6	58.2	53.2	54.7	45.7	50.4
年龄	4—14 岁	11.9	10.4	8.9	11.2	6.0	12.5
	15—24 岁	6.7	6.7	8.7	3.7	4.7	5.7
	25—34 岁	16.5	17.7	17.1	14.6	11.7	13.1
	35—44 岁	16.7	16.5	18.4	12.8	14.2	20.0
	45—54 岁	17.7	17.5	19.0	16.5	24.0	20.5
	55—64 岁	16.3	18.0	16.2	17.9	15.3	13.2
	65 岁及以上	14.2	13.3	11.8	23.3	23.9	14.9
教育程度	未受过正规教育	4.6	3.8	2.4	5.1	3.9	7.0
	小学	13.9	13.3	11.0	12.1	10.9	18.1
	初中	31.9	28.5	34.5	30.7	26.1	31.5
	高中	27.7	31.4	31.5	28.3	32.0	27.5
	大学及以上	21.8	22.9	20.5	23.8	27.1	15.9
职业类别	干部/管理人员	2.8	1.9	3.3	2.9	3.8	2.7
	个体/私营企业	16.9	13.7	17.2	14.9	22.1	10.7
	初级公务员/雇员	24.1	28.1	26.5	20.0	20.2	29.9
	工人	4.2	5.9	4.0	2.9	3.3	7.7
	学生	12.3	12.3	11.8	8.8	6.2	14.4
	无业	39.0	37.9	36.1	50.4	44.3	33.5
	其他	0.7	0.3	1.2	0.2	0.1	1.1
个人月收入	0—600 元	24.2	23.5	22.4	19.5	17.9	28.1
	601—1200 元	10.7	10.3	13.1	10.5	3.5	9.4
	1201—1700 元	18.3	20.3	20.7	17.2	20.5	15.4
	1701—2600 元	31.1	32.6	28.6	35.8	36.8	33.7
	2601—3500 元	10.8	11.3	9.5	9.5	11.5	10.6
	3501—5000 元	2.8	1.7	3.4	3.7	5.2	1.9
	5001 元及以上	2.1	0.4	2.3	3.9	4.5	1.0

表 3.38.6　2011—2013 年贵阳市场各类节目的播出份额（%）和收视份额（%）

节目类别	2011 年		2012 年		2013 年	
	播出份额	收视份额	播出份额	收视份额	播出份额	收视份额
财经	2.6	0.9	2.2	0.7	1.7	0.8
电视剧	20.9	27.8	20.3	27.5	28.5	29.6
电影	3.5	4.8	4.1	4.0	4.3	4.5
法制	1.2	2.5	1.4	3.2	1.6	3.3
教学	0.5	0.2	0.4	0.1	0.4	0.2
青少	7.4	4.1	6.8	4.3	5.4	4.6
生活服务	9.1	8.2	9.0	8.7	8.8	7.8
体育	1.4	2.4	1.5	2.4	2.1	2.0
外语	0.0	0.0	0.0	0.0	0.0	0.0
戏剧	1.1	0.2	1.0	0.2	0.6	0.2
新闻/时事	13.5	15.0	15.3	16.8	10.8	15.1
音乐	3.0	0.9	2.6	0.9	2.4	0.9
专题	11.7	8.1	12.2	7.6	9.0	7.6
综艺	9.9	11.6	8.9	11.1	6.9	10.7
其他	14.2	13.3	14.4	12.7	17.5	12.8

表 3.38.7 2013 年贵阳市场所有节目收视率排名前三十位

名次	节目名称	节目类型	播出频道	平均收视率（%）	平均占有率（%）
1	箭在弦上	电视剧	贵州卫视	12.5	25.5
2	英雄使命	电视剧	贵州卫视	12.3	26.4
3	暗红 1936	电视剧	贵州卫视	11.9	25.2
4	冲破特训营	电视剧	贵州卫视	11.9	24.9
5	一个鬼子都不留	电视剧	贵州卫视	11.7	24.2
6	蝴蝶行动	电视剧	贵州卫视	11.4	24.0
7	利箭行动	电视剧	贵州卫视	11.2	22.7
8	零下三十八度	电视剧	贵州卫视	11.1	22.7
9	神秘人质	电视剧	贵州卫视	10.6	22.8
10	六块六毛六那点事	电视剧	贵州卫视	10.6	22.3
11	绝战	电视剧	贵州卫视	10.6	22.0
12	叶问	电视剧	贵州卫视	10.1	21.5
13	决战燕子门	电视剧	贵州卫视	10.0	20.9
14	门第	电视剧	贵州卫视	9.9	21.2
15	战雷神	电视剧	贵州卫视	9.9	21.0
16	宝贝	电视剧	贵州卫视	9.8	21.2
17	同在屋檐下	电视剧	贵州卫视	9.7	20.8
18	龙巡天下	电视剧	贵州卫视	9.7	20.4
19	百姓关注	新闻/时事	贵州广播电视台公共频道	9.6	24.6
20	十二生肖传奇	电视剧	贵州卫视	9.5	19.7
21	致命名单	电视剧	贵州卫视	9.3	20.2
22	精忠岳飞	电视剧	贵州卫视	9.2	19.5
23	天涯明月刀	电视剧	贵州卫视	8.8	19.2
24	爱的创可贴	电视剧	贵州卫视	8.8	18.8
25	中国好声音年度盛典	综艺	浙江卫视	8.7	17.8
26	2013 春节联欢晚会	综艺	中央电视台综合频道	8.6	18.3
27	2013 元宵晚会	综艺	湖南电视台卫星频道	8.3	18.0
28	家乡的味道 2013 贵州卫视春节特别节目	综艺	中央电视台综合频道	8.2	15.0
29	剧说风云	综艺	贵州卫视	8.1	17.2
30	精武风云	电影	贵州卫视	7.7	16.6

表 3.38.8　2013 年贵阳市场电视剧收视率排名前十位

名次	节目名称	播出频道	平均收视率(%)	平均占有率(%)
1	箭在弦上	贵州卫视	12.5	25.5
2	英雄使命	贵州卫视	12.3	26.4
3	暗红 1936	贵州卫视	11.9	25.2
4	冲破特训营	贵州卫视	11.9	24.9
5	一个鬼子都不留	贵州卫视	11.7	24.2
6	蝴蝶行动	贵州卫视	11.4	24.0
7	利箭行动	贵州卫视	11.2	22.7
8	零下三十八度	贵州卫视	11.1	22.7
9	神秘人质	贵州卫视	10.6	22.8
10	六块六毛六那点事	贵州卫视	10.6	22.3

表 3.38.9　2013 年贵阳市场新闻节目收视率排名前十位

名次	节目名称	播出频道	平均收视率(%)	平均占有率(%)
1	百姓关注	贵州广播电视台公共频道	9.6	24.6
2	东方时空（4 月 20/21 日）	中央电视台综合频道	7.6	16.1
3	焦点访谈（4 月 20/21 日）	贵州卫视	7.0	15.6
4	两会特别报道（1 月 29/30 日）	贵州卫视	6.4	13.6
5	生态文明贵阳国际论坛 2013 年年会	贵州卫视	5.8	13.8
6	特别节目用好批评和自我批评武器开好民主生活会	贵州卫视	5.7	14.5
7	关注芦山地震特别节目（4 月 21 日）	贵州卫视	5.0	12.8
8	芦山地震特别报道（4 月 21 日）	贵州卫视	4.8	15.7
9	芦山 7.0 级地震特别报道(4 月 20 日)	贵州卫视	4.7	14.2
10	新闻今日谈	贵州广播电视台公共频道	3.6	9.7

表 3.38.10　2013 年贵阳市场专题节目收视率排名前十位

名次	节目名称	播出频道	平均收视率(%)	平均占有率(%)
1	一年又一年 2013	中央电视台综合频道	6.9	20.5
2	解密（1 月 9 日、16 日）	深圳卫视（新闻综合频道）	5.1	11.4
3	问答神州	贵州卫视	5.1	11.2
4	非常访谈	贵州卫视	4.9	15.3
5	酷我真声音	浙江卫视	4.7	13.3
6	论道	贵州卫视	3.6	9.9
7	中国汉字听写大会 2013 总决赛	中央电视台综合频道	3.0	6.3
8	圆梦中国德耀中华第四届全国道德模范授奖仪式	中央电视台综合频道	2.9	6.8
9	家里家外	贵州广播电视台公共频道	2.9	6.0
10	司法行政为人民求实奋进谱新篇	贵阳广播电视台三套（法制频道）	2.8	5.7

表 3.38.11 2013 年贵阳市场综艺节目收视率排名前十位

名次	节目名称	播出频道	平均收视率（%）	平均占有率（%）
1	中国好声音年度盛典	浙江卫视	8.7	17.8
2	2013 春节联欢晚会	中央电视台综合频道	8.6	18.3
3	2013 元宵晚会	中央电视台综合频道	8.3	18.0
4	家乡的味道 2013 贵州卫视春节特别节目	贵州卫视	8.2	15.0
5	剧说风云	贵州卫视	8.1	17.2
6	爸爸去哪儿	湖南电视台卫星频道	6.2	18.5
7	我是歌手总决赛歌王之战	湖南电视台卫星频道	6.0	13.9
8	CCTV2013 年 315 晚会	中央电视台综合频道	5.8	12.3
9	利箭纵横前传	贵州卫视	5.8	12.0
10	为中国歌唱	贵州卫视	5.6	14.0

表 3.38.12 2013 年贵阳市场体育节目收视率排名前十位

名次	节目名称	播出频道	平均收视率（%）	平均占有率（%）
1	直播周末 2013 年亚洲冠军联赛颁奖仪式	中央台五套	6.9	15.0
2	直播周末：2013 年澳大利亚网球公开赛女单决赛	中央台五套	5.3	18.6
3	直播周末：2013 年亚洲冠军联赛决赛第一回合（韩国首尔 FC 队 VS 中国广州恒大队）	中央台五套	4.5	11.6
4	直播周末：2013 年次最轻量级 6 回合赛	中央台五套	4.2	12.5
5	现场直播：2013 年东亚杯足球赛（韩国队 VS 中国队）	中央台五套	3.9	9.1
6	2013 年世界羽毛球锦标赛男单决赛	中央台五套	3.5	8.8
7	直播周末：2012/2013 赛季西甲联赛第 26 轮（皇家马德里 VS 巴塞罗那）	中央台五套	3.3	9.6
8	黄金赛场：2013 年世乒赛男单决赛	中央台五套	3.1	6.8
8	黄金赛场：2015 年亚洲杯预选赛（中国 VS 沙特阿拉伯）	中央台五套	3.1	6.8
10	直播周末：2013 年 WBC/WBO 次最轻量级拳王争霸赛	中央台五套	3.0	10.4

三十九、哈尔滨收视数据

表 3.39.1　2009—2013 年哈尔滨市场各类频道的市场占有率（%）

频道类别	年份				
	2009 年	2010 年	2011 年	2012 年	2013 年
中央电视台频道	28.1	23.5	21.7	25.0	27.5
中国教育台频道	0.4	0.5	0.7	0.7	0.7
黑龙江省级频道	29.8	31.1	32.9	29.3	27.6
哈尔滨市级频道	16.0	15.9	16.2	13.2	11.4
其他省级卫视频道	21.1	18.0	19.2	23.5	25.3
其他频道	4.6	11.0	9.3	8.3	7.5

表 3.39.2　2013 年哈尔滨市场各类频道在不同目标观众中的市场占有率（%）

目标		中央电视台频道	中国教育台频道	黑龙江省级频道	哈尔滨市级频道	其他省级卫视	其他频道
4 岁及以上所有人		27.5	0.7	27.6	11.4	25.3	7.5
性别	男	30.7	0.5	26.7	11.3	23.1	7.8
	女	24.5	0.8	28.4	11.4	27.5	7.3
年龄	4—14 岁	26.2	1.0	19.5	5.2	37.6	10.6
	15—24 岁	21.5	0.5	24.4	8.7	32.5	12.4
	25—34 岁	23.2	0.9	25.3	11.9	31.4	7.3
	35—44 岁	26.4	0.7	26.9	11.4	25.9	8.8
	45—54 岁	26.8	0.8	27.2	13.2	24.0	8.1
	55—64 岁	28.2	0.4	30.8	13.3	21.5	5.8
	65 岁及以上	34.9	0.6	31.1	9.9	18.7	4.9
受教育程度	未受过正规教育	24.4	0.3	25.2	13.7	30.3	6.1
	小学	24.0	1.1	31.2	10.2	25.5	8.1
	初中	28.8	0.8	31.4	10.5	22.0	6.5
	高中	28.6	0.6	25.0	11.5	25.9	8.4
	大学及以上	26.3	0.5	24.4	12.8	28.3	7.7
职业类别	干部/管理人员	28.9	0.5	21.1	11.6	31.4	6.6
	个体/私营企业人员	27.7	1.0	22.3	15.3	28.0	5.7
	初级公务员/雇员	24.3	0.4	25.3	13.7	28.3	8.0
	工人	26.5	0.6	28.3	11.1	24.9	8.6
	学生	23.8	1.0	21.0	5.8	37.6	10.9
	无业	30.9	0.6	29.8	10.7	21.8	6.2
	其他	21.4	1.4	35.8	13.9	18.5	8.9
个人月收入	0—600 元	23.4	0.9	24.7	9.6	32.1	9.3
	601—1200 元	27.0	1.1	29.8	12.3	21.9	8.0
	1201—1700 元	28.8	0.5	30.0	11.7	21.8	7.2
	1701—2600 元	29.3	0.6	26.3	11.1	26.0	6.9
	2601—3500 元	26.7	0.6	27.7	12.9	24.6	7.5
	3501—5000 元	34.8	0.4	22.9	14.8	23.5	3.6
	5001 元及以上	26.0	0.4	28.1	7.3	31.2	7.1

表 3. 39. 3　2013 年哈尔滨市场各类频道在不同时段的市场占有率（%）

时间段	中央电视台频道	中国教育台频道	黑龙江省级频道	哈尔滨市级频道	其他省级卫视频道	其他频道
02:00—03:00	29.0	0.6	19.9	7.0	25.1	18.4
03:00—04:00	34.0	0.6	17.2	8.0	21.2	19.0
04:00—05:00	43.8	0.4	16.8	9.8	16.7	12.5
05:00—06:00	34.8	0.9	26.8	11.9	16.8	8.8
06:00—07:00	25.6	0.2	27.1	27.9	14.2	5.0
07:00—08:00	32.2	0.4	23.8	22.5	15.6	5.5
08:00—09:00	33.8	0.2	22.5	13.0	23.6	6.9
09:00—10:00	30.5	0.3	22.4	9.3	30.0	7.5
10:00—11:00	30.1	0.9	22.3	6.1	33.0	7.6
11:00—12:00	34.1	0.9	18.7	5.6	33.6	7.1
12:00—13:00	38.4	0.9	17.8	5.4	31.1	6.4
13:00—14:00	34.7	1.1	18.9	5.6	32.4	7.3
14:00—15:00	30.5	1.1	21.1	6.1	32.8	8.4
15:00—16:00	31.1	0.9	22.2	6.0	32.0	7.8
16:00—17:00	32.7	0.4	20.8	6.3	32.2	7.6
17:00—18:00	30.9	0.3	25.1	7.8	28.1	7.8
18:00—19:00	27.7	0.1	39.7	15.2	10.1	7.2
19:00—20:00	25.0	0.5	39.1	15.3	13.5	6.6
20:00—21:00	21.0	1.1	33.0	15.0	22.8	7.1
21:00—22:00	21.8	0.8	30.8	13.5	26.0	7.1
22:00—23:00	21.3	0.9	24.1	8.6	36.5	8.6
23:00—24:00	24.6	0.4	15.6	6.7	41.1	11.6
24:00—25:00	27.2	0.4	17.6	7.3	33.2	14.3
25:00—26:00	28.3	0.5	19.9	7.2	26.7	17.4

表 3. 39. 4　2013 年哈尔滨市场收视份额排名前十位的频道

名次	频道	收视份额（%）
1	黑龙江卫视	6.7
2	黑龙江电视台都市频道	6.6
3	黑龙江电视台影视频道	6.0
4	哈尔滨电视台新闻综合频道	4.9
5	中央电视台综合频道	4.5
6	中央电视台新闻频道	3.6
7	中央台三套	3.4
8	黑龙江电视台文艺频道	3.1
9	湖南电视台卫星频道	3.0
10	中央台四套	2.9

表 3.39.5 2013 年哈尔滨市场各主要频道的观众构成 (%)

目标观众		所有频道	主要频道				
			黑龙江卫视	黑龙江电视台都市频道	黑龙江电视台影视频道	哈尔滨电视台新闻综合频道	中央电视台综合频道
4 岁及以上所有人		100.0	100.0	100.0	100.0	100.0	100.0
性别	男	49.3	48.8	43.6	45.5	49.1	46.5
	女	50.7	51.2	56.4	54.5	50.9	53.5
年龄	4—14 岁	6.0	7.1	2.4	4.9	2.9	7.6
	15—24 岁	6.4	3.8	6.2	6.2	3.4	5.2
	25—34 岁	14.7	12.8	14.0	10.1	18.6	10.8
	35—44 岁	15.4	15.1	13.6	13.6	14.3	14.0
	45—54 岁	22.1	16.1	23.4	19.3	25.9	21.2
	55—64 岁	17.2	22.0	18.6	22.8	18.8	21.9
	65 岁及以上	18.2	23.1	21.8	23.1	16.1	19.3
教育程度	未受过正规教育	3.9	5.0	3.7	4.1	3.6	1.8
	小学	10.2	17.7	7.8	11.5	8.8	13.2
	初中	31.8	31.9	34.4	40.7	27.1	36.3
	高中	32.8	24.2	34.3	24.8	30.9	26.3
	大学及以上	21.3	21.2	19.8	18.9	29.6	22.4
职业类别	干部/管理人员	2.9	2.5	1.5	1.4	3.0	3.2
	个体/私营企业人员	8.1	7.1	6.9	4.3	14.4	6.1
	初级公务员/雇员	12.7	9.1	15.1	10.7	17.1	10.0
	工人	27.2	24.4	28.8	24.6	22.4	30.8
	学生	7.8	8.7	4.8	5.4	3.3	8.6
	无业	36.6	39.9	41.0	46.9	34.3	38.2
	其他	4.7	8.3	1.9	6.7	5.5	3.1
个人月收入	0—600 元	18.4	22.7	13.5	15.2	15.6	19.1
	601—1200 元	15.3	16.1	17.0	14.8	17.7	10.1
	1201—1700 元	26.3	24.5	30.7	32.6	26.0	32.2
	1701—2600 元	21.3	16.6	20.5	18.8	19.9	18.8
	2601—3500 元	10.4	12.2	10.3	12.0	11.7	10.5
	3501—5000 元	4.7	4.1	4.3	3.5	7.6	6.0
	5001 元及以上	3.6	3.8	3.7	3.1	1.5	3.3

表 3.39.6 2011—2013 年哈尔滨市场各类节目的播出份额 (%) 和收视份额 (%)

节目类别	2011 年		2012 年		2013 年	
	播出份额	收视份额	播出份额	收视份额	播出份额	收视份额
财经	2.4	0.9	2.2	0.8	1.9	0.5
电视剧	21.5	30.6	20.6	34.1	21.3	32.9
电影	3.0	2.2	3.8	2.1	4.3	2.4
法制	1.4	2.8	1.1	1.5	1.2	1.3
教学	0.4	0.1	0.3	0.0	0.2	0.0
青少	7.4	2.2	6.6	2.1	6.1	2.6
生活服务	8.1	6.1	9.1	7.2	9.4	7.1
体育	1.4	2.2	1.5	2.2	1.8	1.7
外语	0.1	0.0	0.0	0.0	0.0	0.0
戏剧	1.1	0.2	1.0	0.1	0.8	0.2
新闻/时事	13.5	15.0	15.8	16.9	15.8	18.1
音乐	2.7	0.8	2.5	0.8	2.4	0.8
专题	11.6	5.4	11.7	5.7	10.7	5.0
综艺	11.1	17.0	9.8	13.3	9.8	14.6
其他	14.3	14.5	14.0	13.2	14.3	12.8

表 3.39.7 2013 年哈尔滨市场所有节目收视率排名前三十位

名次	节目名称	节目类型	播出频道	平均收视率（%）	平均占有率（%）
1	2013 元宵晚会	综艺	中央电视台综合频道	11.5	23.5
2	乡村爱情变奏曲	电视剧	黑龙江卫视	10.8	24.6
3	2013 春节联欢晚会	综艺	中央电视台综合频道	10.7	23.7
4	樱桃红	电视剧	黑龙江卫视	10.4	24.3
5	揭秘樱桃红	综艺	黑龙江卫视	7.1	17.2
6	快乐中国 20132014 跨年演唱会	音乐	湖南电视台卫星频道	6.4	18.4
7	幸福 NO.1 春节联欢晚会 2013	综艺	江苏卫视	6.3	15.7
8	揭秘乡村爱情变奏曲	综艺	黑龙江卫视	6.3	14.9
9	牵错手之门当户对	电视剧	黑龙江电视台都市频道	6.2	16.3
10	直播周末：2013 年澳大利亚网球公开赛女单决赛	体育	中央台五套	5.9	19.4
11	利箭行动	电视剧	黑龙江卫视	5.8	13.5
12	先结婚后恋爱	电视剧	黑龙江电视台都市频道	5.7	13.8
13	牵手人生	电视剧	黑龙江卫视	5.6	12.8
14	婚姻背后	电视剧	哈尔滨电视台新闻综合频道	5.4	14.4
15	我的极品老妈	电视剧	黑龙江电视台都市频道	5.4	12.8
16	中国好声音年度盛典	综艺	浙江卫视	5.3	20.9
17	二叔	电视剧	黑龙江电视台都市频道	5.2	12.8
18	说书人	电视剧	哈尔滨电视台新闻综合频道	5.1	13.6
19	X 女特工	电视剧	黑龙江卫视	5.1	12.4
20	儿女的战争	电视剧	黑龙江电视台都市频道	5.1	12.1
21	新闻夜航	新闻/时事	黑龙江电视台都市频道	4.7	16.6
22	启航 2014 新年特别节目	综艺	中央电视台综合频道	4.6	11.3
23	一个女婿半个儿	电视剧	黑龙江电视台都市频道	4.6	10.8
24	我的糟糠之妻	电视剧	黑龙江电视台都市频道	4.5	10.7
25	雳剑	电视剧	黑龙江卫视	4.5	10.3
26	北大荒那点事	电视剧	哈尔滨电视台新闻综合频道	4.4	11.3
27	穷孩子富孩子	电视剧	黑龙江电视台影视频道	4.4	11.2
28	地下地上	电视剧	黑龙江电视台影视频道	4.3	11.7
29	独生子	电视剧	黑龙江电视台影视频道	4.2	10.9
30	不能没有家	电视剧	黑龙江电视台都市频道	4.2	10.7

表 3.39.8 2013 年哈尔滨市场电视剧收视率排名前十位

名次	节目名称	播出频道	平均收视率(%)	平均占有率(%)
1	乡村爱情变奏曲	黑龙江卫视	10.8	24.6
2	樱桃红	黑龙江卫视	10.4	24.3
3	牵错手之门当户对	黑龙江电视台都市频道	6.2	16.3
4	利箭行动	黑龙江卫视	5.8	13.5
5	先结婚后恋爱	黑龙江电视台都市频道	5.7	13.8
6	牵手人生	黑龙江卫视	5.6	12.8
7	婚姻背后	哈尔滨电视台新闻综合频道	5.4	14.4
8	我的极品老妈	黑龙江电视台都市频道	5.4	12.8
9	二叔	黑龙江电视台都市频道	5.2	12.8
10	说书人	哈尔滨电视台新闻综合频道	5.1	13.6

表 3.39.9 2013 年哈尔滨市场新闻节目收视率排名前十位

名次	节目名称	播出频道	平均收视率(%)	平均占有率(%)
1	新闻夜航	黑龙江电视台都市频道	4.7	16.6
2	转播中央台新闻联播	黑龙江卫视	3.1	9.3
3	焦点访谈(4月21日)	黑龙江卫视	3.0	7.9
4	东方时空(4月20/21日)	黑龙江卫视	2.8	7.5
5	太空新旅再探天宫天宫一号与神舟十号载人飞行任务特别报道	中央电视台新闻频道	2.6	13.2
6	新闻联播	中央电视台综合频道	2.6	7.6
7	新闻联播	黑龙江卫视	2.5	9.2
8	都市发现—天天读报会	哈尔滨电视台生活频道	2.3	9.9
9	天下夜航	黑龙江电视台都市频道	2.2	11.3
10	都市零距离	哈尔滨电视台资讯频道	2.1	7.9

表 3.39.10 2013 年哈尔滨市场专题节目收视率排名前十位

名次	节目名称	播出频道	平均收视率(%)	平均占有率(%)
1	感动中国2012年度人物颁奖典礼	中央电视台综合频道	3.4	7.6
2	酷我真声音	浙江卫视	3.3	24.7
3	中国汉字听写大会2013总决赛	中央电视台综合频道	3.2	8.6
4	游遍龙江	黑龙江卫视	3.0	10.9
5	一年又一年2013	中央电视台综合频道	2.8	9.5
6	圆梦中国德耀中华第四届全国道德模范授奖仪式	中央电视台综合频道	2.3	5.9
7	寻宝	中央电视台综合频道	1.9	7.4
8	解密(1月9日、16日)	深圳卫视(新闻综合频道)	1.9	7.3
9	大美龙江	黑龙江卫视	1.8	6.1
10	一年又一年	湖北卫视	1.6	4.2

表 3.39.11　2013 年哈尔滨市场综艺节目收视率排名前十位

名次	节目名称	播出频道	平均收视率（%）	平均占有率（%）
1	2013 元宵晚会	中央电视台综合频道	11.5	23.5
2	2013 春节联欢晚会	中央电视台综合频道	10.7	23.7
3	揭秘樱桃红	黑龙江卫视	7.1	17.2
4	幸福 NO.1 春节联欢晚会 2013	江苏卫视	6.3	15.7
5	揭秘乡村爱情变奏曲	黑龙江卫视	6.3	14.9
6	中国好声音年度盛典	浙江卫视	5.3	20.9
7	启航 2014 新年特别节目	中央电视台综合频道	4.6	11.3
8	CCTV2013 年 315 晚会	中央电视台综合频道	4.2	9.6
9	2013 辽宁卫视春节联欢晚会	辽宁卫视	3.9	9.7
10	星光大道（1 月 5 日）	中央电视台综合频道	3.6	8.9

表 3.39.12　2013 年哈尔滨市场体育节目收视率排名前十位

名次	节目名称	播出频道	平均收视率（%）	平均占有率（%）
1	直播周末：2013 年澳大利亚网球公开赛女单决赛	中央台五套	5.9	19.4
2	黄金赛场：2015 年亚洲杯预选赛（韩国首尔 FC 队 VS 中国广州恒大队）	中央台五套	3.2	7.5
2	直播周末：2013 年亚洲冠军联赛决赛第二回合（韩国首尔 FC 队 VS 中国广州恒大队）	中央台五套	3.2	7.5
4	2013 年世界乒乓球锦标赛男单 1/4 决赛	中央台五套	3.1	10.3
5	2013 年世界田径锦标赛男子 100 米半决赛	中央台五套	2.4	6.1
6	2013 年第十二届全运会女子 5000 米决赛	中央台五套	2.2	5.4
7	直播周末：2013 年世界斯诺克国际锦标赛半决赛	中央台五套	2.1	10.5
8	现场直播：2013 年东亚杯足球赛（韩国队 VS 中国队）	中央台五套	2.1	5.3
9	直播周末：第 15 届世界游泳锦标赛跳水男子十米台决赛	中央台五套	2.1	5.2
10	直播周末：WBC 迷你轻量级世界拳王争霸赛十二回合	中央台五套	2.1	5.0

四十、海口收视数据

表 3.40.1　2009—2013 年海口市场各类频道的市场占有率（%）

频道类别	年份				
	2009 年	2010 年	2011 年	2012 年	2013 年
中央台频道	35.9	32.2	27.9	33.7	34.9
中国教育台频道	0.6	0.9	1.2	1.0	0.9
海南省级频道	27.1	22.7	23.1	20.1	17.5
海口市级频道	8.8	10.0	7.3	5.9	6.9
其他省级卫视频道	20.4	21.2	28.6	31.9	32.6
其他频道	7.2	13.1	11.9	7.4	7.2

注：从 2010 年 1 月 1 日起海口数据为测量仪数据。

表 3.40.2　2013 年海口市场各类频道在不同目标观众中的市场占有率（%）

目标观众		中央台频道	中国教育台频道	海南省级频道	海口市级频道	其他省级卫视频道	其他频道
4 岁及以上所有人		34.9	0.9	17.5	6.9	32.6	7.2
性别	男	36.9	0.9	18.0	6.6	30.9	6.7
	女	32.9	0.8	17.0	7.1	34.4	7.8
年龄	4—14 岁	31.3	0.8	15.6	5.5	37.8	9.0
	15—24 岁	27.5	1.2	18.2	7.5	38.7	6.9
	25—34 岁	34.6	0.7	16.3	5.8	34.8	7.8
	35—44 岁	33.4	1.0	18.0	6.9	32.2	8.5
	45—54 岁	36.5	0.9	21.0	8.0	28.2	5.4
	55—64 岁	40.9	0.9	16.8	8.6	28.6	4.2
	65 岁及以上	45.7	0.5	16.3	6.0	22.6	8.9
教育程度	未受过正规教育	36.8	0.7	18.4	4.8	29.9	9.4
	小学	30.3	1.2	19.1	8.1	33.7	7.6
	初中	30.9	1.0	19.6	7.6	33.1	7.8
	高中	41.1	0.6	14.2	6.7	31.1	6.3
	大学及以上	45.7	0.4	11.8	4.0	34.5	3.6
职业类别	干部/管理人员	40.0	0.4	15.0	3.3	38.2	3.1
	个体/私营经企业人员	29.5	1.0	20.0	7.6	33.0	8.9
	初级公务员/雇员	44.0	0.4	14.0	5.0	31.9	4.7
	工人	32.4	1.3	20.2	7.4	32.3	6.4
	学生	26.6	1.2	15.0	6.5	42.6	8.1
	无业	39.7	0.7	15.6	6.4	30.3	7.3
	其他	29.6	0.8	24.2	10.0	27.0	8.4
个人月收入	0—600 元	31.9	1.1	16.9	7.1	34.7	8.3
	601—1200 元	29.3	0.9	20.7	10.2	30.2	8.7
	1201—1700 元	35.6	0.6	20.2	5.6	30.9	7.1
	1701—2600 元	41.0	0.6	15.2	6.3	32.3	4.6
	2601—3500 元	41.9	1.0	15.2	5.4	30.6	5.9
	3501—5000 元	44.2	0.3	14.3	4.4	33.3	3.5
	5001 元及以上	42.5	0.2	8.3	2.0	41.3	5.7

表 3.40.3　2013 年海口市场各类频道在不同时段的市场占有率（%）

时间段	中央台频道	中国教育台频道	海南省级频道	海口市级频道	其他省级卫视频道	其他频道
02:00—03:00	30.4	0.8	3.9	0.6	51.5	12.8
03:00—04:00	29.3	0.7	3.3	0.2	52.8	13.7
04:00—05:00	28.2	0.5	2.7	0.3	47.2	21.1
05:00—06:00	32.1	0.6	4.3	0.4	39.8	22.8
06:00—07:00	50.2	0.2	5.1	0.4	28.7	15.4
07:00—08:00	50.7	0.2	11.8	2.0	21.5	13.8
08:00—09:00	45.0	0.3	10.4	3.6	30.2	10.5
09:00—10:00	39.5	0.4	12.8	3.4	35.5	8.4
10:00—11:00	40.1	0.9	9.7	3.3	37.6	8.4
11:00—12:00	46.7	1.0	7.5	2.4	34.3	8.1
12:00—13:00	51.1	1.2	7.8	2.5	30.0	7.4
13:00—14:00	45.1	1.5	9.4	2.3	33.7	8.0
14:00—15:00	37.9	1.9	8.8	3.1	39.8	8.5
15:00—16:00	36.5	1.5	9.4	2.6	40.7	9.3
16:00—17:00	37.7	0.6	8.8	2.3	41.3	9.3
17:00—18:00	39.2	0.6	11.2	5.5	35.2	8.3
18:00—19:00	29.4	0.3	41.7	10.4	12.4	5.8
19:00—20:00	36.4	0.7	26.1	10.3	20.9	5.6
20:00—21:00	27.3	1.1	24.1	11.0	31.6	4.9
21:00—22:00	28.5	0.8	18.1	9.9	37.3	5.4
22:00—23:00	28.9	1.0	17.0	6.9	38.9	7.3
23:00—24:00	31.1	0.4	14.2	6.0	39.5	8.8
24:00—25:00	34.3	0.5	12.9	5.7	35.9	10.7
25:00—26:00	31.1	0.8	5.8	4.9	44.7	12.7

表 3.40.4　2013 年海口市场收视份额排名前十位的频道

名次	频道名称	收视份额（%）
1	海南广播电视总台综合频道	8.6
2	湖南电视台卫星频道	7.9
3	中央电视台少儿频道	5.6
4	中央电视台综合频道	5.2
5	海口广播电视台新闻综合频道（无线）	4.7
6	中央台八套	4.6
7	中央台三套	3.9
8	中央台六套	3.4
9	海南广播电视总台影视剧频道	2.7
10	江苏卫视	2.5

表 3.40.5 2013 年海口市场主要频道的观众构成(%)

目标观众		所有频道	主要频道				
			海南广播电视总台综合频道	湖南电视台卫星频道	中央电视台综合频道	中央电视台少儿频道	中央台八套
4 岁及以上所有人		100.0	100.0	100.0	100.0	100.0	100.0
性别	男性	51.2	50.3	38.8	53.7	49.0	49.6
	女性	48.8	49.7	61.2	46.3	51.0	50.4
年龄	4—14 岁	18.1	14.8	22.0	44.2	14.6	14.4
	15—24 岁	11.4	9.2	17.9	5.8	8.4	11.9
	25—34 岁	17.9	13.2	17.8	24.0	15.0	11.8
	35—44 岁	15.8	18.2	17.7	8.1	12.9	16.0
	45—54 岁	15.9	25.9	10.6	5.2	19.8	19.9
	55—64 岁	13.7	12.3	9.4	8.6	20.5	19.2
	65 岁及以上	7.1	6.4	4.6	4.0	8.8	6.7
教育程度	未受正规教育	11.0	12.5	9.4	30.4	12.8	7.8
	小学	20.7	23.1	22.6	29.6	16.3	26.0
	初中	38.5	44.2	43.4	29.0	30.5	43.7
	高中	20.4	14.1	17.1	8.9	25.9	18.7
	大学及以上	9.4	6.2	7.5	2.0	14.6	3.8
职业类别	干部/管理人员	2.2	1.7	1.8	2.0	2.6	1.0
	初级公务员/雇员	12.2	13.2	12.3	9.0	6.9	13.5
	个体/私营企业人员	12.2	9.5	11.5	3.5	17.3	7.3
	工人	14.2	16.8	13.6	9.6	13.2	15.2
	学生	13.5	9.3	21.6	17.1	9.6	13.2
	无业	33.8	30.4	28.6	47.2	40.9	32.1
	其他	11.9	19.1	10.7	11.6	9.6	17.6
个人月收入	0—600 元	39.4	38.2	44.6	68.2	34.9	42.1
	601—1200 元	14.7	19.1	13.3	10.3	11.3	23.9
	1201—1700 元	18.5	21.7	17.0	10.1	19.8	14.0
	1701—2600 元	15.7	12.2	13.6	7.8	19.2	11.8
	2601—3500 元	7.7	6.3	7.4	2.4	10.4	5.9
	3501—5000 元	3.1	2.3	3.6	0.8	3.6	2.0
	5001 元及以上	1.0	0.3	0.5	0.5	0.8	0.2

表 3.40.6 2011—2013 年海口市场各类节目的播出份额(%)和收视份额(%)

节目类别	2011 年		2012 年		2013 年	
	播出份额	收视份额	播出份额	收视份额	播出份额	收视份额
财经	2.6	0.5	2.2	0.4	1.9	0.4
电视剧	21.4	36.3	21.4	37.7	21.6	34.7
电影	4.1	5.9	4.3	5.1	5.3	7.3
法制	0.9	1.3	0.8	0.8	0.9	0.7
教学	0.4	0.1	0.3	0.0	0.2	0.0
青少	7.9	6.5	7.3	7.4	6.6	8.5
生活服务	8.2	6.3	8.8	5.9	9.2	5.9
体育	1.5	2.4	1.6	3.0	2.3	2.1
外语	0.1	0.0	0.0	0.0	0.0	0.0
戏剧	1.1	0.3	1.1	0.3	0.8	0.2
新闻/时事	13.7	9.8	15.4	11.4	15.5	11.5
音乐	2.9	0.7	2.7	0.7	2.5	0.6
专题	11.1	5.9	11.4	6.2	10.5	5.9
综艺	10.4	11.0	8.8	10.0	8.7	11.0
其他	13.9	13.1	13.9	11.1	13.8	11.2

表 3.40.7 2013 年海口市场所有节目收视率排名前三十位

名次	节目名称	节目类型	播出频道	平均收视率（%）	平均占有率（%）
1	2013 春节联欢晚会	综艺	中央电视台综合频道	11.5	35.8
2	因为爱情有晴天	电视剧	湖南电视台卫星频道	8.4	26.9
3	特战先锋	电视剧	海南广播电视总台综合频道	7.8	26.6
4	苍狼	电视剧	海南广播电视总台综合频道	7.2	22.0
5	团圆	电视剧	海口广播电视台新闻综合频道（无线）	6.7	21.8
6	璀璨人生	电视剧	湖南电视台卫星频道	6.5	21.7
7	尖锋	电视剧	海南广播电视总台综合频道	6.4	21.0
8	神枪之倒刺	电视剧	海南广播电视总台综合频道	5.8	18.9
9	乱世红颜	电视剧	海南广播电视总台综合频道	5.6	18.3
9	因为爱情有多美	电视剧	湖南电视台卫星频道	5.6	18.3
11	花非花雾非雾	电视剧	湖南电视台卫星频道	5.5	19.1
12	天天有喜	电视剧	湖南电视台卫星频道	5.3	18.8
13	雳剑	电视剧	海南广播电视总台综合频道	5.3	17.0
14	再爱我一次	电视剧	海口广播电视台新闻综合频道（无线）	5.2	18.4
15	直播海南	新闻/时事	海南广播电视总台综合频道	5.0	33.2
16	百万新娘第二部之爱无悔	电视剧	湖南电视台卫星频道	4.9	18.6
17	决战燕子门	电视剧	海南广播电视总台综合频道	4.9	16.4
18	独立特攻队	电视剧	海南广播电视总台综合频道	4.9	15.9
19	中国好声音(7 月 26 日)	综艺	浙江卫视	4.8	17.0
20	最美的时光	电视剧	湖南电视台卫星频道	4.8	15.0
21	血色黎明	电视剧	海南广播电视总台综合频道	4.7	17.4
22	刺青	电视剧	海南广播电视总台综合频道	4.7	15.6
23	狮子营	电视剧	海南广播电视总台综合频道	4.7	15.1
24	快乐中国 20132014 跨年演唱会	音乐	湖南电视台卫星频道	4.6	16.2
25	出生入死	电视剧	海南广播电视总台综合频道	4.5	16.2
26	咱们结婚吧	电视剧	湖南电视台卫星频道	4.5	14.3
27	爸爸去哪儿	综艺	湖南电视台卫星频道	4.4	24.3
28	烽火儿女情	电视剧	海南广播电视总台综合频道	4.4	15.9
29	我是歌手总决赛歌王之战	综艺	湖南电视台卫星频道	4.4	15.0
30	2013 元宵晚会	综艺	中央电视台综合频道	4.4	13.9

表 3.40.8　2013 年海口市场电视剧收视率排名前十位

名次	节目名称	播出频道	平均收视率(%)	平均占有率(%)
1	因为爱情有晴天	湖南电视台卫星频道	8.4	26.9
2	特战先锋	海南广播电视总台综合频道	7.8	26.6
3	苍狼	海南广播电视总台综合频道	7.2	22.0
4	团圆	海口广播电视台新闻综合频道(无线)	6.7	21.8
5	璀璨人生	湖南电视台卫星频道	6.5	21.7
6	尖锋	海南广播电视总台综合频道	6.4	21.0
7	神枪之倒刺	海南广播电视总台综合频道	5.8	18.9
8	乱世红颜	海南广播电视总台综合频道	5.6	18.3
8	因为爱情有多美	湖南电视台卫星频道	5.6	18.3
10	花非花雾非雾	湖南电视台卫星频道	5.5	19.1

表 3.40.9　2013 年海口市场新闻节目收视率排名前十位

名次	节目名称	播出频道	平均收视率(%)	平均占有率(%)
1	直播海南	海南广播电视总台综合频道	5.0	33.2
2	新闻联播	中央电视台综合频道	2.4	11.2
3	转播中央台新闻联播	海南广播电视总台综合频道	2.1	7.0
4	东方时空（4 月 20/21 日）	中央电视台综合频道	1.8	5.8
5	第 1 民声	海南广播电视总台综合频道	1.6	8.4
6	太空新旅再探天宫天宫一号与神舟十号载人飞行任务特别报道	中央电视台综合频道	1.5	10.4
7	焦点访谈	中央电视台综合频道	1.5	5.4
8	新闻直播间	中央电视台综合频道	1.4	13.8
9	李克强总理会见中外记者并回答提问	中央电视台综合频道	1.4	4.3
10	嫦娥三号登月之旅	中央电视台综合频道	1.3	5.1

表 3.40.10　2013 年海口市场专题节目收视率排名前十位

名次	节目名称	播出频道	平均收视率(%)	平均占有率(%)
1	感动中国 2012 年度人物颁奖典礼	中央电视台综合频道	2.4	7.5
2	绿色农业进行时	海南广播电视总台综合频道	2.0	8.7
3	寻情记	海南广播电视总台新闻频道	1.9	5.9
4	中国汉字听写大会 2013 半决赛第一场	中央电视台综合频道	1.7	5.7
5	酷我真声音	浙江卫视	1.5	8.5
6	圆梦中国德耀中华第四届全国道德模范授奖仪式	中央电视台综合频道	1.4	4.1
7	第十二届汉语桥世界大学生中文比赛总决赛	湖南电视台卫星频道	1.2	5.9
8	百姓消防	海南广播电视总台新闻频道	1.2	4.2
9	黄石公园	中央台九套纪录频道	1.1	6.5
10	浴血琼崖	海南广播电视总台新闻频道	1.1	4.0

表 3. 40. 11　2013 年海口市场综艺节目收视率排名前十位

名次	节目名称	播出频道	平均收视率（%）	平均占有率（%）
1	2013 春节联欢晚会	中央电视台综合频道	11. 5	35. 8
2	中国好声音（7 月 26 日）	浙江卫视	4. 8	17. 0
3	爸爸去哪儿	湖南电视台卫星频道	4. 4	24. 3
4	我是歌手总决赛歌王之战	湖南电视台卫星频道	4. 4	15. 0
5	2013 元宵晚会	中央电视台综合频道	4. 4	13. 9
6	梅州月中华情 2013 年中央电视台中秋晚会	中央电视台综合频道	3. 7	11. 1
7	百花迎春中国文学艺术界 2013 春节大联欢	中央台三套	3. 4	12. 5
8	2013 小年夜大联欢快乐到家	湖南电视台卫星频道	3. 1	12. 5
9	元宵喜乐会	湖南电视台卫星频道	3. 1	11. 1
10	星光大道（12 月 19 日）	中央台三套	2. 9	9. 0

表 3. 40. 12　2013 年海口市场体育节目收视率排名前十位

名次	节目名称	播出频道	平均收视率（%）	平均占有率（%）
1	直播周末：2013 年世界女排大奖赛总决赛（日本队 VS 中国队）	中央台五套	3. 8	14. 3
2	2013 年世界羽毛球锦标赛男单决赛	中央台五套	2. 7	13. 9
3	黄金赛场：2013 年世乒赛男单决赛	中央台五套	2. 5	11. 2
4	黄金赛场：2013 年国际女排精英赛深圳龙岗站（中国 VS 古巴）	中央台五套	2. 5	9. 1
5	直播周末：2013 年亚洲冠军联赛决赛第二回合（广州恒大 VS 首尔 FC）	中央台五套	2. 5	7. 3
6	黄金赛场：2013 年亚洲女排锦标赛 1/4 决赛（中国队 VS 越南队）	中央台五套	2. 4	7. 2
7	2013 年第十二届全国运动会体操男子团体决赛	中央台五套	2. 2	11. 1
8	直播周末 2013 年亚洲冠军联赛颁奖仪式	中央台五套	2. 2	9. 1
9	黄金赛场：2015 年亚洲杯预选赛 C 组（中国 VS 伊拉克）	中央台五套	2. 2	6. 9
10	2013 年第十二届全国运动会乒乓球男单决赛	中央台五套	2. 0	7. 5

四十一、杭州收视数据

表 3.41.1　2009—2013 年杭州市场各类频道的市场占有率（%）

频道类别	年份				
	2009 年	2010 年	2011 年	2012 年	2013 年
中央台频道	18.6	14.1	12.2	14.9	13.6
中国教育台频道	0.2	0.1	0.2	0.1	0.1
浙江省级频道	41.4	44.0	40.4	38.7	39.2
杭州市级频道	22.8	24.2	23.9	20.7	19.8
其他省级卫视频道	13.8	13.9	16.5	17.7	19.1
其他频道	3.2	3.7	6.8	7.9	8.2

表 3.41.2　2013 年杭州市场各类频道在不同目标观众中的市场占有率（%）

目标观众		中央台频道	中国教育台频道	浙江省级频道	杭州市级频道	其他省级卫视频道	其他频道
4 岁及以上所有人		13.6	0.1	39.2	19.8	19.1	8.2
性别	男	14.9	0.1	38.4	19.8	18.8	8.0
	女	12.4	0.1	40.0	19.9	19.3	8.3
年龄	4—14 岁	15.7	0.1	28.5	19.1	26.9	9.7
	15—24 岁	8.3	0.1	41.3	21.6	19.3	9.4
	25—34 岁	10.5	0.1	44.0	22.0	15.9	7.5
	35—44 岁	13.2	0.1	38.4	19.5	20.1	8.7
	45—54 岁	14.2	0.1	38.7	18.5	19.7	8.8
	55—64 岁	17.2	0.1	37.5	19.3	19.4	6.5
	65 岁及以上	19.4	0.1	39.3	17.8	16.8	6.6
教育程度	未受过正规教育	14.7	0.1	37.6	20.5	17.2	9.9
	小学	15.1	0.1	36.0	20.6	19.3	8.9
	初中	15.2	0.1	37.2	18.5	21.4	7.6
	高中	12.4	0.1	40.9	20.4	18.6	7.6
	大学及以上	12.0	0.1	42.0	20.1	17.4	8.4
职业类别	干部/管理人员	13.2	0.1	39.3	21.9	17.0	8.5
	个体/私营企业人员	13.7	0.1	35.3	23.8	17.2	9.9
	初级公务员/雇员	10.7	0.1	43.0	19.0	18.7	8.5
	工人	15.1	0.1	39.7	18.9	19.9	6.3
	学生	12.3	0.1	34.1	18.4	26.1	9.0
	无业	15.9	0.1	38.6	18.7	19.1	7.6
	其他	15.1	0.2	40.2	24.4	13.2	6.9
个人月收入	0—600 元	12.5	0.1	37.2	20.1	21.2	8.9
	601—1200 元	9.6	0.1	45.4	21.6	16.7	6.6
	1201—1700 元	13.1	0.1	38.1	23.0	15.9	9.8
	1701—2600 元	13.9	0.1	39.9	18.8	20.3	7.0
	2601—3500 元	15.0	0.1	37.1	19.8	19.4	8.6
	3501—5000 元	14.7	0.1	40.0	18.7	18.5	8.0
	5001 元及以上	12.6	0.1	41.8	21.7	16.0	7.8

表 3.41.3　2013 年杭州市场各类频道在不同时段的市场占有率（%）

时间段	中央台频道	中国教育台频道	浙江省级频道	杭州市级频道	其他省级卫视频道	其他频道
02:00—03:00	22.8	0.5	18.6	4.3	30.4	23.4
03:00—04:00	22.1	0.4	16.8	4.0	30.0	26.7
04:00—05:00	24.3	0.3	16.7	4.6	28.7	25.4
05:00—06:00	28.2	0.3	23.6	2.0	28.4	17.5
06:00—07:00	35.8	0.1	24.4	2.3	26.2	11.2
07:00—08:00	38.5	0.1	21.9	5.1	23.2	11.2
08:00—09:00	32.7	0.2	24.5	3.7	29.3	9.6
09:00—10:00	25.4	0.1	30.5	3.3	31.3	9.4
10:00—11:00	26.7	0.3	29.3	3.5	31.4	8.8
11:00—12:00	31.7	0.2	25.1	4.9	29.7	8.4
12:00—13:00	32.2	0.3	23.4	5.4	29.4	9.3
13:00—14:00	28.1	0.4	18.1	4.2	37.5	11.7
14:00—15:00	24.0	0.4	18.2	4.5	41.5	11.4
15:00—16:00	25.2	0.4	17.1	4.7	42.5	10.1
16:00—17:00	27.0	0.2	16.9	5.7	40.9	9.3
17:00—18:00	20.2	0.1	29.3	19.1	23.8	7.5
18:00—19:00	8.9	0.0	48.6	29.1	6.0	7.4
19:00—20:00	7.0	0.0	52.8	26.0	7.8	6.4
20:00—21:00	7.8	0.1	48.4	22.1	15.1	6.5
21:00—22:00	8.8	0.1	39.5	26.3	18.2	7.1
22:00—23:00	11.1	0.1	38.0	21.2	21.6	8.0
23:00—24:00	20.2	0.1	27.1	12.2	30.2	10.2
24:00—25:00	23.6	0.2	21.7	7.7	32.0	14.8
25:00—26:00	22.1	0.3	20.5	5.7	30.3	21.1

表 3.41.4　2013 年杭州市场收视份额排名前十位的频道

名次	频道名称	收视份额（%）
1	浙江卫视	7.2
2	浙江电视台教育科技频道	6.9
3	浙江电视台钱江都市频道	6.0
4	浙江电视台民生休闲频道	5.4
5	浙江电视台经济生活频道	5.3
6	杭州电视台西湖明珠频道	4.9
7	浙江电视台影视娱乐频道	4.4
8	杭州电视台影视频道	4.2
9	杭州电视台综合频道	4.0
10	杭州电视台生活频道	3.7

表 3.41.5 2013 年杭州市场各主要频道的观众构成（%）

目标观众		所有频道	浙江卫视	浙江电视台教育科技频道	浙江电视台钱江都市频道	浙江电视台民生休闲频道	浙江电视台经济生活频道
4 岁及以上所有人		100.0	100.0	100.0	100.0	100.0	100.0
性别	男	50.3	50.8	49.3	48.1	49.5	48.7
	女	49.7	49.2	50.7	51.9	50.5	51.3
年龄	4—14 岁	6.6	5.8	4.4	3.3	3.0	4.6
	15—24 岁	10.4	8.5	9.2	16.1	10.9	10.6
	25—34 岁	21.4	27.7	21.0	18.7	17.8	27.1
	35—44 岁	14.7	14.4	17.0	16.0	9.5	13.9
	45—54 岁	22.6	21.8	22.6	23.3	28.9	23.5
	55—64 岁	16.0	13.3	14.8	14.5	21.2	12.3
	65 岁及以上	8.3	8.5	11.0	8.1	8.7	8.0
教育程度	未受过正规教育	4.5	3.3	6.3	3.9	4.4	2.0
	小学	16.6	14.5	16.1	13.8	21.2	12.0
	初中	28.5	28.0	26.1	33.5	26.0	26.7
	高中	22.6	22.7	26.2	19.0	22.2	27.8
	大学及以上	27.8	31.5	25.3	29.8	26.2	31.5
职业类别	干部/管理人员	7.4	9.5	7.8	7.7	4.4	7.0
	个体/私营企业人员	12.5	14.7	12.3	8.0	11.4	8.2
	初级公务员/雇员	25.5	23.4	27.2	33.1	27.8	26.9
	工人	14.5	14.4	12.6	10.8	16.0	20.3
	学生	8.3	7.7	6.2	9.1	5.1	7.8
	无业	28.5	27.7	30.8	28.0	29.9	25.1
	其他	3.3	2.6	3.1	3.3	5.4	4.7
个人月收入	0—600 元	19.0	18.9	17.5	18.1	13.3	19.4
	601—1200 元	5.0	4.4	6.8	3.8	10.2	3.9
	1201—1700 元	8.0	8.7	6.8	9.0	6.0	6.5
	1701—2600 元	25.8	26.2	28.5	25.0	30.5	25.1
	2601—3500 元	18.5	16.3	17.7	18.8	18.4	18.8
	3501—5000 元	13.5	14.6	12.7	14.4	13.1	12.7
	5001 元及以上	10.2	10.9	10.0	10.9	8.5	13.6

表 3.41.6 2011—2013 年杭州市场各类节目的播出份额（%）和收视份额（%）

节目类别	2011 年		2012 年		2013 年	
	播出份额	收视份额	播出份额	收视份额	播出份额	收视份额
财经	2.6	1.2	2.2	0.9	1.9	0.6
电视剧	20.6	25.7	19.8	26.5	20.5	28.5
电影	3.2	1.3	3.5	1.8	4.3	1.9
法制	0.8	0.6	0.8	0.4	0.8	0.3
教学	0.4	0.1	0.3	0.0	0.2	0.0
青少	7.5	3.7	7.1	3.7	6.6	4.0
生活服务	10.0	15.5	11.4	16.6	11.7	14.2
体育	1.4	1.3	1.5	1.4	1.8	1.1
外语	0.0	0.0	0.0	0.0	0.0	0.0
戏剧	1.2	0.6	1.0	0.6	0.7	0.1
新闻/时事	13.4	15.8	14.8	16.0	15.0	17.4
音乐	2.8	0.3	2.5	0.4	2.3	0.4
专题	11.5	6.3	12.2	6.5	11.1	5.9
综艺	10.5	10.4	9.0	9.6	8.8	9.8
其他	14.1	17.2	13.9	15.6	14.3	15.8

表 3.41.7　2013 年杭州市场所有节目收视率排名前三十位

名次	节目名称	节目类型	播出频道	平均收视率（%）	平均占有率（%）
1	中国好声音（8 月 9 日）	综艺	浙江卫视	18.6	34.7
2	中国梦想秀（4 月 5 日—6 月 21 日）	综艺	浙江卫视	12.2	24.1
3	中国梦想秀（10 月 11 日—12 月 27 日）	综艺	浙江卫视	11.0	25.2
4	中国星跳跃（6 月 8 日）	综艺	浙江卫视	10.8	16.3
5	我的歌声里中国蓝 5 动梦想特别节目	综艺	浙江卫视	9.0	17.8
6	酷我真声音	专题	浙江卫视	8.2	32.0
7	桃花劫	电视剧	浙江电视台教育科技频道	8.0	14.3
8	2013 青年盛典启迪未来实践中国梦	综艺	浙江卫视	7.7	14.7
9	血色玫瑰之女子特遣队	电视剧	浙江电视台教育科技频道	7.7	13.5
10	铁血壮士	电视剧	浙江电视台教育科技频道	7.7	13.3
11	一个鬼子都不留	电视剧	浙江电视台教育科技频道	7.5	13.9
12	那金花和她的女婿	电视剧	浙江电视台教育科技频道	7.5	13.7
13	枪花	电视剧	浙江卫视	7.3	11.6
14	等你回家	电视剧	浙江电视台教育科技频道	7.2	13.2
15	妈妈你到底在哪里	电视剧	浙江电视台教育科技频道	7.2	12.6
16	英雄使命	电视剧	浙江电视台钱江都市频道	6.8	11.0
17	门第	电视剧	浙江电视台教育科技频道	6.7	11.5
18	黑玫瑰之铁血女骑兵	电视剧	浙江电视台钱江都市频道	6.7	10.8
19	上阵父子兵	电视剧	浙江卫视	6.7	10.5
20	苍狼	电视剧	浙江电视台教育科技频道	6.6	13.1
21	同在屋檐下	电视剧	浙江电视台教育科技频道	6.6	11.3
22	非常有喜	电视剧	浙江电视台钱江都市频道	6.6	11.0
23	歌唱祖国浙江卫视好声音国庆特别节目	综艺	浙江卫视	6.5	15.8
24	民国恩仇录	电视剧	浙江电视台教育科技频道	6.5	11.2
25	梦想天空分外圆中国好声音中秋晚会	综艺	浙江卫视	6.4	18.9
26	我的抗战之猎豹突击	电视剧	浙江电视台教育科技频道	6.4	12.7
27	雅典娜女神	电视剧	浙江电视台教育科技频道	6.4	10.8
28	幸福的面条	电视剧	浙江卫视	6.4	10.4
29	王牌谍中谍(6 月 10 日）	综艺	浙江卫视	6.3	12.8
30	反击	电视剧	浙江电视台教育科技频道	6.3	12.4

表 3.41.8　2013 年杭州市场电视剧收视率排名前十位

名次	节目名称	播出频道	平均收视率（%）	平均占有率（%）
1	桃花劫	浙江电视台教育科技频道	8.0	14.3
2	血色玫瑰之女子特遣队	浙江电视台教育科技频道	7.7	13.5
3	铁血壮士	浙江电视台教育科技频道	7.7	13.3
4	一个鬼子都不留	浙江电视台教育科技频道	7.5	13.9
5	那金花和她的女婿	浙江电视台教育科技频道	7.5	13.7
6	枪花	浙江卫视	7.3	11.6
7	等你回家	浙江电视台教育科技频道	7.2	13.2
8	妈妈你到底在哪里	浙江电视台教育科技频道	7.2	12.6
9	英雄使命	浙江电视台钱江都市频道	6.8	11.0
10	门第	浙江电视台教育科技频道	6.7	11.5

表 3.41.9　2013 年杭州市场新闻节目收视率排名前十位

名次	节目名称	播出频道	平均收视率（%）	平均占有率（%）
1	阿六头说新闻	杭州电视台西湖明珠频道	6.2	11.7
2	我和你说	杭州电视台生活频道	5.1	8.7
3	经视新闻	浙江电视台经济生活频道	4.2	7.0
4	1818 黄金眼	浙江电视台民生休闲频道	4.0	8.7
5	小强热线	浙江电视台教育科技频道	4.0	7.2
6	新闻 60 分	杭州电视台综合频道	3.7	9.6
7	范大姐帮忙	浙江电视台钱江都市频道	3.7	9.0
8	新闻 007	浙江电视台钱江都市频道	3.7	7.6
9	明珠新闻	杭州电视台西湖明珠频道	3.5	6.7
10	津津有味道	浙江电视台经济生活频道	3.5	6.0

表 3.41.10　2013 年杭州市场专题节目收视率排名前十位

名次	节目名称	播出频道	平均收视率（%）	平均占有率（%）
1	酷我真声音	浙江卫视	8.2	32.0
2	2013 中国海宁潮国际博览会开幕式暨中国十大经济潮流人物评选发布	浙江电视台经济生活频道	3.7	7.7
3	改变 2012 年度浙江省文明出行现状发布会	浙江电视台影视娱乐频道	3.7	7.4
4	第二届中国创新创业大赛浙江赛区决赛	浙江电视台经济生活频道	3.7	6.8
5	第七届西湖读书节闭幕式	杭州电视台生活频道	3.3	6.6
6	浙江好人德行天下发现最美浙江人	浙江电视台钱江都市频道	3.2	5.9
7	资本相亲会	浙江电视台经济生活频道	3.2	5.6
8	青春致敬青春	杭州电视台综合频道	3.0	5.0
9	美丽浙江首届浙江最美乡村颁奖仪式	浙江电视台经济生活频道	2.9	6.1
10	杭州好人	杭州电视台西湖明珠频道	2.9	4.7

表 3.41.11　2013 年杭州市场综艺节目收视率排名前十位

名次	节目名称	播出频道	平均收视率（%）	平均占有率（%）
1	中国好声音（8 月 9 日）	浙江卫视	18.6	34.7
2	中国梦想秀（4 月 5 日—6 月 21 日）	浙江卫视	12.2	24.1
3	中国梦想秀（10 月 11 日—12 月 27 日）	浙江卫视	11.0	25.2
4	中国星跳跃（6 月 8 日）	浙江卫视	10.8	16.3
5	我的歌声里中国蓝 5 动梦想特别节目	浙江卫视	9.0	17.8
6	2013 青年盛典启迪未来实践中国梦	浙江卫视	7.7	14.7
7	歌唱祖国浙江卫视好声音国庆特别节目	浙江卫视	6.5	15.8
8	梦想天空分外圆中国好声音中秋晚会	浙江卫视	6.4	18.9
9	王牌谍中谍（6 月 10 日）	浙江卫视	6.3	12.8
10	激情飞扬共筑梦想第八届中国浙江电视观众节主题晚会	浙江卫视	5.6	13.3

表 3.41.12　2013 年杭州市场体育节目收视率排名前十位

名次	节目名称	播出频道	平均收视率（%）	平均占有率（%）
1	2013 年亚洲冠军联赛决赛第二回合（韩国首尔 FC 队 VS 中国广州恒大队）	中央台五套	3.2	6.1
2	2013 年澳大利亚网球公开赛女单决赛	中央台五套	3.1	9.5
3	2013 年亚洲冠军联赛颁奖仪式	中央台五套	2.7	6.9
4	2013/2014 赛季中国男子篮球超级联赛（浙江广厦控股 VS 八一双鹿电池）	杭州电视台五套	2.7	4.9
5	2013 年 F1 印度站大奖赛	杭州电视台五套	2.5	7.0
6	2012 浙江省排舞大赛	浙江电视台影视娱乐频道	2.5	6.5
7	杭州市第十八届运动会开幕式	杭州电视台综合频道	2.4	4.0
8	2013 金华浙江省第二届体育大会开幕式	浙江电视台公共频道	2.3	4.4
9	2015 年亚洲杯预选赛（中国 VS 沙特阿拉伯）	中央台五套	2.1	4.0
10	2013 年中国足球超级联赛（大金绿城 VS 武汉卓尔）	杭州电视台五套	1.9	3.3

四十二、合肥收视数据

表 3.42.1　2009—2013 年合肥市场各类频道的市场占有率（%）

频道类别	年份				
	2009 年	2010 年	2011 年	2012 年	2013 年
中央台频道	32.4	31.2	27.1	29.1	32.2
中国教育台频道	0.4	0.5	0.7	0.6	0.7
安徽省级频道	30.2	30.2	31.6	25.9	23.3
合肥市级频道	8.6	9.1	9.3	8.6	7.9
其他省级卫视频道	19.1	18.3	19.1	23.8	24.7
其他频道	9.3	10.7	12.2	12.0	11.3

表 3.42.2　2013 年合肥市场各类频道在不同目标观众中的市场占有率（%）

目标观众		中央电视台	中国教育台	安徽省级频道	合肥市级频道	其他省级卫视频道	其他频道
4 岁及以上所有人		32.2	0.7	23.3	7.9	24.7	11.3
性别	男	34.1	0.7	21.9	8.2	23.2	11.8
	女	30.2	0.6	24.7	7.6	26.2	10.7
年龄	4—14 岁	31.3	0.9	17.0	5.6	34.8	10.4
	15—24 岁	25.7	0.7	19.6	8.6	34.3	11.1
	25—34 岁	30.8	0.3	22.6	5.4	27.0	13.8
	35—44 岁	31.0	1.0	22.3	10.8	24.5	10.5
	45—54 岁	29.9	0.6	24.3	7.7	23.8	13.7
	55—64 岁	36.0	0.3	25.2	7.6	21.1	9.7
	65 岁及以上	40.5	1.1	28.9	8.2	13.0	8.3
教育程度	未受过正规教育	29.8	0.3	23.9	5.0	35.9	5.1
	小学	29.0	0.5	30.4	7.4	23.0	9.7
	初中	32.2	1.0	24.9	9.2	21.7	11.0
	高中	31.9	0.8	19.4	8.1	26.6	13.1
	大学及以上	35.1	0.5	21.0	6.8	25.2	11.4
职业类别	干部/管理人员	44.1	0.2	17.3	3.7	21.9	12.8
	个体/私营企业人员	30.0	0.6	21.8	8.2	29.7	9.8
	初级公务员/雇员	32.3	0.5	21.5	8.3	24.2	13.3
	工人	29.0	0.8	25.0	8.3	23.8	13.1
	学生	29.6	1.0	18.7	7.4	31.7	11.7
	无业	35.5	0.7	24.5	7.9	22.3	9.1
	其他	14.9	0.3	54.7	8.1	10.1	11.9
个人月收入	0—600 元	28.0	0.8	22.7	7.6	29.8	11.2
	601—1200 元	28.7	0.7	26.5	10.2	24.8	9.1
	1201—1700 元	31.3	0.7	25.9	7.8	23.3	11.1
	1701—2600 元	36.3	0.8	22.7	8.3	21.0	10.8
	2601—3500 元	36.2	0.7	22.5	6.8	21.2	12.6
	3501 元—5000 元	34.0	0.2	19.5	6.7	27.9	11.5
	5001 元及以上	35.4	0.7	13.8	6.4	26.3	17.4

表 3.42.3 2013 年合肥市场各类频道在不同时段的市场占有率（%）

时间段	中央台频道	中国教育台频道	安徽省级频道	合肥市级频道	其他省级卫视频道	其他频道
02:00—03:00	32.7	0.7	6.4	0.4	26.0	33.7
03:00—04:00	34.1	0.9	4.9	0.0	25.2	34.9
04:00—05:00	37.9	1.1	4.5	0.0	24.0	32.4
05:00—06:00	43.5	1.0	8.4	0.5	22.0	24.6
06:00—07:00	35.5	0.4	24.4	4.4	23.0	12.4
07:00—08:00	41.2	0.3	26.4	4.3	16.0	11.8
08:00—09:00	43.7	0.3	15.7	5.5	21.8	12.9
09:00—10:00	37.6	0.2	13.6	6.0	29.7	12.8
10:00—11:00	36.7	0.6	14.6	5.9	30.8	11.4
11:00—12:00	39.4	0.6	20.6	3.5	25.9	9.9
12:00—13:00	43.7	0.5	23.3	2.4	20.7	9.4
13:00—14:00	37.2	1.1	19.4	3.2	26.9	12.2
14:00—15:00	29.6	1.3	15.0	5.2	35.3	13.6
15:00—16:00	30.0	1.1	13.9	5.7	35.7	13.6
16:00—17:00	31.8	0.5	14.1	5.4	35.1	13.0
17:00—18:00	31.7	0.3	22.3	4.4	30.0	11.3
18:00—19:00	29.0	0.1	41.7	8.0	12.3	8.9
19:00—20:00	31.0	0.6	33.0	12.2	14.8	8.4
20:00—21:00	27.8	1.2	24.0	13.1	24.7	9.3
21:00—22:00	29.8	0.8	22.2	11.5	25.5	10.2
22:00—23:00	27.4	0.9	23.2	7.8	28.3	12.4
23:00—24:00	31.0	0.4	19.8	3.9	30.0	14.9
24:00—25:00	32.3	0.3	13.2	3.8	30.1	20.3
25:00—26:00	33.9	0.4	7.3	2.7	27.5	28.2

表 3.42.4 2013 年合肥市场收视份额排名前十位的频道

名次	频道名称	收视份额（%）
1	安徽卫视	10.1
2	中央电视台综合频道	6.7
3	安徽经视	6.0
4	中央电视台新闻频道	4.9
5	中央台三套	3.2
6	合肥电视台一套（新闻频道）	3.0
7	中央台四套	2.9
8	安徽综艺	2.8
9	湖南电视台卫星频道	2.7
10	中央台六套	2.4

表 3.42.5　2013 年合肥市场各主要频道的观众构成（%）

目标观众		所有频道	主要频道				
			安徽卫视	中央电视台综合频道	安徽经视	中央电视台新闻频道	中央台三套
4 岁及以上所有人		100.0	100.0	100.0	100.0	100.0	100.0
性别	男	51.1	46.5	50.1	46.5	58.3	49.9
	女	48.9	53.5	49.9	53.5	41.7	50.1
年龄	4—14 岁	8.9	8.1	8.8	4.5	5.1	5.2
	15—24 岁	10.1	6.5	6.6	11.7	6.3	8.1
	25—34 岁	15.7	13.6	12.5	16.2	10.9	13.4
	35—44 岁	18.0	19.4	16.0	15.0	15.7	16.4
	45—54 岁	19.0	17.1	15.5	20.0	23.7	20.3
	55—64 岁	15.4	16.1	19.0	16.8	17.2	22.9
	65 岁及以上	12.9	19.2	21.6	15.8	21.1	13.6
教育程度	未受过正规教育	3.9	5.3	3.0	3.5	5.2	2.2
	小学	16.0	18.2	13.7	25.7	11.9	14.6
	初中	28.1	31.3	31.1	27.3	32.3	31.4
	高中	28.0	23.9	28.6	18.9	22.3	25.8
	大学及以上	24.1	21.2	23.6	24.6	28.2	25.9
职业类别	干部/管理人员	3.1	2.9	2.9	2.0	7.5	4.4
	个体/私营企业人员	10.8	9.3	7.1	10.8	7.5	14.7
	初级公务员/雇员	20.1	16.8	18.4	20.6	18.6	19.5
	工人	18.5	18.0	14.6	20.0	16.4	16.0
	学生	12.0	10.5	11.7	7.3	8.7	7.8
	无业	33.6	40.8	42.2	34.7	41.3	37.6
	其他	1.8	1.7	3.1	4.7	0.1	0.0
个人月收入	0—600 元	24.9	24.5	22.6	21.5	17.4	16.7
	601—1200 元	11.9	11.0	13.3	17.8	10.7	11.9
	1201—1700 元	18.6	22.5	19.9	19.1	19.3	20.4
	1701—2600 元	20.3	20.1	20.8	20.0	23.6	22.1
	2601—3500 元	15.2	14.3	16.3	16.1	20.3	18.1
	3501—5000 元	6.3	5.2	4.7	4.9	6.1	7.6
	5001 元及以上	2.8	2.4	2.4	0.6	2.6	3.2

表 3.42.6　2011—2013 年合肥市场各类节目的播出份额（%）和收视份额（%）

节目类别	2011 年		2012 年		2013 年	
	播出份额	收视份额	播出份额	收视份额	播出份额	收视份额
财经	2.5	0.9	2.2	0.8	2.0	0.6
电视剧	20.6	26.9	20.0	28.4	20.9	26.8
电影	3.6	3.9	3.8	3.0	4.3	3.8
法制	0.9	0.4	0.8	0.6	1.0	1.0
教学	0.4	0.1	0.3	0.1	0.3	0.1
青少	7.5	3.6	6.9	4.3	6.2	4.4
生活服务	8.9	6.7	9.0	6.2	9.3	6.4
体育	1.4	2.3	1.5	2.9	1.8	2.1
外语	0.0	0.0	0.0	0.0	0.0	0.0
戏剧	1.1	0.4	1.0	0.3	0.8	0.2
新闻/时事	14.0	17.8	15.6	18.2	15.4	19.1
音乐	2.8	0.6	2.8	0.8	2.3	0.8
专题	12.1	8.0	12.3	7.8	11.3	7.3
综艺	10.5	14.2	9.5	14.4	9.7	15.1
其他	13.8	14.3	14.2	12.3	14.8	12.4

表 3.42.7　2013 年合肥市场所有节目收视率排名前三十位

名次	节目名称	节目类型	播出频道	平均收视率（%）	平均占有率（%）
1	金蛇狂舞幸福年 2013 安徽卫视春节联欢晚会	综艺	安徽卫视	10.5	31.2
2	2013 元宵晚会	综艺	中央电视台综合频道	10.0	25.4
3	打狗棍	电视剧	安徽卫视	7.8	22.5
4	2013 年亚洲冠军联赛决赛第二回合（韩国首尔 FC VS 广州恒大）	体育	中央台五套	7.0	17.7
5	2013 年亚洲冠军联赛颁奖仪式	体育	中央台五套	6.9	20.9
6	2013 春节联欢晚会	综艺	安徽卫视	6.8	15.0
7	中国好声音（8 月 30 日）	综艺	浙江卫视	6.5	18.9
8	开学第一课	综艺	中央电视台综合频道	6.0	15.4
9	门第	电视剧	安徽卫视	5.8	17.2
10	辣妈正传	电视剧	安徽卫视	5.8	17.0
11	第 1 时间	新闻	安徽经视	5.6	23.3
12	2013 国剧盛典	综艺	安徽卫视	5.6	21.0
13	超级演说家（8 月 1 日）	综艺	安徽卫视	5.6	16.7
14	势不可挡（5 月 10 日）	综艺	安徽卫视	5.4	16.9
15	中国汉字听写大会 2013 复赛第四场	专题	中央电视台综合频道	5.4	14.3
16	星光大道（12 月 21 日）	综艺	中央电视台综合频道	5.2	15.3
17	CCTV2013 年 315 晚会	综艺	中央电视台综合频道	5.2	15.2
18	咱们结婚吧	电视剧	中央电视台综合频道	5.0	15.2
19	楚汉传奇	电视剧	安徽卫视	4.8	13.1
20	我为歌狂（5 月 9 日）	综艺	安徽卫视	4.7	19.5
21	老公的春天	电视剧	安徽卫视	4.7	13.9
22	爱情悠悠药草香	电视剧	安徽卫视	4.7	12.9
23	舞出我人生圆梦之旅	综艺	中央电视台综合频道	4.7	12.3
24	有你才幸福	电视剧	中央电视台综合频道	4.6	13.3
25	2015 年亚洲杯预选赛（中国 VS 沙特）	体育	中央台五套	4.5	14.5
26	闺中密友	电视剧	安徽卫视	4.5	14.1
27	烽火佳人	电视剧	安徽卫视	4.4	13.9
28	天气预报	生活服务	中央电视台综合频道	4.3	14.4
29	爱情心心相印	电视剧	安徽卫视	4.3	12.6
30	2012 亚洲偶像盛典	综艺	安徽卫视	4.3	12.5

表 3.42.8　2013 年合肥市场电视剧收视率排名前十位

名次	节目名称	播出频道	平均收视率(%)	平均占有率(%)
1	打狗棍	安徽卫视	7.8	22.5
2	门第	安徽卫视	5.8	17.2
3	辣妈正传	安徽卫视	5.8	17.0
4	咱们结婚吧	中央电视台综合频道	5.0	15.2
5	楚汉传奇	安徽卫视	4.8	13.1
6	老公的春天	安徽卫视	4.7	13.9
7	爱情悠悠药草香	安徽卫视	4.7	12.9
8	有你才幸福	中央电视台综合频道	4.6	13.3
9	闺中密友	安徽卫视	4.5	14.1
10	烽火佳人	安徽卫视	4.4	13.9

表 3.42.9　2013 年合肥市场新闻节目收视率排名前十位

名次	节目名称	播出频道	平均收视率(%)	平均占有率(%)
1	第 1 时间	安徽经视	5.6	23.3
2	东方时空(4 月 20/21 日)	中央电视台综合频道	3.5	9.7
3	太空新旅再探天宫天宫一号与神舟十号载人飞行任务特别报道	中央电视台综合频道	3.2	19.0
4	帮女郎帮你忙	安徽经视	3.0	21.3
5	今日关注	中央台四套	2.3	7.0
6	转播中央台新闻联播	安徽卫视	2.2	6.6
7	李克强总理会见中外记者并回答提问	中央电视台综合频道	2.2	5.7
8	新闻联播	中央电视台综合频道	2.0	7.5
9	嫦娥三号登月之旅	中央电视台新闻频道	2.0	5.6
10	共同关注(4 月 20/21 日)	中央电视台综合频道	1.9	9.7

表 3.42.10　2013 年合肥市场专题节目收视率排名前十位

名次	节目名称	播出频道	平均收视率(%)	平均占有率(%)
1	中国汉字听写大会 2013 复赛第四场	中央电视台综合频道	5.4	14.3
2	感动中国 2012 年度人物颁奖典礼	中央电视台综合频道	3.7	9.7
3	石面埋伏说楚汉	安徽卫视	3.2	9.2
4	酷我真声音	浙江卫视	3.0	15.9
5	心动 2012 安徽年度新闻人物颁奖典礼	安徽卫视	3.0	8.5
6	X 档案	安徽卫视	2.4	8.0
7	一年又一年 2013	中央电视台综合频道	2.3	11.3
8	经视剧委会金太狼的幸福秘籍	安徽经视	2.3	6.2
9	中央电视台特别节目梦想从历史深处走来	中央电视台综合频道	2.2	6.7
10	圆梦中国德耀中华第四届全国道德模范授奖仪式	中央电视台综合频道	2.0	6.0

表 3.42.11　2013 年合肥市场综艺节目收视率排名前十位

名次	节目名称	播出频道	平均收视率（%）	平均占有率（%）
1	金蛇狂舞幸福年 2013 安徽卫视春节联欢晚会	安徽卫视	10.5	31.2
2	2013 元宵晚会	中央电视台综合频道	10.0	25.4
3	2013 春节联欢晚会	安徽卫视	6.8	15.0
4	中国好声音（8 月 30 日）	浙江卫视	6.5	18.9
5	开学第一课	中央电视台综合频道	6.0	15.4
6	2013 国剧盛典	安徽卫视	5.6	21.0
7	超级演说家（8 月 1 日）	安徽卫视	5.6	16.9
8	势不可挡（5 月 10 日）	安徽卫视	5.4	16.9
9	星光大道（12 月 21 日）	中央电视台综合频道	5.2	15.3
10	CCTV2013 年 315 晚会	中央电视台综合频道	5.2	15.2

表 3.42.12　2013 年合肥市场体育节目收视率排名前十位

名次	节目名称	播出频道	平均收视率（%）	平均占有率（%）
1	2013 年亚洲冠军联赛决赛第二回合（韩国首尔 FC VS 广州恒大）	中央台五套	7.0	17.7
2	2013 年亚洲冠军联赛颁奖仪式	中央台五套	6.9	20.9
3	2015 年亚洲杯预选赛（中国 VS 沙特）	中央台五套	4.5	14.5
4	2013 年世界羽毛球锦标赛男单决赛	中央台五套	3.8	12.6
5	2013 年澳大利亚网球公开赛女单决赛	中央台五套	3.4	15.4
6	2013 年世乒赛女单半决赛	中央台五套	3.3	9.2
7	第 15 届世界游泳锦标赛跳水男子十米台决赛	中央台五套	3.2	9.0
8	2013 年东亚杯足球赛（中国 VS 日本）	中央台五套	3.1	8.0
9	第 27 届亚洲男篮锦标赛决赛（菲律宾 VS 伊朗）	中央台五套	2.5	6.3
10	第 14 届世界田径锦标赛女子 800 米决赛	中央台五套	2.2	6.3

四十三、呼和浩特收视数据

表 3.43.1 2009—2013 年呼和浩特市场各类频道的市场占有率(%)

频道类别	年份				
	2009 年	2010 年	2011 年	2012 年	2013 年
中央台频道	53.7	51.5	42.3	43.5	45.6
中国教育台频道	0.4	0.5	0.5	0.3	0.3
内蒙古自治区级频道	11.1	11.0	8.5	8.1	7.0
呼和浩特市级频道	3.0	3.9	2.7	2.3	1.7
其他省级卫视频道	27.1	29.5	36.6	37.9	37.7
其他频道	4.7	3.6	9.4	7.9	7.7

表 3.43.2 2013 年呼和浩特市场各类频道在不同目标观众中的市场占有率(%)

目标观众		中央电视台频道	中国教育台频道	内蒙古自治区级频道	呼和浩特市级频道	其他省级卫视频道	其他频道
4 岁及以上所有人		45.6	0.3	7.0	1.7	37.7	7.7
性别	男	47.2	0.3	6.9	1.8	35.0	8.8
	女	44.0	0.3	7.1	1.6	40.3	6.7
年龄	4—14 岁	40.3	0.2	4.4	0.7	46.2	8.2
	15—24 岁	36.8	0.5	6.1	1.6	47.5	7.5
	25—34 岁	37.5	0.1	6.4	1.0	45.0	10.0
	35—44 岁	47.1	0.1	6.6	1.7	35.0	9.5
	45—54 岁	42.8	0.8	7.4	2.2	40.5	6.3
	55—64 岁	49.1	0.2	8.8	1.6	33.9	6.4
	65 岁及以上	58.2	0.2	7.8	2.5	25.3	6.0
教育程度	未受过正规教育	44.4	0.3	6.8	1.1	37.9	9.5
	小学	45.8	0.3	6.6	1.4	37.2	8.7
	初中	44.1	0.2	7.3	1.7	38.0	8.7
	高中	45.8	0.5	7.6	2.0	37.7	6.4
	大学及以上	48.0	0.2	6.0	1.7	37.6	6.5
职业类别	干部/管理人员	52.4	0.1	7.8	1.4	33.8	4.5
	个体/私营企业人员	43.3	0.1	7.4	1.7	39.8	7.7
	初级公务员/雇员	44.2	0.8	6.9	1.9	39.4	6.8
	工人	39.5	0.1	7.5	1.6	40.7	10.6
	学生	38.4	0.6	4.5	1.2	47.6	7.7
	无业	49.1	0.1	7.3	1.9	35.0	6.6
	其他	48.7	0.4	6.7	1.4	31.4	11.4
个人月收入	0—600 元	40.6	0.4	6.0	1.3	42.5	9.2
	601—1200 元	44.2	0.2	7.0	1.5	37.3	9.8
	1201—1700 元	52.6	0.1	7.4	2.3	31.5	6.1
	1701—2600 元	46.4	0.4	7.9	1.9	35.6	7.8
	2601—3500 元	45.9	0.1	7.3	1.5	39.7	5.5
	3501—5000 元	47.1	0.8	6.0	2.1	37.4	6.6
	5001 元及以上	48.3	0.0	7.5	0.9	34.8	8.5

表 3.43.3　2013 年呼和浩特市场各类频道在不同时段的市场占有率（%）

时间段	中央台频道	中国教育台频道	内蒙古自治区级频道	呼和浩特市级频道	其他省级卫视频道	其他频道
02:00—03:00	34.0	0.1	2.8	0.3	42.1	20.7
03:00—04:00	32.8	0.1	3.1	0.3	38.3	25.4
04:00—05:00	36.2	0.1	3.5	0.2	33.1	26.9
05:00—06:00	41.1	0.1	3.7	0.1	33.3	21.7
06:00—07:00	63.1	0.1	8.7	0.4	20.2	7.5
07:00—08:00	68.2	0.2	7.3	0.9	16.6	6.8
08:00—09:00	57.7	0.1	3.7	1.3	31.0	6.2
09:00—10:00	46.6	0.1	3.1	1.2	42.1	6.9
10:00—11:00	43.9	0.2	2.5	0.9	45.1	7.4
11:00—12:00	49.2	0.2	2.7	0.9	39.7	7.3
12:00—13:00	58.2	0.1	2.6	0.8	32.0	6.3
13:00—14:00	52.0	0.2	2.2	1.0	37.1	7.5
14:00—15:00	41.8	0.2	2.9	1.0	45.5	8.6
15:00—16:00	41.6	0.2	3.5	1.0	45.6	8.1
16:00—17:00	41.1	0.1	3.2	1.3	45.8	8.5
17:00—18:00	42.2	0.1	4.9	1.0	43.9	7.9
18:00—19:00	46.5	0.2	22.6	5.7	17.3	7.7
19:00—20:00	50.7	0.4	18.6	2.3	21.3	6.7
20:00—21:00	44.3	0.6	5.7	1.2	42.2	6.0
21:00—22:00	42.4	0.4	3.4	1.4	45.7	6.7
22:00—23:00	38.1	0.5	4.2	1.9	46.6	8.7
23:00—24:00	34.7	0.2	5.3	2.5	45.4	11.9
24:00—25:00	36.7	0.1	4.0	2.5	42.7	14.0
25:00—26:00	35.0	0.1	3.8	0.6	42.6	17.9

表 3.43.4　2013 年呼和浩特市场收视份额排名前十位的频道

名次	频道名称	收视份额（%）
1	中央电视台综合频道	9.7
2	中央台三套	5.6
3	中央台六套	5.0
4	中央电视台新闻频道	4.8
5	湖南电视台卫星频道	4.4
6	中央台四套	4.0
7	江苏卫视	3.6
8	中央台八套	3.5
9	内蒙古电视台新闻综合频道	3.2
10	北京卡酷少儿频道	2.9

表 3. 43. 5　2013 年呼和浩特市场各主要频道的观众构成（%）

目标观众		所有频道	主要频道				
			中央电视台综合频道	中央台三套	中央台六套	中央电视台新闻频道	湖南电视台卫星频道
4 岁及以上所有人		100. 0	100. 0	100. 0	100. 0	100. 0	100. 0
性别	男	47. 5	46. 0	45. 9	52. 7	52. 8	33. 1
	女	52. 5	54. 0	54. 1	47. 3	47. 2	66. 9
年龄	4—14 岁	8. 1	5. 8	6. 7	7. 3	4. 0	12. 6
	15—24 岁	8. 3	5. 8	8. 0	11. 4	5. 7	18. 3
	25—34 岁	18. 1	13. 4	14. 1	26. 3	11. 3	24. 4
	35—44 岁	16. 5	15. 4	16. 1	24. 0	15. 8	15. 2
	45—54 岁	17. 4	16. 8	17. 6	14. 6	19. 3	14. 3
	55—64 岁	13. 0	12. 1	18. 4	9. 7	18. 0	6. 8
	65 岁及以上	18. 6	30. 6	19. 1	6. 9	25. 8	8. 3
教育程度	未受过正规教育	5. 7	6. 2	3. 9	3. 5	2. 6	4. 3
	小学	11. 7	14. 9	13. 1	9. 2	5. 7	13. 2
	初中	35. 3	30. 9	37. 6	35. 5	37. 6	36. 6
	高中	27. 4	27. 0	26. 6	26. 9	30. 1	26. 0
	大学及以上	19. 9	21. 1	18. 7	24. 8	24. 0	20. 0
职业类别	干部/管理人员	3. 7	5. 0	4. 5	3. 1	3. 7	3. 9
	个体/私营企业人员	9. 6	6. 8	8. 7	13. 3	7. 8	10. 2
	初级公务员/雇员	16. 9	18. 6	17. 0	21. 4	14. 5	13. 7
	工人	13. 2	9. 3	12. 2	15. 7	13. 8	13. 6
	学生	9. 1	7. 0	8. 6	11. 5	5. 5	18. 6
	无业	39. 1	40. 5	41. 2	27. 7	49. 6	34. 3
	其他	8. 4	12. 8	7. 9	7. 3	5. 2	5. 7
个人月收入	0—600 元	29. 5	28. 5	25. 0	31. 7	17. 0	42. 0
	601—1200 元	7. 0	6. 6	6. 2	6. 9	5. 9	6. 2
	1201—1700 元	16. 9	20. 6	21. 1	10. 7	20. 0	13. 4
	1701—2600 元	24. 2	24. 9	26. 5	21. 6	32. 5	19. 0
	2601—3500 元	14. 0	11. 6	15. 1	15. 8	14. 8	12. 0
	3501—5000 元	6. 6	6. 1	4. 7	9. 5	8. 3	6. 1
	5001 元及以上	1. 7	1. 8	1. 4	3. 7	1. 5	1. 2

表 3. 43. 6　2011—2013 年呼和浩特市场各类节目的播出份额（%）和收视份额（%）

节目类别	2011 年		2012 年		2013 年	
	播出份额	收视份额	播出份额	收视份额	播出份额	收视份额
财经	2. 6	1. 5	2. 4	1. 2	2. 2	0. 9
电视剧	21. 0	30. 0	20. 7	30. 9	21. 2	28. 0
电影	3. 7	5. 1	3. 9	4. 9	4. 3	5. 6
法制	0. 9	1. 2	0. 8	1. 2	0. 8	1. 2
教学	0. 5	0. 1	0. 4	0. 1	0. 3	0. 0
青少	8. 1	3. 2	7. 5	3. 3	7. 0	4. 3
生活服务	8. 0	6. 9	8. 5	6. 8	9. 0	6. 4
体育	1. 6	2. 3	1. 6	2. 9	1. 9	2. 3
外语	0. 0	0. 0	0. 0	0. 0	0. 0	0. 0
戏剧	1. 2	0. 4	1. 0	0. 4	0. 8	0. 4
新闻/时事	13. 2	13. 2	15. 2	15. 4	15. 4	16. 6
音乐	2. 9	0. 9	2. 6	0. 8	2. 5	0. 6
专题	12. 2	8. 3	12. 5	7. 8	11. 3	7. 0
综艺	10. 1	14. 3	8. 7	13. 3	8. 8	15. 3
其他	14. 0	12. 6	14. 2	11. 0	14. 5	11. 4

表 3.43.7　2013 年呼和浩特市场所有节目收视率排名前三十位

名次	节目名称	节目类型	播出频道	平均收视率（%）	平均占有率（%）
1	2013 春节联欢晚会	综艺	中央电视台综合频道	12.7	28.5
2	天气预报	生活服务	中央电视台综合频道	9.4	25.0
3	咱们结婚吧	电视剧	中央电视台综合频道	8.5	22.4
4	有你才幸福	电视剧	中央电视台综合频道	8.2	21.1
5	2013 元宵晚会	综艺	中央电视台综合频道	7.6	19.6
6	星光大道（2 月 16 日）	综艺	中央电视台综合频道	6.3	16.5
7	新闻天天看	新闻/时事	内蒙古电视台新闻综合频道	6.2	22.6
8	CCTV2013 年 315 晚会	综艺	中央电视台综合频道	6.2	16.5
9	梅州月中华情 2013 年中央电视台中秋晚会	综艺	中央电视台综合频道	6.0	15.9
10	直播周末：2013 年亚洲冠军联赛决赛第二回合（韩国首尔 FC 队 VS 中国广州恒大队）（11 月 9 日）	体育	中央台五套	5.9	15.1
11	闯关东前传	电视剧	中央电视台综合频道	5.7	15.9
12	中国汉字听写大会 2013 总决赛（10 月 18 日）	专题	中央电视台综合频道	5.5	14.1
13	新闻联播	新闻/时事	中央电视台综合频道	5.4	18.3
14	舞出我人生圆梦之旅	综艺	中央电视台综合频道	5.3	14.2
15	不二神探（12 月 14 日）	电影	中央台六套	5.3	14.1
16	快乐中国 20132014 跨年演唱会	音乐	湖南电视台卫星频道	5.1	15.2
17	李克强总理会见中外记者并回答提问	新闻/时事	中央电视台综合频道	4.8	12.3
18	感动中国 2012 年度人物颁奖典礼	专题	中央电视台综合频道	4.8	11.5
19	启航 2014 新年特别节目	综艺	中央电视台综合频道	4.5	11.0
20	花木兰传奇	电视剧	中央电视台综合频道	4.2	12.7
21	焦点访谈	新闻/时事	中央电视台综合频道	4.2	11.7
22	中央电视台特别节目梦想从历史深处走来	专题	中央电视台综合频道	4.2	11.5
23	赵氏孤儿案	电视剧	中央电视台综合频道	4.1	10.2
24	替身杀手	电影	中央台六套	4.0	12.5
25	举起手来之二追击阿多丸	电影	中央台六套	3.9	24.2
26	百花迎春中国文学艺术界 2013 春节大联欢	综艺	中央台三套	3.9	11.0
27	黄金赛场：2015 年亚洲杯预选赛（中国 VS 沙特阿拉伯日）（11 月 19 日）	体育	中央台五套	3.9	10.2
28	中国梦劳动美 2013 年庆祝五一国际劳动节专题文艺晚会	综艺	中央电视台综合频道	3.9	9.9
29	直播周末:2013 年澳大利亚网球公开赛女单决赛(1 月 26 日)	体育	中央台五套	3.8	16.2
30	东方时空（4 月 20/21 日）	新闻/时事	中央电视台综合频道	3.8	9.9

表 3.43.8　2013 年呼和浩特市场电视剧收视率排名前十位

名次	节目名称	播出频道	平均收视率（%）	平均占有率（%）
1	咱们结婚吧	中央电视台综合频道	8.5	22.4
2	有你才幸福	中央电视台综合频道	8.2	21.1
3	闯关东前传	中央电视台综合频道	5.7	15.9
4	花木兰传奇	中央电视台综合频道	4.2	12.7
5	赵氏孤儿案	中央电视台综合频道	4.1	10.2
6	全家福	中央电视台综合频道	3.8	8.9
7	寻路	中央电视台综合频道	3.5	10.5
8	阿娜尔罕	中央电视台综合频道	3.5	9.4
9	隋唐英雄	湖南电视台卫星频道	3.3	9.4
10	平原烽火	山东卫视	3.3	7.4

表 3.43.9　2013 年呼和浩特市场新闻节目收视率排名前十位

名次	节目名称	播出频道	平均收视率（%）	平均占有率（%）
1	新闻天天看	内蒙古电视台新闻综合频道	6.2	22.6
2	新闻联播	中央电视台综合频道	5.4	18.3
3	李克强总理会见中外记者并回答提问	中央电视台综合频道	4.8	12.3
4	焦点访谈	中央电视台综合频道	4.2	11.7
5	东方时空（4 月 20/21 日）	中央电视台综合频道	3.8	9.9
6	嫦娥三号登月之旅	中央电视台综合频道	2.6	9.3
8	太空新旅再探天宫天宫一号与神舟十号载人飞行任务特别报道	中央电视台综合频道	2.3	17.6
7	今日关注	中央台四套	2.3	6.5
9	都市全接触	内蒙古电视台经济生活频道	2.1	5.8
10	天天说法	内蒙古电视台新闻综合频道	2.0	11.0

表 3.43.10　2013 年呼和浩特市场专题节目收视率排名前十位

名次	节目名称	播出频道	平均收视率（%）	平均占有率（%）
1	中国汉字听写大会 2013 总决赛	中央电视台综合频道	5.5	14.1
2	感动中国 2012 年度人物颁奖典礼	中央电视台综合频道	4.8	11.5
3	中央电视台特别节目梦想从历史深处走来	中央电视台综合频道	4.2	11.5
4	圆梦中国德耀中华第四届全国道德模范授奖仪式	中央电视台综合频道	3.6	11.3
5	一年又一年 2013	中央电视台综合频道	3.4	15.1
6	酷我真声音	浙江卫视	2.7	16.8
7	温暖 2012	中央台三套	2.6	7.1
8	2013 大型公益活动颁奖典礼寻找最美乡村教师	中央电视台综合频道	2.5	6.9
9	习仲勋	中央电视台综合频道	2.4	6.7
10	解密（1 月 9 日、16 日）	深圳卫视（新闻综合频道）	1.8	5.3

表 3.43.11　2013 年呼和浩特市场综艺节目收视率排名前十位

名次	节目名称	播出频道	平均收视率（%）	平均占有率（%）
1	2013 春节联欢晚会	中央电视台综合频道	12.7	28.5
2	2013 元宵晚会	中央电视台综合频道	7.6	19.6
3	星光大道（2 月 16 日）	中央电视台综合频道	6.3	16.5
4	CCTV2013 年 315 晚会	中央电视台综合频道	6.2	16.5
5	梅州月中华情 2013 年中央电视台中秋晚会	中央电视台综合频道	6.0	15.9
6	舞出我人生圆梦之旅	中央电视台综合频道	5.3	14.2
7	启航 2014 新年特别节目	中央电视台综合频道	4.5	11.0
8	百花迎春中国文学艺术界 2013 春节大联欢	中央台三套	3.9	11.0
9	中国梦劳动美 2013 年庆祝五一国际劳动节专题文艺晚会	中央电视台综合频道	3.9	9.9
10	大型音乐公益节目梦想星搭档中国梦梦之蓝为了孩子	中央台三套	3.7	11.7

表 3.43.12　2013 年呼和浩特市场体育节目收视率排名前十位

名次	节目名称	播出频道	平均收视率（%）	平均占有率（%）
1	直播周末：2013 年亚洲冠军联赛决赛第二回合（韩国首尔 FC 队 VS 中国广州恒大队日）	中央台五套	5.9	15.1
2	黄金赛场：2015 年亚洲杯预选赛（中国 VS 沙特阿拉伯）	中央台五套	3.9	10.2
3	直播周末：2013 年澳大利亚网球公开赛女单决赛	中央台五套	3.8	16.2
4	黄金赛场：2013 年世乒赛男单决赛	中央台五套	3.6	11.9
5	2013 年世界羽毛球锦标赛男单决赛	中央台五套	2.6	10.1
6	黄金赛场：2013 年亚洲足球冠军联赛 1/8 淘汰赛次回合（澳大利亚中央海岸水手 VS 中国广州恒大）	中央台五套	2.3	6.4
7	直播周末：2013 年世界女排大奖赛总决赛（日本队 VS 中国队）	中央台五套	2.1	8.1
8	现场直播：2013 年东亚杯足球赛（韩国队 VS 中国队）	中央台五套	2.1	7.4
9	黄金赛场：2013 年中国之队国际友谊赛（中国队 VS 荷兰队）	中央台五套	2.1	6.1
10	现场直播：第 27 届亚洲男篮锦标赛第一阶段小组赛（中国队 VS 韩国队）	中央台五套	2.0	12.1

四十四、济南收视数据

表 3.44.1　2009—2013 年济南市场各类频道的市场占有率（%）

频道类别	年份				
	2009 年	2010 年	2011 年	2012 年	2013 年
中央台频道	24.7	20.4	16.5	18.7	20.4
中国教育台频道	0.2	0.2	0.2	0.1	0.1
山东省级频道	33.8	37.1	36.7	36.8	32.2
济南市级频道	21.9	23.7	27.4	25.8	25.6
其他省级卫视频道	17.9	17.3	13.2	13.4	17.1
其他频道	1.5	1.4	6.1	5.2	4.7

表 3.44.2　2013 年济南市场各类频道在不同目标观众中的市场占有率（%）

目标观众		中央电视台	中国教育电视台	山东电视台	济南电视台	外省卫视	其他频道
4 岁及以上所有人		20.4	0.1	32.2	25.6	17.1	4.7
性别	男	22.8	0.1	30.8	25.7	15.8	4.8
	女	18.2	0.1	33.4	25.6	18.2	4.5
年龄	4—14 岁	17.9	0.1	26.7	27.5	23.8	4.0
	15—24 岁	16.1	0.1	32.1	25.5	21.4	4.9
	25—34 岁	17.3	0.1	33.2	23.7	20.7	5.1
	35—44 岁	18.4	0.1	33.5	25.1	17.5	5.5
	45—54 岁	17.8	0.1	34.4	27.0	15.7	5.1
	55—64 岁	21.8	0.0	36.5	24.5	13.8	3.4
	65 岁及以上	30.8	0.1	27.0	26.1	11.8	4.2
教育程度	未受过正规教育	15.9	0.1	33.0	29.9	16.6	4.5
	小学	19.1	0.0	38.0	24.7	14.5	3.6
	初中	18.2	0.1	35.4	23.7	18.0	4.7
	高中	21.8	0.0	26.9	27.4	18.6	5.2
	大学及以上	27.6	0.0	24.1	26.9	16.0	5.4
职业类别	干部/管理人员	23.8	0.0	26.3	28.6	17.0	4.2
	个体/私营企业人员	16.9	0.1	32.7	26.5	17.3	6.6
	初级公务员/雇员	20.6	0.0	27.5	28.1	18.0	5.8
	工人	18.5	0.1	33.0	26.8	17.2	4.5
	学生	17.9	0.1	26.5	25.2	25.3	4.9
	无业	25.1	0.1	28.5	26.3	16.0	4.0
	其他	12.5	0.1	54.1	17.0	12.5	3.8
个人月收入	0—600 元	16.2	0.1	38.4	23.0	18.1	4.3
	601—1200 元	17.8	0.0	36.7	26.0	15.3	4.1
	1201—1700 元	21.0	0.1	29.3	27.3	17.6	4.9
	1701—2600 元	24.4	0.0	26.1	28.1	16.7	4.7
	2601—3500 元	23.1	0.1	29.4	25.8	16.9	4.7
	3501—5000 元	26.9	0.2	26.4	25.2	14.9	6.4
	5001 元及以上	22.1	0.0	27.3	27.5	16.7	6.5

表 3.44.3　2013 年济南市场各类频道在不同时段的市场占有率（%）

时间段	中央台频道	中国教育台频道	山东省级频道	济南市级频道	其他省级卫视频道	其他频道
02：00—03：00	32.0	0.6	17.3	9.2	30.0	10.9
03：00—04：00	34.7	0.3	17.7	11.1	26.8	9.4
04：00—05：00	37.8	0.0	17.5	11.8	24.1	8.7
05：00—06：00	40.5	0.1	20.9	10.3	21.7	6.6
06：00—07：00	40.0	0.0	25.0	10.3	20.9	3.8
07：00—08：00	37.2	0.0	25.6	18.6	14.0	4.7
08：00—09：00	36.8	0.0	25.2	10.6	22.2	5.1
09：00—10：00	27.8	0.0	26.6	11.2	29.1	5.3
10：00—11：00	27.5	0.2	22.2	10.9	33.5	5.7
11：00—12：00	29.0	0.1	22.5	14.9	28.6	4.9
12：00—13：00	27.8	0.1	23.8	26.3	17.8	4.2
13：00—14：00	26.9	0.1	22.7	19.7	24.8	5.9
14：00—15：00	25.4	0.2	24.5	11.5	32.0	6.4
15：00—16：00	25.6	0.2	23.2	11.1	33.4	6.5
16：00—17：00	24.5	0.1	22.4	14.3	32.3	6.3
17：00—18：00	14.4	0.0	37.1	26.2	17.9	4.4
18：00—19：00	12.0	0.0	46.4	32.4	5.5	3.8
19：00—20：00	17.6	0.0	43.6	29.7	5.3	3.7
20：00—21：00	14.5	0.1	39.5	31.8	10.7	3.5
21：00—22：00	16.0	0.0	33.9	33.0	13.4	3.7
22：00—23：00	17.5	0.0	20.6	36.5	20.1	5.2
23：00—24：00	22.4	0.0	17.3	25.9	26.0	8.4
24：00—25：00	29.9	0.1	17.5	13.4	27.1	12.1
25：00—26：00	31.3	0.3	16.9	10.3	29.7	11.5

表 3.44.4　2013 年济南市场收视份额排名前十位的频道

名次	频道名称	收视份额（%）
1	山东电视齐鲁频道	10.5
2	济南电视台新闻综合频道	9.5
3	山东卫视	7.8
4	中央电视台综合频道	4.3
5	济南电视台都市女性频道	4.0
6	济南电视台影视频道	3.9
7	山东电视生活频道	3.4
8	济南电视台生活频道	3.1
8	济南电视台少儿频道	3.1
10	山东电视公共频道	2.8

表 3.44.5　2013 年济南市场各主要频道的观众构成（%）

目标观众		主要频道观众构成					
		所有频道	山东电视齐鲁频道	济南电视台新闻综合频道	山东卫视	中央电视台综合频道	济南电视台都市女性频道
4 岁及以上所有人		100.0	100.0	100.0	100.0	100.0	100.0
性别	男	47.4	45.2	47.4	46.6	48.6	49.0
	女	52.6	54.8	52.6	53.4	51.4	51.0
年龄	4—14 岁	8.5	6.0	4.7	5.2	7.0	5.7
	15—24 岁	8.3	7.9	6.1	8.6	5.5	10.1
	25—34 岁	16.3	14.5	8.3	12.3	13.2	12.7
	35—44 岁	15.8	15.6	11.6	14.6	14.6	22.2
	45—54 岁	21.0	22.4	24.7	23.9	16.7	21.1
	55—64 岁	12.9	18.7	15.3	15.8	14.6	15.3
	65 岁及以上	17.2	14.9	29.2	19.6	28.3	12.9
教育程度	未受过正规教育	6.6	6.6	6.6	9.0	6.6	4.0
	小学	19.9	27.3	21.4	25.9	19.0	21.6
	初中	36.2	37.2	35.1	37.0	29.0	36.6
	高中	22.7	17.7	23.3	17.9	25.1	22.9
	大学及以上	14.6	11.2	13.7	10.3	20.3	14.9
职业类别	干部/管理人员	4.0	2.6	5.5	4.3	3.9	4.1
	个体/私营企业人员	10.5	10.6	8.2	11.3	8.7	11.9
	初级公务员/雇员	13.9	11.0	11.3	10.2	13.4	17.0
	工人	17.8	18.9	17.4	16.4	15.5	21.4
	学生	8.0	5.9	5.1	6.1	6.7	7.7
	无业	34.9	32.5	44.5	28.4	42.9	28.8
	其他	10.9	18.5	7.9	23.4	8.9	9.1
个人月收入	0—600 元	33.1	41.2	23.9	40.8	26.8	27.8
	601—1200 元	10.8	10.9	11.4	13.2	8.6	12.9
	1201—1700 元	14.1	12.9	17.0	12.4	13.2	15.6
	1701—2600 元	23.0	20.2	30.2	17.5	30.5	25.2
	2601—3500 元	10.2	7.6	10.8	9.2	10.6	9.9
	3501—5000 元	6.0	4.8	4.2	4.0	7.4	5.0
	5001 元及以上	2.7	2.3	2.6	2.7	2.9	3.6

表 3.44.6　2011—2013 年济南市场各类节目的播出份额（%）和收视份额（%）

节目类别	2011 年		2012 年		2013 年	
	播出份额	收视份额	播出份额	收视份额	播出份额	收视份额
财经	2.4	0.5	2.2	0.5	1.6	0.6
电视剧	19.9	33.7	20.1	29.1	26.6	28.5
电影	3.7	3.0	3.8	2.3	4.3	3.4
法制	0.8	0.2	0.9	0.5	1.0	1.6
教学	0.4	0.0	0.3	0.0	0.4	0.1
青少	7.9	3.8	7.3	2.8	5.8	6.0
生活服务	9.2	7.6	9.5	11.2	10.4	7.5
体育	2.2	2.6	2.3	4.6	2.3	2.7
外语	0.0	0.0	0.0	0.0	0.0	0.0
戏剧	1.0	0.2	1.0	0.4	0.6	0.3
新闻/时事	12.8	14.8	15.0	16.3	10.3	17.4
音乐	2.7	0.5	2.6	0.6	2.2	0.4
专题	11.7	6.9	11.7	5.7	8.8	6.6
综艺	11.5	12.5	9.3	12.5	7.9	12.6
其他	13.8	13.6	14.0	13.6	17.8	12.4

表 3.44.7　2013 年济南市场所有节目收视率排名前三十位

名次	节目名称	节目类型	播出频道	平均收视率（%）	平均占有率（%）
1	2013 春节联欢晚会	综艺	中央电视台综合频道	26.4	45.3
2	2013 元宵晚会	综艺	中央电视台综合频道	11.0	23.5
3	直播周末：2013 年亚洲冠军联赛决赛第二回合（韩国首尔 FC 队 VS 中国广州恒大队）	体育	中央台五套	10.9	21.4
4	我的极品老妈	电视剧	济南电视台新闻综合频道	8.6	17.4
5	妯娌的三国时代	电视剧	济南电视台新闻综合频道	8.5	17.3
6	小鬼子走着瞧	电视剧	山东电视齐鲁频道	8.0	16.8
7	门第	电视剧	济南电视台新闻综合频道	7.9	17.4
8	那金花和她的女婿	电视剧	济南电视台新闻综合频道	7.9	16.2
9	利箭行动（25—42 集）	电视剧	山东电视齐鲁频道	7.5	16.0
10	家有一老	电视剧	山东电视齐鲁频道	7.4	16.1
11	老米家的婚事	电视剧	济南电视台新闻综合频道	7.4	15.9
12	英雄联盟	电视剧	山东电视齐鲁频道	7.3	16.4
13	打狗棍	电视剧	济南电视台新闻综合频道	7.3	15.9
14	第 22 条婚规	电视剧	山东卫视	7.1	15.2
15	樱桃红	电视剧	山东卫视	7.1	15.1
16	邻居也疯狂	电视剧	济南电视台新闻综合频道	6.9	14.4
17	错伏	电视剧	济南电视台新闻综合频道	6.8	14.3
18	直播周末 2013 年亚洲冠军联赛颁奖仪式	体育	中央台五套	6.7	21.4
19	战地狮吼	电视剧	山东电视齐鲁频道	6.7	14.9
20	同在屋檐下	电视剧	济南电视台新闻综合频道	6.6	15.0
21	直播中超：鲁能体育 2013 年中国足球协会超级联赛第二十轮（山东鲁能 VS 上海申花）	体育	山东电视体育频道	6.6	14.6
22	黄金赛场:2015 年亚洲杯预选赛(中国 VS 沙特阿拉伯)	体育	中央台五套	6.6	14.4
23	天下人家	电视剧	济南电视台新闻综合频道	6.6	13.3
24	反击	电视剧	山东电视齐鲁频道	6.5	14.9
25	全民健身第五届社区大联欢	综艺	济南电视台新闻综合频道	6.4	19.0
26	决战燕子门	电视剧	山东电视齐鲁频道	6.4	14.7
27	独狼	电视剧	山东电视齐鲁频道	6.4	14.1
28	零下三十八度	电视剧	济南电视台新闻综合频道	6.4	13.7
29	女人进城	电视剧	山东电视齐鲁频道	6.3	15.2
30	岳母的幸福生活	电视剧	济南电视台新闻综合频道	6.3	14.5

表 3.44.8 2013 年济南市场电视剧收视率排名前十位

名次	节目名称	播出频道	平均收视率（%）	平均占有率（%）
1	我的极品老妈	济南电视台新闻综合频道	8.6	17.4
2	妯娌的三国时代	济南电视台新闻综合频道	8.5	17.3
3	小鬼子走着瞧	山东电视齐鲁频道	8.0	16.8
4	门第	济南电视台新闻综合频道	7.9	17.4
5	那金花和她的女婿	济南电视台新闻综合频道	7.9	16.2
6	利箭行动（25—42 集）	山东电视齐鲁频道	7.5	16.0
7	家有一老	山东电视齐鲁频道	7.4	16.1
8	老米家的婚事	济南电视台新闻综合频道	7.4	15.9
9	英雄联盟	山东电视齐鲁频道	7.3	16.4
10	打狗棍	济南电视台新闻综合频道	7.3	15.9

表 3.44.9 2013 年济南市场新闻节目收视率排名前十位

名次	节目名称	播出频道	平均收视率（%）	平均占有率（%）
1	每日新闻	山东电视齐鲁频道	6.2	16.2
2	今晚我帮你	济南电视台新闻综合频道	5.9	19.5
3	今晚特别点击	济南电视台新闻综合频道	5.8	17.3
4	今晚 20 分	济南电视台新闻综合频道	5.7	14.0
5	焦点访谈（9 月 22 日）	济南电视台新闻综合频道	4.9	16.1
6	转播中央台新闻联播	济南电视台新闻综合频道	4.4	10.5
7	姊妹花	济南电视台新闻综合频道	3.8	14.1
8	都市新女报	济南电视台都市女性频道	3.8	8.3
9	济南新闻	济南电视台新闻综合频道	3.6	9.3
10	生活帮	山东电视生活频道	3.5	9.4

表 3.44.10 2013 年济南市场专题节目收视率排名前十位

名次	节目名称	播出频道	平均收视率（%）	平均占有率（%）
1	有么说么故事会	济南电视台新闻综合频道	3.6	10.9
2	就你不知道宝贝计划	山东电视生活频道	3.2	6.5
3	有话好好说	济南电视台生活频道	2.9	6.5
4	今晚不关机	济南电视台新闻综合频道	2.8	12.8
5	请你原谅我	山东电视生活频道	2.8	6.0
6	公益齐鲁让爱飞扬 2012 齐鲁公益盛典	山东电视齐鲁频道	2.7	5.6
7	毛泽东在济南	济南电视台新闻综合频道	2.6	14.9
8	一年又一年 2013	中央电视台综合频道	2.6	7.0
9	都市搜客团	济南电视台都市女性频道	2.6	5.6
10	曲山艺海	济南电视台新闻综合频道	2.5	12.3

表 3. 44. 11　2013 年济南市场综艺节目收视率排名前十位

名次	节目名称	播出频道	平均收视率（%）	平均占有率（%）
1	2013 春节联欢晚会	中央电视台综合频道	26. 4	45. 3
2	2013 元宵晚会	中央电视台综合频道	11. 0	23. 5
3	全民健身第五届社区大联欢	济南电视台新闻综合频道	6. 4	19. 0
4	好运连连到	山东电视齐鲁频道	6. 0	12. 4
5	中国好声音（8 月 2 日）	浙江卫视	5. 0	15. 5
6	好运连连到公益汇聚力量五省岁末狂欢	山东电视齐鲁频道	4. 9	10. 8
7	十艺济南放歌西城济南电视中秋晚会	济南电视台新闻综合频道	4. 8	23. 5
8	跨年狂欢夜	济南电视台新闻综合频道	4. 0	19. 0
9	泉水印象	济南电视台新闻综合频道	3. 9	14. 7
10	打狗棍是怎样炼成的	山东卫视	3. 7	11. 4

表 3. 44. 12　2013 年济南市场体育节目收视率排名前十位

名次	节目名称	播出频道	平均收视率（%）	平均占有率（%）
1	直播周末：2013 年亚洲冠军联赛决赛第二回合（韩国首尔 FC 队 VS 中国广州恒大队）	中央台五套	10. 9	21. 4
2	直播周末 2013 年亚洲冠军联赛颁奖仪式	中央台五套	6. 7	21. 4
3	直播中超：鲁能体育 2013 年万达广场中国足球协会超级联赛第二十轮（山东鲁能 VS 上海申花）	山东电视体育频道	6. 6	14. 6
4	黄金赛场：2015 年亚洲杯预选赛（中国 VS 沙特阿拉伯）	中央台五套	6. 6	14. 4
5	现场直播：2012/2013 赛季中国男子篮球职业联赛半决赛第二场（山东黄金 VS 北京金隅）	山东电视体育频道	5. 8	12. 2
6	现场直播：东芝 2013 年中国足协杯第三轮（山东鲁能 VS 石家庄永昌）	山东电视体育频道	4. 6	10. 0
7	现场直播：2013/2014 赛季 CBA 联赛第二轮（山东黄金 VS 八一双鹿电池）	山东电视体育频道	4. 2	9. 3
8	直播周末：2013 年东亚杯足球赛（中国队 VS 日本队）	中央台五套	3. 9	9. 0
9	全民足球	山东电视体育频道	3. 0	7. 1
10	黄金赛场：2013 年中国之队国际友谊赛（中国 VS 乌兹别克斯坦）	中央台五套	2. 9	6. 9

四十五、昆明收视数据

表 3.45.1　2009—2013 年昆明市场各类频道的市场占有率（%）

频道类别	年份				
	2009 年	2010 年	2011 年	2012 年	2013 年
中央台频道	39.3	33.2	29.8	33.3	34.8
中国教育台频道	0.2	0.2	0.2	0.2	0.1
云南省级频道	23.0	27.0	24.0	21.9	24.2
昆明市级频道	10.4	13.6	16.3	15.5	12.2
其他省级卫视频道	19.8	19.7	23.7	24.4	22.6
其他频道	7.3	6.3	6.0	4.7	6.2

表 3.45.2　2013 年昆明市场各类频道在不同目标观众中的市场占有率（%）

目标观众		中央台频道	中国教育台频道	云南省级频道	昆明市级频道	其他省级卫星频道	其他频道
4 岁及以上所有人		34.8	0.1	24.2	12.2	22.6	6.2
性别	男	37.4	0.1	23.2	12.3	20.5	6.6
	女	32.4	0.1	25.0	12.1	24.5	5.8
年龄	4—14 岁	32.1	0.1	23.8	9.5	26.0	8.5
	15—24 岁	29.6	0.2	22.1	12.1	29.5	6.5
	25—34 岁	29.5	0.1	23.2	12.0	27.6	7.6
	35—44 岁	33.8	0.1	25.3	12.9	20.1	7.8
	45—54 岁	32.2	0.2	24.3	14.1	22.4	6.8
	55—64 岁	39.8	0.1	22.8	13.1	20.4	3.9
	65 岁及以上	44.2	0.1	26.7	9.7	16.2	3.1
教育程度	未受过正规教育	30.2	0.1	31.8	7.4	22.1	8.4
	小学	33.2	0.1	26.8	13.9	20.2	5.8
	初中	33.9	0.1	24.0	13.0	22.4	6.6
	高中	34.2	0.1	24.3	12.5	22.8	6.0
	大学及以上	39.9	0.1	19.6	10.1	24.7	5.5
职业类别	干部/管理人员	37.4	0.1	18.5	14.6	22.2	7.2
	个体/私营企业人员	31.0	0.1	24.0	15.3	21.4	8.2
	初级公务员/雇员	35.5	0.2	22.9	11.2	23.6	6.7
	工人	31.5	0.1	26.6	11.3	24.0	6.6
	学生	29.9	0.1	23.3	11.3	29.0	6.4
	无业	38.1	0.1	24.9	11.2	21.0	4.8
	其他	29.5	0.2	24.0	17.6	20.8	7.8
个人月收入	0—600 元	31.6	0.1	24.4	11.3	25.7	6.9
	601—1200 元	32.6	0.1	23.8	10.3	25.6	7.6
	1201—1700 元	37.2	0.1	27.3	12.2	18.4	4.9
	1701—2600 元	35.9	0.1	24.1	12.8	21.1	6.0
	2601—3500 元	36.1	0.1	24.4	13.5	21.0	4.9
	3501—5000 元	36.5	0.2	20.9	12.9	23.6	5.8
	5001 元及以上	36.1	0.1	15.7	14.4	22.4	11.2

表 3.45.3　2013 年昆明市场各类频道在不同时段的市场占有率（%）

时间段	中央台频道	中国教育台频道	云南省级频道	昆明市级频道	其他省级卫星频道	其他频道
02:00—03:00	32.9	0.1	14.0	9.9	29.3	13.7
03:00—04:00	38.0	0.1	6.1	12.3	29.2	14.3
04:00—05:00	41.9	0.1	2.5	17.9	25.7	12.0
05:00—06:00	46.1	0.0	8.0	13.0	23.3	9.7
06:00—07:00	56.3	0.1	10.1	8.2	19.1	6.3
07:00—08:00	65.0	0.0	12.9	6.4	9.7	6.1
08:00—09:00	57.8	0.0	13.6	4.7	16.9	7.0
09:00—10:00	45.7	0.1	14.8	5.8	25.6	8.1
10:00—11:00	43.6	0.2	15.4	6.3	27.0	7.5
11:00—12:00	47.0	0.2	14.6	6.2	25.5	6.5
12:00—13:00	52.6	0.1	15.5	6.6	20.1	5.1
13:00—14:00	45.2	0.2	15.9	8.1	25.0	5.6
14:00—15:00	35.8	0.2	17.6	11.6	27.5	7.3
15:00—16:00	36.7	0.2	19.3	7.0	28.7	8.1
16:00—17:00	36.7	0.1	20.2	6.7	28.9	7.4
17:00—18:00	31.6	0.1	23.0	15.0	25.1	5.3
18:00—19:00	26.6	0.0	31.6	28.2	9.9	3.8
19:00—20:00	37.8	0.1	27.4	16.1	13.7	4.8
20:00—21:00	31.3	0.2	29.1	9.9	24.0	5.4
21:00—22:00	28.8	0.1	30.8	10.1	24.6	5.5
22:00—23:00	26.3	0.1	28.8	14.9	23.6	6.4
23:00—24:00	30.0	0.0	20.7	14.9	26.5	7.9
24:00—25:00	37.4	0.1	16.1	8.5	27.0	11.0
25:00—26:00	34.2	0.1	15.9	9.2	27.7	12.9

表 3.45.4　2013 年昆明市场收视份额排名前十位的频道

名次	频道名称	收视份额（%）
1	云南广播电视台都市频道（二套）	9.4
2	云南广播电视台卫视频道（一套）	7.2
3	昆明广播电视台春城频道	6.2
4	中央电视台综合频道	5.8
5	中央台八套	4.1
5	湖南电视台卫星频道	4.1
7	中央台三套	3.7
8	中央台六套	3.2
9	中央台四套	3.1
10	中央电视台新闻频道	2.9

表 3.45.5　2013 年昆明市场各主要频道的观众构成（%）

目标观众		所有频道	主要频道				
			云南广播电视台都市频道(二套)	云南广播电视台卫视频道(一套)	昆明广播电视台春城频道	中央电视台综合频道	中央台八套
4 岁及以上所有人		100.0	100.0	100.0	100.0	100.0	100.0
性别	男	47.9	46.2	44.3	51.2	48.7	43.6
	女	52.1	53.8	55.7	48.8	51.3	56.4
年龄	4—14 岁	8.2	7.5	6.1	5.6	6.0	4.8
	15—24 岁	9.2	6.7	10.7	8.9	8.4	7.8
	25—34 岁	15.9	13.6	17.4	13.8	10.6	11.6
	35—44 岁	17.0	16.0	20.5	17.4	15.2	15.3
	45—54 岁	18.8	21.9	16.6	22.5	16.9	19.8
	55—64 岁	16.5	17.2	14.7	20.8	20.0	23.0
	65 岁及以上	14.4	17.1	13.9	11.0	22.9	17.8
教育程度	未受过正规教育	5.2	7.7	5.6	3.4	3.1	3.4
	小学	16.4	17.6	17.5	19.8	16.8	21.8
	初中	30.2	27.8	29.9	32.2	28.1	36.6
	高中	30.2	32.3	32.0	30.2	29.1	26.0
	大学及以上	18.0	14.7	15.0	14.5	22.8	12.2
职业类别	干部/管理人员	2.7	1.8	2.0	3.0	3.1	1.7
	个体/私营企业人员	16.0	13.6	16.5	23.6	17.1	12.7
	初级公务员/雇员	19.6	18.2	22.1	17.3	17.9	18.2
	工人	8.6	9.7	10.8	7.3	6.5	11.4
	学生	9.1	6.5	9.5	7.1	7.7	6.1
	无业	40.2	47.0	36.9	35.0	44.2	44.9
	其他	3.7	3.4	2.3	6.6	3.5	5.0
个人月收入	0—600 元	25.0	23.7	24.4	21.2	18.2	20.4
	601—1200 元	11.4	9.2	13.3	9.6	12.8	14.5
	1201—1700 元	16.1	22.0	15.8	14.8	16.7	22.1
	1701—2600 元	21.1	19.3	22.7	23.1	21.1	22.8
	2601—3500 元	14.4	16.0	14.2	17.8	18.0	13.5
	3501 元—5000 元	9.3	9.1	7.4	10.5	10.5	6.0
	5001 元及以上	2.6	0.7	2.2	3.0	2.6	0.8

表 3.45.6　2011—2013 年昆明市场各类节目的播出份额（%）和收视份额（%）

节目类别	2011 年		2012 年		2013 年	
	播出份额	收视份额	播出份额	收视份额	播出份额	收视份额
财经	2.7	1.3	2.2	1.0	1.6	0.9
电视剧	20.4	29.2	20.1	31.1	26.5	33.2
电影	3.3	3.7	3.5	3.6	4.0	3.7
法制	1.2	1.5	1.1	1.1	1.2	1.1
教学	0.4	0.1	0.3	0.1	0.4	0.1
青少	7.7	3.3	7.0	3.1	5.5	4.2
生活服务	8.1	5.5	8.3	5.9	9.8	5.9
体育	1.4	1.9	1.4	2.1	2.2	2.0
外语	0.0	0.0	0.0	0.0	0.0	0.0
戏剧	1.2	0.9	1.2	0.9	0.8	0.7
新闻/时事	14.6	17.8	16.0	18.4	11.8	16.2
音乐	2.8	0.9	2.5	1.2	2.3	1.0
专题	11.8	8.2	12.2	7.3	8.8	6.6
综艺	10.5	13.3	10.3	13.2	8.2	13.3
其他	14.0	12.5	13.9	11.1	17.0	11.1

表 3.45.7　2013 年昆明市场所有节目收视率排名前三十位

名次	节目名称	节目类型	播出频道	平均收视率（%）	平均占有率（%）
1	2013 春节联欢晚会	综艺	中央电视台综合频道	15.6	35.0
2	士兵突击第二季（4 月 11 日）	专题	云南广播电视台卫视频道(一套)	9.9	25.0
3	平原烽火（9—38 集）	电视剧	云南广播电视台卫视频道(一套)	8.1	20.8
4	箭在弦上	电视剧	云南广播电视台都市频道(二套)	7.8	21.1
5	雳剑	电视剧	云南广播电视台卫视频道(一套)	7.7	21.8
6	向着炮火前进	电视剧	云南广播电视台卫视频道(一套)	7.7	20.3
7	战旗	电视剧	云南广播电视台卫视频道(一套)	7.1	19.9
8	直播周末 2013 年亚洲冠军联赛颁奖仪式	体育	中央台五套	6.6	17.4
9	2013 元宵晚会	综艺	中央电视台综合频道	6.6	15.5
10	血誓	电视剧	云南广播电视台卫视频道(一套)	6.5	18.7
11	独立连	电视剧	云南广播电视台都市频道(二套)	6.3	18.1
12	光荣使命	电视剧	云南广播电视台卫视频道(一套)	6.3	17.9
13	平民大英雄	电视剧	云南广播电视台都市频道(二套)	6.2	17.1
14	一个鬼子都不留	电视剧	云南广播电视台卫视频道(一套)	6.1	17.3
15	X 女特工	电视剧	云南广播电视台卫视频道(一套)	6.1	16.9
16	妯娌的三国时代	电视剧	云南广播电视台都市频道(二套)	6.1	16.3
17	直播周末：2013 年亚洲冠军联赛决赛第二回合(韩国首尔 FC 队 VS 中国广州恒大队)	体育	中央台五套	6.1	15.6
18	枪花	电视剧	云南广播电视台卫视频道(一套)	6.0	17.1
19	黑玫瑰之铁血女骑兵	电视剧	云南广播电视台都市频道(二套)	5.7	16.8
20	一个鬼子都不留之二上海滩生死较量	电视剧	云南广播电视台都市频道（二套)	5.6	17.3
21	埋伏	电视剧	云南广播电视台都市频道(二套)	5.6	16.5
22	条形码望远近直面昆明最强降雨特别直播	新闻/时事	云南广播电视台都市频道（二套)	5.5	28.6
23	义者无敌	电视剧	云南广播电视台都市频道(二套)	5.5	15.4
24	梅州月中华情 2013 年中央电视台中秋晚会	综艺	中央电视台综合频道	5.4	15.3
25	中国好声音(9 月 13 日)	综艺	浙江卫视	5.4	15.0
26	天真遇到现实(5—34 集)	电视剧	云南广播电视台都市频道(二套)	5.3	14.6
27	爸爸去哪儿	综艺	湖南电视台卫星频道	5.2	20.1
28	黎明前的抉择	电视剧	云南广播电视台都市频道(二套)	5.2	15.5
29	铁血壮士	电视剧	云南广播电视台卫视频道(一套)	5.2	15.2
30	保卫金山城（1—6 集）	电视剧	云南广播电视台都市频道(二套)	5.2	14.2

表 3.45.8　2013 年昆明市场电视剧收视率排名前十位

名次	节目名称	播出频道	平均收视率(%)	平均占有率(%)
1	平原烽火（9—38 集）	云南广播电视台卫视频道(一套)	8.1	20.8
2	箭在弦上	云南广播电视台都市频道(二套)	7.8	21.1
3	雳剑	云南广播电视台卫视频道(一套)	7.7	21.8
4	向着炮火前进	云南广播电视台卫视频道(一套)	7.7	20.3
5	战旗	云南广播电视台卫视频道(一套)	7.1	19.9
6	血誓	云南广播电视台卫视频道(一套)	6.5	18.7
7	独立连	云南广播电视台都市频道(二套)	6.3	18.1
8	光荣使命	云南广播电视台卫视频道(一套)	6.3	17.9
9	平民大英雄	云南广播电视台都市频道(二套)	6.2	17.1
10	X 女特工	云南广播电视台卫视频道(一套)	6.1	16.9

表 3.45.9　2013 年昆明市场新闻节目收视率排名前十位

名次	节目名称	播出频道	平均收视率(%)	平均占有率(%)
1	条形码望远近直面昆明最强降雨特别直播	云南广播电视台都市频道(二套)	5.5	28.6
2	东方时空（4 月 21 日）	云南广播电视台卫视频道(一套)	4.6	12.8
3	都市条形码	云南广播电视台都市频道(二套)	4.4	23.0
4	街头巷尾	昆明广播电视台春城频道	4.4	22.2
5	大口马牙	云南广播电视台都市频道(二套)	3.7	14.0
6	新闻重新说	昆明广播电视台春城频道	3.5	13.5
7	焦点访谈（4 月 21 日）	云南广播电视台卫视频道(一套)	3.3	10.6
8	街头周刊	昆明广播电视台春城频道	3.1	14.6
9	新闻联播	中央电视台综合频道	3.1	11.8
10	雾锁长水突发事件直播报道	云南广播电视台都市频道(二套)	3.0	19.6

表 3.45.10　2013 年昆明市场专题节目收视率排名前十位

名次	节目名称	播出频道	平均收视率(%)	平均占有率(%)
1	士兵突击第二季（4 月 11 日）	云南广播电视台卫视频道(一套)	9.9	25.0
2	一年又一年 2013	中央电视台综合频道	2.5	11.5
3	中国汉字听写大会 2013 复赛第五场	中央电视台综合频道	2.5	6.8
4	酷我真声音	浙江卫视	2.4	8.9
5	科学认识 PX 项目中石油云南炼油项目专题报道	云南广播电视台卫视频道(一套)	2.4	6.0
6	感动中国 2012 年度人物颁奖典礼	中央电视台综合频道	2.3	5.9
7	圆梦中国德耀中华第四届全国道德模范授奖仪式	中央电视台综合频道	1.9	5.6
8	中央电视台特别节目梦想从历史深处走来	中央电视台综合频道	1.8	5.5
9	习仲勋	中央电视台综合频道	1.8	5.0
10	科学看待重大项目中石油云南炼油项目专题报道	云南广播电视台卫视频道(一套)	1.6	5.2

表 3.45.11 2013 年昆明市场综艺节目收视率排名前十位

名次	节目名称	播出频道	平均收视率（%）	平均占有率（%）
1	2013 春节联欢晚会	中央电视台综合频道	15.6	35.0
2	2013 元宵晚会	中央电视台综合频道	6.6	15.5
3	梅州月中华情 2013 年中央电视台中秋晚会	中央电视台综合频道	5.4	15.3
4	中国好声音（9 月 13 日）	浙江卫视	5.4	15.0
5	爸爸去哪儿	湖南电视台卫星频道	5.2	20.1
6	我是歌手总决赛歌王之战	湖南电视台卫星频道	4.7	17.2
7	见证青春荣耀出击授勋晚会	云南广播电视台卫视频道(一套)	4.5	15.5
8	春城之约首届中国南博会第 21 届中国昆明进出口商品交易会文艺演出	云南广播电视台卫视频道(一套)	4.5	11.6
9	星光大道（12 月 21 日）	中央电视台综合频道	4.2	11.3
10	CCTV2013 年 315 晚会	中央电视台综合频道	3.7	9.9

表 3.45.12 2013 年昆明市场体育节目收视率排名前十位

名次	节目名称	播出频道	平均收视率（%）	平均占有率（%）
1	直播周末 2013 年亚洲冠军联赛颁奖仪式	中央台五套	6.6	17.4
2	直播周末：2013 年亚洲冠军联赛决赛第二回合（韩国首尔 FC 队 VS 中国广州恒大队）	中央台五套	6.1	15.6
3	直播周末：2013 年世界女排大奖赛总决赛（日本队 VS 中国队）	中央台五套	3.1	10.8
4	黄金赛场：2013 年世乒赛男单决赛	中央台五套	2.4	6.6
5	2013 年世界羽毛球锦标赛男单决赛	中央台五套	2.3	8.3
6	直播周末：第 15 届世界游泳锦标赛跳水男子十米台决赛	中央台五套	2.3	6.1
7	直播周末：2013 年澳大利亚网球公开赛女单决赛	中央台五套	2.0	11.5
8	黄金赛场：2013 年世界斯诺克锦标赛第二轮	中央台五套	2.0	6.2
9	直播周末：WBC 迷你轻量级世界拳王争霸赛十二回合	中央台五套	2.0	5.4
10	直播周末：第 27 届亚洲男篮锦标赛（伊朗队 VS 中国队）	中央台五套	1.8	9.1

四十六、兰州收视数据

表 3.46.1　2009—2013 年兰州市场各类频道的市场占有率（%）

频道类别	年份				
	2009 年	2010 年	2011 年	2012 年	2013 年
中央台频道	58.1	56.3	43.4	47.3	46.7
中国教育台频道	0.2	0.3	0.4	0.4	0.7
甘肃省级频道	6.1	6.0	7.9	6.5	6.8
兰州市级频道	6.1	4.8	4.3	4.0	4.0
其他省级卫视频道	23.8	26.8	34.1	34.2	35.3
其他频道	5.6	6.0	9.9	7.6	6.5

表 3.46.2　2013 年兰州市场各类频道在不同目标观众中的市场占有率（%）

目标观众		中央台频道	中国教育台频道	甘肃省级频道	兰州市级频道	其他省级卫视频道	其他频道
4 岁及以上所有人		46.7	0.7	6.8	4.0	35.3	6.5
性别	男	48.1	0.7	7.1	3.5	33.3	7.2
	女	45.3	0.7	6.5	4.4	37.2	5.8
年龄	4—14 岁	44.3	0.9	4.3	1.6	40.9	8.1
	15—24 岁	42.4	0.8	4.9	4.7	41.3	6.0
	25—34 岁	46.0	1.1	5.3	2.9	39.2	5.4
	35—44 岁	45.4	0.6	5.7	3.9	35.0	9.4
	45—54 岁	41.8	0.7	7.3	4.9	40.2	5.1
	55—64 岁	50.5	0.6	8.6	4.4	29.2	6.7
	65 岁及以上	53.4	0.4	8.4	4.3	28.3	5.3
教育程度	未受过正规教育	52.6	1.0	4.8	2.9	35.1	3.6
	小学	45.9	0.8	6.8	3.0	34.8	8.7
	初中	45.5	0.5	7.2	4.6	36.0	6.3
	高中	45.6	0.7	8.2	4.6	34.3	6.6
	大学及以上	50.0	0.9	3.9	2.7	36.8	5.7
职业类别	干部/管理人员	49.7	0.6	4.3	3.7	36.5	5.2
	个体/私营企业人员	42.2	0.9	6.2	3.9	40.5	6.3
	初级公务员/雇员	48.1	0.7	5.6	4.4	35.3	5.8
	工人	41.5	0.6	8.7	4.3	36.7	8.1
	学生	41.5	0.8	4.1	2.6	42.4	8.6
	无业	50.1	0.6	8.1	4.0	31.1	6.0
	其他职业	42.9	0.8	2.9	5.0	41.4	7.0
个人月收入	0—600 元	44.4	0.9	5.8	3.6	37.9	7.5
	601—1200 元	43.7	0.4	7.5	6.2	35.1	7.1
	1201—1700 元	46.2	0.6	8.5	4.0	35.0	5.6
	1701—2600 元	49.4	0.8	7.2	3.3	33.7	5.6
	2601—3500 元	49.5	1.0	4.1	2.9	35.1	7.6
	3501—5000 元	51.7	0.5	4.9	2.4	33.5	6.9
	5001 元及以上	57.4	0.1	2.8	2.9	34.9	1.7

表 3.46.3　2013 年兰州市场各类频道在不同时段的市场占有率（%）

时间段	中央台频道	中国教育台频道	甘肃省级频道	兰州市级频道	其他省级卫视频道	其他频道
02:00—03:00	36.5	0.8	3.4	1.4	48.8	9.0
03:00—04:00	37.7	0.6	3.6	0.9	47.9	9.3
04:00—05:00	37.9	0.4	3.6	0.9	47.1	10.2
05:00—06:00	39.8	0.4	4.6	0.8	42.9	11.5
06:00—07:00	52.2	0.1	2.7	0.3	33.8	10.8
07:00—08:00	63.9	0.1	3.9	1.1	23.7	7.3
08:00—09:00	53.0	0.1	6.0	3.3	30.3	7.3
09:00—10:00	46.4	0.2	5.9	3.2	37.0	7.2
10:00—11:00	45.2	0.5	5.5	3.2	38.6	7.0
11:00—12:00	50.7	0.5	5.1	2.5	34.6	6.7
12:00—13:00	59.3	0.5	4.1	2.1	27.6	6.5
13:00—14:00	50.6	1.0	4.2	3.2	34.0	7.0
14:00—15:00	41.7	1.2	4.2	2.6	41.7	8.5
15:00—16:00	39.5	1.0	4.6	3.3	42.6	9.0
16:00—17:00	40.3	0.4	5.1	3.8	42.4	8.1
17:00—18:00	48.2	0.2	4.3	2.6	37.3	7.4
18:00—19:00	63.3	0.2	9.3	4.7	15.9	6.7
19:00—20:00	62.3	0.7	8.9	4.6	18.9	4.5
20:00—21:00	42.0	1.6	7.8	5.0	38.6	4.9
21:00—22:00	39.1	0.8	8.8	4.8	41.2	5.3
22:00—23:00	34.9	0.6	9.1	5.2	43.8	6.5
23:00—24:00	36.1	0.2	6.0	4.2	45.6	7.9
24:00—25:00	40.9	0.4	3.7	3.8	42.7	8.5
25:00—26:00	38.4	0.7	4.0	3.0	45.2	8.8

表 3.46.4　2013 年兰州市场收视份额排名前十位的频道

名次	频道名称	收视份额（%）
1	中央电视台综合频道	10.9
2	中央电视台新闻频道	5.4
3	中央台三套	4.8
4	湖南电视台卫星频道	4.5
5	中央台八套	4.0
6	中央台六套	3.9
7	中央台四套	3.3
8	中央电视台少儿频道	3.2
9	甘肃电视台文化影视频道	3.1
10	江苏卫视	3.0

表 3.46.5　2013 年兰州市场各主要频道的观众构成（%）

目标观众		所有频道	主要频道				
			中央电视台综合频道	中央电视台新闻频道	中央台三套	湖南电视台卫星频道	中央台八套
4 岁及以上所有人		100.0	100.0	100.0	100.0	100.0	100.0
性别	男性	48.1	44.2	57.2	45.0	32.7	42.0
	女性	51.9	55.8	42.8	55.0	67.3	58.0
年龄	4—14 岁	8.6	6.8	4.1	5.5	15.5	4.8
	15—24 岁	5.3	7.4	2.8	3.7	10.4	3.0
	25—34 岁	12.7	10.7	12.9	10.9	14.3	12.7
	35—44 岁	16.3	15.3	12.4	13.0	17.9	15.6
	45—54 岁	22.1	20.6	20.3	22.8	26.5	21.7
	55—64 岁	19.5	21.1	24.0	25.1	8.7	23.5
	65 岁及以上	15.6	18.2	23.6	18.9	6.8	18.7
教育程度	未受正规教育	4.1	5.0	2.3	3.2	3.3	3.4
	小学	12.8	11.5	14.0	9.0	14.6	22.0
	初中	28.4	33.3	24.9	30.1	34.0	19.5
	高中	36.2	32.3	34.4	40.5	30.6	40.9
	大学及以上	18.5	18.0	24.4	17.2	17.5	14.2
职业类别	干部/管理人员	5.5	6.1	7.1	7.6	5.7	4.9
	个体/私营企业人员	15.8	13.8	9.5	14.3	22.2	17.5
	初级公务员/雇员	13.1	12.1	15.0	12.8	11.1	10.6
	工人	10.8	9.6	12.0	7.1	10.2	11.0
	学生	9.4	9.3	4.1	6.6	18.1	4.8
	无业	43.2	47.7	50.3	48.7	26.8	49.7
	其他职业	2.2	1.5	1.9	2.9	5.9	1.5
个人月收入	0—600 元	24.3	25.6	13.2	19.6	32.4	21.1
	601—1200 元	17.7	19.0	15.6	21.4	21.7	18.2
	1201—1700 元	22.0	23.6	20.8	26.1	19.7	27.6
	1701—2600 元	23.0	21.1	26.0	24.1	16.7	25.2
	2601—3500 元	8.4	6.8	12.4	6.5	7.6	6.1
	3501—5000 元	3.6	3.4	9.0	1.8	1.3	1.6
	5001 元及以上	0.9	0.5	3.0	0.6	0.6	0.2

表 3.46.6　2011—2013 年兰州市场各类节目的播出份额（%）和收视份额（%）

节目类别	2011 年		2012 年		2013 年	
	播出份额	收视份额	播出份额	收视份额	播出份额	收视份额
财经	2.8	1.5	2.3	1.2	1.9	1.0
电视剧	21.5	33.2	21.5	35.5	22.2	32.5
电影	3.2	4.7	3.7	4.7	4.0	4.6
法制	0.8	1.1	0.8	1.0	0.9	0.8
教学	0.4	0.1	0.3	0.1	0.3	0.0
青少	8.1	3.9	7.6	4.2	6.8	4.2
生活服务	9.8	6.4	10.3	6.4	10.5	6.6
体育	1.4	2.6	1.5	2.8	1.8	1.9
外语	0.0	0.0	0.0	0.0	0.0	0.0
戏剧	1.1	0.4	1.1	0.4	0.8	0.3
新闻/时事	13.5	11.4	14.5	12.3	14.9	14.2
音乐	3.0	0.8	2.7	0.9	2.5	0.8
专题	10.6	7.0	11.2	7.2	10.5	7.1
综艺	10.0	14.5	8.8	13.2	8.9	15.0
其他	13.8	12.4	13.9	10.4	14.0	10.9

表 3.46.7　2013 年兰州市场所有节目收视率排名前三十位

名次	节目名称	节目类别	播出频道	平均收视率（%）	平均占有率（%）
1	2013 春节联欢晚会	综艺	中央电视台综合频道	25.2	52.4
2	2013 元宵晚会	综艺	中央电视台综合频道	18.5	42.3
3	天气预报	生活服务	中央电视台综合频道	11.8	35.5
4	星光大道（12 月 28 日）	综艺	中央电视台综合频道	9.4	23.1
5	新闻联播	新闻/时事	中央电视台综合频道	8.5	28.5
6	咱们结婚吧	电视剧	中央电视台综合频道	8.2	20.6
7	启航 2014 新年特别节目	综艺	中央电视台综合频道	7.2	21.1
8	梅州月中华情 2013 年中央电视台中秋晚会	综艺	中央电视台综合频道	6.9	18.0
9	有你才幸福	电视剧	中央电视台综合频道	6.8	18.3
10	与美丽同行 2013 年三八国际妇女节专题文艺晚会	综艺	中央电视台综合频道	6.5	17.2
11	众里寻你 2013 寻找最美孝心少年颁奖典礼	青少	中央电视台综合频道	5.5	13.3
12	李克强总理会见中外记者并回答提问	新闻/时事	中央电视台综合频道	5.4	13.5
13	闯关东前传	电视剧	中央电视台综合频道	5.2	15.2
14	CCTV2013 年 315 晚会	综艺	中央电视台综合频道	5.2	13.0
15	高举旗帜向未来 2013 年军民迎新春文艺晚会	综艺	中央电视台综合频道	5.0	12.4
16	全家福	电视剧	中央电视台综合频道	4.8	12.1
17	花木兰传奇	电视剧	中央电视台综合频道	4.7	14.8
18	百花迎春中国文学艺术界 2013 春节大联欢	综艺	中央台三套	4.7	13.6
19	中国汉字听写大会 2013 总决赛	专题	中央电视台综合频道	4.7	13.3
20	天气预报	生活服务	中央电视台新闻频道	4.5	13.6
21	赵氏孤儿案	电视剧	中央电视台综合频道	4.5	12.2
22	开学第一课	综艺	中央电视台综合频道	4.5	11.6
23	聂荣臻	电视剧	中央电视台综合频道	4.4	12.2
24	一年又一年 2013	专题	中央电视台综合频道	4.3	17.9
25	快乐的节日 2013 年六一晚会	青少	中央电视台综合频道	4.3	12.7
26	圆梦中国德耀中华第四届全国道德模范授奖仪式	专题	中央电视台综合频道	4.3	12.3
27	阿娜尔罕	电视剧	中央电视台综合频道	4.3	11.7
28	毛泽东（1—8 集）	电视剧	中央电视台综合频道	4.3	10.8
29	焦点访谈	新闻/时事	中央电视台综合频道	4.2	12.3
30	感动中国 2012 年度人物颁奖典礼	专题	中央电视台综合频道	4.2	11.2

表 3.46.8　2013 年兰州市场电视剧收视率排名前十位

名次	节目名称	播出频道	平均收视率（%）	平均占有率（%）
1	咱们结婚吧	中央电视台综合频道	8.2	20.6
2	有你才幸福	中央电视台综合频道	6.8	18.3
3	闯关东前传	中央电视台综合频道	5.2	15.2
4	全家福	中央电视台综合频道	4.8	12.1
5	花木兰传奇	中央电视台综合频道	4.7	14.8
6	赵氏孤儿案	中央电视台综合频道	4.5	12.2
7	聂荣臻	中央电视台综合频道	4.4	12.2
8	阿娜尔罕	中央电视台综合频道	4.3	11.7
9	毛泽东（1—8 集）	中央电视台综合频道	4.3	10.8
10	刘伯承元帅	中央电视台综合频道	4.1	10.6

表 3.46.9　2013 年兰州市场新闻节目收视率排名前十位

名次	节目名称	播出频道	平均收视率（%）	平均占有率（%）
1	新闻联播	中央电视台综合频道	8.5	28.5
2	李克强总理会见中外记者并回答提问	中央电视台综合频道	5.4	13.5
3	焦点访谈	中央电视台综合频道	4.2	12.3
4	共同关注（4 月 20/21 日）	中央电视台综合频道	3.7	18.9
5	东方时空（4 月 20/21 日）	中央电视台综合频道	3.7	9.8
6	嫦娥三号登月之旅	中央电视台综合频道	3.6	12.4
7	新闻联播	中央电视台新闻频道	3.5	11.8
8	李克强总理会见中外记者并回答提问	中央电视台新闻频道	2.2	5.6
9	焦点访谈	中央电视台新闻频道	2.1	6.1
10	今日关注	中央台四套	1.9	5.5

表 3.46.10　2013 年兰州市场专题节目收视率排名前十位

名次	节目名称	播出频道	平均收视率（%）	平均占有率（%）
1	中国汉字听写大会 2013 总决赛	中央电视台综合频道	4.7	13.3
2	一年又一年 2013	中央电视台综合频道	4.3	17.9
3	圆梦中国德耀中华第四届全国道德模范授奖仪式	中央电视台综合频道	4.3	12.3
4	感动中国 2012 年度人物颁奖典礼	中央电视台综合频道	4.2	11.2
5	习仲勋	中央电视台综合频道	3.5	10.3
6	中央电视台特别节目梦想从历史深处走来	中央电视台综合频道	3.0	9.2
7	酷我真声音	浙江卫视	2.8	12.9
8	寻宝	中央电视台综合频道	2.4	11.5
9	温暖 2012	中央台三套	2.2	6.5
10	中央电视台特别节目梦想从历史深处走来	中央电视台新闻频道	2.1	6.5

表 3.46.11　2013 年兰州市场综艺节目收视率排名前十位

名次	节目名称	播出频道	平均收视率（%）	平均占有率（%）
1	2013 春节联欢晚会	中央电视台综合频道	25.2	52.4
2	2013 元宵晚会	中央电视台综合频道	18.5	42.3
3	星光大道（12 月 28 日）	中央电视台综合频道	9.4	23.1
4	启航 2014 新年特别节目	中央电视台综合频道	7.2	21.1
5	梅州月中华情 2013 年中央电视台中秋晚会	中央电视台综合频道	6.9	18.0
6	与美丽同行 2013 年三八国际妇女节专题文艺晚会	中央电视台综合频道	6.5	17.2
7	CCTV2013 年 315 晚会	中央电视台综合频道	5.2	13.0
8	高举旗帜向未来 2013 年军民迎新春文艺晚会	中央电视台综合频道	5.0	12.4
9	百花迎春中国文学艺术界 2013 春节大联欢	中央台三套	4.7	13.6
10	开学第一课	中央电视台综合频道	4.5	11.6

表 3.46.12　2013 年兰州市场体育节目收视率排名前十位

名次	节目名称	播出频道	平均收视率（%）	平均占有率（%）
1	黄金赛场：2015 年亚洲杯预选赛（中国 VS 沙特阿拉伯）	中央台五套	3.5	9.2
2	直播周末：2013 年亚洲冠军联赛决赛第二回合（韩国首尔 FC 队 VS 中国广州恒大队）	中央台五套	3.5	8.7
3	直播周末 2013 年中国足协杯颁奖仪式	中央台五套	2.8	11.7
4	兰州 2013 年兰州国际马拉松赛	兰州电视台新闻综合频道	2.7	7.4
5	2013 年世乒赛女单半决赛	中央台五套	2.5	7.6
6	2013 年世界羽毛球锦标赛男单决赛	中央台五套	2.4	8.6
7	现场直播：2013 年东亚杯足球赛（韩国队 VS 中国队）	中央台五套	2.4	7.4
8	直播周末：第 14 届世界田径锦标赛女子 4x400 米接力决赛	中央台五套	2.3	13.2
9	黄金赛场：2013 年亚洲女排锦标赛复赛（中国队 VS 韩国队）	中央台五套	2.2	5.9
10	直播周末：第 27 届亚洲男篮锦标赛（伊朗队 VS 中国队）	中央台五套	2.1	10.5

四十七、南昌收视数据

表 3.47.1　2009—2013 年南昌市场各类频道的市场占有率(%)

频道类别	年份				
	2009 年	2010 年	2011 年	2012 年	2013 年
中央台频道	31.0	24.7	22.4	23.6	25.0
中国教育台频道	0.1	0.1	0.1	0.2	0.4
江西省级频道	34.8	39.2	44.9	43.0	40.4
南昌市级频道	3.7	3.4	2.6	3.4	4.4
其他省级卫视频道	20.8	20.8	19.5	19.1	18.3
其他频道	9.6	11.9	10.5	10.7	11.5

表 3.47.2　2013 年南昌市场各类频道在不同目标观众中的市场占有率(%)

目标观众		中央台频道	中国教育台频道	江西省级频道	南昌市级频道	其他省级卫视频道	其他频道
4 岁及以上所有人		25.0	0.4	40.4	4.4	18.3	11.5
性别	男	27.0	0.3	38.1	4.3	18.0	12.3
	女	23.1	0.4	42.5	4.4	18.5	11.1
年龄	4—14 岁	26.5	0.4	27.3	2.2	30.6	13.0
	15—24 岁	14.7	0.3	48.2	3.9	20.3	12.6
	25—34 岁	21.1	0.3	40.4	5.5	20.7	12.0
	35—44 岁	24.7	0.4	43.1	3.7	16.2	11.9
	45—54 岁	24.1	0.6	41.1	5.1	17.0	12.1
	55—64 岁	26.5	0.2	45.5	4.8	12.8	10.2
	65 岁及以上	33.4	0.3	37.7	4.9	13.5	10.2
教育程度	未受过正规教育	29.3	0.7	34.6	3.6	21.0	10.8
	小学	23.9	0.5	35.8	3.7	22.3	13.8
	初中	22.2	0.4	42.5	4.4	18.2	12.3
	高中	25.2	0.2	42.3	4.8	16.3	11.2
	大学及以上	29.1	0.3	41.8	4.7	15.4	8.7
职业类别	干部/管理人员	31.9	0.4	33.8	6.6	19.1	8.2
	个体/私营企业人员	23.5	0.6	42.6	4.0	15.3	14.0
	初级公务员/雇员	24.6	0.2	46.3	4.1	14.1	10.7
	工人	21.2	0.5	43.8	5.8	17.5	11.2
	学生	22.0	0.4	33.8	2.6	28.2	13.0
	无业	27.6	0.3	38.9	4.4	17.9	10.9
	其他	22.5	0.3	37.0	4.2	20.4	15.6
个人月收入	0—600 元	22.7	0.4	36.1	3.7	24.9	12.2
	601—1200 元	21.6	0.5	45.0	4.7	15.8	12.4
	1201—1700 元	23.7	0.3	47.1	3.9	14.7	10.3
	1701—2600 元	28.8	0.3	38.3	5.1	16.4	11.1
	2601—3500 元	30.4	0.3	35.7	5.3	16.9	11.4
	3501—5000 元	30.2	0.5	38.9	4.9	14.4	11.1
	5001 元及以上	24.7	0.2	39.5	4.1	16.9	14.6

表 3.47.3　2013 年南昌市场各类频道在不同时段的市场占有率（%）

时间段	中央台频道	中国教育台频道	江西省级频道	南昌市级频道	其他省级卫视频道	其他频道
02:00—03:00	24.9	1.1	18.3	4.1	25.9	25.7
03:00—04:00	23.9	1.1	17.8	1.7	26.7	28.8
04:00—05:00	26.5	0.7	16.6	1.1	26.5	28.6
05:00—06:00	27.5	0.6	19.3	1.6	26.0	25.0
06:00—07:00	35.0	0.2	19.9	4.7	22.4	17.8
07:00—08:00	34.9	0.1	22.6	7.2	19.7	15.5
08:00—09:00	29.9	0.1	30.3	4.8	21.4	13.5
09:00—10:00	26.1	0.1	33.7	4.1	23.0	13.0
10:00—11:00	25.9	0.4	36.1	3.8	22.4	11.4
11:00—12:00	30.9	0.4	33.2	3.8	20.9	10.8
12:00—13:00	35.7	0.4	30.0	3.5	18.9	11.5
13:00—14:00	32.8	0.6	30.4	2.9	21.4	11.9
14:00—15:00	24.8	0.7	32.9	3.6	25.7	12.3
15:00—16:00	23.7	0.5	35.1	3.2	25.7	11.8
16:00—17:00	24.1	0.2	36.8	3.3	24.4	11.2
17:00—18:00	25.3	0.1	36.8	5.1	21.8	10.9
18:00—19:00	26.8	0.1	43.1	6.9	11.2	11.9
19:00—20:00	27.2	0.4	46.1	5.7	11.0	9.6
20:00—21:00	20.1	0.7	50.8	3.4	15.2	9.8
21:00—22:00	19.4	0.4	50.5	2.8	16.3	10.6
22:00—23:00	19.6	0.3	44.1	4.4	19.7	11.9
23:00—24:00	22.6	0.2	34.3	6.8	22.7	13.4
24:00—25:00	25.7	0.3	26.1	8.4	23.0	16.5
25:00—26:00	23.2	0.8	22.5	8.3	22.6	22.6

表 3.47.4　2013 年南昌市场收视份额排名前十位的频道

名次	频道名称	收视份额（%）
1	江西电视台卫星频道（一套）	14.5
2	江西电视台都市频道（二套）	11.0
3	江西电视台影视频道（四套）	5.5
4	中央电视台综合频道	4.9
5	江西电视台公共频道（五套）	4.0
6	中央电视台少儿频道	3.7
7	湖南电视台卫星频道	2.9
8	中央台三套	2.6
9	中央台六套	2.0
9	江西电视台少儿家庭频道	2.0

表 3.47.5　2013 年南昌市场各主要频道的观众构成（%）

目标观众		所有频道	主要频道				
			江西电视台卫星频道（一套）	江西电视台都市频道（二套）	江西电视台影视频道（四套）	中央电视台综合频道	江西电视台公共频道（五套）
4 岁及以上所有人		100.0	100.0	100.0	100.0	100.0	100.0
性别	男	48.3	44.1	44.0	49.7	49.8	47.5
	女	51.7	55.9	56.0	50.3	50.2	52.5
年龄	4—14 岁	13.1	8.8	8.5	8.5	10.1	6.0
	15—24 岁	8.6	9.2	8.0	15.3	4.8	9.1
	25—34 岁	13.3	13.2	12.9	16.2	9.1	12.3
	35—44 岁	16.0	22.8	14.3	11.9	17.2	12.3
	45—54 岁	18.9	15.3	18.6	23.6	13.5	30.3
	55—64 岁	16.4	19.1	25.5	12.0	24.2	14.6
	65 岁及以上	13.8	11.7	12.1	12.5	21.1	15.5
教育程度	未受过正规教育	7.4	5.5	7.9	6.1	5.6	5.2
	小学	20.1	16.3	23.4	17.7	21.0	11.4
	初中	28.0	27.9	35.5	24.0	26.2	25.4
	高中	30.8	35.5	23.9	32.9	31.8	40.7
	大学及以上	13.8	14.7	9.4	19.3	15.4	17.2
职业类别	干部/管理人员	4.0	4.6	2.6	4.4	6.3	2.1
	个体/私营企业	13.7	12.8	16.0	20.4	12.7	9.0
	初级公务员/雇员	15.9	21.1	12.1	17.3	14.7	26.1
	工人	14.1	16.2	15.5	8.6	10.6	21.3
	学生	11.9	9.2	6.8	15.9	9.2	6.8
	无业	36.9	33.7	40.7	31.2	44.9	33.7
	其他	3.5	2.4	6.4	2.2	1.6	1.0
个人月收入	0—600 元	27.5	23.1	26.5	27.6	20.8	15.4
	601—1200 元	16.7	22.0	19.5	14.6	16.4	20.1
	1201—1700 元	20.2	22.2	20.8	26.7	21.2	26.9
	1701—2600 元	20.2	18.4	18.0	22.0	24.0	21.5
	2601—3500 元	8.3	6.4	7.3	5.8	10.1	9.2
	3501—5000 元	4.5	5.1	5.3	1.9	5.6	4.0
	5001 元及以上	2.5	2.8	2.6	1.4	1.8	2.9

表 3.47.6　2011—2013 年南昌市场各类节目的播出份额（%）和收视份额（%）

节目类型	2011 年		2012 年		2013 年	
	播出份额	收视份额	播出份额	收视份额	播出份额	收视份额
财经	2.5	1.1	2.1	0.7	1.8	0.5
电视剧	21.4	33.5	21.7	31.7	22.2	32.5
电影	4.2	3.7	4.7	4.3	5.5	4.7
法制	1.1	3.1	1.3	2.8	1.4	2.9
教学	0.5	0.1	0.4	0.1	0.4	0.0
青少	7.6	4.7	7.1	5.4	6.7	6.9
生活服务	8.3	6.5	9.1	7.8	9.5	7.7
体育	1.6	1.9	1.5	2.0	1.8	1.2
外语	0.0	0.0	0.0	0.0	0.0	0.0
戏剧	1.0	0.1	1.0	0.1	0.7	0.1
新闻/时事	13.8	12.6	14.8	13.2	14.7	12.3
音乐	2.8	0.6	2.5	0.6	2.3	0.6
专题	11.0	9.6	11.7	10.6	10.5	8.8
综艺	10.0	9.7	8.3	9.1	8.4	9.0
其他	14.0	12.9	13.8	11.7	14.1	12.7

表 3.47.7　2013 年南昌市场节目收视率排名前三十位

名次	节目名称	节目类型	播出频道	平均收视率（%）	平均占有率（%）
1	2013 中国红歌会红歌突围战（7 月 11 日）	综艺	江西电视台卫星频道（一套）	11.9	26.1
2	老米家的婚事	电视剧	江西电视台卫星频道（一套）	9.6	23.5
3	阿喜	电视剧	江西电视台卫星频道（一套）	9.3	23.1
4	一生守护	电视剧	江西电视台卫星频道（一套）	9.2	22.9
5	焦点访谈（4 月 20 日）	新闻/时事	江西电视台卫星频道（一套）	9.1	21.4
6	丈夫的秘密（11—28 集）	电视剧	江西电视台卫星频道（一套）	9.1	21.3
7	首付	电视剧	江西电视台卫星频道（一套）	9.1	21.2
8	小男人遇上大女人	电视剧	江西电视台卫星频道（一套）	9.0	22.6
9	嫁入豪门	电视剧	江西电视台卫星频道（一套）	9.0	21.8
10	斩匪	电视剧	江西电视台卫星频道（一套）	8.6	22.1
11	男人四十	电视剧	江西电视台卫星频道（一套）	8.5	20.9
12	我在等你回家	电视剧	江西电视台卫星频道（一套）	8.5	20.7
13	娘家的故事之爱的重生	电视剧	江西电视台卫星频道（一套）	8.5	20.6
13	激情永远燃烧	电视剧	江西电视台卫星频道（一套）	8.5	20.6
15	我的妈妈是天使	电视剧	江西电视台卫星频道（一套）	8.1	20.2
16	同在屋檐下	电视剧	江西电视台卫星频道（一套）	8.1	20.1
17	女子敢死队	电视剧	江西电视台都市频道（二套）	8.0	19.4
18	纯真的年代	电视剧	江西电视台卫星频道（一套）	8.0	19.1
19	我们的快乐人生	电视剧	江西电视台卫星频道（一套）	8.0	18.9
20	青春四十	电视剧	江西电视台卫星频道（一套）	7.9	19.9
21	娘家的故事之爱的奉献	电视剧	江西电视台卫星频道（一套）	7.8	19.4
22	深白再婚进行时	电视剧	江西电视台卫星频道（一套）	7.7	19.5
23	情与缘	电视剧	江西电视台卫星频道（一套）	7.7	18.8
24	猎杀行动	电视剧	江西电视台都市频道（二套）	7.7	18.3
25	妈妈来了（4 月 14 日）	综艺	江西电视台卫星频道（一套）	7.6	18.2
26	刺青海娘	电视剧	江西电视台都市频道（二套）	7.5	18.3
27	奶奶再爱我一次	电视剧	江西电视台都市频道（二套）	7.5	17.8
28	无贼（1—24 集）	电视剧	江西电视台卫星频道（一套）	7.4	18.0
29	别样幸福	电视剧	江西电视台卫星频道（一套）	7.2	17.6
30	2013 春节联欢晚会	综艺	江西电视台卫星频道（一套）	7.2	15.8

表 3.47.8　2013 年南昌市场电视剧收视率排名前十位

名次	节目名称	播出频道	平均收视率（%）	平均占有率（%）
1	老米家的婚事	江西电视台卫星频道（一套）	9.6	23.5
2	阿喜	江西电视台卫星频道（一套）	9.3	23.1
3	一生守护	江西电视台卫星频道（一套）	9.2	22.9
4	丈夫的秘密（11—28 集）	江西电视台卫星频道（一套）	9.1	21.3
5	首付	江西电视台卫星频道（一套）	9.1	21.2
6	小男人遇上大女人	江西电视台卫星频道（一套）	9.0	22.6
7	嫁入豪门	江西电视台卫星频道（一套）	9.0	21.8
8	斩匪	江西电视台卫星频道（一套）	8.6	22.1
9	男人四十	江西电视台卫星频道（一套）	8.5	20.9
10	我在等你回家	江西电视台卫星频道（一套）	8.5	20.7

表 3.47.9　2013 年南昌市场新闻节目收视率排名前十位

名次	节目名称	播出频道	平均收视率（%）	平均占有率（%）
1	焦点访谈（4 月 20 日）	江西电视台卫星频道（一套）	9.1	21.4
2	转播中央台新闻联播	江西电视台卫星频道（一套）	4.9	15.3
3	都市现场	江西电视台都市频道（二套）	4.1	15.3
4	新闻直播间（4 月 20/21 日）	江西电视台卫星频道（一套）	3.9	16.3
5	芦山地震特别报道	江西电视台卫星频道（一套）	3.4	16.2
6	关注四川雅安地震特别节目	江西电视台卫星频道（一套）	3.3	13.8
7	江西新闻联播	江西电视台卫星频道（一套）	3.3	12.5
8	新闻联播	中央电视台综合频道	2.9	9.0
9	社会传真	江西电视台卫星频道（一套）	2.2	9.7
10	东方时空（4 月 20/21 日）	中央电视台综合频道	2.1	5.0

表 3.47.10　2013 年南昌市场专题节目收视率排名前十位

名次	节目名称	播出频道	平均收视率（%）	平均占有率（%）
1	金牌调解	江西电视台卫星频道（一套）	5.4	21.5
2	都市情缘	江西电视台都市频道（二套）	5.0	13.5
3	深度观察	江西电视台卫星频道（一套）	4.5	13.6
4	传奇故事	江西电视台卫星频道（一套）	4.1	14.9
5	中国汉字听写大会 2013 复赛第四场	中央电视台综合频道	2.3	5.0
6	一年又一年 2013	中央电视台综合频道	2.1	7.4
7	最美的人是你第三届江西省道德模范颁奖仪式	江西电视台卫星频道（一套）	2.0	9.8
8	红色故事汇	江西电视台卫星频道（一套）	1.9	9.4
9	中央电视台特别节目梦想从历史深处走来	中央电视台综合频道	1.9	4.8
10	圆梦中国德耀中华第四届全国道德模范授奖仪式	中央电视台综合频道	1.8	4.4

表 3.47.11 2013 年南昌市场综艺节目收视率排名前十位

名次	节目名称	播出频道	平均收视率（%）	平均占有率（%）
1	2013 中国红歌会红歌突围战（7 月 11 日）	江西电视台卫星频道（一套）	11.9	26.1
2	妈妈来了（4 月 14 日）	江西电视台卫星频道（一套）	7.6	18.2
3	2013 春节联欢晚会	江西电视台卫星频道（一套）	7.2	15.8
4	2013 元宵晚会	中央电视台综合频道	6.4	14.9
5	家庭幽默录像	江西电视台卫星频道（一套）	5.9	15.5
6	2013 家庭幽默录像跨年狂欢夜	江西电视台卫星频道（一套）	5.7	19.1
7	梅州月中华情 2013 年中央电视台中秋晚会	中央电视台综合频道	4.2	10.2
8	2013 江西省人民政府动漫奖	江西电视台影视频道（四套）	3.8	9.6
9	2013 年中国红歌会全国总决赛第一场	江西电视台都市频道（二套）	3.7	9.0
10	开学第一课	中央电视台综合频道	3.7	8.6

表 3.47.12 2013 年南昌市场体育节目收视率排名前十位

名次	节目名称	播出频道	平均收视率（%）	平均占有率（%）
1	中外小轮车王争霸赛	江西电视台都市频道（二套）	4.1	11.5
2	直播周末：2013 年亚洲冠军联赛决赛第二回合（韩国首尔 FC 队 VS 中国广州恒大队）	中央台五套	3.1	7.4
3	2013 年世界羽毛球锦标赛男单决赛	中央台五套	2.6	8.4
4	直播周末 2013 年亚洲冠军联赛颁奖仪式	中央台五套	2.6	7.9
5	直播周末：2013 年澳大利亚网球公开赛女单决赛	中央台五套	2.5	10.6
6	黄金赛场：2015 年亚洲杯预选赛 C 组（中国 VS 伊拉克）	中央台五套	2.3	5.9
7	2013 年世界乒乓球锦标赛男单 1/4 决赛	中央台五套	1.7	4.2
8	直播周末：2013 年斯诺克上海大师赛半决赛	中央台五套	1.6	8.7
9	现场直播：2013 年亚洲女排锦标赛半决赛（泰国队 VS 中国队）	中央台五套	1.5	5.7
10	第十二届全运会男子 100 米决赛	中央台五套	1.5	3.6

四十八、南京收视数据

表 3.48.1　2009—2013 年南京市场各类频道的市场占有率(%)

频道类别	年份				
	2009 年	2010 年	2011 年	2012 年	2013 年
中央台频道	21.0	20.0	19.1	21.3	21.9
中国教育台频道	0.1	0.1	0.3	0.3	0.3
江苏省级频道	39.2	38.4	39.5	38.4	34.7
南京市级频道	22.7	22.6	21.6	17.1	16.1
其他省级卫视频道	12.7	14.7	14.8	16.7	17.9
其他频道	4.3	4.2	4.7	6.2	9.1

表 3.48.2　2013 年南京市场各类频道在不同目标观众中的市场占有率(%)

目标观众		中央台频道	中国教育台频道	江苏省级频道	南京市级频道	其他省级卫视频道	其他频道
4 岁及以上所有人		21.9	0.3	34.7	16.1	17.9	9.1
性别	男	24.4	0.3	33.3	15.0	17.4	9.6
	女	19.5	0.3	36.1	17.3	18.4	8.4
年龄	4—14 岁	23.8	0.3	32.5	11.3	23.0	9.1
	15—24 岁	13.1	0.1	39.5	19.2	18.1	10.0
	25—34 岁	18.8	0.3	34.6	15.9	19.8	10.6
	35—44 岁	22.1	0.3	33.8	16.0	18.0	9.8
	45—54 岁	20.4	0.3	37.5	15.1	17.0	9.7
	55—64 岁	26.3	0.3	31.7	17.3	17.0	7.4
	65 岁及以上	30.0	0.4	32.3	15.9	16.0	5.4
教育程度	未受过正规教育	25.1	0.4	36.4	11.0	16.0	11.1
	小学	23.7	0.3	33.2	15.6	20.1	7.1
	初中	23.1	0.3	34.6	14.2	18.9	8.9
	高中	21.0	0.3	34.9	16.9	18.3	8.6
	大学及以上	20.6	0.3	34.7	18.4	15.7	10.3
职业类别	干部/管理人员	23.1	0.4	32.3	15.2	18.7	10.3
	个体/私营企业人员	21.2	0.2	33.6	15.2	18.8	11.0
	初级公务员/雇员	20.9	0.3	36.0	15.7	16.5	10.6
	工人	19.1	0.3	36.0	18.5	17.3	8.8
	学生	17.5	0.2	35.3	16.9	20.0	10.1
	无业	25.6	0.4	32.9	15.6	19.0	6.5
	其他	25.4	0.1	37.5	9.9	15.1	12.0
个人月收入	0—600 元	20.7	0.2	34.5	15.1	20.4	9.1
	601—1200 元	19.6	0.2	30.2	18.9	21.5	9.6
	1201—1700 元	19.9	0.2	35.7	18.1	16.9	9.2
	1701—2600 元	23.0	0.3	36.3	15.0	17.0	8.4
	2601—3500 元	21.6	0.3	36.3	18.8	15.2	7.8
	3501—5000 元	19.8	0.4	33.4	14.7	20.2	11.5
	5001 元及以上	27.8	0.3	29.6	16.3	16.0	10.0

表 3.48.3　2013 年南京市场各类频道在不同时段的市场占有率（%）

时间段	中央台频道	中国教育台频道	江苏省级频道	南京市级频道	其他省级卫视频道	其他频道
02:00—03:00	27.0	0.4	12.5	2.3	30.9	26.9
03:00—04:00	26.6	0.3	12.1	1.0	31.6	28.4
04:00—05:00	28.1	0.5	14.3	0.3	32.1	24.7
05:00—06:00	28.2	0.9	22.5	2.0	28.1	18.3
06:00—07:00	33.4	0.1	30.7	3.1	20.4	12.3
07:00—08:00	35.9	0.1	35.4	2.8	16.3	9.5
08:00—09:00	40.5	0.2	17.7	4.2	25.9	11.5
09:00—10:00	33.8	0.3	16.9	5.2	31.3	12.5
10:00—11:00	34.1	0.7	16.5	5.1	31.0	12.6
11:00—12:00	39.9	0.6	15.6	5.4	27.6	10.9
12:00—13:00	43.1	0.5	15.8	5.7	24.9	10.0
13:00—14:00	38.9	0.8	14.3	4.0	29.4	12.6
14:00—15:00	30.8	0.9	15.6	5.5	33.3	13.9
15:00—16:00	32.0	0.6	15.7	6.0	32.9	12.8
16:00—17:00	32.7	0.3	17.3	5.1	32.0	12.6
17:00—18:00	26.0	0.1	24.8	18.9	21.6	8.6
18:00—19:00	13.8	0.0	41.4	35.0	4.3	5.5
19:00—20:00	15.4	0.2	44.5	26.8	7.5	5.6
20:00—21:00	15.7	0.3	43.2	20.1	14.6	6.1
21:00—22:00	17.2	0.2	44.5	15.0	15.6	7.5
22:00—23:00	15.9	0.3	43.6	14.2	17.0	9.0
23:00—24:00	22.6	0.2	27.3	8.7	27.4	13.8
24:00—25:00	28.4	0.3	14.7	4.9	32.1	19.6
25:00—26:00	27.7	0.4	10.6	3.8	31.0	26.5

表 3.48.4　2013 年南京市场收视份额排名前十位的频道

名次	频道名称	收视份额（%）
1	江苏卫视	9.3
2	江苏电视台城市频道	8.7
3	南京电视台新闻综合频道（一套）	5.7
4	南京电视台教育科技频道（六套）	5.2
4	江苏电视台综艺频道	5.2
6	江苏电视台影视频道	3.9
7	中央电视台综合频道	2.9
8	中央台三套	2.8
8	江苏电视台公共频道	2.8
10	湖南电视台卫星频道	2.6

表 3.48.5　2013 年南京市场各主要频道的观众构成（%）

目标观众		所有频道	江苏卫视	江苏电视台城市频道	南京电视台新闻综合频道（一套）	南京电视台教育科技频道（六套）	江苏电视台综艺频道
4 岁及以上所有人		100.0	100.0	100.0	100.0	100.0	100.0
性别	男	50.1	47.5	49.9	47.2	44.1	44.8
	女	49.9	52.5	50.1	52.8	55.9	55.2
年龄	4—14 岁	5.2	4.3	2.5	3.8	2.7	3.6
	15—24 岁	10.1	11.9	8.4	10.0	14.7	14.1
	25—34 岁	18.6	20.3	17.6	20.5	16.2	15.1
	35—44 岁	17.2	18.8	14.0	17.6	16.5	14.6
	45—54 岁	21.2	22.6	26.7	16.7	24.1	23.8
	55—64 岁	16.3	13.7	15.6	18.4	16.3	16.3
	65 岁及以上	11.4	8.4	15.2	13.0	9.5	12.5
教育程度	未受过正规教育	4.2	2.6	5.7	2.9	2.9	4.5
	小学	10.6	9.6	7.8	11.1	9.5	12.1
	初中	26.9	29.3	27.2	21.4	24.9	29.1
	高中	35.6	34.0	35.4	36.1	36.4	34.3
	大学及以上	22.7	24.5	23.9	28.5	26.3	20.0
职业类别	干部/管理人员	4.4	4.6	4.7	4.7	2.2	3.5
	个体/私营企业人员	8.5	7.3	7.1	6.6	11.0	8.2
	初级公务员/雇员	21.6	24.7	23.3	21.0	20.4	20.3
	工人	23.6	27.7	21.9	27.6	32.2	21.5
	学生	8.0	8.0	6.0	7.0	10.0	5.6
	无业	29.9	23.9	34.7	30.2	23.0	32.2
	其他	4.0	3.8	2.3	2.9	1.2	8.7
个人月收入	0—600 元	21.4	19.1	16.6	20.3	17.9	24.4
	601—1200 元	5.4	5.4	3.8	5.4	8.2	4.9
	1201—1700 元	9.0	9.5	10.1	10.1	10.9	10.2
	1701—2600 元	30.5	31.2	35.6	26.2	28.9	31.7
	2601—3500 元	14.3	16.6	16.6	16.8	18.9	14.4
	3501—5000 元	10.5	11.7	8.6	11.2	5.9	8.0
	5001 元及以上	8.9	6.5	8.7	10.0	9.3	6.4

表 3.48.6　2011—2013 年南京市场各类节目的播出份额（%）和收视份额（%）

节目类别	2011 年		2012 年		2013 年	
	播出份额	收视份额	播出份额	收视份额	播出份额	收视份额
财经	3.1	1.1	2.9	0.9	2.5	0.8
电视剧	20.2	32.4	20.4	35.7	20.9	34.9
电影	3.5	2.8	3.4	2.0	3.8	2.4
法制	1.1	3.0	1.2	3.4	1.3	3.7
教学	0.4	0.1	0.3	0.0	0.2	0.0
青少	7.2	3.3	6.6	2.9	6.1	3.0
生活服务	10.1	6.5	11.0	7.2	11.3	6.2
体育	2.5	2.1	2.5	2.1	2.8	1.7
外语	0.0	0.0	0.0	0.0	0.0	0.0
戏剧	0.9	0.1	0.9	0.1	0.7	0.1
新闻/时事	13.1	17.2	14.0	16.8	14.2	16.3
音乐	2.6	0.5	2.3	0.5	2.1	0.3
专题	11.6	5.5	11.9	4.7	11.1	4.5
综艺	9.9	11.0	8.8	11.2	9.2	13.2
其他	13.8	14.4	13.8	12.5	13.8	12.9

表 3.48.7　2013 年南京市场所有节目收视率排名前三十位

名次	节目名称	节目类型	播出频道	平均收视率（%）	平均占有率（%）
1	幸福 NO.1 春节联欢晚会 2013	综艺	江苏卫视	25.1	57.6
2	2013 春节联欢晚会	综艺	中央电视台综合频道	11.9	24.0
3	全能星战（12 月 27 日）	综艺	江苏卫视	10.3	29.1
4	第二届亚洲青年运动会开幕式	体育	南京电视台新闻综合频道（一套）	10.0	18.5
5	打狗棍	电视剧	江苏电视台城市频道	9.4	19.7
6	天真遇到现实	电视剧	江苏卫视	9.0	18.0
7	非诚勿扰	综艺	江苏卫视	8.7	21.0
8	天真遇到现实之婚再囧途	电视剧	江苏卫视	8.0	15.5
9	星跳水立方（4 月 7 日）	综艺	江苏卫视	7.6	29.5
10	英雄联盟	电视剧	江苏卫视	7.6	15.8
11	铁血尖刀	电视剧	江苏电视台城市频道	7.5	16.3
12	特种兵之火凤凰	电视剧	江苏卫视	7.3	14.9
13	新恋爱时代	电视剧	江苏卫视	7.2	15.7
14	黎明前的抉择	电视剧	江苏电视台城市频道	7.2	15.3
15	神枪之倒刺	电视剧	江苏电视台城市频道	7.2	15.1
16	二叔	电视剧	江苏电视台城市频道	7.1	15.4
17	爱在晚晴天	专题	江苏卫视	7.1	14.8
18	新闻空间站	新闻/时事	江苏卫视	7.1	14.2
19	宝贝	电视剧	江苏卫视	6.9	14.6
20	零下三十八度	电视剧	江苏电视台城市频道	6.9	14.3
21	穷孩子富孩子	电视剧	江苏电视台城市频道	6.8	14.8
22	神秘人质	电视剧	江苏电视台城市频道	6.7	14.5
23	樱桃红	电视剧	江苏卫视	6.7	14.2
24	西游降魔篇（8 月 14 日）	电影	江苏卫视	6.7	14.1
25	盛夏晚晴天	电视剧	江苏卫视	6.6	14.1
26	壮士出川	电视剧	江苏电视台城市频道	6.6	14.0
26	娘要嫁人	电视剧	江苏电视台城市频道	6.6	14.0
28	第 22 条婚规	电视剧	江苏卫视	6.6	13.7
29	老严有女不愁嫁	电视剧	江苏卫视	6.6	13.5
30	血誓	电视剧	江苏电视台城市频道	6.5	14.0

表 3. 48. 8　2013 年南京市场电视剧收视率排名前十位

名次	节目名称	播出频道	平均收视率（%）	平均占有率（%）
1	打狗棍	江苏电视台城市频道	9.4	19.7
2	天真遇到现实	江苏卫视	9.0	18.0
3	天真遇到现实之婚再囧途	江苏卫视	8.0	15.5
4	英雄联盟	江苏卫视	7.6	15.8
5	铁血尖刀	江苏电视台城市频道	7.5	16.3
6	特种兵之火凤凰	江苏卫视	7.3	14.9
7	新恋爱时代	江苏卫视	7.2	15.7
8	黎明前的抉择	江苏电视台城市频道	7.2	15.3
9	神枪之倒刺	江苏电视台城市频道	7.2	15.1
10	二叔	江苏电视台城市频道	7.1	15.4

表 3. 48. 9　2013 年南京市场新闻节目收视率排名前十位

名次	节目名称	播出频道	平均收视率（%）	平均占有率（%）
1	新闻空间站	江苏卫视	7.1	14.2
2	零距离	江苏电视台城市频道	5.3	13.7
3	大型全媒体抗震救灾特别报道心系雅安	南京电视台教育科技频道（六套）	4.0	12.5
4	护航安全消费 2013315 大型互动直播	江苏电视台公共频道	4.0	8.9
5	画里有话	南京电视台教育科技频道（六套）	3.8	14.4
6	雅安地震特别报道	江苏卫视	3.8	11.3
7	大型全媒体抗震救灾特别报道心系雅安	南京电视台新闻综合频道（一套）	3.7	11.6
8	直播南京	南京电视台新闻综合频道（一套）	3.2	10.5
9	新闻 360	江苏电视台公共频道	2.9	6.9
10	直通北京 2013 全国两会特别报道	江苏卫视	2.8	6.5

表 3. 48. 10　2013 年南京市场专题节目收视率排名前十位

名次	节目名称	播出频道	平均收视率（%）	平均占有率（%）
1	爱在晚晴天	江苏卫视	7.1	14.8
2	赢在中国蓝天碧水间（12 月 2 日）	江苏卫视	5.7	16.5
3	青春河西幸福建邺	南京电视台新闻综合频道（一套）	3.0	11.3
4	别对我说谎	江苏电视台综艺频道	2.8	6.1
5	交融	江苏卫视	2.4	8.0
6	创赢未来第二季（5 月 4 日）	南京电视台新闻综合频道（一套）	2.4	6.4
7	酷我真声音	浙江卫视	2.3	10.0
8	民声	南京电视台新闻综合频道（一套）	2.2	5.1
9	温暖 2012	中央台三套	2.0	5.3
10	中国汉字听写大会 2013 总决赛	中央电视台综合频道	2.0	3.9

表 3. 48. 11　2013 年南京市场综艺节目收视率排名前十位

名次	节目名称	播出频道	平均收视率（%）	平均占有率（%）
1	幸福 NO. 1 春节联欢晚会 2013	江苏卫视	25. 1	57. 6
2	2013 春节联欢晚会	中央电视台综合频道	11. 9	24. 0
3	全能星战（12 月 27 日）	江苏卫视	10. 3	29. 1
4	非诚勿扰	江苏卫视	8. 7	21. 0
5	星跳水立方（4 月 7 日）	江苏卫视	7. 6	29. 5
6	中国好声音年度盛典	浙江卫视	5. 1	11. 3
7	2013 元宵晚会	中央台三套	5. 0	10. 5
8	购物也疯狂	江苏电视台体育休闲频道	4. 2	9. 0
9	我是歌手总决赛歌王之战	湖南电视台卫星频道	4. 1	10. 5
10	青青女主播	南京电视台新闻综合频道（一套）	4. 0	7. 9

表 3. 48. 12　2013 年南京市场体育节目收视率排名前十位

名次	节目名称	播出频道	平均收视率（%）	平均占有率（%）
1	第二届亚洲青年运动会开幕式	南京电视台新闻综合频道（一套）	10. 0	18. 5
2	聚焦亚青会开幕式特别节目	南京电视台新闻综合频道（一套）	6. 3	13. 1
3	第二届亚洲青年运动会开幕式	中央台五套	4. 4	8. 1
4	直播周末：2013 年亚洲冠军联赛决赛第二回合（韩国首尔 FC 队 VS 中国广州恒大队）	中央台五套	4. 2	8. 2
5	直播周末：2013 年澳大利亚网球公开赛女单决赛	中央台五套	3. 6	13. 3
6	赛事直播：2013/2014 赛季 CBA 联赛（江苏中天钢铁 VS 佛山农商银行）	江苏电视台体育休闲频道	3. 3	6. 6
7	直播周末 2013 年亚洲冠军联赛颁奖仪式	中央台五套	3. 1	7. 0
8	黄金赛场：2015 年亚洲杯预选赛（中国 VS 沙特阿拉伯）	中央台五套	2. 7	5. 3
9	赛事直播：12/13 赛季 CBA 联赛（江苏中天钢铁 VS 东莞马可波罗）	江苏电视台体育休闲频道	2. 3	4. 4
10	现场直播：2013 年东亚杯足球赛（韩国队 VS 中国队）	中央台五套	2. 1	4. 8

四十九、南宁收视数据

表 3.49.1　2009—2013 年南宁市场各类频道的市场占有率（%）

频道类别	年份				
	2009 年	2010 年	2011 年	2012 年	2013 年
中央台频道	33.8	34.9	29.6	31.9	35.4
中国教育台频道	0.5	0.6	0.8	0.8	0.5
广西自治区级频道	26.9	25.1	31.0	30.7	28.8
南宁市级频道	19.0	19.5	13.2	10.4	11.7
其他省级卫视频道	14.9	16.4	18.4	21.0	19.4
其他频道	4.9	3.5	6.9	5.2	4.2

表 3.49.2　2013 年南宁市场各类频道在不同目标观众中的市场占有率（%）

目标观众		中央台频道	中国教育台频道	广西自治区级频道	南宁市级频道	其他省级卫视频道	其他频道
4 岁及以上所有人		35.4	0.5	28.8	11.7	19.4	4.2
性别	男	37.0	0.6	29.7	11.0	17.1	4.6
	女	33.7	0.5	27.8	12.4	21.7	3.9
年龄	4—14 岁	31.2	0.5	23.2	9.0	31.6	4.5
	15—24 岁	33.3	0.5	28.5	9.9	23.1	4.7
	25—34 岁	33.4	0.9	26.9	16.7	16.8	5.3
	35—44 岁	34.9	0.6	32.4	8.8	18.3	5.0
	45—54 岁	34.7	0.4	33.2	10.8	17.3	3.6
	55—64 岁	39.3	0.6	24.7	14.1	17.4	3.9
	65 岁及以上	39.9	0.4	30.0	12.6	15.1	2.0
教育程度	未受过正规教育	30.3	0.2	24.1	9.4	31.3	4.7
	小学	31.1	0.7	33.0	14.2	18.4	2.6
	初中	31.6	0.4	36.2	11.4	15.9	4.5
	高中	38.9	0.6	24.3	11.2	20.6	4.4
	大学及以上	42.8	0.7	20.9	11.8	19.6	4.2
职业类别	干部/管理人员	45.9	0.2	30.3	6.0	14.1	3.5
	个体/私营企业人员	36.4	0.7	25.7	10.8	22.0	4.4
	初级公务员/雇员	36.1	0.8	27.7	11.8	18.3	5.3
	工人	31.6	0.7	29.1	16.6	17.1	4.9
	学生	33.8	0.5	26.9	8.5	26.3	4.0
	无业	38.7	0.5	24.4	12.2	20.6	3.6
	其他	21.5	0.2	55.8	13.1	5.9	3.5
个人月收入	0—600 元	30.9	0.6	30.5	11.1	22.9	4.0
	601—1200 元	33.1	0.6	30.1	14.6	17.5	4.1
	1201—1700 元	36.0	0.5	30.1	11.6	17.3	4.5
	1701—2600 元	41.3	0.5	25.1	11.0	17.3	4.8
	2601—3500 元	45.7	0.4	22.5	12.6	15.9	2.9
	3501—5000 元	41.8	0.2	24.9	7.9	21.8	3.4
	5001 元及以上	37.2	0.2	30.3	5.5	22.7	4.1

表 3. 49. 3　2013 年南宁市场各类频道不同时段的市场占有率（%）

时间段	中央台频道	中国教育台频道	广西自治区级频道	南宁市级频道	其他省级卫视频道	其他频道
02:00—03:00	39. 6	1. 6	23. 6	0. 8	22. 6	11. 8
03:00—04:00	38. 7	0. 9	21. 8	0. 4	28. 0	10. 2
04:00—05:00	36. 8	0. 5	19. 3	0. 3	35. 0	8. 1
05:00—06:00	37. 4	0. 5	19. 3	0. 2	36. 2	6. 4
06:00—07:00	62. 5	0. 2	19. 4	1. 7	12. 8	3. 4
07:00—08:00	55. 4	0. 1	23. 3	4. 3	13. 6	3. 3
08:00—09:00	49. 5	0. 4	21. 8	4. 7	19. 3	4. 3
09:00—10:00	44. 2	0. 3	19. 1	6. 2	24. 7	5. 5
10:00—11:00	45. 5	0. 7	16. 7	4. 8	26. 1	6. 2
11:00—12:00	50. 4	0. 5	16. 6	4. 4	22. 5	5. 6
12:00—13:00	51. 9	0. 6	18. 5	4. 3	20. 4	4. 3
13:00—14:00	44. 2	1. 1	23. 4	3. 9	22. 3	5. 1
14:00—15:00	39. 6	1. 5	24. 6	3. 3	25. 0	6. 0
15:00—16:00	38. 1	1. 2	23. 2	3. 8	27. 6	6. 1
16:00—17:00	39. 8	0. 5	23. 4	3. 8	26. 5	6. 0
17:00—18:00	39. 4	0. 3	18. 9	10. 7	25. 7	5. 0
18:00—19:00	33. 0	0. 2	33. 2	15. 0	15. 2	3. 4
19:00—20:00	30. 7	0. 3	35. 3	21. 0	10. 0	2. 7
20:00—21:00	28. 6	0. 5	37. 2	17. 0	14. 1	2. 6
21:00—22:00	30. 4	0. 5	33. 2	14. 8	18. 2	2. 9
22:00—23:00	30. 2	0. 8	26. 9	13. 1	25. 3	3. 7
23:00—24:00	29. 4	0. 3	29. 7	9. 7	25. 4	5. 5
24:00—25:00	35. 1	0. 4	27. 5	7. 2	21. 3	8. 5
25:00—26:00	37. 6	1. 2	28. 6	2. 3	20. 2	10. 1

表 3. 49. 4　2013 年南宁市场收视份额排名前十位的频道

名次	频道名称	收视份额（%）
1	广西电视台综艺频道	9. 2
2	中央电视台综合频道	6. 7
3	南宁电视台新闻综合频道	5. 8
4	广西电视台卫星频道	5. 0
5	广西电视台资讯频道	4. 3
5	中央电视台少儿频道	4. 3
7	中央电视台新闻频道	4. 2
7	广西电视台都市频道	4. 2
9	广西电视台科教频道	3. 8
10	中央台三套	3. 7

表 3.49.5　2013 年南宁市场各主要频道的观众构成（%）

<table>
<tr><th colspan="2" rowspan="2">目标观众</th><th rowspan="2">所有频道</th><th colspan="5">主要频道</th></tr>
<tr><th>广西电视台综艺频道</th><th>中央电视台综合频道</th><th>南宁电视台新闻综合频道</th><th>广西电视台卫星频道</th><th>广西电视台资讯频道</th></tr>
<tr><td colspan="2">4 岁及以上所有人</td><td>100.0</td><td>100.0</td><td>100.0</td><td>100.0</td><td>100.0</td><td>100.0</td></tr>
<tr><td rowspan="2">性别</td><td>男</td><td>50.8</td><td>53.4</td><td>52.6</td><td>46.3</td><td>49.4</td><td>61.4</td></tr>
<tr><td>女</td><td>49.2</td><td>46.6</td><td>47.4</td><td>53.7</td><td>50.6</td><td>38.6</td></tr>
<tr><td rowspan="7">年龄</td><td>4—14 岁</td><td>12.4</td><td>12.7</td><td>10.8</td><td>11.6</td><td>11.2</td><td>4.3</td></tr>
<tr><td>15—24 岁</td><td>6.7</td><td>5.5</td><td>5.5</td><td>5.0</td><td>3.7</td><td>13.1</td></tr>
<tr><td>25—34 岁</td><td>14.0</td><td>12.2</td><td>17.7</td><td>20.3</td><td>19.2</td><td>5.1</td></tr>
<tr><td>35—44 岁</td><td>18.2</td><td>17.3</td><td>15.6</td><td>12.2</td><td>22.4</td><td>32.1</td></tr>
<tr><td>45—54 岁</td><td>20.4</td><td>23.5</td><td>18.1</td><td>18.1</td><td>20.6</td><td>26.2</td></tr>
<tr><td>55—64 岁</td><td>16.5</td><td>14.4</td><td>19.6</td><td>18.4</td><td>12.4</td><td>10.4</td></tr>
<tr><td>65 岁及以上</td><td>11.8</td><td>14.5</td><td>12.6</td><td>14.4</td><td>10.6</td><td>8.8</td></tr>
<tr><td rowspan="5">教育程度</td><td>未受过正规教育</td><td>7.2</td><td>9.0</td><td>5.2</td><td>7.7</td><td>5.6</td><td>3.0</td></tr>
<tr><td>小学</td><td>17.9</td><td>26.4</td><td>21.5</td><td>21.5</td><td>21.1</td><td>6.8</td></tr>
<tr><td>初中</td><td>29.6</td><td>38.4</td><td>23.9</td><td>30.9</td><td>40.6</td><td>39.6</td></tr>
<tr><td>高中</td><td>29.2</td><td>20.2</td><td>30.0</td><td>24.9</td><td>19.6</td><td>31.8</td></tr>
<tr><td>大学及以上</td><td>16.2</td><td>6.0</td><td>19.4</td><td>15.0</td><td>13.0</td><td>18.8</td></tr>
<tr><td rowspan="7">职业类别</td><td>干部/管理人员</td><td>3.6</td><td>1.7</td><td>4.6</td><td>2.4</td><td>7.2</td><td>6.8</td></tr>
<tr><td>个体/私营企业人员</td><td>21.0</td><td>17.7</td><td>18.7</td><td>17.0</td><td>11.4</td><td>24.4</td></tr>
<tr><td>初级公务员/雇员</td><td>11.2</td><td>5.4</td><td>13.9</td><td>10.9</td><td>17.9</td><td>17.3</td></tr>
<tr><td>工人</td><td>10.1</td><td>10.7</td><td>9.7</td><td>8.9</td><td>8.8</td><td>9.2</td></tr>
<tr><td>学生</td><td>11.0</td><td>10.7</td><td>10.1</td><td>8.2</td><td>8.2</td><td>12.6</td></tr>
<tr><td>无业</td><td>34.2</td><td>27.8</td><td>32.5</td><td>36.5</td><td>22.4</td><td>27.7</td></tr>
<tr><td>其他</td><td>8.9</td><td>26.0</td><td>10.5</td><td>16.2</td><td>24.0</td><td>2.1</td></tr>
<tr><td rowspan="7">个人月收入</td><td>0—600 元</td><td>30.8</td><td>40.6</td><td>30.8</td><td>32.9</td><td>34.9</td><td>24.2</td></tr>
<tr><td>601—1200 元</td><td>23.0</td><td>25.0</td><td>21.7</td><td>29.0</td><td>24.6</td><td>14.7</td></tr>
<tr><td>1201—1700 元</td><td>18.9</td><td>19.4</td><td>21.2</td><td>16.5</td><td>13.8</td><td>18.6</td></tr>
<tr><td>1701—2600 元</td><td>14.8</td><td>7.3</td><td>16.4</td><td>13.5</td><td>19.7</td><td>22.7</td></tr>
<tr><td>2601—3500 元</td><td>5.2</td><td>3.8</td><td>4.2</td><td>3.6</td><td>1.6</td><td>3.7</td></tr>
<tr><td>3501—5000 元</td><td>3.7</td><td>2.2</td><td>3.4</td><td>2.9</td><td>0.6</td><td>7.0</td></tr>
<tr><td>5001 元及以上</td><td>3.5</td><td>1.6</td><td>2.3</td><td>1.7</td><td>4.7</td><td>9.1</td></tr>
</table>

表 3.49.6　2011—2013 年南宁市场各类节目的播出份额（%）和收视份额（%）

<table>
<tr><th rowspan="2">节目类别</th><th colspan="2">2011 年</th><th colspan="2">2012 年</th><th colspan="2">2013 年</th></tr>
<tr><th>播出份额</th><th>收视份额</th><th>播出份额</th><th>收视份额</th><th>播出份额</th><th>收视份额</th></tr>
<tr><td>财经</td><td>2.6</td><td>1.0</td><td>2.2</td><td>0.9</td><td>1.9</td><td>0.8</td></tr>
<tr><td>电视剧</td><td>21.6</td><td>33.4</td><td>21.2</td><td>32.5</td><td>23.0</td><td>31.4</td></tr>
<tr><td>电影</td><td>4.1</td><td>4.6</td><td>4.7</td><td>5.1</td><td>4.8</td><td>4.0</td></tr>
<tr><td>法制</td><td>1.0</td><td>2.4</td><td>1.3</td><td>2.4</td><td>1.2</td><td>2.2</td></tr>
<tr><td>教学</td><td>0.4</td><td>0.1</td><td>0.3</td><td>0.1</td><td>0.2</td><td>0.0</td></tr>
<tr><td>青少</td><td>7.7</td><td>5.6</td><td>6.8</td><td>6.6</td><td>6.4</td><td>7.5</td></tr>
<tr><td>生活服务</td><td>8.2</td><td>6.6</td><td>8.5</td><td>6.7</td><td>8.9</td><td>6.5</td></tr>
<tr><td>体育</td><td>1.4</td><td>2.6</td><td>1.5</td><td>2.7</td><td>1.8</td><td>2.0</td></tr>
<tr><td>外语</td><td>0.0</td><td>0.0</td><td>0.0</td><td>0.0</td><td>0.0</td><td>0.0</td></tr>
<tr><td>戏剧</td><td>1.0</td><td>0.1</td><td>1.0</td><td>0.1</td><td>0.8</td><td>0.1</td></tr>
<tr><td>新闻/时事</td><td>13.7</td><td>12.1</td><td>15.1</td><td>13.5</td><td>15.5</td><td>16.4</td></tr>
<tr><td>音乐</td><td>2.9</td><td>0.8</td><td>2.6</td><td>0.9</td><td>2.4</td><td>0.9</td></tr>
<tr><td>专题</td><td>11.3</td><td>6.3</td><td>11.8</td><td>7.0</td><td>10.6</td><td>6.3</td></tr>
<tr><td>综艺</td><td>10.2</td><td>10.4</td><td>9.1</td><td>9.7</td><td>8.5</td><td>9.4</td></tr>
<tr><td>其他</td><td>13.9</td><td>14.0</td><td>14.0</td><td>12.0</td><td>14.0</td><td>12.3</td></tr>
</table>

表 3.49.7 2013 年南宁市场所有节目收视率排名前三十位

名次	节目名称	节目类别	播出频道	平均收视率（%）	平均占有率（%）
1	2013 春节联欢晚会	综艺	中央电视台综合频道	14.3	38.1
2	大地飞歌 2013 南宁国际民歌艺术节文艺演出	综艺	南宁电视台新闻综合频道	8.6	24.4
3	代号九耳犬	电视剧	广西电视台综艺频道	7.6	22.6
4	光荣使命	电视剧	广西电视台综艺频道	6.9	21.3
5	游击兵工厂	电视剧	广西电视台综艺频道	6.9	20.7
6	小鬼子走着瞧	电视剧	广西电视台综艺频道	6.9	20.1
7	平原烽火（29—34 集）	电视剧	广西电视台综艺频道	6.8	18.9
8	无敌枪王	电视剧	广西电视台综艺频道	6.6	18.1
9	我的抗战之猎豹突击	电视剧	广西电视台综艺频道	6.5	19.1
10	烽火姐妹	电视剧	广西电视台综艺频道	6.4	19.2
11	铁血锄奸	电视剧	广西电视台综艺频道	6.4	19.1
12	特工出击偷天换月	电视剧	广西电视台综艺频道	6.2	19.7
13	战地狮吼	电视剧	广西电视台综艺频道	6.2	18.4
14	苍狼	电视剧	广西电视台综艺频道	6.2	18.2
15	直播周末：2013 年亚洲冠军联赛决赛第二回合（韩国首尔 FC 队 VS 中国广州恒大队）	体育	中央台五套	6.2	18.1
16	神枪	电视剧	广西电视台卫星频道	6.2	16.9
17	独立连	电视剧	广西电视台综艺频道	6.1	18.1
18	盗火线	电视剧	广西电视台综艺频道	5.9	16.3
19	打狗棍	电视剧	广西电视台综艺频道	5.7	16.5
20	绝战	电视剧	广西电视台综艺频道	5.7	16.1
21	孤胆英雄	电视剧	广西电视台综艺频道	5.5	16.3
22	无敌英雄	电视剧	广西电视台综艺频道	5.4	15.4
23	抗日女侠之骑兵队	电视剧	广西电视台综艺频道	5.3	14.6
24	追捕渣滓洞刽子手	电视剧	广西电视台综艺频道	5.2	16.4
25	敌后便衣队传奇	电视剧	广西电视台综艺频道	5.1	16.7
26	直播周末 2013 年亚洲冠军联赛颁奖仪式	体育	中央台五套	5.0	17.3
27	天气预报	生活服务	南宁电视台新闻综合频道	5.0	16.0
28	抗日女侠三部曲特战队	电视剧	广西电视台综艺频道	5.0	15.5
29	抗日女侠血战队	电视剧	广西电视台综艺频道	5.0	15.3
30	与狼共舞	电视剧	广西电视台综艺频道	5.0	14.7

表 3.49.8　2013 年南宁市场电视剧收视率排名前十位

名次	节目名称	播出频道	平均收视率（%）	平均占有率（%）
1	代号九耳犬	广西电视台综艺频道	7.6	22.6
2	光荣使命	广西电视台综艺频道	6.9	21.3
3	游击兵工厂	广西电视台综艺频道	6.9	20.7
4	小鬼子走着瞧	广西电视台综艺频道	6.9	20.1
5	平原烽火（29—34 集）	广西电视台综艺频道	6.8	18.9
6	无敌枪王	广西电视台综艺频道	6.6	18.1
7	我的抗战之猎豹突击	广西电视台综艺频道	6.5	19.1
8	烽火姐妹	广西电视台综艺频道	6.4	19.2
9	铁血锄奸	广西电视台综艺频道	6.4	19.1
10	苍狼	广西电视台综艺频道	6.2	18.2

表 3.49.9　2013 年南宁市场新闻节目收视率排名前十位

名次	节目名称	播出频道	平均收视率（%）	平均占有率（%）
1	新闻夜班	南宁电视台新闻综合频道	3.9	11.2
2	转播中央台新闻联播	南宁电视台新闻综合频道	3.6	11.7
3	2013 两会一节大看台	南宁电视台新闻综合频道	3.5	9.9
4	夜班 1 周	南宁电视台新闻综合频道	3.4	9.9
5	东方时空（4 月 20/21 日）	中央电视台综合频道	2.9	7.8
6	新闻联播	中央电视台综合频道	2.8	9.0
7	焦点访谈（4 月 21 日）	广西电视台卫星频道	2.5	6.7
8	共同关注（4 月 20/21 日）	中央电视台综合频道	2.4	11.7
9	新闻在线	广西电视台资讯频道	2.4	7.1
10	东方时空（4 月 21 日）	南宁电视台新闻综合频道	2.3	5.9

表 3.49.10　2013 年南宁市场专题节目收视率排名前十位

名次	节目名称	播出频道	平均收视率（%）	平均占有率（%）
1	中国汉字听写大会 2013 总决赛	中央电视台综合频道	4.5	12.5
2	感动中国 2012 年度人物颁奖典礼	中央电视台综合频道	3.3	8.9
3	智力快车（1 月 15 日）	中央电视台少儿频道	2.1	6.0
4	老友倾计之真情追踪	南宁电视台都市生活频道	1.8	5.3
5	中央电视台特别节目梦想从历史深处走来	中央电视台综合频道	1.7	5.4
6	一年又一年 2013	中央电视台综合频道	1.5	7.0
7	扎根基层爱的奉献杜丽群李前峰先进事迹情景报告会	南宁电视台新闻综合频道	1.5	4.8
8	士兵突击第二季（7 月 16 日）	中央电视台综合频道	1.4	7.3
9	中华长歌行端午我们的节日	中央电视台综合频道	1.4	6.3
10	2013 大型公益活动颁奖典礼寻找最美乡村教师	中央电视台综合频道	1.4	4.4

表 3. 49. 11　2013 年南宁市场综艺节目收视率排名前十位

名次	节目名称	播出频道	平均收视率（%）	平均占有率（%）
1	2013 春节联欢晚会	中央电视台综合频道	14. 3	38. 1
2	大地飞歌 2013 南宁国际民歌艺术节文艺演出	南宁电视台新闻综合频道	8. 6	24. 4
3	百花迎春中国文学艺术界 2013 春节大联欢	中央台三套	4. 3	11. 9
4	启航 2014 新年特别节目	中央电视台综合频道	4. 2	12. 3
5	1 声所爱大地飞歌四强争夺战第一场	广西电视台卫星频道	4. 0	13. 1
6	2013 元宵晚会	中央电视台综合频道	4. 0	11. 2
7	星光大道（3 月 23 日）	中央电视台综合频道	3. 9	12. 6
8	舞出我人生（5 月 5 日）	中央电视台综合频道	3. 8	9. 9
9	梅州月中华情 2013 年中央电视台中秋晚会	中央电视台综合频道	3. 7	13. 2
10	中国梦劳动美 2013 年庆祝五一国际劳动节专题文艺晚会	中央电视台综合频道	3. 3	8. 8

表 3. 49. 12　2013 年南宁市场体育节目收视率排名前十位

名次	节目名称	播出频道	平均收视率（%）	平均占有率（%）
1	直播周末：2013 年亚洲冠军联赛决赛第二回合（韩国首尔 FC 队 VS 中国广州恒大队）	中央台五套	6. 2	18. 1
2	直播周末 2013 年亚洲冠军联赛颁奖仪式	中央台五套	5. 0	17. 3
3	2013 年世界羽毛球锦标赛男单决赛	中央台五套	4. 4	14. 6
4	黄金赛场：2015 年亚洲杯预选赛（中国 VS 沙特阿拉伯）	中央台五套	4. 4	12. 9
5	现场直播：2013 年东亚杯足球赛（韩国队 VS 中国队）	中央台五套	3. 0	10. 1
6	直播周末：2013 年澳大利亚网球公开赛女单决赛	中央台五套	2. 7	13. 8
7	黄金赛场：2013 年中国足协杯半决赛第二回合（广州恒大 VS 北京国安）	中央台五套	2. 7	8. 0
8	现场直播：2013 年亚洲男篮锦标赛 1/4 决赛（中华台北队 VS 中国队）	中央台五套	2. 6	13. 6
9	2013 年世界乒乓球锦标赛男单 1/4 决赛	中央台五套	2. 6	7. 3
10	黄金赛场：2012/2013 赛季 CBA 总决赛第四场（山东黄金 VS 广东东莞银行）	中央台五套	2. 5	6. 8

五十、宁波收视数据

表 3.50.1　2009—2013 年宁波市场各类频道的市场占有率（%）

频道类别	年份				
	2009 年	2010 年	2011 年	2012 年	2013 年
中央台频道	32.7	31.5	31.0	31.6	30.4
中国教育台频道	0.5	0.7	1.0	0.8	0.8
浙江省级频道	19.7	20.2	15.7	16.9	12.8
宁波市级频道	29.9	27.8	25.9	20.6	23.6
其他省级卫视频道	12.2	16.0	19.9	21.6	22.9
其他频道	5.0	3.8	6.5	8.5	9.5

表 3.50.2　2013 年宁波市场各类频道在不同目标观众中的市场占有率（%）

目标观众		中央台频道	中国教育台频道	浙江省级频道	宁波市级频道	其他省级卫视频道	其他频道
4 岁及以上所有人		30.4	0.8	12.8	23.6	22.9	9.5
性别	男	35.2	0.8	12.2	21.5	20.2	10.1
	女	25.6	0.8	13.3	25.6	25.7	9.0
年龄	4—14 岁	44.4	0.8	9.8	13.4	23.0	8.6
	15—24 岁	21.6	0.6	13.7	18.0	36.2	9.9
	25—34 岁	29.9	0.7	14.4	20.3	24.0	10.7
	35—44 岁	32.0	0.9	14.8	21.7	20.3	10.3
	45—54 岁	26.9	0.7	13.0	24.3	22.6	12.5
	55—64 岁	30.1	0.6	11.1	29.2	22.0	7.0
	65 岁及以上	35.3	1.2	10.3	30.1	17.8	5.3
教育程度	未受过正规教育	46.8	0.8	8.1	19.2	17.2	7.9
	小学	32.6	0.9	11.5	28.6	19.7	6.7
	初中	27.6	0.8	13.2	24.1	23.5	10.8
	高中	31.9	0.9	13.9	20.7	22.2	10.4
	大学及以上	29.2	0.5	12.7	21.2	27.7	8.7
职业类别	干部/管理人员	38.0	1.4	10.8	23.2	17.7	8.9
	个体/私营企业人员	30.3	0.7	14.9	25.8	20.9	7.4
	初级公务员/雇员	28.8	0.7	13.3	22.6	24.8	9.8
	工人	27.0	0.7	13.1	22.2	21.6	15.4
	学生	30.5	0.8	13.2	12.6	32.5	10.4
	无业	32.9	0.9	10.9	27.0	20.8	7.5
	其他	37.0	0.5	17.4	22.9	15.0	7.2
个人月收入	0—600 元	32.0	0.8	13.8	18.8	25.5	9.1
	601—1200 元	31.4	0.9	8.9	28.9	18.4	11.5
	1201—1700 元	23.0	0.6	11.8	27.4	22.7	14.5
	1701—2600 元	29.3	0.8	12.8	26.1	23.1	7.9
	2601—3500 元	30.7	0.8	13.8	23.3	21.3	10.1
	3501—5000 元	35.4	1.1	12.5	20.5	22.2	8.3
	5001 元及以上	32.2	0.7	11.7	23	25.1	7.3

表 3. 50. 3 2013 年宁波市场各类频道在不同时段的市场占有率（%）

时间段	中央台频道	中国教育台频道	浙江省级频道	宁波市级频道	其他省级卫视频道	其他频道
02:00—03:00	37. 1	0. 9	12. 7	8. 3	23. 0	18. 0
03:00—04:00	36. 4	0. 9	14. 0	7. 7	23. 1	17. 9
04:00—05:00	36. 5	0. 7	13. 2	6. 9	22. 5	20. 2
05:00—06:00	33. 3	1. 0	14. 4	7. 2	29. 4	14. 7
06:00—07:00	45. 3	0. 4	11. 4	5. 4	27. 4	10. 1
07:00—08:00	48. 2	0. 4	9. 9	4. 6	27. 9	9. 0
08:00—09:00	38. 8	0. 3	9. 8	11. 4	30. 3	9. 4
09:00—10:00	35. 1	0. 5	14. 7	10. 7	29. 9	9. 1
10:00—11:00	36. 3	1. 2	14. 3	11. 3	28. 3	8. 6
11:00—12:00	37. 6	1. 2	14. 4	9. 3	29. 1	8. 4
12:00—13:00	36. 8	0. 9	9. 7	12. 7	30. 9	9. 0
13:00—14:00	38. 8	1. 1	9. 8	7. 7	31. 9	10. 7
14:00—15:00	34. 2	1. 2	11. 1	11. 6	30. 0	11. 9
15:00—16:00	37. 1	1. 2	10. 5	9. 5	31. 2	10. 5
16:00—17:00	37. 2	0. 5	9. 4	10. 9	31. 9	10. 1
17:00—18:00	31. 4	0. 2	10. 6	24. 1	25. 1	8. 6
18:00—19:00	29. 6	0. 2	12. 3	40. 2	8. 9	8. 8
19:00—20:00	25. 9	0. 7	16. 9	38. 7	10. 2	7. 6
20:00—21:00	24. 9	1. 3	15. 4	31. 4	18. 9	8. 1
21:00—22:00	23. 8	0. 9	10. 8	32. 7	23. 0	8. 8
22:00—23:00	26. 3	0. 8	13. 2	20. 2	28. 8	10. 7
23:00—24:00	29. 7	0. 3	10. 4	15. 4	31. 2	13. 0
24:00—25:00	35. 0	0. 5	12. 0	10. 5	25. 9	16. 1
25:00—26:00	35. 3	0. 7	13. 4	6. 9	24. 1	19. 6

表 3. 50. 4 2013 年宁波市场收视份额排名前十位的频道

名次	频道名称	收视份额（%）
1	宁波电视台三套（都市文体频道）	7. 3
2	宁波电视台二套（经济生活频道）	7. 2
3	浙江卫视	3. 9
4	宁波电视台四套（影视剧频道）	3. 8
4	中央电视台新闻频道	3. 8
6	上海东方卫视	3. 3
7	湖南电视台卫星频道	3. 1
7	中央台八套	3. 1
7	浙江电视台民生休闲频道	3. 1
10	中央台六套	3. 0

表 3.50.5　2013 年宁波市场各主要频道的观众构成（%）

目标观众		所有频道	宁波电视台三套（都市文体频道）	宁波电视台二套（经济生活频道）	浙江卫视	宁波电视台四套（影视剧频道）	中央电视台新闻频道
4 岁及以上所有人		100.0	100.0	100.0	100.0	100.0	100.0
性别	男	50.7	43.1	42.4	48.5	49.1	71.3
	女	49.3	56.9	57.6	51.5	50.9	28.7
年龄	4—14 岁	6.1	1.7	2.4	5.7	2.4	2.7
	15—24 岁	9.6	7.8	6.7	14.8	6.9	5.6
	25—34 岁	13.3	11.2	11.5	14.2	10.9	9.9
	35—44 岁	19.8	20.6	19.5	26.7	14.4	33.8
	45—54 岁	22.4	21.1	21.0	20.0	28.1	19.0
	55—64 岁	15.3	19.3	20.2	9.6	20.5	13.1
	65 岁及以上	13.5	18.3	18.7	9.0	16.8	15.9
教育程度	未受过正规教育	3.8	2.1	2.9	2.3	1.7	0.8
	小学	18.7	24.0	23.2	13.8	23.2	14.8
	初中	39.9	40.8	38.8	41.3	42.1	41.5
	高中	22.5	18.1	20.3	25.8	22.9	24.5
	大学及以上	15.1	15.0	14.8	16.8	10.1	18.4
职业类别	干部/管理人员	2.3	2.8	2.6	2.6	1.0	4.8
	个体/私营企业人员	10.2	11.3	9.6	12.4	14.6	12.4
	初级公务员/雇员	32.1	31.6	29.5	34.9	29.4	31.5
	工人	13.9	13.3	13.7	13.6	11.5	16.5
	学生	7.5	2.9	3.1	11.8	3.8	5.8
	无业	31.8	35.7	38.5	21.8	38.3	26.5
	其他	2.2	2.4	3.0	2.9	1.4	2.5
个人月收入	0—600 元	19.7	14.7	14.1	23.1	14.7	12.8
	601—1200 元	6.0	7.8	8.0	3.5	6.3	7.8
	1201—1700 元	10.2	10.8	14.2	9.5	11.8	7.3
	1701—2600 元	26.1	31.0	29.1	24.6	27.6	22.7
	2601—3500 元	21.6	19.6	20.3	22.0	24.4	20.8
	3501—5000 元	9.3	10.2	7.0	9.7	8.0	18.3
	5001 元及以上	7.1	5.9	7.3	7.6	7.2	10.3

表 3.50.6　2011—2013 年宁波市场各类节目的播出份额（%）和收视份额（%）

节目类别	2011 年		2012 年		2013 年	
	播出份额	收视份额	播出份额	收视份额	播出份额	收视份额
财经	2.6	1.5	2.2	0.9	1.9	0.8
电视剧	22.3	30.3	21.5	32.1	22.1	30.8
电影	3.0	3.7	3.6	3.4	4.3	4.1
法制	0.8	0.6	0.7	0.4	0.7	0.4
教学	0.4	0.1	0.3	0.1	0.3	0.0
青少	8.0	4.0	7.4	3.7	6.8	3.6
生活服务	8.8	8.0	9.8	7.6	10.0	7.2
体育	1.4	2.0	1.5	2.5	1.8	2.4
外语	0.0	0.0	0.0	0.0	0.0	0.0
戏剧	1.0	0.4	1.0	0.3	0.7	0.3
新闻/时事	13.6	15.0	15.0	12.4	15.2	13.0
音乐	2.8	0.6	2.5	0.7	2.3	0.6
专题	11.1	8.1	11.8	11.6	10.8	10.5
综艺	9.9	12.4	8.6	12.5	8.7	13.6
其他	14.1	13.3	14.1	11.8	14.4	12.7

表 3. 50. 7　2013 年宁波市场所有节目收视率排名前三十位

名次	节目名称	节目类型	播出频道	平均收视率（%）	平均占有率（%）
1	中国好声音年度盛典	综艺	浙江卫视	8. 7	28. 5
2	情系百姓	戏剧	宁波电视台三套（都市文体频道）	6. 0	19. 8
3	2013 春节联欢晚会	综艺	中央台三套	5. 2	14. 5
4	望海的女人	电视剧	宁波电视台二套（经济生活频道）	5. 1	19. 4
5	鸳鸯佩	电视剧	宁波电视台三套（都市文体频道）	4. 9	16. 0
6	嫁入豪门	电视剧	宁波电视台二套（经济生活频道）	4. 9	15. 4
7	门第	电视剧	宁波电视台二套（经济生活频道）	4. 7	22. 3
8	女人的武器	电视剧	宁波电视台二套（经济生活频道）	4. 6	17. 2
9	下辈子还嫁给你	电视剧	宁波电视台三套（都市文体频道）	4. 6	15. 3
10	中国达人秀达人盛典	综艺	上海东方卫视	4. 4	18. 8
11	讲大道（18：45）	专题	宁波电视台三套（都市文体频道）	4. 3	18. 3
12	都是兄弟	电视剧	宁波电视台二套（经济生活频道）	4. 3	16. 7
13	我的娘家我的婆	电视剧	宁波电视台二套（经济生活频道）	4. 3	16. 4
14	女人的抉择	电视剧	宁波电视台二套（经济生活频道）	4. 3	15. 6
15	乱世玉缘	电视剧	宁波电视台三套（都市文体频道）	4. 3	13. 5
16	艾乐乐 DE LOVE 罗曼蒂克	电视剧	宁波电视台二套（经济生活频道）	3. 9	14. 1
17	我的抗战	电视剧	宁波电视台一套（新闻综合频道）	3. 9	13. 3
18	直播周末：2013 年亚洲冠军联赛决赛第二回合（韩国首尔 FC 队 VS 中国广州恒大队）	体育	中央台五套	3. 9	11. 2
19	酷我真声音	专题	浙江卫视	3. 7	25. 0
20	明日已太远	电视剧	宁波电视台二套（经济生活频道）	3. 7	17. 3
21	家有公婆	电视剧	宁波电视台二套（经济生活频道）	3. 7	15. 5
22	宝贝儿回家	电视剧	宁波电视台二套（经济生活频道）	3. 6	17. 2
23	闺中密友	电视剧	宁波电视台二套（经济生活频道）	3. 6	15. 4
24	我的妈妈是天使	电视剧	宁波电视台二套（经济生活频道）	3. 6	14. 4
25	天狼星行动	电视剧	宁波电视台三套（都市文体频道）	3. 6	11. 9

续表

名次	节目名称	节目类型	播出频道	平均收视率（%）	平均占有率（%）
26	别动我的幸福	电视剧	宁波电视台二套（经济生活频道）	3.5	15.2
27	血雨母子情	电视剧	宁波电视台三套（都市文体频道）	3.5	12.0
28	英雄联盟	电视剧	宁波电视台一套（新闻综合频道）	3.5	11.8
29	老爸回家	电视剧	宁波电视台三套（都市文体频道）	3.5	11.7
30	向着胜利前进	电视剧	宁波电视台一套（新闻综合频道）	3.5	11.3

表 3.50.8　2013 年宁波市场电视剧收视率排名前十位

名次	节目名称	播出频道	平均收视率（%）	平均占有率（%）
1	望海的女人	宁波电视台二套（经济生活频道）	5.1	19.4
2	鸳鸯佩	宁波电视台三套（都市文体频道）	4.9	16.0
3	嫁入豪门	宁波电视台二套（经济生活频道）	4.9	15.4
4	门第	宁波电视台二套（经济生活频道）	4.7	22.3
5	女人的武器	宁波电视台二套（经济生活频道）	4.6	17.2
6	下辈子还嫁给你	宁波电视台三套（都市文体频道）	4.6	15.3
7	都是兄弟	宁波电视台二套（经济生活频道）	4.3	16.7
8	我的娘家我的婆	宁波电视台二套（经济生活频道）	4.3	16.4
9	女人的抉择	宁波电视台二套（经济生活频道）	4.3	15.6
10	乱世玉缘	宁波电视台三套（都市文体频道）	4.3	13.5

表 3.50.9　2013 年宁波市场新闻节目收视率排名前十位

名次	节目名称	播出频道	平均收视率（%）	平均占有率（%）
1	众志成城抢险救灾特别报道	宁波电视台一套（新闻综合频道）	3.1	15.0
2	来发讲啥西（21：00）	宁波电视台二套（经济生活频道）	3.0	10.8
3	来发讲啥西（17：30）	宁波电视台二套（经济生活频道）	1.9	12.7
4	太空新旅再探天宫天宫一号与神舟十号载人飞行任务特别报道	中央电视台综合频道	1.9	11.7
5	众志成城抗击菲特	浙江卫视	1.7	5.5
6	看看看	宁波电视台一套（新闻综合频道）	1.6	9.3
7	李克强总理会见中外记者并回答提问	中央电视台新闻频道	1.6	6.0
8	太空新旅再探天宫天宫一号与神舟十号载人飞行任务特别报道	中央电视台新闻频道	1.5	9.1
9	众志成城抢险救灾特别报道	宁波电视台二套（经济生活频道）	1.5	8.3
10	东方时空（4 月 20/21 日）	中央电视台综合频道	1.4	5.3

表 3.50.10 2013 年宁波市场专题节目收视率排名前十位

名次	节目名称	播出频道	平均收视率（%）	平均占有率（%）
1	讲大道（18：45）	宁波电视台三套（都市文体频道）	4.3	18.3
2	酷我真声音	浙江卫视	3.7	25.0
3	科普闯关	宁波电视台三套（都市文体频道）	2.8	11.7
4	娘舅大石头	宁波电视台二套（经济生活频道）	2.6	8.7
5	最美宁波人 2012 年度人物颁奖典礼	宁波电视台二套（经济生活频道）	1.9	8.9
6	东方直播室	宁波电视台三套（都市文体频道）	1.9	8.5
7	阿磊讲故事	宁波电视台二套（经济生活频道）	1.9	7.8
8	与先锋同行扬红色激情宁波党的群众路线教育实践活动先进人物访谈	宁波电视台一套（新闻综合频道）	1.9	6.7
9	讲大道（22：00）	宁波电视台三套（都市文体频道）	1.8	12.8
10	非常杂志	宁波电视台三套（都市文体频道）	1.7	10.0

表 3.50.11 2013 年宁波市场综艺节目收视率排名前十位

名次	节目名称	播出频道	平均收视率（%）	平均占有率（%）
1	中国好声音年度盛典	浙江卫视	8.7	28.5
2	2013 春节联欢晚会	中央台三套	5.2	14.5
3	中国达人秀达人盛典	上海东方卫视	4.4	18.8
4	春暖东方花开中国 2013 群星新春大联欢	上海东方卫视	3.3	15.5
5	2013 元宵晚会	中央电视台综合频道	3.3	11.6
6	梦想天空分外圆中国好声音中秋晚会	浙江卫视	2.6	19.3
7	妈妈咪呀做女人就这样明星帮帮唱	上海东方卫视	2.6	14.3
8	中国梦之声总决选	上海东方卫视	2.5	15.0
9	2013 中国达人秀 V5 季（11 月 30 日）	上海东方卫视	2.5	9.9
10	我是歌手总决赛歌王之战	湖南电视台卫星频道	2.1	10.4

表 3.50.12 2013 年宁波市场体育节目收视率排名前十位

名次	节目名称	播出频道	平均收视率（%）	平均占有率（%）
1	直播周末：2013 年亚洲冠军联赛决赛第二回合（韩国首尔 FC 队 VS 中国广州恒大队）	中央台五套	3.9	11.2
2	直播周末 2013 年亚洲冠军联赛颁奖仪式	中央台五套	3.2	13.7
3	直播周末：2013 年澳大利亚网球公开赛女单决赛	中央台五套	2.7	14.0
4	2013 年世界羽毛球锦标赛男单决赛	中央台五套	2.6	11.3
5	第十二届全运会女子 200 米蝶泳决赛	中央台五套	2.4	10.4
6	2013 年世界田径锦标赛男子 100 米决赛	中央台五套	2.4	7.9
7	黄金赛场：2015 年亚洲杯预选赛（中国 VS 沙特阿拉伯）	中央台五套	2.3	7.3
8	第十二届全运会男子 110 米栏预赛	中央台五套	2.2	6.9
9	黄金赛场：2013 年亚洲女排锦标赛复赛（中国队 VS 韩国队）	中央台五套	2.1	6.5
10	直播周末：2013 年斯诺克上海大师赛半决赛	中央台五套	2.0	8.5

五十一、青岛收视数据

表 3.51.1　2009—2013 年青岛市场各类频道的市场占有率（%）

频道类别	年份				
	2009 年	2010 年	2011 年	2012 年	2013 年
中央台频道	39.0	31.3	32.0	31.3	32.6
中国教育台频道	0.2	0.4	0.3	0.2	0.2
山东省级频道	17.8	19.0	17.9	20.1	17.0
青岛市级频道	24.1	19.7	22.4	20.4	22.7
其他省级卫视频道	17.7	21.9	21.9	22.7	23.2
其他频道	1.2	7.8	5.5	5.3	4.3

表 3.51.2　2013 年青岛市场各类频道在不同目标观众中的市场占有率（%）

目标观众		中央台频道	中国教育台频道	山东省级频道	青岛市级频道	其他省级卫视频道	其他频道
4 岁及以上所有人		32.6	0.2	17.0	22.7	23.2	4.3
性别	男	35.5	0.2	16.3	21.8	21.5	4.8
	女	29.7	0.2	17.8	23.7	24.8	3.9
年龄	4—14 岁	30.8	0.2	13.1	17.5	34.6	3.9
	15—24 岁	26.5	0.3	15.9	19.2	32.9	5.2
	25—34 岁	28.3	0.2	17.2	16.8	32.3	5.2
	35—44 岁	33.4	0.2	12.2	22.9	26.1	5.3
	45—54 岁	28.5	0.2	20.4	23.8	22.3	4.9
	55—64 岁	37.3	0.2	17.9	24.6	17.0	3.1
	65 岁及以上	38.4	0.1	18.3	26.6	13.7	3.1
教育程度	未受过正规教育	36.1	0.1	14.9	23.1	22.7	3.1
	小学	28.3	0.1	28.4	20.8	18.6	3.7
	初中	31.6	0.2	19.3	21.9	23.2	3.9
	高中	33.4	0.2	13.8	24.6	23.3	4.8
	大学及以上	34.8	0.2	11.8	22.2	26.0	5.1
职业类别	干部/管理人员	31.2	0.2	10.6	28.9	22.6	6.5
	个体/私营企业人员	31.7	0.2	16.2	21.8	24.7	5.4
	初级公务员/雇员	31.0	0.2	14.9	22.4	26.5	5.1
	工人	32.6	0.3	16.8	21.7	24.6	4.0
	学生	29.7	0.4	12.2	15.6	36.4	5.7
	无业	34.6	0.1	19.4	24.2	18.4	3.4
	其他	24.2	0.1	25.0	23.7	24.5	2.5
个人月收入	0—600 元	26.7	0.2	23.2	17.5	27.5	4.9
	601—1200 元	27.9	0.3	23.1	19.2	25.0	4.5
	1201—1700 元	32.5	0.2	18.2	25.9	20.1	3.1
	1701—2600 元	35.3	0.2	13.8	25.1	21.7	3.9
	2601—3500 元	36.2	0.2	12.5	23.9	21.7	5.5
	3501—5000 元	35.9	0.1	11.2	25.0	24.3	3.6
	5001 元及以上	33.5	0.1	21.0	22.2	16.9	6.3

表 3.51.3　2013 年青岛市场各类频道在不同时段的市场占有率（%）

时间段	中央台频道	中国教育台频道	山东省级频道	青岛市级频道	其他省级卫视频道	其他频道
02:00—03:00	25.7	0.3	9.6	5.7	43.8	14.9
03:00—04:00	22.6	0.2	10.7	4.2	48.1	14.3
04:00—05:00	25.1	0.1	9.6	3.9	49.9	11.4
05:00—06:00	37.0	0.1	6.6	6.0	43.8	6.6
06:00—07:00	41.0	0.1	11.5	13.5	30.5	3.4
07:00—08:00	48.1	0.0	12.3	19.4	16.7	3.4
08:00—09:00	46.3	0.1	15.4	11.0	22.4	4.8
09:00—10:00	39.7	0.1	17.4	9.5	28.2	5.1
10:00—11:00	39.7	0.2	15.1	9.4	30.5	5.1
11:00—12:00	46.4	0.2	13.3	8.2	27.6	4.3
12:00—13:00	51.3	0.2	14.1	8.3	22.1	4.0
13:00—14:00	43.9	0.3	15.3	8.6	27.0	5.0
14:00—15:00	33.9	0.4	17.6	9.6	33.3	5.3
15:00—16:00	33.7	0.4	16.9	10.7	33.4	4.9
16:00—17:00	31.4	0.2	15.2	17.4	30.8	5.1
17:00—18:00	24.9	0.1	18.1	30.4	22.9	3.6
18:00—19:00	31.0	0.0	20.5	36.5	8.6	3.3
19:00—20:00	32.5	0.1	21.4	31.3	11.4	3.2
20:00—21:00	23.6	0.2	19.9	31.4	21.7	3.2
21:00—22:00	26.1	0.2	18.4	27.1	24.5	3.7
22:00—23:00	26.4	0.3	12.5	23.8	31.2	5.9
23:00—24:00	27.4	0.1	8.9	24.4	31.7	7.5
24:00—25:00	32.3	0.1	8.7	18.8	31.4	8.7
25:00—26:00	29.9	0.2	8.2	14.1	36.5	11.2

表 3.51.4　2013 年青岛市场收视份额排名前十位的频道

名次	频道名称	收视份额（%）
1	青岛电视台新闻综合频道	7.5
2	山东卫视	7.1
3	青岛电视台生活服务频道	5.5
4	中央电视台综合频道	4.9
5	中央台三套	4.3
5	中央台四套	4.3
7	山东电视齐鲁频道	3.4
8	青岛电视台影视频道	2.9
8	湖南电视台卫星频道	2.9
10	青岛电视台休闲资讯频道	2.8

表 3.51.5　2013 年青岛市场各主要频道的观众构成（%）

目标观众		所有频道	主要频道				
			青岛电视台新闻综合频道	山东卫视	青岛电视台生活服务频道	中央电视台综合频道	中央台三套
4 岁及以上所有人		100.0	100.0	100.0	100.0	100.0	100.0
性别	男	48.8	48.4	44.9	44.8	51.7	44.8
	女	51.2	51.6	55.1	55.2	48.3	55.2
年龄	4—14 岁	6.4	2.6	4.1	3.6	5.3	3.8
	15—24 岁	8.3	6.0	7.3	5.9	5.1	9.5
	25—34 岁	11.9	5.6	10.3	6.2	8.9	7.3
	35—44 岁	16.4	12.0	8.8	20.4	14.9	12.8
	45—54 岁	22.0	18.6	24.3	25.4	16.2	25.2
	55—64 岁	13.4	17.7	16.8	15.1	25.2	12.1
	65 岁及以上	21.5	37.6	28.4	23.4	24.5	29.2
教育程度	未受过正规教育	4.7	3.2	2.6	4.8	2.9	6.7
	小学	10.6	11.6	25.2	10.2	9.9	7.1
	初中	36.2	34.3	39.3	36.8	39.5	36.8
	高中	31.0	36.7	23.9	30.2	31.0	27.2
	大学及以上	17.5	14.2	9.0	18.0	16.7	22.2
职业类别	干部/管理人员	3.6	3.6	1.3	4.9	3.9	2.2
	个体/私营企业人员	12.6	9.8	8.1	10.3	10.0	12.7
	初级公务员/雇员	20.6	14.7	13.9	23.0	15.6	16.7
	工人	11.1	11.4	7.0	8.9	12.6	10.8
	学生	7.5	3.5	5.4	3.5	6.3	8.0
	无业	42.6	55.4	60.0	45.7	49.3	47.7
	其他	1.9	1.5	4.4	3.8	2.3	2.0
个人月收入	0—600 元	23.9	13.7	43.1	18.5	18.4	21.3
	601—1200 元	6.1	4.7	9.0	5.0	6.9	6.7
	1201—1700 元	11.7	13.6	9.8	14.9	14.9	11.9
	1701—2600 元	31.1	41.6	20.8	32.1	34.9	31.5
	2601—3500 元	12.6	10.8	5.5	13.5	11.6	11.7
	3501—5000 元	10.5	11.6	6.5	11.7	9.2	12.0
	5001 元及以上	4.0	4.1	5.3	4.4	4.2	4.9

表 3.51.6　2011—2013 青岛市场各类节目的播出份额（%）和收视份额（%）

节目类别	2011 年		2012 年		2013 年	
	播出份额	收视份额	播出份额	收视份额	播出份额	收视份额
财经	2.5	1.4	2.0	0.7	1.7	0.7
电视剧	27.4	30.0	20.5	29.4	27.1	30.2
电影	4.0	3.9	3.6	2.8	4.1	3.5
法制	0.9	1.3	1.0	1.0	1.1	2.0
教学	0.5	0.2	0.3	0.1	0.4	0.2
青少	6.2	4.0	7.3	3.8	5.5	4.7
生活服务	9.4	8.3	9.8	8.1	10.0	7.5
体育	2.5	2.9	2.2	3.0	2.3	2.4
外语	0.1	0.0	0.0	0.0	0.0	0.0
戏剧	1.0	0.4	0.9	0.3	0.6	0.4
新闻/时事	9.7	14.1	15.0	17.6	10.6	15.9
音乐	2.7	0.8	2.4	0.9	2.2	1.0
专题	10.6	6.8	11.9	6.5	9.0	6.1
综艺	8.7	14.0	9.8	14.6	8.0	14.2
其他	13.9	11.8	13.5	11.2	17.3	11.2

表 3.51.7 2013 年青岛市场所有节目收视率排名前三十位

名次	节目名称	节目类型	播出频道	平均收视率（%）	平均占有率（%）
1	2013 元宵晚会	综艺	中央电视台综合频道	13.0	28.2
2	2013 春节联欢晚会	综艺	中央电视台综合频道	12.1	23.3
3	直播周末：2013 年亚洲冠军联赛决赛第二回合	体育	中央台五套	9.1	19.7
4	苍狼	电视剧	青岛电视台新闻综合频道	8.0	18.2
5	错伏	电视剧	青岛电视台新闻综合频道	6.9	16.1
6	直播周末：2013 年澳大利亚网球公开赛女单决赛	体育	中央台五套	6.7	20.4
7	打狗棍	电视剧	青岛电视台新闻综合频道	6.5	16.0
8	零下三十八度	电视剧	青岛电视台新闻综合频道	6.4	14.8
9	绝战	电视剧	青岛电视台新闻综合频道	6.1	14.3
10	快乐中国 20132014 跨年演唱会	音乐	湖南电视台卫星频道	6.0	17.1
11	东方时空（4 月 21 日）	新闻/时事	青岛电视台新闻综合频道	5.9	13.5
12	我是大明星	综艺	山东电视综艺频道	5.8	25.6
13	义者无敌	电视剧	青岛电视台新闻综合频道	5.6	13.6
14	老米家的婚事	电视剧	青岛电视台新闻综合频道	5.5	13.5
15	江湖正道	电视剧	青岛电视台新闻综合频道	5.2	12.8
16	黄金赛场：2015 年亚洲杯预选赛	体育	中央台五套	5.2	11.7
17	天气预报	生活服务	中央电视台综合频道	5.1	13.2
18	同在屋檐下	电视剧	青岛电视台新闻综合频道	5.1	12.8
19	乡村爱情变奏曲	电视剧	山东卫视	5.1	11.5
20	太空新旅再探天宫天宫一号与神舟十号载人飞行任务特别报道	新闻/时事	中央电视台综合频道	5.0	19.0
21	儿女的战争	电视剧	青岛电视台新闻综合频道	5.0	11.8
22	过年七天乐	综艺	中央台三套	4.9	13.4
23	红尘	电视剧	青岛电视台新闻综合频道	4.9	12.0
24	那金花和她的女婿	电视剧	青岛电视台新闻综合频道	4.9	10.7
25	百花迎春中国文学艺术界 2013 春节大联欢	综艺	中央台三套	4.8	11.3
26	天下人家	电视剧	青岛电视台新闻综合频道	4.8	11.1
27	火线三兄弟	电视剧	山东卫视	4.7	13.0
28	出生入死	电视剧	青岛电视台新闻综合频道	4.7	11.7
29	直播周末：2013 年东亚杯足球赛	体育	中央台五套	4.7	10.0
30	中国好声音（8 月 23 日）	综艺	浙江卫视	4.6	18.4

表 3.51.8　2013 年青岛市场电视剧收视率排名前十位

名次	节目名称	播出频道	平均收视率（%）	平均占有率（%）
1	苍狼	青岛电视台新闻综合频道	8.0	18.2
2	错伏	青岛电视台新闻综合频道	6.9	16.1
3	打狗棍	青岛电视台新闻综合频道	6.5	16.0
4	零下三十八度	青岛电视台新闻综合频道	6.4	14.8
5	绝战	青岛电视台新闻综合频道	6.1	14.3
6	义者无敌	青岛电视台新闻综合频道	5.6	13.6
7	老米家的婚事	青岛电视台新闻综合频道	5.5	13.5
8	江湖正道	青岛电视台新闻综合频道	5.2	12.8
9	同在屋檐下	青岛电视台新闻综合频道	5.1	12.8
10	乡村爱情变奏曲	山东卫视	5.1	11.5

表 3.51.9　2013 年青岛市场新闻节目收视率排名前十位

名次	节目名称	播出频道	平均收视率（%）	平均占有率（%）
1	东方时空（4 月 21 日）	青岛电视台新闻综合频道	5.9	13.5
2	太空新旅再探天宫天宫一号与神舟十号载人飞行任务特别报道	中央电视台综合频道	5.0	19.0
3	今日—今日 60 分	青岛电视台新闻综合频道	4.4	14.8
4	转播中央台新闻联播	青岛电视台新闻综合频道	4.1	11.2
5	生活在线	青岛电视台生活服务频道	3.1	9.0
6	今日关注	中央台四套	2.9	8.1
7	青岛新闻	青岛电视台新闻综合频道	2.8	7.0
8	今日	青岛电视台新闻综合频道	2.6	12.7
9	李克强总理会见中外记者并回答提问	中央电视台综合频道	2.5	5.2
10	焦点访谈	中央电视台综合频道	2.3	5.7

表 3.51.10　2013 年青岛市场专题节目收视率排名前十位

名次	节目名称	播出频道	平均收视率（%）	平均占有率（%）
1	岛城先锋	青岛电视台新闻综合频道	3.2	9.1
2	一年又一年 2013	中央电视台综合频道	3.1	9.0
3	酷我真声音	浙江卫视	3.0	17.0
4	谨以此片缅怀优秀共产党员省劳动模范张玉刚同志	青岛电视台新闻综合频道	2.4	7.6
5	沃土青岛市选派第一批第一书记驻村帮扶工作纪实	青岛电视台新闻综合频道	2.4	7.4
6	圆梦中国德耀中华第四届全国道德模范授奖仪式	中央电视台综合频道	2.1	5.4
7	中国汉字听写大会 2013 总决赛	中央电视台综合频道	2.0	4.9
8	真情调解	青岛电视台生活服务频道	1.9	8.8
9	寻宝	中央电视台综合频道	1.9	6.1
10	大城小事	青岛电视台新闻综合频道	1.9	5.1

表 3.51.11　2013 年青岛市场综艺节目收视率排名前十位

名次	节目名称	播出频道	平均收视率（%）	平均占有率（%）
1	2013 元宵晚会	中央电视台综合频道	13.0	28.2
2	2013 春节联欢晚会	中央电视台综合频道	12.1	23.3
3	我是大明星	山东电视综艺频道	5.8	25.6
4	过年七天乐	中央台三套	4.9	13.4
5	百花迎春中国文学艺术界 2013 春节大联欢	中央台三套	4.8	11.3
6	中国好声音（8 月 23 日）	浙江卫视	4.6	18.4
7	2013 喜到福到好运到	中央台三套	4.6	11.9
8	幸福 NO. 1 春节联欢晚会 2013	江苏卫视	4.5	11.3
9	2012 中国电视剧年度明星盛典	中央电视台综合频道	4.2	9.6
10	CCTV2013 年 315 晚会	中央电视台综合频道	4.1	9.6

表 3.51.12　2013 年青岛市场体育节目收视率排名前十位

名次	节目名称	播出频道	平均收视率（%）	平均占有率（%）
1	直播周末：2013 年亚洲冠军联赛决赛第二回合（韩国首尔 FC 队 VS 中国广州恒大队）	中央台五套	9.1	19.7
2	黄金赛场：2015 年亚洲杯预选赛（中国 VS 沙特阿拉伯）	中央台五套	6.9	15.6
3	直播周末：2013 年澳大利亚网球公开赛女单决赛	中央台五套	6.7	20.4
4	直播周末：2013 年东亚杯足球赛（中国队 VS 日本队）	中央台五套	4.7	10.0
5	黄金赛场：2013 年世乒赛男单决赛	中央台五套	4.5	16.7
6	2013 年世界羽毛球锦标赛男单决赛	中央台五套	4.4	12.7
7	中能集团 2013 年万达广场中国足球协会超级联赛第 18 轮（青岛中能 VS 长春亚泰）	青岛电视台休闲资讯频道	3.3	8.6
8	直播周末：第 14 届世界田径锦标赛女子 4x100 米接力预赛	中央台五套	2.7	6.3
9	2013 年第十二届全运会女子 4x100 米混合泳接力决赛	中央台五套	2.6	7.4
10	2012/2013 赛季中国男子篮球职业联赛第 22 轮（九台农商银行 VS 青岛双星）	青岛电视台休闲资讯频道	2.6	6.3

五十二、沈阳收视数据

表 3.52.1　2009—2013 年沈阳市场各类频道的市场占有率（%）

频道类别	年份				
	2009 年	2010 年	2011 年	2012 年	2013 年
中央台频道	27.1	27.0	26.5	30.0	32.6
中国教育台频道	0.4	0.4	0.6	0.6	0.5
辽宁省级频道	29.8	28.9	26.1	28.3	25.2
沈阳市级频道	16.5	15.2	15.5	5.6	4.7
其他省级卫视频道	21.3	23.6	26.8	31.7	32.6
其他频道	4.9	4.9	4.5	3.8	4.4

表 3.52.2　2013 年沈阳市场各类频道在不同目标观众中的市场占有率（%）

目标观众		中央台频道	中国教育台频道	辽宁省级频道	沈阳市级频道	其他省级卫视频道	其他频道
4 岁及以上所有人		32.6	0.5	25.2	4.7	32.6	4.4
性别	男	35.2	0.4	24.0	4.9	30.6	4.9
	女	29.9	0.5	26.4	4.4	34.7	4.1
年龄	4—14 岁	40.6	0.6	16.2	1.7	35.5	5.4
	15—24 岁	26.7	0.3	21.1	2.3	44.9	4.7
	25—34 岁	29.8	0.4	20.8	2.9	40.7	5.4
	35—44 岁	28.7	0.5	22.8	3.1	40.0	4.9
	45—54 岁	29.5	0.3	28.1	4.5	33.5	4.1
	55—64 岁	35.8	0.7	28.6	5.8	25.2	3.9
	65 岁及以上	38.4	0.5	27.3	8.0	21.5	4.3
教育程度	未受过正规教育	43.2	0.3	18.4	2.8	29.2	6.1
	小学	37.2	0.6	24.9	4.3	28.8	4.2
	初中	31.1	0.4	27.6	4.4	32.2	4.3
	高中	30.5	0.4	24.2	6.1	33.7	5.1
	大学及以上	34.9	0.5	21.1	3.7	35.9	3.9
职业类别	干部/管理人员	36.3	0.5	16.9	2.5	35.5	8.3
	个体/私营企业人员	28.6	0.7	19.0	6.7	41.7	3.3
	初级公务员/雇员	31.7	0.4	20.1	4.2	38.3	5.3
	工人	31.1	0.4	27.7	4.2	31.9	4.7
	学生	30.3	0.6	16.8	2.1	44.3	5.9
	无业	35.8	0.6	26.6	6.0	27.3	3.7
	其他	28.0	0.1	28.7	2.1	36.2	4.9
个人月收入	0—600 元	32.3	0.5	22.6	3.2	35.9	5.5
	601—1200 元	31.9	0.4	27.8	3.7	32.3	3.9
	1201—1700 元	33.8	0.6	25.2	6.3	30.2	3.9
	1701—2600 元	30.9	0.4	27.7	5.1	31.3	4.6
	2601—3500 元	34.8	0.3	24.5	5.3	31.7	3.4
	3501—5000 元	29.4	0.3	21.3	3.5	40.2	5.3
	5001 元及以上	44.3	0.5	16.2	3.0	31.3	4.7

表 3.52.3　2013 年沈阳市场各类频道不同时段的市场占有率（%）

时间段	中央电视台	中国教育台	辽宁省级频道	沈阳市级频道	其他省级上星频道	其他频道
02:00—03:00	38.0	0.7	17.0	2.8	33.0	8.5
03:00—04:00	38.5	0.5	18.3	3.0	31.6	8.1
04:00—05:00	41.8	0.4	18.4	2.4	29.6	7.4
05:00—06:00	30.3	0.3	23.5	7.5	29.8	8.6
06:00—07:00	29.6	0.1	30.5	20.0	15.3	4.5
07:00—08:00	32.1	0.1	34.8	17.6	11.1	4.3
08:00—09:00	36.7	0.1	30.3	7.0	21.7	4.2
09:00—10:00	33.4	0.2	25.7	4.2	32.4	4.1
10:00—11:00	33.8	0.7	19.3	3.1	38.8	4.3
11:00—12:00	37.2	0.7	15.6	3.3	38.9	4.3
12:00—13:00	39.9	0.5	17.8	5.5	31.6	4.7
13:00—14:00	40.5	0.8	12.3	2.9	38.8	4.7
14:00—15:00	35.2	0.8	13.7	3.0	42.6	4.7
15:00—16:00	35.7	0.8	14.8	3.0	41.0	4.7
16:00—17:00	36.2	0.2	17.9	2.5	38.4	4.8
17:00—18:00	28.0	0.2	35.9	4.7	25.6	5.6
18:00—19:00	28.6	0.1	51.2	5.6	9.7	4.8
19:00—20:00	32.2	0.4	38.5	4.1	20.2	4.6
20:00—21:00	31.1	0.9	20.6	3.1	40.6	3.7
21:00—22:00	31.3	0.6	19.1	2.6	43.2	3.2
22:00—23:00	27.9	0.5	16.7	4.3	46.6	4.0
23:00—24:00	30.7	0.3	13.9	4.0	45.7	5.4
24:00—25:00	37.5	0.4	15.0	2.1	38.8	6.2
25:00—26:00	39.7	0.6	13.9	2.3	35.3	8.2

表 3.52.4　2013 年沈阳市场收视份额排名前十位的频道

名次	频道名称	收视份额（%）
1	辽宁广播电视台都市频道	6.8
2	辽宁广播电视台经济频道	5.7
3	辽宁卫视	5.5
4	中央台三套	5.2
5	沈阳电视台一套（新闻频道）	4.7
6	中央电视台综合频道	4.5
7	中央电视台新闻频道	3.5
8	中央台四套	3.2
8	湖南电视台卫星频道	3.2
10	中央台六套	3.1

表 3.52.5　2013 年沈阳市场各主要频道的观众构成（%）

目标观众		所有频道	主要频道				
			辽宁广播电视台都市频道	辽宁广播电视台经济频道	辽宁卫视	中央台三套	沈阳电视台一套（新闻频道）
4 岁及以上所有人		100.0	100.0	100.0	100.0	100.0	100.0
性别	男	50.3	45.8	46.9	48.3	51.2	52.7
	女	49.7	54.2	53.1	51.7	48.8	47.3
年龄	4—14 岁	6.2	3.5	2.5	3.6	2.9	2.3
	15—24 岁	6.6	4.8	5.3	6.5	6.0	3.3
	25—34 岁	11.4	8.0	9.1	9.4	7.2	7.0
	35—44 岁	15.0	12.8	14.9	13.3	9.8	10.1
	45—54 岁	25.9	30.8	36.2	22.2	25.8	24.8
	55—64 岁	16.8	18.0	20.7	15.4	20.4	20.8
	65 岁及以上	18.1	22.0	11.3	29.7	27.9	31.8
教育程度	未受过正规教育	3.2	2.3	2.3	1.9	2.6	2.0
	小学	11.5	12.8	8.3	12.1	13.6	10.6
	初中	44.9	50.5	52.9	44.7	49.6	42.2
	高中	25.6	22.6	23.1	28.8	22.5	33.6
	大学及以上	14.8	11.7	13.4	12.6	11.6	11.6
职业类别	干部/管理人员	1.4	1.2	0.6	0.5	1.3	0.8
	个体/私营企业	5.0	2.5	5.0	4.6	3.3	7.2
	初级公务员/雇员	10.5	7.8	9.3	7.4	6.4	9.5
	工人	28.4	33.7	36.3	26.2	29.4	25.3
	学生	7.2	3.7	4.1	5.3	3.0	3.3
	无业	38.8	43.3	35.9	42.5	47.5	50.0
	其他	8.8	7.9	8.8	13.5	9.2	4.0
个人月收入	0—600 元	21.2	16.9	15.0	23.6	15.4	14.5
	601—1200 元	16.5	18.7	17.4	19.3	20.8	13.0
	1201—1700 元	26.0	29.0	26.2	22.0	32.2	34.9
	1701—2600 元	21.4	21.8	29.7	20.5	19.6	23.3
	2601—3500 元	8.7	8.2	6.8	11.0	7.0	10.0
	3501—5000 元	4.5	4.8	3.6	2.5	3.7	3.3
	5001 元及以上	1.7	0.6	1.3	1.1	1.3	1.0

表 3.52.6　2011—2013 年沈阳市场各类节目的播出份额（%）和收视份额（%）

节目类别	2011 年		2012 年		2013 年	
	播出份额	收视份额	播出份额	收视份额	播出份额	收视份额
财经	2.4	0.6	2.2	0.6	2.0	0.6
电视剧	20.2	28.4	20.3	30.2	21.3	28.4
电影	3.6	3.5	4.2	3.5	4.6	3.4
法制	1.2	2.0	0.9	1.1	1.1	0.8
教学	0.5	0.1	0.3	0.1	0.2	0.0
青少	7.3	3.6	7.0	3.8	6.5	3.5
生活服务	10.7	12.0	9.9	13.1	10.2	12.7
体育	1.5	2.9	2.6	3.7	2.8	3.4
外语	0.0	0.0	0.0	0.0	0.0	0.0
戏剧	1.0	0.3	1.0	0.3	0.8	0.2
新闻/时事	13.1	12.5	14.7	13.4	14.6	14.4
音乐	2.8	0.7	2.5	0.8	2.4	0.6
专题	11.5	6.1	12.1	6.5	11.1	6.2
综艺	10.6	14.6	9.2	12.7	8.7	14.2
其他	13.6	12.8	13.2	10.3	13.6	11.5

表 3.52.7　2013 年沈阳市场所有节目收视率排名前三十位

名次	节目名称	节目类别	播出频道	平均收视率（%）	平均占有率（%）
1	2013 辽宁卫视春节联欢晚会	综艺	辽宁卫视	25.5	58.8
2	2013 春节联欢晚会	综艺	中央电视台综合频道	22.8	45.9
3	2013 元宵晚会	综艺	中央电视台综合频道	11.5	24.2
4	直播周末：2013 年亚洲冠军联赛决赛第二回合（韩国首尔 FC 队 VS 中国广州恒大队）	体育	中央台五套	9.8	21.5
5	直播周末 2013 年亚洲冠军联赛颁奖仪式	体育	中央台五套	8.9	24.3
6	黄金赛场：2015 年亚洲杯预选赛（中国队 VS 沙特阿拉伯）	体育	中央台五套	7.6	17.2
7	新北方	新闻/时事	辽宁广播电视台都市频道	6.8	21.6
8	樱桃红	电视剧	辽宁卫视	6.8	15.6
9	幸福 NO.1 春节联欢晚会 2013	综艺	江苏卫视	6.7	17.5
10	第 22 条婚规	电视剧	辽宁卫视	6.7	16.9
11	直播周末：2013 年澳大利亚网球公开赛女单决赛	体育	中央台五套	6.4	17.7
12	百花迎春中国文学艺术界 2013 春节大联欢	综艺	中央台三套	5.9	13.8
13	揭秘樱桃红	综艺	黑龙江卫视	5.8	13.7
14	中国好声音（8 月 23 日）	综艺	浙江卫视	5.7	21.9
15	2013 年第十二届全运会女子 4 × 100 米混合泳接力决赛	体育	中央台五套	5.7	16.5
16	星光大道（2 月 7 日）	综艺	中央台三套	5.6	12.4
17	快乐中国 20132014 跨年演唱会	音乐	湖南电视台卫星频道	5.4	14.9
18	我是歌手总决赛歌王之战	综艺	湖南电视台卫星频道	5.2	25.3
19	启航 2014 国美电器新年特别节目	综艺	中央台三套	5.2	13.3
20	2013 年第十二届全运会男子 4 × 100 米接力决赛	体育	中央台五套	5.1	14.9
21	新闻正前方	新闻/时事	辽宁广播电视台都市频道	5.0	18.8
22	全运进行时都市频道全运特别节目	体育	辽宁广播电视台都市频道	4.9	15.6
23	乡村爱情变奏曲	电视剧	黑龙江卫视	4.9	11.1
24	中国汉字听写大会 2013 总决赛	专题	中央电视台综合频道	4.5	11.5
25	现场直播：2013 年东亚杯足球赛（韩国队 VS 中国队）	体育	中央台五套	4.4	13.8
26	春之声 2012 年度中国播音主持金话筒奖颁奖典礼	综艺	中央台三套	4.1	10.7
27	咱们结婚吧	电视剧	中央电视台综合频道	4.1	10.2
28	樱桃红	电视剧	黑龙江卫视	4.1	9.4
29	百姓春晚 2013 盛典	综艺	辽宁广播电视台都市频道	4.0	10.0
30	女人的抉择	电视剧	辽宁卫视	4.0	9.1

表 3.52.8　2013 年沈阳市场电视剧收视率排名前十位

名次	节目名称	播出频道	平均收视率（%）	平均占有率（%）
1	樱桃红	辽宁卫视	6.8	15.6
2	第 22 条婚规	辽宁卫视	6.7	16.9
3	乡村爱情变奏曲	黑龙江卫视	4.9	11.1
4	咱们结婚吧	中央电视台综合频道	4.1	10.2
5	樱桃红	黑龙江卫视	4.1	9.4
6	女人的抉择	辽宁卫视	4.0	9.1
7	石榴红了	辽宁卫视	3.9	9.0
8	乡村爱情变奏曲	江苏卫视	3.8	8.6
9	老米家的婚事	辽宁卫视	3.3	8.9
10	江湖正道	辽宁卫视	3.2	8.1

表 3.52.9　2013 年沈阳市场新闻节目收视率排名前十位

名次	节目名称	播出频道	平均收视率（%）	平均占有率（%）
1	新北方	辽宁广播电视台都市频道	6.8	21.6
2	新闻正前方	辽宁广播电视台都市频道	5.0	18.8
3	太空新旅再探天宫天宫一号与神舟十号载人飞行任务特别报道	中央电视台综合频道	3.4	12.3
4	都市频道芦山地震特别报道（4 月 21 日）	辽宁广播电视台都市频道	3.3	11.7
5	东方时空（4 月 20/21 日）	中央电视台综合频道	2.7	6.9
6	新闻联播	中央电视台综合频道	2.6	7.8
7	太空新旅再探天宫天宫一号与神舟十号载人飞行任务特别报道	中央电视台新闻频道	2.4	8.9
8	今日关注	中央台四套	2.3	6.6
9	李克强总理会见中外记者并回答提问（3 月 18 日）	辽宁卫视	2.3	5.5
10	李克强总理会见中外记者并回答提问（3 月 17 日）	中央电视台新闻频道	2.2	4.8

表 3.52.10　2013 年沈阳市场专题节目收视率排名前十位

名次	节目名称	播出频道	平均收视率（%）	平均占有率（%）
1	中国汉字听写大会 2013 总决赛	中央电视台综合频道	4.5	11.5
2	酷我真声音	浙江卫视	3.3	18.5
3	圆梦中国德耀中华第四届全国道德模范授奖仪式	中央电视台综合频道	3.0	7.5
4	习仲勋	中央电视台综合频道	2.6	6.8
5	辽宁全力抗击 816 暴雨洪水灾害纪实	辽宁卫视	2.1	6.5
6	一年又一年 2013	中央电视台综合频道	1.9	5.5
7	感动中国 2012 年度人物颁奖典礼	中央电视台综合频道	1.8	4.0
8	新闻年鉴世界 2012	中央电视台新闻频道	1.7	5.9
9	温暖 2012	中央台三套	1.5	4.8
10	感动中国 2012 年度人物颁奖典礼	中央台三套	1.5	4.0

表 3. 52. 11　2013 年沈阳市场综艺节目收视率排名前十位

名次	节目名称	播出频道	平均收视率（%）	平均占有率（%）
1	2013 辽宁卫视春节联欢晚会	辽宁卫视	25.5	58.8
2	2013 春节联欢晚会	中央电视台综合频道	22.8	45.9
3	2013 元宵晚会	中央电视台综合频道	11.5	24.2
4	幸福 NO.1 春节联欢晚会 2013	江苏卫视	6.7	17.5
5	百花迎春中国文学艺术界 2013 春节大联欢	中央台三套	5.9	13.8
6	揭秘樱桃红	黑龙江卫视	5.8	13.7
7	中国好声音（8 月 23 日）	浙江卫视	5.7	21.9
8	星光大道（2 月 7 日）	中央台三套	5.6	12.4
9	我是歌手总决赛歌王之战	湖南电视台卫星频道	5.2	25.3
10	启航 2014 新年特别节目	中央台三套	5.2	13.3

表 3. 52. 12　2013 年沈阳市场体育节目收视率排名前十位

名次	节目名称	播出频道	平均收视率（%）	平均占有率（%）
1	直播周末：2013 年亚洲冠军联赛决赛第二回合（韩国首尔 FC 队 VS 中国广州恒大队）	中央台五套	9.8	21.5
2	直播周末 2013 年亚洲冠军联赛颁奖仪式	中央台五套	8.9	24.3
3	直播周末：2013 年澳大利亚网球公开赛女单决赛	中央台五套	6.4	17.7
4	黄金赛场：2015 年亚洲杯预选赛（中国队 VS 沙特阿拉伯）	中央台五套	7.6	17.2
5	2013 年第十二届全运会女子 4x100 米混合泳接力决赛	中央台五套	5.7	16.5
6	2013 年第十二届全运会男子 4x100 米接力决赛	中央台五套	5.1	14.9
7	全运进行时都市频道全运特别节目	辽宁广播电视台都市频道	4.9	15.6
8	现场直播：2013 年东亚杯足球赛（韩国队 VS 中国队）	中央台五套	4.4	13.8
9	直播周末：2013 年世界女排大奖赛总决赛（日本队 VS 中国队）	中央台五套	3.7	10.4
10	黄金赛场：2013 年世乒赛男单决赛	中央台五套	3.5	13.1

五十三、深圳收视数据

表 3.53.1　2009—2013 年深圳市场各类频道的市场占有率（%）

频道类别	年份				
	2009 年	2010 年	2011 年	2012 年	2013 年
中央台频道	22.0	20.2	19.6	20.2	21.1
中国教育台频道	0.2	0.1	0.1	0.2	0.1
广东省级台	9.2	9.4	9.1	9.0	8.8
深圳市级台	34.9	33.0	35.1	35.2	33.9
境外频道	15.9	11.4	8.9	8.7	6.5
其他省级卫视频道	12.7	19.6	18.5	17.7	20.1
其他频道	5.1	6.3	8.7	9.0	9.5

表 3.53.2　2013 年深圳市场各类频道在各目标观众中的市场占有率（%）

目标观众		中央台频道	中国教育台频道	广东省级台	深圳市级台	境外频道	其他省级卫视频道	其他频道
4 岁及以上所有人		21.1	0.1	8.8	33.9	6.5	20.1	9.5
性别	男	22.3	0.1	8.9	33.6	6.4	19.0	9.7
	女	19.8	0.1	8.7	34.2	6.6	21.4	9.2
年龄	4—14 岁	20.4	0.1	21.5	28.3	3.5	18.2	8.0
	15—24 岁	17.5	0.1	6.1	36.6	10.1	20.7	8.9
	25—34 岁	19.0	0.1	8.0	32.5	5.9	22.8	11.7
	35—44 岁	21.8	0.1	9.3	33.4	6.5	20.8	8.1
	45—54 岁	23.5	0.1	6.9	36.9	7.7	17.1	7.8
	55—64 岁	25.5	0.1	7.8	37.3	5.2	14.7	9.4
	65 岁及以上	31.3	0.2	8.2	31.4	6.9	16.2	5.8
教育程度	未受过正规教育	21.1	0.1	22.2	29.5	2.8	16.5	7.8
	小学	21.8	0.1	15.3	31.7	4.8	18.4	7.9
	初中	19.4	0.2	10.9	36.1	6.5	19.2	7.7
	高中	22.8	0.1	6.5	34.3	6.6	20.7	9.0
	大学及以上	20.4	0.1	5.8	31.9	7.5	21.6	12.7
职业类别	干部/管理人员	21.1	0.1	6.2	32.0	9.1	18.2	13.3
	个体/私营企业人员	22.6	0.1	7.8	36.9	4.8	20.0	7.8
	初级公务员/雇员	20.0	0.1	6.4	32.7	7.6	22.4	10.8
	工人	18.6	0.2	7.8	40.8	5.9	19.6	7.1
	学生	19.9	0.1	14.3	30.3	5.0	22.2	8.2
	无业	22.8	0.1	11.6	31.0	6.4	18.4	9.7
	其他	*	*	*	*	*	*	*
个人月收入	0—600 元	21.4	0.1	13.4	30.4	5.7	19.6	9.4
	601—1200 元	23.0	0.2	6.5	42.6	9.3	14.1	4.3
	1201—1700 元	19.1	0.1	13.6	29.2	9.0	19.1	9.9
	1701—2600 元	19.6	0.1	8.3	38.7	6.9	18.8	7.6
	2601—3500 元	17.5	0.2	7.4	38.7	8.0	17.7	10.5
	3501—5000 元	22.4	0.2	6.3	33.2	6.7	21.3	9.9
	5001 元及以上	22.7	0.1	5.9	31.7	5.4	23.5	10.7

注：*表示由于样本量太小，无法进行统计推断。

表 3.53.3　2013 年深圳市场各类频道在不同时段的市场占有率（%）

时间段	中央台频道	中国教育台频道	广东省级台	深圳市级台	境外频道	其他省级卫视频道	其他频道
02:00—03:00	22.0	0.3	5.4	24.5	6.1	27.6	14.1
03:00—04:00	20.7	0.2	4.2	25.6	4.2	29.1	16.0
04:00—05:00	21.8	0.0	4.5	23.3	3.7	30.0	16.7
05:00—06:00	23.7	0.1	4.2	21.4	5.4	28.0	17.2
06:00—07:00	27.1	0.1	8.0	21.6	9.2	21.9	12.1
07:00—08:00	26.5	0.1	10.3	36.5	7.9	8.8	9.9
08:00—09:00	27.2	0.1	12.0	30.5	6.5	13.0	10.7
09:00—10:00	28.7	0.1	14.1	24.1	3.1	17.7	12.2
10:00—11:00	30.4	0.1	13.3	20.2	4.0	19.8	12.2
11:00—12:00	31.7	0.2	12.5	18.6	5.1	19.9	12.0
12:00—13:00	27.7	0.1	10.5	28.9	8.6	15.7	8.5
13:00—14:00	31.0	0.3	12.4	22.9	5.1	19.0	9.3
14:00—15:00	27.5	0.4	11.4	18.9	4.1	25.6	12.1
15:00—16:00	27.9	0.3	9.7	18.9	4.1	26.8	12.3
16:00—17:00	27.6	0.1	10.0	19.0	3.5	27.4	12.4
17:00—18:00	23.6	0.1	9.3	31.9	4.3	20.5	10.3
18:00—19:00	18.4	0.0	8.2	52.7	7.6	6.1	7.0
19:00—20:00	18.5	0.1	9.3	46.1	5.0	13.5	7.5
20:00—21:00	17.5	0.2	7.9	33.9	6.8	25.2	8.5
21:00—22:00	17.0	0.1	7.2	32.6	9.1	24.9	9.1
22:00—23:00	13.6	0.1	5.4	39.1	9.2	23.3	9.3
23:00—24:00	14.7	0.1	6.9	41.8	5.5	21.5	9.5
24:00—25:00	21.0	0.1	7.2	32.6	5.8	23.1	10.2
25:00—26:00	22.6	0.3	8.1	26.2	7.1	23.5	12.2

表 3.53.4　2013 年深圳市场收视份额排名前十位的频道

名次	频道名称	收视份额（%）
1	深圳电视台一套（都市频道）	10.1
2	深圳电视台二套（电视剧频道）	6.3
2	深圳卫视（新闻综合频道）	6.3
4	深圳电视台七套（公共频道）	5.0
4	湖南电视台卫星频道	5.0
6	中央电视台综合频道	4.6
7	江苏卫视	3.0
8	中央台三套	2.3
9	深圳电视台六套（少儿频道）	2.0
9	中央电视台少儿频道	2.0

表 3.53.5　2013 年深圳市场各主要频道的观众构成（%）

目标观众		所有频道	主要频道				
			深圳电视台一套（都市频道）	深圳电视台二套（电视剧频道）	深圳卫视（新闻综合频道）	深圳电视台七套（公共频道）	湖南电视台卫星频道
4 岁及以上所有人		100.0	100.0	100.0	100.0	100.0	100.0
性别	男	51.9	47.6	57.9	51.7	50.9	41.1
	女	48.1	52.4	42.1	48.3	49.1	58.9
年龄	4—14 岁	7.0	3.9	4.5	4.5	6.3	9.0
	15—24 岁	9.4	8.4	10.2	9.8	16.4	12.4
	25—34 岁	37.2	39.4	31.8	37.5	29.5	46.8
	35—44 岁	18.9	16.8	20.9	20.1	18.5	17.9
	45—54 岁	17.9	21.4	20.5	19.8	18.9	9.6
	55—64 岁	6.8	7.1	9.5	6.2	7.7	2.7
	65 岁及以上	2.8	3.0	2.6	2.1	2.7	1.6
教育程度	未受过正规教育	3.0	2.3	1.6	1.8	3.0	2.6
	小学	9.4	7.5	12.3	6.9	9.1	9.8
	初中	27.5	27.3	35.6	28.3	36.6	27.4
	高中	32.9	35.8	28.4	35.7	33.2	32.3
	大学及以上	27.2	27.1	22.1	27.3	18.1	27.9
职业类别	干部/管理人员	7.9	6.6	7.7	8.9	7.3	10.2
	个体/私营企业人员	15.9	18.6	21.9	15.9	15.6	14.3
	初级公务员/雇员	27.1	28.8	17.5	25.4	27.9	24.7
	工人	14.5	15.9	28.3	18.6	12.9	13.2
	学生	7.4	5.4	5.2	5.6	8.3	11.2
	无业	27.2	24.7	19.4	25.6	28.0	26.4
	其他	*	*	*	*	*	*
个人月收入	0—600 元	27.0	23.5	18.5	23.8	26.7	33.3
	601—1200 元	2.9	2.2	3.7	2.5	8.6	0.8
	1201—1700 元	3.6	2.3	2.7	3.9	3.8	1.8
	1701—2600 元	15.3	18.0	19.8	17.1	19.8	11.7
	2601—3500 元	13.6	15.4	17.6	15.3	17.8	12.7
	3501—5000 元	16.2	17.7	17.8	17.8	10.2	17.4
	5001 元及以上	21.4	20.9	19.9	19.6	13.1	22.3

表 3.53.6　2011—2013 年深圳市场各类节目的播出份额（%）和收视份额（%）

节目类别	2011 年		2012 年		2013 年	
	播出份额	收视份额	播出份额	收视份额	播出份额	收视份额
财经	2.6	1.9	2.3	1.4	1.9	1.2
电视剧	26.8	31.2	27.4	32.1	22.2	32.6
电影	4.3	4.0	4.3	4.1	4.1	3.2
法制	0.8	1.3	0.9	1.2	0.8	0.4
教学	0.5	0.2	0.4	0.1	0.3	0.1
青少	6.2	5.0	6.0	5.8	6.5	5.7
生活服务	8.9	5.4	8.8	5.8	9.1	6.6
体育	3.3	5.4	3.5	4.6	3.3	2.4
外语	0.1	0.0	0.1	0.0	0.2	0.0
戏剧	1.0	0.1	0.8	0.1	0.6	0.1
新闻/时事	10.7	14.8	11.4	14.8	15.1	16.9
音乐	2.4	0.9	2.1	0.7	2.1	0.8
专题	10.1	6.0	10.0	6.8	10.4	6.1
综艺	7.2	9.9	6.7	9.8	8.4	10.4
其他	15.1	13.9	15.4	12.6	15.0	13.5

表 3.53.7　2013 年深圳市场所有节目收视率排名前三十位

名次	节目名称	类型	频道	平均收视率（%）	平均占有率（%）
1	2013 春节联欢晚会	综艺	中央电视台综合频道	9.6	30.5
2	我是歌手总决赛歌王之战	综艺	湖南电视台卫星频道	6.0	20.3
3	2013 元宵晚会	综艺	中央电视台综合频道	5.3	16.7
4	第 1 现场	新闻/时事	深圳电视台一套（都市频道）	5.1	23.7
5	爸爸去哪儿	综艺	湖南电视台卫星频道	4.6	21.7
6	年代秀春节特别节目 2013	综艺	深圳卫视（新闻综合频道）	4.5	20.1
7	中国好声音（9 月 13 日）	综艺	浙江卫视	4.5	15.4
8	直播周末：2013 年亚洲冠军联赛决赛第二回合（韩国首尔 FC 队 VS 中国广州恒大队）	体育	中央台五套	4.1	14.2
9	穷孩子富孩子	电视剧	深圳电视台一套（都市频道）	3.9	13.6
10	打狗棍	电视剧	深圳电视台二套（电视剧频道）	3.8	17.0
11	新燕子李三	电视剧	深圳电视台二套（电视剧频道）	3.8	16.8
12	快乐中国 20132014 跨年演唱会	音乐	湖南电视台卫星频道	3.7	15.5
13	那金花和她的女婿（5—37 集）	电视剧	深圳电视台一套（都市频道）	3.6	13.0
14	边城破晓	电视剧	深圳电视台二套（电视剧频道）	3.2	14.3
15	中国最强音（4 月 19 日）	综艺	湖南电视台卫星频道	3.2	12.4
16	闺中密友	电视剧	深圳电视台一套（都市频道）	3.2	12.1
17	梅州月中华情 2013 年中央电视台中秋晚会	综艺	中央电视台综合频道	3.2	12.0
17	年代秀	综艺	深圳卫视（新闻综合频道）	3.2	12.0
19	天真遇到现实	电视剧	深圳卫视（新闻综合频道）	3.2	11.9
20	百万新娘第二部之爱无悔	电视剧	湖南电视台卫星频道	3.2	11.2
21	陆贞传奇	电视剧	湖南电视台卫星频道	3.2	11.1
22	宝贝儿回家	电视剧	深圳电视台一套（都市频道）	3.1	12.4
23	时政要闻（11 月 12 日）	新闻/时事	深圳电视台一套（都市频道）	3.1	11.7
23	假如生活欺骗了你	电视剧	深圳电视台一套（都市频道）	3.1	11.7
25	天狼星行动	电视剧	深圳电视台二套（电视剧频道）	3.0	12.7
26	我家的春秋冬夏	电视剧	深圳电视台一套（都市频道）	3.0	12.1
27	小爸爸	电视剧	深圳卫视（新闻综合频道）	3.0	11.9
28	婚前协议	电视剧	深圳电视台一套（都市频道）	3.0	11.6
29	非缘勿扰	电视剧	深圳电视台一套（都市频道）	3.0	11.4
30	青春不言败	电视剧	深圳电视台一套（都市频道）	3.0	11.3

表 3.53.8　2013 年深圳市场电视剧收视率排名前十位

名次	节目名称	播出频道	平均收视率（%）	平均占有率（%）
1	穷孩子富孩子	深圳电视台一套（都市频道）	3.9	13.6
2	打狗棍	深圳电视台二套（电视剧频道）	3.8	17.0
3	新燕子李三	深圳电视台二套（电视剧频道）	3.8	16.8
4	那金花和她的女婿（5—37 集）	深圳电视台一套（都市频道）	3.6	13.0
5	边城破晓	深圳电视台二套（电视剧频道）	3.2	14.3
6	闺中密友	深圳电视台一套（都市频道）	3.2	12.1
7	天真遇到现实	深圳卫视（新闻综合频道）	3.2	11.9
8	百万新娘第二部之爱无悔	湖南电视台卫星频道	3.2	11.2
9	陆贞传奇	湖南电视台卫星频道	3.2	11.1
10	宝贝儿回家	深圳电视台一套（都市频道）	3.1	12.4

表 3.53.9　2013 年深圳市场新闻节目收视率排名前十位

名次	节目名称	播出频道	平均收视率（%）	平均占有率（%）
1	第 1 现场	深圳电视台一套（都市频道）	5.1	23.7
2	时政要闻（11 月 12 日）	深圳电视台一套（都市频道）	3.1	11.7
3	18 点新闻陈妮飞刀	深圳电视台七套（公共频道）	2.4	15.6
4	太空新旅再探天宫天宫一号与神舟十号载人飞行任务特别报道	中央电视台综合频道	2.2	15.3
5	新闻直播间（4 月 21 日）	中央电视台综合频道	1.9	11.4
6	1 时间	深圳电视台一套（都市频道）	1.7	11.9
7	新闻广场	深圳电视台七套（公共频道）	1.7	7.2
8	都市路路通	深圳电视台一套（都市频道）	1.6	13.2
9	东方时空（4 月 20/21 日）	中央电视台综合频道	1.5	5.6
10	新闻直播间（4 月 21 日）	深圳卫视（新闻综合频道）	1.4	8.2

表 3.53.10　2013 年深圳市场专题节目收视率排名前十位

名次	节目名称	播出频道	平均收视率（%）	平均占有率（%）
1	酷我真声音	浙江卫视	2.7	12.6
2	中国汉字听写大会 2013（9 月 13 日）	中央电视台综合频道	2.1	7.6
3	鞠说好看	深圳电视台一套（都市频道）	2.0	9.6
4	解密（1 月 9 日、1 月 16 日）	深圳卫视（新闻综合频道）	1.9	7.9
5	感动中国 2012 年度人物颁奖典礼	中央电视台综合频道	1.9	6.9
6	2013 大型公益活动颁奖典礼寻找最美乡村教师	中央电视台综合频道	1.6	6.3
7	军情直播间	深圳卫视（新闻综合频道）	1.5	5.8
8	一年又一年 2013	中央电视台综合频道	1.4	7.9
9	赢在中国蓝天碧水间（9 月 16 日）	江苏卫视	1.4	7.0
10	爱在晚晴天	江苏卫视	1.4	5.0

表 3.53.11 2013 年深圳市场综艺节目收视率排名前十位

名次	节目名称	播出频道	平均收视率（%）	平均占有率（%）
1	2013 春节联欢晚会	中央电视台综合频道	9.6	30.5
2	我是歌手总决赛歌王之战	湖南电视台卫星频道	6.0	20.3
3	2013 元宵晚会	中央电视台综合频道	5.3	16.7
4	爸爸去哪儿	湖南电视台卫星频道	4.6	21.7
5	年代秀春节特别节目 2013	深圳卫视（新闻综合频道）	4.5	20.1
6	中国好声音（9 月 13 日）	浙江卫视	4.5	15.4
7	中国最强音（4 月 19 日）	湖南电视台卫星频道	3.2	12.4
8	梅州月中华情 2013 年中央电视台中秋晚会	中央电视台综合频道	3.2	12.0
8	年代秀	深圳卫视（新闻综合频道）	3.2	12.0
10	男左 VS 女右	深圳卫视（新闻综合频道）	2.7	10.6

表 3.53.12 2013 年深圳市场体育节目收视率排名前十位

名次	节目名称	播出频道	平均收视率（%）	平均占有率（%）
1	直播周末：2013 年亚洲冠军联赛决赛第二回合（韩国首尔 FC 队 VS 中国广州恒大队）	中央台五套	4.1	14.2
2	直播周末 2013 年亚洲冠军联赛颁奖仪式	中央台五套	3.0	10.6
3	黄金赛场：2015 年亚洲杯预选赛（中国 VS 沙特阿拉伯）	中央台五套	2.2	8.0
4	直播周末：2012/2013 赛季 CBA 总决赛第二场（山东黄金 VS 广东东莞银行）	中央台五套	2.2	7.6
5	直播周末：2013 年澳大利亚网球公开赛女单决赛	中央台五套	2.0	11.2
6	现场直播：2013 年东亚杯足球赛（韩国队 VS 中国队）	中央台五套	2.0	7.7
7	黄金赛场：2013 年世界斯诺克锦标赛第二轮	中央台五套	1.6	6.5
8	直播周末：2012/2013 赛季西甲联赛第 26 轮（皇家马德里 VS 巴塞罗那）	中央台五套	1.5	8.0
9	2013/2014 赛季 CBA 常规赛第 9 轮（广东东莞银行 VS 福建泉州银行）	广东电视体育频道	1.5	5.2
10	2013 年世乒赛女单半决赛	中央台五套	1.5	5.1

五十四、石家庄收视数据

表 3.54.1　2009—2013 年石家庄市场各类频道的市场占有率（%）

频道类别	年份				
	2009 年	2010 年	2011 年	2012 年	2013 年
中央台频道	38.0	33.8	34.6	35.3	36.6
中国教育台频道	0.2	0.2	0.2	0.7	0.1
河北省级频道	16.3	19.7	17.6	19.5	20.1
石家庄市级频道	12.9	13.7	12.5	10.1	10.1
其他省级卫视频道	23.5	24.8	29.1	28.8	28.1
其他频道	9.1	7.7	6.0	5.6	5.1

表 3.54.2　2013 年石家庄市场各类频道在不同目标观众中的市场占有率（%）

目标观众		中央台频道	中国教育台频道	河北省级频道	石家庄市级频道	其他省级卫视频道	其他频道
4 岁及以上所有人		36.6	0.1	20.1	10.1	28.1	5.1
性别	男	39.8	0.1	19.5	9.7	25.4	5.4
	女	33.5	0.1	20.7	10.4	30.5	4.8
年龄	4—14 岁	30.0	0.1	22.2	5.4	36.6	5.8
	15—24 岁	27.5	0.2	22.2	8.5	36.1	5.5
	25—34 岁	33.9	0.1	16.5	9.7	33.5	6.2
	35—44 岁	30.7	0.1	23.9	11.3	28.4	5.7
	45—54 岁	33.5	0.2	23.2	11.6	27.3	4.3
	55—64 岁	42.7	0.2	16.7	11.1	25.4	4.0
	65 岁及以上	47.5	0.1	17.1	9.4	21.0	5.0
教育程度	未受过正规教育	28.7	0.0	24.2	6.4	31.6	9.2
	小学	36.5	0.1	22.7	8.8	27.2	4.6
	初中	33.3	0.1	22.5	10.7	28.8	4.6
	高中	36.4	0.1	20.4	10.2	27.6	5.3
	大学及以上	41.0	0.1	16.0	10.0	27.8	5.1
职业类别	干部/管理人员	41.6	0.0	17.1	7.6	27.9	5.8
	个体/私营企业人员	29.8	0.2	21.9	11.0	31.3	5.8
	初级公务员/雇员	34.1	0.1	21.0	10.3	29.9	4.7
	工人	34.6	0.2	21.3	10.9	27.5	5.5
	学生	28.9	0.1	23.7	7.4	34.5	5.4
	无业	41.9	0.1	18.1	10.5	24.6	4.8
	其他	*	*	*	*	*	*
个人月收入	0—600 元	30.8	0.1	23.2	9.0	31.8	5.0
	601—1200 元	34.6	0.3	20.6	11.0	27.4	6.1
	1201—1700 元	36.5	0.1	21.6	11.2	25.9	4.7
	1701—2600 元	39.5	0.1	17.7	10.1	27.5	5.1
	2601—3500 元	40.7	0.1	18.5	9.5	25.9	5.4
	3501—5000 元	42.7	0.0	13.7	9.6	30.7	3.3
	5001 元及以上	45.3	0.0	18.8	6.8	23.9	5.3

注：*表示样本量太小，无法进行统计推断。

表 3.54.3　2013 年石家庄市场各类频道在不同时段的市场占有率（%）

时间段	中央台频道	中国教育台频道	河北省级频道	石家庄市级频道	其他省级卫视频道	其他频道
02:00 — 03:00	30.2	0.4	21.6	2.3	37.3	8.3
03:00 — 04:00	31.9	0.2	21.0	2.4	35.2	9.3
04:00 — 05:00	39.2	0.2	18.3	2.6	31.5	8.3
05:00 — 06:00	47.8	0.1	16.9	1.9	26.1	7.2
06:00 — 07:00	49.3	0.1	17.0	2.8	26.6	4.3
07:00 — 08:00	57.3	0.0	16.3	4.1	19.3	3.1
08:00 — 09:00	52.7	0.1	14.9	4.3	23.1	4.8
09:00 — 10:00	41.1	0.1	17.5	4.4	30.3	6.7
10:00 — 11:00	38.3	0.1	17.9	3.5	33.4	6.8
11:00 — 12:00	40.3	0.1	21.5	4.4	28.1	5.6
12:00 — 13:00	38.7	0.1	25.5	14.5	17.3	3.9
13:00 — 14:00	40.4	0.1	18.8	5.9	29.1	5.7
14:00 — 15:00	33.7	0.1	17.3	3.8	38.4	6.7
15:00 — 16:00	33.0	0.1	16.5	3.5	39.6	7.4
16:00 — 17:00	33.4	0.1	17.3	3.8	38.4	7.0
17:00 — 18:00	34.4	0.0	17.8	8.5	33.4	5.9
18:00 — 19:00	37.2	0.0	25.3	20.6	12.0	4.9
19:00 — 20:00	41.7	0.1	19.1	19.6	15.1	4.4
20:00 — 21:00	33.8	0.2	21.4	10.9	29.4	4.4
21:00 — 22:00	33.5	0.1	20.4	8.6	33.1	4.3
22:00 — 23:00	27.8	0.1	19.3	8.7	39.6	4.4
23:00 — 24:00	27.3	0.1	19.5	6.6	40.9	5.8
24:00 — 25:00	29.3	0.2	20.5	5.9	37.4	6.8
25:00 — 26:00	28.1	0.4	23.1	4.7	35.7	8.1

表 3.54.4　2013 年石家庄市场收视份额排名前十位的频道

名次	频道名称	收视份额（%）
1	中央电视台综合频道	8.5
2	河北电视台农民频道（七套）	5.2
3	河北电视台二套（经济生活频道）	4.6
4	中央台四套	4.5
4	石家庄电视台新闻综合频道（一套）	4.5
6	中央台三套	3.8
7	中央电视台新闻频道	3.4
8	河北卫视	3.3
9	湖南电视台卫星频道	2.8
10	河北电视台四套（影视频道）	2.6

表 3.54.5　2013 年石家庄市场各主要频道的观众构成（%）

目标观众		所有频道	主要频道				
			中央电视台综合频道	河北电视台农民频道(七套)	河北电视台二套(经济生活频道)	中央台四套	石家庄电视台新闻综合频道(一套)
4 岁及以上所有人		100.0	100.0	100.0	100.0	100.0	100.0
性别	男	48.5	49.4	45.9	47.7	57.1	47.2
	女	51.5	50.7	54.1	52.3	43.0	52.8
年龄	4—14 岁	6.4	4.9	6.6	4.5	2.3	3.6
	15—24 岁	9.8	7.5	10.5	9.4	4.7	6.7
	25—34 岁	12.2	10.9	10.0	7.7	6.1	11.3
	35—44 岁	16.0	15.5	18.3	17.1	10.2	16.2
	45—54 岁	20.7	16.3	24.4	23.9	13.5	18.8
	55—64 岁	13.0	13.9	10.8	10.7	17.0	18.1
	65 岁及以上	21.9	31.1	19.4	26.8	46.3	25.4
教育程度	未受过正规教育	2.6	1.6	3.7	2.8	0.8	1.0
	小学	8.7	10.2	8.9	11.7	6.5	10.6
	初中	28.9	25.7	35.2	32.8	20.6	30.2
	高中	33.0	32.1	36.3	35.1	33.4	32.7
	大学及以上	26.8	30.4	16.0	17.6	38.8	25.5
职业类别	干部/管理人员	4.3	5.3	1.9	2.5	3.5	2.1
	个体/私营企业人员	12.2	9.1	14.4	13.5	7.3	12.6
	初级公务员/雇员	23.6	21.5	23.5	21.2	14.6	22.3
	工人	8.1	7.4	10.9	8.5	5.3	6.2
	学生	10.4	9.0	11.3	8.7	4.4	7.7
	无业	41.3	47.7	38.0	45.5	64.9	49.1
	其他	*	*	*	*	*	*
个人月收入	0—600 元	23.5	20.7	29.3	23.6	15.3	23.2
	601—1200 元	14.0	14.9	14.4	15.1	9.9	14.2
	1201—1700 元	21.4	22.2	26.2	25.4	18.2	25.8
	1701—2600 元	21.5	22.6	13.5	21.7	29.0	22.7
	2601—3500 元	12.5	12.3	10.9	10.5	16.2	9.0
	3501—5000 元	5.5	5.1	3.9	2.4	10.1	4.4
	5001 元及以上	1.7	2.2	1.8	1.4	1.3	0.6

表 3.54.6　2011—2013 年石家庄市场各类节目的播出份额（%）和收视份额（%）

节目类别	2011 年		2012 年		2013 年	
	播出份额	收视份额	播出份额	收视份额	播出份额	收视份额
财经	2.6	1.4	2.1	0.9	1.6	1.0
电视剧	21.9	32.0	21.3	31.7	29.5	30.9
电影	4.7	5.3	5.2	4.8	5.4	4.6
法制	1.1	1.7	1.1	1.9	1.4	3.2
教学	0.4	0.1	0.3	0.1	0.4	0.2
青少	7.8	3.6	7.2	3.6	5.5	3.9
生活服务	8.4	7.4	8.6	7.6	9.0	7.4
体育	1.6	2.8	1.7	3.2	2.1	2.4
外语	0.0	0.0	0.0	0.0	0.0	0.0
戏剧	1.1	0.7	1.0	0.6	0.6	0.5
新闻/时事	13.2	11.1	14.6	12.9	10.1	14.7
音乐	2.9	0.7	2.5	0.6	2.4	0.4
专题	9.9	6.8	11.4	7.8	8.5	7.8
综艺	10.5	14.1	9.4	13.4	7.4	12.5
其他	13.7	12.3	13.7	10.9	16.2	10.5

表 3.54.7 2013 年石家庄市场所有节目收视率排名前三十位

名次	节目名称	节目类型	播出频道	平均收视率（%）	平均占有率（%）
1	2013 春节联欢晚会	综艺	中央电视台综合频道	20.5	39.8
2	2013 元宵晚会	综艺	中央电视台综合频道	14.7	31.3
3	CCTV2013 年 315 晚会	综艺	中央电视台综合频道	9.3	22.2
4	天气预报	生活服务	中央电视台综合频道	7.6	21.8
5	开学第一课	综艺	中央电视台综合频道	7.6	20.2
6	梅州月中华情 2013 年中央电视台中秋晚会	综艺	中央电视台综合频道	6.4	17.8
7	咱们结婚吧	电视剧	中央电视台综合频道	6.3	17.3
8	感动中国 2012 年度人物颁奖典礼	专题	中央电视台综合频道	6.2	14.4
9	星光大道（2 月 2 日）	综艺	中央电视台综合频道	6.2	14.3
10	中国汉字听写大会 2013 总决赛	专题	中央电视台综合频道	6.0	15.1
11	新闻联播	新闻/时事	中央电视台综合频道	5.7	18.1
12	直播周末：2013 年亚洲冠军联赛决赛第二回合（广州恒大 VS 首尔 FC）	体育	中央台五套	5.7	15.0
13	直播周末 2013 年亚洲冠军联赛颁奖仪式	体育	中央台五套	5.2	19.4
14	有你才幸福	电视剧	中央电视台综合频道	4.9	13.3
15	闯关东前传	电视剧	中央电视台综合频道	4.7	13.9
16	焦点访谈	新闻/时事	中央电视台综合频道	4.7	13.1
17	2013 年世界羽毛球锦标赛男单决赛	体育	中央台五套	4.6	13.0
18	舞出我人生（6 月 30 日）	综艺	中央电视台综合频道	4.6	12.9
19	一年又一年 2013	专题	中央电视台综合频道	4.5	16.4
20	中国好声音（7 月 26 日）	综艺	浙江卫视	4.5	15.1
21	2012 中国电视剧年度明星盛典	综艺	中央电视台综合频道	4.5	12.3
22	万家灯火平安夜公安部 2013 年春节电视文艺晚会	综艺	中央电视台综合频道	4.4	11.5
23	东方时空（4 月 20/21 日）	新闻/时事	中央电视台综合频道	4.3	11.2
24	我是歌手总决赛歌王之战	综艺	湖南电视台卫星频道	4.2	13.3
25	快乐的节日 2013 年六一晚会	青少	中央电视台综合频道	4.2	11.3
26	大型音乐公益节目梦想星搭档中国梦梦之蓝为了孩子（11 月 29 日）	综艺	中央电视台综合频道	4.2	10.9
27	中国梦劳动美 2013 年庆祝五一国际劳动节专题文艺晚会	综艺	中央电视台综合频道	3.9	10.7
28	中央电视台特别节目梦想从历史深处走来	专题	中央电视台综合频道	3.9	10.6
29	快乐中国 20132014 跨年演唱会	音乐	湖南电视台卫星频道	3.8	12.7
30	圆梦中国德耀中华第四届全国道德模范授奖仪式	专题	中央电视台综合频道	3.8	11.2

表 3.54.8　2013 年石家庄市场电视剧收视率排名前十位

名次	节目名称	播出频道	平均收视率（%）	平均占有率（%）
1	咱们结婚吧	中央电视台综合频道	6.3	17.3
2	有你才幸福	中央电视台综合频道	4.9	13.3
3	闯关东前传	中央电视台综合频道	4.7	13.9
4	樱桃红	河北电视台二套（经济生活频道）	4.2	10.9
5	苍狼	河北电视台二套（经济生活频道）	3.5	9.4
6	赵氏孤儿案	中央电视台综合频道	3.5	9.2
7	唐山大地震	河北卫视	3.4	9.6
8	战狼	河北电视台二套（经济生活频道）	3.4	9.5
9	我和丈母娘的十年战争	河北电视台农民频道（七套）	3.4	8.6
10	先结婚后恋爱	河北卫视	3.4	8.3

表 3.54.9　2013 年石家庄市场新闻节目收视率排名前十位

名次	节目名称	播出频道	平均收视率（%）	平均占有率（%）
1	新闻联播	中央电视台综合频道	5.7	18.1
2	焦点访谈	中央电视台综合频道	4.7	13.1
3	东方时空（4 月 20/21 日）	中央电视台综合频道	4.3	11.2
4	转播中央台新闻联播	石家庄电视台新闻综合频道（一套）	3.6	11.5
5	太空新旅再探天宫天宫一号与神舟十号载人飞行任务特别报道	中央电视台综合频道	3.2	20.3
6	今日关注	中央台四套	2.9	8.8
7	李克强总理会见中外记者并回答提问	中央电视台综合频道	2.9	7.3
8	嫦娥三号登月之旅	中央电视台综合频道	2.7	10.2
9	海峡两岸	中央台四套	2.4	6.4
10	今日资讯	河北电视台二套（经济生活频道）	2.2	10.0

表 3.54.10　2013 年石家庄市场专题节目收视率排名前十位

名次	节目名称	播出频道	平均收视率（%）	平均占有率（%）
1	感动中国 2012 年度人物颁奖典礼	中央电视台综合频道	6.2	14.4
2	中国汉字听写大会 2013 总决赛	中央电视台综合频道	6.0	15.1
3	一年又一年 2013	中央电视台综合频道	4.5	16.4
4	中央电视台特别节目梦想从历史深处走来	中央电视台综合频道	3.9	10.6
5	圆梦中国德耀中华第四届全国道德模范授奖仪式	中央电视台综合频道	3.8	11.2
6	习仲勋	中央电视台综合频道	3.3	10.1
7	2013 大型公益活动颁奖典礼寻找最美乡村教师	中央电视台综合频道	2.1	6.3
8	温暖 2012	中央台三套	2.0	6.3
9	酷我真声音	浙江卫视	1.6	11.1
10	解密（1 月 9 日、16 日）	深圳卫视（新闻综合频道）	1.6	6.0

表 3.54.11 2013 年石家庄市场综艺节目收视率排名前十位

名次	节目名称	播出频道	平均收视率（%）	平均占有率（%）
1	2013 春节联欢晚会	中央电视台综合频道	20.5	39.8
2	2013 元宵晚会	中央电视台综合频道	14.7	31.3
3	CCTV2013 年 315 晚会	中央电视台综合频道	9.3	22.2
4	开学第一课	中央电视台综合频道	7.6	20.2
5	梅州月中华情 2013 年中央电视台中秋晚会	中央电视台综合频道	6.4	17.8
6	星光大道（2 月 2 日）	中央电视台综合频道	6.2	14.3
7	舞出我人生（6 月 30 日）	中央电视台综合频道	4.6	12.9
8	中国好声音（7 月 26 日）	浙江卫视	4.5	15.1
9	2012 中国电视剧年度明星盛典	中央电视台综合频道	4.5	12.3
10	万家灯火平安夜公安部 2013 年春节电视文艺晚会	中央电视台综合频道	4.4	11.5

表 3.54.12 2013 年石家庄市场体育节目收视率排名前十位

名次	节目名称	播出频道	平均收视率（%）	平均占有率（%）
1	直播周末：2013 年亚洲冠军联赛决赛第二回合（广州恒大 VS 首尔 FC）	中央台五套	5.7	15.0
2	直播周末 2013 年亚洲冠军联赛颁奖仪式	中央台五套	5.2	19.4
3	2013 年世界羽毛球锦标赛男单决赛	中央台五套	4.6	13.0
4	2013 年世乒赛女单半决赛	中央台五套	3.6	12.2
5	直播周末：2013 年世界女排大奖赛总决赛（中国 VS 日本）	中央台五套	3.1	10.7
6	直播周末：2013 年澳大利亚网球公开赛女单决赛	中央台五套	2.6	11.6
7	直播周末：第 14 届世界田径锦标赛男子 1500 米决赛	中央台五套	2.3	6.1
8	现场直播：2013 年亚洲男篮锦标赛 1/4 决赛（中国 VS 中华台北）	中央台五套	2.2	10.1
9	2013 年第十二届全运会男子 110 米栏决赛	中央台五套	2.2	8.3
10	2013 年第 6 届东亚运动会女子跳水 1 米板决赛	中央台五套	2.2	6.6

五十五、太原收视数据

表 3.55.1 2009—2013 年太原市场各类频道的市场占有率（%）

频道类别	年份				
	2009 年	2010 年	2011 年	2012 年	2013 年
中央台频道	35.9	33.7	32.7	33.8	34.0
中国教育台频道	0.4	0.5	0.8	0.8	0.7
山西省级频道	13.6	17.3	19.4	16.6	18.1
太原市级频道	17.4	16.6	14.2	11.3	7.8
其他省级卫视频道	24.2	27.8	29.5	34.3	34.5
其他频道	8.6	4.1	3.4	3.2	4.9

表 3.55.2 2013 年太原市场各类频道在不同目标观众中的市场占有率（%）

目标观众		中央台频道	中国教育台频道	山西省级频道	太原市级频道	其他省级卫星频道	其他频道
4 岁及以上所有人		34.0	0.7	18.1	7.8	34.5	4.9
性别	男	35.8	0.8	17.8	7.5	33.1	5.0
	女	32.2	0.7	18.5	8.1	35.9	4.6
年龄	4—14 岁	33.0	0.8	18.8	4.1	39.0	4.3
	15—24 岁	26.9	0.7	15.6	8.4	42.0	6.4
	25—34 岁	26.8	0.4	17.3	5.0	44.8	5.7
	35—44 岁	32.3	1.2	17.6	8.2	35.6	5.1
	45—54 岁	33.5	1.3	20.5	8.7	30.8	5.2
	55—64 岁	30.6	0.3	20.7	7.5	36.2	4.7
	65 岁及以上	48.7	0.4	15.7	10.2	22.0	3.0
教育程度	未受过正规教育	37.8	0.4	20.2	3.3	33.7	4.6
	小学	31.9	1.0	21.0	7.7	33.9	4.5
	初中	32.5	0.7	19.3	7.7	35.0	4.8
	高中	33.7	1.2	17.6	8.6	33.9	5.0
	大学及以上	36.8	0.2	15.5	7.9	35.1	4.5
职业类别	干部/管理人员	32.4	0.3	21.3	8.1	35.7	2.2
	个体/私营经企业人员	32.3	1.2	19.0	7.6	34.4	5.5
	初级公务员/雇员	33.3	0.5	17.4	7.1	36.0	5.7
	工人	28.8	0.9	18.9	8.5	37.6	5.3
	学生	30.9	1.0	14.2	5.8	42.4	5.7
	无业	37.5	0.6	18.1	8.5	31.6	3.7
	其他	18.1	1.0	45.2	5.8	13.1	16.8
个人月收入	0—600 元	29.5	0.8	19.6	6.8	37.6	5.8
	601—1200 元	30.3	1.4	18.9	10.2	32.8	6.3
	1201—1700 元	35.3	0.7	19.0	7.6	33.0	4.5
	1701—2600 元	38.8	0.8	16.3	7.9	32.9	3.4
	2601—3500 元	37.1	0.3	16.1	7.9	33.9	4.7
	3501—5000 元	30.6	0.4	20.0	7.9	37.3	3.8
	5001 元及以上	35.1	0.2	15.9	8.3	33.5	7.0

表 3.55.3 2013 年太原市场各类频道在不同时段的市场占有率（%）

时间段	中央台频道	中国教育台频道	山西省级频道	太原市级频道	其他省级卫视频道	其他频道
02:00 — 03:00	29.6	1.9	15.9	4.4	38.3	9.9
03:00 — 04:00	28.4	2.3	16.2	4.8	39.0	9.3
04:00 — 05:00	33.2	2.0	12.9	5.2	37.3	9.4
05:00 — 06:00	39.0	1.6	9.8	4.1	36.2	9.3
06:00 — 07:00	49.8	0.5	8.3	4.4	29.9	7.1
07:00 — 08:00	53.3	0.2	11.2	5.0	25.7	4.6
08:00 — 09:00	47.7	0.3	12.0	7.4	27.8	4.8
09:00 — 10:00	39.1	0.4	14.8	4.4	35.3	6.0
10:00 — 11:00	37.9	0.7	13.4	4.1	38.0	5.9
11:00 — 12:00	40.1	0.6	18.1	4.0	32.9	4.3
12:00 — 13:00	43.1	0.7	19.6	3.1	29.6	3.9
13:00 — 14:00	30.6	1.0	26.7	4.0	33.1	4.6
14:00 — 15:00	28.9	1.2	15.9	4.1	44.1	5.8
15:00 — 16:00	32.3	1.2	9.2	4.4	47.0	5.9
16:00 — 17:00	35.8	0.7	7.7	5.0	45.2	5.6
17:00 — 18:00	37.8	0.4	9.3	5.0	42.8	4.7
18:00 — 19:00	39.0	0.2	21.6	16.3	18.4	4.5
19:00 — 20:00	38.1	0.6	21.6	16.8	19.2	3.7
20:00 — 21:00	29.2	1.1	22.1	11.0	32.6	4.0
21:00 — 22:00	30.3	0.8	20.7	6.9	36.9	4.4
22:00 — 23:00	26.5	0.8	15.9	6.2	45.2	5.4
23:00 — 24:00	29.9	0.4	14.6	5.7	42.9	6.5
24:00 — 25:00	34.5	0.6	13.8	4.0	39.5	7.6
25:00 — 26:00	31.8	1.4	15.7	4.1	37.8	9.2

表 3.55.4 2013 年太原市场收视份额排名前十位的频道

名次	频道名称	收视份额（%）
1	中央电视台综合频道	7.2
2	山西广播电视台科教频道	5.8
3	中央台四套	3.9
4	湖南电视台卫星频道	3.8
4	中央台三套	3.8
6	中央电视台少儿频道	3.3
6	中央电视台新闻频道	3.3
8	山西黄河电视台	3.0
9	江苏卫视	2.8
10	湖北卫视	2.6

表 3.55.5　2013 年太原市场各主要频道的观众构成（%）

目标观众		所有频道	主要频道				
			中央电视台综合频道	山西广播电视台科教频道	中央台四套	湖南电视台卫星频道	中央台三套
4 岁及以上所有人		100.0	100.0	100.0	100.0	100.0	100.0
性别	男	49.5	51.6	46.3	56.3	39.7	47.6
	女	50.5	48.4	53.7	43.7	60.3	52.4
年龄	4—14 岁	8.8	5.8	5.2	3.1	11.2	4.2
	15—24 岁	9.6	6.3	8.1	5.0	23.1	6.1
	25—34 岁	12.6	7.3	11.6	4.8	16.9	8.8
	35—44 岁	17.4	15.3	16.0	11.9	21.4	13.6
	45—54 岁	18.3	22.7	21.5	13.8	12.7	17.3
	55—64 岁	15.8	14.2	22.8	16.1	6.3	18.4
	65 岁及以上	17.5	28.4	14.8	45.3	8.4	31.6
教育程度	未受过正规教育	4.7	2.2	2.9	4.6	3.4	2.0
	小学	11.5	10.4	11.3	8.7	11.4	7.3
	初中	32.2	30.3	38.7	32.4	33.4	40.3
	高中	28.7	32.0	25.9	28.0	29.9	24.8
	大学及以上	22.9	25.1	21.2	26.3	21.9	25.6
职业类别	干部/管理人员	2.5	2.4	1.9	1.5	1.9	3.0
	个体/私营企业人员	16.9	17.6	14.4	10.0	16.7	13.0
	初级公务员/雇员	17.5	16.0	16.8	13.3	18.8	15.7
	工人	10.6	8.3	12.4	8.7	9.5	8.7
	学生	10.2	7.8	6.3	5.1	21.7	6.1
	无业	41.3	46.9	45.7	61.3	31.1	53.4
	其他	1.0	1.0	2.5	0.1	0.3	0.1
个人月收入	0—600 元	27.2	18.1	25.9	14.5	44.7	18.2
	601—1200 元	11.4	13.9	10.5	8.4	10.7	10.2
	1201—1700 元	19.9	21.9	26.0	26.7	12.8	21.7
	1701—2600 元	23.7	32.1	20.3	30.2	13.6	29.9
	2601—3500 元	11.7	10.1	10.8	15.0	10.7	14.8
	3501—5000 元	4.7	3.1	5.6	3.9	6.1	4.2
	5001 元及以上	1.4	0.8	0.9	1.3	1.4	1.0

表 3.55.6　2011—2013 年太原市场各类节目的播出份额（%）和收视份额（%）

节目类型	2011 年		2012 年		2013 年	
	播出份额	收视份额	播出份额	收视份额	播出份额	收视份额
财经	2.4	1.1	2.1	0.9	1.8	0.9
电视剧	21.9	28.9	21.3	30.5	22.1	27.1
电影	3.6	3.3	3.8	3.3	4.2	3.5
法制	1.2	3.8	1.2	3.0	1.3	3.3
教学	0.4	0.2	0.3	0.1	0.2	0.0
青少	7.8	4.5	7.2	4.0	6.8	5.7
生活服务	8.3	8.5	9.1	8.7	9.6	8.9
体育	1.4	2.0	1.6	2.8	1.9	2.3
外语	0.0	0.0	0.0	0.0	0.0	0.0
戏剧	1.1	0.8	1.0	0.5	0.7	0.2
新闻/时事	13.9	13.1	15.2	13.3	15.1	14.7
音乐	3.0	1.0	2.5	0.9	2.4	0.6
专题	11.1	6.4	11.8	7.0	10.4	6.4
综艺	10.1	14.4	8.8	14.0	9.3	15.1
其他	13.8	12.2	14.1	11.0	14.2	11.3

表 3.55.7　2013 年太原市场所有节目收视率排名前三十位

名次	节目名称	节目类型	播出频道	平均收视率（%）	平均占有率（%）
1	2013 元宵晚会	综艺	中央电视台综合频道	13.7	27.4
2	2013 春节联欢晚会	综艺	中央电视台综合频道	12.6	19.7
3	天气预报	生活服务	中央电视台综合频道	7.4	22.6
4	快乐中国 20132014 跨年演唱会	音乐	湖南电视台卫星频道	7.2	18.0
5	CCTV2013 年 315 晚会	综艺	中央电视台综合频道	6.9	15.4
6	咱们结婚吧	电视剧	中央电视台综合频道	6.8	16.3
7	梅州月中华情 2013 年中央电视台中秋晚会	综艺	中央电视台综合频道	6.2	15.1
8	有你才幸福	电视剧	中央电视台综合频道	6.1	14.6
9	中国梦劳动美 2013 年庆祝五一国际劳动节专题文艺晚会	综艺	中央电视台综合频道	5.9	14.2
10	开学第一课	综艺	中央电视台综合频道	5.5	12.9
11	直播周末：2013 年亚洲冠军联赛决赛第二回合（韩国首尔 FC 队 VS 中国广州恒大队）	体育	中央台五套	5.5	12.5
12	我是歌手总决赛歌王之战	综艺	湖南电视台卫星频道	5.3	15.7
13	直播周末 2013 年亚洲冠军联赛颁奖仪式	体育	中央台五套	5.3	13.2
14	启航 2014 新年特别节目	综艺	中央电视台综合频道	4.8	12.2
15	百花迎春中国文学艺术界 2013 春节大联欢	综艺	中央台三套	4.8	11.0
16	爸爸去哪儿	综艺	湖南电视台卫星频道	4.7	23.7
17	舞出我人生圆梦之旅	综艺	中央电视台综合频道	4.7	13.7
18	幸福 NO.1 春节联欢晚会 2013	综艺	江苏卫视	4.7	12.0
19	万家灯火平安夜公安部 2013 年春节电视文艺晚会	综艺	中央电视台综合频道	4.7	11.3
20	中国好声音年度盛典	综艺	浙江卫视	4.6	14.9
21	2013 年世界羽毛球锦标赛男单决赛	体育	中央台五套	4.5	15.0
22	新闻联播	新闻/时事	中央电视台综合频道	4.4	16.3
23	元宵喜乐会	综艺	湖南电视台卫星频道	4.4	11.2
24	2013 小年夜大联欢快乐到家	综艺	湖南电视台卫星频道	4.2	11.9
25	小郭跑腿	生活服务	山西广播电视台科教频道	4.2	10.1
26	众里寻你 2013 寻找最美孝心少年颁奖典礼	青少	中央电视台综合频道	4.1	9.3
27	2012 中国电视剧年度明星盛典	综艺	中央电视台综合频道	4.0	9.3
28	闯关东前传	电视剧	中央电视台综合频道	3.9	10.6
29	快乐大本营	综艺	湖南电视台卫星频道	3.8	9.0
30	五月的鲜花我们的中国梦 2013 年全国大学生校园文艺会演	综艺	中央电视台综合频道	3.7	9.2

表 3.55.8　2013 年太原市场电视剧收视率排名前十位

名次	节目名称	播出频道	平均收视率(%)	平均占有率(%)
1	咱们结婚吧	中央电视台综合频道	6.8	16.3
2	有你才幸福	中央电视台综合频道	6.1	14.6
3	闯关东前传	中央电视台综合频道	3.9	10.6
4	咱们结婚吧	湖南电视台卫星频道	3.4	8.1
5	全家福	中央电视台综合频道	3.3	7.3
6	花木兰传奇	中央电视台综合频道	3.1	8.3
7	劝和小组	中央电视台综合频道	2.9	6.6
8	刘伯承元帅(19—33 集)	中央电视台综合频道	2.8	6.5
9	推拿	中央电视台综合频道	2.7	6.9
10	毛泽东(1—8 集)	中央电视台综合频道	2.7	6.4

表 3.55.9　2013 年太原市场新闻节目收视率排名前十位

名次	节目名称	播出频道	平均收视率(%)	平均占有率(%)
1	新闻联播	中央电视台综合频道	4.4	16.3
2	嫦娥三号登月之旅	中央电视台综合频道	4.1	8.9
3	东方时空(4 月 20/21 日)	中央电视台综合频道	3.4	8.3
4	李克强总理会见中外记者并回答提问	中央电视台综合频道	3.0	7.1
5	今日关注	中央台四套	2.9	7.1
6	太空新旅再探天宫天宫一号与神舟十号载人飞行任务特别报道	中央电视台综合频道	2.6	17.2
7	新闻快车	太原新闻频道(一套)	2.5	6.9
8	中国新闻	中央台四套	2.4	5.7
9	焦点访谈	中央电视台综合频道	2.3	6.5
10	东方时空(4 月 20 日)	安徽卫视	2.1	4.7

表 3.55.10　2013 年太原市场专题节目收视率排名前十位

名次	节目名称	播出频道	平均收视率(%)	平均占有率(%)
1	感动中国 2012 年度人物颁奖典礼	中央电视台综合频道	3.6	8.5
2	圆梦中国德耀中华第四届全国道德模范授奖仪式	中央电视台综合频道	3.5	8.2
3	温暖 2012	中央台三套	3.4	8.7
4	一年又一年 2013	中央电视台综合频道	3.0	11.1
5	中国汉字听写大会 2013 半决赛第一场	中央电视台综合频道	3.0	7.4
6	习仲勋	中央电视台综合频道	2.0	5.0
7	中央电视台特别节目梦想从历史深处走来	中央电视台新闻频道	1.7	4.3
8	解密(1 月 9 日、16 日)	深圳卫视(新闻综合频道)	1.6	4.7
9	新闻快车特别节目让激情飞起来	太原新闻频道(一套)	1.6	4.3
10	315 维权大联盟	太原社教法制频道(三套)	1.6	4.1

表 3.55.11　2013 年太原市场综艺节目收视率排名前十位

名次	节目名称	播出频道	平均收视率（%）	平均占有率（%）
1	2013 元宵晚会	中央电视台综合频道	13.7	27.4
2	2013 春节联欢晚会	中央电视台综合频道	12.6	19.7
3	CCTV2013 年 315 晚会	中央电视台综合频道	6.9	15.4
4	梅州月中华情 2013 年中央电视台中秋晚会	中央电视台综合频道	6.2	15.1
5	中国梦劳动美 2013 年庆祝五一国际劳动节专题文艺晚会	中央电视台综合频道	5.9	14.2
6	开学第一课	中央电视台综合频道	5.5	12.9
7	我是歌手总决赛歌王之战	湖南电视台卫星频道	5.3	15.7
8	启航 2014 新年特别节目	中央电视台综合频道	4.8	12.2
9	百花迎春中国文学艺术界 2013 春节大联欢	中央台三套	4.8	11.0
10	爸爸去哪儿	湖南电视台卫星频道	4.7	23.7

表 3.55.12　2013 年太原市场体育节目收视率排名前十位

名次	节目名称	播出频道	平均收视率（%）	平均占有率（%）
1	直播周末：2013 年亚洲冠军联赛决赛第二回合（韩国首尔 FC 队 VS 中国广州恒大队）	中央台五套	5.5	12.5
2	直播周末 2013 年亚洲冠军联赛颁奖仪式	中央台五套	5.3	13.2
3	2013 年世界羽毛球锦标赛男单决赛	中央台五套	4.5	15.0
4	黄金赛场：2015 年亚洲杯预选赛（中国 VS 沙特阿拉伯）	中央台五套	3.2	7.5
5	2013 年世乒赛女单半决赛	中央台五套	3.1	7.9
6	直播周末：2013 年世界女排大奖赛总决赛（日本队 VS 中国队）	中央台五套	2.8	11.4
7	篮球风云季：2012/2013 赛季中国男子篮球职业联赛（山西汾酒集团 VS 佛山友诚金融）	山西广播电视台公共频道	2.7	6.0
8	篮球风云季：2013/2014 赛季中国男子篮球职业联赛第六轮（四川爱家 168VS 山西汾酒集团）	山西广播电视台公共频道	2.6	6.1
9	直播周末：2013 年澳大利亚网球公开赛女单决赛	中央台五套	2.4	11.1
10	直播周末：2013 年斯诺克上海大师赛半决赛	中央台五套	2.3	6.2

五十六、乌鲁木齐收视数据

表 3.56.1　2009—2013 年乌鲁木齐市场各类频道的市场占有率（%）

频道类别	年份				
	2009 年	2010 年	2011 年	2012 年	2013 年
中央电视台频道	47.1	43.5	44.2	37.4	38.0
中国教育台频道	0.3	0.2	0.4	0.5	0.4
新疆自治区级频道	16.1	13.5	10.7	11.6	10.8
乌鲁木齐市级频道	7.4	6.1	5.0	5.3	5.2
其他省级卫视频道	25.6	31.2	33.2	32.3	31.7
其他频道	3.5	5.5	6.5	12.9	13.9

表 3.56.2　2013 年乌鲁木齐市场各类频道在不同目标观众中的市场占有率（%）

目标观众		中央台频道	中国教育台频道	新疆自治区级频道	乌鲁木齐市级频道	其他省级卫视频道	其他频道
4 岁及以上所有人		38.0	0.4	10.8	5.2	31.7	13.9
性别	男	40.2	0.4	10.9	5.0	29.7	13.7
	女	35.6	0.4	10.7	5.3	33.9	14.1
年龄	4—14 岁	27.1	0.4	13.1	4.3	37.4	17.7
	15—24 岁	24.5	0.3	17.5	8.1	29.0	20.6
	25—34 岁	31.9	0.4	10.5	5.1	33.6	18.5
	35—44 岁	35.9	0.4	10.9	6.6	30.7	15.5
	45—54 岁	41.6	0.5	10.0	5.0	31.5	11.5
	55—64 岁	46.2	0.4	8.0	4.2	31.8	9.5
	65 岁及以上	47.7	0.3	10.8	3.8	28.8	8.6
教育程度	未受过正规教育	32.0	0.3	10.3	5.1	34.8	17.6
	小学	34.5	0.3	16.3	5.0	28.8	15.1
	初中	41.8	0.5	10.8	5.4	31.2	10.3
	高中	35.4	0.4	9.6	5.5	33.6	15.5
	大学及以上	40.6	0.3	8.8	4.5	31.3	14.5
职业类别	干部/管理人员	39.6	0.4	8.6	5.7	31.9	13.8
	个体/私营企业人员	38.6	0.3	9.0	4.9	31.7	15.5
	初级公务员/雇员	38.7	0.4	8.1	5.7	31.3	15.8
	工人	36.5	0.7	14.1	5.3	30.8	12.6
	学生	24.6	0.4	17.5	6.5	32.6	18.4
	无业	41.0	0.3	10.4	4.7	31.5	12.0
	其他	40.2	0.1	1.7	1.2	46.1	10.6
个人月收入	0—600 元	27.4	0.4	15.9	6.3	32.0	18.0
	601—1200 元	45.0	0.2	9.6	3.6	31.4	10.2
	1201—1700 元	40.3	0.4	8.7	5.7	34.6	10.3
	1701—2600 元	44.4	0.5	7.5	4.8	32.9	10.0
	2601—3500 元	39.1	0.5	12.9	4.5	28.8	14.2
	3501 元—5000 元	36.6	0.3	9.4	5.6	29.8	18.3
	5001 元及以上	44.3	0.3	4.6	4.0	31.0	15.8

表 3. 56. 3　2013 年乌鲁木齐市场各类频道在不同时段的市场占有率（%）

时间段	中央台频道	中国教育台频道	新疆自治区级频道	乌鲁木齐市级频道	其他省级卫视频道	其他频道
02:00—03:00	25.7	0.5	10.6	4.2	37.5	21.5
03:00—04:00	28.1	0.3	6.4	2.8	38.1	24.2
04:00—05:00	31.6	0.2	6.1	3.1	34.5	24.5
05:00—06:00	34.7	0.3	7.2	2.9	29.7	25.1
06:00—07:00	44.6	0.2	8.4	2.9	25.0	18.9
07:00—08:00	60.4	0.1	6.7	0.7	20.8	11.2
08:00—09:00	59.5	0.1	7.7	1.9	21.6	9.2
09:00—10:00	49.3	0.2	8.7	7.4	23.2	11.0
10:00—11:00	45.1	0.6	10.5	4.4	26.3	13.1
11:00—12:00	44.0	0.4	11.0	3.5	26.6	14.4
12:00—13:00	44.0	0.4	10.7	3.5	26.5	14.8
13:00—14:00	40.1	0.6	9.7	4.0	30.5	15.2
14:00—15:00	37.1	0.6	8.4	4.0	33.8	16.0
15:00—16:00	34.9	0.4	9.9	3.3	35.2	16.3
16:00—17:00	32.5	0.3	11.0	3.9	36.1	16.3
17:00—18:00	35.5	0.2	10.2	3.7	34.7	15.6
18:00—19:00	52.9	0.1	9.6	3.0	19.8	14.6
19:00—20:00	55.4	0.5	7.8	4.6	21.4	10.3
20:00—21:00	39.1	0.7	9.2	7.3	33.6	10.0
21:00—22:00	36.6	0.4	10.3	6.3	34.2	12.2
22:00—23:00	30.8	0.3	12.1	6.6	36.4	13.8
23:00—24:00	29.3	0.1	15.0	5.4	35.9	14.3
24:00—25:00	28.6	0.2	16.0	5.6	33.6	16.0
25:00—26:00	26.5	0.5	11.8	6.2	34.7	20.3

表 3. 56. 4　2013 年乌鲁木齐市场收视份额排名前十位的频道

名次	频道名称	收视份额（%）
1	中央电视台新闻频道	6.4
2	中央电视台综合频道	5.8
3	中央电视台少儿频道	3.2
4	湖南电视台卫星频道	3.1
5	中央台八套	3.0
6	中央台三套	2.9
7	中央台四套	2.8
8	江苏卫视	2.7
9	中央台六套	2.6
10	浙江卫视	2.2

表 3.56.5　2013 年乌鲁木齐市场各主要频道的观众构成（%）

目标观众		所有频道	主要频道				
			中央电视台新闻频道	中央电视台综合频道	中央电视台少儿频道	湖南电视台卫星频道	中央台八套
4 岁及以上所有人		100.0	100.0	100.0	100.0	100.0	100.0
性别	男	51.6	59.7	49.3	47.4	39.3	48.2
	女	48.4	40.3	50.7	52.6	60.7	51.8
年龄	4—14 岁	9.4	4.3	5.0	27.2	16.4	6.0
	15—24 岁	6.0	2.8	2.4	4.9	8.6	3.4
	25—34 岁	16.2	13.0	12.2	18.7	24.9	10.8
	35—44 岁	20.9	16.5	16.1	20.3	22.4	23.5
	45—54 岁	17.5	19.9	19.9	9.4	14.4	20.7
	55—64 岁	15.2	25.7	18.0	10.6	7.3	20.6
	65 岁及以上	14.7	17.9	26.5	8.9	6.0	15.1
教育程度	未受过正规教育	4.7	2.6	3.1	14.5	5.4	5.0
	小学	15.9	11.5	15.7	23.6	14.9	15.8
	初中	27.6	33.8	28.0	22.5	26.7	36.7
	高中	29.6	26.4	27.9	21.8	30.3	25.1
	大学及以上	22.1	25.8	25.2	17.6	22.7	17.3
职业类别	干部/管理人员	4.6	4.7	3.7	4.0	4.5	6.0
	个体/私营企业人员	15.3	15.8	13.2	14.9	13.6	15.6
	初级公务员/雇员	15.0	13.4	14.7	9.2	17.3	16.0
	工人	12.7	10.4	11.8	8.0	14.4	14.9
	学生	9.9	4.2	4.5	17.2	16.7	6.1
	无业	41.4	50.2	51.2	44.2	33.3	40.7
	其他	1.1	1.2	1.0	2.4	0.3	0.7
个人月收入	0—600 元	25.1	12.7	16.0	46.2	35.7	19.7
	601—1200 元	7.6	7.9	9.9	5.9	4.4	11.8
	1201—1700 元	12.3	16.7	11.6	8.8	10.9	14.6
	1701—2600 元	22.6	26.2	28.3	14.3	19.4	28.4
	2601—3500 元	17.5	18.1	19.0	13.1	13.7	15.7
	3501 元—5000 元	9.8	9.8	10.9	7.1	11.0	6.5
	5001 元及以上	5.0	8.5	4.3	4.7	4.9	3.4

表 3.56.6　2011—2013 年乌鲁木齐市场各类节目的播出份额（%）和收视份额（%）

节目类别	2011 年		2012 年		2013 年	
	播出份额	收视份额	播出份额	收视份额	播出份额	收视份额
财经	2.5	1.5	2.1	1.1	1.6	1.1
电视剧	27.7	28.1	21.0	29.3	26.7	27.8
电影	5.1	4.1	5.0	6.1	6.1	7.6
法制	0.9	1.4	0.8	1.2	1.0	1.8
教学	0.6	0.2	0.3	0.2	0.4	0.2
青少	5.1	3.9	6.9	5.7	5.3	6.8
生活服务	8.0	7.7	9.2	6.1	9.3	5.6
体育	2.1	2.3	2.4	4.0	2.9	3.1
外语	0.1	0.0	0.0	0.0	0.0	0.0
戏剧	1.2	0.5	1.0	0.4	0.6	0.3
新闻/时事	10.3	15.1	14.4	14.0	10.0	14.5
音乐	3.1	0.9	2.6	0.9	2.4	1.0
专题	10.7	6.9	11.7	8.4	8.6	8.1
综艺	8.3	11.9	8.6	12.6	6.7	12.0
其他	14.5	15.8	14.3	10.0	18.4	10.1

表 3.56.7　2013 年乌鲁木齐市场所有节目收视率排名前三十位

名次	节目名称	类别	频道	平均收视率（%）	平均占有率（%）
1	2013 元宵晚会	综艺	中央电视台综合频道	9.0	24.0
2	2013 春节联欢晚会	综艺	中央电视台综合频道	8.9	22.2
3	咱们结婚吧	电视剧	中央电视台综合频道	5.7	17.0
4	中国好声音（9 月 6 日）	综艺	浙江卫视	5.6	17.7
5	阿娜尔罕	电视剧	中央电视台综合频道	5.1	20.4
6	爸爸去哪儿	综艺	湖南电视台卫星频道	5.0	15.1
7	天气预报	生活服务	中央电视台综合频道	4.6	21.8
8	梅州月中华情 2013 年中央电视台中秋晚会	综艺	中央电视台综合频道	4.6	18.0
9	星光大道（2 月 2 日）	综艺	中央电视台综合频道	4.1	12.1
10	有你才幸福	电视剧	中央电视台综合频道	4.0	15.2
11	我是歌手总决赛歌王之战	综艺	湖南电视台卫星频道	3.9	16.2
12	CCTV2013 年 315 晚会	综艺	中央电视台综合频道	3.9	11.6
13	直播周末：2013 年亚洲冠军联赛决赛第二回合（韩国首尔 FC 队 VS 中国广州恒大队）	体育	中央台五套	3.7	10.2
14	直播周末：2013/2014 赛季中国男子篮球职业联赛常规赛第十一轮（新疆广汇汽车 VS 广东东莞银行）	体育	中央台五套	3.7	10.0
15	酷我真声音	专题	浙江卫视	3.5	11.0
15	中国汉字听写大会 2013 复赛第五场	专题	中央电视台综合频道	3.5	11.0
17	众里寻你 2013 寻找最美孝心少年颁奖典礼	青少	中央电视台综合频道	3.5	10.2
18	新闻联播	新闻/时事	中央电视台综合频道	3.4	19.3
19	闯关东前传	电视剧	中央电视台综合频道	3.4	14.8
20	元宵喜乐会	综艺	湖南电视台卫星频道	3.3	8.9
21	非诚勿扰	综艺	江苏卫视	3.2	9.5
22	快乐中国 20132014 跨年演唱会	音乐	湖南电视台卫星频道	3.1	9.5
23	中国梦劳动美 2013 年庆祝五一国际劳动节专题文艺晚会	综艺	中央电视台综合频道	3.0	12.4
24	直播周末：2013 年亚洲冠军联赛颁奖仪式	体育	中央台五套	3.0	7.1
25	舞出我人生（5 月 12 日）	综艺	中央电视台综合频道	2.9	12.5
26	全家福	电视剧	中央电视台综合频道	2.9	7.9
27	笑看元宵喜乐会快乐到家	综艺	湖南电视台卫星频道	2.9	7.4
28	直播周末：2013 年澳大利亚网球公开赛女单决赛	体育	中央台五套	2.8	16.0
29	幸福 NO.1 春节联欢晚会 2013	综艺	江苏卫视	2.8	8.3
30	感动中国 2012 年度人物颁奖典礼	专题	中央电视台综合频道	2.8	6.8

表 3.56.8　2013 年乌鲁木齐市场电视剧收视率排名前十位

名次	节目名称	频道	平均收视率(%)	平均占有率(%)
1	咱们结婚吧	中央电视台综合频道	5.7	17.0
2	阿娜尔罕	中央电视台综合频道	5.1	20.4
3	有你才幸福	中央电视台综合频道	4.0	15.2
4	闯关东前传	中央电视台综合频道	3.4	14.8
5	全家福	中央电视台综合频道	2.9	7.9
6	寻路	中央电视台综合频道	2.6	10.9
7	刘伯承元帅	中央电视台综合频道	2.6	6.8
8	毛泽东（1—8 集）	中央电视台综合频道	2.5	7.3
9	花木兰传奇	中央电视台综合频道	2.3	9.9
10	天真遇到现实	江苏卫视	2.3	6.4

表 3.56.9　2013 年乌鲁木齐市场新闻节目收视率排名前十位

名次	节目名称	频道	平均收视率(%)	平均占有率(%)
1	新闻联播	中央电视台综合频道	3.4	19.3
2	新闻联播	中央电视台新闻频道	3.0	16.7
3	焦点访谈	中央电视台综合频道	2.2	9.6
4	新闻直播间（3 月 22 日）	中央电视台新闻频道	2.2	6.8
5	李克强总理会见中外记者并回答提问	中央电视台新闻频道	2.1	8.0
6	今日关注	中央台四套	2.1	6.4
7	李克强总理会见中外记者并回答提问	中央电视台综合频道	2.0	7.8
8	环球视线	中央电视台新闻频道	1.7	5.3
9	国际时讯	中央电视台新闻频道	1.7	5.1
10	正月里来一起分享我们的春节故事	中央电视台新闻频道	1.7	4.8

表 3.56.10　2013 年乌鲁木齐市场专题节目收视率排名前十位

名次	节目名称	频道	平均收视率(%)	平均占有率(%)
1	酷我真声音	浙江卫视	3.5	11.0
1	中国汉字听写大会 2013 复赛第五场	中央电视台综合频道	3.5	11.0
3	感动中国 2012 年度人物颁奖典礼	中央电视台综合频道	2.8	6.8
4	一年又一年 2013	中央电视台综合频道	2.3	11.1
5	感动中国 2012 年度人物颁奖典礼	中央电视台新闻频道	2.3	5.8
6	圆梦中国德耀中华第四届全国道德模范授奖仪式	中央电视台综合频道	2.2	9.0
7	解密（1 月 9 日、16 日）	深圳卫视（新闻综合频道）	2.1	5.7
8	2013 大型公益活动颁奖典礼寻找最美乡村教师	中央电视台综合频道	1.9	6.8
9	温暖 2012	中央台三套	1.9	4.8
10	习仲勋	中央电视台综合频道	1.7	5.5

表 3.56.11　2013 年乌鲁木齐市场综艺节目收视率排名前十位

名次	节目名称	频道	平均收视率（%）	平均占有率（%）
1	2013 元宵晚会	中央电视台综合频道	9.0	24.0
2	2013 春节联欢晚会	中央电视台综合频道	8.9	22.2
3	中国好声音（9 月 6 日）	浙江卫视	5.6	17.7
4	爸爸去哪儿	湖南电视台卫星频道	5.0	15.1
5	梅州月中华情 2013 年中央电视台中秋晚会	中央电视台综合频道	4.6	18.0
6	星光大道（2 月 2 日）	中央电视台综合频道	4.1	12.1
7	我是歌手总决赛歌王之战	湖南电视台卫星频道	3.9	16.2
8	CCTV2013 年 315 晚会	中央电视台综合频道	3.9	11.6
9	元宵喜乐会	湖南电视台卫星频道	3.3	8.9
10	非诚勿扰	江苏卫视	3.2	9.5

表 3.56.12　2013 年乌鲁木齐市场体育节目收视率排名前十位

名次	节目名称	播出频道	平均收视率（%）	平均占有率（%）
1	直播周末：2013 年亚洲冠军联赛决赛第二回合（韩国首尔 FC 队 VS 中国广州恒大队）	中央台五套	3.7	10.2
2	直播周末：2013/2014 赛季中国男子篮球职业联赛常规赛第十一轮（新疆广汇汽车 VS 广东东莞银行）	中央台五套	3.7	10.0
3	直播周末：2013 年亚洲冠军联赛颁奖仪式	中央台五套	3.0	7.1
4	直播周末：2013 年澳大利亚网球公开赛女单决赛	中央台五套	2.8	16.0
5	直播周末：次轻量级 6 回合赛	中央台五套	1.8	9.8
6	黄金赛场：2013 年世乒赛男单决赛	中央台五套	1.7	5.5
7	第十二届全运会女子 400 米决赛	中央台五套	1.6	7.1
8	直播周末：2013 年世界斯诺克国际锦标赛半决赛	中央台五套	1.6	4.1
9	直播周末：2013 年世界女排大奖赛总决赛（日本队 VS 中国队）	中央台五套	1.5	9.1
10	2013 年世界羽毛球锦标赛男单决赛	中央台五套	1.3	7.1

五十七、武汉收视数据

表 3.57.1　2009—2013 年武汉市场各类频道的市场占有率（%）

频道类别	年份				
	2009 年	2010 年	2011 年	2012 年	2013 年
中央台频道	25.5	22.9	23.8	24.8	22.9
中国教育台频道	0.2	0.1	0.2	0.2	0.1
湖北省级频道	23.7	23.3	25.4	25.7	28.8
武汉市级频道	27.5	22.1	17.9	15.4	14.6
其他省级卫视频道	18.2	22.3	23.4	25.0	25.7
其他频道	4.9	9.3	9.3	8.9	8.0

表 3.57.2　2013 年武汉市场各类频道在不同目标观众中的市场占有率（%）

目标观众		中央台频道	中国教育台频道	湖北省级频道	武汉市级频道	其他省级卫视频道	其他频道
4 岁及以上所有人		22.9	0.1	28.8	14.6	25.7	8.0
性别	男	25.1	0.1	27.2	13.9	24.7	9.0
	女	20.6	0.1	30.4	15.3	26.6	6.9
年龄	4—14 岁	20.1	0.1	16.8	14.6	40.4	8.0
	15—24 岁	19.2	0.1	30.6	13.0	29.4	7.7
	25—34 岁	19.3	0.1	22.3	17.1	30.7	10.6
	35—44 岁	21.8	0.1	27.2	15.0	27.8	8.2
	45—54 岁	24.4	0.2	32.7	14.3	22.8	5.7
	55—64 岁	24.9	0.1	31.1	13.7	21.6	8.6
	65 岁及以上	27.3	0.1	32.9	13.5	18.1	8.1
教育程度	未受过正规教育	22.2	0.1	22.5	13.6	35.5	6.1
	小学	19.8	0.2	27.5	16.6	27.2	8.7
	初中	22.3	0.2	30.8	15.9	23.6	7.3
	高中	22.2	0.1	30.2	13.3	26.4	7.7
	大学及以上	27.1	0.1	24.9	14.4	24.2	9.5
职业类别	干部/管理人员	25.9	0.1	22.5	15.8	28.3	7.5
	个体/私营企业人员	24.1	0.1	31.6	13.5	24.1	6.6
	初级公务员/雇员	24.5	0.1	26.5	16.7	23.1	9.1
	工人	20.8	0.1	27.8	14.6	28.8	7.9
	学生	17.7	0.1	22.5	13.8	37.3	8.6
	无业	24.3	0.1	29.8	13.3	24.5	7.9
	其他	21.9	0.2	32.6	17.3	20.1	7.9
个人月收入	0—600 元	20.2	0.1	26.6	15.1	29.6	8.3
	601—1200 元	20.9	0.2	36.2	16.1	20.9	5.8
	1201—1700 元	20.6	0.1	32.9	16.8	22.3	7.4
	1701—2600 元	23.8	0.1	28.4	13.7	25.4	8.5
	2601—3500 元	25.4	0.1	22.4	13.2	30.2	8.7
	3501—5000 元	32.6	0.1	24.8	10.5	24.3	7.8
	5001 元及以上	23.8	0.2	21.8	18.6	23.3	12.4

表 3. 57. 3　2013 年武汉市场各类频道在不同时段的市场占有率（%）

时间段	中央台频道	中国教育台频道	湖北省级频道	武汉市级频道	其他省级卫视频道	其他频道
02:00—03:00	30. 1	0. 2	15. 5	6. 0	29. 6	18. 7
03:00—04:00	32. 2	0. 2	14. 4	5. 2	29. 2	18. 9
04:00—05:00	33. 4	0. 2	14. 8	5. 3	28. 9	17. 4
05:00—06:00	32. 6	0. 2	17. 3	5. 0	29. 1	15. 8
06:00—07:00	34. 9	0. 1	19. 1	3. 9	28. 6	13. 5
07:00—08:00	37. 9	0. 1	19. 9	6. 8	24. 1	11. 2
08:00—09:00	34. 5	0. 1	19. 8	7. 5	27. 4	10. 7
09:00—10:00	27. 7	0. 1	24. 7	7. 2	30. 2	10. 1
10:00—11:00	27. 0	0. 2	25. 2	6. 7	30. 7	10. 2
11:00—12:00	28. 0	0. 2	30. 8	5. 6	26. 6	8. 8
12:00—13:00	29. 7	0. 1	33. 3	5. 7	22. 5	8. 8
13:00—14:00	29. 2	0. 2	25. 5	5. 9	29. 0	10. 3
14:00—15:00	25. 1	0. 2	26. 4	6. 5	32. 5	9. 5
15:00—16:00	26. 5	0. 2	25. 5	7. 0	32. 0	8. 8
16:00—17:00	26. 0	0. 1	27. 8	7. 5	30. 2	8. 5
17:00—18:00	18. 7	0. 0	43. 2	10. 8	20. 3	7. 0
18:00—19:00	16. 0	0. 0	48. 5	20. 6	8. 6	6. 3
19:00—20:00	23. 0	0. 1	31. 1	23. 1	16. 8	5. 9
20:00—21:00	20. 7	0. 2	24. 1	20. 0	28. 9	6. 2
21:00—22:00	19. 9	0. 2	24. 0	19. 6	30. 4	5. 8
22:00—23:00	16. 8	0. 1	29. 1	18. 0	29. 0	7. 0
23:00—24:00	23. 1	0. 1	22. 0	13. 5	31. 5	9. 9
24:00—25:00	28. 3	0. 1	18. 1	9. 0	30. 7	13. 9
25:00—26:00	29. 6	0. 2	15. 1	7. 2	29. 3	18. 8

表 3. 57. 4　2013 年武汉市场收视份额排名前十位的频道

名次	频道名称	收视份额（%）
1	湖北经视	8. 9
2	湖北卫视	8. 2
3	湖北综合	5. 5
4	武汉电视台文艺频道	4. 1
5	中央台三套	3. 7
5	中央电视台综合频道	3. 7
7	中央电视台新闻频道	3. 1
8	湖南电视台卫星频道	3. 0
9	湖北影视	2. 8
9	江苏卫视	2. 8

表 3.57.5　2013 年武汉市场各主要频道的观众构成（%）

目标观众		所有频道	主要频道				
			湖北经视	湖北卫视	湖北综合	武汉电视台文艺频道	中央台三套
4 岁及以上所有人		100.0	100.0	100.0	100.0	100.0	100.0
性别	男	51.2	46.4	50.9	47.6	48.0	48.5
	女	48.8	53.6	49.2	52.4	52.0	51.5
年龄	4—14 岁	5.9	2.6	5.3	2.5	4.1	2.8
	15—24 岁	6.3	6.7	6.6	7.9	3.6	5.3
	25—34 岁	16.7	9.4	16.3	11.4	20.3	12.1
	35—44 岁	16.2	12.6	16.6	18.2	16.1	10.8
	45—54 岁	25.9	31.5	26.2	29.4	21.8	32.7
	55—64 岁	17.6	21.9	15.8	19.2	20.1	22.9
	65 岁及以上	11.3	15.3	13.2	11.4	14.0	13.4
教育程度	未受过正规教育	4.7	3.0	5.1	2.8	5.2	3.8
	小学	9.1	8.7	11.6	5.3	11.1	8.3
	初中	29.3	34.5	25.1	30.0	32.8	30.4
	高中	37.6	40.3	39.7	41.9	30.8	37.1
	大学及以上	19.3	13.5	18.5	20.1	20.1	20.4
职业类别	干部/管理人员	2.2	1.6	1.9	1.9	3.5	2.6
	个体/私营企业人员	9.5	9.2	12.2	8.1	7.8	9.5
	初级公务员/雇员	14.1	11.2	14.3	16.2	13.3	13.1
	工人	23.7	22.5	23.6	23.9	21.5	21.8
	学生	5.5	3.6	5.7	4.2	3.3	2.7
	无业	34.8	40.6	28.5	40.3	35.8	38.8
	其他	10.2	11.4	13.9	5.5	14.8	11.5
个人月收入	0—600 元	21.6	19.5	19.7	17.8	22.2	18.9
	601—1200 元	12.8	15.5	17.6	14.6	11.6	14.6
	1201—1700 元	17.6	25.1	18.3	16.9	12.2	17.5
	1701—2600 元	27.4	25.5	27.4	29.4	29.3	25.3
	2601—3500 元	11.8	7.3	9.4	13.9	16.6	13.7
	3501—5000 元	7.2	5.7	6.9	6.2	7.1	9.1
	5001 元及以上	1.6	1.6	0.8	1.1	1.0	1.0

表 3.57.6　2011—2013 年武汉市场各类节目的播出份额（%）和收视份额（%）

节目类别	2011 年		2012 年		2013 年	
	播出份额	收视份额	播出份额	收视份额	播出份额	收视份额
财经	2.4	0.9	2.0	0.8	1.5	0.9
电视剧	21.9	32.8	21.7	33.9	28.7	33.2
电影	4.6	4.2	4.4	3.9	4.5	3.6
法制	0.9	0.7	0.8	0.6	1.0	0.8
教学	0.4	0.1	0.3	0.1	0.4	0.1
青少	7.4	3.3	6.6	2.7	5.2	3.2
生活服务	8.4	5.7	8.8	7.6	10.1	8.4
体育	1.9	2.5	2.1	2.6	2.1	2.2
外语	0.1	0.0	0.0	0.0	0.0	0.0
戏剧	1.0	0.2	0.9	0.3	0.6	0.1
新闻/时事	13.2	13.7	14.4	13.8	10.1	14.3
音乐	2.8	0.9	2.4	0.9	2.2	0.8
专题	9.9	5.5	11.9	7.0	9.0	6.6
综艺	10.4	14.1	9.0	13.1	7.4	13.1
其他	15.0	15.6	14.7	12.8	17.2	12.7

表 3.57.7　2013 年武汉市场所有节目收视率排名前三十位

名次	节目名称	节目类别	播出频道	平均收视率（%）	平均占有率（%）
1	我的中国星（7 月 7 日）	综艺	湖北卫视	10.7	31.8
2	2013 春节联欢晚会	综艺	中央台三套	8.8	17.2
3	直播周末：2013 年亚洲冠军联赛决赛第二回合（广州恒大 VS 首尔 FC）	体育	中央台五套	6.7	14.2
4	调解面对面	专题	湖北卫视	5.9	18.9
5	中国好声音（8 月 30 日）	综艺	浙江卫视	5.7	14.0
6	谁是我家人	综艺	湖北卫视	5.6	16.5
7	挑战女人帮心随我动	综艺	湖北卫视	5.6	15.1
8	2013 元宵晚会	综艺	中央电视台综合频道	5.4	13.1
9	荆楚平安颂 2013 年湖北省公安系统春节文艺晚会	综艺	湖北卫视	5.2	15.1
10	直播周末 2013 年亚洲冠军联赛颁奖仪式	体育	中央台五套	5.2	12.8
11	平原烽火（10—38 集）	电视剧	湖北卫视	5.1	12.7
12	老米家的婚事	电视剧	湖北卫视	5.1	12.1
13	唐山大地震	电视剧	湖北卫视	5.0	11.8
14	桃花朵朵开	生活服务	湖北经视	4.9	12.2
15	火线三兄弟	电视剧	湖北卫视	4.8	12.2
16	一个鬼子都不留	电视剧	湖北卫视	4.8	11.2
17	我的极品老妈	电视剧	湖北卫视	4.6	11.2
18	经视直播	新闻/时事	湖北经视	4.5	18.7
19	独生子女的婆婆妈妈	电视剧	湖北卫视	4.5	10.7
20	我是歌手总决赛歌王之战	综艺	湖南电视台卫星频道	4.4	11.4
21	铁血壮士	电视剧	湖北卫视	4.4	10.6
22	儿女的战争	电视剧	湖北卫视	4.4	10.2
23	我爱我的祖国	综艺	湖北卫视	4.3	14.1
24	暗花	电视剧	湖北卫视	4.3	10.4
25	快乐中国 20132014 跨年演唱会	音乐	湖南电视台卫星频道	4.2	11.9
26	像火花像蝴蝶	电视剧	湖北卫视	4.2	10.5
27	新闻 360	新闻/时事	湖北综合	4.1	15.2
28	笑长开讲	综艺	湖北经视	4.1	11.2
29	笑傲江湖	电视剧	湖北卫视	4.1	9.9
30	天气预报	生活服务	中央电视台综合频道	4.0	10.8

表 3.57.8　2013 年武汉市场电视剧收视率排名前十位

名次	节目名称	播出频道	平均收视率（%）	平均占有率（%）
1	平原烽火（10—38 集）	湖北卫视	5.1	12.7
2	老米家的婚事	湖北卫视	5.1	12.1
3	唐山大地震	湖北卫视	5.0	11.8
4	火线三兄弟	湖北卫视	4.8	12.2
5	一个鬼子都不留	湖北卫视	4.8	11.2
6	我的极品老妈	湖北卫视	4.6	11.2
7	独生子女的婆婆妈妈	湖北卫视	4.5	10.7
8	铁血壮士	湖北卫视	4.4	10.6
9	儿女的战争	湖北卫视	4.4	10.2
10	暗花	湖北卫视	4.3	10.4

表 3.57.9　2013 年武汉市场新闻节目收视率排名前十位

名次	节目名称	播出频道	平均收视率（%）	平均占有率（%）
1	经视直播	湖北经视	4.5	18.7
2	新闻 360	湖北综合	4.1	15.2
3	关注四川雅安强震（4 月 20 日）	湖北卫视	3.5	9.1
4	哼天	湖北经视	3.4	21.6
5	360 看天下	湖北综合	2.5	13.6
6	太空新旅再探天宫天宫一号与神舟十号载人飞行任务特别报道	中央电视台新闻频道	2.5	11.4
7	新闻联播	中央电视台综合频道	2.3	6.6
8	芦山大救援	湖北卫视	2.0	6.1
9	焦点访谈	中央电视台综合频道	1.9	5.0
10	李克强总理会见中外记者并回答提问	中央电视台综合频道	1.9	4.3

表 3.57.10　2013 年武汉市场专题节目收视率排名前十位

名次	节目名称	播出频道	平均收视率（%）	平均占有率（%）
1	调解面对面	湖北卫视	5.9	18.9
2	大揭秘	湖北卫视	3.7	9.2
3	军情第一线	湖北卫视	2.6	7.5
4	酷我真声音	浙江卫视	2.5	11.2
5	武汉 2049	武汉电视台新闻综合频道	2.5	5.8
6	感动中国 2012 年度人物颁奖典礼	中央电视台综合频道	2.3	5.3
7	转变作风优化环境 2013 十个突出问题承诺整改电视问政	武汉电视台新闻综合频道	2.1	6.2
8	道德的力量第四届湖北省道德模范授奖仪式	湖北经视	2.0	6.5
9	温暖 2012	中央台三套	2.0	5.3
10	圆梦中国德耀中华第四届全国道德模范授奖仪式	中央电视台综合频道	1.9	4.9

表 3.57.11　2013 年武汉市场综艺节目收视率排名前十位

名次	节目名称	播出频道	平均收视率（%）	平均占有率（%）
1	我的中国星（7 月 7 日）	湖北卫视	10.7	31.8
2	2013 春节联欢晚会	中央台三套	8.8	17.2
3	中国好声音（8 月 30 日）	浙江卫视	5.7	14.0
4	谁是我家人	湖北卫视	5.6	16.5
5	挑战女人帮心随我动	湖北卫视	5.6	15.1
6	2013 元宵晚会	中央电视台综合频道	5.4	13.1
7	荆楚平安颂 2013 年湖北省公安系统春节文艺晚会	湖北卫视	5.2	15.1
8	我是歌手总决赛歌王之战	湖南电视台卫星频道	4.4	11.4
9	我爱我的祖国	湖北卫视	4.3	14.1
10	笑长开讲	湖北经视	4.1	11.2

表 3.57.12　2013 年武汉市场体育节目收视率排名前十位

名次	节目名称	播出频道	平均收视率（%）	平均占有率（%）
1	直播周末：2013 年亚洲冠军联赛决赛第二回合（广州恒大 VS 首尔 FC）	中央台五套	6.7	14.2
2	直播周末 2013 年亚洲冠军联赛颁奖仪式	中央台五套	5.2	12.8
3	直播周末：2013 年澳大利亚网球公开赛女单决赛	中央台五套	2.8	11.7
4	2013 年世界羽毛球锦标赛男单决赛	中央台五套	2.7	8.1
5	黄金赛场：2013 年世乒赛男单决赛	中央台五套	2.1	5.8
6	现场直播：2013 年斯诺克上海大师赛第一轮	中央台五套	2.0	5.7
7	直播周末：第 15 届世界游泳锦标赛跳水男子十米台决赛	中央台五套	1.7	4.1
8	直播周末：2013 年次最轻量级 6 回合赛	中央台五套	1.6	8.6
9	第十二届全运会男子 100 米自由泳决赛	中央台五套	1.6	4.7
10	直播周末：2013 年世界女排大奖赛总决赛（中国 VS 日本）	中央台五套	1.6	4.6

五十八、西安收视数据

表 3.58.1　2009—2013 年西安市场各类频道的市场占有率（%）

频道类别	年份				
	2009 年	2010 年	2011 年	2012 年	2013 年
中央台频道	36.7	34.0	32.2	37.7	39.8
中国教育台频道	0.1	0.2	0.4	0.4	0.4
陕西省级频道	19.0	22.2	21.6	18.6	18.1
西安市级频道	10.6	11.1	8.5	6.6	4.7
其他省级卫视频道	28.9	26.5	30.6	31.6	29.0
其他频道	4.7	6.0	6.8	5.1	8.0

表 3.58.2　2013 年西安市场各类频道在各目标观众中的市场占有率（%）

目标观众		中央台频道	中国教育台频道	陕西省级频道	西安市级频道	其他省级卫视频道	其他频道
4 岁及以上所有人		39.8	0.4	18.1	4.7	29.0	8.0
性别	男	41.2	0.3	18.1	4.9	26.9	8.6
	女	38.5	0.4	18.1	4.6	31.0	7.4
年龄	4—14 岁	41.4	0.2	12.4	4.2	32.6	9.2
	15—24 岁	30.7	0.4	20.8	5.7	34.5	7.9
	25—34 岁	35.8	0.4	16.2	4.7	32.8	10.1
	35—44 岁	34.7	0.4	21.5	5.4	31.2	6.8
	45—54 岁	39.7	0.4	17.1	3.9	30.6	8.3
	55—64 岁	42.7	0.3	19.1	4.2	27.3	6.4
	65 岁及以上	49.4	0.3	17.6	5.9	18.3	8.5
教育程度	未受过正规教育	47.8	0.3	11.5	4.6	25.6	10.2
	小学	37.5	0.3	18.8	5.6	30.6	7.2
	初中	37.2	0.3	20.4	5.1	30.8	6.2
	高中	39.3	0.4	19.3	4.4	28.8	7.8
	大学及以上	44.4	0.4	13.3	4.5	26.6	10.8
职业类别	干部/管理人员	42.0	0.4	17.7	3.1	24.2	12.6
	个体/私营企业人员	39.7	0.4	17.1	4.6	29.6	8.6
	初级公务员/雇员	38.4	0.4	17.3	4.7	30.3	8.9
	工人	38.6	0.5	20.6	5.0	28.0	7.3
	学生	34.4	0.4	16.4	4.8	36.0	8.0
	无业	42.5	0.3	17.7	4.7	27.5	7.3
	其他	27.3	0.1	29.6	5.5	29.2	8.3
个人月收入	0—600 元	34.9	0.3	19.5	5.1	33.0	7.2
	601—1200 元	40.6	0.4	21.3	4.5	27.4	5.8
	1201—1700 元	41.3	0.5	17.9	4.5	28.2	7.6
	1701—2600 元	44.7	0.4	16.7	4.9	25.3	8.0
	2601—3500 元	38.4	0.3	16.8	4.0	30.7	9.8
	3501—5000 元	42.1	0.3	15.1	4.4	29.8	8.3
	5001 元及以上	31.8	0.4	18.8	5.8	28.3	14.9

表 3. 58. 3　2013 年西安市场各类频道在各时段的市场占有率（%）

时间段	中央台频道	中国教育台频道	陕西省级频道	西安市级频道	其他省级卫视频道	其他频道
02:00—03:00	39. 2	0. 4	6. 5	2. 4	40. 8	10. 7
03:00—04:00	40. 4	0. 3	4. 6	1. 4	41. 7	11. 6
04:00—05:00	40. 9	0. 1	5. 0	0. 9	42. 3	10. 8
05:00—06:00	41. 6	0. 1	5. 2	0. 6	41. 5	11. 0
06:00—07:00	46. 4	0. 1	8. 3	0. 4	36. 0	8. 8
07:00—08:00	58. 6	0. 1	12. 8	3. 0	18. 7	6. 8
08:00—09:00	50. 7	0. 2	14. 9	3. 2	23. 6	7. 4
09:00—10:00	44. 3	0. 2	13. 5	3. 8	28. 9	9. 3
10:00—11:00	43. 7	0. 5	11. 4	3. 6	30. 9	9. 9
11:00—12:00	46. 1	0. 5	13. 5	2. 3	28. 8	8. 8
12:00—13:00	50. 2	0. 3	16. 3	2. 8	22. 7	7. 7
13:00—14:00	45. 5	0. 5	12. 5	3. 1	29. 5	8. 9
14:00—15:00	39. 2	0. 6	9. 0	3. 9	37. 8	9. 5
15:00—16:00	37. 6	0. 5	10. 9	4. 2	38. 1	8. 7
16:00—17:00	38. 9	0. 3	10. 0	4. 6	37. 3	8. 9
17:00—18:00	39. 4	0. 1	12. 7	5. 1	33. 6	9. 1
18:00—19:00	42. 6	0. 1	29. 5	8. 5	12. 0	7. 3
19:00—20:00	48. 8	0. 3	23. 5	5. 9	15. 4	6. 1
20:00—21:00	36. 1	0. 6	17. 4	6. 6	32. 5	6. 8
21:00—22:00	31. 9	0. 4	24. 2	4. 9	32. 5	6. 1
22:00—23:00	27. 1	0. 4	28. 1	4. 4	31. 7	8. 3
23:00—24:00	34. 5	0. 2	15. 0	4. 5	36. 6	9. 2
24:00—25:00	38. 9	0. 3	13. 2	3. 9	34. 1	9. 6
25:00—26:00	38. 2	0. 5	12. 4	3. 6	35. 2	10. 1

表 3. 58. 4　2013 年西安市场收视份额排名前十位的频道

名次	频道名称	收视份额（%）
1	中央电视台综合频道	8. 0
2	陕西广播电视台都市青春频道（二套）	7. 0
3	中央台三套	4. 8
4	中央电视台新闻频道	4. 2
4	中央台八套	4. 2
6	湖南电视台卫星频道	3. 5
7	中央电视台少儿频道	3. 3
8	中央台四套	2. 7
9	中央台五套	2. 5
9	陕西广播电视台生活频道（三套）	2. 5

表 3.58.5　2013 年西安市场各主要频道的观众构成（%）

目标观众		所有频道	中央电视台综合频道	陕西广播电视台都市青春频道（二套）	中央台三套	中央电视台新闻频道	中央台八套
4 岁及以上所有人		100.0	100.0	100.0	100.0	100.0	100.0
性别	男	48.2	49.5	46.6	43.9	57.8	42.4
	女	51.8	50.5	53.4	56.1	42.2	57.6
年龄	4—14 岁	7.5	5.8	5.1	4.9	3.8	5.8
	15—24 岁	8.4	6.5	7.9	6.2	5.8	4.7
	25—34 岁	10.8	7.5	8.8	8.6	9.8	9.2
	35—44 岁	15.7	13.9	20.2	12.5	10.4	14.7
	45—54 岁	23.9	22.8	23.8	29.3	24.0	23.3
	55—64 岁	19.4	19.5	24.5	22.2	27.1	25.4
	65 岁及以上	14.3	24.0	9.7	16.3	19.1	16.9
教育程度	未受过正规教育	3.2	2.7	2.1	2.5	1.6	2.5
	小学	9.9	9.3	7.8	9.5	5.1	10.2
	初中	28.4	23.3	33.3	26.0	34.1	33.0
	高中	38.3	36.6	43.9	43.7	36.1	34.6
	大学及以上	20.2	28.1	12.9	18.3	23.1	19.7
职业类别	干部/管理人员	2.9	3.4	2.8	2.8	2.7	3.6
	个体/私营企业人员	7.0	6.6	6.4	6.7	6.1	6.0
	初级公务员/雇员	20.9	21.3	19.6	18.5	18.2	21.0
	工人	13.8	10.3	17.5	16.9	13.0	13.3
	学生	8.6	7.2	6.3	6.0	4.4	5.4
	无业	44.8	50.0	44.1	48.1	52.7	50.1
	其他	2.0	1.2	3.3	1.0	2.9	0.6
个人月收入	0—600 元	27.1	19.8	25.8	25.4	26.0	18.9
	601—1200 元	11.9	11.2	14.9	14.6	9.5	15.2
	1201—1700 元	16.6	16.5	19.4	19.8	14.5	18.6
	1701—2600 元	24.7	33.6	21.7	24.4	25.3	31.1
	2601—3500 元	9.7	10.2	8.8	7.6	7.9	8.2
	3501—5000 元	6.7	7.2	5.1	6.1	10.0	7.2
	5001 元及以上	3.3	1.5	4.3	2.1	6.8	0.8

表 3.58.6　2011—2013 年西安市场各类节目的播出份额（%）和收视份额（%）

节目类别	2011 年		2012 年		2013 年	
	播出份额	收视份额	播出份额	收视份额	播出份额	收视份额
财经	2.6	1.2	2.1	1.1	1.9	1.0
电视剧	20.6	28.6	20.2	29.8	21.1	28.2
电影	4.8	6.0	5.3	6.5	5.5	5.5
法制	1.1	0.8	0.9	0.7	0.9	0.9
教学	0.4	0.2	0.3	0.1	0.3	0.1
青少	7.4	3.7	6.6	3.8	6.1	3.6
生活服务	10.3	9.1	10.5	9.1	10.4	9.7
体育	2.0	3.1	1.9	3.0	2.0	2.2
外语	0.0	0.0	0.0	0.0	0.0	0.0
戏剧	1.4	1.1	1.3	1.2	1.3	1.3
新闻/时事	13.0	14.8	14.3	15.1	14.5	15.7
音乐	2.8	0.7	2.4	0.7	2.3	0.7
专题	9.6	5.1	10.9	5.8	10.1	6.3
综艺	9.9	12.0	8.5	11.1	8.6	12.8
其他	14.3	13.7	14.6	12.0	15.0	12.0

表 3.58.7　2013 年西安市场所有节目收视率排名前三十位

名次	节目名称	节目类别	播出频道	平均收视率（%）	平均占有率（%）
1	2013 春节联欢晚会	综艺	中央电视台综合频道	33.5	69.2
2	2013 元宵晚会	综艺	中央电视台综合频道	12.5	30.5
3	黄金赛场：2015 年亚洲杯预选赛（中国 VS 沙特阿拉伯）	体育	中央台五套	8.2	25.3
4	天气预报	生活服务	中央电视台综合频道	7.7	26.6
5	梅州月中华情 2013 年中央电视台中秋晚会	综艺	中央电视台综合频道	5.5	16.3
6	养女（29—42 集）	电视剧	陕西广播电视台都市青春频道（二套）	5.3	15.1
7	新闻联播	新闻/时事	中央电视台综合频道	5.1	19.3
8	快乐中国 20132014 跨年演唱会	音乐	湖南电视台卫星频道	5.1	15.5
9	CCTV2013 年 315 晚会	综艺	中央电视台综合频道	5.1	14.0
10	咱们结婚吧	电视剧	中央电视台综合频道	5.0	15.1
11	星光大道（12 月 28 日）	综艺	中央电视台综合频道	5.0	14.2
12	启航 2014 新年特别节目	综艺	中央电视台综合频道	5.0	13.9
13	直播周末：2013 年澳大利亚网球公开赛女单决赛	体育	中央台五套	4.6	19.5
14	都市快报	新闻/时事	陕西广播电视台都市青春频道（二套）	4.5	14.6
15	东方时空（4 月 20/21 日）	新闻/时事	中央电视台综合频道	4.5	13.1
16	舞出我人生（5 月 5 日）	综艺	中央电视台综合频道	4.4	11.9
17	现场直播：2013 年东亚杯足球赛（韩国队 VS 中国队）	体育	中央台五套	4.3	15.6
18	中国汉字听写大会 2013 总决赛	专题	中央电视台综合频道	4.3	13.8
19	有你才幸福	电视剧	中央电视台综合频道	4.3	13.5
20	中国好声音（8 月 2 日）	综艺	浙江卫视	4.0	17.1
21	我是歌手（2 月 15 日）	综艺	湖南电视台卫星频道	3.8	13.9
22	感动中国 2012 年度人物颁奖典礼	专题	中央电视台综合频道	3.8	9.7
23	爸爸去哪儿	综艺	湖南电视台卫星频道	3.7	20.5
24	太空新旅再探天宫天宫一号与神舟十号载人飞行任务特别报道	新闻/时事	中央电视台综合频道	3.5	17.7
25	毛泽东（1—8 集）	电视剧	中央电视台综合频道	3.5	10.5
26	2013 年世界羽毛球锦标赛男单决赛	体育	中央台五套	3.4	12.6
27	大掌门	电视剧	中央台八套	3.2	10.3
28	全家福	电视剧	中央电视台综合频道	3.2	8.9
29	都市热线	生活服务	陕西广播电视台都市青春频道（二套）	3.1	13.9
30	草莽英雄打鬼子	电视剧	陕西广播电视台都市青春频道（二套）	3.1	11.0

表 3.58.8　2013 年西安市场电视剧收视率排名前十位

名次	节目名称	播出频道	平均收视率(%)	平均占有率(%)
1	养女（29—42 集）	陕西广播电视台都市青春频道（二套）	5.3	15.1
2	咱们结婚吧	中央电视台综合频道	5.0	15.1
3	有你才幸福	中央电视台综合频道	4.3	13.5
4	毛泽东（1—8 集）	中央电视台综合频道	3.5	10.5
5	大掌门	中央台八套	3.2	10.3
6	全家福	中央电视台综合频道	3.2	8.9
7	草莽英雄打鬼子	陕西广播电视台都市青春频道（二套）	3.1	11.0
8	阿娜尔罕	中央电视台综合频道	3.1	9.5
9	我的极品老妈	陕西广播电视台都市青春频道（二套）	3.1	8.6
10	闯关东前传	中央电视台综合频道	2.9	9.7

表 3.58.9　2013 年西安市场新闻节目收视率排名前十位

名次	节目名称	播出频道	平均收视率(%)	平均占有率(%)
1	新闻联播	中央电视台综合频道	5.1	19.3
2	都市快报	陕西广播电视台都市青春频道（二套）	4.5	14.6
3	东方时空（4 月 20/21 日）	中央电视台综合频道	4.5	13.1
4	太空新旅再探天宫天宫一号与神舟十号载人飞行任务特别报道	中央电视台综合频道	3.5	17.7
5	共同关注（4 月 20/21 日）	中央电视台综合频道	3.0	13.2
5	天天网事	陕西广播电视台都市青春频道（二套）	3.0	13.2
7	焦点访谈	中央电视台综合频道	2.9	9.8
8	芦山地震特别报道（4 月 21 日）	中央电视台综合频道	2.6	11.0
9	新闻直播间（4 月 21 日）	中央电视台综合频道	2.5	13.5
10	太空新旅再探天宫天宫一号与神舟十号载人飞行任务特别报道	中央电视台新闻频道	2.2	11.5

表 3.58.10　2013 年西安市场专题节目收视率排名前十位

名次	节目名称	播出频道	平均收视率(%)	平均占有率(%)
1	中国汉字听写大会 2013 总决赛	中央电视台综合频道	4.3	13.8
2	感动中国 2012 年度人物颁奖典礼	中央电视台综合频道	3.8	9.7
3	习仲勋	中央电视台综合频道	3.0	9.4
4	酷我真声音	浙江卫视	2.9	13.8
5	一年又一年 2013	中央电视台综合频道	2.9	11.1
6	中央电视台特别节目梦想从历史深处走来	中央电视台综合频道	2.8	10.2
7	温暖 2012	中央台三套	2.3	7.2
8	圆梦中国德耀中华第四届全国道德模范授奖仪式	中央电视台综合频道	1.9	6.8
9	2013 大型公益活动颁奖典礼寻找最美乡村教师	中央电视台综合频道	1.7	5.6
10	寻宝	中央电视台综合频道	1.6	7.4

表 3.58.11　2013 年西安市场综艺节目收视率排名前十位

名次	节目名称	播出频道	平均收视率（%）	平均占有率（%）
1	2013 春节联欢晚会	中央电视台综合频道	33.5	69.2
2	2013 元宵晚会	中央电视台综合频道	12.5	30.5
3	梅州月中华情 2013 年中央电视台中秋晚会	中央电视台综合频道	5.5	16.3
4	CCTV2013 年 315 晚会	中央电视台综合频道	5.1	14.0
5	星光大道（12 月 28 日）	中央电视台综合频道	5.0	14.2
6	启航 2014 新年特别节目	中央电视台综合频道	5.0	13.9
7	舞出我人生（5 月 5 日）	中央电视台综合频道	4.4	11.9
8	中国好声音（8 月 2 日）	浙江卫视	4.0	17.1
9	我是歌手（2 月 15 日）	湖南电视台卫星频道	3.8	13.9
10	爸爸去哪儿	湖南电视台卫星频道	3.7	20.5

表 3.58.12　2013 年西安市场体育节目收视率排名前十位

名次	节目名称	播出频道	平均收视率（%）	平均占有率（%）
1	黄金赛场：2015 年亚洲杯预选赛（中国 VS 沙特阿拉伯）	中央台五套	8.2	25.3
2	直播周末：2013 年澳大利亚网球公开赛女单决赛	中央台五套	4.6	19.5
3	现场直播：2013 年东亚杯足球赛（韩国队 VS 中国队）	中央台五套	4.3	15.6
4	2013 年世界羽毛球锦标赛男单决赛	中央台五套	3.4	12.6
5	2013 年世乒赛女单半决赛	中央台五套	3.1	9.5
6	直播周末：第 27 届亚洲男篮锦标赛（伊朗队 VS 中国队）	中央台五套	2.8	13.5
7	直播周末：2013 年世界女排大奖赛总决赛（日本队 VS 中国队）	中央台五套	2.5	9.1
8	直播周末：2013 年中国足球协会杯半决赛第一回合（北京国安 VS 广州恒大）	中央台五套	2.2	6.3
9	直播周末：2013 年中国之队国际友谊赛（中国队 VS 泰国队）	中央台五套	2.1	6.9
10	直播周末 2013 年世界羽毛球锦标赛混双颁奖仪式	中央台五套	2.0	11.0

五十九、西宁收视数据

表 3.59.1　2009—2013 年西宁市场各类频道的市场占有率（%）

频道类别	年份				
	2009 年	2010 年	2011 年	2012 年	2013 年
中央台频道	55.8	49.0	47.4	47.2	50.9
中国教育台频道	0.3	0.3	0.4	0.3	0.3
青海省级频道	5.8	6.3	6.6	6.8	5.9
西宁市级频道	4.0	5.9	3.0	2.4	2.1
其他省级卫视频道	30.2	32.2	36.8	37.2	35.8
其他频道	3.9	6.3	5.8	6.1	4.9

表 3.59.2　2013 年西宁市场各类频道在不同目标观众中的市场占有率（%）

目标观众		中央台频道	中国教育台频道	青海省级频道	西宁市级频道	其他省级卫视频道	其他频道
4 岁及以上所有人		50.9	0.3	5.9	2.1	35.8	4.9
性别	男	53.5	0.3	5.2	1.9	33.9	5.2
	女	48.3	0.3	6.6	2.3	37.9	4.7
年龄	4—14 岁	49.2	0.3	5.4	1.1	38.7	5.4
	15—24 岁	42.0	0.4	4.3	1.9	45.5	5.8
	25—34 岁	49.9	0.3	6.3	3.0	35.8	4.7
	35—44 岁	47.2	0.5	4.3	1.5	38.3	8.3
	45—54 岁	52.0	0.4	5.0	1.9	35.3	5.5
	55—64 岁	49.0	0.3	9.4	3.0	35.1	3.2
	65 岁及以上	59.9	0.1	6.6	2.1	29.7	1.6
教育程度	未受过正规教育	50.8	0.2	7.1	1.6	36.3	4.0
	小学	50.0	0.3	7.3	1.7	37.3	3.4
	初中	49.8	0.3	7.4	2.8	35.1	4.7
	高中	48.9	0.3	5.1	2.1	37.0	6.5
	大学及以上	56.8	0.4	3.3	1.5	33.8	4.4
职业类别	干部/管理人员	56.4	0.2	4.3	1.6	32.8	4.7
	个体/私营企业人员	45.1	0.4	5.9	2.8	38.9	6.8
	初级公务员/雇员	50.3	0.5	3.8	2.1	36.6	6.8
	工人	48.9	0.4	5.3	1.9	37.9	5.6
	学生	44.0	0.4	4.1	1.3	44.4	5.8
	无业	54.7	0.2	7.2	2.1	32.8	3.1
	其他	*	*	*	*	*	*
个人月收入	0—600 元	48.7	0.3	5.8	1.5	38.4	5.3
	601—1200 元	48.4	0.3	7.6	2.9	35.1	5.7
	1201—1700 元	48.4	0.3	7.4	2.5	37.3	4.0
	1701—2600 元	52.3	0.3	6.3	2.4	35.5	3.3
	2601—3500 元	54.1	0.3	5.4	2.3	33.2	4.8
	3501—5000 元	53.0	0.4	3.1	1.3	36.1	6.2
	5001 元及以上	57.7	0.1	2.3	1.0	24.7	14.2

注：*表示样本量不足，无法进行统计推断。

表 3. 59. 3 2013 年西宁市场各类频道在不同时段的市场占有率（%）

时间段	中央台频道	中国教育台频道	青海省级频道	西宁市级频道	其他省级卫视频道	其他频道
02:00—03:00	40.4	1.1	1.1	0.3	47.2	10.0
03:00—04:00	37.3	0.2	0.6	0.0	50.0	11.9
04:00—05:00	36.9	0.2	0.4	0.0	50.3	12.2
05:00—06:00	44.8	0.5	0.7	0.0	40.9	13.1
06:00—07:00	62.7	4.4	2.0	0.5	19.6	10.8
07:00—08:00	67.1	1.3	3.8	1.4	18.3	8.1
08:00—09:00	63.0	0.2	3.6	1.1	27.1	5.0
09:00—10:00	57.0	0.1	2.8	1.1	34.7	4.3
10:00—11:00	54.4	0.3	2.7	1.3	37.2	4.1
11:00—12:00	55.4	0.3	2.4	1.5	36.1	4.4
12:00—13:00	58.4	0.3	2.4	1.0	34.1	3.9
13:00—14:00	51.8	0.5	2.8	1.2	39.6	4.2
14:00—15:00	45.7	0.6	2.7	1.5	44.7	4.8
15:00—16:00	44.6	0.5	2.5	1.7	45.2	5.5
16:00—17:00	45.5	0.2	2.8	1.2	44.7	5.6
17:00—18:00	48.6	0.2	2.1	5.1	38.6	5.5
18:00—19:00	51.8	0.1	22.7	5.4	15.2	4.9
19:00—20:00	61.0	0.2	12.4	1.4	20.9	4.2
20:00—21:00	49.3	0.4	4.1	1.7	40.5	4.0
21:00—22:00	48.3	0.4	4.2	2.0	40.7	4.4
22:00—23:00	45.0	0.4	4.3	2.7	41.9	5.7
23:00—24:00	42.4	0.2	3.1	1.9	44.6	7.9
24:00—25:00	45.7	0.3	2.4	0.7	41.4	9.5
25:00—26:00	42.7	0.8	1.9	0.9	42.4	11.3

表 3. 59. 4 2013 年西宁市场收视份额排名前十位的频道

名次	频道名称	收视份额（%）
1	中央电视台综合频道	8.3
2	中央电视台新闻频道	5.8
3	中央台八套	5.5
4	中央台六套	5.4
5	中央台三套	4.3
6	中央电视台少儿频道	4.2
7	中央台十二套	3.2
7	中央台四套	3.2
9	湖南电视台卫星频道	3.1
10	青海电视台经济生活频道	2.8

表 3.59.5　2013 年西宁市场各主要频道的观众构成（%）

目标观众		所有频道	主要频道				
			中央电视台综合频道	中央电视台新闻频道	中央台八套	中央台六套	中央台三套
4 岁及以上所有人		100.0	100.0	100.0	100.0	100.0	100.0
性别	男	50.7	51.4	56.7	48.7	55.2	47.7
	女	49.3	48.6	43.3	51.3	44.8	52.3
年龄	4—14 岁	9.8	8.1	5.6	7.5	10.0	8.3
	15—24 岁	6.0	6.5	3.7	4.9	7.4	4.2
	25—34 岁	14.4	14.6	11.8	14.3	18.6	14.6
	35—44 岁	18.9	15.4	13.4	14.2	27.8	18.0
	45—54 岁	19.2	17.8	18.8	20.0	18.5	25.2
	55—64 岁	13.2	12.0	15.1	15.3	8.7	14.2
	65 岁及以上	18.4	25.6	31.6	23.9	9.0	15.6
教育程度	未受过正规教育	8.3	6.6	8.4	9.0	5.5	6.6
	小学	14.9	17.5	9.1	14.6	15.6	13.7
	初中	29.0	27.3	32.9	30.0	27.1	25.2
	高中	29.2	24.5	30.1	31.2	28.8	32.3
	大学及以上	18.6	24.0	19.5	15.3	23.1	22.2
职业类别	干部/管理人员	5.1	6.9	5.2	4.5	6.0	7.5
	个体/私营企业人员	15.0	12.2	8.7	11.5	19.0	13.3
	初级公务员/雇员	14.5	12.7	12.8	12.1	18.2	17.5
	工人	12.2	10.3	12.1	12.0	15.8	12.0
	学生	8.9	8.2	5.0	6.3	11.8	7.0
	无业	44.2	49.6	56.2	53.5	29.2	42.7
	其他	*	*	*	*	*	*
个人月收入	0—600 元	25.4	23.3	20.6	19.7	27.2	22.1
	601—1200 元	10.3	7.6	8.5	14.6	11.3	10.6
	1201—1700 元	12.5	14.7	8.7	11.1	11.2	19.0
	1701—2600 元	26.8	25.7	36.8	29.0	20.9	22.8
	2601—3500 元	13.9	15.5	12.7	14.8	16.5	13.7
	3501—5000 元	8.1	10.1	9.0	8.8	8.7	8.3
	5001 元及以上	3.0	3.0	3.6	1.9	4.1	3.6

表 3.59.6　2011—2013 年西宁市场各类节目的播出份额（%）和收视份额（%）

节目类别	2011 年		2012 年		2013 年	
	播出份额	收视份额	播出份额	收视份额	播出份额	收视份额
财经	2.7	1.0	2.4	1.1	1.8	0.9
电视剧	20.6	29.8	20.4	33.7	28.2	31.6
电影	3.4	4.2	4.1	6.0	4.5	6.2
法制	0.9	1.2	0.8	1.5	1.2	2.5
教学	0.4	0.1	0.3	0.1	0.4	0.1
青少	8.0	2.0	7.5	4.8	5.8	5.9
生活服务	7.9	7.9	8.3	6.3	8.4	5.6
体育	1.5	1.9	1.7	3.3	2.2	2.4
外语	0.0	0.0	0.0	0.0	0.0	0.0
戏剧	1.1	0.4	1.2	0.5	0.7	0.4
新闻/时事	14.3	16.2	15.3	11.4	10.7	14.2
音乐	3.1	0.9	2.9	0.9	2.6	0.9
专题	11.4	5.4	12.2	8.0	8.8	7.3
综艺	10.4	12.7	9.1	12.3	7.0	11.0
其他	14.1	16.3	13.8	10.2	17.7	10.9

表 3. 59. 7　2013 年西宁市场所有节目收视率排名前三十位

名次	节目名称	节目类别	播出频道	平均收视率（%）	平均占有率（%）
1	2013 春节联欢晚会	综艺	中央电视台综合频道	12. 7	31. 2
2	2013 元宵晚会	综艺	中央电视台综合频道	11. 8	31. 5
3	天气预报	生活服务	中央电视台综合频道	9. 6	27. 5
4	星光大道（6 月 8 日）	综艺	中央电视台综合频道	8. 9	20. 5
5	有你才幸福	电视剧	中央电视台综合频道	7. 2	18. 7
6	快乐中国 20132014 跨年演唱会	音乐	湖南电视台卫星频道	7. 0	18. 6
7	CCTV2013 年 315 晚会	综艺	中央电视台综合频道	6. 8	14. 3
8	新闻联播	新闻/时事	中央电视台综合频道	6. 4	20. 5
9	与美丽同行 2013 年三八国际妇女节专题文艺晚会	综艺	中央电视台综合频道	6. 2	16. 3
10	我的故乡晋察冀	电视剧	中央台八套	6. 1	17. 6
11	中国汉字听写大会 2013 总决赛	专题	中央电视台综合频道	6. 0	15. 8
12	举起手来之二追击阿多丸	电影	中央台六套	5. 8	15. 2
13	桐柏英雄	电视剧	中央台八套	5. 7	16. 3
14	猎杀	电视剧	中央台八套	5. 5	16. 9
15	战火大金脉	电视剧	中央台八套	5. 5	15. 3
16	山林喋血	电影	中央台六套	5. 5	13. 5
17	花木兰传奇	电视剧	中央电视台综合频道	5. 4	14. 8
18	阿娜尔罕	电视剧	中央电视台综合频道	5. 4	14. 3
19	少林寺	电影	中央台六套	5. 4	13. 2
20	通缉令	电影	中央台六套	5. 3	27. 5
21	妈祖	电视剧	中央台八套	5. 3	13. 2
22	舞出我人生圆梦之旅	综艺	中央电视台综合频道	5. 3	13. 1
23	零炮楼	电视剧	中央台八套	5. 1	15. 4
24	闯关东前传	电视剧	中央电视台综合频道	5. 1	14. 2
25	饭局也疯狂	电影	中央台六套	5. 1	12. 5
26	梅州月中华情 2013 年中央电视台中秋晚会	综艺	中央电视台综合频道	5. 0	14. 1
27	绝境逢生	电影	中央台六套	5. 0	11. 9
27	启航 2014 新年特别节目	综艺	中央台三套	5. 0	11. 9
29	替身杀手	电影	中央台六套	4. 9	18. 7
30	决战江南	电视剧	中央台八套	4. 9	14. 1

表 3.59.8　2013 年西宁市场电视剧收视率排名前十位

名次	节目名称	播出频道	平均收视率(%)	平均占有率(%)
1	有你才幸福	中央电视台综合频道	7.2	18.7
2	我的故乡晋察冀	中央台八套	6.1	17.6
3	桐柏英雄	中央台八套	5.7	16.3
4	猎杀	中央台八套	5.5	16.9
5	战火大金脉	中央台八套	5.5	15.3
6	花木兰传奇	中央电视台综合频道	5.4	14.8
7	阿娜尔罕	中央电视台综合频道	5.4	14.3
8	妈祖	中央台八套	5.3	13.2
9	零炮楼	中央台八套	5.1	15.4
10	闯关东前传	中央电视台综合频道	5.1	14.2

表 3.59.9　2013 年西宁市场新闻节目收视率排名前十位

名次	节目名称	播出频道	平均收视率(%)	平均占有率(%)
1	新闻联播	中央电视台综合频道	6.4	20.5
2	焦点访谈	中央电视台综合频道	4.3	11.8
3	青海新闻联播	青海卫视	3.5	14.6
4	东方时空（4 月 20、21 日）	中央电视台综合频道	3.1	7.8
5	李克强总理会见中外记者并回答提问	中央电视台综合频道	2.9	6.8
6	百姓 1 时间	青海电视台经济生活频道	2.8	11.2
7	共同关注	中央电视台综合频道	2.4	10.5
8	今日关注	中央台四套	2.4	6.5
9	太空新旅再探天宫天宫一号与神舟十号载人飞行任务特别报道	中央电视台新闻频道	2.2	13.5
10	中国新闻	中央台四套	2.0	5.2

表 3.59.10　2013 年西宁市场专题节目收视率排名前十位

名次	节目名称	播出频道	平均收视率(%)	平均占有率(%)
1	中国汉字听写大会 2013 总决赛	中央电视台综合频道	6.0	15.8
2	感动中国 2012 年度人物颁奖典礼	中央电视台综合频道	4.6	11.5
3	习仲勋	中央电视台综合频道	4.3	12.0
4	一年又一年 2013	中央电视台综合频道	3.8	14.2
5	圆梦中国德耀中华第四届全国道德模范授奖仪式	中央电视台综合频道	3.8	11.6
6	中央电视台特别节目梦想从历史深处走来	中央电视台综合频道	3.6	9.8
7	光荣义务	青海卫视	3.1	12.9
8	酷我真声音	浙江卫视	2.2	11.3
9	黄石公园	中央台九套纪录频道	2.0	12.1
10	解密	深圳卫视（新闻综合频道）	2.0	6.4

表 3.59.11　2013 年西宁市场综艺节目收视率排名前十位

名次	节目名称	播出频道	平均收视率（%）	平均占有率（%）
1	2013 春节联欢晚会	中央电视台综合频道	12.7	31.2
2	2013 元宵晚会	中央电视台综合频道	11.8	31.5
3	星光大道（6 月 8 日）	中央电视台综合频道	8.9	20.5
4	CCTV2013 年 315 晚会	中央电视台综合频道	6.8	14.3
5	与美丽同行 2013 年三八国际妇女节专题文艺晚会	中央电视台综合频道	6.2	16.3
6	舞出我人生圆梦之旅	中央电视台综合频道	5.3	13.1
7	梅州月中华情 2013 年中央电视台中秋晚会	中央电视台综合频道	5.0	14.1
8	启航 2014 新年特别节目	中央台三套	5.0	11.9
9	高举旗帜向未来 2013 年军民迎新春文艺晚会	中央电视台综合频道	4.9	11.4
10	万家灯火平安夜公安部 2013 年春节电视文艺晚会	中央电视台综合频道	4.0	10.8

表 3.59.12　2013 年西宁市场体育节目收视率排名前十位

名次	节目名称	播出频道	平均收视率（%）	平均占有率（%）
1	直播周末：2013 年亚洲冠军联赛决赛第二回合（韩国首尔 FC 队 VS 中国广州恒大队）	中央台五套	4.2	9.8
2	直播周末：2013 年澳大利亚网球公开赛女单决赛	中央台五套	3.6	17.2
3	黄金赛场：2015 年亚洲杯预选赛（中国 VS 沙特阿拉伯）	中央台五套	3.6	9.6
4	黄金赛场：2013 年中国国际女排精英赛龙岗站（中国 VS 波多黎各）	中央台五套	3.4	8.8
5	直播周末：2013 年世界女排大奖赛总决赛（日本队 VS 中国队）	中央台五套	3.1	10.5
6	现场直播：2013 年东亚杯足球赛（韩国队 VS 中国队）	中央台五套	3.1	8.0
7	黄金赛场：2012/2013 赛季中国男子篮球职业联赛季后赛半决赛第三场（山东黄金 VS 北京金隅）	中央台五套	3.0	6.4
8	2013 年世界乒乓球锦标赛男单 1/4 决赛	中央台五套	2.9	8.2
9	直播周末：2013 年次最轻量级 6 回合赛	中央台五套	2.7	14.8
10	第十二届全运会女子 400 米决赛	中央台五套	2.5	6.5

六十、厦门收视数据

表 3. 60. 1　2009—2013 年厦门市场各类频道的市场占有率（%）

频道类别	年份				
	2009 年	2010 年	2011 年	2012 年	2013 年
中央台频道	37. 5	36. 5	34. 2	37. 0	39. 6
中国教育台频道	0. 1	0. 2	0. 8	0. 5	0. 5
福建省级频道	9. 1	8. 2	6. 9	5. 8	4. 6
厦门市级频道	26. 8	27. 2	27. 1	22. 6	17. 0
其他省级卫视频道	20. 4	24. 1	27. 6	29. 0	30. 7
其他频道	6. 1	3. 8	3. 3	5. 1	7. 6

表 3. 60. 2　2013 年厦门市场各类频道在不同目标观众中的市场占有率（%）

目标观众		中央台频道	中国教育台频道	福建省级频道	厦门市级频道	其他省级卫视频道	其他频道
4 岁及以上所有人		39. 6	0. 5	4. 6	17. 0	30. 7	7. 6
性别	男	42. 1	0. 6	4. 6	16. 4	28. 1	8. 2
	女	36. 7	0. 5	4. 5	17. 7	33. 8	6. 8
年龄	4—14 岁	37. 5	0. 8	3. 0	6. 7	43. 4	8. 6
	15—24 岁	35. 5	0. 5	3. 9	16. 8	34. 5	8. 8
	25—34 岁	34. 1	0. 5	4. 4	14. 1	33. 4	13. 5
	35—44 岁	42. 2	0. 4	3. 8	15. 4	30. 1	8. 1
	45—54 岁	40. 7	0. 7	4. 9	20. 3	29. 0	4. 4
	55—64 岁	42. 6	0. 4	5. 5	18. 5	27. 0	6. 0
	65 岁及以上	44. 3	0. 6	5. 6	22. 8	23. 0	3. 7
教育程度	未受过正规教育	41. 7	0. 6	3. 1	19. 8	29. 9	4. 9
	小学	38. 7	0. 4	4. 6	19. 4	30. 2	6. 7
	初中	36. 9	0. 5	5. 0	15. 7	35. 6	6. 3
	高中	42. 1	0. 8	5. 4	16. 1	28. 8	6. 8
	大学及以上	41. 0	0. 4	3. 5	14. 7	26. 5	13. 9
职业类别	干部/管理人员	46. 8	0. 4	2. 8	12. 3	30. 7	7. 0
	个体/私营经企业人员	41. 9	0. 9	5. 1	20. 4	24. 7	7. 0
	初级公务员/雇员	37. 6	0. 5	4. 0	13. 4	31. 7	12. 8
	工人	40. 1	0. 3	4. 4	19. 0	28. 2	8. 0
	学生	31. 1	0. 8	4. 1	8. 3	46. 8	8. 9
	无业	39. 9	0. 5	5. 0	18. 2	30. 5	5. 9
	其他	43. 0	0. 3	3. 5	18. 0	32. 7	2. 5
个人月收入	0—600 元	37. 6	0. 7	4. 3	16. 0	35. 1	6. 3
	601—1200 元	42. 6	0. 3	6. 2	17. 6	26. 1	7. 2
	1201—1700 元	37. 1	0. 9	5. 1	21. 7	30. 8	4. 4
	1701—2600 元	41. 6	0. 5	4. 9	19. 6	27. 8	5. 6
	2601—3500 元	40. 1	0. 4	5. 0	14. 3	31. 2	9. 0
	3501—5000 元	38. 6	0. 3	3. 4	12. 8	34. 6	10. 3
	5001 元及以上	40. 8	0. 6	3. 9	16. 6	23. 0	15. 1

表 3.60.3　2013 年厦门市场各类频道在不同时段的市场占有率（%）

时间段	中央台频道	中国教育台频道	福建省级频道	厦门市级频道	其他省级卫视频道	其他频道
02:00—03:00	28.3	0.9	4.5	5.6	43.7	17.0
03:00—04:00	27.6	0.4	4.1	4.8	46.0	17.1
04:00—05:00	29.2	0.2	2.9	3.3	50.3	14.1
05:00—06:00	32.9	0.4	3.7	2.2	51.8	9.0
06:00—07:00	45.3	0.2	4.2	1.5	39.0	9.8
07:00—08:00	51.9	0.1	3.3	17.2	21.1	6.4
08:00—09:00	49.6	0.2	3.8	9.2	29.5	7.7
09:00—10:00	45.7	0.2	4.6	8.4	31.2	9.9
10:00—11:00	48.4	0.6	4.4	7.8	30.9	7.9
11:00—12:00	51.4	0.5	3.8	8.7	28.3	7.3
12:00—13:00	47.7	0.4	2.1	19.8	23.3	6.7
13:00—14:00	49.7	0.8	3.2	6.2	33.1	7.0
14:00—15:00	38.7	1.0	4.1	8.1	39.4	8.7
15:00—16:00	38.6	0.9	3.9	8.4	38.8	9.4
16:00—17:00	40.1	0.3	3.1	7.8	39.4	9.3
17:00—18:00	43.3	0.2	3.2	11.1	33.9	8.3
18:00—19:00	43.8	0.1	10.3	22.5	15.0	8.3
19:00—20:00	41.2	0.4	6.6	27.7	17.0	7.1
20:00—21:00	33.0	1.1	4.9	25.2	30.2	5.6
21:00—22:00	31.0	0.6	3.5	25.9	33.3	5.7
22:00—23:00	31.3	0.6	3.1	15.6	41.9	7.5
23:00—24:00	31.7	0.3	4.5	5.7	48.6	9.2
24:00—25:00	33.7	0.5	6.9	4.6	41.3	13.0
25:00—26:00	28.1	1.3	3.7	5.9	39.7	21.3

表 3.60.4　2013 年厦门市场收视份额排名前十位的频道

名次	频道名称	收视份额（%）
1	厦门电视台综合频道	5.5
2	中央电视台综合频道	4.9
3	中央电视台少儿频道	4.5
3	湖南电视台卫星频道	4.5
5	中央台八套	4.3
6	中央台四套	4.2
7	中央台六套	4.0
8	厦门电视台影视频道	3.8
9	中央台三套	3.3
10	厦门卫视	2.9

表 3.60.5　2013 年厦门市场各主要频道的观众构成（%）

目标观众		所有频道	主要频道				
			厦门电视台综合频道	中央电视台综合频道	中央电视台少儿频道	湖南电视台卫星频道	中央台八套
4 岁及以上所有人		100.0	100.0	100.0	100.0	100.0	100.0
性别	男性	53.5	57.4	52.7	51.3	33.2	43.0
	女性	46.5	42.6	47.3	48.7	66.8	57.0
年龄	4—14 岁	8.0	2.2	8.6	30.9	11.0	5.2
	15—24 岁	8.6	7.5	6.0	5.0	17.2	5.8
	25—34 岁	18.9	16.9	17.3	15.0	26.9	13.9
	35—44 岁	15.1	11.9	13.9	7.8	18.7	12.3
	45—54 岁	24.5	32.6	20.6	22.6	15.0	30.4
	55—64 岁	14.4	17.5	17.0	14.7	8.0	16.4
	65 岁及以上	10.5	11.4	16.6	4.0	3.2	16.0
教育程度	未受正规教育	8.2	5.5	7.9	25.3	6.3	13.1
	小学	26.8	28.4	21.5	41.8	23.0	31.8
	初中	26.8	27.5	25.1	13.6	44.2	26.8
	高中	22.7	24.0	26.5	12.8	15.3	17.2
	大学及以上	15.5	14.6	19.0	6.5	11.2	11.1
职业类别	干部/管理人员	3.5	3.0	4.7	1.1	2.8	3.0
	个体/私营企业人员	14.3	17.6	14.7	17.5	7.3	9.2
	初级公务员/雇员	14.3	9.9	14.3	5.0	13.9	8.6
	工人	17.1	21.8	13.1	16.2	16.9	18.5
	学生	7.3	2.8	6.0	12.2	17.7	4.8
	无业	39.5	40.5	43.8	44.9	38.0	51.6
	其他	4.0	4.4	3.4	3.1	3.4	4.3
个人月收入	0—600 元	29.4	24.6	27.9	48.4	42.1	35.4
	601—1200 元	7.9	5.9	5.8	18.1	5.0	6.0
	1201—1700 元	7.3	10.2	8.0	5.6	5.7	8.4
	1701—2600 元	25.7	32.7	27.8	13.9	18.8	27.2
	2601—3500 元	10.0	9.3	10.0	5.3	8.3	6.9
	3501—5000 元	11.2	6.0	9.8	5.7	15.6	11.3
	5001 元及以上	8.5	11.3	10.7	3.0	4.5	4.8

表 3.60.6　2011—2013 年厦门市场各类节目的播出份额（%）和收视份额（%）

节目类别	2011 年		2012 年		2013 年	
	播出份额	收视份额	播出份额	收视份额	播出份额	收视份额
财经	2.7	1.6	2.4	0.9	2.1	1.0
电视剧	21.8	28.7	21.5	28.5	21.7	33.0
电影	3.3	2.5	3.6	3.0	4.3	5.2
法制	0.8	0.5	0.8	0.5	0.9	0.7
教学	0.5	0.1	0.4	0.1	0.2	0.0
青少	7.9	2.8	7.2	3.3	6.7	6.5
生活服务	8.4	6.7	9.1	7.2	10.2	6.0
体育	2.0	1.9	2.0	3.4	2.1	3.0
外语	0.0	0.0	0.0	0.0	0.0	0.0
戏剧	1.0	1.5	1.0	1.5	0.7	0.9
新闻/时事	14.1	19.4	15.5	18.5	15.0	13.7
音乐	2.9	0.7	2.5	0.7	2.3	1.2
专题	9.9	4.6	11.3	5.0	10.8	6.6
综艺	10.2	11.9	8.6	10.9	8.3	10.5
其他	14.4	17.1	14.2	16.5	14.7	11.7

表 3. 60. 7　2013 年厦门市场所有节目收视率排名前三十位

名次	节目名称	节目类型	播出频道	平均收视率（%）	平均占有率（%）
1	2013 春节联欢晚会	综艺	中央电视台综合频道	18. 6	65. 1
2	直播周末：2013 年亚洲冠军联赛决赛第二回合（韩国首尔 FC 队 VS 中国广州恒大队）	体育	中央台五套	7. 8	26. 0
3	特区新闻广场（6 月 8 日）	新闻/时事	厦门电视台综合频道	5. 9	21. 0
4	绝战	电视剧	厦门电视台综合频道	5. 8	23. 7
5	中国好声音（8 月 23 日）	综艺	浙江卫视	5. 6	19. 4
6	地火（16—38 集）	电视剧	厦门电视台综合频道	5. 4	16. 2
7	直播周末 2013 年亚洲冠军联赛颁奖仪式	体育	中央台五套	4. 7	19. 4
8	2013 元宵晚会	综艺	中央电视台综合频道	4. 4	15. 3
9	抗日英豪	电视剧	厦门电视台综合频道	4. 3	16. 3
9	内线前传	电视剧	厦门电视台综合频道	4. 3	16. 3
11	狼烟	电视剧	厦门电视台综合频道	4. 1	14. 7
12	刀影	电视剧	厦门电视台综合频道	4. 0	19. 8
13	血色玫瑰之女子特遣队	电视剧	厦门电视台综合频道	4. 0	16. 2
14	铁血奇侠	电视剧	厦门电视台综合频道	4. 0	14. 3
15	我是歌手（4 月 5 日）	综艺	湖南电视台卫星频道	3. 9	18. 6
16	绝战蓉城	电视剧	厦门电视台综合频道	3. 9	14. 6
17	2013 年世界羽毛球锦标赛男单决赛	体育	中央台五套	3. 8	19. 8
18	龙行天下	电视剧	厦门电视台生活频道	3. 8	19. 3
19	梅州月中华情 2013 年中央电视台中秋晚会	综艺	中央电视台综合频道	3. 7	13. 9
20	妈祖（5—38 集）	电视剧	中央台八套	3. 7	12. 8
21	快乐中国 20132014 跨年演唱会	音乐	湖南电视台卫星频道	3. 5	14. 0
21	猎杀	电视剧	中央台八套	3. 5	14. 0
23	雳剑	电视剧	厦门电视台综合频道	3. 5	13. 5
24	生死绝杀	电视剧	厦门电视台综合频道	3. 4	24. 6
25	最后征战	电视剧	厦门电视台综合频道	3. 4	13. 6
26	因为爱情有晴天	电视剧	湖南电视台卫星频道	3. 4	12. 4
27	扎西 1935（3 月 4 日）	电影	中央台六套	3. 2	13. 1
28	功夫咏春（5 月 31 日）	电影	中央台六套	3. 1	12. 6
29	双面特工	电视剧	厦门电视台综合频道	3. 1	12. 3
30	爸爸去哪儿	综艺	湖南电视台卫星频道	3. 1	11. 6

表 3. 60. 8　2013 年厦门市场电视剧收视率排名前十位

名次	节目名称	播出频道	平均收视率（%）	平均占有率（%）
1	绝战	厦门电视台综合频道	5. 8	21. 0
2	地火（16—38 集）	厦门电视台综合频道	5. 4	19. 4
3	抗日英豪	厦门电视台综合频道	4. 3	15. 4
4	内线前传	厦门电视台综合频道	4. 3	15. 3
5	狼烟	厦门电视台综合频道	4. 1	16. 3
6	铁血奇侠	厦门电视台综合频道	4. 0	16. 3
7	刀影	厦门电视台综合频道	4. 0	14. 7
8	血色玫瑰之女子特遣队	厦门电视台综合频道	4. 0	14. 3
9	绝战蓉城	厦门电视台综合频道	3. 9	16. 2
10	龙行天下	厦门电视台生活频道	3. 8	18. 6

表 3. 60. 9　2013 年厦门市场新闻节目收视率排名前十位

名次	节目名称	播出频道	平均收视率（%）	平均占有率（%）
1	特区新闻广场（6 月 8 日）	厦门电视台综合频道	5. 9	22. 6
2	特区新闻广场	厦门电视台海峡频道	3. 1	11. 6
3	转播中央台新闻联播（4 月 21 日）	厦门卫视	2. 7	10. 7
4	太空新旅再探天宫天宫一号与神舟十号载人飞行任务特别报道	中央电视台综合频道	2. 5	17. 3
5	厦视直播室	厦门电视台海峡频道	2. 5	9. 9
6	新闻联播	中央电视台综合频道	1. 9	8. 8
7	李克强总理会见中外记者并回答提问	中央电视台综合频道	1. 8	5. 8
8	东方时空（4 月 20/21 日）	中央电视台综合频道	1. 7	6. 0
9	厦视直播室	厦门电视台综合频道	1. 5	8. 3
10	特区新闻广场（6 月 8 日）	厦门卫视	1. 5	5. 6

表 3. 60. 10　2013 年厦门市场专题节目收视率排名前十位

名次	节目名称	播出频道	平均收视率（%）	平均占有率（%）
1	中国汉字听写大会 2013 总决赛	中央电视台综合频道	2. 3	8. 8
2	酷我真声音	浙江卫视	1. 9	12. 4
3	百年学村中国梦纪念陈嘉庚创建集美学校 100 周年	厦门电视台综合频道	1. 6	7. 6
4	一年又一年 2013	中央电视台综合频道	1. 5	7. 4
5	感动中国 2012 年度人物颁奖典礼	中央电视台新闻频道	1. 4	8. 2
6	有趣的太空生活	中央台四套	1. 3	5. 8
7	爱在晚晴天	江苏卫视	1. 3	5. 3
8	习仲勋	中央电视台综合频道	1. 2	5. 3
9	解密（1 月 9 日、16 日）	深圳卫视（新闻综合频道）	1. 1	5. 8
10	感动中国 2012 年度人物颁奖典礼	中央电视台综合频道	1. 1	4. 2

表 3.60.11　2013 年厦门市场综艺节目收视率排名前十位

名次	节目名称	播出频道	平均收视率（%）	平均占有率（%）
1	2013 春节联欢晚会	中央电视台综合频道	18.6	65.1
2	中国好声音（8 月 23 日）	浙江卫视	5.6	23.7
3	2013 元宵晚会	中央电视台综合频道	4.4	16.2
4	我是歌手（4 月 5 日）	湖南电视台卫星频道	3.9	19.8
5	梅州月中华情 2013 年中央电视台中秋晚会	中央电视台综合频道	3.7	14.6
6	爸爸去哪儿	湖南电视台卫星频道	3.1	24.6
7	开学第一课	中央电视台综合频道	3.0	10.8
8	CCTV2013 年 315 晚会	中央电视台综合频道	2.7	9.8
9	2012 中国电视剧年度明星盛典	中央电视台综合频道	2.5	8.2
10	2013 春节联欢晚会语言节目集锦	中央电视台综合频道	2.1	16.5

表 3.60.12　2013 年厦门市场体育节目收视率排名前十位

名次	节目名称	播出频道	平均收视率（%）	平均占有率（%）
1	直播周末：2013 年亚洲冠军联赛决赛第二回合（韩国首尔 FC 队 VS 中国广州恒大队）	中央台五套	7.8	26.0
2	直播周末 2013 年亚洲冠军联赛颁奖仪式	中央台五套	4.7	19.4
3	2013 年世界羽毛球锦标赛男单决赛	中央台五套	3.8	19.8
4	2013 年第十二届全运会男子 200 米个人混合泳决赛	中央台五套	2.5	12.5
5	黄金赛场：2013 年世乒赛男单决赛	中央台五套	2.4	10.2
6	直播周末：2013 年澳大利亚网球公开赛女单决赛	中央台五套	2.3	13.0
7	黄金赛场：2013 年 NBA 全球系列赛上海站（湖人 VS 勇士）	中央台五套	2.3	9.2
8	直播周末：2012/2013 赛季 CBA 总决赛第二场（山东黄金 VS 广东东莞银行）	中央台五套	2.1	7.7
9	直播周末：2012/2013 赛季西甲联赛第 26 轮（皇家马德里 VS 巴塞罗那）	中央台五套	1.9	14.3
10	现场直播：2013 年东亚杯足球赛（韩国队 VS 中国队）	中央台五套	1.7	9.3

六十一、银川收视数据

表 3.61.1　2009—2013 年银川市场各类频道的市场占有率（%）

频道类别	年份				
	2009 年	2010 年	2011 年	2012 年	2013 年
中央台频道	54.2	55.1	51.4	53.1	52.9
中国教育台频道	0.3	0.6	1.0	0.9	0.6
宁夏自治区级频道	10.2	7.0	6.5	4.5	4.2
银川市级频道	2.0	1.6	3.0	4.8	4.4
其他省级卫视频道	25.9	31.3	35.0	33.8	34.6
其他频道	7.4	4.5	3.1	2.8	3.4

表 3.61.2　2013 年银川市场各类频道在不同目标观众中的市场占有率（%）

目标观众		中央台频道	中国教育台频道	宁夏自治区级频道	银川市级频道	其他省级卫视频道	其他频道
4 岁及以上所有人		52.9	0.6	4.2	4.4	34.6	3.4
性别	男	56.7	0.7	4.2	4.5	30.7	3.2
	女	49.5	0.6	4.1	4.3	37.9	3.5
年龄	4—14 岁	50.3	0.6	3.6	2.0	39.2	4.3
	15—24 岁	47.8	1.2	3.3	3.6	40.9	3.1
	25—34 岁	46.5	0.7	3.3	3.6	41.6	4.3
	35—44 岁	50.0	0.5	4.3	5.2	34.8	5.3
	45—54 岁	52.8	0.7	5.0	6.7	31.5	3.3
	55—64 岁	59.5	0.5	3.7	4.5	30.2	1.6
	65 岁及以上	62.7	0.4	5.2	3.7	26.8	1.2
教育程度	未受过正规教育	58.1	1.8	3.0	1.8	31.1	4.2
	小学	50.6	0.7	3.3	3.2	39.8	2.3
	初中	51.4	0.7	4.3	5.4	34.7	3.5
	高中	54.1	0.3	4.1	4.7	34.0	2.7
	大学及以上	53.5	0.5	4.8	4.0	32.7	4.6
职业类别	干部/管理人员	59.4	0.0	3.0	6.9	25.3	5.4
	个体/私营企业人员	50.8	0.7	2.9	4.9	35.7	5.1
	初级公务员/雇员	50.3	0.4	4.4	4.6	35.9	4.3
	工人	52.7	1.0	4.9	6.1	31.5	3.8
	学生	47.3	1.1	3.3	2.8	42.8	2.8
	无业	55.6	0.5	4.6	4.1	32.7	2.5
	其他	53.3	1.0	1.6	1.8	41.0	1.3
个人月收入	0—600 元	47.8	0.8	4.1	3.4	40.0	3.9
	601—1200 元	55.7	1.1	3.5	3.8	32.6	3.2
	1201—1700 元	53.4	0.4	3.4	5.3	35.3	2.2
	1701—2600 元	54.9	0.5	4.0	4.8	32.9	2.8
	2601—3500 元	54.3	0.6	6.1	4.8	30.8	3.4
	3501—5000 元	55.4	0.3	3.8	4.2	32.4	3.9
	5001 元及以上	55.0	1.1	3.3	4.9	27.7	8.1

表 3. 61. 3　2013 年银川市场各类频道在不同时段的市场占有率（%）

时间段	中央台频道	中国教育台频道	宁夏自治区级频道	银川市级频道	其他省级卫视频道	其他频道
02:00—03:00	36. 8	0. 0	0. 0	0. 5	43. 8	18. 9
03:00—04:00	42. 7	0. 0	0. 0	0. 0	42. 3	14. 9
04:00—05:00	49. 7	0. 4	0. 0	0. 0	40. 1	9. 7
05:00—06:00	63. 5	0. 1	0. 9	0. 1	29. 4	6. 1
06:00—07:00	71. 2	0. 1	4. 6	0. 5	22. 4	1. 3
07:00—08:00	72. 2	0. 1	6. 5	3. 6	15. 2	2. 4
08:00—09:00	63. 8	0. 2	4. 8	3. 6	24. 8	2. 8
09:00—10:00	54. 7	0. 3	5. 3	3. 2	32. 3	4. 2
10:00—11:00	53. 9	0. 4	4. 8	3. 0	33. 2	4. 8
11:00—12:00	55. 3	0. 4	3. 1	4. 0	32. 6	4. 7
12:00—13:00	71. 2	0. 5	2. 0	3. 2	20. 6	2. 5
13:00—14:00	62. 8	0. 5	2. 7	3. 9	27. 0	3. 0
14:00—15:00	42. 6	0. 5	3. 3	2. 8	46. 7	4. 1
15:00—16:00	38. 0	0. 5	4. 0	2. 9	50. 2	4. 4
16:00—17:00	43. 2	0. 4	3. 6	2. 2	46. 0	4. 6
17:00—18:00	53. 8	0. 2	4. 2	3. 1	34. 9	3. 9
18:00—19:00	67. 0	0. 1	4. 5	11. 5	14. 6	2. 3
19:00—20:00	72. 0	0. 6	3. 6	3. 0	19. 2	1. 6
20:00—21:00	42. 2	1. 4	4. 3	3. 7	45. 4	3. 0
21:00—22:00	39. 7	0. 9	3. 9	4. 0	47. 8	3. 7
22:00—23:00	36. 7	0. 3	6. 0	7. 8	44. 2	5. 0
23:00—24:00	33. 5	0. 1	7. 3	8. 0	44. 3	6. 7
24:00—25:00	36. 3	0. 1	5. 7	3. 7	46. 5	7. 7
25:00—26:00	29. 4	0. 1	4. 8	1. 0	58. 2	6. 4

表 3. 61. 4　2013 年银川市场收视份额位于前十位的频道

名次	频道名称	收视份额（%）
1	中央电视台综合频道	17. 9
2	湖南电视台卫星频道	6. 1
3	中央台八套	5. 3
4	中央电视台少儿频道	4. 5
4	中央台三套	4. 5
6	中央台六套	4. 4
7	中央电视台新闻频道	3. 3
8	江苏卫视	3. 0
8	中央台十二套	3. 0
10	中央台四套	2. 7

表 3.61.5 2013 年银川市场各主要频道的观众构成（%）

目标观众		所有频道	主要频道				
			中央电视台综合频道	湖南电视台卫星频道	中央台八套	中央电视台少儿频道	中央台三套
4 岁及以上所有人		100.0	100.0	100.0	100.0	100.0	100.0
性别	男	46.6	49.1	31.3	39.7	49.5	46.2
	女	53.4	50.9	68.7	60.3	50.5	53.8
年龄组	4—14 岁	9.3	6.4	12.7	5.0	44.9	5.2
	15—24 岁	9.0	9.4	17.7	5.5	5.2	6.7
	25—34 岁	17.6	14.5	25.1	13.6	23.0	13.4
	35—44 岁	18.5	18.1	22.9	19.1	11.8	17.4
	45—54 岁	17.8	18.1	10.7	18.8	4.6	21.6
	55—64 岁	12.8	14.3	6.0	15.7	9.2	19.0
	65 岁及以上	14.9	19.2	4.9	22.4	1.4	16.8
教育程度	未受过正规教育	5.1	4.9	3.5	4.2	19.7	4.3
	小学	12.3	11.0	15.1	12.8	26.2	11.9
	初中	32.1	30.3	31.4	33.2	25.5	38.7
	高中	29.8	31.8	30.3	30.9	16.4	28.3
	大学及以上	20.6	22.0	19.8	19.0	12.3	16.8
职业类别	干部/管理人员	1.9	2.7	1.2	1.2	0.9	2.0
	个体/私营企业人员	14.4	15.1	20.5	9.9	11.3	13.5
	初级公务员/雇员	15.2	15.8	16.4	13.3	6.0	15.8
	工人	14.8	13.8	12.1	16.3	11.4	13.4
	学生	10.4	8.1	21.1	5.9	28.1	5.7
	无业	41.3	42.8	26.6	51.9	40.9	46.3
	其他	2.0	1.7	2.0	1.6	1.3	3.3
个人月收入	0—600 元	25.7	19.5	38.1	19.0	60.9	20.8
	601—1200 元	6.0	7.7	5.1	6.5	2.2	7.5
	1201—1700 元	15.1	16.0	14.0	21.9	6.2	19.2
	1701—2600 元	28.6	31.2	22.1	32.9	16.4	28.1
	2601—3500 元	13.8	15.2	8.9	10.8	7.9	13.8
	3501—5000 元	7.3	7.4	8.2	6.8	2.9	6.5
	5001 元及以上	3.5	3.2	3.6	1.9	3.5	4.1

表 3.61.6 2011—2013 年银川市场各类节目的播出份额（%）和收视份额（%）

节目类别	2011 年		2012 年		2013 年	
	播出份额	收视份额	播出份额	收视份额	播出份额	收视份额
财经	2.8	1.1	2.5	0.7	2.1	0.5
电视剧	21.0	29.8	20.9	31.9	21.6	29.6
电影	3.5	2.8	4.0	3.9	4.4	3.7
法制	0.9	1.3	0.8	1.0	0.9	1.1
教学	0.4	0.1	0.4	0.1	0.3	0.0
青少	8.2	3.5	7.5	3.3	6.7	4.7
生活服务	7.8	8.0	8.4	8.4	8.7	8.0
体育	1.6	1.9	1.7	2.6	2.0	1.6
外语	0.1	0.0	0.0	0.0	0.0	0.0
戏剧	1.2	0.3	1.1	0.2	0.8	0.3
新闻/时事	14.1	15.5	15.5	14.6	15.3	15.3
音乐	3.1	0.8	2.9	0.7	2.6	0.4
专题	10.5	6.1	11.0	5.9	11.2	5.8
综艺	10.5	11.9	9.0	10.8	9.0	12.3
其他	14.3	16.9	14.4	15.9	14.6	16.6

表 3.61.7　2013 年银川市场所有节目收视率排名前三十位

名次	节目名称	节目类型	播出频道	平均收视率（%）	平均占有率（%）
1	2013 春节联欢晚会	综艺	中央电视台综合频道	34.5	80.2
2	新闻联播	新闻/时事	中央电视台综合频道	25.8	60.4
3	天气预报	生活服务	中央电视台综合频道	19.8	42.1
4	你好春天 2013 年文化部春节电视晚会	综艺	中央电视台综合频道	14.7	32.5
5	焦点访谈	新闻/时事	中央电视台综合频道	13.7	28.7
6	东方时空（4 月 20/21 日）	新闻/时事	中央电视台综合频道	12.6	24.4
7	2013 元宵晚会	综艺	中央电视台综合频道	9.2	17.9
8	中央电视台特别节目梦想从历史深处走来	专题	中央电视台综合频道	9.1	19.6
9	万家灯火平安夜公安部 2013 年春节电视文艺晚会	综艺	中央电视台综合频道	8.9	20.9
10	星光大道（2 月 16 日）	综艺	中央电视台综合频道	8.3	16.7
11	2013 春节戏曲晚会	戏剧	中央电视台综合频道	7.9	18.5
12	咱们结婚吧	电视剧	中央电视台综合频道	7.7	16.2
13	一年又一年 2013	专题	中央电视台综合频道	7.4	41.0
14	李克强总理会见中外记者并回答提问	新闻/时事	中央电视台综合频道	7.4	13.8
15	梅州月中华情 2013 年中央电视台中秋晚会	综艺	中央电视台综合频道	7.3	16.3
16	闯关东前传	电视剧	中央电视台综合频道	7.3	16.0
17	中国梦劳动美 2013 年庆祝五一国际劳动节专题文艺晚会	综艺	中央电视台综合频道	7.2	16.8
18	有你才幸福	电视剧	中央电视台综合频道	7.2	15.3
19	快乐的节日 2013 年六一晚会	青少	中央电视台综合频道	7.0	14.8
20	五月的鲜花我们的中国梦 2013 年全国大学生校园文艺会演	综艺	中央电视台综合频道	6.5	14.1
21	感动中国 2012 年度人物颁奖典礼	专题	中央电视台综合频道	6.5	13.0
22	花木兰传奇	电视剧	中央电视台综合频道	6.4	13.3
23	高举旗帜向未来 2013 年军民迎新春文艺晚会	综艺	中央电视台综合频道	6.2	13.9
24	阿娜尔罕	电视剧	中央电视台综合频道	6.2	13.5
25	CCTV2013 年 315 晚会	综艺	中央电视台综合频道	6.2	12.9
26	2012 中国电视剧年度明星盛典	综艺	中央电视台综合频道	6.0	12.2
27	隋唐英雄	电视剧	湖南电视台卫星频道	5.6	10.8
28	陆贞传奇	电视剧	湖南电视台卫星频道	5.5	11.9
29	中国汉字听写大会 2013 总决赛	专题	中央电视台综合频道	5.4	10.9
30	毛泽东（1—8 集）	电视剧	中央电视台综合频道	5.3	11.5

表 3.61.8　2013 年银川市场电视剧收视率排名前十位

名次	节目名称	播出频道	平均收视率（%）	平均占有率（%）
1	咱们结婚吧	中央电视台综合频道	7.7	16.2
2	闯关东前传	中央电视台综合频道	7.3	16.0
3	有你才幸福	中央电视台综合频道	7.2	15.3
4	花木兰传奇	中央电视台综合频道	6.4	13.3
5	阿娜尔罕	中央电视台综合频道	6.2	13.5
6	隋唐英雄	湖南电视台卫星频道	5.6	10.8
7	陆贞传奇	湖南电视台卫星频道	5.5	11.9
8	毛泽东（1—8 集）	中央电视台综合频道	5.3	11.5
9	寻路	中央电视台综合频道	5.3	11.2
10	因为爱情有晴天	湖南电视台卫星频道	5.2	11.1

表 3.61.9　2013 年银川市场新闻节目收视率排名前十位

名次	节目名称	播出频道	平均收视率（%）	平均占有率（%）
1	新闻联播	中央电视台综合频道	25.8	60.4
2	焦点访谈	中央电视台综合频道	13.7	28.7
3	东方时空（4 月 20/21 日）	中央电视台综合频道	12.6	24.4
4	李克强总理会见中外记者并回答提问	中央电视台综合频道	7.4	13.8
5	共同关注（4 月 20/21 日）	中央电视台综合频道	5.1	21.9
6	芦山地震特别报道	中央电视台综合频道	3.1	13.8
7	嫦娥三号登月之旅	中央电视台综合频道	3.1	10.3
8	雅安地震特别报道	湖南电视台卫星频道	3.1	8.9
9	新闻直播间	中央电视台综合频道	2.5	16.1
10	芦山 7.0 级地震特别报道	中央电视台综合频道	2.2	16.1

表 3.61.10　2013 年银川市场专题节目收视率排名前十位

名次	节目名称	播出频道	平均收视率（%）	平均占有率（%）
1	中央电视台特别节目梦想从历史深处走来	中央电视台综合频道	9.1	19.6
2	一年又一年 2013	中央电视台综合频道	7.4	41.0
3	感动中国 2012 年度人物颁奖典礼	中央电视台综合频道	6.5	13.0
4	中国汉字听写大会 2013 总决赛	中央电视台综合频道	5.4	10.9
5	圆梦中国德耀中华第四届全国道德模范授奖仪式	中央电视台综合频道	5.3	11.5
6	寻宝	中央电视台综合频道	3.2	14.9
7	习仲勋	中央电视台综合频道	3.2	6.7
8	旗鼓相当	中央电视台综合频道	2.8	13.0
9	状元 360	中央电视台综合频道	2.5	13.6
10	1 起聊聊	中央电视台综合频道	2.3	12.4

表 3.61.11　2013 年银川市场综艺节目收视率排名前十位

名次	节目名称	播出频道	平均收视率（%）	平均占有率（%）
1	2013 春节联欢晚会	中央电视台综合频道	34.5	80.2
2	你好春天 2013 年文化部春节电视晚会	中央电视台综合频道	14.7	32.5
3	2013 元宵晚会	中央电视台综合频道	9.2	17.9
4	万家灯火平安夜公安部 2013 年春节电视文艺晚会	中央电视台综合频道	8.9	20.9
5	星光大道（2 月 16 日）	中央电视台综合频道	8.3	16.7
6	梅州月中华情 2013 年中央电视台中秋晚会	中央电视台综合频道	7.3	16.3
7	中国梦劳动美 2013 年庆祝五一国际劳动节专题文艺晚会	中央电视台综合频道	7.2	16.8
8	五月的鲜花我们的中国梦 2013 年全国大学生校园文艺会演	中央电视台综合频道	6.5	14.1
9	高举旗帜向未来 2013 年军民迎新春文艺晚会	中央电视台综合频道	6.2	13.9
10	CCTV2013 年 315 晚会	中央电视台综合频道	6.2	12.9

表 3.61.12　2013 年银川市场体育节目收视率排名前十位

名次	节目名称	播出频道	平均收视率（%）	平均占有率（%）
1	谁是球王（7 月 14 日）	中央电视台综合频道	3.8	8.2
2	黄金赛场：2013 年世乒赛女双决赛	中央台五套	2.9	5.7
3	直播周末：2013 年亚洲冠军联赛决赛第二回合（韩国首尔 FC 队 VS 中国广州恒大队）	中央台五套	2.8	5.5
4	黄金赛场：2013 年中国国际女排精英赛龙岗站（中国 VS 波多黎各）	中央台五套	2.5	5.4
5	2013 年世界羽毛球锦标赛男单决赛	中央台五套	2.1	5.0
6	黄金赛场：2013 年第 15 届世界游泳锦标赛女子三米板半决赛	中央台五套	2.1	4.3
7	黄金赛场：2015 年亚洲杯预选赛（中国 VS 印度尼西亚）	中央台五套	2.0	4.0
8	直播周末：2013 年斯诺克上海大师赛决赛第 2 阶段	中央台五套	1.8	3.9
8	现场直播：2013 年东亚杯足球赛（韩国队 VS 中国队）	中央台五套	1.8	3.9
10	2013 年世界田径锦标赛男子 100 米半决赛	中央台五套	1.8	3.5

六十二、郑州收视数据

表 3.62.1　2009—2013 年郑州市场各类频道的市场占有率（%）

频道类别	年份				
	2009 年	2010 年	2011 年	2012 年	2013 年
中央电视台频道	34.5	28.4	24.7	26.6	27.8
中国教育台频道	0.0	0.1	0.0	0.0	0.1
河南省级频道	23.3	29.6	31.9	28.3	24.8
郑州市级频道	12.6	10.4	9.7	8.1	7.7
其他省级卫视频道	27.2	29.4	32.3	35.9	35.7
其他频道	2.4	2.1	1.4	1.1	3.9

表 3.62.2　2013 年郑州市场各类频道在各目标观众中的市场占有率（%）

目标观众		中央电视台频道	中国教育台频道	河南省级频道	郑州市级频道	其他省级卫视频道	其他频道
4 岁及以上所有人		27.8	0.1	24.8	7.7	35.7	3.9
性别	男	29.6	0.1	24.6	7.8	33.6	4.3
	女	26.1	0.1	24.9	7.5	37.6	3.8
年龄	4—14 岁	24.0	0.1	15.8	4.9	51.5	3.7
	15—24 岁	19.9	0.1	25.8	7.0	44.0	3.2
	25—34 岁	26.7	0.1	22.0	7.4	39.4	4.4
	35—44 岁	25.6	0.1	25.3	7.8	36.2	5.0
	45—54 岁	27.5	0.1	28.5	9.3	30.6	4.0
	55—64 岁	31.8	0.0	27.9	7.7	29.5	3.1
	65 岁及以上	36.8	0.1	24.7	7.7	27.4	3.3
教育程度	未受过正规教育	27.9	0.1	20.0	6.1	42.5	3.4
	小学	25.0	0.2	24.5	7.4	39.3	3.6
	初中	25.1	0.1	27.7	7.8	36.7	2.6
	高中	29.0	0.1	24.8	8.7	33.1	4.3
	大学及以上	31.5	0.1	22.1	6.7	33.8	5.8
职业类别	干部/管理人员	26.3	0.1	23.4	6.4	37.8	6.0
	个体/私营企业人员	26.8	0.1	28.1	8.2	32.4	4.4
	初级公务员/雇员	29.9	0.1	24.2	7.8	33.3	4.7
	工人	25.1	0.1	27.4	8.5	34.9	4.0
	学生	20.7	0.1	18.2	5.3	52.4	3.3
	无业	30.9	0.1	23.1	7.7	34.7	3.5
	其他	17.6	0.0	46.2	8.4	24.7	3.1
个人月收入	0—600 元	23.9	0.1	24.0	6.3	42.5	3.3
	601—1200 元	26.9	0.1	27.3	7.1	34.6	4.1
	1201—1700 元	26.8	0.1	25.4	8.9	35.5	3.3
	1701—2600 元	30.3	0.1	25.7	9.0	31.6	3.3
	2601—3500 元	30.3	0.1	23.8	8.1	31.6	6.2
	3501—5000 元	33.7	0.1	22.7	7.9	29.9	5.8
	5001 元及以上	31.0	0.1	23.6	4.7	34.9	5.8

表 3. 62. 3　2013 年郑州市场各类频道在各时段的市场占有率（%）

时间段	中央电视台频道	中国教育台频道	河南省级频道	郑州市级频道	其他省级卫视频道	其他频道
02:00—03:00	24. 2	0. 1	19. 8	7. 9	38. 2	9. 8
03:00—04:00	22. 6	0. 0	19. 0	9. 2	38. 9	10. 3
04:00—05:00	25. 6	0. 0	18. 3	9. 7	35. 8	10. 6
05:00—06:00	28. 1	0. 1	22. 9	5. 7	34. 8	8. 4
06:00—07:00	39. 8	0. 0	22. 9	5. 4	26. 3	5. 6
07:00—08:00	44. 3	0. 0	22. 0	5. 8	22. 9	5. 0
08:00—09:00	38. 2	0. 0	18. 4	7. 3	32. 3	3. 8
09:00—10:00	30. 2	0. 1	16. 3	7. 2	42. 6	3. 6
10:00—11:00	28. 7	0. 2	15. 5	6. 3	45. 6	3. 7
11:00—12:00	33. 6	0. 2	15. 3	5. 6	41. 6	3. 7
12:00—13:00	37. 7	0. 1	22. 1	5. 3	31. 5	3. 3
13:00—14:00	31. 3	0. 2	20. 5	7. 3	36. 3	4. 4
14:00—15:00	26. 1	0. 1	17. 2	9. 0	42. 5	5. 1
15:00—16:00	25. 9	0. 1	17. 5	7. 1	44. 5	4. 9
16:00—17:00	26. 1	0. 0	16. 5	7. 2	45. 7	4. 5
17:00—18:00	27. 0	0. 0	16. 6	7. 7	44. 5	4. 2
18:00—19:00	31. 0	0. 0	32. 2	12. 2	20. 7	3. 9
19:00—20:00	32. 3	0. 1	35. 2	6. 5	22. 8	3. 1
20:00—21:00	23. 2	0. 1	29. 8	7. 2	36. 6	3. 1
21:00—22:00	22. 7	0. 1	27. 6	8. 3	38. 0	3. 3
22:00—23:00	20. 4	0. 1	26. 1	8. 8	40. 7	3. 9
23:00—24:00	22. 3	0. 1	24. 5	6. 9	40. 5	5. 7
24:00—25:00	24. 2	0. 1	19. 1	12. 4	35. 5	8. 7
25:00—26:00	23. 5	0. 1	22. 4	11. 2	33. 4	9. 4

表 3. 62. 4　2013 年郑州市场收视份额排名前十位的频道

名次	频道名称	收视份额（%）
1	中央电视台综合频道	6. 1
2	河南电视台卫星频道（一套）	5. 6
3	河南电视台都市频道（二套）	4. 6
4	河南电视台电视剧频道（五套）	4. 3
5	湖南电视台卫星频道	4. 1
6	中央电视台新闻频道	3. 2
7	河南电视台政法频道（四套）	3. 1
8	河南电视台公共频道（八套）	2. 8
8	河南电视台民生频道（三套）	2. 8
10	中央台四套	2. 7

表 3.62.5　2013 年郑州市场各主要频道的观众构成（%）

目标观众		所有频道	主要频道				
			中央电视台综合频道	河南电视台卫星频道（一套）	河南电视台都市频道（二套）	河南电视台电视剧频道（五套）	湖南电视台卫星频道
4 岁及以上所有人		100.0	100.0	100.0	100.0	100.0	100.0
性别	男	48.3	46.5	50.2	46.5	52.1	34.5
	女	51.7	53.5	49.8	53.5	47.9	65.5
年龄	4—14 岁	10.6	5.4	4.7	9.3	8.4	18.3
	15—24 岁	7.8	4.7	5.4	9.1	6.2	14.7
	25—34 岁	14.1	12.3	11.5	15.8	10.9	20.7
	35—44 岁	20.4	15.5	18.8	21.3	20.2	21.0
	45—54 岁	20.7	20.4	21.4	22.5	25.0	13.7
	55—64 岁	13.6	22.1	19.2	13.1	13.7	5.6
	65 岁及以上	12.8	19.6	19.0	8.9	15.6	6.0
教育程度	未受过正规教育	6.7	4.7	6.4	4.0	5.6	4.6
	小学	12.4	12.1	11.3	14.6	16.1	17.2
	初中	30.1	25.7	34.9	33.4	38.5	32.1
	高中	30.6	32.0	27.8	27.9	28.7	24.6
	大学及以上	20.2	25.5	19.6	20.1	11.1	21.5
职业类别	干部/管理人员	2.9	3.5	5.2	2.9	1.2	3.7
	个体/私营企业人员	11.8	7.9	13.0	13.4	16.4	12.4
	初级公务员/雇员	19.3	20.5	17.2	19.8	17.0	17.8
	工人	16.9	16.4	17.2	20.4	18.0	14.4
	学生	9.4	5.1	4.8	9.6	7.8	20.8
	无业	37.1	45.6	38.6	30.0	32.6	29.0
	其他	2.6	1.0	4.0	3.9	7.0	1.9
个人月收入	0—600 元	30.1	22.5	27.2	33.0	29.8	40.0
	601—1200 元	10.5	12.2	14.4	9.7	11.2	7.9
	1201—1700 元	14.5	14.0	13.6	16.1	17.2	15.4
	1701—2600 元	22.7	26.0	22.0	20.6	23.2	19.4
	2601—3500 元	12.8	12.9	13.1	12.4	10.2	10.0
	3501—5000 元	7.2	11.1	7.7	6.4	5.0	5.8
	5001 元及以上	2.2	1.3	2.0	1.8	3.4	1.5

表 3.62.6　2011—2013 年郑州市场各类节目的播出份额（%）和收视份额（%）

节目类别	2011 年		2012 年		2013 年	
	播出份额	收视份额	播出份额	收视份额	播出份额	收视份额
财经	2.5	1.2	2.2	0.9	1.9	0.7
电视剧	21.0	31.5	21.3	30.9	20.9	31.7
电影	4.3	4.8	4.8	4.8	5.3	4.4
法制	1.2	2.0	1.2	1.9	1.3	2.0
教学	0.4	0.1	0.3	0.0	0.2	0.1
青少	6.9	4.8	6.3	4.8	5.8	5.0
生活服务	9.1	6.7	8.7	7.8	10.3	8.2
体育	1.4	2.0	1.7	2.2	2.0	1.7
外语	0.0	0.0	0.0	0.0	0.0	0.0
戏剧	1.2	1.0	1.0	0.7	0.8	0.6
新闻/时事	13.4	12.1	15.0	14.1	14.6	13.2
音乐	2.7	0.4	2.4	0.5	2.3	0.4
专题	11.3	7.4	11.3	7.7	10.5	6.9
综艺	10.7	14.0	9.5	12.3	9.6	12.3
其他	13.9	12.0	14.3	11.4	14.5	12.8

表 3.62.7 2013 年郑州市场所有节目收视率排名前三十位

名次	节目名称	节目类别	播出频道	平均收视率（%）	平均占有率（%）
1	2013 春节联欢晚会	综艺	中央电视台综合频道	28.3	66.7
2	2013 元宵晚会	综艺	中央电视台综合频道	8.8	23.8
3	天气预报	生活服务	中央电视台综合频道	6.3	22.5
4	箭在弦上	电视剧	河南电视台卫星频道（一套）	5.5	16.6
5	直播周末：2013 年亚洲冠军联赛决赛第二回合（韩国首尔 FC 队 VS 中国广州恒大队）	体育	中央台五套	5.2	14.8
6	直播周末 2013 年亚洲冠军联赛颁奖仪式	体育	中央台五套	4.4	16.3
7	咱们结婚吧	电视剧	中央电视台综合频道	4.1	13.1
8	CCTV2013 年 315 晚会	综艺	中央电视台综合频道	4.1	12.1
9	乱世三义	电视剧	河南电视台卫星频道（一套）	4.0	12.6
10	舞出我人生圆梦之旅	综艺	中央电视台综合频道	3.9	12.9
11	二叔	电视剧	河南电视台卫星频道（一套）	3.8	11.3
12	大宅门 1912	电视剧	河南电视台卫星频道（一套）	3.7	11.8
13	快乐中国 20132014 跨年演唱会	音乐	湖南电视台卫星频道	3.6	14.0
14	不二神探（10 月 5 日）	电影	中央台六套	3.5	12.1
15	门第	电视剧	河南电视台卫星频道（一套）	3.3	11.3
16	十二生肖（2 月 18 日）	电影	河南电视台政法频道（四套）	3.3	10.4
17	新闻联播	新闻/时事	中央电视台综合频道	3.2	13.5
18	新燕子李三	电视剧	河南电视台卫星频道（一套）	3.2	10.7
19	与狼共舞	电视剧	河南电视台卫星频道（一套）	3.2	10.1
20	妯娌的三国时代	电视剧	河南电视台卫星频道（一套）	3.1	10.8
21	感动中国 2012 年度人物颁奖典礼	专题	中央电视台综合频道	3.1	8.1
22	一年又一年 2013	专题	中央电视台综合频道	3.0	13.1
23	假如生活欺骗了你	电视剧	河南电视台卫星频道（一套）	3.0	10.1
24	决战燕子门	电视剧	河南电视台卫星频道（一套）	3.0	9.6
25	梨园春	戏剧	河南电视台卫星频道（一套）	3.0	9.4
26	有你才幸福	电视剧	中央电视台综合频道	3.0	9.3
27	爸爸去哪儿	综艺	湖南电视台卫星频道	2.9	22.2
28	都市报道扩大版	新闻/时事	河南电视台都市频道（二套）	2.9	13.6
29	七侠五义人间道（1—8 集）	电视剧	河南电视台卫星频道（一套）	2.9	8.8
30	小鬼子走着瞧	电视剧	河南电视台电视剧频道（五套）	2.8	8.5

表 3.62.8　2013 年郑州市场电视剧收视率排名前十位

名次	节目名称	播出频道	平均收视率（%）	平均占有率（%）
1	箭在弦上	河南电视台卫星频道（一套）	5.5	16.6
2	咱们结婚吧	中央电视台综合频道	4.1	13.1
3	乱世三义	河南电视台卫星频道（一套）	4.0	12.6
4	二叔	河南电视台卫星频道（一套）	3.8	11.3
5	大宅门 1912	河南电视台卫星频道（一套）	3.7	11.8
6	门第	河南电视台卫星频道（一套）	3.3	11.3
6	新燕子李三	河南电视台卫星频道（一套）	3.2	10.7
8	与狼共舞	河南电视台卫星频道（一套）	3.2	10.1
9	妯娌的三国时代	河南电视台卫星频道（一套）	3.1	10.8
10	假如生活欺骗了你	河南电视台卫星频道（一套）	3.0	10.1

表 3.62.9　2013 年郑州市场新闻节目收视率排名前十位

名次	节目名称	播出频道	平均收视率（%）	平均占有率（%）
1	新闻联播	中央电视台综合频道	3.2	13.5
2	都市报道扩大版	河南电视台都市频道（二套）	2.9	13.6
3	嫦娥三号登月之旅	中央电视台综合频道	2.6	7.4
4	东方时空（4 月 20/21 日）	中央电视台综合频道	2.2	6.6
5	东方时空（4 月 20 日）	河南电视台卫星频道（一套）	2.1	6.1
6	都市报道	河南电视台都市频道（二套）	2.0	6.8
7	雅安地震特别报道我们一起共渡难关	河南电视台卫星频道（一套）	1.9	7.8
8	焦点访谈（4 月 20 日）	河南电视台卫星频道（一套）	1.9	6.9
9	焦点访谈	中央电视台综合频道	1.9	6.5
10	焦点访谈（4 月 21 日）	东南卫视	1.9	5.9

表 3.62.10　2013 年郑州市场专题节目收视率排名前十位

名次	节目名称	播出频道	平均收视率（%）	平均占有率（%）
1	感动中国 2012 年度人物颁奖典礼	中央电视台综合频道	3.1	8.1
2	一年又一年 2013	中央电视台综合频道	3.0	13.1
3	中国汉字听写大会 2013 半决赛第一场	中央电视台综合频道	2.3	7.0
4	中央电视台特别节目梦想从历史深处走来	中央电视台综合频道	1.9	6.4
5	拍客行动	河南电视台卫星频道（一套）	1.6	6.5
6	习仲勋	中央电视台综合频道	1.5	5.4
7	最前线	河南电视台卫星频道（一套）	1.4	5.6
8	圆梦中国德耀中华第四届全国道德模范授奖仪式	中央电视台综合频道	1.4	5.1
9	一起读书吧	河南电视台卫星频道（一套）	1.3	5.3
10	解密（1 月 9 日、16 日）	深圳卫视（新闻综合频道）	1.2	5.0

表 3.62.11　2013 年郑州市场综艺节目收视率排名前十位

名次	节目名称	播出频道	平均收视率（%）	平均占有率（%）
1	2013 春节联欢晚会	中央电视台综合频道	28.3	66.7
2	2013 元宵晚会	中央电视台综合频道	8.8	23.8
3	CCTV2013 年 315 晚会	中央电视台综合频道	4.1	12.1
4	舞出我人生圆梦之旅	中央电视台综合频道	3.9	12.9
5	爸爸去哪儿	湖南电视台卫星频道	2.9	22.2
6	快乐大本营	湖南电视台卫星频道	2.8	8.6
7	元宵喜乐会	湖南电视台卫星频道	2.7	9.9
8	2013 小年夜大联欢快乐到家	湖南电视台卫星频道	2.6	10.2
9	万家灯火平安夜公安部 2013 年春节电视文艺晚会	中央电视台综合频道	2.6	8.4
10	揭秘樱桃红	黑龙江卫视	2.5	6.9

表 3.62.12　2013 年郑州市场体育节目收视率排名前十位

名次	节目名称	播出频道	平均收视率（%）	平均占有率（%）
1	直播周末：2013 年亚洲冠军联赛决赛第二回合（韩国首尔 FC 队 VS 中国广州恒大队）	中央台五套	5.2	14.8
2	直播周末 2013 年亚洲冠军联赛颁奖仪式	中央台五套	4.4	16.3
3	黄金赛场：2015 年亚洲杯预选赛（中国 VS 沙特阿拉伯）	中央台五套	2.6	9.0
4	直播周末：2013 年澳大利亚网球公开赛女单决赛	中央台五套	2.3	12.5
5	直播周末：2013 年世界女排大奖赛总决赛（日本队 VS 中国队）	中央台五套	1.7	8.0
6	2013 年世界羽毛球锦标赛男单决赛	中央台五套	1.7	7.1
7	现场直播：2013 年东亚杯足球赛（韩国队 VS 中国队）	中央台五套	1.7	6.6
8	武林风	河南电视台卫星频道（一套）	1.6	6.2
9	直播周末：2014 年索契冬奥会冰壶资格附加赛女子晋级赛	中央台五套	1.5	10.5
10	黄金赛场：2013 年世乒赛男单决赛	中央台五套	1.5	6.1

六十三、其他城市收视概览

表 3. 63. 1　2013 年安庆市场（安徽省）收视份额排名前十位频道

名次	频道名称	收视份额（%）
1	安徽卫视	16. 5
2	安庆广播电视台新闻综合频道	8. 4
3	中央电视台综合频道	8. 0
4	湖南电视台卫星频道	5. 2
5	安徽影视	3. 9
5	中央电视台新闻频道	3. 9
5	中央电视台少儿频道	3. 9
8	中央台八套	3. 5
9	安徽公共	3. 0
10	中央台三套	2. 9

表 3. 63. 2　2013 年鞍山市场（辽宁省）收视份额排名前十位频道

名次	频道名称	收视份额（%）
1	辽宁卫视	11. 7
2	辽宁广播电视台都市频道	7. 0
3	中央电视台综合频道	6. 7
4	中央台三套	4. 8
5	中央电视台少儿频道	4. 3
6	湖南电视台卫星频道	4. 1
7	中央台八套	3. 9
8	中央电视台新闻频道	3. 8
8	中央台五套	3. 8
10	江苏卫视	3. 4

表 3. 63. 3　2013 年蚌埠市场（安徽省）收视份额排名前十位频道

名次	频道名称	收视份额（%）
1	中央电视台综合频道	14. 4
2	安徽卫视	10. 8
3	湖南电视台卫星频道	5. 4
4	中央电视台新闻频道	5. 0
5	中央电视台少儿频道	4. 0
6	安徽经视	3. 5
7	湖南电视台金鹰卡通频道	2. 9
7	江苏卫视	2. 9
9	中央台三套	2. 7
10	安徽公共	2. 6

表 3.63.4 2013 年包头市场（内蒙古自治区）收视份额排名前十位频道

名次	频道名称	收视份额（%）
1	中央电视台综合频道	18.6
2	中央台三套	5.5
3	江苏卫视	4.9
4	中央台八套	4.8
5	中央台四套	4.4
6	湖南电视台卫星频道	4.1
7	中央台十二套	3.1
8	中央电视台新闻频道	3.0
9	北京卫视	2.8
9	中央台六套	2.8

表 3.63.5 2013 年宝鸡市场（陕西省）收视份额排名前十位频道

名次	频道名称	收视份额（%）
1	中央电视台综合频道	12.3
2	湖南电视台卫星频道	6.9
3	中央台八套	4.9
4	陕西广播电视台都市青春频道（二套）	4.8
5	中央台三套	4.6
6	中央电视台少儿频道	4.4
7	陕西广播电视台新闻资讯频道（一套）	3.8
8	中央电视台新闻频道	3.2
9	江苏卫视	2.8
10	北京卫视	2.6

表 3.63.6 2013 年保定市场（河北省）收视份额排名前十位频道

名次	频道名称	收视份额（%）
1	中央电视台综合频道	17.5
2	河北电视台农民频道（七套）	7.7
3	湖南电视台卫星频道	4.7
4	中央台三套	4.3
5	中央台四套	3.6
6	河北电视台二套（经济生活频道）	3.3
7	中央电视台少儿频道	3.2
7	河北电视台四套（影视频道）	3.2
9	中央台八套	2.9
10	河北卫视	2.7

表 3.63.7　2013 年北海市场（广西壮族自治区）收视份额排名前十位频道

名次	频道名称	收视份额（%）
1	湖南电视台卫星频道	10.9
2	中央电视台少儿频道	9.6
3	中央电视台综合频道	6.9
4	广西电视台综艺频道	5.8
5	中央电视台新闻频道	5.3
6	广西电视台科教频道	3.8
7	广西电视台都市频道	2.9
7	广西电视台卫星频道	2.9
9	安徽卫视	2.8
10	中央台十二套	2.7

表 3.63.8　2013 年滨州市场（山东省）收视份额排名前十位频道

名次	频道名称	收视份额（%）
1	山东卫视	14.1
2	山东电视齐鲁频道	11.0
3	山东电视综艺频道	6.2
4	中央电视台综合频道	5.1
5	湖南电视台卫星频道	4.2
6	山东电视生活频道	3.9
7	滨州电视台新闻综合频道	3.8
8	中央电视台少儿频道	3.1
9	中央电视台新闻频道	2.9
9	山东电视影视频道	2.9

表 3.63.9　2013 年常德市场（湖南省）收视份额排名前十位频道

名次	频道名称	收视份额（%）
1	湖南电视台电视剧频道	16.6
2	湖南电视台经济频道	13.9
3	湖南电视台卫星频道	9.8
4	湖南电视台都市频道	7.8
5	中央电视台综合频道	5.5
6	湖南电视台潇湘电影频道	3.5
7	湖南电视台金鹰卡通频道	3.1
8	湖南电视台娱乐频道	2.7
9	中央电视台少儿频道	2.6
10	中央台三套	2.3

表 3.63.10 2013 年常州市场（江苏省）收视份额排名前十位频道

名次	频道名称	收视份额（%）
1	常州电视台二套（都市频道）	6.3
1	江苏卫视	6.3
3	常州电视台一套（新闻频道）	5.8
4	常州电视台三套（生活频道）	4.2
5	湖南电视台卫星频道	4.1
5	江苏电视台城市频道	4.1
7	中央电视台新闻频道	4.0
8	中央台三套	3.5
9	中央台四套	2.7
10	中央台五套	2.6

表 3.63.11 2013 年潮州市场（广东省）收视份额排名前十位频道

名次	频道名称	收视份额（%）
1	潮州电视台二套（公共频道）	17.9
2	潮州电视台一套（新闻综合频道）	12.9
3	湖南电视台卫星频道	7.2
4	南方电视台经济频道	4.7
5	广东电视台嘉佳卡通频道	4.4
6	中央电视台综合频道	4.3
7	中央台三套	3.5
8	南方电视台少儿频道	3.4
9	翡翠台（中文）（潮州有线网转播）	3.2
10	广东卫视	3.1

表 3.63.12 2013 年承德市场（河北省）收视份额排名前十位频道

名次	频道名称	收视份额（%）
1	中央电视台综合频道	10.8
2	中央台八套	8.8
3	河北电视台二套（经济生活频道）	6.9
4	中央台三套	6.1
5	中央电视台新闻频道	4.6
6	江苏卫视	4.1
7	河北电视台农民频道（七套）	4.0
7	湖南电视台卫星频道	4.0
9	中央台十二套	2.7
10	北京卡酷少儿频道	2.6

表 3.63.13　2013 年滁州市场（安徽省）收视份额排名前十位频道

名次	频道名称	收视份额（%）
1	安徽卫视	15.6
2	中央电视台综合频道	11.5
3	中央电视台少儿频道	4.6
4	中央台十二套	4.1
5	中央电视台新闻频道	3.9
5	湖南电视台卫星频道	3.9
7	安徽公共	3.7
7	江苏卫视	3.7
9	安徽经视	3.5
9	安徽影视	3.5

表 3.63.14　2013 年达州市场（四川省）收视份额排名前十位频道

名次	频道名称	收视份额（%）
1	中央电视台综合频道	11.7
2	中央电视台少儿频道	10.7
3	湖南电视台卫星频道	9.4
4	达州新闻综合频道	8.8
5	四川卫视	5.8
6	中央台三套	3.8
7	中央台八套	3.4
8	四川电视台新闻资讯频道	3.2
9	中央台六套	3.1
10	中央台十二套	3.0

表 3.63.15　2013 年大理市场（云南省）收视份额排名前十位频道

名次	频道名称	收视份额（%）
1	湖南电视台卫星频道	18.7
2	中央电视台综合频道	7.7
3	中央台八套	6.5
4	安徽卫视	5.1
5	云南广播电视台卫视频道（一套）	4.9
6	云南广播电视台都市频道（二套）	4.6
7	中央台六套	3.6
8	中央台三套	3.3
9	中央台十二套	2.6
10	中央电视台少儿频道	2.4

表 3.63.16　2013 年大同市场（山西省）收视份额排名前十位频道

名次	频道名称	收视份额（%）
1	中央电视台综合频道	19.6
2	中央台三套	5.6
3	湖南电视台卫星频道	5.3
4	江苏卫视	4.2
5	北京卫视	3.6
6	中央台八套	3.5
7	中央电视台新闻频道	3.2
8	中央电视台少儿频道	3.0
9	安徽卫视	2.6
9	中央台十二套	2.6

表 3.63.17　2013 年丹东市场（辽宁省）收视份额排名前十位频道

名次	频道名称	收视份额（%）
1	辽宁广播电视台都市频道	16.0
2	中央电视台综合频道	10.3
2	辽宁卫视	10.3
4	江苏卫视	4.9
5	中央台三套	4.4
6	湖南电视台卫星频道	4.1
7	中央电视台新闻频道	3.2
8	中央台四套	2.9
9	辽宁广播电视台生活频道	2.6
9	浙江卫视	2.6

表 3.63.18　2013 年德阳市场（四川省）收视份额排名前十位频道

名次	频道名称	收视份额（%）
1	中央电视台综合频道	8.4
2	湖南电视台卫星频道	7.6
3	四川电视台影视文艺频道（五套）	6.4
4	四川卫视	6.2
5	中央电视台新闻频道	4.3
6	中央台八套	4.1
7	中央电视台少儿频道	3.7
7	中央台十二套	3.7
9	中央台四套	3.4
9	四川经视频道	3.4

表 3.63.19　2013 年德州市场（山东省）收视份额排名前十位频道

名次	频道名称	收视份额（%）
1	山东电视齐鲁频道	9.8
2	山东卫视	9.7
3	中央电视台少儿频道	8.3
4	中央台三套	7.2
5	山东电视综艺频道	3.9
6	中央电视台综合频道	3.7
7	中央台六套	3.6
8	中央电视台新闻频道	3.3
9	中央台八套	3.0
10	山东电视生活频道	2.9

表 3.63.20　2013 年东莞市场（广东省）收视份额排名前十位频道

名次	频道名称	收视份额（%）
1	东莞电视台公共频道	8.8
2	中央电视台综合频道	6.6
3	中央电视台少儿频道	5.7
4	翡翠台（中文）（东莞有线网转播）	5.1
5	广东电视台珠江频道	5.0
6	南方电视台影视频道	4.6
7	广东电视台公共频道	4.2
8	广东卫视	3.5
8	南方电视台少儿频道	3.5
10	南方电视台经济频道	3.0

表 3.63.21　2013 年佛山市场（广东省）收视份额排名前十位频道

名次	频道名称	收视份额（%）
1	翡翠台（中文）（佛山有线台转播）	10.3
2	广东电视台珠江频道	10.1
3	佛山电视新闻综合频道	8.9
4	南方电视台影视频道	7.5
5	广东电视台公共频道	4.6
6	佛山电视影视频道	3.8
7	湖南电视台卫星频道	3.3
8	广东电视体育频道	2.8
8	南方卫视 TVS—2	2.8
10	南方电视台少儿频道	2.7

表 3.63.22 2013 年抚顺市场（辽宁省）收视份额排名前十位频道

名次	频道名称	收视份额（%）
1	辽宁卫视	10.8
2	辽宁广播电视台都市频道	9.1
3	中央台三套	4.7
4	中央电视台新闻频道	4.3
5	中央台四套	3.9
6	中央电视台综合频道	3.2
7	中央台六套	2.8
7	湖南电视台卫星频道	2.8
9	江苏卫视	2.6
10	中央台五套	2.5

表 3.63.23 2013 年阜阳市场（安徽省）收视份额排名前十位频道

名次	频道名称	收视份额（%）
1	安徽卫视	13.8
2	湖南电视台卫星频道	9.7
3	中央电视台综合频道	9.6
4	中央电视台少儿频道	7.1
5	中央台十二套	4.8
6	中央台八套	3.9
7	中央电视台新闻频道	2.8
8	江苏卫视	2.6
8	山东卫视	2.6
10	中央台四套	2.5

表 3.63.24 2013 年赣州市场（江西省）收视份额排名前十位频道

名次	频道名称	收视份额（%）
1	中央电视台综合频道	7.2
2	湖南电视台卫星频道	6.5
3	江西电视台都市频道（二套）	6.1
4	江西电视台卫星频道（一套）	5.7
5	中央台四套	5.5
6	中央电视台少儿频道	4.1
6	中央台三套	4.1
8	中央台六套	4.0
9	中央台八套	3.8
10	中央电视台新闻频道	3.0

注：赣州自 2013 年 7 月 1 日采用测量仪方式调查，表中排名根据 2013 年 7 月 1 日—12 月 31 日数据计算。

表 3.63.25　2013 年广元市场（四川省）收视份额排名前十位频道

名次	频道名称	收视份额（%）
1	四川电视台影视文艺频道（五套）	8.3
2	中央电视台少儿频道	6.8
3	湖南电视台卫星频道	6.1
4	中央台八套	5.0
5	中央电视台综合频道	4.6
6	四川电视台新闻资讯频道	4.1
7	中央台三套	3.7
7	四川卫视	3.7
9	中央台六套	3.4
10	四川电视台公共频道	3.3

表 3.63.26　2013 年桂林市场（广西壮族自治区）收视份额排名前十位频道

名次	频道名称	收视份额（%）
1	中央电视台综合频道	15.5
2	广西电视台综艺频道	7.8
3	中央电视台少儿频道	6.8
4	湖南电视台卫星频道	6.5
5	广西电视台科教频道	5.1
6	广西电视台卫星频道	3.9
7	江苏卫视	3.7
8	广西电视台都市频道	3.0
9	中央台四套	2.9
10	桂林电视台公共频道	2.8

表 3.63.27　2013 年邯郸市场（河北省）收视份额排名前十位频道

名次	频道名称	收视份额（%）
1	中央电视台综合频道	18.0
2	河北电视台二套（经济生活频道）	6.9
3	湖南电视台卫星频道	4.7
4	中央台八套	4.0
5	中央台四套	3.9
6	中央台三套	3.6
7	河北卫视	3.3
7	河北电视台农民频道（七套）	3.3
9	北京卫视	3.1
9	中央电视台新闻频道	3.1

表 3.63.28　2013 年河源市场（广东省）收视份额排名前十位频道

名次	频道名称	收视份额（%）
1	广东电视台珠江频道	10.6
2	湖南电视台卫星频道	8.7
3	南方电视台经济频道	8.1
4	中央电视台综合频道	7.8
5	广东卫视	6.5
6	中央电视台少儿频道	5.9
7	南方电视台综艺频道	3.4
8	广东电视台嘉佳卡通频道	3.1
9	中央台三套	2.7
9	南方卫视 TVS—2	2.7

表 3.63.29　2013 年衡阳市场（湖南省）收视份额排名前十位频道

名次	频道名称	收视份额（%）
1	湖南电视台卫星频道	15.0
2	湖南电视台经济频道	14.9
3	湖南电视台电视剧频道	11.3
4	湖南电视台都市频道	6.0
5	湖南电视台潇湘电影频道	3.9
6	中央电视台综合频道	3.2
7	湖南电视台金鹰卡通频道	3.1
8	中央台四套	2.9
9	中央电视台少儿频道	2.8
9	中央台三套	2.8

表 3.63.30　2013 年湖州市场（浙江省）收视份额排名前十位频道

名次	频道名称	收视份额（%）
1	浙江卫视	7.4
2	湖州电视台新闻综合频道	6.3
3	浙江电视台教育科技频道	5.6
4	湖州电视台公共民生频道	4.3
5	湖南电视台卫星频道	4.1
6	中央台六套	3.8
7	湖州电视台文化娱乐频道	3.6
8	中央电视台新闻频道	3.4
8	中央电视台少儿频道	3.4
10	浙江电视台民生休闲频道	3.1

表 3.63.31　2013 年淮安市场（江苏省）收视份额排名前十位频道

名次	频道名称	收视份额（%）
1	江苏卫视	9.1
2	江苏电视台城市频道	9.0
3	中央电视台综合频道	7.6
4	湖南电视台卫星频道	5.9
5	淮安电视台新闻综合频道	4.7
6	中央电视台少儿频道	4.1
7	中央台四套	3.8
7	中央台八套	3.8
9	中央电视台新闻频道	3.5
10	中央台三套	3.2

表 3.63.32　2013 年惠州市场（广东省）收视份额排名前十位频道

名次	频道名称	收视份额（%）
1	南方电视台经济频道	7.9
2	广东电视台珠江频道	5.8
3	南方电视台少儿频道	5.2
4	湖南电视台卫星频道	5.0
5	中央电视台少儿频道	4.5
5	中央台三套	4.5
7	翡翠台（中文）（惠州有线网转播）	4.1
8	广东电视台公共频道	3.8
9	中央电视台综合频道	3.6
10	南方电视台影视频道	3.5

表 3.63.33　2013 年吉林市场（吉林省）收视份额排名前十位频道

名次	频道名称	收视份额（%）
1	中央电视台综合频道	11.5
2	吉林电视台乡村频道（五套）	6.5
3	中央电视台少儿频道	6.2
4	湖南电视台卫星频道	4.7
5	吉林卫视	4.4
5	吉林电视台都市频道（二套）	4.4
7	中央台三套	3.9
8	黑龙江卫视	3.3
9	吉林电视台生活频道（三套）	3.1
9	辽宁卫视	3.1

表 3.63.34　2013 年济宁市场（山东省）收视份额排名前十位频道

名次	频道名称	收视份额（%）
1	山东电视齐鲁频道	9.7
2	山东卫视	6.3
3	中央电视台综合频道	4.5
4	中央台三套	4.3
4	山东电视综艺频道	4.3
6	济宁电视台影视频道	4.2
7	山东电视影视频道	3.6
8	中央电视台新闻频道	3.3
9	湖南电视台卫星频道	3.1
10	中央电视台少儿频道	2.8

注：济宁自 2013 年 7 月 1 日采用测量仪方式调查，表中排名根据 2013 年 7 月 1 日—12 月 31 日数据计算。

表 3.63.35　2013 年嘉兴市场（浙江省）收视份额排名前十位频道

名次	频道名称	收视份额（%）
1	嘉兴电视台新闻综合频道	12.7
2	嘉兴电视台公共频道	8.1
3	湖南电视台卫星频道	6.8
4	浙江卫视	5.5
5	浙江电视台民生休闲频道	4.7
6	中央电视台少儿频道	3.9
7	上海东方卫视	3.4
8	中央电视台新闻频道	3.3
9	嘉兴电视台文化影视频道	3.1
10	中央台六套	3.0

表 3.63.36　2013 年江门市场（广东省）收视份额排名前十位频道

名次	频道名称	收视份额（%）
1	广东电视台珠江频道	11.9
2	江门电视综合频道	8.0
3	翡翠台（中文）（江门有线网转播）	7.7
4	广东电视台公共频道	6.4
5	湖南电视台卫星频道	4.8
6	南方电视台经济频道	3.9
7	广东电视新闻频道	3.7
8	南方电视台影视频道	3.0
9	中央电视台综合频道	2.9
10	南方卫视 TVS—2	2.8

表 3. 63. 37　2013 年江阴市场（江苏省）收视份额排名前十位频道

名次	频道名称	收视份额（%）
1	江苏卫视	7. 1
2	江阴电视台民生频道	6. 7
3	中央电视台少儿频道	5. 3
4	无锡广播电视台新闻综合频道	5. 1
5	湖南电视台卫星频道	4. 2
6	优漫卡通卫视	4. 1
7	中央台六套	3. 7
8	中央台三套	3. 6
8	中央台八套	3. 6
8	江阴电视台新闻综合频道	3. 6

表 3. 63. 38　2013 年揭阳市场（广东省）收视份额排名前十位频道

名次	频道名称	收视份额（%）
1	湖南电视台卫星频道	15. 7
2	中央电视台综合频道	7. 5
3	揭阳电视台新闻综合频道	7. 0
4	中央电视台少儿频道	5. 9
5	广东卫视	4. 9
6	揭阳电视台公共频道	4. 7
7	南方电视台经济频道	3. 1
8	广东电视台珠江频道	2. 9
9	翡翠台（中文）（揭阳有线网转播）	2. 7
10	安徽卫视	2. 4

表 3. 63. 39　2013 年金华市场（浙江省）收视份额排名前十位频道

名次	频道名称	收视份额（%）
1	金华电视台公共频道（经济生活）	10. 2
2	中央电视台综合频道	9. 3
3	金华电视台教育科技频道	9. 1
4	金华电视台新闻综合频道	7. 5
5	浙江卫视	6. 6
6	湖南电视台卫星频道	5. 2
7	中央电视台新闻频道	3. 9
8	浙江电视台民生休闲频道	3. 6
9	中央台四套	3. 5
9	中央台八套	3. 5

表 3.63.40　2013 年锦州市场（辽宁省）收视份额排名前十位频道

名次	频道名称	收视份额（%）
1	辽宁卫视	9.9
2	辽宁广播电视台都市频道	9.3
3	中央台三套	6.9
4	中央电视台综合频道	5.9
5	中央台八套	3.9
6	湖南电视台卫星频道	3.8
7	中央电视台少儿频道	3.4
8	江苏卫视	3.1
9	中央台六套	2.6
10	中央电视台新闻频道	2.5

表 3.63.41　2013 年荆门市场（湖北省）收视份额排名前十位频道

名次	频道名称	收视份额（%）
1	湖北卫视	10.6
2	湖南电视台卫星频道	7.5
3	中央电视台综合频道	7.2
4	湖北综合	5.9
5	湖北经视	4.8
6	中央台三套	4.3
7	中央电视台新闻频道	4.0
7	中央台六套	4.0
9	湖北影视	2.9
10	江苏卫视	2.6

表 3.63.42　2013 年荆州市场（湖北省）收视份额排名前十位频道

名次	频道名称	收视份额（%）
1	荆州电视台新闻频道	9.0
2	湖北综合	6.1
3	湖北垄上	5.9
4	湖南电视台卫星频道	5.0
5	中央电视台综合频道	4.8
6	荆州电视台社区频道	4.3
7	中央台三套	4.2
8	中央电视台新闻频道	4.0
8	中央电视台少儿频道	4.0
10	中央台六套	3.2

表 3.63.43　2013 年九江市场（江西省）收视份额排名前十位频道

名次	频道名称	收视份额（%）
1	江西电视台都市频道（二套）	11.4
2	中央电视台综合频道	10.1
3	中央电视台少儿频道	8.4
4	江西电视台卫星频道（一套）	7.1
5	湖南电视台卫星频道	5.7
6	中央电视台新闻频道	5.4
7	中央台八套	4.3
8	中央台三套	3.3
9	中央台四套	3.0
10	中央台十二套	2.9

表 3.63.44　2013 年拉萨市场（西藏自治区）收视份额排名前十位频道

名次	频道名称	收视份额（%）
1	西藏一套（藏语卫视）	32.5
2	中央电视台综合频道	13.5
3	湖南电视台卫星频道	6.0
4	中央电视台新闻频道	3.7
5	西藏二套（汉语卫视）	2.9
6	西藏电视台影视文化频道	2.7
7	拉萨电视台一套（综合频道）	2.5
8	中央台八套	2.4
8	浙江卫视	2.4
10	中央台六套	2.0

表 3.63.45　2013 年莱芜市场（山东省）收视份额排名前十位频道

名次	频道名称	收视份额（%）
1	山东卫视	23.1
2	山东电视齐鲁频道	16.8
3	中央电视台综合频道	11.4
4	湖南电视台卫星频道	3.9
5	中央电视台少儿频道	3.0
6	山东电视综艺频道	2.9
7	中央台七套	2.3
8	中央台十二套	2.2
9	中央电视台新闻频道	2.1
10	江苏卫视	1.8

表 3.63.46　2013 年乐山市场（四川省）收视份额排名前十位频道

名次	频道名称	收视份额（%）
1	湖南电视台卫星频道	9.3
2	乐山新闻综合频道	7.5
3	中央电视台综合频道	7.2
4	四川卫视	7.0
5	中央电视台少儿频道	4.4
6	四川经视频道	3.3
7	中央电视台新闻频道	3.2
7	贵州卫视	3.2
9	中央台十二套	3.0
9	乐山公共．新农村频道	3.0

表 3.63.47　2013 年丽水市场（浙江省）收视份额排名前十位频道

名次	频道名称	收视份额（%）
1	浙江卫视	11.9
2	丽水文化休闲频道	10.2
3	湖南电视台卫星频道	6.2
4	丽水电视台新闻综合频道（一套）	6.1
5	丽水公共频道	5.6
6	中央电视台综合频道	5.3
7	中央电视台新闻频道	3.8
8	浙江电视台民生休闲频道	3.7
9	江苏卫视	3.1
10	浙江电视台教育科技频道	3.0

表 3.63.48　2013 年连云港市场（江苏省）收视份额排名前十位频道

名次	频道名称	收视份额（%）
1	江苏卫视	11.9
2	中央电视台综合频道	10.1
3	连云港电视台新闻综合频道	9.9
4	江苏电视台城市频道	5.0
5	中央台三套	4.5
6	中央台六套	4.0
7	中央台八套	3.8
8	中央电视台少儿频道	3.7
9	中央电视台新闻频道	3.5
10	中央台四套	3.1

表 3.63.49　2013 年临沂市场（山东省）收视份额排名前十位频道

名次	频道名称	收视份额（%）
1	山东卫视	19.6
2	山东电视齐鲁频道	11.3
3	中央电视台综合频道	9.8
4	湖南电视台卫星频道	6.3
5	中央电视台少儿频道	4.4
6	中央台十二套	2.7
7	中央台四套	2.6
7	山东电视综艺频道	2.6
9	山东电视生活频道	2.1
10	浙江卫视	2.0

表 3.63.50　2013 年柳州市场（广西壮族自治区）收视份额排名前十位频道

名次	频道名称	收视份额（%）
1	广西电视台综艺频道	7.9
2	中央电视台综合频道	6.7
3	中央电视台新闻频道	4.9
4	广西电视台科教频道	4.2
4	湖南电视台卫星频道	4.2
6	中央台三套	4.1
7	中央台四套	4.0
8	广西电视台卫星频道	3.4
8	柳州电视台科教频道（二套）	3.4
10	中央电视台少儿频道	3.3

表 3.63.51　2013 年泸州市场（四川省）收视份额排名前十位频道

名次	频道名称	收视份额（%）
1	中央电视台综合频道	12.1
2	湖南电视台卫星频道	9.7
3	四川卫视	6.6
4	贵州卫视	6.0
5	四川电视台影视文艺频道（五套）	5.2
6	中央电视台少儿频道	5.1
7	中央台十二套	4.0
8	四川电视台公共频道	3.5
9	中央电视台新闻频道	2.7
10	中央台三套	2.3

表 3. 63. 52　2013 年洛阳市场（河南省）收视份额排名前十位频道

名次	频道名称	收视份额（%）
1	中央电视台综合频道	20. 1
2	河南电视台都市频道（二套）	6. 8
3	河南电视台卫星频道（一套）	4. 4
4	中央台四套	3. 8
5	湖南电视台卫星频道	3. 5
6	中央电视台少儿频道	3. 4
7	中央台三套	3. 3
8	中央台六套	3. 1
8	中央台八套	3. 1
10	安徽卫视	3. 0

表 3. 63. 53　2013 年茂名市场（广东省）收视份额排名前十位频道

名次	频道名称	收视份额（%）
1	广东电视台珠江频道	23. 3
2	广东电视台嘉佳卡通频道	6. 7
3	南方电视台少儿频道	6. 6
4	湖南电视台卫星频道	6. 5
5	南方电视台影视频道	5. 1
6	南方电视台经济频道	3. 2
7	中央电视台综合频道	3. 1
7	广东卫视	3. 1
9	中央电视台少儿频道	3. 0
10	江苏卫视	2. 5

表 3. 63. 54　2013 年眉山市场（四川省）收视份额排名前十位频道

名次	频道名称	收视份额（%）
1	湖南电视台卫星频道	10. 0
2	四川卫视	9. 9
3	中央电视台综合频道	8. 7
4	四川电视台公共频道	5. 0
5	中央电视台少儿频道	4. 2
6	中央电视台新闻频道	4. 1
6	眉山电视台新闻综合频道（一套）	4. 1
8	中央台十二套	3. 1
9	江苏卫视	2. 8
9	四川电视台新闻资讯频道	2. 8

表 3.63.55　2013 年梅州市场（广东省）收视份额排名前十位频道

名次	频道名称	收视份额（%）
1	梅州电视台时政综合频道	24.1
2	南方电视台经济频道	9.9
3	梅州电视台客家公共频道	7.2
4	中央电视台综合频道	5.3
5	广东卫视	4.1
6	中央台三套	3.9
7	中央台四套	3.1
7	湖南电视台卫星频道	3.1
9	江苏卫视	3.0
10	安徽卫视	2.4

表 3.63.56　2013 年绵阳市场（四川省）收视份额排名前十位频道

名次	频道名称	收视份额（%）
1	中央电视台综合频道	10.0
2	四川卫视	7.6
3	湖南电视台卫星频道	6.4
4	中央台八套	5.9
5	中央电视台新闻频道	5.4
6	中央电视台少儿频道	5.3
7	中央台三套	4.1
8	中央台六套	3.5
8	四川电视台影视文艺频道（五套）	3.5
10	中央台十二套	3.1

表 3.63.57　2013 年牡丹江市场（黑龙江省）收视份额排名前十位频道

名次	频道名称	收视份额（%）
1	中央电视台综合频道	8.4
2	黑龙江卫视	7.4
3	黑龙江电视台都市频道	7.2
4	中央电视台新闻频道	6.3
5	湖南电视台卫星频道	4.8
6	黑龙江电视台影视频道	4.5
7	中央台三套	3.9
8	中央台四套	3.8
9	黑龙江电视台新闻频道	3.5
10	中央电视台少儿频道	3.4

表 3. 63. 58　2013 年南充市场（四川省）收视份额排名前十位频道

名次	频道名称	收视份额（%）
1	中央电视台综合频道	11. 4
2	四川电视台影视文艺频道（五套）	10. 3
3	中央电视台少儿频道	6. 2
4	四川电视台新闻资讯频道	6. 1
5	湖南电视台卫星频道	6. 0
6	四川卫视	5. 5
7	中央电视台新闻频道	4. 2
8	中央台三套	3. 9
8	中央台四套	3. 9
10	四川经视频道	3. 5

表 3. 63. 59　2013 年南通市场（江苏省）收视份额排名前十位频道

名次	频道名称	收视份额（%）
1	南通电视台新闻综合频道	14. 6
2	南通电视台社教频道	10. 3
3	中央电视台综合频道	10. 0
4	江苏卫视	9. 0
5	湖南电视台卫星频道	6. 6
6	中央台三套	5. 8
7	江苏电视台综艺频道	3. 2
8	中央台四套	3. 1
9	中央电视台新闻频道	2. 5
10	中央台六套	2. 4

表 3. 63. 60　2013 年南阳市场（河南省）收视份额排名前十位频道

名次	频道名称	收视份额（%）
1	中央电视台综合频道	13. 3
2	河南电视台电视剧频道（五套）	11. 9
3	河南电视台都市频道（二套）	7. 4
4	中央电视台少儿频道	6. 4
5	河南电视台卫星频道（一套）	5. 6
6	湖南电视台卫星频道	5. 3
7	南阳电视台新闻综合频道（一套）	4. 1
8	中央台十二套	3. 1
9	安徽卫视	2. 9
10	中央台四套	1. 9

表 3. 63. 61　2013 年攀枝花市场（四川省）收视份额排名前十位频道

名次	频道名称	收视份额（%）
1	中央电视台综合频道	13. 0
2	湖南电视台卫星频道	8. 2
3	四川电视台影视文艺频道（五套）	7. 6
4	中央电视台少儿频道	5. 4
5	四川电视台新闻资讯频道	4. 3
6	中央台八套	4. 2
7	中央电视台新闻频道	4. 0
8	四川电视台公共频道	3. 5
9	中央台三套	3. 2
9	中央台四套	3. 2

表 3. 63. 62　2013 年平顶山市场（河南省）收视份额排名前十位频道

名次	频道名称	收视份额（%）
1	中央电视台综合频道	18. 7
2	河南电视台卫星频道（一套）	8. 2
3	中央电视台少儿频道	5. 5
4	河南电视台都市频道（二套）	4. 7
5	中央台三套	4. 0
6	湖南电视台卫星频道	3. 7
7	中央台八套	3. 3
8	中央电视台新闻频道	3. 0
9	江苏卫视	2. 8
10	中央台十二套	2. 7

表 3. 63. 63　2013 年秦皇岛市场（河北省）收视份额排名前十位频道

名次	频道名称	收视份额（%）
1	中央电视台综合频道	13. 8
2	中央台八套	5. 3
3	秦皇岛电视台公共频道	5. 0
4	河北电视台二套（经济生活频道）	4. 8
5	中央电视台少儿频道	4. 6
6	中央台三套	4. 3
6	湖南电视台卫星频道	4. 3
8	中央电视台新闻频道	3. 4
9	江苏卫视	3. 1
10	辽宁卫视	3. 0

表 3.63.64　2013 年清远市场（广东省）收视份额排名前十位频道

名次	频道名称	收视份额（%）
1	广东电视台珠江频道	45.5
2	南方电视台影视频道	7.0
3	翡翠台（中文）（清远有线网转播）	4.5
4	南方卫视 TVS—2	4.3
5	南方电视台经济频道	4.0
6	南方电视台综艺频道	3.4
7	广东电视台公共频道	3.3
8	珠江电影频道	2.6
9	南方电视台少儿频道	2.5
10	中央台三套	1.7

表 3.63.65　2013 年衢州市场（浙江省）收视份额排名前十位频道

名次	频道名称	收视份额（%）
1	衢州电视公共频道	7.9
2	衢州电视经济信息频道	7.7
3	衢州电视新闻综合频道	7.2
4	浙江电视台民生休闲频道	5.7
5	中央电视台综合频道	5.5
5	浙江卫视	5.5
7	湖南电视台卫星频道	4.4
8	中央台三套	3.9
9	中央台八套	3.8
10	中央台六套	3.3

表 3.63.66　2013 年泉州（新）市场（福建省）收视份额排名前十位频道

名次	频道名称	收视份额（%）
1	泉州电视台闽南语频道	10.7
2	泉州电视台新闻综合频道	9.9
3	中央电视台综合频道	8.2
3	湖南电视台卫星频道	8.2
5	泉州电视台影视剧频道	6.1
6	中央电视台少儿频道	3.5
7	中央台八套	3.2
8	中央台五套	3.1
9	中央电视台新闻频道	3.0
10	安徽卫视	2.9

表 3. 63. 67　2013 年三亚市场（海南省）收视份额排名前十位频道

名次	频道名称	收视份额（%）
1	海南广播电视总台综合频道	13. 9
2	中央电视台综合频道	12. 2
3	三亚广播电视台新闻综合频道	5. 3
4	中央台八套	4. 8
5	湖南电视台卫星频道	4. 1
6	中央台三套	3. 2
7	中央台七套	3. 1
8	中央台六套	3. 0
9	中央台五套	2. 5
10	中央电视台少儿频道	2. 1

表 3. 63. 68　2013 年汕头市场（广东省）收视份额排名前十位频道

名次	频道名称	收视份额（%）
1	汕头电视台—2（生活经济频道）	11. 7
2	湖南电视台卫星频道	11. 5
3	汕头电视台—1（新闻综合频道）	7. 6
4	南方电视台经济频道	3. 2
5	江苏卫视	3. 1
5	南方电视台少儿频道	3. 1
7	广东电视台嘉佳卡通频道	2. 9
8	中央电视台新闻频道	2. 8
9	中央电视台少儿频道	2. 5
9	深圳卫视（新闻综合频道）	2. 5

表 3. 63. 69　2013 年汕尾市场（广东省）收视份额排名前十位频道

名次	频道名称	收视份额（%）
1	湖南电视台卫星频道	15. 3
2	翡翠台（中文）（汕尾有线网转播）	7. 5
3	南方电视台经济频道	5. 7
4	中央台八套	4. 8
5	广东电视台嘉佳卡通频道	4. 3
6	南方电视台少儿频道	4. 2
7	中央电视台少儿频道	3. 6
8	广东电视台公共频道	3. 3
9	广东电视台珠江频道	3. 2
9	南方电视台综艺频道	3. 2

表 3.63.70　2013 年上海浦东市场（上海市）收视份额排名前十位频道

名次	频道名称	收视份额（%）
1	上海电视台新闻综合频道	21.1
2	上海东方卫视	10.3
3	上海电视台娱乐频道	9.7
4	上海电视台电视剧频道	7.9
5	上海东方电影频道	7.1
6	上海电视台星尚频道	3.1
7	湖南电视台卫星频道	2.9
8	中央电视台综合频道	2.7
8	中央电视台新闻频道	2.7
10	上海电视台五星体育频道	2.6

表 3.63.71　2013 年韶关市场（广东省）收视份额排名前十位频道

名次	频道名称	收视份额（%）
1	南方电视台经济频道	8.1
2	韶关电视台新闻综合频道	5.6
3	广东电视台珠江频道	5.2
4	韶关电视台经济生活频道	5.0
5	湖南电视台卫星频道	4.1
6	广东电视台嘉佳卡通频道	3.5
7	南方电视台少儿频道	3.2
8	广东卫视	3.0
9	中央电视台综合频道	2.9
9	中央台六套	2.9

表 3.63.72　2013 年绍兴市场（浙江省）收视份额排名前十位频道

名次	频道名称	收视份额（%）
1	绍兴电视台公共频道（二套）	16.9
2	绍兴电视台文化影视频道（三套）	8.2
3	中央电视台综合频道	8.1
4	浙江卫视	7.6
5	绍兴电视台新闻综合频道（一套）	6.2
6	湖南电视台卫星频道	4.6
7	浙江电视台民生休闲频道	4.0
8	中央台四套	3.7
9	中央台八套	3.1
10	中央台三套	2.7

表 3.63.73　2013 年深圳蛇口市场（广东省）收视份额排名前十位频道

名次	频道名称	收视份额（%）
1	深圳电视台一套（都市频道）	18.7
2	湖南电视台卫星频道	8.3
3	中央电视台综合频道	7.5
4	翡翠台（中文）（蛇口有线转播）	5.7
5	深圳电视台二套（电视剧频道）	4.4
6	江苏卫视	4.2
7	中央电视台少儿频道	3.1
7	中央台三套	3.1
9	广东电视台珠江频道	2.9
10	安徽卫视	2.6

表 3.63.74　2013 年苏州市场（江苏省）收视份额排名前十位频道

名次	频道名称	收视份额（%）
1	苏州电视台新闻综合频道（一套）	17.0
2	苏州电视台社会经济频道（二套）	13.3
3	江苏卫视	5.4
4	苏州电视台生活资讯频道（五套）	5.0
5	苏州电视台文化生活频道（三套）	3.9
6	中央电视台少儿频道	3.8
7	苏州电视台电影娱乐信息频道（四套）	3.4
8	中央电视台综合频道	3.1
9	中央电视台新闻频道	2.4
10	湖南电视台卫星频道	2.3

表 3.63.75　2013 年遂宁市场（四川省）收视份额排名前十位频道

名次	频道名称	收视份额（%）
1	四川卫视	11.5
2	湖南电视台卫星频道	8.7
3	中央电视台综合频道	8.0
4	中央电视台少儿频道	6.0
5	中央台八套	5.5
5	四川电视台影视文艺频道（五套）	5.5
7	中央台三套	5.3
8	四川电视台公共频道	4.5
9	四川电视台新闻资讯频道	3.7
10	四川经视频道	2.8

表 3.63.76　2013 年台州市场（浙江省）收视份额排名前十位频道

名次	频道名称	收视份额（%）
1	台州电视台影视文化频道（二套）	10.1
2	台州电视台新闻综合频道（一套）	9.5
3	台州电视台公共频道（三套）	8.5
4	湖南电视台卫星频道	6.3
5	浙江卫视	6.2
6	中央电视台综合频道	6.1
7	中央电视台新闻频道	3.8
7	中央台四套	3.8
9	浙江电视台民生休闲频道	3.1
10	中央台三套	3.0

表 3.63.77　2013 年泰安市场（山东省）收视份额排名前十位频道

名次	频道名称	收视份额（%）
1	山东电视齐鲁频道	26.1
2	中央电视台综合频道	13.0
3	山东卫视	11.6
4	中央台三套	3.3
5	中央电视台新闻频道	3.1
6	湖南电视台卫星频道	2.8
7	中央电视台少儿频道	2.7
8	山东电视生活频道	2.6
9	山东电视综艺频道	2.2
10	中央台四套	2.0

表 3.63.78　2013 年泰州市场（江苏省）收视份额排名前十位频道

名次	频道名称	收视份额（%）
1	泰州电视台新闻综合频道	10.4
2	江苏卫视	9.3
3	泰州电视台经济生活频道	7.2
4	中央电视台综合频道	6.1
4	中央电视台新闻频道	6.1
6	中央台三套	5.0
6	中央台六套	5.0
8	湖南电视台卫星频道	4.2
9	安徽卫视	3.8
10	中央台八套	3.6

表 3.63.79　2013 年唐山市场（河北省）收视份额排名前十位频道

名次	频道名称	收视份额（%）
1	江苏卫视	4.9
2	中央电视台综合频道	4.6
3	河北卫视	3.9
4	中央台三套	3.7
4	湖南电视台卫星频道	3.7
6	中央电视台新闻频道	3.5
7	中央台四套	3.4
8	安徽卫视	3.2
8	中央电视台少儿频道	3.2
10	河北电视台农民频道（七套）	2.9

表 3.63.80　2013 年铜陵市场（安徽省）收视份额排名前十位频道

名次	频道名称	收视份额（%）
1	安徽卫视	16.2
2	中央电视台综合频道	12.5
3	中央台八套	5.4
4	中央电视台少儿频道	4.9
5	湖南电视台卫星频道	4.4
6	中央电视台新闻频道	4.1
7	安徽公共	3.9
8	中央台三套	3.4
9	中央台六套	2.6
9	江苏卫视	2.6

表 3.63.81　2013 年威海市场（山东省）收视份额排名前十位频道

名次	频道名称	收视份额（%）
1	山东电视齐鲁频道	12.8
2	山东卫视	9.0
3	中央电视台综合频道	7.1
4	湖南电视台卫星频道	5.8
5	山东电视综艺频道	4.8
6	山东电视生活频道	4.6
7	中央台三套	3.8
7	中央台八套	3.8
7	山东电视影视频道	3.8
10	中央电视台新闻频道	3.5

表 3.63.82 2013 年潍坊市场（山东省）收视份额排名前十位频道

名次	频道名称	收视份额（%）
1	山东电视齐鲁频道	9.6
2	山东卫视	6.1
3	山东电视综艺频道	5.0
4	中央电视台综合频道	4.8
5	潍坊电视台新闻综合频道	4.5
6	中央电视台少儿频道	4.2
7	中央台三套	3.5
8	潍坊电视台公共频道	3.4
9	山东电视生活频道	3.3
10	湖南电视台卫星频道	3.1

表 3.63.83 2013 年温州市场（浙江省）收视份额排名前十位频道

名次	频道名称	收视份额（%）
1	温州市广播电视总台新闻综合频道	9.9
2	温州市广播电视总台经济科教频道	9.8
3	温州市广播电视总台都市生活频道	6.4
4	温州市广播电视总台公共民生频道	5.8
5	湖南电视台卫星频道	4.2
5	浙江卫视	4.2
7	中央台三套	3.3
8	中央电视台少儿频道	3.1
9	中央电视台综合频道	2.9
10	湖南电视台金鹰卡通频道	2.6

表 3.63.84 2013 年无锡市场（江苏省）收视份额排名前十位频道

名次	频道名称	收视份额（%）
1	无锡广播电视台都市资讯频道	12.5
2	无锡广播电视台新闻综合频道	8.6
3	江苏卫视	5.3
4	无锡广播电视台影视频道	5.0
5	中央电视台综合频道	4.4
6	中央台三套	4.3
7	湖南电视台卫星频道	3.7
8	江苏电视台影视频道	3.4
9	中央台六套	3.0
10	中央电视台新闻频道	2.8

表 3.63.85　2013 年芜湖市场（安徽省）收视份额排名前十位频道

名次	频道名称	收视份额（%）
1	安徽卫视	12.4
2	中央电视台综合频道	10.2
3	芜湖电视台生活频道	7.1
4	中央电视台少儿频道	6.1
5	中央电视台新闻频道	4.7
6	中央台三套	4.3
6	中央台四套	4.3
8	中央台八套	3.5
8	芜湖电视台徽商频道	3.5
10	湖南电视台卫星频道	2.9

表 3.63.86　2013 年湘潭市场（湖南省）收视份额排名前十位频道

名次	频道名称	收视份额（%）
1	湖南电视台都市频道	11.7
2	湖南电视台卫星频道	10.1
3	湖南电视台电视剧频道	9.0
4	湖南电视台经济频道	6.4
5	中央台四套	5.9
6	中央电视台综合频道	4.3
7	湖南电视台潇湘电影频道	4.2
8	中央台三套	3.6
9	湖南电视台金鹰卡通频道	3.3
10	中央电视台新闻频道	2.8

表 3.63.87　2013 年襄阳市场（湖北省）收视份额排名前十位频道

名次	频道名称	收视份额（%）
1	襄阳广播电视台新闻综合频道	15.0
2	中央电视台综合频道	14.9
3	湖南电视台卫星频道	6.4
4	中央台三套	4.2
5	中央电视台少儿频道	3.7
5	中央台四套	3.7
7	中央台六套	2.9
7	江苏卫视	2.9
9	中央台八套	2.6
10	湖南电视台金鹰卡通频道	2.4

表 3.63.88　2013 年徐州市场（江苏省）收视份额排名前十位频道

名次	频道名称	收视份额（%）
1	中央电视台综合频道	13.7
2	江苏卫视	11.2
3	徐州电视台新闻综合频道	10.3
4	中央电视台少儿频道	5.6
5	湖南电视台卫星频道	4.9
6	徐州电视台经济生活频道	4.6
7	中央台三套	3.8
7	中央台八套	3.8
9	中央台四套	3.1
10	中央台六套	3.0

表 3.63.89　2013 年烟台市场（山东省）收视份额排名前十位频道

名次	频道名称	收视份额（%）
1	山东卫视	8.2
2	山东电视齐鲁频道	7.5
3	中央电视台综合频道	6.7
4	中央台三套	5.2
5	中央电视台新闻频道	3.6
6	江苏卫视	3.3
7	山东电视综艺频道	3.2
8	中央电视台少儿频道	3.0
8	中央台四套	3.0
10	山东电视生活频道	2.8

表 3.63.90　2013 年盐城市场（江苏省）收视份额排名前十位频道

名次	频道名称	收视份额（%）
1	盐城电视台一套	13.5
2	盐城电视台二套	7.7
3	江苏卫视	7.1
4	江苏电视台城市频道	5.8
5	中央电视台综合频道	5.2
6	湖南电视台卫星频道	5.1
7	江苏电视台综艺频道	4.5
8	中央台三套	3.4
9	中央电视台少儿频道	3.1
10	中央台六套	3.0

表 3.63.91　2013 年扬州市场（江苏省）收视份额排名前十位频道

名次	频道名称	收视份额（%）
1	扬州电视台二套	14.2
2	扬州电视台一套	9.5
3	中央电视台综合频道	5.2
4	江苏卫视	4.0
5	中央台三套	3.6
5	湖南电视台卫星频道	3.6
7	中央台六套	3.4
8	中央台四套	3.0
9	中央电视台新闻频道	2.9
9	扬州电视台三套	2.9

表 3.63.92　2013 年阳江市场（广东省）收视份额排名前十位频道

名次	频道名称	收视份额（%）
1	广东电视台珠江频道	23.6
2	南方电视台经济频道	5.5
3	南方电视台影视频道	5.2
3	南方卫视 TVS—2	5.2
5	中央电视台综合频道	5.0
6	湖南电视台卫星频道	4.8
7	南方电视台综艺频道	3.9
8	广东卫视	3.7
9	阳江综合频道	3.6
10	翡翠台（中文）（阳江有线网转播）	3.5

表 3.63.93　2013 年宜宾市场（四川省）收视份额排名前十位频道

名次	频道名称	收视份额（%）
1	中央电视台综合频道	9.9
2	湖南电视台卫星频道	9.4
3	四川电视台影视文艺频道（五套）	7.6
4	宜宾电视台一套（新闻综合频道）	5.7
5	四川卫视	5.4
6	中央电视台少儿频道	4.4
7	四川电视台新闻资讯频道	3.7
8	中央台十二套	3.3
8	江苏卫视	3.3
10	安徽卫视	3.0

表 3.63.94　2013 年宜昌市场（湖北省）收视份额排名前十位频道

名次	频道名称	收视份额（%）
1	中央电视台综合频道	7.0
2	湖南电视台卫星频道	6.4
3	中央电视台新闻频道	5.1
4	湖北经视	4.6
5	宜昌三峡综合频道	4.3
6	中央台四套	3.8
7	中央台六套	3.7
8	中央电视台少儿频道	3.2
9	中央台十二套	3.0
9	湖北影视	3.0

表 3.63.95　2013 年宜春市场（江西省）收视份额排名前十位频道

名次	频道名称	收视份额（%）
1	江西电视台卫星频道（一套）	14.0
2	中央电视台少儿频道	10.8
3	湖南电视台卫星频道	9.5
4	江西电视台都市频道（二套）	8.2
5	中央电视台综合频道	5.6
6	中央台三套	3.4
6	中央台八套	3.4
8	湖南电视台金鹰卡通频道	3.0
9	中央台六套	2.7
10	江西电视台影视频道（四套）	2.3

表 3.63.96　2013 年营口市场（辽宁省）收视份额排名前十位频道

名次	频道名称	收视份额（%）
1	辽宁卫视	13.7
2	辽宁广播电视台都市频道	11.7
3	湖南电视台卫星频道	5.6
4	中央台三套	4.7
4	中央台八套	4.7
6	中央电视台少儿频道	4.5
7	中央电视台综合频道	4.0
8	江苏卫视	3.8
9	中央电视台新闻频道	3.2
10	中央台四套	2.7

表 3.63.97　2013 年永济市场（山西省）收视份额排名前十位频道

名次	频道名称	收视份额（%）
1	中央电视台综合频道	13.7
2	江苏卫视	11.2
3	徐州电视台新闻综合频道	10.3
4	中央电视台少儿频道	5.6
5	湖南电视台卫星频道	4.9
6	徐州电视台经济生活频道	4.6
7	中央台三套	3.8
7	中央台八套	3.8
9	中央台四套	3.1
10	中央台六套	3.0

表 3.63.98　2013 年玉林市场（广西壮族自治区）收视份额排名前十位频道

名次	频道名称	收视份额（%）
1	广西电视台综艺频道	14.4
2	广西电视台卫星频道	10.6
3	湖南电视台卫星频道	7.6
4	中央电视台综合频道	7.2
5	中央电视台少儿频道	6.1
6	中央电视台新闻频道	2.9
7	中央台四套	2.5
8	安徽卫视	2.0
8	中央台七套	2.0
8	湖南电视台金鹰卡通频道	2.0

表 3.63.99　2013 年岳阳市场（湖南省）收视份额排名前十位频道

名次	频道名称	收视份额（%）
1	湖南电视台卫星频道	16.5
2	湖南电视台都市频道	10.4
3	中央电视台综合频道	10.2
4	湖南电视台电视剧频道	8.9
5	湖南电视台经济频道	6.0
6	中央台三套	5.0
7	中央电视台新闻频道	2.8
7	中央电视台少儿频道	2.8
7	中央台四套	2.8
10	中央台八套	2.7

表 3.63.100 2013 年湛江市场（广东省）收视份额排名前十位频道

名次	频道名称	收视份额（%）
1	广东电视台珠江频道	10.2
2	湖南电视台卫星频道	6.3
3	南方电视台影视频道	5.7
4	中央电视台综合频道	4.5
5	南方电视台经济频道	3.8
6	广东卫视	3.5
7	珠江电影频道	3.2
8	南方电视台综艺频道	2.8
8	南方卫视 TVS—2	2.8
10	广东电视台嘉佳卡通频道	2.7

表 3.63.101 2013 年漳州市场（福建省）收视份额排名前十位频道

名次	频道名称	收视份额（%）
1	中央电视台综合频道	10.7
2	湖南电视台卫星频道	7.7
3	漳州电视台新闻综合频道（一套）	6.1
4	中央电视台少儿频道	3.7
5	中央台八套	3.6
6	福建省广播影视集团电视剧频道	3.5
7	中央台四套	3.4
8	厦门卫视	3.2
9	中央台十二套	2.9
9	漳州电视台生活文化频道（二套）	2.9

表 3.63.102 2013 年肇庆市场（广东省）收视份额排名前十位频道

名次	频道名称	收视份额（%）
1	广东电视台珠江频道	17.3
2	南方电视台影视频道	8.3
3	翡翠台（中文）（肇庆有线网转播）	6.4
4	南方卫视 TVS—2	5.8
5	南方电视台少儿频道	4.9
6	广东电视台公共频道	4.8
7	湖南电视台卫星频道	4.6
8	南方电视台综艺频道	4.0
9	珠江电影频道	2.7
10	广东电视新闻频道	2.4

表 3. 63. 103　2013 年镇江市场（江苏省）收视份额排名前十位频道

名次	频道名称	收视份额（%）
1	镇江文广民生频道	12. 5
2	镇江文广新闻频道	8. 0
3	江苏卫视	7. 9
4	江苏电视台城市频道	5. 4
5	中央电视台综合频道	4. 4
6	中央台四套	3. 5
6	江苏电视台影视频道	3. 5
8	中央电视台新闻频道	3. 4
9	中央台三套	3. 1
10	中央台八套	3. 0

表 3. 63. 104　2013 年中山市场（广东省）收视份额排名前十位频道

名次	频道名称	收视份额（%）
1	中山电视台公共频道	7. 5
2	翡翠台（中文）（中山有线网转播）	7. 4
3	广东电视台珠江频道	6. 1
4	湖南电视台卫星频道	5. 1
5	南方电视台影视频道	4. 1
6	中山电视台综合频道	3. 8
7	中央电视台综合频道	3. 1
8	南方电视台经济频道	2. 9
9	南方卫视 TVS—2	2. 8
10	广东电视台公共频道	2. 7

表 3. 63. 105　2013 年舟山市场（浙江省）收视份额排名前十位频道

名次	频道名称	收视份额（%）
1	湖南电视台卫星频道	6. 5
2	浙江卫视	5. 5
3	浙江电视台教育科技频道	5. 2
4	舟山电视台新闻综合频道	5. 1
5	中央电视台新闻频道	4. 2
6	上海电视台娱乐频道	4. 0
7	中央电视台少儿频道	3. 9
7	舟山电视台公共频道	3. 9
9	中央台八套	3. 6
10	中央台六套	3. 5

表 3.63.106　2013 年珠海市场（广东省）收视份额排名前十位频道

名次	频道名称	收视份额（%）
1	中央电视台综合频道	6.3
2	翡翠台（中文）（珠海有线台转播）	4.6
3	广东电视台珠江频道	4.3
4	珠海电视台一套（新闻综合频道）	4.2
5	凤凰卫视中文台	4.1
5	珠海电视台二套（都市生活频道）	4.1
7	广东电视台公共频道	3.6
8	湖南电视台卫星频道	3.5
9	南方电视台经济频道	3.1
10	中央台四套	2.8

表 3.63.107　2013 年株洲市场（湖南省）收视份额排名前十位频道

名次	频道名称	收视份额（%）
1	湖南电视台都市频道	11.5
2	湖南电视台卫星频道	10.2
3	湖南电视台电视剧频道	9.2
4	湖南电视台经济频道	8.7
5	湖南电视台潇湘电影频道	5.3
6	中央电视台综合频道	4.6
7	中央电视台少儿频道	4.1
8	湖南电视台金鹰卡通频道	3.6
9	中央台三套	3.4
10	中央电视台新闻频道	3.2

表 3.63.108　2013 年资阳市场（四川省）收视份额排名前十位频道

名次	频道名称	收视份额（%）
1	中央电视台综合频道	7.9
2	中央电视台少儿频道	7.5
3	四川卫视	6.9
3	四川电视台影视文艺频道（五套）	6.9
5	湖南电视台卫星频道	6.8
6	四川电视台公共频道	6.4
7	四川经视频道	5.1
8	江苏卫视	4.5
9	中央台三套	4.4
10	中央台八套	4.1

表 3.63.109　2013 年淄博市场（山东省）收视份额排名前十位频道

名次	频道名称	收视份额（%）
1	中央电视台综合频道	14.1
2	山东电视齐鲁频道	11.4
3	山东卫视	7.3
4	山东电视综艺频道	5.3
5	中央电视台少儿频道	4.0
6	淄博电视台科教频道	3.8
7	中央台三套	3.5
8	山东电视生活频道	3.4
9	湖南电视台卫星频道	3.3
10	中央台四套	3.1

表 3.63.110　2013 年遵义市场（贵州省）收视份额排名前十位频道

名次	频道名称	收视份额（%）
1	湖南电视台卫星频道	10.8
2	贵州卫视	6.7
3	中央电视台综合频道	6.5
4	中央电视台少儿频道	3.7
5	中央台六套	3.3
6	江苏卫视	3.2
7	遵义电视台新闻综合频道	3.1
8	中央电视台新闻频道	3.0
8	中央台八套	3.0
10	中央台十二套	2.9

第四部分

Part Four

附　录　Appendix

索引

附　录

CSM各收视调查网概况

表4.1　2013年全国收视调查网样本规模及推及人口

	固定样组规模（户）	推及户数（千户）	推及人口（千人）
全国	8125	432729	1275028
城域	4200	178077	484383
乡域	3925	254652	790645

表4.2　2013年全国收视调查网家庭规模结构（%）

	1人户	2人户	3人户	4人及以上户
全国	7.0	35.4	28.0	29.6
城域	8.1	39.2	30.5	22.2
乡域	6.2	32.7	26.4	34.7

表4.3　2013年全国收视调查网家庭收入结构（%）

	0—900元	901—2000元	2001—2900元	2901—3800元	3801—5000元	5001—7000元	7001元及以上
全国	8.8	15.0	16.0	14.4	14.3	15.1	16.4
城域	4.7	9.2	11.9	13.9	15.4	20.4	24.5
乡域	11.7	19.0	18.8	14.7	13.6	11.4	10.8

表4.4　2013年全国收视调查网家庭购买决策者年龄结构（%）

	15—29岁	30—49岁	50岁及以上
全国	11.3	48.4	40.3
城域	12.7	46.9	40.4
乡域	10.4	49.5	40.1

表4.5　2013年全国收视调查网性别与年龄结构（%）

	性别		年龄						
	男性	女性	4—14岁	15—24岁	25—34岁	35—44岁	45—54岁	55—64岁	65岁及以上
全国	51.0	49.0	12.7	17.7	15.5	19.1	14.6	11.0	9.4
城域	51.2	48.8	10.0	19.2	17.5	19.5	14.7	10.4	8.7
乡域	50.9	49.1	14.3	16.8	14.3	18.9	14.5	11.4	9.7

表 4.6　2013 年各省级收视调查网样本规模及推及人口

省份	固定样组规模（户）	推及户数（千户）	推及人口（千人）
安徽省	600	19454	55713
福建省	800	12192	35237
甘肃省	600	7302	24322
广东省	800	34117	100303
广西壮族自治区	600	13840	43637
贵州省	600	10610	32152
海南省	450	2444	8120
河北省	800	21415	68287
黑龙江省	600	13437	37058
河南省	600	26802	87484
湖北省	800	18074	54749
湖南省	800	19639	61641
内蒙古自治区	600	8746	23774
江苏省	800	26748	75609
江西省	600	11972	41255
吉林省	600	9207	26212
辽宁省	800	15516	42089
宁夏回族自治区	600	1985	5964
陕西省	600	11440	35369
山东省	800	31809	91090
山西省	600	11084	34453
四川省	800	26740	75934
新疆维吾尔自治区	600	7127	20801
云南省	600	12916	43509
浙江省	800	20246	51837

表 4.7　2013 年各省级收视调查网家庭规模结构（%）

省份	1 人户	2 人户	3 人户	4 人及以上户
安徽省	8.8	35.8	27.7	27.7
福建省	9.2	34.3	26.0	30.5
甘肃省	6.0	26.1	26.4	41.5
广东省	7.0	40.8	21.6	30.6
广西壮族自治区	5.7	30.9	24.3	39.1
贵州省	10.1	32.4	23.1	34.4
海南省	5.7	30.0	22.6	41.7
河北省	4.4	30.5	28.9	36.2
黑龙江省	6.4	37.7	33.6	22.3
河南省	5.4	28.3	27.7	38.6
湖北省	7.5	33.0	30.9	28.6
湖南省	6.1	32.3	24.4	37.2
内蒙古自治区	4.8	40.1	34.3	20.8
江苏省	7.7	37.1	30.5	24.7
江西省	4.3	26.4	27.5	41.8

续表

省份	1人户	2人户	3人户	4人及以上户
吉林省	5.1	38.7	30.9	25.3
辽宁省	6.8	39.4	32.6	21.2
宁夏回族自治区	5.8	34.1	28.9	31.2
陕西省	7.3	31.3	27.2	34.2
山东省	6.3	37.7	32.2	23.8
山西省	4.6	31.0	28.2	36.2
四川省	9.1	36.3	28.5	26.1
新疆维吾尔自治区	7.9	33.7	25.9	32.5
云南省	2.9	27.5	25.6	44.0
浙江省	7.7	45.9	27.0	19.4

表4.8　2013年各省级收视调查网家庭收入结构（%）

省份	0—900元	901—2000元	2001—2900元	2901—3800元	3801—5000元	5001—7000元	7001元及以上
安徽省	13.3	17.4	18.9	14.7	12.8	11.2	11.7
福建省	5	9.6	12.2	13.8	14	20.7	24.7
甘肃省	8.7	13.7	19.5	18.1	16.6	12.8	10.6
广东省	5.7	13.8	18.4	14.8	14.1	15.7	17.5
广西壮族自治区	10.4	32.3	23.2	12	9.2	7.3	5.6
贵州省	14.9	31.4	19.6	12.5	8.3	7.5	5.8
海南省	5.1	17.4	17	17.7	14.6	14	14.2
河北省	10.7	13.7	14.9	13.4	13.3	16	18
黑龙江省	4.4	19.2	26.4	17.7	14.6	9.4	8.3
河南省	7.8	20.2	18	17.1	16	11.4	9.5
湖北省	6.9	16.2	15.8	15.2	15.9	14.9	15.1
湖南省	9.7	22.6	19.7	13.2	12.5	11.5	10.8
内蒙古自治区	9.3	16.1	15.1	16	13.2	15.6	14.7
江苏省	7.5	8.3	10.2	11.2	15.8	19.4	27.6
江西省	5.3	14	14.7	16	16.5	17.7	15.8
吉林省	4.7	17.4	21.2	17.2	17.1	12.4	10
辽宁省	5.2	12.3	19.7	18.1	16.2	16.9	11.6
宁夏回族自治区	8.1	14.9	12.9	13.9	17.8	17.8	14.6
陕西省	7.9	14.6	17.4	18.5	15.7	13.9	12
山东省	11.3	13	14.5	17.7	16.5	16	11
山西省	9.1	14.2	18	21.1	14	14.4	9.2
四川省	21.3	15.1	18.1	11.7	12	11.7	10.1
新疆维吾尔自治区	3.2	15.3	15.4	12.3	13.5	18	22.3
云南省	12.4	16.6	15.4	15.9	16.1	13.5	10.1
浙江省	5.3	7.6	9.9	9.7	16.1	17.5	33.9

表 4.9　2013 年各省级收视调查网家庭购买决策者年龄结构（%）

省份	15—29 岁	30—49 岁	50 岁及以上
安徽省	10.5	47.1	42.4
福建省	10.4	54.7	34.9
甘肃省	8.2	57.0	34.8
广东省	14.5	47.5	38.0
广西壮族自治区	8.0	49.7	42.3
贵州省	10.4	51.6	38.0
海南省	13.3	47.9	38.8
河北省	14.1	48.4	37.5
黑龙江省	9.8	57.2	33.0
河南省	10.2	46.2	43.6
湖北省	10.5	46.9	42.6
湖南省	13.1	49.2	37.7
内蒙古自治区	8.4	51.9	39.7
江苏省	7.8	45.5	46.7
江西省	7.4	49.5	43.1
吉林省	10.9	50.2	38.9
辽宁省	10.2	45.3	44.5
宁夏回族自治区	12.8	56.2	31.0
陕西省	9.3	48.2	42.5
山东省	12.8	49.4	37.8
山西省	9.8	56.3	33.9
四川省	9.3	45.2	45.5
新疆维吾尔自治区	21.6	51.3	27.1
云南省	15.2	55.5	29.3
浙江省	9.5	46.1	44.4

表 4.10　2013 年各省级收视调查网性别与年龄结构（%）

省份	性别		年龄						
	男性	女性	4—14 岁	15—24 岁	25—34 岁	35—44 岁	45—54 岁	55—64 岁	65 岁及以上
安徽省	50.5	49.5	13.6	16.6	13.6	20.7	13.3	11.5	10.7
福建省	51.1	48.9	11.4	19.3	17.6	20.1	14.1	9.2	8.3
甘肃省	51.1	48.9	14.5	19.1	13.3	20.7	13.6	10.1	8.7
广东省	52.1	47.9	13.1	22.3	19.5	18.5	12.0	7.5	7.1
广西壮族自治区	51.8	48.2	16.7	16.7	16.5	17.5	13.0	9.7	9.9
贵州省	51.1	48.9	21.0	15.7	13.6	18.7	11.9	9.9	9.2
海南省	52.9	47.1	15.0	19.4	17.7	17.7	13.5	8.3	8.4
河北省	50.6	49.4	12.1	18.9	15.6	17.1	15.4	12.1	8.8
黑龙江省	50.7	49.3	9.4	15.0	15.7	21.3	18.0	12.1	8.5
河南省	50.3	49.7	16.0	19.3	13.8	17.7	13.3	11.1	8.8

续表

省份	性别		年龄						
	男性	女性	4—14岁	15—24岁	25—34岁	35—44岁	45—54岁	55—64岁	65岁及以上
湖北省	51.2	48.8	10.2	18.6	14.4	19.1	16.2	11.9	9.6
湖南省	51.2	48.8	13.2	16.1	14.6	19.6	14.6	11.6	10.3
内蒙古自治区	51.9	48.1	10.9	15.7	16.6	21.4	17.2	10.4	7.8
江苏省	50.2	49.8	9.5	17.7	14.7	19.0	15.3	12.5	11.3
江西省	51.3	48.7	16.9	17.6	15.8	18.5	13.3	9.7	8.2
吉林省	50.6	49.4	9.2	15.4	15.4	20.6	18.1	12.6	8.7
辽宁省	50.5	49.5	8.9	14.3	14.7	18.4	19.3	13.7	10.7
宁夏回族自治区	51.1	48.9	17.0	18.3	17.4	19.6	12.5	8.5	6.7
陕西省	51.6	48.4	11.0	20.0	14.8	18.8	15.4	11.0	9.0
山东省	50.2	49.8	11.9	16.0	14.9	18.9	15.8	12.3	10.2
山西省	51.3	48.7	13.7	18.9	15.2	19.0	15.2	10.1	7.9
四川省	50.5	49.5	13.3	16.1	12.2	20.6	13.2	13.1	11.5
新疆维吾尔自治区	51.7	48.3	15.5	18.8	17.6	21.3	12.5	7.5	6.8
云南省	51.8	48.2	16.4	17.8	17.0	19.5	12.7	8.6	8.0
浙江省	51.3	48.7	10.1	15.9	17.0	20.3	15.7	11.3	9.7

表4.11　2013年各城市收视调查网样本规模及推及人口

城市	固定样组规模（户）	推及户数（千户）	推及人口（千人）
安庆	100	285	739
安阳	100	270	826
鞍山	100	427	1176
蚌埠	100	300	781
包头	100	666	1714
宝鸡	100	267	799
保定	100	377	1098
北海	100	91	325
北京	500	5612	13203
滨州	100	231	655
常德	100	464	1388
常熟	100	495	1444
常州	200	427	1104
潮州	100	184	568
成都	400	2881	7409
承德	100	215	556
滁州	100	99	298
达州	100	163	454
大理	100	196	626
大连	300	1608	3976

续表

城市	固定样组规模（户）	推及户数（千户）	推及人口（千人）
大同	100	434	1178
丹东	100	229	590
德阳	100	267	692
德州	100	225	639
东莞	200	3050	7260
佛山	200	1475	3955
福州	300	1025	2786
抚顺	100	551	1383
阜阳	100	597	1660
赣州	100	186	607
广元	100	182	502
广州	400	4240	10783
贵阳	200	923	2557
桂林	100	314	855
哈尔滨	300	1755	4664
海口	200	541	1656
邯郸	100	448	1372
杭州	400	2372	6025
合肥	300	1169	3042
河源	100	116	451
菏泽	100	412	1257
衡阳	100	380	1091
呼和浩特	300	745	1899
湖州	100	250	736
淮安	100	196	615
惠州	100	787	2238
吉林	100	612	1701
济南	300	1481	4081
济宁	100	190	1167
嘉兴	100	209	589
江门	100	311	921
江阴	100	543	1570
揭阳	100	185	717
金华	100	316	727
锦州	100	403	1042
晋城	100	157	456
荆门	100	222	612
荆州	100	402	1121
九江	100	230	681
昆明	300	1291	3097
昆山	100	519	1525

续表

城市	固定样组规模（户）	推及户数（千户）	推及人口（千人）
拉萨	100	113	273
莱芜	100	479	1249
兰州	200	928	2431
廊坊	100	114	424
乐山	100	232	644
丽水	100	170	427
连云港	100	342	1006
临汾	100	279	918
临沂	100	857	2441
柳州	100	472	1333
泸州	100	439	1300
洛阳	100	439	1300
茂名	100	324	1163
眉山	100	324	829
梅州	100	108	368
绵阳	100	309	831
牡丹江	100	344	917
南昌	300	826	2524
南充	100	219	613
南京	400	2913	7814
南宁	200	984	2640
南通	100	421	1099
南阳	100	549	1698
宁波	200	854	2040
攀枝花	100	198	511
平顶山	100	338	984
秦皇岛	100	300	814
青岛	300	1647	4289
清远	100	240	776
衢州	100	168	436
泉州	100	316	840
三亚	100	177	669
厦门	200	1401	3435
汕头	100	1212	5034
汕尾	100	116	478
上海	500	6743	16469
韶关	100	336	952
绍兴	100	336	860
深圳	500	4694	9908
沈阳	300	2232	5668
长春	300	1204	3235

续表

城市	固定样组规模（户）	推及户数（千户）	推及人口（千人）
长沙	300	1286	3457
石家庄	300	935	2655
苏州	300	1445	3944
遂宁	100	216	623
台州	100	632	1787
太原	300	1199	3203
泰安	100	252	704
泰州	100	287	797
唐山	100	579	1602
天津	400	4369	11645
铜陵	100	160	445
威海	100	333	841
潍坊	100	680	1968
渭南	100	300	781
温州	200	515	1242
乌鲁木齐	300	1292	3073
无锡	200	1296	3473
芜湖	100	553	1395
梧州	100	104	322
武汉	400	3494	9547
西安	300	1672	4300
西宁	200	433	1160
湘潭	100	332	936
襄阳	100	354	1074
徐州	100	587	1670
烟台	200	631	1589
盐城	100	531	1533
扬州	200	444	1346
阳江	100	206	656
宜宾	100	293	797
宜昌	100	316	846
宜春	100	281	977
银川	300	479	1249
营口	100	306	748
永济	100	121	426
玉林	100	263	919
岳阳	100	403	1174
云浮	100	91	296
湛江	100	478	1558
张家港	100	414	1210
张家口	100	361	945

续表

城市	固定样组规模（户）	推及户数（千户）	推及人口（千人）
漳州	100	188	520
肇庆	100	196	626
镇江	100	318	873
郑州	300	1542	4083
中山	100	259	707
重庆	500	5506	16871
舟山	100	309	818
株洲	100	367	1011
珠海	100	316	846
资阳	100	299	859
淄博	100	1142	3028
自贡	100	335	955
遵义	100	204	620

表 4.12　2013 年各城市收视调查网家庭规模结构（%）

城市	1 人户	2 人户	3 人户	4 人及以上户
安庆	9.5	40.3	33.0	17.2
安阳	4.2	25.3	38.2	32.3
鞍山	7.8	34.4	41.3	16.5
蚌埠	6.3	42.0	33.9	17.8
包头	7.3	39.4	41.7	11.6
宝鸡	3.5	31.4	37.0	28.1
保定	5.4	31.5	39.1	24.0
北海	5.0	20.0	22.4	52.6
北京	11.7	46.5	28.7	13.1
滨州	3.6	37.8	36.5	22.1
常德	6.9	32.6	30.9	29.6
常熟	7.8	37.6	24.3	30.3
常州	7.9	39.6	35.0	17.5
潮州	3.9	30.8	28.9	36.4
成都	13.4	37.4	31.4	17.8
承德	8.0	32.0	41.2	18.8
滁州	4.5	32.8	34.8	27.9
达州	9.7	37.2	28.8	24.3
大理	7.7	25.3	27.3	39.7
大连	10.0	41.6	37.2	11.2
大同	8.0	30.4	45.6	16.0
丹东	9.6	36.7	38.3	15.4
德阳	7.1	42.1	33.8	17.0
德州	3.1	35.7	38.9	22.3
东莞	10.1	57.8	14.6	17.5
佛山	13.5	38.6	22.3	25.6

续表

城市	1 人户	2 人户	3 人户	4 人及以上户
福州	10.6	34.1	32.6	22.7
抚顺	10.5	39.3	37.6	12.6
阜阳	10.2	36.9	26.8	26.1
赣州	3.7	26.5	40.1	29.7
广元	6.9	38.7	33.3	21.1
广州	11.2	44.3	25.6	18.9
贵阳	9.4	35.4	32.2	23.0
桂林	10.9	30.9	38.6	19.6
哈尔滨	8.2	37.4	36.1	18.3
海口	4.8	33.7	28.3	33.2
邯郸	4.5	30.4	34.1	31.0
杭州	8.4	44.6	27.1	19.9
合肥	10.3	37.0	35.4	17.3
河源	2.3	17.5	24.2	56.0
菏泽	9.1	27.2	32.6	31.1
衡阳	5.7	36.0	31.6	26.7
呼和浩特	5.7	40.1	42.0	12.2
湖州	6.3	35.4	29.5	28.8
淮安	4.6	28.1	32.6	34.7
惠州	10.0	39.0	21.2	29.8
吉林	5.8	29.1	40.5	24.6
济南	6.2	36.7	35.8	21.3
济宁	7.6	30.6	37.9	23.9
嘉兴	6.6	39.2	22.5	31.7
江门	6.9	30.5	32.5	30.1
江阴	8.2	34.7	28.7	28.4
揭阳	3.3	19.1	17.7	59.9
金华	10.1	50.4	26.1	13.4
锦州	5.1	44.1	36.0	14.8
晋城	6.5	24.6	37.7	31.2
荆门	6.8	38.8	34.9	19.5
荆州	6.3	37.8	33.8	22.1
九江	6.1	32.1	36.3	25.5
昆明	9.0	46.9	28.7	15.4
昆山	7.2	38.5	27.2	27.1
拉萨	10.5	50.8	21.3	17.4
莱芜	4.4	45.9	34.2	15.5
兰州	7.3	40.4	34.8	17.5
廊坊	2.5	33.1	36.9	27.5
乐山	8.8	35.7	31.1	24.4
丽水	11.8	44.4	25.6	18.2
连云港	7.2	29.1	39.8	23.9
临汾	4.8	24.7	29.4	41.1
临沂	4.5	37.9	34.1	23.5
柳州	6.2	33.0	38.2	22.6
泸州	3.5	31.8	36.2	28.5

续表

城市	1 人户	2 人户	3 人户	4 人及以上户
洛阳	3. 5	31. 8	36. 2	28. 5
茂名	5. 3	23. 6	25. 1	46. 0
眉山	9. 5	31. 4	35. 2	23. 9
梅州	1. 7	24. 7	28. 1	45. 5
绵阳	8. 2	39. 9	33. 7	18. 2
牡丹江	4. 7	41. 6	36. 4	17. 3
南昌	5. 9	30. 4	32. 1	31. 6
南充	9. 0	40. 5	27. 5	23. 0
南京	8. 3	37. 1	36. 0	18. 6
南宁	10. 3	37. 1	30. 9	21. 7
南通	7. 0	44. 3	29. 4	19. 3
南阳	6. 8	29. 8	35. 3	28. 1
宁波	9. 1	47. 1	33. 6	10. 2
攀枝花	11. 1	41. 1	30. 3	17. 5
平顶山	5. 1	30. 2	42. 2	22. 5
秦皇岛	5. 0	38. 4	41. 0	15. 6
青岛	7. 7	39. 9	36. 0	16. 4
清远	7. 0	26. 0	28. 4	38. 6
衢州	10. 0	37. 3	32. 1	20. 6
泉州	10. 6	39. 2	27. 3	22. 9
三亚	1. 1	19. 8	23. 7	55. 4
厦门	11. 7	45. 0	25. 7	17. 6
汕头	3. 5	21. 0	16. 4	59. 1
汕尾	4. 0	19. 0	17. 7	59. 3
上海	12. 2	45. 0	30. 7	12. 1
韶关	7. 8	36. 2	29. 5	26. 5
绍兴	7. 9	41. 1	33. 5	17. 5
深圳	15. 3	49. 8	19. 6	15. 3
沈阳	8. 2	43. 5	33. 7	14. 6
长春	6. 2	37. 3	37. 3	19. 2
长沙	7. 6	37. 6	34. 8	20. 0
石家庄	3. 8	35. 6	36. 5	24. 1
苏州	11. 9	36. 1	29. 4	22. 6
遂宁	8. 8	33. 6	29. 4	28. 2
台州	6. 7	32. 4	34. 1	26. 8
太原	6. 3	37. 8	36. 8	19. 1
泰安	2. 9	37. 0	36. 8	23. 3
泰州	7. 9	31. 0	29. 8	31. 3
唐山	7. 6	33. 9	37. 6	20. 9
天津	3. 8	43. 0	36. 8	16. 4
铜陵	5. 2	29. 3	48. 4	17. 1
威海	7. 3	42. 4	38. 3	12. 0

续表

城市	1 人户	2 人户	3 人户	4 人及以上户
潍坊	4.7	35.5	34.4	25.4
渭南	6.3	42.0	33.9	17.8
温州	8.6	50.5	25.1	15.8
乌鲁木齐	10.5	47.5	28.5	13.5
无锡	5.6	43.1	29.9	21.4
芜湖	6.4	45.5	31.5	16.6
梧州	6.3	29.4	32.1	32.2
武汉	8.5	36.2	34.2	21.1
西安	9.7	41.7	30.5	18.1
西宁	11.6	36.8	31.7	19.9
湘潭	10.4	30.3	36.9	22.4
襄阳	5.5	33.6	29.4	31.5
徐州	4.7	35.9	36.4	23.0
烟台	7.0	43.7	38.4	10.9
盐城	7.4	34.0	33.4	25.2
扬州	6.0	29.8	32.7	31.5
阳江	7.2	29.5	25.6	37.7
宜宾	6.3	39.6	32.8	21.3
宜昌	6.8	40.2	33.1	19.9
宜春	5.6	25.4	24.0	45.0
银川	4.4	45.9	34.2	15.5
营口	5.6	31.7	36.6	26.1
永济	2.0	25.0	27.6	45.4
玉林	3.2	27.3	19.9	49.6
岳阳	6.8	35.6	33.4	24.2
云浮	7.2	27.2	26.1	39.5
湛江	6.2	28.9	28.1	36.8
张家港	6.2	34.8	32.4	26.6
张家口	7.1	41.2	36.1	15.6
漳州	6.4	34.5	34.8	24.3
肇庆	7.7	25.3	27.3	39.7
镇江	4.7	37.4	38.4	19.5
郑州	7.4	39.7	30.9	22.0
中山	11.1	43.2	19.2	26.5
重庆	9.4	37.3	33.3	20.0
舟山	9.9	37.2	34.1	18.8
株洲	8.0	35.3	36.7	20.0
珠海	6.8	40.2	33.1	19.9
资阳	11.0	33.9	28.7	26.4
淄博	3.7	42.6	36.7	17.0
自贡	7.2	36.8	28.7	27.3
遵义	6.4	31.8	29.7	32.1

表 4.13　2013 年各城市收视调查网家庭收入结构（%）

城市	0—1200 元	1201—2300 元	2301—3500 元	3501—4400 元	4401—5600 元	5601—8000 元	8001—10000 元	10001 元及以上
安庆	10.4	14.8	21.1	16.5	17.0	13.7	6.5	
安阳	11.4	30.9	31.6	11.4	8.4	4.9	1.4	
鞍山	3.4	12.8	23.5	16.8	18.9	16.0	8.6	
蚌埠	2.9	11.4	29.2	15.6	18.3	15.0	7.6	
包头	5.5	12.1	18.2	16.8	18.5	16.2	12.7	
宝鸡	5.3	18.1	22.9	19.6	16.0	13.8	4.3	
保定	1.1	6.9	18.1	13.8	20.4	21.9	17.8	
北海	5.3	19.5	19.2	13.6	11.6	16.4	14.4	
北京	1.2	2.2	5.7	7.3	16.6	23.8	14.4	28.8
滨州	10.6	14.4	19.4	13.5	18.1	15.0	9.0	
长春	0.5	5.6	13.9	15.8	18.6	24.0	11.2	10.4
长沙	3.1	7.5	12.7	10.6	18.6	24.3	10.3	12.9
常德	17.2	21.8	24.1	13.2	10.2	8.0	5.5	
常熟	4.7	5.7	8.1	9.0	13.9	20.3	16.2	22.1
常州	1.4	1.6	6.0	11.0	18.2	27.1	12.2	22.5
潮州	7.7	13.5	22.9	13.8	15.2	16.9	10.0	
成都	1.8	11.4	16.2	13.9	17.9	24.8	14.0	
承德	6.7	18.2	20.8	18.9	16.9	12.2	6.3	
滁州	7.4	13.0	27.8	16.0	16.0	15.1	4.7	
达州	20.4	21.2	16.6	7.4	16.2	10.9	7.3	
大理	10.5	16.1	19.7	14.2	13.3	12.7	13.5	
大连	2.8	8.7	11.3	13.6	21.0	22.1	8.6	11.9
大同	4.3	14.1	20.3	16.2	17.8	15.5	11.8	
丹东	1.8	11.2	23.2	21.7	19.9	15.5	6.7	
德阳	15.3	25.6	20.8	11.8	10.0	11.2	5.3	
德州	3.0	8.3	19.7	21.0	18.1	18.3	11.6	
东莞	6.3	10.8	19.3	15.0	16.3	21.1	11.2	
佛山	4.0	7.1	12.9	13.4	16.4	21.9	9.4	14.9
福州	0.9	5.8	9.9	11.3	13.9	24.2	15.5	18.5
抚顺	8.2	18.9	29.2	18.4	11.5	10.3	3.5	
阜阳	21.1	19.3	24.6	13.6	10.5	7.2	3.7	
赣州	3.9	12.9	23.7	15.6	17.3	15.8	10.8	
广元	9.8	22.1	20.6	13.6	11.7	12.4	9.8	
广州	2.9	11.1	16.4	14.0	16.8	20.0	18.8	
贵阳	6.8	15.7	19.9	14.0	14.7	17.0	11.9	
桂林	7.6	19.5	26.7	16.5	12.7	11.1	5.9	
哈尔滨	2.0	9.6	17.8	14.7	17.9	21.1	16.9	
海口	2.1	6.4	14.4	14.4	17.8	23.7	9.9	11.3
邯郸	4.7	17.8	22.9	15.9	14.2	15.0	9.5	
杭州	1.2	5.6	8.2	6.1	12.7	16.8	14.0	35.4

续表

城市	0—1200 元	1201—2300 元	2301—3500 元	3501—4400 元	4401—5600 元	5601—8000 元	8001—10000 元	10001 元及以上
合肥	1.8	7.3	15.1	15.0	18.2	23.7	18.9	
河源	1.6	9.3	19.6	19.3	19.0	16.1	15.1	
菏泽	17.0	31.1	28.4	11.4	6.0	3.8	2.3	
衡阳	7.3	17.8	30.8	17.8	11.5	10.6	4.2	
呼和浩特	4.9	8.8	11.7	13.3	17.5	24.6	19.2	
湖州	3.1	7.6	11.2	7.9	19.7	21.8	12.7	16.0
淮安	3.6	11.0	17.8	13.9	16.9	17.5	19.3	
惠州	5.4	8.0	17.3	12.9	15.5	16.9	8.0	16.0
吉林	11.0	12.8	25.2	10.9	16.4	13.5	10.2	
济南	6.3	9.8	15.7	16.1	15.3	19.8	17.0	
济宁	14.6	15.7	20.5	14.6	14.0	11.8	8.8	
嘉兴	2.3	5.1	10.1	13.0	17.4	24.2	14.0	13.9
江门	6.5	7.6	14.5	11.4	23.0	19.1	17.9	
江阴	8.1	7.4	9.4	7.2	14.4	24.4	12.8	16.3
揭阳	6.7	17.4	29.5	17.5	13.8	11.0	4.1	
金华	9.6	11.3	14.2	20.4	16.2	16.7	11.6	
锦州	3.2	11.8	25.5	18.3	19.6	15.2	6.4	
晋城	7.8	14.5	19.7	17.7	18.0	14.2	8.1	
荆门	10.6	19.4	17.6	8.4	16.0	16.1	11.9	
荆州	6.2	14.0	22.9	16.0	15.4	15.1	10.4	
九江	2.5	8.8	15.6	14.8	24.5	20.5	13.3	
昆明	2.4	8.7	12.3	10.0	15.2	24.1	12.0	15.3
昆山	6.9	11.1	12.7	10.5	14.8	21.5	8.4	14.1
拉萨	42.8	21.5	14.1	3.8	6.4	4.9	6.5	
莱芜	16.8	21.7	25.4	15.3	9.0	8.7	3.1	
兰州	5.0	9.2	18.3	16.8	16.7	19.2	14.8	
廊坊	8.9	18.0	16.3	13.4	14.4	14.7	14.3	
乐山	4.9	11.1	22.7	13.1	24.9	15.0	8.3	
丽水	12.9	13.7	16.0	10.5	10.8	18.0	18.1	
连云港	8.0	12.7	17.9	11.9	15.2	17.9	16.4	
临汾	9.8	14.5	24.0	15.8	15.7	14.8	5.4	
临沂	10.5	17.0	27.0	16.7	11.7	11.1	6.0	
柳州	5.4	18.3	25.2	15.9	18.2	11.8	5.2	
泸州	39.9	18.3	13.6	8.9	7.3	5.2	6.8	
洛阳	0.6	5.4	16.6	20.9	20.5	21.8	14.2	
茂名	8.5	17.4	20.8	13.2	16.0	12.4	11.7	
眉山	19.3	27.2	22.9	12.1	10.3	5.8	2.4	
梅州	3.0	16.1	26.5	19.9	17.9	11.6	5.0	
绵阳	4.8	11.7	21.4	20.9	17.6	13.8	9.8	
牡丹江	2.0	11.3	30.0	21.7	18.8	13.9	2.3	

续表

<table>
<tr><th>城市</th><th>0—1200 元</th><th>1201—2300 元</th><th>2301—3500 元</th><th>3501—4400 元</th><th>4401—5600 元</th><th>5601—8000 元</th><th>8001—10000 元</th><th>10001 元及以上</th></tr>
<tr><td>南昌</td><td>2.3</td><td>10.8</td><td>19.9</td><td>18.0</td><td>19.3</td><td>17.7</td><td colspan="2">12.0</td></tr>
<tr><td>南充</td><td>28.7</td><td>20.8</td><td>17.5</td><td>9.6</td><td>8.3</td><td>9.1</td><td colspan="2">6.0</td></tr>
<tr><td>南京</td><td>3.3</td><td>4.7</td><td>8.7</td><td>11.5</td><td>18.5</td><td>20.9</td><td>13.5</td><td>18.9</td></tr>
<tr><td>南宁</td><td>8.9</td><td>17.0</td><td>19.9</td><td>13.1</td><td>10.2</td><td>16.3</td><td colspan="2">14.6</td></tr>
<tr><td>南通</td><td>3.3</td><td>8.5</td><td>11.5</td><td>13.5</td><td>17.8</td><td>21.8</td><td>11.8</td><td>11.8</td></tr>
<tr><td>南阳</td><td>20.0</td><td>24.3</td><td>20.9</td><td>12.4</td><td>11.3</td><td>8.3</td><td colspan="2">2.8</td></tr>
<tr><td>宁波</td><td>2.4</td><td>7.1</td><td>11.9</td><td>5.9</td><td>15.4</td><td>27.4</td><td>15.2</td><td>14.7</td></tr>
<tr><td>攀枝花</td><td>1.0</td><td>8.9</td><td>21.2</td><td>17.1</td><td>20.5</td><td>20.4</td><td colspan="2">10.9</td></tr>
<tr><td>平顶山</td><td>7.3</td><td>21.8</td><td>26.8</td><td>17.7</td><td>16.2</td><td>6.0</td><td colspan="2">4.2</td></tr>
<tr><td>秦皇岛</td><td>4.6</td><td>14.6</td><td>20.8</td><td>17.9</td><td>18.4</td><td>16.1</td><td colspan="2">7.6</td></tr>
<tr><td>青岛</td><td>5.3</td><td>9.0</td><td>15.1</td><td>11.5</td><td>19.0</td><td>21.1</td><td colspan="2">19.0</td></tr>
<tr><td>清远</td><td>6.3</td><td>11.8</td><td>17.6</td><td>17.5</td><td>21.3</td><td>17.4</td><td colspan="2">8.1</td></tr>
<tr><td>衢州</td><td>2.8</td><td>9.2</td><td>13.6</td><td>12.4</td><td>19.5</td><td>24.1</td><td colspan="2">18.4</td></tr>
<tr><td>泉州</td><td>4.5</td><td>7.1</td><td>10.0</td><td>4.4</td><td>15.4</td><td>20.0</td><td>19.1</td><td>19.5</td></tr>
<tr><td>三亚</td><td>13.6</td><td>16.3</td><td>21.3</td><td>12.9</td><td>12.6</td><td>11.6</td><td colspan="2">11.7</td></tr>
<tr><td>汕头</td><td>7.3</td><td>14.1</td><td>21.2</td><td>14.9</td><td>13.5</td><td>14.9</td><td colspan="2">14.1</td></tr>
<tr><td>汕尾</td><td>5.7</td><td>18.8</td><td>23.5</td><td>17.0</td><td>16.1</td><td>9.6</td><td colspan="2">9.3</td></tr>
<tr><td>上海</td><td>0.6</td><td>4.1</td><td>7.2</td><td>6.2</td><td>20.1</td><td>22.9</td><td>13.4</td><td>25.5</td></tr>
<tr><td>韶关</td><td>8.8</td><td>23.8</td><td>23.1</td><td>10.3</td><td>12.4</td><td>12.3</td><td colspan="2">9.3</td></tr>
<tr><td>绍兴</td><td>3.3</td><td>5.2</td><td>10.5</td><td>5.8</td><td>21.3</td><td>22.5</td><td>11.8</td><td>19.6</td></tr>
<tr><td>深圳</td><td>0.0</td><td>2.9</td><td>7.2</td><td>9.2</td><td>11.8</td><td>19.7</td><td>11.4</td><td>37.8</td></tr>
<tr><td>沈阳</td><td>3.9</td><td>10.9</td><td>18.3</td><td>18.2</td><td>14.8</td><td>21.8</td><td colspan="2">12.1</td></tr>
<tr><td>石家庄</td><td>2.5</td><td>9.3</td><td>14.1</td><td>17.0</td><td>16.3</td><td>22.3</td><td colspan="2">18.5</td></tr>
<tr><td>苏州</td><td>1.6</td><td>6.8</td><td>8.3</td><td>10.0</td><td>18.9</td><td>21.3</td><td>14.2</td><td>18.9</td></tr>
<tr><td>遂宁</td><td>11.9</td><td>21.8</td><td>22.3</td><td>14.0</td><td>11.6</td><td>12.2</td><td colspan="2">6.2</td></tr>
<tr><td>台州</td><td>5.6</td><td>8.9</td><td>13.3</td><td>11.7</td><td>18.9</td><td>18.7</td><td>10.3</td><td>12.6</td></tr>
<tr><td>太原</td><td>2.7</td><td>8.9</td><td>15.3</td><td>12.7</td><td>20.6</td><td>22.8</td><td colspan="2">17.0</td></tr>
<tr><td>泰安</td><td>6.8</td><td>16.4</td><td>22.5</td><td>13.4</td><td>16.1</td><td>12.8</td><td colspan="2">12.0</td></tr>
<tr><td>泰州</td><td>8.9</td><td>12.7</td><td>12.9</td><td>14.0</td><td>15.6</td><td>22.8</td><td colspan="2">13.1</td></tr>
<tr><td>唐山</td><td>3.4</td><td>10.7</td><td>19.0</td><td>17.1</td><td>13.8</td><td>21.3</td><td colspan="2">14.7</td></tr>
<tr><td>天津</td><td>3.4</td><td>7.1</td><td>13.2</td><td>15.7</td><td>15.4</td><td>23.3</td><td>10.8</td><td>11.1</td></tr>
<tr><td>铜陵</td><td>5.4</td><td>15.6</td><td>29.7</td><td>18.7</td><td>18.9</td><td>7.5</td><td colspan="2">4.2</td></tr>
<tr><td>威海</td><td>9.4</td><td>13.1</td><td>13.2</td><td>12.9</td><td>17.2</td><td>22.4</td><td colspan="2">11.8</td></tr>
<tr><td>潍坊</td><td>7.1</td><td>11.6</td><td>15.3</td><td>15.3</td><td>20.1</td><td>19.1</td><td colspan="2">11.5</td></tr>
<tr><td>渭南</td><td>25.8</td><td>25.9</td><td>20.0</td><td>11.0</td><td>7.3</td><td>6.3</td><td colspan="2">3.7</td></tr>
<tr><td>温州</td><td>0.2</td><td>3.0</td><td>6.4</td><td>4.6</td><td>11.3</td><td>16.4</td><td>14.6</td><td>43.5</td></tr>
<tr><td>乌鲁木齐</td><td>1.8</td><td>5.6</td><td>7.6</td><td>10.4</td><td>17.1</td><td>22.5</td><td>19.6</td><td>15.4</td></tr>
<tr><td>无锡</td><td>1.9</td><td>4.4</td><td>6.0</td><td>10.8</td><td>18.6</td><td>26.5</td><td>16.4</td><td>15.4</td></tr>
<tr><td>芜湖</td><td>10.7</td><td>8.5</td><td>15.5</td><td>13.4</td><td>15.8</td><td>22.3</td><td colspan="2">13.8</td></tr>
</table>

续表

城市	0—1200 元	1201—2300 元	2301—3500 元	3501—4400 元	4401—5600 元	5601—8000 元	8001—10000 元	10001 元及以上
梧州	15.4	25.3	21.7	11.6	12.4	9.0	4.6	
武汉	3.9	11.6	15.7	14.7	16.4	19.9	17.8	
西安	1.5	9.5	15.1	16.1	18.4	22.5	16.9	
西宁	3.3	10.4	19.0	13.1	17.6	19.8	16.8	
厦门	1.7	8.1	8.3	10.5	14.3	22.4	13.0	21.7
湘潭	3.2	14.6	16.0	19.4	16.9	15.7	14.2	
襄阳	3.0	9.2	21.9	15.5	17.5	21.1	11.8	
徐州	4.8	10.3	16.5	16.4	17.3	19.2	15.5	
烟台	7.8	11.7	13.9	14.8	17.3	20.0	14.5	
盐城	2.1	4.2	7.0	7.9	16.9	22.6	16.8	22.5
扬州	8.6	10.3	10.9	12.5	15.8	22.5	19.4	
阳江	11.9	18.0	19.7	12.6	11.8	14.2	11.8	
宜宾	16.9	20.1	24.7	15.0	13.8	6.1	3.4	
宜昌	4.1	10.3	16.9	16.6	17.3	22.5	12.3	
宜春	12.2	17.4	25.6	15.6	12.2	8.6	8.4	
银川	3.0	7.6	16.5	15.5	17.9	22.8	16.7	
营口	6.9	16.2	20.0	13.8	17.0	17.7	8.4	
永济	8.1	18.4	24.1	17.6	13.8	10.0	8.0	
玉林	25.1	27.5	25.8	7.7	6.2	4.6	3.1	
岳阳	12.3	19.3	20.4	18.0	13.2	9.2	7.6	
云浮	15.5	26.6	26.1	10.8	8.1	7.0	5.9	
湛江	12.4	17.4	17.9	10.1	13.1	15.3	13.8	
张家港	5.5	13.0	10.7	12.6	17.9	20.0	10.8	9.5
张家口	7.0	23.0	31.2	14.4	13.2	7.0	4.2	
漳州	3.2	9.0	15.9	15.5	19.6	21.8	15.0	
肇庆	3.6	17.8	17.2	16.2	15.9	15.9	13.4	
镇江	1.3	6.6	8.5	12.3	18.6	25.8	13.6	13.3
郑州	2.5	10.9	13.9	15.7	19.0	19.0	19.0	
中山	2.4	10.9	19.0	13.0	13.1	18.0	12.5	11.1
重庆	26.9	21.7	15.4	12.4	11.0	6.6	6.0	
舟山	2.7	3.4	14.2	11.5	18.4	21.8	11.5	16.5
株洲	2.8	13.5	16.0	14.7	16.2	21.3	15.5	
珠海	1.2	4.6	11.0	6.1	11.2	31.3	11.4	23.2
资阳	56.1	14.3	11.9	4.6	4.8	5.4	2.9	
淄博	9.9	14.1	21.6	17.8	15.3	13.7	7.6	
自贡	32.9	19.5	18.8	10.4	10.0	4.6	3.8	
遵义	15.3	19.2	24.6	10.2	11.0	11.9	7.8	

表 4.14　2013 年各城市收视调查网家庭购买决策者年龄结构（%）

城市	15—29 岁	30—49 岁	50 岁及以上
安庆	7.1	47.7	45.2
安阳	7.6	52.6	39.8
鞍山	7.5	47.7	44.8
蚌埠	7.8	46.4	45.8
包头	8.7	53.8	37.5
宝鸡	6.4	51.0	42.6
保定	12.6	51.5	35.9
北海	11.3	48.8	39.9
北京	16.5	38.4	45.1
滨州	10.8	54.1	35.1
常德	6.1	51.3	42.6
常熟	12.0	46.5	41.5
常州	11.8	43.6	44.6
潮州	7.4	48.1	44.5
成都	18.7	43.1	38.2
承德	11.3	51.0	37.7
滁州	7.4	52.5	40.1
达州	10.1	48.2	41.7
大理	10.4	56.1	33.5
大连	11.9	44.4	43.7
大同	8.5	54.6	36.9
丹东	5.7	43.5	50.8
德阳	9.2	47.3	43.5
德州	13.7	52.3	34.0
东莞	19.7	59.3	21.0
佛山	14.0	55.5	30.5
福州	12.6	42.7	44.7
抚顺	2.8	39.4	57.8
阜阳	10.6	47.3	42.1
赣州	7.1	49.3	43.6
广元	7.2	56.0	36.8
广州	20.2	44.2	35.6
贵阳	9.5	47.0	43.5
桂林	12.2	46.0	41.8
哈尔滨	9.7	48.2	42.1
海口	7.8	51.8	40.4
邯郸	7.0	50.1	42.9
杭州	11.4	44.3	44.3
合肥	17.2	50.9	31.9

续表

城市	15—29 岁	30—49 岁	50 岁及以上
河源	4.9	55.5	39.6
菏泽	4.6	56.0	39.4
衡阳	11.9	49.7	38.4
呼和浩特	8.4	52.9	38.7
湖州	6.9	43.2	49.9
淮安	11.2	52.2	36.6
惠州	13.5	58.0	28.5
吉林	6.7	54.2	39.1
济南	13.1	48.4	38.5
济宁	14.7	50.5	34.8
嘉兴	8.7	50.7	40.6
江门	13.2	51.0	35.8
江阴	9.8	46.0	44.2
揭阳	12.8	57.3	29.9
金华	8.7	50.5	40.8
锦州	8.9	46.3	44.8
晋城	10.1	59.7	30.2
荆门	9.2	55.9	34.9
荆州	8.8	48.5	42.7
九江	8.0	55.2	36.8
昆明	13.1	40.8	46.1
昆山	16.7	50.7	32.6
拉萨	12.8	50.3	36.9
莱芜	8.5	48.7	42.8
兰州	10.1	46.9	43.0
廊坊	9.6	53.5	36.9
乐山	11.4	47.7	40.9
丽水	13.5	50.4	36.1
连云港	10.1	58.6	31.3
临汾	7.4	59.0	33.6
临沂	17.8	53.4	28.8
柳州	7.6	46.0	46.4
泸州	6.5	48.9	44.6
洛阳	6.5	48.9	44.6
茂名	8.6	50.9	40.5
眉山	11.2	51.6	37.2
梅州	4.2	45.8	50.0
绵阳	7.9	52.6	39.5
牡丹江	6.7	48.7	44.6

续表

城市	15—29 岁	30—49 岁	50 岁及以上
南昌	9.0	43.9	47.1
南充	7.9	41.2	50.9
南京	8.5	47.8	43.7
南宁	13.3	47.1	39.6
南通	7.5	39.6	52.9
南阳	7.6	51.3	41.1
宁波	14.8	44.4	40.8
攀枝花	13.5	54.1	32.4
平顶山	8.4	59.9	31.7
秦皇岛	11.1	51.4	37.5
青岛	12.5	44.1	43.4
清远	11.9	54.1	34.0
衢州	9.4	50.1	40.5
泉州	6.8	48.1	45.1
三亚	11.8	58.2	30.0
厦门	11.4	55.5	33.1
汕头	8.9	58.0	33.1
汕尾	7.4	57.0	35.6
上海	13.5	30.9	55.6
韶关	9.1	53.9	37.0
绍兴	4.2	50.0	45.8
深圳	39.6	51.2	9.2
沈阳	12.4	42.0	45.6
长春	10.0	47.7	42.3
长沙	18.5	50.3	31.2
石家庄	10.6	49.9	39.5
苏州	19.8	39.7	40.5
遂宁	7.0	44.1	48.9
台州	9.3	60.0	30.7
太原	9.0	50.9	40.1
泰安	8.6	48.0	43.4
泰州	5.7	46.5	47.8
唐山	7.5	38.3	54.2
天津	11.4	39.8	48.8
铜陵	3.7	55.5	40.8
威海	8.3	52.4	39.3
潍坊	14.2	51.4	34.4
渭南	7.8	46.4	45.8
温州	12.6	45.8	41.6

续表

城市	15—29 岁	30—49 岁	50 岁及以上
乌鲁木齐	14.4	50.9	34.7
无锡	9.3	43.9	46.8
芜湖	6.4	51.5	42.1
梧州	5.6	46.0	48.4
武汉	9.7	43.9	46.4
西安	15.3	39.9	44.8
西宁	11.6	48.9	39.5
湘潭	8.7	47.8	43.5
襄阳	12.5	46.8	40.7
徐州	12.5	45.5	42.0
烟台	11.7	50.7	37.6
盐城	4.8	48.0	47.2
扬州	8.1	49.3	42.6
阳江	9.7	53.5	36.8
宜宾	7.2	56.7	36.1
宜昌	7.3	46.4	46.3
宜春	9.0	50.5	40.5
银川	8.5	48.7	42.8
营口	9.1	54.1	36.8
永济	10.4	51.0	38.6
玉林	7.3	53.5	39.2
岳阳	12.0	52.8	35.2
云浮	9.5	57.3	33.2
湛江	9.9	50.4	39.7
张家港	4.1	49.4	46.5
张家口	10.0	45.5	44.5
漳州	6.2	48.4	45.4
肇庆	10.4	56.1	33.5
镇江	7.3	44.5	48.2
郑州	15.6	47.9	36.5
中山	21.6	47.1	31.3
重庆	9.7	49.4	40.9
舟山	10.4	51.2	38.4
株洲	12.0	52.7	35.3
珠海	7.3	46.4	46.3
资阳	6.3	53.2	40.5
淄博	8.0	47.8	44.2
自贡	4.5	42.5	53.0
遵义	11.5	53.0	35.5

表 4.15　2013 年各城市收视调查网性别与年龄结构（%）

城市	性别		年龄						
	男性	女性	4—14岁	15—24岁	25—34岁	35—44岁	45—54岁	55—64岁	65岁及以上
安庆	49.9	50.1	10.7	16.1	12.8	22.5	15.7	11.8	10.4
安阳	49.7	50.3	13.8	14.2	20.6	21.5	14.1	9.3	6.5
鞍山	50.6	49.4	8.9	12.1	13.6	21.7	20.6	10.7	12.4
蚌埠	50.2	49.8	10.1	17.5	14.6	19.6	15.9	11.5	10.8
包头	50.0	50.0	12.2	11.9	17.8	22.3	14.4	10.2	11.2
宝鸡	50.2	49.8	15.0	14.7	17.5	21.2	14.2	10.1	7.3
保定	49.4	50.6	9.3	24.2	17.2	16.8	13.4	10.5	8.6
北海	50.5	49.5	16.7	19.5	16.8	18.3	11.9	8.1	8.7
北京	51.1	48.9	5.6	18.9	22.5	17.4	15.7	10.2	9.7
滨州	49.4	50.6	11.9	16.4	16.3	19.8	13.3	13.2	9.1
常德	49.6	50.4	9.5	16.6	11.6	21.9	16.7	12.9	10.8
常熟	50.0	50.0	7.3	17.7	16.6	19.7	14.9	12.6	11.2
常州	50.7	49.3	8.2	17.6	17.6	20.4	14.8	11.6	9.8
潮州	49.0	51.0	10.8	20.5	14.9	18.2	15.5	11.6	8.5
成都	50.5	49.5	7.9	19.0	17.6	22.1	13.4	10.7	9.3
承德	48.2	51.8	10.1	12.1	18.3	22.3	17.8	8.9	10.5
滁州	51.0	49.0	13.9	14.3	12.5	26.0	15.6	9.1	8.6
达州	49.4	50.6	12.8	17.0	12.3	23.5	13.7	12.0	8.7
大理	49.8	50.2	13.0	18.1	16.4	20.0	13.8	9.9	8.8
大连	49.9	50.1	7.0	18.1	18.1	17.8	16.7	12.0	10.3
大同	50.6	49.4	11.6	14.3	15.6	21.7	18.0	10.1	8.7
丹东	48.7	51.3	8.3	11.2	15.2	20.5	22.1	10.9	11.8
德阳	50.8	49.2	9.0	15.1	13.1	22.7	15.7	13.5	10.9
德州	51.0	49.0	11.8	18.2	17.8	20.1	14.0	10.5	7.6
东莞	53.9	46.1	6.4	27.6	29.5	21.9	8.4	3.6	2.6
佛山	53.8	46.2	8.9	21.0	23.0	22.8	11.7	7.1	5.5
福州	50.8	49.2	9.0	19.3	21.0	18.9	13.9	9.8	8.1
抚顺	50.2	49.8	6.2	12.7	13.4	16.8	23.9	14.2	12.8
阜阳	49.4	50.6	15.3	17.2	15.3	19.5	12.3	10.6	9.8
赣州	50.2	49.8	12.9	13.7	16.8	20.6	17.5	9.0	9.5
广元	50.7	49.3	11.5	17.5	12.9	25.1	13.9	10.5	8.6
广州	52.2	47.8	8.0	22.9	22.3	19.5	12.6	7.8	6.9
贵阳	51.1	48.9	12.0	19.8	17.1	20.3	13.6	8.8	8.4
桂林	49.3	50.7	11.3	16.1	20.3	19.0	15.7	9.7	7.9
哈尔滨	50.5	49.5	7.0	18.6	16.5	18.7	18.0	12.0	9.2
海口	51.2	48.8	12.6	21.7	18.6	19.0	12.8	7.7	7.6

续表

城市	性别		年龄						
	男性	女性	4—14岁	15—24岁	25—34岁	35—44岁	45—54岁	55—64岁	65岁及以上
邯郸	51.3	48.7	10.8	16.4	15.4	19.5	16.9	11.8	9.2
杭州	51.4	48.6	7.8	20.2	19.6	18.6	15.1	10.1	8.6
合肥	53.0	47.0	9.5	21.6	19.9	20.2	12.5	9.0	7.3
河源	49.5	50.5	18.4	16.6	18.6	19.8	11.2	7.7	7.7
菏泽	49.6	50.4	14.8	16.8	14.0	21.6	15.3	9.6	7.9
衡阳	50.6	49.4	10.9	20.9	14.2	18.5	15.7	11.5	8.3
呼和浩特	50.7	49.3	10.5	20.6	18.5	19.4	14.9	9.0	7.1
湖州	50.3	49.7	8.1	19.9	16.1	18.7	15.7	11.4	10.1
淮安	49.6	50.4	17.4	13.8	16.4	20.3	14.4	8.7	9.0
惠州	52.8	47.2	11.7	24.9	22.1	20.8	10.5	5.3	4.7
吉林	50.1	49.9	11.6	12.0	15.9	23.4	17.2	10.4	9.5
济南	50.3	49.7	9.2	20.1	17.3	17.5	16.0	10.9	9.0
济宁	50.8	49.2	9.6	19.9	17.3	22.3	14.5	8.0	8.4
嘉兴	51.6	48.4	11.9	16.2	18.3	21.9	14.6	9.1	8.0
江门	51.4	48.6	11.0	19.7	19.1	21.2	13.1	8.9	7.0
江阴	51.4	48.6	8.3	17.3	17.0	21.3	14.6	11.9	9.6
揭阳	51.4	48.6	23.3	15.9	15.5	17.7	13.2	7.1	7.3
金华	51.8	48.2	10.2	16.5	18.3	20.2	15.3	10.7	8.8
锦州	48.9	51.1	7.7	15.4	15.0	17.7	19.4	13.4	11.4
晋城	50.1	49.9	14.0	14.8	22.3	22.1	14.6	7.7	4.5
荆门	50.5	49.5	9.4	17.8	15.8	22.1	16.4	10.9	7.6
荆州	50.7	49.3	8.1	18.9	14.2	20.2	17.2	12.5	8.9
九江	50.5	49.5	11.3	21.5	14.9	19.4	14.1	10.3	8.5
昆明	51.2	48.8	9.1	19.8	19.9	20.1	13.0	9.6	8.5
昆山	49.5	50.5	8.8	16.8	19.9	21.6	13.6	10.0	9.3
拉萨	51.7	48.3	8.5	21.7	22.2	25.2	13.3	5.5	3.6
莱芜	50.3	49.7	12.9	12.0	12.6	20.6	18.1	13.4	10.4
兰州	51.5	48.5	9.4	20.5	15.9	19.9	15.3	9.6	9.4
廊坊	50.2	49.8	11.3	14.8	15.4	20.0	17.3	12.0	9.2
乐山	48.9	51.1	8.1	18.9	12.8	21.6	14.3	12.8	11.5
丽水	51.1	48.9	11.6	17.4	17.8	19.3	13.5	7.8	12.6
连云港	50.3	49.7	12.6	14.7	14.7	23.1	16.6	8.9	9.4
临汾	50.1	49.9	17.0	16.6	16.6	20.2	14.4	8.5	6.7
临沂	49.7	50.3	13.1	19.3	17.4	20.3	13.2	8.5	8.2
柳州	51.7	48.3	11.1	14.9	18.5	21.0	15.4	10.5	8.6
泸州	49.7	50.3	11.2	18.1	15.5	19.3	15.4	10.7	9.8

续表

城市	性别		年龄						
	男性	女性	4—14岁	15—24岁	25—34岁	35—44岁	45—54岁	55—64岁	65岁及以上
洛阳	49.7	50.3	11.2	18.1	15.5	19.3	15.4	10.7	9.8
茂名	52.1	47.9	17.2	22.3	14.7	16.2	12.4	8.5	8.7
眉山	50.4	49.6	13.3	10.4	16.8	21.8	14.8	11.9	11.0
梅州	50.6	49.4	14.6	17.9	15.2	18.0	15.2	8.4	10.7
绵阳	50.3	49.7	11.4	12.5	20.5	21.4	16.2	9.9	8.1
牡丹江	49.2	50.8	9.6	11.5	15.6	21.4	18.0	10.4	13.5
南昌	51.6	48.4	11.3	23.6	15.7	17.4	14.0	9.7	8.3
南充	50.0	50.0	18.1	10.9	10.9	16.3	17.4	15.1	11.3
南京	51.9	48.1	6.7	22.0	18.5	17.6	15.1	10.9	9.2
南宁	51.5	48.5	10.8	20.8	20.9	18.9	12.9	8.4	7.3
南通	48.2	51.8	7.8	16.0	13.2	18.4	16.1	14.1	14.4
南阳	50.6	49.4	13.2	14.5	16.8	19.1	15.0	10.3	11.1
宁波	50.9	49.1	8.3	17.8	19.5	20.7	15.3	10.6	7.8
攀枝花	51.7	48.3	11.7	13.8	13.8	26.7	12.2	12.1	9.7
平顶山	51.4	48.6	13.8	12.6	21.1	25.3	13.3	8.1	5.8
秦皇岛	49.6	50.4	11.6	12.5	20.4	21.1	16.2	10.3	7.9
青岛	50.2	49.8	8.9	18.7	17.5	17.6	15.8	11.5	10.0
清远	50.8	49.2	16.4	16.1	17.8	19.7	12.3	8.5	9.2
衢州	51.2	48.8	12.1	8.7	15.7	19.8	16.8	12.0	14.9
泉州	51.2	48.8	8.9	25.7	21.4	20.2	12.0	6.6	5.2
三亚	52.6	47.4	14.8	20.5	21.7	20.7	10.1	7.4	4.8
厦门	51.7	48.3	9.1	24.9	24.4	19.8	10.7	6.3	4.8
汕头	50.1	49.9	18.5	22.3	15.4	15.6	12.5	8.4	7.3
汕尾	51.1	48.9	15.8	23.9	16.7	17.3	12.1	7.8	6.4
上海	51.3	48.7	5.6	16.1	21.4	15.8	16.2	14.0	10.9
韶关	51.5	48.5	11.7	17.6	15.5	20.4	15.2	10.0	9.6
绍兴	49.4	50.6	9.8	18.7	15.7	20.0	15.7	11.3	8.8
深圳	54.0	46.0	6.9	26.8	31.3	21.4	8.4	3.3	1.9
沈阳	50.3	49.7	6.4	15.6	17.2	16.6	19.9	13.3	11.0
长春	50.3	49.7	7.8	18.3	17.7	18.4	16.9	11.9	9.0
长沙	50.2	49.8	8.4	23.0	17.2	18.8	14.2	10.2	8.2
石家庄	49.4	50.6	9.2	22.4	17.8	17.9	14.2	9.8	8.7
苏州	50.8	49.2	6.6	24.6	21.2	17.3	12.5	9.7	8.1
遂宁	49.8	50.2	11.7	18.0	13.7	20.5	13.7	12.4	10.0
台州	51.1	48.9	12.9	13.1	21.3	21.8	12.6	8.5	9.8
太原	51.2	48.8	9.4	23.5	16.5	17.9	15.7	8.7	8.3

续表

城市	性别		年龄						
	男性	女性	4—14岁	15—24岁	25—34岁	35—44岁	45—54岁	55—64岁	65岁及以上
泰安	50.5	49.5	10.8	12.1	17.6	19.9	17.9	11.9	9.8
泰州	50.1	49.9	9.7	13.4	16.3	21.3	15.7	12.7	10.9
唐山	50.4	49.6	8.2	16.0	16.6	16.2	18.3	14.8	9.9
天津	53.6	46.4	6.3	20.0	19.5	16.6	16.9	11.9	8.8
铜陵	50.0	50.0	12.2	9.7	16.9	25.9	16.3	11.3	7.7
威海	50.5	49.5	9.2	19.6	18.6	20.0	14.5	10.0	8.1
潍坊	50.8	49.2	11.2	17.8	15.9	18.4	15.5	11.8	9.4
渭南	50.2	49.8	10.1	17.5	14.6	19.6	15.9	11.5	10.8
温州	52.4	47.6	7.7	20.7	23.7	20.7	13.2	7.7	6.3
乌鲁木齐	51.7	48.3	10.2	18.1	17.4	24.6	14.0	7.3	8.4
无锡	52.1	47.9	7.4	18.7	18.7	20.1	14.3	11.6	9.2
芜湖	52.5	47.5	7.4	22.0	14.9	18.9	15.9	11.0	9.9
梧州	50.2	49.8	11.9	16.5	13.7	17.9	16.2	12.4	11.4
武汉	51.3	48.7	7.3	23.7	16.2	17.0	15.9	11.3	8.6
西安	51.3	48.7	8.3	22.6	18.6	17.8	14.5	9.2	9.0
西宁	51.2	48.8	10.8	17.4	15.6	22.7	15.6	8.6	9.3
湘潭	51.3	48.7	8.3	22.6	14.8	18.4	15.3	11.2	9.4
襄阳	50.2	49.8	11.2	18.2	16.1	19.4	15.6	11.4	8.1
徐州	50.7	49.3	9.8	18.2	15.7	18.7	15.7	11.5	10.4
烟台	50.5	49.5	8.5	20.9	17.7	18.4	15.2	10.5	8.8
盐城	50.6	49.4	9.8	16.7	13.5	20.7	15.8	12.5	11.0
扬州	50.4	49.6	8.2	18.3	14.6	19.1	15.6	13.2	11.0
阳江	51.2	48.8	12.1	19.4	16.5	19.3	13.9	9.1	9.7
宜宾	49.4	50.6	13.4	15.9	18.5	19.8	16.1	7.3	9.0
宜昌	51.1	48.9	8.7	16.3	16.6	19.9	15.6	13.2	9.7
宜春	51.1	48.9	17.1	17.4	15.7	18.2	13.6	9.6	8.4
银川	50.3	49.7	12.9	12.0	12.6	20.6	18.1	13.4	10.4
营口	49.3	50.7	10.7	12.5	17.4	20.4	18.4	10.6	10.0
永济	50.0	50.0	19.5	15.9	14.2	18.4	15.7	8.5	7.8
玉林	52.4	47.6	17.9	16.7	18.1	16.5	12.2	9.6	9.0
岳阳	50.4	49.6	13.3	12.8	19.1	19.6	15.6	10.9	8.7
云浮	50.4	49.6	18.5	17.1	15.4	19.9	12.6	8.0	8.5
湛江	51.5	48.5	14.4	23.3	15.9	16.1	13.2	8.4	8.7
张家港	50.5	49.5	7.6	17.5	17.3	21.5	14.6	11.6	9.9
张家口	49.1	50.9	11.8	12.0	16.1	19.4	20.8	9.8	10.1
漳州	50.1	49.9	10.9	20.0	18.0	19.4	14.5	9.0	8.2

续表

城市	性别		年龄						
	男性	女性	4—14岁	15—24岁	25—34岁	35—44岁	45—54岁	55—64岁	65岁及以上
肇庆	49.8	50.2	13.0	18.1	16.4	20.0	13.8	9.9	8.8
镇江	52.7	47.3	7.5	17.6	15.4	20.3	16.9	12.4	9.9
郑州	51.0	49.0	10.6	25.4	19.2	18.8	11.9	7.4	6.7
中山	52.8	47.2	9.1	23.5	24.1	22.0	10.4	6.1	4.8
重庆	50.0	50.0	13.5	10.7	14.7	20.1	16.8	12.1	12.1
舟山	50.7	49.3	9.2	13.3	18.0	21.6	18.4	9.0	10.5
株洲	51.2	48.8	9.3	18.0	16.5	21.9	14.9	10.6	8.8
珠海	51.1	48.9	8.7	16.3	16.6	19.9	15.6	13.2	9.7
资阳	50.3	49.7	14.3	13.6	14.6	19.9	12.5	12.9	12.2
淄博	50.2	49.8	10.8	14.7	14.9	19.8	17.2	12.3	10.3
自贡	49.7	50.3	10.6	13.9	11.8	19.8	15.6	15.0	13.3
遵义	49.9	50.1	17.3	15.1	20.7	18.8	11.6	9.1	7.4

图书在版编目（CIP）数据

中国电视收视年鉴．2014／陈若愚主编．—北京：中国传媒大学出版社，2014.6
ISBN 978－7－5657－1050－6

Ⅰ．①中…　Ⅱ．①陈…　Ⅲ．①电视工作—抽样调查—中国—2014—年鉴
Ⅳ．①G229.2－54

中国版本图书馆 CIP 数据核字（2014）第 134887 号

中国电视收视年鉴 2014

主　　编　陈若愚
责任编辑　欣　雯
责任印制　阳金洲
封面制作　大鹏工作室
出 版 人　蔡　翔

出版发行　中国传媒大学出版社（原北京广播学院出版社）
地　　址　北京市朝阳区定福庄东街 1 号　邮编 100024
电话：86－10－65450532　65450528　传真：65779405
网　　址　http：//www.cucp.com.cn
经　　销　全国新华书店

印　　刷　北京艺堂印刷有限公司
开　　本　787×1092mm　1/16
印　　张　46.75
版　　次　2014 年 10 月第 1 版　2014 年 10 月第 1 次印刷

书　　号　ISBN 978－7－5657－1050－6/G·1050　**定　价**　168.00 元